Markus Reich
Steuerrecht

Markus Reich

Steuerrecht

Teil IV Mehrwertsteuerrecht
verfasst von Philip Robinson

2., aktualisierte und erweiterte Auflage

Schulthess § 2012

Zitiervorschlag:

Teile I–III: Reich, Steuerrecht, 2. A., § 14 N 25

Teil IV: Robinson, in: Reich, Steuerrecht, 2. A., § 35 N 12

Bibliografische Information der Deutschen Nationalbibliothek
Die Deutsche Nationalbibliothek verzeichnet diese Publikation in der Deutschen Nationalbibliografie; detaillierte bibliografische Daten sind im Internet über http://dnb.d-nb.de abrufbar.

Alle Rechte, auch die des Nachdrucks von Auszügen, vorbehalten. Jede Verwertung ist ohne Zustimmung des Verlages unzulässig. Dies gilt insbesondere für Vervielfältigungen, Übersetzungen, Mikroverfilmungen und die Einspeicherung und Verarbeitung in elektronische Systeme.

© Schulthess Juristische Medien AG, Zürich · Basel · Genf 2012
ISBN 978-3-7255-6502-3

www.schulthess.com

Vorwort zur 2. Auflage

Seit dem Erscheinen der 1. Auflage sind noch keine drei Jahre vergangen und dennoch drängte sich die Neubearbeitung meines Lehrbuchs gebieterisch auf. Zum einen galt es, die verschiedenen Kinderkrankheiten, mit denen eine Erstauflage oftmals befallen ist, auszumerzen, zum andern waren aber auch zahlreiche Neuerungen in Gesetzgebung, Gerichtspraxis und Literatur nachzutragen.

Ein wesentlicher Grund für die Neuauflage liegt jedoch nicht zuletzt auch im Fehlen einer vertieften Darstellung des Mehrwertsteuerrechts. Wie im Vorwort zur 1. Auflage vermerkt, verzichtete ich damals wegen der absehbaren, aber noch nicht in Kraft stehenden Neuerungen auf eine eingehende Erläuterung des Mehrwertsteuerrechts. Jetzt ist es an der Zeit, diese Lücke zu schliessen. Es freut mich ausserordentlich, dass ich Dr. phil., lic. oec. HSG Philip Robinson dafür gewinnen konnte, den Teil IV zum Mehrwertsteuerrecht zu verfassen. Philip Robinson ist Leiter Indirekte Steuern und Mitglied des globalen Führungsteams des Bereichs Steuern von Ernst & Young. Zudem ist er seit vielen Jahren Lehrbeauftragter für Mehrwertsteuerrecht an der Rechtswissenschaftlichen Fakultät der Universität Zürich. Er ist somit hervorragend in der Lage und wie kein anderer berufen, die Leser kompetent und verständlich in die schweizerische Mehrwertsteuerordnung einzuführen.

Stark erweitert wurden überdies die Ausführungen zur Grundstückgewinnsteuer. Sie bilden nun Gegenstand eines eigenen vierten Abschnitts im Teil II (§§ 24 und 25). Trotz grundlegender Aktualisierung und Ergänzung auch der übrigen Teile wurde die wesentliche Konzeption des Werks unverändert beibehalten. Das Lehrbuch folgt auch in der 2. Auflage dem Einstein zugeschriebenen Leitsatz: Man soll die Dinge so einfach wie möglich machen – aber nicht einfacher.

Die 2. Auflage wäre nicht zustande gekommen ohne die tatkräftige Mithilfe meiner wissenschaftlichen Mitarbeiter und Mitarbeiterinnen. Ich bedanke mich herzlich bei lic. iur. Sabrina Benzerfa, RA lic. iur. Christian Martin Gutekunst, Philipp Roth, MLaw, und lic. iur. Ewa Surdyka. Wiederum hat es Frau Dr. iur. Maja Bauer-Balmelli in verdankenswerter Weise übernommen, den Teil III über das Verrechnungssteuerrecht kritisch durchzusehen. Auch Herrn Prof. Dr. iur. Martin Zweifel verdanke ich verschiedene Hinweise zum Grundstückgewinnsteuerrecht (§§ 24 und 25) und zu den verfahrensrechtlichen Erläuterungen (§§ 26 und 27). Dank gebührt überdies meinen aufmerksamen Lesern der 1. Auflage, die mich verschiedentlich auf Fehler und Ungereimtheiten hingewiesen und mir konstruktive Anregungen vermittelt haben. Ich hoffe, dass ich weiterhin auf diese wertvolle Mithilfe bei der Verbesserung des Werks werde zählen können (markus.reich@rwi.uzh.ch). Abschliessend bedanke ich mich auch bei Frau Annette Eberle und Herrn Ulrich Gaebler vom Schulthess Verlag, die sich stets umsichtig und speditiv für die Ausstattung und das gute Gelingen der Herstellung des Buchs eingesetzt haben.

Zürich, im Februar 2012   Markus Reich

Vorwort zur 1. Auflage

Im ersten Teil befasst sich dieses Buch mit den Grundlagen des schweizerischen Steuerrechts. Der Schwerpunkt liegt hier auf der Analyse der verfassungsrechtlichen Vorgaben und der dogmatischen Grundstrukturen des Steuerrechtsverhältnisses. Geboten wird aber auch ein Überblick über die gesamte Steuerrechtsordnung mit einer Kurzpräsentation der verschiedenen Steuerarten in Bund und Kantonen. Im zweiten Teil wird das Einkommens- und Vermögenssteuerrecht und im dritten Teil das eidgenössische Verrechnungssteuerrecht eingehend dargestellt.

Dieses Buch ist als Lehrbuch konzipiert und als solches nicht primär auf Vollständigkeit bedacht. Vielmehr will es die Zusammenhänge und die systematischen Grundzüge der schweizerischen Steuerordnung sichtbar machen. Es fehlt in der Schweiz nicht an ausgezeichneten und ausführlichen Steuerrechtskommentaren, sodass dem Praktiker bereits zahlreiche Nachschlagewerke zur Verfügung stehen. Auf die Wiedergabe von technischen Details und Spezialwissen wird deshalb tunlichst verzichtet, um die Sicht auf die dogmatischen Kerngedanken der gesamten Steuerordnung und der einzelnen Steuerarten nicht unnötig zu verstellen. Auch auf exemplifizierende Ausführungen muss im Interesse der Übersichtlichkeit und Kohärenz verschiedentlich verzichtet werden. Schliesslich ist auch der wissenschaftliche Apparat ganz bewusst auf wenige Hinweise zu weiterführender Judikatur und Literatur beschränkt.

Das Werk dient zum einen den Studierenden zur Vertiefung des in den Steuerrechtsvorlesungen dargebotenen Stoffes. Es enthält das Rüstzeug für das Verständnis unserer Steuerrechtsordnung und ist auch für die Vorbereitung von Leistungsüberprüfungen geeignet. Zum anderen soll dieses Lehrbuch den Steuerpraktikern die Grundgedanken und systematischen Zusammenhänge der schweizerischen Steuerrechtsordnung sichtbar machen und eine Orientierungshilfe bieten. Überdies werden auch andere Rechtsanwender – vielleicht sogar leidgeprüfte Steuerzahler – Anregungen für eine steuergünstige Gestaltung ihrer Einkommens- und Vermögensverhältnisse finden.

Vorläufer dieses Lehrbuchs bildeten die Skripten zu meiner Grundlagenvorlesung im Steuerrecht. Diese wurden während vieler Jahre laufend überarbeitet und ergänzt. Obwohl noch manches verbesserungsfähig ist und mich noch nicht restlos befriedigt, entschloss ich mich, nun den Schritt an die Öffentlichkeit zu wagen. Geplant war allerdings noch ein weiterer Teil, welcher die Mehrwertsteuer vertieft erläutert hätte. Da zum gegenwärtigen Zeitpunkt sowohl das alte als auch das neue Recht behandelt werden müsste, was einer konzisen Darstellung abträglich wäre, verzichtete ich dann aber auf diese Erweiterung in der ersten Auflage. Damit ich in weiteren Auflagen namhafte Verbesserungen werde erzielen können, bin ich dankbar für kritische Stellungnahmen und Hinweise (lst.reich@rwi.uzh.ch).

Vorwort zur 1. Auflage

Bei der Konzeption und Abfassung dieses Lehrbuchs haben verschiedene Generationen von Assistierenden meines Lehrstuhls mitgewirkt. Sie haben die Ausführungen immer wieder kritisch hinterfragt und durch zahlreiche Beiträge ergänzt und verbessert. Ich bin ihnen zu grossem Dank verpflichtet. In den Diskussionen mit den Assistierenden finde ich nicht nur Unterstützung und Bekräftigung meiner Auffassungen zu verschiedenen Fragen, vielmehr führen mir die anregenden Gespräche öfters auch die Brüchigkeit bis anhin vertretener Thesen vor Augen und bilden so Anlass für deren Präzisierung oder Modifizierung. Für die tatkräftige und wertvolle Unterstützung danke ich namentlich den Herren RA lic. iur. Marc Enz LL.M., RA lic. iur. Christian Martin Gutekunst, dipl. Steuerexperte, lic. iur. Conradin Luzi und RA Dipl.-Jur. Univ. Daniel Rentzsch sowie Frau lic. iur. Laurence Uttinger.

Herzlich danken möchte ich auch Frau Dr. iur. Maja Bauer-Balmelli, welche mir für den dritten Teil über die Verrechnungssteuer zahlreiche Denkanstösse vermittelt und verschiedene Verbesserungsmöglichkeiten aufgezeigt hat. In den Dank einschliessen möchte ich die Kollegen Georg Müller und Martin Zweifel. Ersterer hat das Verfassungsrecht (§ 4) und die Ausführungen zum Steuerrechtsverhältnis (§ 5), letzterer die verfahrensrechtlichen Erläuterungen (§§ 24 und 25) kritisch durchgesehen. Schliesslich gilt mein Dank aber auch Frau Annette Eberle und Herrn Jürg Strebel vom Schulthess Verlag, die sich umsichtig für die technische Herstellung des Werks eingesetzt haben.

Zürich, im August 2009   Markus Reich

Inhaltsübersicht

Vorwort zur 2. Auflage	V
Vorwort zur 1. Auflage	VII
Inhaltsverzeichnis	XI
Abkürzungsverzeichnis	XLVII
Literatur und weitere Hilfsmittel	LVII

Teil I Grundlagen und Überblick

§ 1	Einführung	3
§ 2	Steuerbegriff und Systematisierung	13
§ 3	Rechtsquellen des Steuerrechts	31
§ 4	Verfassungsrechtliche Grundlagen der Besteuerung	49
§ 5	Steuerrechtsverhältnis	107
§ 6	Auslegung steuerrechtlicher Normen und Steuerumgehung	135
§ 7	Die schweizerische Steuerordnung im Überblick	153

Teil II Einkommens- und Vermögenssteuerrecht

Erster Abschnitt: Steuerberechtigung, Steuerharmonisierung und steuerrechtlicher Einkommensbegriff

§ 8	Steuerberechtigung	187
§ 9	Steuerharmonisierung	193
§ 10	Steuerrechtlicher Einkommensbegriff	205

Zweiter Abschnitt: Einkommens- und Vermögenssteuer natürlicher Personen

§ 11	Subjektive Steuerpflicht natürlicher Personen	231
§ 12	Partnerschafts- und Familienbesteuerung	253
§ 13	Einkommen natürlicher Personen	269
§ 14	Vermögen natürlicher Personen	355
§ 15	Einkommen und Vermögen aus selbständiger Erwerbstätigkeit	365
§ 16	Zeitliche Bemessung (natürliche Personen)	415
§ 17	Steuermass (natürliche Personen)	427

Dritter Abschnitt: Gewinn- und Kapitalsteuer juristischer Personen

§ 18	Grundlagen der Besteuerung juristischer Personen	437
§ 19	Subjektive Steuerpflicht juristischer Personen	447
§ 20	Gewinn und Kapital der Kapitalgesellschaften und Genossenschaften	457
§ 21	Zeitliche Bemessung (juristische Personen)	475
§ 22	Steuermass (juristische Personen)	479
§ 23	Besonderheiten bei Holding- und Verwaltungsgesellschaften	483

Vierter Abschnitt: Grundstückgewinnsteuer

§ 24	Grundlagen der Grundstückgewinnsteuer	495
§ 25	Steuertatbestand der Grundstückgewinnsteuer	507

Fünfter Abschnitt: Steuerverfahrensrecht

§ 26	Steuerveranlagung und Steuerbezug	531
§ 27	Rechtsschutz	569

Teil III Verrechnungssteuerrecht

§ 28	Grundlagen	591
§ 29	Verrechnungssteuer auf den Erträgen des beweglichen Kapitalvermögens	601
§ 30	Verrechnungssteuer auf den Lotteriegewinnen	629
§ 31	Verrechnungssteuer auf Versicherungsleistungen	631
§ 32	Behörden und Verfahren	633

Teil IV Mehrwertsteuerrecht

Verfasst von Philip Robinson

§ 33	Grundlagen	641
§ 34	Inlandsteuer	659
§ 35	Bezugsteuer	705
§ 36	Einfuhrsteuer	709
§ 37	Behörden und Verfahren	713

Sachregister   729

Inhaltsverzeichnis

Vorwort zur 2. Auflage		V
Vorwort zur 1. Auflage		VII
Inhaltsübersicht		IX
Abkürzungsverzeichnis		XLVII
Literatur und weitere Hilfsmittel		LVII
A.	Allgemeine Literatur	LVII
B.	Kommentare und Handbücher	LX
	I. Bund	LX
	II. Kantone	LXI
C.	Gesetzessammlungen, Judikatur und Zeitschriften	LXIII
	I. Sammlungen von Gesetzen und Verordnungen	LXIII
	II. Judikatur und Praxis	LXIV
	III. Zeitschriften	LXV

Teil I Grundlagen und Überblick

§ 1 Einführung — 3

- A. Entwicklung der Steuererhebung — 3
- B. Das Steuerrecht in der Rechtsordnung — 5
- C. Das Steuerrecht in Alltag, Politik und Rechtsanwendung — 7
- D. Das Steuerrecht in Lehre und Forschung — 8
  - I. Die Steuern als Gegenstand wissenschaftlicher Auseinandersetzung — 8
    1. Steuerrechtswissenschaft — 9
    2. Finanzwissenschaftliche Steuerlehre — 9
    3. Betriebswirtschaftliche Steuerlehre — 10
  - II. Stellenwert des Steuerrechts für die Studierenden — 10

§ 2 Steuerbegriff und Systematisierung — 13

- A. Begriff und Funktion der Steuer — 13
  - I. Begriff der Steuer — 13
  - II. Finanzierungs- und Lenkungsfunktion der Steuer — 14
    1. Reine Finanzzwecksteuern — 14
    2. Lenkungsfunktion der Steuern — 15
    3. Zweckbindung der Steuern — 16

		III.	Die Steuern im System der Abgaben	17
			1. System der öffentlichen Abgaben	17
			2. Notwendigkeit der Abgrenzung	18
			3. Steuern und Kausalabgaben	19
			4. Steuern und Sozialversicherungsabgaben	21
			5. Steuern und Lenkungsabgaben	22
	B.	Erscheinungsformen und Steuerarten		24
		I.	Einteilung nach dem Steuerobjekt	24
			1. Personal- oder Kopfsteuern	24
			2. Steuern auf Einkommen und Vermögen (Gewinn und Kapital)	25
			3 Verkehrssteuern	25
			4. Besitz- und Aufwandsteuern	26
		II.	Einkommens- und Verbrauchssteuern	26
		III.	Direkte und indirekte Steuern	26
		IV.	Weitere Differenzierungen	27
			1. Subjektsteuern und Objektsteuern	27
			2. Allgemeine und spezielle Steuern (Sondersteuern)	28
			3. Zweckgebundene und nicht zweckgebundene Steuern	28
			4. Reine Finanzzweck- und Lenkungssteuern	28
			5. Periodische und nicht periodische Steuern	29
			6. Quellensteuern und andere Einkommenssteuern	29
			7. Proportionale und progressive Steuern	29
§ 3	**Rechtsquellen des Steuerrechts**			**31**
A.	Einleitung			31
	I.	Begriff und Wesen der Rechtsquellen		31
	II.	Publikation		32
	III.	Hierarchie der Rechtssätze		32
B.	Völkerrecht			33
	I.	Völkergewohnheitsrecht		33
	II.	Supranationale Rechtsnormen		33
	III.	Staatsvertragsrecht		34
		1. EMRK und Zusatzprotokolle zur EMRK		34
		2. Doppelbesteuerungsabkommen		35
		3. Staatsverträge mit der EU		36
		4. Andere Staatsverträge		37
		a) Bundesebene		37
		b) Kantonale Ebene		37
C.	Verfassungsrecht			38
	I.	Bundesverfassung		38
	II.	Kantonsverfassungen		38

D.	Gesetzesrecht		39
E.	Verordnungsrecht		40
	I.	Rechtsverordnungen und Verwaltungsverordnungen	40
		1. Rechtsverordnungen	40
		2. Verwaltungsverordnungen	40
	II.	Selbständige und unselbständige Verordnungen	42
	III.	Gesetzesvertretende Verordnungen und Vollziehungsverordnungen	43
F.	Interkantonale Vereinbarungen		43
G.	Allgemeine Rechtsgrundsätze und Gewohnheitsrecht		44
	I.	Allgemeine Rechtsgrundsätze	44
	II.	Gewohnheitsrecht	44
H.	Richterliches Recht		45
I.	Anwendung der Rechtsquellen		46
	I.	Verfügungen	46
	II.	Verwaltungsrechtliche Verträge	47
	III.	Weitere Formen des Verwaltungshandelns (Auskünfte und Zusagen)	47

§ 4 Verfassungsrechtliche Grundlagen der Besteuerung   49

A.	Verfassungsrechtliche Kompetenzordnung		50
	I.	Grundregel	50
	II.	Steuererhebungskompetenzen	51
		1. Bund	51
		2. Kantone	52
		3. Gemeinden und andere Selbstverwaltungskörper	52
	III.	Interkantonales Doppelbesteuerungsverbot	53
	IV.	Steuerharmonisierung der direkten Steuern	54
		1. Blick zurück	54
		2. Analyse des Harmonisierungsauftrags	55
		a) Harmonisierungsziel	55
		b) Harmonisierungsgegenstand	55
		c) Harmonisierungsmethode	56
		d) Standortbestimmung	57
		3. Ausführungsgesetzgebung	57
	V.	Steuerabkommen	58
B.	Grundrechte		59
	I.	Rechtsgleichheitsgebot	59
		1. Allgemeiner Gleichheitssatz	59
		a) Gleichbehandlung in der Rechtssetzung	59

			b)	Gleichbehandlung in der Rechtsanwendung	60
			c)	Gleichbehandlung im Unrecht	60
		2.	\	Besondere Gleichbehandlungsgebote	61
			a)	Diskriminierungsverbot	61
			b)	Grundsatz der Gleichberechtigung von Mann und Frau	62
	II.	Willkürverbot			62
		1.		Willkürverbot in der Rechtssetzung	63
		2.		Willkürverbot in der Rechtsanwendung	63
	III.	Freiheitsrechte			63
		1.		Recht auf Ehe und Familie	63
		2.		Glaubens- und Gewissensfreiheit	64
		3.		Eigentumsgarantie	66
		4.		Wirtschaftsfreiheit	67
			a)	Tragweite der Wirtschaftsfreiheit im Steuerrecht	67
			b)	Grundsatz der Wettbewerbsneutralität der Besteuerung	68
		5.		Recht auf Hilfe in Notlagen	69
	IV.	Verfahrensgarantien			69
C.	Verfassungsmässige Grundprinzipien des Verwaltungsrechts				71
	I.	Grundsatz der Gesetzmässigkeit			71
	II.	Grundsatz des öffentlichen Interesses			73
	III.	Verhältnismässigkeitsprinzip			73
	IV.	Grundsatz von Treu und Glauben			74
		1.		Verbot widersprüchlichen Verhaltens	74
		2.		Verbot des Rechtsmissbrauchs	75
		3.		Grundsatz des Vertrauensschutzes	76
	V.	Grundsatz der Rechtssicherheit			78
		1.		Bestimmtheit, Voraussehbarkeit, Stabilität und Kontinuität des Steuerrechts	78
		2.		Gesetzesänderungen	79
			a)	Zulässigkeit von Gesetzesänderungen	79
			b)	Rückwirkungsverbot	79
		3.		Praxisänderungen	80
			a)	Zulässigkeit von Praxisänderungen	80
			b)	Wirkungen von Praxisänderungen	81
D.	Steuererhebungsprinzipien				83
	I.	Tragweite			83
	II.	Allgemeinheit der Besteuerung			84
		1.		Privilegierungsverbot	85
		2.		Diskriminierungsverbot	86
	III.	Gleichmässigkeit der Besteuerung			87

	IV.	Besteuerung nach der wirtschaftlichen Leistungsfähigkeit		88
		1. Konkretisierung des Leistungsfähigkeitsprinzips im Einkommenssteuerrecht		89
			a) Bemessungsgrundlage der Einkommenssteuer	89
			b) Wirkungsorientierte Steuerlastverteilung	91
			c) Verbot exzessiver Besteuerung	92
			d) Tarifverlauf	92
			e) Ausserfiskalische Zielsetzungen	94
		2. Steuerreformdiskussion		95
			a) Konsumorientierung der Einkommenssteuer	95
			b) Flat Tax vs. Dual Income Tax	97
			c) Beurteilung im Licht des Leistungsfähigkeitsprinzips	98
E.	Derogatorische Kraft des Bundesrechts			99
	I.	Grundregel		99
	II.	Bundesrechtlicher Rahmen der kantonalen Steuerrechtsordnungen		100
		1. Einschränkungen durch die Privatrechtskompetenz des Bundes		100
		2. Weitere Beschränkungen zur Verwirklichung von Bundesaufgaben		101
F.	Durchsetzung des Verfassungsrechts			102
	I.	Einzelaktkontrolle		102
	II.	Normenkontrolle		102
		1. Anwendungsgebot		102
		2. Zurückhaltung des Verfassungsrichters		103
		3. Verfahrensrechtliche Aspekte		104
			a) Abstrakte Normenkontrolle	104
			b) Konkrete Normenkontrolle	104
			c) Behebung erkannter Verfassungswidrigkeiten	104
§ 5	**Steuerrechtsverhältnis**			107
A.	Begriff und Wesen des Steuerrechtsverhältnisses			107
	I.	Begriffliches		107
		1. Steuerrechtsverhältnis		107
		2. Steuerschuldverhältnis		108
		3. Veranlagungsverhältnis		109
	II.	Rechtsnatur		110
		1. Obligatio ex lege		110
		2. Öffentlich-rechtliches Subordinationsverhältnis		111
	III.	Grundlagen des Steuerschuldrechts		111
	IV.	Anwendbarkeit privatrechtlicher Normen auf das Steuerschuldverhältnis		112

B.	Die am Steuerrechtsverhältnis Beteiligten		112
	I. Das steuerberechtigte Gemeinwesen		113
		1. Steuererhebungskompetenz	113
		2. Steuerberechtigung (Steuergläubigerschaft)	115
	II. Der Steuerpflichtige		115
		1. Begriffliches	115
		a) Steuerpflichtiger/Steuersubjekt	115
		b) Steuersubstitution	115
		c) Steuerträger	116
		d) Steuerhaftung	116
		e) Steuersukzession	117
		2. Steuerrechtsfähigkeit	117
		3. Partei- und Prozessfähigkeit	118
C.	Steuertatbestand		119
	I. Begriff und Wesen des Steuertatbestands		119
	II. Steuersubjekt		119
	III. Steuerobjekt und Steuerbemessungsgrundlage		121
	IV. Steuermass		122
D.	Entstehung und Untergang der Steuerforderung		123
	I. Entstehung und Verwirklichung der Steuerforderung		123
		1. Entstehung der Steuerforderung	123
		2. Wirkung der Steuerveranlagung	125
	II. Untergang der Steuerforderung		126
		1. Gegenstand und Auswirkungen des Untergangs	126
		2. Erfüllung	127
		a) Bezahlung und Bezahlungssurrogate	128
		b) Meldung der steuerbaren Leistung	129
		3. Verrechnung	129
		4. Erlass	130
		5. Amnestie	131
		6. Verjährung und Verwirkung	131
		a) Terminologisches	132
		b) Ausgestaltung der Verjährung	132
		c) Rechtsfolgen der Verjährung	134

§ 6 Auslegung steuerrechtlicher Normen und Steuerumgehung   135

A.	Auslegung		135
	I. Ziel der Auslegung		135
	II. Juristische Auslegungslehre		136
	III. Die klassischen Auslegungselemente		137
		1. Grammatikalisches Element	137
		2. Historisches Element	138
		3. Systematisches Element	138

		4.	Teleologisches Element	138
	IV.	Zur wirtschaftlichen Betrachtungsweise		139
B.	Steuerumgehung			140
	I.	Die Steuerumgehung nach der bundesgerichtlichen Rechtsprechung		140
		1.	Umschreibung der Steuerumgehung	140
		2.	Voraussetzungen der Steuerumgehung	141
			a) Absonderliche Sachverhaltsgestaltung	141
			b) Absicht der Steuerersparnis	141
			c) Tatsächliche Steuerersparnis	142
		3.	Wirkung der Steuerumgehung	142
		4.	Abgrenzungsfragen	142
			a) Erlaubte Steuerersparnis	142
			b) Steuerhinterziehung	143
			c) Simulation	144
			d) Verdeckte Gewinnausschüttung	145
			e) Gesetzesumgehung	145
		5.	Dogmatische Einordnung	146
	II.	Neuere dogmatische Tendenzen in der Umgehungsbekämpfung		147
		1.	Ausdehnung der teleologischen Auslegung	147
		2.	Normkorrektur aufgrund des Willkürverbots	148
		3.	Würdigung	149

§ 7 Die schweizerische Steuerordnung im Überblick — 153

A.	Die Steuern des Bundes			154
	I.	Blick auf die Bundesfinanzordnung		154
		1.	Grundlagen	154
		2.	Entwicklung der Bundesausgaben und der Bundessteuern	155
		3.	Finanzausgleich	156
		4.	Bedeutung der Bundessteuern im Rahmen des Bundeshaushaltes	157
	II.	Direkte Bundessteuer		158
	III.	Mehrwertsteuer		160
	IV.	Verrechnungssteuer		163
	V.	Stempelabgaben		164
		1.	Emissionsabgabe	165
		2.	Umsatzabgabe	166
		3.	Abgabe auf Versicherungsprämien	167
	VI.	Besondere Verbrauchssteuern		167
		1.	Tabaksteuer	167
		2.	Biersteuer	168
		3.	Steuern auf gebrannten Wassern	168

		4. Mineralölsteuer	169
		5. Steuer auf Automobilen	169
	VII.	Zölle	169
	VIII.	Spielbankenabgabe	171
	IX.	Verkehrsabgaben	171
		1. Schwerverkehrsabgabe	171
		2. Nationalstrassenabgabe (Autobahnvignette)	171
B.	Die Steuern der Kantone und Gemeinden		172
	I.	Allgemeine Einkommens- und Vermögenssteuer	172
	II.	Grundsteuern	173
		1. Einführung	173
		2. Grundstückgewinnsteuer	174
		3. Liegenschaftssteuer	175
		4. Minimalsteuer auf Grundeigentum	176
		5. Handänderungssteuer	176
	III.	Erbschafts- und Schenkungssteuern	178
	IV.	Weitere kantonale und kommunale Steuern	179
	V.	Steuerkatalog des Kantons Zürich	181

Teil II   Einkommens- und Vermögenssteuerrecht

Erster Abschnitt: Steuerberechtigung, Steuerharmonisierung und steuerrechtlicher Einkommensbegriff

§ 8   Steuerberechtigung — 187

A.	Steuererhebungskompetenz		187
	I.	Bund	187
	II.	Kantone	189
		1. Kantonale Steuererhebungskompetenz	189
		2. Kommunale Steuererhebungskompetenz	189
B.	Gesetzliche Grundlagen		190
	I.	Bund	190
	II.	Kantone	191
		1. Kanton	191
		2. Gemeinden	191

§ 9   Steuerharmonisierung — 193

A.	Rechtsnatur und Tragweite des StHG		194
	I.	Mittelbare Rechtssetzung	194
		1. Adressaten des StHG	194
		2. Transformationsbedürftigkeit	194
	II.	Das StHG als Rahmengesetz	195
		1. Terminologisches	195

		2. Beschränkte Bundeskompetenz	196
		3. Unterschiedliche Regelungsintensität der StHG-Vorschriften	197
B.	Sachlicher Anwendungsbereich des StHG		197
	I.	Äussere Umrandung des Harmonisierungsbereichs	197
	II.	Bundeskompetenz und kantonale Kompetenz innerhalb des Harmonisierungsbereichs	197
C.	Auslotung der kantonalen Gestaltungsspielräume		198
	I.	Verfassungsrechtliches Anwendungsgebot	198
	II.	Auslegung des StHG	199
		1. Harmonisierungsrechtliches Dilemma	199
		2. Harmonisierungsspezifische Auslegungselemente	199
		a) Harmonisierungsbedarf	199
		b) Harmonisierungsreife	200
		c) Dynamischer Aspekt	200
		d) Vertikale Harmonisierung	200
D.	Umsetzung des StHG		201
	I.	Zusammenarbeit von Bund und Kantonen	201
	II.	Aufsicht des Bundes	202
	III.	Anpassungsfrist	202
	IV.	Kollision von Bundesrecht und kantonalem Recht	203
	V.	Bundesrechtlicher Rechtsschutz	203

§ 10 Steuerrechtlicher Einkommensbegriff — 205

A.	Ausgangslage		205
	I.	Gesetzliche Umschreibung des Einkommens	206
		1. Das Einkommen natürlicher Personen	206
		a) Einkünfte	206
		b) Abzüge	206
		2. Das Einkommen juristischer Personen	206
	II.	Konzept der Generalklausel	207
		1. Gesetzlicher Ausgangspunkt	207
		2. Umfassender Einkommensbegriff	207
		3. Problematik der gesetzlichen Umschreibung	208
B.	Einkommen als Reinvermögenszufluss		208
	I.	Einfluss der Reinvermögenszugangstheorie	208
	II.	Absage an die Markteinkommenstheorie	210
	III.	Schlüsselfunktion des Zuflusses	211
		1. Einkommen als Zufluss von aussen	211
		2. Zufluss von aussen und Realisation	212
		3. Rechtfertigung der Reinvermögenszuflusstheorie	213

	IV.	Neutralisierende Wirkung von korrelierenden Vermögensabgängen	213
		1. Einkommen als Bereicherung	213
		2. Schadenersatzleistungen	214
		3. Lidlohn	215
		4. Ungerechtfertigte Vermögenszugänge	215
C.		Grundsatz der Gesamtreineinkommenssteuer	216
	I.	Prinzip der Totalität	216
	II.	Prinzip der Realität	217
	III.	Prinzip der Faktizität	218
	IV.	Nettoprinzip	219
		1. Objektives Nettoprinzip	219
		a) Einkommenspool	219
		b) Abziehbare Gewinnungskosten	220
		2. Subjektives Nettoprinzip	221
	V.	Prinzip der Unmassgeblichkeit der Einkommensverwendung	222
D.		Probleme der Periodisierung	222
	I.	Zeitpunkt des Zuflusses und Abflusses	222
		1. Erfordernis des abgeschlossenen Erwerbs	222
		2. Zeitliche Zuordnung des Abflusses von Aufwendungen	225
	II.	Grundsatz der Periodizität	225
		1. Periodeneinkommen versus Lebenseinkommen	225
		2. Periodizitätsprinzip versus Leistungsfähigkeitsprinzip	226

Zweiter Abschnitt: Einkommens- und Vermögenssteuer natürlicher Personen

§ 11 Subjektive Steuerpflicht natürlicher Personen   231

A.		Persönliche Voraussetzungen	232
	I.	Grundsatz	232
	II.	Ehegatten und eingetragene Partner	233
	III.	Unmündige Kinder	233
	IV.	Personengesamtheiten	234
		1. Grundsatz	234
		2. Erbengemeinschaften	234
		3. Ausländische Personengesamtheiten	234
B.		Begründung und Umfang der subjektiven Steuerpflicht	235
	I.	Steuerpflicht aufgrund persönlicher Zugehörigkeit	235
		1. Anknüpfungstatbestände	235
		a) Steuerrechtlicher Wohnsitz	235
		b) Steuerrechtlicher Aufenthalt	237
		c) Sonderanknüpfung bei gewissen Bundesangestellten	237
		2. Unbeschränkte Steuerpflicht	238

			a)	Universalitätsprinzip	238
			b)	Unilaterale Steuerbefreiung auswärtiger Geschäftsbetriebe, Betriebsstätten und Liegenschaften	238
			c)	Verrechenbarkeit von ausländischen Verlusten	239
			d)	Weitere Einschränkung	240
	II.	Steuerpflicht aufgrund wirtschaftlicher Zugehörigkeit			240
		1.	Generelle Anknüpfungstatbestände		240
			a)	Geschäftsbetrieb und Betriebsstätte	240
			b)	Grundstücke	242
			c)	Vermittlung von Grundstücken	242
		2.	Anknüpfungstatbestände im internationalen Verhältnis		242
			a)	Arbeitnehmer im Allgemeinen	242
			b)	Arbeitnehmer bei internationalen Transporten	243
			c)	Künstler, Sportler und Referenten	244
			d)	Verwaltungsräte	244
			e)	Hypothekargläubiger	244
			f)	Empfänger von Vorsorgeleistungen	244
		3.	Beschränkte Steuerpflicht		245
	III.	Steuerberechnung bei teilweiser Steuerpflicht (Progressionsvorbehalt)			245
C.	Ausnahmen von der subjektiven Steuerpflicht				246
	I.	Völkerrechtliche Vereinbarungen			246
	II.	Steuererleichterungen für neu zuziehende Unternehmen			246
D.	Dauer der subjektiven Steuerpflicht				247
	I.	Beginn			247
	II.	Ende			247
E.	Beteiligung von Dritten				248
	I.	Steuersukzession			248
	II.	Haftung			248
		1.	Haftung der Ehegatten		248
		2.	Mithaftung		248
F.	Exkurs: Aufwandbesteuerung				249
	I.	Voraussetzungen der Aufwandbesteuerung			250
	II.	Bemessungsgrundlage der Aufwandbesteuerung			250
	III.	Abkommensberechtigung			251

§ 12 Partnerschafts- und Familienbesteuerung — 253

A.	Einführung		253
	I.	Problematik	253
	II.	Grundsatz der Faktorenaddition	254
	III.	Voraussetzungen der Faktorenaddition	255

	IV.	Auswirkungen der Faktorenaddition	255
		1. Aufhebung der steuerrechtlichen Schranken	255
		2. Innerfamiliäre Einkommens- und Vermögensverrechnung	255
		3. Gemeinsame Veranlagung	256
		4. Haftung	256
	V.	Subjektive Steuerpflicht	257
B.	Steuerbelastung der Ehepaare und Partnerschaften im System der Faktorenaddition		257
	I.	Ausgangslage	257
	II.	Zu berücksichtigende Umstände	258
		1. Einkommensbindungseffekt	258
		2. Ökonomische Vorteile der Partnerschaften	258
		a) Haushaltersparnis	258
		b) Wert der Haushaltarbeit	259
		c) Andere ökonomische Vorteile der Partnerschaften	259
		3. Auswirkungen der ökonomischen Vorteile der Partnerschaften	259
	III.	Methodisches Vorgehen	260
	IV.	Ausmass der Entlastung	261
C.	Steuerbelastung der Ehepaare und Partnerschaften mit Kindern		262
	I.	Besteuerung Minderjähriger	262
	II.	Auswirkungen der Faktorenaddition	262
	III.	Berücksichtigung der Kinderlasten	263
		1. Kinderabzüge	263
		2. Kinderbetreuungskosten	264
		3. Familiensplitting	264
D.	Steuerbelastung der Alleinerziehenden		265
E.	Neuordnung der Partnerschafts- und Familienbesteuerung		266

§ 13 Einkommen natürlicher Personen   269

A.	Einkommen aus unselbständiger Erwerbstätigkeit		270
	I.	Gesetzliche Grundlagen	270
	II.	Begriff und Wesen des Einkommens aus unselbständiger Erwerbstätigkeit	270
		1. Umschreibung des Einkommens aus unselbständiger Erwerbstätigkeit	270
		2. Abgrenzung der unselbständigen von der selbständigen Erwerbstätigkeit	271
		3. Abgrenzung des Einkommens aus unselbständiger Erwerbstätigkeit von der Schenkung	272
		4. Spesenvergütungen	272

		5.	Naturalleistungen und weitere Lohnnebenleistungen	273
		6.	Mitarbeiteraktien und -optionen	273
	III.	Berufskosten		274
		1.	Begriff der Berufskosten	274
		2.	Abgrenzung zu den Lebenshaltungskosten	275
			a) Ausbildungskosten	276
			b) Standeskosten	276
			c) Kinderbetreuungskosten	276
		3.	Arten der Berufskosten	277
			a) Fahrtkosten und Mehrkosten für auswärtige Verpflegung	277
			b) Weiterbildungskosten	277
			c) Umschulungskosten	280
			d) Arbeitszimmer	280
			e) Übrige Berufskosten	280
		4.	Pauschalierung der Berufsauslagen	281
B.	Einkommen aus selbständiger Erwerbstätigkeit			281
C.	Vermögensertrag im Privatvermögensbereich			281
	I.	Vermögensertragsbegriff		281
		1.	Gesetzliche Grundlagen	281
		2.	Definition des Vermögensertrags	282
		3.	Abgrenzung zum Kapitalgewinn	282
	II.	Zurechnung des Vermögensertrags		284
	III.	Ertrag des unbeweglichen Privatvermögens		285
		1.	Begriff und Arten des Ertrags aus unbeweglichem Vermögen	285
		2.	Ertrag aus Vermietung und Verpachtung	286
		3.	Ertrag aus Eigennutzung	286
			a) Eigennutzung als steuerbares Einkommen	286
			b) Rechtfertigung der Eigenmietwertbesteuerung	287
			c) Ausgestaltung der Eigenmietwertbesteuerung	287
			d) Ermittlung der Eigenmietwerte	288
			e) Kritik	289
			f) Systemwechsel	290
		4.	Ertrag aus Nutzniessung und sonstiger Nutzung	291
			a) Abgrenzung von Vermögensertrag und Grundstückgewinn	292
			b) Ertrag aus Baurechtsverträgen	292
			c) Ertrag aus Ausbeutungsrechten	293
		5.	Aufwendungen	293
			a) Arten der abziehbaren Aufwendungen	293
			b) Abgrenzungsproblematik	294
			c) Gewinnungskosten	296
			d) Kosten für Energiespar- und Umweltschutzmassnahmen sowie für Denkmalpflege	298

			e)	Schuldzinsen	299
			f)	Baurechtszinsen	299
	IV.	Ertrag des beweglichen Privatvermögens			300
		1.	Begriff und Arten des Ertrags aus beweglichem Vermögen		300
		2.	Ertrag aus Guthaben		301
			a)	Zinsen	301
			b)	Einkünfte aus der Veräusserung oder Rückzahlung von Obligationen mit überwiegender Einmalverzinsung	302
			c)	Ertrag aus rückkaufsfähiger Kapitalversicherung mit Einmalprämie	303
		3.	Geldwerte Vorteile aus Beteiligungen		304
			a)	Besonderheiten des Vermögensertrags aus Beteiligungen	304
			b)	Subjektbezogene vs. objektbezogene Betrachtungsweise	304
			c)	Steuerfrei rückzahlbares Kapital	305
			d)	Dividenden und Gewinnanteile	309
			e)	Liquidationsüberschüsse	312
			f)	Darlehen an Beteiligte	314
			g)	Erwerb eigener Beteiligungsrechte	314
			h)	Transponierung und indirekte Teilliquidation	316
			i)	Teilbesteuerung der Einkünfte aus Beteiligungen	319
			j)	Erlös aus Bezugsrechten	320
		4.	Ertrag aus beweglichen Sachen und nutzbaren Rechten		321
			a)	Einkünfte aus Vermietung oder Verpachtung	321
			b)	Einkünfte aus Nutzniessung oder sonstiger Nutzung	321
		5.	Ertrag aus kollektiven Kapitalanlagen		322
			a)	Transparenzprinzip	322
			b)	Kollektive Kapitalanlagen mit direktem Grundbesitz	322
			c)	Investmentgesellschaft mit festem Kapital (SICAF)	323
			d)	Andere kollektive Kapitalanlagen gemäss KAG	323
		6.	Ertrag aus immateriellen Gütern		324
		7.	Ertrag aus Derivaten und kombinierten Finanzprodukten		325
		8.	Aufwendungen		326
D.	Einkünfte aus Vorsorge				327
	I.	Grundsatz der vollen Steuerbarkeit			327
	II.	Alters-, Hinterlassenen- und Invalidenvorsorge (1. Säule)			329
	III.	Berufliche Vorsorge (2. Säule)			329
	IV.	Selbstvorsorge			330
		1.	Gebundene Selbstvorsorge (Säule 3a)		330
		2.	Freie Selbstvorsorge (Säule 3b)		330
			a)	Lebensversicherungen	330
			b)	Einkünfte aus Leibrenten und Verpfründung	331

E.	Übrige Einkünfte		332
	I. Erwerbsersatzeinkünfte		332
	II. Versicherungsleistungen		332
	III. Entschädigungen für die Aufgabe oder Nichtausübung einer Tätigkeit oder eines Rechts		333
	IV. Unterhalts- und Unterstützungsleistungen		333
		1. Alimente	333
		2. Stipendien und andere Unterstützungsleistungen	334
	V. Lotteriegewinne		335
F.	Nicht der Einkommenssteuer unterliegende Einkünfte		335
	I. Kapitalgewinne		336
		1. Gewinn und Verlust aus der Veräusserung von unbeweglichem Privatvermögen	336
		2. Gewinn und Verlust aus der Veräusserung von beweglichem Privatvermögen	337
		3. Kapitalgewinne und -verluste im Licht des Leistungsfähigkeitsprinzips	337
	II. Vermögensanfall infolge Erbschaft, Vermächtnis, Schenkung oder güterrechtlicher Auseinandersetzung		338
		1. Erbschaft, Vermächtnis und Schenkung	338
		2. Güterrechtliche Auseinandersetzung	339
	III. Vermögensanfall aus rückkaufsfähiger privater Kapitalversicherung		339
	IV. Vorsorgeleistungen bei Stellenwechsel		340
	V. Unterstützungen aus öffentlichen oder privaten Mitteln		340
	VI. Leistungen in Erfüllung familienrechtlicher Verpflichtungen		341
	VII. Sold für Militär- und Schutzdienst sowie das Taschengeld für Zivildienst und Sold der Milizfeuerwehrleute		342
	VIII. Zahlungen von Genugtuungssummen		342
	IX. Ergänzungsleistungen zur AHV und IV		342
	X. Spielbankengewinne		343
G.	Abzüge für besondere Aufwendungen und Sozialabzüge		344
	I. Terminologisches		344
	II. Abzüge für besondere Aufwendungen		344
		1. Abschliessende Aufzählung	345
		2. Schuldzinsen	345
		3. Renten und dauernde Lasten	346
		4. Alimente	347
		5. Beiträge an AHV, IV und an Einrichtungen der beruflichen Vorsorge	347
		6. Beiträge zum Erwerb von Ansprüchen aus anerkannten Formen der gebundenen Selbstvorsorge	347

		7.	Beiträge an EO, ALV und obligatorische UV	348
		8.	Versicherungsprämien und Zinsen von Sparkapitalien	348
		9.	Krankheits-, Unfall- und Invaliditätskosten	348
		10.	Abzug bei Erwerbstätigkeit beider Ehegatten	349
		11.	Zuwendungen an Institutionen mit öffentlicher oder gemeinnütziger Zwecksetzung	349
		12.	Zuwendungen an politische Parteien	350
		13.	Abzug für die Drittbetreuung von Kindern	350
	III.	Freibeträge (Sozialabzüge)		351
		1.	Begriff und Wesen	351
		2.	Abgrenzungsproblematik	351
		3.	Persönlicher Abzug	352
		4.	Kinderabzug	353
		5.	Unterstützungsabzug	353
		6.	Verheiratetenabzug	353

§ 14 Vermögen natürlicher Personen — 355

A. Grundlagen — 355

  I. Gesetzliche Regelung — 355
  II. Begriff und Wesen der Vermögenssteuer — 355
  III. Rechtfertigung der Vermögenssteuer — 356
  IV. Zurechnung des Vermögens — 358
  V. Geschäftsvermögen — 358

B. Steuerbare Aktiven — 359

  I. Prinzip der Totalität — 359
  II. Steuerfreiheit des Hausrates und der persönlichen Gebrauchsgegenstände — 359
  III. Bewertung der Aktiven — 360
   1. Grundsatz der Verkehrswertbewertung — 360
   2. Unbewegliches Vermögen — 361
      a) Nicht land- und forstwirtschaftlich genutzte Grundstücke — 361
      b) Land- und forstwirtschaftlich genutzte Grundstücke — 361
   3. Bewegliches Vermögen — 362
      a) Bargeld, bewegliche Sachen und Guthaben — 362
      b) Wertpapiere — 362
      c) Lebens- und Rentenversicherungen — 363

C. Schulden — 363

D. Freibeträge (Sozialabzüge) — 364

§ 15 Einkommen und Vermögen aus selbständiger Erwerbstätigkeit — 365

A. Begriff und Wesen der selbständigen Erwerbstätigkeit — 366

  I. Gesetzliche Grundlagen — 366

	II.	Begriff und Abgrenzungen	366
		1. Funktion des Begriffs der selbständigen Erwerbstätigkeit	366
		2. Umschreibung und Arten der selbständigen Erwerbstätigkeit	367
		3. Der Begriff der selbständigen Erwerbstätigkeit als Typusbegriff	368
		4. Abgrenzungsfragen	368
		a) Abgrenzung zur unselbständigen Erwerbstätigkeit	368
		b) Abgrenzung zur gelegentlichen Beschäftigung	369
		c) Abgrenzung zur Liebhaberei (Hobby)	369
		d) Abgrenzung zur privaten Vermögensverwaltung	370
	III.	Beginn und Ende der selbständigen Erwerbstätigkeit	374
B.		Geschäftsvermögen und Privatvermögen	374
	I.	Abgrenzung des Geschäfts- vom Privatvermögen	374
		1. Notwendigkeit und Tragweite der Abgrenzung	374
		2. Begriff und Wesen des Geschäfts- bzw. Privatvermögens	375
		3. Abgrenzungskriterien	376
		4. Gemischt genutzte Wirtschaftsgüter	377
		5. Optiertes Geschäftsvermögen	378
		6. Zuordnung von Preisen und Ehrengaben	379
	II.	Änderung der Zweckbestimmung	380
		1. Privateinlagen und Privatentnahmen	380
		a) Privateinlagen	380
		b) Privatentnahmen	380
		2. Verzögerte Liquidation	382
C.		Grundzüge der Gewinnermittlung	382
	I.	Wesen der Einkünfte aus selbständiger Erwerbstätigkeit	382
		1. Der Unternehmensgewinn als Vermögensstandsgewinn	382
		2. Das Einkommen aus selbständiger Erwerbstätigkeit als Buchgewinn	383
		3. Die Einheitlichkeit des Gewinnbegriffs im Unternehmenssteuerrecht	383
	II.	Die Handelsbilanz als Grundlage der Gewinnermittlung	384
		1. Grundsatz der Massgeblichkeit der Handelsbilanz	384
		a) Ableitung	384
		b) Notwendigkeit der Anknüpfung an die Handelsbilanz	384
		c) Inhalt und Tragweite	385
		d) Bilanzberichtigungen und Bilanzänderungen	387
		2. Steuerrechtliche Korrekturen der Handelsbilanz	388
		a) Ziel der steuerrechtlichen Korrekturen	388
		b) Abziehbarkeit der geschäftsmässig begründeten Kosten	388
		3. Soll- und Ist-Methode	389
	III.	Bilanzierung und Bewertung	390

		1.	Periodisierung von Aufwand und Ertrag	391
			a) Realisationsprinzip	391
			b) Imparitätsprinzip	392
			c) Periodizitätsprinzip	392
		2.	Aktivierung und Passivierung	394
			a) Aktivierung	394
			b) Passivierung	394
		3.	Bewertung	395
			a) Bewertungsgrundsätze und -vorschriften	395
			b) Abschreibungen	396
			c) Aufwertung	401
	IV.	Steuerbilanz		402
	V.	Besteuerung der stillen Reserven		403
		1.	Ausgangslage	403
		2.	Gewinnausweistatbestände	403
			a) (Echte) Realisation	404
			b) Buchmässiger Gewinnausweis	405
			c) Steuersystematischer Gewinnausweis	405
		3.	Besteuerung der Grundstückgewinne	408
			a) Dualistisches System	408
			b) Monistisches System	408
		4.	Besteuerung der Kapital- und Liquidationsgewinne	409
			a) Problematik	409
			b) Liquidationsgewinne bei definitiver Geschäftsaufgabe	410
			c) Privatentnahme von Geschäftsgrundstücken im dualistischen System	411
	VI.	Gewinnermittlung ohne kaufmännische Buchhaltung		411
		1.	Aufzeichnungspflicht für Nichtbuchführungspflichtige	411
		2.	Folgen der Verletzung der Aufzeichnungs- und Buchführungspflichten	412
	VII.	Verlustverrechnung		412
		1.	Verluste in der Bemessungsperiode	412
		2.	Verlustvortrag	412
	VIII.	Teilbesteuerung der Einkünfte aus Beteiligungen		413
D.	Ermittlung des steuerbaren Geschäftsvermögens			413
§ 16	**Zeitliche Bemessung (natürliche Personen)**			**415**
A.	Begriffliches			416
	I.	Steuerperiode		416
	II.	Bemessungsperiode		416
	III.	Veranlagungsperiode		416
	IV.	Postnumerando- und Pränumerandobesteuerung		416
		1.	Postnumerandobesteuerung mit Gegenwartsbemessung	417

		2.	Pränumerandobesteuerung mit Vergangenheitsbemessung	417
	V.	Postnumerando- und Pränumerandobezug		418
		1.	Postnumerandobezug	418
		2.	Pränumerandobezug	418
B.	Grundzüge der Postnumerandobesteuerung			419
	I.	Blick zurück		419
	II.	Allgemeine Bemessungsregeln für das Einkommen		420
		1.	Einjährige Steuerperiode mit Gegenwartsbemessung	420
		2.	Steuerpflichtige mit kaufmännischer Buchführung	420
	III.	Besonderheiten		421
		1.	Unterjährige Steuerpflicht	421
		2.	Wohnsitzwechsel	423
		3.	Heirat, Scheidung oder Trennung sowie Tod eines Ehegatten	424
		4.	Mündigkeit	425
		5.	Sonderveranlagungen	425
	IV.	Vermögensbesteuerung		425
		1.	Stichtagsprinzip	425
		2.	Ausnahmen	426

§ 17 Steuermass (natürliche Personen) — 427

A.	Steuersatz			427
	I.	Regelfall		427
		1.	Einkommenssteuersatz	427
			a) Ordentlich veranlagte Steuern	427
			b) Quellensteuern	429
		2.	Vermögenssteuersatz	430
	II.	Ausnahmen		430
		1.	Rechtfertigung von Ausnahmen	430
		2.	Kapitalabfindungen für wiederkehrende Leistungen	430
		3.	Liquidationsgewinne bei Geschäftsaufgabe	431
		4.	Kapitalleistung aus Vorsorge	432
B.	Steuerfuss			433
	I.	Kanton Zürich		433
	II.	Gemeinden		433
C.	Ausgleich der kalten Progression			434

Dritter Abschnitt: Gewinn- und Kapitalsteuer juristischer Personen

§ 18 Grundlagen der Besteuerung juristischer Personen — 437

A.	Selbständige Besteuerung juristischer Personen		437
	I.	Juristische Personen als Steuersubjekte	437

		II.	Subjektive Zuordnung von Gewinn und Kapital	438
		III.	Tragweite der selbständigen Besteuerung juristischer Personen	439
		IV.	Der steuerrechtliche Durchgriff	440
			1. Begriff des steuerrechtlichen Durchgriffs	440
			2. Durchgriff aufgrund besonderer gesetzlicher Vorschriften	440
			3. Durchgriff aufgrund des Steuerumgehungsvorbehalts	441
			4. Aberkennung der Steuerrechtsfähigkeit juristischer Personen	441
	B.	Bedeutung der Rechtsform		442
		I.	Begriff der juristischen Person	442
		II.	Grundsatz der Rechtsformneutralität der Besteuerung	443
		III.	Unterschiede in der Besteuerung der verschiedenen Arten von juristischen Personen	444
			1. Besteuerung der Kapitalgesellschaften und Genossenschaften	444
			2. Besteuerung der Vereine, Stiftungen und übrigen juristischen Personen	444
		IV.	Unterschiede in der Besteuerung von Personenunternehmen und juristischen Personen	445
§ 19	Subjektive Steuerpflicht juristischer Personen			447
A.	Persönliche Voraussetzungen			447
B.	Begründung und Umfang der subjektiven Steuerpflicht			448
	I.	Steuerpflicht aufgrund persönlicher Zugehörigkeit		448
		1. Anknüpfungstatbestände		448
		2. Unbeschränkte Steuerpflicht		449
	II.	Steuerpflicht aufgrund wirtschaftlicher Zugehörigkeit		449
		1. Generelle Anknüpfungstatbestände		449
		2. Anknüpfungstatbestände im internationalen Verhältnis		450
		3. Beschränkte Steuerpflicht		450
		4. Voraussetzungen der Quellensteuerpflicht		450
	III.	Steuerberechnung bei teilweiser Steuerpflicht		450
C.	Ausnahmen von der subjektiven Steuerpflicht			451
	I.	Überblick		451
	II.	Rechtfertigung der Steuerbefreiung		451
	III.	Steuererleichterungen für neu zuziehende Unternehmen		453
D.	Dauer der subjektiven Steuerpflicht			453
	I.	Beginn		453
	II.	Ende		454

E.	Beteiligung von Dritten		454
	I.	Steuersukzession	454
	II.	Mithaftung	455

§ 20 Gewinn und Kapital der Kapitalgesellschaften und Genossenschaften — 457

A.	Grundlagen der Gewinnermittlung				457
	I.	Massgeblichkeitsprinzip und Korrekturvorschriften			457
	II.	Abzug der Steuern			458
	III.	Aufwertungszwang			458
B.	Kapitaleinlagen und -entnahmen				459
	I.	Kapitaleinlagen			459
		1.	Begriff und Arten		459
		2.	Gewinnsteuerrechtliche Würdigung		460
	II.	Kapitalentnahmen			461
		1.	Begriff und Arten		461
		2.	Gewinnausschüttungen		462
			a)	Offene Gewinnausschüttungen	462
			b)	Verdeckte Gewinnausschüttungen	462
		3.	Kapitalherabsetzung		464
C.	Gesonderte Besteuerung der Gewinne auf Liegenschaften				465
D.	Verlustverrechnung				465
E.	Unternehmensumstrukturierungen				466
	I.	Begriff der Umstrukturierung			466
	II.	Steuerprobleme bei Umstrukturierungen im Überblick			466
	III.	Tragweite der gesetzlichen Umstrukturierungsklauseln			467
		1.	Konkretisierung der allgemeinen Gewinnermittlungsbestimmungen		468
		2.	Partiell konstitutive Funktion von DBG 61		468
	IV.	Voraussetzungen der steuerneutralen Reservenübertragung			469
		1.	Generelle Voraussetzungen der steuerneutralen Reservenübertragung		469
		2.	Transaktionsspezifische Voraussetzungen der steuerneutralen Reservenübertragung		470
			a)	Sperrfristen	470
			b)	Betriebserfordernis	471
			c)	Doppeltes Betriebserfordernis	471
			d)	Weitere transaktionsspezifische Voraussetzungen	472
F.	Das Kapital der Kapitalgesellschaften und Genossenschaften				472
	I.	Einbezahltes Aktien- oder Stammkapital			473
	II.	Offene Reserven (inkl. Gewinnvortrag)			473

		III.	Steuerrechtlich offengelegte stille Reserven	473
		IV.	Verdecktes Eigenkapital	473

§ 21 Zeitliche Bemessung (juristische Personen) — 475

A. Allgemeine Bemessungsregeln — 475
 I. Steuerperiode — 475
 II. Bemessungsperiode — 476

B. Besonderheiten — 476
 I. Unter- und überjährige Geschäftsabschlüsse — 476
  1. Gewinnsteuer — 476
  2. Kapitalsteuer — 477
 II. Wechsel des Sitzes oder der tatsächlichen Geschäftsleitung — 477
  1. Direkte Bundessteuer — 477
  2. Kantonssteuer — 477

§ 22 Steuermass (juristische Personen) — 479

A. Einführung — 479
 I. Blick zurück — 479
 II. Steuermass und Steuerbelastung — 480

B. Gewinn- und Kapitalsteuersätze — 480
 I. Bund — 480
 II. Kanton Zürich — 481
 III. Berechnungsbeispiel für Kapitalgesellschaften und Genossenschaften — 482

§ 23 Besonderheiten bei Holding- und Verwaltungsgesellschaften — 483

A. Holding- und Beteiligungsgesellschaften — 483
 I. Begriffe — 483
 II. Problematik der Mehrfachbelastung — 484
 III. Gesetzliche Regelung — 485
  1. Bund — 485
  2. Kantone — 486
   a) Beteiligungsabzug — 486
   b) Holdingprivileg — 487
  3. Beurteilung — 488

B. Verwaltungsgesellschaften und gemischte Gesellschaften — 489
 I. Begriff und Wesen — 489
 II. Gesetzliche Regelung — 489
  1. Verwaltungsgesellschaften — 489
  2. Gemischte Gesellschaften — 490
 III. Beurteilung — 491

Vierter Abschnitt: Grundstückgewinnsteuer

§ 24 Grundlagen der Grundstückgewinnsteuer 495

A. Einführung 495
    I. Überblick über die Grundstückgewinnbesteuerung in Bund und Kantonen 495
    II. Entwicklung und Rechtfertigung der Grundstückgewinnbesteuerung 496

B. Steuerberechtigung 498
    I. Steuererhebungskompetenz 498
    II. Gesetzliche Grundlagen 499
        1. Harmonisierungsrechtliche Vorgaben 499
        2. Kantonale Steuergesetze 500

C. Rechtsnatur 500
    I. Spezialeinkommenssteuer 500
    II. Objektsteuer 501
    III. Formale Konzeption 501

D. Verhältnis zur allgemeinen Einkommenssteuer 502

E. Rechtfertigung der separaten Besteuerung 502

F. Behörden und Verfahren 504

§ 25 Steuertatbestand der Grundstückgewinnsteuer 507

A. Steuersubjekt 507

B. Steuerobjekt und Bemessungsgrundlage 508
    I. Einschränkung im dualistischen System 508
    II. Grundstückbegriff 509
    III. Definition des Grundstückgewinns 510
    IV. Steuerbegründende Tatbestände 510
        1. Privatrechtliche Veräusserung 510
        2. Übertragung der wirtschaftlichen Verfügungsgewalt 512
            a) Kettenhandel 513
            b) Übertragung einer Mehrheitsbeteiligung an einer Immobiliengesellschaft 514
        3. Weitere der Veräusserung gleichgestellte Tatbestände 516
            a) Privateinlage 516
            b) Belastung mit privatrechtlichen Dienstbarkeiten oder öffentlich-rechtlichen Eigentumsbeschränkungen 517
            c) Übertragung von Minderheitsbeteiligungen an Immobiliengesellschaften 518
            d) Planungsmehrwerte 518

V.	Steueraufschiebende Tatbestände		518
	1. Eigentumswechsel durch Erbgang, Erbvorbezug oder Schenkung		519
	2. Eigentumswechsel unter Ehegatten		519
	3. Landumlegungen		519
	4. Ersatzbeschaffungen		519
		a) Land- oder forstwirtschaftliche Grundstücke	519
		b) Selbstgenutztes Wohneigentum	520
		c) Grundstücke des Geschäftsvermögens	520
	5. Umstrukturierungen		521
VI.	Ermittlung des Grundstückgewinns		521
	1. Zentrale Gewinnermittlungsprinzipien		521
		a) Prinzip der gesonderten Gewinnermittlung	521
		b) Kongruenzprinzip	522
	2. Erlös		522
	3. Anlagekosten		523
		a) Erwerbspreis	523
		b) Wertvermehrende Aufwendungen	524
	4. Weitere abziehbare Kosten		525
	5. Verlustverrechnung		525
VII.	Steuermass		526
	1. Ausgestaltung der Steuertarife		526
	2. Ermässigung bei längerer Besitzesdauer		527
	3. Erhöhte Belastung bei kurzer Besitzesdauer (Spekulationsgewinne)		527

Fünfter Abschnitt: Steuerverfahrensrecht

§ 26 Steuerveranlagung und Steuerbezug — 531

A.	Rechtsgrundlagen des Steuerverfahrensrechts		531
B.	Übersicht über die Verfahrensstadien		532
	I. Veranlagungsverfahren		532
	II. Steuerbezug und Zwangsvollstreckung		533
C.	Organisation und Zuständigkeit		533
	I. Organisation der Steuerverwaltungen		533
	1. Bund		533
	2. Kantone		533
	3. Kommunale Organe		534
	II. Sachliche Zuständigkeit		534
	1. Steuerveranlagungsorgane		534
		a) Ordentliche Veranlagung der direkten Bundessteuer	534
		b) Ordentliche Veranlagung der Staats- und Gemeindesteuern	534
		c) Quellensteuerveranlagung	535

		2. Steuerbezugsbehörden	535
		3. Aufsichtsbehörden	535
	III.	Örtliche Zuständigkeit	536
D.	Ordentliches Veranlagungsverfahren		537
	I.	Untersuchungsmaxime und Kooperationsmaxime	537
	II.	Untersuchung durch die Steuerbehörden	538
		1. Umfang und Schranken der behördlichen Untersuchung	538
		2. Untersuchungs- und Beweismittel	539
		3. Amtsgeheimnis	540
	III.	Mitwirkung des Steuerpflichtigen und Dritter	540
		1. Mitwirkung des Steuerpflichtigen	540
		2. Mitwirkung Dritter	541
	IV.	Ablauf des Veranlagungsverfahrens	543
		1. Steuererklärungsverfahren	543
		2. Veranlagungsverfahren i.e.S.	543
		a) Feststellung des rechtserheblichen Sachverhaltes	543
		b) Veranlagung nach pflichtgemässem Ermessen	544
		c) Veranlagungsentscheid	545
	V.	Feststellungsverfahren	546
	VI.	Steuerbezug und Steuersicherung	547
		1. Steuerbezug	547
		a) Fälligkeit	547
		b) Provisorischer und definitiver Bezug	548
		c) Stundung, Zahlungserleichterungen und Steuererlass	548
		2. Zwangsvollstreckung	549
		3. Steuersicherung	549
		a) Sicherstellungsverfügung	549
		b) Arrest	550
		c) Steuerpfandrecht	550
		d) Weitere Sicherungsinstrumente	550
	VII.	Inventar	551
E.	Quellensteuerverfahren		552
	I.	Einführung	552
	II.	Rechtsgrundlagen	553
	III.	Konzept	554
		1. Quellensteuer von Arbeitnehmern ohne Niederlassungsbewilligung	554
		2. Quellensteuer von beschränkt steuerpflichtigen Personen	555
		3. Quellensteuer im vereinfachten Abrechnungsverfahren	555
	IV.	Besonderheiten der Quellenbesteuerung	556

		1.	Rechte und Pflichten des Schuldners der steuerbaren Leistung	556
		2.	Rechte und Pflichten des Steuerpflichtigen	557
	V.	Vereinbarkeit der Quellenbesteuerung mit höherrangigem Recht		558
F.	Rechtskraft und Nichtigkeit von Veranlagungen und Entscheiden			560
	I.	Formelle und materielle Rechtskraft		560
	II.	Tragweite der Rechtskraft		561
	III.	Änderung rechtskräftiger Veranlagungen und Entscheide		562
		1.	Revision	563
			a) Revisionsgründe	563
			b) Ausschlussgrund	564
			c) Revisionsverfahren	564
		2.	Nachsteuererhebung	565
			a) Nachsteuergründe	565
			b) Ausschlussgrund	565
			c) Nachsteuerverfahren	566
		3.	Berichtigung	566
	IV.	Nichtigkeit von Veranlagungsverfügungen und -entscheiden		567

§ 27 Rechtsschutz 569

A.	Überblick über die harmonisierte Rechtsmittelordnung in Bund und Kantonen			570
	I.	Vorgaben des StHG		570
	II.	Rechtsmittelweg für die direkte Bundessteuer		570
	III.	Parallelität des Rechtsmittelwegs in Bund und Kantonen		571
B.	Rechtsmittel auf kantonaler Ebene			571
	I.	Einsprache		572
		1.	Einspracheobjekt	572
		2.	Einsprachegründe	573
		3.	Einsprachelegitimation	573
		4.	Einsprachefrist	573
		5.	Form und Inhalt der Einsprache	574
		6.	Besonderheiten der Einsprache gegen eine Veranlagung nach pflichtgemässem Ermessen	574
		7.	Verfahren und Entscheidung	575
	II.	Beschwerde an die kantonale Rekursinstanz		576
		1.	Beschwerdeobjekt	577
		2.	Beschwerdegründe	577
		3.	Beschwerdelegitimation	578
		4.	Beschwerdefrist	578
		5.	Form und Inhalt der Beschwerde	578
		6.	Verfahren und Entscheidung	578

	III.	Kantonale Verwaltungsgerichtsbeschwerde	580
C.		Rechtsmittel auf Bundesebene	581
	I.	Beschwerde in öffentlich-rechtlichen Angelegenheiten	582
		1. Beschwerdeobjekt	582
		2. Vorinstanzen	582
		3. Beschwerdegründe	583
		4. Beschwerdebefugnis	584
		5. Beschwerdefrist	585
		6. Form und Inhalt der Beschwerde	585
		7. Verfahren und Entscheidung	586
	II.	Subsidiäre Verfassungsbeschwerde	587

Teil III Verrechnungssteuerrecht

§ 28 Grundlagen 591

- A. Steuerberechtigung 591
    - I. Steuererhebungskompetenz 591
    - II. Gesetzliche Grundlagen 592
- B. Grundkonzept und Funktion 592
    - I. Steuererhebung und -rückerstattung 592
    - II. Sicherungs- und Belastungszweck 593
        1. Sicherungszweck 593
        2. Belastungszweck 594
    - III. Schuldnerprinzip vs. Zahlstellenprinzip 594
    - IV. Verhältnis zur allgemeinen Einkommensteuer von Bund und Kantonen 595
- C. Rechtsnatur 596
- D. Revisionsbestrebungen 597
    - I. Zielsetzungen 597
    - II. Vorgeschlagene Massnahmen 598
        1. Teilweiser Wechsel zum Zahlstellenprinzip 598
        2. Beschränkung auf im Inland ansässige natürliche Personen 598
        3. Ausdehnung auf Erträge ausländischer Obligationen und Geldmarktpapiere 599
- C. Neuregelung der Besteuerung bei überwiegend einmalverzinslichen Papieren 599

§ 29 Verrechnungssteuer auf den Erträgen des beweglichen Kapitalvermögens 601

- A. Steuererhebung 601

I.	Steuersubjekt			601
	1.	Schuldner der steuerbaren Leistung		601
	2.	Inländereigenschaft		602
		a)	Bedeutung des Inländerbegriffs	602
		b)	Natürliche Personen	602
		c)	Juristische Personen und Personengesellschaften ohne juristische Persönlichkeit	602
		d)	Im inländischen Handelsregister eingetragene Unternehmen	603
	3.	Solidarische Mithaftung		604
		a)	Liquidatorenhaftung	604
		b)	Haftung bei Sitzverlegung ins Ausland	605
II.	Steuerobjekt			605
	1.	Erträge aus inländischen Obligationen, Serienschuldbriefen, Seriengülten und Schuldbuchguthaben		606
	2.	Erträge aus Beteiligungsrechten		608
		a)	Definition des Beteiligungsertrags	608
		b)	Modifiziertes Nennwertprinzip	609
		c)	Dividenden und weitere geldwerte Leistungen an die Inhaber der Beteiligungsrechte oder an ihnen nahestehende Personen	610
		d)	Liquidationsüberschüsse	611
		e)	Erwerb eigener Beteiligungsrechte	612
		f)	Gratisaktien, Gratispartizipationsscheine und Gratisnennwerterhöhungen	613
		g)	Geldwerte Leistungen bei Unternehmensumstrukturierungen	613
	3.	Erträge aus Anteilen an einer kollektiven Kapitalanlage gemäss KAG		614
	4.	Erträge aus Kundenguthaben bei Banken und Sparkassen		615
III.	Bemessungsgrundlage			616
	1.	Bruttoprinzip		616
	2.	Aufrechnung «ins Hundert»		617
IV.	Steuersatz			617
V.	Erfüllung der Steuerpflicht			617
	1.	Entstehung und Fälligkeit der Steuerforderung		617
		a)	Zeitpunkt der Entstehung der Steuerforderung	617
		b)	Fälligkeit der Steuerforderung und Verzugszins	618
	2.	Arten der Erfüllung der Steuerpflicht		618
		a)	Entrichtung und Überwälzung der Steuer	619
		b)	Meldung der steuerbaren Leistung	619
		c)	Affidavit-Verfahren bei kollektiven Kapitalanlagen gemäss KAG	620
	3.	Verjährung und Erlass		620
		a)	Verjährung	620
		b)	Erlass	621

B.	Steuerrückerstattung			621
	I.	Entstehung des Anspruchs auf Rückerstattung		621
	II.	Voraussetzungen des Anspruchs auf Rückerstattung		621
		1. Rückerstattungsberechtigte Personen		622
			a) Natürliche Personen	622
			b) Juristische Personen, Geschäftsbetriebe und dergleichen	622
			c) Ausländische Rückerstattungsberechtigte (Rechtsgrundlage VStG)	624
			d) Ausländische Rückerstattungsberechtigte (Rechtsgrundlagen DBA und ZBStA)	624
		2. Recht zur Nutzung		625
		3. Nichtvorliegen einer Steuerumgehung		626
	III.	Verwirkung des Anspruchs auf Rückerstattung		627
		1. Deklaration und Verbuchung		627
		2. Untergang des Anspruchs infolge Zeitablaufs		628

§ 30 Verrechnungssteuer auf den Lotteriegewinnen 629

A.	Steuererhebung		629
	I.	Steuersubjekt	629
	II.	Steuerobjekt und Bemessungsgrundlage	629
	III.	Steuersatz	630
	IV.	Erfüllung der Steuerpflicht	630
B.	Steuerrückerstattung		630

§ 31 Verrechnungssteuer auf Versicherungsleistungen 631

A.	Steuererhebung		631
	I.	Steuersubjekt	631
	II.	Steuerobjekt und Bemessungsgrundlage	631
	III.	Steuersatz	632
	IV.	Erfüllung der Steuerpflicht	632
B.	Steuerrückerstattung		632

§ 32 Behörden und Verfahren 633

A.	Erhebungsverfahren		633
	I.	Zuständige Behörde	633
	II.	Selbstveranlagung und Verfahrenspflichten des Steuerpflichtigen	633
		1. Anmeldung als Steuerpflichtiger	633
		2. Selbstveranlagung und Steuerentrichtung	633
		3. Auskunftspflicht und weitere Mitwirkungspflichten	634
	III.	Überprüfung und Entscheide der EStV	634

		IV.	Rechtsmittel	635
			1. Einsprache	635
			2. Beschwerde ans Bundesverwaltungsgericht	635
			3. Beschwerde in öffentlich-rechtlichen Angelegenheiten ans Bundesgericht	635
	B.	Rückerstattungsverfahren		635
		I.	Zuständige Behörden	636
		II.	Geltendmachung des Rückerstattungsanspruchs	636
			1. Antrag	636
			2. Auskunftspflichten	637
		III.	Durchführung der Rückerstattung	637
			1. Überprüfung des Rückerstattungsanspruchs	637
			2. Rückerstattung durch die EStV	637
			3. Rückerstattung durch die kantonale Rückerstattungsbehörde	638
		IV.	Rechtsmittel	638
			1. Rechtsmittel gegen Entscheide der EStV	638
			2. Rechtsmittel gegen Entscheide der kantonalen Behörden	638

Teil IV   Mehrwertsteuerrecht

Verfasst von Philip Robinson

§ 33   Grundlagen   641

A.	Steuerberechtigung		641
	I.	Steuererhebungskompetenz	641
	II.	Gesetzliche Grundlagen	642
B.	Grundkonzept und Funktion		644
	I.	Besteuerungsziel und Anknüpfung	644
	II.	Steuererhebung: System der Netto-Allphasensteuer	645
		1. Konzepte für Verbrauchssteuern auf Lieferungen und Dienstleistungen	645
		2. Konzept der Schweizer Mehrwertsteuer	647
	III.	Tragende Prinzipien	647
		1. Überblick	647
		2. Wettbewerbsneutralität und Bestimmungslandprinzip	648
		3. Wirtschaftlichkeit der Entrichtung und der Erhebung	649
		4. Überwälzbarkeit	649
		5. Grundsatz der Selbstveranlagung	650
	IV.	Schlüsselbegriffe des MWSTG	650
		1. Leistung	651
		2. Lieferung von Gegenständen	651

		3.	Dienstleistung	652
		4.	Entgelt	652
C.	Rechtsnatur			652
D.	Geltungsbereich			653
	I.	Sachlicher Geltungsbereich		653
	II.	Örtlicher Geltungsbereich		654
		1.	Bestimmungslandprinzip als Grundlage	654
		2.	Das Inland	655
		3.	Das Ausland	656
		4.	Ort der Leistungserbringung	656
			a) Bedeutung	656
			b) Ort der Lieferung	657
			c) Ort der Dienstleistung	657

§ 34 Inlandsteuer 659

A.	Steuersubjekt			659
	I.	Grundsatz		659
	II.	Befreiung von der subjektiven Steuerpflicht		661
		1.	Befreiungstatbestände	661
		2.	Verzicht auf Befreiung	661
	III.	Gemeinwesen		662
	IV.	Gruppenbesteuerung		663
		1.	Grundsatz und Voraussetzungen	663
		2.	Wirkungen der Gruppenbesteuerung	664
		3.	Haftung	665
	V.	Beginn und Ende der Steuerpflicht		665
		1.	Beginn der Steuerpflicht	665
			a) Grundsatz	665
			b) Wegfall der Befreiung	665
		2.	Ende der Steuerpflicht	666
	VI.	Mithaftung		666
	VII.	Steuernachfolge und Steuersubstitution		667
		1.	Steuernachfolge	667
		2.	Steuersubstitution	667
B.	Steuerobjekt			668
	I.	Definition		668
		1.	Gegen Entgelt erbrachte Leistungen	668
		2.	Mittelzuflüsse ohne Entgeltscharakter	668
	II.	Qualifikation von Leistungen		669
	III.	Zuordnung von Leistungen		670
	IV.	Von der Steuer ausgenommene Leistungen		671
		1.	Grundsatz und Zielsetzung	671

		2.	Von der Steuer ausgenommene Leistungen im Einzelnen	672
			a) Allgemeines	672
			b) Reservierte Dienste der Post	673
			c) Leistungen im Gesundheitswesen	673
			d) Leistungen im Sozial- und Pflegebereich	674
			e) Bildung und Erziehung	675
			f) Nicht gewinnstrebige Einrichtungen	675
			g) Kunst, Kultur und Sport	675
			h) Leistungen für gemeinnützige Zwecke	676
			i) Versicherungs- und Rückversicherungsleistungen	676
			j) Geld- und Kapitalverkehr	676
			k) Leistungen im Zusammenhang mit Grundstücken	676
			l) Lieferung von Postwertzeichen und sonstigen amtlichen Wertzeichen	677
			m) Wetten, Lotterien und sonstige Glücksspiele mit Geldeinsätzen	677
			n) Lieferung gebrauchter beweglicher Gegenstände	677
			o) Urproduktion	677
			p) Leistungen innerhalb des gleichen Gemeinwesens	678
			q) Schiedsgerichtsbarkeit	678
		3.	Option für die Versteuerung der ausgenommenen Leistungen	678
	V.	Von der Steuer befreite Leistungen		679
		1.	Grundsatz und Zielsetzung	679
		2.	Von der Steuer befreite Leistungen im Einzelnen	679
			a) Direkte Ausfuhr von Gegenständen ins Ausland	679
			b) Überlassung von Gegenständen zu Nutzung und Gebrauch im Ausland	680
			c) Lieferung von Gegenständen unter Zollüberwachung	680
			d) Verbringen von Gegenständen ins Ausland ausserhalb von Lieferungen	680
			e) Einfuhr- und Ausfuhrtransportleistungen einschliesslich Logistikleistungen	680
			f) Leistungen im Luft-, Eisenbahn- und Busverkehr	681
			g) Vermittlungsleistungen	681
			h) Leistungen von Reisebüros und Veranstaltungsorganisatoren	681
			i) «Duty free»-Verkäufe	682
			j) Ausfuhr von Privatgegenständen im Reiseverkehr	682
			k) Steuerbefreiung für Begünstigte im Sinne des Gaststaatgesetzes	682
			l) Lieferung von Münz- und Feingold	683
C.	Bemessungsgrundlage und Steuersätze			683
	I.	Bemessungsgrundlage		683
		1.	Grundsatz	683

		2.	Leistungen an eng verbundene Personen	684
		3.	Tauschverhältnisse und Leistungen an Zahlungs statt	684
		4.	Austauschreparaturen	685
	II.	Steuersätze		685
		1.	Allgemeines	685
		2.	Normalsatz	685
		3.	Reduzierter Satz	686
		4.	Sondersatz für Beherbergungsleistungen	687

D. Rechnungsstellung und Steuerausweis 687

E. Vorsteuerabzug 688
    I. Grundkonzept und Voraussetzungen 688
        1. Allgemeines 688
        2. Vorsteuerbelastung 689
            a) Effektiver Vorsteuerabzug 689
            b) Fiktiver Vorsteuerabzug bei impliziter Überwälzung 690
        3. Zuordnung zur unternehmerischen Tätigkeit 691
    II. Ausschluss des Vorsteuerabzugs bei ausgenommenen Leistungen 691
        1. Grundregel 691
        2. Sonderbestimmungen für Holdingaktivitäten 692
    III. Gemischte Verwendung 692
    IV. Nachträgliche Korrektur des Vorsteuerabzugs 693
        1. Änderung der mehrwertsteuerlich relevanten Nutzung 693
        2. Eigenverbrauch 694
            a) Anwendungsfälle 694
            b) Berechnungsgrundlage 695
        3. Einlageentsteuerung 696
    V. Kürzung des Vorsteuerabzugs 697

F. Steuerforderung 697
    I. Begriff 697
    II. Ermittlung der Steuerforderung 698
        1. Zeitliche Bemessung der Steuerforderung 698
        2. Umfang der Steuerforderung 698
            a) Effektive Abrechnungsmethode 698
            b) Pauschale Abrechnungsmethoden (Saldo- und Pauschalsteuersätze) 699
        3. Meldeverfahren 700
    III. Entstehung und Änderung der Steuerforderung 701
    IV. Festsetzungsverjährung und Rechtskraft 702

§ 35 Bezugsteuer 705

A. Anwendungsbereich und Konzept 705

B.	Steuersubjekt		706
C.	Steuerobjekt		707
D.	Steuerbemessung		708
E.	Steuerforderung sowie Steuer- und Abrechnungsperiode		708

§ 36 Einfuhrsteuer — 709

A.	Anwendungsbereich und Konzept		709
B.	Steuersubjekt		710
C.	Steuerobjekt		710
D.	Steuerbemessung		711
E.	Einfuhrsteuerschuld		712

§ 37 Behörden und Verfahren — 713

- A. Verfahren der Inland- und Bezugsteuer — 713
  - I. Grundlagen — 713
    1. Zuständige Behörde — 713
    2. Trennung von Festsetzungs- und Bezugsverfahren — 713
    3. Selbstveranlagung im Sinne des MWSTG — 714
  - II. Rechte und Pflichten der steuerpflichtigen Person — 714
    1. Meldepflicht — 714
       - a) Anmeldung — 714
       - b) Abmeldung — 715
    2. Auskunftspflicht und Auskunftsrecht der steuerpflichtigen Person — 715
    3. Auskunftspflicht Dritter — 716
    4. Buchführung und Aufbewahrung — 717
    5. Einreichung der Abrechnung und nachträgliche Korrektur von Mängeln — 717
    6. Steuervertretung in besonderen Fällen — 718
  - III. Rechte und Pflichten der Behörde (EStV) — 718
    1. Allgemeine Grundsätze — 718
    2. Amtshilfe — 719
    3. Automatisierte Verarbeitung und Aufbewahrung von Daten — 719
    4. Überprüfung und Kontrolle — 720
    5. Ermessenseinschätzung — 721
  - IV. Verfügungs- und Rechtsmittelverfahren — 721
    1. Grundsätze — 721
    2. Verfügungen der EStV — 721
    3. Einsprache — 722
    4. Beschwerde an das Bundesverwaltungsgericht — 722

		5.	Beschwerde in öffentlich-rechtlichen Angelegenheiten an das Bundesgericht	722
	V.	Bezug und Sicherung		722
		1.	Entrichtung der Steuer	722
		2.	Vergütung der Steuer	723
		3.	Betreibung	723
		4.	Zahlungserleichterungen und Steuererlass	724
		5.	Sicherung der Steuer	725
B.	Das Verfahren der Einfuhrsteuer			726
	I.	Ordentliches Verfahren		726
	II.	Verlagerungsverfahren		727

Sachregister 729

Abkürzungsverzeichnis

A.	Auflage
a.a.O.	am angeführten Ort
a.M.	anderer Meinung
aMWSTG	Mehrwertsteuergesetz vom 22.9.1999 (in Kraft 1.1.2001 bis 31.12.2009).
aMWSTV	Mehrwertsteuerverordnung vom 22.6.1994 (in Kraft 1.1.1995 bis 31.12. 2000).
Abs.	Absatz
aBV	(alte) Bundesverfassung der Schweizerischen Eidgenossenschaft vom 29.5.1874 (BS 1, 3; abgelöst durch die BV vom 18.4.1999)
AG	Aktiengesellschaft; Kanton Aargau
AHV	Alters- und Hinterlassenenversicherung
AHVG	Bundesgesetz vom 20.12.1946 über die Alters- und Hinterlassenenversicherung (SR 831.10)
AI	Kanton Appenzell Innerrhoden
AJP	Aktuelle Juristische Praxis (Zürich)
ALV	Arbeitslosenversicherung
Amtl.Bull. NR/StR	Amtliches Bulletin der Bundesversammlung Nationalrat/Ständerat
Anm.	Anmerkung(en)
aOR	(altes) Bundesgesetz über das Obligationenrecht vom 14.6.1881 (abgelöst durch das OR vom 30.3.1911)
AR	Kanton Appenzell Ausserrhoden
Art.	Artikel (im Singular oder Plural)
AS	Amtliche Sammlung des Bundesrechts
ASA	Archiv für Schweizerisches Abgaberecht (Bern)
AVIG	Bundesgesetz vom 25.6.1982 über die obligatorische Arbeitslosenversicherung und die Insolvenzentschädigung (Arbeitslosenversicherungsgesetz; SR 837.0)
BankG	Bundesgesetz vom 8.11.1934 über die Banken und Sparkassen (Bankengesetz; SR 952.0)

Abkürzungsverzeichnis

BAO	Österreichische Bundesabgabeordnung
BB	Bundesbeschluss
BBl	Bundesblatt
Bd./Bde.	Band/Bände
BdBSt	Bundesratsbeschluss vom 9.12.1940 über die Erhebung einer direkten Bundessteuer (bis 1983: WStB; abgelöst durch das DBG vom 14.12.1990)
BE	Kanton Bern
BEHG	Bundesgesetz vom 24.3.1995 über die Börsen und den Effektenhandel (Börsengesetz; SR 954.1)
Bem.	Bemerkung(en)
bes.	besonders
betr.	betreffend
BG	Bundesgesetz
BGE	Entscheidungen des Schweizerischen Bundesgerichts (Amtliche Sammlung)
BGer	Bundesgericht
BGG	Bundesgesetz vom 17.6.2005 über das Bundesgericht (Bundesgerichtsgesetz, SR 173.110)
BL	Kanton Basel-Landschaft
BLVGE	Verwaltungsentscheide des Kantons Basel-Landschaft
BR	Bundesrat
BRB	Bundesratsbeschluss
BS	Kanton Basel-Stadt; Bereinigte Sammlung der Bundesgesetze und Verordnungen 1848–1947
Bsp.	Beispiel
BStPra	Basellandschaftliche und Baselstädtische Steuerpraxis (Liestal)
BStRK	Bundessteuer-Rekurskommission
BV	Bundesverfassung der Schweizerischen Eidgenossenschaft vom 18.4.1999 (SR 101)
BVR	Bernische Verwaltungsrechtsprechung (Bern)
BVG	Bundesgesetz vom 25.6.1982 über die berufliche Alters-, Hinterlassenen- und Invalidenvorsorge (SR 831.40)
bzw.	beziehungsweise

ca.	circa
CHF	Schweizer Franken
d.h.	das heisst
DBA	Doppelbesteuerungsabkommen
DBA-CH-D	Abkommen zwischen der Schweizerischen Eidgenossenschaft und der Bundesrepublik Deutschland zur Vermeidung der Doppelbesteuerung auf dem Gebiete der Steuern vom Einkommen und Vermögen (SR 0.672.913.62)
DBA-CH-F	Abkommen zwischen der Schweizerischen Eidgenossenschaft und der Französischen Republik zur Vermeidung der Doppelbesteuerung auf dem Gebiete der Steuern vom Einkommen und Vermögen (SR 0.672.934.91)
DBG	Bundesgesetz vom 14.12.1990 über die direkte Bundessteuer (SR 642.11)
ders.	derselbe (Autor)
dgl.	dergleichen
dies.	dieselbe (Autorin), dieselben (Autoren)
E.	Erwägung
EFD	Eidgenössisches Finanzdepartement
EG	Europäische Gemeinschaft(en)
EGMR	Europäischer Gerichtshof für Menschenrechte
eidg.	eidgenössisch
EMRK	Konvention vom 4.11.1950 zum Schutze der Menschenrechte und Grundfreiheiten (Europäische Menschenrechtskonvention; SR 0.101)
EO	Erwerbsersatzordnung
EOG	Bundesgesetz vom 25.9.1952 über den Erwerbsersatz für Dienstleistende und bei Mutterschaft (Erwerbsersatzgesetz; SR 834.1)
ERU	Expertenkommission rechtsformneutrale Unternehmensbesteuerung
EStV	Eidgenössische Steuerverwaltung
et al.	et alii
etc.	et cetera
EU	Europäische Union
EVG	Eidgenössisches Versicherungsgericht

evtl.	eventuell
EWG	Europäische Wirtschaftsgemeinschaft
EZV	Eidgenössische Zollverwaltung
f./ff.	und folgende (Seite/n, Note/n usw.)
FHA	Abkommen vom 22.7.1972 zwischen der Schweizerischen Eidgenossenschaft und der Europäischen Wirtschaftsgemeinschaft (Freihandelsabkommen; SR 0.632.401)
FinArch	Finanzarchiv
Fn.	Fussnote
FR	Kanton Freiburg
FS	Festschrift
FStR	IFF Forum für Steuerrecht (St. Gallen)
FusG	Bundesgesetz vom 3.10.2003 über Fusion, Spaltung, Umwandlung und Vermögensübertragung (Fusionsgesetz; SR 221.301)
FZG	Bundesgesetz vom 17.12.1993 über die Freizügigkeit in der beruflichen Alters-, Hinterlassenen- und Invalidenvorsorge (Freizügigkeitsgesetz; SR 831.42)
FZV	Verordnung vom 3.10.1994 über die Freizügigkeit in der beruflichen Alters-, Hinterlassenen- und Invalidenvorsorge (Freizügigkeitsverordnung; SR 831.425)
GE	Kanton Genf
GGStG	Gesetz über die Grundstückgewinnsteuer
GesKR	Schweizerische Zeitschrift für Gesellschafts- und Kapitalmarktrecht sowie Umstrukturierungen (Zürich)
GL	Kanton Glarus
gl.M.	gleicher Meinung
GmbH	Gesellschaft mit beschränkter Haftung
GR	Kanton Graubünden
Hb.	Halbband
h.L.	herrschende Lehre
h.M.	herrschende Meinung
Hrsg.	Herausgeber
i.d.R.	in der Regel
i.e.S.	im engeren Sinne

i.S.	im Sinne
i.S.v.	im Sinne von
i.V.m.	in Verbindung mit
i.w.S.	im weiteren Sinne
IFSC	International Financial Service Center of Ireland, www.isfc.ie
inkl.	inklusive
insb.	insbesondere
IPRG	Bundesgesetz vom 18.12.1987 über das Internationale Privatrecht (SR 291)
IV	Invalidenversicherung
JEP	The Journal of Economic Perspectives (Pittsburgh)
Jg.	Jahrgang
JU	Kanton Jura
KAG	Bundesgesetz vom 23.6.2006 über die kollektiven Kapitalanlagen (Kollektivanlagengesetz; SR 951.31)
Kap.	Kapitel
KGK	Kommanditgesellschaft für kollektive Kapitalanlagen
KGer	Kantonsgericht
Komm.	Kommentar
KS	Kreisschreiben
Kt.	Kanton
KV	Kantonsverfassung (mit vorangestellter Abkürzung des jeweiligen Kantons [z.B. ZH KV])
KVG	Bundesgesetz vom 18.3.1994 über die Krankenversicherung (SR 832.10)
LeGes	Mitteilungsblatt der Schweizerischen Gesellschaft für Gesetzgebung (SGG) und der Schweizerischen Evaluationsgesellschaft (SEVAL) (Bern)
lit.	litera
LS	Loseblattsammlung der Zürcher Gesetze
LSVA	Leistungsabhängige Schwerverkehrsabgabe
LU	Kanton Luzern
m.a.W.	mit anderen Worten
max.	maximal

m.E.	meines Erachtens
m.w.Hw.	mit weiteren Hinweisen
MA	Musterabkommen
Mio.	Million(en)
Mrd.	Milliarden
MWSTG	Bundesgesetz vom 12.6.2009 über die Mehrwertsteuer (Mehrwertsteuergesetz; SR 641.20)
MWSTV	Verordnung vom 27.11.2009 zum Bundesgesetz über die Mehrwertsteuer (Mehrwertsteuerverordnung; SR 641.201)
N	Note
NE	Kanton Neuenburg
NF	Neue Folge
NFA	Neugestaltung des Finanzausgleichs und der Aufgaben zwischen Bund und Kantonen
NR	Nationalrat
Nr.	Nummer
NStP	Die neue Steuerpraxis (Bern)
NW	Kanton Nidwalden
o.ä.	oder ähnlich(e)
OECD	Organisation for Economic Co-operation and Development (Organisation für wirtschaftliche Zusammenarbeit und Entwicklung)
OECD-MA	OECD-Musterabkommen 2008 zur Vermeidung der Doppelbesteuerung auf dem Gebiete der Steuern von Einkommen und Vermögen
OGer	Obergericht
OR	Bundesgesetz vom 30.3.1911 betreffend die Ergänzung des Schweizerischen Zivilgesetzbuches (Fünfter Teil: Obligationenrecht; SR 220)
OW	Kanton Obwalden
p.a.	pro anno
Pra	Die Praxis des Bundesgerichts (Basel)
QStV	Verordnung über die Quellensteuer bei der direkten Bundessteuer (Quellensteuerverordnung) vom 19.10.1993 (SR 642.118.2)

RPG	Bundesgesetz vom 22.6.1979 über die Raumplanung (Raumplanungsgesetz; SR 700)
RB	Rechenschaftsbericht des Zürcher Verwaltungsgerichts an den Kantonsrat
RDAF	Revue de droit administratif et de droit fiscal et Revue genevoise de droit public (Lausanne/Genf)
RES	Revue Economique et Sociale (Lausanne)
RK	Rekurskommission
S.	Seite
SchKG	Bundesgesetz vom 11.4.1889 über Schuldbetreibung und Konkurs (SR 281.1)
SG	Kanton St. Gallen
SGG	Bundesgesetz vom 4.10.2002 über das Bundesstrafgericht (Strafgerichtsgesetz; SR 173.71)
SH	Kanton Schaffhausen
SICAF	Société d'Investissement à Capital Fixe (Investmentgesellschaft mit festem Kapital)
SICAV	Société d'Investissement à Capital Variable (Investmentgesellschaft mit variablem Kapital)
SJZ	Schweizerische Juristen-Zeitung (Zürich)
SO	Kanton Solothurn
sog.	sogenannt
SR	Systematische Sammlung des Bundesrechts
SRK	Eidgenössische Steuerrekurskommission (per 1.1.2007 durch das Bundesverwaltungsgericht abgelöst)
SRSZ	Systematische Gesetzsammlung des Kantons Schwyz
SSK	Schweizerische Steuerkonferenz
ST	Der Schweizer Treuhänder (Zürich)
StE	Der Steuerentscheid, Sammlung aktueller steuerrechtlicher Entscheidungen (Basel)
StG	Bundesgesetz vom 27.6.1973 über die Stempelabgaben (SR 641.10); (kantonales) Steuergesetz (mit vorangestellter Abkürzung des jeweiligen Kantons [z.B. ZH StG])
StGB	Schweizerisches Strafgesetzbuch vom 21.12.1937 (SR 311.0)

Abkürzungsverzeichnis

StHG	Bundesgesetz vom 14.12.1990 über die Harmonisierung der direkten Steuern der Kantone und Gemeinden (SR 642.14)
StR	Steuer Revue (Muri/Bern); Ständerat
StRK	Steuerrekurskommission
StuW	Steuer und Wirtschaft. Zeitschrift für die gesamten Steuerwissenschaften (Köln)
StV	Verordnung vom 3.12.1973 über die Stempelabgaben (SR 641.101)
SWI	Steuer und Wirtschaft International (Wien)
SZ	Kanton Schwyz
SZW	Schweizerische Zeitschrift für Wirtschaftsrecht (Zürich; bis 1989: Schweizerische Aktiengesellschaft SAG)
TG	Kanton Thurgau
TI	Kanton Tessin
TVA	Taxe sur la valeur ajoutée
u.Ä.	und Ähnliche(s)
u.a.	und andere(s); unter anderem (anderen)
u.dgl.	und dergleichen
u.U.	unter Umständen
UeB	Übergangsbestimmung(en)
UR	Kanton Uri
UStR	Unternehmenssteuerreform
usw.	und so weiter
UV	Unfallversicherung
v.a.	vor allem
VD	Kanton Waadt
VGer	Verwaltungsgericht
VGG	Bundesgesetz vom 17.6.2005 über das Bundesverwaltungsgericht (Verwaltungsgerichtsgesetz; SR 173.32)
vgl.	vergleiche
VO	Verordnung
VPB	Verwaltungspraxis der Bundesbehörden (Bern, ab 1964/65; davor: Verwaltungsentscheide der Bundesbehörden VEB)

VS	Kanton Wallis
VStG	Bundesgesetz vom 13.10.1965 über die Verrechnungssteuer (SR 642.21)
VStrR	Bundesgesetz vom 22.3.1974 über das Verwaltungsstrafrecht (SR 313.0)
VStV	Vollziehungsverordnung vom 19.12.1966 zum Bundesgesetz über die Verrechnungssteuer (Verrechnungssteuerverordnung; SR 642.211)
VwGH	Österreichischer Verwaltungsgerichtshof, www.vwgh.gov.at
VwVG	Bundesgesetz vom 20.12.1968 über das Verwaltungsverfahren (SR 172.021)
WStB	Bundesratsbeschluss vom 9.12.1940 über die Erhebung einer Wehrsteuer (ab 1983: BdBSt; abgelöst per 1.1.1995 durch das DBG)
z.B.	zum Beispiel
z.T.	zum Teil
ZBJV	Zeitschrift des Bernischen Juristenvereins (Bern)
ZBl	Schweizerisches Zentralblatt für Staats- und Gemeindeverwaltung (Zürich; bis 1988: Schweizerisches Zentralblatt für Staats- und Gemeindeverwaltung ZSGV)
ZBstA	Abkommen vom 26.10.2004 zwischen der Schweizerischen Eidgenossenschaft und der Europäischen Gemeinschaft über Regelungen, die den in der Richtlinie 2003/48/EG des Rates im Bereich der Besteuerung von Zinserträgen festgelegten Regelungen gleichwertig sind (SR 0.641.926.81)
ZBstG	Bundesgesetz vom 17.12.2004 zum Zinsbesteuerungsabkommen mit der Europäischen Gemeinschaft (Zinsbesteuerungsgesetz; SR 641.91)
ZG	Kanton Zug
ZGB	Schweizerisches Zivilgesetzbuch vom 10.12.1907 (SR 210)
ZH KV	Verfassung des Kantons Zürich vom 27.2.2005 (LS 101)
ZH StG	Steuergesetz des Kantons Zürich vom 8.6.1997 (LS 631.1)
ZH	Kanton Zürich
Ziff.	Ziffer
zit.	Zitiert
ZgS	Zeitschrift für die gesamte Staatswissenschaft (Tübingen)

ZPO	Schweizerische Zivilprozessordnung vom 19.12.2008 (Zivilprozessordnung; SR 272)
zsis	Zeitschrift für Schweizerisches und Internationales Steuerrecht (Winterthur)
ZSR	Zeitschrift für Schweizerisches Recht (Basel)
ZStB	Zürcher Steuerbuch
ZStP	Zürcher Steuerpraxis (Zürich)

Literatur und weitere Hilfsmittel

A. Allgemeine Literatur

BAUMGARTNER IVO P./CLAVADETSCHER DIEGO/KOCHER MARTIN
Vom alten zum neuen Mehrwertsteuergesetz, Einführung in die neue Mehrwertsteuerordnung, Langenthal 2010 (zit. BAUMGARTNER/CLAVADETSCHER/KOCHER, Vom alten zum neuen Mehrwertsteuergesetz)

BEHNISCH URS R.
Die Umstrukturierung von Kapitalgesellschaften. National und grenzüberschreitend. Eine rechtsvergleichende Studie, Basel 1996 (zit. BEHNISCH, Umstrukturierung)

BEUSCH MICHAEL
Der Untergang der Steuerforderung, Zürich 2012 (zit. BEUSCH, Untergang)

BLUMENSTEIN ERNST/LOCHER PETER
System des schweizerischen Steuerrechts, 6. A. Zürich 2002 (zit. BLUMENSTEIN/LOCHER, System)

BÖCKLI PETER
Indirekte Steuern und Lenkungssteuern. Grundsätze des schweizerischen Rechts der indirekten Steuern (einschliesslich der Erbschafts- und Schenkungssteuern) sowie der nichtfiskalischen Steuern, mit rechtsvergleichendem Blick auf das Steuerrecht Frankreichs, Deutschlands und der Vereinigten Staaten, Basel/Stuttgart 1975 (zit. BÖCKLI, Indirekte Steuern)

CAGIANUT FRANCIS/HÖHN ERNST
Unternehmungssteuerrecht, 3. A. Bern et al. 1993 (zit. CAGIANUT/HÖHN, Unternehmungssteuerrecht)

CAGIANUT FRANCIS/VALLENDER KLAUS A. (HRSG.)
Steuerrecht. Ausgewählte Probleme am Ende des 20. Jahrhunderts. Festschrift zum 65. Geburtstag von Ernst Höhn, Bern et al. 1995 (zit. CAGIANUT/VALLENDER, FS Höhn)

DANON ROBERT J.
Switzerland's direct and international taxation of private express trusts. With particular references to US, Canadian and New Zealand trust taxation, Zürich 2004 (zit. DANON, Taxation of private express trusts)

GLAUSER PIERRE-MARIE
Apports et impôt sur le bénéfice. Le principe de déterminance dans le contexte des apports et autres contributions de tiers, Genf et al. 2005 (zit. GLAUSER, Apports)

HÄFELIN ULRICH/HALLER WALTER/KELLER HELEN
Schweizerisches Bundesstaatsrecht, 7. A. Zürich 2008 (zit. HÄFELIN/HALLER/KELLER, Bundesstaatsrecht)

HÄFELIN ULRICH/MÜLLER GEORG/UHLMANN FELIX
Allgemeines Verwaltungsrecht, 6. A. Zürich et al. 2010 (zit. HÄFELIN/MÜLLER/UHLMANN, Verwaltungsrecht)

HÖHN ERNST/MÄUSLI PETER
Interkantonales Steuerrecht, 4. A. Bern et al. 2000 (zit. HÖHN/MÄUSLI, Interkantonales Steuerrecht)

HÖHN ERNST/VALLENDER KLAUS A. (Hrsg.)
Steuerrecht im Rechtsstaat. Festschrift für Francis Cagianut zum 65. Geburtstag, Bern/Stuttgart 1990 (zit. HÖHN/VALLENDER, FS Cagianut)

HÖHN ERNST/WALDBURGER ROBERT
Steuerrecht, Bd. I: Grundlagen – Grundbegriffe – Steuerarten. Interkantonales und Internationales Steuerrecht. Steuerverfahrens- und Steuerstrafrecht, 9. A. Bern et al. 2001 (zit. HÖHN/WALDBURGER, Bd. I)

Steuerrecht, Bd. II: Steuern bei Vermögen, Erwerbstätigkeit, Unternehmen, Vorsorge, Versicherung, 9. A. Bern et al. 2002 (zit. HÖHN/WALDBURGER, Bd. II)

KNAPP BLAISE et al. (Hrsg.)
Problèmes actuels de droit fiscal. Mélanges en l'honneur du Professeur Raoul Oberson, Basel/Frankfurt a. M. 1995 (zit. KNAPP et al., Mélanges Raoul Oberson)

KOLLER THOMAS
Privatrecht und Steuerrecht. Eine Grundlagenstudie zur Interpendenz zweier Rechtsgebiete, Bern 1993 (zit. KOLLER, Privat- und Steuerrecht)

LOCHER PETER
Einführung in das interkantonale Steuerrecht. Unter Berücksichtigung des Steuerharmonisierungs- und des bernischen sowie des tessinischen Steuergesetzes, 3. A. Bern 2009 (zit. LOCHER, Interkantonales Steuerrecht)

Grenzen der Rechtsfindung im Steuerrecht, Bern 1983 (zit. LOCHER, Rechtsfindung)

MATTEOTTI RENÉ
Steuergerechtigkeit und Rechtsfortbildung. Ein Rechtsvergleich zwischen der Schweiz und den Vereinigten Staaten von Amerika unter besonderer Berücksichtigung der wirtschaftlichen Betrachtungsweise, Bern 2007 (zit. MATTEOTTI, Rechtsfortbildung)

MÄUSLI-ALLENSPACH PETER/OERTLI MATHIAS
Das schweizerische Steuerrecht. Ein Grundriss mit Beispielen, 6. A. Muri-Bern 2010 (zit. MÄUSLI-ALLENSPACH/OERTLI, Steuerrecht)

OBERSON XAVIER
Droit fiscal suisse, 3. A. Basel et al. 2007 (zit. OBERSON, Droit fiscal)

REICH MARKUS
Die wirtschaftliche Doppelbelastung der Kapitalgesellschaften und ihrer Anteilsinhaber, Zürich 2000 (zit. REICH, Doppelbelastung)

Die Realisation stiller Reserven im Bilanzsteuerrecht, Zürich 1983 (zit. REICH, Realisation stiller Reserven)

REICH MARKUS/DUSS MARCO
Unternehmensumstrukturierungen im Steuerrecht, Basel/Frankfurt a.M. 1996 (zit. REICH, Umstrukturierungen, 1. Teil bzw. DUSS, Umstrukturierungen, 2. Teil)

REICH MARKUS/ZWEIFEL MARTIN (Hrsg.)
Das schweizerische Steuerrecht. Eine Standortbestimmung. Festschrift zum 70. Geburtstag von Ferdinand Zuppinger, Bern 1989 (zit. REICH/ZWEIFEL, FS Zuppinger)

RIVIER JEAN-MARC/ROCHAT PAUCHARD ANNIE
Droit fiscal suisse. La taxe sur la valeur ajoutée, Fribourg 2000 (zit. RIVIER/ROCHAT, Droit fiscal suisse)

Schweizerische Steuerkonferenz SSK (Hrsg.)
Steuerinformationen, Loseblattsammlung Bern (zit. SSK, Steuerinformationen)

SIMONEK MADELEINE
Steuerliche Probleme der Geschäftsnachfolge bei Ableben eines Personenunternehmers unter Berücksichtigung der direkten Bundessteuer und der Steuern des Kantons Bern, Bern 1994 (zit. SIMONEK, Geschäftsnachfolge)

TIPKE KLAUS
Die Steuerrechtsordnung, Bd. I, 2. A. Köln 2000, Bd. II, 2. A. Köln 2003, Bd. III, Köln 1993 (zit. TIPKE, Steuerrechtsordnung, Bd. I, Bd. II bzw. Bd. III)

TIPKE KLAUS/LANG JOACHIM
Steuerrecht, 20. A. Köln 2010 (zit. Bearbeiter, in: TIPKE/LANG)

VALLENDER KLAUS A.
Die Auslegung des Steuerrechts. Unter besonderer Berücksichtigung der Akienübertragung auf Holdinggesellschaften, 2. A. Bern/Stuttgart 1988 (zit. VALLENDER, Auslegung)

VALLENDER KLAUS A./KELLER HEINZ/RICHNER FELIX/STOCKAR CONRAD
Schweizerisches Steuerlexikon. Band I: Bundessteuern, Zürich et al. 2006 (zit. VALLENDER/KELLER/RICHNER/STOCKAR, Steuerlexikon)

VON AH JULIA
Die Besteuerung Selbständigerwerbender, 2. A. Zürich et al. 2011 (zit. VON AH, Besteuerung Selbständigerwerbender)

ZUPPINGER FERDINAND/BÖCKLI PETER/LOCHER PETER/REICH MARKUS
Steuerharmonisierung. Probleme der Harmonisierung der direkten Steuern der Kantone und Gemeinden, Bern 1984 (zit. ZUPPINGER/BÖCKLI/LOCHER/REICH, Steuerharmonisierung)

ZWEIFEL MARTIN
　Die Sachverhaltsermittlung im Steuerveranlagungsverfahren. Unter besonderer Berücksichtigung der Mitwirkung des Steuerpflichtigen und der Ermessensveranlagung bei der direkten Bundessteuer und der zürcherischen Einkommens- und Vermögenssteuer bzw. Ertrags- und Kapitalsteuer, Zürich 1989 (zit. ZWEIFEL, Sachverhaltsermittlung)

ZWEIFEL MARTIN/CASANOVA HUGO
　Schweizerisches Steuerverfahrensrecht. Direkte Steuern, Zürich et al. 2008 (zit. ZWEIFEL/CASANOVA, Steuerverfahrensrecht)

B.　Kommentare und Handbücher

I.　Bund

CADOSCH ROGER M.
　DBG Kommentar. Bundesgesetz über die direkte Bundessteuer, 2. A. Zürich 2008

CAMENZIND ALOIS/HONAUER NIKLAUS/VALLENDER KLAUS A.
　Handbuch zum Mehrwertsteuergesetz (MWStG). Eine Wegleitung für Unternehmer, Steuerberater und Studierende, 2. A. Bern et al. 2003 (zit. CAMENZIND/HONAUER/VALLENDER, Mehrwertsteuergesetz)

KOCHER MARTIN/CLAVADETSCHER DIEGO (Hrsg.)
　Zollgesetz (ZG). Handkommentar, Bern 2009 (zit. Bearbeiter, in: Handkommentar Zollgesetz)

Kompetenzzentrum MWST der Treuhand-Kammer (Hrsg.)
　mwst.com. Kommentar zum Bundesgesetz über die Mehrwertsteuer, Basel et al. 2000 (zit. Bearbeiter, in: Kompetenzzentrum MWST der Treuhand-Kammer)

LOCHER PETER
　Kommentar zum DBG. Bundesgesetz über die direkte Bundessteuer. I. Teil (Art. 1–48 DBG): Allgemeine Bestimmungen. Besteuerung der natürlichen Personen, Therwil/Basel 2001

　Kommentar zum DBG. Bundesgesetz über die direkte Bundessteuer. II. Teil (Art. 49–101 DBG): Besteuerung der juristischen Personen. Quellensteuer für natürliche und juristische Personen, Therwil/Basel 2004

MOLLARD PASCAL/OBERSON XAVIER/TISSOT BENEDETTO ANNE
　Traité TVA, Basel 2009 (zit. MOLLARD/OBERSON/TISSOT BENEDETTO, Traité TVA)

PFUND ROBERT W.
　Die eidgenössische Verrechnungssteuer, I. Teil (Art. 1–20), Basel 1971

PFUND ROBERT W./ZWAHLEN BERNHARD
Die eidgenössische Verrechnungssteuer, II. Teil (Art. 21–33), Basel 1985

RICHNER FELIX/FREI WALTER/KAUFMANN STEFAN/MEUTER HANS ULRICH
Handkommentar zum DBG, 2. A. Zürich 2009

YERSIN DANIELLE/NOËL YVES (Hrsg.)
Commentaire Romand. Impôt fédéral direct. Commentaire de la loi sur l'impôt fédéral direct, Basel 2008 (zit. Bearbeiter, in: YERSIN/NOËL)

ZWEIFEL MARTIN/ATHANAS PETER (Hrsg.)
Kommentar zum Schweizerischen Steuerrecht. Bde. I/2a und I/2b: Bundesgesetz über die direkte Bundessteuer (DBG), 2. A. Basel et al. 2008 (zit. Bearbeiter, in: ZWEIFEL/ATHANAS)

Kommentar zum Schweizerischen Steuerrecht. Bd. I/1: Bundesgesetz über die Harmonisierung der direkten Steuern der Kantone und Gemeinden (StHG), 2. A. Basel et al. 2002 (zit. Bearbeiter, in: ZWEIFEL/ATHANAS)

ZWEIFEL MARTIN/ATHANAS PETER/BAUER-BALMELLI MAJA (Hrsg.)
Kommentar zum Schweizerischen Steuerrecht. Bd. II/3: Bundesgesetz über die Stempelsteuer (StG), Basel et al. 2006 (zit. Bearbeiter, in: ZWEIFEL/ATHANAS/BAUER-BALMELLI)

Kommentar zum Schweizerischen Steuerrecht. Bd. II/2: Bundesgesetz über die Verrechnungssteuer (VStG), 1. A. Basel et al. 2005 (zit. Bearbeiter, in: ZWEIFEL/ATHANAS/BAUER-BALMELLI)

ZWEIFEL MARTIN/BEUSCH MICHAEL/BAUER-BALMELLI MAJA (Hrsg.)
Kommentar zum Schweizerischen Steuerrecht. Bd. II/2: Bundesgesetz über die Verrechnungssteuer (VStG), 2. A. Basel et al. 2012 (zit. Bearbeiter, in: ZWEIFEL/BEUSCH/BAUER-BALMELLI)

ZWEIFEL MARTIN/BEUSCH MICHAEL/MÄUSLI-ALLENSPACH PETER (Hrsg.)
Kommentar zum Schweizerischen Steuerrecht. Interkantonales Steuerrecht, Basel 2011 (zit. Bearbeiter, in: ZWEIFEL/BEUSCH/MÄUSLI-ALLENSPACH)

II. Kantone

– Aargau:

KLÖTI-WEBER MARIANNE/SIEGRIST DAVE/WEBER DIETER (Hrsg.)
Kommentar zum Aargauer Steuergesetz, 2 Bde., 3. A. Muri/Bern 2009 (zit. Bearbeiter, in: KLÖTI-WEBER/SIEGRIST/WEBER)

– Basel-Landschaft:

NEFZGER B. PETER/SIMONEK MADELEINE/WENK P. THOMAS (Hrsg.)
Kommentar zum Steuergesetz des Kantons Basel-Landschaft, Basel et al. 2004 (zit. Bearbeiter, in: NEFZGER/SIMONEK/WENK)

– Basel-Stadt:

GRÜNINGER EMANUEL/STUDER WALTER
Kommentar zum Basler Steuergesetz, 2. A. Basel 1970

– Bern:

LANGENEGGER MARKUS
Handbuch zur bernischen Grundstückgewinnsteuer 2001, Muri/Bern 2002

LEUCH CHRISTOPH/KÄSTLI PETER
Praxiskommentar zum Berner Steuergesetz. Artikel 1 bis 125, Muri/Bern 2006

LEUCH CHRISTOPH/KÄSTLI PETER/LANGENEGGER MARKUS (Hrsg.)
Praxiskommentar zum Berner Steuergesetz. Artikel 126 bis 293, Muri/Bern 2011 (zit. Bearbeiter, in: LEUCH/KÄSTLI/LANGENEGGER)

– Luzern:

FELLMANN WALTER
Leitsätze zum Luzerner Steuergesetz. Ein Kommentar für die Praxis, Bern/Stuttgart 1988

– Obwalden:

STADELMANN THOMAS
Leitsätze zum Steuergesetz des Kantons Obwalden vom 21. Oktober 1979. Ein Kommentar für die Praxis, Bern et al. 1993

– St. Gallen:

WEIDMANN HEINZ/GROSSMANN BENNO/ZIGERLIG RAINER
Wegweiser durch das st. gallische Steuerrecht, 6. A. Muri/Bern 1999 (zit. WEIDMANN/GROSSMANN/ZIGERLIG, Wegweiser st. gallisches Steuerrecht)

– Zürich:

REIMANN AUGUST/ZUPPINGER FERDINAND/SCHÄRRER ERWIN
Kommentar zum Zürcher Steuergesetz, Bde. I–IV, Bern 1961–1969

RICHNER FELIX/FREI WALTER
Kommentar zum Zürcher Erbschafts- und Schenkungssteuergesetz, Zürich 1996

RICHNER FELIX/FREI WALTER/KAUFMANN STEFAN/MEUTER HANS ULRICH
Kommentar zum harmonisierten Zürcher Steuergesetz, 2. A. Zürich 2006

ZUPPINGER FERDINAND/SCHÄRRER ERWIN/FESSLER FERDINAND/REICH MARKUS
Kommentar zum Zürcher Steuergesetz. Ergänzungsband, 2. A. Bern 1983

C. Gesetzessammlungen, Judikatur und Zeitschriften

I. Sammlungen von Gesetzen und Verordnungen

Finanzdirektion des Kantons Zürich (Hrsg.)
Zürcher Steuerbuch, Loseblattform, Zürich

Gygax Daniel R./Gerber Thomas L. (Hrsg.)
Die Steuergesetze des Bundes (inkl. OECD-Musterabkommen). Edition Zürich. Kompaktsammlung schweizerischer Bundessteuergesetze und der steuerrechtlichen Gesetzgebung des Kantons Zürich, Ausgabe 2012

Gygax Daniel R. (Hrsg.)
Die steuerrechtlichen Kreis- und Rundschreiben des Bundes. Kompaktsammlung der wichtigsten Verwaltungsverordnungen der EStV und SSK, Ausgabe 2012

Hinny Pascal (Hrsg.)
Steuerrecht 2012. DBG, StHG, VStG, StG, MWSTG, OECD-MA, StG ZH. Textausgabe mit Querverweisen, Sachregister und und Anmerkungen, Zürich et al. 2012

Pestalozzi Rechtsanwälte (Hrsg.) (bearbeitet von Silvia Zimmermann)
Rechtsbuch der schweizerischen Bundessteuern. Sammlung der eidgenössischen Steuergesetzgebung, Loseblattform, 17 Bde., Therwil

Systematische Sammlung des Bundesrechts (SR; http://www.admin.ch/ch/d/sr/)

Kantonale Gesetzessammlungen online (Stand Januar 2012):
- AG: http://www.ag.ch/sar/
- AI: http://www.ai.ch/de/politik/gesetzessammlung
- AR: http://www.bgs.ar.ch/
- BE: http://www.sta.be.ch/belex/d/
- BL: http://www.baselland.ch/Gesetzessammlung.273510.0.html
- BS: http://www.gesetzessammlung.bs.ch/
- FR: http://www.fr.ch/publ/de/pub/systematische_gesetzessammlung.htm
- GE: http://www.geneve.ch/legislation/
- GL: http://gs.gl.ch/pdf/index.pdf
- GR: http://www.gr-lex.gr.ch/frontend/texts_of_law?locale=de
- JU: http://rsju.jura.ch/
- LU: http://www.lu.ch/index/staatskanzlei/rechtssammlung.htm
- NE: http://www.ne.ch/neat/site/jsp/rubrique/rubrique.jsp?StyleType=bleu&CatId=2151
- NW: http://www.navigator.ch/nw
- OW: http://ilz.ow.ch/gessamml/

SG: http://www.gallex.ch/
SH: http://rechtsbuch.sh.ch/default.htm
SO: http://bgs.so.ch/
SZ: http://www.sz.ch/gesetze/
TG: http://www.rechtsbuch.tg.ch/
TI: http://www4.ti.ch/can/rl/rl/raccolta-leggi-online/
UR: http://ur.lexspider.com
VD: http://www.rsv.vd.ch/
VS: http://www.vs.ch/Navig/departement.asp?MenuID=4486
ZG: http://www.zug.ch/bgs/
ZH: http://www.zhlex.zh.ch/

II. Judikatur und Praxis

Der Steuerentscheid (StE), Loseblattform, Basel

Die Praxis der Bundessteuern, Loseblattform, Therwil:

    I. Teil: AGNER PETER (Hrsg.), Die direkte Bundessteuer (9 Bde.), (zit AGNER, Praxis I/1–9)

    II. Teil: BAUER-BALMELLI MAJA/KÜPFER MARKUS (Hrsg.), Stempelabgaben und Verrechnungssteuer (3 Bde.), (zit. BAUER-BALMELLI/KÜPFER, Praxis II/2)

    III. Teil: LOCHER PETER (Hrsg.), Das interkantonale Doppelbesteuerungsrecht (5 Bde.), (zit. LOCHER, Praxis III/1–5)

Bundesgerichtsentscheide: http://www.bger.ch/index/juridiction/jurisdiction-inherit-template/jurisdiction-recht.htm

Entscheide des Bundesverwaltungsgerichts: http://www.bvger.ch/publiws/?lang=de

Verwaltungspraxis der Bundesbehörden ab 2007: http://www.bk.admin.ch/dokumentation/02574/index.html?lang=de

Verwaltungspraxis der Bundesbehörden vor 2007 (inkl. Rechtsprechung der Eidg. Steuerrekurskommission): http://www.vpb.admin.ch

Kreisschreiben, Weisungen und Merkblätter der Eidgenössischen Steuerverwaltung EStV: http://www.estv.admin.ch

Kantonale Entscheidsammlungen (Auswahl):

    Aargauische Gerichts- und Verwaltungsentscheide (AGVE)

    Bernische Verwaltungsrechtsprechung (BVR)

    Basler Juristische Mitteilungen (BJM)

Rechenschaftsbericht des Zürcher Verwaltungsgerichts an den Kantonsrat (RB)

Gerichtspraxis der Kantone online (Auswahl):
- AG: http://www.ag.ch/agve
- BE: http://www.justice.be.ch/justice/de/index/entscheide/entscheide_rechtsprechung/entscheide/verwaltungsrechtlicheabteilung.html
- BS: http://www.steuerverwaltung.bs.ch/steuer_index/rechtsprechung.htm
- GE: http://justice.geneve.ch/jurisprudence/
- LU: http://www.lu.ch/index/gerichte/rechtsprechung.htm
- SG: http://www.gerichte.sg.ch/home/dienstleistungen/rechtsprechung.html
- SZ: http://www.kgsz.ch/rechtsprechung.htm
- ZH: http://www.vgrzh.ch/rechtsprechung

III. Zeitschriften

Archiv für Schweizerisches Abgaberecht, Bern (ASA)

Der Schweizer Treuhänder, Zürich (ST)

Die neue Steuerpraxis, Bern (NStP)

IFF Forum für Steuerrecht, St. Gallen (FStR)

Revue de droit administratif et de droit fiscal, Lausanne-Genève (RDAF)

Rivista di diritto amministrativo e tributario ticinese, Bellinzona (RDAT)

Steuer-Revue/Revue fiscale, Muri bei Bern (StR)

Zeitschrift des Bernischen Juristenvereins, Bern (ZBJV)

Zeitschrift für Schweizerisches und Internationales Steuerrecht, Winterthur (zsis)

Zürcher Steuerpraxis, Zürich (ZStP)

Teil I

Grundlagen und Überblick

§ 1 Einführung

Literatur

BLUMENSTEIN/LOCHER, System, 1 ff.; HÖHN/WALDBURGER, Bd. I, § 1 N 1 ff.; MÄUSLI-ALLENSPACH/OERTLI, Steuerrecht, 51 ff.; OBERSON, Droit fiscal, § 1 N 1 ff.

CREZELIUS GEORG, Der Steuerjurist der Zukunft und die Universitäten, in: HORST VOGELSANG (Hrsg.), Perspektiven der Finanzverwaltung, Köln 1992, 146 ff. (zit. CREZELIUS, Steuerjurist); HALLER HEINZ, Die Steuern. Grundlinien eines rationalen Systems öffentlicher Abgaben, 3. A. Tübingen 1981 (zit. HALLER, Steuern); LANG JOACHIM, Verantwortung der Rechtswissenschaft für das Steuerrecht, StuW 1989, 201 ff.; ders., Das Steuerrecht als Fach einer rechtswissenschaftlichen Ausbildung, StuW 1976, 76 ff.; KNIES WOLFGANG, Steuerzweck und Steuerbegriff. Eine dogmengeschichtliche und kompetenzrechtliche Studie, München 1976 (zit. KNIES, Steuerzweck und Steuerbegriff); LOCHER PETER, Steuerrecht im Rahmen der juristischen Ausbildung, in: GUNTHER ARZT/PIO CARONI/WALTER KÄLIN (Hrsg.), Juristenausbildung als Denkmalpflege?, Bern et al. 1994, 93 ff.; MEIER CHRISTIAN, Wie die Athener ihr Gemeinwesen finanzierten. Die Anfänge der Steuerpolitik in der griechischen Antike, in: UWE SCHULTZ (Hrsg.), Mit dem Zehnten fing es an. Eine Kulturgeschichte der Steuer, 3. A. München 1992, 25 ff. (zit. MEIER, Anfänge der Steuerpolitik); MUSGRAVE RICHARD A./MUSGRAVE PEGGY B./KULLMER LORE, Die öffentlichen Finanzen in Theorie und Praxis, 2. Bd., 5. A. Tübingen 1993 (zit. MUSGRAVE/MUSGRAVE/KULLMER, Öffentliche Finanzen); NEUMARK FRITZ, Der Aufstieg der Einkommensteuer. Entstehung und Entwicklung der direkten Besteuerung, in: UWE SCHULTZ (Hrsg.), Mit dem Zehnten fing es an. Eine Kulturgeschichte der Steuer, 3. A. München 1992, 232 ff. (zit. NEUMARK, Aufstieg der Einkommensteuer); REICH MARKUS, Von der normativen Leistungsfähigkeit der verfassungsrechtlichen Steuererhebungsprinzipien, in: HÖHN/VALLENDER, FS Cagianut, 97 ff.; THIER ANDREAS, Akzise, in: ALBRECHT CORDES/HEINER LÜCK/DIETER WERKMÜLLER (Hrsg.), Handwörterbuch zur Deutschen Rechtsgeschichte, 2. A. Berlin 2004, Sp. 135 ff. (zit. THIER, Handwörterbuch «Akzise»); ders., Bede, in: ALBRECHT CORDES/HEINER LÜCK/DIETER WERKMÜLLER (Hrsg.), Handwörterbuch zur Deutschen Rechtsgeschichte, 2. A. Berlin 2004, Sp. 494 ff. (zit. THIER Handwörterbuch «Bede»); ders., Steuergesetzgebung und Verfassung in der konstitutionellen Monarchie: Staatssteuerreformen in Preussen 1871–1893, Frankfurt am Main 1999 (zit. THIER, Steuergesetzgebung und Verfassung); SCHMÖLDERS GÜNTER/HANSMEYER KARL-HEINRICH, Allgemeine Steuerlehre, 5. A. Berlin 1980 (zit. SCHMÖLDERS/HANSMEYER, Allgemeine Steuerlehre); TIPKE KLAUS, Die Entwicklung von Forschung und Lehre im Steuerrecht, StuW 1991, 210 ff.; WAGNER ADOLPH, Steuergeschichte vom Altertum bis zur Gegenwart, 2. A. Leipzig 1910, Nachdruck Glashütten (im Taunus) 1973 (zit. WAGNER, Steuergeschichte).

A. Entwicklung der Steuererhebung

Die Steuererhebung ist keine Erfindung moderner Industriestaaten, sondern kann bis zum *Aufkommen der Geldwirtschaft* und zu den *Anfängen der Staatenbildung* zurückverfolgt werden. Staaten brauchten seit jeher Geld zur Erfüllung ihrer vielfältigen Aufgaben und beschafften sich die erforderlichen Mittel schon im Altertum unter anderem durch die Erhebung von Steuern. Steuern kannten bereits die Sumerer und Babylonier.[1] Auch Ägypten, Griechenland und Rom verfügten über gut entwickelte Steuerordnungen.[2]

---

[1] Ausführlich dazu und zum Folgenden SCHMÖLDERS/HANSMEYER, Allgemeine Steuerlehre, 14 ff.
[2] Vgl. zur Steuerpolitik in der griechischen Antike MEIER, Anfänge der Steuerpolitik, 25 ff.

2 In der Naturalwirtschaft des frühen *Mittelalters* wurden gemeinschaftliche Aufgaben (insbesondere Bauten und Kriegsdienst) überwiegend durch persönliche Dienstleistungen *(Frondienst, Lehnsdienst)* bestritten. Im Übrigen wurde der Finanzbedarf der Gemeinwesen zur Hauptsache aus den Erträgnissen des Domänenbesitzes der Herrschenden und einer Vielzahl von feudalen Abgaben (Verpachtung von Regalien, Zölle etc.) gedeckt. Seit dem 13. Jahrhundert entwickelten sich gewisse unregelmässig erhobene Abgaben, welche die Vogt- und Grundholden für Schutz und Schirm leisteten, der vom Landesherrn garantiert wurde.[3] Diese Art der Abgabenerhebung wurde «Bede» (französisch: «aide») genannt, da sich die Landesherren bei Finanzbedarf mit einer entsprechenden *Bitte* an die Vogt- und Grundholden wandten.[4] Darauf ist auch das Wort «*Steuer*» zurückzuführen; der althochdeutsche Ausdruck «*stiura*» bedeutet Unterstützung.[5] Mehr und mehr wurde die Bede regelmässig erhoben und fasste vor allem auch in den Städten Fuss. Im Heiligen Römischen Reich Deutscher Nation wurden die Stadtbewohner zu den Hauptsteuerzahlern. Verbreitet waren Grund-, Vermögens- und pauschale Kopfsteuern.

3 Neben diesen direkten Steuern setzten sich seit der frühen Neuzeit auch indirekte Steuern in der Form von Verbrauchssteuern (*«Akzisen» genannt)* durch. Dabei handelte es sich insbesondere um Getränkesteuern auf Bier und Wein sowie auf Grundnahrungsmittel wie Fleisch und Getreide.[6] Die Akzise war – als Verbrauchsteuer – unabhängig vom jeweiligen Stand des Steuerschuldners abzuliefern. Die im Rahmen der Bede vorherrschenden ständischen Steuerprivilegien konnten bei der Akzise nicht greifen. Die Akzise führte allerdings zu einem erschwerten Warenaustausch zwischen Stadt und Land.[7] Sämtliche Versuche, eine allgemeine und dauernde Reichssteuer sowie einen Reichsgrenzzoll durchzusetzen, scheiterten am Widerstand der Reichsstände, wie zuletzt der *Gemeine Pfennig*.[8]

4 Mit dem Aufkommen des Söldnertums und der Einführung stehender Heere nach dem Dreissigjährigen Krieg (1618–1648) stieg der Finanzbedarf der Staaten sprunghaft an.[9] Genährt durch die Reformideen der *Französischen Revolution* (Allgemeinheit und Gleichmässigkeit der Besteuerung) entwickelten sich in Frankreich erste Züge eines Ertragsteuersystems, welches der Verteilungsgerechtigkeit Rechnung tragen und die Steuerungleichheit der Feudalherrschaft

---

[3] THIER, Handwörterbuch «Bede», Sp. 494 ff. auch zum Folgenden.
[4] Vgl. SCHMÖLDERS/HANSMEYER, Allgemeine Steuerlehre, 19 ff.; WAGNER, Steuergeschichte, 73 ff., 77 f. und 144 ff.
[5] ELMAR SEEBOLD (Hrsg.), Kluge. Etymologisches Wörterbuch der deutschen Sprache, 24. A. Berlin/New York 2002, 882.
[6] Vgl. SCHMÖLDERS/HANSMEYER, Allgemeine Steuerlehre, 22 f.; THIER, Handwörterbuch «Akzise», Sp. 135 ff. auch zum Folgenden.
[7] Vgl. THIER, Steuergesetzgebung und Verfassung, 34 f. mit weiteren Hinweisen.
[8] PETER MORAW, Der «Gemeine Pfennig». Neue Steuern und die Einheit des Reiches im 15. und 16. Jahrhundert, in: UWE SCHULTZ (Hrsg.), Mit dem Zehnten fing es an. Eine Kulturgeschichte der Steuer, 3. A. München 1992, 130 ff.; SCHMÖLDERS/HANSMEYER, Allgemeine Steuerlehre, 21.
[9] Vgl. WAGNER, Steuergeschichte, 69.

beseitigen sollte.¹⁰ Beeinflusst von den Entwicklungen im Nachbarland, aber auch unter dem Kostendruck der Napoleonischen Kriege bildete sich in Deutschland – insbesondere in den süddeutschen Staaten – ein eigentliches System von objektiven Ertragssteuern, das allerdings mit einer persönlichen Einkommenssteuer noch wenig gemein hatte.¹¹ Preussen lieferte einen wesentlichen Beitrag zur Fortentwicklung einer leistungsabhängigen Einkommenssteuer in Deutschland. Durch die Miquelsche Steuerreform von 1891 wurde eine progressive Einkommenssteuer eingeführt; 1893 kam eine Vermögenssteuer dazu.¹²

Diese Entwicklung in Deutschland stand unter dem Einfluss englischer Reformbestrebungen.¹³ 1799 wurde in England wegen des durch die Napoleonischen Kriege verursachten Finanzbedarfs eine eigentliche *subjektbezogene Einkommenssteuer* eingeführt.¹⁴ Diese britische *Income Tax* bahnte sich seit der zweiten Hälfte des 19. Jahrhunderts allmählich den Weg durch die meisten wirtschaftlich fortgeschrittenen Länder Europas, wo in der frühliberalen Epoche noch eine grosse Abneigung gegenüber dem staatlichen Eindringen in die persönliche Sphäre der Bürger bestand.¹⁵ 5

Jahrzehnte blieb die Einkommenssteuer, flankiert durch die Vermögenssteuer, die Hauptsteuer. Erst in der zweiten Hälfte des vorigen Jahrhunderts setzte eine neue Entwicklung ein, die neben die Einkommenssteuer die *allgemeine Verbrauchssteuer* als zweite tragende Säule der Staatsfinanzierung treten liess.¹⁶ 6

B.   Das Steuerrecht in der Rechtsordnung

Das Steuerrecht umfasst die Gesamtheit aller Rechtsquellen, die sich mit der Steuererhebung befassen. Es begründet und regelt Rechtsbeziehungen zwischen dem *Gemeinwesen* und *Privaten*. Auf der einen Seite des Steuerrechtsverhältnisses steht immer ein mit Steuererhebungskompetenz ausgestattetes Gemeinwesen, das kraft Gesetzes zur Steuererhebung befugt ist. 7

---

10   Die aus der französischen Revolution hervorgehende Erklärung der Menschen- und Bürgerrechte vom 26. August 1789 hielt in Art. 13 fest, dass der für den Unterhalt öffentlicher Institutionen unerlässliche gemeinschaftliche Beitrag anhand der Leistungsfähigkeit jedes Einzelnen bemessen und entsprechend auf die Bürger aufgeteilt werden soll (vgl. TIPKE, Steuerrechtsordnung, Bd. I, 488; WERNER FROTSCHER/BODO PIEROTH, Verfassungsgeschichte, 9. A. München 2010, N 60).
11   SCHMÖLDERS/HANSMEYER, Allgemeine Steuerlehre, 23 ff.; vgl. THIER, Steuergesetzgebung und Verfassung, 35 ff.
12   Vgl. THIER, Steuergesetzgebung und Verfassung, 15 f. und 432 ff. mit weiteren Hinweisen.
13   BERNHARD GROSSFELD, Die Einkommensteuer: geschichtliche Grundlage und rechtsvergleichender Ansatz, Tübingen 1981, 26 ff. auch zum Folgenden.
14   Vgl. NEUMARK, Aufstieg der Einkommensteuer, 232 f.; WAGNER, Steuergeschichte, 220 ff.
15   Vgl. KNIES, Steuerzweck und Steuerbegriff, 14 ff.; NEUMARK, Aufstieg der Einkommensteuer, 233; WAGNER Steuergeschichte, 249 ff.
16   Vgl. TIPKE, Steuerrechtsordnung, Bd. II, 972; NEUMARK, Aufstieg der Einkommensteuer, 233 und 240 ff.

8   Das Steuerrecht ist somit *öffentliches Recht*.[17] Es bildet einen Teilbereich des *Abgabenrechts*, das wiederum Teil des *Finanzrechts* darstellt. Das Finanzrecht hat den gesamten Bereich der öffentlichen Einnahmen und Ausgaben zum Gegenstand. Das Finanzrecht ist *Verwaltungsrecht*, das seinerseits ein Spezialgebiet des *öffentlichen Rechts* ist.

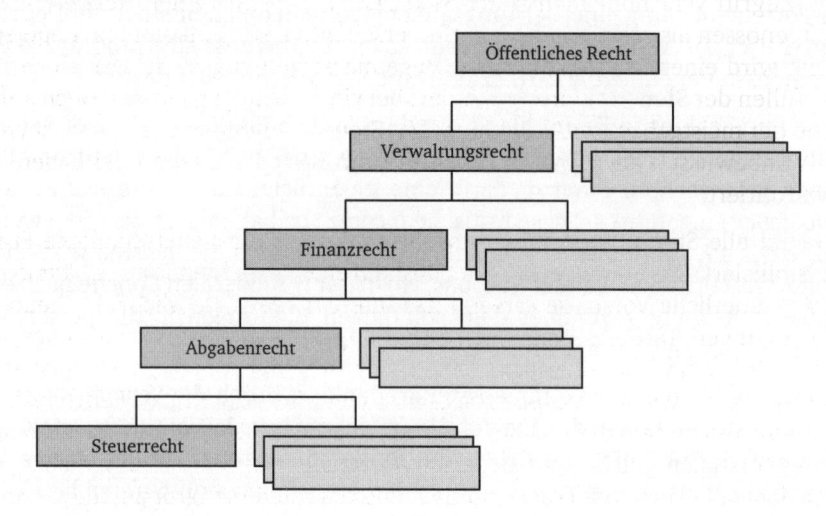

9

```
                        Öffentliches Recht
                               │
                        Verwaltungsrecht
                               │
                          Finanzrecht
                               │
                         Abgabenrecht
                               │
                          Steuerrecht
```

10 Auch wenn das Steuerrecht klarerweise öffentliches Recht darstellt, hat es sich wegen seiner grossen praktischen Bedeutung, aber vor allem auch wegen seiner Komplexität und technischen Ausdifferenzierung sowie seiner Nähe zur kaufmännischen Praxis vom allgemeinen Verwaltungsrecht emanzipiert. Diese Entwicklung des Steuerrechts zu einem *speziellen Rechtsgebiet* darf jedoch nicht zu einer *Entfremdung* des Steuerrechts von den verwaltungsrechtlichen Grundüberlegungen führen. Eigenständige, vom allgemeinen Verwaltungsrecht losgelöste steuerrechtliche Überlegungen sind nur so weit angebracht, als es die fachspezifischen Eigenheiten gebieten.

11 Stark geprägt wird das Steuerrecht auch durch das *Privatrecht*. Wie kaum in einem anderen Rechtsgebiet sind im Steuerrecht öffentlich-rechtliches und privatrechtliches Gedankengut ineinander verwoben. Das Privatrecht regelt den Rechtsverkehr unter Privaten, mit dem sich auch das Steuerrecht befasst. Das Steuerrecht knüpft Steuerfolgen entweder unmittelbar an privatrechtliche Gestaltungen oder – was häufiger der Fall ist – mittelbar an deren wirtschaftliche Auswirkungen. So weist das Steuerrecht zahlreiche Berührungspunkte zum Privatrecht auf. Die wirtschaftlichen Auswirkungen des Privatrechtsverkehrs lassen sich steuerrechtlich oftmals nur zuverlässig beurteilen, wenn der privatrechtliche Hintergrund umfassend analysiert wird.

---

[17]   Statt vieler BLUMENSTEIN/LOCHER, System, 16.

C. Das Steuerrecht in Alltag, Politik und Rechtsanwendung

Wir alle kommen mit Steuerrecht in Berührung. Ob arm oder reich, der steuerliche Zugriff verschont niemanden und lässt den Staat in den Augen mancher Zeitgenossen als raffgieriges Ungetüm erscheinen. Die Einkommenssteuerrechnung wird einem mit hartnäckiger Regelmässigkeit zugestellt. Das alljährliche Ausfüllen der Steuererklärung rangiert bei vielen Leuten ganz weit oben auf der Liste der meistgehassten Aktivitäten. Mit Steuern wird man aber – teils bewusst, teils unbewusst – auch an der Tanksäule, am Biertisch oder an der Ladenkasse konfrontiert. 12

So sind alle Stimmbürgerinnen und Stimmbürger für steuerrechtliche Fragen sensibilisiert. Das Steuerrecht bildet deshalb einen beliebten *Tummelplatz der Politik*. Steuerliche Vorstösse erregen das Interesse der Öffentlichkeit. Steuervergünstigungen, Tarifermässigungen, Erhöhung der Sozialabzüge sind Dinge, über die Politiker und Politikerinnen gerne, oft und viel sprechen. Mit plakativen Schlagworten wie «Steuergerechtigkeit» oder «wirtschaftliche Leistungsfähigkeit» wird eifrig gefochten; jeder fühlt sich angesprochen und kann sich darunter etwas vorstellen. Auch wenn die Ansichten darüber weit auseinandergehen, sind sich doch alle einig, dass sie persönlich und die Interessengruppe, die sie vertreten, allzu stark zur Kasse gebeten werden. 13

Steuern bilden heute die *wichtigste Einnahmequelle* des Staates[18] und stellen gewissermassen den Lebensnerv jedes Gemeinwesens dar.[19] Die Steuererhebungskompetenz kann auch als Rückgrat des Föderalismus betrachtet werden,[20] denn «*the power to tax is the power to govern*». So vermag es nicht zu erstaunen, dass jeder Versuch, die Steuererhebungskompetenzen eines Gemeinwesens einzuschränken, auf grossen Widerstand stösst. Eindrücklich beobachten lässt sich dies zum einen im interkantonalen Verhältnis, wo die Kantone einen zähen Kampf um die Beibehaltung ihrer steuerlichen Eigenständigkeit führen. Zum andern sträuben sich aber auch die Mitgliedstaaten der EU gegen jede Beeinträchtigung ihrer Steuerhoheit. 14

Die grosse staatspolitische Relevanz des Steuerrechts beruht auch auf dessen beachtlicher *Lenkungswirkung*. Richtig eingesetzt, erweist sich das Steuerrecht als effizientes Instrument zur Steuerung von Wirtschaft und Gesellschaft. Wohl- 15

---

[18] Vgl. BLUMENSTEIN/LOCHER, System, 1.
[19] Vgl. MICHAEL STOLLEIS, Pecunia nervus rerum: zur Staatsfinanzierung in der frühen Neuzeit, Frankfurt am Main 1983, 63 ff.
[20] Vgl. JEAN-FRANÇOIS AUBERT, Bundesstaatsrecht der Schweiz, neu bearbeiteter Nachtrag bis 1990, Bd. I, Loseblattwerk, Basel/Frankfurt am Main 1991, N 749; FRANCIS CAGIANUT, Kommentar zu aBV 42quinquies, in: JEAN-FRANÇOIS AUBERT/KURT EICHENBERGER/JÖRG PAUL MÜLLER/RENÉ A. RHINOW/DIETRICH SCHINDLER (Hrsg.), Kommentar zur Bundesverfassung der Schweizerischen Eidgenossenschaft vom 29. Mai 1874, Basel et al. 1987–1996, N 3 zu aBV 42quinquies; KLAUS A. VALLENDER, Verfassungsmässiger Rahmen und allgemeine Bestimmungen, Sonderheft «Steuerharmonisierung», ASA 61 (1992/93), 263 ff., 265; MARKUS REICH, Gedanken zur Umsetzung des Steuerharmonisierungsgesetzes, ASA 62 (1993/94), 577 ff., 587.

stand und Wachstum sind wesentlich abhängig von einer kompetitiven Steuerordnung. Steuerliche Massnahmen werden insbesondere auch eingesetzt zur Lenkung des Umweltverhaltens. Für den *homo oeconomicus* gibt es wenig, was ihn mehr motiviert, als eine Gelegenheit, Steuern zu sparen. Das Steuerrecht wirkt stark auf das Spar- und Konsumverhalten, auf die Investitionsentscheide, aber auch auf die Standortfrage von Unternehmen und unter Umständen sogar auf die Wohnsitznahme natürlicher Personen ein.

16 Das Steuerrecht begegnet uns in völlig unterschiedlichen Lebenssituationen (z.B. Heirat, Trennung oder Scheidung). Auch der Tod wirft heikle Steuerfragen auf. Ebenso ziehen die meisten Rechtsgeschäfte steuerliche Folgen nach sich, die neben den privatrechtlichen Konsequenzen immer auch bedacht sein müssen. Durch entsprechende Gestaltung lassen sich die steuerlichen Auswirkungen minimieren. So wirkt das Steuerrecht auch auf das Privatrecht ein, indem es die rechtsgeschäftliche Verhaltensweise zum Teil sehr erheblich beeinflusst.[21] Privatrechtliches Handeln ist mittlerweile ohne Berücksichtigung der Steuerfolgen kaum mehr sinnvoll möglich.[22] Ein Grossteil der juristischen Fantasie, die z.B. bei Unternehmensumstrukturierungen entwickelt wird, ist steuerrechtlich initiiert. Diese Umstände führen mitunter auch zu einer unliebsamen Beeinträchtigung oder gar Denaturierung von gesetzlichen Instituten des Privatrechts durch das Steuerrecht.[23]

D. Das Steuerrecht in Lehre und Forschung

I. Die Steuern als Gegenstand wissenschaftlicher Auseinandersetzung

17 In der Schweiz ist die Ansicht weit verbreitet, Steuerrechtler und Steuerrechtlerinnen seien die einzigen, die sich wissenschaftlich mit den Steuern und der Steuererhebung befassen. An verschiedenen Universitäten werden denn auch nur vereinzelt Veranstaltungen über Steuern angeboten, die nicht der rechtswissenschaftlichen Studienrichtung zuzuordnen sind.

18 Mit Steuern befassen sich jedoch seit jeher auch andere Wissenszweige, insbesondere die finanzwissenschaftliche und die betriebswirtschaftliche Steuerlehre. Der Unterschied dieser Wissenszweige liegt in der Art und Weise der wissenschaftlichen Betrachtung der Steuern. Unterschiedliche Prämissen führen zu

---

[21] Als Beispiele seien der *Grundstücksverkehr* und die *Buchführungspraxis* genannt.
[22] Vgl. THOMAS KOLLER, Neue Bundesgerichtsurteile im Schnittstellenbereich zwischen Privatrecht und Steuerrecht – Fallstricke oder Hilfen für Familienrechtler? recht 1999, 114 ff., 116; vgl. auch CREZELIUS, Steuerjurist, 149.
[23] Die in aOR 749 vorgesehene Fusion durch Kombination wurde beispielsweise wegen der früheren Regelung der Emissionsabgabe kaum je vollzogen (vgl. REICH, Umstrukturierungen, 1. Teil, 278).

anderen Ergebnissen, zu verschiedener Beurteilung und Gewichtung, aber auch zu zusätzlichen Erkenntnissen, die zu gegenseitiger Befruchtung und Ergänzung führen. Gerade die Finanzwissenschaft bildet für das Steuerrecht einen Fundus von hohem Wert.

In der Praxis lassen sich die verschiedenen Wissensbereiche nicht klar isolieren. So kann Steuerrecht ohne finanzwissenschaftliche und betriebswirtschaftliche Kenntnisse kaum vernünftig betrieben werden. Die betriebswirtschaftliche Steuerlehre setzt notwendigerweise profundes Steuerrechtswissen voraus. Auch weite Bereiche der finanzwissenschaftlichen Steuerlehre sind auf die beiden Nachbarwissenschaften angewiesen.

1. Steuerrechtswissenschaft

Die Steuerrechtswissenschaft versteht die Besteuerung als *Rechtsvorgang*, nicht als Technik.[24] Sie befasst sich mit den Steuern als Rechtsinstituten; die Steuernormen werden systematisiert und nach juristischer Methode analysiert. Gegenstand steuerrechtswissenschaftlicher Forschung bilden deshalb immer *Rechtsnormen* und *Rechtsprinzipien*. Das Steuerrecht setzt die Erkenntnisse der finanzwissenschaftlichen und betriebswirtschaftlichen Steuerlehre um, indem es diese dem steuerrechtlichen Normengebäude zugrunde legt. Orientierungsmassstab sind dabei die Ideen des Rechtsstaates, die verfassungsrechtlichen Grundsätze sowie die den Gesetzen innewohnenden Grundgedanken. Aufgabe der Steuerrechtswissenschaft ist es zudem, aus rechtlicher Sicht zu Steuerpolitik und zu Gesetzgebungsprojekten Stellung zu nehmen.

2. Finanzwissenschaftliche Steuerlehre

Gegenstand der finanzwissenschaftlichen Steuerlehre ist die Deckung des öffentlichen Finanzbedarfs durch Steuern.[25] Sie befasst sich mit der volkswirtschaftlich *optimalen Verteilung der Steuerlasten*. Untersucht werden die makroökonomischen Auswirkungen der Besteuerung, d.h. die Auswirkungen der Steuern auf Produktion, Konsum, Wettbewerb, Wachstum etc. Forschungsobjekt der finanzwissenschaftlichen Steuerlehre ist sodann die *Steuertechnik* bzw. die Kunst der Besteuerung. Dabei geht es nicht nur um erhebungstechnische Probleme oder um Untersuchungen hinsichtlich der Steuermoral, sondern auch um die Entwicklung und Konkretisierung von sachgerechten Steuererhebungsgrundsätzen. Auch die Steuererhebungsprinzipien der Allgemeinheit der Besteuerung und der Besteuerung nach der wirtschaftlichen Leistungsfähigkeit der Steuerpflichtigen waren seit jeher und sind auch heute noch ein wichtiges finanzwissenschaftliches Forschungsfeld.

---

[24] Vgl. BLUMENSTEIN/LOCHER, System, 20; LANG, in: TIPKE/LANG, § 1 N 13 auch zum Folgenden.
[25] Dazu und zum Folgenden HALLER, Steuern, 12 f., 122 ff.; MUSGRAVE/MUSGRAVE/KULLMER, Öffentliche Finanzen, 1 ff.; BLUMENSTEIN/LOCHER, System, 20.

3. Betriebswirtschaftliche Steuerlehre

22 Die betriebswirtschaftliche Steuerlehre untersucht die mikroökonomischen Auswirkungen der Steuern auf die inner- und zwischenbetrieblichen Gegebenheiten. Sie trachtet nach Gewinnmaximierung durch Steuerminimierung[26], um ein Schlagwort zu verwenden. Die Auswirkungen der Steuern werden im Lichte der verschiedenen Möglichkeiten unternehmerischen Verhaltens untersucht, verglichen und bei der Planung der unternehmerischen Aktivitäten miteinbezogen. Die in der Steuerberatung von Unternehmen sehr wichtige Funktion der *Steuerplanung* ist mithin ein zentraler Forschungsbereich der betriebswirtschaftlichen Steuerlehre. Bei der Ermittlung der steuerlichen Auswirkungen verschiedener Sachverhaltsgestaltungen nimmt die betriebswirtschaftliche Steuerlehre die Steuernormen und die Steuerpraxis als gegeben hin; deren Interpretation überlässt sie der Steuerrechtswissenschaft.

II. Stellenwert des Steuerrechts für die Studierenden

23 Die Crux des Steuerrechts ist, dass es für die Studierenden der Rechtswissenschaft zu ökonomisch und für die Studierenden der Ökonomie zu juristisch ist.

24 Trotz seiner grossen Bedeutung in der Berufspraxis war das Steuerrecht lange Zeit ein Stiefkind der universitären Ausbildung. Die Anwendung des Steuerrechts in Verwaltung, Beratung und Justiz blieb kaufmännisch ausgebildeten Nichtakademikern überlassen. Weite Bereiche des Steuerrechts lagen wissenschaftlich brach, was zwangsläufig zu dessen Geringschätzung durch die Vertreter der traditionellen rechtswissenschaftlichen Fächer führte. Das Studium der Rechtswissenschaften liess keinen Raum für eine von Kaufleuten und Treuhändern dominierte Rechtsmaterie; *iudex non calculat*.[27]

25 Ziel eines Hochschulstudiums ist es jedoch, die Studierenden optimal auf die Berufstätigkeit vorzubereiten. Mehr und mehr wurde die grosse *praktische Relevanz* des Steuerrechts für den späteren beruflichen Werdegang der Studierenden erkannt. Das führte zunächst zur Aufnahme des Steuerrechts in den Katalog der Spezial- und Wahlfächer. In den letzten Jahren wurde das Steuerrecht dann aber an vielen Universitäten zum Pflichtfach.[28]

26 Im Zug der schweizerischen Bolognareform war zu entscheiden, ob das Steuerrecht bereits auf der Bachelorstufe oder erst im Masterstudium angeboten werden soll. Auf der Bachelorstufe geht es um die Vermittlung eines breiten und soliden *Grundwissens*, das nicht nur den Zugang zu den Vertiefungsfächern und den Spezialbereichen auf der Masterstufe erschliessen soll, sondern auch für

---

[26] Vgl. ROBERT S. PINDYCK/DANIEL L. RUBINFELD, Mikroökonomie, 7. A. München et al. 2009, 397 ff.; 467 f.
[27] Vgl. TIPKE, StuW 1991, 222.
[28] Dazu allgemein BLUMENSTEIN/LOCHER, System, 23 ff.

jene Absolventinnen und Absolventen, die von einer weiteren akademischen Schulung absehen, ein Fundament darstellt, das ihnen erlaubt, sich in den verschiedenen beruflichen Spezialbereichen rasch und erfolgreich zurechtzufinden. Aufgrund der Stofffülle kann es nicht um das Einpauken von Spezialwissen gehen; gefragt ist vielmehr die Darlegung und Verfestigung der Grundlagen der Schlüsselfächer, welche die Studierenden in die Lage versetzen, sich später das für sie notwendige Spezialwissen anzueignen.

Das Steuerrecht ist ein solches Schlüsselfach, das nicht nur Spezialwissen erschliesst, vielmehr stellt es auch ein eigentliches *Grundlagenfach* dar. Es bildet unerlässliches Rüstzeug für die spätere Berufstätigkeit und kann weder über die Grundlagenfächer des öffentlichen Rechts noch über die traditionellen privatrechtlichen Disziplinen hinreichend erschlossen werden. Ohne steuerrechtliches Grundwissen kann den Studierenden der Jurisprudenz die Berufsreife nicht attestiert werden. Aus diesen Gründen werden die Grundlagen des Steuerrechts mehr und mehr bereits im Bachelorstudium vermittelt.

27

Die Abneigung, die zahlreiche Studierende zunächst gegenüber dem Steuerrecht empfinden, schwindet im Allgemeinen sehr schnell. Sobald erkannt wird, dass sich das Steuerrecht auch ohne elektronische Rechenhilfen und Formulare betreiben lässt, erweist sich diese Materie als vielfältiges und höchst interessantes Rechtsgebiet. Im Steuerrecht können sehr viele Kenntnisse eingebracht werden, welche die Studierenden in den andern Fächern erworben haben. Das Steuerrecht basiert auf den *verfassungsrechtlichen, bundesstaatlichen* und *verwaltungsrechtlichen Grundlagen*. Aber auch *strafrechtliches Wissen* ist im Steuerrecht sehr hilfreich. Sodann bilden die zu beurteilenden Sachverhalte meist *privatrechtliche* Gestaltungen und Vorgänge, die es rechtlich und wirtschaftlich zu hinterfragen gilt, bevor Steuerfolgen daran geknüpft werden. Im Steuerrecht kann deshalb das *Zusammenwirken* der verschiedenen Fächer optimal erprobt werden.

28

Zudem ist im Steuerrecht wie in kaum einem anderen Rechtsbereich juristisches und wirtschaftliches Gedankengut eng miteinander verwoben. So eröffnet das Steuerrecht den an wirtschaftlichen Vorgängen interessierten Studierenden faszinierende Perspektiven, ermöglicht aber auch die Überwindung der notorischen Schwellenängste der Juristen und Juristinnen vor Zahlen und vor *Soll* und *Haben*.

29

Attraktiv ist das Steuerrecht aber nicht zuletzt auch in Hinblick auf seinen grossen *wissenschaftlichen Nachholbedarf*. Im Steuerrecht kann in vielen Bereichen noch echte dogmatische Pionierarbeit geleistet werden. Es fehlt nicht an Forschungsthemen, die dringend der grundlegenden theoretischen Aufarbeitung bedürfen.

30

§ 2 Steuerbegriff und Systematisierung

Literatur

BLUMENSTEIN/LOCHER, System, 1 ff.; HÖHN/WALDBURGER, Bd. I, § 1 N 1 ff.; MÄUSLI-ALLENSPACH/OERTLI, Steuerrecht, 51 ff.; OBERSON, Droit fiscal, § 1 N 1 ff.

BEUSCH MICHAEL, Lenkungsabgaben im Strassenverkehr. Eine rechtliche Beurteilung der Möglichkeiten zur Internalisierung externer Umweltkosten, Zürich 1999 (zit. BEUSCH, Lenkungsabgaben); DIRIWÄCHTER HANS BEAT, Die Zuständigkeit zur Erhebung und Regelung von Lenkungsabgaben, Bern/Stuttgart 1981 (zit. DIRIWÄCHTER, Lenkungsabgaben); BÖCKLI PETER, Innovation und Mimikry im Abgaberecht, ASA 58 (1989/90), 177 ff.; HUNGERBÜHLER ADRIAN, Grundsätze des Kausalabgaberechts. Eine Übersicht über die neuere Rechtsprechung und Doktrin, ZBl 2003, 505 ff.; JAAG TOBIAS/KELLER HELEN, Zur Verfassungsmässigkeit einer Energieabgabe, URP 1998, 319 ff.; KLAUS SAMUEL, DeRegulierung der netzbasierten Infrastruktur, Berlin 2009 (zit. KLAUS, DeRegulierung); MARANTELLI ADRIANO, Grundprobleme des schweizerischen Tourismusabgaberecht, Bern 1991 (zit. MARANTELLI, Tourismusabgaberecht); OBERSON XAVIER, Les taxes d'orientation. Nature juridique et constitutionnalité, Basel 1991 (zit. OBERSON, Les taxes d'orientation); VALLENDER KLAUS A., Grundzüge des Kausalabgaberechts. Gebühren – Vorzugslasten – Ersatzabgaben, Bern 1976 (zit. VALLENDER, Kausalabgaberecht); VALLENDER KLAUS A./JACOBS RETO, Ökologische Steuerreform. Rechtliche Grundlagen, Bern et al. 2000 (zit. VALLENDER/JACOBS, Steuerreform).

A. Begriff und Funktion der Steuer

I. Begriff der Steuer

Steuern sind Geldleistungen, die dem Gemeinwesen von Gesetzes wegen gegenleistungslos geschuldet werden und die zumindest im Nebenzweck der Deckung des öffentlichen Finanzbedarfs dienen.[1] Die einzelnen Elemente des Steuerbegriffs lassen sich wie folgt umschreiben:

– Steuern sind *Leistungen* in *Geldform;* dem Gemeinwesen erbrachte Dienstleistungen oder Naturalleistungen sind vom Steuerbegriff gewöhnlich nicht erfasst. Immerhin kann ausnahmsweise auch der Pflicht zur Erbringung von Naturalleistungen Steuercharakter zukommen.[2] Allenfalls ist es kraft ausdrücklicher gesetzlicher Bestimmungen auch zulässig, Steuern in der Form von Barzahlungssurrogaten wie Checks, Obligationen, Aktien oder Kunstwerken zu entrichten.[3]

– Das Element der *Gegenleistungslosigkeit* bedeutet, dass die Steuer nicht an eine bestimmte, dem Steuerschuldner individuell zurechenbare Leistung des

1

---

[1] Dazu und zum Folgenden BLUMENSTEIN/LOCHER, System, 5 ff.; HÄFELIN/MÜLLER/UHLMANN, Verwaltungsrecht, N 2661; HÖHN/WALDBURGER, Bd. I, § 1 N 3 ff.; OBERSON, Droit fiscal, § 1 N 5 sowie N 12 ff.; VALLENDER, Kausalabgaberecht, 30 ff.
[2] So qualifizierte das Bundesgericht z.B. die gesetzliche Pflicht von Kraftwerken, dem Kanton einen Anteil der produzierten Energie gratis abzuliefern oder ihm den Wert in Geld zu erstatten, im Entscheid vom 22.4.1983 (BGE 109 Ia 134 E. 5a) als *Sondersteuer*.
[3] Dazu hinten § 5 N 79.

Gemeinwesens anknüpft, sondern von allen geschuldet wird, welche den im Gesetz umschriebenen steuerauslösenden Tatbestand erfüllen. So müssen die Schulsteuern auch von denjenigen entrichtet werden, die keine Kinder haben oder ihre Kinder nicht in die staatlichen Schulen schicken. Früher wurde dieses Begriffsmerkmal als *Voraussetzungslosigkeit* bezeichnet; zu Recht wird dieser Ausdruck indes als unzutreffend bezeichnet, da die Steuern durchaus an bestimmte (gesetzliche) Voraussetzungen anknüpfen.[4]

– *Leistungsempfänger* der Steuern ist immer ein öffentlich-rechtliches, mit Steuererhebungskompetenz ausgestattetes Gemeinwesen. Steuern sind somit kraft *öffentlichen Rechts* geschuldet. Beiträge an private Vereine oder auch Leistungen an öffentlich-rechtliche Anstalten und Korporationen sind keine Steuern. Religiöse Vereinigungen sind z.B. nur steuerberechtigt, wenn sie als öffentlich-rechtliche Körperschaft anerkannt und mit Steuererhebungskompetenz betraut sind.

– Grundlage der Steuererhebung bildet das *Gesetz*. Keine Steuern sind deshalb dem Gemeinwesen vertraglich geschuldete oder freiwillig erbrachte Leistungen.

– Schliesslich verfolgen die Steuern regelmässig einen *Finanzzweck*, d.h., sie sollen dem Gemeinwesen Einnahmen verschaffen. Steuern haben mit anderen Worten immer einen *fiskalischen Zweck*. Dabei genügt es für die Qualifikation als Steuer, wenn Abgaben zumindest im Nebenzweck Einnahmenbeschaffungsfunktion aufweisen. Keine Steuern sind deshalb Geldbussen oder Zinsen. Der Umstand, dass Steuern allenfalls noch weitere Ziele verfolgen (wie z.B. die Lenkungssteuern), ist für die rechtliche Qualifikation einer Abgabe als Steuer unerheblich. Gleiches gilt für die Verwendung der mit einer Steuer erzielten Einnahmen. Ob der Ertrag für einen bestimmten Zweck reserviert wird (Zwecksteuern) oder ob er in die allgemeine Staatskasse fliesst, ist irrelevant.

II. Finanzierungs- und Lenkungsfunktion der Steuer

1. Reine Finanzzwecksteuern

2 Mit den Steuern werden gewöhnlich *nicht bestimmte staatliche Aufwendungen* finanziert, sondern es werden ganz allgemein die für die Erfüllung der vielfältigen Staatsaufgaben benötigten Finanzmittel beschafft. So fliessen die Steuererträge grundsätzlich in die *allgemeine Staatskasse;* sie sind – wo dies nicht ausdrücklich angeordnet ist – nicht zweckgebunden.

3 Steuern, die keine Sonderzwecke verfolgen und in die allgemeine Staatskasse fliessen, werden reine Finanzzwecksteuern genannt. Sie sind streng nach dem Gleichheitsgrundsatz auszugestalten. Grundsätzlich haben alle Personen diese

---

[4] Vgl. HÖHN/WALDBURGER, Bd. I, § 1 N 4; HÄFELIN/MÜLLER/UHLMANN, Verwaltungsrecht, N 2661.

Steuern zu entrichten, so wie auch alle von den staatlichen Leistungen profitieren. Der *Gleichheitsgrundsatz* präjudiziert nicht nur die Auswahl der steuerpflichtigen Personen, sondern auch das Ausmass der Belastung. Alle Individuen sollen in gleichem Masse durch die Besteuerung betroffen sein; es gilt der Grundsatz der *Allgemeinheit* der Besteuerung und der Besteuerung nach der *wirtschaftlichen Leistungsfähigkeit*[5]. Reine Finanzzwecksteuern haben überdies den Grundsatz der *Entscheidungsneutralität* zu beachten.[6] Das bedeutet, dass sie grundsätzlich rechtsformneutral, finanzierungsneutral und investitionsneutral ausgestaltet werden sollen.[7]

Auch wenn reine Finanzzwecksteuern konsequent nach diesen Gestaltungsprinzipien ausgestaltet sind, wirken sie in vielerlei Hinsicht *verhaltenslenkend*. Die Lenkungswirkung der reinen Finanzzwecksteuern ist jedoch nicht beabsichtigt, sondern ergibt sich daraus, dass Steuern eine vermögensmässige Belastung darstellen. Sie beeinflussen das Verhalten der betroffenen Personen in vielfältiger Art und Weise. Der *homo oeconomicus* strebt danach, finanzielle Aufwendungen, die ihm keinen unmittelbaren Nutzen bringen, möglichst zu vermeiden. Steuern *steuern* somit das menschliche Tun und Lassen, ob der Gesetzgeber dies beabsichtigt oder nicht. Steuern zeigen insbesondere Auswirkungen auf das Sparverhalten und die Investitionstätigkeit, auf die Wohnsitz- oder Sitznahme der natürlichen und juristischen Personen sowie auf die Wahl der Rechtsform der unternehmerischen Aktivitäten.

2. Lenkungsfunktion der Steuern

Neben den reinen Finanzzwecksteuern gibt es eine Vielzahl von Steuern, die das Verhalten der Steuerpflichtigen ganz bewusst lenken wollen. Sie verfolgen neben der reinen Finanzierungsfunktion – allenfalls sogar als Hauptzweck – weitere wirtschafts- oder sozialpolitische Ziele. Es ist dem Gesetzgeber unbenommen, Steuern zum Zweck der Lenkung von Wirtschaft und Gesellschaft einzusetzen. Den Steuern werden damit neben ihrem Zweck, dem Staat zu Einnahmen zu verhelfen, weitere – *ausserfiskalische* – Ziele zugedacht. Dabei kann das Lenkungsziel vorrangig sein[8] oder nur einen untergeordneten Nebenzweck bilden[9]. Solche Steuern werden *Lenkungssteuern* genannt.

Mit lenkenden Steuernormen will man die Steuerpflichtigen zu einem bestimmten Tun oder Unterlassen anhalten, indem sie bei entsprechendem Verhalten ent-

---

[5] Dazu § 4 N 119 ff.
[6] Vgl. Finanzleitbild des Bundesrates vom 4.10.1999, <http://www.efd.admin.ch/dokumentation/grundlagenpapiere/00816/index.html?lang=de> (besucht am 22.8.2011), 19.
[7] Vgl. § 4 N 76.
[8] Z.B. Baulandsteuer, Alkohol- und Tabaksteuern.
[9] So finden sich in den Einkommenssteuergesetzen vielfach verhaltenslenkende Normen. Mit dem *Abzug* der Zuwendungen an Institutionen mit öffentlicher oder gemeinnütziger Zweckverfolgung (StHG 9 II i) soll beispielsweise ein Anreiz zu solidarischem Verhalten gegeben oder es soll mit dem Auftrag zur *stärkeren Besteuerung* von kurzfristig erzielten Grundstückgewinnen (StHG 12 V) die Spekulation bekämpft werden.

weder «belohnt» oder «bestraft» werden. Gewisse Steuerpflichtige, die sich nicht im vom Gesetzgeber gewünschten Sinn verhalten, werden mit anderen Worten stärker als die anderen Steuerpflichtigen belastet (z.B. Besteuerung von Schadstoffemissionen) oder es werden Steuerpflichtige entlastet, um ihnen einen Anreiz zu bieten, sich im gewünschten Sinn zu verhalten (z.B. Abzug für Zuwendungen an gemeinnützige Institutionen). Verteilungsmassstab bildet dann nicht mehr der Gleichheitssatz, sondern es wird bewusst *ungleich* besteuert, um das gewünschte Verhalten herbeizuführen. Diese Rechtsungleichheit bedarf der Rechtfertigung durch das Lenkungsziel; der Einbruch in die rechtsgleiche Besteuerung muss verhältnismässig sein. Die Besteuerung ist so auszugestalten, dass sie ihr Ziel möglichst effizient erreicht.[10] Dabei gerät der Gesetzgeber nicht selten in einen Zielkonflikt, da das Lenkungsziel grundsätzlich inkompatibel ist mit dem Einnahmenbeschaffungszweck: Wenn die Leute nicht mehr rauchen würden, versiegten die Einnahmen aus der Tabaksteuer.

3. Zweckbindung der Steuern

6   Wie gesehen, fliessen die Steuern gewöhnlich in die allgemeine Staatskasse. Das entspricht dem althergebrachten finanzwissenschaftlichen Grundsatz der *Nonaffektation von Steuern,* der gebietet, dass die Gesamtheit der Staatseinnahmen zur Deckung sämtlicher Ausgaben zu verwenden ist. Steuern sollten mithin nicht in staatliche Fonds fliessen oder bestimmten Zwecken zugeordnet werden.[11] Diese Bindungsängste sind jedoch heute angesichts der gut ausgebauten Finanzkontrolle und -planung nicht mehr im gleichen Ausmass begründet wie früher. Heute findet sich eine ganze Reihe von Steuern, deren Erträge ganz oder teilweise für die Bestreitung bestimmter Staatsausgaben reserviert – mithin *zweckgebunden* – sind (z.B. Mineralölsteuer, Tabak- und Alkoholsteuer, Kurtaxen).

7   Die Zweckbindung von Steuern beeinflusst für sich allein deren rechtliche *Konzeption* nicht. Vielfach wird die Zweckbindung nur aus Opportunitätsüberlegungen vorgenommen, weil der Souverän eher der Finanzierung eines bestimmten Projekts (z.B. AHV) zustimmt als der zusätzlichen Alimentierung der allgemeinen Staatskasse. Häufig handelt es sich jedoch bei den Zwecksteuern auch um sog. *Kostenanlastungssteuern.* Diese werden *einem bestimmten Kreis von Steuerpflichtigen* auferlegt, weil diese Personen als Verursacher eine nähere Beziehung zu bestimmten Aufwendungen des Gemeinwesens haben als die Gesamtheit der Steuerpflichtigen.[12] Der Ertrag von Kostenanlastungssteuern ist deshalb in der Regel zweckgebunden; jedenfalls darf er die Kosten des betreffenden Verwaltungszweigs nicht übersteigen. Andernfalls könnte die Sonderbelastung der betreffenden Steuerpflichtigen nicht gerechtfertigt werden. Als typische Kostenan-

---

[10] Zur Frage der *Verfassungskonformität* der Lenkungssteuern hinten § 4 N 156 ff.
[11] Vgl. Botschaft des Bundesrates an die Bundesversammlung zum Entwurf eines Bundesgesetzes über den eidgenössischen Finanzhaushalt vom 21.2.1968, BBl 1968 I, 471–519, 493; RICHARD A. MUSGRAVE/PEGGY B. MUSGRAVE/LORE KULLMER, Die öffentlichen Finanzen in Theorie und Praxis, 1. Bd., 6. A. Tübingen 1994, 16.
[12] Vgl. BGer 14.2.2002, BGE 128 I 155 E. 2.2.

lastungssteuern erscheinen z.B. Mineralölsteuern, Kurtaxen, Hunde- und Motorfahrzeugsteuern.

III. Die Steuern im System der Abgaben

1. System der öffentlichen Abgaben

Steuern sind nicht die einzigen Einnahmen der Gemeinwesen, aus denen die vielfältigen Aufgaben bestritten werden können. Das Gemeinwesen schöpft die benötigten Mittel im Wesentlichen aus vier Quellen, nämlich aus

– *privatwirtschaftlichen Einkünften* (Erträgnisse aus eigenem Vermögen und unternehmerischen Tätigkeiten),
– *Naturallasten* (persönliche Dienstleistungen der Bürger wie Militär- und Feuerwehrdienst oder Sachleistungen),
– *Geldstrafen* und *Bussen*,
– *öffentlichen Abgaben* sowie deren *Nebenleistungen* wie Verzugs- und Ausgleichszinsen.

8

Historisch betrachtet standen die privatwirtschaftlichen Einkünfte (Einkünfte aus den Ländereien der Obrigkeit) und die Naturallasten (Frondienst) im Vordergrund. In der Neuzeit entwickelten sich die Gemeinwesen indes vom Unternehmer- und Fronstaat zum *Steuerstaat*. Die Steuereinnahmen überschreiten heute in den Industriestaaten regelmässig die 80%-Grenze. Nur zum Teil haben die privatwirtschaftlichen Einkünfte – vor allem in Staaten mit erheblichen Bodenschätzen – einen wesentlichen Anteil an den gesamten Einnahmen.

9

Die Unterscheidung der *öffentlichen Abgaben* von den übrigen staatlichen Einnahmen bietet keine grossen Schwierigkeiten. Öffentliche Abgaben sind Geldleistungen, die dem Gemeinwesen von Gesetzes wegen geschuldet werden und die entweder der Deckung des öffentlichen Finanzbedarfs oder der Verhaltenslenkung dienen.[13] Nach dieser Definition sind *alle Steuern* öffentliche Abgaben.

10

Die öffentlichen Abgaben werden herkömmlicherweise in *Steuern und Kausalabgaben* gegliedert. Diese lapidare Zweiteilung der Abgaben ist jedoch heute nicht mehr in der Lage, die ganze Vielfalt und Komplexität der verschiedenen Abgabeformen aufzufangen.[14] Nach neuerer Auffassung sind – abhängig davon, ob die Sozialversicherungsabgaben auch als öffentliche Abgaben verstanden werden – *drei* oder *vier verschiedene Abgabenkategorien* auseinanderzuhalten,[15] nämlich Steuern, Kausalabgaben, Lenkungsabgaben und Sozialversicherungsabgaben, wobei auch Mischformen anzutreffen sind.

11

---

[13] BLUMENSTEIN/LOCHER, System, 1; HÄFELIN/MÜLLER/UHLMANN, Verwaltungsrecht, N 2623; HÖHN/WALDBURGER, Bd. I, § 1 N 1 f.; OBERSON, Droit fiscal, § 1 N 2.
[14] Vgl. BÖCKLI, ASA 58, 177 ff.; ders., Die Schwerverkehrssteuer und ihre Einordnung in das System der Abgaben, ASA 49 (1980/81), 1 ff., 32; DIRIWÄCHTER, Lenkungsabgaben, 61.
[15] Vgl. JAAG/KELLER, URP 1998, 326 ff.

2. Notwendigkeit der Abgrenzung

12 Die Abgrenzung der verschiedenen öffentlichen Abgaben ist nicht *l'art pour l'art*, sondern hat namhafte *rechtliche Konsequenzen*.

- Vorab bestehen für die einzelnen Abgaben unterschiedliche *Erhebungskompetenzen*. Während ein Gemeinwesen für die Erhebung von *Steuern* eine klare Finanzkompetenz vorweisen muss,[16] genügt für die Statuierung von *Lenkungsabgaben* eine Sachkompetenz im entsprechenden Gebiet.[17] Wo ein Gemeinwesen ermächtigt ist, ein bestimmtes Verhalten zu verbieten oder zu fördern, darf es auch Lenkungsabgaben einsetzen, soweit dies als ein zur Erreichung dieser Zielsetzung geeignetes Mittel erscheint. Auch *Kausalabgaben* bedürfen keiner verfassungsrechtlichen Finanzkompetenz. Sie können grundsätzlich von jedem Gemeinwesen für die den Bürgern und Bürgerinnen individuell erbrachten Leistungen erhoben werden.[18] Die Kompetenz zur Erhebung von *Sozialversicherungsabgaben* ergibt sich aus den verfassungsrechtlich und gesetzlich geregelten öffentlichen Sozialwerken.

- Das verfassungsrechtliche *Verbot der interkantonalen Doppelbesteuerung* gemäss BV 127 III gilt nur für Steuern und nicht für die anderen öffentlichen Abgaben. Dabei ist selbstredend nicht darauf abzustellen, ob eine Abgabe vom Gesetzgeber als «Steuer» bezeichnet wird, sondern es ist abzuklären, ob es sich um eine Steuer im Rechtssinn handelt.

- Das Gemeinwesen oder auch andere im Interesse der Allgemeinheit handelnde Institutionen sind verschiedentlich aufgrund ausdrücklicher gesetzlicher Grundlagen subjektiv *steuerbefreit*. Auch in dieser Hinsicht gilt es zu prüfen, ob eine Abgabe als Steuer zu betrachten ist.[19]

- Schliesslich liegen den verschiedenen öffentlichen Abgaben auch unterschiedliche *Erhebungsprinzipien* zugrunde. Ziel und Zweck der öffentlichen Abgaben prägen die Anforderungen, die an ihre Ausgestaltung zu stellen sind, ganz entscheidend. So gelten für die *Steuern* die Grundsätze der Allgemeinheit der Besteuerung und der Besteuerung nach der wirtschaftlichen Leistungsfähigkeit[20], für die *Kausalabgaben* die Prinzipien der Kostendeckung und der Äquivalenz[21] und für die *Lenkungsabgaben* die Prinzipien der Effizienz und der Verursachung[22]. Die *Sozialversicherungsabgaben* sind schliesslich

---

[16] Hinten § 4 N 7.
[17] Dazu ausführlich VALLENDER/JACOBS, Steuerreform, 72 ff.
[18] Eindeutig *zurechenbare Leistungen* darf sich jedes Gemeinwesen bezahlen lassen, es sei denn, es handle sich um Leistungen im Bereich der Grundversorgung, deren Kosten nach allgemeiner Auffassung über Steuereinnahmen zu finanzieren sind. Jedes Gemeinwesen darf eindeutig bestimmbare *individuelle* wirtschaftliche *Vorteile*, die aus staatlichen Einrichtungen erwachsen, den Begünstigten in Rechnung stellen.
[19] Vgl. BGer 31.3.1995, BGE 121 II 138 E. 3a.
[20] Vgl. § 4 N 119 ff.
[21] Vgl. hinten N 18.
[22] Vgl. hinten N 28.

durch das Zusammenspiel von Äquivalenzprinzip und Solidaritätsgrundsatz bestimmt.[23]

3. Steuern und Kausalabgaben

Steuern und Kausalabgaben werden nach dem Kriterium der individuell *zurechenbaren Gegenleistung* unterschieden. Kausalabgaben sind Geldleistungen, die dem Gemeinwesen kraft öffentlichen Rechts als Entgelt für bestimmte staatliche Leistungen oder für besondere wirtschaftliche Vorteile geschuldet sind.[24] Die durch Kausalabgaben abzugeltenden staatlichen Leistungen oder besonderen Vorteile können bestehen aus

- einer vom Abgabenpflichtigen veranlassten Verwaltungstätigkeit *(Verwaltungsgebühr)*,
- der Überlassung einer öffentlichen Einrichtung zur Benützung in einem öffentlich-rechtlichen Benützungsverhältnis *(Benützungsgebühr)*,
- der Erteilung einer Monopol- oder Sondernutzungskonzession *(Konzessionsgebühr)*,
- einem besonderen wirtschaftlichen Vorteil im Sinn eines Mehrwerts, der dem Abgabepflichtigen aus Massnahmen oder Einrichtungen des Gemeinwesens erwächst *(Beitrag* oder *Vorzugslast)*,
- einem Dispens von einer dem Pflichtigen auferlegten Naturallast *(Ersatzabgabe)*.

13

Kausalabgaben knüpfen somit an eine ganz bestimmte, individuell zurechenbare Leistung an, die dem Abgabepflichtigen zukommt. Sie bilden das *Entgelt* dafür und sind mit der entsprechenden staatlichen Leistung in besonders enger Art und Weise kausal verbunden. Die staatliche Leistung bildet unmittelbare Voraussetzung, Anknüpfungspunkt (*«causa»*) und Gestaltungskriterium der Abgabenerhebung. Der Verursacher der staatlichen Leistung soll diese berappen.

14

Mit Steuern bezahlt der Pflichtige demgegenüber Leistungen, die grundsätzlich allen zugute kommen. Entscheidend für die Erfüllung des Steuertatbestands ist nicht der Umstand, ob und in welchem Umfang der Pflichtige gewisse staatliche Leistungen in Anspruch nimmt. Die *Kurtaxen* stellen deshalb Steuern und nicht Kausalabgaben dar. Sie sind von allen übernachtenden Gästen zu entrichten, unabhängig von der Beanspruchung der mit dem Ertrag aus den Kurtaxen finanzierten touristischen Infrastruktur.[25] Auch die *Autobahnvignette*[26] ist eine Steuer. Sie kann nicht als Entgelt für die Benützung des Autobahnnetzes betrachtet werden, da sich ihre Bemessung in keiner Weise an der Intensität der Inanspruchnahme orientiert. Demgegenüber trägt die *Leistungsabhängige Schwerverkehrs-*

15

---

[23] Vgl. hinten N 21.
[24] Vgl. Häfelin/Müller/Uhlmann, Verwaltungsrecht, N 2625 ff. auch zum Folgenden.
[25] Vgl. BGer 19.5.1976, BGE 102 Ia 143 E. 2a; Marantelli, Tourismusabgaberecht, 5.
[26] Dazu hinten § 7 N 64.

abgabe (LSVA)²⁷ dem Verfassungsauftrag entsprechend doch recht deutlich die Züge einer Kausalabgabe.²⁸

16 Abgrenzungsschwierigkeiten von den Kausalabgaben bereiten zuweilen die *Kostenanlastungssteuern*.²⁹ Dazu äussert sich das Bundesgericht prägnant wie folgt:

> «Solche Abgaben haben eine gewisse Verwandtschaft zur Vorzugslast (Beiträgen), doch unterscheiden sie sich von dieser dadurch, dass kein individueller, dem einzelnen Pflichtigen zurechenbarer Sondervorteil vorliegen muss, der die Erhebung der Abgabe rechtfertigt. Es genügt, dass die betreffenden Aufwendungen des Gemeinwesens dem abgabepflichtig erklärten Personenkreis eher anzulasten sind als der Allgemeinheit, sei es, weil diese Gruppe von den Leistungen generell (abstrakt) stärker profitiert als andere oder weil sie – abstrakt – als hauptsächlicher Verursacher dieser Aufwendungen angesehen werden kann. Die Kostenanlastungsabgabe stellt, da sie voraussetzungslos, d.h. unabhängig vom konkreten Nutzen oder vom konkreten Verursacheranteil des Pflichtigen erhoben wird, eine Steuer dar. Sie steht nach dem Gesagten aber in einem Spannungsverhältnis zum Grundsatz der Allgemeinheit der Besteuerung. Eine derartige Sondersteuer setzt voraus, dass sachlich haltbare Gründe bestehen, die betreffenden staatlichen Aufwendungen der erfassten Personengruppe anzulasten. Zudem muss die allfällige Abgrenzung nach haltbaren Kriterien erfolgen; [...].»³⁰

17 Kostenanlastungssteuern müssen demnach, obwohl sie auch mit Blick auf die Verursachung der Kosten gewisser staatlicher Leistungen erhoben werden, im Unterschied zu den Kausalabgaben dem individuellen Verursacheranteil des Pflichtigen keine Rechnung tragen. Es genügt, wenn dieser zu bestimmten Aufwendungen des Gemeinwesens eine *nähere Beziehung* hat als die Gesamtheit der Steuerpflichtigen.³¹ Die Anknüpfung der Kostenanlastungssteuern beeinflusst somit lediglich die Auswahl der Steuerpflichtigen und bildet nicht Massstab für die individuelle Bemessung der Abgabe.

18 Da bei Kausalabgaben ein ganz konkretes wirtschaftliches Tauschverhältnis besteht, das dem Muster «*do ut des*» folgt, sind Kausalabgaben nach den Grundsätzen der Äquivalenz und der *Kostendeckung* auszugestalten.³² Als Massstab für die Bemessung ist entweder der Nutzen, den die staatliche Dienstleistung dem Abgabepflichtigen bringt, oder der Kostenaufwand der konkreten Inanspruchnahme im Verhältnis zum gesamten Verwaltungsaufwand des betreffenden Verwaltungszweigs heranzuziehen.³³ Ihre Höhe hat sich entweder nach dem *objektiven Wert*³⁴ der erbrachten Leistung auszurichten, oder es ist subjektiv³⁵ auf den Vor-

---

[27] Dazu hinten § 7 N 63.
[28] Vgl. Botschaft zu einem Bundesgesetz über die leistungsabhängige Schwerverkehrsabgabe vom 11.9.1996, BBl 1996 V, 521–565, 545; Vallender/Jacobs, Steuerreform, 180 f.
[29] Dazu vorne N 7.
[30] BGer 24.8.1998, BGE 124 I 289 E. 3b.
[31] Vgl. BGer 24.6.2003, BGE 129 I 346 E. 5.1.
[32] Häfelin/Müller/Uhlmann, Verwaltungsrecht, N 2637 ff.
[33] Vgl. BGer 2.3.2005, 2P.281/2004, E. 3.2; BGer 19.12.1975, BGE 101 Ib 462 E. 3b.
[34] Vgl. Hungerbühler, ZBl 2003, 522.
[35] Vgl. BGer 22.8.2007, 2C_101/2007, E. 4.3.

teil abzustellen, welcher dem Leistungsempfänger aus der erbrachten Leistung erwächst.

Abgaben, welche zwar an eine individuell zurechenbare staatliche Leistung anknüpfen, aber sich in ihrer Höhe nicht an die Prinzipien der Äquivalenz und der Kostendeckung halten, werden als *Gemengsteuern* bezeichnet. Sie enthalten sowohl Elemente einer Kausalabgabe als auch solche einer Steuer.[36] Soweit Gemengsteuern Entgeltcharakter zukommt, sind sie durch *Kostendeckungs-* und *Äquivalenzüberlegungen* gerechtfertigt und bilden deshalb in diesem Teil Kausalabgaben. Im überschiessenden Betrag haben sie jedoch *echte Steuerfunktion*, denn in diesem Umfang sind sie nicht durch die beanspruchte Staatstätigkeit legitimiert und haben deshalb den gleichen formellen und materiellen Anforderungen zu genügen wie die anderen Steuern.[37] Dabei genügt es nicht, dass sie den Anforderungen des *Legalitätsprinzips* entsprechen, sondern es müssen insbesondere auch die verfassungsrechtlichen *Steuererhebungsprinzipien* hinreichend beachtet werden. Zahlreiche Gemengsteuern verletzen den Grundsatz der Allgemeinheit der Besteuerung, weil keine sachlich haltbaren Gründe bestehen, der anvisierten Personengruppe Sonderlasten aufzuerlegen, die nicht durch die verursachten Kosten gerechtfertigt werden können. Anders als bei den Kostenanlastungssteuern[38] wird diesem Umstand bei den Gemengsteuern – insb. bei Grundbuch-[39] und Gerichtsgebühren – oftmals nicht hinreichend Rechnung getragen.

4. Steuern und Sozialversicherungsabgaben

Die an die Sozialversicherungswerke des Bundes zu entrichtenden Prämien und Beiträge erfüllen ebenfalls die Kriterien des Abgabenbegriffs. Soweit sie dem Äquivalenzprinzip folgen und deren Höhe nach den versicherten Risiken und der Höhe der in Aussicht gestellten Leistungen bemessen wird, können sie als *Kausalabgaben* bezeichnet werden. Solche nach versicherungstechnischen Gesichtspunkten festgelegten Prämien stellen die Gegenleistung der Versicherten für den in Form des Versicherungsschutzes gewährten wirtschaftlichen Sondervorteil dar, den diese aus der staatlichen Versicherungseinrichtung empfangen; sie bilden somit Beiträge bzw. Vorzugslasten[40].

Die Sozialversicherungsabgaben folgen indes nicht nur dem *Äquivalenzprinzip*, sondern basieren mehr oder weniger ausgeprägt auf dem *Grundsatz der Solidari-*

---

[36] Wenn beispielsweise für eine Testamentseröffnung, die als Routinefall in rund drei Stunden erledigt werden kann, aufgrund des Gebührentarifs wegen der ausserordentlichen Höhe des Nachlasses eine Gerichtsgebühr von CHF 15 000 geschuldet ist, bildet nur ein kleiner Teil des geschuldeten Betrags Entgelt für die erhaltene staatliche Leistung und hat damit Kausalabgabencharakter, der andere (überschiessende) Teil ist eine gegenleistungslos geschuldete Steuer.
[37] Vgl. Häfelin/Müller/Uhlmann, Verwaltungsrecht, N 2687 ff.
[38] Dazu vorne N 16 f.
[39] So z.B. VGer ZH 23.8.2001, VB.2001.00171.
[40] Vgl. Alfred Maurer/Gustavo Scartazzini/Marc Hürzeler, Bundessozialversicherungsrecht, 3. A. Basel 2009, § 10 N 54.

tät. Indem die Beitragspflicht nicht oder nicht nur nach dem wirtschaftlichen Nutzen des Versicherten ausgestaltet wird, wird ein sozialer Ausgleich angestrebt. Besonders signifikant ist dies bei den AHV-, IV- und EO-Beiträgen, die *ohne Obergrenze* in Prozenten des Erwerbseinkommens erhoben werden. Je nach Höhe des Erwerbseinkommens übersteigen deshalb die geschuldeten Abgaben den gewährten Versicherungsschutz bei weitem. Dort, wo der *Arbeitgeber* als solcher beitragspflichtig ist, kann ebenfalls nicht von einem Äquivalent gesprochen werden, da dieser für seine Abgabe keine Versicherungsleistungen ausgerichtet erhält.

22 Soweit versicherungstechnische Elemente mit Beiträgen an die gemeinsam zu tragenden Sozialaufgaben vermischt werden, können die Sozialversicherungsabgaben nicht den Kausalabgaben zugeordnet werden, sondern es liegen Abgaben mit *steuerähnlichem Charakter* vor. Gleiches gilt für die Arbeitgeberbeiträge.[41] So sind die Sozialversicherungsabgaben bei der Abklärung der Steuerfolgen immer sorgfältig in die Beurteilung einzubeziehen. Vor allem gilt es zu berücksichtigen, dass die Einkünfte aus selbständiger Erwerbstätigkeit, anders als die Gewinne von juristischen Personen, regelmässig einer zusätzlichen Belastung von rund 10 % Sozialversicherungsabgaben unterliegen.

23 Demnach könnten die Sozialversicherungsabgaben als *Mischform* zwischen Kausalabgaben und Steuern bezeichnet werden. Angesichts ihrer besonderen Ausgestaltung und Eigenart sowie mit Blick auf ihre andersartigen Erhebungsprinzipien dürfte es indes zuträglicher sein, die Sozialversicherungsabgaben insgesamt loszulösen vom herkömmlichen Dualismus Steuern und Kausalabgaben und sie als weitere Kategorie staatlicher Abgaben zu verselbständigen.[42]

5. Steuern und Lenkungsabgaben

24 Einigkeit dürfte heute darin bestehen, dass für die Unterscheidung von Steuern und Lenkungsabgaben nicht allein auf die hinter der Abgabe stehende *Absicht* des Gesetzgebers abgestellt werden darf.[43] Wie gesehen, werden mitunter auch Steuern ganz gezielt zur Verhaltenslenkung eingesetzt (Baulandsteuer, Tabaksteuer, Spielapparatesteuer etc.) und zählen dann zu den Lenkungssteuern. Die Differenzierung zwischen Lenkungssteuern und Lenkungsabgaben ist nach dem

---

[41] Auch das Bundesgericht spricht bei den Arbeitgeberbeiträgen zur Finanzierung von Familienzulagen von «impôts spéciaux d'affectation liés à certains coûts particuliers» (BGer 4.4.2006, BGE 132 I 153 E. 3.2; vgl. PHILIPP EGLI/LAURENCE ANDRÉE UTTINGER, Beiträge an Familienzulagensysteme: Steuern, Kausalabgaben oder Abgaben eigener Art?, Jusletter 2.10.2006.

[42] Vgl. BLAISE KNAPP, Grundlagen des Verwaltungsrechts. Band II. Übersetzt von Elisabeth Gasser-Wolf. Deutschsprachige Ausgabe der 4. A. des Précis de droit administratif, 2. A. Basel/Frankfurt a.M. 1993, N 2792, und ALFRED MAURER, Schweizerisches Sozialversicherungsrecht. Band I. Allgemeiner Teil, 2. A. Bern 1983, 379; in doppelbesteuerungsrechtlicher Hinsicht DANIEL RENTZSCH, Systeme sozialer Sicherheit und Steuerrecht in Europa – Kollision durch Koordination?, in: MICHAEL BEUSCH/ISIS (Hrsg.), Steuerrecht 2008. Best of zsis, Zürich et al. 2008, 5 ff.

[43] KLAUS A. VALLENDER, Gedanken zur Ökologisierung des Steuerrechts, ASA 62 (1993/94), 641 ff., 643. Vgl. OBERSON, Les taxes d'orientation, 82 ff.

Fiskalzweck vorzunehmen. Alle Abgaben, die im Haupt- oder Nebenzweck Fiskalzwecke verfolgen, sind ungeachtet ihrer Lenkungsziele oder -wirkungen Steuern. Bei Lenkungsabgaben ist der Fiskalzweck dagegen ausgeschlossen. Lenkungssteuern sind deshalb wegen ihres mehr oder weniger ausgeprägten Einnahmenbeschaffungs- bzw. Finanzzwecks keine Lenkungsabgaben.

Abgrenzungsschwierigkeiten zu den Lenkungsabgaben bieten insbesondere die *Kostenanlastungssteuern*. Diese haben nicht selten auch eine Lenkungsfunktion. Sie bilden aber nur dann Lenkungsabgaben, wenn sie keine Fiskalzwecke verfolgen, sondern streng auf den Lenkungszweck ausgerichtet sind. Lenkungsabgaben dienen weder der Mittelbeschaffung zur Erfüllung bestimmter Staatsaufgaben[44] noch der Deckung bestimmter staatlicher Aufwendungen. Von den *Kausalabgaben* unterscheiden sie sich dadurch, dass sie nicht an eine bestimmte staatliche Leistung oder an einen wirtschaftlichen Vorteil gebunden sind. 25

Lenkungsabgaben sind somit *staatsquotenneutral*[45], d.h., ihr Ertrag wird nicht zur Finanzierung bestimmter Staatsaufgaben verwendet und fliesst schon gar nicht in die allgemeine Staatskasse.[46] Diese Staatsquotenneutralität lässt es aus verfassungsrechtlicher Sicht unbedenklich erscheinen, Lenkungsabgaben bloss vom Vorliegen einer hinreichenden *Sachkompetenz* abhängig zu machen. Bildet die Abgabenerhebung das zweckmässigere, *mildere und effektivere Mittel als Gebote und Verbote*, ist nicht einzusehen, weshalb die Sachkompetenz nicht auch die Abgabeerhebung mit umfassen soll. 26

Unverfänglich in dieser Beziehung sind aus diesen Gründen Lenkungsabgaben, deren Ertrag vollumfänglich und gleichmässig an die Bevölkerung zurückerstattet wird. Kontrovers diskutiert wird die Frage, inwiefern der Abgabenertrag trotz der grundsätzlichen Staatsquotenneutralität von Lenkungsabgaben für die *Verstärkung* der mit der Abgabe verfolgten Ziele eingesetzt werden darf.[47] Jedenfalls ist mit Blick auf die verfassungsrechtliche Kompetenzordnung ein qualifiziert enger Konnex zwischen der Abgabenerhebung und der Mittelverwendung zu fordern. Hauptziel und Rechtfertigungsgrund einer Lenkungsabgabe bildet immer die Verhaltenslenkung durch die Abgabenerhebung selbst, andernfalls ist eine ausdrückliche Finanzkompetenz erforderlich. 27

Das Ziel der Verhaltenslenkung präjudiziert schliesslich auch die Konzeption der Lenkungsabgabe. Lenkungsabgaben sind primär nach dem *Effizienzprinzip* auszugestalten, das insbesondere auch den Massstab für die Abgabenhöhe bildet. 28

---

[44] Wie z.B. das Projekt des sog. *Landschaftsrappens*, das eine Abgabe für die Stromerzeuger vorsah, mit deren Ertrag eine Abgeltung zum Schutz der Erhaltung von Restwassermengen geplant war, vgl. Amtl.Bull. StR 1988, 666 f. Votum Onken; Böckli, ASA 58, 177 ff.
[45] Beusch, Lenkungsabgaben, 115 f.; Klaus, DeRegulierung, N 1444; Vallender/Jacobs, Steuerreform, 80 f., 118, 145.
[46] Das Paradebeispiel einer Lenkungsabgabe ist die CO_2-Abgabe (Art. 7–11 des Bundesgesetzes über die Reduktion der CO_2-Emissionen [CO_2-Gesetz] vom 8.10.1999 [SR 641.71] sowie die Verordnung über die CO_2-Abgabe [CO_2-Verordnung] vom 8.6.2007 [SR 641.712]). Diese Abgabe ist nun allerdings teilweise zu einer Lenkungssteuer entartet, da eine (Teil-)Zweckbindung für Gebäudesanierungen eingeführt worden ist (vgl. CO_2-Gesetz 10 I^{bis}; dazu NZZ 30.3.2009, 14).
[47] Vgl. dazu Jaag/Keller, URP 1998, 330; hinten § 4 N 7.

Effizienz bedeutet optimale Zielerreichung auf geeignete und schonende Art und Weise. Wie die Kostenanlastungssteuern knüpfen auch die Lenkungsabgaben an die Verursachung von staatlichen Aufwendungen oder an ein schädigendes Verhalten der Pflichtigen an. Dennoch bildet das *Verursacherprinzip* nicht das primäre Gestaltungsprinzip der Lenkungsabgaben; im Vordergrund steht nicht die Kostenüberbindung an sich (wie das bei den Kausalabgaben der Fall ist), sondern der Lenkungseffekt bzw. die Anreizwirkung.[48]

B. Erscheinungsformen und Steuerarten

29 Steuern können unterschiedlich eingeteilt werden, je nach dem Zweck, der mit der Differenzierung angestrebt wird.

I. Einteilung nach dem Steuerobjekt

30 Weit verbreitet ist die Gliederung nach dem Steuerobjekt. Dabei wird auf ein *formales Kriterium,* auf den rechtlichen Gegenstand einer bestimmten Steuer, abgestellt. Es wird unterteilt nach den Lebenssachverhalten, die in den Steuergesetzen als steuerauslösende Elemente aufgeführt sind. Diese Einteilung der Steuern berücksichtigt somit weder deren Zwecksetzung noch die ökonomischen Auswirkungen der verschiedenen Steuern.

1. Personal- oder Kopfsteuern

31 Das Steuerobjekt der Personalsteuer bilden *die natürlichen Personen als solche* oder *bestimmte ihrer persönlichen Eigenschaften*. Das Steuermass besteht in einem festen Steuerbetrag; es ist gleichmässig und unabhängig von der wirtschaftlichen Leistungsfähigkeit der Steuerpflichtigen. Personalsteuern werden auch Kopfsteuern genannt. Sie weisen starke Bezüge zu den im Ausland anzutreffenden Wahlsteuern *(poll taxes)* auf. In England stellt die Poll Tax seit Langem einen Eckpfeiler der Gemeindefinanzierung dar; sie soll das Interesse der stimm- und wahlberechtigten Bürger wecken, umsichtig und sparsam mit den Gemeindefinanzen umzugehen.

32 Kopfsteuern werden heute nur noch in einer Minderheit der Kantone erhoben.[49] Die Gemeinden im Kanton Zürich erheben von allen mündigen natürlichen Per-

---

[48] Vgl. HERIBERT RAUSCH/ARNOLD MARTI/ALAIN GRIFFEL/WALTER HALLER (Hrsg.), Umweltrecht, Zürich et al. 2004, 46.
[49] Vgl. SSK, Steuerinformationen, C. Steuersystem. Die geltenden Steuern von Bund, Kantonen und Gemeinden, 35.

sonen, die in ihrem Gebiet steuerrechtlichen Wohnsitz oder Aufenthalt haben, jährlich eine Personalsteuer von derzeit CHF 24.[50]

2. Steuern auf Einkommen und Vermögen (Gewinn und Kapital)

Die Steuern auf Einkommen und Vermögen natürlicher Personen sowie auf Gewinn und Kapital juristischer Personen bilden neben der allgemeinen Verbrauchssteuer (Mehrwertsteuer) die Hauptsteuern. Das Einkommen (bzw. der Gewinn) gilt als das *wichtigste Steuerobjekt*. Es eignet sich sehr gut als Massstab der wirtschaftlichen Leistungsfähigkeit einer Person. Auch lässt sich das Einkommen periodisch abschöpfen und ist daher eine kontinuierliche Einnahmequelle der öffentlichen Haushalte. Neben dem Einkommen wird auf kantonaler und kommunaler Ebene auch die Vermögenssubstanz als solche als Steuerobjekt erfasst.

33

Einkommen und Vermögen werden auch von diversen *Spezialsteuern* als Steuerobjekt erfasst. Als Beispiele spezieller Einkommenssteuern sind die Verrechnungssteuer und die Grundstückgewinnsteuer zu nennen. Als spezielle Vermögenssteuer gilt die Liegenschaftssteuer.

34

3 Verkehrssteuern

Steuerobjekt der Verkehrssteuern bilden *Vorgänge des Rechts- und Wirtschaftsverkehrs*. Angeknüpft wird nur an das äussere Geschehen des Vorgangs. Vermögenswerte oder Leistungen, auf die sich der Vorgang bezieht, werden einzig bei der Steuerbemessung berücksichtigt, indem deren Wert in der Regel die Steuerbemessungsgrundlage bildet.

35

Die Verkehrssteuern werden in Rechts- und Wirtschaftsverkehrssteuern gegliedert. *Rechtsverkehrssteuern* knüpfen an Rechtsgeschäfte an, wie an die Begründung von Rechten (Emissionsabgabe), die Übertragung von Eigentum oder anderen Rechten (Handänderungssteuern, Umsatzabgabe). *Wirtschaftsverkehrssteuern* erfassen dagegen wirtschaftliche Vorgänge wie Warenein- und Warenausfuhr, Fabrikation von Waren, Warenumsatz und Erbringen von Dienstleistungen (Mehrwertsteuer, Zölle, Mineralölsteuer, Plakatsteuer). Ihnen ist in der Regel gemein, dass sie auf die Konsumenten überwälzt werden.

36

Eine solche Etikettierung der verschiedensten, in ihrer Zielsetzung und Funktion völlig unterschiedlichen Steuerarten mit dem Sammelbegriff der Verkehrssteuern bringt allerdings wenig Erkenntnisgewinn. Eine wirtschaftliche Analyse dieser Steuern führt zu ihrer Aufteilung in *Transaktionssteuern* und *Verbrauchssteuern*. Transaktionssteuern knüpfen an Vorgänge an, die als solche keine *wirtschaftliche Leistungsfähigkeit* indizieren. Sie stehen zunehmend im Schussfeld der Kritik. Anders als bei der Abschöpfung von *Nettowertzuflüssen* (Einkommen,

37

---

[50] ZH StG 199 und 200.

Gewinn), die eine Bereicherung der Steuerpflichtigen beinhalten und deshalb eher geeignet sind, eine Steuerquelle darzustellen, achten die Transaktionssteuern nicht auf die Leistungsfähigkeit der Betroffenen. Sie sind auch geschuldet, wenn aus dem besteuerten Verkehrsvorgang gar kein Gewinn, sondern ein Verlust resultiert. Solche Steuern sind marktwidrig und hemmen den Leistungswillen. Wo Verkehrssteuern allerdings das Steuergut des *Verbrauchs* anvisieren und die Steuer auch tatsächlich vom Verbraucher getragen wird, ist die Anknüpfung an den Verkehrsvorgang ein durchaus geeignetes steuertechnisches Mittel, um den Verbrauch bzw. den Konsum als Indikator wirtschaftlicher Leistungsfähigkeit der Besteuerung zu unterwerfen (z.B. Mehrwertsteuer, Biersteuer).

4. Besitz- und Aufwandsteuern

38 Die Besitzsteuer erfasst als Steuerobjekt den *blossen Besitz* eines Vermögenswerts durch eine bestimmte Person. Das Eigentumsverhältnis ist unbeachtlich; dem Wert des Vermögenswerts kommt keine massgebliche Bedeutung zu. Als Besitzsteuer konzipiert sind beispielsweise die den Kantonen vorbehaltene Motorfahrzeugsteuer, die Hundesteuer, die Schiffssteuer sowie die Wasserwerksteuer, die in vereinzelten Kantonen erhoben wird. Früher besteuerten der Bund und diverse Kantone den Besitz von Luxusgütern wie etwa Luxuswagen oder Reitpferde. Die Abgrenzung der Besitzsteuern von den Kausalabgaben kann allenfalls Schwierigkeiten bereiten, wenn sie gewisse Gebührenelemente enthalten (z.B. Gebühr für polizeiliche Überwachung).

39 Aufwandsteuern knüpfen an einen bestimmten *Lebensaufwand* an, den eine Person tätigt. Typische Aufwandsteuern sind Billet- bzw. Vergnügungssteuern. Aber auch Kurtaxen und die Autobahnvignette können dazugezählt werden.

II. Einkommens- und Verbrauchssteuern

40 Während die Einkommenssteuern den *Zufluss* von Mitteln zur Deckung der persönlichen Bedürfnisse erfasst, stellen Verbrauchssteuern auf die *Verwendung* der Mittel ab, auf den Konsum.

III. Direkte und indirekte Steuern

41 Sehr häufig, aber zugleich auch äusserst umstritten ist die Unterteilung in direkte und indirekte Steuern. Nach weit verbreiteter Auffassung wird die Differenzierung danach getroffen, ob derjenige, der die Steuer schuldet *(Steuersubjekt)* mit demjenigen, der am Ende die Steuerlast trägt *(Steuerträger)*, identisch ist oder nicht. Es wird mit anderen Worten darauf abgestellt, ob die Steuer auf einen anderen überwälzt werden kann. Als direkte Steuern werden nach dieser Auffas-

sung jene bezeichnet, bei denen das Steuersubjekt zugleich Steuerträger ist. Fallen Steuersubjekt und Steuerträger hingegen auseinander, handelt es sich um indirekte Steuern.[51] Auf den ersten Blick scheint diese Differenzierung einleuchtend. Sie ist jedoch unzutreffend, weil zum einen schwer gesagt werden kann, welche Steuern in der Praxis tatsächlich überwälzt werden. Zum andern gibt es auch Steuern, die von Gesetzes wegen überwälzt werden müssen, aber dennoch unbestreitbar direkte Steuern darstellen wie beispielsweise die Verrechnungssteuer (vgl. VStG 14 I).

Bei der Unterscheidung zwischen direkten und indirekten Steuern ist richtigerweise darauf abzustellen, ob sich das *rechtliche Steuerobjekt* mit dem *wirtschaftlichen Sachverhalt*, der von der Steuer erfasst werden soll (auch «Steuergut» genannt), deckt oder nicht.[52] Zu den direkten Steuern sind jene zu zählen, bei denen das Steuerobjekt mit dem Steuergut identisch ist. Als Beispiele können insbesondere die allgemeine Einkommens- und Vermögenssteuer sowie die Gewinn- und Kapitalsteuer angeführt werden. Bei den indirekten Steuern hingegen divergieren Steuerobjekt und Steuergut. So bildet etwa bei der Mehrwertsteuer als typische indirekte Steuer der Umsatz der Unternehmen das Steuerobjekt, besteuert werden soll jedoch der Konsum. 42

Wenn in einem Erlass der Begriff der direkten Steuern bzw. der indirekten Steuern verwendet wird, ist dessen Gehalt nicht aufgrund irgendwelcher Begriffsabgrenzungen in der Doktrin, sondern durch *Auslegung* zu ermitteln. So räumt beispielsweise BV 129 I dem Bund lediglich die Kompetenz zur Harmonisierung der «direkten Steuern» von Bund, Kantonen und Gemeinden ein. Der Verfassungsgeber versteht darunter die Steuern auf dem Einkommen und Vermögen von natürlichen Personen sowie diejenigen auf dem Gewinn und Kapital der juristischen Personen, einschliesslich der Grundstückgewinnsteuer.[53] Die Erbschafts- und Schenkungssteuer wurde als Steuer von untergeordneter Bedeutung vom Gegenstand der Steuerharmonisierung ausgeklammert, obwohl sie heute aus guten Gründen überwiegend als direkte Steuer bezeichnet wird. 43

IV. Weitere Differenzierungen

1. Subjektsteuern und Objektsteuern

Die Gliederung in Subjekt- und Objektsteuern basiert auf dem subjektiv orientierten Kriterium der *Leistungsfähigkeit* der betroffenen Steuerpflichtigen. Subjektsteuern nehmen auf die wirtschaftliche Leistungsfähigkeit Rücksicht. Persönliche Verhältnisse wie Zivilstand, Anzahl Kinder, Unterhaltspflichten, Krankheit usw. 44

---

[51] Das Bundesgericht setzte sich schon in BGer 25.9.1914 (BGE 40 I 401 E. 2) mit dieser Lehrmeinung auseinander, lehnte sie im konkreten Fall jedoch ab.
[52] Vgl. BLUMENSTEIN/LOCHER, System, 154 ff.
[53] Botschaft des Bundesrates an die Bundesversammlung über die verfassungsmässige Neuordnung des Finanz- und Steuerrechts des Bundes vom 24.3.1976, BBl 1976, 1384–1502, 1479.

werden miteinbezogen. Zu den Subjektsteuern sind die allgemeine Einkommens- und Vermögenssteuer sowie die Gewinn- und Kapitalsteuer zu zählen.

45 Objektsteuern hingegen erfassen ein bestimmtes «Objekt» mehr oder weniger losgelöst von der wirtschaftlichen Leistungsfähigkeit des Steuersubjekts. Bleiben die mit dem Steuerobjekt zusammenhängenden Belastungen, wie etwa Schulden und Schuldzinsen, unberücksichtigt, wird von reinen Objektsteuern gesprochen. Das ist beispielsweise der Fall bei der Verrechnungssteuer, Mehrwertsteuer, Liegenschaftssteuer, Handänderungssteuer und bei der Grundstückgewinnsteuer.

2. Allgemeine und spezielle Steuern (Sondersteuern)

46 Allgemeine Steuern erfassen einen *wirtschaftlichen Sachverhalt* möglichst *umfassend* und trachten auch in subjektiver Hinsicht nach einer möglichst breiten Erfassung aller Individuen. Spezielle Steuern oder Sondersteuern greifen im Gegensatz dazu bestimmte Objekte eines wirtschaftlichen Sachverhalts heraus und treffen eine *Auswahl*. Die Mehrwertsteuer ist z.B. eine allgemeine Verbrauchssteuer, da sie im Grundsatz den Konsum aller Gegenstände und Dienstleistungen erfasst. Als Beispiel einer *speziellen Verbrauchssteuer* kann die Tabaksteuer angeführt werden. Sie erfasst lediglich den Konsum von Tabakprodukten. Allgemeine und spezielle Verbrauchssteuern schliessen sich vielfach nicht aus, sondern bestehen nebeneinander. So belastet die Tabaksteuer den Zigarettenkonsum oder die Biersteuer den Bierverbrauch, obwohl das Rauchen und Biertrinken bereits durch die Mehrwertsteuer erfasst wird.

3. Zweckgebundene und nicht zweckgebundene Steuern

47 Zur Unterscheidung der Steuern in Zwecksteuern und nicht zweckgebundene Steuern kann auf die Ausführungen zur Finanzierungs- und Lenkungsfunktion der Steuern verwiesen werden.[54]

4. Reine Finanzzweck- und Lenkungssteuern

48 Zur Unterscheidung der Steuern in reine Finanzzweck- und in Lenkungssteuern kann ebenfalls auf die Ausführungen zur Finanzierungs- und Lenkungsfunktion der Steuern verwiesen werden.[55]

---

[54] Vorne N 2 ff. und 4 f.
[55] Ebenda.

5. Periodische und nicht periodische Steuern

Periodische Steuern erfassen in *regelmässigen Intervallen auf Dauer vorhandene Steuerobjekte* (Einkommen, Vermögen). Nicht periodische Steuern, wie die Erbschafts- und Schenkungssteuer, die Handänderungssteuer oder die Grundstückgewinnsteuer, belasten *einmalige* oder *unregelmässig wiederkehrende Vorgänge*. 49

6. Quellensteuern und andere Einkommenssteuern

Quellensteuern sind im Gegensatz zu den anderen Einkommenssteuern dadurch charakterisiert, dass sie beim *Schuldner der steuerbaren Leistung* und nicht beim Empfänger erhoben werden. Die Erhebung erfolgt in der Regel anlässlich der Leistungserbringung, indem die Steuer direkt von der steuerbaren Leistung abgezogen wird. Durch den Abzug an der Quelle erfolgt die Überwälzung der Steuer auf den Empfänger der steuerbaren Leistung. 50

Stark verbreitet sind im In- und Ausland Quellensteuern auf Dividenden und Zinsen sowie auf dem Einkommen aus unselbständiger Erwerbstätigkeit. In der Schweiz sind beispielsweise die Verrechnungssteuer und die Einkommenssteuer auf dem Einkommen aus unselbständiger Erwerbstätigkeit von ausländischen Personen ohne Niederlassungsbewilligung sowie auf gewissen anderen Einkünften von Personen ohne steuerrechtlichen Wohnsitz bzw. Aufenthalt als Quellensteuern ausgestaltet. 51

7. Proportionale und progressive Steuern

Die Gliederung in proportionale und progressive Steuern erfolgt nach der *Ausgestaltung des Steuermasses*.[56] Wenn die Steuer immer gleich viele Prozente bzw. Promille von der Bemessungsgrundlage beträgt, spricht man von proportionalen Steuern (z.B. 35% Verrechnungssteuer auf Kapitalerträgen und Lotteriegewinnen). Im Unterschied dazu steigt bei den progressiven Steuern die prozentuale Steuerbelastung mit dem Anstieg bestimmter Bezugsgrössen an. So steigt z.B. bei der allgemeinen Einkommenssteuer der Steuersatz mit dem Ansteigen der Bemessungsgrundlage. 52

---

[56] Dazu hinten § 5 N 57 ff.

§ 3 Rechtsquellen des Steuerrechts

Literatur

BLUMENSTEIN/LOCHER, System, 16 ff.; MÄUSLI-ALLENSPACH/OERTLI, Steuerrecht, 63 f.

BEUSCH MICHAEL, Was Kreisschreiben dürfen und was nicht, ST 2005, 613 ff.; ders., Der Gesetzesbegriff der neuen Bundesverfassung (Art. 164 BV), in: THOMAS GÄCHTER/MARTIN BERTSCHI (Hrsg.), Neue Akzente in der «nachgeführten» Bundesverfassung, Zürich 2000, 227 ff. (zit. BEUSCH, Gesetzesbegriff); BIAGGINI GIOVANNI, Die vollzugslenkende Verwaltungsverordnung: Rechtsnorm oder Faktum?, ZBl 1997, 1 ff.; HAEFLIGER ARTHUR, Die Hierarchie von Verfassungsnormen und ihre Funktion beim Schutz der Menschenrechte. Landesbericht Schweiz. VIII. Konferenz der Europäischen Verfassungsgerichte. 1990 in Ankara, Europäische Grundrechte-Zeitschrift (EuGRZ) 1990, 474 ff.; JAAG TOBIAS, Die Abgrenzung zwischen Rechtssatz und Einzelakt, Zürich 1985 (zit. JAAG, Rechtssatz und Einzelakt); KÄLIN WALTER, Schubert und der Rechtsstaat – oder: Sind Bundesgesetze massgeblicher als Staatsverträge?, ZSR I 1993, 73 ff.; KNAPP BLAISE, Lehrgang zum Verwaltungsrecht, Basel/Frankfurt am Main 1994 (zit. KNAPP, Verwaltungsrecht); LOCHER PETER, Einführung in das internationale Steuerrecht der Schweiz, 3. A. Bern 2005 (zit. LOCHER, Internationales Steuerrecht); MÜLLER GEORG, Elemente einer Rechtssetzungslehre, 2. A. Zürich et al. 2006 (zit. MÜLLER, Rechtssetzungslehre); ders., Die Umschreibung des Inhalts der Bundesgesetze und die Delegation von Rechtssetzungsbefugnissen, LeGes 2000/3, 29 ff.; REICH MARKUS, Das Amtshilfeabkommen in Sachen UBS oder die Grenzen der Staatsvertragskompetenz des Bundesrats, FStR 2010, 111 ff.; TSCHANNEN PIERRE, Staatsrecht der Schweizerischen Eidgenossenschaft, 3. A. Bern 2011 (zit. TSCHANNEN, Staatsrecht).

A. Einleitung

I. Begriff und Wesen der Rechtsquellen

Das Steuerrecht wird gebildet aus der Gesamtheit der steuerrechtlichen Rechtsquellen. Rechtsquellen sind sowohl die Rechtsprinzipien als auch die Rechtssätze eines bestimmten Rechtsgebiets. Rechtsprinzipien sind verbindliche *Zielvorstellungen* oder *Wertungen*, während es sich bei den Rechtssätzen um *generell-abstrakte Normen* handelt, welche Rechte und Pflichten von natürlichen und juristischen Personen begründen oder Zuständigkeiten der Behörden festlegen. «*Generell*» heisst, dass sie sich an eine unbestimmte Vielzahl von Personen richten, während «*abstrakt*» bedeutet, dass sie eine unbestimmte Vielzahl von Sachverhalten regeln. Rechtssätze sind *Gesetze im materiellen Sinn*.[1] Die aus einem Rechtssatz erwachsenden Rechte und Pflichten der Individuen werden – soweit erforderlich – durch *Verfügungen* konkretisiert.[2] Verfügungen und Gerichtsentscheide bilden als *individuell-konkrete* Akte keine Rechtsquellen.

Die *Rechtsquellen des Steuerrechts* umfassen somit diejenigen Prinzipien und Normen, welche die Ansprüche des Gemeinwesens gegenüber den Steuerpflichtigen

---

[1] Handelt es sich um Rechtssätze, die im besonderen Verfahren der Gesetzgebung zustandegekommen sind, liegt ein *Gesetz im formellen Sinn* vor (hinten N 27).
[2] Dazu hinten N 52 f.

festlegen und das steuerrechtliche Handeln von Gesetzgeber, Verwaltung, Justiz und Steuerpflichtigen bestimmen.

II. Publikation

3 Voraussetzung für die Anwendbarkeit und Verbindlichkeit von rechtsetzenden Erlassen gegenüber den Individuen bildet im demokratischen Rechtsstaat grundsätzlich deren Publikation.[3] Der Einzelne muss die Möglichkeit haben, das Recht vorauszusehen und sich danach auszurichten. Die aus BV 5 I abzuleitende Publikationspflicht beschränkt sich nicht auf Gesetze im formellen Sinn, sondern gilt für *alle rechtsetzenden Erlasse*. Sind die verfassungsrechtlichen Minimalerfordernisse hinsichtlich der Publikation von Rechtssätzen nicht erfüllt, führt dies nicht zur Aufhebung des angefochtenen Erlasses, vielmehr hat die fehlende oder fehlerhafte Publikation lediglich die einstweilige Nichtanwendbarkeit zur Folge.[4] Die erforderliche Form der Publikation ergibt sich aus der entsprechenden Gesetzgebung des Bundes und der Kantone.[5]

III. Hierarchie der Rechtssätze

4 Unter den verschiedenen Rechtssätzen besteht eine *Rangordnung*: Höherrangiges Recht derogiert solchem tieferer Stufe. Sämtliches Bundesrecht geht kantonalem Recht aller Stufen vor.[6] Die Verfassung steht über Gesetz und Verordnung; Gesetzesrecht hat einen höheren Rang als Verordnungsrecht.

5 Zwingendes *Völkerrecht* geht dem gesamten inländischen Recht – auch dem Verfassungsrecht – vor.[7] Auch im Übrigen wird heute überwiegend von einem grundsätzlichen Vorrang des Völkerrechts gegenüber dem Landesrecht ausgegangen.[8] Die sog. *Schubert-Praxis,* nach welcher jüngere Bundesgesetze älteren

---

[3] BGer 11.2.1994, BGE 120 Ia 1 E. 4b mit Hinweisen; vgl. GEORG MÜLLER, Kommentar zu aBV 4, in: JEAN-FRANÇOIS AUBERT/KURT EICHENBERGER/JÖRG PAUL MÜLLER/RENÉ A. RHINOW/DIETRICH SCHINDLER (Hrsg.), Kommentar zur Bundesverfassung der Schweizerischen Eidgenossenschaft vom 29. Mai 1874, Loseblattwerk, Basel et al. 1987–1996, N 73 zu aBV 4 auch zum Folgenden.

[4] BGer 11.2.1994, BGE 120 Ia 1 E. 4 f.

[5] Für den Bund: Bundesgesetz über die Sammlungen des Bundesrechts und das Bundesblatt (Publikationsgesetz, PublG) vom 18.6.2004 (SR 170.512) und Verordnung über die Sammlungen des Bundesrechts und das Bundesblatt (Publikationsverordnung, PublV) vom 17.11.2004 (SR 170.512.1). Für den Kanton Zürich: Gesetz über die Gesetzessammlungen und das Amtsblatt (Publikationsgesetz) vom 27.9.1998 (LS 170.5) sowie Publikationsverordnung vom 2.12.1998 (LS 170.51).

[6] Zur derogatorischen Kraft des Bundesrechts hinten § 4 N 10, 174 f.

[7] Vgl. BV 193 IV und 194 II; HÄFELIN/HALLER/KELLER, Bundesstaatsrecht, N 1922; HAEFLIGER, EuGRZ 1990, 479 ff.; REICH, FStR 2010, 120 mit weiteren Hinweisen.

[8] BGer 26.7.1999, BGE 125 II 417 E. 4d mit Verweis auf Art. 26 des Wiener Übereinkommens über das Recht der Verträge vom 23.5.1969 (VRK; SR 0.111); THOMAS COTTIER/MAYA HERTIG, Das Völker-

völkerrechtlichen Verträgen derogieren, wenn der Gesetzgeber bewusst vom Staatsvertrag abweicht,[9] hat das Bundesgericht zumindest im Bereich von völkerrechtlichen Normen, die dem Schutz der Menschenrechte dienen, aufgegeben.[10]

B. Völkerrecht

I. Völkergewohnheitsrecht

Aus dem Völkergewohnheitsrecht kann im Steuerbereich wenig abgeleitet werden. Völkergewohnheitsrecht entsteht aufgrund einer *allgemeinen ständigen Übung* der Staaten, die von der *Überzeugung* der beteiligten Staaten getragen ist, dass eine *Rechtspflicht* zu deren Befolgung besteht.[11] Im internationalen Verhältnis stehen sich Staaten gegenüber, die gestützt auf ihre Souveränität eine prinzipiell unbegrenzte Steuerhoheit für sich beanspruchen. Grundsätzlich steht das Völkerrecht dem Anspruch der Staaten nicht entgegen, alle Einwohner oder sogar alle Staatsangehörigen für deren gesamtes weltweites Einkommen und Vermögen der Besteuerung zu unterwerfen. Immerhin wird die Ansicht vertreten, als steuerrechtliches Völkergewohnheitsrecht habe sich das Verbot herausgebildet, die Steuerpflicht ohne jegliche räumliche oder persönliche Schranke festzulegen.[12] Es dürften nur Sachverhalte besteuert werden, bei denen ein persönliches oder sachliches Anknüpfungsmerkmal zum besteuernden Staat gegeben ist.[13]

6

II. Supranationale Rechtsnormen

Supranationale Normen sind Rechtssätze, die von *supranationalen Organisationen* (z.B. EU) in Ausübung ihrer Rechtssetzungsbefugnis erlassen werden und die zu ihrer Wirksamkeit keiner nationalstaatlichen Zustimmung bedürfen.

7

Supranationales Steuerrecht gibt es in der Schweiz nicht, weil die Schweiz nicht Mitglied einer supranationalen Organisation ist, die Steuerrechtssätze erlassen

8

---

recht in der neuen Bundesverfassung: Stellung und Auswirkungen, in: Ulrich Zimmerli (Hrsg.), Die neue Bundesverfassung. Konsequenzen für Praxis und Wissenschaft, Bern 2000, 1 ff., 13; Anne Peters/Isabella Pagotto, Das Verhältnis von Völkerrecht und Landesrecht in der Schweiz, ius.full 2/04, 54 ff., insb. 56 ff.

9   BGer 2.3.1973, BGE 99 Ib 39 E. 4; vgl. dazu Kälin, ZSR I 1993, 73 ff.
10 BGer 26.7.1999, BGE 125 II 417 E. 4d.
11 Vgl. Matthias Herdegen, Völkerrecht, 10. A. München 2011, § 16 N 1.
12 Harald Schaumburg, Internationales Steuerrecht. Aussensteuerrecht. Doppelbesteuerungsrecht, 3. A. Köln 2010, § 3 N 3.12 ff.
13 Michael Lang, Einführung in das Recht der Doppelbesteuerungsabkommen, 2. A. Wien 2002, N 1 f.

hat. Das heisst allerdings nicht, dass sich das schweizerische Steuerrecht nicht auch an den supranationalen Normen der EU orientiert. Im Rahmen des sog. *autonomen Nachvollzugs* wurden schon zahlreiche europarechtliche Normen übernommen und innerstaatliche Gesetze und Verordnungen europakompatibel ausgestaltet.[14] Auch bei der Auslegung des schweizerischen Steuerrechts kann ein Blick auf das Europäische Steuerrecht durchaus zuträglich sein.[15]

III. Staatsvertragsrecht

9   Völkerrechtliche Vereinbarungen zwischen der Schweiz und einem oder mehreren ausländischen Staaten oder anderen Völkerrechtssubjekten sind Rechtsquellen des Steuerrechts, soweit sie rechtssetzend und unmittelbar anwendbar sind, d.h. *Self-executing*-Charakter haben.[16] Unmittelbar anwendbar sind staatsvertragliche Bestimmungen, wenn sie inhaltlich hinreichend bestimmt sind, «um im Einzelfall Grundlage eines Entscheides bilden zu können»[17].

1. EMRK und Zusatzprotokolle zur EMRK

10 In der EMRK, die seit 1974 auch für die Schweiz verbindlich ist, sind im ersten Abschnitt *Garantien verschiedener Menschenrechte* aufgeführt, auf die sich der Einzelne *direkt* berufen kann. Die EMRK enthält materiell Verfassungsrecht[18] und vermittelt einen europäischen *Minimalschutz wichtiger Grundrechte*, deren Verletzung vor dem Europäischen Gerichtshof für Menschenrechte (EGMR) in Strassburg gerügt werden kann. Weitere Rechte werden in verschiedenen Zusatzprotokollen gewährleistet.

11 EMRK 6 gewährt allen Individuen den Anspruch darauf, dass *zivil- und strafrechtliche Verfahren* fair durchgeführt werden. Aus dieser Bestimmung ergibt sich insbesondere der Anspruch auf ein unabhängiges Gericht, die Unschuldsvermutung, das Öffentlichkeitsprinzip sowie das Beschleunigungsgebot.[19]

12 Die ordentliche Steuerveranlagung gilt nach heute vorherrschender Auffassung als *öffentlich-rechtliche Angelegenheit*. Der Steuerpflichtige kann sich demnach

---

[14] TOBIAS JAAG, Europarecht. Die europäischen Institutionen aus schweizerischer Sicht, 3. A. Zürich et al. 2010, N 4202 ff.; MARKUS REICH/BEAT KÖNIG, Europäisches Steuerrecht. Unter besonderer Berücksichtigung der Abkommen mit der Schweiz, Zürich et al. 2006, 43 f.
[15] Vgl. BGer 19.3.1998, BGE 124 II 193 E. 6a.
[16] Vgl. HÄFELIN/HALLER/KELLER, Bundesstaatsrecht, N 1913 und 1915; HÄFELIN/MÜLLER/UHLMANN, Verwaltungsrecht, N 162; REICH, FStR 2010, 119 f.
[17] BGer 11.2.1994, BGE 120 Ia 1 E. 5b.
[18] Hinten § 4 N 2.
[19] Ausführlich ROK BEZGOVSEK, Art. 6 Ziff. 1 EMRK und das steuerrechtliche Verfahren, Zürich et al. 2002, 51 ff.

im Veranlagungsverfahren nicht auf EMRK 6 berufen.[20] Hingegen ist EMRK 6 im *Steuerstrafverfahren* anwendbar.[21]

Im Weiteren gewährleistet die EMRK die *Ehefreiheit*.[22] Weder die EMRK noch die Zusatzprotokolle garantieren die für das Steuerrecht bedeutsame *Wirtschaftsfreiheit*. Die im Bereich des Steuerrechts ebenfalls relevante *Eigentumsgarantie* wird im ersten Zusatzprotokoll zur EMRK gewährleistet,[23] die Schweiz hat dieses Zusatzprotokoll jedoch nicht ratifiziert.

2. Doppelbesteuerungsabkommen

Die DBA bezwecken die Milderung oder Vermeidung der internationalen Doppelbesteuerung.[24] Die in den schweizerischen DBA enthaltenen Rechtssätze sind *unmittelbar anwendbar* und bedürfen keiner Transformation in innerstaatliche Steuergesetze. Sie können somit von den Steuerpflichtigen unmittelbar angerufen werden, obwohl sie als Staatsverträge primär Rechtspflichten zwischen den Vertragspartnern begründen.

Die DBA haben lediglich *negative Wirkung*, was bedeutet, dass sie die Steuerhoheit der Vertragsstaaten nur *einschränken* und niemals Grundlage für die Begründung oder Erhöhung einer Steuerforderung bilden.[25] Die Steuerbelastung ergibt sich immer gestützt auf einen Erlass des *internen Rechts*. Besteht aufgrund der innerstaatlichen Steuergesetze keine Besteuerungsgrundlage, so darf in der Schweiz auch dann nicht besteuert werden, wenn das Besteuerungsrecht nach dem einschlägigen DBA der Schweiz zugeteilt wird.

Aufgrund von BV 54 I hat der Bund das Recht zum Abschluss von DBA. Der Bund hat von dieser Kompetenz rege Gebrauch gemacht und mit den meisten wirtschaftlich bedeutenden Staaten DBA auf dem Gebiet der Einkommens- und Vermögensbesteuerung sowie vereinzelt auch auf dem Gebiet der Erbschaftsbesteuerung vereinbart.

Die Frage, ob die DBA dem *fakultativen Staatsvertragsreferendum* zu unterstellen sind, wird kontrovers diskutiert.[26] Nach BV 141 I d Ziff. 3 unterstehen Abkommen, die wichtige rechtsetzende Bestimmungen enthalten oder deren Umsetzung den

---

[20] BGer 19.8.1996, StE 1997 A 26 Nr. 1; EGMR 12.7.2001, Ferrazzini c. Italien, Ser. A Nr. 125 B; kritische Würdigung der Praxis des EGMR Rok Bezgovsek, Gilt Art. 6 Ziff. 1 EMRK im steuerrechtlichen Verfahren?, ST 2003, 296 ff.; ders. (Fn. 19), 137 ff., 191 ff., 237 ff.

[21] Ausführlich Stefan Oesterhelt, Anwendbarkeit von Art. 6 EMRK auf Steuerverfahren, ASA 75 (2006/2007), 593 ff., 601 ff.

[22] EMRK 8 und 12; Häfelin/Haller/Keller, Bundesstaatsrecht, N 391 ff.

[23] Vgl. Art. 1 des Zusatzprotokolls vom 20.3.1952 (zu finden unter <http://conventions.coe.int/Treaty/en/Treaties/Html/009.htm> [besucht am 19.10.2011]).

[24] Auch zum Folgenden Höhn/Waldburger, Bd. I, § 32 N 5; vgl. Locher, Internationales Steuerrecht, 67 ff.

[25] Vgl. BGer 6.3.2008, StE 2008 A 31.1 Nr. 9 E. 2.3 in fine.

[26] Vgl. Reich, FStR 2010, 126 f. mit weiteren Hinweisen.

Erlass von Bundesgesetzen erfordert, dem fakultativen Referendum.[27] Klar ist, dass DBA rechtssetzende Bestimmungen enthalten und nicht den Erlass von Bundesgesetzen erfordern. Es stellt sich deshalb die Frage, ob aufgrund der *Wichtigkeit* dieser rechtssetzenden Bestimmungen die DBA dem fakultativen Staatsvertragsreferendum unterstellt werden müssen. Der Bundesrat verneint dies grundsätzlich für DBA, die keine grundlegenden Neuerungen enthalten. Er will nur jene DBA dem fakultativen Referendum unterstellen, welche neuartige Verpflichtungen enthalten.[28]

18 Zu den vom Bund abgeschlossenen DBA gibt es zahlreiche *Staatsverträge* über deren *Ausführung*.[29]

3. Staatsverträge mit der EU

19 Der Bund hat verschiedene Staatsverträge mit der EU (bzw. mit der EG [ursprünglich Europäische Wirtschaftsgemeinschaft]) abgeschlossen, die für das schweizerische Steuerrecht von recht grosser Bedeutung sind.[30] Es handelt sich insbesondere um die folgenden Verträge:

- Abkommen zwischen der Schweizerischen Eidgenossenschaft einerseits und der Europäischen Gemeinschaft und ihren Mitgliedstaaten andererseits über die Freizügigkeit vom 21.6.1999 (Freizügigkeitsabkommen, FZA, SR 0.142.112.681).
- Abkommen vom 26.10.2004 zwischen der Schweizerischen Eidgenossenschaft und der Europäischen Gemeinschaft über Regelungen, die den in der Richtlinie 2003/48/EG des Rates im Bereich der Besteuerung von Zinserträgen festgelegten Regelungen gleichwertig sind (Zinsbesteuerungsabkommen, ZBstA, SR 0.641.926.81).
- Abkommen zwischen der Schweizerischen Eidgenossenschaft, der Europäischen Union und der Europäischen Gemeinschaft über die Assoziierung dieses Staates bei der Umsetzung, Anwendung und Entwicklung des Schengen-Besitzstands (mit Anhängen und Schlussakte) vom 26.10.2004 (SR 0.360.268.1).

---

[27] Vgl. auch den Bundesbeschluss vom 19.6.2003 über das Inkrafttreten der direkt anwendbaren Bestimmungen der Änderung der Volksrechte vom 4.10.2002, AS 2003, 1953 f.
[28] Vgl. Botschaft über ein neues DBA mit Südafrika vom 5.9.2007, BBl 2007, 6589–6602, 6601 f. und Botschaft über ein DBA mit Israel vom 19.9.2003, BBl 2003, 6467–6500, 6474 f. A.M. MADELEINE SIMONEK (Problemfelder aus dem Verhältnis von Doppelbesteuerungsabkommen und Verständigungsvereinbarungen zum innerstaatlichen Recht, ASA 73 [2004/2005], 97 ff., 97) sowie ROBERT WALDBURGER (Unterstehen Doppelbesteuerungsabkommen künftig dem fakultativen Referendum?, FStR 2003, 295 ff., 296 f.), die insbesondere geltend machen, dass aufgrund des im Steuerrecht besonders strengen Legalitätsprinzips für abkommensrechtliche Steuerfreistellungen dieselben Voraussetzungen gelten müssten wie für innerstaatlich gewährte Steuerfreistellungen.
[29] Z.B. Briefwechsel zum DBA-CH-D vom 11.8.1971, SR 0.672.913.62.
[30] Ausführlich REICH/KÖNIG (Fn. 14), 43 ff.

- Abkommen über die Zusammenarbeit zwischen der Schweizerischen Eidgenossenschaft einerseits und der Europäischen Gemeinschaft und ihren Mitgliedstaaten andererseits zur Bekämpfung von Betrug und sonstigen rechtswidrigen Handlungen, die ihre finanziellen Interessen beeinträchtigen (SR 0.351.926.81; das von der Bundesversammlung am 23.10.2008 ratifizierte Abkommen wird allerdings seit dem 8.4.2009 erst provisorisch auf die überwiegende Mehrheit der EU-Mitgliedsstaaten angewendet, da noch nicht alle EU-Mitgliedsstaaten ratifiziert haben).
- Abkommen vom 22.7.1972 zwischen der Schweizerischen Eidgenossenschaft und der Europäischen Wirtschaftsgemeinschaft (Freihandelsabkommen, SR 0.632.401).
- Abkommen in Form eines Briefwechsels zwischen der Europäischen Gemeinschaft und der Schweizerischen Eidgenossenschaft über ein die gegenseitige Amtshilfe im Zollbereich betreffendes Zusatzprotokoll zum Abkommen vom 22.7.1972 zwischen der Schweizerischen Eidgenossenschaft und der Europäischen Wirtschaftsgemeinschaft vom 9.6.1997 (SR 0.632.401.02).

4. Andere Staatsverträge

a)   Bundesebene

Auf Bundesebene gibt es verschiedene Staatsverträge über *Steuerbefreiungen* von Diplomaten[31], internationalen Organisationen und ihren Beamten[32].

Im *Zollwesen* sind insbesondere die Abkommen mit der EFTA und der WTO zu beachten.[33]

b)   Kantonale Ebene

An sich dürfen die Kantone nach BV 56 I im Bereich ihrer eigenen Steuerhoheit internationale Verträge abschliessen, allerdings nur so weit, als der Bund in diesem Bereich keinen Vertrag abgeschlossen hat. Im Steuerbereich sind nur noch vereinzelt solche kantonale Staatsverträge anzutreffen.[34]

---

[31] Art. 34 ff. des Wiener Übereinkommens über diplomatische Beziehungen vom 18.4.1961 (SR 0.191.01).
[32] Art. V Abschnitt 15 lit. b des Abkommens über die Vorrechte und Immunitäten der Organisation der Vereinten Nationen vom 11.6./1.7.1946 (SR 0.192.120.1); dazu BGer 9.5.2005, 2P.36/2004, E. 5.3; vgl. auch VGer GE 14.12.1993, StE 1994 A 32 Nr. 4.
[33] Zum Ganzen BLUMENSTEIN/LOCHER, System, 142 ff.
[34] Vgl. LOCHER, Internationales Steuerrecht, 72 f.

C. Verfassungsrecht

23 Man unterscheidet zwischen der Verfassung im formellen und der Verfassung im materiellen Sinn.[35] Rechtssätze, welche im besonderen Verfahren der Verfassungsgebung erlassen worden sind, gehören zur *Verfassung im formellen Sinn*. Das Verfahren der Verfassungsgebung ist gegenüber dem Verfahren der einfachen Gesetzgebung erschwert; dies gilt auch für Verfassungsänderungen.

24 Die *Verfassung im materiellen Sinn* bilden alle Rechtssätze, die für das Staatswesen von fundamentaler Tragweite sind. Dazu gehören die Grundlagen der rechtsstaatlichen und demokratischen Staatsordnung, insbesondere die Rechtsnormen über die *Gewährleistung von Grundrechten* und politischen Rechten sowie die wesentlichen Züge der *Staatsorganisation* und der *Aufgabenteilung*. Zum materiellen Verfassungsrecht gehören somit auch grundlegende Rechtssätze, die nicht in der Verfassung im formellen Sinn, sondern anderswo festgehalten sind, wie z.B. die Grundrechtsgarantien der *EMRK*. Zudem gibt es auch *ungeschriebenes Verfassungsrecht*, insbesondere in der Gestalt von Gewohnheitsrecht oder Richterrecht.[36]

I. Bundesverfassung

25 Die grundlegenden Normen des schweizerischen Steuerrechts sind somit in der BV verankert. Die BV enthält neben den fundamentalen Prinzipien der Demokratie, Rechtsstaatlichkeit, Bundesstaatlichkeit und Sozialstaatlichkeit die Grundrechte der Bürger und Bürgerinnen, sodann Bestimmungen über die *Aufgabenverteilung* zwischen Bund und Kantonen sowie über *Organisation*, *Verfahren* und *Zuständigkeiten* der Bundesbehörden (Bundesversammlung, Bundesrat, Bundesverwaltung und Bundesgericht).

II. Kantonsverfassungen

26 Die Kantonsverfassungen enthalten die Grundordnung der Kantone. Für das Steuerwesen relevant sind vorab die in den Kantonsverfassungen enthaltenen grundlegenden Organisations- und Zuständigkeitsordnungen. Im Gegensatz zum Bund brauchen die Kantone die von ihnen erhobenen Steuern nicht in der Verfassung zu verankern. Die Kantonsverfassungen enthalten denn auch meistens keinen Steuerkatalog, sondern lediglich *gewisse Steuererhebungsprinzipien* sowie *programmatische Aussagen* zur Steuerordnung.[37] Im Übrigen wird auf die

---

[35] Vgl. auch zum Folgenden Häfelin/Haller/Keller, Bundesstaatsrecht, N 15 ff.
[36] Bei der Totalrevision der Bundesverfassung von 1999 wurde das ungeschriebene Verfassungsrecht allerdings weitgehend kodifiziert (vgl. Häfelin/Haller/Keller, Bundesstaatsrecht, N 68).
[37] Vgl. dazu hinten § 4 N 121.

Gesetzgebung verwiesen. Die dem Steuerpflichtigen durch die Kantonsverfassungen garantierten Rechte reichen in aller Regel nicht weiter als der durch die BV gewährleistete Schutz.

D. Gesetzesrecht

Unter Gesetzesrecht werden in diesem Zusammenhang die Gesetze im formellen Sinn verstanden. Ein Gesetz im *formellen Sinn* ist ein Erlass, der im *besonderen Verfahren der Gesetzgebung* zustande gekommen ist.[38] Das Verfahren ist weniger streng als das der Verfassungsgebung. Im Bund unterstehen die von den Räten verabschiedeten Gesetze in der Regel dem fakultativen Referendum.[39] Die Kantone sehen fakultative oder obligatorische Gesetzesreferenden vor.[40] Gesetze im formellen Sinn enthalten *generell-abstrakte Rechtsnormen*, die den Individuen Rechte einräumen oder Pflichten auferlegen oder die Organisation und das Verfahren der Behörden regeln.

27

Nach BV 164 I d muss der Kreis der Abgabepflichtigen sowie der Gegenstand und die Bemessung der Abgabe in der Form eines Bundesgesetzes erlassen werden.[41] Für die Steuererhebung schreibt BV 127 I explizit vor, dass die Ausgestaltung der Steuern, namentlich der *Kreis der Steuerpflichtigen*, der *Gegenstand der Steuer* und deren *Bemessung* in den Grundzügen im Gesetz selbst – und gemeint ist hier das Gesetz im formellen Sinn – zu regeln ist. Diese strenge Handhabung des Legalitätsprinzips im Steuerrecht[42] gilt nicht nur für die Bundessteuern, sondern auch für die kantonalen Steuern.

28

Gesetze im formellen Sinn sind nicht nur die zahlreichen Steuergesetze des Bundes und der Kantone, sondern auch das *StHG*. Dieses richtet sich aber als *mittelbar rechtssetzender Erlass* nicht primär an die einzelnen Steuerpflichtigen, sondern an die rechtssetzenden und rechtsanwendenden Behörden in Bund und Kantonen. Rechtsgrundlage der Besteuerung im Einzelfall bildet nicht das StHG, sondern die Steuergesetze von Bund und Kantonen.[43]

29

Gemeindeerlasse stellen ebenfalls Gesetze im formellen Sinn dar, wenn sie im Verfahren der Gesetzgebung zustande gekommen sind.[44] Bei den Einkommens-

30

---

[38] Wogegen es sich bei *Gesetzen im materiellen Sinn* um Rechtssätze handelt, die nicht im besonderen Verfahren der Gesetzgebung zustande gekommen sind.
[39] BV 141 I a und b.
[40] BV 51 I schreibt den Kantonen kein Referendum vor (BGer 29.6.2000, BGE 126 I 180 E. 2b/bb), sodass die Volksabstimmung nicht Begriffsmerkmal des Gesetzes im formellen Sinn ist.
[41] Dazu Müller, LeGes 2000/3, 30 ff. In diesem Zusammenhang wird zum Teil von «materiellem Gesetzesbegriff» gesprochen (vgl. Beusch, Gesetzesbegriff, 235). Dieser «materielle Gesetzesbegriff» der BV hat selbstredend nichts gemein mit dem Begriff des *Gesetzes im materiellen Sinn*. Es handelt sich dabei auch gar nicht um einen Gesetzesbegriff, sondern um eine Definition des Inhalts des Gesetzes (Müller, Rechtssetzungslehre, N 195).
[42] Dazu hinten § 4 N 87 f.
[43] Hinten § 4 N 25 ff. und § 9 N 4 f.
[44] Häfelin/Müller/Uhlmann, Verwaltungsrecht, N 159 und 2696.

und Vermögenssteuern wird den Gemeindegesetzgebern in der Regel die Kompetenz eingeräumt, die Höhe der Steuer festzulegen.[45]

E. Verordnungsrecht

31 Verordnungen sind generell-abstrakte Regelungen, die in einer anderen Form als derjenigen der Verfassung oder des Gesetzes im formellen Sinn ergehen.[46] Es sind in der Regel Erlasse der Exekutive, der Parlamente oder der Gerichte. Die Verordnungen werden gemeinhin wie folgt unterteilt:

I. Rechtsverordnungen und Verwaltungsverordnungen

32 Die Unterscheidung in Rechtsverordnungen und Verwaltungsverordnungen basiert auf dem unterschiedlichen *Adressatenkreis*.

1. Rechtsverordnungen

33 Rechtsverordnungen enthalten wie die Gesetze im formellen Sinn Rechtsnormen, die den Individuen Rechte einräumen oder Pflichten auferlegen oder die Organisation und das Verfahren der Behörden regeln. Sie richten sich somit an die Allgemeinheit und bedürfen wie die Gesetze im formellen Sinn der Publikation.[47] Rechtsverordnungen sind demnach Gesetze im materiellen Sinn.

2. Verwaltungsverordnungen

34 Verwaltungsverordnungen richten sich demgegenüber nicht an die Allgemeinheit, sondern es handelt sich um generell-abstrakte Direktiven der vorgesetzten Behörde an die ihr untergeordneten Behörden.[48] Solche *Dienstanweisungen*[49] begründen grundsätzlich keine Rechte oder Pflichten der Individuen, sondern wenden sich lediglich an die unterstellten Behörden. Sie bezwecken insbesondere die *gleichmässige Anwendung* der Gesetze und entlasten die mit dem Gesetzesvollzug betrauten Beamten von Auslegungsarbeit.[50] Sie erhöhen so die *Effizienz* der Verwaltung. Sodann fördern Verwaltungsverordnungen die *Rechtssicherheit*, indem das Verwaltungshandeln voraussehbarer wird. Verwaltungsverordnun-

---

[45] Vgl. etwa ZH StG 188.
[46] HÄFELIN/MÜLLER/UHLMANN, Verwaltungsrecht, N 114.
[47] Vgl. PublG 2 i.V.m. 8; HÄFELIN/MÜLLER/UHLMANN, Verwaltungsrecht, N 121.
[48] BGer 24.11.1995, BGE 121 II 473 E. 2b.
[49] Auch «Kreisschreiben», «Zirkulare», «Richtlinien», «Merkblätter» oder «Weisungen» genannt.
[50] Dazu und zum Folgenden BEUSCH, ST 2005, 614 f.

gen sind somit für die Steuerpflichtigen von nicht zu unterschätzender Bedeutung.

Die Verwaltungsverordnungen sind nach herkömmlicher Meinung *keine eigentlichen Rechtsquellen;* sie enthalten keine Rechtsnormen.[51] Die *Gerichte* sind grundsätzlich nicht an Verwaltungsverordnungen gebunden.[52] Verwaltungsverordnungen müssen auch nicht publiziert werden.[53] In der Gerichtspraxis wird allerdings eher selten von den in Verwaltungsverordnungen getroffenen Regelungen abgewichen, wenn sich aus ihnen eine vertretbare Auslegung der gesetzlichen Bestimmungen ergibt. Besonders bei eher «technischen» Belangen wird in der Regel auf die von der Verwaltungsverordnung vorgesehene Lösung abgestellt. Nach Auffassung des Bundesgerichts soll das Gericht Verwaltungsverordnungen bei seiner Entscheidung mitberücksichtigen, sofern sie eine dem Einzelfall angepasste und gerecht werdende Auslegung der anwendbaren gesetzlichen Bestimmungen zulassen.[54]

35

Fehlt den Verwaltungsverordnungen der Rechtsquellencharakter, so können sie bei ihrem Erlass auch dort, wo ein *abstraktes Normenkontrollverfahren* vorgesehen ist,[55] grundsätzlich nicht unmittelbar angefochten werden. Nur wenn die in der Verwaltungsverordnung enthaltenen Anweisungen an Verwaltungsorgane indirekt geschützte Rechte des Bürgers berühren, d.h. *Aussenwirkungen* entfalten, ist eine abstrakte Normenkontrolle unter der Voraussetzung möglich, dass in dem durch die Verwaltungsverordnung erfassten Bereich keine Verfügungen erlassen werden, gegen die sich der Betroffene ohne Nachteil auf dem üblichen Beschwerdeweg zur Wehr setzen kann.[56] Da über die steuerrechtlichen Pflichten gewöhnlich verfügt wird oder zumindest eine Verfügung verlangt werden kann, entfällt im Steuerrecht meistens die Möglichkeit der abstrakten Anfechtung von Verwaltungsverordnungen. Hingegen bleibt selbstverständlich der Weg der *konkreten Normenkontrolle* offen, indem in einem konkreten Streitfall auch die Rechtmässigkeit der Verordnung infrage gestellt werden kann.

36

Die strikte Unterscheidung zwischen Rechtsverordnungen und Verwaltungsverordnungen ist in der neueren Literatur recht stark unter Beschuss geraten. Aus-

37

---

[51] Vgl. auch zum Folgenden HÄFELIN/MÜLLER/UHLMANN, Verwaltungsrecht, N 125, mit weiteren Hinweisen.
[52] Ausführlich BEUSCH, in: ZWEIFEL/ATHANAS, N 17 zu DBG 102.
[53] Zur Publikation von Verwaltungsverordnungen BEUSCH, in: ZWEIFEL/ATHANAS, N 14 zu DBG 102. Im Steuerrecht werden die wichtigen Verwaltungsverordnungen nicht nur auf den Websites der Steuerverwaltungen von Bund und Kantonen aufgeschaltet, sondern bilden auch Gegenstand privater Publikationen (vgl. DANIEL R. GYGAX [Hrsg.], Die steuerrechtlichen Kreis- und Rundschreiben des Bundes, Ausgabe 2012; PASCAL HINNY [Hrsg.], Steuerrecht 2012, Textausgabe mit Anmerkungen, Zürich et al. 2012).
[54] BGer 24.11.1995, BGE 121 II 473 E. 2b mit weiteren Hinweisen.
[55] Wie z.B. gemäss BGG 82 b.
[56] So auch unter dem BGG (REGINA KIENER, Die Beschwerde in öffentlich-rechtlichen Angelegenheiten, in: PIERRE TSCHANNEN [Hrsg.], Neue Bundesrechtspflege. Auswirkungen der Totalrevision auf den kantonalen und eidgenössischen Rechtsschutz, Berner Tage für die juristische Praxis [BTJP 2006], Bern 2007, 219 ff., 235); vgl. allerdings noch zur staatsrechtlichen Beschwerde BGer 20.7.1994, StE 1995 A 21.2 Nr. 2 mit weiteren Hinweisen.

gangspunkt der berechtigten Kritik am fehlenden Rechtsquellencharakter von Verwaltungsverordnungen ist die Überlegung, dass sich diese, insbesondere wenn sie vollzugslenkend sind, für den Bürger im Ergebnis gleich wie Rechtsverordnungen auswirken können.[57] Der Steuerpflichtige sollte davon ausgehen dürfen, dass der Sachverhalt so beurteilt wird, wie dies in der Verwaltungsverordnung – das Gesetz konkretisierend – in Aussicht gestellt wird.[58] Andernfalls ist der Steuerpflichtige gezwungen, sich vor der Sachverhaltsverwirklichung auch dann durch einen Vorbescheid[59] abzusichern, wenn eine in einer Verwaltungsverordnung klar umschriebene Praxis besteht. Der Steuerpflichtige soll mit anderen Worten die Nichtanwendung oder falsche Anwendung einer Verwaltungsverordnung, die den gesetzliche n Spielraum «bürgerfreundlich» konkretisiert, ohne Berufung auf das Rechtsgleichheitsgebot oder das Vertrauensschutzprinzip als Rechtsverletzung geltend machen können.[60]

II. Selbständige und unselbständige Verordnungen

38 Rechtsverordnungen werden unterschieden in selbständige und unselbständige Verordnungen. Massgebend für diese Unterscheidung ist die *Rechtsgrundlage* der Verordnung. Zum Erlass einer *selbständigen Verordnung* wird die Behörde direkt durch die Verfassung ermächtigt.[61] Die *unselbständige Verordnung* stützt sich auf einen der Verfassung nachgeordneten Erlass tieferer Stufe, meist auf ein Gesetz. Die unselbständigen Verordnungen bilden den Regelfall. Uneinheitlich ist die Zuordnung der Vollziehungsverordnungen, die zum Teil als selbständige Verordnungen qualifiziert werden.[62] Zum Teil werden sie aber als unselbständige Verordnungen betrachtet,[63] weil sie die gesetzlichen Regelungen konkretisieren.

---

[57] BIAGGINI, ZBl 1997, 17 ff.; BEUSCH, in: ZWEIFEL/ATHANAS, N 13 zu DBG 102; HÄFELIN/MÜLLER/UHLMANN, Verwaltungsrecht, N 133 f.
[58] Vgl. MARKUS REICH/ROBERT WALDBURGER, Rechtsprechung im Jahr 2003 (1. Teil), FStR 2004, 214 ff., 216 auch zum Folgenden.
[59] Dazu hinten N 56 ff.; vgl. zur Problematik der Praxisänderung auch hinten § 4 N 112 ff.
[60] Vgl. BIAGGINI, ZBl 1997, 22 ff.
[61] Gestützt auf aBV 41ter I und II sowie UeB aBV 8 hatte der Bundesrat beispielsweise die Mehrwertsteuerverordnung (AS 1994 II, 1464–1500) erlassen, die bis zum Inkrafttreten des MWSTG am 1.1.2001 galt.
[62] So HÄFELIN/HALLER/KELLER, Bundesstaatsrecht, N 1859.
[63] So TSCHANNEN, Staatsrecht, § 46 N 10 ff.

III. Gesetzesvertretende Verordnungen und Vollziehungsverordnungen

Unselbständige Rechtsverordnungen werden weiter unterteilt in gesetzesvertretende Verordnungen und Vollziehungsverordnungen. Der Unterschied liegt bei dieser Differenzierung im *Inhalt* bzw. im Ausmass, in welchem die Verordnung durch das Gesetz inhaltlich vorausbestimmt ist.[64]

Eine *Vollziehungsverordnung* konkretisiert eine gesetzliche Regelung durch Detailregeln. Sie auferlegt gegenüber dem zu vollziehenden Erlass keine neuen Pflichten und schränkt keine Rechte zusätzlich ein; sie führt lediglich die im Gesetz vorgezeichnete Regelung aus. Eine *gesetzesvertretende Verordnung* enthält dagegen zusätzliche Regeln und ergänzt so die gesetzliche Ordnung. Sie beruht auf einer Delegation der Rechtssetzungsbefugnis durch das Gesetz. Die gesetzesvertretende Verordnung gilt nur im Rahmen der delegierten Kompetenz und muss sich an die im formellen Gesetz verankerten Vorgaben halten.

Vollziehungsverordnungen und gesetzesvertretende Verordnungen können in der Praxis nicht immer scharf auseinandergehalten werden, zumal gewisse Verordnungen sowohl gesetzesvollziehende als auch gesetzesvertretende Rechtssätze enthalten.[65] Die Unterscheidung ist jedoch von Bedeutung mit Blick auf die *Kompetenz* zum Erlass solcher Verordnungen: Vollziehungsverordnungen kann die Exekutive in eigener Kompetenz erlassen, gesetzesvertretende Verordnungen hingegen nur gestützt auf eine besondere Ermächtigung durch den Gesetzgeber.[66]

F. Interkantonale Vereinbarungen

Nach BV 48 I steht es den Kantonen auch auf dem Gebiet des Steuerrechts frei, Konkordate abzuschliessen. Konkordate sind *öffentlich-rechtliche Vereinbarungen* zwischen zwei oder mehreren *Kantonen* über einen Gegenstand, der in ihren Kompetenzbereich fällt.[67]

Für das Steuerrecht zu erwähnen sind zum einen das Konkordat über den Ausschluss von *Steuerabkommen* vom 10.12.1948 (SR 671.1), welches anstelle der in BV 129 III vorgesehenen, aber vom Bund nie erlassenen Vorschriften gilt,[68] und zum anderen das Konkordat über die Gewährung *gegenseitiger Rechtshilfe* zur Vollstreckung öffentlich-rechtlicher Forderungen vom 28.10.1971 (SR 281.22). Letzteres ermöglicht die Zwangsvollstreckung von kantonalen Steuern in ande-

---

[64] Dazu und zum Folgenden HÄFELIN/HALLER/KELLER, Bundesstaatsrecht, N 1857.
[65] Vgl. auch zum Folgenden HÄFELIN/MÜLLER/UHLMANN, Verwaltungsrecht, N 143 ff.
[66] Dazu hinten § 4 N 89.
[67] Ausführlich HÄFELIN/HALLER/KELLER, Bundesstaatsrecht, N 1273 sowie 1278.
[68] Dazu hinten § 4 N 35.

Teil I   Grundlagen und Überblick

ren Kantonen.[69] Die Kantone haben überdies eine beträchtliche Zahl von sogenannten *Gegenrechtsvereinbarungen* geschlossen, welche in der Regel die Befreiung gemeinnütziger Organisationen und Anstalten von den Einkommens-, Erbschafts- und Schenkungssteuern betreffen.

G. Allgemeine Rechtsgrundsätze und Gewohnheitsrecht

I. Allgemeine Rechtsgrundsätze

44   Allgemeine Rechtsgrundsätze sind Rechtsnormen, die aufgrund ihrer *allgemeinen Tragweite* in sämtlichen Rechtsgebieten des Privatrechts und des öffentlichen Rechts Geltung haben.[70] Sie finden auch dann Anwendung, wenn sie nicht expressis verbis erwähnt werden. Es bedarf keiner analogen Anwendung von in anderen Rechtsbereichen ausdrücklich normierten Regeln (z.B. ZGB 2), vielmehr gelten sie als *ungeschriebenes Recht*.

45   Für das Steuerrecht vor allem bedeutsam ist der in der neuen BV ausdrücklich verankerte Grundsatz von Treu und Glauben (BV 5 III), der als allgemeiner Rechtsgrundsatz den Staat und die Steuerpflichtigen zu loyalem und vertrauenswürdigem Handeln verpflichtet.[71] Relevant sind auch das Prinzip der Vertragstreue, der Grundsatz, dass zu Unrecht Geleistetes zurückzuerstatten ist[72], oder die Verjährung und Verrechnung[73].

II. Gewohnheitsrecht

46   Wegen des strikte geltenden Legalitätsprinzips ist das Gewohnheitsrecht im Steuerrecht als Rechtsquelle praktisch nicht von Bedeutung. Insbesondere dürfen durch Gewohnheitsrecht keine neuen Steuern oder andere steuerrechtliche Verpflichtungen auferlegt werden.[74]

---

[69]   Zur Zwangsvollstreckung von Steuern hinten § 26 N 70 ff.
[70]   Vgl. auch zum Folgenden HÄFELIN/MÜLLER/UHLMANN, Verwaltungsrecht, N 184 ff.
[71]   Dazu und zum grundrechtlichen Aspekt des Grundsatzes von Treu und Glauben hinten § 4 N 95 ff.
[72]   Vgl. BGer 2.6.2003, 2A.320/2002, E. 3.2.
[73]   Dazu hinten § 5 N 84 ff. und 93 ff.
[74]   BGer 17.1.1979, BGE 105 Ia 2 E. 2a; BGer 15.5.1968, BGE 94 I 305 E. 3.

H. Richterliches Recht

Als individuell-konkreter Akt ist ein Gerichtsurteil keine Rechtsquelle. Wenn jedoch in einer Vielzahl von Fällen in einer bestimmten Weise entschieden wird, bildet sich eine *Praxis* heraus. Dabei ist umstritten, ob sich diese einheitliche Anwendung der Rechtsquellen selbst wiederum zu einer neuen Rechtsquelle verdichten kann.[75]

47

Gegen die Qualifikation der Gerichtspraxis als Rechtsquelle spricht grundsätzlich das *Gewaltenteilungsprinzip*, wonach die Justizorgane nur Aufgaben in der Rechtsanwendung, nicht jedoch in der Rechtssetzung zu erfüllen haben.[76] Auch kann eingewendet werden, dass die Entscheidungen der Gerichte diese selbst nicht binden können.[77]

48

Dennoch kann die *gestaltende* und *rechtserzeugende Wirkung* der Präjudizien nicht in Abrede gestellt werden. Sogar manches, was im Gewand des Verfassungsrechtes daherkommt, hat richterrechtlichen Ursprung. Das Gebot der Rechtssicherheit und der Grundsatz der Rechtsgleichheit sind gewichtige Argumente, die zugunsten des Rechtsquellencharakters der Präjudizien sprechen. Überwiegend wird deshalb das richterliche Recht – wenn auch mit Zurückhaltung – als Rechtsquelle anerkannt.[78] Voraussetzung für den Rechtsquellencharakter des richterlichen Rechts ist allerdings, dass sich eine längere, gefestigte Gerichtspraxis herausgebildet hat.[79]

49

Das *interkantonale Doppelbesteuerungsrecht* des Bundes besteht im Wesentlichen aus richterlichem Recht. BV 127 III erteilt dem Bund den Auftrag, die erforderlichen Massnahmen gegen die interkantonale Doppelbesteuerung zu treffen. Eine gesetzliche Regelung ist bis heute unterblieben, vielmehr hat das Bundesgericht die Doppelbesteuerungskonflikte, die ihm unterbreitet wurden, in einer über hundertjährigen Praxis direkt gestützt auf das verfassungsrechtliche Doppelbesteuerungsverbot behoben. Es hat mit den entsprechenden Urteilen ein System von *Zuteilungs- oder Verteilungsnormen*[80] geschaffen, die *gesetzesvertretend* Rechtsquellencharakter haben.[81]

50

---

[75] Zur gleichen Problematik bei der Verwaltungspraxis hinten N 53.
[76] Dazu Häfelin/Müller/Uhlmann, Verwaltungsrecht, N 211.
[77] Zur Bindungswirkung von Präjudizien Johanna Hey, Steuerplanungssicherheit als Rechtsproblem, Köln 2002, 599 ff., insbesondere 604 ff.; Vallender, Auslegung, 148, 152 ff.
[78] Vgl. Häfelin/Müller/Uhlmann, Verwaltungsrecht, N 212; a.M. Knapp, Verwaltungsrecht, N 402.
[79] Häfelin/Müller/Uhlmann, Verwaltungsrecht, N 209.
[80] Auch unzutreffend «Kollisionsnormen» genannt, obwohl es im interkantonalen (und internationalen) Doppelbesteuerungsrecht – im Unterschied zum Internationalen Privatrecht – keine *Rechtskollisionen* im eigentlichen Sinn aufzulösen gilt.
[81] Vgl. Locher, Interkantonale Steuerrecht, 3 mit weiteren Hinweisen; Mäusli-Allenspach, in: Zweifel/Beusch/Mäusli-Allenspach, § 2 N 7 ff.

Teil I Grundlagen und Überblick

I. Anwendung der Rechtsquellen

51 Soweit Rechtssätze keine unmittelbaren Rechtswirkungen nach sich ziehen, bedürfen sie der Anwendung durch die Behörden im Einzelfall. Die Verwaltungstätigkeit entfaltet sich gemeinhin in Form von Verfügungen und verwaltungsrechtlichen Verträgen sowie in weiteren Formen des Verwaltungshandelns, wie dem sog. schlichten oder informellen Verwaltungshandeln.[82]

I. Verfügungen

52 Die aus einem Rechtssatz erwachsenden Rechte und Pflichten werden vielfach durch *Verfügungen* konkretisiert. Verfügungen sind *individuelle* Hoheitsakte, durch die eine *konkrete* verwaltungsrechtliche Rechtsbeziehung rechtsgestaltend oder feststellend in verbindlicher und erzwingbarer Weise geregelt wird.[83] Jede Verfügung muss sich auf eine *gesetzliche Grundlage* abstützen. Im Steuerrecht wird im Zusammenhang mit der autoritativen Feststellung der Steuerfaktoren bzw. des geschuldeten Steuerbetrags statt von «Verfügung» vielfach von «Veranlagung» oder von «Einschätzung» gesprochen.

53 Verfügungen sind wie die Gerichtsurteile keine Rechtsquellen. Verfügt die Verwaltungsbehörde in einer Vielzahl von Fällen in einer bestimmten Weise, entsteht eine *Verwaltungspraxis*. Bei der Verwaltungspraxis stellt sich wie bei der Gerichtspraxis[84] die Frage, ob sich diese Praxis zu einer neuen Rechtsquelle verdichten kann. Auch diese Frage wird kontrovers beantwortet.[85] Jedenfalls hat die Verwaltungspraxis für die Pflichtigen eine erhebliche Bedeutung – dies vor allem dann, wenn sie in Verwaltungsverordnungen verankert ist. Das *Gleichheitsprinzip* und der *Grundsatz der Rechtssicherheit* verlangen, dass an einer Praxis festgehalten wird. Eine während langer Zeit geübte Praxis soll nur geändert werden, wenn die Verwaltung nach gründlicher und ernsthafter Untersuchung zu einer anderen Rechtsüberzeugung gelangt oder annimmt, Veränderungen in den tatsächlichen Gegebenheiten erforderten eine andere Betätigung des pflichtgemässen Ermessens.[86]

---

[82] Dazu Häfelin/Müller/Uhlmann, Verwaltungsrecht, N 730 ff.
[83] Häfelin/Müller/Uhlmann, Verwaltungsrecht, N 854; Jaag, Rechtssatz und Einzelakt, § 7 III. 3.
[84] Dazu vorne N 47 ff.
[85] Ausführlich und mit Hinweisen Markus Reich/Laurence Uttinger, Praxisänderungen im Lichte der Rechtssicherheit und der Rechtsrichtigkeit, ZSR I 2010, 163 ff., 170 f.
[86] Vgl. BGer 13.6.2000, BGE 126 I 122 E. 5 = StE 2000 A 25 Nr. 8; zu den *Auswirkungen von Praxisänderungen* hinten § 4 N 112 ff.

II. Verwaltungsrechtliche Verträge

Verwaltungsrechtliche Verträge sind im Steuerrecht selten anzutreffen. Dies hängt nicht nur mit dem im Abgaberecht besonders ausgeprägten *Legalitätsprinzip* zusammen, sondern auch damit, dass das Steuerrecht viele Fragen abschliessend regelt und deshalb wenig Raum für die Ausgestaltung von Rechtsverhältnissen im Einzelfall lässt.[87] Auch dort, wo ein Spielraum für die rechtsanwendenden Behörden besteht, muss die Festlegung der Rechtsfolgen aus Gründen der Gleichbehandlung in der Regel in Verfügungsform erfolgen.[88]

54

Besonders problematisch sind *Steuerabkommen*, d.h. Verträge über Bestand, Umfang und Art der Erfüllung der Steuerpflicht.[89] Raum für Verständigungen und *Einigungen* mit Vertragscharakter besteht lediglich im Bereich der *Sachverhaltsermittlung*. Deren Qualifikation als verwaltungsrechtliche Verträge ist allerdings umstritten.[90]

55

III. Weitere Formen des Verwaltungshandelns (Auskünfte und Zusagen)

Die weiteren Formen des Verwaltungshandelns umfassen staatliche Akte, die weder Verfügungs- noch Vertragscharakter haben, aber dennoch die Rechtsstellung Privater berühren können.[91] Im Steuerrecht treten sie insbesondere in der Form von Auskünften und Zusagen der Steuerbehörden auf. Im Unterschied zu den verwaltungsrechtlichen Verträgen sind behördliche Auskünfte und Zusagen im Steuerrecht sehr verbreitet. Behördliche *Auskünfte* sind Wissenserklärungen von Beamten; sie enthalten gewöhnlich kein Willenselement.[92] Demgegenüber haben *Zusagen* – auch Vorbescheide genannt – Versprechenscharakter. Oftmals handelt es sich sowohl um Wissens- als auch um Willenserklärungen. Die Behörde verspricht, einen geplanten oder einen bereits verwirklichten Sachverhalt in einer bestimmten Weise zu würdigen. Solche Auskünfte und Zusagen beschlagen vielfach sowohl Sachverhalts- als auch Rechtsfragen.[93] Erfolgen Zusagen von

56

---

[87] August Mächler, Vertrag und Verwaltungsrechtspflege, Zürich et al. 2005, § 11 N 82.
[88] Vgl. Häfelin/Müller/Uhlmann, Verwaltungsrecht, N 1088.
[89] Vgl. dazu hinten § 4 N 33.
[90] Dazu VGer AG 25.8.2004, StE 2005 B 93.1 Nr. 7 mit weiteren Hinweisen; zur Zulässigkeit von solchen Einigungen oder Verständigungen vgl. BGer 11.2.2010, StE 2010 A 21.14 Nr. 18 E. 3.1 und Peter Rickli, Die Einigung zwischen Behörde und Privaten im Steuerrecht, Basel/Frankfurt am Main 1987, 105 ff.
[91] Häfelin/Müller/Uhlmann, Verwaltungsrecht, N 730 ff.
[92] Auch zum Folgenden Jürg Andreas Baur, Auskünfte und Zusagen der Steuerbehörden an Private im schweizerischen Steuerrecht, Frick 1979, 9 ff.; Beatrice Weber-Dürler, Vertrauensschutz im öffentlichen Recht, Basel/Frankfurt am Main 1983, 195 f.
[93] VGer ZH 25.8.2010, ZStP 2010, 345 ff., 352 f.

Steuerbehörden im Bereich der Sachverhaltswürdigung, z.B. bei Schätzungsfragen, spricht man von *Einigung* oder *Verständigung*.[94]

57 Auskünfte und Zusagen der Behörden legen keine Rechtsfolgen verbindlich fest; es handelt sich nicht um Verfügungen.[95] Sie sind deshalb zum schlichten Verwaltungshandeln zu zählen und sind von den sog. *Vorentscheiden* zu unterscheiden, die als Feststellungsverfügungen auch ohne Rückgriff auf das Vertrauensprinzip verbindlich sind. Die rechtliche Qualifikation von Auskünften und Zusagen ist je nach den konkreten Umständen unklar. Fraglich ist insbesondere, ob und unter welchen Voraussetzungen ihnen Vertragscharakter zuzubilligen ist, mit der Wirkung, dass sie wegen der Begründung wohlerworbener Rechte sogar gegen Gesetzesänderungen resistent sind. Klar ist jedenfalls, dass Auskünfte und Zusagen – wie die Verfügungen und der verwaltungsrechtliche Vertrag – keine Rechtssätze beinhalten und folglich keine Rechtsquellen sind, weil sie sich auf individuell-konkrete Fälle beziehen.

58 Auskünfte und Zusagen von Behörden führen selbstredend zu keinen Rechtsproblemen, wenn sie den einschlägigen Gesetzesnormen entsprechen. Das Gesetz lässt sich diesfalls trotz ergangener Auskünfte oder Zusagen ohne Weiteres vollziehen. Schwierigkeiten treten erst auf, wenn die erteilten Auskünfte, Zusagen oder Einigungen von den gesetzlichen Grundlagen abweichen, also *falsch* sind. Hier fragt sich, ob die falsche Auskunft oder Zusage dem Gesetz vorgeht. In der Tat können solche fehlerhaften Verwaltungsakte nach dem *Vertrauensprinzip* unter gewissen Voraussetzungen Rechtswirkungen entfalten.[96]

---

[94] BGer 11.2.2010, StE 2010 A 21.14 Nr. 18 E. 3.1. Vgl. dazu § 4 N 96.
[95] BGer 24.11.1995, BGE 121 II 473 = StE 1996 B 93.1 Nr. 2.
[96] Dazu hinten § 4 N 97 und 100 ff.

§ 4 Verfassungsrechtliche Grundlagen der Besteuerung

Literatur

BLUMENSTEIN/LOCHER, System, 13 f. sowie 43 ff.; HÖHN/WALDBURGER, Bd. I, § 4 N 20 ff. sowie 45 ff.; OBERSON, Droit fiscal, § 3 N 1 ff.

BERGER MARKUS, Steuerprogression als verfassungsrechtliches Gebot? Überlegungen zur Tragweite der Verfassung für die Tarifgestaltung bei Einkommenssteuern, ASA 77 (2008/2009), 577 ff.; BIRK DIETER, Das Leistungsfähigkeitsprinzip als Massstab der Steuernormen, Köln 1983 (zit. BIRK, Leistungsfähigkeitsprinzip); HINNY PASCAL, Fragen zum Steuertarifverlauf bei der Einkommens- und Vermögenssteuer, FStR 2006, 61 ff.; HÖHN ERNST, Verfassungsgrundsätze über die Besteuerung, in: FRANCIS CAGIANUT/WILLI GEIGER/YVO HANGARTNER/ERNST HÖHN (Hrsg.), Aktuelle Probleme des Staats- und Verwaltungsrechts. Festschrift für Otto K. Kaufmann, Bern/Stuttgart 1989, 125 ff. (zit. HÖHN, Verfassungsgrundsätze); ders., Verfassungsmässige Schranken der Steuerbelastung, ZBl 1979, 241 ff.; ders., Aspekte verfassungsmässiger Besteuerung, ASA 45 (1976/77), 209 ff.; HUBER MARKUS F./KLAUS PETRA, Rechtsgleichheit und degressive Steuertarife. Zur Frage der Vereinbarkeit mit dem Grundsatz der Besteuerung nach der wirtschaftlichen Leistungsfähigkeit, FStR 2007, 63 ff.; LOCHER PETER, Degressive Tarife bei den direkten Steuern natürlicher Personen, recht 2006, 117 ff.; ders., Legalitätsprinzip im Steuerrecht, ASA 60 (1991/92), 1 ff.; MÜLLER GEORG, Kommentar zu aBV 4, in: JEAN-FRANÇOIS AUBERT/KURT EICHENBERGER/JÖRG PAUL MÜLLER/RENÉ A. RHINOW/DIETRICH SCHINDLER (Hrsg.), Kommentar zur Bundesverfassung der Schweizerischen Eidgenossenschaft vom 29. Mai 1874, Loseblattwerk, Basel et al. 1987–1996 (zit. MÜLLER, in: AUBERT et al.); OBERSON XAVIER, Les taxes d'orientation. Nature juridique et constitutionnalité, Basel 1991 (zit. OBERSON, Les taxes d'orientation); REICH MARKUS, Verfassungsrechtliche Beurteilung der partiellen Steuerdegression am Beispiel des Einkommens- und Vermögenssteuertarifs des Kantons Obwalden, ASA 74 (2005/2006), 689 ff.; ders., Von der normativen Leistungsfähigkeit der verfassungsrechtlichen Steuererhebungsprinzipien, in: HÖHN/VALLENDER, FS Cagianut, 97 ff. (zit. REICH, Steuererhebungsprinzipien); ders., Das Leistungsfähigkeitsprinzip im Einkommenssteuerrecht, ASA 53 (1984/85), 5 ff.; REICH MARKUS/UTTINGER LAURENCE, Praxisänderungen im Lichte der Rechtssicherheit und der Rechtsrichtigkeit, ZSR I 2010, 163 ff.; RHINOW RENÉ A., Die Bundesverfassung 2000, Basel et al. 2000 (zit. RHINOW, Bundesverfassung); RICHLI PAUL, Verfassungsgrundsätze für die Umsatzsteuer und die Stempelabgaben, ASA 58 (1989/90), 401 ff.; RICHNER FELIX, Degressive Einkommenssteuertarife in verfassungsrechtlicher Sicht, ZStP 2006, 183 ff.; SENN SILVIA MARIA, Die verfassungsrechtliche Verankerung von anerkannten Besteuerungsgrundsätzen, Zürich 1999 (zit. SENN, Besteuerungsgrundsätze); VALLENDER KLAUS A., Leitlinien der Bundesfinanzordnung, AJP 1999, 687 ff.; ders., Verfassungsmässig begrenzte Besteuerungsbefugnisse des Gesetzgebers, in: HÖHN/VALLENDER, FS Cagianut, 21 ff. (zit. VALLENDER, Besteuerungsbefugnisse); VALLENDER KLAUS A./WIEDERKEHR RENÉ, Kommentar zu BV 127, in: BERNHARD EHRENZELLER/PHILIPPE MASTRONARDI/RAINER J. SCHWEIZER/KLAUS A. VALLENDER (Hrsg.), Die schweizerische Bundesverfassung, Kommentar, 2. A. Zürich et al. 2008, 1958 ff. (zit. VALLENDER/WIEDERKEHR, in: EHRENZELLER/MASTRONARDI/SCHWEIZER/VALLENDER); VOGEL KLAUS/WALDHOFF CHRISTIAN, Grundlagen des Finanzverfassungsrechts. Sonderausgabe des Bonner Kommentars zum Grundgesetz (Vorbemerkungen zu Art. 104a bis 115 GG), Heidelberg 1999 (zit. VOGEL/WALDHOFF, Finanzverfassungsrecht); WALDBURGER PATRICK, Sparbereinigung der Einkommensteuer, Bern et al. 2005 (zit. WALDBURGER P., Sparbereinigung); WALDHOFF CHRISTIAN, Verfassungsrechtliche Vorgaben für die Steuergesetzgebung im Vergleich Deutschland-Schweiz, München 1996 (zit. WALDHOFF, Verfassungsrechtliche Vorgaben); WEIDMANN MARKUS, Das intertemporale Steuerrecht in der Rechtsprechung, ASA 76 (2007/2008), 633 ff.; YERSIN DANIELLE, L'égalité de traitement en droit fiscal, ZSR II 1992, 145 ff.

1 Die Verfassung regelt die *Grundzüge* der staatlichen Ordnung.[1] Hinsichtlich der Besteuerung geht aus ihr vorab hervor, welchen Gemeinwesen Steuererhebungskompetenzen zukommen. Die Abgrenzung der Kompetenzbereiche von Bund und Kantonen im Bereich der Steuern ist Teil der sog. *föderalistischen Finanzverfassung*.[2] Zudem steckt das Verfassungsrecht den Rahmen ab, innerhalb dessen sich die Steuergesetzgeber bei der Rechtssetzung und die Steuerbehörden und -gerichte bei der Rechtsanwendung zu bewegen haben. Dieser verfassungsrechtliche Rahmen wird durch die *Grundrechte* der Steuerpflichtigen und die *Steuererhebungsprinzipien* definiert.

2 Zum steuerrechtsrelevanten Verfassungsrecht (im materiellen Sinn) gehören neben den Bestimmungen der *Bundesverfassung* und der *Kantonsverfassungen* auch andere Normen mit Verfassungsrang. Dazu zählen vor allem die EMRK und der Internationale Pakt über bürgerliche und politische Rechte[3].

A. Verfassungsrechtliche Kompetenzordnung

I. Grundregel

3 Die Abgrenzung der Steuererhebungskompetenzen von Bund und Kantonen folgt den für alle Kompetenzen geltenden Regeln.[4] BV 3 enthält den Grundsatz, dass die Kantone alle Rechte ausüben, die nicht dem Bund übertragen sind. Dieser Grundsatz der Aufgabenverteilung zwischen Bund und Kantonen ist in BV 42 ff. näher ausgeführt. Nach BV 42 I erfüllt der Bund die Aufgaben, die ihm die BV zuweist. Im Übrigen bleiben die Kantone zuständig und bestimmen gemäss BV 43 selbst, welche Aufgaben sie im Rahmen ihrer Kompetenz erfüllen.[5] Es besteht somit eine *subsidiäre Generalkompetenz* der Kantone. Dieses System begründet eine an sich lückenlose Kompetenzaufteilung, indem alles, was nicht in den Kompetenzbereich des Bundes fällt, im kantonalen Zuständigkeitsbereich verbleibt.

---

[1] Vgl. HÄFELIN/HALLER/KELLER, Bundesstaatsrecht, N 4; VALLENDER, AJP 1999, 687 ff.; SENN, Besteuerungsgrundsätze, 8 ff.
[2] Dazu MARKUS REICH, Grundzüge der föderalistischen Finanzverfassung, in: DANIEL THÜRER/JEAN-FRANÇOIS AUBERT/JÖRG PAUL MÜLLER (Hrsg.), Verfassungsrecht der Schweiz, Zürich 2001, § 76 N 4 ff.; VALLENDER, Besteuerungsbefugnisse, 22 ff.
[3] Internationaler Pakt über bürgerliche und politische Rechte vom 16.12.1966 (SR 0.103.2).
[4] Vgl. BGer 1.6.2007, BGE 133 I 206 E. 5 = StE 2007 A 21.16 Nr. 10.
[5] HÄFELIN/HALLER/KELLER, Bundesstaatsrecht, N 1049 ff.

II. Steuererhebungskompetenzen

1. Bund

Die Steuern, die der Bund erheben darf, sind somit nach dem *System der Einzelermächtigung* ausdrücklich in der BV aufgeführt. Die wichtigen Bundessteuern werden seit jeher sehr *ausführlich umschrieben und limitiert*, entweder durch Eingrenzung des Steuerobjektes oder mit Höchststeuersätzen oder zeitlicher Befristung.[6] Darin manifestiert sich das traditionelle Misstrauen von Volk und Ständen gegenüber dem Bund, dem man nicht einfach diejenigen Finanzmittel zur Verfügung stellen will, die er zur Erfüllung der ihm verfassungsrechtlich zugewiesenen Aufgaben benötigt. Vielmehr werden ihm die Steuererhebungskompetenzen streng portioniert und von den Bundesaufgaben losgelöst zugeteilt.

Die wichtigsten Steuererhebungskompetenzen des Bundes sind im 3. Kapitel des 3. Titels der BV unter dem Titel «Finanzordnung»[7] geregelt. Für spezielle Zwecke vorgesehene Bundessteuern sind vereinzelt auch separat im Rahmen der mit diesen eng zusammenhängenden Bundeskompetenzen aufgeführt.[8]

Es kann differenziert werden zwischen[9]

- Steuern, die dem Bund *mit nachträglicher derogatorischer Kraft* zugeteilt werden *(konkurrierende Kompetenzen)* – hier werden die Kantone nur insoweit aus dem entsprechenden Steuerobjekt verdrängt, als der Bund von seiner Kompetenz Gebrauch gemacht hat (so gemäss BV 134 hinsichtlich Mehrwertsteuer, Stempelabgaben, Verrechnungssteuer und besonderen Verbrauchssteuern) – und

- Steuern, bei welchen den Kantonen von vornherein keine Kompetenzen zustehen *(ausschliessliche Bundeskompetenz;* z.B. bei den Zöllen gemäss BV 133) sowie

- Steuern, die Bund und Kantone nebeneinander erheben dürfen *(parallele Bundeskompetenz;* z.B. im Bereich der direkten Steuern gemäss BV 128).

Die Befugnis zur Einnahmeerzielung[10] bildet bundesstaatlich eine *eigenständige Kompetenz*. Das Recht zur Abgaben- bzw. Steuererhebung kann nicht aus einer anderen (Sach-) Kompetenz abgeleitet werden. Wenn der Bund beispielsweise nach BV 74 zum Schutz der Umwelt gegen schädliche oder lästige Einwirkungen Vorschriften erlassen darf, hat er zwar die Zuständigkeit, Eingriffsnormen oder gar reine Lenkungsabgaben[11] in diesem Sachgebiet zu erlassen, er darf sich je-

---

[6] Vgl. insb. BV 128 und 130.
[7] BV 128 ff.
[8] Schwerverkehrsabgabe (BV 85); Nationalstrassenabgabe (BV 86 II).
[9] Dazu allgemein HÄFELIN/HALLER/KELLER, Bundesstaatsrecht, N 1091 ff.
[10] Auch als *Steuer-* bzw. *Abgabenhoheit* (dazu hinten § 5 N 22), *Abgabenerhebungskompetenz* oder *Finanzkompetenz* bezeichnet.
[11] Dazu vorne § 2 N 26 f.

doch durch diese «Hintertüre» nicht die zur Erfüllung der Aufgabe erforderlichen finanziellen Mittel beschaffen.[12]

2. Kantone

8 Aufgrund der verfassungsrechtlichen Kompetenzausscheidung kommt den Kantonen das Recht zu, alle Steuern zu erheben, die von der BV nicht zur ausschliesslichen Erhebung dem Bund zugeordnet werden. Damit sind die Kantone gewissermassen «von Haus aus» zur Steuererhebung ermächtigt und grundsätzlich auch befugt, neue Steuern einzuführen. Die Kantone haben das sog. *Steuerfindungsrecht*.[13]

9 Einige Kantone regeln ihre Steuererhebungskompetenzen abschliessend in ihren Verfassungen, während andere Kantone für die zu erhebenden Steuern auf die Gesetzgebung verweisen.[14]

10 Bei der Ausschöpfung ihrer Steuererhebungskompetenzen haben die Kantone das Bundesrecht zu beachten. Dies ergibt sich aus dem *Grundsatz der derogatorischen Kraft des Bundesrechts*.[15]

3. Gemeinden und andere Selbstverwaltungskörper

11 Die Ausgestaltung des Verhältnisses zwischen Kantonen und Gemeinden ist Sache der Kantone.[16] Als Institutionen des kantonalen Rechts müssen den Gemeinden ihre Steuererhebungskompetenzen vom kantonalen Recht eingeräumt werden. Da die Steuererhebungskompetenz der Gemeinden in der Regel nicht aus ihrem Bestand als autonome Selbstverwaltungskörper hergeleitet werden kann, sondern vom Kanton auf die Gemeinden übertragen werden muss, spricht man von «*abgeleiteter Steuerhoheit*» der Gemeinden.

12 Die Steuererhebungskompetenzen der Gemeinden sind – wie soeben gesehen – vielfach nicht auf Verfassungs-, sondern auf *Gesetzesstufe* verankert. Die Rechtsgrundlage der Gemeindesteuern befindet sich dann nicht in einer entsprechenden Bestimmung in der Kantonsverfassung, sondern im kantonalen Steuergesetz.[17] Die Einführung neuer Steuern durch die Gemeinden ist unzulässig. Der Autonomiebereich der Gemeinden beschränkt sich auf gewisse ihnen zugestandene

---

[12] Vgl. dazu Höhn, ASA 45, 221. Eine weniger restriktive Auffassung vertreten Helen Keller/Matthias Hauser, Verfassungskonforme Ertragsverwendung einer Klimalenkungsabgabe, AJP 2009, 803 ff.
[13] Auch «*Steuererfindungsrecht*» genannt.
[14] Vgl. ZH KV 125 I oder auch ZH KV 130 III b.
[15] Dazu hinten N 174 ff.
[16] BV 50 I.
[17] So beispielsweise im Kanton Zürich: Allgemeine Gemeindesteuern (ZH StG 187 ff.), Personalsteuer (ZH StG 199 f.), Kirchensteuer (ZH StG 201 ff.), Grundstückgewinnsteuer (ZH StG 205 ff.).

Gestaltungsspielräume bei der näheren Konzeption einzelner Steuern (z.B. Bestimmung des Steuermasses).

Entsprechend der den Kantonen zustehenden Freiheit, die Steuererhebung innerkantonal zu organisieren, kann die Steuererhebungskompetenz nicht nur Gemeinden, sondern auch *anderen Selbstverwaltungskörpern* (z.B. Bezirken, Kreisen, Schulen, religiösen Vereinigungen etc.) eingeräumt werden.

13

III. Interkantonales Doppelbesteuerungsverbot

Die Parallelität der verschiedenen kantonalen Steuerordnungen führt zwangsweise zu Überschneidungen. Sobald die Steuerpflichtigen Kantonsgrenzen überschreitend tätig sind, laufen sie Gefahr, dass sie von zwei oder mehreren Kantonen für den gleichen Zeitraum für das gleiche Steuerobjekt mit vergleichbaren Steuern belegt werden. Solche «*Doppelbesteuerungen*» führen zum einen zu Konflikten unter den Steuerhoheitsträgern über die Aufteilung des Steuersubstrats. Zum anderen ist aber auch das Verhältnis Steuerhoheitsträger – Individuum tangiert, wenn Steuerpflichtige in ihren grenzüberschreitenden Aktivitäten durch doppelte Besteuerung behindert werden. Selbstredend müssen Doppelbesteuerungen in einem Bundesstaat mit einem einheitlichen Wirtschaftsraum (vgl. BV 95 II) eliminiert werden.

14

Das Problem der interkantonalen Doppelbesteuerung kann auf verschiedene Weise angegangen werden: Entweder *interkantonal* durch Vereinbarung zwischen den Kantonen (Konkordatslösung) oder *suprakantonal* durch den Bund. BV 127 III wählt den zweiten Weg, indem die interkantonale Doppelbesteuerung bundesrechtlich verboten und der Bund beauftragt wird, die erforderlichen Massnahmen gegen die interkantonale Doppelbesteuerung zu treffen.

15

In aBV 46 II wurde der Bund angewiesen, ein *Gesetz* über die interkantonale Doppelbesteuerung zu erlassen. Der Bundesgesetzgeber ist diesem Gesetzgebungsauftrag jedoch nie nachgekommen. Zahlreiche Versuche sind an der Komplexität der Materie gescheitert.[18] Dennoch gewährte das *Bundesgericht* den Steuerpflichtigen, gestützt auf diesen als verfassungsrechtliches Doppelbesteuerungsverbot verstandenen Gesetzgebungsauftrag, seit jeher Schutz vor interkantonaler Doppelbesteuerung. Es hat durch unzählige Urteile ein Normensystem geschaffen,[19] das die Abgrenzung der kantonalen Steuerhoheiten bis in alle Einzelheiten regelt. Da sich dieses Richterrecht über all die Jahre bewährt hat, erscheint der Erlass eines Gesetzes heute nicht als vordringlich. Der Status quo mit dem Bun-

16

---

[18] ERNST HÖHN, Kommentar zu aBV 46 II, in: JEAN-FRANÇOIS AUBERT/KURT EICHENBERGER/JÖRG PAUL MÜLLER/RENÉ A. RHINOW/DIETRICH SCHINDLER (Hrsg.), Kommentar zur Bundesverfassung der Schweizerischen Eidgenossenschaft vom 29. Mai 1874, Loseblattwerk, Basel et al. 1987–1996, N 14 zu aBV 46 II.

[19] Dazu MÄUSLI-ALLENSPACH, in: ZWEIFEL/BEUSCH/MÄUSLI-ALLENSPACH, § 2 N 7 ff. In diesem Zusammenhang wird in der schweizerischen Doktrin und Praxis gewöhnlich – methodisch fragwürdig – von «Kollisionsnormen» gesprochen (dazu vorne § 3 N 50 Fn. 80).

desgericht als «Ersatzgesetzgeber» genügt den Anforderungen von BV 127 III vollauf.[20]

17 Das Doppelbesteuerungsverbot von BV 127 III hat *zwei Aspekte:* Zum einen ist es eine *Kompetenznorm*, die dem Bund den Auftrag erteilt, die Steuererhebungskompetenzen der Kantone gegeneinander abzugrenzen, zum anderen ist es ein *Grundrecht*, das den Einzelnen vor Doppelbesteuerung schützt. Es können sich also nicht nur die Kantone, sondern auch die Steuerpflichtigen auf BV 127 III berufen.

IV. Steuerharmonisierung der direkten Steuern

1. Blick zurück

18 Vor der Steuerharmonisierung herrschte eine grosse *Vielfalt* und *Intransparenz* in den kantonalen Steuerordnungen. Bei Sachverhalten mit Beziehungen zu verschiedenen Kantonen fanden sich selbst Steuerfachleute nicht leicht zurecht. Auch die *Vergleichbarkeit* der kantonalen Steuergesetze war nicht gewährleistet, was insbesondere die Statuierung eines wirksamen und sinnvollen *Finanzausgleichs* verunmöglichte. Mit der zunehmenden interkantonalen Verknüpfung der natürlichen und juristischen Personen wurde das Bedürfnis nach einer Rechtsangleichung immer vordringlicher.

19 Der Anstoss zu rechtlichen Schritten in Richtung Harmonisierung kam in den Sechzigerjahren von der Konferenz der kantonalen Finanzdirektoren. Diese liess ein *Mustergesetz* über die direkten Steuern der Kantone und Gemeinden ausarbeiten, das als Grundlage für künftige Steuergesetzrevisionen in Bund und Kantonen dienen sollte. Als Rechtsgrundlage der Harmonisierung wurde eine neue *Bundeskompetenz* vorgeschlagen, da sich das Ziel auf dem Konkordatsweg nicht erreichen liess, weil zum einen auch der Bund in die Rechtsangleichung einbezogen werden musste und zum andern die Kantone nicht zum Beitritt gezwungen werden konnten. Aus diesen Gründen unterbreitete der Bundesrat den eidgenössischen Räten eine Verfassungsbestimmung über die Steuerharmonisierung.[21] Die vom Parlament etwas gestraffte Fassung von aBV 42^{quinquies}[22] wurde von Volk und Ständen am 12.6.1977 angenommen.

---

[20] BV 127 III würde allerdings auch den Erlass eines Bundesgesetzes zulassen (vgl. Botschaft über eine neue Bundesverfassung vom 20.11.1996, BBl 1997 I, 1–642, 346).
[21] Botschaft des Bundesrates an die Bundesversammlung über die verfassungsmässige Neuordnung des Finanz- und Steuerrechts des Bundes vom 24.3.1976, BBl 1976 I, 1384–1502.
[22] Heute BV 129 I und II.

2. Analyse des Harmonisierungsauftrags

a)   Harmonisierungsziel

Mit dem verfassungsrechtlichen Harmonisierungsgebot sollen die aufgezeigten Mängel im Recht der direkten Steuern durch *Angleichung* der Steuerordnungen von Bund und Kantonen behoben werden. Angestrebt werden eine Verbesserung der *Transparenz* des schweizerischen Steuerrechts sowie die *Vereinfachung* der Steuerveranlagungen sowohl für die Steuerpflichtigen als auch für die Steuerbehörden.[23]

20

b)   Harmonisierungsgegenstand

Gegenstand der Steuerharmonisierung bilden nach BV 129 II Satz 1 die Vorschriften über Steuerpflicht, Gegenstand und zeitliche Bemessung im Bereich der direkten Steuern sowie das entsprechende Verfahrens- und Strafrecht von Bund und Kantonen.

21

Vorab ist festzuhalten, dass der Harmonisierungsauftrag gemäss BV 129 I auch die *direkte Bundessteuer* erfasst. Der Bund hat sowohl die Steuerordnungen der Kantone (*horizontale* Harmonisierung) als auch die Steuerordnungen von Bund und Kantonen (*vertikale* Harmonisierung) aufeinander abzustimmen.

22

Der Gegenstand der Harmonisierung ist beschränkt auf die *direkten Steuern* von Bund und Kantonen. Darunter werden die Steuern auf dem Einkommen und Vermögen der natürlichen Personen sowie auf dem Gewinn und Kapital der juristischen Personen verstanden. Demnach sind auch die von den Kantonen erhobenen *Grundstückgewinnsteuern* zu harmonisieren. Nur für diese Haupteinnahmequellen der Kantone und Gemeinden, die gleichzeitig auch eine wichtige Einnahmequelle des Bundes darstellen, schien dem Verfassungsgeber der Harmonisierungsbedarf hinreichend ausgewiesen. Die *Erbschafts- und Schenkungssteuer* wurde als Steuer von eher untergeordneter Bedeutung ausgeklammert.[24]

23

Sodann ist der Gegenstand der Harmonisierung auch beschränkt auf den Erlass von *Grundsätzen* im Bereich der Bestimmungen über Steuerpflicht, Gegenstand und zeitliche Bemessung sowie über das Verfahrens- und Steuerstrafrecht. Nicht harmonisiert werden somit die Vorschriften, welche die *Steuerbelastung* regeln. BV 129 II Satz 2 klammert die Festsetzung der Steuertarife, Steuersätze und Steuerfreibeträge ausdrücklich aus. Es handelt sich deshalb bloss um eine *formelle*, nicht um eine *materielle* Steuerharmonisierung. Der Bund hat lediglich die Vorschriften zu vereinheitlichen, welche die Fragen beantworten, *wer* auf *was* in

24

---

[23]   Dazu und zum Folgenden Markus Reich, Gedanken zur Umsetzung des Steuerharmonisierungsgesetzes, ASA 62 (1993/94), 577 ff., 582 ff.; Klaus A. Vallender, Verfassungsmässiger Rahmen und allgemeine Bestimmungen, Sonderheft «Steuerharmonisierung», ASA 61 (1992/93), 263 ff., 267 ff.

[24]   Botschaft (Fn. 21), BBl 1976 I, 1479. Auch wenn man die Erbschafts- und Schenkungssteuer heute mit guten Gründen als *direkte Steuer* bezeichnet, darf sie mit Blick auf den klaren Willen des historischen Verfassungsgebers nicht harmonisiert werden (vgl. § 7 N 91).

welchem Verfahren Steuern zu entrichten hat und *welche Straffolgen* die Widerhandlungen gegen diese Ordnung nach sich ziehen. Die Kernfrage des *Wieviel*, die letztlich über die *Belastungswirkung* und die *Höhe des Steuerertrages* entscheidet, verbleibt nach wie vor im Kompetenzbereich der Kantone.

c) Harmonisierungsmethode

25 Von zentraler Bedeutung für die rechtliche Tragweite von BV 129 I und II ist die statuierte Harmonisierungsmethode. Die rationellste und wirksamste Durchsetzung der Rechtsvereinheitlichung hätte zweifellos durch den Erlass eines *einheitlichen Bundessteuergesetzes* erreicht werden können, welches den Steuertatbestand mit Ausnahme der Steuermassvorschriften sowohl für die direkte Bundessteuer als auch für die kantonalen Steuern abschliessend geregelt hätte und in Bund und Kantonen unmittelbar anwendbar gewesen wäre. Die Tarifhoheit der Kantone wäre auf diese Weise voll gewährleistet, da diese die Freibeträge und die Steuersätze selber festlegen könnten. Im Übrigen würde ein solches bundesrechtliches Einheitsgesetz indes bedingen, dass die Kantone ihre Gesetzgebungsbefugnis auf dem Gebiet der direkten Steuern vollumfänglich dem Bund abtreten würden. Solche Durchsetzungskonzeptionen wurden im Vorfeld der Verfassungsrevision ausgiebig diskutiert, aber trotz ihrer Effizienz aus *föderalistischen Überlegungen* verworfen.

26 Gewählt wurde stattdessen das *mittelbar rechtssetzende Verfahren*. Danach erlässt der Bund im Harmonisierungsbereich Vorschriften an die Adresse der Kantone, welche diese bei der Legiferierung auf kantonaler Ebene zu beachten haben. Die bundesrechtlichen Vorschriften wenden sich somit nicht direkt an die Steuerpflichtigen, sondern an die kantonalen Gesetzgeber. Ein solches zweistufiges Gesetzgebungsverfahren ist zwar sehr aufwendig, wirkt indes im Bundesstaat akzeptanzfördernd und legitimierend.

27 Sodann wurde dem Bund lediglich eine *Grundsatz- oder Rahmengesetzgebungskompetenz* übertragen. Die Kompetenz zur Rahmengesetzgebung ist eine *beschränkte Gesetzgebungskompetenz*. Der Bund muss den Kantonen auch innerhalb der übertragenen Materie einen substanziellen Bereich politischer Entscheidung belassen. Das heisst nicht, dass nur Grundsätze im eigentlichen Sinn, welche einen Konkretisierungsbedarf aufweisen, statuiert werden dürfen. Der Bund kann, wo erforderlich, auch nicht mehr ausfüllungsbedürftige Normen erlassen. Das, was den Kantonen zu regeln verbleibt, muss jedoch gesamthaft betrachtet von substanziellem Gewicht sein. Die Methode der Rahmengesetzgebung eröffnet gegenüber der Variante «Einheitsgesetz» die Möglichkeit, den Kantonen neben dem Tarifbereich weitere gesetzgeberische Entscheidungsspielräume zu belassen.

28 In aBV 42^{quinquies} war die *Mitwirkung der Kantone* noch ausdrücklich vorgesehen. BV 129 I verlangt nun nur noch eine Berücksichtigung der Harmonisierungsbestrebungen der Kantone. Ihre Mitwirkung an der Willensbildung des Bundes ist in BV 45 allgemein festgehalten.

d)   Standortbestimmung

Ganz allgemein ist zur gewählten Harmonisierungsmethode zu bemerken, dass sie sich bis anhin ausgezeichnet bewährt und zu einem *Siegeszug der Rechtsangleichung* durch das gesamte schweizerische Einkommens- und Vermögenssteuerrecht geführt hat. Dank der in verschiedener Hinsicht eingeschränkten Harmonisierungskompetenz des Bundes konnten sukzessiv grosse Fortschritte erzielt werden; eine forschere Gangart wäre politisch nicht möglich gewesen.

Heute besteht allerdings wiederum neuer *Handlungsbedarf*. Die in Bund und Kantonen gelebte Harmonisierungspraxis und das verfassungsrechtliche Konzept der Harmonisierung driften zunehmend auseinander. Sowohl das Bundesgericht als auch die eidgenössischen Räte beachten die an sich verfassungsrechtlich gewährleisteten kantonalen Beurteilungsspielräume immer weniger und setzen sich vermehrt über die als zu schwerfällig empfundene Harmonisierungsmethode hinweg. In der Tat wirkt der Freiraumbereich der Kantone in seiner verfassungsrechtlichen Konzeption heute im Zeitalter der *Globalisierung* und der zunehmenden *Europäisierung* des schweizerischen Steuerrechts mehr und mehr demodiert. Auch das mittelbar rechtssetzende Verfahren, das 28 Gesetzesänderungen erforderlich macht, wenn im harmonisierten Steuerbereich eine Änderung vorgenommen wird, ist schwerfällig und verursacht unnötig Kosten.

Aus diesen Gründen bedarf das verfassungsrechtliche Harmonisierungskonzept einer grundlegenden Reform in Richtung eines *bundesrechtlichen Einheitsgesetzes*. Ein solcher Schritt wäre ein grosser Effizienzgewinn und würde zu einer rigorosen Vereinfachung der schweizerischen Steuerordnung führen, ohne dass die kantonale Tarifautonomie im Kern angetastet würde. Es wäre durchaus auch denkbar, dass einzelne Bereiche, welche die Harmonisierungsreife noch nicht erreicht haben, von der Vereinheitlichung ausgenommen würden.

3.   Ausführungsgesetzgebung

Der verfassungsrechtliche Harmonisierungsauftrag des Bundes bedingt zwei Erlasse. Zum einen bedarf es eines bundesrechtlichen Rahmengesetzes und zum anderen eines diesem Rahmengesetz angepassten bundesrechtlichen Einkommenssteuergesetzes. Diesem Auftrag ist der Bundesrat am 25.5.1983 nachgekommen, indem er den eidgenössischen Räten die Entwürfe zu StHG und DBG unterbreitet hat.[25] Nach jahrelangen parlamentarischen Auseinandersetzungen wurden die beiden Erlasse am 14.12.1990 verabschiedet.[26]

---

[25] Vgl. Botschaft zu Bundesgesetzen über die Harmonisierung der direkten Steuern der Kantone und Gemeinden sowie über die direkte Bundessteuer (Botschaft über die Steuerharmonisierung) vom 25.5.1983, BBl 1983 III, 1–381.

[26] Das StHG trat am 1.1.1993 in Kraft. Den Kantonen wurde eine achtjährige Frist bis Ende des Jahres 2000 eingeräumt, während welcher sie die bundesrechtlichen Rahmenvorschriften in kantonales Recht umzusetzen hatten (hinten § 9 N 36). Das DBG ist am 1.1.1995 in Kraft getreten.

V. Steuerabkommen

33 Steuerabkommen sind Vereinbarungen zwischen einem Steuerpflichtigen und der Steuerbehörde, mit welchen die Steuerleistungen bzw. Bestand, Umfang oder Art der Erfüllung der Steuerpflicht abweichend von der gesetzlichen Ordnung geregelt werden. Es handelt sich dabei um *verwaltungsrechtliche Verträge*[27], welche die (ordentliche) Steuerveranlagung ersetzen.[28] Solche Steuerabkommen sind mit Blick auf den Grundsatz der Allgemeinheit der Steuer und unter dem Gesichtspunkt des Rechtsgleichheitsgebotes äusserst problematisch und bedürfen aufgrund des Legalitätsprinzips einer ausdrücklichen formellgesetzlichen Grundlage.[29]

34 Nachdem die zum Teil recht exzessive Gewährung von Steuervorteilen an einzelne Privatpersonen und Unternehmen durch zahlreiche Kantone zu heftigen Auseinandersetzungen und massiver Kritik geführt hatte, wurde auf den 1.1.1959 die Kompetenzgrundlage für Massnahmen des Bundes gegen *ungerechtfertigte Steuerabkommen*[30] geschaffen. In der neuen Verfassung wurde diese Kompetenzbestimmung übernommen und systematisch bei der Steuerharmonisierung eingeordnet: Gemäss BV 129 III ist der Bund befugt, Vorschriften gegen Abkommen mit Steuerpflichtigen über die Einräumung ungerechtfertigter steuerlicher Vergünstigungen zu erlassen.

35 Die Begründung der Bundeskompetenz hatte seinerzeit zur Folge, dass sich sämtliche Kantone dem Konkordat über den Ausschluss von Steuerabkommen vom 10.12.1948[31] angeschlossen haben. Dieses Konkordat ersetzt sozusagen den fehlenden Ausführungserlass zu BV 129 III und verbietet in Art. 1 Abs. 1 dem Grundsatz nach den Abschluss von Steuerabkommen, wobei die Einräumung von näher umschriebenen Erleichterungen nach der Konkordatsregelung unter gewissen Voraussetzungen zulässig ist.

36 Die massgebenden Rechtsgrundlagen für die Gewährung von Steuervorteilen an bestimmte Steuerpflichtige sind heute im StHG zu finden. Nach StHG 5 und 23 III können Unternehmen, die neu eröffnet werden und dem wirtschaftlichen Interesse des Kantons dienen, unter gewissen Voraussetzungen *Steuererleichterungen* gewährt werden.[32] Zudem sieht StHG 6 die sog. *Aufwandbesteuerung* natürlicher Personen, die in der Schweiz keine Erwerbstätigkeit ausüben, vor[33]. Mit diesen Bestimmungen hat der Bund zum einen seine Kompetenz zum Erlass von Ausführungsvorschriften auf dem Gebiet der Steuerabkommen wahrgenommen, zum andern aber auch von seiner Harmonisierungskompetenz Gebrauch gemacht.

---

[27] Dazu vorne § 3 N 54 f.
[28] Vgl. August Mächler, Vertrag und Verwaltungsrechtspflege, Zürich et al. 2005, § 11 N 82.
[29] Dazu hinten N 38 ff. zur Rechtsgleichheit, N 84 ff. zum Legalitätsprinzip sowie N 126 ff. zur Allgemeinheit der Besteuerung.
[30] Vgl. aBV 42^{quater}.
[31] SR 671.1.
[32] Hinten § 11 N 57 f. und § 19 N 22 f.
[33] Hinten § 11 N 67 ff.

B. Grundrechte

Die Steuergesetzgeber in Bund und Kantonen haben bei der Ausübung der ihnen zugeteilten Kompetenzen sämtliche Grundrechte zu beachten. Im Vordergrund stehen das Gebot der rechtsgleichen Behandlung (BV 8 I) und das Willkürverbot (BV 9), bedeutsam sind aber auch die Freiheitsrechte und die Verfahrensgarantien.

37

I. Rechtsgleichheitsgebot

Der allgemeine Gleichheitssatz von BV 8 I ist ein wesentliches Element der Rechtsstaatsidee und durchdringt die gesamte Rechtsordnung. Auch im Steuerrecht kommt ihm *zentrale Bedeutung* zu.[34] Das Gebot der rechtsgleichen Behandlung bindet sämtliche Staatsorgane auf allen Ebenen der Staatstätigkeit.[35]

38

Früher bildete aBV 4 I neben seiner dem Wortlaut entsprechenden Funktion als Gleichbehandlungsgebot auch die Grundlage für verschiedene Prinzipien und Ansprüche, welche dem Individuum einen *Mindeststandard* an Gerechtigkeit staatlichen Handelns gewährleisten sollten.[36] Gestützt auf aBV 4 I hat das Bundesgericht in schöpferischer Rechtsprechung etliche fundamentale rechtsstaatliche Prinzipien entwickelt, die heute ausdrücklich in der Verfassung verankert sind.[37] Dazu gehören auch die in BV 127 II statuierten Grundsätze der Allgemeinheit und Gleichmässigkeit der Besteuerung sowie der Grundsatz der Besteuerung nach der wirtschaftlichen Leistungsfähigkeit.[38]

39

1. Allgemeiner Gleichheitssatz

a)   Gleichbehandlung in der Rechtssetzung

Ein Erlass verletzt das Gebot der Rechtsgleichheit, wenn er rechtliche Unterscheidungen trifft, für die ein vernünftiger Grund in den zu regelnden Verhältnissen nicht ersichtlich ist, oder wenn er Unterscheidungen unterlässt, die sich aufgrund der Verhältnisse aufdrängen. Die Rechtsgleichheit ist insbesondere verletzt, wenn Gleiches nicht nach Massgabe seiner Gleichheit gleich oder Ungleiches nicht nach Massgabe seiner Ungleichheit ungleich behandelt wird; vorausgesetzt ist, dass sich der unbegründete Unterschied oder die unbegründete

40

---

[34] Vgl. REICH, Steuererhebungsprinzipien, 107; VOGEL/WALDHOFF, Finanzverfassungsrecht, N 500.
[35] HÄFELIN/HALLER/KELLER, Bundesstaatsrecht, N 747.
[36] MÜLLER, in: AUBERT et al., N 12 und 19 zu aBV 4.
[37] So insbesondere der Grundsatz der Gesetzmässigkeit (BV 5 I) mit seiner steuer- bzw. abgaberechtlichen Konkretisierung (vgl. BV 127 I und 164 I d), der Grundsatz des öffentlichen Interesses und das Verhältnismässigkeitsprinzip (BV 5 II), das Willkürverbot (BV 9), der Grundsatz des Vertrauensschutzes (BV 9) sowie die allgemeinen Verfahrensgarantien (BV 29).
[38] Hinten N 119 ff.

Gleichstellung auf eine wesentliche Tatsache bezieht[39]. Verlangt wird folglich nicht eine absolute, sondern nur eine *relative Gleichbehandlung*. Im Steuerrecht wird die relative Gleichbehandlung insbesondere durch den Grundsatz der Besteuerung nach der wirtschaftlichen Leistungsfähigkeit verwirklicht.[40]

41 Kein Verstoss gegen das Rechtsgleichheitsgebot liegt vor, wenn die Kantone gleiche Sachverhalte steuerlich unterschiedlich regeln. Wegen des *föderalistischen Staatsaufbaus* geht die Eigenständigkeit der Kantone dem Rechtsgleichheitsgebot vor. So wird dieses nicht verletzt, wenn die Kantone oder Gemeinden unterschiedliche Steuermassbestimmungen kennen, die zu gänzlich verschiedener Steuerbelastung bei vergleichbaren wirtschaftlichen Verhältnissen führen. Eine verfassungsrechtlich untersagte Ungleichbehandlung kann stets nur im gleichen Steuerhoheitsbereich erfolgen.

b) Gleichbehandlung in der Rechtsanwendung

42 In der Rechtsanwendung bedeutet das Gleichbehandlungsgebot, dass (1) *alle* einschlägigen generell-abstrakten Normen anzuwenden sind und dass (2) diese Bestimmungen auf alle gleichgelagerten Fälle auch *in gleicher Weise* zur Anwendung kommen. Wo das Gesetz der Verwaltung einen Entscheidungsspielraum einräumt, hat diese für eine *einheitliche Anwendung* der Normen zu sorgen und die unbestimmten Rechtsbegriffe regelbildend zu konkretisieren. Was z.B. unter «geschäftsmässig begründeten Abschreibungen» zu verstehen ist, muss stets nach den gleichen Wertungsgesichtspunkten entschieden werden. Auch dort, wo den Behörden durch «Kann»-Vorschriften Ermessen eingeräumt wird, muss die Behörde nach sachgerechten Kriterien bei allen in gleicher Weise betroffenen Individuen gleich entscheiden.

43 Keine Verletzung des Gleichbehandlungsgebots liegt vor, wenn gleich oder ähnlich lautende kantonale Normen in verschiedenen Kantonen unterschiedlich angewendet werden. Eine Ungleichbehandlung kann auch hier nur im gleichen Steuerhoheitsbereich erfolgen.

44 Der Aspekt der Gleichbehandlung in der *Rechtsanwendung* ist insbesondere auch bei der Beurteilung der Zulässigkeit von *Praxisänderungen* hinreichend zu beachten.[41]

c) Gleichbehandlung im Unrecht

45 Wenn eine Behörde *gesetzwidrig* entscheidet, stellt sich die Frage, ob ein Individuum aus dem Umstand, dass das Gesetz in anderen vergleichbaren Fällen nicht richtig angewendet wird, gestützt auf das Gleichbehandlungsgebot einen An-

---

[39] Statt vieler BGer 29.6.1999, BGE 125 II 326 E. 10b; BGer 8.12.1988, BGE 114 Ia 221 E. 2b.
[40] Dazu hinten N 139 ff.
[41] Dazu hinten N 112 ff.

spruch auf gesetzwidrige Behandlung ableiten kann. Diese Frage muss mit Blick auf das Legalitätsprinzip *grundsätzlich verneint* werden.

Weicht jedoch eine Behörde nicht nur in einem oder in einigen wenigen Fällen, sondern in *ständiger Praxis* vom Gesetz ab und gibt sie zu erkennen, dass sie auch in Zukunft nicht gesetzeskonform entscheiden wird, so kann der Einzelne verlangen, rechtsgleich, d.h. ebenfalls gesetzwidrig, veranlagt zu werden.[42] Voraussetzung ist allerdings, dass er sich tatsächlich in der gleichen oder einer vergleichbaren Situation wie die Steuerpflichtigen befindet, die gesetzeswidrig behandelt werden.[43]

2. Besondere Gleichbehandlungsgebote

a) Diskriminierungsverbot

Mit BV 8 II hat ein generelles Diskriminierungsverbot Eingang in die BV gefunden.[44] Es enthält eine Aufzählung der unter dem Gesichtspunkt des *Minderheitenschutzes* typischerweise problematischen Gruppenmerkmale. Die Aufzählung ist jedoch nicht abschliessend, so dass durch richterliche Konkretisierung weitere gefährdete Gruppen durch das Diskriminierungsverbot geschützt werden können.[45] Dabei ist nicht Voraussetzung, dass die Menschenwürde tangiert wird, da das Diskriminierungsverbot systematisch nicht im Zusammenhang mit dem Schutz der Menschenwürde bei BV 7, sondern beim Rechtsgleichheitsgebot von BV 8 eingeordnet wurde. Es genügt die qualifiziert rechtsungleiche Behandlung von Minderheiten.

Begüterte Steuerpflichtige und *wirtschaftlich erfolgreiche Unternehmen* können im demokratischen Prozess ebenfalls benachteiligt werden, wenn sie beliebig den Entscheiden der Mehrheit ausgesetzt sind. Diese Personen sind jedoch nicht durch BV 8 II geschützt, weil sie sich insgesamt nicht in einer benachteiligten, gesellschaftlich deklassierten Situation befinden und daher nicht sozial ausgegrenzt werden können.[46]

---

[42] BGer 21.4.2005, 2A.384/2004; BGer 30.8.1989, BGE 115 Ia 81.
[43] Vgl. BGer 7.6.2007, StE 2007 A 23.1 Nr. 14 E. 4.1. Der im allgemeinen Verwaltungsrecht angebrachte Vorbehalt, dass der Gleichbehandlung im Unrecht allenfalls gewichtige öffentliche Interessen oder das berechtigte private Interesse eines Dritten entgegenstehen können (vgl. HÄFELIN/MÜLLER/UHLMANN, Verwaltungsrecht, N 522), dürfte im Steuerrecht kaum je zum Tragen kommen (vgl. hinten N 101).
[44] Dazu BEATRICE WEBER-DÜRLER, Rechtsgleichheit, in: DANIEL THÜRER/JEAN-FRANÇOIS AUBERT/JÖRG PAUL MÜLLER (Hrsg.), Verfassungsrecht der Schweiz, Zürich 2001, § 41 N 23 ff.
[45] RHINOW, Bundesverfassung, 143.
[46] Zum spezifisch *steuerrechtlichen Diskriminierungsverbot* hinten N 132 ff.

b)   Grundsatz der Gleichberechtigung von Mann und Frau

49   BV 8 III gestattet geschlechterspezifische Differenzierungen nur dann, wenn sie auf *biologischen oder funktionalen Unterschieden* beruhen, die das zu ordnende Lebensverhältnis derart prägen, dass eine Gleichbehandlung geradezu ausgeschlossen ist.[47]

50   Im *materiellen Steuerrecht* werden Mann und Frau bereits seit langer Zeit gleich behandelt, indem beide, unabhängig von ihrem Geschlecht, gleichermassen zur Kasse gebeten werden. Bei der brisanten Frage der *gerechten Steuerbelastung* von Ehepaaren, Konkubinatspaaren und Alleinstehenden[48] spielt BV 8 III keine Rolle, da die Bevorzugung einer der Vergleichsgruppen – seien das die Ehepaare, die Konkubinatspaare oder die Alleinstehenden – Mann oder Frau immer in gleicher Weise begünstigt oder benachteiligt.[49]

51   BV 8 III ist jedoch im *Steuerverfahrensrecht* von Bedeutung. Einkommen und Vermögen der Ehegatten werden bekanntlich *zusammengerechnet*, da die Familie als *wirtschaftliche Einheit* betrachtet wird. Hierin liegt sicher noch keine Verletzung von BV 8 III. Dieses *Familieneinkommen und -vermögen* wurde aber früher in allen schweizerischen Steuergesetzen dem *Ehemann* als Haupt der Familie in der Weise zugeordnet, dass nur dieser gegenüber den Steuerbehörden als Steuerpflichtiger mit Verfahrenspflichten und Verfahrensrechten auftreten konnte. Die Ehefrau wurde im Recht der direkten Bundessteuer durch den Ehemann als Steuersubstitut im Steuerverfahren vertreten.[50] Heute ist das Steuerverfahrensrecht indes in Bund und Kantonen geschlechtsneutral und damit verfassungskonform ausgestaltet.

II.   Willkürverbot

52   Das Willkürverbot wurde vom Bundesgericht aus aBV 4 I abgeleitet. In der neuen BV ist dieses elementare Grundrecht und Gerechtigkeitsgebot ausdrücklich in BV 9 erwähnt. Das Willkürverbot richtet sich sowohl an den Rechtssetzer als auch an den Rechtsanwender.[51]

53   Staatliches Handeln verstösst gegen das Willkürverbot, wenn es sinn- und zwecklos oder nicht sachlich begründbar ist, klares Recht offensichtlich verletzt oder in stossender Weise dem Gerechtigkeitsgedanken zuwiderläuft. Im Unterschied zum Rechtsgleichheitsgebot setzt ein Verstoss gegen das Willkürverbot also die *qualifizierte Unrichtigkeit* eines staatlichen Akts voraus.

---

[47]   BGer 23.4.1997, BGE 123 I 56 E. 2b.
[48]   Hinten § 12.
[49]   BGer 7.5.1982, BGE 108 Ia 126 E. 4; BGer 13.4.1984, BGE 110 Ia 7 E. 1b = StE 1984 A 21.11 Nr. 3.
[50]   Im Kanton Zürich kam der Ehefrau nicht einmal die Stellung eines *Steuersubjekts* zu.
[51]   Auch zum Folgenden HÄFELIN/HALLER/KELLER, Bundesstaatsrecht, N 811 f.; HÖHN/WALDBURGER, Bd. I, § 4 N 83 ff.

1. Willkürverbot in der Rechtssetzung

Wenn ein Erlass sich nicht auf ernsthafte sachliche Gründe abstützt oder sinn- und zwecklos ist, steht er im Widerspruch zur allgemeinen Gerechtigkeitsordnung; er kann nicht mit der herrschenden Rechtsauffassung vereinbart werden und verstösst deshalb gegen das Willkürverbot.[52] Willkür hat also nichts zu tun mit dem *subjektiven Gerechtigkeitsempfinden* des Richters.[53] Es steht dem Richter nicht zu, die von ihm als gerecht erachtete Lösung an die Stelle der durch den Gesetzgeber getroffenen Regelung zu setzen.[54] Wer Willkür geltend macht, muss das Vorhandensein einer der angefochtenen Regelung widersprechenden *allgemeinen Gerechtigkeitsanschauung* nachweisen.

54

2. Willkürverbot in der Rechtsanwendung

Auch in der Rechtsanwendung erstreckt sich der Schutzbereich des Willkürverbots nur auf eindeutige Verletzungen von *klarem Recht*, die sich nicht mit der herrschenden Rechtsauffassung vereinbaren lassen. Verfügungen oder Entscheide der rechtsanwendenden Behörde sind willkürlich, wenn sie offensichtlich unhaltbar sind, mit der tatsächlichen Situation in klarem Widerspruch stehen, eine Norm oder einen unumstrittenen Rechtsgrundsatz krass verletzen oder in stossender Weise dem Gerechtigkeitsgedanken zuwiderlaufen.[55] Massgeblich ist dabei stets das *Ergebnis* der Rechtsanwendung; es reicht nicht, wenn bloss die Begründung unhaltbar ist.[56]

55

III. Freiheitsrechte

1. Recht auf Ehe und Familie

Das Recht auf Ehe und Familie schützt die Verbindung zwischen Mann und Frau und das Recht, eine Familie zu gründen, sowie das gemeinsame Zusammenleben von Eltern und Kindern. Es ist sowohl in BV 13 I und 14 als auch in EMRK 8 und 12 und UNO-Pakt II 23 II verankert. Das Freiheitsrecht verbietet staatliche Regelungen, welche *Ehen und Familien spezifisch* benachteiligen.[57] Der Schutz und die Förderung von Familien sind ausdrücklich als Sozialziele anerkannt.[58]

56

Für das Steuerrecht bedeutet dies, dass der Staat die Ehe und Familie weder steuerbelastungsmässig noch in verfahrensrechtlicher Hinsicht benachteiligen darf.

57

---

[52] Statt vieler BGer 9.12.1988, BGE 114 Ia 321 E. 3a.
[53] BGer 4.2.1987, BGE 113 Ia 165 E. 3.
[54] Müller, in: Aubert et al., N 54 zu aBV 4.
[55] BGer 31.8.2006, StE 2007 A 21.12 Nr. 15 E. 2.3; BGer 23.4.1987, BGE 113 Ia 17 E. 3a.
[56] Häfelin/Haller/Keller, Bundesstaatsrecht, N 813.
[57] Vgl. BGer 13.4.1984, BGE 110 Ia 7 E. 5 = StE 1984 A 21.11 Nr. 3.
[58] BV 41 I c.

Besondere Anforderungen an die Ehe- und Familienbesteuerung[59] ergeben sich damit nicht nur aus dem Leistungsfähigkeitsprinzip, sondern auch aus dem Grundrecht auf Ehe und Familie.

2. Glaubens- und Gewissensfreiheit

58 Die Glaubens- und Gewissensfreiheit wird in BV 15 ausführlich umschrieben und ist auch in EMRK 9 verbrieft. Unter der alten Verfassung war in aBV 49 VI ausdrücklich vorgesehen, dass niemand *Kultussteuern* für eine Religionsgemeinschaft bezahlen müsse, der er nicht zugehört. Diese Beschränkung der Kultussteuern lässt sich heute aus BV 15 I und IV ableiten.[60]

59 Der Schutzbereich von BV 15 wird dabei grundsätzlich nur von Steuern tangiert, die speziell für Kultuszwecke erhoben werden.[61] Damit sind die von den Kirchgemeinden und Landeskirchen aufgrund der ihnen vom kantonalen Recht eingeräumten Steuerhoheit erhobenen Kirchensteuern gemeint. Gegen die Erhebung der *allgemeinen Steuern* kann die Glaubens- und Gewissensfreiheit grundsätzlich nicht angerufen werden, selbst wenn ein Teil des Steueraufkommens für Kultuszwecke verwendet wird.[62]

60 Eine Ausnahme machte das Bundesgericht bis anhin allerdings für die kommunalen Steuern: Hier konnte die Bezahlung der Quote der Steuer, welche für Kultuszwecke bestimmt ist, unter Berufung auf die Glaubens- und Gewissensfreiheit verweigert werden, wenn der Pflichtige nicht der entsprechenden Religionsgemeinschaft angehörte.[63] Die Glaubens- und Gewissensfreiheit konnte indes nur insoweit angerufen werden, als mit den Steuereinnahmen tatsächlich eigentliche Kultuszwecke finanziert wurden. Soweit das Steueraufkommen zu religiösen und nicht religiösen Zwecken verwendet wurde, nahm das Bundesgericht eine entsprechende Aufteilung vor.[64]

61 Bei *konfessionell gemischten Familien* dürfen Kirchensteuern nur anteilsmässig entsprechend den verschiedenen Kirchenzugehörigkeiten innerhalb der besteuerten Familie erhoben werden.[65]

62 *Rechtsträger* der Glaubens- und Gewissensfreiheit sind alle natürlichen Personen. *Juristische Personen* sind nach der Bundesgerichtspraxis nur dann Träger des Grundrechts, wenn sie nach ihren Statuten selbst ein religiöses oder kirchli-

---

[59] Hinten § 12.
[60] Vgl. Botschaft BV (Fn. 20), BBl 1997 I, 111 und 155 ff.
[61] Vgl. Häfelin/Haller/Keller, Bundesstaatsrecht, N 417 f.
[62] BGer 22.11.2011, StE 2012 A 25 Nr. 11.
[63] BGer 4.12.1973, BGE 99 Ia 739 E. 3; BGer 19.6.1981, BGE 107 Ia 126 E. 2b. Ob das Bundesgericht künftig an dieser Ausnahme bei den kommunalen Steuern festhalten wird, geht aus BGer 22.11.2011 (StE 2012 A 25 Nr. 11) nicht hervor.
[64] Vgl. Oberson, Droit fiscal, § 3 N 56 mit Hinweis auf BGer 19.6.1981, BGE 107 Ia 126 E. 3b und 3c.
[65] Vgl. BGer 19.4.2002, BGE 128 I 317 E. 2.1 = StE 2002 A 25 Nr. 9 (dazu Reich/Waldburger, Rechtsprechung im Jahr 2002 [1. Teil], FStR 2003, 221 ff.); BGer 13.2.1974, BGE 100 Ia 255.

ches Ziel verfolgen.⁶⁶ Zur Begründung weist das Bundesgericht darauf hin, dass den juristischen Personen alle inneren *persönlichen Güter* fehlten, seien sie körperlicher oder seelischer Natur, sodass ihnen alle Freiheitsrechte verschlossen blieben, welche den Schutz dieser Güter gegenüber dem Staat gewährleisten. Zudem wird geltend gemacht, die Kirchen erfüllten wichtige *soziale Funktionen*, von denen auch die juristischen Personen profitierten. Sie würden in finanzielle Schwierigkeiten geraten, wenn die Kirchensteuerpflicht der juristischen Personen aufgehoben würde. Sodann ist die Kirchensteuerpflicht der juristischen Personen in verschiedenen Kantonen in der *Kantonsverfassung* verankert, welche der Gewährleistung durch die Bundesversammlung unterliegt. Schliesslich vermerkt das Bundesgericht auch, dass in den letzten Jahren trotz herber Kritik vonseiten der Doktrin weder im Bund noch in den Kantonen auf einen *Wandel gerichtete Regelungen* getroffen wurden.⁶⁷ Aus all diesen Gründen können sich deshalb die juristischen Personen gegen die Auferlegung von Kultussteuern nicht auf die Glaubens- und Gewissensfreiheit bzw. auf das Verbot der Kultussteuern berufen, es sei denn, es handle sich um juristische Personen, die *selbst religiöse, insbesondere kirchliche Zwecke* verfolgen.⁶⁸

Ähnlich verhält es sich mit Bezug auf die *Religionsfreiheit* nach EMRK 9 I: Zwar können sich gemäss EMRK 34 auch rechtliche Vereinigungen auf die Konventionsgarantien berufen, sodass Kirchen und Glaubensgemeinschaften als Träger der Religionsfreiheit gelten.⁶⁹ Vom Schutzbereich von EMRK 9 ausgeschlossen sind jedoch juristische Personen, bei welchen die Gewinnerzielungsabsicht im Vordergrund steht.⁷⁰ 63

In der Lehre wird die Verfassungskonformität der Kirchensteuerpflicht juristischer Personen seit Jahrzehnten zu Recht bestritten.⁷¹ So wird geltend gemacht, es sei widersprüchlich zu behaupten, juristische Personen könnten sich mangels eines Glaubens oder eines Gewissens nicht auf die Religionsfreiheit berufen, ihnen dann aber gerade solche Steuern aufzuerlegen, die um des Glaubens willen erhoben werden. Überdies stünden «hinter» der juristischen Person immer natürliche Personen, die in ihrem Glauben und Gewissen durchaus verletzt werden können. Auch sei es inkonsequent, wenn sich zwar juristische Personen, die 64

---

⁶⁶ BGer 14.2.1992, BGE 118 Ia 46 E. 3b; BGer 9.7.1969, BGE 95 I 350.
⁶⁷ Allerdings scheint sich in neuerer Zeit doch ein recht deutlicher Wertewandel abzuzeichnen (ausführlich dazu ULRICH CAVELTI, Die Kirchensteuerpflicht juristischer Personen, FStR 2011, 269 ff., insb. 276 ff.); im Kanton Zürich werden derzeit Unterschriften für eine Initiative gesammelt, mit welcher die juristischen Personen von der Kirchensteuer befreit werden sollen (Amtsblatt des Kt. ZH vom 16.9.2011, 2515 f.).
⁶⁸ Vgl. BGer 13.6.2000, BGE 126 I 122 = StE 2000 A 25 Nr. 8; bestätigt durch BGer 22.9.2010, StE 2010 A 25 Nr. 10 mit weiteren Hinweisen.
⁶⁹ Vgl. u.a. EGMR 27.6.2000, *Cha'are Shalom ve Tsedek*, Nr. 27417/95, Reports of Judgments and Decisions (RJD) 2000-VII, 197 ff., 221 Ziff. 72; anders noch die frühere Rechtsprechung, vgl. etwa Europäische Kommission für Menschenrechte (EKMR) 17.12.1968, *Church of X.*, Nr. 3798/68, Decisions and Reports (DR) 16 (1979), 68 ff., 70.
⁷⁰ Europäische Kommission für Menschenrechte (EKMR) 27.2.1979, *Gesellschaft X.*, Nr. 7865/77, Decisions and Reports (DR) 16 (1979), 85 ff., 87.
⁷¹ Vgl. dazu mit weiteren Hinweisen PETER KARLEN, Das Grundrecht der Religionsfreiheit in der Schweiz, Zürich 1988, 365 ff.

kirchliche Zwecke verfolgen, auf die Religionsfreiheit berufen können, nicht aber juristische Personen, deren sämtliche Aktien beispielsweise gläubigen Moslems gehören. Schliesslich stünden auch natürliche Personen, die mit Bezug auf Glaubensfragen indifferent sind und die somit durch eine Kultussteuer gar nicht verletzt werden können, unter dem Schutz der verfassungsrechtlichen Glaubens- und Gewissensfreiheit.

3. Eigentumsgarantie

65 Die nach BV 26 gewährleistete Eigentumsgarantie erscheint in drei Ausprägungen[72]: Als *Institutsgarantie,* als *Bestandesgarantie* sowie – bei zulässigen Einschränkungen des Eigentums – als *Wertgarantie.*

66 Als *Bestandesgarantie* schützt die Eigentumsgarantie die konkreten, individuellen Eigentumsrechte vor staatlichen Eingriffen. Die Bestandesgarantie ist nicht auf den Schutz des Vermögens insgesamt oder auf den Schutz des Wesens des Vermögens, sondern auf den *Schutz einzelner Vermögenswerte* ausgerichtet. Da der Staat mit der Zustellung von Steuerrechnungen den Individuen nicht einzelne vermögenswerte Rechte entzieht, sondern lediglich *Geldforderungen* geltend macht, kommt die Bestandesgarantie im Steuerrecht nicht zum Tragen.

67 Auch die *Wertgarantie* gemäss BV 26 II spielt im Steuerrecht keine Rolle. Es wäre unsinnig, eine konkrete Besteuerung an sich als einen im Licht der Eigentumsgarantie zulässigen Eingriff zu erachten, dann jedoch dem Betroffenen aufgrund der Wertgarantie einen Anspruch auf eine Entschädigung zuzubilligen.

68 Von einiger Relevanz im Steuerrecht ist indes die *Institutsgarantie.*[73] Als Institutsgarantie schützt die Eigentumsgarantie das Privateigentum als *fundamentale Einrichtung* der schweizerischen Rechtsordnung.[74] Die Institutsgarantie entspricht damit dem *Kerngehalt* der Eigentumsgarantie.[75]

69 Nach der Institutsgarantie ist eine *konfiskatorisch* wirkende Besteuerung oder Abgabenerhebung untersagt.[76] Konfiskatorisch wirkt die Abgabenerhebung, wenn sie die Substanz des bestehenden Vermögens aushöhlt oder die Neubildung von Vermögen verunmöglicht. Wo die Grenze zu einer konfiskatorischen Besteuerung liegt, kann *nicht generell bestimmt* werden. Es ist eine Würdigung aller Umstände im Einzelfall vorzunehmen, wobei folgende Gesichtspunkte zu berücksichtigen sind:

---

[72] Dazu ausführlich HÄFELIN/HALLER/KELLER, Bundesstaatsrecht, N 594 ff.
[73] Vgl. BLUMENSTEIN/LOCHER, System, 29 und 163; FRANCIS CAGIANUT, Grundsätzliche Erwägungen über die Schranken der steuerlichen Belastung des Eigentums nach Schweizerischem Recht, ASA 47 (1978/79), 67 ff., 72 ff.; HÖHN/WALDBURGER, Bd. I, § 4 N 93; OBERSON, Les taxes d'orientation, 291 f.; REICH, ASA 74, 689 ff.
[74] Vgl. HÄFELIN/HALLER/KELLER, Bundesstaatsrecht, N 594.
[75] Vgl. BV 36 IV.
[76] BGer 2.3.1979, BGE 105 Ia 134 E. 3a.

- Gesamtbelastung eines Steuerpflichtigen durch Abgaben
- Relative Tiefe des Eingriffes (Spekulationsgewinn oder Erwerbseinkommen, Verwandtschaftsgrad zum Erblasser)
- Dauer der Besteuerung (periodische oder einmalige Abgabe)
- Allfällige Möglichkeit der Überwälzung
- Freiwilligkeit eines Einnahmenverzichts (Gold-, Baulandhortung)

Das Bundesgericht setzt die Schranke der konfiskatorischen Besteuerung sehr hoch an.[77] Die Verfassungskonformität einer Besteuerung dürfte deshalb auch in der Regel lange vor Erreichen dieser Schranke infrage stehen, denn der *Grundsatz der Besteuerung nach der wirtschaftlichen Leistungsfähigkeit* verbietet eine exzessive Besteuerung.[78]

4. Wirtschaftsfreiheit

Das in BV 27 statuierte Grundrecht der Wirtschaftsfreiheit schützt die *privatwirtschaftliche Erwerbstätigkeit*, wozu insbesondere die freie Wahl des Berufs und dessen von staatlichen Massnahmen unbehinderte Ausübung gehört.[79]

Die Wirtschaftsfreiheit hat jedoch nicht nur individualrechtliche Tragweite. Ihre *ordnungspolitischen, bundesstaatlichen und demokratischen Funktionen* wurden in BV 94–107 verankert.[80] Der in BV 94 I verankerte Grundsatz der Wirtschaftsfreiheit ist Ausdruck des ordnungspolitischen Grundentscheides für eine *freiheitlich-marktwirtschaftliche Wirtschaftsordnung*. Er gilt für Bund und Kantone.

a) Tragweite der Wirtschaftsfreiheit im Steuerrecht

Trotz der grossen Bedeutung des Steuerrechts im Wirtschaftsleben hat die Wirtschaftsfreiheit bis anhin einen *verhältnismässig geringen Einfluss* auf das Steuerrecht ausgeübt.[81] Die Wirtschaftsfreiheit bietet nach der Bundesgerichtspraxis – selbst bei einer Erschwerung des Konkurrenzkampfes durch die steuerliche Belastung – *keinen Schutz vor den allgemeinen Steuern*.[82]

Früher ging das Bundesgericht davon aus, dass die Wirtschaftsfreiheit nur mit Bezug auf *besondere Gewerbesteuern* zur Anwendung kommen kann.[83] Als besondere Gewerbesteuern gelten Steuern, die ein Gewerbe oder eine Betriebsform in besonderer Weise belasten. Keine besondere Gewerbesteuer liegt vor, wenn eine

---

[77] Vgl. HÄFELIN/HALLER/KELLER, Bundesstaatsrecht, N 596. In einem Entscheid vom 10.5.1985 (ASA 56, 439 ff.) hatte es diese Zurückhaltung allerdings abgestreift, wohl aber ohne die Praxis ändern zu wollen (vgl. OBERSON, Droit fiscal, § 3 N 40).
[78] Hinten N 150.
[79] Vgl. HÄFELIN/HALLER/KELLER, Bundesstaatsrecht, N 628.
[80] Vgl. RHINOW, Bundesverfassung, 307.
[81] Vgl. OBERSON, Droit fiscal, § 3 N 43.
[82] So z.B. BGer 29.6.1999, BGE 125 II 326 E. 10c.
[83] Vgl. BGer 20.6.1973, BGE 99 Ia 638 E. 6.

Lenkungsabgabe bewirkt, dass die Entwicklungsmöglichkeiten eines bestimmten Gewerbes begrenzt werden.[84] In einem späteren Entscheid hat das Bundesgericht aber immerhin anerkannt, dass eine *Lenkungsabgabe* die Wirtschaftsfreiheit einschränken kann, wenn sie so hoch ist, dass die betreffende Tätigkeit nicht mehr wirtschaftlich betrieben werden kann oder wenn die Abgabe eine eigentliche wirtschaftspolitische Zielsetzung hat.[85] Nach Auffassung des Bundesgerichts bietet demnach die Wirtschaftsfreiheit nur Schutz gegen *besondere Gewerbesteuern* und *Lenkungsabgaben*, soweit diese *prohibitiv* wirken oder *protektionistisch* sind. Diese Auffassung wird von der heute herrschenden Lehre zu Recht kritisiert.[86] Denn auch andere Abgaben, insbesondere die allgemeinen Einkommens- und Vermögenssteuern, können zu einer exzessiven Belastung der Privatwirtschaft führen.[87] Die Steuerbelastung darf nicht so hoch angesetzt werden, dass die privatwirtschaftliche Tätigkeit an sich infrage gestellt wird.

b) Grundsatz der Wettbewerbsneutralität der Besteuerung

75 Aus der Wirtschaftsfreiheit wird der Grundsatz der Wettbewerbsneutralität der Besteuerung abgeleitet.[88] Danach sind alle Unternehmen hinsichtlich der Besteuerung auf die gleiche Konkurrenzbasis zu stellen und dürfen durch die Besteuerung in ihrer gesunden Entfaltung nicht übermässig behindert werden. Es gilt der Grundsatz der *Gleichbehandlung der Gewerbegenossen*.[89] Die gleiche wirtschaftliche Tätigkeit soll grundsätzlich für alle Steuerpflichtigen unabhängig von äusseren Gegebenheiten dieselben Steuerfolgen herbeiführen. Gleiche Wettbewerbschancen bestehen nur, wenn die wirtschaftliche Potenz vergleichbarer Wirtschaftssubjekte durch die Steuer in vergleichbarer Weise gekürzt wird.

76 Teils synonym, teils mit unterschiedlicher Bedeutung wird der Ausdruck *Entscheidungsneutralität* verwendet.[90] Das Prinzip der Entscheidungsneutralität der Besteuerung fand Aufnahme in die wirtschaftspolitischen Besteuerungsgrund-

---

[84] Vgl. BGer 17.6.1975, BGE 101 Ia 269 E. 8.
[85] Vgl. BGer 18.2.1999, BGE 125 I 182 E. 5b.
[86] Dazu Nachweise bei BLUMENSTEIN/LOCHER, System, 163 Fn. 13a.
[87] RENÉ A. RHINOW, Kommentar zu aBV 31, in: JEAN-FRANÇOIS AUBERT/KURT EICHENBERGER/JÖRG PAUL MÜLLER/RENÉ A. RHINOW/DIETRICH SCHINDLER (Hrsg.), Kommentar zur Bundesverfassung der Schweizerischen Eidgenossenschaft vom 29. Mai 1874, Loseblattwerk, Basel et al. 1987–1996, N 217 zu aBV 31.
[88] Vgl. BGer 31.1.1997, BGE 123 II 16 E. 10; MARKUS REICH, Die wirtschaftliche Doppelbelastung der Kapitalgesellschaften und ihrer Anteilsinhaber, Zürich 2000, 37 ff. auch zum Folgenden.
[89] Eine als AG konstituierte Kantonalbank hat deshalb, auch wenn es sich um eine öffentlich-rechtliche Körperschaft handelt, die Emissionsabgabe zu entrichten (BGer 18.10.1989, BGE 115 Ib 233). Versicherungen und Banken gelten hingegen in Bezug auf das Bausparen nicht als Gewerbegenossen und eine kantonale Regelung, die nur das Bausparen bei Banken steuerlich begünstigt, verstösst nicht gegen das Gleichbehandlungsgebot (BGer 1.10.1993, ASA 63, 72 ff. E. 3a).
[90] DIRK LÖHR, Die Brühler Empfehlungen – Wegweiser für eine Systemreform der Unternehmensbesteuerung?, StuW 2000, 34; FRANZ W. WAGNER, Neutralität und Gleichmässigkeit als ökonomische und rechtliche Kriterien steuerlicher Normkritik, StuW 1992, 3 f.; JOHANNA HEY, Harmonisierung der Unternehmensbesteuerung in Europa, Köln 1997, 124.

sätze im Finanzleitbild des Bundesrates.⁹¹ Nach dem Grundsatz der Entscheidungsneutralität muss im Unternehmensbereich *Rechtsformneutralität, Finanzierungsneutralität* und *Investitionsneutralität* der Besteuerung angestrebt werden. Nach dem Postulat der Rechtsformneutralität der Besteuerung ist allen Unternehmen unabhängig von der Rechtsform eine weitgehend ausgeglichene Steuerbelastung aufzuerlegen. Die Unternehmen sollen sich bei der Auswahl der für sie am besten geeigneten Rechtsform von wirtschaftlichen und nicht von steuerlichen Überlegungen leiten lassen. Die Finanzierungs- bzw. Investitionsneutralität postuliert, dass die unternehmerische Entscheidung zwischen Eigen- und Fremdfinanzierung bzw. das unternehmerische Investitionsverhalten durch das Steuerrecht möglichst nicht beeinflusst werden soll.

5. Recht auf Hilfe in Notlagen

Das Recht auf Hilfe in Notlagen⁹² sichert die Befriedigung *elementarer menschlicher Bedürfnisse*. Mit Blick auf den Grundsatz der Allgemeinheit der Besteuerung und den Grundsatz der Besteuerung nach der wirtschaftlichen Leistungsfähigkeit verlangt dieses Recht auf Existenzsicherung nach Auffassung des Bundesgerichts lediglich, dass niemand durch die Steuerbelastung *effektiv* in seinem Recht auf Existenzsicherung verletzt werde. Danach sei dem Recht auf Hilfe in Notlagen bereits Genüge getan, wenn in Fällen der Bedürftigkeit ein Steuererlass gewährt werde oder das Existenzminimum betreibungsrechtlichen Schutz⁹³ geniesse.⁹⁴ Das Bundesgericht geht also davon aus, dass das Recht auf Hilfe in Notlagen *kein steuerfreies Existenzminimum* gewährleistet. Demgegenüber wird in der Lehre einhellig die Ansicht vertreten, dass das Recht auf Hilfe in Notlagen die Steuerfreiheit des Existenzminimums gewährleistet.⁹⁵ Die wirtschaftliche Leistungsfähigkeit, die Voraussetzung jeder Steuererhebung bildet, setzt erst nach Deckung des notwendigen Lebensbedarfs ein.

77

IV. Verfahrensgarantien

Die verfassungsrechtlichen Verfahrensgarantien gewährleisten dem Individuum einen *rechtsstaatlichen Mindeststandard* in der Ausgestaltung des Verfahrens.⁹⁶ Sie sollen sicherstellen, dass das Individuum seine materiellen Rechte wahrnehmen und durchsetzen kann. Die Verletzung dieser Verfahrensgarantien bedeutet eine formelle Rechtsverweigerung.⁹⁷

78

---

[91] Vgl. Finanzleitbild des Bundesrates vom 4.10.1999 (<http://www.efd.admin.ch/dokumentation/grundlagenpapiere/00816/index.html?lang=de> [besucht am 20.9.2011]), 19.
[92] BV 12.
[93] SchKG 93.
[94] Vgl. BGer 24.5.1996, BGE 122 I 101 = StE 1997 A 21.16 Nr. 6 E. 3b ff.
[95] Richner/Frei/Kaufmann/Meuter, N 68 der Vorbemerkungen zum DBG; hinten § 10 N 46 f.
[96] Dazu und zum Folgenden Häfelin/Haller/Keller, Bundesstaatsrecht, N 827 ff.
[97] Dazu Zweifel/Casanova, Steuerverfahrensrecht, § 5 N 17 ff.

79 In BV 29 sind die *allgemeinen Verfahrensgarantien* verankert. Dazu zählen der Anspruch auf gleiche und gerechte Behandlung sowie der Anspruch auf Beurteilung innert angemessener Frist in Verfahren vor Gerichts- und Verwaltungsinstanzen.[98] Ferner gewährleistet BV 29 den Anspruch auf rechtliches Gehör,[99] den Anspruch auf unentgeltliche Rechtspflege sowie den Anspruch auf unentgeltlichen Rechtsbeistand. Diese Verfahrensgarantien gelten umfassend, mithin auch in sämtlichen steuerrechtlichen Verfahren, sowohl vor Steuerverwaltungs- als auch Steuerjustizbehörden.

80 Der Geltungsbereich von BV 30 ist dagegen enger; erfasst sind hier nur die *Verfahren vor Gerichtsinstanzen*. Es handelt sich um den Anspruch auf ein auf dem Gesetz beruhendes, zuständiges, unabhängiges und unparteiisches Gericht, die gesetzlich einschränkbare Wohnsitzgerichtsstandsgarantie bei Zivilklagen und den ebenfalls vom Gesetzgeber einschränkbaren Anspruch auf öffentliche Gerichtsverhandlung und Urteilsverkündung.

81 Da die in den BV 29 und 30 enthaltenen Verfahrensgarantien lediglich *Minimalgarantien* darstellen, muss immer zuerst geprüft werden, ob die in einem bestimmten Rechtsbereich ausdrücklich statuierten Verfahrensvorschriften nicht einen *weitergehenden Schutz* gewährleisten. Gerade die Steuergesetze und die entsprechenden Vollziehungsverordnungen sind durchsetzt mit Vorschriften, die dem Individuum ein *gerechtes Verfahren* vor den Steuerverwaltungs- und Steuerjustizbehörden sichern sollen (z.B. Akteneinsichtsrecht, Entscheidbegründungspflicht, Zusammensetzung der Behörden, Ausstand und Ablehnung von Behördenmitgliedern). Die Verfahrensgarantien bei Freiheitsentzug nach BV 31 sind im Steuerrecht nicht von Interesse. Auch sind die in BV 32 enthaltenen Verfahrensgarantien nur in den steuerstrafrechtlichen Verfahren zu berücksichtigen.[100]

82 Früher enthielt die BV keine *Rechtsweggarantie*. Seit Inkrafttreten von BV 29a kann nun aber bei allen Rechtsstreitigkeiten grundsätzlich eine richterliche Behörde angerufen werden.[101] In Ausnahmefällen können Bund und Kantone die richterliche Beurteilung ausschliessen.

---

[98] Vgl. BGer 8.6.2004, StE 2005 A 21.12 Nr. 13 E. 2.2.
[99] Aus dem allerdings Anspruch auf mündliche Anhörung abgeleitet werden kann (vgl. BGer 10.3.3004, StE 2004 A 21.13 Nr. 6 E. 2.3.2; BGer 7.11.1996, BGE 122 II 464 E. 4c).
[100] ZWEIFEL/CASANOVA, Steuerverfahrensrecht, § 1 N 2.
[101] Dazu MICHAEL BEUSCH, Auswirkungen der Rechtsweggarantie von Art. 29a BV auf den Rechtsschutz im Steuerrecht, ASA 73 (2004/2005), 709 ff., 733 ff.; ZWEIFEL/CASANOVA, Steuerverfahrensrecht, § 24 N 11, § 25 N 8.

C. Verfassungsmässige Grundprinzipien des Verwaltungsrechts

Zur Verwirklichung des Rechtsstaates haben Lehre und Praxis Grundprinzipien des Verwaltungsrechts entwickelt, welche früher entweder aus aBV 4 abgeleitet oder als ungeschriebenes Verfassungsrecht anerkannt wurden. Heute sind diese Grundprinzipien ausdrücklich in der BV verankert. Es handelt sich um den Grundsatz der *Gesetzmässigkeit* (BV 5 I), den bereits behandelten *Grundsatz der Rechtsgleichheit* (BV 8)[102], den *Grundsatz des öffentlichen Interesses* (BV 5 II), das *Verhältnismässigkeitsprinzip* (BV 5 II) sowie um den *Grundsatz von Treu und Glauben* (BV 5 III und 9). Keine ausdrückliche Aufnahme fand der im Steuerrecht sehr bedeutsame *Grundsatz der Rechtssicherheit*.

83

I. Grundsatz der Gesetzmässigkeit

Der in BV 5 I verankerte Grundsatz der Gesetzmässigkeit bzw. das Legalitätsprinzip ist ein tragender Pfeiler des Rechtsstaates und der Demokratie.[103] In seiner *rechtsstaatlichen Funktion* gewährleistet das Legalitätsprinzip dem Individuum Rechtssicherheit sowie Rechtsgleichheit und bietet ihm einen vor staatlichen Eingriffen geschützten Freiraum.

84

Aus dem *Demokratieprinzip* wird abgeleitet, dass sich wichtige Verwaltungsakte auf einen Erlass des demokratisch legitimierten Gesetzgebers abstützen müssen, also auf ein Gesetz im *formellen Sinn*. Das Volk bzw. die Volksvertretung soll die Grenzen des Verwaltungshandelns bestimmen.

85

Das Legalitätsprinzip erscheint nach herkömmlicher Auffassung in zwei Ausprägungen:[104] Zum einen als Vorrang des Gesetzes, zum anderen als Vorbehalt des Gesetzes. Der *Vorrang des Gesetzes* verlangt, dass Normen höherer Stufe solchen tieferer Stufe vorgehen und dass alle Rechtssätze richtig angewendet werden müssen. Der *Vorbehalt des Gesetzes* besagt, dass staatliches Handeln nur zulässig ist, sofern und soweit dafür eine gesetzliche Grundlage besteht. Heute stehen demgegenüber vermehrt das Erfordernis des Rechtssatzes und das Erfordernis der Gesetzesform im Vordergrund.[105] Nach dem *Erfordernis des Rechtssatzes* muss jegliche Verwaltungstätigkeit auf eine generell-abstrakte Rechtsnorm, die genügend bestimmt ist, abgestützt werden können. Das *Erfordernis der Gesetzesform* gebietet, dass folgenschwere Verwaltungstätigkeit in einer qualifizierten Form des Rechtssatzes verankert sein muss, nämlich in einem Gesetz im formellen Sinn.

86

---

[102] Dazu vorne N 38 ff.
[103] Ausführlich LUKAS WIDMER, Das Legalitätsprinzip im Abgaberecht, Zürich 1988, 12 f.; WALDHOFF, Verfassungsrechtliche Vorgaben, 120 ff.
[104] Vgl. HÄFELIN/MÜLLER/UHLMANN, Verwaltungsrecht, N 368.
[105] Auch zum Folgenden HÄFELIN/MÜLLER/UHLMANN, Verwaltungsrecht, N 379 ff.

87 Das Legalitätsprinzip ist *im gesamten Abgaberecht* von grosser Bedeutung; es bildet hier – im Unterschied zu anderen Bereichen des Verwaltungsrechts – ein verfassungsmässiges Recht.[106] Die vom Bundesgericht zum Legalitätsprinzip im Abgaberecht entwickelten Grundgedanken mit Bezug auf das *Erfordernis der Gesetzesform* wurden in der neuen Verfassung festgeschrieben, nämlich in BV 164 I d für das Abgaberecht des Bundes im Allgemeinen und in BV 127 I für das Steuerrecht im Besonderen. BV 127 I BV gilt für die Steuern aller Gemeinwesen (Bund, Kantone und Gemeinden), auch wenn sich diese Bestimmung bei den Bestimmungen über die Finanzordnung des Bundes befindet.[107]

88 Nach BV 127 I ist die Ausgestaltung der Steuern, namentlich der *Kreis der Steuerpflichtigen*, der *Gegenstand der Steuer* und deren *Bemessung*, in den Grundzügen im Gesetz selbst zu regeln.[108] Im Gesetz im formellen Sinn müssen also zumindest die wesentlichen Angaben über Steuersubjekt, Steuerobjekt, Steuerbemessungsgrundlage und Steuermass enthalten sein. Das Steuerrecht kennt ein striktes Erfordernis der Gesetzesform: Selbst wenn nicht jedes Detail auf der Stufe des formellen Gesetzes geregelt sein muss, müssen die wesentlichen Elemente einer Steuer in jedem Fall durch die Legislative festgelegt werden. Der Umfang der Steuererhebung muss aufgrund eines formellen Gesetzes klar bestimmbar und beschränkt sein. Eine Ausdehnung des Steueranspruchs auf dem Verordnungswege verletzt das Gesetzmässigkeitsprinzip.

89 Dementsprechend darf die Kompetenz zur rechtssatzmässigen Festlegung dieser Grundpfeiler einer Steuer auch *nicht* an die vollziehende Behörde *delegiert* werden.[109] Der vollziehenden Behörde kann lediglich die Kompetenz übertragen werden, die absolute Höhe der Steuer nach im Gesetz hinreichend festgelegten Kriterien zu bestimmen. Nach den allgemeinen Grundsätzen der Gesetzesdelegation besteht allerdings der Vorbehalt eines verfassungsrechtlichen Delegationsverbots; erforderlich ist zudem eine Delegationsnorm in einem Gesetz im formellen Sinn.[110] Rechtsstaatlich weniger sensibel ist die Delegation von Steuerrechtsetzungsbefugnissen an das kantonale *Parlament* unter Ausschluss des Referendums.[111]

90 Schliesslich gebietet das Legalitätsprinzip auch, dass die Steuerfolgen von Sachverhalten nach denjenigen gesetzlichen Grundlagen beurteilt werden, die im Zeitpunkt der Sachverhaltsverwirklichung bestanden.[112] Prinzipiell ausgeschlossen sind mithin die *Vorwirkung* und die *Rückwirkung* von Gesetzen.[113]

---

[106] Vgl. Häfelin/Haller/Keller, Bundesstaatsrecht, N 873; Locher, ASA 60, 1 ff.
[107] Vgl. Häfelin/Haller/Keller, Bundesstaatsrecht, N 870; Botschaft BV (Fn. 20), BBl 1997 I, 346; vgl. auch hinten N 119 f. zum Geltungsbereich von BV 127 II.
[108] Vgl. auch BGer 18.11.1994, BGE 120 Ia 343; BGer 17.1.1979, BGE 105 Ia 2 E. 2b; BGer 20.11.1987, ASA 59, 432 ff.
[109] Vgl. BGer 3.3.1999, BGE 125 I 173 E. 9; BGer 18.2.1999, BGE 125 I 182 E. 4a.
[110] Vgl. zur Gesetzesdelegation im Allgemeinen Häfelin/Müller/Uhlmann, Verwaltungsrecht, N 404 ff.
[111] Vgl. z.B. Festlegung des Staatssteuerfusses durch das Parlament, ZH StG 2 II.
[112] Vgl. BGer 5.7.2004, BGE 130 V 445 E. 1.2.1; BGer 10.1.2003, BGE 129 V 1 E. 1.2.
[113] Nähere Ausführungen hierzu beim Grundsatz der Rechtssicherheit, hinten N 107 und 109 ff.

II. Grundsatz des öffentlichen Interesses

Nach dem Grundsatz des öffentlichen Interesses (BV 5 II) ist Voraussetzung für jegliche staatliche Tätigkeit ein öffentliches Interesse. Auch *fiskalische Interessen* gehören zu den öffentlichen Interessen.[114] Der Staat benötigt die durch Steuern beschafften Mittel zur Erfüllung der vielfältigen öffentlichen Aufgaben, weshalb die Steuererhebung immer im öffentlichen Interesse liegt. Dieses allgemeine öffentliche Interesse vermag indes für sich allein einen Grundrechtseingriff nicht zu rechtfertigen. Ein Staat, der den Grundrechtsschutz den Fiskalinteressen unterordnet, untergräbt die Steuermoral.

91

III. Verhältnismässigkeitsprinzip

Das Verhältnismässigkeitsprinzip (BV 5 II) gebietet, dass das Verwaltungshandeln zur Erreichung des im öffentlichen Interesse liegenden Zieles *geeignet* und *erforderlich* ist.[115] Der angestrebte Zweck muss zudem in einem vernünftigen Verhältnis zu den Freiheitsbeschränkungen stehen, welche den Individuen auferlegt werden. Das Verwaltungshandeln muss mit andern Worten *zumutbar* sein.

92

Im *Steuerrecht* ist das Verhältnismässigkeitsprinzip vor allem bei der Sachverhaltsermittlung von Bedeutung. Das Verhältnismässigkeitsprinzip setzt dabei den Verfügungen der Steuerbehörden, welche die Mitwirkung des Pflichtigen oder von Dritten anordnen, Schranken:[116]

93

- *Nicht geeignet* ist etwa die Ermittlung von Tatsachen, welche für die Feststellung des Steuertatbestandes irrelevant sind. Ebenso fehlt es an der Zwecktauglichkeit der Massnahme, wenn die Steuerbehörden Mitwirkungshandlungen beanspruchen, die nicht ausführbar sind.
- *Nicht erforderlich* sind Verfahrenshandlungen, wenn der Sachverhalt auch durch ein weniger eingreifendes Mittel abgeklärt oder nachgeprüft werden kann. Nicht erforderlich sind sodann allzu knappe Fristen.
- *Unzumutbarkeit* liegt schliesslich vor, wenn mit der Anordnung von Mitwirkungshandlungen in die Intimsphäre des Steuerpflichtigen eingegriffen wird oder wenn die verlangten Mitwirkungshandlungen nur mit einem Verstoss gegen Rechtsvorschriften ausgeführt werden können (z.B. unter Preisgabe des Berufsgeheimnisses).

Früher wurde der Grundsatz der Besteuerung nach der wirtschaftlichen Leistungsfähigkeit verschiedentlich als Grundsatz der *Verhältnismässigkeit der Besteuerung* bezeichnet.[117] Diese aus der Finanzwissenschaft stammende Termino-

94

---

[114] HÄFELIN/MÜLLER/UHLMANN, Verwaltungsrecht, N 552.
[115] Vgl. HÄFELIN/MÜLLER/UHLMANN, Verwaltungsrecht, N 581.
[116] Vgl. MARTIN ZWEIFEL, Die Sachverhaltsermittlung im Steuerveranlagungsverfahren, Zürich 1989, 16 f.
[117] Z.B. BGer 20.6.1973, BGE 99 Ia 638 E. 9.

logie erweckt den Anschein, das Leistungsfähigkeitsprinzip sei Ausfluss des allgemeinen Verhältnismässigkeitsprinzips. Eine unverhältnismässige Besteuerung bildet jedoch nicht deshalb eine Verfassungsverletzung, weil sie dem Grundsatz der Verhältnismässigkeit zuwiderläuft, sondern weil sie mit den durch das Leistungsfähigkeitsprinzip vermittelten Wertvorstellungen unvereinbar ist.[118]

IV. Grundsatz von Treu und Glauben

95 Der Grundsatz von Treu und Glauben (BV 5 III und 9) fordert im öffentlichen Recht ein loyales und vertrauenswürdiges Verhalten von Staat und Individuum im Rechtsverkehr.[119] Er findet seine nähere Ausprägung zum einen als *Verbot des widersprüchlichen Verhaltens* und *des Rechtsmissbrauchs* und zum anderen in Form des sog. *Vertrauensschutzes*. Das Verbot des widersprüchlichen Verhaltens und des Rechtsmissbrauches bindet sowohl den Staat als auch die Individuen. Der Grundsatz des Vertrauensschutzes richtet sich dagegen nur an den Staat. Der Grundsatz von Treu und Glauben ist eine grundlegende Handlungsmaxime, deren Geltung als *allgemeiner Rechtsgrundsatz* im öffentlichen Recht bereits vor der ausdrücklichen verfassungsrechtlichen Verankerung anerkannt worden ist.[120]

1. Verbot widersprüchlichen Verhaltens

96 Das Verbot des widersprüchlichen Verhaltens *(venire contra factum proprium)* schafft zunächst eine prinzipielle Bindung der *Steuerpflichtigen* an die von ihnen im Steuerverfahren abgegebenen Erklärungen.

Aber auch das *staatliche Handeln* muss in sich kohärent sein. Insofern weist das Verbot widersprüchlichen Verhaltens eine enge Verknüpfung mit dem Grundsatz des Vertrauensschutzes und dem Rechtssicherheitsgebot auf.

> In der Praxis werden im Veranlagungsverfahren häufig sog. *Verständigungen* oder *Einigungen* zwischen Steuerbehörden und Steuerpflichtigen getroffen. Diese sind in Anbetracht des strengen Legalitätsprinzips nur zulässig, wenn über für die Steuerveranlagung massgebende Tatsachen Unsicherheiten bestehen. Sie betreffen bloss Sachverhaltsfeststellungen und keine Rechtsfragen; sie haben sich im Rahmen der gesetzlichen Grundlagen zu bewegen. Ihr hauptsächlicher Anwendungsbereich ist bei *Schätzungsfragen* zu finden. Solche Einigungen sind nach dem Grundsatz von Treu und Glauben sowohl für die Steuerbehörden als auch für die Steuerpflichtigen verbindlich, wenn sich nicht im Nachhinein ergibt, dass ihnen unrichtige Voraussetzungen zugrun-

---

[118] Vgl. REICH, ASA 53, 10 ff.
[119] HÄFELIN/MÜLLER/UHLMANN, Verwaltungsrecht, 622; zum Ganzen auch BEATRICE WEBER-DÜRLER, Vertrauensschutz im öffentlichen Recht, Basel/Frankfurt a. M. 1983, 40 ff.
[120] Vgl. vorne § 3 N 45.

de liegen oder die Steuerbehörden durch falsche oder unvollständige Angaben in einen Irrtum versetzt worden waren.[121]

Ein Verstoss gegen das Verbot widersprüchlichen Verhaltens kann auch dann vorliegen, wenn *verschiedene staatliche Behörden* den gleichen Sachverhalt nach denselben Gesichtspunkten zu beurteilen haben und zu unterschiedlichen Ergebnissen kommen, obschon grundsätzlich keine Bindung an die Entscheide anderer Behörden besteht.

97

So hat der Steuergerichtshof des Kantons Freiburg die unterschiedliche Qualifikation einer Fusion durch die Hauptabteilung Stempelabgaben und Verrechnungssteuern der EStV einerseits und der Hauptabteilung Direkte Bundessteuer der EStV sowie der kantonalen Steuerverwaltung andererseits zu Recht als Verstoss gegen Treu und Glauben gewertet. Weil der gleiche Sachverhalt im Lichte einer wirtschaftlichen Betrachtungsweise, die hinsichtlich aller betroffenen Steuern die gleiche sei, analysiert werden müsse, dürfe nicht die eine Behörde von einer faktischen Liquidation (Mantelhandel) und die andere Behörde von einer echten Fusion mit Steuersukzession ausgehen.[122]

2. Verbot des Rechtsmissbrauchs

Das Verbot des Rechtsmissbrauchs kommt insbesondere bei der *Steuerumgehung* zum Tragen.[123] Das Rechtsmissbrauchsverbot kann sich aber auch zugunsten des Steuerpflichtigen auswirken. So müssen, wenn eine Behörde eine *Verfahrensverzögerung* zu verantworten hat und im Laufe des Verfahrens für den Privaten nachteilige neue Bestimmungen in Kraft getreten sind, weiterhin die (vorteilhafteren) alten formellen und materiellen Normen angewendet werden.[124] Verpönt ist sodann die *widersprüchliche Sachverhaltsbeurteilung*: Beurteilt eine Steuerbehörde den gleichen Sachverhalt einmal mit Rücksicht auf die äussere rechtliche Form des Unternehmens, sieht aber ein anderes Mal darüber hinweg und folgt einer wirtschaftlichen Betrachtungsweise, handelt sie widersprüchlich und verletzt damit das Rechtsmissbrauchsverbot.[125] Rechtsmissbräuchlich ist es überdies, wenn die Steuerbehörde den Steuerpflichtigen mit unlauteren Mitteln (Berufung auf eine nicht bestehende Praxis, Vorzeigen von Gerichtsentscheiden, die geändert wurden u.dgl.) von der *Ergreifung eines Rechtsmittels* abbringt.[126]

98

---

[121] BGer 11.2.2010, StE 2010 A 21.14 Nr. 18. Dazu auch hinten N 102.
[122] VGer FR 5.11.1993, StE 1994 A 21.14 Nr. 11. Im Entscheid des Bundesgerichts vom 8.1.2004 (2A.256/2003) hinsichtlich der unterschiedlichen mehrwertsteuerrechtlichen Qualifikation der «Kinderüberraschung» von Ferrero bei der Frage des anwendbaren Mehrwertsteuersatzes durch die Oberzolldirektion und die EStV hat das Bundesgericht das behördliche Verhalten lediglich unter dem Aspekt des Vertrauensschutzes gewürdigt, ohne zu prüfen, ob nicht ein Verstoss gegen das Verbot widersprüchlichen Verhaltens vorliegt.
[123] Hinten § 6 N 40 f.
[124] Vgl. THOMAS GÄCHTER, Rechtsmissbrauch im öffentlichen Recht. Unter besonderer Berücksichtigung des Bundessozialversicherungsrechts, Zürich et al. 2005, 209 mit Hinweis auf BGer 19.12.1984, BGE 110 Ib 332.
[125] Dazu GÄCHTER (Fn. 124), 210 mit Hinweisen auf die Rechtsprechung.
[126] Hinten N 102.

3. Grundsatz des Vertrauensschutzes

99 Das Vertrauensschutzprinzip bildet die grundrechtliche Komponente des Grundsatzes von Treu und Glauben. Der Grundsatz des Vertrauensschutzes weist starke Bezüge zum Rechtssicherheitsprinzip auf.[127] Im Unterschied zum Rechtssicherheitsprinzip, welches das Vertrauen der Individuen in die Stabilität und Kontinuität des staatlichen Handelns in allgemeiner Art und Weise anvisiert, schützt das Vertrauensschutzprinzip das *individuelle Vertrauen*, das auf einer ganz bestimmten, berechtigten Erwartungshaltung beruht. Ein solches schützenswertes Vertrauen wird insbesondere durch konkrete Äusserungen einem bestimmten Adressaten gegenüber durch behördliche *Auskünfte* und *Zusagen*[128] begründet.

100 Was die *Wirkungen* von behördlichen Auskünften oder Zusagen betrifft, ist vorab festzuhalten, dass nach dem Legalitätsprinzip grundsätzlich das Gesetz und nicht die hiervon abweichende falsche Auskunft gilt. Unter den im Folgenden aufgeführten Voraussetzungen vermag indes das Vertrauensschutzprinzip den Grundsatz der Gesetzmässigkeit zu verdrängen; dies jedoch nur, wenn diese Voraussetzungen klar und eindeutig erfüllt sind. Gemäss Rechtsprechung und Doktrin ist eine falsche Auskunft oder Zusage verbindlich,[129] wenn

– sie für einen *konkreten, den Steuerpflichtigen betreffenden Fall* aufgrund einer vollständigen und richtigen Darstellung des Sachverhalts vorbehaltlos erteilt wurde,[130]

– die Amtsstelle *zuständig* war, die Auskunft zu erteilen, oder gutgläubig als zuständig erachtet werden durfte,

– die Unrichtigkeit der Auskunft bei pflichtgemässer Aufmerksamkeit nicht ohne Weiteres *erkennbar* war,

– im Vertrauen auf die Richtigkeit der Auskunft *Dispositionen* getroffen wurden, die nicht ohne Nachteil rückgängig gemacht werden können,

– die *gesetzliche Ordnung* seit der Auskunftserteilung keine *Änderung* erfahren hat,[131] es sei denn, die Auskunft sei gerade im Hinblick auf das neue Recht erteilt worden und

---

[127] Vgl. WEBER-DÜRLER (Fn. 119), 36 f., 47 ff., 179 f.
[128] Dazu vorne § 3 N 56 ff.
[129] Vgl. BGer 10.11.1993, BGE 119 Ib 397 E. 6e; BGer 24.11.1995, BGE 121 II 473 = StE 1996 B 93.1 Nr. 2 E. 2c mit weiteren Hinweisen; JÜRG ANDREAS BAUR, Auskünfte und Zusagen der Steuerbehörden an Private im schweizerischen Steuerrecht, Frick 1979, 181 ff.; RICHNER/FREI/KAUFMANN/MEUTER, N 57 ff. der Vorbemerkungen zu ZH StG 119–131; WEBER-DÜRLER (Fn. 119), 204 ff.
[130] In diesem Zusammenhang wird auch vom Erfordernis der *Individualität* und *Spezialität* der dem einzelnen Individuum gegenüber erfolgten Äusserung der Verwaltung gesprochen (BEATRICE WEBER-DÜRLER, Falsche Auskünfte von Behörden, ZBl 1991, 1 ff., 10 ff.; URS GUENG, Zur Verbindlichkeit verwaltungsbehördlicher Auskünfte und Zusagen, ZBl 1970, 473 ff., 475).
[131] Zutreffend wird in BGer 1.7.2011 (StE 2011 A 21.14 Nr. 22 E. 3.1) nur die *Gesetzesänderung* vorbehalten, während in BGer 10.11.2006 (StE 2007 B 24.4 Nr. 75 E. 3.7) noch ausgeführt wurde, eine unrichtige Auskunft könne nur vor dem Hintergrund einer geltenden *behördlichen Praxis* allfälliges Vertrauen begründen. Das Interesse an der sofortigen und rückwirkenden Umsetzung einer geänderten Praxis vermag jedoch das berechtigte Vertrauen in Auskünfte und Zusagen

– das *öffentliche Interesse* an der Anwendung des zwingenden Rechts nicht dennoch Vorrang vor dem Vertrauensschutz hat.

Letztere Voraussetzung spielt allerdings im Steuerrecht kaum je eine Rolle, da als öffentliches Interesse an der Anwendung des zwingenden Rechts lediglich das *fiskalische Interesse* in die Waagschale gelegt werden kann, welches das berechtigte individuelle Vertrauen keinesfalls aufzuwiegen vermag.[132] Als weiterer im Steuerrecht höchst fragwürdiger Vorbehalt führt das Bundesgericht den *Ausschluss krasser Ungleichbehandlung* an.[133] Darnach darf einem Steuerpflichtigen wegen einer unrichtigen Auskunft nicht ein Vorteil erwachsen, der zu einer massiven Besserstellung gegenüber den andern Steuerpflichtigen führt.

Die Frage des Vertrauensschutzes bei behördlichen Auskünften oder Zusagen stellt sich unter anderem auch, wenn der Steuerpflichtige aufgrund einer unzutreffenden Rechtsauskunft der Steuerbehörde von der *Ergreifung eines Rechtsmittels* abgehalten wird. Das Bundesgericht nimmt hier zu Recht nur sehr zurückhaltend einen Anspruch des Steuerpflichtigen auf Revision gestützt auf den Vertrauensgrundsatz an.[134]

> Streng zu trennen ist die vorliegende Fragestellung von der Bindungswirkung der sog. *Einigungen*, die zwischen Steuerbehörden und Steuerpflichtigen getroffen werden. Wie gesehen[135] sind diese nach dem Grundsatz von Treu und Glauben sowohl für die Steuerbehörden als auch für die Steuerpflichtigen verbindlich, wenn sich nicht im Nachhinein ergibt, dass ihr unrichtige Voraussetzungen zugrunde liegen oder die Steuerbehörde durch falsche oder unvollständige Angaben in einen Irrtum versetzt worden war. Für die Bindungswirkung solcher Verständigungen ist demnach nicht erforderlich, dass die Steuerpflichtigen im Vertrauen auf die Vereinbarung mit den Steuerbehörden negative Dispositionen getroffen haben.

Auch wenn der Grundsatz des Vertrauensschutzes das individuelle Vertrauen der Individuen schützt, kann unter Umständen auch ein *Rechtssatz* oder eine *klare und gefestigte Verwaltungs- oder Gerichtspraxis* eine derart intensive Erwartungshaltung wecken, dass das im Vertrauen darauf handelnde Individuum

---

nicht zu verdrängen (vgl. WEBER-DÜRLER [Fn. 119], 216 f.; REICH/UTTINGER, ZSR I 2010, 167). Auskünfte werden ja sehr oft gerade deshalb eingeholt, weil man sich gegen unliebsame Praxisänderungen absichern will.

[132] Ähnlich auch MATTEOTTI, Rechtsfortbildung, 326; dazu auch N 91.
[133] BGer 1.7.2011, StE 2011 A 21.14 Nr. 22 E. 3.1 und 3.3.4. Mit solchen, der Rechtssicherheit höchst abträglichen Vorbehalten wird die sich im internationalen Steuerwettbewerb als grosser Vorteil erweisende verlässliche *schweizerische Rulingpraxis* unterlaufen. Dadurch entsteht der Allgemeinheit ein weit grösserer Schaden, als wenn einem Individuum, bei welchem die Voraussetzungen des Vertrauensschutzes einwandfrei erfüllt sind, Gerechtigkeit widerfährt.
[134] Vgl. BGer 4.12.1987, ASA 58, 295 ff.
[135] Vorne N 96.

Schutz verdient.[136] Mithin ist die Vertrauensschutzfrage bei jeder Rechtsänderung zu stellen.[137]

V. Grundsatz der Rechtssicherheit

1. Bestimmtheit, Voraussehbarkeit, Stabilität und Kontinuität des Steuerrechts

104 Der Grundsatz der Rechtssicherheit ist Ausdruck der Rechtsstaatsidee. Er gilt als unentbehrlicher Bestandteil unserer demokratischen Rechts- und Staatsordnung und wird aus BV 5 III abgeleitet[138]. Inhaltlich zielt das Rechtssicherheitsprinzip auf *Bestimmtheit, Voraussehbarkeit, Stabilität* und *Kontinuität* des Rechts. Es ist sowohl bei der Rechtssetzung als auch bei der Rechtsanwendung zu beachten.

105 Das Erfordernis der *Tatbestandsbestimmtheit* ergibt sich nicht nur aus dem Grundsatz der Gesetzmässigkeit, sondern auch aus dem Rechtssicherheitsprinzip. Der Tatbestand, an welchen die Steuerfolge geknüpft wird, muss nach Inhalt, Gegenstand und Ausmass hinreichend begrenzt sein, sodass die Steuerfolge für das Individuum *voraussehbar* wird.[139] Auch gewährleistet das Rechtssicherheitsprinzip, dass die Steuerverwaltung für eine *einheitliche Anwendung und Auslegung* der Steuererlasse sorgt. Im Steuerrecht sind die der Steuerverwaltung eingeräumten *Ermessens- und Beurteilungsspielräume* sehr gross. Oft sind Bewertungsfragen zu beantworten, oder es müssen unbestimmte Rechtsbegriffe ausgelegt werden. Die Freiräume, die der Verwaltung eingeräumt werden, sind – wenn immer möglich – *regelbildend* auszufüllen.

106 Schon PETER NOLL[140] betonte, dass dem *Präventionsinteresse* im Steuerrecht, wo der Einzelne den Sachverhalt oftmals mit Blick auf die Steuerfolgen gestalte und weitreichende Dispositionen treffe, ein sehr hoher Stellenwert einzuräumen sei. Das Individuum habe Anspruch darauf, die Steuerfolgen bereits bei der Sachverhaltsgestaltung zuverlässig abschätzen zu können.

107 Die Erfordernisse der *Stabilität* und *Kontinuität* des Rechts verlangen im *Rechtssetzungsbereich*, dass die an einen verwirklichten Sachverhalt geknüpften Steuerfolgen *anerkannt* und *nicht nachträglich verschärft* werden. Die Gesetze, aber auch eine feste Praxis, dürfen somit nicht rückwirkend geändert werden.[141] Das Individuum darf nicht mit Steuerfolgen konfrontiert werden, mit denen es zur

---

[136] MÜLLER, in: AUBERT et al., N 62 f. zu aBV 4; WEIDMANN, ASA 76, 659. So könnte beispielsweise die grundsätzliche Steuerfreiheit des Vermögensanfalls aus rückkaufsfähiger privater Kapitalversicherung gemäss DBG 24 b nicht ohne angemessene Übergangsregelung aufgehoben werden.
[137] Zu den Gesetzes- und Praxisänderungen sogleich N 110 ff. und N 114 ff.
[138] Dazu HÄFELIN/MÜLLER/UHLMANN, Verwaltungsrecht, N 628; MATTEOTTI, Rechtsfortbildung, 106; REICH, Steuererhebungsprinzipien, 110 f.
[139] Vgl. BGer 12.7.1989, BGE 115 Ib 238 = StE 1990 B 24.4 Nr. 22 E. 5b.
[140] PETER NOLL, Gesetzgebungslehre, Reinbek bei Hamburg 1973, 193 f.
[141] Ausführlich sogleich N 109 ff.

Zeit der Verwirklichung des Sachverhalts nicht rechnen musste. Ausgeschlossen ist im Steuerrecht aber auch eine *Vorwirkung* von neuen Gesetzen.[142] Unter dem Aspekt der Stabilität und Kontinuität des Rechts ist schliesslich auch die Abänderbarkeit der einzelnen Steuerveranlagungen zu beurteilen. Das Individuum soll grundsätzlich auf die einmal getroffene Steuerveranlagung vertrauen dürfen. Steuerverfügungen erwachsen nicht nur in formelle, sondern grundsätzlich auch in *materielle Rechtskraft*.[143]

2. Gesetzesänderungen

a) Zulässigkeit von Gesetzesänderungen

Der im Rechtssicherheitsprinzip enthaltene Kontinuitätsgedanke verbietet *beliebige Änderungen* von Steuergesetzen. Die Steuerpflichtigen haben Anspruch auf eine hinreichende *Steuerplanungssicherheit*[144]. Der Anpassung der gesetzlichen Grundlagen an veränderte tatsächliche Gegebenheiten und Bedürfnisse stehen indes selbstredend keine Verfassungsprinzipien entgegen.

108

b) Rückwirkungsverbot

Verfassungsmässige Schranken sind hingegen hinsichtlich der *Wirkungen* von Gesetzesänderungen zu beachten. Nur wenige Probleme ergeben sich bei Gesetzesänderungen, welche die Steuerpflichtigen begünstigen. Solche Änderungen können im Allgemeinen auch rückwirkend vorgenommen werden.[145] Immerhin ist dem Gleichheitssatz hinreichend Beachtung zu schenken.

109

Belastende Gesetzesänderungen dürfen sich demgegenüber grundsätzlich nur auf Sachverhalte beziehen, die sich erst nach der Änderung verwirklicht haben.[146] Die Steuerrechtsfolgen, die eine bestimmte Sachverhaltsgestaltung auslösen, müssen im Zeitpunkt der Sachverhaltsverwirklichung feststehen und dürfen nicht nachträglich verändert werden.[147] Belastende Rückwirkungen verstossen gewöhnlich gegen den Grundsatz der Rechtssicherheit, aber auch gegen den Vertrauensschutz sowie gegen das Rechtsgleichheitsgebot.[148] *Ausnahmsweise* kann

110

---

[142] Dazu WEIDMANN, ASA 76, 645 f.
[143] Hinten § 26 N 111.
[144] Vgl. JOHANNA HEY, Steuerplanungssicherheit als Rechtsproblem, Köln 2002, passim.
[145] Vgl. BGer 16.7.1992, StR 1992, 601 f. E. 2c; RICHNER/FREI/KAUFMANN/MEUTER, N 42 der Vorbemerkung zum DBG; WEIDMANN, ASA 76, 642.
[146] Das gilt selbstredend auch für *Verfassungsänderungen*, welche die Statuierung neuer Steuerbelastungen vorsehen.
[147] Im Steuerrecht ist die Unterscheidung zwischen *echter* und *unechter Rückwirkung* (dazu HÄFELIN/MÜLLER/UHLMANN, Verwaltungsrecht, N 329 ff. sowie 337 ff.; WEIDMANN, ASA 76, 638 ff.) kaum von Bedeutung. Führt eine unechte Rückwirkung im Resultat zu einer nicht vorsehbaren stossenden Verschärfung der Steuerfolgen, ist sie ebenso unzulässig wie die echte Rückwirkung.
[148] Je mit weiteren Hinweisen HÄFELIN/MÜLLER/UHLMANN, Verwaltungsrecht, N 330 f. und N 342; MÜLLER, in: AUBERT et al., N 74 zu aBV 4; RICHNER/FREI/KAUFMANN/MEUTER, N 35 der Vorbemerkungen zum DBG.

indes eine Rückwirkung zulässig sein, wenn folgende Voraussetzungen kumulativ erfüllt sind:[149]

- Die Rückwirkung muss im neuen Gesetz entweder ausdrücklich angeordnet sein oder sich klar daraus ergeben,
- in zeitlicher Hinsicht mässig sowie
- durch triftige Gründe gerechtfertigt sein und
- darf keine stossenden Rechtsungleichheiten bewirken.

111 Diese Anforderungen an die Zulässigkeit der echten Rückwirkung müssen «besonders im Steuerrecht streng genommen werden»[150].

> Dass bei einer Reform der Erbschaftssteuer das Bedürfnis besteht, *Umgehungen* der neu eingeführten Besteuerung bestimmter Vermögensübergänge von Todes wegen zu vermeiden, indem Schenkungen, die eine gewisse Zeit vor Inkrafttreten der neuen Regelung erfolgen, ebenfalls der Besteuerung unterworfen werden, kann nicht in Abrede gestellt werden. Klar verfassungswidrig ist jedoch eine Regelung, welche über mehrere Jahre zurück wirkt und sogar Schenkungen, die schon vor der Einreichung der entsprechenden Volksinitiative vorgenommen werden, dem steuerbaren Nachlass zurechnen will.[151]

3. Praxisänderungen

a) Zulässigkeit von Praxisänderungen

112 Unter dem Aspekt der Rechtssicherheit stellt sich auch die Frage nach der Zulässigkeit von Praxisänderungen. Werden Gesetzesbestimmungen während einer gewissen Zeitdauer durch die Gerichte und die Steuerbehörden einheitlich angewendet, bildet sich eine Praxis.[152] Das Abweichen von dieser Praxis *im Einzelfall* verstösst nicht nur gegen das Rechtssicherheitsgebot, sondern insbesondere auch gegen BV 8 I und kann unter keinen Umständen gerechtfertigt werden.

113 Anders verhält es sich bei einer *generellen Änderung* einer Gerichts- oder Verwaltungspraxis. Wenn erkannt wird, dass eine andere Auslegung einer Gesetzesbestimmung deren Sinngehalt besser wiedergibt als die bisherige Praxis, gebietet das Legalitätsprinzip, dass die Rechtsnorm richtig angewendet wird. Praxisänderungen sind deshalb zulässig, wenn der Richter oder die Verwaltung nach gründlicher und ernsthafter Untersuchung zu einer anderen Rechtsüberzeugung gelangen.[153] Das Bundesgericht äussert sich dazu wie folgt:

---

[149] Vgl. dazu BGer 15.11.1999, ZStP 2000, 29 f. E. 5a; BGer 20.8.1993, BGE 119 Ia 254 E. 3b.
[150] BGer 7.4.1976, ASA 46, 271 f. E. 2.
[151] Vgl. Eidg. Volksinitiative «Millionen-Erbschaften besteuern für unsere AHV (Erbschaftssteuerreform)» (BBl 2011, 6459 ff.).
[152] Vgl. vorne § 3 N 47 und 53.
[153] Vgl. BGer 1.10.1985, BGE 111 Ia 161; dazu auch Beatrice Weber-Dürler, Zum Anspruch auf Rechtsgleichheit in der Rechtsanwendung, ZBl 2004, 1 ff., 16 ff.

«Eine Praxis ist [...] nicht unwandelbar, sondern muss sogar geändert werden, wenn die Behörde zur Einsicht gelangt, dass das Recht bisher unrichtig angewendet worden ist oder eine andere Rechtsanwendung dem Sinne des Gesetzes oder veränderten Verhältnissen besser entspricht. Die Praxisänderung muss sich jedoch auf ernsthafte, sachliche Gründe stützen können, die umso gewichtiger sein müssen, je länger die als falsch oder nicht mehr zeitgemäss erkannte Rechtsanwendung praktiziert worden ist. Überdies darf sie nicht bloss im Sinne einer momentanen Schwankung oder einer singulären Abweichung erfolgen, sondern muss in grundsätzlicher Weise als zukünftig wegleitende Neuausrichtung für alle gleichartigen Sachverhalte gelten. Sind diese Voraussetzungen erfüllt, steht eine Praxisänderung weder mit dem Grundsatz der Rechtssicherheit noch der Rechtsgleichheit im Widerspruch, obschon jede Änderung der bisherigen Rechtsanwendung zwangsläufig mit einer Ungleichbehandlung der früheren und der neueren Fälle verbunden ist.»[154]

b) Wirkungen von Praxisänderungen

Folgt man hinsichtlich der Auswirkungen von Praxisänderungen dem *Legalitätsprinzip*, so ist eine Praxisänderung unverzüglich und auf alle noch nicht rechtskräftig erledigten Fälle anzuwenden.[155] Sämtliche noch nicht rechtskräftigen Veranlagungen sind demnach ungeachtet der Steuerperiode, die sie betreffen, nach der neuen Praxis zu beurteilen.[156]

Eine solche rückwirkende Anwendung neuer Auslegungserkenntnisse weckt indes grösste Bedenken. Sie entspricht zwar dem Legalitätsprinzip, kollidiert jedoch mit verschiedenen anderen Verfassungsprinzipien. Zunächst werden die Individuen – trotz gleich gelagertem Sachverhalt und formell unverändert gebliebenen Rechtssätzen – *ungleich* behandelt. Zudem verlangen das *Vertrauensschutzprinzip* und das *Gebot der Rechtssicherheit*, dass eine bisher geübte Praxis beibehalten wird und sich der Steuerpflichtige darauf verlassen kann. Je grösser die zeitliche Distanz zwischen der Verwirklichung eines Sachverhalts und dessen Beurteilung durch die Steuerbehörde ist, desto stossender wirkt sich die sofortige Anwendung einer Praxisänderung auf alle noch nicht rechtskräftigen Veranlagungen aus.

Aus diesen Gründen darf dem Grundsatz der Gesetzmässigkeit nicht unbesehen der Vorrang vor den anderen Verfassungsgrundsätzen eingeräumt werden.[157] Nach dem Konzept der *praktischen Konkordanz* sind alle einschlägigen Verfas-

114

115

116

---

[154] BGer 21.5.2003, StE 2003 B 22.2 Nr. 17 E. 3.2 mit weiteren Hinweisen.
[155] Vgl. BGer 10.11.2006, StE 2007 B 24.4 Nr. 75 E. 3.7 mit Hinweis auf BGer 4.10.1985, BGE 111 V 161 E. 5b; vgl. auch MADELEINE SIMONEK, Die steuerrechtliche Rechtsprechung des Bundesgerichts im Jahre 2002. Direkte Bundessteuer, ASA 73 (2004/2005), 1 ff., 3.
[156] Vgl. BGer 30.1.1976, BGE 102 Ib 45 E. 1a.
[157] Dies umso mehr, als das Bundesgericht das Legalitätsprinzip im umgekehrten Fall, wenn es um die Vermeidung von Besteuerungslücken geht, keineswegs als Schranke für eine rückwirkende Anwendung der alten Praxis sieht, vgl. WEIDMANN, ASA 76, 637 mit Hinweisen.

sungsinhalte möglichst optimal zu verwirklichen.¹⁵⁸ Die neue Praxis ist deshalb so zur Anwendung zu bringen, dass das Vertrauen des Steuerpflichtigen auf die im Zeitpunkt der Sachverhaltsverwirklichung geltende feste Praxis nicht enttäuscht wird.¹⁵⁹ So wird sogar die generelle Übernahme der gegenüber dem Gesetzgeber entwickelten Rückwirkungsschranken auch auf Rechtsprechungsänderungen gefordert.¹⁶⁰ Überall dort, wo die Gesetze relativ offen ausgestaltet sind, kommt den Praxisänderungen eine ähnliche Tragweite zu wie Gesetzesänderungen. Wenn die jeweilige Rechtslage von Rechtsprechung und Gesetzgeber gemeinsam konstituiert wird, lassen sich Praxisänderungen methodologisch kaum mehr von Gesetzesänderungen unterscheiden; funktional handelt es sich um Rechtsschöpfungsakte.¹⁶¹

117 Der Vertrauensschutz kann bei Praxisänderungen durch verschiedene Massnahmen gewährleistet werden.¹⁶² So können Änderungen der Rechtsprechung zunächst *angekündigt* werden. Oder es können mit Praxisänderungen *intertemporale Regeln* verbunden werden, welche die Änderung erst auf künftig verwirklichte Sachverhalte zur Anwendung bringen. Bei Änderungen von Verwaltungsverordnungen hat die EStV schon verschiedentlich zum Instrument der Übergangsregelung gegriffen.¹⁶³

118 Die Grundgedanken, die der Statuierung solcher Übergangsregeln bei Änderung von *Verwaltungsverordnungen* zugrunde liegen, sind gleichermassen auch auf die Änderung von nicht ausdrücklich festgeschriebenen Verwaltungspraxen anwendbar. Mit Blick auf das Legalitätsprinzip ist nämlich kein Unterschied auszumachen zwischen der Änderung von Kreisschreiben und der Änderung einer ungeschriebenen Praxis. Schriftliche Weisungen der Steuerbehörden haben mit Blick auf die Gewaltenteilungsproblematik weder einen höheren Geltungsanspruch noch ein grösseres Beharrungsvermögen als eine ungeschriebene Verwaltungspraxis. Auch sind sie nicht a priori geeigneter, als Vertrauensgrundlage zu dienen. Es dürfte im Allgemeinen nur leichter sein, eine feste Praxis nachzuweisen, wenn entsprechende ausdrückliche Weisungen bestehen.

---

158 Vgl. Reich/Uttinger, ZSR I 2010, 169 f.
159 Weber-Dürler (Fn. 153), ZBl 2004, 16 ff.; dies. (Fn. 119), 234 ff.
160 Dazu Hinweise bei Hey (Fn. 144), 620 ff.
161 Vgl. Reich/Uttinger, ZSR I 2010, 173 ff.; Reich/Waldburger, Rechtsprechung im Jahr 2006 (1. Teil), FStR 2007, 228 ff., 234 f.; Michèle Stampe, Die Praxisänderung im Steuerrecht, Zürich 2007, 26.
162 Ausführlich Reich/Uttinger, ZSR I 2010, 178 ff.
163 So hat sie beispielsweise bei der Änderung der Praxis zur Optionsbesteuerung die nach alter Praxis bzw. nach dem Kreisschreiben aus dem Jahre 1990 als unverkäuflich qualifizierten Optionen, die vor der Publikation des Kreisschreibens 1997 am 30.4.1997 ausgegeben wurden, noch gemäss der alten Praxis bei deren Ausübung als steuerbar erklärt. Diese Übergangsbestimmung im neuen Kreisschreiben hat das Bundesgericht zu Recht nicht beanstandet (vgl. BGer 21.5.2003, StE 2003 B 22.2 Nr. 17; dazu Markus Reich/Robert Waldburger, Rechtsprechung im Jahr 2003 [1. Teil], FStR 2004, 214 ff.).

D. Steuererhebungsprinzipien

Die Bundesverfassung enthält ausdrückliche Bestimmungen zu den für die Steuerrechtsordnung zu beachtenden Grundwertungen. Diese Steuererhebungsprinzipien sind in BV 127 II normiert. Dazu gehören die *Grundsätze der Allgemeinheit* und *Gleichmässigkeit der Besteuerung* sowie der *Grundsatz der Besteuerung nach der wirtschaftlichen Leistungsfähigkeit*. Diese Steuererhebungsprinzipien bilden *Konkretisierungen* des allgemeinen Gleichheitsgebotes und des Willkürverbotes, weisen aber auch Bezüge zu andern Verfassungsgrundsätzen, insbesondere zur Eigentumsgarantie, auf. Sie wurden in der alten Verfassung aus aBV 4 abgeleitet.[164]

119

Die Aufnahme expliziter Steuererhebungsprinzipien in die neue Verfassung ist sehr zu begrüssen. Etwas unschön ist allerdings ihre *systematische Einordnung*. BV 127 ist im 3. Kapitel des 3. Titels eingegliedert, wo unter der Überschrift «Finanzordnung» an sich die grundlegenden Zuständigkeiten des Bundes im Finanzbereich geregelt werden. Demgegenüber sind die Grundrechte im 1. Kapitel des 2. Titels unter der Überschrift «Grundrechte» aufgeführt. Daraus kann indes – dem *Nachführungscharakter* der Verfassungsrevision entsprechend[165] – weder eine Beeinträchtigung der grundrechtlichen Funktion der Steuererhebungsprinzipien abgeleitet werden, noch ergibt sich daraus, dass sich lediglich der Bund an diese Grundsätze zu halten hat. Der Grundrechtscharakter der Steuererhebungsprinzipien ist ohnehin bereits in BV 8[166] und 9 angelegt.

120

Auch die *Kantonsverfassungen* enthalten steuerrechtliche Grundsätze.[167] Den Besteuerungsgrundsätzen in den Kantonsverfassungen ist aber in den meisten Fällen keine selbständige Bedeutung beizumessen, da ihr Gehalt in der Regel nicht weiter reicht als derjenige der bundesrechtlichen Steuererhebungsprinzipien.[168]

121

I. Tragweite

Die Steuererhebungsprinzipien bilden das Fundament einer gerechten Steuerordnung. Es sind Besteuerungsgrundsätze finanz-, sozial- und steuerpolitischer Natur,[169] welche nähere Informationen darüber liefern, wie der Steuertatbestand hinsichtlich Steuersubjekt, Steuerobjekt, Bemessungsgrundlage und Steuermass ausgestaltet sein muss, damit er dem allgemeinen Gerechtigkeitsempfinden entspricht. Die Steuererhebungsprinzipien weisen vorab einen *programmatischen Gehalt* auf und sind primär Anweisungen an den Gesetzgeber. Sie gewährleisten dem Einzelnen aber auch einen Schutzbereich vor staatlichen Eingriffen und bil-

122

---

[164] Vorne N 39.
[165] Vgl. dazu Häfelin/Haller/Keller, Bundesstaatsrecht, N 65, 68 und 78.
[166] Vgl. BGer 1.6.2007, StE 2007 A 21.16 Nr. 10 E. 6.2.
[167] Beispielsweise ZH KV 125 II und III.
[168] Vgl. BGer 9.11.1990, BGE 116 Ia 321 E. 3a und b.
[169] BGer 1.6.2007, StE 2007 A 21.16 Nr. 10 E. 6.1.

den in ihrer Funktion als Konkretisierung der dargestellten Grundrechte auch *verfassungsmässige Individualrechte*.[170]

123 Nach dem Wortlaut von BV 127 II sind die Steuererhebungsprinzipien nur insoweit zu beachten, als es die *Art der entsprechenden Steuer* zulässt. Dies darf indes nicht so verstanden werden, als könnte der Gesetzgeber die Grundsätze gerechter Steuererhebung bei einzelnen Steuerarten gänzlich zur Seite schieben. Auch Objekt- und Verbrauchssteuern haben den Grundanforderungen gerechter Lastenverteilung zu entsprechen.[171]

124 Die Steuererhebungsprinzipien dürfen angesichts der *Pluralität der Zielwerte* der Verfassung nicht überbewertet werden.[172] Wie die anderen Verfassungsgrundsätze sind auch die Steuererhebungsprinzipien in der Regel so abstrakt ausgestaltet, dass sie im Einzelfall zumeist keine genügende Entscheidungsgrundlage bieten. Sie stecken lediglich das *Feld* ab, innerhalb dessen sich Rechtssetzung und Rechtsanwendung im Steuerrecht bewegen müssen. Die für die Gewährleistung der Rechtssicherheit nötige regelbildende Konkretisierung der Prinzipien ist aufgrund des Legalitätsprinzips Aufgabe des demokratisch legitimierten *Gesetzgebers*. Der Verfassungsrichter darf die im Steuergesetz verankerten Bestimmungen nicht leichthin unter Berufung auf die Steuererhebungsprinzipien für ungültig erklären.

125 Von grosser Bedeutung sind die Steuererhebungsprinzipien indes im Rahmen der *verfassungskonformen* Auslegung. Wenn es darum geht, den Sinn einer vieldeutigen Gesetzesbestimmung festzulegen oder einen unbestimmten Rechtsbegriff mit Inhalt anzureichern, liefern die verfassungsrechtlichen Wertvorstellungen starke, oft ausschlaggebende Argumente.

II. Allgemeinheit der Besteuerung

126 Der Grundsatz der Allgemeinheit der Steuer ist aus einem uralten *Verteilungskampfruf* herausgewachsen, der sich gegen die feudalistischen Denkkategorien richtete.[173] Danach soll jeder Steuern zahlen, ohne Rücksicht auf persönliche Merkmale wie Stand, Religion, Abstammung oder Rasse. Der Finanzaufwand des Gemeinwesens für die allgemeinen öffentlichen Aufgaben soll grundsätzlich von allen Individuen getragen werden.[174] Jeder hat an die Staatslasten beizutragen, so wie auch jeder von den staatlichen Leistungen profitiert.

---

[170] Vgl. HÄFELIN/HALLER/KELLER, Bundesstaatsrecht, N 885; RICHNER/FREI/KAUFMANN/MEUTER, N 57 der Vorbemerkungen zum ZH StG.
[171] Vgl. RICHLI, ASA 58, 403 ff., 413, 415; REICH, Steuererhebungsprinzipien, 104 f.; zum Meinungsstand der Lehre SENN, Besteuerungsgrundsätze, 134 f.; vgl. ferner BGer 24.8.1998, BGE 124 I 289 E. 3.
[172] REICH, ASA 74, 710 ff. Vgl. auch N 185 f.
[173] Dazu und zum Folgenden REICH, Steuererhebungsprinzipien, 99 ff.
[174] Vgl. SENN, Besteuerungsgrundsätze, 141 ff.; VALLENDER/WIEDERKEHR, in: EHRENZELLER/MASTRONARDI/ SCHWEIZER/VALLENDER, N 8 ff. zu BV 127.

Das Allgemeinheitsprinzip beschlägt also die *subjektive Seite* des Steuerrechtsverhältnisses. Die Frage lautet: *Wer* muss und darf einer bestimmten Steuerart unterworfen werden, *welche Personen* sind ins Recht zu fassen? Es geht also um die Kriterien zur Auswahl des durch eine Steuer *betroffenen Personenkreises*. Der Grundsatz der Allgemeinheit der Besteuerung kommt aber auch bei der Frage der *Steuereignung* eines bestimmten *Steuerobjekts* zum Tragen. Denn die Erfassung eines bestimmten Lebenssachverhalts als Gegenstand der Besteuerung kann den durch die Steuer betroffenen Personenkreis von vornherein in unzulässiger Weise einschränken oder erweitern.[175]

127

Das Allgemeinheitsprinzip weist zwei Ausprägungen auf: Zum einen wirkt es als *Privilegierungsverbot*, zum anderen als *Diskriminierungsverbot*.[176]

128

1. Privilegierungsverbot

Das Privilegierungsverbot verbietet sachlich unbegründete Ausnahmen einzelner Personen oder Personengruppen von der Besteuerung.[177] Alle Bürger sollen einen Beitrag an die staatlichen Lasten leisten.[178] Das Privilegierungsverbot verlangt dementsprechend eine Konzeption der subjektiven Steuerpflicht auf möglichst breiter Basis.[179]

129

Ausnahmen vom Grundsatz der Allgemeinheit der Besteuerung sind mithin zulässig, sofern sie *sachlich begründet* sind.[180] Der Steuertatbestand und der Kreis der Steuerpflichtigen müssen in einem ausreichenden sachlichen Zusammenhang stehen.[181] Sachlich begründet sind Ausnahmen, wenn sie entweder auf wesentlichen Unterschieden in den *wirtschaftlichen Verhältnissen* basieren oder wenn die Steuerbefreiung mit der *Art der Zweckverfolgung* (öffentliche oder soziale Funktion im Dienst der Allgemeinheit) oder mit fundierten *steuersystematischen Überlegungen* (Mehrfachbelastung des gleichen wirtschaftlichen Substrates bei Holdinggesellschaften) gerechtfertigt werden kann. Schliesslich kann aber eine Ausnahme vom Grundsatz der Allgemeinheit der Besteuerung auch mit der *besonderen Regelungsaufgabe* einer Steuer motiviert werden (z.B. Lenkungssteuern).

130

Problematisch mit Blick auf das Privilegierungsverbot[182] sind unter anderem *individuelle Steuerabkommen*, die Steuervorteile einräumen. Steuerabkommen sind aufgrund des Privilegierungsverbotes nur zulässig, wenn sich der zu regelnde Fall aufgrund seiner besonderen tatsächlichen Ausgestaltung wesentlich von

131

---

[175] Vgl. BGer 18.3.1964, BGE 90 I 159 E. 2.
[176] REICH, Steuererhebungsprinzipien, 100 f.; VALLENDER, AJP 1999, 689; SENN, Besteuerungsgrundsätze, 143 f.
[177] BGer 9.12.1986, BGE 112 Ia 240 E. 4b.
[178] BGer 24.5.1996, BGE 122 I 101 = StE 1997 A 21.16 Nr. 6 E. 2b.cc.
[179] Vgl. VGer SG 25.9.1995, StE 1996 A 21.16 Nr. 5 E. 3b.aa.
[180] BGer 20.6.1973, BGE 99 Ia 638 E. 9 auch zum Folgenden.
[181] BGer 24.8.1998, BGE 124 I 289 E. 3b.
[182] Und mit Blick auf das Legalitätsprinzip, dazu vorne N 33 ff. und 84 ff.

den anderen, der allgemeinen gesetzlichen Regelung unterstehenden Fällen unterscheidet.[183]

2. Diskriminierungsverbot

132 Das Diskriminierungsverbot als zweite Ausprägung des Grundsatzes der Allgemeinheit der Besteuerung hat das Bundesgericht im sog. Reichtumssteuerentscheid[184] wie folgt formuliert:

> «Der Grundsatz der Allgemeinheit der Besteuerung verbietet ferner, einer kleinen Gruppe von Steuerpflichtigen im Verhältnis zu ihrer Leistungsfähigkeit erheblich grössere Lasten aufzuerlegen als der Masse der übrigen Steuerpflichtigen [...]. In diesem Sinn enthält der Grundsatz der Allgemeinheit der Besteuerung auch einen verfassungsmässigen Minderheitenschutz».

133 Wie gesehen,[185] hat mit BV 8 II ein *generelles Diskriminierungsverbot* in die Verfassung Eingang gefunden. Der Schutzbereich des Diskriminierungsverbotes des Grundsatzes der Allgemeinheit der Besteuerung und derjenige des Diskriminierungsverbotes von BV 8 II decken sich indes nicht. Im Visier dieser neuen verfassungsrechtlichen Schutzbestimmung stehen die sozial ausgegrenzten, wirtschaftlich schwachen und erniedrigten Gruppen,[186] während das Diskriminierungsverbot des Allgemeinheitsgrundsatzes eher die wohlhabenden Steuerpflichtigen schützt. Es soll nicht zulässig sein, wirtschaftlich leistungsfähige Minderheiten in rechtsungleicher und sachwidriger Weise für die Ziele der Gesamtgesellschaft zu vereinnahmen. Eine übermässige, das Allgemeinheitsprinzip verletzende Steuerbelastung von begüterten natürlichen und juristischen Personen führt im Zuge der stets tiefer liegenden Mobilitätsbarrieren zur Verlagerung von Steuersubstrat, das dann nicht mehr zur Deckung der Bedürfnisse von sozial Benachteiligten zur Verfügung steht. Das steuerrechtliche Diskriminierungsverbot findet deshalb seine Legitimationsbasis nicht zuletzt auch in den Nutzenkalkulationen rationaler Individuen.

> Ein Verstoss gegen das Allgemeinheitsprinzip liegt beispielsweise vor, wenn die *Freibeträge* einer Steuer allzu hoch angesetzt werden. Ein Freibetrag bei einer Nachlasssteuer von CHF 2 Mio.[187] mag zwar die Annahme einer Volksinitiative begünstigen, ist jedoch klar verfassungswidrig. Wenn der Vermögensübergang auf die Erben oder die Beschenkten als steuerwürdiger Tatbestand erachtet wird, beginnt die Steuerwürdigkeit nicht erst bei Nachlässen in Millionenhöhe.

---

[183] Vgl. BLUMENSTEIN/LOCHER, System, 321; SIEGRIST/URSPRUNG, in: KLÖTI-WEBER/SIEGRIST/WEBER, N 5 zu AG StG 1.
[184] BGer 20.6.1973, BGE 99 Ia 638 E. 9; in diesem Sinn auch BGer 1.6.2007, StE 2007 A 21.16 Nr. 10 E. 6.1.
[185] Vorne N 47 f.
[186] Ebenda.
[187] So die Volksinitiative Erbschaftssteuerreform (Fn. 151), BBl 2011, 6459 ff.

Von besonderer Bedeutung ist das Diskriminierungsverbot bei den *Sondersteuern*, die generell in einem Spannungsverhältnis zum Grundsatz der Allgemeinheit der Besteuerung stehen.[188] Sondersteuern haben verschiedenartige Zielsetzungen, so soll entweder eine besondere wirtschaftliche Leistungsfähigkeit, die bestimmten Personen zugesprochen wird, abgeschöpft werden (Grund-, Umsatz-, Gewerbe-, Vergnügungs- und Luxussteuern), oder es werden Lenkungszwecke oder Kostenanlastungsmotive verfolgt. Lenkung impliziert Ungleichheit und damit zwangsläufig auch einen Verlust an Allgemeinheit der betreffenden Steuer. Ähnliches geschieht bei den *Kostenanlastungssteuern*,[189] bei welchen einer bestimmten Gruppe von Steuerpflichtigen die Verantwortung für gewisse Aufwendungen des Staates übertragen wird (z.B. Mineralölsteuer). Auch diese Steuerarten haben den Steuererhebungsprinzipien zu entsprechen.

134

III. Gleichmässigkeit der Besteuerung

Der Grundsatz der Gleichmässigkeit der Besteuerung verlangt, dass die staatlichen Lasten auf die nach dem Allgemeinheitsprinzip ausgesuchten Steuerpflichtigen nach gleichem Mass verteilt werden. Die Auffassung darüber, wonach sich das gebotene gleiche Mass richtet, hat sich im Laufe der Zeit gewandelt.[190] Bis ins 19. Jahrhundert hinein ging die finanzwissenschaftliche Steuerlehre davon aus, dass eine gleichmässige Besteuerung gewährleistet sei, wenn der Steuersatz linear ausgestaltet ist. Der Gedanke der Besteuerung nach der wirtschaftlichen Leistungsfähigkeit mit *progressiver Ausgestaltung* der Steuerbelastung vermochte erst im Verlaufe der zweiten Hälfte des 19. Jahrhunderts allgemein Fuss zu fassen.[191]

135

Dem Grundsatz der Gleichmässigkeit der Besteuerung kam demnach ideengeschichtlich *Massstabsfunktion* zu. Er zielte auf die Frage, wie die staatlichen Lasten auf die nach dem Allgemeinheitsprinzip ausgesuchten Steuerpflichtigen zu verteilen sind. Mit dem Aufkommen und der Verfestigung des *Leistungsfähigkeitsprinzips* als zentrale Lastenverteilungsregel ist der Grundsatz der Gleichmässigkeit der Besteuerung deshalb mehr und mehr seines Inhalts verlustig gegangen. Das Leistungsfähigkeitsprinzip hat die Funktion des althergebrachten Grundsatzes der Gleichmässigkeit der Besteuerung übernommen.

136

Das Bundesgericht umschreibt die Tragweite des Gleichmässigkeitsprinzips wie folgt:

137

«Nach dem Grundsatz der Gleichmässigkeit der Besteuerung sind Personen, die sich in gleichen Verhältnissen befinden, in derselben Weise mit

---

[188] BGer 24.8.1998, BGE 124 I 289 E. 3b; vgl. auch BGer 24.2.2000, StE 2001 A 21.16 Nr. 7 E. 2c, wonach in der Steuerbefreiung von Vorsorgeeinrichtungen kein sachlicher Grund für eine einzig diesen juristischen Personen auferlegte Grundsteuer liegt.
[189] Vorne § 2 N 7, 16 f.
[190] Vgl. auch zum Folgenden Birk, Leistungsfähigkeitsprinzip, 21 f.
[191] Dazu und zum Folgenden Reich, ASA 53, 9; ders., Steuererhebungsprinzipien, 104.

Steuern zu belasten und müssen wesentliche Ungleichheiten in den tatsächlichen Verhältnissen zu entsprechend unterschiedlicher Steuerbelastung führen.»[192]

138 In dieser Formulierung ist keine über das allgemeine Gleichbehandlungsgebot hinausgehende Information enthalten. Sie besagt lediglich, dass die Steuerpflichtigen entsprechend ihrer Leistungsfähigkeit an die Steuerlasten beizutragen haben.[193] Aus diesen Gründen könnte das Gleichmässigkeitsprinzip ohne Weiteres *ersatzlos gestrichen* werden.[194] Dass der Gleichheitssatz auch im Steuerrecht beachtet werden muss, braucht nicht durch die Anrufung eines abgegriffenen und im Laufe der Zeit inhaltslos gewordenen Prinzips hervorgehoben zu werden.

IV. Besteuerung nach der wirtschaftlichen Leistungsfähigkeit

139 Der Grundsatz der Besteuerung nach der wirtschaftlichen Leistungsfähigkeit ist die steuerrechtsspezifische Konkretisierung des allgemeinen Gleichheitssatzes. Er bildet den *zentralen Massstab* für eine rechtsgleiche und willkürfreie Besteuerung. Das Prinzip der Besteuerung nach der wirtschaftlichen Leistungsfähigkeit verlangt, dass jeder Steuerpflichtige im Verhältnis der ihm zur Verfügung stehenden Mittel an die gesamten Lasten des Gemeinwesens beiträgt.[195] Massstab der Verteilung der Steuerlasten auf die Individuen bildet demnach die Fähigkeit des Pflichtigen, die Staatsausgaben mittragen zu können. Da Steuern im Unterschied zu den Kausalabgaben nicht zur Finanzierung ganz bestimmter, dem Pflichtigen zukommender staatlicher Leistungen, sondern zur Deckung der allgemeinen staatlichen Aufwendungen erhoben werden, ist das *Äquivalenzprinzip* als zentrale Lastenverteilungsregel ungeeignet.[196]

140 Der Grundsatz der Besteuerung nach der wirtschaftlichen Leistungsfähigkeit beschlägt somit den Fragenkreis, *was, in welchem Ausmass* besteuert werden soll. Die Fragen lauten: Ist ein bestimmtes Steuerobjekt an sich geeignet, individuelle Leistungsfähigkeit der Individuen zum Zwecke der Deckung des Finanzbedarfs abzuschöpfen? Was muss in die Bemessungsgrundlage einbezogen, was darf ausgeklammert werden? Wie viel von der Bemessungsgrundlage muss der Einzelne unter Berücksichtigung seiner individuellen wirtschaftlichen Situation abliefern?

---

[192] BGer 8.12.1988, BGE 114 Ia 221 E. 2c.
[193] Vgl. BGer 1.6.2007, BGE 133 I 206 = StE 2007 A 21.16 Nr. 10 E. 6.1.
[194] Im Ergebnis ebenso u. a. Höhn, Verfassungsgrundsätze, 129; Yersin, ZSR II 1992, 165 f.
[195] Dazu und zum Folgenden BGer 1.6.2007, BGE 133 I 206 = StE 2007 A 21.16 Nr. 10 E. 7.1 mit zahlreichen Hinweisen.
[196] Vgl. BGer 1.6.2007, BGE 133 I 206 = StE 2007 A 21.16 Nr. 10 E. 7.1.

Das Leistungsfähigkeitsprinzip durchzieht die *gesamte Steuerordnung* und gilt grundsätzlich sowohl für die direkten als auch für die indirekten Steuern.[197] Auch Objekt- und Verbrauchssteuern sind, sobald sie erhebliche Belastungswirkungen zeitigen, nicht nur nach den besonderen Eigenschaften des Steuerobjektes, sondern auch nach der wirtschaftlichen Leistungsfähigkeit der von der Steuer betroffenen Personen auszurichten. Wird von der individuellen Leistungsfähigkeit abgesehen, so bedarf dies einer hinreichenden sachlichen Rechtfertigung. Dabei ist eine *Gesamtbetrachtung* anzustellen, indem auch die Belastung mit anderen Steuern in die Beurteilung einbezogen wird. Das Leistungsfähigkeitsprinzip bezieht sich primär auf die Gesamtheit aller Steuerlasten,[198] sodass der regressiven Wirkung der Mehrwertsteuer bei der Einkommenssteuerbelastung durchaus Rechnung getragen werden darf.[199]

141

Das Hauptanwendungsgebiet des Leistungsfähigkeitsprinzips ist jedoch das *Einkommens- und Vermögenssteuerrecht*, wo das Leistungsfähigkeitsprinzip im Laufe der letzten Jahrzehnte zunehmend konkretisiert worden ist.[200]

142

1. Konkretisierung des Leistungsfähigkeitsprinzips im Einkommenssteuerrecht

Bereits in der Auswahl und Ausgestaltung der Einkommenssteuer als *primäre Steuer* mit den grössten individuellen Belastungswirkungen liegt die erste Konkretisierung des Leistungsfähigkeitsprinzips. Weitere wesentliche Aussagen leiten sich aus dem Grundsatz der Besteuerung nach der wirtschaftlichen Leistungsfähigkeit für die Umschreibung der Bemessungsgrundlage und die Ausgestaltung des Steuermasses ab.

143

a) *Bemessungsgrundlage der Einkommenssteuer*

Will man die Leistungsfähigkeit verschiedener Steuerpflichtiger miteinander vergleichen, muss zunächst eine objektive Vergleichsgrundlage gefunden werden. Als solche gilt das gesamte *Nettoeinkommen* eines Steuerpflichtigen.[201] Besteuerungsmassstab kann nur der Überschuss aller Einkünfte über die ursächlich damit verbundenen Aufwendungen bilden (objektives Nettoprinzip). Das Leistungsfähigkeitsprinzip ruft somit nach der Abziehbarkeit sämtlicher Gewinnungskosten.

144

Gleiche Nettoeinkünfte vermitteln indes nicht bei allen Gruppen von Steuerpflichtigen die gleiche wirtschaftliche Leistungsfähigkeit. So ist z.B. ein Steuer-

---

[197] Vorne N 123.
[198] REICH, ASA 53, 11; vgl. auch die Hinweise bei SENN, Besteuerungsgrundsätze, 160.
[199] Vgl. BGer 1.6.2007, BGE 133 I 206 = StE 2007 A 21.16 Nr. 10 E. 8.1.
[200] Zur historischen Entwicklung des Leistungsfähigkeitsprinzips vgl. BIRK, Leistungsfähigkeitsprinzip, 6 ff.; SENN, Besteuerungsgrundsätze, 193 f.; WALDBURGER P., Sparbereinigung, 77 ff.
[201] REICH, in: ZWEIFEL/ATHANAS, N 25 zu StHG 7 und N 5 zu StHG 9; LANG, in: TIPKE/LANG, § 9 N 42; WALDBURGER P., Sparbereinigung, 108 ff. je auch zum Folgenden; vgl. auch hinten § 10 N 38 ff.

pflichtiger, der für andere Personen zu sorgen hat, bei gleichem Nettoeinkommen weniger leistungsfähig als ein Steuerpflichtiger ohne Unterhaltspflichten. In einem zweiten Schritt muss deshalb das objektive Nettoeinkommen auf die *subjektive ökonomische Situation* des Steuerpflichtigen projiziert werden (subjektives Nettoprinzip). Mit Freibeträgen (Sozialabzügen) und unterschiedlichen Tarifen ist den persönlichen wirtschaftlichen Verhältnissen Rechnung zu tragen.

> Aus diesen Gründen greifen die «drei Grundregeln», die das *Bundesgericht* dem Leistungsfähigkeitsprinzip entnimmt, zu kurz und bedürfen der Präzisierung. Nach Auffassung des Bundesgerichts folgt aus dem Leistungsfähigkeitsprinzip im Bereich der Einkommenssteuer, «dass Personen und Personengruppen gleicher Einkommensschicht gleich viel Steuern zu bezahlen haben (sog. horizontale Steuergerechtigkeit). Personen mit verschieden hohen Einkommen sind unterschiedlich zu belasten. Es darf nicht sein, dass jemand mit niedrigem Einkommen gleich viel Steuern zahlen muss wie jemand mit hohem Einkommen. Erst recht kann nicht verlangt werden, dass jemand Steuern zahlt, obschon er dazu nicht in der Lage ist.»[202] Nur der letzten Regel kann ohne Vorbehalt beigepflichtet werden. Im Übrigen dürfen aber nur Belastungsvergleiche bei verschiedenen Personen oder Personengruppen angestellt werden, welche sich in der gleichen wirtschaftlichen Situation befinden. Die Gleichbehandlung ist nicht aus der quantitativen Optik der Einkommen anzustreben, massgebend müssen vielmehr die durch die Einkommen vermittelten Bedürfnisbefriedigungspotenziale sein. Wenn das Einkommen eines Steuerpflichtigen mit hohem Einkommen z.B. wegen beträchtlicher Unterhaltspflichten lediglich die gleiche Bedürfnisbefriedigung ermöglicht wie dasjenige eines Steuerpflichtigen mit niedrigerem Einkommen, ist es durchaus richtig und gerecht, wenn die beiden Steuerpflichtigen mit unterschiedlichem Einkommen gleich viel Steuern zu bezahlen haben.

145 Bei aller sorgfältigen Ausdifferenzierung der Steuernormen in Richtung leistungsfähigkeitskonformer Besteuerung muss schliesslich immer auch das *Praktikabilitätserfordernis* bedacht werden. Nichts ist der Steuergerechtigkeit abträglicher als ein Steuergesetz, das seiner Kompliziertheit wegen nicht oder nicht richtig angewendet werden kann. Das Einkommenssteuerrecht ist *Massenfallrecht* und muss deshalb einfach und erhebungswirtschaftlich konzipiert sein. So billigt auch das Bundesgericht dem Gesetzgeber zu, bis zu einem gewissen Grad schematische, auf die Durchschnittserfahrung abstellende Normen, die leicht zu handhaben sind, zu schaffen.[203] Konsequent und streng nach dem Leistungsfähigkeitsprinzip ausgestaltete Steuergesetze belasten den ohnehin strapazierten Vollzugsapparat und sind nicht rechtsgleich durchsetzbar. So ist stets ein tragfähiger *Kompromiss* zwischen der nach dem Leistungsfähigkeitsprinzip sachgerechten, differenzierenden Lösung und dem faktisch Möglichen anzustreben.

---

[202] BGer 1.6.2007, BGE 133 I 206 = StE 2007 A 21.16 Nr. 10 E. 7.2.
[203] BGer 9.12.1986, BGE 112 Ia 240 E. 4b; BGer 13.4.1984, BGE 110 Ia 7 E. 2b = StE 1984 A 21.11 Nr. 3 mit weiteren Hinweisen; PETER LOCHER, Praktikabilität im Steuerrecht (unter besonderer Berücksichtigung des materiellen Rechts der direkten Steuern), in: CAGIANUT/VALLENDER, FS Höhn, 189 ff.

b) Wirkungsorientierte Steuerlastverteilung

Schon aus den bisherigen Überlegungen zur leistungsfähigkeitskonformen Ausgestaltung der Einkommenssteuer ging hervor, dass nicht nur die Festlegung der Bemessungsgrundlage, sondern auch das Steuermass bzw. die Tarifgestaltung dem Leistungsfähigkeitsprinzip genügen müssen. Dabei hat eine gerechte Lastenverteilung auf die verschiedenen Steuerpflichtigen oder Gruppen von Steuerpflichtigen zielorientiert zu erfolgen. Das primäre Ziel der Einkommens- und Vermögenssteuer ist die *Deckung des staatlichen Finanzbedarfs*. Zwar fordern breite politische Kreise, dass über die Einkommenssteuererhebung zugleich auch eine *gerechte Wohlstandsverteilung* hergestellt werden soll. Das *Umverteilungspostulat* ist jedoch politisch stark umstritten und ohne Konturen.[204] Bei der Statuierung von Leitlinien der gerechten Lastenverteilung sind deshalb Überlegungen, welche geeignet sind, das Ziel der Einkommensbesteuerung, die Staatskasse zu alimentieren, *vorrangig* zu beachten. Sozialpolitische Gedanken sind dagegen – soweit sie diese Zielerreichung tendenziell beeinträchtigen – hintanzustellen.

146

Eine rationale Steuerlastverteilung hat demnach in erster Linie *wirkungsorientiert* und nicht *wertungsorientiert* zu erfolgen.[205] Verteilungsregeln, die selbstlosen Wertungen folgen, aber von den betroffenen Steuerpflichtigen nicht akzeptiert werden und deshalb zu einer Erosion des Steueraufkommens führen, bewirken zwar möglicherweise eine Umverteilung, verfehlen aber ihr eigentliches Ziel, das Fiskalziel. Wertungen sind auf dem Gebiet der Verteilung der Steuerlasten ohnehin sehr umstritten und wissenschaftlich vielfach nicht nachzuvollziehen. Die allokativen und distributiven Auswirkungen von Steuernormen sind demgegenüber *empirisch überprüfbar*.

147

Ein wirkungsorientiert entfaltetes Leistungsfähigkeitsprinzip gründet die Steuerlastverteilung wesentlich auf dem *Leistungswillen* und der *Leistungsbereitschaft* der Steuerpflichtigen. Bei den im freiheitlichen Rechtsstaat zur Verfügung stehenden Erhebungsmitteln und der zunehmenden Mobilität der Steuerpflichtigen bleiben die Staatskassen leer, wenn es am Leistungswillen und an der Leistungsbereitschaft der Steuerpflichtigen mangelt.

148

Das *Bundesgericht* verfolgt in einem vielbeachteten, den Kanton Obwalden betreffenden Entscheid einen betont wertungsorientierten Ansatz.[206] Es stellte fest, dass eine degressive Besteuerung hoher Einkommen und Vermögen nicht verfassungskonform sei und begründete dies mit Leistungsfähigkeitsüberlegungen, die es aus der freiheitlichen und sozialen Grundordnung der BV ableitete.[207] Die

149

---

[204] Dazu Reich, ASA 53, 9 f.
[205] Ausführlich dazu und zum Folgenden Reich, ASA 74, 724 ff.
[206] BGer 1.6.2007, BGE 133 I 206 = StE 2007 A 21.16 Nr. 10 E. 7.4.
[207] Dabei hebt es insbesondere die Förderung der gemeinsamen Wohlfahrt (BV 2 II) hervor, welche den *Sozialstaatgedanken* und die *soziale Verantwortung* des Gemeinwesens zum Ausdruck bringe. Grundvoraussetzung für die persönliche und wirtschaftliche Entfaltung des Individuums sei die Solidarität der verschiedenen Bevölkerungsschichten. Der Chancengleichheit als Staatsziel in BV 2 III lasse sich mindestens entnehmen, dass der Staat durch sein Handeln keine ungleichen Chancen bewirken solle und ohnehin bestehende Ungleichheiten nicht verschärfen dürfe.

Staatsziele der BV seien dem Leistungsfähigkeitsprinzip inhärent, weshalb der Tarifverlauf im Sinn der aristotelischen *iustitia distributiva* auch *sozialverträglich* sein müsse. Auch wenn diesen wertorientierten Überlegungen im Grundsatz vollauf und ohne Einschränkung zuzustimmen ist, sind sie aus den dargestellten Gründen doch nicht geeignet, das Leistungsfähigkeitsprinzip mit rechtlich relevantem Inhalt anzureichern.

c)   Verbot exzessiver Besteuerung

150   Allgemein anerkannt ist heute, dass das Leistungsfähigkeitsprinzip Schutz vor einer exzessiven Steuerbelastung gewährt.[208] Diese vom Leistungsfähigkeitsprinzip auferlegte Schranke kommt zum Tragen, bevor die Besteuerung wegen ihrer konfiskatorischen Wirkung die Eigentumsgarantie verletzt. Eine exzessive Besteuerung vernichtet den Leistungswillen und damit längerfristig die Leistungsfähigkeit, auch wenn noch kein konfiskatorischer Eingriff vorliegt. In neueren Kantonsverfassungen wird dieser Gedanke zum Teil ausformuliert. So legt beispielsweise ZH KV 125 III fest, dass die Ausgestaltung der Steuern unter anderem die Gesamtbelastung des Steuerpflichtigen mit Abgaben berücksichtigen und den Leistungswillen der Steuerpflichtigen erhalten sowie ihre Selbstvorsorge fördern soll. Die Steuern sollen nach dieser Bestimmung auch so ausgestaltet sein, dass eine angemessene Vermögensbildung ermöglicht wird.

151   Trotz solchen klar ausformulierten Zielvorstellungen ist es indes nicht möglich, eine allgemeingültige *obere Belastungsgrenze* zu bezeichnen. Denn die Auffassungen über die richtige Steuerlastverteilung sind untrennbar mit dem Problem der allgemeinen Wohlstandsverteilung verknüpft und differieren deshalb je nach politischem Standpunkt.

d)   Tarifverlauf

152   Nach heute in der Schweiz wohl noch vorherrschender Auffassung entspricht ein *progressiver Verlauf* des Einkommenssteuertarifs dem Leistungsfähigkeitsprinzip am besten.[209] Die subjektive Fähigkeit zur Steuerzahlung nimmt mit wachsendem Einkommen nicht proportional, sondern *progressiv* zu. Gleich soll deshalb nicht der absolute Steuerbetrag (jeder zahlt z.B. CHF 1000) oder der Prozentsatz der Steuer (jeder zahlt z.B. 10 % des Einkommens) sein, sondern die *individuelle Belastung*, welche die Steuer jedem Pflichtigen verursacht. Alle Individuen sollen durch die Steuerlast gleich schwer getroffen werden und die Bürde gleich schwer empfinden.

---

[208] Vgl. BGer 1.6.2007, BGE 133 I 206 = StE 2007 A 21.16 Nr. 10 E. 8.1; Höhn, ZBl 1979, 250; Reich, ASA 53, 25 f.; ders., Steuererhebungsprinzipien, 106; Senn, Besteuerungsgrundsätze, 183 f.; Vallender/Wiederkehr, in: Ehrenzeller/Mastronardi/Schweizer/Vallender, N 19 f. zu BV 127.

[209] Vgl. Blumenstein/Locher, System, 300; Huber/Klaus, FStR 2007, 63 ff., 68; Reich, ASA 53, 9 f.; ders., ST 1990, 173 f.; Senn, Besteuerungsgrundsätze, 180; vgl. BGer 1.6.2007, BGE 133 I 206 = StE 2007 A 21.16 Nr. 10 E. 8.1 mit weiteren Hinweisen.

Die progressive Besteuerung ist jedoch in den letzten Jahren zunehmend unter Beschuss geraten.[210] Es wird geltend gemacht, die Progression lasse sich nicht mit dem Grundsatz der Besteuerung nach der wirtschaftlichen Leistungsfähigkeit rechtfertigen, sondern sei einzig im sozialstaatlich und wirtschaftspolitisch motivierten Umverteilungspostulat begründet. Die Rechtsgleichheit gebiete lediglich eine *lineare bzw. proportionale Belastung* der Steuerpflichtigen. So wird in den Kantonen die Frage der Einführung linearer Tarife zunehmend in Erwägung gezogen.[211]

153

Das *Bundesgericht* hat noch nie über die Zulässigkeit linearer Tarife befinden müssen. Es hat sich auch zur Frage, ob die Einkommens- und Vermögenssteuertarife nach dem Leistungsfähigkeitsprinzip zwingend progressiv auszugestalten seien, noch nie geäussert. Aus der Formulierung, es sei zuzugeben, «dass die wirtschaftliche Leistungsfähigkeit des Bürgers mit zunehmendem Einkommen vor allem in bestimmten höheren Einkommensbereichen progressiv»[212] ansteige, lässt sich nicht ableiten, die Steuerprogression sei verfassungsrechtlich vorgeschrieben. Jedenfalls hielt das Bundesgericht eine Plafonierung der Progression mit einem linearen Höchstsatz schon früher für zulässig, wenn es erwog, es gehe aus dem Leistungsfähigkeitsprinzip nicht hervor, bis zu welchem Höchstansatz ein progressiver Tarif ansteigen solle.[213] Es betonte denn auch, dass die Vergleichbarkeit in *vertikaler Richtung*, d.h. zwischen Leuten in bescheidenen und solchen in guten und besten finanziellen Verhältnissen gering sei. Es liesse sich nicht aus dem Gleichheitssatz ableiten, um wie viel die Steuer zunehmen solle, wenn sich z.B. das Einkommen verdoppelt, oder allgemeiner gesagt, wie steil und bis zu welchem Höchstansatz ein progressiver Tarif ansteigen müsse.

154

Diese Erwägungen bekräftigte das Bundesgericht im Grundsatz auch im Obwaldner Entscheid über die Frage der Zulässigkeit eines partiell *degressiven Tarifverlaufs*. Es verbot allerdings eine degressive Tarifgestaltung, soweit diese für höhere Einkommen einen niedrigeren Durchschnittssteuersatz bewirkt als für tiefere Einkommen.[214] Nach seiner Auffassung würden degressive Tarife per definitionem eine Besteuerung entgegen der wirtschaftlichen Leistungsfähigkeit bewirken und zu Wertungswidersprüchen führen.[215] Es wies aber auch klar darauf hin, dass sich aus BV 8 I weder eine bestimmte Art der Besteuerung noch der

155

---

[210] Ausführlich HINNY, FStR 2006, 68 ff.; REICH, ASA 74, 707 f.
[211] Einige Kantone haben bereits einen linearen Tarif in Kraft gesetzt.
[212] BGer 20.6.1973, BGE 99 Ia 638 E. 9b.
[213] BGer 13.4.1984, BGE 110 Ia 7 = StE 1984 A 21.11 Nr. 3 E. 2b.
[214] BGer 1.6.2007, BGE 133 I 206 = StE 2007 A 21.16 Nr. 10 E. 9.3. Dass nach der Obwaldner Tarifgestaltung trotz Degression jeder zusätzlich verdiente Franken zu einer zusätzlichen Steuerbelastung geführt, der Tarif somit in keiner Weise bewirkt hätte, dass Leute mit höherem Einkommen weniger Steuern hätten bezahlen müssen als Leute mit tieferem Einkommen (ausführlich dazu REICH, ASA 74, 721 f.), hat das Bundesgericht nicht beachtet.
[215] BGer 1.6.2007, BGE 133 I 206 = StE 2007 A 21.16 Nr. 10 E. 8.3. Das bedeutet, dass Belastungsobergrenzen bei der Vermögenssteuer, wie sie verschiedene Kantone kennen, nach Meinung des Bundesgerichts a fortiori verfassungswidrig sind (vgl. URS R. BEHNISCH/ANDREA OPEL, Bemerkungen zu degressiven Steuertarifen. Besprechung von BGE 2P.43/2006 vom 1. Juni 2007 in Sachen Kanton Obwalden. BGE 133 I 206 [ASA 76, 406 ff.], ASA 76 [2007/2008], 363 ff., 380 f.), es sei denn, sie liessen sich mit der Eigentumsgarantie rechtfertigen.

Tarifverlauf ableiten lasse.[216] Aus der Urteilsbegründung des Obwaldner Entscheids lässt sich somit weder ein klares Bekenntnis zur progressiven Tarifgestaltung noch ein Verbot von linearen Tarifen ableiten.[217] Es kann demnach davon ausgegangen werden, dass das Bundesgericht lineare Tarife mit relativ hohen Freibeträgen, die ja indirekt ebenfalls zu einer Steuerprogression führen, als verfassungsrechtlich zulässig erachtet.[218]

e) Ausserfiskalische Zielsetzungen

156 Die Belastung der Steuerpflichtigen nach der wirtschaftlichen Leistungsfähigkeit entspricht dem Fiskalzweck der Besteuerung[219]. Der staatliche Finanzbedarf soll gleichmässig auf die Steuerpflichtigen verteilt werden. Solange die Belastungsentscheide des Gesetzgebers einzig durch dieses Fiskalziel begründet werden, werden keine ausserfiskalischen Momente berücksichtigt, auch wenn die Steuerlastverteilung wirkungsorientiert unter Berücksichtigung des Leistungswillens und der Leistungsbereitschaft der Steuerpflichtigen erfolgt. Von ausserfiskalischer Zielsetzung kann erst gesprochen werden, wenn der Gesetzgeber vom eigentlichen Ziel der Einkommens- und Vermögenssteuer, der Einnahmenbeschaffung, abrückt, um *andere Ziele* zu verfolgen.

157 Nun fragt sich, inwieweit der Gesetzgeber bewusst von einer leistungsfähigkeitskonformen Besteuerung abweichen darf, um ausserfiskalische Ziele anzustreben. Darf der Steuerpflichtige rechtsungleich *entlastet* werden, um ein bestimmtes wirtschafts- oder sozialpolitisches Verhalten zu fördern,[220] oder darf er mit Blick auf das angestrebte Förderungsziel *stärker belastet* werden, als es einer rechtsgleichen Besteuerung entsprechen würde?[221]

158 Zunächst ist festzuhalten, dass trotz des primären Fiskalziels der Einkommenssteuer ausserfiskalisch motivierte Lenkungsnormen nicht von vornherein als unzulässig erklärt werden können. Die äussere gesetzes- oder erhebungstechnische

---

[216] BGer 1.6.2007, BGE 133 I 206 E. 8.2 = StE 2007 A 21.16 Nr. 10.

[217] Dem Vernehmen nach hat sich auch in der öffentlichen Urteilsberatung nur eine Bundesrichterin ausdrücklich zugunsten eines progressiven Verlaufs des Steuertarifs ausgesprochen. Die anderen Richter verzichteten offenbar explizit auf eine Stellungnahme zu einer linearen Steuerbelastung oder sie brachten gar zum Ausdruck, lineare Tarife unter verfassungsrechtlichen Gesichtspunkten akzeptieren zu wollen (dazu ROLF BENZ, Neue Steuersysteme diskutiert das Land, plädoyer 2007, 26 ff.).

[218] Gl.M. URS R. BEHNISCH/ANDREA OPEL, Degressiver Steuertarif ist verfassungswidrig, Jusletter 15.10.2007, 12; ULRICH CAVELTI, Schranken des Steuerföderalismus, in: Rechtswissenschaftliche Abteilung der Universität St. Gallen (HSG) (Hrsg.), Rechtliche Rahmenbedingungen des Wirtschaftsstandortes Schweiz, Zürich 2007, 367 ff., 374.

[219] Vorne § 2 N 2 ff.

[220] Z.B. DBG 29 I d (Abzug für Forschungs- und Entwicklungsreservenbildung) oder DBG 33a (Abzug von Zuwendungen an öffentliche oder gemeinnützige Institutionen). Auch wenn der Tarifverlauf nicht bloss durch Überlegungen zur optimalen Deckung des Finanzbedarfs bestimmt, sondern das Umverteilungspostulat berücksichtigt wird und durch die Tarifgestaltung die allgemeine Wohlstandsverteilung korrigiert werden soll, werden ausserfiskalische Ziele verfolgt.

[221] Z.B. StHG 12 V (stärkere Besteuerung kurzfristig erzielter Grundstückgewinne zur Bekämpfung der Bodenspekulation).

Einbettung von lenkenden Normen kann bei der Frage ihrer Rechtmässigkeit nicht ausschlaggebend sein. Es ist dem Gesetzgeber grundsätzlich unbenommen, sich zur Verwirklichung von wirtschafts- oder sozialpolitischen Zielen der Einkommenssteuer zu bedienen.[222] Allerdings sind dabei die folgenden Voraussetzungen zu beachten:

– Erste Voraussetzung bildet die *Befugnis zur Rechtssetzung* im fraglichen Förderungsbereich.[223] Dem Gesetzgeber muss also die *Sachkompetenz* zustehen, in dieser Hinsicht tätig zu werden. Die betreffenden Lenkungsnormen gehören materiell nicht zum Steuerrecht, sondern zum Wirtschaftsrecht, Sozialrecht oder zu anderen Bereichen.[224]

– Vor der Statuierung von Lenkungsnormen ist sodann die *Verhältnismässigkeitsprüfung* anzustellen. Es ist zu prüfen, ob für die Abkehr vom Grundsatz der Besteuerung nach der wirtschaftlichen Leistungsfähigkeit sachlich einleuchtende, vernünftige Gründe geltend gemacht werden können. Es ist abzuwägen, ob das Gemeinwohlinteresse an der Durchsetzung der angestrebten Gestaltungsmassnahme den Einbruch in den das Einkommenssteuersystem tragenden Leistungsfähigkeitsgedanken zu rechtfertigen vermag. Die Auswirkungen, die mit der Lenkungsnorm erzielt werden, sind der Intensität der Verletzung des Leistungsfähigkeitsprinzips abwägend gegenüberzustellen.

2. Steuerreformdiskussion

a) Konsumorientierung der Einkommenssteuer

Das Konzept der Einkommensbesteuerung beruht heute in den meisten Industriestaaten noch auf Leistungsfähigkeitsüberlegungen, die im Wesentlichen im 19. Jahrhundert entwickelt wurden.[225] Nach dieser Auffassung ist jeder *Reinvermögenszugang*, der ohne Schmälerung des Vermögens dem Konsum zugeführt werden kann, Ausdruck wirtschaftlicher Leistungsfähigkeit und sollte deshalb ohne Rücksicht auf den Zeitpunkt des Konsums besteuert werden. Unabhängig davon, wann und ob konsumiert wird, wird der Zufluss von Mitteln, welche die Bedürfnisbefriedigung ermöglichen, als Gradmesser der steuerlichen Leistungsfähigkeit betrachtet.

In den letzten Jahrzehnten hat sich jedoch zunehmend die Ansicht durchgesetzt, dass nicht nur das Einkommen an sich, sondern vor allem auch der *Konsum* ein

---

[222] Vgl. BGer 1.6.2007, BGE 133 I 206 = StE 2007 A 21.16 Nr. 10 E. 11.1.
[223] Vgl. DIETER GRÜNBLATT, Nichtfiskalische Zielsetzungen bei Fiskalsteuern, Basel 1995, 205; DANIELLE YERSIN, Les buts extra-fiscaux assignés aux impôts directs, au regard de quelques principes constitutionnels, in: HÖHN/VALLENDER, FS Cagianut, 47 ff., 52 ff. sowie 58 ff.
[224] LANG, in: TIPKE/LANG, § 4 N 22.
[225] Ausführlich zur ideengeschichtlichen Entwicklung der Steuerprogression WALDBURGER P., Sparbereinigung, 77 ff.

entscheidender Indikator steuerlicher Leistungsfähigkeit darstellt.[226] Das Einkommen vermittelt zwar die Möglichkeit der Bedürfnisbefriedigung, aber wirklich leistungsfähig ist eigentlich erst der Konsument im Zeitpunkt der Einkommensverwendung. Nach neuerem Leistungsfähigkeitsverständnis ist die Steuer demnach nicht primär als Kürzung des Bedürfnisbefriedigungspotenzials, sondern vielmehr als *Konsumopfer* zu verstehen.

161 Diese Gedanken führten einerseits zu einem raschen Ausbau der allgemeinen Verbrauchssteuerbelastung durch indirekte Steuern, andererseits aber auch zu Forderungen nach vermehrter *Konsumorientierung* der Einkommensbesteuerung. Auf die Einkommensteuer soll also keineswegs verzichtet werden. Die indirekte Besteuerung kann nicht progressiv ausgestaltet werden, sondern wirkt im Gegenteil regressiv, weshalb eine direkte Besteuerung der Individuen, welche die wirtschaftliche Leistungsfähigkeit möglichst massgeschneidert berücksichtigt und abschöpft, weiterhin erforderlich ist. Die Einkommensteuer hat jedoch die Postulate, die sich aus der Erkenntnis des Konsums als Massgrösse wirtschaftlicher Leistungsfähigkeit ergeben, bestmöglich zu verwirklichen.

162 Dabei geht es wohlverstanden nicht etwa um eine Änderung der Bemessungsgrundlage, sondern lediglich um eine *Änderung des Besteuerungszeitpunkts*. Die steuerliche Abschöpfung soll nicht im Zeitpunkt des Einkommenszuflusses, sondern erst im Moment der Einkommensverwendung erfolgen. Die Einkommensteuer muss somit zur Verwirklichung dieses neuen Gedankengutes nicht grundlegend umgebaut werden; es sind lediglich gewisse Modifikationen nötig. Diese Zielvorstellungen können durch zwei verschiedene Methoden verwirklicht werden: Die Sparbereinigung und die Zinsbereinigung.

163 Im Konzept der *Sparbereinigung,* auch «nachgelagerte Besteuerung» genannt, wird vom Einkommen nur besteuert, was nach Abzug der Ersparnisse für den laufenden Konsum zur Verfügung steht. Hinzuzurechnen sind die aufgelösten, früher gebildeten Ersparnisse inklusive deren Erträgnisse, welche Konsumzwecken zugeführt werden. Hinsichtlich der Altersvorsorge ist unsere Steuerordnung bereits sparbereinigt konzipiert, da nicht im Zeitpunkt der Bildung, sondern erst bei der Auflösung der Vorsorge besteuert wird.[227]

164 Demgegenüber werden beim Konzept der *Zinsbereinigung* nicht die getätigten Ersparnisse, sondern nur die Erträgnisse aus den Ersparnissen steuerfrei gestellt. Im Übrigen wird das gesamte Einkommen bei seinem Zufluss erfasst. Die Besteuerung erfolgt demnach hinsichtlich der Ersparnisse in einem zu frühen Zeitpunkt, denn die ersparten Einkommensteile sollten eigentlich erst der Besteue-

---

[226] Vgl. dazu und zum Folgenden GEBHARD KIRCHGÄSSNER, Eine moderne Steuer- und Abgabeordnung für die Schweiz, Chur/Zürich 1999, 68 f.; JOACHIM LANG, Besteuerung des Konsums aus gesetzgebungspolitischer Sicht, in: MANFRED ROSE (Hrsg.), Konsumorientierte Neuordnung des Steuersystems, Berlin et al. 1991, 291 ff., 307 sowie 312 f.; MANFRED ROSE, Reform der öffentlichen Finanzen zur Stärkung der Standortqualität, in: HORST SIEBERT (Hrsg.), Steuerpolitik und Standortqualität, Tübingen 1996, 145 ff., 151; VALLENDER/WIEDERKEHR, in: EHRENZELLER/MASTRONARDI/SCHWEIZER/VALLENDER, N 21 ff. zu BV 127; REICH, ST 2000, 1390 ff.

[227] Auch zum Folgenden ausführlich REICH, ST 2000, 1390 ff.

rung unterworfen werden, wenn sie dem Konsum zugeführt werden. Beide Methoden führen unter der Annahme gleich bleibender Steuersätze zum selben Resultat.[228]

b) *Flat Tax vs. Dual Income Tax*

Neben der Konsumorientierung stehen in der gegenwärtigen Steuerreformdiskussion vor allem zwei Steuermodelle im Vordergrund, welche sich von der herkömmlichen progressiven Gesamteinkommensbesteuerung tiefgreifend unterscheiden. Es handelt sich um die Flat Tax und die Dual Income Tax. 165

Das Konzept der *Flat Tax* zielt auf eine einfache Steuer mit einem linearen Einheitssteuersatz, welcher sowohl Privatpersonen als auch Unternehmen unterliegen.[229] Die Konzeption der Flat Tax will die *Bemessungsgrundlage* grundlegend reformieren und vereinfachen. Subventionen und Steuervergünstigungen werden stark reduziert oder vollständig gestrichen. Durch hohe Freibeträge für niedrige Einkommen wird eine *indirekte Progression* des Steuersystems erreicht.[230] Es handelt sich also um weit mehr als bloss um eine Änderung des Tarifverlaufs in der bisherigen Einkommensteuerordnung,[231] vielmehr wird mit der Einführung eines Einheitssatzes eine *radikale Steuervereinfachung* angestrebt. Vorreiter der praktischen Umsetzung der Flat Tax sind verschiedene osteuropäische Länder. 166

Eine andere, insbesondere in den skandinavischen Ländern verbreitete Konzeption wendet sich ab von der Einheit der Bemessungsgrundlage, indem Kapitaleinkommen und Arbeitseinkommen unabhängig voneinander besteuert werden. Bei dieser *Dual Income Tax* werden Kapitaleinkünfte mit einem (niedrigeren) linearen Satz besteuert, Arbeitseinkommen werden dagegen progressiv besteuert, wobei die Steuersätze im oberen Progressionsbereich nachhaltig den Steuersatz für Kapitaleinkommen übersteigen.[232] Zugleich wird die Bemessungsgrundlage verbreitert und es werden die Steuervergünstigungen weitgehend abgeschafft, um die Investitionsneutralität der Besteuerung zu stärken. Die Gewinnermittlung erfolgt unabhängig von der Rechtsform.[233] Verschiedene Steuerreformen in 167

---

[228] Ausführlich MANFRED ROSE, Konsumorientierung des Steuersystems – theoretische Konzepte im Lichte empirischer Erfahrungen, in: GEROLD KRAUSE-JUNK (Hrsg.), Steuersysteme der Zukunft, Berlin 1998, 247 ff., 251 f.

[229] Die Flat Tax wurde von den Ökonomen ROBERT E. HALL und ALVIN RABUSHKA entwickelt, vgl. ROBERT E. HALL/ALVIN RABUSHKA, The Flat Tax, 2. A. Stanford 1995.

[230] Vgl. RENÉ MATTEOTTI, Gerechtigkeitsüberlegungen zur Flat Tax, ASA 73 (2004/2005), 673 ff., 702; FELIX RICHNER, Flat Tax – Was würde das für die Schweiz bedeuten?, ASA 73 (2004/2005), 593 ff., 617 f.

[231] Wie dies bei der sog. *Flat Rate Tax* der Fall ist, welche lediglich einen *proportionalen Steuersatz* mit hohen Freibeträgen aufweist, vgl. CHRISTOPH A. SCHALTEGGER, Überlegungen zu einem Einheitssteuersatz (flat rate tax) auf Einkommen in der Schweiz, <http://tiny.cc/r7qce> (besucht am 12.12.2011).

[232] Vgl. auch zum Folgenden TIMO VIHERKENTTÄ, Die Steuerreformen in den nordischen Staaten – ein neuer Ansatz der Einkommensbesteuerung, IStR 1994, 414 ff., 414 f.

[233] Der Wechsel zu einer Dual Income Tax lässt sich gedanklich in zwei Schritte zerlegen: Im ersten Schritt wird die geltende Einkommensteuer durch eine Flat Tax ersetzt; im zweiten Schritt wird

europäischen Ländern lehnen sich an das Konzept der dualen Einkommenssteuer an. Auch in der Schweiz wurde das duale Konzept in die aktuelle Reformdebatte eingebracht.[234]

c) Beurteilung im Licht des Leistungsfähigkeitsprinzips

168 Sowohl die Konsumorientierung der Einkommenssteuer als auch die Abkehr von der einheitlichen progressiven Belastung des Gesamteinkommens sind Tendenzen, welche die Steuerordnungen aller Industriestaaten über kurz oder lang in unterschiedlichem Ausmass prägen werden. Es handelt sich um weit mehr als um vorübergehende Modeströmungen. Die neuen Konzepte bilden vielmehr wohl durchdachte Antworten auf die zunehmende *Mobilität der Produktionsfaktoren* und auf die *Wettbewerbsverzerrungen* sowie die *Vollzugsdefizite* in den herkömmlichen Einkommenssteuersystemen. Sie führen zu einem Abbau der Unternehmenssteuern, zu einer tieferen Belastung des Kapitals und somit zur steuerlichen Schonung der *Ersparnisse*. Weiter wird aber auch der *Vollzug* der Einkommenssteuer radikal vereinfacht und die Entscheidungsneutralität wesentlich verbessert.

169 Problematischer als die Idee der Konsumorientierung erscheint im Lichte des herkömmlichen Leistungsfähigkeitsdenkens zum einen die Abkehr von der konsequent *progressiv* ausgestalteten Tarifierung und zum andern die Eliminierung bzw. grobe *Pauschalierung* von Gewinnungskosten und unvermeidbaren Privataufwendungen.

170 Hinsichtlich der *Steuerprogression* wurde bereits gezeigt, dass die Verfassung dem Gesetzgeber einen weiten Spielraum einräumt und die Festlegung des Steuermasses weitgehend dem politischen Kräftespiel überlässt. Vor allem ist zu berücksichtigen, dass auch die neuen Vorschläge mit hohen Freibeträgen indirekt progressiv wirken. Überdies wird das Arbeitseinkommen im System der Dual Income Tax weiterhin progressiv besteuert. Die mildere Besteuerung der Kapitalerträge kann zum einen als Referenz an die *Konsumorientierung durch Zinsbereinigung* verstanden werden. Zum andern lässt sich die lineare Besteuerung der Kapitalerträge aber auch als Mittel zur Bekämpfung von *Steuerflucht* und *Steuerhinterziehung* verstehen. Wer die progressive Belastung des Kapitalertrags aus Gründen der Besteuerung nach der wirtschaftlichen Leistungsfähigkeit vorzieht, redet einer Scheingerechtigkeit das Wort und ignoriert die Rechtswirklichkeit. Die Besteuerung der Vermögensertägnisse zu den heutigen Marginalsätzen führt zwangsläufig dazu, dass die Betroffenen der Besteuerung durch legale oder illegale Massnahmen auszuweichen versuchen.[235]

---

die lineare Lohnbesteuerung durch eine progressive und tendenziell höhere Lohneinkommenssteuer abgelöst.

[234] Vgl. CHRISTIAN KEUSCHNIGG, Eine Steuerreform für mehr Wachstum in der Schweiz, Zürich 2004, passim.

[235] Im Ergebnis ebenso MATTEOTTI (Fn. 230), ASA 73, 702 ff., insbesondere 707; RICHNER (Fn. 230), ASA 73, 617 ff.

Sodann ist bei der Beurteilung der Verbreiterung der Bemessungsgrundlage 171
durch *Eliminierung von Abzügen* zu berücksichtigen, dass eine streng nach dem
objektiven Nettoprinzip konzipierte Einkommensteuer zwar «auf dem Papier»
als sachgerechter Ausfluss des Grundsatzes der Besteuerung nach der wirtschaftlichen Leistungsfähigkeit erscheint. Sobald aber der *Vollzug* einer solchen scheinbar gerechten Steuerordnung näher durchleuchtet wird, springen deren Unzulänglichkeiten ins Auge. Der Erhebungsapparat ist derart beschäftigt mit der
rechtsgleichen Durchsetzung der aus Gerechtigkeitsüberlegungen normierten
Abzüge, dass vielfach zu wenig Kapazität für eine *effiziente Kontrolle* der deklarierten Einkünfte übrig bleibt. In diesem Licht betrachtet, bringen radikale Vereinfachungen auf der Ebene der Bemessungsgrundlage einen ganz erheblichen
Gerechtigkeitsgewinn.[236]

Schliesslich fällt bei der Beurteilung der neueren Tendenzen positiv ins Gewicht, 172
dass sie nach vermehrter *Wettbewerbs- und Entscheidungsneutralität* der Besteuerung trachten. So soll das Sparen nicht mehr diskriminiert, die Rechtsformwahl
nicht präjudiziert und die Gleichstellung von Fremd- und Eigenkapital angestrebt
werden.

Aus grundsätzlicher verfassungsrechtlicher Perspektive lässt sich somit gegen 173
die neuen Konzepte bei entsprechender Ausgestaltung wenig einwenden. Jede
Rechtsordnung muss sich – dem demokratischen Prinzip getreu – in gewissem
Ausmass dem Wandel des *Zeitgeistes* und des *allgemeinen Rechtsempfindens* öffnen.[237] Die Verfassung ist auf Veränderung ausgerichtet und offen gegenüber
neuen Auffassungen in Wirtschaft und Gesellschaft. Das bisherige streng am herkömmlichen Leistungsfähigkeitsprinzip orientierte Denken ist brüchig geworden
und bedarf einer tiefgreifenden Reform.

E. Derogatorische Kraft des Bundesrechts

I. Grundregel

Als letzter auch im Steuerrecht sehr bedeutsamer Verfassungsgrundsatz ver- 174
bleibt noch der Grundsatz der derogatorischen Kraft des Bundesrechts, der ausdrücklich in BV 49 I verankert ist, sich aber auch aus der Kompetenzaufteilung
zwischen Bund und Kantonen ergibt[238]. Nach diesem Grundsatz bricht Bundesrecht kantonales Recht. Der Vorrang des Bundesrechts gilt *auf allen Stufen* von
Bundesrecht und kantonalem Recht. Es kann folglich auch etwa eine Verordnungsbestimmung des Bundesrates Vorrang gegenüber einer Bestimmung einer

---

[236] Kritisch zur Vereinfachung des Abzugssystems bei der Flat Tax MATTEOTTI (Fn. 230), ASA 73, 699 f., 708; RICHNER (Fn. 230), ASA 73, 623 f.
[237] Vgl. auch RICHNER (Fn. 230), ASA 73, 632 f.
[238] Dazu vorne N 3 ff.

Kantonsverfassung zukommen. Bundesrechtswidriges kantonales Recht ist *nichtig*.

II. Bundesrechtlicher Rahmen der kantonalen Steuerrechtsordnungen

175 Aus dem Grundsatz der derogatorischen Kraft des Bundesrechts ergeben sich *vielfältige Schranken* der kantonalen Steuerrechtsordnung. Die wichtigsten bereits behandelten Einschränkungen lassen sich wie folgt zusammenfassen:

- Soweit die Steuererhebung dem *Bund übertragen* ist und die Kantone aus dem betreffenden Steuerobjekt verdrängt sind, sind die Kantone nicht mehr befugt, entsprechende Steuern zu erheben.[239]
- Die Kantone haben sich bei Rechtssetzung und Rechtsanwendung an die verfassungsmässig garantierten *Grundrechte* sowie an die weiteren *verfassungsmässigen Prinzipien* des Verwaltungsrechts im Allgemeinen und des Steuerrechts im Besonderen zu halten.[240]
- Aus der in BV 54 I verankerten Staatsvertragskompetenz fliesst das Recht des Bundes, die Steuerhoheit der Kantone im *internationalen Verhältnis* zu beschränken. Im Vordergrund stehen hier die schweizerischen *Doppelbesteuerungsabkommen*, die nicht nur die Steueransprüche des Bundes, sondern auch diejenigen der Kantone begrenzen.[241]
- Auch im *interkantonalen Verhältnis* ist es nach BV 127 III Sache des Bundes, die sich überschneidenden Steueransprüche der Kantone gegeneinander abzugrenzen.[242]
- Eine wesentliche Beschränkung im Bereich der direkten Steuern bildet die bundesrechtliche *Harmonisierungskompetenz*.[243]

1. Einschränkungen durch die Privatrechtskompetenz des Bundes

176 Eingeschränkt werden die Kantone sodann durch die Privatrechtskompetenz des Bundes. Der Bund ist nach BV 122 zuständig für die Regelung des Privatrechts. Dadurch werden die öffentlich-rechtlichen Befugnisse der Kantone zwar grundsätzlich nicht beschränkt (vgl. ZGB 6 I). Es ist den Kantonen erlaubt, die Anwendung des Privatrechts aus Gründen wesentlicher öffentlicher Interessen durch steuerrechtliche Bestimmungen in gewissem Umfang einzuschränken. Sie dür-

---

[239] Vorne N 3 ff.
[240] Vorne N 10, 37 ff., 119 ff.
[241] Zu weiteren steuerrechtsrelevanten Staatsverträgen vorne § 3 N 18 ff.
[242] Vorne N 14 ff.
[243] BV 129 I und II; vgl. auch N 18 ff.

fen dabei jedoch keine Vorschriften aufstellen, die das Bundesprivatrecht *vereiteln* oder *übermässig erschweren* oder dessen *Sinn und Geist zuwiderlaufen*.[244]

Ungültig sind deshalb z.B. kantonale Bestimmungen, welche den *Grundbucheintrag* eines Eigentumsüberganges an die Bedingung knüpfen, dass nicht nur die einschlägige Grundbuchgebühr und die Handänderungssteuer, sondern auch die Erbschafts- oder Schenkungssteuer und die Grundstückgewinnsteuer oder gar die ordentlichen Vermögens- und Einkommenssteuern bezahlt sind.[245] Auch durch die Erhebung von *Gebühren mit Gemengsteuercharakter* anlässlich der Testamentseröffnung wird die Durchführung des Bundesprivatrechts zum Teil vereitelt oder übermässig erschwert. Solche Gemengsteuern halten die Erben davon ab, der gesetzlichen Verpflichtung zur Einreichung der Testamente (ZGB 556 I) nachzukommen. Keine Beeinträchtigung des Bundesprivatrechts kann hingegen etwa darin gesehen werden, dass der Steuergesetzgeber die Vertretung der Ehegatten im Steuerverfahren anders regelt als die privatrechtliche Vertretung der Ehegatten.

177

Gestützt auf die Privatrechtskompetenz hat der Bund den Kantonen mit FusG 103 i.V.m. 111 III die Erhebung von kantonalen und kommunalen Handänderungssteuern anlässlich von *Umstrukturierungen* untersagt. Dieser Eingriff in die kantonale Steuererhebungskompetenz lässt sich bei den Handänderungssteuern als indirekte Steuern zwar nicht aus BV 129, wohl aber aus BV 122 ableiten.[246] Es geht nicht an, dass gewisse Kantone die freie Wahl der Rechtsform durch die Erhebung von hohen Handänderungssteuern zunichte machen, während der Bund mit der Fusionsgesetzgebung alles daran setzte, die wirtschaftlich dringend gebotene Flexibilität im Bereich des Rechtsformwechsels zu verwirklichen.

178

2. Weitere Beschränkungen zur Verwirklichung von Bundesaufgaben

Vereinzelt sind weitere bundesrechtliche Bestimmungen zu finden, welche die kantonalen Steuererhebungskompetenzen mit Blick auf gewisse dem Bund übertragene Aufgaben punktuell beschränken. Solche Eingriffe bedürfen einer verfassungsrechtlichen Grundlage. Als Beispiele sind der Bereich der beruflichen Vorsorge oder die Anordnung einer Steueramnestie zu erwähnen. Ohne ausdrückliche verfassungsrechtliche Grundlage hat der Bund die partielle *Steuerfreiheit des Bundes* und seiner Institutionen angeordnet.[247]

179

---

[244] BGer 3.5.1996, BGE 122 I 139 E. 4a.
[245] BGer 8.5.1980, BGE 106 II 81 E. 1 und 2 mit Hinweisen auf die frühere abweichende Praxis.
[246] Ausführlich dazu Markus Reich, Grundriss der Steuerfolgen von Unternehmensumstrukturierungen, Basel et al. 2000, 131 ff.
[247] Art. 62d des Regierungs- und Verwaltungsorganisationsgesetzes (RVOG) vom 21.3.1997 (SR 172.010).

F. Durchsetzung des Verfassungsrechts

180 Grundsätzlich sind alle Behörden dazu verpflichtet, allfällige Verfassungswidrigkeiten festzustellen und zu beheben und damit das Verfassungsrecht durchzusetzen. So können die Steuerpflichtigen Verfassungsverletzungen wie jeden anderen Verstoss gegen höherrangiges Recht auf allen Ebenen (Bund, Kantone und Gemeinden) und in jedem Verfahrensstadium rügen. Die *Verfassungsgerichtsbarkeit*, d.h. die gerichtliche Überprüfung staatlicher Hoheitsakte (Erlasse und Einzelakte) auf ihre Verfassungskonformität, wird in der Schweiz grundsätzlich durch alle Gerichte ausgeübt.

181 Keine Probleme ergeben sich bei der Korrektur von verfassungswidrigen *Einzelakten* im Veranlagungs- und Rechtsmittelverfahren. Bei verfassungswidrigen *Erlassen* ist demgegenüber das Anwendungsgebot von BV 190 zu beachten. Überdies gilt es zu unterscheiden zwischen der abstrakten und der konkreten Normenkontrolle.

I. Einzelaktkontrolle

182 Wenn Veranlagungsverfügungen oder Rechtsmittelentscheide gegen Verfassungsbestimmungen verstossen, verhält es sich grundsätzlich gleich wie bei einem Verstoss gegen Gesetzesrecht. Verfassungswidrige Verfügungen und Entscheide sind im Veranlagungs- und Rechtsmittelverfahren richtig zu stellen, sofern ihre Verfassungswidrigkeit nicht im korrekten Vollzug verfassungswidriger Bundesgesetze oder Völkerrechtsnormen begründet ist. Verfassungswidrige Entscheide letzter kantonaler Instanzen können mit Beschwerde in öffentlich-rechtlichen Angelegenheiten oder – ganz ausnahmsweise – mit subsidiärer Verfassungsbeschwerde beim Bundesgericht angefochten werden.[248]

II. Normenkontrolle

1. Anwendungsgebot

183 Soweit die Verfassungskonformität von Bundesgesetzen und von Normen des Völkerrechts infrage steht, ist zu beachten, dass nach BV 190 *Bundesgesetze* und *Völkerrecht* von den Behörden unabhängig von einem allfälligen Verstoss gegen die BV anzuwenden sind. BV 190 verbietet zwar nicht die Überprüfung der Verfassungskonformität von Bundesgesetzen und von Völkerrecht, d.h., die rechtsanwendenden Behörden dürfen die Verfassungswidrigkeit entsprechen-

---

[248] Zum Veranlagungs- und Rechtsmittelverfahren hinten § 27.

der Normen zwar feststellen, sie müssen diese jedoch auch bei festgestellter Verfassungswidrigkeit anwenden.[249]

Das Anwendungsgebot gilt auch für *Verordnungsrecht* oder für *kantonale Gesetze*, wenn deren Verfassungswidrigkeit klar in einem Bundesgesetz oder in einer völkerrechtlichen Bestimmung angelegt ist. So sind beispielsweise unselbständige Bundesratsverordnungen trotz Verfassungswidrigkeit anzuwenden, wenn der Gesetzgeber den Bundesrat dazu verpflichtet, von der Verfassung abzuweichen.[250] Desgleichen stehen auch kantonale Steuernormen, die verfassungswidrige Regelungen des StHG umgesetzt haben, unter dem Anwendungsgebot.[251]

184

2. Zurückhaltung des Verfassungsrichters

Bei der Überprüfung von Gesetzen auf ihre Verfassungskonformität ist grosse Zurückhaltung geboten, denn in erster Linie sollte der demokratisch legitimierte Gesetzgeber und nicht das Gericht darüber entscheiden, was als richtige, gerechte und vernünftige Regelung zu gelten hat. Das *Demokratieprinzip* und das *Gewaltenteilungsprinzip* sprechen sowohl bei Bundesgesetzen als auch bei kantonalen Gesetzen für eine richterliche Zurückhaltung.[252] Eine zusätzliche Einschränkung ergibt sich bei der Verfassungskontrolle kantonaler Gesetze durch den *föderalistischen Staatsaufbau*.[253] Die Autonomie der Kantone ist im Steuerwesen besonders ausgeprägt und hinsichtlich der Tarifautonomie auch steuerharmonisierungsrechtlich gewährleistet.

185

In der Tat hält sich das Bundesgericht denn auch bei der Prüfung der Frage, ob ein Steuergesetz verfassungswidrig ist, sehr zurück und überlässt dem Gesetzgeber im Allgemeinen einen weiten Gestaltungsspielraum.[254] Der politische Prozess der Demokratie darf nicht mittels Normberichtigung durch den Richter unterlaufen werden. Insbesondere ist es nicht Aufgabe des Richters, *umstrittenen Wertvorstellungen* zum Durchbruch zu verhelfen. Gerechtigkeit ist – so betont das Bundesgericht – ein relativer Begriff, der sich mit den politischen, sozialen und wirtschaftlichen Verhältnissen wandelt. Das gilt namentlich hinsichtlich der Verteilung der Steuerlasten und der Ausgestaltung der Steuern.[255] Wer sich auf die verfassungsrechtlichen Grundsätze berufen und vom Gesetz abweichen will, hat eingehend darzulegen, weshalb die entsprechende gesetzliche Regelung gegen die herrschende Rechtsauffassung und das allgemeine Rechtsempfinden verstösst.

186

---

[249] Vgl. Häfelin/Haller/Keller, Bundesstaatsrecht, N 2090.
[250] Häfelin/Haller/Keller, Bundesstaatsrecht, N 2099.
[251] Dazu hinten § 9 N 20 f.
[252] Vgl. Häfelin/Haller/Keller, Bundesstaatsrecht, N 2086 ff.
[253] Vgl. Häfelin/Haller/Keller, Bundesstaatsrecht, N 763.
[254] BGer 18.11.1994, BGE 120 Ia 329 E. 3; dazu Senn, Besteuerungsgrundsätze, 125 ff., 182 f., 185.
[255] BGer 22.2.1978, BGE 104 Ia 284 E. 5; BGer 8.12.1988, BGE 114 Ia 221 E. 2c; BGer 24.5.1996, BGE 122 I 101 E. 3a.

3. Verfahrensrechtliche Aspekte

a) Abstrakte Normenkontrolle

187 Wird die Verfassungskonformität eines *Rechtssatzes* unabhängig von dessen Anwendung im Einzelfall überprüft, handelt es sich um ein sog. abstraktes Normenkontrollverfahren.[256] Solche abstrakte Normenkontrollverfahren sind nur in einzelnen Kantonen vorgesehen. Auf Bundesebene erfolgt die abstrakte Normenkontrolle gemäss BGG 82 b im Rahmen der *Beschwerde in öffentlich-rechtlichen Angelegenheiten*.[257] Erlasse des Bundes können nicht im Rahmen einer abstrakten Normenkontrolle auf ihre Verfassungsmässigkeit überprüft werden.

b) Konkrete Normenkontrolle

188 Bei der konkreten Normenkontrolle, die auch *akzessorische* Normenkontrolle (oder akzessorische Prüfung) genannt wird, wird die Verfassungsmässigkeit einer Norm in einem *hängigen Einzelfall* überprüft.[258]

189 Sämtliche Veranlagungsbehörden und Gerichte auf allen Ebenen (Bund, Kantone und Gemeinden) haben grundsätzlich das *Recht* und – bei Zweifeln an der Verfassungsmässigkeit einer anzuwendenden Norm oder bei entsprechender Rüge einer betroffenen Partei – die *Pflicht*,[259] eine akzessorische Prüfung vorzunehmen.

190 Unklar ist, wieweit *untergeordnete Verwaltungsbehörden* zur akzessorischen Prüfung von Erlassen der ihnen übergeordneten Instanzen befugt sind.[260] Teilweise wird aufgrund der hierarchischen Unterordnung und aufgrund des Weisungsrechts der übergeordneten Behörden angenommen, dass den untergeordneten Verwaltungsbehörden nur bei einer *offensichtlichen Verfassungs- oder Gesetzesverletzung* das Recht zur akzessorischen Prüfung zusteht.[261]

c) Behebung erkannter Verfassungswidrigkeiten

191 Stellen die Gerichte im *abstrakten Normenkontrollverfahren* eine Verfassungsverletzung der betreffenden kantonalen Norm fest, heben sie diese in der Regel

---

[256] Vgl. Häfelin/Haller/Keller, Bundesstaatsrecht, N 1957.
[257] Vgl. Heinz Aemisegger/Karin Scherrer, Kommentar zu BGG 82, in: Marcel Alexander Niggli/Peter Uebersax/Hans Wiprächtiger, Basler Kommentar zum Bundesgerichtsgesetz, 2. A. Basel 2011, N 23 ff. zu BGG 82.
[258] Vgl. BGer 30.1.2002, BGE 128 I 102 E. 3.
[259] Vgl. Häfelin/Haller/Keller, Bundesstaatsrecht, N 2074.
[260] Auch zum Folgenden mit Rechtsprechungshinweisen Häfelin/Haller/Keller, Bundesstaatsrecht, N 1197 und 2084.
[261] Vgl. dazu Häfelin/Haller/Keller, Bundesstaatsrecht, N 1197; Alfred Kölz/Jürg Bosshart/Martin Röhl, VRG. Kommentar zum Verwaltungsrechtspflegegesetz des Kantons Zürich, 2. A. Zürich 1999, N 26 zu § 20.

auf.²⁶² Da die abstrakte Normenkontrolle auf kantonale Erlasse beschränkt ist, übt das Bundesgericht diese, mit Rücksicht auf die verfassungsmässige Kompetenzverteilung zwischen Bund und Kantonen, allerdings nur mit grosser Zurückhaltung aus. Die infrage stehende Norm wird erst dann aufgehoben, wenn sie sich jeder verfassungskonformen Auslegung entzieht.²⁶³

Wenn rechtsanwendende Veranlagungs- oder Gerichtsbehörden *im konkreten Normkontrollverfahren* einer verfassungswidrigen Vorschrift begegnen, wird die Norm im Gegensatz zur abstrakten Normenkontrolle nicht formell aufgehoben, sondern lediglich im Einzelfall *nicht angewendet*.²⁶⁴ Ausnahmsweise wird die Norm allerdings trotz erkannter Verfassungswidrigkeit weiter angewendet insbesondere, wenn andernfalls ein erhebliches Regelungsdefizit entstehen würde, das nur durch die Schaffung von Ersatzrecht beseitigt werden könnte.²⁶⁵ Der Schaffung von richterlichen Ersatznormen stehen das Demokratieprinzip und das Gewaltenteilungsprinzip entgegen; auch wird bei der Korrektur kantonaler Gesetze in den *Autonomiebereich* der Kantone eingegriffen.²⁶⁶. Richterliches Ersatzrecht muss jedenfalls *verhältnismässig* sein und ist lediglich *provisorischer und subsidiärer Natur*.²⁶⁷ Heikel ist die Statuierung von Ersatzrecht unter Umständen, wenn mehrere Regelungsoptionen zur Beseitigung der Verfassungswidrigkeit offen stehen.²⁶⁸ Kein Argument gegen die Beseitigung von Verfassungswidrigkeiten darf eine allfällig damit verbundene fiskalische Einbusse bilden.²⁶⁹

192

---

²⁶² BGer 13.4.1984, BGE 110 Ia 7 E. 1e; vgl. zur abstrakten Normenkontrolle auch BGer 25.9.2009, BGE 136 I 49 E. 3.2 f.; BGer 16.4.1997, BGE 123 I 112 E. 2; Bernhard Rütsche, Rechtsfolgen von Normenkontrollen, ZBL 2005, 273 ff., 281.
²⁶³ BGer 19.3.1996, BGE 122 I 18 E. 2a; BGer 12.2.1992, BGE 118 Ia 64 E. 2c; vgl. dazu Häfelin/Haller/Keller, Bundesstaatsrecht, N 149.
²⁶⁴ Vgl. Häfelin/Haller/Keller, Bundesstaatsrecht, N 2076 f.
²⁶⁵ Vgl. VGer ZH 25.8.2010, SB.2009.00079 E. 3.3; StRK I ZH 10.6.1999, StE 1999 A 21.18 Nr. 6 E. 4a.
²⁶⁶ Häfelin/Haller/Keller, Bundesstaatsrecht, N 763.
²⁶⁷ Vgl. zur Verhältnismässigkeit BGer 18.12.2002, BGE 129 I 185 E. 8.3; BGer 10.2.1993, BGE 119 Ia 154 E. 9, und zur provisorischen und subsidiären Natur VGer BE 25.6.1999, BVR 1999 556 E. 3f; VGer BL 29.4.1998, BLVGE 1998, 38 E. 4e.
²⁶⁸ Auch wenn die Verrechnung von Betriebsverlusten im monistischen System der Grundstückgewinnbesteuerung auf unterschiedliche Weise gesetzgeberisch umgesetzt werden kann, ist dies kein hinreichender Grund, den rechtssuchenden Steuerpflichtigen trotz *erkannter Verfassungswidrigkeit* den Verlustabzug zu verwehren, wie dies das Zürcher Verwaltungsgericht im vorne zitierten Entscheid (Fn. 265) getan hat. Das Bundesgericht hat zu dieser Frage nicht Stellung nehmen müssen, weil es die Verfassungswidrigkeit der mangelnden Verlustabzugsmöglichkeit verneint hat (BGer 7.10.2011, StE 2012 B 44.13.7 Nr. 25 E. 5.4 und 6).
²⁶⁹ Vgl. vorne § 4 N 91.

§ 5 Steuerrechtsverhältnis

Literatur

BLUMENSTEIN/LOCHER, System, 15 und 43 ff.; HÖHN/WALDBURGER, Bd. I, § 2 N 1 ff.; MÄUSLI-ALLENSPACH/OERTLI, Steuerrecht, 65 f.; OBERSON, Droit fiscal, §1 N 33 ff.

BINDER MARKUS, Die Verjährung im schweizerischen Steuerrecht, Zürich 1985 (zit. BINDER, Verjährung); KRUSE HEINRICH WILHELM, Zum Entstehen und Erlöschen von Steueransprüchen, in: JOACHIM LANG (Hrsg.), Die Steuerrechtsordnung in der Diskussion. Festschrift für Klaus Tipke, Köln 1995, 277 ff. (zit. KRUSE, Steueransprüche); ders., Lehrbuch des Steuerrechts. Bd. 1. Allgemeiner Teil, München 1991 (zit. KRUSE, Steuerrecht I); MARTENS JOACHIM, Die Funktion von Besteuerungsgrundlagen, StuW 1993, 335 ff.; OESTERHELT STEFAN, Verjährung im Steuerrecht, ASA 79 (2010/2011), 817 ff.; REICH MARKUS, Grundzüge der föderalistischen Finanzverfassung, in: DANIEL THÜRER/JEAN-FRANÇOIS AUBERT/JÖRG PAUL MÜLLER (Hrsg.), Verfassungsrecht der Schweiz, Zürich 2001, § 76 N 1 ff. (zit. REICH, Finanzverfassung); REICH MARKUS/PIPPIG ANNA, Die Finanzverfassung, in: THOMAS DÄHLER/ALFRED KÖLZ/MARKUS NOTTER (Hrsg.), Staatsaufbau und Finanzordnung, Bd. 3 der Materialien zur Zürcher Verfassungsreform, Zürich 2000, 47 ff. (zit. REICH/PIPPIG, Finanzverfassung); TIPKE KLAUS, Das Steuerrechtsverhältnis und seine Elemente, in: CAGIANUT/VALLENDER, FS Höhn, 401 ff. (zit. TIPKE, Steuerrechtsverhältnis); WALLIS HUGO VON, Entstehen und Erlöschen der Steuerschuld durch Bestandskraft?, in: BRIGITTE KNOBBE-KEUK/FRANZ KLEIN/ADOLF MOXTER (Hrsg.), Handelsrecht und Steuerrecht. Festschrift für Georg Döllerer, Düsseldorf 1988, 693 ff. (zit. VON WALLIS, Steuerschuld).

A. Begriff und Wesen des Steuerrechtsverhältnisses

I. Begriffliches

1. Steuerrechtsverhältnis

Das Steuerrechtsverhältnis ist ein auf steuerrechtliche Zwecke – insbesondere auf die Steuerentrichtung – angelegtes *öffentlich-rechtliches Rechtsverhältnis*. Es besteht aus einem materiellen und einem formellen Teil, dem *Steuerschuldverhältnis* und dem *Veranlagungsverhältnis*.[1] Dementsprechend enthält es materielle und formelle Rechte und Pflichten. Dies lässt sich schematisch wie folgt darstellen:

1

---

[1] BLUMENSTEIN/LOCHER, System, 15.

```
                    ┌─────────────────────────┐
                    │  Steuerrechtsverhältnis │
                    └─────────────────────────┘
                      │                     │
        ┌─────────────────────┐   ┌──────────────────────┐
        │ Steuerschuldverhältnis │   │ Veranlagungsverhältnis │
        └─────────────────────┘   └──────────────────────┘

                ( Staat )   ⇄   ( Bürger )
                                    │
                      ┌─────────────┴─────────────┐
                 ┌──────────┐              ┌──────────────┐
                 │ Pflichten│              │ Mitwirkungs- │
                 └──────────┘              │    rechte    │
                      │                    └──────────────┘
           ┌──────────┴──────────┐
   ┌──────────────────┐   ┌──────────────┐
   │ Vermögensrechtliche│  │ Mitwirkungs- │
   │     Leistung      │  │  pflichten   │
   └──────────────────┘   └──────────────┘
```

2   Das Steuerrechtsverhältnis ist vom Steuerschuldverhältnis unabhängig, d.h., es kann bestehen, ohne dass zugleich ein Steuerschuldverhältnis vorliegt. Ein Steuerrechtsverhältnis liegt beispielsweise auch dann vor, wenn ein Selbständigerwerbender Verluste erwirtschaftet und deshalb keine Einkommenssteuer schuldet.

3   Die gesetzlichen Grundlagen jeder Steuerart begründen ein eigenes Steuerrechtsverhältnis. Dieses entsteht, sobald eine Person die *subjektiven Voraussetzungen* eines Steuertatbestands erfüllt. So steht eine inländische Kapitalgesellschaft in einem Verrechnungssteuerrechtsverhältnis zum Bund, auch wenn sie keine geldwerten Leistungen erbringt. Das Steuerrechtsverhältnis erlischt mit dem Dahinfallen der subjektiven Voraussetzungen der Steuerpflicht. So beruht das Steuerrechtsverhältnis nicht auf dem Willen der Beteiligten, sondern einzig auf dem entsprechenden Steuergesetz.

2. Steuerschuldverhältnis

4   Das Steuerschuldverhältnis bildet den *materiellen Teil* des Steuerrechtsverhältnisses und beinhaltet materielle Rechte und Pflichten. Es ist eine rechtliche Beziehung zwischen dem Gemeinwesen als *Gläubiger* und der natürlichen oder juristischen Person als *Schuldner*, nach welcher dieser verpflichtet ist, eine steuerrechtliche Leistung zu erbringen.[2]

5   Gegenstand des Steuerschuldverhältnisses bilden Forderungen, die in der Regel auf *Geldleistungen* ausgerichtet sind. Es sind dies seitens des *Gemeinwesens* die Steuerforderung, die Nachsteuerforderung, die Rechte auf Nebenleistungen

---

[2] Vgl. TIPKE, Steuerrechtsverhältnis, 403.

(Zinsen und Kostenentschädigungen) und die Haftungsforderung sowie seitens des *Steuerpflichtigen* die Forderungen auf Steuerrückzahlungen[3] und die Rechte auf Nebenleistungen.

Das einzelne Steuerschuldverhältnis wird durch die jeweiligen Forderungen zwischen den Beteiligten als Gläubiger oder Schuldner gekennzeichnet. Für jede geschuldete Steuer besteht ein eigenes Steuerschuldverhältnis; bei den periodischen Steuern bedeutet dies, dass für jede Periode ein neues Steuerschuldverhältnis begründet wird.[4]

Statt von «Schuld» wird auch von «Forderung», im Privatrecht auch von «Obligation», gesprochen. Obligation, Forderung und Schuld sind drei Begriffe, welche die gleiche Rechtsbeziehung zwischen zwei Personen (oder Personengruppen), je aus anderer Perspektive, beschreiben: Die Forderung aus der Sicht des Gläubigers, die Schuld aus der Sicht des Schuldners und die Obligation aus einer objektiven, von Gläubiger und Schuldner losgelösten Sicht.[5] Gleichbedeutend wie der Begriff «Forderung» wird auch der Ausdruck «Anspruch» verwendet.

3. Veranlagungsverhältnis

Das Veranlagungsverhältnis ist der *formelle Teil* des Steuerrechtsverhältnisses und beinhaltet formelle Rechte und Pflichten, welche der Feststellung des Steuertatbestandes – der Veranlagung – dienen. Die verfahrensrechtlichen Rechte und Pflichten können sich unmittelbar aus dem Gesetz ergeben oder aus einer auf das Gesetz gestützten Verwaltungshandlung.

Nach dem *Grad der Mitwirkung des Steuerpflichtigen* an der Veranlagung ist zu unterscheiden zwischen Selbstveranlagung, amtlicher Veranlagung und gemischter Veranlagung:
– Bei der *Selbstveranlagung* ermittelt der Steuerpflichtige von sich aus die Steuerschuld, legt sie fest und bezahlt die Steuer unaufgefordert der Steuerbehörde. Die Steuerbehörde überprüft die Selbstveranlagung nachträglich und nimmt allenfalls eine Korrektur vor. Im Selbstveranlagungsverfahren werden beispielsweise die Verrechnungssteuer und die Stempelabgaben sowie die Mehrwertsteuer (im Bereich der Inlandsteuer) erhoben.

---

[3] *Steuerrückzahlungen* erfolgen, wenn Steuern zu Recht oder zu Unrecht erhoben, bezogen oder entrichtet worden sind. Entsprechend dem Rechtsgrund wird unterschieden zwischen *Rückvergütungen*, die erfolgen, wenn eine Steuer zu Unrecht erhoben wurde, und *Rückerstattungen*, die stattfinden, wenn eine Steuer im Erhebungszeitpunkt an sich geschuldet war, nachträglich aber ein Anspruch auf Rückleistung entstanden ist (vgl. BEUSCH, Untergang, 57 ff.).
[4] LANG, in: TIPKE/LANG, § 7 N 2.
[5] PETER GAUCH/WALTER R. SCHLUEP/JÖRG SCHMID/HEINZ REY/SUSAN EMMENEGGER, Schweizerisches Obligationenrecht. Allgemeiner Teil, 9. A. Zürich 2008, § 2 N 25.

- Anders als bei der Selbstveranlagung erfolgt die *amtliche Veranlagung* ohne Mitwirkung des Steuerpflichtigen. Durch amtliche Veranlagung werden z.B. die Handänderungssteuer und die Motorfahrzeugsteuer erhoben.
- Elemente der Selbstveranlagung sowie der amtlichen Veranlagung enthält das *gemischte Veranlagungsverfahren*. Für das gemischte Veranlagungsverfahren ist charakteristisch, dass Steuerpflichtiger und Steuerbehörde bei der Ermittlung des steuerbaren Betrages zusammenwirken: Der Steuerpflichtige hat seine Steuerfaktoren zu deklarieren (Deklarationspflicht), die Festsetzung der Steuer erfolgt aber von Amtes wegen durch Verfügung. Im gemischten Veranlagungsverfahren werden insbesondere die Einkommens- und Vermögenssteuern erhoben, sofern nicht das Quellensteuerverfahren zur Anwendung kommt. Das Verfahren wird dabei als ordentliches Veranlagungsverfahren (im Unterschied zum Quellensteuerverfahren) bezeichnet.

II. Rechtsnatur

1. Obligatio ex lege

10 Das Steuerrechtsverhältnis dient der Einnahmenbeschaffung des Gemeinwesens. Es hat zum Ziel, die Staatskasse zu alimentieren. Ohne Zwang blieben die Staatskassen leer; auf der Basis der Freiwilligkeit liessen sich die Mittel nicht beschaffen, derer das Gemeinwesen zur Erfüllung der ihm zugewiesenen Aufgaben notwendigerweise bedarf. Steuererhebung setzt also die Ausübung von staatlicher Gewalt voraus. Deshalb hat man früher das durch die Steuererhebung begründete Verhältnis zwischen Staat und Steuerpflichtigen als «Steuergewaltverhältnis» bezeichnet. In einem Rechtsstaat ist das Verhältnis der steuerberechtigten Gebietskörperschaft zum Steuerpflichtigen jedoch kein Gewalt-, sondern ein in die Prinzipien des Rechts- und Sozialstaats eingebundenes *Rechtsverhältnis*. Das Steuerrechtsverhältnis beruht nicht auf Gewalt, sondern wird durch das *Gesetz* begründet und bestimmt.

11 Voraussetzung und Umfang der Pflicht zur Steuerleistung sind somit von vornherein gesetzlich festgelegt. Gefordert werden kann nur das, was das Gesetz vorsieht. Auch das Zustandekommen auf rechtsgeschäftlicher, namentlich *vertraglicher Grundlage* wird durch die Natur der Steuer ausgeschlossen. Die Steuerleistungspflicht ist eine *obligatio ex lege*. Vereinbarungen über die Steuerpflichten zwischen Staat und natürlichen oder juristischen Personen sind nur in dem von Verfassung und Gesetz gezogenen engen Rahmen zulässig.[6]

---

[6] Vgl. vorne § 4 N 33 ff.

2. Öffentlich-rechtliches Subordinationsverhältnis

Das Steuerrechtsverhältnis ist ein Rechtsverhältnis öffentlich-rechtlicher Natur zwischen Gemeinwesen und natürlichen oder juristischen Personen. Es besteht ein Subordinationsverhältnis. Das steuerberechtigte Gemeinwesen tritt den Steuerpflichtigen als übergeordnetes Rechtssubjekt gegenüber; es kann seine Machtposition autoritativ zur Entfaltung bringen.

III. Grundlagen des Steuerschuldrechts

Eine allgemeine gesetzliche Regelung des Steuerschuldverhältnisses, welche für alle nach den Einzelsteuergesetzen bestehenden besonderen Steuerschuldverhältnisse gilt, gibt es in der Schweiz nicht. Entstehung und Untergang der Steuerforderungen sind in den einzelnen die verschiedenen Steuerarten betreffenden Steuergesetzen je gesondert und den steuerspezifischen Eigenheiten entsprechend geregelt. Gesetzlich geregelt ist somit lediglich das jeweilige besondere Steuerschuldrecht, nicht aber das allgemeine Steuerschuldrecht.

Darin unterscheidet sich das steuerliche Schuldrecht vom privatrechtlichen *Obligationenrecht*, welches einen allgemeinen und einen besonderen Teil enthält. Während der allgemeine Teil für alle Arten von Rechtsverhältnissen gilt und insbesondere Entstehung und Untergang derselben regelt, normiert der besondere Teil die einzelnen Rechtsverhältnisse.

Es fragt sich, ob die verschiedenen Steuergesetze nicht durch den Erlass eines allgemeinen der deutschen Abgabenordnung oder der österreichischen Bundesabgabenordnung vergleichbaren Steuergesetzes entlastet werden könnten, indem die allgemeinen Fragen des Steuerschuldrechts und des Steuerverfahrensrechts gewissermassen «vor die Klammer» genommen werden.[7]

> ERNST BLUMENSTEIN hat 1947 einen entsprechenden Versuch unternommen und einen Vorentwurf zu einem *Bundesgesetz über die Erhebung von Bundessteuern* verfasst. Dieser Entwurf zeigt ähnlich wie die ausländischen allgemeinen Abgabenordnungen, dass sich das Steuerschuldrecht, wenn überhaupt, so doch nur zum Teil allgemein normieren lässt. Die Entstehung der Ansprüche aus dem Steuerschuldverhältnis ist der Verallgemeinerung nur schwer oder überhaupt nicht zugänglich, da der Tatbestand, an den das Gesetz die Leistungspflicht knüpft, steuerspezifisch stark variiert und eben der besonderen Bestimmungen der Einzelsteuergesetze bedarf. Mehrere Gemeinsamkeiten lassen sich bei den Fragen des Untergangs der Steuerforderungen[8] feststellen.

---

[7] Vgl. dazu KRUSE, Steuerrecht I, 95 f.
[8] Dazu BEUSCH, Untergang, passim.

IV. Anwendbarkeit privatrechtlicher Normen auf das Steuerschuldverhältnis

16 Das Steuerschuldverhältnis lässt sich in vielerlei Hinsicht mit dem privatrechtlichen Schuldverhältnis vergleichen. Das hoheitliche Element ist im Steuerschuldverhältnis weniger ausgeprägt als bei andern Verwaltungsrechtsverhältnissen. Die Gemeinsamkeiten zwischen Steuerschuldverhältnis und privatrechtlichem Rechtsverhältnis gehen vor allem auf die Natur der *Steuerschuld als Geldschuld* zurück. Die rechtlichen Regelungen der Geldschuld haben ihren Ursprung im römischen Recht und haben sich im Laufe der Zeit zu allgemeingültigen Rechtssätzen verdichtet. Das Steuerrecht übernahm diese Rechtsgedanken und statuierte entsprechende Normen, die nun trotz ihrer formalen Ähnlichkeit nicht etwa Privatrecht, sondern öffentliches Recht darstellen.

17 Die einzelnen Steuergesetze regeln das jeweilige Steuerschuldverhältnis in mancher Beziehung nur bruchstückhaft. Die *Lückenfüllung* bzw. die Behebung der planwidrigen Unvollständigkeit steuerschuldrechtlicher Regelungen kann wegen der teleologischen Bezüge der beiden Rechtsverhältnisse vielfach durch Rückgriff auf die im Privatrecht formulierten allgemeinen Rechtsgedanken geschehen.[9] Allerdings darf nicht einfach jede als passend erscheinende privatrechtliche Vorschrift als Ausdruck eines allgemeinen Rechtsgedankens betrachtet werden. Auch ist für die Anwendung privatrechtlicher Normen im Steuerrecht insoweit kein Raum, als die – wenn auch lückenhafte – öffentlich-rechtliche Regelung *Besonderheiten* aufweist, denen konsequent Rechnung getragen werden muss. Es ist mit anderen Worten jeweils sorgfältig zu prüfen, ob sich die entsprechende privatrechtliche Norm mit der Eigenart und dem Regelungszweck des Steuerschuldrechts vereinbaren lässt.

18 Als Vorschriften, die Ausdruck eines allgemeinen Rechtsgedankens sind und als solche die gesetzliche Regelung des Steuerschuldrechts ergänzen[10], sind insbesondere die Vorschriften über die Simulation, die Gesamtschuldnerschaft, die Leistung durch Dritte, die Erfüllung, den Zeitpunkt der Leistung sowie das Rechtsmissbrauchsverbot, der Grundsatz von Treu und Glauben und die Regeln über die ungerechtfertigte Bereicherung zu nennen.[11]

B. Die am Steuerrechtsverhältnis Beteiligten

19 Beteiligt am Steuerrechtsverhältnis sind die ertrags- oder verwaltungszuständige Gebietskörperschaft als *Steuerberechtigte* (Steuergläubigerin) einerseits und

---

[9] Zur Anwendung kommen dann allerdings nicht etwa die entsprechenden *privatrechtlichen Normen* (z.B. ZGB 2), sondern die den privatrechtlichen Regelungen zugrunde liegenden *allgemeinen Rechtsgedanken*.
[10] Sofern sie nicht explizit geregelt sind.
[11] Vgl. KRUSE, Steuerrecht I, 97.

natürliche oder juristische Personen oder Personengemeinschaften als *Steuersubjekte* bzw. *Steuerpflichtige* andererseits.¹²

Die Bezeichnungen «Steuerberechtigte» und «Steuerpflichtige» bringen zum Ausdruck, dass dem Gemeinwesen im Steuerrechtsverhältnis vorwiegend *Rechte* zustehen, während den Steuerpflichtigen vorwiegend *Pflichten* treffen. Sie dürfen aber nicht darüber hinwegtäuschen, dass auch dem Gemeinwesen Pflichten obliegen und auch dem Steuerpflichtigen Rechte zukommen.

I.   Das steuerberechtigte Gemeinwesen

Die Steuerberechtigung des Gemeinwesens hat *zwei Aspekte*. Zum einen muss dem Gemeinwesen die Befugnis, Steuern zu erheben, gegenüber den andern Gemeinwesen zustehen. In diesem Kontext spricht man von «Steuererhebungskompetenz». Zum andern hat sich das Gemeinwesen gegenüber den natürlichen und juristischen Personen, die Steuern zu entrichten haben, zu legitimieren. Das zur Steuererhebung kompetente Gemeinwesen bedarf einer Rechtsgrundlage, die es als steuerberechtigt – als Steuergläubiger – ausweist.

1.   Steuererhebungskompetenz

Statt des Begriffs der Steuererhebungskompetenz wird vielfach noch der althergebrachte Begriff der *Steuerhoheit* verwendet.¹³ Der Hoheitsbegriff ist indes antiquiert und deutet auf die Begründung eines Gewalt-, nicht eines Rechtsverhältnisses. Mit ihm verbindet sich die Vorstellung vom *Steuervogt*, dessen Steuerhäscher die Steuern gewaltsam eintreiben. Der Hoheitsbegriff ist deshalb durch den Kompetenzbegriff als Zentralbegriff des schweizerischen Bundesstaatsrechts zu ersetzen.¹⁴

Die Steuererhebungskompetenz fliesst aus der Staatsgewalt. Im Bundesstaat ergibt sich die Steuererhebungskompetenz aus dem *Staatsorganisationsrecht* und wird durch dieses auf den Bund und die Gliedstaaten verteilt. Die Ausscheidung der Steuererhebungskompetenzen zwischen Bund und Gliedstaaten sowie zwischen den Gliedstaaten gehört zusammen mit der Regelung der finanziellen Be-

---

¹² Man ist versucht, die am Steuerrechtsverhältnis Beteiligten als *Parteien* des Steuerrechtsverhältnisses zu bezeichnen. «Partei» ist jedoch ein Begriff des Prozessrechts; die am Steuerrechtsverhältnis Beteiligten werden erst, wenn sie sich im Rechtsmittelverfahren vor einer verwaltungsunabhängigen Instanz gegenüberstehen, zu Parteien im Rechtssinn (hinten N 40 ff.).
¹³ Statt vieler BLUMENSTEIN/LOCHER, System, 43 ff.; HÖHN/WALDBURGER, Bd. I, § 8 N 1 ff.
¹⁴ Vgl. PETER SALADIN, Kommentar zu aBV 3, in: JEAN-FRANÇOIS AUBERT/KURT EICHENBERGER/JÖRG PAUL MÜLLER/RENÉ A. RHINOW/DIETRICH SCHINDLER (Hrsg.), Kommentar zur Bundesverfassung der Schweizerischen Eidgenossenschaft vom 29. Mai 1874, Loseblattwerk, Basel et al. 1987–1996, N 79 zu aBV 3.

ziehungen zwischen Bund und Gliedstaaten (Finanzausgleich) zum Kernbereich der *Finanzverfassung* eines Bundesstaates.[15]

24 Die Zuteilung der Steuererhebungskompetenzen auf Bund und Gliedstaaten kann nach dem Trennsystem, dem Verbundsystem oder dem Zuschlagssystem erfolgen.[16] Das *Trennsystem* weist den verschiedenen Staatsebenen bestimmte Steuern zu. Beim *Verbundsystem* werden die Steuern auf einer Ebene geregelt und erhoben, die Erträge aber nach einem bestimmten Verteilungsschlüssel den verschiedenen Ebenen zugeteilt. Nach dem *Zuschlagssystem* ist eine Ebene befugt, prozentuale Zuschläge auf einer Steuer zu erheben, die von einer anderen Ebene geregelt und vereinnahmt wird.

25 Im kantonalen Steuerrecht wird zwischen *originärer* und *abgeleiteter Steuererhebungskompetenz* unterschieden. Den Kantonen steht seit jeher die originäre Erhebungskompetenz zu; sie sind gewissermassen «von Haus aus» zur Steuererhebung befugt. Die Gemeinden dagegen erhalten die Steuererhebungskompetenz vom Kanton zugeteilt und weisen folglich eine abgeleitete Steuergesetzgebungskompetenz auf. Das kantonale Recht bestimmt Inhalt und Umfang der Steuererhebungskompetenz der Gemeinden.

26 Die Steuererhebungskompetenz wird bei zahlreichen Steuerarten auf verschiedene Gemeinwesen *aufgeteilt*. Es lassen sich grundsätzlich drei Aspekte der Steuererhebungskompetenz unterscheiden:

- Die *Steuergesetzgebungskompetenz* ist die Befugnis eines Gemeinwesens, den Steuertatbestand und das Steuerverfahren gesetzlich zu normieren. Im Kanton Zürich steht die Steuergesetzgebungskompetenz bei den Grundsteuern beispielsweise dem Kanton zu, während die Gemeinden die Ertrags- und Verwaltungskompetenz besitzen. Die Gesetzgebungskompetenz kann ausnahmsweise auch auf verschiedene Gemeinwesen verteilt sein, wie das im harmonisierten Einkommens- und Vermögenssteuerrecht von Bund, Kantonen und Gemeinden der Fall ist. Der Bund hat eine Rahmengesetzgebungskompetenz, welche die Gesetzgebungskompetenz der Kantone und Gemeinden einschränkt.[17]

- Die *Steuerertragskompetenz* ist die Berechtigung eines Gemeinwesens, das aufgebrachte *Steueraufkommen zu vereinnahmen*. Auch die Steuerertragskompetenz lässt sich auf verschiedene Gemeinwesen aufteilen. So steht der Ertrag der direkten Bundessteuer und der Verrechnungssteuer nicht vollumfänglich dem Bund zu. Dieser hat die Kantonsanteile abzugeben.[18] Die Aufteilung der Ertragskompetenz hat ihren Grund vielfach darin, dass die an der Steuererhebung mitwirkenden Gemeinwesen dadurch für ihren Verwaltungsaufwand entschädigt werden. Ein Ertragsanteil kann indes auch eine Abgel-

---

[15] Vgl. REICH, Finanzverfassung, § 76 N 1 ff. Zur Zuteilung der Steuererhebungskompetenzen im schweizerischen Bundesstaat vorne § 4 N 4 ff.
[16] Die *Terminologie* ist nicht einheitlich, vgl. REICH/PIPPIG, Finanzverfassung, 53 mit weiteren Hinweisen.
[17] Vorne § 4 N 25 ff.
[18] Dazu hinten § 7 N 13 (insb. Fn. 7) und § 28 N 2.

tung für den Verzicht auf eine einem andern Gemeinwesen abgetretene Steuerquelle darstellen.
– Die *Steuerverwaltungskompetenz* ist die Befugnis eines Gemeinwesens, eine Steuer administrativ zu erheben. Die Verwaltungskompetenz ist bei der direkten Bundessteuer und bei der Verrechnungssteuer auf Bund und Kantone, bei der Einkommens- und Vermögensteuer auf Kanton und Gemeinden aufgeteilt.

2. Steuerberechtigung (Steuergläubigerschaft)

Den Steuerpflichtigen gegenüber weist sich das Gemeinwesen nicht durch seine verfassungsmässige Kompetenz, sondern durch eine *gesetzliche Grundlage* als zur Steuererhebung berechtigt aus. Die Gläubigerstellung des Gemeinwesens ergibt sich aus den verschiedenen Steuergesetzen. Die Steuerberechtigung bzw. die Steuergläubigerschaft kann somit umschrieben werden als die gesetzliche Befugnis des Gemeinwesens, vom Steuerschuldner eine steuerrechtliche Leistung zu verlangen. Pendant zur Steuerberechtigung, die das Gemeinwesen zur Steuerforderung ermächtigt, bildet auf Seite der Steuerpflichtigen die Steuerschuldnerschaft, auf welcher die Steuerschuld gründet.

27

II. Der Steuerpflichtige

1. Begriffliches

a) Steuerpflichtiger/Steuersubjekt

Dem Gemeinwesen als Steuergläubiger steht der Steuerpflichtige als *Steuerschuldner* gegenüber. Der Begriff des Steuerpflichtigen ist indessen weiter als jener des Steuerschuldners. Der Steuerpflichtige ist die Person, welche die persönlichen Voraussetzungen erfüllt, an die das Steuergesetz die Leistungspflicht knüpft. Steuerschuldner ist hingegen nur, wer als Steuerpflichtiger auch tatsächlich leisten muss, wer eine bestimmte Steuer in eigenem Namen zu entrichten hat. So ist eine minderbemittelte Person zwar steuerpflichtig, sie ist aber mangels steuerbaren Einkommens nicht Steuerschuldner. Gleichbedeutend mit dem Begriff des Steuerpflichtigen ist der Ausdruck «Steuersubjekt».

28

b) Steuersubstitution

Dem Steuerpflichtigen obliegen gewöhnlich die sich aus dem Steuerrechtsverhältnis ergebenden materiellen und formellen Pflichten. Ausnahmsweise sind jedoch nicht jene Personen schuld- und verfahrensrechtlich verpflichtet, welche die persönlichen Voraussetzungen der Steuerpflicht erfüllen, sondern es sind von Gesetzes wegen Drittpersonen damit betraut. Hierbei handelt es sich um eine sog. «Steuersubstitution». Eine solche ist gegeben, wenn nicht der Steuer-

29

pflichtige selber, sondern eine andere Person die sich aus dem Steuerrechtsverhältnis ergebenden Steuerpflichten schuld- und verfahrensrechtlich wahrzunehmen hat.

30 Der Umfang der mit der Steuersubstitution dem Dritten auferlegten materiellen und formellen Pflichten kann variieren. So haben z.B. die Inhaber der elterlichen Sorge die Einkommenssteuerpflichten (exkl. Erwerbseinkommen) des *minderjährigen Kindes* vollumfänglich zu erfüllen (DBG 9 II). Weniger weit geht hingegen die Steuersubstitution im *Quellensteuerverfahren* (DBG 83 ff.).[19] Der Schuldner der steuerbaren Leistung hat lediglich den Steuerabzug vorzunehmen und gewisse Verfahrenspflichten zu erfüllen. Er ist steuerleistungspflichtig, aber nicht Steuerschuldner; in materieller Hinsicht handelt er als Dritter für Rechnung des Quellensteuerpflichtigen als Steuerschuldner.

31 Keine Steuersubstitution bildet das *vertragliche Vertretungsverhältnis*, da der vertragliche Vertreter nicht gesetzlich zur Wahrnehmung der sich aus dem Steuerrechtsverhältnis des Vertretenen ergebenden materiellen oder formellen Pflichten gehalten ist.

c) *Steuerträger*

32 Die Steuerpflichtigen sind normalerweise durch die zu entrichtenden Steuern *in ihren wirtschaftlichen Verhältnissen betroffen*. Dies ist jedoch dann nicht der Fall, wenn die Steuerpflichtigen die bezahlten Steuern auf andere Personen, auf die Steuerträger, überwälzen. Steuerträger ist mithin, wer durch eine bestimmte Steuer tatsächlich betroffen ist. Der Steuerträger muss weder Steuerschuldner noch Steuerpflichtiger sein. Eine Überwälzung findet gewöhnlich bei den indirekten Steuern statt. Bei der Mehrwertsteuer beispielsweise sind die Unternehmer Steuerschuldner, die Steuer soll aber den Verbraucher als Steuerträger treffen. Auch bei der Verrechnungssteuer findet, obwohl es sich um eine direkte Steuer handelt, eine Überwälzung auf den Gläubiger der steuerbaren Leistung als Steuerträger statt.

d) *Steuerhaftung*

33 Der aus einem Steuerschuldverhältnis Verpflichtete muss leisten, er hat für die Erfüllung der Schuld einzustehen. Mit anderen Worten haftet er für die Steuerschuld. Im Steuerrecht werden indes Schuld und Haftung häufig insofern auseinandergehalten, als von «Haftung» nur die Rede ist, wenn für eine Schuld aus dem Steuerschuldverhältnis einer anderen Person einzustehen ist.[20] Als Haftung manifestiert sich im Steuerrecht somit oftmals nur die *Fremdhaftung*.

34 Die haftende Person wird entweder nachträglich in das Steuerschuldverhältnis einbezogen oder sie ist von Anfang an Beteiligte eines Steuerrechtsverhältnisses,

---

[19] Näheres dazu Locher, N 1 ff. zu DBG 88; Zigerlig/Jud, in: Zweifel/Athanas, N 1 ff. zu DBG 88.
[20] Vgl. dazu Locher, N 1 zu DBG 13.

in welches mehrere Steuersubjekte einbezogen sind. In diesem Fall sehen die Steuergesetze meistens eine *Solidarhaftung* («Steuersolidarität») vor. Eine Solidarhaftung liegt vor, wenn von mehreren Schuldnern jeder einzelne für die Erfüllung der gesamten Verbindlichkeit einzustehen hat und die Befreiung erst nach Tilgung der gesamten Schuld eintritt.

e) Steuersukzession

Mit dem *Untergang eines Steuersubjekts* zufolge Todes einer natürlichen oder zufolge Auflösung einer juristischen Person erlischt das Steuerrechtsverhältnis zum betreffenden Steuersubjekt. Da bei Tod regelmässig noch nicht alle Steuern bis zum Zeitpunkt des Todes rechtskräftig veranlagt und bezogen sind, bestimmt das Gesetz, dass die Erben als Rechtsnachfolger in das Steuerrechtsverhältnis einzutreten haben. Eine vergleichbare Situation liegt vor bei der Übernahme von Aktiven und Verbindlichkeiten einer juristischen Person ohne Liquidation (Fusion), auch hier wird die Nachfolgegesellschaft als Steuerrechtsnachfolgerin bezeichnet. Man spricht hier von Steuersukzession, die vorliegt, wenn eine oder mehrere Personen von Gesetzes wegen in das Steuerrechtsverhältnis einer gestorbenen natürlichen oder einer aufgelösten juristischen Person eintreten.

35

Zu unterscheiden sind die *Verfahrenssukzession*, bei welcher der Eintritt in die Verfahrensrechte und -pflichten erfolgt, und die *Zahlungssukzession*, die in der Übernahme der Steuerschuld besteht. Besteht steuerrechtlich keine ausdrückliche gesetzliche Regelung der Sukzessionsfrage, kann die Steuernachfolge nicht etwa aus der zivilrechtlichen Universalsukzession abgeleitet werden. Auch offene, noch nicht beglichene Steuerrechnungen werden nicht zu persönlichen Schulden der Erben, obwohl ZGB 560 II nach seinem Wortlaut sämtliche Forderungen umfasst.[21] Das ZGB regelt die Rechtsverhältnisse unter Privaten und vermag angesichts des strengen Legalitätsprinzips im Abgaberecht eine fehlende gesetzliche Grundlage im öffentlichen Recht nicht zu ersetzen.

36

2. Steuerrechtsfähigkeit

Die Steuerrechtsfähigkeit ist die Fähigkeit von natürlichen oder juristischen Personen, im Steuerrechtsverhältnis Träger von Rechten und Pflichten zu sein, d.h. Steuersubjekt bzw. Steuerpflichtiger zu sein. Die Steuerrechtsfähigkeit ist folglich eine von der zivilrechtlichen Rechtsfähigkeit unabhängige *Sonderrechtsfähigkeit*.

37

Als Steuerrechtssubjekt kann der Gesetzgeber an sich jede Person oder Personengemeinschaft anvisieren, die sich dazu eignet, Träger von steuergesetzlichen Rechten und Pflichten zu sein. Bei der *Auswahl* der Steuersubjekte gilt es indessen, vor allem solche Gebilde zu Steuerrechtssubjekten zu erklären, die wirtschaftlich leistungsfähig sind oder über die wirtschaftliche Leistungsfähigkeit

38

---

[21] A.M. BLUMENSTEIN/LOCHER, System, 74.

erfasst werden kann. Überdies hat der Steuergesetzgeber den Umstand zu beachten, dass die Steuern bei Nichtbegleichung der Steuerschuld auf dem Weg der *Schuldbetreibung* einzufordern sind, welche die *zivilrechtliche Rechtsfähigkeit* des betriebenen Schuldners voraussetzt. Das Steuerrecht muss deshalb dort, wo es die Steuerrechtsfähigkeit abweichend von der zivilrechtlichen Rechtsfähigkeit definiert, durch geeignete *Haftungs-* oder *Substitutionsbestimmungen* gewährleisten, dass rechtsfähige Personen für den Steuerbetrag einzustehen haben.

39 Der Kreis der Steuersubjekte ergibt sich aus dem jeweiligen *Steuergesetz* und ist für die einzelnen Steuerarten verschieden. Im *Einkommens- und Vermögenssteuerrecht* wird in der Regel auf die zivilrechtliche Rechtsfähigkeit abgestellt. Es können aber auch nach dem Privatrecht nicht rechtsfähige Personenvereinigungen und Vermögensmassen steuerrechtsfähig sein, sofern dies im Gesetz ausdrücklich vorgesehen ist (z.B. DBG 11).

3. Partei- und Prozessfähigkeit

40 Im Rechtsmittelverfahren wird nicht mehr allgemein von Steuerrechtsfähigkeit, sondern wie im Zivilprozess spezifisch von «Partei- und Prozessfähigkeit» gesprochen.[22] Dabei geht es um die allgemeinen *persönlichen Voraussetzungen*, die erfüllt sein müssen, um ein Rechtsmittel ergreifen zu können.

41 *Parteifähigkeit* ist die Fähigkeit, im Steuerprozess als Partei aufzutreten. Es handelt sich um die steuerprozessuale Rechtsfähigkeit. Parteifähig sind alle Steuersubjekte, die als Steuerpflichtige *selbständig veranlagt* werden. Kinder unter elterlicher Sorge sind demnach nur parteifähig, wenn sie ein Erwerbseinkommen aufweisen.[23]

42 *Prozessfähigkeit* ist die Fähigkeit, im Steuerprozess zu handeln, d.h. ein Rechtsmittel zu erheben und den Steuerprozess entweder selbst zu führen oder durch einen gewählten Vertreter führen zu lassen. Wie im Zivilprozess ist auch im öffentlichen Prozessrecht prozessfähig, wer die zivilrechtliche Handlungsfähigkeit besitzt, also durch seine Handlungen Rechte und Pflichten zu begründen vermag (ZGB 12). Natürliche Personen sind handlungsfähig, wenn sie mündig und urteilsfähig sind (ZGB 13). Kinder unter elterlicher Sorge sind demnach auch dann nicht prozessfähig, wenn sie ein Erwerbseinkommen aufweisen. Juristische Personen sind handlungsfähig, wenn sie die nach Gesetz und Statuten unentbehrlichen Organe bestellt haben (ZGB 54).

---

[22] Vgl. HÄFELIN/HALLER/KELLER, Bundesstaatsrecht, N 1988 ff.
[23] Vgl. ZWEIFEL/CASANOVA, Steuerverfahrensrecht, § 6 N 4.

C. Steuertatbestand

I. Begriff und Wesen des Steuertatbestands

Der Steuertatbestand ist die gesetzliche Umschreibung der Merkmale, welche eine bestimmte Steuerschuld entstehen lassen. Er legt rechtssatzmässig die Lebenssachverhalte fest, die vorliegen müssen, damit eine Steuer geschuldet ist. Rechtsfolge des Steuertatbestands ist die Entstehung der Steuerschuld.

Meistens ergibt sich der Steuertatbestand nicht aus einer einzigen Gesetzesbestimmung, sondern ist ein *komplexes Normengebilde,* das aus verschiedenen steuerbegründenden und steuermindernden Bestimmungen zusammengesetzt ist. Einen einfach strukturierten Steuertatbestand weist beispielsweise die Personalsteuer auf (vgl. ZH StG 199 f.), komplex ist der Steuertatbestand der Einkommenssteuer, bei welcher der Steuertatbestand Dutzende von Gesetzesbestimmungen einnimmt (vgl. DBG 3 ff.).

Der Steuertatbestand enthält die *Eckpfeiler* der Steuerschuld und muss aufgrund der strengen Geltung des Legalitätsprinzips im Abgabenrecht in einem Gesetz im formellen Sinn klar umrissen sein.[24]

Der Steuertatbestand weist subjektive und objektive Elemente auf. In subjektiver Hinsicht muss zwischen einer natürlichen oder juristischen Person und dem Gemeinwesen, das die Steuer erhebt, diejenige Beziehung bestehen, welche die Steuerschuld begründet. Diese Beziehung manifestiert sich in der steuerrechtlichen Zugehörigkeit und stempelt eine Person zum *Steuersubjekt*. Die objektive Perspektive des Steuertatbestands zielt auf den sachlichen Inhalt der Beziehung zwischen dem Gemeinwesen und dem Steuersubjekt. Es müssen die äusseren Vorgänge oder Fakten erfüllt sein, an welche das Gesetz die Leistungspflicht knüpft. Das Gesetz hat zu umschreiben, was steuerbar ist, es muss mit anderen Worten das *Steuerobjekt* festlegen (z.B. Einkommen, Handänderung, Besuch einer Veranstaltung) und näher quantifizieren. Die betragsmässige Umschreibung des Steuerobjekts wird *Steuerbemessungs-* oder *Steuerberechnungsgrundlage* genannt. Schliesslich muss das Gesetz auch darüber Auskunft geben, wie viel von dieser Steuerbemessungsgrundlage als Steuer abzuführen ist. Es muss das *Steuermass* bestimmt werden.

II. Steuersubjekt

Nicht jede *steuerrechtsfähige Person* ist tatsächlich auch steuerpflichtig; die Steuerrechtsfähigkeit allein bildet gewöhnlich nicht das einzige Merkmal, das in der Person des Steuerpflichtigen erfüllt sein muss, um die subjektive Steuerpflicht auszulösen. Die Gesetze knüpfen die subjektive Steuerpflicht an weitere *persön-*

---

[24] Vorne § 4 N 88.

liche oder *sachbezogene Eigenschaften*. So ist nur der Angehörige bestimmter Konfessionen Subjekt der Kirchensteuer oder nur der Hundehalter Subjekt der Hundesteuer. Die Umsatzabgabe setzt die Effektenhändlereigenschaft voraus. Die subjektive Steuerpflicht kann auch die Volljährigkeit oder eine bestimmte verwandtschaftliche Beziehung voraussetzen.

48 Auch bei Vorliegen sämtlicher persönlicher Eigenschaften ist eine Person nur dann subjektiv steuerpflichtig, wenn sie dem vom Steuergesetz erfassten *Territorium zugehört*. Die Steuererhebung findet ihre natürliche Schranke in der faktischen Durchsetzbarkeit der Steuerforderungen. Diese können nur durchgesetzt werden, wenn der Steuerpflichtige in irgendeiner Weise mit dem Staatsgebiet des steuererhebenden Gemeinwesens *verbunden* ist. Diesem Umstand tragen die Steuergesetze bei der Umschreibung der subjektiven Steuerpflicht regelmässig Rechnung, indem sie die subjektive Steuerpflicht an eine besondere Beziehung des Steuerpflichtigen zum Gebiet des steuererhebenden Gemeinwesens knüpfen. Diese Beziehung kann persönlicher oder wirtschaftlicher Natur sein; entsprechend unterscheidet man die persönliche und die wirtschaftliche Zugehörigkeit.

49 Die *persönliche Zugehörigkeit* wird zum einen begründet durch die *physische Präsenz* des Steuerpflichtigen im betreffenden Gebiet. So ist die persönliche Zugehörigkeit natürlicher Personen im Einkommenssteuerrecht gegeben bei Wohnsitz oder qualifiziertem Aufenthalt.[25] Zum andern kann die persönliche Zugehörigkeit auch an die *Staatsangehörigkeit* oder an den *statutarischen Sitz* geknüpft werden. Die persönliche Zugehörigkeit ermöglicht es dem Gemeinwesen, durch Verfügungen unmittelbar auf den Steuerpflichtigen einzuwirken, um derart die Steuerforderungen durchzusetzen.

50 Eine *wirtschaftliche Zugehörigkeit* besteht bei einer besonders gearteten wirtschaftlichen Beziehung des Steuerpflichtigen zum Gebiet des steuererhebenden Gemeinwesens. Die wirtschaftliche Beziehung kann entweder durch Rechte des Steuerpflichtigen an *Sachen*, die im betreffenden Gebiet gelegen sind (Liegenschaften oder Betriebsstätten), durch Teilnahme an *Verkehrsvorgängen*, die sich dort abspielen, oder durch eine *Erwerbstätigkeit*, die dort ausgeübt wird, entstehen.[26]

51 Verschiedentlich nimmt der Steuergesetzgeber Personen, die nach der allgemeinen gesetzlichen Umschreibung des Steuersubjekts an sich sämtliche Voraussetzungen der subjektiven Steuerpflicht erfüllen, kraft ausdrücklicher gesetzlicher Bestimmungen von der Steuerpflicht aus. Dabei handelt es sich um *subjektive Steuerbefreiungen*. Solche Ausnahmen von der subjektiven Steuerpflicht sind zulässig, müssen aber im Hinblick auf den Grundsatz der *Allgemeinheit der Besteuerung* hinreichend begründet sein.[27] Dies ist der Fall, wenn die Ausnahmen entweder auf wesentlichen Unterschieden in den *wirtschaftlichen Verhältnissen* basieren

---

[25] Dazu und zum Folgenden hinten § 11 N 17 ff.
[26] HÖHN/WALDBURGER, Bd. I, § 9 N 9.
[27] BGer 1.6.2007, BGE 133 I 206 E. 6.1 mit weiteren Hinweisen; BGer 9.12.1986, BGE 112 Ia 240 E. 4b; vgl. auch vorne § 4 N 130.

(z.B. Steuerbefreiung mangels wirtschaftlicher Leistungsfähigkeit) oder wenn die Steuerbefreiung mit der *Art der Zweckverfolgung* (z.B. öffentliche oder soziale Funktion im Dienst der Allgemeinheit) oder mit fundierten *steuersystematischen Überlegungen* (z.B. Mehrfachbelastung des gleichen wirtschaftlichen Substrates bei Holdinggesellschaften) gerechtfertigt werden kann. Schliesslich kann aber eine Ausnahme vom Grundsatz der Allgemeinheit der Besteuerung auch mit der *besonderen Regelungsaufgabe* einer Steuer motiviert werden (z.B. Kultussteuern, Lenkungssteuern).

III. Steuerobjekt und Steuerbemessungsgrundlage

Steuerobjekt oder Steuergegenstand ist der Tatbestand, an den das Gesetz die Entstehung der Steuerschuld knüpft. Das Steuerobjekt umschreibt den Lebenssachverhalt, an den die Leistungspflicht in gegenständlicher Hinsicht geknüpft ist (z.B. Einkommen, Umsatz, Veräusserung), und löst somit bei Vorliegen der subjektiven Voraussetzungen der Steuerpflicht eine bestimmte Steuer aus. Das Steuerobjekt charakterisiert eine Steuer in rechtlicher Hinsicht. Das wahre Wesen einer Steuer lässt sich über das Steuerobjekt aber vielfach nicht erschliessen, da das Steuerobjekt nicht mit dem Steuergut identisch sein muss. Das Steuergut bzw. der wirtschaftliche Sachverhalt, den der Gesetzgeber mit einer Steuer belegen will, stimmt bei den indirekten Steuern nicht mit dem Steuerobjekt überein.[28] Steuerobjekt der Mehrwertsteuer ist der Umsatz, Steuergut der Verbrauch, welcher auch das Wesen der Mehrwertsteuer als Verbrauchssteuer charakterisiert.

52

Das Steuerobjekt bedarf der näheren *betragsmässigen Umschreibung*. Die Festlegung der äusseren Umstände, welche die Steuer auslösen (z.B. Handänderung, Umsatz), reicht gewöhnlich noch nicht, um die Steuer quantifizieren zu können. Wo eine Steuer an Zustände oder Vorgänge anknüpft, die als solche der betragsmässigen Fixierung nur mittelbar zugänglich sind, muss das Gesetz auch bestimmen, auf welcher betragsmässigen Grundlage die Steuer zu erheben ist (z.B. Kaufpreis, Entgelt). Bildet beispielsweise die Warenlieferung das Steuerobjekt, so können je nach Steuerzweck verschiedene Grössen Ausgangspunkt der Steuerberechnung sein (Stückzahl, Gewicht, Produktionskosten, Entgelt). Es muss also die zahlenmässige Basis festgelegt werden, die dann die Grundlage der Steuerberechnung darstellt. Diese zahlenmässige Basis – das quantifizierte Steuerobjekt – wird *Steuerbemessungs-* oder *Steuerberechnungsgrundlage* genannt.[29] Statt von Steuerbemessungsgrundlage wird auch von *Steuerfaktoren* gesprochen.

53

Keine Steuerbemessung ist erforderlich bei den sog. *festen Steuern* (Personalsteuer, Hundesteuer etc.). Hier legt das Gesetz den endgültigen Steuerbetrag fest, der bei Verwirklichung des Steuertatbestands geschuldet ist. Auf die Eigenschaf-

54

---

[28] Vorne § 2 N 41 f.
[29] Vgl. dazu TIPKE, Steuerrechtsverhältnis, 406 ff.

ten des Steuerobjekts (Wert, Grösse u.dgl.) kommt es dabei nicht an. Die Personalsteuer ist geschuldet, wenn die subjektiven Voraussetzungen dafür gegeben sind.

55 Bei der Auswahl und bei der betragsmässigen Umschreibung des Gegenstands der Besteuerung hat das Gesetz der *Steuereignung* des anvisierten Lebenssachverhalts und der wirtschaftlichen Leistungsfähigkeit der durch die Wahl dieses Steuerobjekts betroffenen Personen hinreichend Rechnung zu tragen.[30] Es sind nicht nur steuertechnische, sondern auch steuer- und staatspolitische sowie volkswirtschaftliche Gesichtspunkte zu berücksichtigen, um eine ergiebige und praktikable Steuererhebung zu gewährleisten.

56 Werden gewisse Tatbestände, die nach der allgemeinen Umschreibung des Steuerobjekts an sich Elemente des Steuerobjekts darstellen, kraft besonderer Bestimmungen von der Besteuerung ausgenommen, liegt eine *objektive Steuerbefreiung* vor. Die Gründe für solche Ausnahmen sind mannigfaltiger Natur. Vielfach bilden steuer- und sozialpolitische Überlegungen Ursache für solche Freistellungen, wie beispielsweise bei Einkünften aus Armenunterstützung, beim Militärsold, bei den Abzügen für gemeinnützige Zuwendungen oder Krankheitskosten oder bei der Mehrwertsteuerbefreiung der Grundnahrungsmittel. Der Grund für objektive Steuerbefreiungen kann aber auch in steuertechnischen Gegebenheiten liegen. So werden bei der Einkommenssteuer z.B. die Grundstückgewinne oder die Erbschaften und Schenkungen ausgenommen, um diese einer Sondersteuer zu unterwerfen. Von besonderer Art sind die Steuerbefreiungen, die im interkantonalen oder internationalen Doppelbesteuerungsrecht begründet sind.

IV. Steuermass

57 Schliesslich gilt es, die geschuldete Steuer festzulegen. Bei den festen Steuern geschieht dies in einem absoluten Betrag. Bei den andern Steuern muss bestimmt werden, wie viel von der Steuerbemessungsgrundlage als Steuer geschuldet ist. Die Steuer ergibt sich aus einer Verhältniszahl, die zur Steuerbemessungsgrundlage in Beziehung zu setzen ist. Diese Grösse bildet den *Steuersatz*, aus dem sich der Steuerbetrag in Franken ermitteln lässt. Kommen bei einer Steuer verschiedene Steuersätze zur Anwendung, bilden diese Sätze einen *Steuertarif*.

58 Der Steuersatz besteht entweder in einem bestimmten Geldbetrag pro bestimmte Grösse der Bemessungsgrundlage (Hubraum, Gewicht etc.) oder in einem Prozent- oder Promillesatz der Bemessungsgrundlage. Der Steuersatz kann proportional oder progressiv ausgestaltet sein.

---

[30] Vorne § 4 N 127.

- *Proportional*[31] ist der Steuersatz, wenn er unverändert bleibt. Die Steuer nimmt dann gleichmässig mit dem Anwachsen der Bemessungsgrundlage zu. Beispiel:
    Steuer für CHF 50 000 = 30% = CHF 15 000
    Steuer für CHF 200 000 = 30% = CHF 60 000
- *Progressiv* ist der Steuersatz, wenn er mit dem Ansteigen der Bemessungsgrundlage steigt. Die geschuldete Steuer steigt dann überproportional zum Anwachsen der Bemessungsgrundlage. Beispiel:
    Steuer für CHF 50 000 = 10% = CHF 5 000
    Steuer für CHF 200 000 = 35% = CHF 70 000

Steht die Steuerertragskompetenz verschiedenen Gemeinwesen zu, wie das insbesondere bei den kantonalen Einkommens- und Vermögenssteuern der Fall ist, kann zum gesetzlichen Steuersatz bzw. Steuertarif noch eine weitere Grösse hinzutreten, mit welcher der sich nach Anwendung des Steuersatzes ergebende Steuerbetrag multipliziert werden muss. Dabei handelt es sich um den sog. *Steuerfuss*. Dieser hält das Steuermass variabel, sodass die Steuererhebung der verschiedenen Gemeinwesen trotz unterschiedlichem Finanzbedarf auf einer *einheitlichen Steuerbemessungsgrundlage* erfolgen kann.[32]

D.   Entstehung und Untergang der Steuerforderung

I.   Entstehung und Verwirklichung der Steuerforderung

1.   Entstehung der Steuerforderung

Es wurde gezeigt, dass der Steuertatbestand die Entstehung der Steuerschuld zur Folge hat.[33] Wenn alle Elemente eines gesetzlichen Steuertatbestands erfüllt sind, wird die entsprechende Steuer geschuldet. Die Steuerforderung des Gemeinwesens entsteht demnach mit der Verwirklichung der Lebenssachverhalte, an welche das Steuergesetz die Leistungspflicht knüpft.[34]

> Im allgemeinen Verwaltungsrecht entstehen Rechte und Pflichten der Individuen gewöhnlich nicht durch das Gesetz, sondern erst durch die darauf gestützte Verfügung,[35] im *öffentlichen Schuldrecht* muss jedoch wie im privaten Schuldrecht klar differenziert werden zwischen der *Entstehung* und der *Verwirklichung* einer Forderung. Bestand und Umfang der Steuerforderung haben ihren Rechtsgrund im Steuertatbestand, nicht in der Veranlagungsverfügung.

---

[31] Statt «proportionaler Steuersatz» wird vielfach auch der Ausdruck «linearer Steuersatz» verwendet.
[32] Hinten § 17 N 20 ff.
[33] Vorne N 43.
[34] Vgl. BLUMENSTEIN/LOCHER, System, 308.
[35] HÄFELIN/MÜLLER/UHLMANN, Verwaltungsrecht, N 764, 857.

Der Zeitpunkt der Entstehung der Steuerschuld ist von namhafter Bedeutung. Die Steuerschuld ist, nachdem sie entstanden ist, grundsätzlich *unabänderlich*.[36] So kann eine entstandene Steuerschuld insbesondere nicht durch *Rückabwicklung* des Sachverhalts, der die Steuer ausgelöst hat, aus der Welt geschafft werden; das Rad der Zeit lässt sich nicht zurückdrehen.[37] Im Weiteren mindert die entstandene Steuerschuld das *steuerbare Vermögen* der Steuerpflichtigen. Entstandenen Steuerschulden muss auch *bilanziell* Rechnung getragen werden. Sodann gehen nicht nur die fälligen, sondern alle entstandenen Steuerschulden auf den *Steuersukzessor* über. Auch können entstandene Steuerforderungen schon vor ihrer Veranlagung *sichergestellt* oder *gestundet* werden (vgl. DBG 120 II b). Schliesslich ist es auch unerheblich, wenn die *Voraussetzungen* der Steuerpflicht nach dem Entstehen der Steuerschuld *wegfallen*; die Steuer kann dennoch veranlagt und bezogen werden.

61 Die *Modalitäten der Entstehung* der Steuerforderung sind der Verallgemeinerung kaum zugänglich, da die Tatbestandsumschreibung, an welche die Steuergesetze die Leistungspflicht knüpfen, steuerspezifisch stark variiert. Zum Teil ist die Anspruchsentstehung ausdrücklich im Gesetz geregelt (z.B. MWSTG 40), zum Teil ist dies durch Auslegung der die Steuer bestimmenden Merkmale zu ermitteln.

> Voraussetzung der Entstehung der *Einkommenssteuerforderung* ist nicht nur der Zufluss von Einkommen als objektive Grundlage der Steuerforderung, sondern auch die Erfüllung der Voraussetzungen der subjektiven Steuerpflicht. Die Steuerforderung gründet bei der Einkommenssteuer auf der *Steuerperiode*.[38] Ein im Januar zugeflossenes Einkommen löst eine gänzlich andere Steuerforderung aus, wenn die Steuerpflicht Ende Januar endet, wie wenn sie Ende Dezember immer noch besteht. Die Steuerperiode ist von entscheidender Bedeutung für die Entstehung und den sachlichen Umfang der Steuerforderung. Die Steuerforderung des Staates ist deshalb vor Ablauf der Steuerperiode, auf die sie sich bezieht, noch nicht endgültig und unabänderlich entstanden. Definitiv entstanden ist sie erst am Periodenende.[39]

62 Der Zeitpunkt der Entstehung der Steuerforderung ist nicht gleichbedeutend mit der *Fälligkeit* der Steuer. Die Fälligkeit, d.h. der Zeitpunkt des Fordern-Dürfens und Bezahlen-Müssens, ergibt sich jeweils losgelöst von der Entstehung der Steuerschuld aufgrund ausdrücklicher gesetzlicher Bestimmungen (z.B. VStG 16 I).

---

[36] KRUSE, Steuerrecht I, 121 ff.; LANG, in: TIPKE/LANG, § 7 N 15.
[37] Verdeckte Gewinnausschüttungen lassen sich beispielsweise nicht durch Rückzahlung der erfolgten Leistungen ungeschehen machen.
[38] BLUMENSTEIN/LOCHER, 308 f.; MARKUS REICH, Rückerstattung von übersetzten Boni und anderen Lohnzahlungen, ASA 80 (2011/2012), 119.
[39] Konsequent hält das *deutsche Einkommensteuergesetz* in § 36 Abs. 1 fest: «Die Einkommensteuer entsteht, soweit in diesem Gesetz nichts anderes bestimmt ist, mit Ablauf des Veranlagungszeitraums».

2. Wirkung der Steuerveranlagung

Wenn die Steuerschuld kraft Gesetz und nicht durch die Steuerveranlagung entsteht, hat die Veranlagung als verbindliche Festsetzung der Steuerschuld grundsätzlich *deklaratorische Wirkung*. Mit der Veranlagung wird die entstandene Steuerforderung konkretisiert, betragsmässig bestimmt. Bei der *gemischten* und bei der *amtlichen Veranlagung* bildet die Veranlagung einen behördlichen Akt, welcher die Steuerforderung festlegt und zeigt, dass das Gemeinwesen die Schuld einfordern will.[40] Im *Selbstveranlagungssystem* fehlt dieser behördliche Akt und wird durch das gesetzlich vorgeschriebene Handeln der Steuerpflichtigen ersetzt. Aber auch hier hat die Veranlagung die Funktion, die Steuerforderung betragsmässig festzulegen – zu dokumentieren, dass die Steuerforderung so und nicht anders entstanden ist.

63

Der Steuerveranlagung wird jedoch insofern auch *konstitutive Wirkung* zugesprochen, als sie die Steuer in Abweichung zur gesetzlich entstandenen Steuerforderung festsetzt. Werden die Steuerbemessungsgrundlagen höher veranlagt, als dies das Gesetz vorsieht, kann sich der Steuerpflichtige zwar gegen diese Diskrepanz zwischen entstandener Steuerforderung und veranlagter Steuerschuld zur Wehr setzen und falls erforderlich den Rechtsmittelweg beschreiten; erwächst jedoch diese Veranlagung in Rechtskraft, so besteht die Zahlungspflicht im Betrag der Veranlagung und nicht in der Höhe der gesetzlich entstandenen Steuerschuld. In dieser Beziehung wird der rechtskräftigen Steuerveranlagung von einem Teil der Lehre konstitutive Wirkung zuerkannt.[41]

64

Diese These von der deklaratorischen und teilweise konstitutiven Funktion der Steuerveranlagung vermag indes nicht zu befriedigen. Sie vermittelt den Eindruck, es bestünden jeweils *zwei verschiedene Steuerforderungen*, die eine in der Form der gesetzlich entstandenen Forderung und die andere als veranlagte Steuerschuld.[42] Hätte eine Höherveranlagung konstitutive Wirkung, so würde dies bedeuten, dass umgekehrt bei einer Veranlagung, welche die Bemessungsgrundlage tiefer festlegt als gesetzlich vorgesehen, die Steuerforderung partiell untergeht. Dies kann aber nur schon deshalb nicht richtig sein, weil andernfalls im Zeitpunkt, in welchem eine zu tiefe Veranlagung rechtskräftig wird, steuerbares Einkommen in der Höhe der untergegangenen Steuerforderung entstehen würde. Denn der Wegfall einer Schuldverpflichtung bewirkt nach dem gesetzlichen Einkommensbegriff steuerbares Einkommen.

65

Solche Ungereimtheiten lassen sich vermeiden, wenn die Veranlagung nicht als konstitutiver Akt, sondern als *Verwirklichung* der gesetzlichen Steuerforderung begriffen wird. Die Veranlagung verändert die entstandene Forderung nicht, sondern legt sie fest, konkretisiert sie und macht sie durchsetzbar. In diesem Sinn hat die Veranlagung nicht *gestaltenden*[43], sondern lediglich *feststellenden*

66

---

[40] Blumenstein/Locher, System, 393.
[41] Lang, in: Tipke/Lang, § 7 N 12; von Wallis, Steuerschuld, 693 f.
[42] Vgl. Martens, StuW 1993, 338 ff.
[43] Ebenso Blumenstein/Locher, System, 308, etwas unklar allerdings 394 f.

Charakter.⁴⁴ Es gibt rechtlich nicht zwei verschiedene Steuerforderungen, nämlich eine entstandene und eine veranlagte, sondern es besteht vor und nach der Veranlagung nur *eine* Steuerforderung. Die Veranlagung bildet bloss einen *Rechtsanwendungsakt*, der die Steuerforderung vom *Soll-* in den *Ist-Zustand* überführt. Vor der Veranlagung ist die Steuerforderung zwar *bestimmbar*, aber noch nicht *bestimmt*.

67 Mit der Verwirklichung des Steuertatbestands ist die Steuerforderung somit zwar entstanden, aber noch nicht verwirklicht und deshalb auch nicht *durchsetzbar*. Durchsetzbar in diesem Sinn sind nur die *veranlagten Steuerforderungen*. Das gilt sowohl für das gemischte Veranlagungsverfahren als auch für die amtliche Veranlagung und die Selbstveranlagung.

II. Untergang der Steuerforderung

1. Gegenstand und Auswirkungen des Untergangs

68 Vor diesem Hintergrund steht fest, dass alles, was im Veranlagungsverfahren bei der *Feststellung der Steuerforderung* geschieht, z.B. Veranlagungsfehler oder die Ausübung von Wahlrechten, weder die Problematik der Entstehung noch des Untergangs der Steuerforderung tangiert.

69 Wenn von «Untergang» der Steuerforderung die Rede ist, wird primär die veranlagte bzw. die *durchsetzbare Steuerforderung* anvisiert. Es gibt jedoch auch Gründe, die dem gesetzlichen Sollen ein Ende bereiten, bevor die Veranlagung erfolgt ist. Mit andern Worten können auch nicht veranlagte Steuerforderungen untergehen bzw. erlöschen. Solche Untergangsgründe bilden der *Wegfall des Steuersubjekts* und der *Untergang infolge Zeitablaufs*. Stirbt eine natürliche Person oder wird eine juristische Person aufgelöst, erlöschen sämtliche Rechte und Pflichten aus dem Steuerrechtsverhältnis. Auch entstandene und noch nicht veranlagte Steuerforderungen gehen mit dem Wegfall des Steuersubjekts unter, wenn keine entsprechenden *Sukzessionsregelungen* statuiert sind.⁴⁵ Da die Steuersukzession heute bei allen wichtigen Steuerarten gesetzlich geregelt ist, spielt dieser Untergangsgrund indes praktisch keine Rolle mehr. Von grosser Bedeutung ist aber der Untergang zufolge Zeitablaufs. Steuerforderungen, die von Gesetzes wegen entstanden sind, bestehen nicht ewig, sondern erlöschen nach einer gewissen Zeit. Der Verjährung zugänglich sind nicht nur die festgesetzten, sondern – wie zu zeigen sein wird – auch die entstandenen, aber noch nicht veranlagten Steuerforderungen.

70 So lassen sich dogmatisch *zwei Arten* von Untergangsgründen unterscheiden: Der Untergang von veranlagten Steuerforderungen und das Erlöschen der ent-

---

⁴⁴ KRUSE, Steueransprüche, 278 ff.
⁴⁵ Vorne N 36.

standenen Steuerforderungen.⁴⁶ Der Untergang einer veranlagten Steuerforderung führt – wie zu zeigen sein wird – immer auch zum Erlöschen der entstandenen Forderung. Wogegen mit dem Untergang der entstandenen, aber noch nicht veranlagten Steuerforderung die gesetzliche Schuldverpflichtung aufgehoben wird, sodass auch keine Veranlagung mehr erfolgen darf.

Kein Untergangsgrund liegt vor, wenn die Steuerfolgen eines *nichtigen Rechtsgeschäfts* nachträglich beseitigt werden, weil dieses z.B. mit wesentlichen Willensmängeln im Sinn von OR 24 II behaftet ist⁴⁷ oder wenn ein steuerbarer Zufluss nachträglich durch einen *korrelierenden Vermögensabgang neutralisiert* wird⁴⁸. Auch wenn bereits eine entsprechende Veranlagung erfolgt ist und die Steuerfolgen im Revisionsverfahren rückgängig gemacht werden, geht die Steuerforderung nicht unter, weil der die Steuerforderung auslösende Rechtsgrund und damit auch die Steuerforderung ex tunc dahingefallen sind. Es wird somit im Revisionsverfahren festgestellt, dass die Steuerforderung *nie entstanden* ist. 71

Der Untergang einer Steuerforderung führt nicht unbedingt auch zum Untergang des entsprechenden Steuerrechtsverhältnisses, sondern bewirkt an sich lediglich den Untergang einer bestimmten schuldrechtlichen Verpflichtung aus dem entsprechenden Steuerrechtsverhältnis. Eine untergegangene Steuerschuld ist nicht mehr existent; wird sie dennoch beglichen, handelt es sich um die Erfüllung einer *Nichtschuld*. 72

Im Unterschied zu den Entstehungsgründen der Steuerforderung, die je nach Steuerart variieren, ist den Untergangsgründen bei den verschiedenen Steuerarten manches gemein. Dies vermag nicht zu erstaunen, beinhalten doch die aus den einzelnen Steuerarten resultierenden Steuerforderungen gleichermassen und einheitlich *Geldleistungspflichten* der Steuerpflichtigen gegenüber dem Gemeinwesen. Unterschiedliche Ausgestaltungen der Untergangsgründe können sich allerdings aus den verschiedenartigen Zwecksetzungen oder Belastungswirkungen der unterschiedlichen Steuerarten ergeben. 73

Die *wichtigsten Untergangsgründe* sind Erfüllung, Verrechnung, Erlass, Amnestie und Verjährung. 74

2. Erfüllung

Mit der Erfüllung wird die Steuerschuld durch Bewirken der geschuldeten Leistung getilgt. Die Erfüllung ist der häufigste Untergangsgrund. Wie im Obligationenrecht (OR 68 ff.) stellt die Erfüllung die nach Gegenstand, Zeit und Ort richtige Leistung des Schuldners an den Gläubiger dar. Rechtsgrundlage bilden indes 75

---

⁴⁶ Der praktische Nutzen einer solchen Differenzierung ist allerdings gering, weshalb sie sich erübrigt (vgl. Beusch, Untergang, 89 f.).
⁴⁷ Vgl. für die Grundstückgewinnsteuer VGer ZH 18.6.1996, StR 1996, 548 ff. E. 1 oder auch VGer ZH 16.11.1993, StE 1994 B 42.1 Nr. 3 E. 2. Diese Praxis des VGer ZH wurde vom BGer mehrmals bestätigt, vgl. BGer 22.10.1997, BGE 123 II 588 E. 2b und BGer 28.2.1986, ASA 56, 659 ff. E. 4b. Vgl. auch Richner/Frei/Kaufmann/Meuter, N 17 zu ZH StG 216.
⁴⁸ Dazu § 10 N 28a ff.

nicht die privatrechtlichen Vorschriften, das Steuerrecht hat die Erfüllung eigenständig zu umschreiben. Für die Auslegung der steuerrechtlichen Bestimmungen kann indes durchaus auf das Privatrecht zurückgegriffen werden.

76 Die Steuerleistung ist an das *steuererhebende Gemeinwesen,* das den Erfüllungsort bestimmt, zu erbringen. Bei Zwangsvollstreckung ist die Leistung an das zuständige Betreibungsamt zu entrichten (SchKG 12).

77 Die Steuerpflicht kann nicht durch Parteivereinbarung geändert werden. Ob allerdings der Steuerpflichtige oder ein Dritter die Steuerleistung erbringt, spielt grundsätzlich keine Rolle, die entsprechende Forderung geht unter. Die *Steuerleistung durch Dritte* kann jedoch einen Einfluss auf die Höhe der Steuerforderung haben. So wird die Bemessungsgrundlage z.B. bei der Grundstückgewinnsteuer um die durch den Käufer übernommene Grundstückgewinnsteuer erhöht.

78 Die Steuer ist wie im Privatrecht im Zeitpunkt der *Fälligkeit* zu entrichten, also dann, wenn der Gläubiger fordern kann und der Steuerpflichtige leisten muss. Die Fälligkeit ergibt sich aus den einzelnen Steuergesetzen. Ist die Fälligkeit nicht ausdrücklich geregelt, wird die Steuerforderung mit ihrer Entstehung fällig (vgl. OR 75).

a) *Bezahlung und Bezahlungssurrogate*

79 Die häufigste Erfüllungsart stellt die Steuerentrichtung durch Bezahlung dar. Die gesetzlichen Regelungen der Zahlungsvorgänge beruhen grundsätzlich noch auf der *Barzahlung*. Die heute gebräuchlichste Leistungsart der Bezahlung durch Post- oder Bankanweisung entbehrt einer ausdrücklichen gesetzlichen Grundlage.[49] Keine Verpflichtung besteht gewöhnlich zur Annahme von anderen *Barzahlungssurrogaten i.e.S.* wie Checks, Kredit- oder Debitkarten und elektronischem Geld.[50]

80 Auch die Begleichung der Steuern durch die Hingabe von Kapitalmarktpapieren, privatem Geld, Gutscheinen oder Kunstgegenständen *(Barzahlungssurrogate i.w.S.)* ist nur möglich, soweit das gesetzlich vorgesehen ist. Solche Regelungen sind insbesondere hinsichtlich der Steuerentrichtung durch Kunstwerke zu finden. Die Steuerentrichtung durch Sachleistungen ist mit dem Aufkommen der Geldwirtschaft zunehmend in den Hintergrund getreten und kommt heute kaum mehr vor.

> Nicht um eine Steuerentrichtung handelt es sich, wenn die Hauptleistungspflicht nicht in Geld oder Geldersatz, sondern in der Pflicht zu einer eigentlichen Sachleistung oder einer persönlichen Leistung besteht, wie

---

[49] Vgl. dazu die ähnlich gelagerte Problematik von Giroüberweisungen zur Erfüllung von privatrechtlichen Forderungen und die Auslegung des von OR 84 verwendeten Begriffs «Zahlung», GAUCH/SCHLUEP/SCHMID/REY/EMMENEGGER (Fn. 5), § 20 N 2352 ff., 2358.
[50] Hierzu und zum Folgenden BEUSCH, Untergang, 134 ff., 144 ff.

beispielsweise bei der Pflicht zur Erstellung von Parkplätzen oder der Militärdienstpflicht oder der Stellung eines Militärfahrzeugs.[51]

Hat der Schuldner die Steuerschuld beglichen, so steht ihm ein Anspruch auf Ausstellung einer *Quittung* zu. Diese Pflicht zur Bescheinigung der erfüllten Leistung ist nur vereinzelt gesetzlich geregelt. 81

b) Meldung der steuerbaren Leistung

Anstelle der Bezahlung kann die Steuerpflicht auch durch die Meldung der steuerbaren Leistung erfüllt werden. Es handelt sich hierbei um ein *Bezahlungssurrogat*. 82

Eine blosse Meldung statt der Bezahlung der geschuldeten Steuer wird vornehmlich aus erhebungstechnischen Gründen vorgesehen. Wenn die Bezahlung der Steuer zu unnötigen Umtrieben führen würde, weil sie nachträglich gleich wieder zurückbezahlt werden müsste, ist die Steuerpflicht unter Umständen erfüllt, wenn der Behörde der steuerbare Tatbestand mitgeteilt wird. Ein Meldeverfahren gibt es beispielsweise bei der Verrechnungssteuer (VStG 19 f., VStV 24 ff.) oder auch bei der Mehrwertsteuer zur Abwicklung der Steuerpflicht bei Unternehmensumstrukturierungen (MWSTG 38 I). 83

3. Verrechnung

Bei der Verrechnung handelt es sich um die *wechselseitige Tilgung* zweier Forderungen durch einseitiges Rechtsgeschäft. Auch die Verrechnung ist ein *Bezahlungssurrogat*. Obwohl es sich ebenfalls um einen Erfüllungstatbestand handelt, wird die Verrechnung wegen ihrer Bedeutung und ihrer rechtlichen Ausgestaltung gewöhnlich als eigenständiger Untergangsgrund begriffen.[52] 84

Die Steuerentrichtung durch Verrechnung erfordert keine ausdrückliche gesetzliche Grundlage; sie ergibt sich aus einem *allgemeinen Rechtsgrundsatz*.[53] Das Gemeinwesen ist allerdings insofern privilegiert, als die Verrechnung öffentlich-rechtlicher Forderungen durch Private der *Zustimmung des Gemeinwesens* bedarf.[54] 85

Zulässigkeitsvoraussetzung der Verrechnung ist vorab (1) die *Gegenseitigkeit*: Forderung und Gegenforderung müssen zwischen den gleichen Rechtsträgern bestehen. Zudem müssen (2) die Forderungen *gleichartig* sein (Geldforderungen) und schliesslich muss (3) die verrechnete Forderung *fällig* und die Gegenforderung *erfüllbar* sein. 86

---

[51] Dazu BEUSCH, Untergang, 163 ff.
[52] Vgl. BEUSCH, Untergang, 167.
[53] Vgl. vorne § 3 N 45.
[54] HÄFELIN/MÜLLER/UHLMANN, Verwaltungsrecht, N 806; BEUSCH, in: ZWEIFEL/BEUSCH/BAUER-BALMELLI, N 14 ff. der Vorbemerkungen zu VStG 17–18 auch zum Folgenden.

87 Hinsichtlich des Erfordernisses der *Gegenseitigkeit* ist die Identität aufseiten des Gemeinwesens durch die Ertrags-, nicht durch die Verwaltungskompetenz bestimmt. Die Steuergläubigerschaft fliesst aus der *Ertragskompetenz*. Das bedeutet, dass dem Kanton für seinen Anteil an der direkten Bundessteuer Gläubigerstellung zuerkannt wird mit dem Resultat, dass entsprechend verrechnet werden kann.[55] Bei der Staats- und Gemeindesteuer kann ungeachtet der Regelung des Steuerbezugs lediglich für die jeweils eigenen Steueransprüche des Kantons oder der Gemeinde Verrechnung erklärt werden.

4. Erlass

88 Der Steuererlass ist der Verzicht des Gemeinwesens auf eine ihm zustehende Steuerforderung. Ein solcher Verzicht erfordert wegen des Grundsatzes der Unverzichtbarkeit von öffentlich-rechtlichen Pflichten eine gesetzliche Grundlage.[56] Der Erlass erfolgt durch *Verfügung* und setzt einen *Antrag* des Steuerpflichtigen voraus, der im Erlassverfahren zur Mitwirkung berechtigt und verpflichtet ist. Im Unterschied zum privatrechtlichen Erlass ist der steuerrechtliche Erlass somit kein zweiseitiges Rechtsgeschäft, kein Vertrag zwischen Gläubiger und Schuldner.

89 Der Steuererlass soll verhindern, dass Steuerpflichtige durch die Steuererhebung in ihrer *wirtschaftlichen Existenz* gefährdet werden. Steuern sind zwar nicht generell erlassfähig, fehlt es jedoch im Zeitpunkt der Steuerzahlung an der wirtschaftlichen Leistungsfähigkeit des Steuerschuldners, so darf die geschuldete Steuer trotz früherer wirtschaftlicher Leistungsfähigkeit nicht bezogen werden. Der Steuererlass ist bei den meisten Steuern gesetzlich verankert. Steuerharmonisierungsrechtlich bleibt es den Kantonen überlassen, ob und in welchem Umfang sie Steuern erlassen wollen. Nicht erlassfähig sind gemeinhin die Kostenanlastungssteuern. Wer staatliche Leistungen beansprucht, auf welche er auch verzichten könnte, soll hierfür bezahlen.

90 Die gesetzlichen Erlassregelungen weisen verschiedene *Gemeinsamkeiten* auf. Bei allen Steuerarten setzt der Erlass voraus, dass die Steuer materiell und formell rechtskräftig geschuldet ist. Sodann liegen die Gründe für einen Steuererlass stets in der Person des in seiner wirtschaftlichen Existenz gefährdeten Steuerschuldners. Vorausgesetzt wird in der Regel ein Antrag des Steuerpflichtigen. Sind die gesetzlichen Voraussetzungen erfüllt, besteht ein Anspruch auf den Steuererlass, der zwar eine Rechtswohltat, nicht aber einen Gnadenakt darstellt. So besteht denn auch ein richterlicher Rechtsschutz. Bei den Bundessteuern ist das Bundesverwaltungsgericht zuständig, das letztinstanzlich entscheidet. Die Beschwerde in öffentlich-rechtlichen Angelegenheiten wird im Ausnahmekatalog des BGG ausgeschlossen (BGG 83 m). Schliesslich stellt das erfolgreiche Erwirken eines ungerechtfertigten Erlasses regelmässig eine Steuerhinterziehung dar.

---

[55] Vgl. BEUSCH, Untergang, 169 f.
[56] Vgl. HÄFELIN/MÜLLER/UHLMANN, Verwaltungsrecht, N 808 f.

Bei der *direkten Bundessteuer* sind die gesetzlichen Grundlagen des Steuererlasses bei den Bestimmungen über den Bezug und die Sicherung der Steuer zu finden (DBG 167). Der Steuererlass wird gewährt, wenn die Bezahlung der Steuer infolge einer Notlage für den Steuerpflichtigen eine grosse Härte bedeuten würde. Im Vordergrund steht der Erlass bei natürlichen Personen. Der Gesetzeswortlaut lässt indes auch den Erlass bei juristischen Personen zu, insbesondere mit dem Ziel der Sicherung von Arbeitsplätzen. Zuständig für die Behandlung von Erlassgesuchen, die den Betrag von CHF 5000 pro Steuerjahr übersteigen, ist die Eidg. Erlasskommission. Bei kleineren Beträgen entscheidet die zuständige kantonale Behörde.[57]

91

5. Amnestie

Auch die Amnestie, die primär als Verzicht auf Strafverfolgung oder Strafvollzug verstanden wird, kann, wenn sie im Steuerbereich angeordnet wird, zum *Untergang von Steuerforderungen* führen. In eine steuerliche Amnestie einbezogen wird vielfach nicht nur der Strafanspruch, sondern es wird auch auf die Einforderung von zu Unrecht nicht erhobenen Steuern verzichtet. Die Amnestie basiert auf einem politischen Entscheid, Steuerhinterziehern den Weg in die Steuerehrlichkeit zu öffnen. Sie steht einem bestimmten Kreis von Steuerpflichtigen offen, ohne dass eine Prüfung der individuellen wirtschaftlichen Verhältnisse erfolgt. Dies im Unterschied zum Steuererlass, der sich auch darin von der Steueramnestie unterscheidet, dass er sich auf bereits veranlagte Steuern bezieht.

92

Generelle Steueramnestien haben es heute schwer. Die mit Steueramnestien verbundenen Einbrüche in die Steuergerechtigkeit sind beträchtlich und lassen sich mit leeren Staatskassen nicht befriedigend rechtfertigen. Deshalb wurde in der Schweiz denn auch von einer erneuten allgemeinen Steueramnestie abgesehen und auf den 1. Januar 2010 lediglich eine straflose Selbstanzeige und eine vereinfachte Nachbesteuerung in Erbfällen eingeführt (StHG 56 I^{bis} sowie 57b und StHG 53a sowie DBG 175 sowie 181a und 153a).[58]

6. Verjährung und Verwirkung

Das Institut der Verjährung entspricht einem *allgemeinen Rechtsgrundsatz*[59] und ist heute bei den meisten Steuerarten ausdrücklich gesetzlich geregelt. Der Verjährung liegen von alters her die Ideen der *Rechtssicherheit* und des *Rechtsfriedens* zugrunde.[60] Insbesondere soll die Verjährung den Beweisnotstand verhindern, in den der Schuldner gerät, wenn der Gläubiger mit der Geltendmachung der For-

93

---

[57] Zum Erlassverfahren hinten § 26 N 69.
[58] Parlamentarische Vorstösse, welche die Einführung einer *allgemeinen Steueramnestie* fordern, werden seit Jahren auf die lange Bank geschoben (dazu Amtl.Bull. NR 2011, 217); Bericht der ESTV zur Steueramnestie, <http://tiny.cc/75hhm> (besucht am 14.12.2011).
[59] Häfelin/Müller/Uhlmann, Verwaltungsrecht, N 778; Kruse, Steuerrecht I, 201.
[60] Binder, Verjährung, 5 ff. auch zum Folgenden.

derung allzu lange zuwartet. Die Verjährung wird auch als Ausfluss des allgemeinen Grundsatzes von Treu und Glauben verstanden. Es geht bei der Verjährung und der Verwirkung in einem weiteren Sinn immer um die *Befristung* der Möglichkeit, entstandene oder rechtskräftig veranlagte Steuerforderungen einzufordern.

a) Terminologisches

94 Die steuerrechtliche Terminologie der Verjährung und Verwirkung ist uneinheitlich. Sinnvoll wäre es, die *Verjährung* in Anlehnung an das Privatrecht auf die Forderung selbst zu beziehen und die *Verwirkung* auf die Geltendmachung der Steuerforderung. So betrachtet wäre die Verjährung ein materiellrechtliches Institut, hingegen wäre die Verwirkung verfahrensrechtlicher Natur. Die Verwirkung bezieht sich im Privatrecht auf das Verfahren, in welchem eine Forderung oder ein Recht geltend zu machen ist. Die Gläubiger sind von Gesetzes wegen verpflichtet, gewisse die Forderung feststellende oder erhaltende Handlungen vorzunehmen; versäumen sie dies, ist die Forderung verwirkt und geht unter. Verwirkungsfristen im Steuerrecht würden demnach den Zeitraum bestimmen, innert welchem eine Veranlagung einzuleiten bzw. abzuschliessen oder eine Steuer einzufordern ist. Allein, eine solche Differenzierung nimmt weder der Steuergesetzgeber (vgl. z.B. DBG 120 und 152) noch die Doktrin[61] konsequent vor. Eine Unterscheidung ist im Steuerrecht mit Blick auf die den beiden Institute zugedachten gleichen Rechtsfolgen auch gar nicht erforderlich, weshalb im Folgenden gewöhnlich der Terminus der Verjährung verwendet und darunter ganz allgemein der Untergang von Steuerforderungen zufolge Zeitablaufs verstanden wird.

b) Ausgestaltung der Verjährung

95 Technisch besteht die Verjährungsregelung bei den *Einkommens- und Vermögenssteuern* darin, dass zum einen das Recht, die Steuer zu veranlagen, befristet wird (*Veranlagungsverjährung*, StHG 47 I, DBG 120) und zum andern das Recht, die veranlagte Steuer zu beziehen, einer weiteren Befristung unterworfen ist (*Bezugsverjährung*, StHG 47 II, DBG 121). Innerhalb der Veranlagungsverjährungsfrist muss die Steuer rechtskräftig festgesetzt werden. Innerhalb der Bezugsverjährungsfrist ist die rechtskräftig veranlagte Steuer einzufordern. Diese Ordnung wird ergänzt durch die *Einleitungsverjährung* bei Vorliegen eines Nachsteuergrundes[62], indem das Recht, ein Nachsteuerverfahren einzuleiten, zehn Jahre nach Ablauf der Steuerperiode erlischt, für die eine Veranlagung zu Unrecht unterblieben oder eine rechtskräftige Veranlagung unvollständig ist (StHG 53 II, DBG 152 I), wobei auch im Nachsteuerverfahren die gleiche absolute Ver-

---

[61] Dazu BINDER, Verjährung, 2 f.; MAX IMBODEN/RENÉ A. RHINOW, Schweizerische Verwaltungsrechtsprechung. Band I: Allgemeiner Teil, Basel/Frankfurt am Main 1986, 205.
[62] Hinten § 26 N 131.

anlagungsverjährungsfrist vorgesehen ist wie im ordentlichen Verfahren (StHG 53 III, DBG 152 III).

Bei den *Selbstveranlagungssteuern* des Bundes ist die Befristung unmittelbar auf die Steuerforderung selbst bezogen, indem diese fünf Jahre nach Ablauf des Kalenderjahres verjährt, in dem sie entstanden ist (*Forderungs- oder Anspruchsverjährung*, VStG 17, StG 30, MWSTG 79). Diese Verjährung kann mutatis mutandis mit der privatrechtlichen Verjährung gemäss OR 127 ff. verglichen werden. Sie unterscheidet sich von der Bezugsverjährung insbesondere dadurch, dass sie nicht an die Rechtskraft der Veranlagung, sondern unmittelbar an die Entstehung der Steuerforderung anknüpft. Nach Ablauf der Forderungsverjährung kann die geschuldete Steuer nicht mehr eingefordert werden. 96

Es ist zu unterscheiden zwischen *relativer* und *absoluter* Befristung. Relative Fristen sind im Unterschied zu den absoluten Fristen hemm- und unterbrechbar. «*Fristenhemmung*» bedeutet, dass die Fristen nicht beginnen oder still stehen (vgl. DBG 120 II), 97
- während eines Rechtsmittelverfahrens;
- solange die Steuerforderung sichergestellt oder gestundet ist;
- solange weder der Steuerpflichtige noch der Mithaftende in der Schweiz der unbeschränkten Steuerpflicht unterliegen.

Von «*Unterbrechung*» der Fristen wird gesprochen, wenn sie bei Vorliegen gewisser Voraussetzungen von neuem zu laufen beginnen. Dies ist der Fall bei (vgl. DBG 120 III) 98
- jeder auf Feststellung oder Geltendmachung der Steuerforderung gerichteten Amtshandlung, die einem Steuerpflichtigen oder Mithaftenden zur Kenntnis gebracht wird;
- jeder ausdrücklichen Anerkennung der Steuerforderung durch den Steuerpflichtigen oder den Mithaftenden;
- der Einreichung eines Erlassgesuches;
- der Einleitung einer Strafverfolgung wegen vollendeter Steuerhinterziehung oder wegen Steuervergehens.

In den Einkommens- und Vermögenssteuergesetzen ist jeweils eine absolute Veranlagungsverjährungsfrist von 15 Jahren (StHG 47 I) kombiniert mit einer absoluten Bezugsverjährungsfrist von zehn Jahren (StHG 47 II) vorgesehen. Das bedeutet, dass eine Steuerforderung unter der Voraussetzung, dass sie spätestens nach 15 Jahren rechtskräftig veranlagt wurde, längstens 25 Jahre nach ihrer Entstehung noch eingefordert werden kann. 99

In älteren Steuerordnungen (VStG und StG) ist die *Forderungsverjährung* nicht absolut befristet. Daraus darf indes nicht abgeleitet werden, dass die Einforderung solcher Steuern bei Vorliegen entsprechender Stillstands- oder Unterbrechungsgründe ad infinitum möglich ist. Es darf bei Fehlen absoluter Verjährungs- 100 fristen nicht von einem qualifizierten Schweigen ausgegangen werden[63], die Rechtssicherheit gebietet vielmehr einen sinngemässen Beizug analoger Verjährungsregelungen.[64] Ob allerdings in jedem Fall auf eine absolute Veranlagungsverjährungsfrist von 15 Jahren gegriffen werden darf, erscheint in Anbetracht der Verjährungsregelung bei den Einkommens- und Vermögenssteuern als fraglich. Jedenfalls muss aber innerhalb der Frist von 15 Jahren eine rechtskräftige Festsetzung der geschuldeten Steuer erfolgt sein.

c) *Rechtsfolgen der Verjährung*

101 Hinsichtlich der Rechtsfolgen der Verjährung gehen die Meinungen weit auseinander. Das Bundesgericht liess die Frage, ob eine verjährte Forderung noch als Naturalobligation weiter besteht, in einem neueren Entscheid offen.[65] Zu Recht geht jedoch die herrschende steuerrechtliche Lehre davon aus, dass nach Eintritt der Verjährung ganz generell keine *Naturalobligation* zurückbleibt und die Verjährung deshalb von Amtes wegen zu beachten ist.[66] Zumindest bei der Veranlagungsverjährung folgt dies bereits aus der Überlegung, dass die verjährte Steuerforderung betragsmässig gar nicht bestimmbar ist. Wird eine verjährte Steuerforderung beglichen, handelt es sich um die Bezahlung einer Nichtschuld, die zurückgefordert werden kann. Verjährte Steuerforderungen sind auch unter keinen Umständen verrechenbar. So ist die steuerrechtliche Verjährungsordnung streng dem Schutz des zwangsweise steuerunterworfenen Privaten verpflichtet.

102 Auch wenn man der Auffassung folgt, es verbliebe nach Eintritt der Verjährung keine Naturalobligation und die Verjährung sei von Amtes wegen zu berücksichtigen, heisst das nicht, dass die *Veranlagung* einer *verjährten Forderung* nichtig ist.[67] Eine solche Veranlagung ist zwar mit einem groben Mangel behaftet, aber dennoch nicht nichtig, sondern bloss anfechtbar.[68]

---

[63] A.M. BGer 26.11.1999, BGE 126 II 1 E. 3.
[64] BEUSCH, in: ZWEIFEL/BEUSCH/BAUER-BALMELLI, N 29 f. zu VStG 17; BINDER, Verjährung, 36 ff.; OESTERHELT, ASA 79, 822.
[65] BGer 12.7.2007, BGE 133 II 366 E. 3.3.
[66] BEUSCH, in: ZWEIFEL/BEUSCH/BAUER-BALMELLI, N 2 zu VStG 17; ders., Untergang, 275; BLUMENSTEIN/LOCHER, System, 318; MARKUS REICH/ROBERT WALDBURGER, Rechtsprechung im Jahr 2007 (1. Teil), FStR 2008, 224 ff., 226 f.
[67] Vgl. BGer 12.7.2007, BGE 133 II 366 E. 3.4; vgl. hierzu schon BINDER, Verjährung, 311 f.
[68] Ausführlich MARKUS REICH/ROBERT WALDBURGER, Rechtsprechung im Jahr 2007 (1. Teil), FStR 2008, 224 ff., 227.

§ 6 Auslegung steuerrechtlicher Normen und Steuerumgehung

Literatur

BLUMENSTEIN/LOCHER, System, 25 ff.; HÖHN/WALDBURGER, Bd. I, § 5 N 1 ff.; OBERSON, Droit fiscal, § 4 N 1 ff.

BAUER-BALMELLI MAJA, Die Steuerumgehung im Verrechnungssteuerrecht, FStR 2002, 162 ff.; BÖCKLI PETER, Steuerumgehung: Qualifikation gegenläufiger Rechtsgeschäfte und normative Gegenprobe, in: HÖHN/VALLENDER, FS Cagianut, 289 ff. (zit. BÖCKLI, Steuerumgehung); BIAGGINI GIOVANNI, Verfassung und Richterrecht. Verfassungsrechtliche Grenzen der Rechtsfortbildung im Wege der bundesgerichtlichen Rechtsprechung, Basel 1991 (zit. BIAGGINI, Verfassung und Richterrecht); CAGIANUT FRANCIS, Der Steuerrichter und die Verfassung, in: REICH/ZWEIFEL, FS Zuppinger, 135 ff. (zit. CAGIANUT, Steuerrichter); DUBS HANS, Wirtschaftliche Betrachtungsweise und Steuerumgehung. Bemerkungen zur terminologischen Abgrenzung und zum gegenseitigen Verhältnis, in: Mélanges Henri Zwahlen, Lausanne 1977, 569 ff. (zit. DUBS, Wirtschaftliche Betrachtungsweise); FISCHER PETER, Die Steuerumgehung in der neueren Rechtsprechung des Bundesfinanzhofs, SWI 1999, 79 ff.; ders., Innentheoretische Bemerkungen zur Bekämpfung der Steuerumgehung im Internationalen Steuerrecht, SWI 1999, 104 ff.; GÄCHTER THOMAS, Rechtsmissbrauch im öffentlichen Recht. Unter besonderer Berücksichtigung des Bundessozialversicherungsrechts. Ein Beitrag zu Treu und Glauben, Methodik und Gesetzeskorrektur im öffentlichen Recht, Zürich et al. 2005 (zit. GÄCHTER, Rechtsmissbrauch); GASSNER WOLFGANG, Branch Report Austria, in: International Fiscal Association IFA (Hrsg.), Form and substance in tax law, Cahiers de droit fiscal international CDFI, Volume LXXXVIIa, The Hague et al. 2002, 119 ff. (zit. GASSNER, Branch Report); HÖHN ERNST, Praktische Methodik der Gesetzesauslegung, Zürich 1993 (zit. HÖHN, Gesetzesauslegung); ders., Gesetzesauslegung, Rechtsfortbildung und richterliche Gesetzesergänzung im Steuerrecht, ASA 51 (1982/83), 385 ff.; ders., Steuerumgehung und rechtsstaatliche Besteuerung, ASA 46 (1977/78), 145 ff.; ders., Wirtschaftliche Betrachtungsweise im Steuerrecht, StR 1963, 387 ff.; LANG MICHAEL, VwGH zur Anwendung des § 22 BAO auf irische IFSC-Gesellschaften, SWI 2005, 67 ff.; LOCHER PETER, Rechtsmissbrauchsüberlegungen im Recht der direkten Steuern der Schweiz, ASA 75 (2006/2007), 675 ff.; MATTEOTTI RENÉ, Der Durchgriff bei von Inländern beherrschten Auslandsgesellschaften im Gewinnsteuerrecht, Bern 2003 (zit. MATTEOTTI, Durchgriff); MEIER-HAYOZ ARTHUR, Kommentar zu ZGB 1, in: PETER LIVER/ARTHUR MEIER-HAYOZ/HANS MERZ/PETER JÄGGI/HANS HUBER/HANS-PETER FRIEDRICH/MAX KUMMER (Hrsg.), Berner Kommentar zum Schweizerischen Privatrecht, Band I: Einleitung und Personenrecht, Bern 1962, N 144 zu ZGB 1; REICH MARKUS, Rückerstattung von übersetzten Boni und anderen Lohnzahlungen, ASA 80 (2011/2012), 109 ff.; ders., Damoklesschwerter der Steuerplanung. Steuerumgehung und Steuerkriminalität, in: BEUSCH MICHAEL/ISIS (Hrsg.), Steuerrecht 2006. Best of zsis, Zürich et al. 2006, 133 ff. (zit. REICH, Damoklesschwerter); ders., Von der normativen Leistungsfähigkeit der verfassungsrechtlichen Steuererhebungsprinzipien, in: HÖHN ERNST/VALLENDER KLAUS A., FS Cagianut, 97 ff. (zit. REICH, Steuererhebungsprinzipien).

A. Auslegung

I. Ziel der Auslegung

Ziel der Auslegung ist es im Steuerrecht wie in allen anderen Rechtsgebieten, den Sinn *(telos)* einer Rechtsnorm zu ermitteln und klarzustellen. Diese Sinnermittlung ist oftmals ein recht komplexer Vorgang. Trotz der strikten Geltung des Legalitätsprinzips und des Grundsatzes der Tatbestandsbestimmtheit ist es

1

nicht möglich, Steuergesetze zu erlassen, aus denen die Lösung für jeden denkbaren Fall logisch zwingend abgeleitet werden könnte. Einer sprachlich ausformulierten Norm können vielfach mehrere wahre Inhalte zugedacht werden.[1] Auch erfasst das Steuerrecht auf weiten Strecken *komplizierte wirtschaftliche Vorgänge*, die nur schwer in generell abstrakten Formulierungen umschrieben werden können. Die Vielzahl der Gestaltungsmöglichkeiten sowie die Komplexität des Regelungsbereichs bringen es mit sich, dass die Steuernormen vielfach offen und auf einem hohen Abstraktionsniveau konzipiert sind.

2 Die Anwendung der Steuergesetze setzt somit wie auch die Anwendung anderer Gesetze regelmässig eine *wertende Tätigkeit* des Rechtsanwenders voraus – dies selbst dann, wenn der Steuergesetzgeber seine Aufgabe bestmöglich erfüllt hat.[2] Auslegung ist somit vielfach nicht einfach «Auffinden» des einzig richtigen Sinnes einer Norm bzw. Nachvollzug des präexistenten Willens des Gesetzgebers, sondern *schöpferische Rechtsfortbildung*.[3] Der Ausleger erfasst nicht nur Vorgegebenes, sondern hat auch eigene Wertungen und Entscheidungen zu treffen und zu begründen.

3 Diese wertende Tätigkeit kann nicht dem Belieben des jeweiligen Rechtsanwenders und dessen subjektiven Wertvorstellungen überlassen werden, sondern ruft nach *juristischer Methodik*, welche das Auslegungsergebnis zu legitimieren hat.

II. Juristische Auslegungslehre

4 Über die Auslegungsmethoden wird seit jeher viel und heftig diskutiert. Vorab ist die Frage zu klären, ob die Auslegung den subjektiven Willen des historischen Gesetzgebers zu ergründen hat, oder ob auf den objektiven, *geltungszeitlichen Gehalt* eines Rechtssatzes abzustellen ist. In der Schweiz wird einhellig der objektive Ansatz vertreten.[4] Entscheidend ist, «was die vernünftigen und korrekten Gesetzesadressaten unter den ihnen erkennbaren Umständen aus der gesetzgeberischen Erklärung als Sinn herauslesen müssen».[5]

5 Allgemein anerkannt ist heute auch, dass die Rechtsanwendung im Steuerrecht nicht etwa durch *Sondermethoden* bestimmt wird.[6] Obschon das Steuerrecht einen relativ eigenständigen Rechtsbereich darstellt, ist bei der Rechtsfindung die allgemeine juristische Methodenlehre zu beachten. Damit erübrigt sich aber die Methodendiskussion im Steuerrecht keineswegs; die richtige Methode der

---

[1] Ausführlich dazu MATTEOTTI, Rechtsfortbildung, 87 ff.; REICH, Steuererhebungsprinzipien, 111 f. auch zum Folgenden.
[2] VALLENDER, Auslegung, 129 ff.
[3] Vgl. BIAGGINI, Verfassung und Richterrecht, 71; CAGIANUT, Steuerrichter, 136 f.; HÖHN, ASA 51, 388 ff.; LOCHER, Rechtsfindung, 93 ff.
[4] Vgl. BIAGGINI, Verfassung und Richterrecht, 71 f.; LOCHER, Rechtsfindung, 81; VALLENDER, Auslegung, 29.
[5] MEIER-HAYOZ, N 144 zu ZGB 1.
[6] Vgl. CAGIANUT, Steuerrichter, 137; LOCHER, Rechtsfindung, 179 mit weiteren Hinweisen.

Rechtsfindung ist nirgendwo in Stein gemeisselt. Die Fragen sind indes nicht in sektiererischer Weise, sondern vor dem Hintergrund der allgemeinen methodischen Prinzipien und mit Blick auf die Gesamtrechtsordnung anzugehen.

III. Die klassischen Auslegungselemente

Seit SAVIGNY unterscheidet die klassische juristische Methodenlehre bekanntlich *vier Auslegungselemente*.[7] Diese werden vielfach auch als *Auslegungsmethoden* bezeichnet, was allerdings den Blick auf deren wahre Funktion bei der Sinnfindung beeinträchtigt.[8] Es handelt sich nicht um vier verschiedene Methoden, die einmal so und einmal anders zum Sinn der Norm führen, wie dies auch die bundesgerichtliche Sprachregelung vom «pragmatischen Methodenpluralismus»[9] suggeriert. Vielmehr gibt es nur *einen Weg* zum Auslegungsziel – und dieser Weg führt über einen regelgeleiteten Diskurs.[10] In diesem Licht stellen die Auslegungselemente nicht verschiedene Methoden dar, sondern *Argumente* und *Gegenargumente*, die im Diskurs vorgebracht und abgewogen werden. Die Auslegungsmethode als diskursiver Prozess bleibt stets dieselbe; was sich ändert, ist lediglich die *Überzeugungskraft* der verschiedenen Auslegungselemente.

1. Grammatikalisches Element

Ein sehr hoher Stellenwert bei der Sinnermittlung einer Gesetzesvorschrift kommt deren Wortlaut zu. Das Bundesgericht drückt dies mit der Formulierung aus: «Ausgangspunkt jeder Auslegung ist der Wortlaut der Bestimmung [...].»[11] Der Normadressat orientiert sich primär am Gesetzestext, so wie dieser vernünftigerweise nach dem allgemeinen Sprachgebrauch zu verstehen ist. Zum Normtext gehören auch die Überschriften und Randtitel, die für die Auslegung ebenfalls von grosser Bedeutung sein können. Hinsichtlich der drei Amtssprachen gilt Gleichwertigkeit.[12]

Selbst wenn eine konkrete Frage anhand des Normtextes an sich klar beantwortet werden kann, ist der Rechtsanwender nach der heute herrschenden Lehre nicht strikte an den Gesetzeswortlaut gebunden.[13] Massgebend ist der *Normsinn*

---

[7] Vgl. MEIER-HAYOZ, N 175 zu ZGB 1.
[8] Vgl. HÖHN, Gesetzesauslegung, 139.
[9] BGer 26.9.2002, BGE 129 III 55 E. 3.1.1 = Pra 92 Nr. 101; BGer 12.9.1997, BGE 123 II 464 E. 3a.
[10] Dazu VALLENDER, Auslegung, 166 ff.
[11] BGer 5.6.1992, BGE 118 Ib 187 E. 4; vgl. auch BGer 26.10.2005, BGE 131 II 697 E. 4.1 = StE 2006 B 29.3 Nr. 29.
[12] Vgl. HÄFELIN/HALLER/KELLER, Bundesstaatsrecht, N 95; HÖHN, Gesetzesauslegung, 190 f.; MATTEOTTI, Rechtsfortbildung, 244 f.; LOCHER, Rechtsfindung, 118.
[13] Vgl. HÖHN, Gesetzesauslegung, 205; MEIER-HAYOZ, N 175 zu ZGB 1; BLUMENSTEIN/LOCHER, 35. Verfänglich ist deshalb die Aussage, es könne auf das grammatikalische Element abgestellt werde, wenn sich daraus zweifelsfrei die sachlich richtige Lösung ergebe (vgl. MATTEOTTI, Rechtsfortbil-

und nicht der Wortsinn. Nach ständiger Rechtsprechung des Bundesgerichts «kann (und muss sogar) vom blossen Wortlaut abgewichen werden, wenn triftige Gründe zur Annahme bestehen, dass er nicht den wahren Sinn der Bestimmung wiedergibt.»[14]

2. Historisches Element

9   Auch das historische Element bzw. die *Entstehungsgeschichte* ist für das Verständnis eines Rechtssatzes sehr wichtig und bildet eine reichhaltige Quelle überzeugender Argumente. Vernehmlassungen, Kommissionsberichte, Botschaften und parlamentarische Diskussionen vermitteln vielfach wertvolle Hinweise, welchen Zweck die auszulegende Bestimmung im gesetzgeberischen Programm zu erfüllen hat. Je unmissverständlicher sich eine bestimmte Vorstellung aufgrund der Materialien als dominanter Wille des historischen Gesetzgebers nachweisen lässt, desto grösser ist die Überzeugungskraft eines darauf beruhenden Arguments. Insbesondere bei verhältnismässig jungen Erlassen ist der Wille des historischen Gesetzgebers gebührend zu beachten.[15]

3. Systematisches Element

10 Das systematische Element geht aus vom *Verhältnis* der auszulegenden Bestimmung zu *anderen Rechtsnormen* und vom systematischen Zusammenhang innerhalb des betreffenden Erlasses. Die systematische Argumentation trachtet somit danach, die Bedeutung von Gesetzesbestimmungen aus der näheren und weiteren Umgebung der auszulegenden Norm zu ermitteln. Das systematische Element sorgt auch für die Verfassungskonformität des Auslegungsresultats. Die Verfassungswertungen bilden als höherstufige Grundentscheidung die Leitplanken jeder Auslegung und sind von starker argumentativer Kraft.[16]

4. Teleologisches Element

11 Teleologische Argumente basieren auf den *Wertungen*, die einer Rechtsnorm zugrunde liegen. Es werden die Zwecke herausgeschält, die mit der Statuierung der auszulegenden Bestimmung erreicht werden sollen. Der Sinn der Norm wird hier aufgrund der Aufgabe, welche diese zu erfüllen hat, erschlossen.

12 Das Einfliessen der teleologischen Aspekte in die Sinnermittlung einer Norm birgt naturgemäss die Gefahr einer ausfernden, *extensiven Auslegung* in sich.

---

dung, 257). Dass der Wortlaut die sachlich richtige Lösung widerspiegelt, ergibt sich erst aus der Berücksichtigung aller Auslegungselemente. So sind trotz scheinbar klarem Wortlaut richtigerweise stets sämtliche Auslegungselemente einzubeziehen (illustrativ BGer 6.1.2004, StE 2004 B 72.22 Nr. 10).

[14] Vgl. BGer 5.6.1992, BGE 118 Ib 187 E. 5a; vgl. auch BGer 8.1.1999, BGE 125 II 113 E. 3a.
[15] Vgl. BGer 19.12.1997, BGE 123 V 310 E. 4; BGer 9.10.1990, BGE 116 II 525 E. 2b.
[16] Häfelin/Haller/Keller, Bundesstaatsrecht, N 148 f.

Wenn der Rechtsanwender nicht zwingend auf die Formulierung im Gesetz abstellen muss, sondern nach der Wertentscheidung zu suchen hat, die das Gesetz mit der Norm trifft, darf er hierbei nicht der Versuchung unterliegen, systemwidrige Besteuerungslücken mit allgemeinen Gerechtigkeitsüberlegungen zuzuschütten. Der vom Gesetzgeber entworfene Plan entspricht nicht immer einer sachgerechten Steuerordnung. Der Interpret hat auch die Widersprüche und Unzulänglichkeiten des gesetzgeberischen Programms in sein Argumentarium aufzunehmen.[17] Die ratio legis kann deshalb durchaus auch in der Steuerfreiheit eines bestimmten, die Leistungsfähigkeit steigernden Vermögenszuflusses liegen, wenn das Gesetz diese Wertentscheidung mit hinreichender Klarheit zum Ausdruck bringt.

IV. Zur wirtschaftlichen Betrachtungsweise

Damit ist das methodologische Werkzeug, das dem Rechtsanwender zur Sinnermittlung von Rechtssätzen zur Verfügung steht, im Wesentlichen zusammengestellt. Klarzustellen ist allerdings noch Bedeutung und Tragweite der sog. *wirtschaftlichen Betrachtungsweise*.

Früher wurde die wirtschaftliche Betrachtungsweise zum Teil als eigenständiges *methodisches Instrument* betrachtet, das es bei Vorliegen besonderer Voraussetzungen bzw. einer Steuerumgehung erlaubte, vom formalen (meist privatrechtlichen) Gehalt einer Norm abzusehen und auf die wirtschaftlichen Gegebenheiten abzustellen.[18] Heute gilt indes als allgemein anerkannt, dass die wirtschaftliche Betrachtungsweise im Steuerrecht, das vom verfassungsrechtlichen Fundamentalprinzip der Besteuerung nach der wirtschaftlichen Leistungsfähigkeit geprägt ist, immer dann anzuwenden ist, wenn der *Normsinn* das Abstellen auf den *wirtschaftlichen Gehalt* des Sachverhalts verlangt.[19] Der Rechtsanwender hat nicht primär auf das verwendete privatrechtliche Gefäss oder den beschrittenen privatrechtlichen Weg zu schauen, sondern auf die wirtschaftlichen Auswirkungen der privatrechtlichen Gestaltung – auf den Übergang der wirtschaftlichen Verfügungsmacht oder auf den Zu- und Abfluss von Vermögenswerten.[20] Diese wirtschaftliche Betrachtungsweise findet ihre Schranken allerdings auch wiederum in der *ratio legis*: Dort, wo die Auslegung ergibt, dass eine Norm klare formale (meist privatrechtliche) Schranken aufweist, verbietet sich das Abstellen auf die wirtschaftlichen Verhältnisse.[21]

---

[17] Vgl. Böckli, Steuerumgehung, 311.
[18] Dazu Dubs, Wirtschaftliche Betrachtungsweise, 572 ff.
[19] Dazu Böckli, Steuerumgehung, 296, 310; Locher, Rechtsfindung, 186 f., 199; Gassner, Branch Report, 127 ff.; Vallender, Auslegung, 53 f.
[20] So kommt den Begriffen «Umwandlung» oder «Spaltung» in DBG 61 I nicht dieselbe Bedeutung zu wie in FusG 29 ff. bzw. 53 ff.
[21] Wenn der Gesetzgeber beispielsweise in DBG 4 I c den Begriff des Grundstücks verwendet, bezieht er sich unbestritten auf den Grundstücksbegriff gemäss ZGB 655 II (Bauer-Balmelli/Omlin,

15 Meistens ist der Steuerrechtler jedoch nicht einer rein privatrechtlichen Sicht der Dinge verpflichtet, sondern muss Sachverhalt und Norm funktional und ökonomisch analysieren. Selbstredend ist hierbei auch den privatrechtlichen Gegebenheiten gebührend Beachtung zu schenken, andernfalls lassen sich die wirtschaftlichen Auswirkungen eines Sachverhalts vielfach gar nicht zuverlässig ermitteln. Erhalten doch Zahlungsströme ihren Gehalt in der Regel erst durch ihren Rechtsgrund.[22]

16 So lässt sich die wirtschaftliche Betrachtungsweise zwanglos in das allgemeine juristische Auslegungsinstrumentarium einordnen, als eine *teleologische Sicht der Dinge*, die im Rahmen der erläuterten vier Auslegungselemente zur Anwendung kommt. Auch die wirtschaftliche Betrachtungsweise ist stets eine rechtliche Beurteilung. Im Einkommenssteuerrecht ist die wirtschaftliche Betrachtungsweise Ausfluss des aus dem Leistungsfähigkeitsprinzip abgeleiteten *Faktizitätsprinzips*[23]. Die Auslegung hat hinreichend zu berücksichtigen, dass das Einkommen eine wirtschaftliche Grösse ist.

B. Steuerumgehung

17 Die Steuerumgehung ist ein schwierig zu erfassendes und höchst umstrittenes Phänomen der Rechtsanwendung im Steuerrecht. Nach der traditionellen Steuerumgehungsdoktrin wird ein Steuerpflichtiger nämlich unter gewissen Voraussetzungen besteuert, obwohl sich seine Sachverhaltsgestaltung nicht unter die lege artis ausgelegten Steuernormen subsumieren lässt. Das erstaunt doch sehr, insbesondere in Anbetracht des Umstands, dass der Steuerumgehungsvorbehalt in den schweizerischen Steuergesetzen im Unterschied zu Deutschland[24] und Österreich[25] zumeist nicht ausdrücklich verankert ist.

I. Die Steuerumgehung nach der bundesgerichtlichen Rechtsprechung

1. Umschreibung der Steuerumgehung

18 Nach der bundesgerichtlichen Rechtsprechung liegt eine Steuerumgehung vor,

> «wenn (1) eine von den Beteiligten gewählte Rechtsgestaltung als ungewöhnlich (insolite), sachwidrig oder absonderlich, jedenfalls den wirt-

---

in: ZWEIFEL/ATHANAS, N 7 zu DBG 4). Ein stationärer Wohnwagen kann demnach nicht darunter subsumiert werden.
[22] Vgl. Reich, ASA 80, 115 f.
[23] Hinten § 10 N 34 ff.
[24] § 42 der deutschen Abgabenordnung.
[25] § 22 der österreichischen Bundesabgabenordnung.

schaftlichen Gegebenheiten völlig unangemessen erscheint, wenn zudem (2) anzunehmen ist, dass die gewählte Rechtsgestaltung missbräuchlich lediglich deshalb getroffen wurde, um Steuern einzusparen, die bei sachgemässer Ordnung der Verhältnisse geschuldet wären, und wenn (3) das gewählte Vorgehen tatsächlich zu einer erheblichen Steuerersparnis führen würde, sofern es von der Steuerbehörde hingenommen würde».[26]

Die vom Bundesgericht zur Umschreibung der Steuerumgehung verwendeten Formulierungen variieren zum Teil. Ihr Gehalt ist indes immer derselbe, nimmt das Bundesgericht doch vielfach Bezug auf seine langjährige Praxis und auf die Doktrin von BLUMENSTEIN.[27]   19

2. Voraussetzungen der Steuerumgehung

a) Absonderliche Sachverhaltsgestaltung

Die erste Voraussetzung der Steuerumgehung liegt in der Absonderlichkeit der Sachverhaltsgestaltung. Ein bestimmtes wirtschaftliches Ziel muss durch eine völlig abwegige Gestaltung erreicht worden sein. Dieses objektive Erfordernis der Steuerumgehung ist noch keinesfalls erfüllt, wenn sich der Steuerpflichtige ungewöhnlicher, innovativer Mittel bedient.[28] Es braucht vielmehr eine gehörige Portion Sachwidrigkeit, eine Sachverhaltsgestaltung, die – wenn man von den steuerlichen Aspekten absieht – jenseits wirtschaftlicher Vernunft liegt.   20

b) Absicht der Steuerersparnis

Die zweite Voraussetzung wird gemeinhin mit Umgehungsabsicht umschrieben. Die Steuerumgehung ist ein *finaler Akt*. Es fragt sich, ob der Steuerpflichtige mit der konkreten Sachverhaltsgestaltung einem gesetzlichen Steuertatbestand hat ausweichen wollen, zugleich aber bestrebt war, den gleichen wirtschaftlichen Erfolg zu erreichen, den er mit der Verwirklichung des steuerauslösenden Sachverhalts erzielt hätte. Dieses subjektive Element der Steuerumgehung lässt sich in der Regel kaum schlüssig nachweisen. Wenn es dem Steuerpflichtigen tatsächlich gelungen ist, auf absonderlichem Pfad einem Steuertatbestand auszuweichen, wird die Umgehungsabsicht vermutet.[29] Es ist dann Sache des Steuerpflich-   21

---

[26] BGer 28.1.2005, StE 2005 B 25.2 Nr. 7 E. 4; vgl. auch BGer 9.11.2001, StE 2002 B 24.4 Nr. 66 E. 6 mit weiteren Hinweisen.
[27] Vgl. z.B. BGer 10.1.1994, ASA 64, 80 ff. E. 3b.
[28] Vgl. BÖCKLI, Steuerumgehung, 291.
[29] Hierzu das Bundesgericht im Entscheid vom 21.6.1985 (ASA 55, 129 ff. E. 2): «An den Nachweis der Umgehungsabsicht sind allerdings keine allzu strengen Anforderungen zu stellen. Der Nachweis der Umgehungsabsicht ist erbracht, wenn für die vom Steuerpflichtigen getroffene ungewöhnliche, sachwidrige oder absonderliche Rechtswahl keine andern Motive als dasjenige der Steuerersparnis erkennbar sind [...].»

tigen darzutun, dass andere als steuerliche Gründe Motiv für die gewählten Schleichwege gebildet haben.[30]

c) *Tatsächliche Steuerersparnis*

22 Letzte Voraussetzung für die Annahme einer Steuerumgehung bildet die tatsächlich eintretende Steuerersparnis, die erheblich sein muss. Der Steuerpflichtige kann sich bei der Sachverhaltsgestaltung noch so absonderlich gebärden in der Meinung, Steuern zu sparen; wenn ihm dies nicht gelingt, liegt keine Steuerumgehung vor.

3. Wirkung der Steuerumgehung

23 Wenn sämtliche Voraussetzungen der Steuerumgehung erfüllt sind, wird der Besteuerung nach konstanter Praxis des Bundesgerichts

> «auch dann, wenn die gewählte Rechtsform unter dem Gesichtspunkt des Privatrechts als gültig und wirksam erscheint, nicht diese Gestaltung zugrunde gelegt, sondern die Ordnung, welche der sachgemässe Ausdruck des von den Beteiligten erstrebten wirtschaftlichen Zweckes gewesen wäre […]».[31]

24 Bei Bejahung einer Steuerumgehung wird mit andern Worten nicht etwa der Sinn der umgangenen Norm erweitert, vielmehr wird der konkret abgewickelte Sachverhalt in seiner formalen Ausgestaltung verworfen, um der Besteuerung dann einen *anderen Sachverhalt* zugrunde zu legen, nämlich jenen, welcher einem sachlich vertretbaren Vorgehen entspricht. Subsumiert wird demnach ein *fingierter Sachverhalt*,[32] fingiert allerdings nur hinsichtlich seiner formalen privatrechtlichen Ausgestaltung, mit Bezug auf seine wirtschaftlichen Auswirkungen bleibt der Sachverhalt derselbe.

4. Abgrenzungsfragen

a) *Erlaubte Steuerersparnis*

25 Die traditionelle Steuerumgehung gewinnt an Konturen, wenn man sie gegenüber anderen zumindest prima facie verwandten Phänomenen abgrenzt. Zuvorderst steht hier die Abgrenzung zur erlaubten Steuerersparnis. Hierzu das Bundesgericht: «In einer erlaubten Steuerersparnis kann keine Steuerumgehung erblickt werden, sie ist ein ‹Gebot vernünftigen Haushaltens›. Unerlaubt ist die Steuerersparnis dann, wenn zu deren Verwirklichung ein ungewöhnliches, sach-

---

[30] Zur Problematik des Kriteriums der *Umgehungsabsicht* vgl. BÖCKLI, Steuerumgehung, 295, 304 f., 312.
[31] BGer 2.4.1993, StE 1995 A 12 Nr. 5 E. 1.
[32] Vgl. BLUMENSTEIN/LOCHER, 32 f.

widriges Vorgehen gewählt wird, welches zudem gegen Treu und Glauben verstösst [...].»[33]

Der Steuerumgeher bewegt sich also im Unterschied zum Steuersparer auf verschlungenen Schleichwegen. Er weiss, dass der wirtschaftliche Effekt, den er anstrebt, bei einer sachlich noch einigermassen vertretbaren Ausgestaltung des Sachverhalts Steuerfolgen auslöst, und greift deshalb zu *absonderlichen Mitteln*. Auch auf den Steuersparer üben Steuerfreiräume eine magische Attraktivkraft aus. Er nützt diese erkennbaren und zum Teil sogar beabsichtigten Lücken der Steuergesetze geschickt aus, jedoch ohne zu absurden Konstruktionen Zuflucht zu nehmen. Der Steuersparer möchte zwar einen Hund, sieht aber, dass er dann die Hundesteuer entrichten müsste, und kauft sich deshalb eine Katze. Das vom Steuersparer anvisierte wirtschaftliche Ziel ist *ohne Steuerfolgen zu erreichen*, wogegen der vom Steuerumgeher angestrebte wirtschaftliche Erfolg bei einigermassen gradlinigem Vorgehen einen gesetzlichen Steuertatbestand verwirklicht.

26

> Der Steuerumgeher möchte mit anderen Worten von A nach B, weiss aber, dass seine Spur auf dem gradlinigen Weg nach B mitten durch einen Steuertatbestand führt. Um diesen zu vermeiden, geht er nun zuerst nach C und erst von dort aus nach B. Dieser Umweg ist zwar beschwerlich – niemand würde ihn wählen, es sei denn der Steuerersparnis willen – führt jedoch nicht durch den Steuertatbestand. Auch der Steuersparer vermeidet den Steuertatbestand, aber nicht auf Umwegen, sondern indem er sich als Ziel nicht B, sondern D setzt, das sich ohne Umtriebe und ohne Verwirklichung eines Steuertatbestands erreichen lässt.

b) Steuerhinterziehung

Vom Steuerdelikt der Steuerhinterziehung unterscheidet sich die Steuerumgehung dadurch, dass der steuerbare Sachverhalt bei der Steuerhinterziehung *verheimlicht* wird, wogegen die für die Besteuerung erheblichen Tatsachen bei der Steuerumgehung offen präsentiert werden. Der Steuerumgeher verletzt keine Mitwirkungspflichten, zu denen er gesetzlich verpflichtet wäre. Seine Angaben in der Steuererklärung und im Veranlagungsverfahren sind korrekt und vollständig. Bei der Steuerhinterziehung werden demgegenüber steuerrechtlich erhebliche Tatsachen unterschlagen und den Steuerbehörden trotz entsprechender gesetzlicher Verpflichtung nicht zur Kenntnis gebracht. Die unter Strafe gestellte Steuerhinterziehung stellt ein vorsätzliches oder fahrlässiges Bewirken einer zu Unrecht unterbliebenen, ungenügenden oder unvollständigen Steuerveranlagung dar.[34] Der objektive Tatbestand der Steuerhinterziehung ist erfüllt, wenn der Pflicht zur vollständigen Deklaration des steuerbaren Tatbestands nicht oder unvollständig nachgekommen wurde und deshalb eine ungenügende Veranlagung erfolgt. Wird das Vorenthalten von Steuern hingegen durch Vermeidung

27

---

[33] BGer 10.1.1994, ASA 64, 80 ff. E. 3b.
[34] Vgl. z.B. DBG 175 I.

der Entstehung steuerbarer Tatbestände herbeigeführt, so stellt dieses Verhalten keine Pflichtverletzung, sondern je nach den konkreten Umständen eine erlaubte Steuereinsparung oder eine Steuerumgehung dar.

28 Die Steuerumgehung geschieht somit nicht nur gewissermassen am helllichten Tage, sondern in zeitlicher Hinsicht auch *früher* als die Steuerhinterziehung. Die Steuerumgehung wird im Zeitpunkt der *Sachverhaltsgestaltung* durch deren absonderliche Ausgestaltung, die Steuerhinterziehung im Steuerveranlagungsverfahren durch pflichtwidrige *Nichtdeklaration* von steuerlich relevanten Tatsachen vollzogen.

c) Simulation

29 Auch mit der privatrechtlichen Simulation wird oft versucht, der Besteuerung auszuweichen. Bei der Simulation erklären die Parteien, etwas zu wollen, was sie gar nicht wollen.[35] Es wird gegen aussen – bzw. gegenüber der Steuerbehörde – etwas vorgetäuscht, worüber man sich unter den Vertragsparteien einig ist, dass es gar nicht gelten soll. Normalerweise steckt dann hinter diesem simulierten ein dissimuliertes Geschäft, das ernstlich gewollt ist und im Unterschied zum simulierten Geschäft auch tatsächlich durchgeführt wird.

30 Selbstredend ist hier steuerrechtlich auf das dissimulierte Geschäft abzustellen. Wenn die Steuerbehörden vom wahren Sachverhalt Kenntnis erhalten, subsumieren sie den tatsächlich abgewickelten Sachverhalt unter die entsprechenden Steuernormen. Zu diesem Auslegungsergebnis gelangt man methodisch in der Regel nicht etwa deshalb, weil auch der Privatrechtler nicht auf den simulierten Vertrag abstellt, sondern weil steuerrechtlich nach dem *Faktizitätsprinzip*[36] ohnehin vielfach die tatsächlichen Vorgänge und nicht die privatrechtlichen Verhältnisse relevant sind.

31 Der Unterschied der Simulation zur Steuerumgehung liegt darin, dass das bei einer Simulation tatsächlich abgewickelte Geschäft problemlos subsumiert werden kann. Es ergeben sich keinerlei Auslegungsschwierigkeiten. Die «Umgehung» bzw. die Steuervermeidung bei der Simulation liegt sehr oft im *Verheimlichen* des wahren Sachverhalts. Simulationen zum Zweck der Steuervermeidung erfüllen deshalb den objektiven Tatbestand der Steuerhinterziehung. Bei der Steuerumgehung wird dagegen nichts vorgetäuscht, sondern der Sachverhalt wird tatsächlich so ausgestaltet, wie er präsentiert wird.

---

[35] So wird beispielsweise bei einem Grundstücksverkauf ein tieferer Kaufpreis beurkundet, als tatsächlich bezahlt wird.
[36] Hinten § 10 N 34 ff.

d) Verdeckte Gewinnausschüttung

Verdeckte Gewinnausschüttungen lösen nach den gesetzlichen Gewinnermittlungsbestimmungen regelmässig Steuerfolgen aus.[37] Der verwirklichte Sachverhalt lässt sich also unter den gesetzlichen Tatbestand der verdeckten Gewinnausschüttung subsumieren – dies auch dann, wenn die verdeckte Entnahme von Gesellschaftsmitteln noch so raffiniert und absonderlich ausgestattet worden ist. So stellt das Bundesgericht zu Recht fest:

> «Kann ein Sachverhalt unter eine Steuernorm subsumiert werden, stellt sich die Frage einer Steuerumgehung nicht, denn die Steuerumgehung setzt gerade voraus, dass ein wirtschaftlicher Vorgang auch bei Auslegung der Steuernorm nicht unter diese fällt.»[38]

e) Gesetzesumgehung

Schliesslich stellt sich noch die Frage der Abgrenzung zur Gesetzesumgehung – als solche wird die Steuerumgehung zuweilen auch bezeichnet. Unter einer Gesetzesumgehung wird eine Sachverhaltsgestaltung verstanden, die zwar den Wortlaut der Rechtsvorschriften beachtet, aber gegen deren Sinn und Zweck verstösst. Weil die Auslegung – wie gesehen – nicht durch den Wortsinn, sondern durch den *Normsinn* begrenzt ist, kann der Gesetzesumgehung nach einhelliger Auffassung der schweizerischen Doktrin und Praxis durch *teleologische Auslegung* begegnet werden, indem der Normgehalt so weit ausgedehnt wird, dass das entsprechende Verhalten darunter subsumiert werden kann.[39]

Zwar werden beim Versuch einer Gesetzesumgehung vielfach auch rechtsgeschäftliche Schleichwege eingeschlagen, dennoch ist die Steuerumgehung keine Gesetzesumgehung, weil die Steuerumgehung nach herkömmlicher Auffassung – wie gezeigt – nicht durch *Auslegung* bewältigt werden kann. Der Steuerumgeher schleicht sich nicht nur am Wortlaut, sondern auch am Sinn der Norm vorbei. Sein Verhalten wird durch die ausgelegte Norm nicht erfasst. Die Steuerumgehung führt denn auch nicht zur *extensiven Auslegung* der umgangenen Norm, sondern zur *Umgestaltung des Sachverhalts*. Das missbräuchliche Verhalten des Steuerpflichtigen wird nicht hingenommen.

Als Gesetzesumgehung präsentiert sich lediglich die *vermeintliche Steuerumgehung*, die dann doch durch Auslegung behoben werden kann. Solche vermeintliche Steuerumgehungen werden deshalb auch als «unechte» Steuerumgehung bezeichnet.[40]

---

[37] Hinten § 13 N 128 und 20 N 19.
[38] BGer 19.12.1984, ASA 54, 211 ff. E. 3.
[39] Statt vieler LOCHER, ASA 75, 682 ff.; ders., Rechtsfindung, 134 je mit Hinweisen.
[40] Vgl. HÖHN, ASA 46, 155; LOCHER, Rechtsfindung, 200.

5. Dogmatische Einordnung

36 Was ist nun aber die «echte» Steuerumgehung? Wo lässt sie sich dogmatisch einordnen, ohne dass ihr das Odium einer *steuerspezifischen Sondermethode* anhaftet?

37 Unbestritten ist, dass das traditionelle Steuerumgehungsargument nichts mit der Auslegung von Rechtssätzen zu tun hat und schon gar nicht als *Auslegungsmethode* bezeichnet werden darf. Die Steuerumgehung erscheint vielmehr als Fortsetzung der Auslegung mit anderen Mitteln. Die Steuerumgehung ist auch keine *Besteuerungsmethode,* sondern besteht in bestimmten *Handlungen* des Steuerpflichtigen. Dieser gestaltet den Sachverhalt so abwegig, dass er von den ausgelegten Bestimmungen des Steuergesetzes nicht erfasst wird. Der Steuerpflichtige drückt sich mit seiner völlig absonderlichen Sachverhaltsgestaltung gewissermassen an Wortlaut und Sinn eines Steuertatbestandes vorbei und umgeht auf diese Weise die Steuer, die geschuldet gewesen wäre, wenn er sich zur Erreichung des anvisierten und auch tatsächlich erreichten wirtschaftlichen Ziels einigermassen gradlinig verhalten hätte.

38 Wenn das Steuergesetz selber eine Steuerumgehungsklausel enthält,[41] handelt es sich um einen *gesetzlichen Korrekturbehelf,* der es dem Rechtsanwender erlaubt, vom Auslegungsresultat, das sich nach den übrigen Bestimmungen ergibt, abzuweichen, wenn die Voraussetzungen einer Steuerumgehung erfüllt sind. Die Verhinderung von Steuerumgehungen hat hier zwar eine klare gesetzliche Grundlage, damit sind indes bei Weitem nicht alle Schwierigkeiten aus dem Weg geräumt, wie der Blick auf die Anwendung von VStG 21 II[42] und auf die Steuerumgehungsbekämpfung in Deutschland und Österreich zeigt.[43]

39 Wie kann der Steuerumgehungsvorbehalt jedoch begründet werden, wenn er keine ausdrückliche gesetzliche Grundlage hat? Das Bundesgericht behilft sich hier zum Teil mit dem Regress auf *Treu und Glauben.*[44] Die absonderliche und haltlose Sachverhaltsgestaltung des treulosen Steuerpflichtigen wird verworfen und der Besteuerung eine korrekte, gradlinige Gestaltung zugrunde gelegt. Die Basierung des Steuerumgehungsvorbehalts auf dem Grundsatz von Treu und Glauben stösst jedoch aus verschiedenen Gründen auf Ablehnung.[45]

40 Grossmehrheitlich stützen sich das Bundesgericht und die Doktrin auf den allgemeinen Rechtsgrundsatz des *Rechtsmissbrauchsverbots,*[46] das die gesamte Rechtsordnung, also auch das Steuerrecht, durchzieht. Danach handelt es sich beim

---

[41] Wie beispielsweise VStG 21 II, wonach die Rückerstattung der Verrechnungssteuer für unzulässig erklärt wird, wenn sie zu einer Steuerumgehung führt.

[42] Vgl. BAUER-BALMELLI MAJA, FStR 2002, 162 ff.; dies., in: ZWEIFEL/BEUSCH/BAUER-BALMELLI, N 35 ff. zu VStG 21 II; vgl. auch hinten § 29 N 74 ff.

[43] Vgl. FISCHER, SWI 1999, 79 ff.; LANG, SWI 2005, 67 ff.; ders., in: TIPKE/LANG, § 5 N 95 f.

[44] Z.B. BGer 10.1.1994, ASA 64, 80 ff. E. 3b.

[45] Vgl. BÖCKLI, Steuerumgehung, 293 f.; HÖHN, ASA 46, 157 f.; ausführlich dazu auch MATTEOTTI, Durchgriff, 160 ff.

[46] BLUMENSTEIN/LOCHER, 33; BÖCKLI, Steuerumgehung, 296 ff.; HÖHN, ASA 46, 147, 158 ff.; LOCHER, ASA 75, 686 ff.

Steuerumgehungsvorbehalt um einen Notbehelf, der es dem Rechtsanwender ermöglicht, ein missbräuchliches Verhalten zu verwerfen und vom Auslegungsergebnis abzuweichen, weil bei der Sachverhaltsgestaltung qualifiziert unlautere Mittel eingesetzt wurden. In diesem Licht bildet der Steuerumgehungsvorbehalt nicht eine steuerrechtliche Sondermethode, sondern stellt einen rechtsfortbildenden *Korrekturmechanismus* dar, dessen grundsätzliche Berechtigung in allen Rechtsgebieten im In- und Ausland anerkannt ist. Ob diese Rechtsfortbildung auf der Normebene durch Aufstellung einer *Ersatznorm* oder auf der Sachverhaltsebene durch *Sachverhaltsfiktion* erfolgt, ist für die rechtliche Qualifikation der Steuerumgehung als Missbrauchsbehelf nicht von entscheidender Bedeutung.[47]

Wenn von Rechtsmissbrauch die Rede ist, fragt sich, *welche Rechte* missbräuchlich in Anspruch genommen werden. Fest steht, dass bei einer absonderlichen Sachverhaltsgestaltung zur Erzielung einer Nichtbesteuerung gewöhnlich keine subjektiven Rechte im privatrechtlichen Sinn missbraucht werden. Aber darum geht es auch gar nicht; niemand behauptet, das zur Sachverhaltsgestaltung verwendete (nicht steuerliche) Recht werde missbraucht. Vielmehr wird mit der gewählten Gestaltung ein im Licht des entsprechenden Steuergesetzes *missbräuchlicher Subsumtionsvorschlag* gemacht.[48] Das absonderliche Vorgehen gilt mit Blick auf die diesem Gesetz innewohnenden Grundgedanken als missbräuchlich. Überdies kann in vielen Umgehungsfällen durchaus auch unmittelbar der Vorwurf der *missbräuchlichen Inanspruchnahme* von *Rechten* erhoben werden, wenn der Steuerpflichtige beispielsweise Vorteile aus Doppelbesteuerungsabkommen beansprucht[49] oder steuermindernde Abzüge geltend machen will. 41

II. Neuere dogmatische Tendenzen in der Umgehungsbekämpfung

1. Ausdehnung der teleologischen Auslegung

Mit dem Fortschreiten der teleologischen Auslegung in den letzten Jahrzehnten hat der Steuerumgehungsvorbehalt seine frühere grosse praktische Bedeutung weitgehend eingebüsst. Die Aufgabe des Wortlautes als Sinnschranke und die extensive Anwendung der wirtschaftlichen Betrachtungsweise ermöglichen es, die meisten vermeintlichen Steuerumgehungen plausibel zu subsumieren, ohne dass der Anwendungsbereich des Gesetzes überdehnt wird. Wenn heute ein Entscheid mit Steuerumgehung begründet wird, geschieht dies vielfach vorschnell, 42

---

[47] Vgl. BLUMENSTEIN/LOCHER, 33; LOCHER, ASA 75, 681.
[48] Vgl. HÖHN, ASA 46, 152 ff.
[49] Illustrativ dazu der Entscheid des Bundesgerichts zum Problem des *Treaty Shopping*, BGer 28.11.2005, StR 2006, 217 ff.

und es lässt sich eine überzeugendere Begründung nachschieben, welche die angeblich umgangenen Normen teleologisch auslegt.[50]

43 Auch in Deutschland und Österreich hat die teleologische Auslegung die Wortsinnschranke klar verdrängt. Die gesetzlich verankerten Steuerumgehungsklauseln werden dort von einem Teil der Lehre nicht mehr als Normkorrekturbehelfe, sondern als *Auslegungsinstrumente* betrachtet.[51] Diese Auffassung folgt der sog. *Innentheorie*, wonach es sich bei diesen Klauseln nicht um eigene Besteuerungstatbestände handelt, die gewissermassen von aussen an die umgangenen Normen herantreten, sondern lediglich um in den umgangenen Normen selbst enthaltene Auslegungshinweise, die es erlauben, deren Sinngehalt entsprechend auszudehnen.[52] Der Steuerumgehungsvorbehalt ist demgemäss bei der Ermittlung des Geltungsbereichs einer Norm zu beachten. Damit wird die Umgehung einer Steuernorm a priori ausgeschlossen, weil die Norm selbst das absonderliche Verhalten erfasst.

2. Normkorrektur aufgrund des Willkürverbots

44 Auch in der Schweiz wird die Steuerumgehungsdiskussion in den letzten Jahren mit neuen Überlegungen angereichert. So wird der Steuerumgehungsvorbehalt von GÄCHTER[53] mit der *Gleichrangigkeit sämtlicher Verfassungsprinzipien* wie folgt begründet: Der Gesetzesvorrang ist bei der Rechtsanwendung zwar ein zentraler Gesichtspunkt, die andern Verfassungsziele dürfen indes darob nicht gänzlich missachtet werden. Nach dem Konzept der «praktischen Konkordanz» sind alle einschlägigen Verfassungsinhalte möglichst optimal zu verwirklichen. Droht ein Verfassungsprinzip bei Anwendung des Gesetzesvorrangs in einem Einzelfall gänzlich ausgehöhlt zu werden, so muss vom Gesetz abgewichen werden.

45 Als Argumentarium für eine solche Gesetzeskorrektur eignet sich vor allem das Willkürverbot. Wenn das Auslegungsergebnis im konkreten Fall zu unannehmbaren Steuerfolgen führt, die in krass stossender Weise dem allgemeinen Gerechtigkeitsgedanken widersprechen, darf und muss die einschlägige gesetzliche Regel im Einzelfall korrigiert und eine Ersatzregelung getroffen werden. Anders als nach der herkömmlichen Steuerumgehungsdoktrin führt die Annahme der Steuerumgehung nach dieser Auffassung also nicht zu der dargelegten Sachver-

---

[50] Vgl. z.B. MARKUS REICH/ROBERT WALDBURGER, Rechtsprechung im Jahr 2005 (2. Teil), FStR 2006, 304 ff., 309 f.
[51] Dazu FISCHER, SWI 1999, 104 ff.; ders., SWI 1999, 79 ff.; GASSNER, Branch Report, 142 ff.; LANG, SWI 2005, 67 ff.
[52] Nach der *Aussentheorie* handelt es sich beim Steuerumgehungsvorbehalt demgegenüber nicht um ein Instrument der Auslegung. Zur innen- und aussentheoretischen Begründung des Rechtsmissbrauchsverbots in der schweizerischen Methodenlehre ausführlich MATTEOTTI, Durchgriff, 93 ff., 157 mit weiteren Hinweisen; vgl. dazu auch LOCHER, ASA 75, 689 ff.
[53] Vgl. GÄCHTER, Rechtsmissbrauch, insb. 338 ff., 377 ff., 419 ff.

haltsfiktion, sondern zur Statuierung einer Ersatzregelung, was allerdings im Ergebnis auf das Gleiche hinausläuft.[54]

Auch MATTEOTTI verwirft die traditionelle Steuerumgehungsdoktrin und stützt die Normkorrektur auf das *Willkür- und Rechtsmissbrauchsverbot*.[55] Das Rechtsmissbrauchsverbot erscheint als Ausprägung des allgemeinen Willkürverbots.[56] Was mit Blick auf denjenigen, der ein Recht behauptet, Rechtsmissbrauch ist, bildet aus der Sicht des dem Willkürverbot verpflichteten Rechtsanwenders eine Situation, in der dieser das ausgelegte Gesetz nicht anwenden darf und allenfalls korrigieren muss.[57] Dem Gesetz als rechtsstaatlichem Garanten sind Grenzen gesetzt. Das Legalitätsprinzip hat zur Wahrung eines Minimums an Gerechtigkeit dem Willkür- und Rechtsmissbrauchsverbot zu weichen.[58] Neuerdings begreift Matteotti die richterliche Rechtsfortbildung «praeter oder contra verba legis» allerdings nicht mehr als Normkorrektur, sondern sieht darin einen *Auslegungsvorgang* im Rahmen der wirtschaftlichen Betrachtungsweise.[59]

3. Würdigung

Wie man das Steuerumgehungskorrektiv auch immer herleitet und rechtfertigt, muss mit Nachdruck festgehalten werden, dass davon nur mit *äusserster Zurückhaltung* Gebrauch gemacht werden darf. An dieser grossen Zurückhaltung ändert sich grundsätzlich nichts, wenn der Korrekturvorbehalt in die normimmanente Teleologie integriert wird. Das Umgehungskorrektiv ist bloss eine *Notbremse*, zu der nur gegriffen werden darf, wenn ein qualifiziert ungerechtes Auslegungsresultat vorliegt,[60] welches der Gesetzgeber unmöglich gewollt haben kann. Es muss auf der Hand liegen und überzeugend dargetan werden, dass der Gesetzgeber – müsste er den zur Beurteilung stehenden Sachverhalt regeln – andere Steuerfolgen statuieren würde.

Hinsichtlich der Frage der innen- oder aussentheoretischen Begründung des Umgehungsvorbehalts ist wohl der *Aussentheorie* der Vorzug zu geben. Auch wenn das methodologische Vertrauen in die teleologische Auslegung – wie dargelegt – sehr oft seine Berechtigung hat, darf der Steuerumgehungsvorbehalt (bzw. das Willkür- und das Rechtsmissbrauchsverbot) als aussentheoretischer Korrekturbehelf nicht gänzlich über Bord geworfen werden. Es gibt steuergesetzliche Bestimmungen, die mit guten Gründen – vielfach aus Rechtssicherheitsüberlegungen – *klare Sinnschranken* aufweisen und deshalb der Umgehung zu-

---

[54] Die Überlegungen GÄCHTERS wurden im Entscheid des Zürcher Verwaltungsgerichts vom 31.8.2005 (StE 2006 A 12 Nr. 13) zur Begründung einer Normkorrektur bei einem Einkauf in eine Vorsorgeeinrichtung aufgegriffen.
[55] Vgl. MATTEOTTI, Durchgriff, 153 ff., 190 f.
[56] Dazu MATTEOTTI, Rechtsfortbildung, 536; ders., Durchgriff, 156 ff.
[57] Vgl. MATTEOTTI, Durchgriff, 168.
[58] Vgl. MATTEOTTI, Durchgriff, 166, 168.
[59] Ausführlich MATTEOTTI , Rechtsfortbildung, 538 ff.
[60] Bzw. zur Abwehr der Anwendung einer qualifiziert ungerechten Normhypothese.

gänglich sind.⁶¹ Die Auslegung darf nicht zum Spiel ohne Grenzen ausarten, wie dies beispielsweise bei der indirekten Teilliquidation geschehen ist. Auch der wirtschaftlichen Betrachtungsweise müssen Sinnschranken gesetzt werden, die sich teleologisch nicht beliebig verschieben lassen.⁶² So dürfte es auch richtig sein, dass das Bundesgericht den Paradefall der Steuerumgehung im Einkommenssteuerrecht, die Fremdfinanzierung einer Einmalprämienversicherung,⁶³ nicht durch teleologische Auslegung des Schuldzinsenbegriffs eliminiert, indem es den Schuldzinsen im verpönten Umfang den Charakter von Versicherungsprämien zuspricht.⁶⁴ Eine entsprechende wirtschaftliche Betrachtungsweise des Schuldzinsenbegriffs würde zu weiteren schwierigen Auslegungsproblemen führen, die der Rechtssicherheit kaum zuträglich wären.⁶⁵

49   Die teleologische Auslegung läuft mit dem innentheoretischen Einbezug des Steuerumgehungsvorbehalts in den normimmanenten Sinngehalt Gefahr, an Glaubwürdigkeit einzubüssen. Umgehungsentscheide, die innentheoretisch begründet werden, entbehren der *Plausibilität* und *Akzeptanz*. Statt dass aufwendig darzulegen versucht wird, weshalb ein absonderliches Verhalten, das nach den herkömmlichen Auslegungselementen an sich von der infrage kommenden Steuernorm nicht erfasst wird, doch von ihr erfasst wird, ist es gewöhnlich weit überzeugender, wenn begründet wird, dass dieser Sachverhalt – trotz Fehlens einer gesetzlichen Grundlage – besteuert werden muss, weil andernfalls *elementare Rechtsgrundsätze*, die neben den steuergesetzlichen Normen ebenfalls zu beachten sind, in unerträglicher Weise verletzt würden.

50   Zu bedenken ist im Weiteren, dass die teleologische Ausweitung des Geltungsbereichs einer Steuernorm in der Regel nicht nur zulasten des Steuerpflichtigen Wirkungen entfaltet, sondern dass sich auch die Steuerpflichtigen auf den teleologisch ermittelten Sinngehalt einer Norm berufen dürfen.⁶⁶ Man denke beispielsweise an die *Missbrauchsproblematik* bei der Inanspruchnahme von DBA. Wenn hier die heiklen Fragen nicht mehr über die Verweigerung der Abkommensvorteile zufolge Missbrauchs gelöst werden, sondern über die Zurechnung der fraglichen Einkünfte an den *wahren wirtschaftlich Berechtigten*, so wird sich letzterer in andern Fällen auch zu seinen Gunsten auf die von der privatrechtlichen Gestaltung abweichende *wirtschaftliche Beurteilung* der Einkommensströme berufen können.

---

[61] So lässt sich beispielsweise die Grenze zwischen Kapitalgewinn und Vermögensertrag sinnvoll und plausibel nur anhand des *Veräusserungskriteriums*, nicht anhand steuersystematischer Überlegungen ziehen, dazu § 13 N 37 ff.
[62] Gl.M. Locher, ASA 75, 693 f.
[63] Dazu BGer 22.10.2003, StE 2004 A 12 Nr. 12 mit weiteren Hinweisen.
[64] Wie Matteotti (Rechtsfortbildung, 128 ff.) vorschlägt.
[65] Anzumerken ist, dass die steuerlichen Aufrechnungen in diesem Bereich in Anbetracht des doch recht klaren historischen Willens des Gesetzgebers ohnehin fragwürdig und höchst umstritten sind, dazu VGer SG 16.11.1998, StE 1999 A 12 Nr. 7.
[66] Die unterschiedliche Auslegung einer Norm – je nachdem ob eine Steuerumgehung vorliegt oder nicht – ist ein «hermeneutisches Kuriosum», Höhn, StR 1963, 395.

Sodann muss man sich im Klaren darüber sein, dass die Innentheorie zumindest zum Teil zu einer *Kriminalisierung* der Steuerumgehung führt.[67] Es wurde gezeigt, dass eine Steuerumgehung, selbst wenn der Sachverhalt noch so absonderlich gestaltet wurde, nach der traditionellen (aussentheoretischen) Rechtfertigung des Umgehungsvorbehalts gewöhnlich nicht strafbar ist, wenigstens so lange, als keine Mitwirkungspflichten verletzt werden. Der Steuerpflichtige ist nicht gehalten, auf die mit der Sachverhaltsgestaltung versuchte Umgehung von Steuerfolgen aufmerksam zu machen. Wird die Steuerumgehung allerdings als *Auslegungsproblem* begriffen, so kann der fragliche Sachverhalt unmittelbar unter einen Steuertatbestand subsumiert werden. Das bedeutet aber, dass der Steuerpflichtige seine Deklarationspflicht verletzt, wenn er die entsprechenden Einkünfte nicht angibt. Auf den Einwand, es sei ihm nicht verwehrt, einen von den Steuerbehörden abweichenden Rechtsstandpunkt zu vertreten, ist kein Verlass, zumindest dann nicht, wenn dem Steuerpflichtigen oder seinem Steuervertreter die extensive Auslegung der einschlägigen Norm bekannt sein musste.

---

[67] Dazu REICH, Damoklesschwerter, 141 f.

§ 7 Die schweizerische Steuerordnung im Überblick

Literatur
BLUMENSTEIN/LOCHER, System, 16 ff.; HÖHN/WALDBURGER, Bd. I, § 3 N 1 ff.; MÄUSLI-ALLENSPACH/OERTLI, Steuerrecht, 55 ff.

Die schweizerische Steuerordnung ist geprägt durch die *föderalistische Staatsstruktur*. Steuern werden in der Schweiz von Bund, Kantonen und Gemeinden erhoben. Dies führt zwangsläufig zu einer grossen Zahl unterschiedlicher Steuern sowie zur Überschneidung verschiedener Steuerarten. Das Verständnis der schweizerischen Steuerordnung wird erleichtert, wenn vorab kurz die bereits behandelte Verteilung der Steuererhebungskompetenzen von Bund, Kantonen und Gemeinden[1] vergegenwärtigt wird:

– Die Steuerhoheit des *Bundes* ist in der Bundesverfassung abschliessend geregelt. Die Steuern, die der Bund erheben darf, werden in der Bundesverfassung ausdrücklich erwähnt.

– Die *Kantone* haben demgegenüber die Befugnis, sämtliche Steuern zu erheben, welche die Bundesverfassung nicht ausschliesslich dem Bund vorbehält. Sie üben alle Rechte aus, die Volk und Stände nicht dem Bund übertragen haben.

– Die *Gemeinden* als kantonale öffentlich-rechtliche Körperschaften besitzen eine aus dem kantonalen Recht abgeleitete Steuererhebungsbefugnis und dürfen jene Steuern erheben, die ihnen vom kantonalen Recht zugewiesen werden.

Die Kantone und Gemeinden sind bei der Ausübung ihrer Steuererhebungskompetenzen an das *Bundesrecht* gebunden. Bundesrecht aller Stufen (Verfassung, Gesetz, Verordnung) geniesst als übergeordnetes Recht Vorrang vor den Rechtsnormen des kantonalen und kommunalen Rechts. Die Steuergesetzgeber der Kantone und Gemeinden sind deshalb in vielfältiger Hinsicht durch Bundesrecht eingeschränkt.

---

[1] Dazu und zum Folgenden ausführlich vorne § 4 N 3 ff.

A. Die Steuern des Bundes

I. Blick auf die Bundesfinanzordnung

1. Grundlagen

3 Das Steuersystem des Bundes ist in der Bundesverfassung vorgezeichnet. Eine Änderung dieser verfassungsrechtlich geregelten Bundesfinanzordnung bedarf der Zustimmung von Volk und Ständen – ein Umstand, der vor allem die Erschliessung neuer Finanzquellen des Bundes stark erschwert.

4 Ursprünglich standen zur Deckung der Bundesausgaben die *Zölle* im Vordergrund. Diese haben aber in neuerer Zeit immer mehr an Bedeutung eingebüsst. In den Jahren des Ersten Weltkriegs wurde eine *direkte Bundessteuer* eingeführt, die auch heute noch einen wesentlichen Eckpfeiler der Bundesfinanzordnung darstellt. Daneben hat der Bund entsprechend seinem stetig angestiegenen Finanzbedarf weitere Steuern eingeführt. Die ebenfalls seit den Kriegsjahren erhobene *Warenumsatzsteuer* wurde 1995 durch die Mehrwertsteuer ersetzt.

5 Die Steuererhebung durch den Bund ist im Kapitel *Finanzordnung* der BV in Art. 126 ff. geregelt. Es sind indes auch anderswo – systematisch in den Sachzusammenhang eingebettete – Steuererhebungskompetenzen zu finden. Die folgenden Bestimmungen weisen dem Bund Steuererhebungskompetenzen zu:

- BV 85 *(Schwerverkehrsabgabe)*
- BV 86 I *(Verbrauchssteuer auf Treibstoffen)*
- BV 86 II *(Nationalstrassenabgabe bzw. Vignette)*
- BV 106 III *(Spielbankenabgabe)*
- BV 128 *(Direkte Bundessteuer* auf dem Einkommen der natürlichen Personen sowie auf dem Reinertrag juristischer Personen*)*
- BV 130 *(Mehrwertsteuer* auf Lieferungen von Gegenständen, auf Dienstleistungen einschliesslich Eigenverbrauch sowie auf Einfuhren*)*
- BV 131 *(Besondere Verbrauchssteuern* auf Tabak und Tabakwaren, gebrannten Wassern, Bier, Automobilen sowie Erdgas, Erd- und anderen Mineralölen*)*
- BV 132 I *(Stempelabgaben* auf Wertpapieren und anderen Urkunden des Handelsverkehrs*)*
- BV 132 II *(Verrechnungssteuer* auf dem Ertrag beweglichen Kapitalvermögens, auf Lotteriegewinnen und Versicherungsleistungen*)*
- BV 133 *(Zölle* und andere Abgaben auf dem grenzüberschreitenden Warenverkehr*)*

6 Die Kompetenzen zur Erhebung einer direkten Bundessteuer und einer Mehrwertsteuer sind nach BV 196 Nr. 13 und 14 bis zum Jahr 2020 *befristet*.

7 Den Kantonen entzogen und als Kompetenz mit *nachträglich derogatorischer Kraft* dem Bund vorbehalten ist die Befugnis zur Erhebung der Mehrwertsteuer, der Stempelabgaben, der Verrechnungssteuer und der besonderen Verbrauchs-

steuern (BV 134). *Ausschliessliche* Bundessache ist das Zollwesen (BV 133). *Parallele* Kompetenzen bestehen im Bereich der direkten Steuern.

Nicht zu den Bundessteuern zählt der *Militärpflichtersatz*. Der Militärpflichtersatz (BV 59 III) ist anstelle der Dienstleistungspflicht geschuldet und stellt keine Steuer, sondern eine Ersatzabgabe dar.[2]

8

2. Entwicklung der Bundesausgaben und der Bundessteuern

Massgebend für die Einführung neuer Bundessteuern und deren Ertragsentwicklung waren stets die Ausgaben des Bundes. Von 1850–1900 stiegen die Bundesausgaben, die damals noch ausschliesslich aus den *Zöllen* bestritten wurden, von CHF 4,5 Mio. auf rund CHF 53 Mio. Wegen des Ersten Weltkriegs sind die Bundesausgaben dann rasch auf rund CHF 300 Mio. angestiegen. Es wurden neben einer Kriegsgewinnsteuer auch die *eidg. Stempelabgaben* eingeführt. Die Anfang der Vierzigerjahre des letzten Jahrhunderts vollzogene Einführung der *direkten Bundessteuer* (damals: «Wehrsteuer»), der *Warenumsatzsteuer* und der *Verrechnungssteuer* geht auf die Rüstungsausgaben im Zweiten Weltkrieg zurück. Damals überschritten die Bundesausgaben die Grenze von zwei Milliarden Franken. Seither wurden keine wesentlichen neuen Bundessteuern mehr eingeführt; allerdings wurde die Warenumsatzsteuer im Jahr 1995 durch die Mehrwertsteuer ersetzt. Den stets steigenden Ausgaben (1972: CHF 10 300 Mio.; 1990: 31 600 Mio.; 2008: 56 598 Mio.) wurde durch Steuersatzerhöhungen bei verschiedenen Steuern Rechnung getragen.

9

Ertragsmässig überwiegen im Bund die *Verbrauchssteuern*. Den grössten Anteil liefern hier die Mehrwertsteuer und die Mineralölsteuer. In den vergangenen Jahren haben aber auch die Einnahmen aus der direkten Bundessteuer und der Verrechnungssteuer an Bedeutung gewonnen. Unter Berücksichtigung der kantonalen und kommunalen Steuern weist die Schweiz einen sehr hohen prozentualen Anteil an direkten Steuern auf, während sich das Gewicht in den anderen europäischen Ländern immer mehr auf die Verbrauchsbesteuerung verlagert. Tragenden Pfeiler der Steuerordnung der EU-Staaten bildet die Mehrwertsteuer, die mit wesentlich höheren Sätzen als in der Schweiz erhoben wird.[3]

10

---

[2] Vgl. hierzu vorne § 2 N 13. Starke kausalabgabengeprägte Züge tragen allerdings auch die *Schwerverkehrsabgabe* und die *Spielbankenabgabe*. Da diesen auch Steuercharakter zukommt, werden sie dennoch hier aufgeführt.

[3] So beträgt der Normalsatz, den die Mitgliedstaaten der EU mindestens einhalten müssen, 15%, während der Normalsatz in der Schweiz 8% beträgt (vgl. hinten § 34 N 102 ff.). Im Jahr 2009 erzielte die Schweiz 12,35% des gesamten Steueraufkommens aus der Mehrwertsteuer, die 15 alten EU-Mitgliedstaaten hingegen 18,56% (OECD-Statistik, <http://stats.oecd.org> [besucht am 1.12.2011]).

3. Finanzausgleich

11 Ein zentraler Bestandteil der Bundesfinanzordnung ist der Finanzausgleich zwischen Bund und Kantonen (vertikaler Ausgleich) einerseits und zwischen den Kantonen (horizontaler Ausgleich) andererseits. Dieser bundesrechtliche Finanzausgleich wurde in den letzten Jahren zugleich mit der Aufgabenteilung von Bund und Kantonen einer *grundlegenden Neuordnung* zugeführt. Im November 2001 verabschiedete der Bundesrat die *Botschaft* zur Neugestaltung des Finanzausgleichs und der Aufgaben zwischen Bund und Kantonen (NFA).[4] Die vom Parlament verabschiedete Verfassungsvorlage[5] wurde von Volk und Ständen am 28. November 2004 angenommen.

12 Auf *Gesetzesstufe* ist der bundesrechtliche Finanzausgleich im Wesentlichen in den folgenden Erlassen geregelt:

- BG über den Finanz- und Lastenausgleich (FiLaG) vom 3.10.2003 (SR 613.2);
- Verordnung über den Finanz- und Lastenausgleich (FiLaV) vom 7.11.2007 (SR 613.21);
- Bundesbeschlüsse vom 22.6.2007 über die Festlegung der Grundbeiträge des Ressourcen- und Lastenausgleichs (SR 613.22) sowie des Härteausgleichs (SR 613.26).

13 Die 2008 in Kraft getretene Neugestaltung des Finanzausgleichs und der Aufgabenteilung zwischen Bund und Kantonen ist sehr weit gefasst.[6] Sie nahm vorab eine grundlegende *Aufgabenentflechtung* vor und sieht neue Formen der Zusammenarbeit zwischen Bund und Kantonen sowie der Kantone untereinander mit entsprechenden Finanzierungsinstrumenten vor. Sodann wurden der vertikale und der horizontale *Finanzausgleich* tiefgreifend umgestaltet.[7] Der alte, vom Beitragskonzept geprägte Finanzausgleich hatte sich im Laufe der Jahre zu einem unüberschaubaren und ineffizienten Geflecht von zahlreichen Einzelmassnahmen entwickelt. Da verschiedene Bundesbeiträge nach der Höhe der Abgaben bemessen wurden, bestand auch die Tendenz, überdimensionierte Projekte zu realisieren, um möglichst viele Bundesmittel zu erhalten.

14 Mit dem sog. *Ressourcenausgleich* der NFA erhalten die finanziell schwächeren Kantone vom Bund und den ressourcenstarken Kantonen Mittel zur Verfügung gestellt mit dem Ziel, das finanzielle Gefälle zwischen den Kantonen abzubauen. Zu diesem Zweck wird die finanzielle Leistungsfähigkeit der Kantone aufgrund

---

[4] BBl 2002, 2291–2559.
[5] BBl 2003, 6591–6598.
[6] Dazu ausführlich und auch zum Folgenden Anna Pippig, Verfassungsrechtliche Grundlagen des Finanzausgleiches, Zürich 2002, 5 f. und 47 ff.; Markus Reich, Grundzüge der föderalistischen Finanzverfassung, in: Daniel Thürer/Jean-François Aubert/Jörg Paul Müller (Hrsg.), Verfassungsrecht der Schweiz, Zürich 2001, § 76 N 37 ff.; Daniel P. Rentzsch, The Swiss Confederation, in: Gianluigi Bizioli/Claudio Sacchetto (Hrsg.), Tax Aspects of Fiscal Federalism. A Comparative Analysis, IBFD, Amsterdam 2011, 223 ff., 239 ff.
[7] Finanziert wird der vertikale Mittelfluss im Wesentlichen durch den Kantonsanteil an der direkten Bundessteuer von früher 30% und nun 17 bzw. 15% (BV 128 IV).

der sog. *aggregierten Steuerbemessungsgrundlage* berechnet. Diese setzt sich zusammen aus den nach StHG steuerbaren Einkommen der natürlichen Personen sowie den Gewinnen der juristischen Personen. Dadurch wird die Vergleichsbasis der Einflussnahme durch die Kantone entzogen. Deren Ausgabenverhalten ist irrelevant, auch kommt es nicht darauf an, in welchem Ausmass sie ihre Steuerquellen, insbesondere durch Festsetzung der Steuertarife, tatsächlich ausschöpfen.

Als zweites Instrument des neuen Finanzausgleichs ist ein sog. *Lastenausgleich* vorgesehen. Damit werden die bedeutendsten strukturell bedingten und von den Kantonen weitgehend unbeeinflussbaren Sonderlasten durch den Bund abgegolten. Im Rahmen des *geografisch-topografischen Lastenausgleichs* werden die Gebirgskantone und die dünn besiedelten Kantone für Sonderlasten entschädigt. Gegenstand des *soziodemografischen Lastenausgleichs* bilden besondere Aufwendungen von Zentren infolge einer hohen Anzahl unterstützungsbedürftiger Einwohner wie ältere Personen, Sozialhilfeempfänger, Ausländer oder Arbeitslose.

4. Bedeutung der Bundessteuern im Rahmen des Bundeshaushaltes[8]

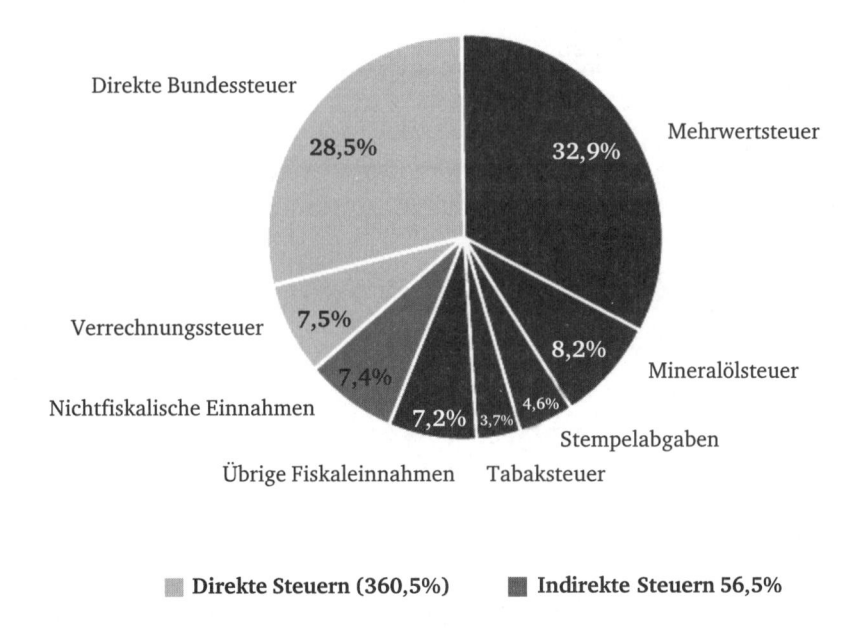

- Direkte Bundessteuer: 28,5%
- Mehrwertsteuer: 32,9%
- Verrechnungssteuer: 7,5%
- Mineralölsteuer: 8,2%
- Nichtfiskalische Einnahmen: 7,4%
- Übrige Fiskaleinnahmen: 7,2%
- Tabaksteuer: 3,7%
- Stempelabgaben: 4,6%

■ Direkte Steuern (360,5%)   ■ Indirekte Steuern 56,5%

---

[8] Staatsrechnung 2010, Bd. 3, 8.

17 **Ordentliche Einnahmen des Bundes 2010**
(Angaben in Mio. CHF gemäss Staatsrechnung)

Fiskaleinnahmen		**58 157**
Direkte Bundessteuer		17 886
Verrechnungssteuer		4 723
Stempelabgaben		2 855
Mehrwertsteuer		20 672
Übrige Verbrauchssteuern		7 602
Mineralölsteuer	5 134	
Tabaksteuer	2 356	
Biersteuer	112	
Verkehrsabgaben		2 210
Automobilsteuer	373	
Nationalstrassenabgabe	347	
Schwerverkehrsabgabe	1 490	
Zölle		1 079
Spielbankenabgabe		381
Lenkungsabgaben		748
Regalien und Konzessionen		**1 391**
Finanzeinnahmen		**1 233**
Übrige laufende Einnahmen		**1 720**
Entgelte		1 272
Wehrpflichtersatzabgabe	155	
EU-Zinsbesteuerung	120	
Übrige Entgelte	997	
Verschiedene Einnahmen		447
Investitionseinnahmen		**333**

II. Direkte Bundessteuer

18 Die direkte Bundessteuer[9] erfasst das *Einkommen* der natürlichen Personen sowie den *Gewinn* der juristischen Personen. Der Bund besitzt keine Kompetenz zur Erhebung einer Vermögens- oder Kapitalsteuer. Die direkte Bundessteuer wird durch die *Kantone* unter Aufsicht des Bundes erhoben.

---

[9] Bundesgesetz über die direkte Bundessteuer (DBG) vom 14.12.1990 (SR 642.11). Die direkte Bundessteuer wird ausführlich dargestellt im Teil II (Einkommens- und Vermögenssteuerrecht).

Als Steuersubjekte *unbeschränkt steuerpflichtig* sind alle natürlichen Personen, die in der Schweiz Wohnsitz haben oder während mindestens 30 Tagen in der Schweiz verweilen und eine Erwerbstätigkeit ausüben oder sich ohne Ausübung einer Erwerbstätigkeit länger als 90 Tage in der Schweiz aufhalten. Unbeschränkt steuerpflichtig sind auch alle juristischen Personen, deren Sitz oder tatsächliche Verwaltung in der Schweiz liegt. Unbeschränkte Steuerpflicht bedeutet Besteuerung des gesamten weltweiten Einkommens; davon ausgenommen ist allerdings das Einkommen aus im Ausland gelegenen Grundstücken und Betriebsstätten. Unbeschränkt steuerpflichtige Arbeitnehmer ohne Niederlassungsbewilligung werden in der Regel in einem separaten Verfahren quellenbesteuert.

19

Natürliche und juristische Personen, die in der Schweiz nicht unbeschränkt steuerpflichtig sind, werden *beschränkt steuerpflichtig,* wenn sie Einkünfte aus in der Schweiz gelegenen Betriebsstätten, Grundstücken und gewissen anderen inländischen Quellen (z.B. Honorare von Künstlern und Sportlern, Verwaltungsratsentschädigungen, Vorsorgeleistungen) erzielen.

20

Steuerobjekt der Einkommenssteuer bei den *natürlichen Personen* bildet das *Reineinkommen*. Als Einkommen der natürlichen Personen werden grundsätzlich sämtliche Einkünfte erfasst (Erwerbseinkünfte, Vermögenserträge, Vorsorgeeinkünfte und übriges Einkommen). Vom Bruttoeinkommen können die Aufwendungen *(Gewinnungskosten)* und gewisse weitere *sozialpolitisch bedingte Abzüge* (Schuldzinsen, gemeinnützige Zuwendungen, Versicherungsprämien etc.) sowie die Sozialabzüge abgezogen werden. Die Einkünfte von *Ehegatten* und *eingetragenen Partnern* werden zusammengerechnet und gemeinsam besteuert. Nicht der Einkommenssteuer des Bundes unterliegen insbesondere die *Gewinne auf dem beweglichen und unbeweglichen Privatvermögen*.

21

Der *Steuertarif* für die Einkommensbesteuerung von natürlichen Personen verläuft progressiv, wobei der Maximalsatz verfassungsmässig auf 11,5% begrenzt ist. Die gemeinsam veranlagten, in ungetrennter Ehe oder eingetragener Partnerschaft lebenden Steuerpflichtigen unterliegen einem gesonderten Tarif.

22

Steuerobjekt der Gewinnsteuer von *Kapitalgesellschaften* (Aktiengesellschaften, Kommanditaktiengesellschaften und Gesellschaften mit beschränkter Haftung) und *Genossenschaften* bildet der im Wesentlichen nach kaufmännischen Grundsätzen ermittelte *Reingewinn*. Es gilt der Grundsatz der Massgeblichkeit der Handelsbilanz, verbunden mit steuerspezifischen Korrekturvorschriften. Zum abziehbaren Aufwand gehören auch die *Steuern* sowie *Verluste* aus sieben der Steuerperiode vorangegangenen Geschäftsjahren. *Holding- und Beteiligungsgesellschaften* wird zur Vermeidung der Drei- und Mehrfachbelastung der Ausschüttungen und Veräusserungsgewinne auf massgeblichen Beteiligungen ein verhältnismässiger Abzug vom geschuldeten Steuerbetrag gewährt.

23

Der Reingewinn von Kapitalgesellschaften und Genossenschaften unterliegt einem *proportionalen Satz* von 8,5%.

24

Gewinne von Kapitalgesellschaften und Genossenschaften werden steuerlich grundsätzlich doppelt belastet, einmal als Reingewinn der Gesellschaft und einmal im Zeitpunkt der Ausschüttung beim Inhaber der Beteiligungsrechte als Vermögens-

25

ertrag. Seit 2009 greift indes das Teilbesteuerungsverfahren auf Ebene der natürlichen Personen, nach welchem bei Beteiligungen von mindestens 10%, die im Privatvermögen gehalten werden, nur noch 60% der Ausschüttungen und bei entsprechenden Beteiligungen im Geschäftsvermögen 50% der Ausschüttungen und Veräusserungsgewinne, der Besteuerung unterliegen.

III. Mehrwertsteuer

26 Die seit dem Zweiten Weltkrieg erhobene einphasige Warenumsatzsteuer wurde 1995 durch die Mehrwertsteuer[10] ersetzt, die sich rasch als *wichtigste Einnahmequelle* des Bundes etabliert hat. Konzept und Rechtsnatur der schweizerischen Mehrwertsteuerordnung entsprechen weitgehend dem europäischen Vorbild. Die gesetzlichen Grundlagen orientieren sich stark an der entsprechenden Mehrwertsteuersystemrichtlinie der EG[11], weichen in verschiedenen Punkten aber auch bewusst von dieser ab.

27 Im Laufe der letzten Jahre zeigten sich verschiedene technische und konzeptionelle Mängel der neuen gesetzlichen Grundlagen,[12] sodass sich der Bundesrat im Februar 2006 für eine Totalrevision der Mehrwertsteuer ausgesprochen hat.[13] Die Vorlage wurde aus politischen Gründen in zwei Teile aufgeteilt: Teil A betrifft ein vollständig neu gefasstes MWSTG, das allerdings von verschiedenen grundlegenden konzeptionellen Änderungen, die der Bundesrat verwirklichen möchte, absieht. Teil B enthält demgegenüber ein tiefgreifend neu konzipiertes Modell der Mehrwertsteuerordnung mit der Einführung eines Einheitssteuersatzes auf allen Leistungen unter radikalem Abbau der zahlreichen bestehenden Ausnahmen, insbesondere auch im Gesundheitswesen. Die Einführung des Einheitssatzes ist stark umstritten und unterstünde dem obligatorischen Verfassungsreferendum. Aus diesen Gründen hat das Parlament vorerst nur den Teil A beraten und diesen mit einigen Änderungen am 12.6.2009 verabschiedet[14]. Das

---

[10] Bundesgesetz über die Mehrwertsteuer (Mehrwertsteuergesetz, MWSTG) vom 12.6.2009 (SR 641.20); Mehrwertsteuerverordnung (MWSTV) vom 27.11.2009 (SR 641.201); Bundesbeschluss über die Anhebung der Mehrwertsteuersätze für die AHV/IV vom 20.3.1998 (SR 641.203); Verordnung über die Anhebung der Mehrwertsteuersätze zur Finanzierung der Eisenbahngrossprojekte vom 23. Dezember 1999 (AS 2000, 1134). Die Mehrwertsteuer wird ausführlich dargestellt im Teil IV (Mehrwertsteuerrecht).

[11] Richtlinie 2006/112/EG des Rates vom 28.11.2006 über das gemeinsame Mehrwertsteuersystem (MwStSystRL), Amtsblatt der EU L 347 vom 11.12.2006, 1. Eine Verpflichtung zur Übernahme des EU-Rechts besteht in keiner Weise (vgl. dazu Markus Reich, in: Kompetenzzentrum MWST der Treuhand-Kammer, N 1 ff. zu Vorbemerkungen – Die schweizerische Mehrwertsteuer im europäischen Umfeld).

[12] EFD, Bericht des Bundesrates über Verbesserungen der Mehrwertsteuer (10 Jahre Mehrwertsteuer), 2005.

[13] Botschaft vom 25.6.2008 zur Vereinfachung der Mehrwertsteuer, BBl 2008, 6885–7132.

[14] BBl 2009, 4407–4462.

totalrevidierte MWSTG ist am 1.1.2010 in Kraft getreten. Für Teil B wird zurzeit vom Bundesrat eine neue Vorlage ausgearbeitet.

Die Mehrwertsteuer ist eine *allgemeine Verbrauchssteuer;* sie belastet den Konsum aller Gegenstände und Dienstleistungen. Die Mehrwertsteuer ist als *Allphasensteuer* konzipiert; sie wird in allen Phasen der Produktion und der Verteilung sowie bei der Einfuhr erhoben. Jeder Unternehmensträger, der an der Herstellung und Verteilung von Erzeugnissen mitwirkt oder steuerbare Dienstleistungen erbringt, ist grundsätzlich steuerpflichtig und hat die Steuer auf dem vereinnahmten Entgelt zu entrichten. Die Mehrwertsteuer ist jedoch eine *Nettoallphasensteuer* und ist als solche gekennzeichnet durch den *Vorsteuerabzug.* Die Steuerpflichtigen können von den auf ihren Umsätzen geschuldeten Bruttosteuern sämtliche ihnen von ihren Zulieferern (von Waren und Dienstleistungen) in Rechnung gestellten Steuerbeträge sowie die auf ihren Importen entrichteten Steuern als Vorsteuer in Abzug bringen. Die derart berechnete Steuer, d.h. der Nettosteuerbetrag, ist der EStV abzuliefern. 28

Die Steuerpflichtigen sind durch die Steuerzahlung – abgesehen vom Liquiditätsentzug – grundsätzlich nicht belastet, weil sie die Steuer auf ihre Abnehmer überwälzen können. Jeder Steuerpflichtige erhält von seinen Abnehmern die volle Steuer auf dem Verkaufspreis und liefert den Betrag, den er nicht seinerseits als Vorsteuer seinen Lieferanten entrichtet hat, dem Fiskus ab. Solange Waren und Dienstleistungen im Kreis der steuerpflichtigen Unternehmensträger zirkulieren, bleiben sie somit im Ergebnis unbelastet. Erst der Endverbraucher kann die Steuer nicht mehr abwälzen und ist endgültiger Steuerträger. Dies entspricht dem Grundkonzept der Mehrwertsteuer, die keine Umsatzbesteuerung, sondern eine Verbrauchsbesteuerung anstrebt. 29

Für den grenzüberschreitenden Waren- und Dienstleistungsverkehr gilt das *Bestimmungslandprinzip.* Danach soll die Steuer den Konsumenten im Land des Verbrauchs mit dem dort geltenden Steuersatz treffen. Umsätze im Zusammenhang mit dem Export von Gütern und ins Ausland erbrachten Dienstleistungen sind deshalb mit Anspruch auf Vorsteuerabzug von der Steuer befreit. Eingeführte Güter und vom Ausland ins Inland erbrachte Dienstleistungen unterliegen demgegenüber der inländischen Besteuerung. 30

Steuersubjekte der Mehrwertsteuer sind grundsätzlich diejenigen natürlichen und juristischen Personen oder Personengemeinschaften, die eine mit der Erzielung von Einnahmen verbundene gewerbliche oder berufliche Tätigkeit selbständig ausüben. Sodann untersteht der Steuerpflicht auch der grundsätzlich nicht steuerpflichtige Bezüger von aus dem Ausland erbrachten Dienstleistungen, wenn ein Gesamtbetrag von CHF 10 000 pro Jahr überschritten wird. *Nicht steuerpflichtig* sind dagegen, sofern nicht von der Möglichkeit des Verzichts auf die Befreiung Gebrauch gemacht wird: 31
- Unternehmensträger, die im Inland innerhalb eines Jahres *weniger als CHF 100 000* Umsatz aus steuerbaren Leistungen erzielen;
- *ausländische Unternehmensträger,* die im Inland lediglich der Bezugssteuer unterliegende Dienstleistungen erbringen;

Teil I   Grundlagen und Überblick

- *nicht gewinnstrebige*, ehrenamtlich geführte *Sport- und Kulturvereine* sowie *gemeinnützige Institutionen* mit einem Jahresumsatz unter CHF 150 000.

32   *Steuerobjekte* der Mehrwertsteuer bilden:

- die im Inland von steuerpflichtigen Personen gegen Entgelt erbrachten Leistungen *(Inlandsteuer)*,
- der Bezug von Leistungen im Inland von ausländischen Unternehmen *(Bezugsteuer)* sowie
- die Einfuhr von Gegenständen *(Einfuhrsteuer)*,

sofern die Umsätze nicht ausdrücklich von der Steuer ausgenommen sind. *Ausgenommen* von der Mehrwertsteuer sind Leistungen, die steuersystematisch anderweitig erfasst werden (wie Finanzdienstleistungen, Grundstücksverkehr oder Wetten und Lotterien) oder deren Konsum nach Ansicht des Gesetzgebers nicht besteuerungswürdig ist. Diese Leistungen (z.B. Gesundheitswesen, Bildung, Sozialfürsorge, Jugendbetreuung, Sport und Kultur) werden durch die Ausnahme von der Steuer verbilligt, wenn sie gegenüber dem Endverbraucher erbracht werden. Für die Erbringung von ausgenommenen Umsätzen dürfen jedoch keine Vorsteuern abgezogen werden, wodurch eine Schattensteuerbelastung *(taxe occulte)* entsteht, wenn nicht für die Besteuerung *optiert* wird. Echt *von der Steuer befreit* sind demgegenüber insbesondere die Exporte; die Vorsteuern für die Exportleistungen sind hier abziehbar. Steuerbefreite Umsätze werden für die Ermittlung der subjektiven Steuerpflicht mitgezählt. Auch wer seine gesamte Produktion ins Ausland liefert, ist steuerpflichtig und somit auch zum Abzug der Vorsteuern berechtigt. Dienstleistungen gelten dem Grundsatz nach als im Inland erbracht (Empfängerortprinzip) und sind damit steuerbar, wenn der Empfänger Geschäfts- oder Wohnsitz in der Schweiz hat.

33   Der *Steuersatz* der Mehrwertsteuer beträgt normalerweise 8,0%. Eine Ausnahme bilden bestimmte Leistungen zur Befriedigung von Grundbedürfnissen, welche dem reduzierten Satz von 2,5% unterliegen, wie insbesondere Nahrungsmittel, Pflanzen, Medikamente und Druckerzeugnisse. Für *Beherbergungsleistungen* (Unterkunft inkl. Frühstück) besteht ein Sondersatz von 3,8%.[15]

---

[15]   Die Steuersätze wurden auf den 1.1.2011 zur Zusatzfinanzierung der Invalidenversicherung für 7 Jahre befristet angehoben (Bundesbeschluss über eine befristete Zusatzfinanzierung der Invalidenversicherung durch Anhebung der Mehrwertsteuersätze vom 13.6.2008, BBl 2008, 5241–5242). Bis zum 31.12.2010 betrugen die Steuersätze 7,6%, 2,4% resp. 3,6%.

IV. Verrechnungssteuer

Die Verrechnungssteuer[16] ist eine *Quellensteuer* mit *Objektsteuercharakter*. Sie wird auf bestimmten Erträgen des beweglichen Kapitalvermögens sowie auf Lotteriegewinnen und bestimmten Versicherungsleistungen erhoben, ohne Rücksicht auf die Leistungsfähigkeit des Steuerpflichtigen oder des Steuerträgers. Die Verrechnungssteuer hat einerseits *Sicherungsfunktion*, indem sie die Versteuerung der verrechnungssteuerbelasteten Einkünfte bei den rückerstattungsberechtigten Inländern sicherstellt. Andererseits bezweckt die Verrechnungssteuer auch die endgültige *Belastung* von nicht oder nicht vollumfänglich rückerstattungsberechtigten Ausländern. Die Verrechnungssteuer ist somit eine spezielle *Einkommenssteuer;* sie gilt als *direkte Steuer*.

Steuersubjekt ist der Schuldner der steuerbaren Leistung. Dieser hat die Verrechnungssteuer auf den von ihm erbrachten steuerbaren Leistungen zu entrichten. In bestimmten Fällen genügt allerdings auch die blosse *Meldung* der steuerbaren Leistung. Das Steuersubjekt ist überdies verpflichtet, die entrichtete Verrechnungssteuer auf den Empfänger der Leistung zu *überwälzen,* indem es die Leistung – sofern nicht das Meldeverfahren zulässig ist – um den Steuerbetrag kürzt. Unterlässt es die Kürzung, so liegt darin eine weitere steuerbare Leistung, die zur bereits erbrachten Leistung hinzugerechnet werden muss.

Rechnerisch geschieht das durch die sog. Aufrechnung «ins Hundert», indem die tatsächlich erbrachte Leistung als Nettoleistung betrachtet wird. Für die Berechnung der geschuldeten Verrechnungssteuer wird sie auf die Bruttoleistung «ins Hundert» hochgerechnet. Es wird mithin die Bruttoleistung berechnet, die – vermindert um den Betrag der geschuldeten Verrechnungssteuer – der tatsächlich ausgerichteten Leistung entspricht. Bei einer ausgerichteten Leistung von CHF 100 beträgt die Bruttoleistung somit CHF 153.84 (100×100:65) und die geschuldete Verrechnungssteuer CHF 53.84 (35% von CHF 153.84). Liefert der Schuldner CHF 53.84 als Verrechnungssteuer ab, so ist damit die Überwälzung ebenso vorgenommen worden, wie wenn bei einer steuerbaren Leistung von CHF 100 die Verrechnungssteuer durch Kürzung der steuerbaren Leistung um CHF 35 auf den Gläubiger überwälzt wird. Die Verrechnungssteuer von CHF 35 entspricht 53,84% der ausgerichteten Leistung von CHF 65. Dem *Empfänger* der steuerbaren Leistung steht die Rückerstattung der auf der *Bruttoleistung* berechneten Verrechnungssteuer zu, sofern alle Rückerstattungsvoraussetzungen erfüllt sind.

Steuerobjekt der Verrechnungssteuer sind bestimmte Erträge auf beweglichem Kapitalvermögen, Lotteriegewinne und bestimmte Versicherungsleistungen.
- Die steuerbaren *Kapitalerträge* umfassen (1) *Zinsen* von Obligationen inländischer Schuldner und von inländischen Bankguthaben, (2) *Dividenden* und

---

[16] Bundesgesetz über die Verrechnungssteuer (VStG) vom 13.10.1965 (SR 642.21); Vollziehungsverordnung zum Bundesgesetz über die Verrechnungssteuer (VStV) vom 19.12.1966 (SR 642.211). Die Verrechnungssteuer wird ausführlich dargestellt im Teil III (Verrechnungssteuerrecht).

Gewinnanteile von Aktien und Stammanteilen an Kapitalgesellschaften oder Genossenschaften, die von einem Inländer ausgegeben worden sind, sowie (3) Erträge aus inländischen kollektiven Kapitalanlagen und (4) Kundenguthaben bei inländischen Banken und Sparkassen. Nicht besteuert werden somit «gewöhnliche» Darlehenszinsen. Als *Inländer* gilt grundsätzlich, wer in der Schweiz Wohnsitz, dauernden Aufenthalt, statutarischen bzw. tatsächlichen Sitz hat oder als Unternehmen im Handelsregister eingetragen ist. Der Besteuerung *als Ertrag von Kapitalgesellschaften oder Genossenschaften* unterliegt jede geldwerte Leistung der Gesellschaft oder Genossenschaft an die Inhaber gesellschaftsrechtlicher Beteiligungsrechte oder an ihnen nahestehende Personen, die weder Rückzahlung des Aktien- oder Stammkapitals noch Rückzahlung von Einlagen, Aufgeldern und Zuschüssen im Sinne von VSTG 5 I[bis] darstellt. Der Ertragsbegriff der Verrechnungssteuer stimmt im Wesentlichen mit dem Begriff des steuerbaren Vermögensertrags gemäss DBG überein.

– Steuerobjekt der Verrechnungssteuer auf *Lotteriegewinnen* sind Geldtreffer von über CHF 50 aus inländischen Lotterien und lotterieähnlichen Veranstaltungen.

– Die Verrechnungssteuer auf *Versicherungsleistungen* umfasst Kapitalleistungen aus Lebensversicherungen an einen inländischen Empfänger sowie Leibrenten und Pensionen.

38 Der *Steuersatz* der Verrechnungssteuer beträgt auf Kapitalerträgen und Lotteriegewinnen 35% der steuerbaren Leistung. Kapitalleistungen aus Lebensversicherungen werden mit 8%, Leibrenten und Pensionen mit 15% belastet.

39 In der Schweiz unbeschränkt oder aufgrund einer inländischen Betriebsstätte beschränkt steuerpflichtige natürliche und juristische Personen haben Anspruch auf *Rückerstattung* der Verrechnungssteuer, wenn sie den Ertrag und den Vermögenswert bei der Einkommens- und Vermögenssteuer von Bund und Kantonen ordnungsgemäss deklarieren und über das Recht zur Nutzung des den steuerbaren Ertrag abwerfenden Vermögenswertes verfügen. Nicht in der Schweiz steuerpflichtige Personen sind nur im Rahmen von Staatsverträgen (DBA und Zinsbesteuerungsabkommen) entweder vollumfänglich oder zumeist teilweise rückerstattungsberechtigt.

V. Stempelabgaben

40 Mit den eidgenössischen Stempelabgaben[17] soll der *Rechtsverkehr* mit bestimmten Urkunden im Zusammenhang mit der Kapitalbildung, der Kapitalanlage und dem Umsatz von Kapital besteuert werden. Das Anknüpfen an den Urkundenverkehr ist indes eine historische Reminiszenz; sind bei der Kapitalbeschaffung oder

---

[17] Bundesgesetz über die Stempelabgaben (StG) vom 27.6.1973 (SR 641.10); Verordnung über die Stempelabgaben (StV) vom 3.12.1973 (SR 641.101).

dem Umsetzen von Kapital keine Urkunden im Spiel, so unterliegen diese Vorgänge dennoch der Besteuerung. Stempelabgaben werden erhoben auf der Ausgabe von Wertpapieren (*Emissionsabgabe;* StG 5–12), dem Umsatz von Wertpapieren (*Umsatzabgabe;* StG 13–20) und auf bestimmten Versicherungsprämien (*Abgabe auf Versicherungsprämien;* StG 21–26). Nach dem Zollanschlussvertrag[18] ist das Stempelabgabengesetz auch im Fürstentum Liechtenstein anwendbar.

1. Emissionsabgabe

Die Emissionsabgabe wird erhoben auf der Ausgabe von Beteiligungsrechten an inländischen Kapitalgesellschaften oder Genossenschaften einerseits sowie auf der Ausgabe von Obligationen und Geldmarktpapieren andererseits. Eine Gesellschaft oder Genossenschaft gilt als inländisch, wenn sie gemäss Handelsregistereintrag ihren Sitz in der Schweiz oder im Fürstentum Liechtenstein hat. Unter die Ausgabe von Beteiligungsrechten ist zunächst die Begründung und Erhöhung des Nennwertes z.B. durch Aktienliberierung oder Gratiskapitalerhöhung zu subsumieren. Der Emissionsabgabe unterliegen auch Kapitaleinlagen ohne Erhöhung des nominellen Kapitals in Form von Zuschüssen der Gesellschafter oder Genossenschafter an die Gesellschaft ohne entsprechende Gegenleistung sowie der Mantelhandel.

41

Von der Emissionsabgabe *befreit* sind die Ausgabe von Anlagefondszertifikaten, Umstrukturierungen schweizerischer Unternehmen sowie die Sitzverlegung ausländischer Gesellschaften in die Schweiz. Überdies sind auch die bei der Gründung oder der Kapitalerhöhung einer Kapitalgesellschaft entgeltlich ausgegebenen Beteiligungsrechte befreit, soweit die Leistungen der Gesellschafter gesamthaft CHF 1 Mio. nicht übersteigen. Im Rahmen der Unternehmenssteuerreform II wurde ein Freibetrag für *Sanierungsleistungen* von bis zu CHF 10 Mio. eingeführt.

42

Der *Steuersatz* beträgt bei Beteiligungsrechten normalerweise 1% des einbezahlten Betrages, mindestens aber 1% des Nennwertes der ausgegebenen Beteiligungsrechte. Bemessungsgrundlage bildet der Ausgabepreis der Beteiligungsrechte (Ausgabe zum Nennwert oder mit Agio). Zuschüsse an die Gesellschaft werden nach dem Verkehrswert der Einlage besteuert. Für Anleihensobligationen liegt der Steuersatz im Promillebereich und wird pro Laufzeitjahr berechnet, bei Geldmarktpapieren pro Tag der Laufzeit.

43

Steuersubjekt ist die Gesellschaft, welche die Beteiligungsrechte ausgibt, für Obligationen und Geldmarktpapiere der inländische Schuldner.

44

Die Revisionen der Emissionsabgabe häufen sich in letzter Zeit. So wurden im August 2010 steuerliche Hindernisse bei der *Finanzierung von Konzerngesell-*

45

---

[18] Vertrag zwischen der Schweiz und Liechtenstein über den Anschluss des Fürstentums Liechtenstein an das schweizerische Zollgebiet vom 29.3.1923 (SR 0.631.112.514).

schaften abgebaut.[19] Im Rahmen der «Too Big to Fail»-Vorlage wurde dann die *Abschaffung* der Emissionsabgabe auf *Obligationen und Geldmarktpapieren* beschlossen. Die steuerlichen Rahmenbedingungen für die Emission von Obligationen und Geldmarktpapieren in der Schweiz waren im internationalen Vergleich bislang nicht attraktiv; der schweizerische Kapitalmarkt hatte dadurch erhebliche Einbussen zu verzeichnen.[20] Überdies wurde der *Wandel* von zur Stärkung der Eigenkapitalbasis vorgesehenen bedingten Pflichtwandelanleihen (Contingent Convertible Bonds, «CoCos») in *Eigenkapital* von der Emissionsabgabe befreit.[21] Weiter steht auch die integrale Abschaffung der Emissionsabgabe auf der Eigenkapitalaufnahme zur Diskussion. Diese Frage soll im Rahmen der Unternehmenssteuerreform III geprüft werden.[22]

2. Umsatzabgabe

46 Die Umsatzabgabe wird erhoben auf der *entgeltlichen Eigentumsübertragung* an bestimmten in- und ausländischen Urkunden, sofern eine der Vertragsparteien oder einer der Vermittler inländischer Effektenhändler ist. Steuerbare Urkunden sind insbesondere Anleihensobligationen, Pfandbriefe, Kassenobligationen, Aktien, Genussscheine, Anteile am Stammkapital von Gesellschaften mit beschränkter Haftung und Genossenschaften. Von der Umsatzabgabepflicht sind zahlreiche Transaktionen *ausgenommen*. Der Gesetzgeber will nicht nur eine Kumulation von Emissions- und Umsatzabgabe vermeiden, sondern auch verhindern, dass Wertschriftentransaktionen aus steuerlichen Gründen nicht in der Schweiz, sondern auf ausländischen Finanzplätzen abgewickelt werden.

47 *Steuersubjekt* ist der inländische *Effektenhändler*. Der Begriff des inländischen Effektenhändlers ist weit gefasst. Unter ihn fallen nicht nur Banken und andere Vermögensverwalter, sondern alle juristischen Personen, die über steuerbare Urkunden im Wert von über CHF 10 Mio. verfügen. Ausländische Mitglieder einer schweizerischen Börse gelten seit dem 1.7.2010 nicht mehr als Effektenhändler.[23] Die Umsatzabgabe wird auf dem Entgelt oder dem Verkehrswert der vereinbarten Gegenleistung berechnet und beträgt 1,5 ‰ für die von einem Inländer bzw. 3 ‰ für die von einem Ausländer ausgegebenen Urkunden. Die Steuer wird in der Regel überwälzt.

---

[19] Vgl. dazu MADELEINE SIMONEK/JULIA VON AH, Unternehmenssteuerrecht. Entwicklungen 2010, Bern 2011, 43 ff.; zur entsprechenden Verrechnungssteuerproblematik vgl. hinten § 29 N 43.
[20] Dazu auch hinten § 29 N 16.
[21] Ausführlich dazu Botschaft zur Änderung des Bankengesetzes (Stärkung der Stabilität im Finanzsektor; too big to fail) vom 20.4.2011 (BBl 2011, 4717–4806, 4738 ff.). Der entsprechende Vorschlag des Bundesrates wurde vom Parlament angenommen. Die Anpassungen finden sich im Änderungsgesetz vom 30.9.2001 zum Bundesgesetz über die Banken und Sparkassen (Bankengesetz, BankG).
[22] Vgl. Medienmitteilung des Bundesrates vom 1.12.2011, Bundesrat will Emissionsabgabe abschaffen und an anderen Stempelabgaben festhalten.
[23] Bundesgesetz über die Stempelabgaben, Änderung vom 19.3.2010 (AS 2010, 3317); vgl. dazu die Stellungnahme des Bundesrates vom 4.12.2009 (BBl 2009 8753–8756).

3. Abgabe auf Versicherungsprämien

Der Abgabe auf Versicherungsprämien unterliegen *Prämienzahlungen* für Haftpflicht- und Kaskoversicherungen sowie für bestimmte Sachversicherungen und für rückkaufsfähige Einmalprämien-Lebensversicherungen. Gewisse Versicherungsprämien wie insbesondere Kranken-, Unfall- und Invaliditätsversicherungen sind von der Besteuerung ausgenommen. Steuersubjekt ist das Versicherungsunternehmen oder bei ausländischen Versicherern der inländische Versicherungsnehmer. Der Steuersatz beträgt für Haftpflicht- und Fahrzeugkaskoversicherungen sowie für die übrigen steuerbaren Versicherungen 5%. Bei den Lebensversicherungen beträgt er 2,5% der Barprämie. Die Steuer wird gewöhnlich auf den Versicherungsnehmer überwälzt.

VI. Besondere Verbrauchssteuern

Neben der Mehrwertsteuer als allgemeiner Verbrauchssteuer erhebt der Bund verschiedene besondere Verbrauchssteuern:

1. Tabaksteuer

Steuerobjekt der Tabaksteuer[24] sind die im Inland hergestellten, verbrauchsfertigen sowie die eingeführten Tabakprodukte. Der Steuer unterliegen zudem die im Inland hergestellten oder eingeführten Zigarettenpapiere. Die Tabaksteuer wird von der Eidgenössischen Oberzolldirektion erhoben. *Steuersubjekte* sind für die im Inland hergestellten Fabrikate die Hersteller, für die eingeführten Produkte die Zollzahlungspflichtigen. Die *Steuersätze* sind abgestuft nach dem Durchschnittsgewicht und dem Kleinhandelspreis. Für Zigaretten z.B. beträgt die Steuer seit dem 1.10.2010 11,494 Rappen je Stück zuzüglich 25% des Kleinhandelspreises, mindestens aber 20,244 Rappen je Stück – die Steuerbelastung einer durchschnittlichen Schachtel Zigaretten beträgt demnach deutlich mehr als die Hälfte des Kaufpreises.

Die Reineinnahmen aus der Tabaksteuer sind – zusammen mit den Tabakzöllen und der fiskalischen Belastung gebrannter Wasser – vorab zur Deckung des Bundesanteils an der AHV/IV zu verwenden. Die Tabaksteuer ist einerseits fiskalisch motiviert, sie dient der Einnahmenbeschaffung, andererseits wird ihr eine Lenkungsfunktion nachgesagt, indem sie durch die Verteuerung der Tabakprodukte vom Konsum abhalten soll.

---

[24] Bundesgesetz über die Tabakbesteuerung (TStG) vom 21.3.1969 (SR 641.31); Verordnung über die Tabakbesteuerung (TStV) vom 14.10.2009 (SR 641.311); Verordnung über die Änderung des Steuertarifs für Zigaretten vom 24.9.2010 (SR 641.310). Die Steuertarife finden sich in der AS 2010, 4279.

2. Biersteuer

52 Steuersubjekte der Biersteuer[25] sind die inländischen Hersteller und die Importeure. Es gibt drei verschiedene Kategorien von Bieren, eingeteilt nach dem Stammwürzegehalt. Leichtbier wird zu CHF 16.88, Normal- und Spezialbier zu CHF 25.32 und Starkbier zu CHF 33.76 pro Hektoliter besteuert. Der Steuersatz kann vom Bundesrat der Teuerung angepasst werden.

3. Steuern auf gebrannten Wassern

53 Der Besteuerung unterliegen die Herstellung und die Einfuhr von *Spirituosen*[26]; die Bezeichnung «Alkoholgesetz» ist somit unpräzis. Auf der *Einfuhr* wird (neben der Einfuhrmehrwertsteuer und allfälligem Zoll) eine sog. Monopolgebühr erhoben. Inländische Spirituosen sind von den Herstellern zu versteuern. Von der Besteuerung ausgenommen ist der Eigenbedarf der landwirtschaftlichen Produzenten. Inländische und importierte Spirituosen werden gleich hoch und nach einheitlicher Bemessungsgrundlage belastet. Der Einheitssatz beträgt CHF 29 je Liter reinem Alkohol. Die Belastung wird bei gewissen Produkten und für Kleinproduzenten ermässigt. Seit 2003 besteht eine Sonderbesteuerung für sog. *Alcopops* (Mischung von Spezialitätenbrand und zuckerhaltiger Flüssigkeit); die Belastung ist im Vergleich zur Alkoholsteuer um 300% erhöht.

54 Im Inland wird die Alkoholsteuer durch die Eidgenössische Alkoholverwaltung erhoben; die Belastung an der Grenze erfolgt im Auftrag der Eidgenössischen Alkoholverwaltung durch die Eidgenössische Zollverwaltung. Der Reinertrag der Steuer auf gebrannten Wassern geht zu 90% an die AHV/IV. Die restlichen 10% gehen an die Kantone und sind zur Bekämpfung der Ursachen und Wirkungen von Suchtproblemen einzusetzen.

---

[25] Bundesgesetz über die Biersteuer (BStG) vom 6.10.2006 (SR 641.411); Verordnung über die Biersteuer (BStV) vom 15.6.2007 (SR 641.411.1).

[26] Bundesgesetz über die gebrannten Wasser (Alkoholgesetz, AlkG) vom 21.6.1932 (SR 680); Alkoholverordnung (AlkV) vom 12.5.1999 (SR 680.11). Derzeit ist eine Totalrevision des Alkoholgesetzes geplant. Die fiskalischen und regulatorischen Inhalte sind im bestehenden Alkoholgesetz vom 21.6.1932 zusammengefasst. Das soll im Zuge der Totalrevison geändert werden. Die fiskalischen Inhalte werden in einem neuen Bundesgesetz über die Besteuerung von Spirituosen und Ethanol (Spirituosensteuergesetz, SStG), die regulatorischen Inhalte hingegen in einem neuen Bundesgesetz über den Alkohol (Alkoholgesetz, AlkG) geregelt (vgl. Bericht des Eidg. Finanzdepartements vom September 2011 über die Vernehmlassungsergebnisse zur Totalrevision des Bundesgesetzes vom 21.6.1932 über den Alkohol). Das neue Alkoholgesetz wird voraussichtlich auf den 1.1.2014 in Kraft treten (vgl. zum aktuellen Stand der Arbeiten die Website der Eidgenössischen Alkoholverwaltung <http://www.eav.admin.ch/dienstleistungen/00636/index.html?lang=de>[besucht am 9.12.2011]).

4. Mineralölsteuer

Die Mineralölsteuer[27] umfasst

- eine Steuer auf Erdöl, anderen Mineralölen, Erdgas und den bei ihrer Verarbeitung gewonnenen Produkten sowie auf Treibstoffen und
- einen Mineralölsteuerzuschlag auf Treibstoffen.

Die Mineralölsteuer ist je nach Produkt und Verwendung des Produkts (Treibstoff, Brennstoff, technische Zwecke) unterschiedlich hoch angesetzt. Die Steuerbelastung beträgt z.B. je Liter Heizöl extraleicht 0,3 Rappen oder je Liter unverbleites Benzin 74,47 Rappen (einschliesslich Treibstoffzuschlag von 30,54 Rappen je Liter). Der Steuertarif ist indexiert und wird vom Bundesrat an die Teuerung angepasst. Ermässigungen sind insbesondere vorgesehen für Treibstoffe, die in Land- und Forstwirtschaft, der Berufsfischerei oder durch konzessionierte Transportunternehmen verwendet werden. Die ins Inland eingeführten sowie im Inland hergestellten und gewonnenen Waren werden steuerlich gleich behandelt. Die Hälfte des Reinertrags der Mineralölsteuer und der gesamte Ertrag des Mineralölsteuerzuschlags werden für Aufgaben im Zusammenhang mit dem Strassenverkehr gemäss BV 86 zweckgebunden verwendet. Die verschiedenen Mineralölprodukte werden zusätzlich durch diverse Lenkungsabgaben und Lenkungssteuern belastet.

5. Steuer auf Automobilen

Der Wert von Automobilen unterliegt bei der Einfuhr oder bei der Herstellung im Inland einer Steuer von 4%.[28] Als Automobile gelten leichte Nutzfahrzeuge von nicht mehr als 1600 kg Gewicht und Personenwagen.

VII. Zölle

Der Bund verfügt gemäss BV 133 über die Kompetenz, Zölle und andere Abgaben auf dem grenzüberschreitenden Warenverkehr zu erheben, die den grenzüberschreitenden Wirtschaftsgüterverkehr belasten. Die Schweiz erhebt vor allem als Gewichtszölle ausgestaltete *Einfuhrzölle*. Nach ihrer Zweckbestimmung lassen sich die Zölle unterteilen in *Fiskalzölle*, die einzig als Einnahmequelle dienen, und *Wirtschafts-* oder *Schutzzölle*, denen gleichzeitig eine Schutzfunktion für

---

[27] Mineralölsteuergesetz (MinöStG) vom 21.6.1996 (SR 641.61); Mineralölsteuerverordnung (MinöStV) vom 20.11.1996 (SR 641.611); Verordnung vom 30.6.2008 über die Anpassung der Mineralölsteuersätze für Benzin (SR 641.613); BG über die Verwendung der zweckgebundenen Mineralölsteuer (MinVG) vom 22.3.1985 (SR 725.116.2); Verordnung über die Verwendung der zweckgebundenen Mineralölsteuer im Strassenverkehr (MinVV) vom 7.11.2007 (SR 725.116.21).

[28] Automobilsteuergesetz (AStG) vom 21.6.1996 (SR 641.51); Automobilsteuerverordnung (AStV) vom 20.11.1996 (SR 641.511).

den Inlandmarkt zukommt. Infolge der Überwälzung der Zölle auf den Konsumenten können Zölle auch als Lenkungsabgaben eingesetzt werden. Das Zollverfahren ist im Zollgesetz geregelt.[29]

59 Das Zollrecht wird stark von internationalen Rechtsvorschriften zur Erleichterung des grenzüberschreitenden Handelsverkehrs beeinflusst. Die Schweiz beteiligt sich an verschiedenen Wirtschaftsabkommen im Zoll- und Handelsbereich.[30]

60 1966 ist die Schweiz dem *Allgemeinen Zoll- und Handelsabkommen (GATT)*[31] beigetreten, das weltweit einen Abbau der Zölle und anderer Handelsbeschränkungen bezweckt. Das GATT wurde zur institutionalisierten internationalen Organisation *WTO* mit Sitz in Genf ausgebaut.[32]

61 Für das Zollrecht bedeutsam ist vor allem auch die Mitgliedschaft der Schweiz in der *EFTA*.[33] Dieses Freihandelsabkommen hat zum Ziel, die gegenseitigen Zollschranken zu beseitigen. Es bleibt daher ein Grossteil der Industrieprodukte mit Ursprung in der EFTA zollfrei. Darüber hinaus hat die Eidgenossenschaft ein Zollabkommen mit der *EG* abgeschlossen, das gewisse Freihandelsgrundsätze auch auf das Verhältnis mit den EG-Staaten überträgt.[34] Zudem mussten neben den Schutzzöllen auch die Fiskalzölle beseitigt werden, weshalb 1993 verschiedene Fiskalzölle (z.B. Treibstoffzoll, Zölle auf Automobilen) in interne Verbrauchssteuern umgewandelt wurden, welche sowohl importierte als auch im Inland erzeugte Waren belasten. Relevant für das Zollrecht sind schliesslich auch andere *Abkommen* mit der EG, so das Abkommen über den Handel mit landwirtschaftlichen Erzeugnissen oder das Abkommen über landwirtschaftliche Verarbeitungsprodukte.[35]

---

[29] Zollgesetz (ZG) vom 18.3.2005 (SR 631.0); Zolltarifgesetz (ZTG) vom 9.10.1986 (SR 632.10).
[30] Ausführlich dazu BLUMENSTEIN/LOCHER, System, 142 ff.
[31] Allgemeines Zoll- und Handelsabkommen (GATT) vom 30.10.1947 (SR 0.632.21).
[32] Abkommen zur Errichtung der Welthandelsorganisation (WTO) vom 15.4.1994 (SR 0.632.20).
[33] Übereinkommen zur Errichtung der Europäischen Freihandelsassoziation (EFTA) vom 4.1.1960 (SR 0.632.31).
[34] Abkommen vom 22.7.1972 zwischen der Schweizerischen Eidgenossenschaft und der Europäischen Wirtschaftsgemeinschaft (SR 0.632.401).
[35] Abkommen vom 26.10.2004 zwischen der Schweizerischen Eidgenossenschaft und der Europäischen Gemeinschaft zur Änderung des Abkommens zwischen der Schweizerischen Eidgenossenschaft und der Europäischen Wirtschaftsgemeinschaft vom 22.7.1972 in Bezug auf die Bestimmungen über landwirtschaftliche Verarbeitungserzeugnisse (SR 0.632.401.23); Abkommen vom 21.6.1999 zwischen der Schweizerischen Eidgenossenschaft und der Europäischen Gemeinschaft über den Handel mit landwirtschaftlichen Erzeugnissen (SR 0.916.026.81).

VIII. Spielbankenabgabe

1993 wurde das Spielbankenverbot in der BV aufgehoben. Seither wird eine Sondersteuer auf den Einnahmen der Spielbanken[36] in Höhe von 40–80% der Bruttospielerträge erhoben, deren Nettoertrag dem AHV/IV-Fonds zugewendet wird. Die Spielbankenabgabe trägt starke Züge einer Konzessionsgebühr, der Sondersteuercharakter überwiegt jedoch. Steuersubjekte sind die Spielbanken. Steuerobjekt bildet der Bruttospielertrag, d.h. die Differenz zwischen den Spieleinsätzen und den ausbezahlten Spielgewinnen einschliesslich der bei Tischspielen (Baccara, Poker etc.) erhobenen Kommissionen.

62

IX. Verkehrsabgaben

1. Schwerverkehrsabgabe

Der Bund erhebt eine Schwerverkehrsabgabe[37] auf in- und ausländischen Motorfahrzeugen und Anhängern von je über 3,5 t Gesamtgewicht. Bemessen wird die Abgabe (1) nach den in der Schweiz gefahrenen Kilometern, (2) nach dem höchstzulässigen Gesamtgewicht und (3) nach den Emissionen des Fahrzeuges. Durch die fahrleistungs- und emissionsabhängige Erhebung soll das Verursacherprinzip berücksichtigt werden und eine bessere Kostendeckung («Kostenwahrheit» im Strassenverkehr) erreicht werden. Zudem soll die Verlagerung des Verkehrs von der Strasse auf die Schiene gefördert werden, um dadurch die Umwelt zu entlasten. Ein Drittel des Reinertrags der Schwerverkehrsabgabe geht an die Kantone, welche ihren Anteil zum Ausgleich der ungedeckten Kosten des Strassenverkehrs verwenden. Der Bundesanteil wird hauptsächlich zur Finanzierung von Eisenbahngrossprojekten eingesetzt.

63

2. Nationalstrassenabgabe (Autobahnvignette)

Für in- und ausländische Motorfahrzeuge und Anhänger bis je 3,5 t Gesamtgewicht, welche die Nationalstrassen benützen, ist eine jährliche Steuer von CHF 40 geschuldet.[38] Diese Pauschalsteuer wird durch den Erwerb einer Autobahn-

64

---

[36] Bundesgesetz über Glücksspiele und Spielbanken (SBG) vom 18.12.1998 (SR 935.52); Verordnung über Glücksspiele und Spielbanken (Spielbankenverordnung, VSBG) vom 24.9.2004 (SR 935.521).

[37] Bundesgesetz über eine leistungsabhängige Schwerverkehrsabgabe (Schwerverkehrsabgabengesetz, SVAG) vom 19.12.1997 (SR 641.81); Verordnung über eine leistungsabhängige Schwerverkehrsabgabe (Schwerverkehrsabgabeverordnung, SVAV) vom 6.3.2000 (SR 641.811); Abkommen zwischen der Schweizerischen Eidgenossenschaft und der Europäischen Gemeinschaft über den Güter- und Personenverkehr auf Schiene und Strasse (Landverkehrsabkommen) vom 21.6.1999 (SR 0.740.72), 37 ff.

[38] Bundesgesetz über die Abgabe für die Benützung von Nationalstrassen (Nationalstrassenabgabegesetz, NSAG) vom 19.3.2010 (AS 2011, 4105) und entsprechende Verordnung über die Abga-

vignette beglichen. Der Bund verwendet den Reinertrag dieser Steuer für die Finanzierung der Aufwendungen im Zusammenhang mit dem Strassenverkehr, insbesondere für die Errichtung, den Unterhalt und den Betrieb von Nationalstrassen.

B. Die Steuern der Kantone und Gemeinden

I. Allgemeine Einkommens- und Vermögenssteuer

65 Die allgemeine Einkommenssteuer und Vermögenssteuer der natürlichen Personen sowie die Gewinn- und Kapitalsteuer juristischer Personen bilden in allen Kantonen die *Haupteinnahmequellen*. Das trifft auch für die *Gemeinden* zu, die ihre Steuer auf der gleichen Bemessungsgrundlage wie die kantonale Einkommens- und Vermögenssteuer bzw. Gewinn- und Kapitalsteuer erheben. Die von den *Kirchengemeinden* erhobenen Kirchensteuern basieren in der Regel ebenfalls auf diesen Grundlagen.

66 Die Einkommenssteuer der Kantone und Gemeinden ist wegen der *Steuerharmonisierung* weitgehend gleich ausgestaltet wie die direkte Bundessteuer.[39] Hinsichtlich der *subjektiven* und der *objektiven Steuerpflicht* der natürlichen und juristischen Personen kann deshalb im Wesentlichen auf die entsprechenden Regelungen im DBG verwiesen werden. Es sind jedoch vor allem die folgenden Unterschiede zu verzeichnen:
- Der Begriff des *Vermögensertrags aus Beteiligungsrechten* ist in verschiedenen Kantonen partiell enger gefasst, insbesondere bei der Ausgabe von Gratisaktien und Gratisnennwerterhöhungen;
- Gewinne auf *Grundstücken des Privatvermögens* sind nicht steuerfrei, sondern unterliegen in allen Kantonen einer separaten Objektsteuer, der Grundstückgewinnsteuer;
- Gewinne auf *Grundstücken* von Selbständigerwerbenden und juristischen Personen unterliegen in verschiedenen Kantonen nicht der allgemeinen Einkommenssteuer, sondern der Grundstückgewinnsteuer;
- *Beteiligungs- und Holdinggesellschaften* steht nicht nur der *Beteiligungsabzug* zu, um eine Mehrfachbelastung der Beteiligungserträgnisse und der Beteiligungsgewinne zu verhindern, bei Vorliegen bestimmter Voraussetzungen werden Holdinggesellschaften durch das *Holdingprivileg* subjektiv von der Gewinnsteuer befreit;
- auch für *Domizil- und Verwaltungsgesellschaften* sehen die Kantone im Unterschied zum Bund besondere Steuerprivilegien vor;

---

be für die Benützung von Nationalstrassen (Nationalstrassenabgabeverordnung, NSAV) vom 24.8.2011 (AS 2011, 4111), in Kraft seit 1.12.2011.

[39] Die Einkommens- und Vermögenssteuern bzw. Gewinn- und Kapitalsteuern werden ausführlich dargestellt im Teil II (Einkommens- und Vermögenssteuerrecht).

– gewisse Kantone erheben von juristischen Personen eine sog. *Minimalsteuer* auf Liegenschaften oder auf den Bruttoeinnahmen. Diese tritt an die Stelle der ordentlichen Gewinn- und Kapitalsteuern, sofern sich daraus ein höherer Steuerbetrag ergibt.

Im Unterschied zur direkten Bundessteuer kennen alle Kantone eine als *Reinvermögenssteuer* konzipierte Belastung des Vermögens natürlicher Personen. Massgebend für die Bewertung des Vermögens ist – Sonderregelungen vorbehalten – der Verkehrswert am Ende der Steuerperiode. 67

Das *Steuermass* ist bei der Einkommens- und vielfach auch bei der Vermögenssteuer *progressiv* ausgestaltet. Die Steuer wird zunächst gestützt auf die Bemessungsgrundlage nach dem gesetzlich fixierten *Steuersatz* berechnet. Dieser einfache Steuerbetrag ist mit den periodisch festgelegten *Steuerfüssen* des Kantons und der Gemeinde zu multiplizieren. 68

II. Grundsteuern

1. Einführung

Das Grundeigentum dient in den Kantonen und Gemeinden bereits seit Jahrhunderten als Quelle der verschiedensten Steuern. Zunächst wurden vor allem Vermögenssteuern erhoben, welche dann nach und nach durch Einkommenssteuern flankiert wurden.[40] Einkommenssteuern zielen auf den *Ertrag* der Grundstücke und auf die *Gewinne* aus deren Veräusserung ab. Das Grundvermögen als solches sowie der Grundstücksverkehr bildeten indes trotz der allgemeinen Einkommensbesteuerung weiterhin Gegenstand verschiedenster *Sondersteuern*.[41] 69

Die an das Einkommen, den Besitz oder die Handänderung von Grundstücken anknüpfenden Sondersteuern werden gemeinhin unter dem Ausdruck «Grundsteuern» zusammengefasst.[42] Gemeinsam ist diesen Steuern zum einen ihre 70

---

[40] THOMAS HERZOG, Funktion und Verfassungsmässigkeit der Vermögenssteuer, in: KARL SPIRO et al. (Hrsg.), Basler Studien zur Rechtswissenschaft, Bd. 14, Basel/Frankfurt am Main 1985, 5; HÖHN/WALDBURGER, Steuerrecht Bd. I, § 15 N 4; ERNST RATHS, Bedeutung und Rechtfertigung der Vermögenssteuer in historischer und heutiger Sicht, 20 f.; vgl. auch HEINRICH GUHL, Die Spezialbesteuerung der Grundstückgewinne in der Schweiz. Vergleichender Überblick über das materielle Recht, Zürich 1952, 21 f.
[41] Vgl. GUHL (Fn. 40), 22.
[42] So verwendet beispielsweise der Zürcher Gesetzgeber in der Gesetzessystematik den Terminus «Grundsteuern» (wobei hiervon nach Abschaffung der Liegenschaftssteuer nur noch die allgemeinen Bestimmungen, die Grundstückgewinn- sowie die inzwischen ebenfalls abgeschaffte Handänderungssteuer erfasst werden). Der Steuergesetzgeber des Kantons BL bezeichnet die grundstücksbezogenen Steuern dagegen als «Immobiliensteuern». In vielen kantonalen Steuerordnungen werden diese Steuern systematisch nicht gemeinsam dargestellt, weshalb auch kein Überbegriff verwendet wird. Der Kanton TG fasst die grundstückbezogenen Steuern unter dem Titel «Steuern vom Grundeigentum» zusammen. Im Kanton SG wird die spezielle Vermögenssteuer auf Gemeindeebene, welche auf Liegenschaften erhoben wird, als «Grundsteuer» bezeichnet.

Grundstücksbezogenheit, zum andern sind sie dem Grundsatz nach als *Objektsteuern* ausgestaltet.

71 Grundstücke zeichnen sich durch einen besonderen *territorialen Bezug* zum Hoheitsgebiet eines Gemeinwesens aus. Die Grundstückbesteuerung ist denn auch traditionell stark in der *Domäne der Kantone und Gemeinden* verwurzelt. Die *direkte Bundessteuer* erfasst zwar ihrer Ausgestaltung als Gesamteinkommenssteuer entsprechend die Vermögenserträge und (im Geschäftsvermögensbereich) die Kapitalgewinne aus unbeweglichem Vermögen, ansonsten finden sich aber auf Bundesebene keine besonderen Anknüpfungen von Steuerfolgen an den Besitz und die Veräusserung von Grundstücken.

72 Die Kantone sind aufgrund ihrer *originären Steuererhebungskompetenz* befugt, Grundsteuern aller Art zu erheben und den Gemeinden entsprechende Kompetenzen einzuräumen. Eingeschränkt wird die kantonale Entscheidungsfreiheit jedoch durch das Steuerharmonisierungsgesetz. Die Kantone sind zur Erhebung einer Grundstückgewinnsteuer verpflichtet (vgl. StHG 2 I d und II). Die Eckpfeiler der Grundstückgewinnsteuer sind bundesrechtlich vorgezeichnet (StHG 12).

73 Die *Eignung* der Grundstücke als Anknüpfungspunkt verschiedenartigster Steuern ergibt sich aus ihrer naturgegebenen *Beständigkeit* und unverrückbaren *Belegenheit*.[43] Der Besteuerung kann in der Regel nicht ausgewichen werden; die Steuer ist durch das Grundstück zudem sichergestellt. Die ausgeprägte Attraktivkraft des Grundeigentums als Anknüpfungspunkt der Besteuerung ist aber auch auf die wirtschaftliche Leistungsfähigkeit – die der Grundstückbesitz gemeinhin assoziiert – sowie auf die politische Akzeptanz der Grundstückbesteuerung – die nur eine relativ kleine Gruppe von Steuerpflichtigen trifft – zurückzuführen.

2. Grundstückgewinnsteuer

74 Die Grundstückgewinnsteuer[44] als *spezielle Einkommenssteuer* auf den Gewinnen aus der Veräusserung von unbeweglichen Vermögenswerten ist heute bei Weitem die ergiebigste Grundsteuer. Die Kantone sind harmonisierungsrechtlich verpflichtet eine Grundstückgewinnsteuer auf Grundstücken des *Privatvermögens* zu erheben (StHG 12 I). Gewinne auf Grundstücken von Selbständigerwerbenden und von juristischen Personen werden hingegen in etwas mehr als der Hälfte aller Kantone in die allgemeine Einkommenssteuer integriert (sog. *St. Galler System* oder *dualistisches System*). Dieses System entspricht der Besteuerung von Grundstückgewinnen auf Ebene der direkten Bundessteuer. Die Kantone Zürich, Bern sowie eine Reihe weiterer Kantone besteuern auch diese Gewinne mit einer separaten Grundstückgewinnsteuer (sog. *Zürcher System* oder *monistisches System*).

---

[43] GUHL (Fn. 40), 17 ff. mit weiteren Hinweisen.
[44] Die Grundstückgewinnsteuer wird ausführlich dargestellt in den §§ 24 und 25.

Die Grundstückgewinnsteuer weist eine stark *formalisierte Konzeption* auf. Die 75
wirtschaftliche Leistungsfähigkeit der Steuerpflichtigen wird nicht oder zumindest nicht im gleichen Ausmass wie bei der allgemeinen Einkommenssteuer berücksichtigt. Es handelt sich deshalb um eine *Objektsteuer*.

Steuerobjekt der Grundstückgewinnsteuer ist die Differenz zwischen dem Veräusserungserlös und den Anschaffungskosten. Die Anschaffungskosten setzen sich 76
zusammen aus dem Erwerbspreis und den während der Besitzesdauer getätigten wertvermehrenden Aufwendungen. Mit der Grundstückgewinnsteuer wird somit nur der *Wertzuwachsgewinn* erfasst. Soweit bei einer Handänderung Abschreibungen, die auf Grundstücken des Geschäftsvermögens vorgenommen wurden, wiedereingebracht werden, unterliegen diese im monistischen System als buchmässig ausgewiesener Gewinn der allgemeinen Einkommenssteuer.

Der *Steuertarif* ist mehrheitlich *progressiv* ausgestaltet und wird im Allgemeinen 77
ermässigt, je länger das veräusserte Grundstück im Eigentum des Verkäufers stand. Bei kurzfristig erzielten Gewinnen (Spekulationsgewinnen) wird der Steuertarif hingegen erhöht.

3. Liegenschaftssteuer

Zahlreiche Kantone erheben von natürlichen und juristischen Personen *spezielle* 78
Vermögenssteuern in Form periodischer Liegenschaftssteuern (auch Grund- oder Grundstücksteuern genannt).[45] Die zusätzliche Belastung der Liegenschaften wird damit gerechtfertigt, dass den Grundeigentümern verschiedene Infrastrukuraufwendungen des Gemeinwesens (Quartierplanung, Wasser- und Elektrizitätsversorgung, Strassenbau etc.) in besonderem Masse zugute kommen.[46]

Gegenstand der Besteuerung bilden die im Kanton bzw. in der Gemeinde gelegenen Grundstücke. Bemessungsgrundlage ist gemeinhin der Verkehrswert der 79
Grundstücke. Anders als bei den ordentlichen Vermögenssteuern werden die auf den Grundstücken lastenden Schulden bei den Liegenschaftssteuern nicht berücksichtigt. Die Steuersätze sind proportional ausgestaltet. Sie bewegen sich zwischen 0,5 und 4,0‰. Die Liegenschaftssteuern sind als Objektsteuern konzipiert.

Als spezielle Vermögenssteuern sind die Liegenschaftssteuern grundsätzlich von 80
der *Steuerharmonisierungskompetenz* des Bundes (BV 129) erfasst. Die Liegenschaftssteuer ist jedoch nicht im StHG geregelt und auch nicht im Katalog der den Kantonen vorgeschriebenen Steuern (StHG 2 I) aufgeführt. Die Kantone sind demzufolge frei in der Ausgestaltung der Liegenschaftssteuer, aber nicht verpflichtet, eine Liegenschaftssteuer zu erheben.[47]

---

[45] SSK, Dossier Steuerinformationen. D. Einzelne Steuern. Liegenschaftssteuer, 2 f. auch zum Folgenden.
[46] REIMANN/ZUPPINGER/SCHÄRRER, N 30 zu ZH aStG 154.
[47] Botschaft Steuerharmonisierung, 85; REICH, in: ZWEIFEL/ATHANAS, N 22 ff. zu StHG 2.

4. Minimalsteuer auf Grundeigentum

81 Minimalsteuern auf dem Grundeigentum werden in einigen Kantonen zumeist von den juristischen Personen erhoben.[48] Minimalsteuern treten an die Stelle der ordentlichen Gewinn- und Kapitalsteuern, sofern sie zu einem höheren Steuerbetrag führen. Auf diese Weise werden auch nicht gewinnstrebige Unternehmen von wirtschaftlicher Bedeutung steuerlich erfasst,[49] um dem Belegenheitsort einen minimalen Steuerertrag zu sichern.[50] Die Minimalsteuern auf dem Grundeigentum stellen *Sondervermögenssteuern* dar und sind als *Objektsteuern* konzipiert. Bemessungsgrundlage ist der Verkehrswert (Bruttowert) der im Eigentum stehenden Grundstücke. Die Steuersätze sind proportional ausgestaltet und belaufen sich auf 0,3 bis 4,0‰. Um eine Mehrbelastung der Grundeigentümer zu verhindern darf die Minimalsteuer im interkantonalen Verhältnis jedoch nicht mehr als 2 ‰ des Liegenschaftswertes betragen.[51]

82 Auch die Minimalsteuern sind grundsätzlich von der *Steuerharmonisierungskompetenz* des Bundes (BV 129) erfasst, aber nicht im Katalog der den Kantonen vorgeschriebenen Steuern (StHG 2 I) aufgeführt. Sie finden im StHG nur insofern Erwähnung, als bestimmt wird, dass allfällig erhobene Minimalsteuern an die Gewinn- und Kapitalsteuern angerechnet werden müssen (StHG 27 II).[52] Damit ist klargestellt, dass sie nicht kumulativ zu den Gewinn- und Kapitalsteuern erhoben werden dürfen; es darf ihnen lediglich eine Ersatzfunktion zukommen. Im Übrigen sind die Kantone in der Ausgestaltung der Minimalsteuern harmonisierungsrechtlich nicht gebunden.[53]

5. Handänderungssteuer

83 Die Mehrzahl der Kantone erhebt derzeit auch Handänderungssteuern.[54] Zum Teil werden die Gemeinden zur ausschliesslichen Erhebung einer solchen Steuer ermächtigt.[55] Die Bestimmungen zur Handänderungssteuer sind in vielen Kanto-

---

[48] SSK, Dossier Steuerinformationen. D. Einzelne Steuern. Liegenschaftssteuer, 1 und 4; vgl. auch HÖHN/WALDBURGER, Bd. I, § 23 N 3.
[49] SSK, Dossier Steuerinformationen. D. Einzelne Steuern. Liegenschaftssteuer, 4.
[50] Vgl. BGer 14.10.1983, BGE 109 Ia 312 E. 3b.
[51] SSK, Dossier Steuerinformationen. D. Einzelne Steuern. Liegenschaftssteuer, 14 f.; BGer 22.5.1974, ASA 44, 541 ff. E. 4c.
[52] Näheres dazu DUSS/VON AH/RUTISHAUSER, in: ZWEIFEL/ATHANAS, N 9 ff. zu StHG 27.
[53] Botschaft Steuerharmonisierung, 85; REICH, in: ZWEIFEL/ATHANAS, N 22 ff. zu StHG 2.
[54] Keine Handänderungssteuer erheben beispielsweise die Kantone ZH und SZ. Der Kanton SO hingegen befreit zum Beispiel seit dem 1.1.2011 den «Erwerb von Grundstücken als dauernd und ausschliesslich selbst genutztes Wohneigentum» von der Handänderungssteuer (SO StG 207 I g). Die Terminologie ist in Bezug auf die Bezeichnung der Handänderungssteuer nicht einheitlich. Je nach Kanton wird sie als Handänderungssteuer, Handänderungsabgabe oder Handänderungsgebühr bezeichnet (vgl. SSK, Steuerinformationen, D. Einzelne Steuern. Handänderungssteuer, 1).
[55] Eine Übersicht über die erhobenen Handänderungssteuern findet sich in SSK, Steuerinformationen, D. Einzelne Steuern. Handänderungssteuer, 4 f.

nen in das Einkommenssteuergesetz integriert. Einige Kantone kennen ein separates Handänderungssteuergesetz.

Die Handänderungssteuern sind *Rechtsverkehrssteuern*. Sie bezwecken die Besteuerung der Grundstücksübertragung. Handänderungssteuern sind von alters her erhobene, formal konzipierte *Objektsteuern*. Der Charakteristik der Verkehrssteuern entsprechend, soll mit ihrer Erhebung die im Übertragungsakt vermutete wirtschaftliche Leistungsfähigkeit der Vertragsparteien abgeschöpft werden. Die Handänderungssteuer ist eine *indirekte Steuer*, die von der Steuerharmonisierung nicht erfasst ist. 84

Die Handänderungssteuern werden sowohl von natürlichen als auch von juristischen Personen erhoben. *Steuersubjekt* ist meist der Erwerber des Grundstücks; in einzelnen Kantonen ist sowohl der Erwerber als auch der Veräusserer Steuersubjekt.[56] 85

Steuerobjekt der Handänderungssteuer ist die rechtsgeschäftliche Übertragung (Handänderung) von Grundstücken. Anders als bei der Grundstückgewinnsteuer bildet die Handänderung nicht bloss das auslösende Element der Besteuerung, sondern sie ist selbst Gegenstand der Steuer.[57] Jeder Eigentumsübergang, der vom Gesetz nicht ausdrücklich ausgenommen wird, löst grundsätzlich Handänderungssteuern aus. Die Mehrzahl der Kantone besteuert neben den zivilrechtlichen Eigentumsübertragungen auch die wirtschaftlichen Handänderungen.[58] In vielen Kantonen ist der Begriff der Handänderung für Zwecke der Handänderungssteuer und der Grundstückgewinnsteuer deckungsgleich; verschiedentlich bestehen Besonderheiten. 86

Die kantonalen Steuergesetze sehen verschiedene *Ausnahmen* von der Handänderungssteuer vor; insbesondere bei unentgeltlicher Übertragung (Tausch, Schenkung) sowie bei Übertragungen des Erbrechts. Auch Übertragungen zwischen Ehegatten und Verwandten sind vielfach von der Handänderungssteuer ausgenommen.[59] Von Bundesrechts wegen dürfen die Kantone und Gemeinden bei *Umstrukturierungen* von Unternehmen keine Handänderungssteuern erheben; lediglich die Erhebung von Gebühren zur Deckung der verursachten Kosten bleibt vorbehalten (FusG 103).[60] 87

Die *Bemessungsgrundlage* der Handänderungssteuer bildet zumeist der *Kaufpreis*, d.h. die vom Erwerber erbrachte und dem Verkäufer zufliessende Gegenleistung. Zusätzlich zum eigentlich Kaufpreis werden sämtliche Leistungen des Erwerbers die mit der Liegenschaft im Zusammenhang stehen berücksichtigt.[61] 88

---

[56] SSK, Steuerinformationen, D. Einzelne Steuern. Handänderungssteuer, 11.
[57] Die Steuer wird auch erhoben, wenn aus der erfolgten Handänderung ein Verlust resultiert.
[58] Eine Übersicht über die erfassten Tatbestände findet sich in SSK, Steuerinformationen, D. Einzelne Steuern. Handänderungssteuer, 7 ff.
[59] SSK, Steuerinformationen, D. Einzelne Steuern. Handänderungssteuer, 14 f.
[60] Es wird auf den einkommens- und gewinnsteuerrechtlichen Begriff der Umstrukturierung gemäss StHG 8 III sowie 24 III und III^{quater} verwiesen.
[61] Vgl. HÖHN/WALDBURGER, Bd. I, § 28 N 15 mit Beispielen zu solchen Leistungen und weiteren Hinweisen.

Ersatzweise wird auf den *Verkehrswert* zum Zeitpunkt der Handänderung abgestellt.[62]

89 Die *Tarife* der Handänderungssteuer sind proportional oder moderat progressiv ausgestaltet und betragen in den meisten Kantonen zwischen 1 und 3% der Bemessungsgrundlage.[63]

III. Erbschafts- und Schenkungssteuern

90 Erbschaftssteuern werden – mit Ausnahme des Kantons Schwyz – in allen Kantonen erhoben. Bis auf die Kantone Schwyz und Luzern kennen auch alle Kantone eine Schenkungssteuer. Die Kompetenz zur Erhebung von Erbschafts- und Schenkungssteuern liegt in der Regel bei den Kantonen, wobei die Gemeinden oftmals am Ertrag partizipieren. Die Erbschafts- und Schenkungssteuern sind zum Teil in den Einkommenssteuergesetzen geregelt, meist bilden sie aber Gegenstand eines eigenen Gesetzes.[64]

91 Obwohl die Erbschafts- und Schenkungssteuern heute als *direkte Steuern* gelten, unterliegen sie nicht der Steuerharmonisierung;[65] die Erbschafts- und Schenkungssteuern sind von der Harmonisierungskompetenz des Bundes nicht erfasst. Dies geht aus der Entstehungsgeschichte des verfassungsrechtlichen Steuerharmonisierungsartikels hervor.[66]

92 *Steuersubjekte* der Erbschafts- und Schenkungssteuern sind grundsätzlich die *Empfänger* der Vermögensanfälle und Zuwendungen; also die Erben sowie die Vermächtnisnehmer und Beschenkten. Die meisten Kantone sind jedoch in den letzten Jahren dazu übergegangen, die direkten *Nachkommen* von der Steuer zu befreien. Die *Ehegatten* sind entsprechend dem bei der Einkommenssteuer geltenden Grundsatz der Faktorenaddition (Familienbesteuerung) bereits seit Langem steuerbefreit.[67] Die Steuerbefreiung der Nachkommen durch die meisten

---

[62] GABRIELLA RÜEGG-PEDUZZI, Die Handänderungssteuer in der Schweiz, Zürich 1989, 143 f.; ROBERT MARTIN SCHWARZ, Die Handänderungssteuer im Kanton Graubünden, Zürich 1985, 198 ff.; OLIVIER THOMAS, Les droits de mutation : étude des législations cantonales, Lausanne 1991, 220; vgl. auch SSK, Steuerinformationen, D. Einzelne Steuern. Handänderungssteuer, 20 f.

[63] SSK, Steuerinformationen, D. Einzelne Steuern. Handänderungssteuer, 22 ff. mit einer tabellarischen Darstellung der kantonalen Tarife.

[64] Vgl. zum Ganzen auch SSK, Steuerinformationen, C. Die geltenden Steuern von Bund, Kantonen und Gemeinden, 38 f. und SSK, Steuerinformationen, D. Einzelne Steuern. Die Erbschafts- und Schenkungssteuern, 3.

[65] REICH, in: ZWEIFEL/ATHANAS, N 32 zu Vorbemerkungen zu StHG 1/2.

[66] REICH, in: ZWEIFEL/ATHANAS, N 45 zu Vorbemerkungen zu StHG 1/2, N 17 zu StHG 2; vgl. vorne § 4 N 23.

[67] Vgl. FELIX RICHNER/WALTER FREI, Kommentar zum Zürcher Erbschafts- und Schenkungssteuergesetz, Zürich 1996, § 11 N 2; KARIN BEERLI-LOOSER, Die Erbschafts- und Schenkungssteuern im Kanton Thurgau, Bern et al. 1993, 88 mit weiteren Hinweisen; SSK, Steuerinformationen, D. Einzelne Steuern. Die Erbschafts- und Schenkungssteuern, 19 mit einer tabellarischen Übersicht der einzelnen kantonalen Regelungen.

Kantone und die damit verbundene Marginalisierung der Erbschafts- und Schenkungsbesteuerung bildet jüngst Vorwand zur Lancierung einer in mehrfacher Hinsicht verfassungswidrigen[68] Volksinitiative «Millionen-Erbschaften besteuern für unsere AHV (Erbschaftssteuerreform)».[69]

Die Erbschaftssteuer ist fast durchwegs als *Erbanfallsteuer* ausgestaltet, d.h., sie wird auf dem Erbteil jedes einzelnen Erben erhoben. Vereinzelt ist sie als Nachlasssteuer konzipiert und belastet den gesamten Nachlass.[70]

Steuerobjekt der Erbschaftssteuer ist der Vermögensübergang an die Erben und die Vermächtnisnehmer. Gegenstand der Schenkungssteuer bildet die unentgeltliche Zuwendung unter Lebenden. Als *Berechnungsgrundlage* dient grundsätzlich der Verkehrswert der übergegangenen Vermögenswerte. Abweichende Regelungen bestehen insbesondere für Grundstücke.[71]

Im *interkantonalen Verhältnis* dürfen Erbschaftssteuern auf *beweglichem Vermögen* aufgrund der bundesgerichtlichen Doppelbesteuerungspraxis nur in dem Kanton erhoben werden, in dem der Erblasser seinen letzten Wohnsitz hatte. Für Schenkungen gilt der Wohnsitz des Schenkers als Anknüpfungspunkt. Erbschafts- und Schenkungssteuern auf *unbeweglichem Vermögen* dürfen hingegen ausschliesslich vom Kanton des Ortes der gelegenen Sache erhoben werden.[72]

Die *Steuertarife* sind bei der Erbschafts- und bei der Schenkungssteuer meist identisch. Sie verlaufen in der Regel progressiv und richten sich nach dem Verwandtschaftsgrad und der Höhe des Vermögensanfalls.

IV. Weitere kantonale und kommunale Steuern

Alle Kantone erheben *Motorfahrzeugsteuern*. Steuerobjekt bilden die im betreffenden Kanton immatrikulierten Motorfahrzeuge und Anhänger. Steuerpflichtig ist der Halter des Fahrzeugs, auf dessen Namen der Fahrzeugausweis und die Kontrollschilder ausgestellt sind. Die Steuer ist jährlich zu entrichten und bemisst sich nach unterschiedlichen technischen Merkmalen (z.B. Hubraum, Leistung, Gewicht oder Emissionsparameter).

Je nach Kanton werden noch weitere Steuern erhoben, die jedoch betragsmässig nicht allzu stark ins Gewicht fallen.[73] Es sind dies insbesondere:

---

[68] Dazu vorne § 4 N 111 und 133.
[69] BBl 2011, 6459–6462.
[70] Die soeben erwähnte Volksinitiative will die Erbschafts- und Schenkungssteuer als Nachlasssteuer ausgestalten.
[71] SSK, Steuerinformationen, D. Einzelne Steuern. Die Erbschafts- und Schenkungssteuern, 28 und 30.
[72] MÄUSLI-ALLENSPACH/FUNK, in: ZWEIFEL/BEUSCH/MÄUSLI-ALLENSPACH, § 7 N 13 ff.
[73] Eine Zusammenstellung der kantonalen und kommunalen Steuern findet sich in: SSK, Steuerinformationen, C. Die geltenden Steuern von Bund, Kantonen und Gemeinden, 47 ff.

- *Kantonale Spielbankenabgabe:* Alle Kantone mit Spielcasinos, die eine Konzession B besitzen, erheben eine Steuer auf dem in den Spielbanken erspielten Bruttospielertrag, die aber nicht mehr als 40% von der dem Bund zustehenden Gesamtsteuer betragen darf. Von Casinos, welche im Besitz einer Konzession A sind (Grand Casinos), dürfen die Kantone keine Steuer erheben.
- *Personal- oder Haushaltungssteuern:* Zusammen mit der Einkommenssteuer wird von den Kantonen oder Gemeinden oft eine geringe, frankenmässig bestimmte Steuer von jeder volljährigen oder erwerbstätigen Person erhoben.
- *Hundesteuern:* Sie ist wie die Motorfahrzeugsteuer eine Besitzessteuer, die in allen Kantonen jährlich durch den Kanton oder die Gemeinden erhoben wird.
- *Schiffssteuern:* Sie wird von einigen Kantonen erhoben und bemisst sich vielfach nach der Motorleistung.
- *Vergnügungs- oder Billettsteuern:* Einige Kantone erheben eine als Kantons- oder Gemeindesteuer ausgestaltete Steuer auf entgeltlichen öffentlichen Veranstaltungen. Steuerpflichtig ist in der Regel der Veranstalter, dem aber unter Umständen das Recht eingeräumt wird, die Steuer auf den Veranstaltungsbesucher zu überwälzen.
- *Stempelsteuern:* Gegenstand der in einzelnen Kantonen vorgesehenen kantonalen Stempelsteuern sind Urkunden von Verwaltungs- und Gerichtsbehörden, bestimmte bei Behörden eingereichte Akten oder auch Spielkarten. Urkunden, die mit den eidgenössischen Stempelabgaben belastet sind oder von diesen befreit sind, dürfen keiner kantonalen Steuer unterliegen.
- *Steuern auf Lotterie- und Totogewinnen:* Vereinzelt unterliegen Gewinne aus Lotterien und ähnlichen Gewinnspielen einer Sondersteuer, während sie in den übrigen Kantonen mit der ordentlichen Einkommenssteuer erfasst werden. Die Mehrheit der Kantone belegt auch das Veranstalten von Lotterien mit einer Steuer.
- *Beherbergungs- oder Kurtaxen:* Die Abgabe auf dem Übernachten als Gast kennen die meisten Kantone. Es handelt sich dabei in der Regel um eine zweckgebundene kommunale Steuer. Einige Kantone kennen darüber hinaus noch eine *Tourismusförderungsabgabe,* die durch den Kanton oder die Gemeinden von Unternehmen erhoben wird, welche von den Auswirkungen des Tourismus profitieren.
- *Wasserwerksteuern:* Solche Steuern sind in vereinzelten Kantonen von den Inhabern eines konzessionierten Wasserwerks zu entrichten.
- *Taxe professionelle:* Die Gemeinden des Kantons Genf können von natürlichen und juristischen Personen eine Gewerbesteuer erheben, wenn sie auf ihrem Gebiet eine selbständige Erwerbstätigkeit ausüben, einen Handels-, Gewerbe- oder Industriebetrieb führen oder eine Betriebsstätte oder eine Filiale besitzen.

V. Steuerkatalog des Kantons Zürich

Steuerart	Berechtigtes Gemeinwesen	Rechtsgrundlage
Einkommens- und Vermögenssteuern, Gewinn- und Kapitalsteuern	Kanton und alle Gemeinden, einschliesslich der Kirchgemeinden der kantonalen kirchlichen Körperschaften	Steuergesetz (StG) vom 8.6.1997[74]
Grundstückgewinnsteuer[75]	Politische Gemeinden	StG
Personalsteuer	Politische Gemeinden	StG
Erbschafts- und Schenkungssteuer	Kanton	Erbschafts- und Schenkungssteuergesetz (ESchG) vom 28.9.1986[76]
Verkehrsabgaben	Kanton	Gesetz über die Verkehrsabgaben und den Vollzug des Strassenverkehrsrechts des Bundes (Verkehrsabgabengesetz) vom 11.9.1966[4]
Schiffssteuer	Kanton, Stadt Zürich und Gemeinden mit Seerettungsdienst	Gesetz über die Besteuerung der Schiffe (Schiffssteuergesetz) vom 1.12.1996[77]
Hundesteuer	Politische Gemeinden, ein Anteil (max. CHF 50 p.a.) geht an den Kanton	Gesetz über das Halten von Hunden vom 14.3.1971[78]

98

---

[74] LS 631.1.
[75] Die Handänderungssteuer wurde per 1.1.2005 abgeschafft; die Liegenschaftensteuer ist bereits mit der Gesetzesrevision 1982 abgeschafft worden.
[76] LS 632.1.
[77] LS 741.1.
[78] LS 747.12.
[79] LS 554.5.

Teil II

Einkommens- und Vermögenssteuerrecht

Erster Abschnitt:

Steuerberechtigung, Steuerharmonisierung und steuerrechtlicher Einkommensbegriff

§ 8 Steuerberechtigung

Literatur

BLUMENSTEIN/LOCHER, System, 43 ff.; HÖHN/WALDBURGER, Bd. I, § 13 N 6 ff.; MÄUSLI-ALLENSPACH/OERTLI, Steuerrecht, 67 f.; OBERSON, Droit fiscal, § 1 N 34 und § 2.

HÖHN ERNST/VALLENDER KLAUS A., Kommentar zu aBV 41ter, in: JEAN-FRANÇOIS AUBERT/KURT EICHENBERGER/ JÖRG PAUL MÜLLER/RENÉ A. RHINOW/DIETRICH SCHINDLER (Hrsg.), Kommentar zur Bundesverfassung der Schweizerischen Eidgenossenschaft vom 29. Mai 1874, Loseblattwerk, Basel et al. 1987–1996 (zit. HÖHN/VALLENDER, in: AUBERT et al.).

Die Steuerberechtigung[1] von Bund und Kantonen hinsichtlich der Einkommens- bzw. der Einkommens- und Vermögenssteuer ergibt sich zum einen aus der entsprechenden *Steuererhebungskompetenz* – dies ist eine bundesstaatsrechtliche Frage – und zum andern fordern das Legalitätsprinzip und andere Verfassungsgrundsätze eine hinreichende *gesetzliche Grundlage* in Bund und Kantonen, damit diese sich gegenüber den Steuerpflichtigen als Steuergläubiger ausweisen können. 1

A. Steuererhebungskompetenz

I. Bund

Dem Bund steht aufgrund von BV 128 I das Recht zu, eine *Einkommenssteuer* von natürlichen Personen und eine *Gewinnsteuer* von juristischen Personen zu erheben. Diese Kompetenz bildet eine parallele Kompetenz des Bundes[2], die kantonale Steuererhebungskompetenz wird dadurch nicht eingeschränkt. 2

Hinsichtlich des Umfangs ist die Kompetenz des Bundes zur Erhebung der direkten Bundessteuer in verschiedener Hinsicht beschränkt. Vorab ist die Gesetzgebungsbefugnis[3] insofern gekappt, als das Besteuerungsrecht *limitiert* wird auf höchstens 11,5% vom Einkommen natürlicher Personen und höchstens 8,5% vom Reinerertrag juristischer Personen. Die Verwaltungskompetenz der direkten Bundessteuer ist zum Teil den Kantonen übertragen, indem sie nach DBG 102 ff. durch die Kantone unter der Aufsicht des Bundes erhoben wird. Schliesslich stehen mindestens 15% des Rohertrags der direkten Bundessteuer nach Massgabe der NFA den Kantonen zu.[4] 3

---

[1] Zum Begriff der Steuerberechtigung vorne § 5 N 21 ff.
[2] Vorne § 4 N 6.
[3] Zur Aufteilung der Steuererhebungskompetenz auf verschiedene Gemeinwesen vorne § 5 N 26.
[4] Vorne § 7 N 13.

Teil II   Einkommens- und Vermögenssteuerrecht

4   Der Bund erhebt bereits seit 1915 (mit einem einjährigen Unterbruch 1933) direkte Steuern auf Einkünften und teilweise auch auf Vermögen, zunächst insbesondere in Form von Kriegsgewinnsteuern und Krisenabgaben.[5] Die Steuererhebung erfolgte dabei nicht immer gestützt auf eine ausdrückliche verfassungsmässige Grundlage. So wurde auch die Erhebung der Wehrsteuer – welche später in «direkte Bundessteuer» umbenannt wurde[6] – zunächst auf den Bundesratsbeschluss vom 9.12.1940[7], d.h. auf einen extrakonstitutionellen Erlass (Notrecht)[8], gestützt. Eine erste explizite verfassungsmässige Regelung für die Wehrsteuer wurde erst 1950 geschaffen.[9] Durch den Bundesbeschluss vom 31.1.1958[10] wurde die Wehrsteuer schliesslich im ordentlichen Verfassungsrecht verankert (aBV 41ter). Die Geltungsdauer von aBV 41ter wurde in der Folge mehrmals verlängert (teilweise mit inhaltlichen Anpassungen).[11] Seit Inkrafttreten der revidierten Bundesverfassung ist die Erhebungskompetenz des Bundes für die direkte Bundessteuer in BV 128 geregelt.

5   Die wiederholten Bestätigungen der Verfassungsgrundlage der direkten Bundessteuer waren und sind notwendig, da dem Bund das Recht zur Erhebung der direkten Bundessteuer seit Beginn nur *befristet* eingeräumt wird.[12] Sämtliche Versuche des Bundes, sich diese Einnahmenquelle definitiv zu sichern, sind bis anhin gescheitert. Zuletzt wurde ein entsprechender Antrag[13] des Bundesrates abgelehnt im Zusammenhang mit der neuen Finanzordnung, welche per 1.1.2007 in Kraft trat. Auch die derzeitige Finanzordnung des Bundes ist folglich befristet und läuft im Jahre 2020 aus.[14]

---

[5]   HÖHN/VALLENDER, in: AUBERT et al., N 16 zu aBV 41ter und Entstehungsgeschichte aBV 41ter.
[6]   Vgl. Fn. 27.
[7]   BRB über die Einführung der Wehrsteuer vom 9.12.1940, AS 56, 1947 (später umbenannt in «BRB über die Erhebung einer direkten Bundessteuer [BdBSt]», dazu hinten Fn. 27); die Einführung der Wehrsteuer beruhend auf Vollmachtenrecht war möglich aufgrund des BB vom 30.8.1939 über Massnahmen zum Schutze des Landes und zur Aufrechterhaltung der Neutralität, AS 55, 769.
[8]   HÖHN/VALLENDER, in: AUBERT et al., Entstehungsgeschichte aBV 41ter.
[9]   BB über die Finanzordnung 1951 bis 1954 (vom 29.9.1950), BBl 1950 III, 31–34 (angenommen in der Volksabstimmung vom 3.12.1950 [AS 1950, 1463]); BLUMENSTEIN/LOCHER, System, 44; ERNST KÄNZIG, Die eidgenössische Wehrsteuer (Direkte Bundessteuer), I. Teil, 2. A. Basel 1982, N 1 zu WStB 1; HEINZ MASSHARDT, Wehrsteuerkommentar, Zürich 1980, N 1 zu WStB 1.
[10] BB über die verfassungsmässige Neuordnung des Finanzhaushaltes des Bundes (vom 31.1.1958), BBl 1958 I, 338–343 (angenommen in der Volksabstimmung vom 11.5.1958 [AS 1958, 362]).
[11] Ausführlich und mit Hinweisen auf entsprechende Materialien HÖHN/VALLENDER, in: AUBERT et al., Entstehungsgeschichte aBV 41ter; vgl. auch BLUMENSTEIN/LOCHER, System, 45 f.
[12] Ausführlich und mit Hinweisen auf entsprechende Materialien HÖHN/VALLENDER, in: AUBERT et al., N 17 zu aBV 41ter und Entstehungsgeschichte aBV 41ter; VALLENDER/LOOSER, in: ZWEIFEL/ATHANAS, N 3a zu DBG 1 auch zum Folgenden.
[13] Vgl. dazu Botschaft über die neue Finanzordnung vom 9.12.2002, BBl 2003, 1531–1567, 1546 f. Die vom Bundesrat beantragte ersatzlose Streichung der Befristung wurde vom Parlament jedoch verworfen (vgl. BB über eine neue Finanzordnung vom 4.3.2003, BBl 2003, 1566–1567; zur Debatte im Parlament, Amtl.Bull. NR 2003, 1943, 1959 f.); vgl. auch VALLENDER/LOOSER, in: ZWEIFEL/ATHANAS, N 3a zu DBG 1).
[14] UeB BV 196 Ziff. 13.

Der Bund darf nur das *Einkommen* natürlicher Personen und den *Gewinn* juristischer Personen besteuern, er besitzt kein Recht zur Erhebung einer Vermögens- und Kapitalsteuer. Auf die Besteuerung des Vermögens natürlicher Personen, welches während langer Jahre Gegenstand der direkten Bundessteuer war[15], verzichtet der Bund seit 1959.[16] Die Kapitalbesteuerung wurde auf Bundesebene mit dem Wechsel von der progressiven zur proportionalen Besteuerung des Gewinns juristischer Personen im Zug der Unternehmenssteuerreform I abgeschafft[17]. Mit der Neuordnung der Bundesfinanzen 2004 ist dem Bund auch die entsprechende Erhebungskompetenz entzogen worden.[18]

6

II. Kantone

1. Kantonale Steuererhebungskompetenz

Die Kantone bedürfen weder einer ausdrücklich in der BV noch in der entsprechenden KV festgehaltenen Kompetenz zur Erhebung von Einkommens- und Vermögenssteuern. Sie sind gemäss BV 3 originär zur Steuererhebung befugt.[19] Bei der Ausübung dieser Befugnis haben sie allerdings die sich aus der BV und dem Bundesrecht ergebenden Vorgaben zu beachten.[20]

7

2. Kommunale Steuererhebungskompetenz

Die Kompetenz zur Erhebung von Einkommens- und Vermögenssteuern auf kommunaler Ebene ergibt sich in der Regel aus dem *kantonalen Recht* («abgeleitete Steuerhoheit»).[21] Die Steuererhebungskompetenzen der Gemeinden sind in den Kantonen unterschiedlich geregelt.[22] Meistens besitzen die Gemeinden keine Gesetzgebungskompetenz, sondern lediglich Ertragskompetenzen und gewisse Verwaltungskompetenzen.

8

---

[15] Vgl. z.B. Botschaft des Bundesrates an die Bundesversammlung betreffend die Aufnahme eines Art. 42bis in die Bundesverfassung (vom 12.2.1915), BBl 1915 I, 149–199, 155.

[16] Botschaft des Bundesrates an die Bundesversammlung über die verfassungsmässige Neuordnung des Finanzhaushaltes des Bundes (vom 1.2.1957), BBl 1957 I, 505–630, 586. Im per 1.1.1959 geänderten aBV 41ter war das Vermögen der natürlichen Personen folglich nicht als Steuerobjekt der Wehrsteuer aufgeführt.

[17] Botschaft zur Reform der Unternehmensbesteuerung 1997 vom 26.3.1997, BBl 1997 II, 1164–1220, 1191; vgl. auch Bundesgesetz über die Reform der Unternehmensbesteuerung vom 10.10.1997, BBl 1997 IV, 802–809.

[18] BB über eine neue Finanzordnung vom 4.3.2003, BBl 2003, 1566–1567 (angenommen in der Volksabstimmung vom 28.11.2004).

[19] Vorne § 4 N 8.

[20] Vorne § 4 N 10.

[21] Vorne § 4 N 11.

[22] Dazu SSK, Steuerinformationen, C. Steuersystem. Die geltenden Steuern von Bund, Kantonen und Gemeinden, 31 ff.

9 Im Kanton Zürich ist die Befugnis der Gemeinden zur Erhebung einer *Einkommens- und Vermögenssteuer* natürlicher Personen und einer *Gewinn- und Kapitalsteuer* juristischer Personen in ZH StG 187[23] verankert. Den politischen Gemeinden und den Schulgemeinden kommt allerdings zur Hauptsache lediglich die Steuerertragskompetenz sowie – von der Gesetzgebungskompetenz – die Befugnis zur Festsetzung des Steuermasses (ZH StG 188) zu. Im Übrigen werden die allgemeinen Gemeindesteuern gleich wie die Staatssteuern auf der Grundlage des ZH StG erhoben (ZH StG 189).

10 In ZH StG 205 ist sodann die Kompetenz der politischen Gemeinden zur Erhebung einer *Grundstückgewinnsteuer* enthalten.[24] Die Ertrags- und die Verwaltungskompetenz der Grundstückgewinnsteuer liegen im Kanton Zürich bei den Gemeinden, denen indes keine Gesetzgebungskompetenz zusteht. Erhebungsgrundlage bildet das ZH StG, welches im Unterschied zu den allgemeinen Gemeindesteuern auch das Steuermass bestimmt (ZH StG 225).

11 Auch die *Kirchgemeinden* der kantonalen kirchlichen Körperschaften sind nach ZH StG 201 I mit Steuererhebungsbefugnis ausgestattet. Wie bei den allgemeinen Gemeindesteuern besteht diese Befugnis zur Hauptsache in der Ertragskompetenz, wobei sie gemäss ZH StG 204 selber über Bestand und Umfang befinden und auch den Steuerfuss in eigener Kompetenz bestimmen dürfen. Zur Steuererhebung befugt sind die evangelisch-reformierten, römisch-katholischen und christkatholischen Kirchgemeinden.[25]

B. Gesetzliche Grundlagen

I. Bund

12 Der Bund erhebt die direkte Bundessteuer aufgrund des im ordentlichen Gesetzgebungsverfahren erlassenen DBG. Zum DBG sind zahlreiche Verordnungen des Bundesrates, des Finanzdepartementes und der EStV ergangen.

13 Mit dem Erlass des DBG, welches am 1.1.1995 in Kraft getreten ist, kam der Bundesgesetzgeber dem seit 1959 bestehenden verfassungsmässigen Gesetzgebungsauftrag (aBV 41ter VI) nach.[26] Bis am 31.12.1994 bildete eine auf die BV gestützte selbständige Verordnung[27] die gesetzliche Grundlage der Erhebung der

---

[23] Die in ZH StG 187 II verankerte *Personalsteuer* fällt nicht unter die Einkommens- und Vermögenssteuern, dazu vorne § 2 N 31 ff.
[24] Systematisch im gleichen Abschnitt war die auf 1.1.2005 abgeschaffte Handänderungssteuer geregelt.
[25] Vgl. ZH KV 130 I und 131 I.
[26] Dazu Höhn/Vallender, in: Aubert et al., N 116 zu aBV 41ter.
[27] BRB vom 9.12.1940 über die Erhebung einer direkten Bundessteuer (BdBSt; BS 6, 350 ff.). Die Umbenennung der «Wehrsteuer» in «direkte Bundessteuer» erfolgte durch den BRB vom 13.1.1982, AS 1982, 144 (Änderung in Kraft getreten am 1.1.1983; vgl. auch BB über die Weiterführung der Finanzordnung und die Verbesserung des Bundeshaushaltes vom 19.6.1981, BBl

direkten Bundessteuer. Die Eckpfeiler der Besteuerung – Steuersubjekt, Steuerobjekt, Bemessungsgrundlage und Steuermass – waren in den Übergangsbestimmungen der aBV in den Grundzügen festgehalten (aBV 41ter V)[28], sodass die Anforderungen des Legalitätsprinzips erfüllt waren.

II. Kantone

1. Kanton

Auf kantonaler Ebene erlässt jeder Kanton sein eigenes Steuergesetz. Im Kanton Zürich wird die Einkommens- und Vermögenssteuer aufgrund des ZH StG vom 8.6.1997 erhoben. Neben der VO zum ZH StG vom 1.4.1998[29] bestehen eine Reihe weiterer Verordnungen des Regierungsrates, der Finanzdirektion und des Steueramtes. 14

2. Gemeinden

Von der komplexen Aufteilung der Steuererhebungskompetenzen auf Kanton und Gemeinden hinsichtlich der Einkommens- und Vermögenssteuer natürlicher Personen und der Gewinn- und Kapitalsteuer juristischer Personen nehmen die Steuerpflichtigen in der Regel wenig wahr. Im Kanton Zürich werden die verschiedenen Steuern – mit Ausnahme der Grundstückgewinnsteuer – weitgehend aufgrund derselben materiell- und verfahrensrechtlichen Vorschriften erhoben. Erst auf der für die Staats- und Gemeindesteuern einheitlichen Steuerrechnung sehen die Steuerpflichtigen, wie viel Steuern sie den einzelnen Steuerhoheitsträgern schulden. 15

1981 II, 561–562 und Kreisschreiben der EStV vom 10.3.1982 zur Änderung des Wehrsteuerbeschlusses [auszugsweise abgedruckt in HEINZ MASSHARDT, Kommentar zur direkten Bundessteuer 1983–1994. Ergänzungsband zum Wehrsteuerkommentar 1980, Zürich 1982, N 5a zu BdBSt 1]).
[28] Für die Zeit vor 1959 siehe vorne N 4.
[29] LS 631.11.

§ 9 Steuerharmonisierung

Literatur

BLUMENSTEIN/LOCHER, System, 89 ff.; HÖHN/WALDBURGER, Bd. I, § 3 N 99, 115, § 4 N 3, 46, § 30 N 8; MÄUSLI-ALLENSPACH/OERTLI, Steuerrecht, 64; OBERSON, Droit fiscal, § 2 N 15 ff.

CAVELTI ULRICH, Die Durchsetzung der Steuerharmonisierung: Grenzen und Möglichkeiten, FStR 2004, 106 ff.; KNEUBÜHLER ADRIAN, Durchsetzung der Steuerharmonisierung, ASA 69 (2000/2001), 209 ff.; MÄCHLER AUGUST, Rahmengesetzgebung als Instrument der Aufgabenteilung, Zürich 1987 (zit. MÄCHLER, Rahmengesetzgebung); MEISTER THOMAS, Gedanken zur horizontalen und vertikalen Steuerharmonisierung: Zum Verhältnis von StHG zu DBG und zu den kantonalen Steuergesetzen, ST 1993, 297 ff.; ders., Rechtsmittelsystem der Steuerharmonisierung. Der Rechtsschutz nach StHG und DBG, Bern et al. 1995 (zit. MEISTER, Rechtsmittelsystem); REICH MARKUS, Gedanken zur Umsetzung des Steuerharmonisierungsgesetzes, ASA 62 (1993/94), 577 ff.; VALLENDER KLAUS A., Mittelbare Rechtsetzung im Bereich der Steuerharmonisierung, in: CAGIANUT/VALLENDER, FS Höhn, Bern et al. 1995, 421 ff. (zit. VALLENDER, Rechtsetzung); YERSIN DANIELLE, Harmonisation fiscale: La dernière ligne droite, ASA 69 (2000/2001), 305 ff.

Materialien

Botschaft des Bundesrates an die Bundesversammlung über die verfassungsmässige Neuordnung des Finanz- und Steuerrechts des Bundes (vom 24.3.1976), BBl 1976 I, 1384–1502 (zit. Botschaft Neuordnung des Finanz- und Steuerrechts); Botschaft zu Bundesgesetzen über die Harmonisierung der direkten Steuern der Kantone und Gemeinden sowie über die direkte Bundessteuer (Botschaft über die Steuerharmonisierung) vom 25.5.1983, BBl 1983 III, 1–381 (zit. Botschaft Steuerharmonisierung); Botschaft über eine neue Bundesverfassung vom 20.11.1996, BBl 1997 I, 1–642 (zit. Botschaft BV).

Die Entwicklung und die verfassungsrechtliche Grundkonzeption der Steuerharmonisierung in der Schweiz wurden bereits erläutert.[1] Im Folgenden wird nun die Umsetzungsmechanik der verfassungsrechtlichen Vorgaben der Steuerharmonisierung auf *Gesetzesstufe* dargestellt. Die Ausführungen haben mithin das StHG im Visier, welches der Bund aufgrund seiner verfassungsrechtlichen Steuerharmonisierungskompetenz erlassen hat. Dem StHG kommt für die direkte Bundessteuer und die Einkommenssteuer- und Vermögenssteuerordnungen der Kantone eine ganz zentrale Bedeutung zu.

1

---

[1] Vorne § 4 N 18 ff.

A. Rechtsnatur und Tragweite des StHG

I. Mittelbare Rechtssetzung

1. Adressaten des StHG

2 Das StHG richtet sich nicht unmittelbar an die Steuerpflichtigen, sondern an die *Kantone und Gemeinden,* welche die in StHG 2 vorgeschriebenen Steuern zu erheben haben. Das StHG gilt somit nicht nur für die kantonalen Steuern, sondern auch für die Steuern der Gemeinden.[2]

3 BV 129 I verpflichtet auch den *Bund,* sich beim Erlass des DBG an die im StHG statuierten Grundsätze zu halten. Der Bund ist zwar nicht Adressat des von ihm erlassenen StHG im eigentlichen Sinn, aber er ist von Verfassungs wegen ebenfalls gehalten, das von ihm im StHG entworfene Konzept im DBG umzusetzen.

4 Den *Steuerpflichtigen* erwachsen aus dem StHG keine direkten Rechtsfolgen.[3] Das StHG bedarf der Umsetzung ins kantonale bzw. kommunale Recht. Die Steueransprüche von Kantonen und Gemeinden sowie die Verfahrensrechte und -pflichten der natürlichen und juristischen Personen werden im Regelfall durch das kantonale Steuergesetz begründet, das die Normen des StHG in unmittelbar anwendbares Recht transformiert.

2. Transformationsbedürftigkeit

5 Das mittelbar rechtssetzende Verfahren gewährleistet den Kantonen die *formelle Gesetzgebungskompetenz* im Bereich der harmonisierten Steuern.[4] Das StHG ist nicht «self-executing», dies auch dort nicht, wo es *Vollregeln* enthält, die keiner weiteren Konkretisierung auf Gesetzesstufe bedürfen.[5] Das StHG verlangt seiner Funktion entsprechend nach der *Transformation* in kantonales Recht. Es ist kein Steuergesetz, sondern ein *Harmonisierungsgesetz,*[6] das zwar für die Kantone und Gemeinden verbindliche, aber doch «nur» Rahmenvorschriften enthält, «die für die Veranlagung der Steuerpflichtigen nicht anwendbar sind, ohne dass der Kanton sie in seiner Steuergesetzgebung ausführt; Grundlage für die Veranlagung kantonaler oder kommunaler Steuern kann nur das kantonale Recht sein»[7].

6 Aus diesen Gründen sind die kantonalen Vorschriften, auch wenn sie lediglich bundesrechtliche Harmonisierungsbestimmungen nachvollziehen, nicht etwa unbeachtlich, wie dies bei mit Bundesrecht kongruentem kantonalem Recht ge-

---

[2] Vgl. BGer 22.10.1997, BGE 123 II 588 E. 1b = StE 1998 A 23.2 Nr. 1.
[3] Vgl. Botschaft Neuordnung des Finanz- und Steuerrechts, 1481. Zur Frage der Kollision der Normen des StHG und der kantonalen StG hinten N 38 f.
[4] Vgl. Botschaft Neuordnung des Finanz- und Steuerrechts, 1481.
[5] Dazu und zum Folgenden REICH, in: ZWEIFEL/ATHANAS, N 6 ff. zu StHG 1.
[6] Vgl. REICH, ASA 62, 590.
[7] Vgl. bereits BGer 15.6.1990, BGE 116 Ia 264 E. 3 hinsichtlich der analogen Fragestellung bei der Anwendung von BVG 80–84.

wöhnlich der Fall ist.⁸ Auch im Bereich von bundesrechtlichen Vollregelungen entsteht *keine Normenkollision,* wenn das kantonale Steuergesetz, ohne einen weiteren Konkretisierungsschritt zu vollziehen, bloss den Wortlaut des StHG übernimmt. Denn die bundesrechtliche Norm regelt nicht den Steuertatbestand, sondern weist den kantonalen Gesetzgeber an, den Steuertatbestand entsprechend zu regeln.⁹

Die Kantone erlassen somit weiterhin Steuergesetze, welche die Kantons- und Gemeindesteuerpflicht sowie das Verfahrens- und Steuerstrafrecht *umfassend* regeln.

II. Das StHG als Rahmengesetz

1. Terminologisches

Von «Rahmengesetzgebung» oder von «Grundsatzgesetzgebung» wird meistens im Zusammenhang mit der Aufteilung der Gesetzgebungskompetenzen von Bund und Kantonen gesprochen. Es handelt sich um eine *Kompetenzart* des Bundes, die dem Bund in älterer verfassungsrechtlicher Sprachregelung als *Oberaufsicht,* in neuerer Ausdrucksweise als *Grundsatzgesetzgebungskompetenz* zugewiesen wird.

Wo die Begriffe «Oberaufsicht» und «Aufstellung von Grundsätzen» gleichbedeutend waren, hat man in der neuen Bundesverfassung letzterer Ausdrucksweise den Vorzug gegeben. Der Ausdruck *Rahmengesetzgebung* wird in der BV nicht verwendet; er hat aber im Vorentwurf 1977 Eingang gefunden, wo er eine zentrale Bedeutung aufwies und die bisherigen Termini «Oberaufsicht» und «Grundsatzgesetzgebung» ersetzte. Seither werden die Begriffe «Grundsatzgesetz» und «Rahmengesetz» vielfach *gleichbedeutend* verwendet. Es gibt allerdings Stimmen, die zu differenzieren versuchen.¹⁰ In der *Botschaft zur Bundesverfassung* ist neben dem Begriff «Grundsatzgesetzgebung» der Begriff «Rahmengesetzgebung»¹¹ zu finden, wohingegen im Verfassungstext selbst dem *Nachführungskonzept* entsprechend die alte Sprachregelung beibehalten wird (z.B. BV 75 I, 76 II und 79).

Der Ausdruck *«Rahmengesetz»* (französisch «loi cadre») trifft die Eigenart solcher Erlasse zweifellos besser als die Bezeichnung «Grundsatzgesetz», da letztere zur Annahme verleitet, es dürften lediglich Normen mit Grundsatz- bzw. Prinzi-

---

⁸ Vgl. dazu HÄFELIN/HALLER/KELLER, Bundesstaatsrecht, N 1183.
⁹ Eine Ausnahme hiervon besteht lediglich bei Missachtung der StHG-Vorschriften durch die kantonalen Steuergesetzgeber, dazu hinten N 38 f.
¹⁰ Dazu RICCARDO JAGMETTI, Kommentar zu aBV 22^quater, in: JEAN-FRANÇOIS AUBERT/KURT EICHENBERGER/ JÖRG PAUL MÜLLER/RENÉ A. RHINOW/DIETRICH SCHINDLER (Hrsg.), Kommentar zur Bundesverfassung der Schweizerischen Eidgenossenschaft vom 29. Mai 1874, Loseblattwerk, Basel et al. 1987–1996, N 101 ff. zu aBV 22^quater; VALLENDER, Rechtsetzung, 428 ff.
¹¹ Botschaft BV, 209.

piencharakter erlassen werden. «Rahmen» ist allerdings nicht im Sinn eines Bilderrahmens, sondern eines Fahrradrahmens zu verstehen.[12]

2. Beschränkte Bundeskompetenz

11 Einigkeit besteht darüber, dass ein bundesrechtliches Rahmen- oder Grundsatzgesetz den Kantonen neben der Bundeszuständigkeit beträchtliche *Bereiche eigener politischer Entscheidung* einräumen bzw. belassen muss. Der Bund ist nach dem Subsidiaritätsprinzip zur *föderativen Gesetzgebung* verpflichtet;[13] was den Kantonen zu regeln verbleibt, muss von *substanziellem Gewicht* sein.[14] Dem *Subsidiaritätsprinzip*, das in BV 43a I verankert ist, kommt im Bereich der Rahmengesetzgebung eine besondere Bedeutung zu.[15]

12 Die Rahmengesetzgebungsbefugnis ist mithin eine *beschränkte Gesetzgebungskompetenz* – beschränkt auf den Erlass einer der *Konkretisierung bedürftigen Rahmenordnung*. Aus der Beschränkung des Bundes auf das vom schweizerischen Gesamtinteresse her Grundsätzliche und Unentbehrliche darf allerdings nicht geschlossen werden, der Bund sei lediglich zur Statuierung von *Grundsätzen im hermeneutischen Sinn* befugt.[16] In Rahmengesetzen finden sich nicht nur ausfüllungsbedürftige Normen auf hoher Abstraktionsebene, ein Rahmengesetz darf seiner Funktion entsprechend durchaus auch *Detailregelungen* enthalten. Der erhebliche Konkretisierungsbedarf eines Rahmengesetzes ergibt sich nicht aus seinen einzelnen Vorschriften, sondern aus dem Erlass als Ganzem. Der Rahmengesetzgeber hat sich nach den Bedürfnissen des zu regelnden Sachgebiets auszurichten und muss die Gesetzgebungskompetenz diesen Anforderungen sowie dem föderativen Gedanken entsprechend aufteilen. Er ist dabei nach herrschender Doktrin und Praxis nicht zum Erlass von Normen bestimmter Art oder Struktur verpflichtet, sondern kann in Teilbereichen abschliessende, nicht konkretisierungsbedürftige Regeln erlassen.[17] Insofern drängt sich der Vergleich zum *Richtlinienrecht der EU* auf. Auch Richtlinienvorschriften können so konkret sein, «dass die Wahlfreiheit dabei ‹zum Gebot perfekter Umsetzung› schrumpft».[18]

---

[12] Vgl. MÄCHLER, Rahmengesetzgebung, 50, 106 Fn. 351; Justizabteilung 30.12.1977, VPB 1978 Nr. 95, 421; REICH, ASA 62, 592.
[13] Vgl. Bundesamt für Justiz 11.4.1986, VPB 1987 Nr. 28, 173.
[14] Vgl. KNEUBÜHLER, ASA 69, 215 ff.; PETER SALADIN, Rahmengesetzgebung im Bundesstaat, ZBJV 114 (1978), 505 ff., 513; MÄCHLER, Rahmengesetzgebung, 110 ff.; Bundesamt für Justiz 11.4.1986, VPB 1987 Nr. 28, 173; Justizabteilung 30.12.1977, VPB 1978 Nr. 95, 421.
[15] Botschaft BV, 209.
[16] Dazu und zum Folgenden MÄCHLER, Rahmengesetzgebung, 102 ff. mit weiteren Hinweisen; Bundesamt für Justiz 11.4.1986, VPB 1987 Nr. 28, 173 f.
[17] MÄCHLER, Rahmengesetzgebung, 104; Bundesamt für Justiz 11.4.1986, VPB 1987 Nr. 28, 173 und Justizabteilung 30.12.1977, VPB 1978 Nr. 95, 421.
[18] Bericht der parlamentarischen Arbeitsgruppe zur Umsetzung des Rechts des Europäischen Wirtschaftsraumes (EWR) vom 13.6.1991, VPB 1991 Nr. 42, 390; vgl. auch HANS PETER IPSEN, Europäisches Gemeinschaftsrecht, Tübingen 1972, § 21 N 29.

3. Unterschiedliche Regelungsintensität der StHG-Vorschriften

Seiner Rechtsnatur als Rahmengesetz entsprechend weist auch das StHG Normen von unterschiedlicher Regelungsintensität auf. Teils haben diese tatsächlich *Prinzipiencharakter* und können ohne vorherige Konkretisierung durch generell-abstrakte Regeln nicht angewendet werden, wie beispielsweise die Abziehbarkeit der zur Erzielung der Einkünfte notwendigen Aufwendungen gemäss StHG 9 I. Teils stellen sie *Vollregelungen* dar, die keiner Ergänzung oder zusätzlichen Wertung bedürfen und in gleichen oder ähnlichen Formulierungen auch in den Steuergesetzen von Bund und Kantonen zu finden sind, wie z.B. die Steuerfreiheit des Erlöses aus zum Privatvermögen gehörenden Bezugsrechten gemäss StHG 7 IV a.

Welche StHG-Vorschriften Vollregelungen darstellen und welche rahmenhafte Vorgaben mit mehreren Umsetzungsmöglichkeiten enthalten, kann nicht aufgrund allgemeiner Kriterien generell bestimmt werden. Das Ausmass der bundesrechtlichen Verpflichtung ist vielmehr für jede StHG-Vorschrift auf dem Weg der *Auslegung* zu eruieren.[19]

B. Sachlicher Anwendungsbereich des StHG

I. Äussere Umrandung des Harmonisierungsbereichs

Der Harmonisierungsbereich ist vorab umschrieben in BV 129 II. Es handelt sich um die Bereiche Steuerpflicht, Gegenstand und zeitliche Bemessung der Steuern, Verfahrensrecht und Steuerstrafrecht. Im Einzelnen ist der Harmonisierungsbereich allerdings nicht aus BV 129 abzuleiten, sondern ergibt sich aus dem StHG.

Somit kann der Harmonisierungsbereich als das durch die Normen des StHG *abgedeckte* und *strukturierte Feld* von Lebenssachverhalten umschrieben werden. In diesem Bereich ist der Bund rechtsangleichend tätig geworden, entweder durch den Erlass von Vollregeln oder von rahmenhaften Vorgaben. *Ausserhalb des Harmonisierungsbereichs* sind die Kantone allein zuständig; es handelt sich um eine *originäre kantonale Zuständigkeit*.

II. Bundeskompetenz und kantonale Kompetenz innerhalb des Harmonisierungsbereichs

Mit der Umschreibung der äusseren Umrandung des Harmonisierungsbereichs ist der sachliche Anwendungsbereich des StHG noch nicht erschöpfend definiert.

---

[19] Dazu VALLENDER, Rechtsetzung, 439 ff.

Der Harmonisierungsbereich ist zwar abgedeckt durch Bundesrecht, dieses besteht indes zum Teil aus *rahmenhaften Vorgaben*, die durch kantonales Recht ausgefüllt werden müssen. Das Handlungsfeld des Bundes ist somit kein abschliessend mit bundesrechtlichen Normen durchsetzter Bereich. Die Rahmenvorschriften des StHG belassen den Kantonen einen eigenen Gestaltungs- und Konkretisierungsspielraum. Diese *Gestaltungsräume* bilden wie die Handlungsfelder ausserhalb des Harmonisierungsbereichs originäre kantonale Zuständigkeiten. Hier ist den kantonalen Eigenheiten und Bedürfnissen sowohl bei der *Rechtssetzung* in Kanton und Gemeinden als auch bei der *Auslegung* der kantonalen Steuergesetze angemessen Rechnung zu tragen.

18 Innerhalb des Harmonisierungsbereichs findet demnach ein *rahmengesetzgebungsspezifisches Zusammenspiel* der Bundeskompetenz zur Rechtsangleichung und der kantonalen Kompetenz zur Steuererhebung statt. Der Harmonisierungsgesetzgeber und die kantonale Legislative wirken bei der Umschreibung des Steuertatbestands in höchst differenzierter Art und Weise zusammen. Das Spielfeld ist zwar vollumfänglich durch Bundesrecht abgedeckt und strukturiert, ohne dass aber das kantonale Recht daraus verdrängt würde.

C. Auslotung der kantonalen Gestaltungsspielräume

19 Die Festlegung der äusseren Umrandung des Harmonisierungsbereichs und die Bestimmung des kantonalen Entscheidungsspielraums innerhalb des Harmonisierungsbereichs bilden zentrale Probleme bei der Umsetzung des StHG. Das Problem des kantonalen Entscheidungsbereichs stellt sich nicht etwa bloss dem kantonalen Gesetzgeber, auch bei der Anwendung der harmonisierten kantonalen Steuergesetze ist stets die Frage nach der Länge der Leine des bundesrechtlichen Harmonisierungsgesetzgebers zu beantworten.

I. Verfassungsrechtliches Anwendungsgebot

20 Ergeben sich Widersprüche zwischen den verfassungsrechtlichen Grundwertungen und einer im StHG getroffenen Regelung, so ist letztere trotz Verfassungswidrigkeit für sämtliche Behörden in Bund und Kantonen massgebend (BV 190).[20] Überall dort, wo dem StHG eine klare Antwort zum Gestaltungsspielraum der Kantone bzw. zur Regelungsintensität einer Rahmenvorschrift entnommen werden kann, ist der Harmonisierungsdiskurs bereits erfolgt und hat zu einem allseitig verbindlichen Resultat geführt. So sind die Kantone auch verpflichtet, als verfassungswidrig erkannte Vorschriften des StHG ins kantonale Steuerrecht zu übernehmen.

---

[20] Vgl. BGer 26.10.2005, BGE 131 II 710 E. 4.1 = StE 2006 B 29.3 Nr. 28. Zum Anwendungsgebot im Allgemeinen vorne § 4 N 183 f.

Das Anwendungsgebot gemäss BV 190 gilt nicht nur für verfassungswidrige Regelungen des StHG, sondern auch für *kantonale Vorschriften*, welche diese bundesrechtlichen Regeln umgesetzt haben.[21]

21

II. Auslegung des StHG

1. Harmonisierungsrechtliches Dilemma

Vor diesem Hintergrund ist die Auslegung des StHG eine höchst anspruchsvolle Optimierungsaufgabe. Es ist stets zu berücksichtigen, dass die Steuerharmonisierung geprägt ist durch die *Antinomie* zwischen dem Harmonisierungsauftrag und der Rücksichtnahme auf die kantonale Finanzautonomie. Gesetzgeber wie Rechtsanwender stehen vielfach vor einem echten *Dilemma*: Wer zugunsten der Rechtsangleichung entscheidet, tangiert die Finanzautonomie der Kantone; wer demgegenüber die kantonale Eigenständigkeit schont, nimmt regelmässig Abstriche bei der Rechtsangleichung in Kauf.

22

2. Harmonisierungsspezifische Auslegungselemente

Die herkömmlichen, von Lehre und Praxis entwickelten Auslegungselemente für die Sinnermittlung von Normen[22] sind bei der Auslegung des StHG ebenso anwendbar wie bei der Auslegung anderer Gesetze. Sie können im Harmonisierungsdiskurs jedoch inhaltlich aufgeladen und mit *harmonisierungsspezifischen Gesichtspunkten* angereichert werden. Diese liessen sich zwar ebenfalls den Auslegungselementen der tradierten Methodenlehre – insbesondere dem *systematischen* und dem *teleologischen* Element – zuordnen, die gesonderte Darstellung unterstreicht jedoch ihre besondere Bedeutung und die *argumentative Kraft* dieser Argumente.

23

a) Harmonisierungsbedarf

Das Argument des Harmonisierungsbedarfs ergibt sich aus dem die Harmonisierung prägenden *Subsidiaritätsprinzip*.[23] Danach darf der Bund nur in jenen Sachbereichen *Vollregelungen* aufstellen, die im gesamtschweizerischen Interesse einer einheitlichen Lösung bedürfen. Den Kantonen muss Raum für eigene Initiative verbleiben. Das bedeutet, dass im *Zweifelsfall* Bundesrecht nur zum Tragen kommt, wenn das besondere Bedürfnis nach einer einheitlichen, *gesamtschweizerischen Regelung* nachgewiesen ist; andernfalls ist zugunsten der Freiheit der Kantone zu entscheiden. Die blosse Wünschbarkeit einer einheitlichen Prob-

24

---

[21] Vgl. MEISTER, ST 1993, 302 f.; REICH, ASA 62, 606; DANIELLE YERSIN, L'impôt sur le revenu. Etendue et limites de l'harmonisation, ASA 61 (1992/93), 295 ff.
[22] Vorne § 6 N 6 ff.
[23] Vorne N 11.

lemlösung genügt nicht zur Rechtfertigung des Autonomieverlustes der Kantone. Jede Vereinheitlichung schafft an sich Transparenz und reduziert Komplexität, aber nicht jede Vereinheitlichung ist im Lichte der verfassungsrechtlichen Zielvorgaben hinreichend effizient, um im Rahmen des beschränkten Gesetzgebungsauftrags des Bundes verwirklicht zu werden.

b) Harmonisierungsreife

25 Das Argument der Harmonisierungsreife beruht auf der Überlegung, dass der Verfassungsgeber die Vorteile einer eigenständigen kantonalen Rechtsentwicklung trotz Harmonisierung nicht gänzlich hat preisgeben wollen. Die autonomen kantonalen Steuerordnungen erwiesen sich früher in mancher Hinsicht als geeignete Laboratorien für eine *organische Entwicklung* des schweizerischen Steuerrechts.

26 Aus diesen Gründen ist bei der Auslegung davon auszugehen, dass das StHG dem Entwicklungsbedarf des schweizerischen Steuerrechts Rechnung trägt und lediglich jene Bereiche bundesrechtlich regeln will, welche die nötige Harmonisierungsreife aufweisen. Die Steuerharmonisierung soll in einem rahmengesetzlichen Reifungsprozess ablaufen, in welchem die einzelnen Sachbereiche je nach dem politischen Meinungsspektrum und den Ansichten von Doktrin und Praxis der Harmonisierung entgegenwachsen.

27 Das Argument der Harmonisierungsreife erlaubt es aber auch umgekehrt, in Bereichen, in denen kein Bedarf nach kantonaler Differenzierung mehr besteht, bundesrechtliche Vollregeln anzunehmen, selbst wenn sich dies den übrigen Auslegungselementen nicht zweifelsfrei entnehmen lässt. Dem kantonalen Handlungsspielraum muss eine *klare Funktion* zuerkannt werden können. Der harmonisierungsrechtliche Gestaltungsraum der Kantone ist nicht Selbstzweck – nicht Freiheit von, sondern Freiheit zu etwas.

c) Dynamischer Aspekt

28 Die Steuerharmonisierung ist nicht auf einem bestimmten Niveau statisch fixiert, sondern ist *organischem Wachstum* verpflichtet. So kann das *historische Element* bei der Auslegung des StHG allenfalls stark relativiert werden durch den Hinweis auf den dynamischen Aspekt der Steuerharmonisierung. Der Wille des historischen Gesetzgebers vermag die Steuerharmonisierung nicht auf dem Stand von 1990 einzufrieren. Der Normsinn muss entsprechend dem Wandel der allgemeinen Anschauungen und den veränderten Verhältnissen fortentwickelt werden.

d) Vertikale Harmonisierung

29 Der verfassungsrechtliche Harmonisierungsauftrag umfasst nicht nur den Auftrag zur horizontalen Harmonisierung, auch die Steuerordnungen von *Bund und Kantonen* sollen einander angeglichen werden. Der Bund ist diesem Auftrag mit

der Statuierung des DBG nachgekommen und hat die direkte Bundessteuer mit wenigen Ausnahmen konsequent auf die Rahmenordnung des StHG ausgerichtet. Es liegt nun im Interesse der *Transparenz* und der *Vereinfachung* des schweizerischen Steuerrechts, wenn sich die Kantone möglichst weitgehend den vom Bund getroffenen Lösungen anschliessen. So kann bei gleichlautenden oder ähnlichen Formulierungen im kantonalen Steuergesetz grundsätzlich von der Annahme ausgegangen werden, der Kanton habe seine Regelung dem Bundesrecht angleichen und keine kantonalrechtliche Differenzierung schaffen wollen.

Hinreichend zu berücksichtigen bei der Gewichtung des Aspekts der vertikalen Harmonisierung ist allerdings die im Verfassungsauftrag und in der Harmonisierungsmethode angelegte *föderalistische Zurückhaltung*.[24] Im Bereich der Gestaltungsspielräume sind die Kantone nicht verpflichtet, die vom Bundesgesetzgeber im DBG getroffene Konkretisierung des StHG zu übernehmen. Die Verfassung will die Vielfalt nicht unterbinden; sie will den Kantonen die Möglichkeiten der Eigeninitiative sowie der Berücksichtigung von regionalen und strukturellen Besonderheiten *belassen*. Aus der Optik von Verfassung und StHG stellt das DBG somit nicht *die*, sondern bloss *eine mögliche* Konkretisierung der rahmenhaften Vorgaben des StHG dar.

D. Umsetzung des StHG

I. Zusammenarbeit von Bund und Kantonen

Gemäss StHG 71 vollziehen die Kantone das Gesetz in Zusammenarbeit mit den Bundesbehörden. Der Vollzug des StHG ist zur Hauptsache Aufgabe der *Kantone*. Sie haben die Rahmenbestimmungen auszufüllen und in unmittelbar anwendbare Normen umzusetzen.

Die ESTV und die kantonalen Steuerverwaltungen erarbeiten im Rahmen der *Schweizerischen Steuerkonferenz (SSK)* gemeinsam *Praxisrichtlinien*, um die Steuerpraxis zu vereinheitlichen. Weiter ist die SSK auch aktiv in den Bereichen Kommunikation und Information tätig. Zur Koordinierung und Intensivierung der Steuerharmonisierungsbestrebungen hat der Bundesrat auch eine *ständige Kommission* für die Harmonisierung der direkten Steuern des Bundes, der Kantone und der Gemeinden *(KHSt)* eingesetzt.

---

[24] Die bundesgerichtliche Rechtsprechung zur Steuerharmonisierung ist eher wenig geprägt von föderalistischer Zurückhaltung, ausführlich dazu MARKUS REICH/ROBERT WALDBURGER, Rechtsprechung im Jahr 2007 (1. Teil), FStR 2008, 224 ff., 231 ff., und MARKUS REICH/ROBERT WALDBURGER, Rechtsprechung im Jahr 2005 (1. Teil), FStR 2006, 222 ff., 227.

II. Aufsicht des Bundes

33 Dem *Bund* steht das Aufsichtsrecht über den Vollzug des StHG zu. Der Bund hat die Einhaltung der statuierten Grundsätze durch die Kantone zu überwachen. Die Bundesaufsicht soll verhindern, dass die Kantone Bundesrecht verletzen. In der alten BV war das Aufsichtsrecht des Bundes in aBV 42^{quinquies} II noch ausdrücklich festgehalten. Heute ergibt sich das Aufsichtsrecht des Bundes aus BV 49 II.

34 Insoweit in den Kantonen im Bereich der Staats- und Gemeindesteuern harmonisierungswidrige, aber den Steuerpflichtigen begünstigende Praxen oder Gesetzesregelungen bestehen, kann man von einer eigentlichen *Aufsichtslücke* sprechen.[25] Denn die EStV kann nur gegen letztinstanzliche kantonale Entscheide vorgehen, zu denen es aber in der Regel gar nicht kommt, weil sich der Steuerpflichtige nicht gegen ihn begünstigende Praxen oder Regelungen wenden wird.[26]

35 Politischen Bestrebungen, diese Aufsichtslücke, die zu vielfältigen Harmonisierungswidrigkeiten in zahlreichen kantonalen Steuergesetzen geführt hat, zu schliessen, war bis anhin kein Erfolg beschieden. Neuerdings zeichnen sich allerdings wieder vermehrt Schritte in diese Richtung ab. Dazu wird der Bund auch durch das Bundesgericht mit aller Deutlichkeit aufgefordert.[27]

III. Anpassungsfrist

36 Nach Erlass des StHG wurde den Kantonen eine Anpassungsfrist eingeräumt, während der sie ihre kantonalen Steuerordnungen an die bundesrechtlichen Rahmenvorgaben anzugleichen hatten. Diese Anpassungsfrist ist gemäss StHG 72 I am 1.1.2001 abgelaufen.

37 Auch bei den *Revisionen* des StHG wird den Kantonen jeweils eine Umsetzungsfrist angesetzt, damit sie ihre Steuergesetze an die neuen bundesrechtlichen Vorgaben anpassen können (z.B. StHG 72a ff.).

---

[25] Vgl. BGer 7.6.2007, StE 2007 A 23.1 Nr. 14 E. 5; MICHAEL BEUSCH/BETTINA BÄRTSCHI, Rechtsschutz bei den harmonisierten Staats- und Gemeindesteuern und der direkten Bundessteuer – dargestellt am Beispiel des Kantons Zürich, zsis 2006 Aufsatz Nr. 5, 2.3.5 = MICHAEL BEUSCH/ISIS (Hrsg.), Steuerrecht 2007, Best of zsis, Zürich et al. 2007, 27 ff.; CAVELTI, FStR 2004, 108 f.

[26] Diese Aufsichtslücke ist durch das Inkrafttreten des BGG etwas verkleinert worden, indem nun die EStV bei Änderungen der kantonalen Steuergesetze eine *abstrakte Normenkontrolle* erwirken kann, MICHAEL BEUSCH, Die Einheitsbeschwerde im Steuerrecht. Neuerungen und Konstanten beim formellen bundesgerichtlichen Rechtsschutz aufgrund des Bundesgerichtsgesetzes (1. Teil), FStR 2006, 249 ff., 260.

[27] Indem dieses erwog (BGer 7.6.2007, StE 2007 A 23.1 Nr. 14 E. 5.3), der Bund werde nicht umhin kommen, «seine Aufsichtsfunktion mit wirksameren Mitteln wahrzunehmen», wenn die Kantone gewisse Steuerpflichtige weiterhin harmonisierungswidrig begünstigen und dadurch den Zweck des StHG gefährden würden.

IV. Kollision von Bundesrecht und kantonalem Recht

Für den Fall, dass die Kantone ihre Steuergesetze nach dem Ablauf der Anpassungsfrist nicht bundesrechtskonform ausgestaltet haben, gilt nach StHG 72 II *unmittelbar Bundesrecht,* soweit ihm das kantonale Recht widerspricht. Die Bedeutung dieser Bestimmung reicht über eine blosse Konkretisierung des verfassungsrechtlichen Grundsatzes, nach welchem Bundesrecht kantonales Recht bricht, hinaus. Denn damit werden die Normen des StHG, welche rahmengesetzliche *Rechtsangleichungsvorschriften* darstellen, zu eigentlichen *Besteuerungsnormen* umfunktioniert.

38

Da zahlreiche Bestimmungen des StHG infolge ihrer Rechtsnatur als *Rahmenvorschriften* nicht unmittelbar anwendbar sind und näher konkretisiert werden müssen, bedürfen sie auch für den Fall der Säumnis des ordentlichen kantonalen Gesetzgebers der rechtssatzmässigen Ausfüllung. Diese Aufgabe wurde mit Rücksicht auf die kantonale Autonomie in StHG 72 III nicht dem Bundesrat, sondern der *Kantonsregierung* übertragen. Anlässlich der Statuierung dieses Ersatzrechts ist die Kantonsregierung nicht nur dem Bundesrecht, sondern auch dem kantonalen Recht verpflichtet. Sie kann hievon nur insoweit abweichen, als dies die Durchführung des StHG erfordert.

39

V. Bundesrechtlicher Rechtsschutz

Das StHG enthält eine eigene Regelung zum bundesrechtlichen Rechtsschutz. Letztinstanzliche kantonale Entscheide, «die eine in den Titeln 2–5 und 6 Kapitel 1 geregelte Materie betreffen», können mit der *Beschwerde in öffentlich-rechtlichen Angelegenheiten* ans Bundesgericht weitergezogen werden (StHG 73 I). Als «eine in den Titeln 2–5 und 6 Kapitel 1 geregelte Materie» ist der gesamte *Harmonisierungsbereich* zu verstehen. Das Wort «geregelt» zielt hier nicht auf eine abschliessende bundesrechtliche Normierung, sondern meint «durch das StHG rahmenhaft abgedeckt und strukturiert».

40

Beschwerdelegitimiert sind gemäss StHG 73 II die Steuerpflichtigen, die nach kantonalem Recht zuständige Behörde und die EStV.

41

Die übrigen Beschwerdevoraussetzungen sind im StHG nicht gesondert aufgeführt, sie ergeben sich aus BGG 82 ff.[28]

42

---

[28] Dazu hinten § 27 N 52 ff.

§ 10 Steuerrechtlicher Einkommensbegriff

Literatur

BLUMENSTEIN/LOCHER, System, 170 ff.; HÖHN/WALDBURGER, Bd. I, § 14 N 6 ff.; MÄUSLI-ALLENSPACH/OERTLI, Steuerrecht, 79 ff.; OBERSON, Droit fiscal, § 7 N 1 ff.

CAGIANUT FRANCIS, Das Objekt der Einkommenssteuer, in: ERNST HÖHN/PETER ATHANAS (Hrsg.), Das neue Bundesrecht über die direkten Steuern, Bern et al. 1993, 43 ff. (zit. CAGIANUT, Objekt der Einkommenssteuer); GURTNER PETER/LOCHER PETER, Theoretische Aspekte der Eigenmietwertbesteuerung, ASA 69 (2000/2001), 597 ff.; LANG JOACHIM, Reformentwurf zu Grundvorschriften des Einkommensteuergesetzes, Bd. II, Köln 1985 (zit. LANG, Reformentwurf); NEUMARK FRITZ, Theorie und Praxis der modernen Einkommensbesteuerung, Bern 1947 (zit. NEUMARK, Einkommensbesteuerung); REICH MARKUS, Rückerstattung von übersetzten Boni und anderen Lohnzahlungen, ASA 80 (2011/2012), 109 ff.; ders., Die ungerechtfertigte Bereicherung und andere rechtsgrundlose Vermögensübergänge im Einkommenssteuerrecht, FStR 2004, 3 ff.; SCHANZ GEORG, Der Einkommensbegriff und die Einkommenssteuergesetze, Finanzarchiv (FinArch) 1896, 1 ff.; WEIDMANN MARKUS, Realisation und Zurechnung des Einkommens, FStR 2003, 83 ff.; ders., Einkommensbegriff und Realisation. Zum Zeitpunkt der Realisation von Ertrag und Einkommen im Handels- und Steuerrecht, Zürich 1996 (zit. WEIDMANN, Einkommensbegriff und Realisation).

A. Ausgangslage

Die Steuergesetze enthalten keine Legaldefinition des Einkommensbegriffs. Der Inhalt des steuerrechtlichen Einkommensbegriffs muss durch Auslegung ermittelt werden. Mit dem Phänomen «Einkommen» befasst sich nicht nur das Steuerrecht, sondern insbesondere auch die Finanzwissenschaft. Die verschiedenen finanzwissenschaftlichen Einkommenstheorien, die seit dem 19. Jahrhundert entwickelt wurden,[1] bilden einen reichhaltigen Fundus für die Auslegung des gesetzlichen Einkommensbegriffs. Im Zentrum der steuerrechtlichen Überlegungen über das Einkommen hat jedoch immer dessen steuergesetzliche Konzeption zu stehen. Auch wenn es sich beim Einkommen um einen ökonomischen Begriff handelt, bildet er im Steuerrecht einen *Rechtsbegriff*, der nach juristischer Methode aufzuschlüsseln ist. Deshalb gilt es vorab, die gesetzliche Umschreibung des Einkommens zu analysieren, um daraus Rückschlüsse auf den Gehalt des steuerrechtlichen Einkommensbegriffs ziehen zu können.

1

---

[1] Dazu GUSTAV SCHMOLLER, Die Lehre vom Einkommen in ihrem Zusammenhang mit den Grundprinzipien der Steuerlehre, ZgS 1863, 1 ff.; SCHANZ, FinArch 1896, 1 ff.; ROBERT M. HAIG, The Concept of Income, in: ROBERT M. HAIG (Hrsg.), The Federal Income Tax, New York 1921, 7, 27; HENRY C. SIMONS, Personal Income Taxation. The Definition of Income as a Problem of Fiscal Policy, Chicago 1938, 49 f., 60 f.; TIPKE, Steuerrechtsordnung, Bd. II, 624 ff.

Teil II Einkommens- und Vermögenssteuerrecht

I. Gesetzliche Umschreibung des Einkommens

1. Das Einkommen natürlicher Personen

a) Einkünfte

2   Der gesetzliche Katalog der steuerbaren Einkünfte umfasst in Bund und Kantonen *vier Einkunftskategorien* (vgl. DBG 16–23):
– Einkünfte aus (unselbständiger und selbständiger) Erwerbstätigkeit
– Einkünfte aus (beweglichem und unbeweglichem) Vermögen
– Einkünfte aus Vorsorge
– übrige Einkünfte

3   Die Steuergesetze enthalten sodann regelmässig einen *Katalog von steuerfreien Einkünften*. Hier sind verschiedene Einkommensbestandteile, die nicht der Einkommenssteuer unterliegen, aufgelistet (vgl. DBG 24).

b) Abzüge

4   Nach der Umschreibung der steuerbaren und steuerfreien Einkünfte wird in den Steuergesetzen jeweils festgehalten, dass von den gesamten steuerbaren Einkünften die *Aufwendungen* und *allgemeinen Abzüge* abgezogen werden können (vgl. DBG 25). Als abziehbare Aufwendungen gelten die Gewinnungskosten, die noch näher spezifiziert werden (vgl. DBG 26–32). Im Weiteren werden die allgemeinen Abzüge erwähnt (vgl. DBG 33 und 33a), worauf Hinweise auf nicht abziehbare Kosten und Aufwendungen folgen (vgl. DBG 34). Schliesslich sind die *Sozialabzüge* aufgeführt (vgl. DBG 35 bzw. 213).

2. Das Einkommen juristischer Personen

5   Bei der Umschreibung des Einkommens bzw. Gewinns juristischer Personen wählen die Gesetzgeber in Bund und Kantonen eine andere Technik, indem sie nicht wie bei den natürlichen Personen zunächst alle steuerbaren Bruttoeinkünfte aufzählen und danach die Abzüge umschreiben, vielmehr gehen sie vom Reingewinn aus (vgl. DBG 57 ff.). Besteuert wird deshalb von vornherein eine *Nettogrösse*. Ausgangspunkt der gesetzlichen Einkommensermittlung bildet der Saldo der Erfolgsrechnung, dem verschiedene, näher umschriebene Beträge hinzuzurechnen sind.

II. Konzept der Generalklausel

1. Gesetzlicher Ausgangspunkt

Gemäss DBG 16 I unterliegen der Einkommenssteuer «alle wiederkehrenden und einmaligen Einkünfte». Diese Formulierung bildet weder eine Definition des steuerbaren Einkommens noch ist ihr Wortlaut sehr aussagekräftig. Der Satz bedeutet nämlich nichts anderes, als dass *alle Einkünfte* der Einkommenssteuer unterliegen. In den folgenden Bestimmungen werden dann die wichtigsten Einkünfte *aufgezählt* und *näher umschrieben* (vgl. DBG 17 ff.).

Das DBG und die kantonalen Steuergesetze folgen in dieser Hinsicht der in StHG 7 I zwingend vorgezeichneten Konzeption der *Einkommensgeneralklausel*,[2] kombiniert mit einem exemplifikatorischen Einkünftekatalog.[3] Tatbestände, die nicht unter die explizit aufgeführten Einkünfte (vgl. DBG 17–23) subsumierbar sind, fallen unter den Auffangtatbestand von DBG 16 I.[4] Diese in der Schweiz übliche gesetzestechnische Umschreibung der steuerbaren Einkünfte hebt sich deutlich ab vom *Enumerationsprinzip*, welches der deutschen Einkommenssteuerordnung zugrunde liegt.[5]

2. Umfassender Einkommensbegriff

Die steuergesetzlichen Formulierungen zeigen deutlich, dass der Gesetzgeber von einem *umfassenden Einkommensbegriff* i.S. der «global income taxes» ausgeht. Die harmonisierte Einkommenssteuer erfasst die *Gesamtheit der Einkünfte* und steht damit im Gegensatz zur *Schedulensteuer*.[6] Eine klare Absage wird auch der *Quellentheorie* erteilt, nach welcher lediglich Einkünfte aus einer ständig fliessenden Quelle erfasst werden.[7]

Der weit gespannte Charakter des steuerrechtlichen Einkommensbegriffs ergibt sich nicht nur aus der Formulierung, dass *alle wiederkehrenden und einmaligen Einkünfte* erfasst werden, sondern auch aus dem *Katalog der steuerfreien Einkünfte* in DBG 24. Hier werden insbesondere die Einkünfte aus Erbschaft und Schenkung (lit. a) sowie die Unterstützungen aus öffentlichen und privaten Mitteln (lit. d), Zahlungen von Genugtuungssummen (lit. g) und schliesslich die Einkünfte aufgrund der Bundesgesetzgebung über Ergänzungsleistungen zur AHV und IV (lit. h) für steuerfrei erklärt. Die Auflistung dieser steuerfreien Einkünfte würde sich erübrigen, wenn es sich hierbei gar nicht um Einkünfte i.S. der Generalklausel von DBG 16 I handeln würde.

---

[2] BGer 8.1.1999, BGE 125 II 113 E. 4a = StE 1999 B 23.1 Nr. 41.
[3] Gl.M. Locher, N 4 ff. zu DBG 16; a.M. Höhn/Waldburger, Bd. I, § 14 N 13 f.; vgl. auch Cagianut, Objekt der Einkommenssteuer, 50.
[4] Vgl. Richner/Frei/Kaufmann/Meuter, N 3 zu DBG 16.
[5] Tipke, Steuerrechtsordnung, Bd. II, 659 f.
[6] Vgl. Lang, in: Tipke/Lang, § 9 N 1.
[7] Hierzu Bernhard Fuisting, Grundzüge der Steuerlehre, Berlin 1902, 110.

3. Problematik der gesetzlichen Umschreibung

10 Trotz der scheinbaren Geschlossenheit und Prägnanz der Umschreibung des Steuerobjekts der Einkommenssteuer gibt die gesetzliche Formulierung auf verschiedene Fragen *keine hinreichende Antwort*. Schwierigkeiten bei der Subsumtion unter den steuergesetzlichen Einkommensbegriff bieten vor allem die Wertvermehrungen und Eigenleistungen sowie die Nutzung von Vermögenswerten. Diese Reinvermögenszugänge können unter ökonomischen Gesichtspunkten durchaus als Einkommen begriffen werden. Bedeutet dies, dass es sich deshalb auch um steuerbares Einkommen handelt? Man kann den Wortlaut der Steuergesetze drehen und wenden, wie man will, er schweigt sich darüber aus. Nach dem gesetzlichen Generalklauselkonzept würde dies an sich bedeuten, dass diese – aus ökonomischer Sicht einkommensbildenden – Tatbestände als steuerbare Einkünfte zu verstehen sind. Wie zu zeigen sein wird, werden diese Phänomene jedoch nicht oder nur zum Teil der Besteuerung unterworfen. Nach Auffassung des Bundesgerichts sind diese Fragen nicht nach einer generell verbindlich vorausgesetzten Einkommenstheorie, sondern im konkreten Einzelfall anhand der im Gesetz positiv und negativ aufgezählten Beispiele, d.h. *pragmatisch*, zu klären.[8] Dieser Ansatz vermag indes aus wissenschaftlicher Sicht nicht zu befriedigen; die Zuflucht zum Pragmatismus verrät immer eine gewisse Hilf- und Ratlosigkeit. Dem gesetzlichen Einkommensbegriff liegt durchaus ein theoretisches Konzept zugrunde, welches sich zwanglos auf die verfassungsrechtlichen Grundgedanken gerechter Besteuerung zurückführen lässt.

B. Einkommen als Reinvermögenszufluss

I. Einfluss der Reinvermögenszugangstheorie

11 Der steuerrechtliche Einkommensbegriff ist nach der schweizerischen Doktrin und der höchstrichterlichen Rechtsprechung massgeblich geprägt durch die *Reinvermögenszugangstheorie* von SCHANZ.[9] Das Bundesgericht definiert das Einkommen in Anlehnung an die Formulierung BLUMENSTEINS,[10] welche der Reinvermögenszugangstheorie von SCHANZ folgt. Danach ist das Einkommen die «Gesamtheit derjenigen Wirtschaftsgüter, welche einem Individuum während bestimmten Zeitabschnitten zufliessen, und die es ohne Schmälerung seines Ver-

---

[8] BGer 15.2.1991, BGE 117 Ib 1 E. 2b = StE 1991 B 26.44 Nr. 5; CAGIANUT, Objekt der Einkommenssteuer, 44 f.

[9] BGer 23.12.1996, StE 1997 B 72.11 Nr. 5 E. 3a; BLUMENSTEIN/LOCHER, System, 171; ERNST KÄNZIG, Die eidgenössische Wehrsteuer (Direkte Bundessteuer), I. Teil, 2. A. Basel 1982, N 1 ff. zu WStB 21; LOCHER, N 8 f. zu DBG 16; OBERSON, Droit fiscal, § 7 N 2; REIMANN/ZUPPINGER/SCHÄRRER, N 6 der Vorbemerkungen zu ZH StG 19–32.

[10] ERNST BLUMENSTEIN, Schweizerisches Steuerrecht, 1. Hb., Tübingen 1926, 177.

mögens zur Befriedigung seiner persönlichen Bedürfnisse und für seine laufende Wirtschaft verwenden kann».[11]

Dieser nach der Reinvermögenszugangstheorie von SCHANZ konzipierte Einkommensbegriff ist konsequent dem *Leistungsfähigkeitsprinzip* verpflichtet. Sämtliche in Geld bewertbaren Vorteile, die einem Individuum während einer Periode zukommen, bilden Einkommen. Auch Zugänge aus *Erbschaft* und *Schenkung*, aus öffentlicher oder privater *Unterstützung*, aus *Eigennutzungen* und *Wertvermehrungen* sowie der *Fund* oder gar der *Diebstahl* führen zu Einkommen. Auf der anderen Seite ergibt sich als notwendige Konsequenz der Reinvermögenszugangstheorie, dass sämtliche *Schuldzinsen* und *Wertverminderungen* von Vermögensgegenständen abziehbar sind.[12]

Nach der Reinvermögenszugangstheorie spielt es keine Rolle, ob die den Konsum ermöglichenden wirtschaftlichen Vorteile dem Steuerpflichtigen *von aussen* zugeflossen sind bzw. *am Markt erwirtschaftet* wurden oder ob sie in seiner Vermögenssphäre entstanden sind.[13] So bildet auch der *unrealisierte Vermögenszuwachs* nach dem Reinvermögenszugangsprinzip eindeutig leistungsfähigkeitssteigerndes Einkommen.[14] Gleiches gilt für die sog. *zugerechneten Einkünfte* («imputed income»). Hierzu werden nicht nur die *Eigenleistungen* verschiedenster Art gerechnet, sondern auch der Wert der *Eigennutzung von Vermögenswerten*.[15]

Obwohl die Reinvermögenszugangstheorie streng am Leistungsfähigkeitsprinzip orientiert ist, hat sie sich im schweizerischen Steuerrecht hinsichtlich der Qualifikation dieser sog. *endogenen Reinvermögenszugänge*[16] nie durchzusetzen vermocht. *Vermögenszuwachs* von beweglichen und unbeweglichen Vermögenswerten ist einkommenssteuerrechtlich seit jeher erst relevant, wenn er in eine andere Wertform umgesetzt bzw. *realisiert* worden ist.[17] Auch die *zugerechneten Einkünfte* bilden grundsätzlich kein steuerbares Einkommen.[18] So führen die *Eigenleistungen* – d.h. die Wertschöpfungen in der Privatsphäre wie z.B. der Wert der Haushaltarbeit oder der selbst ausgeführten Reparaturarbeit – nur zu steuerbarem Einkommen, wenn ihr Wert durch Veräusserung an Dritte realisiert wird.[19]

---

[11] BGer 23.12.1996, StE 1997 B 72.11 Nr. 5 E. 3a mit weiteren Hinweisen; zu älteren Formulierungen des BGer WEIDMANN, Einkommensbegriff und Realisation, 59.
[12] SCHANZ, FinArch 1896, 7.
[13] Ausführlich WEIDMANN, Einkommensbegriff und Realisation, 12 ff.
[14] RICHARD A. MUSGRAVE/PEGGY B. MUSGRAVE/LORE KULLMER, Die öffentlichen Finanzen in Theorie und Praxis, Bd. 2, 5. A. Tübingen 1993, 180 f.
[15] SCHANZ, FinArch 1896, 34 ff.; LANG, Reformentwurf, 43 f.; TIPKE, Steuerrechtsordnung, Bd. II, 647 ff.
[16] *Endogen* sind diese Vermögenszugänge, weil sie nicht von aussen zufliessen, sondern in der Vermögenssphäre des Steuerpflichtigen entstanden sind.
[17] Wobei Gewinne auf beweglichem Privatvermögen im Bund und in allen Kantonen steuerfrei sind, dazu hinten § 13.
[18] A.M. GURTNER/LOCHER, ASA 69, 601. Vorbehalten bleibt selbstverständlich eine anderslautende gesetzliche Regelung (vgl. RICHNER/FREI/KAUFMANN/MEUTER, N 9 zu ZH StG 16).
[19] In diesem Fall handelt es sich nicht mehr um endogene, sondern um von aussen zufliessende Einkünfte (ausführlich REICH, in: ZWEIFEL/ATHANAS, N 28 ff. zu DBG 16; RICHNER/FREI/KAUFMANN/MEUTER, N 32 zu ZH StG 16; a.M. LOCHER, N 33 ff. zu DBG 16).

Und schliesslich ist die *Eigennutzung* von Vermögenswerten nur steuerbar, wenn dies ausdrücklich im Gesetz vorgesehen ist.

15 Diese Abweichungen des steuerrechtlichen Einkommensbegriffs von der weit gefassten Einkommensumschreibung der Reinvermögenszugangstheorie werden im Grundsatz allgemein anerkannt, jedoch unterschiedlich erklärt. Die dogmatische Fundierung der Anomalien von der Reinvermögenszugangstheorie ist nicht nur von theoretischem Interesse, sondern hat auch namhafte praktische Auswirkungen, insbesondere bei der Qualifikation der endogenen Reinvermögenszugänge.

II. Absage an die Markteinkommenstheorie

16 In Deutschland werden die Abweichungen des steuerrechtlichen Einkommensbegriffs von der Reinvermögenszugangstheorie überwiegend mit der Markteinkommenstheorie erklärt. Danach werden konsumierbare Vermögenszugänge, die *ohne Teilnahme am Marktgeschehen* erworben werden, vom geltenden Steuerrecht nur erfasst, wenn sie ausdrücklich für steuerbar erklärt werden.[20]

17 Der deutschen Doktrin folgend, wird verschiedentlich auch in der Schweiz versucht, dem steuerrechtlichen Einkommensbegriff nicht nur die Reinvermögenszugangstheorie, sondern auch die Markteinkommenstheorie zugrunde zu legen.[21] Obwohl dieses Erklärungsmodell für das Verständnis des deutschen Einkommensbegriffs von einigem Nutzen ist,[22] wird es dem Einkommensbegriff, welcher den Steuergesetzen von Bund und Kantonen zugrunde liegt, aus folgenden Gründen nicht gerecht:

18 Im Vergleich zu Deutschland ist der allgemeine Einkommensbegriff hierzulande seit jeher weit *umfassender* konzipiert. Der deutsche Einkommensbegriff hat sich nicht zuletzt wegen der unterschiedlichen steuergesetzlichen Ausgangslage weiter von der Reinvermögenszugangstheorie entfernt als der schweizerische. So erachten es die meisten schweizerischen Steuergesetzgeber für unerlässlich, Erbschaften und Schenkungen sowie gewisse Unterstützungsleistungen ausdrücklich vom steuerbaren Einkommen auszunehmen. Auch war die Steuerbarkeit von Lotteriegewinnen oder von Einkünften aus Liebhaberei, Fund oder gar aus unerlaubter Handlung bis anhin unbestritten. Überdies ist auch die harmonisierte Ordnung der Alimentenbesteuerung just nicht nach dem Markteinkommenskonzept ausgestaltet worden.

---

[20] TIPKE, Steuerrechtsordnung, Bd. II, 628 ff.; ROLF WITTMANN, Besteuerung des Markteinkommens – Grundlinien einer freiheitsschonenden Besteuerung, Steuer und Wirtschaft 1993, 35 ff.; WEIDMANN, Einkommensbegriff und Realisation, 63 ff. mit weiteren Hinweisen.
[21] BLUMENSTEIN/LOCHER, System, 171; HÖHN/WALDBURGER, Bd. I, § 14 N 8; GURTNER/LOCHER, ASA 69, 601; JEAN-MARC RIVIER, Droit fiscal suisse. L'imposition du Revenu et de la Fortune, 2. A. Neuenburg 1998, 300 f.
[22] LANG, in: TIPKE/LANG, § 9 N 52.

In *quantitativer Hinsicht* trifft es zwar durchaus zu, dass das gemäss schweizerischem Steuerrecht steuerbare Einkommen im Grossen und Ganzen den am Markt – durch Teilnahme an der Bildung des Sozialprodukts – erzielbaren Einkünften entspricht,[23] die Marktbezogenheit der Einkünfte bildet jedoch kein allgemein verwendbares Kriterium zur Lösung heikler Abgrenzungsfragen. Es ist im Übrigen auch wenig dienlich, sich zur Erklärung der Abweichungen von der Reinvermögenszugangstheorie auf die Markteinkommenstheorie zu berufen, wenn zugleich die *Kernaussage* dieser Theorie in Abrede gestellt wird. So vertreten z.B. LOCHER und GURTNER die Auffassung, der *Selbstverbrauch* von Sachgütern und Dienstleistungen sowie die *Nutzung* dauerhafter Gebrauchsgüter würden vom schweizerischen Einkommensbegriff umfasst, obwohl sie sich an die Markteinkommenstheorie anlehnen.[24] Nach der Markteinkommenstheorie soll aber der Leistungsempfang ausserhalb des Marktes eben gerade nicht besteuert werden. Auch müsste, wer der Markteinkommenstheorie folgt, die *realisierten* Eigenleistungen konsequenterweise als steuerbar erachten.[25]

19

III. Schlüsselfunktion des Zuflusses

1. Einkommen als Zufluss von aussen

Sucht man nach den Gründen, welche die schweizerischen Steuergesetzgeber zu verschiedenen Abweichungen von der Reinvermögenszugangstheorie bewogen haben, so lassen sich diese zum einen auf *steuersystematische* und *sozialpolitische* Überlegungen zurückführen. Zum andern sind sie aber durchaus auf ein *einheitliches einkommenstheoretisches Konzept* zurückzuführen.

20

In der Schweiz ist es nicht die Marktbezogenheit, welche den Einkommensbegriff grundlegend prägt, sondern der *Zufluss von aussen*. Die Steuergesetzgeber von Bund und Kantonen haben seit jeher in Abweichung von der Reinvermögenszugangstheorie grundsätzlich nur externe Vermögenszugänge als Einkünfte erfasst. Als Einkommen im steuerrechtlichen Sinn wird prinzipiell nur das verstanden, was *von aussen* in die Vermögenssphäre des Steuerpflichtigen *hereinkommt*. Das bedeutet, dass die *endogenen Vermögenszugänge* nicht der Besteuerung unterliegen, wenn sie nicht ausdrücklich für steuerbar erklärt werden. Sie bilden – wie gesehen – zwar *Einkünfte* nach der Reinvermögenszugangstheorie, werden indes steuerrechtlich nicht erfasst, weil sie keine Vermögenszuflüsse von aussen darstellen. Sie bilden deshalb auch keine Einkünfte im Sinn der Generalklausel.

21

Als Einkünfte im steuergesetzlichen Sinn sind deshalb sämtliche geldwerten Vorteile zu verstehen, die einem Steuerpflichtigen in einer bestimmten Periode von aussen zufliessen und die er ohne Vermögenseinbusse für seine privaten Bedürf-

22

---

[23] HÖHN/WALDBURGER, Bd. I, § 14 N 8 mit Hinweis auf NEUMARK, Einkommensbesteuerung, 41.
[24] GURTNER/LOCHER, ASA 69, 601; vgl. auch LOCHER, N 11 ff zu DBG 16.
[25] Anders aber LOCHER, N 52 zu DBG 16.

nisse verwenden kann. Diese Umschreibung des steuerbaren Einkommens entspricht zwar prima facie weitgehend der viel zitierten Formulierung von ERNST BLUMENSTEIN. Inhaltlich unterscheidet sie sich jedoch wesentlich durch ein *anderes Verständnis des Zuflusselements*. Während BLUMENSTEIN den Zufluss im SCHANZ'schen Sinn extensiv als *Reinvermögenszugang* verstanden hat, erfasst die hier vertretene Definition des steuerbaren Einkommens lediglich die *von aussen zufliessenden Reinvermögenszugänge*. Auch der BLUMENSTEIN'sche Einkommensbegriff spricht zwar von «*zufliessen*», darunter wird jedoch – der Reinvermögenszugangstheorie getreu – nicht nur jeder Zufluss von aussen, sondern auch jeder andere *ökonomische Nettovermögenszugang* subsumiert. Nach der Reinvermögenszuflusstheorie stellen jedoch endogene Nettovermögenszugänge kein steuerbares Einkommen dar.

2. Zufluss von aussen und Realisation

23 Einkommen, das von aussen zufliesst, ist sehr oft Einkommen, welches auf einem Realisationsvorgang basiert. Als Realisation erscheint das Erbringen einer Leistung gegen Entgelt. Dabei kann es sich um eine Arbeits- bzw. Dienstleistung oder einen Vermögensgegenstand handeln.[26] Mit der Realisierung wird die eigene Leistung in eine andere Wertform umgesetzt und es fliesst ein Entgelt von aussen zu. Die eigene Leistung in der Form einer Dienstleistung oder eines Vermögensgegenstands scheidet aus dem Vermögen aus und bewirkt einen Zufluss von aussen.

24 Jede Realisation bildet deshalb einen einkommenssteuerrechtlich relevanten Vorgang. Dies gilt auch bei *realisierten endogenen Vermögenszugängen*. Sobald ein endogener Reinvermögenszuwachs oder Eigenleistungen realisiert werden, stellen sie – abweichende steuergesetzliche Regelungen vorbehalten – Einkommen im steuergesetzlichen Sinn dar. Wenn die selbst geschaffenen Vermögenswerte (z.B. Bilder eines Hobbymalers) bzw. die angewachsenen Mehrwerte (z.B. Wertzunahmen von Liegenschaften) die Vermögenssphäre verlassen und dafür ein Entgelt vereinnahmt wird, werden die endogenen Vermögenszugänge in eine andere Wertform umgesetzt; es liegt somit ein Zufluss von aussen vor. Der Realisation kommt mithin im Bereich der endogenen Vermögenszugänge eine hervorragende Bedeutung zu, weil die endogenen Vermögenszugänge nur im Falle ihrer Realisation einkommensbildend sind. Was sich *innerhalb der Vermögenssphäre* der Steuerpflichtigen zuträgt, ist ohne die durch die Realisation hergestellte *Aussenbeziehung* nicht einkommenswirksam.

25 Sämtliche wesentlichen Unterschiede des steuerrechtlichen Einkommensbegriffs zur Reinvermögenszugangstheorie können somit anhand des Realisationskriteriums erklärt werden. Dennoch bildet nicht etwa die Realisation, sondern der Zufluss von aussen *Tatbestandsmerkmal* des steuergesetzlichen Einkommensbegriffs.[27] Es gibt nach dem schweizerischen Verständnis des steuerbaren Ein-

---

[26] Hinten § 15 N 78.
[27] A.M. WEIDMANN, Einkommensbegriff und Realisation, 86 ff., 221.

kommens verschiedene Einkünfte, die nicht auf das Erbringen einer Leistung bzw. einen Vermögensabgang zurückgeführt werden können und trotzdem unter den gesetzlichen Einkommensbegriff fallen.[28] Der Realisationsbegriff vermag die Steuerbarkeit von verschiedenen Einkünften, die zwar nicht mit einem Vermögens- oder Leistungsabgang verbunden sind, aber nach der Reinvermögenszugangstheorie dennoch Einkünfte bilden, nicht plausibel zu erklären.

3. Rechtfertigung der Reinvermögenszuflusstheorie

Die Abweichungen des steuerrechtlichen Einkommensbegriffs von der Reinvermögenszugangstheorie und den finanzwissenschaftlichen Vorstellungen von Einkommen haben verschiedene Gründe: 26

– Vorab sprechen *erhebungstechnische Überlegungen* gegen den Einbezug endogener Vermögenszugänge in den steuerrechtlichen Einkommensbegriff. Alles, was von aussen zufliesst, ist in der Regel leicht messbar und vielfach in liquider Form vorhanden. Der steuerliche Zugriff wird derart *weniger einschneidend* verspürt, weil neue Werte hinzukommen, wovon ein Teil zur Steuerentrichtung verwendbar ist. 27

– Der auf dem Zufluss von aussen basierende steuerrechtliche Einkommensbegriff ist sodann auch in der Lage, verschiedene an sich gegenläufige *verfassungsrechtliche Wertungen* in einem tragfähigen Kompromiss zu vereinen. Er ermöglicht die Besteuerung nach der wirtschaftlichen Leistungsfähigkeit der Individuen unter Achtung ihrer Privatsphäre und unter grösstmöglicher Gewährleistung ihrer wirtschaftlichen Dispositionsfreiheit. Überdies bietet er auch Gewähr dafür, dass die gesetzliche Einkommensumschreibung den Anforderungen der Rechtssicherheit und des Legalitätsprinzips genügt. Er vermag schlüssig zu erklären,[29] weshalb die Haushaltarbeit, das Ausfüllen der eigenen Steuererklärung oder die Nutzung einer Motoryacht trotz Generalklausel nicht vom gesetzlichen Einkommensbegriff erfasst werden. 28

IV. Neutralisierende Wirkung von korrelierenden Vermögensabgängen

1. Einkommen als Bereicherung

Steuerbare Einkünfte sind somit immer Vermögenszugänge, aber nicht jeder Vermögenszufluss stellt *steuerbares Einkommen* dar. Vermögenszuflüsse sind nur 28a

---

[28] So z.B. Erbschaft und Schenkung (deren Nichterfassung durch die Einkommenssteuern deshalb ausdrücklich im Gesetz festgehalten werden muss; vgl. DBG 24 a), Unterstützungsleistungen, Fund.

[29] Dies im Unterschied zu Erklärungsversuchen, welche die Nichtbesteuerung dieser Reinvermögenszugänge auf die angeblich *pragmatische Konzeption* des Einkommensbegriffs zurückführen oder lediglich zu Praktikabilitätsüberlegungen Zuflucht nehmen.

einkommensbildend, wenn sie zu einer Zunahme der wirtschaftlichen Leistungsfähigkeit der Steuerpflichtigen führen und die Befriedigung privater Bedürfnisse ermöglichen. Der Zufluss einer Darlehenssumme verschafft einem zwar Liquidität und ermöglicht die Erfüllung privater Bedürfnisse, bildet aber keine Bereicherung, keinen Nettovermögenszugang, weil ihm eine korrelierende Darlehensverpflichtung gegenübersteht.

28b Bevor ein Vermögenszufluss als steuerbares Einkommen qualifiziert werden kann, muss er demnach daraufhin untersucht werden, ob er nicht durch einen solchen korrelierenden Vermögensabgang neutralisiert wird. Die Anforderungen an eine steuerliche Neutralisierung an sich steuerbarer Vermögenszuflüsse müssen aus dem Einkommensbegriff als wirtschaftlicher Grösse abgeleitet werden.[30] Liegt ein korrelierender Vermögensabgang vor, so stellt der Vermögenszugang trotz des Bruttoprinzips in der gesetzlichen Umschreibung des Einkommens natürlicher Personen kein Einkommen dar; es fehlt an einem Reinvermögenszugang, der die private Bedürfnisbefriedigung ermöglicht. Die korrelierenden Vermögensabgänge stempeln die entsprechenden Vermögenszugänge zu «Nichteinkünften». Sie bedürfen deshalb keiner ausdrücklichen gesetzlichen Erwähnung im Katalog der steuerfreien Einkünfte und müssen insbesondere auch nicht unter den gesetzlichen Abzügen aufgeführt werden.

2. Schadenersatzleistungen

28c Schadenersatzleistungen sind demnach kein steuerbares Einkommen, obwohl es sich um Zuflüsse von aussen handelt. Mit dem Schadenersatz wird lediglich eine erlittene oder noch eintretende wirtschaftliche Einbusse ausgeglichen;[31] der Zufluss wird durch einen korrelierenden Vermögensabgang neutralisiert. Es liegt folglich *kein Reinvermögenszugang* vor.

28d Vorbehalten bleibt die Besteuerung von Schadenersatzleistungen, welche *wegfallende Erwerbseinkünfte* ersetzen.[32] Weil die Erwerbseinkünfte steuerbar sind, sind es konsequenterweise auch die an ihre Stelle tretenden Versicherungsleistungen. Nicht steuerbar ist aber wiederum die Entschädigung für den Ausfall der den Haushalt führenden Person oder einer Haushalthilfe (sog. *Haushaltschaden*). Weil der Wert der Haushaltarbeit auf nicht steuerbare Eigenleistungen zurückzuführen ist, ist auch die an deren Stelle tretende Entschädigung kein Einkommen.[33]

---

[30] Ausführlich REICH, ASA 80, 132 ff.
[31] StRK III ZH 26.6.1997, StE 1999 B 21.1 Nr. 7 E. 2a.
[32] BGer 20.6.1986, ASA 56, 64 f. E. 2b; ausführlich ZIGERLIG/JUD, in: ZWEIFEL/ATHANAS, N 12 ff. zu DBG 23.
[33] BGer 15.2.1991, BGE 117 Ib 1 = StE 1991 B 26.44 Nr. 5. In einem neueren Entscheid (BGer 23.2.2006, BGE 132 II 128 = StE 2006 B 26.43 Nr. 2) kommt das Bundesgericht mit einer anderen, schwer nachvollziehbaren Begründung zum gleichen Ergebnis; kritisch dazu MARKUS REICH/ ROBERT WALDBURGER, Rechtsprechung im Jahr 2005 (1. Teil), FStR 2006, 222 ff., 230 f.

3. Lidlohn

Soweit der Lidlohn Ausgleich bildet für die früher eingetretenen Vermögenseinbussen, die der Berechtigte durch die Zuwendung bzw. Ablieferung von Einkünften erlitten hat (vgl. ZGB 334 I), unterliegt er wie die Schadenersatzleistungen nicht der Besteuerung. Der Zufluss des Lidlohns wird durch die früheren Vermögensabgänge neutralisiert.[34] Anders verhält es sich jedoch beim Lidlohn in der Form der Entschädigung für früher geleistete Arbeit. Diesfalls ist der Lidlohn als Erwerbsersatzeinkommen steuerbar.

28e

4. Ungerechtfertigte Vermögenszugänge

Diese Überlegungen liegen auch der Praxis zur Besteuerung von ungerechtfertigten Vermögenszugängen zugrunde.[35] Obwohl auch ungerechtfertigte Vermögenszugänge durchaus zu steuerbarem Einkommen führen können,[36] wird von der Besteuerung abgesehen, wenn der Empfänger das, was ihm zu Unrecht zugeflossen ist, tatsächlich *abliefern* bzw. *zurückgeben* muss. Der Zufluss wird in diesen Fällen durch den Rückerstattungsanspruch neutralisiert, dies allerdings nach der Praxis nur, wenn mit der Erfüllung der Rückerstattungspflicht ernstlich gerechnet werden muss und somit bereits im Zeitpunkt des Zuflusses ein *liquider Anspruch* auf Ablieferung, dessen Durchsetzung unmittelbar bevorsteht, gegeben ist.[37]

28f

Ausgehend vom *Einkommen als wirtschaftliche Grösse* erscheinen diese Voraussetzungen an die Neutralisation eines Vermögenszuflusses als überspannt. Sobald eine ungerechtfertigte Bereicherung oder rechtswidrig erlangte Vermögenswerte zurückerstattet oder eingezogen sind, fehlt es an einem einkommenssteuerrechtlich relevanten Zufluss. Der nachträgliche Vermögensabgang in der Form der Rückerstattung, der Herausgabe oder der Einziehung korreliert mit dem früheren Vermögenszugang, der deshalb, wie sich im Nachhinein herausstellt, nicht einkommensbildend war. Das Leistungsfähigkeitsprinzip gebietet hier eine kohärente Betrachtungsweise. Ob mit der Rückgabe im Zeitpunkt des Vermögenszugangs bereits ernstlich zu rechnen war, spielt aus wirtschaftlicher Sicht keine Rolle. *Faktisch* verfügte der Steuerpflichtige im Resultat zu keinem Zeitpunkt über leistungsfähigkeitssteigernde Mittel, auch wenn er zunächst nicht mit der Rückerstattung hat rechnen müssen. Ausschlaggebend ist einzig, dass der Vermögenszugang nicht definitiv erfolgt ist oder anders gewendet, dass ihn der Erwerber tatsächlich nicht behalten durfte. Das «Behaltendürfen» bildet, wenn man der Erkenntnis folgt, dass das Einkommen nicht nur zulasten, son-

28g

---

[34] Vgl. Kreisschreiben Nr. 4 (1981/82) der EStV vom 30.4.1980 betreffend die steuerliche Behandlung der Entschädigung nach Art. 334 ZGB (Lidlohn), 1 f.
[35] Dazu ausführlich REICH, FStR 2004, 11 ff.
[36] Vorne N 12.
[37] Mit Hinweisen REICH, ASA 80, 120 ff.

dern auch zugunsten der Steuerpflichtigen eine wirtschaftliche Grösse darstellt, ein zentrales Tatbestandsmerkmal der Einkommensbildung.[38]

28h Aus diesen Gründen bilden auch *übersetzte Lohn- oder Bonizahlungen* kein steuerbares Einkommen, wenn und soweit sie im Nachhinein zurückerstattet werden. Unerheblich ist, ob privatrechtlich ein Rückforderungsanspruch klar nachgewiesen werden kann, es genügt, wenn ein faktischer Zwang (Druck der Öffentlichkeit, Prozessdrohungen der neuen Geschäftsleitung, moralische Verpflichtung u.a.) Anlass zur Rückleistung gebildet haben.[39]

C. Grundsatz der Gesamtreineinkommenssteuer

29 Es wurde bereits dargelegt, dass der steuerrechtliche Einkommensbegriff trotz verschiedener Einschränkungen sehr weit gefasst ist. Die Steuergesetze von Bund und Kantonen erfassen dem Grundsatz nach das *gesamte Einkommen* der Steuerpflichtigen.[40] Der Umstand, dass verschiedene steuergesetzliche Bestimmungen der integralen Anwendung des Grundsatzes der Gesamtreineinkommenssteuer entgegenwirken, indem zahlreiche Einkommensbestandteile aus sozialen, wirtschaftspolitischen oder steuersystematischen Gründen nicht der allgemeinen Einkommensteuer unterworfen sind, spricht nicht gegen die *zentrale Bedeutung* dieses aus dem Leistungsfähigkeitsprinzip abgeleiteten fundamentalen Grundsatzes der Einkommenssteuer.

30 Der Grundsatz der Gesamtreineinkommensbesteuerung kommt überall dort zum Tragen, wo der Steuergesetzgeber nicht klar und deutlich davon abgewichen ist. Er lässt sich wie folgt konkretisieren:

I. Prinzip der Totalität

31 Der Grundsatz der Gesamtreineinkommenssteuer beinhaltet vorab das Totalitätsprinzip. Eine gleichmässige Besteuerung nach der wirtschaftlichen Leistungsfähigkeit ist nur gewährleistet, wenn *alle Einkünfte* im Steuerobjekt vereinigt werden. Es werden *sämtliche geldwerten Vorteile*, die dem Steuerpflichtigen

---

[38] Ebenso für das deutsche Steuerrecht TRZASKALIK, StuW 1985, 224 f.
[39] Vgl. REICH, ASA 80, 133 ff.
[40] BGer 8.1.1999, BGE 125 II 113 E. 4a = StE 1999 B 23.1 Nr. 41; vgl. BGer 20.6.2002, StE 2002 B 26.27 Nr. 5 E. 3.3; vgl. auch Botschaft zu Bundesgesetzen über die Harmonisierung der direkten Steuern der Kantone und Gemeinden sowie über die direkte Bundessteuer (Botschaft über die Steuerharmonisierung) vom 25.5.1993, BBl 1983 III, 1–381, 161: «Grundsatz der allgemeinen Einkommenssteuer».

während des Jahres netto zufliessen, in einer einheitlichen Bemessungsgrundlage berücksichtigt.[41]

Unerheblich ist die *Form*, in welcher die Einkünfte zufliessen. Besteuert werden nicht nur Geldeinkünfte, sondern auch die *Naturaleinkünfte*. Das sind Einkünfte, die dem Steuerpflichtigen in der Form von Sachen, Rechten oder Dienstleistungen zufliessen. Auch Naturaleinkünfte sind nur steuerbar, wenn sie *von aussen* zufliessen; es handelt sich in der Regel um Leistungen im Bereich der Erwerbstätigkeit und der geldwerten Leistungen aus Beteiligungen. Voraussetzung der Steuerbarkeit bildet eine gewisse *Disponibilität;* Naturaleinkünfte sind nur steuerbar, wenn und soweit sie in Geld umsetzbar sind oder die Einsparung von Ausgaben ermöglichen, die der Steuerpflichtige ohnehin getätigt hätte. Gewisse Naturaleinkünfte sind als sog. *Naturalbezüge* ausdrücklich aufgeführt (vgl. DBG 16 II).

32

II. Prinzip der Realität

Ausfluss des Grundsatzes der Gesamtreineinkommenssteuer ist sodann das Prinzip der *Realität* des Einkommens. Steuerbar sind nur die *Ist-* und nicht irgendwelche *Solleinkünfte*.[42] Steuerobjekt bildet das *tatsächlich erzielte*, nicht das *erzielbare Einkommen*.[43]

33

> Die Besteuerung von «Forderungen» gegenüber Anlagebetrügern in sog. *Schneeballsystemen*[44] verletzt demnach den Grundsatz der Realität des Einkommens. Die Steuerpraxis besteuert hier fiktive bzw. erzielbare (nicht tatsächlich erzielte) Einkünfte.[45] Gutschriften von Anlagebetrügern liegt keine nachweisbare wirtschaftliche Bereicherung zugrunde. Solchen «Forderungen» kommt nach der allgemeinen Verkehrsauffassung *kein Geldwert* zu. Eine Bereicherung tritt nur ein, wenn von der Rückzugsmöglichkeit Gebrauch gemacht wird,[46] was aber in den umstrittenen Fällen eben gerade nicht gemacht wurde. Die Annahme eines Zuflusses verletzt somit das *Rea-*

---

[41] Der Einbezug aller Einkünfte in die Steuerbemessung bedeutet nicht, dass auch alle Einkünfte mit demselben Steuersatz zu belegen sind (dazu § 17 N 12 ff.).
[42] TIPKE, Steuerrechtsordnung, Bd. I, 497; ders., Steuerrechtsordnung, Bd. II, 631.
[43] BGer 11.12.1981, BGE 107 Ib 325 = Pra 71, 130; vgl. auch BGer 28.1.2005, StE 2005 B 25.2 Nr. 7 E. 2 und 3.
[44] Dazu BGer 27.1.2003, StE 2003 B 21.1 Nr. 11 E. 2.3 (Verwaltungsgerichtsbeschwerde); kürzlich im Grundsatz bestätigt durch BGer 6.7.2011, StE 2011 B 21.1 Nr. 19 E. 3. Vgl. auch VGer ZH 23.8.2006, StE 2007 B 21.1 Nr. 15 E. 3.3.3 unter Hinweis auf VGer ZH 10.9.2003, RB 2003 Nr. 82.
[45] Ausführlich dazu und zum Folgenden REICH, ASA 80, 120 f.; ders., in: ZWEIFEL/ATHANAS, N 21a und 37 zu DBG 16; WEIDMANN, FStR 2003, 99; ROBERT WALDBURGER, Rechtsprechung im Jahr 2001 (1. Teil), FStR 2002, 138 ff., 140 f.
[46] Und auch dann nur, wenn und soweit der Zufluss nicht durch eine spätere Rückerstattung infolge vollstreckungsrechtlicher Rückforderungsansprüche neutralisiert wird (BGer 6.7.2011, StE 2011 B 21.1 Nr. 19 E. 5.1 und 5.2).

litätsprinzip, weil der effektive Zufluss nie erfolgte, sondern suspensiv bedingt ist.

III. Prinzip der Faktizität

34 Ob im konkreten Fall ein realer Vermögenszugang vorhanden ist, beurteilt sich nicht primär nach privatrechtlichen, sondern nach ökonomischen Gesichtspunkten. Der steuerrechtliche Einkommensbegriff knüpft nach dem Faktizitätsprinzip nicht an privatrechtliche Institute und Vorgänge an, sondern an die wirtschaftlichen Auswirkungen des Privatrechtsverkehrs.[47] Das Faktizitätsprinzip verlangt deshalb *nach einer wirtschaftlichen Betrachtungsweise* bei der Auslegung von Einkommenssteuernormen.[48]

35 Eine solche Zunahme der wirtschaftlichen Verfügungsmacht erfolgt zwar meistens durch den Zufluss von *Eigentum* an Vermögenswerten oder durch den Erwerb von *Forderungen*. Einkommen kann aber ausnahmsweise auch entstehen, wenn Vermögenswerte zufliessen, an denen der Empfänger privatrechtlich kein Eigentum erwirbt, über die er jedoch wirtschaftlich *wie* ein Eigentümer verfügen kann. Wem wirtschaftlich die gleiche Sachherrschaft über einen Vermögenswert zusteht wie dem Eigentümer, der unterscheidet sich ökonomisch und damit auch steuerrechtlich nicht von diesem. Der Einkommenszufluss ist ein faktischer Vorgang.[49] Die privatrechtlichen Verhältnisse spielen nur insoweit eine Rolle, als sie in der Regel die tatsächliche *wirtschaftliche Disponibilität* des Vermögenszugangs bestimmen.

36 Auch ein *privatrechtlich anfechtbarer Vermögenszugang* wird deshalb steuerrechtlich als vollzogen betrachtet, wenn er nicht tatsächlich angefochten und rückgängig gemacht wird.[50] Es wird steuerrechtlich auf das abgestellt, was sich real zugetragen hat. Wer einen Vermögensgegenstand aufgrund eines *nichtigen Rechtsgeschäfts* empfängt, wird zwar nicht dessen Eigentümer, steuerrechtlich liegt indes ein Vermögenszugang vor, wenn der Eigentümer sein Recht nicht erfolgreich geltend macht.[51]

37 Die Steuerfolgen der erfolgreichen *nachträglichen Anfechtung* und *Rückabwicklung* von solchen rechtsgrundlosen Vermögensübergängen sind in der Praxis unklar. Überwiegend wird die Einkommensbildung des ursprünglichen Vermögenszuflusses bei Rückabwicklung des ihm zugrunde liegenden Vertrags wegen

---

[47] Vgl. LANG, in: TIPKE/LANG, § 1 N 19; REICH, FStR 2004, 6.
[48] Vorne § 6 N 14 ff.
[49] VGer ZH 25.3.1998, RB 1998 Nr. 148; OBERSON, Droit fiscal, §7 N 11; REICH, ASA 80, 116; WEIDMANN, FStR 2003, 95 f.
[50] PETER BÖCKLI, Darlehen an Aktionäre als aktienrechtlich kritischer Vorgang, ST 1980, 4 ff., 5, Fn. 22.
[51] REICH, FStR 2004, 6.

dessen *Nichtigkeit* verneint,[52] mit dem Resultat, dass die allenfalls bereits vorgenommene Veranlagung korrigiert wird, falls erforderlich im Revisionsverfahren. Bei Rückerstattungen aufgrund von *Bereicherungsansprüchen* wird indes der früher angenommene Zufluss von steuerbarem Einkommen nur verneint, wenn bereits im Zeitpunkt des Zuflusses ein liquider Anspruch bestand, mit dessen Durchsetzung ernstlich zu rechnen war.[53] Diese unterschiedliche Behandlung wirtschaftlich identischer Erwerbsvorgänge vermag nicht zu überzeugen.[54] Vielmehr neutralisiert der spätere Vermögensabgang den früheren Zugang, weshalb gar kein Einkommen hat entstehen können.[55] Ob Vindikation oder Kondiktion dem Vorgang zugrunde liegt, kann nach dem Faktizitätsprinzip nicht entscheidend sein.

IV. Nettoprinzip

Im Weiteren impliziert der Grundsatz der Gesamtreineinkommensbesteuerung das Nettoprinzip, wonach nicht das *Bruttoeinkommen* bzw. irgendwie geartete *Roheinkünfte* besteuert werden dürfen, sondern bloss das zur Bestreitung der (nicht existenziellen) Lebenshaltungskosten zur Verfügung stehende Einkommen. Es wird unterschieden zwischen dem *objektiven* und dem *subjektiven Nettoprinzip*. 38

1. Objektives Nettoprinzip

a)   Einkommenspool

Nach dem objektiven Nettoprinzip ist nicht das Brutto- oder Roheinkommen steuerbar, sondern das Bruttoeinkommen abzüglich der damit zusammenhängenden Aufwendungen.[56] Sämtliche Brutto- oder Roheinkünfte bilden einen Pool, von welchem alle damit in qualifizierter Art und Weise zusammenhängenden Aufwendungen abgezogen werden. Das hat zur Folge, dass auch Aufwandüberschüsse aus einzelnen Einkunftsarten vom Total der positiven Einkommenselemente absetzbar sind. Die Bildung von *Körben,* innert welchen eine Aufwandverrechnung stattfinden kann, widerspricht dem Nettoprinzip. Übersteigen deshalb die abziehbaren Unterhaltskosten einer Liegenschaft in einer Bemessungsperiode die Bruttoeinkünfte aus dieser Liegenschaft, können sie den- 39

---

[52] VGer ZH 18.6.1996, StR 1996, 548 ff.; eine gegen diesen Entscheid erhobene Verwaltungsgerichtsbeschwerde wurde mit BGer 22.10.1997, BGE 123 II 588, abgewiesen.
[53] VGer ZH 25.3.1998, RB 1998 Nr. 148.
[54] Ausführlich Reich, FStR 2004, 10 ff.
[55] Vgl. vorne N 28a ff.
[56] Reich, in: Zweifel/Athanas, N 5, 18 f. zu DBG 25; Richner/Frei/Kaufmann/Meuter, N 4 der Vorbemerkungen zu ZH StG 16–37. Erforderlich ist keine vollständige *Symmetrie* zwischen den Einkünften und den Gewinnungskosten (vgl. BGer 7.6.2007, BGE 133 II 287 E. 3 = Pra 2008, Nr. 62).

noch geltend gemacht und von den übrigen steuerbaren Einkünften abgezogen werden.

b) Abziehbare Gewinnungskosten

40 Das objektive Nettoprinzip verlangt somit den Abzug sämtlicher Gewinnungskosten. Das Hauptanwendungsgebiet der Gewinnungskosten ist das Erwerbseinkommen; in diesem Zusammenhang wird auch von *Berufsauslagen* gesprochen. Abziehbar sind nach dem Nettoprinzip aber auch *sämtliche Aufwendungen*, die zur Erzielung des *Vermögensertrags,* der *Einkünfte aus Vorsorge* sowie der *übrigen Einkünfte* erforderlich sind. Nach dem Grundsatz der Gesamtreineinkommensbesteuerung dürfen im Ergebnis nicht die steuerbaren Bruttoeinkünfte (DBG 16–23), sondern nur die um die Gewinnungskosten gekürzten Zuflüsse aus allen Einkommensarten besteuert werden.

41 Gemäss des Wortlauts von DBG 25 sind nur die ausdrücklich in DBG 26–33a erwähnten Aufwendungen und allgemeinen Abzüge abziehbar, was in DBG 34 bestätigt wird, indem die übrigen Kosten und Aufwendungen vom Abzug ausgeschlossen werden. Dies kann jedoch hinsichtlich der Gewinnungskosten nicht dem Sinn der gesetzlichen Bestimmungen entsprechen. Die Abziehbarkeit der Gewinnungskosten ergibt sich aus dem objektiven Nettoprinzip. Eine Missachtung des objektiven Nettoprinzips bildet einen Verstoss gegen den verfassungsrechtlichen *Grundsatz der Besteuerung nach der wirtschaftlichen Leistungsfähigkeit.* Zudem gewährleistet StHG 9 I die Abzugsmöglichkeit sämtlicher Gewinnungskosten. Überdies unterstreicht die Überschrift von DBG 25 den *Grundsatzcharakter* dieser Vorschriften, welche hinreichend begründete Ausnahmen durchaus zulassen. Aus diesen Gründen sind alle Gewinnungskosten abziehbar, auch wenn sie – wie z.B. die Baurechtszinsen[57] – in den Steuergesetzen nicht ausdrücklich als abziehbar erwähnt sind.[58]

42 Abziehbar sind aber nicht sämtliche Ausgaben, die mit der Erzielung der Einkünfte in *irgendeinem Zusammenhang* stehen oder die *anlässlich* der Einkunftserzielung verausgabt worden sind, sondern nur die zu deren Erzielung *notwendigen Aufwendungen*. Das Element der Notwendigkeit oder Erforderlichkeit ist insofern in einem *weiten Sinn* zu verstehen, als das Bundesgericht nicht verlangt, dass der Steuerpflichtige das betreffende Einkommen ohne die streitige Auslage überhaupt nicht hätte erzielen können.[59] Es wird auch nicht verlangt, dass eine *Rechtspflicht* zur Bezahlung der entsprechenden Aufwendungen besteht; «es genügt, dass diese nach wirtschaftlichem Ermessen als der Gewinnung des Einkommens förderlich erachtet werden können und dass ihre Vermeidung dem Steuerpflichtigen nicht zumutbar war».[60]

---

[57] Vgl. hinten § 13 N 98 ff.
[58] Gl.M. LOCHER, N 2 zu DBG 25; RICHNER/FREI/KAUFMANN/MEUTER, N 15 zu DBG 25.
[59] BGer 5.12.1997, BGE 124 II 29 E. 3a = StE 1998 B 22.3 Nr. 63.
[60] BGer 27.5.1999, StE 2000 B 22.3 Nr. 70 E. 2b.

Die Abziehbarkeit von Aufwendungen setzt aber voraus, dass ein *qualifiziert en-* 43
ger Konnex zwischen den getätigten Ausgaben und den erzielten Einkünften vorliegt.[61] Nicht abziehbar sind die Lebenshaltungskosten. Der qualifiziert enge
Konnex kann *finaler* oder *kausaler Natur* sein. Gewinnungskosten bilden alle
Aufwendungen, die unmittelbar *zur Erzielung* des steuerbaren Einkommens getätigt werden oder die direkte *Folge der einkommensbildenden Tätigkeit* darstellen.[62] Ein lediglich auf die Kausalität abstellender Gewinnungskostenbegriff
greift zu kurz.[63] Jede Ausgabe ist auf ein Verhalten des Steuerpflichtigen zurückzuführen und lässt sich nicht ohne Einbezug des Beweggrunds umfassend qualifizieren. Auch Fehlinvestitionen, denen der Ursache-Wirkung-Konnex zur Einkommenserzielung abgeht, sind vom Einkommen abziehbar.

Neu vorne N 28c und 28d 44

Neu vorne N 28e 45

2. Subjektives Nettoprinzip

Das nach Berücksichtigung sämtlicher Einkünfte und Aufwendungen resultie- 46
rende Nettoeinkommen stellt die *abstrakte*, von den persönlichen Verhältnissen
losgelöste Leistungsfähigkeit der Steuerpflichtigen dar. Dieses Nettoeinkommen
muss nun noch *individuell* auf die besonderen wirtschaftlichen Verhältnisse des
Steuerpflichtigen projiziert werden.

Nach dem subjektiven Nettoprinzip steht derjenige Teil des – gemäss dem objek- 47
tiven Nettoprinzip ermittelten – Einkommens, welchen jemand notwendigerweise für sich, seine Familienangehörigen oder für unterstützungsbedürftige Personen verwendet, zur Steuerzahlung nicht zur Verfügung. Er darf deshalb auch
nicht als Massstab steuerlicher Leistungsfähigkeit herangezogen werden.[64] Mit
Blick auf den steten Ausbau der Verbrauchsbesteuerung ist heute eine konsequente Ausklammerung des *Existenzminimums* und der *Unterhaltsverpflichtungen* aus der Bemessungsgrundlage der Einkommenssteuer anzustreben.[65]

Der Verwirklichung des subjektiven Nettoprinzips dienen zunächst teilweise die 48
allgemeinen Abzüge bzw. die *Abzüge für besondere Aufwendungen*.[66] Darüber hinaus wird das subjektive Nettoprinzip aber auch durch die eigentlichen *Sozialabzüge* bzw. *Freibeträge* verwirklicht. Der Gesetzgeber hält die entsprechenden Teile der Bemessungsgrundlage nicht für *besteuerungswürdig* und scheidet sie mit

---

[61] VGer ZH 8.3.1995, StE 1995 B 22.3 Nr. 57.
[62] Vgl. BGer 16.12.2008, StE 2009 B 22.3 Nr. 99 E. 2.2.
[63] Die finale Komponente darf nicht durch ein exklusiv kausales Verständnis des Gewinnungskostenbegriffs verdrängt werden (a.M. LOCHER, N 10 ff. zu DBG 25). Zu Recht wird die finale Komponente des Gewinnungskostenbegriffs im soeben erwähnten Entscheid besonders hervorgehoben.
[64] LANG, in: TIPKE/LANG, § 4 N 113 f., § 9 N 42, 69 ff., 700; MARKUS REICH, Das Leistungsfähigkeitsprinzip im Einkommenssteuerrecht, ASA 53 (1984/85), 5 ff., 12 f.
[65] Zurückhaltend BGer 24.5.1996, BGE 122 I 101 E. 3 = StE 1997 A 21.16 Nr. 6.
[66] Dazu hinten § 13 N 245 ff. auch zum Folgenden.

V. Prinzip der Unmassgeblichkeit der Einkommensverwendung

49 Schliesslich fliesst aus dem Grundsatz der Gesamtreineinkommenssteuer das Prinzip der Unmassgeblichkeit der Einkommensverwendung. Abgestellt wird primär auf den Einkommenszufluss; soweit die Leistungsverwendungsseite wirtschaftliche Leistungsfähigkeit indiziert, darf sie bei der Festlegung der Bemessungsgrundlage der Einkommenssteuer grundsätzlich nicht berücksichtigt werden. Abziehbar sind daher prinzipiell weder die *Lebenshaltungskosten* noch die *reinvestierten Gewinne*. Nimmt man das Einkommen als Massgrösse wirtschaftlicher Leistungsfähigkeit, so darf die aktuelle Einkommensverwendung keine Rolle spielen.[67] Allerdings ist – wie soeben dargelegt – zu berücksichtigen, dass nach dem subjektiven Nettoprinzip alles, was jemand notwendigerweise für sich, seine Familienangehörigen oder für unterstützungsbedürftige Personen verwendet, nicht besteuert werden darf.

D. Probleme der Periodisierung

50 Die Einkommens- und Vermögenssteuer erfasst alljährlich das im Bemessungsjahr erzielte Einkommen, da der Staat zur Bestreitung seines laufenden Finanzbedarfs auf den kontinuierlichen Eingang der Steuereinnahmen angewiesen ist. Deshalb genügt es nicht festzulegen, *dass* ein bestimmter Reinvermögenszugang steuerbares Einkommen bewirkt, vielmehr muss auch der steuerrechtlich relevante *Zeitpunkt* des Einkommenszuflusses bestimmt werden. Je nach der zeitlichen Zurechnung der Einkommens- und Vermögenselemente ändern insbesondere die Progression und unter Umständen auch die Steuererhebungskompetenzen der Gemeinwesen.

I. Zeitpunkt des Zuflusses und Abflusses

1. Erfordernis des abgeschlossenen Erwerbs

51 Nach einhelliger Doktrin und Praxis gilt Einkommen im Steuerrecht grundsätzlich in jenem Zeitpunkt als zugeflossen und erzielt, in welchem der Steuerpflichtige eine Leistung vereinnahmt oder einen festen Anspruch darauf erworben hat,

---

[67] So schon NEUMARK, Einkommensbesteuerung, 48.

über welchen er tatsächlich verfügen kann.[68] Voraussetzung des steuerauslösenden Zuflusses ist demnach ein *abgeschlossener Erwerbsvorgang*, welcher Forderungs- oder Eigentumserwerb sein kann.

Mit dem Zufluss von Geld oder Sachwerten in den Verfügungsbereich eines Steuerpflichtigen ist der Erwerbsvorgang grundsätzlich abgeschlossen und die wirtschaftliche Bereicherung perfekt.[69] Bildet demgegenüber der *Forderungserwerb* Vorstufe des Eigentumserwerbs, fragt sich, in welchem Zeitpunkt die subjektive wirtschaftliche Leistungsfähigkeit definitiv zugenommen hat, sodass der steuerrechtliche Zugriff hinreichend gerechtfertigt ist.

Nach dem Leistungsfähigkeitsprinzip ist eine Forderung erst in jenem Zeitpunkt endgültig zugeflossen und damit einkommensbildend, in welchem die Verwirklichung der Forderung so gewiss und gesichert ist, dass sie nach der allgemeinen Verkehrsauffassung dem Zufluss von Geld oder Sachwerten gleichgestellt werden kann. Das ist dann der Fall, wenn die Forderung lediglich noch mit den jeder Geldforderung immanenten Ausfallrisiken behaftet ist.[70] Die Möglichkeit der (späteren) geldmässigen Vereinnahmung der Forderung muss mit an Sicherheit grenzender Wahrscheinlichkeit feststehen. Es ist mit anderen Worten auf den Zeitpunkt abzustellen, in dem der Steuerpflichtige eine *rechtlich und tatsächlich durchsetzbare Forderung* auf die einkommensbildende Leistung erworben hat.

52

> *Einkommen aus unselbständiger Erwerbstätigkeit* ist somit in dem Zeitpunkt zugeflossen, in welchem der Arbeitnehmer seine Leistung erbracht hat und der vertraglich vereinbarte Lohn damit fällig (und auch abtretbar) ist. Nur wenn der Umfang des Arbeitsentgelts von *weiteren Voraussetzungen* abhängig ist, die noch nicht definitiv feststehen, ist der Zufluss des Lohns trotz vollbrachter Leistung noch nicht perfekt.[71]

Gewissheit muss nicht nur hinsichtlich des Bestands, sondern auch hinsichtlich des *Umfangs* der Forderung bestehen; dabei genügt es allerdings, wenn die Höhe der Forderung nach objektiven Kriterien *bestimmbar* ist.

53

---

[68] BGer 27.1.2003, StE 2003 B 21.1 Nr. 11 E. 3.2; BGer 17.3.2000, StE 2000 B 72.13.1 Nr. 2; VGer ZH 25.3.1998, RB 1998 Nr. 148; LOCHER, N 18 zu DBG 16; REIMANN/ZUPPINGER/SCHÄRRER, N 19 ff. der Vorbemerkungen zu ZH StG 19–32; REICH, in: ZWEIFEL/ATHANAS, N 34 zu DBG 16.
[69] Unter Vorbehalt eines korrelierenden Vermögensabgangs, dazu vorne N 28a ff.
[70] Vgl. JÜRG STOLL, Die Rückstellung im Handels- und Steuerrecht, Zürich 1992, 136; VGer GR 25.4.2006, StE 2006 B 21.2 Nr. 22 E. 2a. Es sei angemerkt, dass die weitere Bemerkung des Bündner Verwaltungsgerichts, nur *unbedingte Leistungsansprüche* könnten als realisiertes Einkommen betrachtet werden (so auch LOCHER, N 18 zu DBG 16), zwar bei suspensiv bedingten, nicht aber bei *resolutiv* bedingten Ansprüchen zutrifft (vgl. MARKUS REICH/ROBERT WALDBURGER, Rechtsprechung im Jahr 2006 [2. Teil], FStR 2007, 299 ff., 302).
[71] Das *Bundesgericht* ist im Entscheid vom 12.11.2008 (StE 2009 B 22.1 Nr. 6) von dieser an sich klaren Zuteilungsregel abgewichen und hat ohne nähere Begründung den *Zahlungstermin* für massgebend erklärt. Darauf wird es aber wohl bald zurückkommen müssen, nicht nur, weil damit der Zuflusszeitpunkt mehr oder weniger ins Belieben der Steuerpflichtigen gestellt und auf diese Weise der Umgehung Tür und Tor geöffnet wird, sondern auch, weil das Abstellen auf den Zahlungszeitpunkt bei Wohnsitzwechsel zu unsachgemässen Zuteilungen führt.

Besteht z.B. ein *Bonusanspruch* nach Massgabe des im Kalenderjahr getätigten Umsatzes, so ist die Forderung des Berechtigten am 31.12. der Bemessungsperiode zwar noch nicht bestimmt, weil noch nicht betragsmässig berechnet, aber doch in der Regel nach objektiven Kriterien bestimmbar.

54 Das Steuerrecht folgt somit hinsichtlich der Zuflussproblematik der allgemeinen Verkehrsauffassung und dem kaufmännischen Gedankengut, nach welchen die Bereicherung bei einem Forderungszugang gemeinhin nicht erst mit der nachfolgenden Gutschrift des geschuldeten Betrags auf einem Postscheck- oder Bankkonto, sondern bereits mit dem Zufluss der festen Forderung endgültig eingetreten ist. Es gilt im Steuerrecht wie im Buchführungsrecht die sog. *Soll-Methode*.[72] Der Erwerbsvorgang ist grundsätzlich vollendet, wenn die *eigene Leistung erbracht* ist und damit der feste Rechtsanspruch auf die Gegenleistung entstanden ist und mit der Rechnungsstellung konkretisiert wird. Wer bei einem zweiseitigen Vertrag die eigene Leistungspflicht erfüllt hat, kann die Gegenleistung einfordern (OR 82). *Fälligkeit* der Leistung ist demnach nicht Voraussetzung des Einkommenszuflusses, der steuerrechtlich relevante Forderungserwerb ist gewöhnlich schon vor dem Fälligkeitstermin abgeschlossen. Bei *Kaufgeschäften* hat die eigene Leistung im Zeitpunkt des Vertragsschlusses zwar bereits einen Abnehmer gefunden, der Anspruch auf die Gegenleistung fliesst jedoch erst mit dem Erbringen der eigenen Leistung zu. Vor Erbringung der eigenen Leistung steht der Zufluss des Entgelts noch nicht mit hinreichender Sicherheit fest.[73]

55 Die Zuflussproblematik ist, soweit in wirtschaftlicher Hinsicht gleichartige Fragen zur Beurteilung stehen, im *Privat- und Geschäftsvermögensbereich* gleich zu lösen. Im Geschäftsvermögensbereich gilt aufgrund des Massgeblichkeitsprinzips das *Realisationsprinzip*, nach welchem in Übereinstimmung mit den hier dargelegten steuerrechtlichen Überlegungen Ertrag dann zu verbuchen ist, wenn er hinreichend gesichert ist, und dies ist nach der kaufmännischen Praxis grundsätzlich in jenem Zeitpunkt der Fall, in welchem das Unternehmen eine rechtlich und tatsächlich durchsetzbare Forderung auf die Gegenleistung erworben hat.[74]

56 Vom Grundsatz der Einkommensbildung bei Forderungserwerb wird gewöhnlich nur abgewichen, wenn die Erfüllung der Forderung *besonders unsicher* ist.[75] Zu Recht kritisiert WEIDMANN diese Formulierung als zu restriktiv.[76] Blosse Unsicherheit muss genügen. Sobald die *Geldäquivalenz* der Forderung nicht gegeben ist, verbietet das verfassungsrechtliche Gleichbehandlungsgebot (BV 8 I), den

---

[72] BGer 11.2.2000, StE 2000 B 23.41 Nr. 3. Allerdings erlaubt die Steuerpraxis bei freiberuflich Erwerbstätigen, die nicht buchführungspflichtig sind und nicht freiwillig Buch führen, auch die Versteuerung der Einnahmen nach der Ist-Methode (ausführlich hinten § 15 N 72 f.).

[73] Dazu WEIDMANN, Einkommensbegriff und Realisation, 147; REICH, in: ZWEIFEL/ATHANAS, N 23b zu DBG 18; MARKUS REICH/ROBERT WALDBURGER, Rechtsprechung im Jahr 2003 (1. Teil), FStR 2004, 214 ff., 219 f.; dies., Rechtsprechung im Jahr 2006 (2. Teil), FStR 2007, 299 ff., 302.

[74] Hinten § 15 N 78 ff.

[75] BGer 1.11.1991, ASA 61, 666 ff. E. 3b; VGer ZH 14.6.2000, StE 2001 B 21.1 Nr. 9 E. 3a; VGer ZH 11.7.1991, StE 1992 B 21.2 Nr. 4 E. 1a.

[76] WEIDMANN, FStR 2003, 99.

Forderungserwerb dem Geldzufluss gleichzustellen.[77] Die wirtschaftliche Verfügungsmacht nimmt im Zeitpunkt des Forderungserwerbs nur dann in gleichem Ausmass zu wie beim Gelderwerb, wenn die Forderung rechtlich und tatsächlich durchsetzbar ist. Ihr muss nach der allgemeinen Verkehrsauffassung tatsächlich Geldwert zukommen.[78] Ist der Schuldner nicht zahlungsfähig oder nicht zahlungswillig, ist im Zeitpunkt des Forderungserwerbs kein die wirtschaftliche Leistungsfähigkeit steigernder Vermögenswert zugeflossen. Für die Frage der Einkommensbildung muss deshalb in solchen Fällen auf die tatsächliche Erfüllung der Forderung abgestellt und der Zeitpunkt der Auszahlung abgewartet werden.

2. Zeitliche Zuordnung des Abflusses von Aufwendungen

Die Aufwandzuordnung ist steuerrechtlich im Wesentlichen sinngemäss gleich vorzunehmen wie der Einkommenszufluss.[79] Aufwendungen führen *spiegelbildlich* in dem Zeitpunkt zur definitiven Entreicherung des Steuerpflichtigen, in welchem die entsprechenden Geldzahlungen erfolgen oder in welchem seine Schuldnerstellung perfekt ist, weil der Gläubiger ihm gegenüber eine rechtlich und tatsächlich durchsetzbare Forderung geltend macht. In diesem Zeitpunkt können somit die entsprechenden Abzüge steuerwirksam vorgenommen werden.[80]

57

Wie beim Einkommenszufluss ist der *Fälligkeitszeitpunkt* auch bei der zeitlichen Zuordnung der Aufwendungen nicht ausschlaggebend. Bei Passivzinsen und bei Liegenschaftsunterhaltskosten wird allerdings aus Praktikabilitätsgründen auf den Zeitpunkt der Fälligkeit abgestellt.

58

II. Grundsatz der Periodizität

1. Periodeneinkommen versus Lebenseinkommen

Dem Einkommen einer Steuerperiode, das aufgrund der dargelegten Regeln der zeitlichen Zuordnung der Einkünfte und Aufwendungen ermittelt wird, haftet oftmals etwas Zufälliges an.[81] Die zeitliche Zuordnung ist von *Prognosen* abhängig, die sich später allenfalls nicht bewahrheiten. Auch können in nachfolgenden Perioden korrelierende Vermögensabgänge eintreten, denen bei der Festlegung

59

---

[77] REICH, FStR 2004, 7 f.
[78] Das trifft beispielsweise bei Gutschriften von Anlagebetrügern in einem *Schneeballsystem* nicht zu (vorne N 33).
[79] REICH, in: ZWEIFEL/ATHANAS, N 16b zu DBG 25.
[80] Im Geschäftsvermögensbereich gelten hier wegen des Imparitätsprinzips unterschiedliche Zuordnungsregeln (hinten § 15 N 82 f.).
[81] TIPKE, Steuerrechtsordnung, Bd. II, 754 ff.; für den Geschäftsgewinn REICH, Realisation stiller Reserven, 45 f.

der Einkommenszuflüsse noch nicht Rechnung getragen wurde. Zuverlässiger Indikator der wirtschaftlichen Leistungsfähigkeit bildet einzig das Lebenseinkommen bzw. der Totalgewinn. Nur im Lebenseinkommen bzw. im Totalgewinn kommen alle Vermögenszuflüsse und -abflüsse insgesamt und sachgerecht zum Ausdruck.

2. Periodizitätsprinzip versus Leistungsfähigkeitsprinzip

60 Obwohl es offensichtlich gegen den Grundsatz der Besteuerung nach der wirtschaftlichen Leistungsfähigkeit verstösst, wenn Steuerpflichtige insgesamt mehr Einkommen versteuern müssen, als sie erzielt haben, ist die Steuererhebung aus naheliegenden Gründen nicht nach dem Totalgewinnprinzip konzipiert. Der Totalgewinn liesse sich erst nach dem Tod der natürlichen Personen oder nach der Liquidation von juristischen Personen ermitteln. Zudem ist der Staat auf den periodischen Eingang der Steuereinnahmen angewiesen. Einkommen und Gewinn müssen deshalb *periodisiert,* d.h. einem bestimmten Zeitraum zugewiesen werden. Gewöhnlich handelt es sich dabei um eine einjährige Steuerperiode.

61 Der Grundsatz der Besteuerung nach der wirtschaftlichen Leistungsfähigkeit bedarf deshalb der Präzisierung durch das Periodizitätsprinzip, nach welchem das in der Bemessungsperiode erzielte Einkommen den Gegenstand der jährlichen Steuerbemessung bildet. Hierbei handelt es sich zwar bloss um ein *technisches Prinzip,* das die alljährliche Steuererhebung ermöglicht,[82] sein Gerechtigkeitsgehalt darf aber nicht unterschätzt werden. Ihm kommt die Funktion zu, die Unabwägbarkeiten und Unzulänglichkeiten der Periodisierung bei allen Steuerpflichtigen *rechtsgleich* zum Tragen kommen zu lassen. Die zeitliche Zuordnung des Einkommens und Gewinns darf nicht einfach dem Belieben der Steuerpflichtigen anheimgestellt werden,[83] denn sie zeitigt namhafte Auswirkungen nicht nur hinsichtlich des Zinsgewinns, der durch das Aufschieben der Besteuerung bewirkt wird, sondern insbesondere auch wegen Progressionsüberlegungen und allenfalls auch wegen Änderungen in der Besteuerungszuständigkeit.

62 Das Periodizitätsprinzip ist jedoch nicht Selbstzweck; die Einschränkungen des Leistungsfähigkeitsprinzips durch das Periodizitätsprinzip haben sich auf das durch dessen Abgrenzungsfunktion Erforderliche zu beschränken und müssen sich auch klar und deutlich aus den steuergesetzlichen Bestimmungen ableiten lassen.[84] Wo Letzteres nicht der Fall ist, ist der Rechtsanwender gehalten, der *periodenübergreifenden Betrachtungsweise* gegenüber der streng abschnittsbezogenen Einkünftezuordnung den Vorzug zu geben. Die sich aus dem laufenden Finanzbedarf des Staates sowie aus Praktikabilitätsüberlegungen ergebende Ab-

---

[82] Nach Auffassung des Bundesgerichts handelt es sich nicht nur um ein technisches, sondern auch um ein *materiell rechtliches Prinzip*, das aus DBG 79 I und II (i.V.m. DBG 58 I a) abzuleiten sei (vgl. BGer 28.6.2011, StE 2011 B 72.11 Nr. 20 E. 6.4.4); das gilt auch für den Bereich der natürlichen Personen (vgl. BGer 27.11.2009, StE 2010 B 23.9 Nr. 13 E. 3.3).
[83] Vgl. BGer 9.8.2011, StE 2011 B 72.11 Nr. 21 E. 2.2.1.
[84] Dazu hinten § 15 N 84 ff. und 158.

schnittsbesteuerung darf das Leistungsfähigkeitsprinzip nicht unnötigerweise einschränken.

Zweiter Abschnitt:

Einkommens- und Vermögenssteuer natürlicher Personen

§ 11 Subjektive Steuerpflicht natürlicher Personen

Literatur

BLUMENSTEIN/LOCHER, System, 56 ff.; HÖHN/WALDBURGER, Bd. I, § 9 N 7 ff., § 13 N 9 ff.; MÄUSLI-ALLENSPACH/OERTLI, Steuerrecht, 68 ff.; OBERSON, Droit fiscal, § 6 N 1 ff.

ATHANAS PETER, Aussensteuerliche Bestimmungen im DBG und StHG, in: ERNST HÖHN/PETER ATHANAS (Hrsg.), Das neue Bundesrecht über die direkten Steuern, Bern et al. 1993, 405 ff. (zit. ATHANAS, Aussensteuerliche Bestimmungen); BRÜLISAUER PETER/KRIESI MARCEL R., Internationale Personenunternehmen im Einkommen- und Gewinnsteuerrecht der Schweiz, FStR 2007, 271 ff. (1. Teil), FStR 2008, 3 ff. (2. Teil); MEUTER HANS ULRICH, Besteuerung von ausländischen Personengesamtheiten ohne juristische Persönlichkeit, ZStP 2008, 1 ff.; REICH MARKUS, Die Besteuerung von Arbeitseinkünften und Vorsorgeleistungen im internationalen Verhältnis, in: PETER LOCHER/BERNARD ROLLI/PETER SPORI (Hrsg.), Internationales Steuerrecht in der Schweiz. Aktuelle Situation und Perspektiven, Festschrift für Walter Ryser, Bern 2005, 185 ff. (zit. REICH, Besteuerung); RICHNER FELIX, Die unbeschränkte Steuerpflicht natürlicher Personen, ZStP 1998, 159 ff.

Die Voraussetzungen der subjektiven Steuerpflicht sind in jeder Steuerordnung von zentraler Bedeutung. Sie legen fest, welcher Personenkreis in einem Steuerrechtsverhältnis zu einem bestimmten Gemeinwesen steht.[1] Die Bestimmungen über die subjektive Steuerpflicht der Einkommens- und Vermögenssteuer enthalten somit die Lebenssachverhalte, die bestimmte Personen zu Einkommens- und Vermögenssteuersubjekten erklären. Ferner regeln die Vorschriften über die subjektive Steuerpflicht vielfach auch den *Umfang der Steuerpflicht* in territorialer Hinsicht. Es wird in genereller Weise festgelegt, auf welche in- und ausländische *Objekte* sich die subjektive Steuerpflicht erstreckt. Schliesslich sind unter den Bestimmungen der subjektiven Steuerpflicht auch Steuermassvorschriften zu finden, welche die *Steuerprogressionsproblematik* bei Beziehungen des Steuersubjekts zu mehreren Gemeinwesen regeln.

1

Die Umschreibung und der Umfang der subjektiven Steuerpflicht sind in den Steuergesetzen im In- und Ausland gemeinhin *sehr weit* gefasst, sodass es häufig vorkommt, dass grenzüberschreitend tätige Steuerpflichtige in mehreren Staaten oder Kantonen steuerpflichtig werden. Es ist dann Aufgabe des interkantonalen[2] und des internationalen[3] Steuerrechts, die auf diese Weise entstehenden *Doppelbesteuerungen* zu vermeiden.

2

Hinsichtlich der subjektiven Steuerpflicht ist vorab zu klären, welche *persönlichen Eigenschaften* ein Individuum aufzuweisen hat, damit es von der Einkommens- und Vermögenssteuer erfasst wird. Dabei handelt es sich um die Frage der *Steuerrechtsfähigkeit*. Nicht jede steuerrechtsfähige Person ist indes auch steuer-

3

---

[1] Dazu vorne § 5 N 1 ff.
[2] Zur Vermeidung der interkantonalen Doppelbesteuerung vgl. § 4 N 14 ff.
[3] Im internationalen Verhältnis wird die Doppelbesteuerung in der Regel bilateral durch *Staatsverträge* (Doppelbesteuerungsabkommen) ausgeschlossen (vgl. dazu § 3 N 14 ff.).

pflichtig. Nur wenn die steuerrechtsfähigen Personen in einer *bestimmten Beziehung* zum besteuernden Gemeinwesen stehen, sind sie steuerpflichtig. Dies ist die Frage der *Zugehörigkeit*. Schliesslich kann eine Person auch dann, wenn sie zwar die persönlichen Eigenschaften aufweist und einem bestimmten Gemeinwesen zugehört, von der Steuerpflicht *befreit* sein, sie ist demzufolge trotz Vorliegens der persönlichen Eigenschaften und der Zugehörigkeit nicht Steuersubjekt der Einkommens- und Vermögenssteuer.

4 Wer subjektiv steuerpflichtig ist, wird entweder im ordentlichen Steuerverfahren oder im Quellensteuerverfahren veranlagt. Das *Quellensteuerverfahren* ist ein Selbstveranlagungsverfahren, bei welchem der Schuldner der steuerbaren Leistung als Steuersubstitut anstelle des Empfängers der steuerbaren Leistung die Steuer entrichtet.[4] Die Quellensteuer ist also nicht eine eigenständige Steuerart, sondern eine *Steuererhebungsart*. Entsprechend gelten für die subjektive Steuerpflicht des Empfängers der steuerbaren Leistung dieselben Regeln wie für die nicht der Quellensteuer unterliegenden Personen. Die subjektive Steuerpflicht ergibt sich auch bei den der Quellenbesteuerung unterliegenden Personen aus den allgemeinen Vorschriften der subjektiven Steuerpflicht (DBG 3 ff.). Die besonderen Vorschriften hinsichtlich der Quellenbesteuerung (DBG 83 ff.) umreissen nicht die subjektive Steuerpflicht des betreffenden Personenkreises, sondern die persönlichen Voraussetzungen der *Quellensteuerpflicht*. So ist beispielsweise die subjektive Steuerpflicht eines Grenzgängers nicht in DBG 91, sondern in DBG 5 I begründet.

5 Die Bestimmungen über die subjektive Steuerpflicht sind *harmonisierungsrechtlich* – von den Fragen des Umfangs der Steuerpflicht abgesehen – *detailliert* geregelt (vgl. StHG 3 ff.) und enthalten wenig Raum für eigenständige kantonale Lösungen.

A. Persönliche Voraussetzungen

I. Grundsatz

6 Der Einkommens- und Vermögenssteuer unterliegen grundsätzlich alle *natürlichen Personen*.[5] Der Begriff der natürlichen Person ist in den Steuergesetzen nicht definiert; es sind darunter alle nach Zivilrecht *rechtsfähigen* natürlichen Personen zu verstehen.

---

[4] Vgl. vorne § 2 N 50 f.; hinten § 26 N 81 ff.
[5] Vgl. StHG 3 I und StHG 4 sowie DBG 3 I, 4 I, 5 I.

II. Ehegatten und eingetragene Partner

Die subjektive Steuerpflicht der Ehegatten und der eingetragenen Partner richtet sich nach den allgemeinen Vorschriften (DBG 3–5). Ehegatten und eingetragene Partner werden je für sich gemäss ihren eigenen persönlichen und wirtschaftlichen Verhältnissen subjektiv steuerpflichtig. Die Einkünfte und nach kantonalem Recht auch die Vermögenswerte der in rechtlich und tatsächlich ungetrennter Ehe lebenden Ehegatten und eingetragenen Partner werden jedoch ohne Rücksicht auf den Güterstand zusammengerechnet (vgl. DBG 9 I und 9 I^{bis}). Diese sog. *Faktorenaddition* wirft insbesondere im Bereich der objektiven Steuerpflicht – bei der Bestimmung der Bemessungsgrundlage – sowie auf der Ebene des Steuermasses zahlreiche Fragen auf,[6] tangiert jedoch die subjektive Steuerpflicht der Partner nicht.

III. Unmündige Kinder

Auch bei den unmündigen Kindern ist die subjektive Steuerpflicht nach den allgemeinen Vorschriften (DBG 3–5) zu beurteilen. Das Einkommen und nach kantonalem Recht auch das Vermögen von Kindern – mit Ausnahme der Erwerbseinkünfte – werden jedoch dem Inhaber der elterlichen Sorge *zugerechnet* (vgl. DBG 9 II). Diese Regelung beeinflusst die subjektive Steuerpflicht der unmündigen Kinder nicht; sie sind von Geburt an Steuersubjekte.

Die Zurechnung der Kindeseinkünfte und -vermögenswerte gemäss DBG 9 II führt nicht nur zur Faktorenaddition, sondern auch zu einer *Steuersubstitution*. Die Inhaber der elterlichen Sorge sind von Gesetzes wegen Vertreter der Kinder[7] und üben als Steuersubstituten alle Rechte und Pflichten der Kinder im Steuerverfahren aus und haften zudem solidarisch für die Steuerschulden des Kindes (vgl. DBG 13 III a). Selbständig steuerpflichtig werden die Kinder gewöhnlich erst mit dem Eintritt der Volljährigkeit nach Vollendung des 18. Lebensjahres (ZGB 14).

Von der Faktorenaddition und Steuersubstitution ausgenommen sind sämtliche Einkünfte aus einer selbständigen oder unselbständigen *Erwerbstätigkeit* sowie die Grundstückgewinne des unter elterlicher Sorge stehenden Kindes (vgl. StHG 3 III; DBG 9 II Teilsatz 2). Die Inhaber der elterlichen Sorge nehmen hier die Verfahrensrechte und -pflichten als gesetzliche Vertreter wahr.

Kinder, die nicht unter elterlicher Sorge stehen, unterliegen für ihr gesamtes Einkommen und nach kantonalem Recht auch für ihr gesamtes Vermögen der selbständigen Besteuerung. Im Verfahren werden die Interessen des Kindes vom *Vormund* als gesetzlichem Vertreter (vgl. ZGB 407) wahrgenommen.

---

[6] Dazu hinten § 12 N 1 ff.
[7] ZGB 304 I i.V.m. ZGB 297 ff.

IV. Personengesamtheiten

1. Grundsatz

12 Personengesellschaften (Kollektiv-, Kommandit- und einfache Gesellschaften) und Erbengemeinschaften sind keine selbständigen Steuersubjekte. Die Einkünfte und nach kantonalem Recht auch die Vermögenswerte dieser Personengesamtheiten sind vielmehr von den einzelnen Teilhabern anteilsmässig zu versteuern (vgl. DBG 10). Dabei handelt es sich um die auch in ausländischen Steuerordnungen weit verbreitete Konzeption der sog. *transparenten Besteuerung* von Personengesamtheiten. Die transparente Besteuerung von Personengesamtheiten erfährt jedoch die folgenden zwei Ausnahmen:

2. Erbengemeinschaften

13 Bei *ungewisser Erbfolge* werden Erbengemeinschaften von verschiedenen Kantonen als Ganzes nach den für natürliche Personen geltenden Bestimmungen besteuert (vgl. z.B. ZH StG 9 II). Damit wird die Erbengemeinschaft zur Steuerrechtspersönlichkeit und losgelöst von den einzelnen Teilhabern selbständig steuerpflichtig. Nach dem Recht der direkten Bundessteuer dürfen Erbengemeinschaften mangels einer ausdrücklichen Ausnahmeregelung nicht gesondert erfasst werden.

3. Ausländische Personengesamtheiten

14 Ausländische Personengesamtheiten ohne juristische Persönlichkeit, die aufgrund wirtschaftlicher Zugehörigkeit steuerpflichtig sind, entrichten ihre Einkommens- und Vermögenssteuern nach den Bestimmungen über die juristischen Personen (vgl. DBG 11). Sie werden denjenigen inländischen juristischen Personen gleichgestellt, denen sie rechtlich oder tatsächlich am ähnlichsten sind (vgl. DBG 49 III).

15 Diese an sich aus Gründen der Vereinfachung statuierte Sonderregel führt zu vielfältigen Rechtsproblemen, die kontrovers diskutiert werden.[8] Eine Personengesamtheit ohne juristische Persönlichkeit gilt nach der heute vorherrschenden Auffassung grundsätzlich als *ausländisch*, wenn und soweit ihre Gesellschafter in der Schweiz nicht unbeschränkt steuerpflichtig sind. Die gleiche Personengemeinschaft kann demnach – je nach dem Ort der unbeschränkten Steuerpflicht ihrer Teilhaber – ein ausländisches oder ein schweizerisches Unternehmen sein. Die in der Schweiz unbeschränkt steuerpflichtigen Gesellschafter werden transparent gemäss DBG 10 besteuert; für die übrigen Teilhaber gilt jedoch DBG 11, wonach neben die unbeschränkt steuerpflichtigen Gesellschafter ein weiteres

---

[8] Ausführlich BRÜLISAUER/KRIESI, FStR 2007, 271 ff. und FStR 2008, 3 ff.; LOCHER, N 7 ff. zu DBG 11; MEUTER, ZStP 2008, 8 ff.

Steuerrechtssubjekt tritt, dem der entsprechende nach den Bestimmungen für die juristischen Personen zu besteuernde Gewinn zuzuordnen ist.[9] Das bei den in der Schweiz unbeschränkt steuerpflichtigen Gesellschaftern transparent zugerechnete Substrat wird selbstredend bei der Besteuerung der ausländischen Personengesamtheit ausgenommen.

Diese Interpretation von DBG 11 ist das Resultat einer *teleologischen Betrachtungsweise*, die sich zum Teil recht weit vom Gesetzeswortlaut entfernt. Eine in der Schweiz errichtete Personengesellschaft mit mehrheitlich in der Schweiz wohnhaften Teilhabern ist nach allgemeinem Sprachgebrauch auch hinsichtlich eines im Ausland ansässigen Teilhabers keine «ausländische Personengesamtheit». Dennoch führt das Abstellen auf die bloss wirtschaftliche Zugehörigkeit der Teilhaber zu konsistenten Lösungen und entspricht insbesondere auch dem abkommensrechtlichen Verständnis des Unternehmensbegriffs (vgl. OECD-MA 3 I d). 16

B. Begründung und Umfang der subjektiven Steuerpflicht

I. Steuerpflicht aufgrund persönlicher Zugehörigkeit

1. Anknüpfungstatbestände

Im Einkommens- und Vermögenssteuerrecht wird die persönliche Zugehörigkeit natürlicher Personen grundsätzlich durch die *persönliche Anwesenheit* im Hoheitsgebiet begründet.[10] Anknüpfungstatbestände sind dabei der steuerrechtliche Wohnsitz und der steuerrechtliche Aufenthalt (vgl. StHG 3 und DBG 3 I). Hinzu kommt eine besondere Anknüpfung bei im Ausland tätigen Bundesangestellten oder Angestellten öffentlich-rechtlicher Körperschaften (DBG 3 V). 17

a) Steuerrechtlicher Wohnsitz

Steuerrechtlichen Wohnsitz begründet eine Person gemäss DBG 3 II (vgl. StHG 3 II) am Ort, an dem sie sich mit der Absicht dauernden Verbleibens aufhält. Das harmonisierte Steuerrecht von Bund und Kantonen steht hier im Einklang mit der bundesgerichtlichen Rechtsprechung im interkantonalen Verhältnis.[11] Der steuerrechtliche Wohnsitz entspricht im Wesentlichen dem zivilrechtlichen 18

---

[9] Die ausländischen Teilhaber unterliegen somit einer weit *günstigeren Besteuerung* als die in der Schweiz ansässigen Personengesellschafter, da die Steuersätze bei juristischen Personen tiefer sind als bei den natürlichen Personen und die juristischen Personen zudem die Steuern vom Gewinn abziehen können. Trotz Anwendbarkeit der Bestimmungen über die Gewinnbesteuerung juristischer Personen besteht *keine Verrechnungssteuerpflicht*.
[10] Vgl. vorne § 5 N 49.
[11] Hierzu ausführlich ZWEIFEL/HUNZIKER, in: ZWEIFEL/BEUSCH/MÄUSLI-ALLENSPACH, § 6 N 10 ff.

Wohnsitz, weicht aber in einigen Punkten davon ab.[12] Auch wenn steuergesetzlich die gleichen Kriterien wie im Zivilrecht zur Bestimmung des Wohnsitzes verwendet werden, ist doch zu berücksichtigen, dass dem Wohnsitzbegriff im Steuerrecht eine gänzlich *andere Funktion* zukommt als im Zivilrecht. So findet insbesondere die Wohnsitzfiktion von ZGB 24 I, wonach der einmal begründete Wohnsitz einer Person bis zum Erwerb eines neuen Wohnsitzes bestehen bleibt, im Steuerrecht keine Anwendung.[13]

19 Dort, wo das Bundesrecht einen besonderen gesetzlichen Wohnsitz vorsieht, ist dieser zugleich auch steuerrechtlicher Wohnsitz (DBG 3 I). Das gilt namentlich bei den unter elterlicher Sorge stehenden Kindern, wo auf den Wohnsitz der Eltern abgestellt wird (ZGB 25 I), und bei bevormundeten Personen, bei welchen sich der Wohnsitz am Sitz der Vormundschaftsbehörde befindet (ZGB 25 II).

20 Am Wohnsitz befindet sich der *Mittelpunkt der Lebensinteressen*.[14] Als Mittelpunkt der Lebensinteressen gilt der Ort, zu dem die intensivsten persönlichen Beziehungen unterhalten werden, wobei die privaten Interessen die beruflichen Beziehungen in der Regel überwiegen.[15] Der steuerrechtliche Wohnsitz setzt grundsätzlich Aufenthalt an diesem Ort voraus; die erklärte Absicht der Wohnsitznahme muss sich gewöhnlich auch in der physischen Präsenz manifestieren. Zu welchem Ort die steuerpflichtige Person die stärksten Beziehungen unterhält, ist aufgrund der Gesamtheit der Umstände des Einzelfalles zu beurteilen. Abzustellen ist auf die objektiven, äusseren Umstände, nicht bloss auf die erklärten Wünsche und gefühlsmässigen Bevorzugungen. Massgebend sind nur die objektiv verifizierbaren Willenskundgebungen. Insofern ist der Steuerwohnsitz nicht frei wählbar.[16] Dem polizeilichen Domizil, wo die Schriften hinterlegt sind und die politischen Rechte ausgeübt werden, kommt keine entscheidende Bedeutung zu. Nicht ausschlaggebend ist auch, ob eine Person im Ausland besteuert wird oder nicht.[17]

---

[12] BAUER-BALMELLI/NYFFENEGGER, in: ZWEIFEL/ATHANAS, N 5 zu StHG 3.
[13] Vgl. Steuergericht BL 9.7.2010, StE 2011 B 92.5 Nr. 1 E. 7b; VGer ZH 21.11.2001, StE 2002 B 11.1 Nr. 17; BAUER-BALMELLI/OMLIN, in: ZWEIFEL/ATHANAS, N 5 zu DBG 3 und N 23 zu DBG 8; MARKUS REICH/ROBERT WALDBURGER, Rechtsprechung im Jahr 2007 (2. Teil), FStR 2008, 297 ff., 300; ROBERT WALDBURGER, Aus der Rechtsprechung im Jahr 2010, FStR 2011, 295 ff. Demgegenüber hat ein Steuerpflichtiger, der ins Ausland zieht, nach Auffassung des Bundesgerichts (BGer 7.12.2010, StE 2011 B 11.1 Nr. 22 E. 4.1) die direkte Bundessteuer zu entrichten, bis er nachweisbar im Ausland einen neuen Wohnsitz begründet. Eine andere Sichtweise würde nach Meinung des Bundesgerichts eine zu grosse Missbrauchsgefahr nach sich ziehen.
[14] Dazu und zum Folgenden BGer 17.11.1998, BGE 125 I 54; BGer 17.10.1997, StE 1998 A 24.21 Nr. 11; HÖHN/MÄUSLI, Interkantonales Steuerrecht, § 7 N 8 ff.; LOCHER, Interkantonales Steuerrecht, 26 ff.; MARKUS REICH/ROBERT WALDBURGER, Rechtsprechung im Jahr 2007 (2. Teil), FStR 2008, 297 ff., 299 ff.
[15] Zur Situation beim *Wochenaufenthalt* am Arbeitsort vgl. ZWEIFEL/HUNZIKER, in: ZWEIFEL/BEUSCH/MÄUSLI-ALLENSPACH, § 6 N. 41 ff.
[16] BGer 29.7.2002, StE 2003 A 24.21 Nr. 14 auch zum Folgenden.
[17] Vgl. BGer 8.11.2007, StE 2008 B 11.1 Nr. 21 E. 4.

b) Steuerrechtlicher Aufenthalt

Auch eine Anwesenheit ohne die Absicht dauernden Verbleibens vermag bei Erreichen einer bestimmten Zeitdauer die Steuerpflicht qua persönlicher Zugehörigkeit zu begründen. Eine Person hat steuerrechtlichen Aufenthalt in der Schweiz (bzw. im Kanton), wenn sie sich ungeachtet vorübergehender Unterbrechung bei Ausübung einer Erwerbstätigkeit während mindestens 30 Tagen und ohne Ausübung einer solchen während mindestens 90 Tagen in der Schweiz (bzw. im Kanton) aufhält (vgl. StHG 3 I; DBG 3 III). Eine *Unterbrechung* der physischen Anwesenheit ist dann bloss von vorübergehender Natur und deshalb unbeachtlich, wenn der Aufenthalt unter Berücksichtigung aller Umstände immer noch als *zusammenhängend* erscheint. Es muss sich mit anderen Worten um einen Aufenthalt «en bloc» handeln.[18]

21

> Somit hat z.B. ein im Ausland wohnhaftes Rentnerehepaar, das sich im Winter für sieben Wochen in Gstaad zum Skilaufen aufhält und im Sommer zwei Monate in einer Villa am Genfersee verweilt, keinen qualifizierten Aufenthalt in der Schweiz, obwohl die 90-tägige Verweildauer in der Schweiz insgesamt klar überschritten ist.

Keinen steuerrechtlichen Aufenthalt begründen die *Grenzgänger*, die im Ausland wohnen und in der Schweiz arbeiten, da sie sich in der Regel lediglich tagsüber in der Schweiz aufhalten. Auch der *Wochenaufenthalt* mit regelmässiger Rückkehr an den Familienort vermag keinen qualifizierenden Aufenthalt zu begründen, weil der Aufenthalt durch die Rückkehr immer wieder massgeblich unterbrochen wird.[19] Kraft ausdrücklicher gesetzlicher Regelung bildet auch der Besuch einer Lehranstalt oder der Aufenhalt in einer Heilstätte keinen qualifizierten Aufenthalt (vgl. DBG 3 IV).

c) Sonderanknüpfung bei gewissen Bundesangestellten

Die persönliche Zugehörigkeit besteht trotz fehlendem Wohnsitz oder Aufenthalt in der Schweiz gemäss DBG 3 V auch für Personen, die im Ausland mit Rücksicht auf ein Arbeitsverhältnis zum Bund oder zu einer öffentlich-rechtlichen Körperschaft oder Anstalt des Inlandes steuerbefreit sind. Steuerberechtigt ist in diesen Fällen der *Heimatort*. Die Steuerpflicht erstreckt sich auch auf den in ungetrennter Ehe lebenden Ehegatten und die Kinder. Bei Personen, die das Schweizer Bürgerrecht nicht besitzen, wird auf den Wohnsitz oder Sitz des Arbeitgebers abgestellt.

22

Diese Regelung ist gewissermassen das Pendant zu *Steuerbefreiung* der in der Schweiz ansässigen Angehörigen diplomatischer und konsularischer Vertretungen, die aufgrund völkerrechtlicher Vereinbarungen in der Schweiz keine Steu-

23

---

[18] ATHANAS, Aussensteuerliche Bestimmungen, 410 f.; OBERSON, Droit fiscal, § 6 N 6.
[19] Vgl. VGer BS 6.5.2008, StE 2009 B 82.1 Nr. 4. Deshalb ist der Wochenaufenthalter in DBG 91 expressis verbis unter den Personen *ohne steuerrechtlichen Wohnsitz oder Aufenthalt* aufgeführt.

ern zu entrichten haben.[20] Die Kantone sind aber harmonisierungsrechtlich nicht verpflichtet, diese Lösung zu übernehmen.[21]

2. Unbeschränkte Steuerpflicht

a)   Universalitätsprinzip

24 Hinsichtlich des *Umfangs der Besteuerung* wird bei persönlicher Zugehörigkeit die sog. unbeschränkte Steuerpflicht ausgelöst (vgl. DBG 6 I). Das bedeutet, dass in der Schweiz (bzw. im Kanton) grundsätzlich das gesamte weltweite Einkommen und Vermögen der Besteuerung zugeführt wird, unabhängig davon, aus welcher Quelle es stammt. Das StHG enthält keine Bestimmungen über den Umfang der unbeschränkten Steuerpflicht. Die meisten Kantone haben jedoch in dieser Hinsicht die Regelungen des DBG übernommen (vgl. z.B. StG ZH 5 I). Das Universalitätsprinzip entspricht dem Grundsatz der Gesamtreineinkommensbesteuerung.[22]

b)   Unilaterale Steuerbefreiung auswärtiger Geschäftsbetriebe, Betriebsstätten und Liegenschaften

25 Die sich aus dem Universalitätsprinzip ergebende allumfassende Steuerunterworfenheit wird allerdings im zweiten Halbsatz von DBG 6 I[23] wesentlich eingeschränkt, indem sich die Steuerpflicht nicht auf *Geschäftsbetriebe, Betriebsstätten* und *Grundstücke* ausserhalb des Hoheitsgebiets bezieht. Diese unilaterale (objektive) Steuerbefreiung von gewissen nicht im Hoheitsgebiet erzielten Einkünften ist nicht davon abhängig, ob die Werte anderswo der Besteuerung unterworfen werden oder nicht, entscheidend ist vielmehr, ob nach schweizerischem oder kantonalem Steuerrecht einer der genannten auswärtigen Anknüpfungspunkte gegeben ist.

26 Die in DBG 6 I verwendeten Begriffe des Geschäftsbetriebs, der Betriebsstätte und des Grundstücks entsprechen den in DBG 4 zur Umschreibung der wirtschaftlichen Zugehörigkeit verwendeten Begriffe und haben abgesehen vom territorialen Aspekt den *gleichen Inhalt*.[24] Zur sachlichen Abgrenzung der Steuerpflicht bei Vorliegen *ausländischer Geschäftsbetriebe, Betriebsstätten* und *Grundstücke* verweisen die Steuergesetze auf die Rechtsprechung des Bundesgerichts zur Steuerausscheidung im *interkantonalen Verhältnis* (DBG 6 III Satz 1).

---

[20] Vgl. hinten N 56.
[21] BGer 1.4.2010, StE 2010 A 31.1 Nr. 11 E. 2.2.1.
[22] Vorne § 10 N 29 ff.
[23] Vgl. auch z.B. StG ZH 5 I; StG SG 15; Art. 5 Abs. 1 des Loi sur l'imposition des personnes physiques, Objet de l'impôt – Assujettissement à l'impôt (LIPP-I) vom 22.9.2000 (Recueil systématique Genevois [RSG] D 3 11).
[24] Aus Rechtssicherheitsgründen müssen im selben Erlass verwendete Begriffe auch gleich ausgelegt werden (vgl. dazu BGer 30.10.2009, StE 2010 A 23.21 Nr. 1 E. 4.4). Zum Inhalt der Begriffe des *Geschäftsbetriebs,* der *Betriebsstätte* und des *Grundstücks* hinten N 35 ff.

Eine solche Verweisung auf ein anderes Normengefüge kann – auch wenn das nicht ausdrücklich erwähnt wird – nur als sinngemässe Anwendbarkeit der entsprechenden bundesgerichtlichen Zuteilungs- und Ausscheidungsnormen gemeint sein. Von der Sache her gebotene Differenzierungen sind deshalb durchaus erlaubt und geboten.[25]

c) Verrechenbarkeit von ausländischen Verlusten

Die Verrechenbarkeit von ausländischen Verlusten von in der Schweiz unbeschränkt Steuerpflichtigen ist in DBG 6 III ausdrücklich geregelt. Trotz unbeschränkter Steuerpflicht ist die Möglichkeit, ausländische Verluste mit im Inland steuerpflichtigen Einkünften verrechnen zu können, eingeschränkt. Aus ausländischen Geschäftsbetrieben und Betriebsstätten resultierende Verluste dürfen nur die *schweizerischen Unternehmen* von ihren inländischen Einkünften abziehen. Für die Qualifikation als schweizerisches Unternehmen entscheidend ist die *unbeschränkte Steuerpflicht* des Teilhabers in der Schweiz.[26] Als schweizerische Unternehmen gelten somit auch die Teilhaberschaften an Personenunternehmen, die nur im Ausland und nicht auch in der Schweiz geschäftstätig sind, sofern der Teilhaber in der Schweiz unbeschränkt steuerpflichtig ist.[27] 27

Zur Verhinderung einer doppelten Verlustberücksichtigung werden die geltend gemachten Verluste später allerdings *nachbesteuert*,[28] falls sie innert der folgenden sieben Jahre im Ausland zur Verrechnung gebracht werden können. 28

Ausländische Geschäftsverluste, die nicht in Geschäftsbetrieben oder Betriebsstätten entstanden sind, und *ausländische Liegenschaftsverluste* sowie *Gewinnungskostenüberschüsse* können dagegen auch von den in der Schweiz unbeschränkt Steuerpflichtigen nicht von der Bemessungsgrundlage abgezogen werden.[29] Sie werden nur bei der Bestimmung des Steuersatzes berücksichtigt (DBG 6 III Satz 3). 29

Im StHG sind keine Regelungen zum Umfang der Steuerpflicht enthalten, weshalb im kantonalen Recht ein gewisser, allerdings stark eingeschränkter Freiraum besteht.[30] 30

---

[25] Vgl. KARL LARENZ, Methodenlehre der Rechtswissenschaft, 6. A. Berlin et al. 1991, 261.
[26] ATHANAS/GIGLIO, in: ZWEIFEL/ATHANAS, N 64 ff. zu DBG 6; LOCHER, N 34 ff. zu DBG 6; MARKUS REICH/ROBERT WALDBURGER, Rechtsprechung im Jahr 2003 (2. Teil), FStR 2004, 299 ff., 305 f.
[27] A.M. BRÜLISAUER/KRIESI, FStR 2007, 278.
[28] Bei den *natürlichen Personen* wird die ursprüngliche Veranlagung mit der Verlustübernahme korrigiert bzw. revidiert (DBG 6 III), wogegen bei den *juristischen Personen* die Berücksichtigung im Jahr der ausländischen Verlustverrechnung erfolgt (DBG 52 III).
[29] Vgl. BGer 21.8.2007, StE 2009 B 11.3 Nr. 18 E. 2.1 (Verlust aus Liegenschaftenhandel in den USA eines Steuerpflichtigen mit schweizerischem Wohnsitz).
[30] HÖHN/WALDBURGER, Bd. I, § 13 N 36.

d)   Weitere Einschränkung

31 Eine Einschränkung der unbeschränkten Steuerpflicht findet überdies statt bei den im Ausland wohnhaften Steuerpflichtigen, die im Ausland mit Rücksicht auf ein Arbeitsverhältnis zum Bund oder zu einer öffentlich-rechtlichen Körperschaft oder Anstalt des Inlandes steuerbefreit sind[31]. Die schweizerische Steuerpflicht erfasst nur jene Einkünfte, die im Ausland steuerbefreit sind (DBG 6 IV).

II.   Steuerpflicht aufgrund wirtschaftlicher Zugehörigkeit

32 Personen ohne steuerrechtlichen Wohnsitz oder Aufenthalt in der Schweiz unterliegen der subjektiven Steuerpflicht für die direkte Bundessteuer und die Kantons- und Gemeindesteuern, wenn sie eines der in den Katalogen von DBG 4 und 5 aufgeführten Merkmale erfüllen.

33 Die *gesetzessystematische Trennung* der verschiedenen Anknüpfungstatbestände für Personen ohne steuerrechtlichen Wohnsitz oder Aufenthalt entspricht der unterschiedlichen verfahrensrechtlichen Behandlung der nach diesen Bestimmungen steuerpflichtigen Personen. Steuerpflichtige, die Einkünfte gemäss DBG 4 zu versteuern haben, werden im ordentlichen Verfahren besteuert, wogegen Personen, die gemäss DBG 5 subjektiv steuerpflichtig sind, nach DBG 91 ff. im *Quellensteuerverfahren* erfasst werden.

34 Es ist zu unterscheiden zwischen den *generellen Anknüpfungstatbeständen* qua wirtschaftlicher Zugehörigkeit, bei welchen die subjektive Steuerpflicht generell, d.h. sowohl im interkantonalen als auch im internationalen Verhältnis ausgelöst wird, und den Anknüpfungstatbeständen, die lediglich im *internationalen Verhältnis* die Steuerpflicht in der Schweiz zu begründen vermögen.

1.   Generelle Anknüpfungstatbestände

a)   Geschäftsbetrieb und Betriebsstätte

35 Steuerpflichtig aufgrund wirtschaftlicher Zugehörigkeit sind natürliche Personen, wenn sie in der Schweiz bzw. im Kanton Geschäftsbetriebe oder Betriebsstätten unterhalten (StHG 4 I; DBG 4 I a und b). Der Gesetzgeber führt den Geschäftsbetrieb und die Betriebsstätte als voneinander unabhängige Anknüpfungspunkte auf. Diese Differenzierung hat ihre Wurzeln im interkantonalen Steuerrecht.[32] Im internationalen Verhältnis erübrigt sie sich, weil der Betriebs-

---

[31] Dazu vorne N 22 f.
[32] Näheres hierzu HÖHN/MÄUSLI, Interkantonales Steuerrecht, § 9 N 8 ff.

stättebegriff auch den Gehalt des Begriffs der Geschäftsniederlassung des interkantonalen Steuerrechts umfasst.[33]

Ein *Geschäftsbetrieb* oder eine *Geschäftsniederlassung* liegt vor, wenn ein Steuerpflichtiger seine selbständige Erwerbstätigkeit ausserhalb des Wohnsitzkantons in ständigen körperlichen Anlagen oder Einrichtungen ausübt und sich dort der *Mittelpunkt des Geschäftsbetriebs* befindet.[34] 36

Unter einer *Betriebsstätte* ist gemäss DBG 4 II eine feste Geschäftseinrichtung zu verstehen, in welcher die Geschäftstätigkeit eines Unternehmens oder ein freier Beruf ganz oder teilweise ausgeübt wird. Der zweite Satz dieser Bestimmung enthält eine nicht abschliessende exemplifizierende Aufzählung von Betriebsstätten.[35] Diese Einrichtungen haben – mit Ausnahme der Bau- und Montagestellen – nur Betriebsstättequalität, wenn die Voraussetzungen des ersten Satzes erfüllt sind. Die Betriebsstätte setzt ständige körperliche Anlagen oder Einrichtungen voraus, in denen ein qualitativ und quantitativ wesentlicher Teil der Betriebstätigkeit vollzogen wird.[36] Die Frage der qualitativen und quantitativen Wesentlichkeit wird *weit ausgelegt* und bei jeder Tätigkeit bejaht, die nicht von völlig untergeordneter oder nebensächlicher Bedeutung ist.[37] Die Einrichtungen oder Anlagen müssen von einer gewissen *Dauer* und *fest* mit der Erdoberfläche verbunden sein. Nicht erforderlich ist, dass sie dem Steuerpflichtigen gehören oder von ihm gemietet werden, es genügt, wenn er faktisch darüber verfügen kann. Ebenfalls keine Voraussetzung bildet die Beschäftigung von *Personal* am Ort der Betriebsstätte. 37

> So können auch *Warenautomaten* je nach Art der Unternehmenstätigkeit die Betriebsstättequalifikation erfüllen.[38] Auch *Leitungen* und *Mobilfunkantennen* u.dgl. von Telekommunikationsunternehmen werden als Betriebsstätten betrachtet.[39]

---

[33] BRÜLISAUER/KRIESI, FStR 2007, 279 ff.
[34] Vgl. BGer 25.5.2011, StE 2011 A 24.24.41 Nr. 5 E. 3.2.1; BGer 4.3.2009, StE 2009 A 24.24.41 Nr. 3 E. 2.2 und 2.3; HÖHN/MÄUSLI, Interkantonales Steuerrecht, § 9 N 8; LOCHER, Interkantonales Steuerrecht, 43.
[35] Auch zum Folgenden ATHANAS/GIGLIO, in: ZWEIFEL/ATHANAS, N 28 ff. zu DBG 51 i.V.m. BAUER-BALMELLI/OMLIN, in: ZWEIFEL/ATHANAS, N 6 zu DBG 4; LOCHER, N 27 ff. zu DBG 4.
[36] BGer 17.6.2008, BGE 134 I 303 E. 2.2 = StE 2009 A 24.24.41 Nr. 2. Auch in einem *Geschäftsbetrieb* muss in qualitativer und quantitativer Hinsicht ein wesentlicher Teil der unternehmerischen Aktivitäten abgewickelt werden, andernfalls ist das Einkommen aus selbständiger Erwerbstätigkeit dem Wohnsitz zuzuteilen (vgl. dazu BGer 4.3.2009, StE 2009 A 24.24.41 Nr. 3 E. 2.2 und 2.3).
[37] VGer BE 19.10.2010, StE 2011 B 11.2 Nr. 9 E. 3.4. Immerhin soll mit dem Erfordernis der Wesentlichkeit eine unpraktikable und fiskalisch unergiebige *Aufsplitterung* der Steuererhebungskompetenzen vermieden werden.
[38] Vgl. VGer BE 19.10.2010, StE 2011 B 11.2 Nr. 9 E. 3 und 4.
[39] Kreisschreiben Nr. 20 der Schweizerischen Steuerkonferenz vom 17.9.2009 betreffend interkantonale Steuerausscheidung bei Telekommunikationsunternehmen (fix und mobil) mit eigener Netzinfrastruktur.

b)   Grundstücke

38   Sodann wird die wirtschaftliche Zugehörigkeit begründet durch Eigentum oder Nutzungsberechtigung an in der Schweiz bzw. im Kanton gelegenen Grundstücken (StHG 4 I; DBG 4 I c). Diese Anknüpfung der Besteuerung an das Grundeigentum gilt von alters her sowohl im interkantonalen als auch im internationalen Verhältnis (sog. *Belegenheitsprinzip*). Erfasst werden nicht nur die Grundstückserträge, sondern auch die Veräusserungsgewinne. Als Grundstücke gelten die Grundstücke gemäss ZGB 655 II.[40]

c)   Vermittlung von Grundstücken

39   Neueren Datums ist die wirtschaftliche Zugehörigkeit von Personen, die Grundstücke vermitteln. Soweit DBG 4 I d auch den Handel mit Grundstücken erfasst, ergibt sich die wirtschaftliche Zugehörigkeit bereits aus der allgemeinen Anknüpfung an die Grundstücke gemäss DBG 4 I c.

40   Die kantonalen Steuergesetzgeber sind mit der einhelligen Lehre davon ausgegangen, dass die Anknüpfung an die Vermittlung von Grundstücken bei den natürlichen Personen ebenso wie bei den juristischen Personen (vgl. StHG 21 II b) nur im *internationalen Verhältnis* Anwendung findet (vgl. z.B. ZH StG 4 II d). Nach Auffassung des Bundesgerichts dürfen indes Einkünfte von Immobilienmaklern auch im interkantonalen Verhältnis am Ort der gelegenen Sache besteuert werden.[41]

2.   Anknüpfungstatbestände im internationalen Verhältnis

41   Die im Folgenden erwähnten Personen sind in der Schweiz beschränkt steuerpflichtig, wenn sie keinen steuerrechtlichen Wohnsitz oder Aufenthalt in der Schweiz haben. Die entsprechenden Einkünfte werden gemäss DBG 91 ff. im *Quellensteuerverfahren* erfasst. Die subjektive Steuerpflicht dieses Personenkreises ergibt sich jedoch nicht aus den Vorschriften über das Quellensteuerverfahren, sondern aus der Grundnorm von DBG 5.[42]

a)   Arbeitnehmer im Allgemeinen

42   Der Kreis der wegen der Ausübung einer Erwerbstätigkeit gemäss DBG 5 I a beschränkt steuerpflichtigen Personen ist nach dem Wortlaut sehr weit gefasst. Er bezieht sich sowohl auf die unselbständige als auch auf die selbständige Erwerbs-

---

[40] BAUER-BALMELLI/OMLIN, in: ZWEIFEL/ATHANAS, N 7 ff. zu DBG 4. Keine Grundstücke im Sinne von DBG 4 I c und d bilden deshalb z.B. *stationäre Wohnwagen*, die nicht fest mit dem Grundstück verbunden sind (vgl. vorne § 6 N 14).
[41] BGer 8.1.2002, StE 2002 A 24.32 Nr. 6; dazu MARKUS REICH/ROBERT WALDBURGER, Rechtsprechung im Jahr 2002 (2. Teil), FStR 2003, 298 ff., 310 ff.
[42] Vgl. vorne N 4.

tätigkeit. Für die selbständig erwerbstätigen Personen gilt jedoch grundsätzlich das *Betriebsstätteprinzip*. Ohne eine solche teleologische Reduktion von DBG 5 I a würden DBG 4 I a und b hinfällig. Welche Erwerbstätigen gemäss DBG 5 I a subjektiv steuerpflichtig werden sollen, ist aus der in DBG 91 und 92 getroffenen Auswahl der Quellensteuerpflichtigen ersichtlich. Neben den Arbeitnehmern sind das die (selbständig- und unselbständigerwerbstätigen) Künstler, Sportler und Referenten. Für die anderen Selbständigerwerbenden gilt nicht das Arbeitsorts-, sondern das Betriebsstätteprinzip.

Unabdingbare Voraussetzung der subjektiven Steuerpflicht wegen einer Erwerbstätigkeit bildet die *physische Präsenz* des Arbeitnehmers in der Schweiz[43]. Es reicht nicht aus, dass der Arbeitgeber in der Schweiz steuerpflichtig ist und den entsprechenden Lohn als Aufwand geltend macht. Die Sondervorschriften von DBG 5 I b und f würden sich erübrigen, wenn solche Arbeitsentgelte bereits nach DBG 5 I a besteuert werden könnten.

Unerheblich ist jedoch der *Zeitpunkt*, in welchem die fraglichen Einkünfte zufliessen. Die Steuerpflicht knüpft einzig an die durch die Erwerbstätigkeit entstandene wirtschaftliche Beziehung zur Schweiz bzw. zum Kanton an. Auch wenn die Person im Moment des Zuflusses des Arbeitsentgelts nicht mehr in der Schweiz tätig ist, unterliegt dieses der schweizerischen Besteuerung.[44]

b)   Arbeitnehmer bei internationalen Transporten

Ebenfalls der beschränkten Steuerpflicht unterliegen gemäss DBG 5 I f die im Ausland wohnhaften Arbeitnehmer, die für Arbeit im internationalen Verkehr an Bord eines Schiffes oder eines Luftfahrzeuges oder bei einem Transport auf der Strasse ein Arbeitsentgelt von einem Arbeitgeber mit Sitz oder Betriebsstätte in der Schweiz erhalten. 43

Der Anknüpfungspunkt der Besteuerung besteht hier – im Unterschied zu den übrigen Arbeitnehmern, bei welchen sich der *Arbeitsort* in der Schweiz befinden muss – lediglich im Umstand, dass der Arbeitnehmer für seine an Bord eines international funktionierenden Verkehrsmittels (exkl. Eisenbahn) geleistete Arbeit von einem *Arbeitgeber* mit Sitz oder Betriebsstätte in der *Schweiz* entlöhnt wird. Derart kann beispielsweise ein in Thailand wohnhafter Matrose, der auf einem Schiff unter panamesischer Flagge angeheuert ist und von einem Basler Schiffsunternehmen entlöhnt wird, der hiesigen Quellensteuer unterworfen werden. 44

Diese Anknüpfung entspricht hinsichtlich der Schiffs- und Luftfahrzeugbesatzungen den in den Doppelbesteuerungsabkommen verankerten Zuteilungsregeln (vgl. OECD-MA 15 III). 45

---

[43] BGer 25.3.2011, StE 2011 B 11.2 Nr. 10 E. 5 ff. mit Hinweisen.
[44] BGer 15.2.2001, StE 2001 B 11.2 Nr. 6 E. 4 b.

c) *Künstler, Sportler und Referenten*

46 Wie soeben gesehen, unterstehen auch ausländische Künstler, Sportler und Referenten für ihre in der Schweiz ausgeübten Tätigkeiten der beschränkten Steuerpflicht (vgl. DBG 5 I a). Ob es sich dabei um eine selbständige oder unselbständige Erwerbstätigkeit handelt, ist irrelevant. Die steuerbare Leistung umfasst dabei auch Einkünfte, die nicht dem Steuerpflichtigen direkt, sondern *Dritten* (z.B. Agent oder Künstlergesellschaft) zukommen.

d) *Verwaltungsräte*

47 Der schweizerischen Steuerpflicht unterliegen nach DBG 5 I b auch im Ausland wohnhafte Mitglieder der Verwaltung oder der Geschäftsleitung von juristischen Personen mit Sitz oder tatsächlicher Verwaltung in der Schweiz bzw. von ausländischen Unternehmen, welche in der Schweiz eine Betriebsstätte unterhalten, hinsichtlich der entsprechenden Vergütungen (Tantiemen, Sitzungsgelder, feste Entschädigungen und ähnliche Leistungen[45]). Dieser Anknüpfungspunkt ermöglicht es, solche Bezüge auch dann in der Schweiz der Besteuerung zu unterwerfen, wenn die entsprechende Arbeit nicht in der Schweiz ausgeübt wurde.

e) *Hypothekargläubiger*

48 Sodann unterliegen der beschränkten Steuerpflicht nach DBG 5 I c auch die an im Ausland wohnhafte Gläubiger oder Nutzniesser ausgerichteten Zinsen von Forderungen, die durch Grund- oder Faustpfand auf Grundstücken in der Schweiz gesichert sind.

f) *Empfänger von Vorsorgeleistungen*

49 Der Besteuerung unterworfen werden schliesslich auch die im Ausland wohnhaften Empfänger von Vorsorgeleistungen wie Pensionen, Ruhegehältern oder anderen Vergütungen, die aufgrund eines früheren öffentlich-rechtlichen Arbeitsverhältnisses von einem Arbeitgeber oder einer Vorsorgeeinrichtung mit Sitz in der Schweiz ausgerichtet werden (DBG 5 I d), sowie die Empfänger von Leistungen aus schweizerischen privatrechtlichen Einrichtungen der beruflichen Vorsorge oder aus anerkannten Formen der gebundenen Selbstvorsorge (DBG 5 I e).[46]

50 Hinsichtlich der Leistungen aus *privatrechtlichen Vorsorgeeinrichtungen* kommt die Besteuerungsbefugnis nach den Doppelbesteuerungsabkommen grundsätzlich dem *Wohnsitzstaat* zu (vgl. OECD-MA 18). Die Quellenbesteuerung kann folglich gegenüber Steuerpflichtigen mit Ansässigkeit in einem Staat, mit wel-

---

[45] Z.B. Mitarbeiterbeteiligungen.
[46] Vgl. dazu REICH, Besteuerung, 189 f.

chem die Schweiz ein Doppelbesteuerungsabkommen abgeschlossen hat, nicht durchgesetzt werden.

3. Beschränkte Steuerpflicht

Im Unterschied zur unbeschränkten Steuerpflicht bei der persönlichen Zugehörigkeit ist die Steuerpflicht bei der wirtschaftlichen Zugehörigkeit beschränkt. Sie bezieht sich nur auf diejenigen Teile des Einkommens (bzw. Vermögens), für welche nach den dargestellten Anknüpfungsregeln eine subjektive Steuerpflicht besteht (vgl. DBG 6 II). Die beschränkte Steuerpflicht ist somit streng *quellenbezogen*; es besteht lediglich eine objektmässige Steuerunterworfenheit. 51

Verluste aus ausländischen Betriebsstätten und Liegenschaften werden bei lediglich beschränkter Steuerpflicht weder zur Verrechnung zugelassen noch satzbestimmend berücksichtigt (vgl. DBG 6 II). 52

III. Steuerberechnung bei teilweiser Steuerpflicht (Progressionsvorbehalt)

Die Bestimmungen über die teilweise Steuerpflicht befassen sich mit dem Problem der Progression, wenn subjektiv Steuerpflichtige lediglich einen Teil ihres Einkommens bzw. Vermögens in der Schweiz oder im Kanton zu versteuern haben. «Teilweise Steuerpflicht» ist somit nicht etwa zu verstehen als eine zeitlich limitierte Steuerpflicht, gemeint ist vielmehr eine in *sachlicher Hinsicht* eingeschränkte Steuerpflicht. Dieser Regelung unterstehen nicht nur die beschränkt, sondern auch die unbeschränkt Steuerpflichtigen, die nicht mit ihrer gesamten Bemessungsgrundlage der schweizerischen bzw. kantonalen Besteuerung unterworfen sind.[47] 53

Ohne Sonderregelung würden Steuerpflichtige, die nur teilweise steuerpflichtig sind, aufgrund des *progressiven Steuertarifs* zu niedrig besteuert, weil die betreffenden Einkünfte oder Vermögenswerte lediglich zu dem Steuersatz besteuert würden, welcher diesen Einkünften oder Vermögenswerten entspricht. Eine Besteuerung gemäss dem Grundsatz der Besteuerung nach der wirtschaftlichen Leistungsfähigkeit ist nur gewährleistet, wenn der Steuersatz aufgrund der gesamten weltweiten Einkünfte und Vermögenswerte bemessen wird. Diesem Umstand tragen die Steuergesetze regelmässig durch den sog. Progressionsvorbehalt Rechnung (vgl. DBG 7 I). 54

> Ein Steuerpflichtiger, der neben seinem schweizerischen Reineinkommen von CHF 50 000 noch in zwei weiteren Staaten Einkünfte von umgerechnet CHF 150 000 erwirtschaftet, hat sein in der Schweiz steuerbares Einkom-

---

[47] Missverständlich ist deshalb die in ZH StG 6 gewählte Überschrift «Steuerberechnung bei beschränkter Steuerpflicht».

men demnach nicht zum Steuersatz von CHF 50 000, sondern zum Gesamtsteuersatz von CHF 200 000 zu versteuern.

55 Nach Bundessteuerrecht haben sowohl unbeschränkt als auch beschränkt Steuerpflichtige die Steuern grundsätzlich nach dem Steuersatz, der ihrem gesamten Einkommen und Vermögen entspricht, zu entrichten (DBG 7 I). Allerdings gilt der Progressionsvorbehalt für die *beschränkt Steuerpflichtigen* nur, wenn die Gesamteinkünfte höher sind als die in der Schweiz zu versteuernden Einkünfte (DBG 7 II letzter Halbsatz). Diese Regelung, wonach nur dann auf die gesamte wirtschaftliche Leistungsfähigkeit der Steuerpflichtigen abgestellt wird, wenn dies für den Fiskus von Vorteil ist, andernfalls aber bei der Satzbestimmung streng objektmässig besteuert wird, ist haltlos und verstösst – wie das Zürcher Verwaltungsgericht zu Recht erkannt hat[48] – nicht nur gegen das Willkürverbot von BV 9, sondern auch gegen das in den Doppelbesteuerungsabkommen vorgesehene Diskriminierungsverbot gemäss OECD-MA 24.

C. Ausnahmen von der subjektiven Steuerpflicht

I. Völkerrechtliche Vereinbarungen

56 Grundsätzliche Ausnahmen von der subjektiven Steuerpflicht sind bei den natürlichen Personen selten, gilt es doch das Prinzip der *Allgemeinheit der Besteuerung* zu verwirklichen. Für die Angehörigen der ausländischen diplomatischen Vertretungen sowie für die Angehörigen der in der Schweiz niedergelassenen internationalen Organisationen bestehen indes Steuerbefreiungen aufgrund völkerrechtlicher Vereinbarungen[49], auf welche in den Steuergesetzen verwiesen wird (DBG 15).

II. Steuererleichterungen für neu zuziehende Unternehmen

57 StHG 5 erlaubt es den Kantonen, für neu zuziehende Unternehmen, die dem wirtschaftlichen Interesse des Kantons dienen, für das Gründungsjahr und die neun folgenden Jahre Steuererleichterungen zuzugestehen. Dies hat jedoch *auf dem Weg der Gesetzgebung* zu erfolgen. Eine wesentliche Änderung der betrieblichen Tätigkeit kann einer Neugründung gleichgestellt werden. Die Kantone dürfen vollumfängliche oder partielle Ausnahmen von der *subjektiven Steuerpflicht*

---

[48] VGer ZH 28.9.1994, StE 1995 A 21.12 Nr. 10.
[49] Vgl. Wiener Übereinkommen über diplomatische Beziehungen vom 18.4.1961 (SR 0.191.01) bzw. Wiener Übereinkommen über konsularische Beziehungen vom 24.4.1963 (SR 0.192.02).

vorsehen. Zulässig sind auch *objektive Steuerbefreiungen*. Diese Regelung entspricht dem Konkordat über den Ausschluss von Steuerabkommen.[50]

Der Bund ist harmonisierungsrechtlich nicht gehalten, ebenfalls solche Steuererleichterungen zu gewähren. Aufgrund des Bundesgesetzes über Regionalpolitik vom 6.10.2006[51] sieht er lediglich gewisse Steuererleichterungen für *juristische Personen* vor.

D. Dauer der subjektiven Steuerpflicht

I. Beginn

Die Steuerpflicht aufgrund persönlicher Zugehörigkeit beginnt mit dem Tag, an dem der Steuerpflichtige in der Schweiz (bzw. im Kanton) steuerrechtlichen Wohnsitz oder Aufenthalt nimmt (vgl. DBG 8 I). Die unbeschränkte Steuerpflicht in Bund und Kanton wird also am Tag der Geburt oder des Zuzugs in das entsprechende Gemeinwesen begründet.

Bei wirtschaftlicher Zugehörigkeit beginnt die Steuerpflicht mit der Erfüllung des die Steuerpflicht begründenden Tatbestandes, beispielsweise mit dem Erwerb von schweizerischem Grundeigentum (vgl. DBG 8 I).

II. Ende

Die Steuerpflicht aufgrund persönlicher Zugehörigkeit endet mit dem Tode oder dem Wegzug des Steuerpflichtigen (vgl. DBG 8 II), unter Umständen auch mit der Erlangung der Volljährigkeit, wenn nur die Inhaber der elterlichen Sorge, nicht aber der betreffende Steuerpflichtige in der Schweiz bzw. im Kanton steuerpflichtig ist.

Die beschränkte Steuerpflicht aufgrund wirtschaftlicher Zugehörigkeit endet mit Wegfall des steuerbegründenden Tatbestands, beispielsweise mit der Veräusserung des schweizerischen Grundeigentums (vgl. DBG 8 II).

---

[50] Konkordat zwischen den Kantonen der Schweizerischen Eidgenossenschaft über den Ausschluss von Steuerabkommen vom 10.12.1948 (SR 671.1): Vgl. dazu vorne § 4 N 34 ff.
[51] SR 901.0; dazu hinten § 19 N 23.

E. Beteiligung von Dritten

I. Steuersukzession

63 Mit dem Tod eines Steuerpflichtigen endet zwar die subjektive Steuerpflicht, es ist aber zwangsläufig noch mindestens eine Steuerveranlagung ausstehend, zudem sind noch nicht alle Steuern bezahlt. Aus der zivilrechtlichen Universalsukzession kann der Fiskus keine Ansprüche ableiten,[52] also wird die Steuernachfolge regelmässig steuergesetzlich angeordnet und festgelegt, dass die Erben in die Rechte und Pflichten des Steuerpflichtigen eintreten (vgl. DBG 12). Die Erben übernehmen damit sowohl die Steuerschulden des Erblassers (Zahlungssukzession) als auch die verfahrensrechtlichen Rechte und Pflichten (Verfahrenssukzession).

II. Haftung

1. Haftung der Ehegatten

64 In rechtlich und tatsächlich ungetrennter Ehe lebende Ehegatten sind am gleichen Steuerrechtsverhältnis beteiligt.[53] Sie haften solidarisch für die Gesamtsteuer. Die Steuersolidarität entfällt jedoch, wenn einer der beiden Ehegatten zahlungsunfähig ist; diesfalls haftet jeder Ehegatte nur für seinen Anteil an der Gesamtsteuer (vgl. DBG 13 I). Mit der Trennung oder der Auflösung der Ehe fällt die Solidarhaftung auch für alle noch offenen Steuerschulden dahin.[54]

65 Unabhängig von einer allfälligen Zahlungsunfähigkeit besteht Solidarhaftung zwischen den Ehegatten in ihrer Funktion als Steuersubstituten des Kindes (DBG 13 I).

2. Mithaftung

66 Auch verschiedene ausserhalb des Steuerrechtsverhältnisses stehende Personen werden für die Bezahlung von rechtskräftig veranlagten Steuerschulden anderer belangt. Es sind dies:
– Die *Erben* für die vom Erblasser geschuldeten Steuern bis zur Höhe ihrer Erbteile, mit Einschluss der Vorempfänge (vgl. DBG 12 I). Der überlebende Ehegatte haftet für die vom verstorbenen Ehegatten geschuldeten Steuern ebenfalls bis zur Höhe seines Erbteils, mit Einschluss des Betrags, den er aufgrund des Güterrechts über den gesetzlichen Anteil hinaus erhält (vgl. DBG 12 II).

---

[52] Vorne § 5 N 35 f.
[53] Gleiches gilt sinngemäss auch für die eingetragenen Partnerschaften (vgl. StHG 3 IV; DBG 9 I^{bis}; ZH StG 7 I^{bis} und I^{ter}).
[54] Dazu hinten § 12 N 17.

Eine sinngemässe Regelung gilt auch für die überlebenden eingetragenen Partnerinnen und Partner (vgl. DBG 12 III).

- Die *unter elterlicher Sorge stehenden Kinder* für die Steuerschulden der Inhaber der elterlichen Sorge bis zum Betrag des auf sie entfallenden Anteils an der Gesamtsteuer (vgl. DBG 13 III a).

- *Personengesellschafter*, Käufer und Verkäufer von *Liegenschaften*, *Liquidatoren* von schweizerischen Betriebsstätten, *Erbschaftsverwalter* sowie *Willensvollstrecker* nach den besonderen in den Steuergesetzen aufgeführten Voraussetzungen (vgl. DBG 13 III b – d und IV).

F. Exkurs: Aufwandbesteuerung

Die Besteuerung nach dem Aufwand wird häufig auch als *Pauschalbesteuerung* bezeichnet. Dabei handelt es sich nicht um ein Problem der subjektiven Steuerpflicht, denn die Aufwandbesteuerung steht nur Personen zu, die in der Schweiz steuerrechtlichen Wohnsitz oder Aufenthalt nehmen. Aufwandbesteuerte sind demnach *unbeschränkt steuerpflichtig*. Das Besondere an der Aufwandbesteuerung ist die *sachliche Bemessung* der Steuerfaktoren. Für die nach dem Aufwand besteuerten Personen wird das steuerbare Einkommen und im Kanton auch das steuerbare Vermögen nach anderen Regeln ermittelt als bei den übrigen natürlichen Personen. Die Regelung über die Aufwandbesteuerung ist in den Steuergesetzen dennoch gewöhnlich am Schluss der Vorschriften über die subjektive Steuerpflicht aufgeführt und wird deshalb hier als Exkurs ebenfalls in diesem Kontext beleuchtet.

67

Die Aufwandbesteuerung ist politisch stark umstritten und weckt verfassungsrechtliche Bedenken.[55] Zu ihrer Rechtfertigung werden *Äquivalenzüberlegungen* vorgebracht, im Vordergrund stehen indes *standortpolitische Motive*. Es handelt sich bei den anvisierten Steuerpflichtigen um einen auch von anderen Jurisdiktionen stark umworbenen Personenkreises (z.B. Grossbritannien, Irland, Monaco, Belgien, Italien, Luxemburg, Liechtenstein, Österreich und Portugal).[56] Mit

68

---

[55] Dazu Botschaft zum Bundesgesetz über die Besteuerung nach dem Aufwand vom 29.6.2011, BBl 2011, 6021–6046, 6045 f. Die Kantone Zürich und Schaffhausen haben die Aufwandbesteuerung aufgehoben. Abgelehnt wurde eine Initiative auf Abschaffung der Pauschalsteuer im Kanton St. Gallen (<http://www.abstimmungen.sg.ch/home.html> [besucht am 30.11.2011]). Im Kanton Waadt, dem Kanton mit den meisten Pauschalbesteuerten (vgl. hierzu die Daten zur Aufwandbesteuerung der Konferenz der kantonalen Finanzdirektorinnen und Finanzdirektoren [FDK] vom 14.6.2011, <http://www.fdk-cdf.ch/110614_mm_aufwbest_def_d.pdf> [besucht am 31.10.2011], ist die für eine Volksinitiative auf Abschaffung der Pauschalbesteuerung erforderliche Unterschriftenzahl nicht erreicht worden.

[56] Ausführlich Maja Bauer-Balmelli/Sanna Maas, Aufwandbesteuerung und englisches Konzept des Steuerstatus «Resident but not domiciled» – ein Vergleich, zsis 2006 Monatsflash Nr. 6, Schlussfolgerungen; Michael Beusch, Aufwandbesteuerung – Privileg für reiche Ausländer oder aus praktischen Gründen gebotene Art der Ermessensveranlagung?, in: Michael Beusch/ISIS (Hrsg.), Steuerrecht 2006. Best of zsis, Zürich et al. 2006, 185 ff., 192.

einer kürzlich dem Parlament unterbreiteten Gesetzesvorlage möchte der Bundesrat die Aufwandbesteuerung verbessern und ihre Akzeptanz stärken.[57] Danach soll mit gezielten Anpassungen sichergestellt werden, dass sowohl Standorts- als auch Gerechtigkeitsüberlegungen hinreichend Rechnung getragen wird. Auch die Rechtssicherheit soll erhöht und die interkantonale Rechtsangleichung vorangetrieben werden.

I. Voraussetzungen der Aufwandbesteuerung

69 Die Aufwandbesteuerung wird lediglich auf *Antrag* zugestanden. Es handelt sich um ein Recht der Steuerpflichtigen, von dem alle Gebrauch machen können, welche die gesetzlichen Voraussetzungen erfüllen. Es kann aber auch darauf verzichtet werden.

70 Das Recht zur Aufwandbesteuerung steht allen natürlichen Personen zu, die erstmals oder nach mindestens zehnjähriger Landesabwesenheit in der Schweiz steuerrechtlichen Wohnsitz oder Aufenthalt nehmen und in der Schweiz keine Erwerbstätigkeit ausüben (StHG 6 I und II; DBG 14 I und II). Im Ausland dürfen die Aufwandbesteuerten somit durchaus einer eigentlichen Erwerbstätigkeit nachgehen.[58]

71 Während die Aufwandbesteuerung für *Ausländer* in zeitlicher Hinsicht nicht beschränkt ist, dürfen Schweizer Staatsbürger nur bis zum Ende der laufenden Steuerperiode aufwandbesteuert werden. Schweizer Doppelbürger können die Aufwandbesteuerung nur unter den gleichen Voraussetzungen wie Schweizer Staatsbürger in Anspruch nehmen.[59]

II. Bemessungsgrundlage der Aufwandbesteuerung

72 Bemessungsgrundlage bilden bei der Aufwandbesteuerung die *Lebenshaltungskosten* des Steuerpflichtigen und seiner im gleichen Haushalt lebenden Familie. Die Ermittlung des Lebensaufwands ist nicht einheitlich geregelt; es bestehen grosse Unterschiede in der Verwaltungspraxis der Kantone. Als Massstab dient oftmals der Mietzins der Wohnung oder der Mietwert des vom Steuerpflichtigen bewohnten Eigenheims, wobei die Bemessungsgrundlage mindestens das Fünf-

---

[57] Auch zum Folgenden Entwurf zu einem Bundesgesetz über die Besteuerung nach dem Aufwand, BBl 2011, 6047–6050 und Botschaft (Fn. 55), 6021–6046.
[58] BGer 15.5.2000, StE 2001 B 29.1 Nr. 6.
[59] Kreisschreiben Nr. 9 (1995/96) der EStV vom 3.12.1993 betreffend die Verordnung über die Besteuerung nach dem Aufwand bei der direkten Bundessteuer, N 1.1 Abs. 5; Merkblatt des Steueramts des Kantons Aargau betreffend die Besteuerung nach dem Aufwand vom 17.6.2002 (<http://www.ag.ch/DokTabelle/steueramt/index.php?controller=Download&DokId=48&Format=pdf> [besucht am 28.10.2011]), N 3.

fache dieser Werte beträgt.⁶⁰ Für die Vermögenssteuer wird der so ermittelte Betrag der Lebenshaltungskosten in der Regel mit 5% kapitalisiert. Gewisse Kantone machen die Aufwandbesteuerung von einem bestimmten Mindeststeueraufkommen abhängig.

> Nach dem Vorschlag des Bundesrates soll klargestellt werden, dass der *gesamte in- und ausländische Lebensaufwand* als Bemessungsgrundlage beizuziehen ist.⁶¹ Die Bemessungsgrundlage darf das Siebenfache des Mietzinses bzw. des Mietwerts oder das Dreifache des Pensionspreises für Unterkunft und Verpflegung nicht unterschreiten. Überdies wird für die direkte Bundessteuer eine minimale Bemessungsgrundlage von CHF 400 000 festgelegt. Die Kantone haben ebenfalls eine minimale Bemessungsgrundlage festzulegen, sind aber betragsmässig nicht gebunden.

Die auf dieser Grundlage nach den ordentlichen Steuermassvorschriften erhobene Steuer muss von Gesetzes wegen mindestens gleich hoch sein wie die nach dem ordentlichen Tarif berechnete Steuer vom gesamten Bruttoertrag der in den Steuergesetzen näher spezifizierten *Einkünfte aus schweizerischer Quelle* und der Einkünfte, für die Abkommensvorteile beansprucht werden (StHG 6 III; DBG 14 III). Zusätzlich zur ermessensmässigen Festlegung des steuerbaren Einkommens und Vermögens aufgrund der Lebenshaltungskosten ist somit eine sog. *Kontrollrechnung* anzustellen, um zu gewährleisten, dass die Bemessungsgrundlage mindestens diesen ordentlich zu besteuernden Einkünften und Vermögenswerten entspricht. 73

III. Abkommensberechtigung

Grundsätzlich sind die Aufwandbesteuerten nach schweizerischer Auffassung berechtigt, die Vorteile der schweizerischen *Doppelbesteuerungsabkommen* in Anspruch zu nehmen; sie gelten als im Sinn von OECD-MA 4 in der Schweiz ansässige Personen. Gemäss DBG 14 III f (vgl. StHG 6 III f) müssen die Vermögenswerte und deren Erträge, für welche der Steuerpflichtige eine Entlastung beantragt, in die Kontrollrechnung einbezogen werden. 74

Gewisse Doppelbesteuerungsabkommen setzen jedoch darüber hinaus voraus, dass alle in der Schweiz ordentlicherweise steuerbaren Einkünfte, die aus dem Vertragsstaat stammen, der üblichen Besteuerung unterliegen. Damit auch diese Steuerpflichtigen die Abkommensvorteile in Anspruch nehmen können, sieht die 75

---

⁶⁰ Verordnung über die Besteuerung nach dem Aufwand der direkten Bundessteuer vom 15.3.1993 (SR 642.123); Merkblatt KStA AG (Fn. 59), N 4.1.
⁶¹ Der ausdrückliche *Einbezug des ausländischen Lebensaufwands* in die Bemessungsgrundlage, wozu auch die Steuerzahlungen gehören, wird zu einer ganz massiven Erhöhung der Bemessungsgrundlagen bei vielen Aufwandbesteuerten führen. Verschiedene Kantone werden dies wohl kaum umsetzen; es wäre der Sache gewiss zuträglicher, den ausländischen Lebensaufwand auszuklammern.

sog. *modifizierte Aufwandbesteuerung* vor, dass alle Einkünfte aus den betreffenden Staaten in die Kontrollrechnung aufgenommen werden.[62]

---

[62] EStV KS Nr. 9 vom 3.12.1993 (Fn. 59), 4.2 Abs. 1; Merkblatt KStA AG (Fn. 59), N 10 mit ausführlichen Berechnungsbeispielen.

§ 12 Partnerschafts- und Familienbesteuerung

Literatur

BLUMENSTEIN/LOCHER, System, 76 f.; HÖHN/WALDBURGER, Bd. I, § 13 N 12 ff., § 14 N 137; MÄUSLI-ALLENSPACH/OERTLI, Steuerrecht, 69 f., 162 ff.; OBERSON, Droit fiscal, § 6 N 30 ff., § 7 N 282 und 284 f.

BÖCKLI PETER, Von Schatteneinkommen und Einkommensbindung. Gedanken zur Ehegattenbesteuerung, StR 1978, 98 ff.; CAGIANUT FRANCIS, Gerechte Besteuerung der Ehegatten. Ein Beitrag zur Harmonisierung des schweizerischen Steuerrechts, Bern 1971 (zit. CAGIANUT, Besteuerung); HÖHN ERNST, Die Besteuerung der Ehepaare im Lichte des Gleichheitsgrundsatzes, ASA 52 (1983/84), 113 ff.; LOCHER PETER, Steuerrechtliche Qualifikation von Kinderbetreuungskosten, ASA 68 (1999/2000), 375 ff.; ders., Bedauerlicher Rückschritt bei der Ehegattenbesteuerung, recht 1995, 162 ff.; REICH MARKUS, Neuordnung der Familienbesteuerung, FStR 2001, 251 ff.; ders., Zur Frage der Ehegattenbesteuerung, ZBl 1985, 233 ff.; RICHNER FELIX, Abzugsfähigkeit von Kinderbetreuungskosten, ZStP 1995, 255 ff.; VOGEL KLAUS, Besteuerung von Eheleuten und Verfassungsrecht, StuW 1999, 201 ff.; YERSIN DANIELLE, Réflexions sur l'arrêt Hegetschweiler et l'imposition du couple, RDAF 1985, 425 ff.

Materialien

Botschaft zum Bundesgesetz über die steuerliche Entlastung von Familien mit Kindern, BBl 2009, 4729–4776 (zit. Botschaft Entlastung von Familien mit Kindern); Botschaft zum Steuerpaket 2001 vom 28.2.2001, BBl 2001, 2983–3151 (zit. Botschaft Steuerpaket); Bericht der Expertenkommission zur Überprüfung des schweizerischen Systems der Familienbesteuerung (Kommission Familienbesteuerung), erstattet dem Finanzdepartement, Bern 1998 (zit. Bericht Kommission Familienbesteuerung); Botschaft zu Bundesgesetzen über die Harmonisierung der direkten Steuern der Kantone und Gemeinden sowie über die direkte Bundessteuer (Botschaft über die Steuerharmonisierung) vom 25.5.1983, BBl 1983 III, 1–381 (zit. Botschaft Steuerharmonisierung).

A. Einführung

I. Problematik

Die Fragen der sachgerechten Steuerbelastung von in Haushaltsgemeinschaft lebenden Partnerschaften und Familien stellen sich insbesondere bei der *objektiven Steuerpflicht,* beim *Steuermass* sowie im *Steuerveranlagungsverfahren.* Es sind somit ganz verschiedene Bereiche der Steuerordnung betroffen, die indes einer ganzheitlichen Betrachtungsweise bedürfen. Deshalb werden die Probleme vorliegend aus dem systematischen Zusammenhang herausgelöst und gesondert erläutert. 1

Die Problematik der sachgerechten *Berücksichtigung der Kinderlasten* steht zwar in engem Zusammenhang mit der Ehe- und Partnerschaftsbesteuerung, sie ist jedoch losgelöst von dieser Fragestellung anzugehen, weil nicht nur Ehepaare und Partnerschaften, sondern auch Alleinerziehende mit Kindern zusammenleben und für sie sorgen. Es ist deshalb der Sache zuträglich, wenn die Frage der Berücksichtigung von Kinderlasten – trotz ihrer grossen Bedeutung – in einem 2 ersten Schritt ausgeklammert wird, damit keine Vermengung ökonomisch verschiedenartiger Fragenkreise stattfindet.

3   Zur Lösung der Besteuerungsproblematik bei Ehegatten – und neuerdings auch bei den diesen gleichgestellten eingetragenen Partnerschaften[1] – stehen grundsätzlich zwei Möglichkeiten zur Diskussion: das System der Faktorenaddition und die Individualbesteuerung.

4   Im geltenden System der sog. *Faktorenaddition* werden die Einkünfte und Vermögenswerte der Partner zusammengerechnet und bilden insgesamt die Bemessungsgrundlage für beide Steuerpflichtige. Dieses System basiert auf der Überlegung, dass das Einkommen und Vermögen eines einzelnen Partners keine sachgerechte Ausgangsbasis für den Leistungsfähigkeitsvergleich mit andern Gruppen von Steuerpflichtigen abgibt. Sämtliche Einkünfte und Vermögenswerte der beiden Steuerpflichtigen werden deshalb zusammengerechnet und beiden gemeinsam zugeordnet, dafür wird die Steuerbelastung gegenüber den andern Steuerpflichtigen angemessen ermässigt.

5   Im System der *Individualbesteuerung* werden die Einkünfte und Vermögenswerte der Partner hingegen je den beiden Steuerpflichtigen zugerechnet. Die Bemessungsgrundlage jedes Partners richtet sich hier grundsätzlich nach seinen eigenen Einkünften und Vermögenswerten. Auch in diesem System darf die gegenseitige gesetzliche Unterhaltsverpflichtung der Partner steuerlich nicht unberücksichtigt bleiben; es sind deshalb insbesondere für die Einverdienerpartnerschaften ebenfalls Belastungskorrektive erforderlich.

II.   Grundsatz der Faktorenaddition

6   In der Schweiz werden die Einkünfte und Vermögenswerte von Ehepaaren, die in rechtlich und tatsächlich ungetrennter Ehe leben, unabhängig vom ehelichen Güterstand zusammengerechnet (vgl. StHG 3 III; DBG 9). Die Einkünfte und Vermögenswerte der Ehepaare werden nach dem *Grundsatz der Familienbesteuerung* in einer Bemessungsgrundlage vereinigt. Wird die Ehe *faktisch* oder *rechtlich getrennt,* so erfolgt eine Individualbesteuerung. Gleiches gilt sinngemäss auch für die eingetragenen Partnerschaften (vgl. StHG 3 IV; DBG 9 I[bis]).

7   Dabei geht der Gesetzgeber vom Grundgedanken aus, dass die Ehepaare und die eingetragenen Partner eine rechtliche und wirtschaftliche *Verbrauchergemeinschaft* bilden, die auch steuerrechtlich als Einheit zu behandeln ist. Ein einzelner Partner verfügt schon von Gesetzes wegen regelmässig über mehr oder weniger Einkommen, als er selber am Markt erwirtschaftet. Die Leistungsfähigkeit von

---

[1]   Vgl. BG über die eingetragene Partnerschaft gleichgeschlechtlicher Paare (Partnerschaftsgesetz, PartG) vom 18.6.2004 (SR 211.231); Kreisschreiben Nr. 30 der EStV vom 21.12.2010 betreffend Ehepaar- und Familienbesteuerung nach dem Bundesgesetz über die direkte Bundessteuer (DBG), 4.

Ehegatten und von eingetragenen Partnern kann nach dieser Vorstellung nur vor dem Hintergrund des *Gesamteinkommens* beider Partner gewürdigt werden.

III. Voraussetzungen der Faktorenaddition

Voraussetzung der Faktorenaddition ist neben dem Bestehen einer zivilrechtlich gültigen Ehe oder eingetragenen Partnerschaft, dass die Partner weder rechtlich noch tatsächlich getrennt leben (vgl. DBG 9 I und I^{bis}). Keine Schwierigkeiten bietet das Kriterium der rechtlichen Trennung (vgl. ZGB 117). Eine *tatsächliche (faktische) Trennung* der Gemeinschaft liegt vor, wenn die Ehe endgültig gescheitert ist und nicht mehr gelebt wird.[2] Es genügt nach der bundesgerichtlichen Rechtsprechung für die Individualbesteuerung von rechtlich ungetrennten Partnern somit nicht, wenn sie einen getrennten Wohnsitz haben und keine gemeinsame Mittelverwendung stattfindet. Auch in diesem Fall erwachsen den zivilrechtlich verbundenen Partnern erbrechtliche, sozialversicherungsrechtliche und zivilstandsrechtlich relevante wirtschaftliche Vorteile, welche die Zusammenveranlagung mit Blick auf das Leistungsfähigkeitsprinzip rechtfertigen.[3]

8

IV. Auswirkungen der Faktorenaddition

1. Aufhebung der steuerrechtlichen Schranken

Die Haushaltbesteuerung führt zunächst zur Aufhebung der steuerlichen Schranken zwischen den einzelnen Partnern der Gemeinschaft. Was dem einen Partner von den Einkünften des andern zufliesst, bildet kein Einkommen. Für die Bestimmung des ehelichen Gesamteinkommens ist nicht nur unerheblich, wer das Geld erwirtschaftet hat, sondern auch, welchen Lauf das Geld im Haushalt nimmt und wer es zur Bedürfnisbefriedigung verwendet.

9

2. Innerfamiliäre Einkommens- und Vermögensverrechnung

Weitere Folge der Faktorenaddition ist die innerfamiliäre Einkommens- und Vermögensverrechnung. Als Reineinkommen bzw. Reinvermögen der Ehepaare und eingetragenen Partner werden nur jene Werte erfasst, die nach Abzug der Aufwendungen und Schulden beider Partner verbleiben. So wird das Einkommen, das der Ehemann als Angestellter verdient, um den Verlust gekürzt, den die Ehefrau im eigenen Geschäft erleidet.

10

---

[2] Vgl. BGer 5.2.2008, StE 2008 B 13.1 Nr. 15 E. 2.3. Dazu EStV KS Nr. 30 vom 21.12.2010 (Fn. 1), 1.3.
[3] Ausführlich VGer BE 30.1.2009, StE 2009 B 13.1 Nr. 16 E. 3.3.

3. Gemeinsame Veranlagung

11 Die Zusammenrechnung der Faktoren bedingt auf verfahrensrechtlicher Ebene die gemeinsame Veranlagung der Paare. Einkommen und Vermögen der Partner bilden eine Einheit und stehen beiden gemeinsam zu, so dass die Steuer der Partner in einem gemeinsamen Verfahren festgelegt werden muss.

12 Paare, die in rechtlich und tatsächlich ungetrennter Partnerschaft leben, üben deshalb ihre Verfahrensrechte und -pflichten grundsätzlich gemeinsam aus. Sie reichen lediglich *eine Steuererklärung* ein, die sie gemeinsam unterzeichnen (vgl. DBG 113 II). Fehlt die Unterschrift eines Partners, so ist diesem eine Frist anzuberaumen, nach deren unbenutztem Ablauf die vertragliche Vertretung durch den unterzeichnenden Partner angenommen wird.

13 *Rechtsmittel* und *andere Eingaben* gelten als rechtzeitig eingereicht, wenn *ein* Partner innert Frist handelt (vgl. DBG 113 III). Die beiden Partner können ihre Rechte und Pflichten gemeinsam wahrnehmen; es genügt jedoch, wenn nur einer von ihnen handelt.

14 Die Steuerbehörden und Gerichte haben sich im Gegensatz dazu stets an *beide Partner* zu richten (vgl. DBG 113 IV). Sämtliche Mitteilungen sind an beide Partner zu adressieren, es sei denn, diese hätten einen gemeinsamen Vertreter bestellt.

15 *Steuerstrafrechtlich* sind Ehepaare und eingetragene Partner lediglich für ihre eigenen Steuerfaktoren verantwortlich. Sie werden grundsätzlich nur für die Hinterziehung der eigenen Einkünfte und Vermögenswerte bestraft, ausser wenn der eine Partner am Delikt des andern beteiligt ist.

4. Haftung

16 Partner, die in rechtlich und tatsächlich ungetrennter Partnerschaft leben, haften grundsätzlich *solidarisch* für die Gesamtsteuer (vgl. DBG 13 I). Die Solidarhaft entfällt indessen, wenn einer der Partner zahlungsunfähig wird. Diesfalls haftet jeder Partner nur für seinen Anteil an der Gesamtsteuer. Dieser Anteil wird durch eine *Haftungsverfügung* festgelegt.

17 Für die *nach* der Trennung oder Auflösung entstandenen Steuerforderungen sowie für alle während der gemeinsamen Veranlagung entstandenen, aber noch nicht beglichenen offenen Schulden besteht nach der Trennung oder Auflösung der Gemeinschaft keine Solidarhaftung mehr; jeder Partner haftet individuell für seine Steuerschulden (vgl. DBG 13 II).[4]

---

[4] EStV KS Nr. 30 vom 21.12.2010 (Fn. 1), 6.2.2. Anders dagegen im *kantonalen* Steuerrecht, wo die Solidarhaftung der Ehegatten bei einer Trennung für die während des Zusammenlebens entstandenen Steuerschulden je nach gesetzlicher Ausgestaltung der kantonalen Steuergesetze bestehen bleibt, vgl. dazu BGer 3.5.1996, BGE 122 I 139 E. 4 und FD ZH 21.5.2007, StE 2008 B 13.5 Nr. 7 E. I; die Beschwerde gegen den erwähnten Entscheid der FD wurde abgewiesen (BGer 13.12.2007, 2C_306/2007).

V. Subjektive Steuerpflicht

Keine Auswirkungen zeigt die Faktorenaddition indes auf die Frage der subjektiven Steuerpflicht. Die subjektive Steuerpflicht der Ehegatten und eingetragenen Partner sowie auch der unmündigen Kinder wird durch die Zusammenrechnungsvorschriften gemäss DBG 9 (vgl. StHG 3 III) nicht berührt und richtet sich wie bei den übrigen Steuerpflichtigen nach den für alle Steuerpflichtigen geltenden Vorschriften (vgl. StHG 3 f.; DBG 3 ff.).[5]

18

So wird ein *ausländischer Ehegatte,* dessen Ehepartner in der Schweiz einer Erwerbstätigkeit nachgeht oder eine Liegenschaft erwirbt, in der Schweiz nicht steuerpflichtig, wenn er nicht selbst einen Anknüpfungstatbestand erfüllt.[6] Sein Partner ist demgegenüber unter Berücksichtigung des Grundsatzes der *Familienbesteuerung* (vgl. StHG 3 III und DBG 9) zu besteuern, d.h., er kann zwar die Abzüge und Steuertarife für gemeinsam Steuerpflichtige in Anspruch nehmen, die Steuersatzermittlung richtet sich jedoch nach dem gesamten ehelichen Einkommen und im kantonalen Recht nach dem gesamten ehelichen Vermögen.[7]

19

B. Steuerbelastung der Ehepaare und Partnerschaften im System der Faktorenaddition

I. Ausgangslage

In Lehre und Rechtsprechung unbestritten ist, dass die Faktorenaddition zu einer *angemessenen Ermässigung* des zusammengerechneten Partnerschaftseinkommens im Vergleich zum Einkommen einer alleinstehenden Person führen muss. Die *wirtschaftliche Leistungsfähigkeit* eines Paares ist selbstredend *tiefer* als diejenige einer alleinstehenden Person mit dem gleichen Einkommen. Diesem Umstand muss aufgrund von BV 8 I hinreichend Rechnung getragen werden.[8]

20

Über das *Ausmass der Entlastung* gehen die Meinungen weit auseinander. Je nach der Begründung, die für die Entlastung angeführt wird, ergeben sich grössere oder kleinere Differenzen zur Steuerbelastung anderer Vergleichsgruppen. Zu Recht führt das Bundesgericht hierzu aus: «Abgesehen davon, dass es dabei um Fragen geht, deren Lösung in weitem Mass von politischen Wertungen abhängt,

21

---

[5] Dazu § 11 N 7.
[6] Vgl. BGer 5.2.2008, StE 2008 B 13.1 Nr. 15 E. 2.2; BGer 11.5.2001, StE 2001 B 11.3 Nr. 12. Das Gleiche gilt auch bei eingetragenen Partnerschaften.
[7] EStV KS Nr. 30 vom 21.12.2010 (Fn. 1), 2.1. Im interkantonalen Verhältnis sind die Fragen der subjektiven Steuerpflicht der Ehegatten an sich gleich zu entscheiden, die Rechtslage ist jedoch umstritten; ausführlich hierzu MARKUS REICH/ROBERT WALDBURGER, Rechtsprechung im Jahr 2004 (2.Teil), FStR 2005, 290 ff.
[8] Vgl. BGer 18.11.1994, BGE 120 Ia 329 E. 4 = StE 1995 A 21.16 Nr. 4; BLUMENSTEIN/LOCHER, System, 77; vgl. auch BÖCKLI, StR 1978, 101 f.; CAGIANUT, Besteuerung, 28; HÖHN, ASA 52, 126; REICH, in: ZWEIFEL/ATHANAS, N 6 zu StHG 11.

macht die Vielgestaltigkeit der zu regelnden Verhältnisse und der in Betracht fallenden Methoden es schwierig, wenn nicht gar unmöglich, eine völlige Gleichstellung zu erzielen.»[9]

22 Ist es nicht möglich, eine für alle Vergleichsgruppen vollumfänglich befriedigende Lösung herbeizuführen, so darf im *Zentrum* der Belastungsvergleiche nicht die Gegenüberstellung der Steuerbelastung von Ehegatten und Konkubinatspaaren stehen, sondern es muss vor allem der Vergleich der beiden Hauptgruppen, der *Ehegatten* und eingetragenen Partnerschaften einerseits und der *Alleinstehenden* anderseits anvisiert werden.[10]

II. Zu berücksichtigende Umstände

1. Einkommensbindungseffekt

23 Zur Bestimmung des Ausmasses der Ermässigung der Steuerbelastung von Ehepaaren und eingetragenen Partnerschaften ist vorab dem sog. *Einkommensbindungseffekt* Rechnung zu tragen. Die Möglichkeiten der Einkommensverwendung werden entscheidend beeinflusst von der Zahl der Personen, denen das Einkommen zusteht.[11] Den Alleinstehenden steht nach der Deckung des Existenzminimums ein grösserer Betrag zur Verfügung, den sie frei für die Befriedigung ihrer Konsumbedürfnisse ausgeben können, als den gemeinsam Steuerpflichtigen. Dieser Einkommensbindungseffekt ist in *allen Einkommensstufen* konsequent zu berücksichtigen.[12]

2. Ökonomische Vorteile der Partnerschaften

a)   Haushaltersparnis

24 Als ökonomischer Vorteil der Ehegemeinschaften und der gleichgestellten Partnerschaften wird vor allem die *Haushaltersparnis* hervorgehoben, welche auf die Kosteneinsparung durch das gemeinsame Wohnen zurückzuführen ist. Dieser sog. *Synergieeffekt* darf in Anbetracht der heutigen Lebensgewohnheiten und Wohnverhältnisse nicht überschätzt werden. Zu berücksichtigen ist insbesondere, dass nicht nur Ehepaare und eingetragene Partnerschaften, sondern auch *andere Haushaltgemeinschaften* mehr oder minder davon profitieren. Werden die gemeinsam Steuerpflichtigen mit Blick auf die Haushaltersparnis zu stark belas-

---

[9] BGer 18.11.1994, BGE 120 Ia 329 E. 3; dazu auch Höhn, ASA 52, 128; Reich, in: Zweifel/Athanas, N 8 zu StHG 11; Yersin, RDAF 1985, 449.
[10] So erwog auch das Bundesgericht (BGer 18.11.1994, BGE 120 Ia 329 E. 4a): «Die steuerliche Entlastung der Ehepaare im Verhältnis zu den Konkubinatspaaren darf nicht dazu führen, dass die Steuerbelastung der tatsächlich Alleinstehenden ausser acht gelassen wird.»
[11] Vgl. Böckli, StR 1978, 102; Cagianut, Besteuerung, 28; Höhn, ASA 52, 126; Reich, in: Zweifel/Athanas, N 10 zu StHG 11.
[12] Dazu ausführlich Reich, ZBl 1985, 241; ders., FStR 2001, 259 f.

tet, so führt dies zwangsläufig zu einer unzulässigen Bevorzugung von Konkubinatsverhältnissen und andern Wohngemeinschaften. Dennoch darf im Zuge der *Typisierung* der ökonomischen Verhältnisse der verschiedenen Vergleichsgruppen davon ausgegangen werden, dass der Synergieeffekt bei Ehegatten und eingetragenen Partnern in stärkerem Mass auftritt als bei andern Haushaltgemeinschaften.

b) *Wert der Haushaltarbeit*

Stark ins Gewicht fällt bei den wirtschaftlichen Vorteilen der Ehe und der eingetragenen Partnerschaft vor allem der Wert der Haushaltarbeit in einer Einverdienerpartnerschaft. Das sog. *Schatteneinkommen,* das erwirtschaftet wird, wenn nur ein Partner einer Erwerbstätigkeit nachgeht, hat einen beträchtlichen Marktwert und darf im Zug der Belastungsvergleiche nicht unbeachtet bleiben.[13] Dabei geht es nicht etwa darum, den Wert der Haushaltarbeit finanziell aufzuwiegen, um es dann als Einkommen der Partner zu besteuern.[14] Vielmehr ist den Auswirkungen der Haushaltarbeit auf den *Konsumbedarf* der Vergleichsgruppen angemessen Rechnung zu tragen.[15]

25

c) *Andere ökonomische Vorteile der Partnerschaften*

Schliesslich unterscheidet sich die ökonomische Situation der gemeinsam besteuerten Paare gegenüber den andern Vergleichsgruppen dadurch, dass Ehepaare und eingetragene Partnerschaften in verschiedener Weise rechtlich bevorzugt behandelt werden. Zu erwähnen sind hier vor allem die Bereiche der *Sozialversicherung* sowie die Gewährung zahlreicher Vorteile bei der *Einkommens-* sowie der *Erbschafts- und Schenkungssteuer*.[16] Selbst wenn die Quantifizierung dieser verschiedenen finanziellen Vorteile schwierig ist, fallen sie gewöhnlich ins Gewicht und dürfen auch im Rahmen einer grosszügigen Typisierung nicht ignoriert werden. Das Bundesgericht wendet sich im gleichen Sinne nicht mehr gegen deren Berücksichtigung.[17]

26

3. Auswirkungen der ökonomischen Vorteile der Partnerschaften

Die ökonomischen Vorteile der Partnerschaften sind insbesondere bei der Lastendifferenzierung zwischen gemeinsam besteuerten Paaren und individuell Veranlagten zu berücksichtigen. Hier wirken sich die ökonomischen Vorteile in

27

---

[13] Vgl. BÖCKLI, StR 1978, 104 ff. auch zum Folgenden.
[14] Private Wertschöpfungen in der Form von Eigenleistungen bilden kein Einkommen im steuerrechtlichen Sinn (dazu ausführlich vorne § 10 N 14, 20 ff.).
[15] Vgl. REICH, in: ZWEIFEL/ATHANAS, N 15 zu StHG 11.
[16] Dazu HÖHN, ASA 52, 129; REICH, ZBl 1985, 241 f.; YERSIN, RDAF 1985, 428 ff.
[17] Vgl. BGer 18.11.1994, BGE 120 Ia 329 E. 5 = StE 1995 A 21.16 Nr. 4.

der Form der Haushaltersparnis und der weiteren Vorteile *gegenläufig zum Einkommensbindungseffekt* aus, indem sie nicht zu einer Entlastung, sondern zu einer *Mehrbelastung* der Paare führen. Die Auswirkungen in den unteren Einkommensstufen sind recht gross und nehmen mit zunehmendem Einkommen ab.[18]

28 Nicht zu berücksichtigen bei der Lastendifferenzierung zwischen gemeinsam Besteuerten und individuell Besteuerten ist allerdings der Vorteil aus der Haushaltarbeit des nicht erwerbstätigen Partners. Die *Zweiverdienerpaare* sind nämlich in dieser Beziehung gleich gestellt wie die *individuell veranlagten Personen*, die ebenfalls nicht von den Dienstleistungen eines nicht erwerbstätigen Partners profitieren können. Der Wert der Haushaltarbeit muss jedoch zu einer *unterschiedlichen Belastung* der Einverdiener- und der Zweiverdienergemeinschaften führen.[19] Die Zweiverdienerpaare sind im Vergleich zu den Einverdienerpaaren vermehrt auf die entgeltliche Beschaffung von Dienstleistungen auf dem Markt angewiesen.[20]

III. Methodisches Vorgehen

29 Auf welche Art und Weise die Gesetzgeber die im System der Faktorenaddition erforderliche Entlastung der gemeinsam veranlagten Paare technisch vorzunehmen haben, ist durch das StHG nicht vorgegeben. StHG 11 I schreibt den Kantonen nur vor, dass die Steuer im Vergleich zu den alleinstehenden Personen *angemessen ermässigt* werden muss. Es ist dem kantonalen Recht überlassen, ob die Ermässigung in Form eines frankenmässig begrenzten *Prozentabzugs vom Steuerbetrag* oder durch besondere Tarife für alleinstehende und verheiratete Personen *(Doppeltarif)* vorgenommen wird. Die Entlastung kann aber auch durch frankenmässig oder prozentual begrenzte *Abzüge von der Bemessungsgrundlage* oder durch das *Splittingverfahren* erreicht werden.

30 Im Bund und in den meisten Kantonen wird die Entlastung der Ehepaare auf tariflicher Ebene durch die Statuierung eines *Doppeltarifs* vorgenommen (DBG 214; ZH StG 35).[21] Hier gibt es zwei verschiedene Steuertarife; in ungetrennter Partnerschaft lebende Ehepaare und eingetragene Partner werden nach einem milderen Tarif belastet als die übrigen Steuerpflichtigen.

31 Im *Splittingsystem* gibt es nur einen Tarif. Einkommen und Vermögen der gemeinsam veranlagten Paare werden zusammengezählt und bilden die Bemessungsgrundlage beider Partner. Zur Bestimmung des Steuersatzes wird dann das Gesamteinkommen bzw. -vermögen durch einen bestimmten Divisor geteilt

---

[18] Dazu REICH, in: ZWEIFEL/ATHANAS, N 24 zu StHG 11 auch zum Folgenden.
[19] Im geltenden Recht wird dies durch den sog. *Zweiverdienerabzug* erreicht. Dieser Abzug berücksichtigt die *Haushaltsmehrkosten*, die bei Erwerbstätigkeit beider Partner normalerweise anfallen (vgl. Botschaft Steuerharmonisierung, 95; HÖHN/WALDBURGER, Bd. I, § 14 N 137).
[20] Vgl. BÖCKLI, StR 1978, 105 f.
[21] Vgl. auch SSK, Steuerinformationen, C. Steuersystem. Die geltenden Steuern von Bund, Kantonen und Gemeinden, 7.

(bzw. gesplittet). Beim sog. *Vollsplitting* beträgt der Divisor 2, beim *Teilsplitting* liegt er tiefer.

> Verdient der eine Partner CHF 60 000 und der andere Partner CHF 100 000, beträgt die Bemessungsgrundlage des Paares CHF 160 000. Zur Ermittlung des anwendbaren Steuersatzes wird dieses Gesamteinkommen im Vollsplittingsystem halbiert. Die CHF 160 000 werden somit mit dem Steuersatz erfasst, der für CHF 80 000 Anwendung findet.

IV. Ausmass der Entlastung

Was als *angemessene Ermässigung* im Sinne von StHG 11 I zu betrachten ist, lässt sich aus verschiedenen Gründen nicht exakt fixieren. Einigermassen zuverlässige erfahrungswissenschaftliche Untersuchungen über die ökonomischen Auswirkungen der Einkommensbindung und über die verschiedenen wirtschaftlichen Vorteile der Ehe fehlen. Daraus kann zwar nicht kurzerhand gefolgert werden, dass den entsprechenden Unterschieden überhaupt nicht Rechnung getragen werden dürfte, aber der *Schätzungsspielraum,* der aufgrund der Komplexität der wirtschaftlichen Verhältnisse und der verschiedenen, zum Teil gegenläufig wirkenden Elemente ohnehin schon recht gross ist, wird dadurch weiter ausgedehnt.[22] So muss es genügen, «wenn die gesetzliche Regelung nicht in genereller Weise zu einer wesentlich stärkeren und systematisch ungünstigeren Belastung von einzelnen Gruppen von Steuerpflichtigen führt»[23]. 32

Dennoch ist darauf hinzuweisen, dass das *Vollsplitting,* das bereits in verschiedenen Kantonen etabliert ist,[24] zu einer zu grossen Entlastung der Ehepaare und der eingetragenen Partner führt. Bereits bei der Einführung des Vollsplittings in Deutschland im Jahr 1958 fand sich in der Begründung des entsprechenden Gesetzesentwurfs die signifikante Aussage, das Vollsplitting sei «eine besondere Anerkennung der Aufgabe der Ehefrau als Hausfrau und Mutter».[25] Dieser sog. *Edukationseffekt* des Vollsplittings wird noch verstärkt durch eine unzureichende Ausgestaltung des Zweiverdienerabzugs.[26] 33

---

[22] Vgl. YERSIN, RDAF 1985, 450.
[23] BGer 18.11.1994, BGE 120 Ia 329 E. 4c = StE 1995 A 21.16 Nr. 4.
[24] Vgl. SSK, Steuerinformationen, D. Einzelne Steuern. Kurzer Überblick über die Einkommenssteuer natürlicher Personen, 9.
[25] Bundestag-Drucksache III/260, 34.
[26] Der Zweiverdienerabzug hat im System des Vollsplitting ohnehin keinen Platz, vgl. dazu REICH, FStR 2001, 259 ff.

C. Steuerbelastung der Ehepaare und Partnerschaften mit Kindern

I. Besteuerung Minderjähriger

34 Einkünfte und Vermögenswerte minderjähriger Personen werden mit Ausnahme des Erwerbseinkommens und der Grundstückgewinne dem *Inhaber der elterlichen Sorge* zugerechnet. Für ein allfälliges Erwerbseinkommen oder für Grundstückgewinne wird das minderjährige Kind selbständig besteuert (vgl. StHG 3 III; DBG 9 II).

35 Die Steuerfaktoren des Kindes werden somit grundsätzlich zu den Einkünften und Vermögenswerten der in ungetrennter Ehe oder in eingetragener Partnerschaft lebenden Eltern hinzu gezählt. Übt nur ein Partner die elterliche Sorge aus, werden die Faktoren des Kindes dieser Person zugerechnet. Leben die Eltern getrennt und üben sie die elterliche Sorge gemeinsam aus, so werden die Einkünfte und Vermögenswerte des Kindes demjenigen Elternteil zugerechnet, der für das Kind überwiegend sorgt. In der Regel wird angenommen, dass dies diejenige Person ist, bei der sich das Kind gewöhnlich aufhält.[27]

II. Auswirkungen der Faktorenaddition

36 Die Faktorenaddition hinsichtlich der Einkünfte und Vermögenswerte der Kinder führt zur *Aufhebung der steuerlichen Schranken* zwischen Kindern und Eltern sowie zur *innerfamiliären Einkommens- und Vermögensverrechnung*. Es kann in dieser Beziehung auf die Faktorenaddition bei den Eltern verwiesen werden.[28]

37 *Verfahrensrechtlich* wird das Kind durch die Inhaber der elterlichen Sorge von Gesetzes wegen vertreten (*Steuersubstitution* gemäss DBG 9 II und ZH StG 7 III). Eine *steuerstrafrechtliche Verantwortung* entfällt.

38 Die minderjährigen Kinder haften solidarisch mit den Inhabern der elterlichen Sorge bis zum Betrag des auf sie entfallenden Anteils an der Gesamtsteuer.

39 Fragwürdig sind die Auswirkungen der Faktorenaddition auf die *Steuerbelastung*. Die Zusammenrechnung der Einkünfte und Vermögenswerte der Eltern und Kinder führt zu einer Verschärfung der Progression, die in keiner Weise gerechtfertigt werden kann. Diese klar verfassungswidrige Mehrbelastung von Kindseinkünften und -vermögenswerten hat in der Praxis wohl nur deshalb noch zu keinen besonderen Schwierigkeiten Anlass gegeben, weil die Erwerbseinkünfte und Grundstückgewinne der Kinder selbständig besteuert werden und hohe Kindsvermögen und entsprechende Vermögenserträgnisse eher selten sind.

---

[27] EStV KS Nr. 30 vom 21.12.2010 (Fn. 1), 3.
[28] Vorne N 6 ff.

III. Berücksichtigung der Kinderlasten

Nach dem *subjektiven Nettoprinzip* sind Ehepaare mit und solche ohne Kinder unterschiedlich zu belasten. Der gesetzlichen Unterhaltsverpflichtung sowie dem Umstand, dass das eheliche Gesamteinkommen der Bedürfnisbefriedigung von mehr als zwei Personen dient, muss angemessen Rechnung getragen werden.

40

1. Kinderabzüge

Heute wird den Kinderlasten im Bund und in den Kantonen durch Kinderabzüge (DBG 213 I a; ZH StG 34 I a)[29] und durch die Erhöhung des Versicherungs- und Sparzinsenabzugs (DBG 212 I; ZH StG 31 g)[30] Rechnung getragen. Leben die Eltern getrennt, werden diese Abzüge demjenigen Elternteil zugerechnet, der für das Kind überwiegend sorgt. In der Regel wird angenommen, dass dies diejenige Person ist, bei der sich das Kind gewöhnlich aufhält.[31] Werden Unterhaltsbeiträge bezahlt, stehen die Abzüge dem Empfänger dieser Beiträge zu, welcher diese zusätzlich zu seinen eigenen Mitteln für die Bedürfnisse der Kinder einsetzt.[32] Wenn keine Unterhaltsbeiträge geleistet werden, erfolgt gemäss DBG 213 I a eine hälftige Teilung des Kinderabzugs.

41

Die Kinderabzüge sind in den meisten Steuerordnungen sachgerecht als Abzüge von der *Bemessungsgrundlage* (bzw. als Abzüge vom Reineinkommen in der Form von Sozialabzügen) und nicht als Abzüge vom *Steuerbetrag* konzipiert. In dieser Beziehung besteht in der schweizerischen Steuerrechtslehre eine seltene Einmütigkeit,[33] die auch das Bundesgericht zu teilen scheint[34]. Nur wer in der *Steuerprogression* lediglich ein *Umverteilungsmittel* sieht, kann gegen die Abzüge von der Bemessungsgrundlage und für die Abziehbarkeit vom Steuerbetrag votieren.[35]

42

---

[29] Vgl. auch die Übersicht in den SSK, Steuerinformationen, D. Einzelne Steuern. Die Einkommenssteuer natürlicher Personen, 91 f.

[30] Vgl. auch die Übersicht in SSK, Steuerinformationen, D. Einzelne Steuern. Die Einkommenssteuer natürlicher Personen, 75 f.

[31] Dazu BGer 4.9.2007, StE 2008 B 26.22 Nr. 4 E. 8.5 f.; vgl. auch EStV KS Nr. 30 vom 21.12.2010 (Fn. 1), 10.2.

[32] BGer 7.5.2010, StE 2010 B 29.3 Nr. 37 E. 3.2.

[33] BAUMGARTNER, in: ZWEIFEL/ATHANAS, N 1 zu DBG 35 und N 19 zu DBG 36; BLUMENSTEIN/LOCHER, System, 242; HÖHN/WALDBURGER, Bd. I, § 14 N 109; KATHRIN KLETT, Progressive Einkommenssteuer und Leistungsfähigkeitsgrundsatz in der Schweiz – 100 Jahre nach Georg Schanz, in: JOACHIM LANG (Hrsg.), Die Steuerrechtsordnung in der Diskussion. Festschrift für Klaus Tipke, Köln 1995, 599 ff., 614; OBERSON, Droit fiscal, § 3 N 28; REICH, in: ZWEIFEL/ATHANAS, N 27 zu StHG 7 und N 60 zu StHG 9; ders., Das Leistungsfähigkeitsprinzip im Einkommenssteuerrecht, ASA 53 (1984/85), 5 ff., 12 f.

[34] Vgl. BGer 24.5.1996, BGE 122 I 101 = StE 1997 A 21.16 Nr. 6.

[35] Ausführlich REICH, FStR 2001, 264.

Auf den 1.1.2011 wurde nun allerdings zusätzlich zum Kinderabzug von der Bemessungsgrundlage (DBG 213 I a) auch ein Abzug vom Steuerbetrag eingeführt (DBG 214 IIbis).[36] Eine solche *Kombination* der Kinderabzüge von der Bemessungsgrundlage mit Abzügen vom Steuerbetrag ist steuersystematisch unbedenklich. Letztere haben bei dieser Lösung *subventiven Charakter;* der Staat lässt den Steuerpflichtigen pro Kind einen frankenmässig bestimmten Unterstützungsbetrag zukommen. Es handelt sich im Unterschied zur grundsätzlichen Kinderabzugsproblematik, wo es um die Verwirklichung des subjektiven Nettoprinzips geht, um die Verfolgung einer *ausserfiskalischen Zielsetzung*, gegen die aus rechtlicher Sicht nichts eingewendet werden kann.[37]

2. Kinderbetreuungskosten

43 Nach vorherrschender Lehre und Praxis sind Kinderbetreuungskosten weder bei den berufstätigen Alleinerziehenden noch bei den Zweiverdienerpaaren Gewinnungskosten. Kinderbetreuungskosten hängen *nicht unmittelbar* mit der Berufsausübung zusammen. Jeder Beruf lässt sich – losgelöst von den konkreten Lebensumständen der Steuerpflichtigen – ohne Auslagen für die Kinderbetreuung ausüben. Deshalb werden diese Auslagen als vorwiegend in der allgemeinen Lebenshaltung der Steuerpflichtigen begründete Kosten qualifiziert und den Lebenshaltungskosten zugeordnet.[38] Gleich könnte jedoch auch bei den Fahrtkosten zwischen Wohn- und Arbeitsstätte sowie bei den Mehrkosten der auswärtigen Verpflegung argumentiert werden, dennoch werden diese als *Berufsauslagen* betrachtet. Auch Kinderbetreuungskosten könnte deshalb durchaus der Charakter von Gewinnungskosten zugesprochen werden.

44 Nach den harmonisierten gesetzlichen Grundlagen bilden die Kinderbetreuungskosten indes keine (unlimitiert abziehbaren) Gewinnungskosten, sondern es wird für die Drittbetreuung der Kinder ein limitierter *allgemeiner Abzug* zugestanden (vgl. StHG 9 II m; DBG 212 IIbis).[39]

3. Familiensplitting

45 Der Berücksichtigung der Kinderlasten dient auch das sog. Familiensplitting. Beim herkömmlichen Familiensplitting wird der Splittingdivisor in *Relation zur*

---

[36] Die Botschaft Entlastung von Familien mit Kindern (BBl 2009, 4730, 4747 und 4766) spricht in diesem Zusammenhang verwirrlich von der Einführung eines *dritten Tarifs*. Derzeit beträgt der Abzug CHF 251 pro Kind.

[37] Dazu vorne § 4 N 156 ff.

[38] BGer 30.10.1991, StR 1993, 181 f. E. 3; BGer 17.3.1986, StE 1987 B 22.3 Nr. 16 E. 3; VGer BE 26.2.1996, NStP 1996, 57; VGer ZH 8.3.1995, StE 1995 B 22.3 Nr. 57; LOCHER, ASA 68, 380 ff.; dazu und zum Folgenden hinten § 13 N 22 und 268.

[39] EStV KS Nr. 30 vom 21.12.2010 (Fn. 1), 8.1 ff. Vgl. StRK III ZH 9.6.1993, StE 1994 B 22.3 Nr. 53 E. 3 f.; RICHNER, ZStP 1995, 262 ff.; REICH, in: ZWEIFEL/ATHANAS, N 18 ff. zu StHG 9; ROBERT WALDBURGER/MARTIN SCHMID, Gewinnungskostencharakter von besonderen Leistungen des Arbeitgebers an Expatriates, Bern et al. 1999, 49 f.

Kinderzahl erhöht. Obwohl ein solches Besteuerungssystem sehr familienfreundlich erscheint, haften ihm anerkanntermassen grundlegende Mängel an.[40]

Sachgerecht wäre demgegenüber ein *modifiziertes Familiensplitting,* das – ausgehend vom Grundkonzept der Individualbesteuerung – nur den *Paarhaushalten mit Kindern* einen von der Anzahl der Kinder unabhängigen Splittingvorteil gewährt.[41] Der Splittingvorteil wäre hier nicht durch das Vorliegen einer Ehe oder eingetragenen Partnerschaft begründet, sondern würde an die Familiengemeinschaft mit Kindern anknüpfen. Ein solches Modell käme nicht nur dem allgemeinen Trend zur Individualbesteuerung entgegen, sondern würde auch dem Verfassungsauftrag von BV 116 I entsprechen, die Familiengemeinschaft zu fördern und zu stärken. 46

D. Steuerbelastung der Alleinerziehenden

Altrechtlich bestimmte der zweite Satz von StHG 11 I, dass «die gleiche Ermässigung», wie sie für die Ehepaare statuiert wird, «auch für verwitwete, getrennt lebende, geschiedene und ledige Steuerpflichtige, die mit Kindern oder unterstützungsbedürftigen Personen zusammenleben und deren Unterhalt zur Hauptsache bestreiten», vorzusehen ist. Obwohl diese Bestimmung in mehrfacher Hinsicht verfassungswidrig war,[42] musste sie wegen des Anwendungsgebots (BV 190) umgesetzt werden.[43] Sie führte zu einer sachlich nicht begründbaren Begünstigung der Alleinerziehenden.[44] 47

Der harmonisierungsrechtliche Zwang hinsichtlich der Begünstigung von Alleinerziehenden wurde nun gestrichen. DBG 214 IIbis hält aber weiterhin an der tariflichen Gleichstellung der Halbfamilien mit den Paarhaushalten fest. 48

---

[40] Ausführlich dazu JOACHIM LANG, Die Bemessungsgrundlage der Einkommensteuer. Rechtssystematische Grundlagen steuerlicher Leistungsfähigkeit im deutschen Einkommensteuerrecht, Köln 1988, 650 ff.; VOGEL, StuW 1999, 225 f.
[41] Dazu REICH, FStR 2001, 257.
[42] Sie verstiess nicht nur gegen das Gleichbehandlungsgebot und das Leistungsfähigkeitsprinzip, sondern missachtete auch den Anwendungsbereich von BV 129 II, der die Tariffragen in der originären Zuständigkeit der Kantone belässt.
[43] Vgl. BGer 26.10.2005, StE 2006 B 29.3 Nr. 28 und 29.
[44] Denn Alleinerziehende (auch «Halb-» oder «Einelternfamilien» genannt) sind a priori leistungsfähiger als Zweiverdienerpaare mit gleichem Gesamteinkommen und gleicher Anzahl Kinder, weil das Einkommen nach der Deckung des durch die Kinder verursachten Unterhaltsbedarfs nicht *zwei* Personen, sondern nur *einer* Person zur Deckung der privaten Bedürfnisse zusteht. Der Einkommensbindungseffekt ist bei Halbfamilien nicht gegeben. Zur Entstehungsgeschichte dieser Regelung vgl. REICH, in: ZWEIFEL/ATHANAS, N 26 ff. zu StHG 11.

E. Neuordnung der Partnerschafts- und Familienbesteuerung

49 Die Zukunft der Ehe- und Partnerschaftsbesteuerung gehört wohl eher der *Individualbesteuerung* – wie auch der Blick auf die ausländischen Steuerordnungen zeigt[45]. Die Anknüpfung von Steuerfolgen an die Institution der Ehe bzw. die eingetragene Partnerschaft vermag den heutigen gesellschaftspolitischen Anforderungen nicht mehr vollauf zu entsprechen. Das Abrücken von der individuellen Besteuerung kann lediglich noch bei Familien mit Kindern hinreichend gerechtfertigt werden. Die Zeit für einen grundlegenden Systemwechsel scheint indes hierzulande noch nicht gekommen zu sein.[46] Gegen die Individualbesteuerung wird vor allem vonseiten der Steuerverwaltungen ein gewaltiger administrativer Mehraufwand ins Feld geführt.

50 Auf kantonaler Ebene sind die Steuergesetze schon längst an die verfassungsrechtlichen Anforderungen angepasst worden. Auf Bundesebene konnten sich die zum Teil krassen Unebenheiten der früheren Ehegattenbesteuerung wegen des Anwendungsgebots von BV 190 länger halten. Die schlimmsten Verwerfungen wurden mit den auf den 1.1.2008 in Kraft getretenen *Sofortmassnahmen* ausgemerzt. Diese sahen eine Erhöhung und Neukonzeption des *Zweiverdienerabzugs* (vgl. DBG 212 II) sowie zusätzlich die Einführung eines *Verheiratetenabzugs* für alle Ehepaare und eingetragenen Partnerschaften (vgl. DBG 213 I c) vor.

In einem zweiten Schritt wurde mit Wirkung ab dem 1.1.2011 insbesondere die Verbesserung der Steuergerechtigkeit zwischen Personen mit und solchen ohne Kinder anvisiert.[47] Erreicht wurde dies durch die Einführung eines festen *Steuerabzugs* für jedes Kind (DBG 214 IIbis) und eines limitierten *Fremdbetreuungsabzugs* (StHG 9 II m; DBG 212 IIbis).[48]

51 In einer bereits angekündigten nächsten Revision will der Bundesrat möglichst *ausgewogene Belastungsrelationen* zwischen Ehe- und Konkubinatspaaren sowie zwischen Ein- und Zweiverdienerehepaaren herstellen.[49] Die «Heiratsstrafe» soll mittels einer *alternativen Belastungsrechnung* beseitigt werden. Zunächst soll die Steuerbelastung wie bisher aufgrund des Verheiratetentarifs ermittelt werden; hernach erfolgt eine vereinfachte Individualveranlagung. Massgebend wäre die tiefere der beiden Belastungen. An sich ein bestechender Vorschlag, gegen den

---

[45] Dazu ausführlich die Vernehmlassungsvorlage der EStV, Gesetzgebung DVS, vom 21.11.2006 zum Systementscheid bei der Ehepaarbesteuerung, einsehbar auf <http://www.efd.admin.ch/dokumen-tation/gesetzgebung/00571/01102/index.html?lang=de> (besucht am 16.12.2011); Botschaft Steuerpaket, 3005 ff.

[46] Hierzu das Faktenblatt des EFD: Reform der Ehe- und Familienbesteuerung, <http://www.efd.admin.ch/dokumentation/zahlen/00579/00608/00631/index.html?lang=de> (besucht am 16.12.2011).

[47] Dazu und zu Folgenden Botschaft Entlastung von Familien mit Kindern, BBl 2009, 4729–4776.

[48] Vgl. dazu vorne N 42 ff.

[49] Auch zu Folgenden Mitteilung des BR und des EFD vom 12.1.2011, <http://www.news.admin.ch/message/index.html?lang=de&msg-id=41742> (besucht am 16.12.2011).

allerdings ähnliche administrative Bedenken erhoben werden dürften wie gegen die Individualveranlagung.

§ 13 Einkommen natürlicher Personen

Literatur

BLUMENSTEIN/LOCHER, System, 170 ff., 241 ff.; HÖHN/WALDBURGER, Bd. I, § 14 N 1 ff.; MÄUSLI-ALLENSPACH/ OERTLI, Steuerrecht, 79 ff.; OBERSON, Droit fiscal, § 7 N 1 ff.

ALTORFER JÜRG/ALTORFER JÜRG B., Das Kapitaleinlageprinzip. Ein Systemwechsel mit weitreichenden Folgen, ST 2009, 270 ff. (1. Teil), 309 ff. (2. Teil); BÖCKLI PETER, L'agio, champ de bataille. Apport et restitution de l'agio sous les aspects du droit des sociétés et du droit fiscal, ST 2011, 546 ff.; ders., Die Transponierungstheorie – eine systemwidrige Rechtsfolge, ASA 57 (1988/89), 241 ff.; BRÜLISAUER PETER/SUTER CHRISTOPH, Das Kapitaleinlageprinzip. Plädoyer für eine konsequente Umsetzung im Schweizer Steuerrecht, FStR 2011, 110 ff. (1. Teil), 182 ff. (2. Teil); DANON ROBERT, Le principe de l'apport en capital, FStR 2011, 5 ff. (1ère partie), 87 ff. (2ème partie); DUSS MARCO, CATCH-22. Kapitaleinlage vs. Sanierung, ST 2011, 71 ff.; ders., Übertragung von Beteiligungen: Problembereiche «Transponierung» und «indirekte Teilliquidation», ST 1989, 247 ff.; FUNK PHILIP, Der Begriff der Gewinnungskosten nach schweizerischem Einkommenssteuerrecht, Grüsch 1989 (zit. FUNK, Gewinnungskosten); GIGER ERNST, Der Erwerb eigener Aktien aus aktienrechtlicher und steuerrechtlicher Sicht, Bern 1995 (zit. GIGER, Erwerb eigener Aktien); HESS TONI, Das neue Kollektivanlagegesetz aus steuerrechtlicher Sicht, FStR 2005, 270 ff.; ders., Die Besteuerung der Anlagefonds und der anlagefondsähnlichen Instrumente sowie deren Anteilsinhaber in der Schweiz, Zürich 2001 (zit. HESS, Anlagefonds); KÄNZIG ERNST, Die eidgenössische Wehrsteuer (Direkte Bundessteuer). I. Teil, 2. A. Basel 1982; LOCHER PETER, Die Abgrenzung von Kapitalgewinn und Kapitalertrag im Bundessteuerrecht, recht 1990, 109 ff.; ders., Die indirekte Teilliquidation im Recht der direkten Bundessteuer, in: REICH/ ZWEIFEL, FS Zuppinger, 219 ff. (zit. LOCHER, Indirekte Teilliquidation); MATTEOTTI RENÉ/RIEDWEG PETER, Ausschüttungsschranke und Prioritätsregel für Kapitaleinlagen, ST 2011, 776 ff.; MAUTE WOLFGANG/ STEINER MARTIN/RUFENER ADRIAN/LANG PETER, Steuern und Versicherungen. Überblick über die steuerliche Behandlung von Versicherungen, 3. A. Muri/Bern 2011 (zit. MAUTE/STEINER/RUFENER/LANG, Steuern und Versicherungen); MENGIARDI ANDRI, Die Besteuerung der Investition in derivative Anlageprodukte («strukturierte Produkte») nach Schweizer Recht, Zürich et al. 2008 (zit. MENGIARDI, derivative Anlageprodukte); NEUHAUS MARKUS R., Die Besteuerung des Aktienertrages, Zürich 1988; REICH MARKUS, Die Furcht vor dem Systemwechsel oder das Beharrungsvermögen des Bisherigen, ST 2001, 721 ff.; ders.; Vermögensertragsbegriff und Nennwertprinzip, in: CAGIANUT/VALLENDER, FS Höhn, 255 ff. (zit. REICH, Vermögensertragsbegriff); TORRIONE HENRI, L'imposition des fonds de placement immobiliers, ASA 67 (1998/99), 257 ff.; SIMONEK MADELEINE, Unternehmenssteuerrecht. Entwicklungen 2009, Bern 2010 (zit. SIMONEK, Unternehmenssteuerrecht 2009); SIMONEK MADELEINE/VON AH JULIA, Unternehmenssteuerrecht. Entwicklungen 2010, Bern 2011 (zit. SIMONEK/VON AH, Unternehmenssteuerrecht 2010); UNTERSANDER OLIVER, Kapitaleinlageprinzip und Unternehmenssteuerreform II, Zürich et al. 2005 (zit. UNTERSANDER, Kapitaleinlageprinzip); ders., Kapitalrückzahlungsprinzip im schweizerischen Steuerrecht, Zürich et al. 2003 (zit. UNTERSANDER, Kapitalrückzahlungsprinzip); WALDBURGER ROBERT/SCHMID MARTIN, Gewinnungskostencharakter von besonderen Leistungen des Arbeitgebers an Expatriates, Bern et al. 1999; WEIDMANN MARKUS, Einkommensbegriff und Realisation. Zum Zeitpunkt der Realisation von Ertrag und Einkommen im Handels- und Steuerrecht, Zürich 1996 (zit. WEIDMANN, Einkommensbegriff und Realisation); ZWAHLEN BERNHARD, Die einkommenssteuerrechtliche Behandlung von Liegenschaftskosten (insbesondere im Recht der direkten Bundessteuer), Basel 1986.

Materialien

Botschaft zur Volksinitiative «Sicheres Wohnen im Alter» vom 23.6.2010, BBl 2010, 5303–5336 (zit. Botschaft Wohnen im Alter); Botschaft zum Bundesgesetz über die steuerliche Entlastung von Familien mit Kindern vom 20.5.2009, BBl 2009, 4729–4776 (zit. Botschaft Entlastung von Familien mit Kindern); Botschaft zum Bundesgesetz über die Verbesserung der steuerlichen Rahmenbedingungen für unternehmerische Tätigkeiten und Investitionen (Unternehmenssteuerreformgesetz II) vom 22.6.2005, BBl 2005, 4733–4874 (zit. Botschaft UStR II); Botschaft zum Steuerpaket 2001 vom 28.2.2001, BBl 2001, 2983–3133 (zit. Botschaft zum Steuerpaket 2001); Bericht Kommission Eigenmietwert/Systemwechsel (KES), erstattet dem Eidg. Finanzdepartement, Bern 2000; Botschaft zum Stabilisierungsprogramm 1998 vom 28.9.1998, BBl 1999 I, 4–160 (zit. Botschaft Stabilisierungsprogramm); Bericht der Expertenkommission zur Prüfung des Systems der direkten Steuern auf Lücken, Bern 1998 (zit. Bericht Steuerlücken); Bericht der Expertengruppe Cagianut zur Steuerharmonisierung, Zürich 1994 (zit. Bericht Kommission Cagianut); Botschaft zu Bundesgesetzen über die Harmonisierung der direkten Steuern der Kantone und Gemeinden sowie über die direkte Bundessteuer vom 25.5.1983, BBl 1983 III, 1–381 (zit. Botschaft Steuerharmonisierung).

A. Einkommen aus unselbständiger Erwerbstätigkeit

I. Gesetzliche Grundlagen

1   Die *Einkünfte* aus unselbständiger Erwerbstätigkeit sind in DBG 17 I näher umschrieben. In DBG 26 I sind unter der Überschrift «Unselbständige Erwerbstätigkeit» detailliert die abziehbaren *Berufskosten* aufgeführt. Nach DBG 26 II ist eine Pauschalierung dieser Kosten vorgesehen, wobei dem Steuerpflichtigen der Nachweis höherer Kosten offensteht. Weiter wird in DBG 125 I a bestimmt, dass die natürlichen Personen *Lohnausweise* über ihre Einkünfte aus unselbständiger Erwerbstätigkeit beizubringen haben. Schliesslich findet sich der Terminus «unselbständige Erwerbstätigkeit» bei der Quellenbesteuerung in DBG 83 I und in DBG 91.

2   Die kantonalen Steuergesetze sind vielfach analog ausformuliert.[1]

II. Begriff und Wesen des Einkommens aus unselbständiger Erwerbstätigkeit

1. Umschreibung des Einkommens aus unselbständiger Erwerbstätigkeit

3   Der Begriff des Einkommens aus unselbständiger Erwerbstätigkeit ist *weit* gefasst. Das geht bereits aus der gesetzlichen Formulierung von DBG 17 hervor. Steuerbares Einkommen aus unselbständiger Erwerbstätigkeit bilden danach «alle Einkünfte aus privatrechtlichem oder öffentlich-rechtlichem Arbeitsverhältnis mit Einschluss der Nebeneinkünfte wie Entschädigungen für Sonderleistungen, Provisionen, Zulagen, Dienstalters- und Jubiläumsgeschenke, Gratifikationen, Trinkgelder, Tantiemen und andere geldwerte Vorteile». Das steuerbare

---

[1]   Vgl. StHG 7 I, 9 I, 32 I, 35 I a, sowie ZH StG 17 I, 26, 87 I, 94, 134 I a.

Einkommen aus unselbständiger Erwerbstätigkeit ist weitgehend harmonisiert, sodass den Kantonen praktisch keine Freiräume mehr offen stehen.

Steuerbar sind sämtliche Leistungen, die der Arbeitnehmer aufgrund des Arbeitsverhältnisses erhält. Irrelevant ist, ob sie vertraglich *geschuldet* sind oder in welcher *Form* sie erbracht werden, ebenfalls nicht ausschlaggebend ist, *wer* die Leistungen an den Arbeitnehmer erbringt.[2] Steuerbar sind somit auch Leistungen von Schwester- oder Muttergesellschaften der Arbeitgeberin oder die Familienzulagen. Jedes Entgelt, das seine *causa* im Arbeitsverhältnis hat, ist Einkommen aus unselbständiger Erwerbstätigkeit. Es genügt ein enger *faktischer Konnex* zwischen der geleisteten Arbeit und dem geldwerten Vorteil. Der *Zeitpunkt des Zuflusses* des Einkommens aus unselbständiger Erwerbstätigkeit bestimmt sich nach den allgemeinen Zuflussregeln. Das bedeutet, dass das Einkommen aus unselbständiger Erwerbstätigkeit in dem Zeitpunkt zugeflossen ist, in welchem der Arbeitnehmer seine Leistung erbracht hat und der vertraglich vereinbarte Lohn damit fällig (und damit auch verfügbar) ist.[3]

2. Abgrenzung der unselbständigen von der selbständigen Erwerbstätigkeit

Wie die selbständige ist auch die unselbständige Erwerbstätigkeit geprägt durch die *Gewinnerzielungsabsicht*. Auch die vom unselbständig Erwerbenden ausgeübten Aktivitäten sind zumindest im Nebenzweck auf die Einkommenserzielung ausgerichtet. Andernfalls würde gar keine *Erwerb*stätigkeit vorliegen.

Im Unterschied zur selbständigen ist die unselbständige Erwerbstätigkeit durch das Vorliegen einer *qualifizierten Abhängigkeit* des unselbständig Erwerbenden von einem Dritten gekennzeichnet. Der unselbständig Erwerbende ist *weisungsgebunden;* er steht hinsichtlich der fraglichen Tätigkeit in einem *Unterordnungsverhältnis* zu demjenigen, der ihm das Entgelt für seine Tätigkeit ausrichtet. Diesem erbringt er auf bestimmte oder unbestimmte Zeit eine Leistung gegen Entgelt; er handelt nicht auf *eigene Rechnung und Gefahr*.

Gewöhnlich spielt sich die unselbständige Erwerbstätigkeit im Rahmen eines *privat- oder öffentlich-rechtlichen Arbeitsverhältnisses* ab. Als unselbständige Erwerbstätigkeit hat auch die aufgrund eines stillschweigend zustande gekommenen Arbeitsvertrags geleistete Arbeit zu gelten. Die privatrechtliche Natur der Beziehungen des Steuerpflichtigen zu den Personen, die ihm für seine Tätigkeit ein Entgelt entrichten, ist indessen nicht ausschlaggebend; vielmehr kommt es auf das Mass der persönlichen und wirtschaftlichen Selbständigkeit an, das dem Erwerbstätigen bei der Erfüllung seiner Aufgaben zukommt.[4] So gilt auch die aufgrund eines *ungültigen Arbeitsvertrags* geleistete Arbeit als unselbständige Erwerbstätigkeit, ebenso in der Regel die Tätigkeit als *Verwaltungsrat,* obwohl das

---

[2] Vgl. Knüsel, in: Zweifel/Athanas, N 3 zu DBG 17.
[3] Dazu vorne § 10 N 52 ff.
[4] BGer 5.3.1969, ASA 39, 330 E. 5b.

Rechtsverhältnis nicht durch Arbeitsvertrag, sondern durch Auftrag begründet wird.

3. Abgrenzung des Einkommens aus unselbständiger Erwerbstätigkeit von der Schenkung

8   Schwierigkeiten kann die Abgrenzung des Einkommens aus unselbständiger Erwerbstätigkeit von der Schenkung bieten. Dabei ist von der *weiten Fassung* des Begriffs des Einkommens aus unselbständiger Erwerbstätigkeit auszugehen. Jeder irgendwie geartete geldwerte Vorteil, den der Arbeitnehmer als Folge seiner unselbständigen Tätigkeit und im Hinblick darauf erhält, ist Einkommen und nicht Schenkung. Irrelevant ist, ob die fragliche Leistung arbeitsvertraglich geschuldet ist oder nicht. Auch freiwillige Leistungen, die ohne Bestehen eines Arbeitsverhältnisses nicht erbracht worden wären, bilden Erwerbseinkommen.[5] Schenkungen liegen nur in Ausnahmefällen vor, wenn der Entgeltcharakter völlig in den Hintergrund tritt und persönliche Gründe wie freundschaftliche oder verwandtschaftliche Beziehungen, Mitleid oder Ehrerbietung für die Zuwendung ausschlaggebend waren.[6]

4. Spesenvergütungen

9   Der Arbeitgeber ist verpflichtet, dem Arbeitnehmer für von ihm zur Verfügung gestellte Geräte und Material (vgl. OR 327 II) sowie andere Auslagen (vgl. OR 327a–327c) *Ersatz* zu leisten. Derartige Spesenabgeltungen bilden kein Einkommen,[7] weil dem Arbeitnehmer kein geldwerter Vorteil zufliesst, wenn der Arbeitgeber eine entsprechende Schuldverpflichtung tilgt. In einem Graubereich liegen allerdings die *Pauschalspesenvergütungen,* die je nach der konkreten Situation durchaus zu einem erheblichen Teil steuerbares Einkommen darstellen können.

10 Gemäss DBG 127 I a ist der Arbeitgeber verpflichtet, sämtliche dem Arbeitnehmer erbrachten *Leistungen* auf dem Lohnausweis zu bescheinigen, den dieser gemäss DBG 125 I a seiner Steuererklärung beizulegen hat. Zu diesen Leistungen werden auch die Spesenvergütungen gezählt, obwohl sie kein Einkommen im Sinn von DBG 17 bilden. Es ist Sache des Steuerpflichtigen, im Veranlagungsverfahren gegebenenfalls den Nachweis dafür zu erbringen, dass den Spesenvergü-

---

[5] Beispielsweise eine Armbanduhr zum Dienstjubiläum, ein Goldvreneli als Weihnachtsgeschenk, die Übernahme der Kosten einer privaten Ferienreise. Selbst wenn ein unabhängiger Dritter (in casu eine Stiftung) dem Arbeitnehmer in Anerkennung der für den Arbeitgeber geleisteten Dienste eine freiwillige Zuwendung erbringt, handelt es sich um Einkommen und nicht um eine Schenkung (VGer ZH 1.11.1988, StE 1989 B 21.3 Nr. 2).
[6] Vgl. VGer ZH 25.2.1971, RB 1971 Nr. 39, 50; OberRK ZH 2.3.1956, RB 1956 Nr. 9 = ZBl 1956, 516.
[7] Vgl. auch zum Folgenden RICHNER/FREI/KAUFMANN/MEUTER, N 52 f. zu DBG 17.

tungen tatsächliche Kosten gegenüberstanden, die ihm im Zusammenhang mit dem Arbeitsverhältnis entstanden sind.

5. Naturalleistungen und weitere Lohnnebenleistungen

Besteuert werden nicht nur in Geldform ausgerichtete Leistungen, sondern auch Naturalleistungen, soweit sie in Geld umsetzbar sind oder die Einsparung von Ausgaben ermöglichen. Vorausgesetzt wird mit anderen Worten eine gewisse *Disponibilität* der erhaltenen Leistungen für *private Zwecke*. Solange der Steuerpflichtige lediglich anlässlich der Verrichtung der Arbeit von Leistungen des Arbeitgebers profitiert[8], entsteht daraus kein steuerbares Einkommen.

Typische steuerbare Naturalleistungen stellen das Zur-Verfügung-Stellen einer Wohnung bzw. Kost und Logis auf Rechnung des Arbeitgebers oder die Überlassung eines Autos zum privaten Gebrauch dar. Naturalleistungen sind für die Zwecke der Besteuerung immer in Geldform umzurechnen, dabei stellen sich vielfach *Bewertungsschwierigkeiten*. Für die häufigsten Naturalleistungen wird auf generelle Weisungen abgestellt.[9]

Als Lohnnebenleistungen[10] erscheinen auch die Übernahme von Krankenversicherungsprämien oder von Ausbildungskosten, die Gratisbenützung von Sportzentren oder Beiträge an die Umzugskosten. Zu Diskussionen Anlass gibt zuweilen auch die verbilligte Abgabe von Handelswaren oder Erzeugnissen der Arbeitgeberin; hier ist der Nachweis eines geldwerten Vorteils oftmals schwer zu erbringen.

6. Mitarbeiteraktien und -optionen

Grosse Bedeutung kommt den Lohnnebenleistungen in der Form von *Mitarbeiterbeteiligungen* zu. Diese stellen nicht nur ein geeignetes Instrument dar, die Mitarbeiter am Geschäftsverlauf des Arbeitgeberunternehmens zu interessieren, sondern ermöglichen auch die Entlöhnung der Mitarbeiter ohne Mittelabfluss aus dem Unternehmen.[11] Es wird unterschieden zwischen der Abgabe von Mitarbeiteraktien und der Einräumung von Mitarbeiteroptionen. Dass die verbilligte Abgabe von Mitarbeiterbeteiligungen grundsätzlich zu steuerbarem Einkommen aus unselbständiger Erwerbstätigkeit führt, ist nicht umstritten,[12] Schwierigkeiten bereitet hingegen je nach Ausgestaltung der Mitarbeiterbeteiligungen die

---

[8] Beispielsweise Einladungen zu opulenten Mittagessen, Büro mit Seesicht oder Erstklassflüge und Luxushotels auf Geschäftsreisen.
[9] Vgl. Merkblatt N2/2007 der EStV (Beilage zum Rundschreiben der EStV vom 5.10.2006 betreffend den Ausgleich der Folgen der kalten Progression im Praenumerando-System/Anpassung der Berufskostenpauschalen und Naturalbezüge ab 1.1.2007).
[10] Auch *fringe benefits* genannt.
[11] Vgl. Knüsel, in: Zweifel/Athanas, N 11 f. zu DBG 17 auch zum Folgenden.
[12] Steuerbares Einkommen aus unselbständiger Erwerbstätigkeit resultiert aus der Differenz zwischen dem verbilligten Bezugspreis und dem Verkehrswert der Aktien.

Quantifizierung des geldwerten Vorteils sowie unter Umständen auch die Bestimmung des Besteuerungszeitpunkts. Um die grosse Rechtsunsicherheit, die in dieser Hinsicht in den letzten Jahren entstanden ist,[13] zu beseitigen, wurde das Bundesgesetz über die Besteuerung von Mitarbeiterbeteiligungen vom 17.12.2010[14] mit den entsprechenden Ergänzungen von StHG und DBG erlassen[15], die am 1.1.2013 in Kraft treten werden.

Danach werden sowohl die frei verfügbaren wie auch die gesperrten *Mitarbeiteraktien* wie bisher im Zeitpunkt ihres Erwerbs besteuert. Der mangelnden Verfügbarkeit von gesperrten Aktien wird durch einen Einschlag auf dem Verkehrswert von jährlich 6% (max. 10 Jahre) Rechnung getragen. Ebenfalls wie bisher wird der erzielte geldwerte Vorteil bei börsenkotierten *Mitarbeiteroptionen*, die frei verfügbar- oder ausübbar sind, im Zeitpunkt des Erwerbs *(at grant)* besteuert. Nicht börsenkotierte oder gesperrte Mitarbeiteroptionen werden demgegenüber künftig im Zeitpunkt der Ausübung des Optionsrechts *(at exercise)* besteuert. Erfasst wird somit gewöhnlich die Wertsteigerung der Aktien zwischen dem Erwerbs- und dem Ausübungszeitpunkt der Option.

III. Berufskosten

1. Begriff der Berufskosten

15 Als Berufskosten im Sinn von DBG 26 abziehbar sind nicht sämtliche Ausgaben, die mit der Erzielung der Einkünfte aus unselbständiger Erwerbstätigkeit in irgendeinem Zusammenhang stehen oder die anlässlich der Einkommenserzielung getätigt worden sind, sondern nur die zu ihrer Erzielung *notwendigen Aufwendungen*.[16] Die privaten Lebenshaltungskosten bilden keine Berufskosten, auch wenn sie in einem losen Zusammenhang mit der Berufsausübung stehen. Die Abziehbarkeit von Aufwendungen setzt voraus, dass ein *qualifiziert enger Konnex* zwischen den getätigten Ausgaben und den erzielten Einkünften vorliegt.[17] Nach der Rechtsprechung des Bundesgerichts bilden jene Aufwendungen Berufskosten, die unmittelbar *zur Erzielung* des steuerbaren Einkommens getä-

---

[13] Hierzu BGer 21.5.2003, StE 2003 B 22.2 Nr. 17; VGer ZH 20.11.2002, StE 2003 B 21.2 Nr. 16; Kreisschreiben Nr. 5 der EStV vom 30.4.1997 betreffend die Besteuerung von Mitarbeiteraktien und Mitarbeiteroptionen; Rundschreiben der EStV vom 6.5.2003 über die Besteuerung von Mitarbeiteroptionen mit Vesting-Klauseln.

[14] AS 2011, 3259–3266, vgl. dazu Botschaft zum Bundesgesetz über die Besteuerung von Mitarbeiterbeteiligungen vom 17.11.2004 (BBl 2005, 575–602) und SIMONEK/VON AH, Unternehmenssteuerrecht 2010, 47 ff.

[15] RevStHG 4 II b, 7c, 7d, 7e, 7f, 14 a, 32 III, 35 I c, d und i, 37 I d, 45 e sowie revDBG 5 I b, 17 I, 17a, 17b, 17c, 17d, 84 II, 93 I und II, 97a, 100 I d, 129 I d.

[16] Dazu und zum Folgenden vorne § 10 N 40 ff.

[17] Vgl. VGer ZH 8.3.1995, StE 1995 B 22.3 Nr. 57.

tigt werden oder die direkte *Folge der einkommensbildenden Tätigkeit* darstellen.[18]

Der Begriff der Berufskosten hat somit wie der allgemeine Gewinnungskostenbegriff eine *finale* und eine *kausale* Komponente.[19] Auch Ausgaben, die nicht zum *Zweck* der Einkommenserzielung gemacht werden, sondern *Folge* der einkommenserzielenden Tätigkeit bilden, stellen Berufskosten dar. Es genügt, wenn die Aufwendungen wesentlich durch die Einkommenserzielung *verursacht* (bzw. *veranlasst*) werden.[20] 16

Das Element der *Notwendigkeit* oder Erforderlichkeit ist in einem *weiten Sinn* zu verstehen. Das Bundesgericht verlangt nicht, dass der Steuerpflichtige das betreffende Einkommen ohne die streitige Auslage überhaupt nicht hätte erzielen können.[21] Es ist nach der Praxis auch nicht notwendig, dass eine *rechtliche Pflicht* zur Bezahlung der entsprechenden Aufwendungen besteht. Als Gewinnungskosten gelten jene Aufwendungen, die für die Erzielung des Einkommens nützlich sind und nach der Verkehrsauffassung im Rahmen des Üblichen liegen. 17

Grundsätzlich gilt für alle Einkunftsarten ein *einheitlicher Gewinnungskostenbegriff*.[22] Im Licht der Rechtsgleichheit dürfen insbesondere unselbständig und selbständig Erwerbende nicht prinzipiell unterschiedlich behandelt werden. Dennoch gilt es zu berücksichtigen, dass für unselbständig Erwerbende Gewinnungskosten nur im Rahmen der engen gesetzlichen Umschreibung von DBG 26 abgezogen werden dürfen, wonach – abgesehen von den Weiterbildungs- und Umschulungskosten – trotz des weiten Verständnisses des Begriffs der *Notwendigkeit* nur die Kosten abziehbar sind, die *objektiv* erforderlich sind, um die betreffenden Einkünfte zu erzielen.[23] Bei selbständig Erwerbenden gelten demgegenüber Aufwendungen als abziehbar, wenn sie geschäfts- oder berufsmässig begründet sind (DBG 27 I), wobei es grundsätzlich keine Rolle spielt, ob der Aufwand zweckdienlich war; es ist nicht Sache der Steuerbehörden, über die Angemessenheit geschäftlicher Aufwendungen zu urteilen.[24] 18

2. Abgrenzung zu den Lebenshaltungskosten

Lebenshaltungskosten sind nach dem *Gesamtreineinkommensprinzip* nicht dem Bereich der Einkommenserzielung zuzuordnen, weil sie nicht überwiegend durch die Gewinnung von steuerbaren Einkünften veranlasst werden. Sie gehö- 19

---

[18] Vgl. BGer 16.12.2008, StE 2009 B 22.3 Nr. 99 E. 2.2; BGer 5.12.1997, BGE 124 II 29 = StE 1998 B 22.3 Nr. 63; BGer 23.6.1994, StE 1995 B. 22.3 Nr. 56 E. 3a.
[19] BGer 16.12.2008, StE 2009 B 22.3 Nr. 99 E. 2.2; ausführlich dazu REICH, in: ZWEIFEL/ATHANAS, N 8 zu DBG 25.
[20] BGer 28.8.1997, StE 1998 B 24.7 Nr. 3 E. 2e; vgl. auch BGer 27.5.1999, StE 2000 B 22.3 Nr. 70 E. 2b.
[21] Vgl. BGer 5.12.1997, BGE 124 II 29, E. 3a = StE 1998 B 22.3 Nr. 63.
[22] Vgl. BGer 9.4.2008, StE 2008 B 22.3 Nr. 96 E. 3.1.
[23] BGer 5.12.1997, BGE 124 II 29, E. 3b = StE 1998 B 22.3 Nr. 63; HÖHN/WALDBURGER, Bd. I, § 14 N 111.
[24] Vgl. REICH/ZÜGER, in: ZWEIFEL/ATHANAS, N 8 zu DBG 27; dazu hinten § 15 N 70.

ren zum steuerrechtlich grundsätzlich unbeachtlichen Bereich der *Einkommensverwendung*, mit welcher das Einkommen seiner eigentlichen Bestimmung – dem Konsum – zugeführt wird.

a) Ausbildungskosten

20 Lebenshaltungskosten bilden insbesondere die Ausbildungskosten, die zwar eine notwendige Voraussetzung der Erwerbstätigkeit darstellen, aber nicht unmittelbar mit der Berufsausübung zusammenhängen. Sie sind dieser *vorgelagert*. Der Begriff umfasst mit anderen Worten die Ausbildung, die der *erstmaligen* Erlangung eines Berufs oder der ersten Erwerbstätigkeit dient.[25] Ebenso wenig abzugsfähig sind Bildungsgänge, die aus Gründen der Liebhaberei, der Freizeitgestaltung oder der Selbstentfaltung absolviert werden (wie beispielsweise Tango-Tanzstunden oder ein Sprachkurs ohne Zusammenhang mit der beruflichen Tätigkeit).[26]

b) Standeskosten

21 Schwierigkeiten bereitet im Weiteren die Abgrenzung der Berufskosten von den sog. Standesauslagen. Diese stellen Privataufwand des Steuerpflichtigen dar, welchen er infolge seiner gehobenen beruflichen Stellung tätigt.[27] Hierzu gehören Auslagen für Geselligkeit, Einladungen, Vereinsbeiträge u.a.m. Aufgrund der engen Verknüpfung zwischen Berufs- und Privatleben ist die Abgrenzung der Standeskosten zu den Gewinnungskosten besonders schwierig. Es ist im Einzelfall zu prüfen, inwieweit die Kosten überwiegend beruflichen bzw. geschäftlichen Zwecken dienen und inwieweit sie persönlich oder gesellschaftlich motiviert sind.[28]

c) Kinderbetreuungskosten

22 Keine Berufskosten, sondern Lebenshaltungskosten stellen nach derzeit vorherrschender Auffassung auch die Kinderbetreuungskosten dar, obwohl sie in qualitativer Hinsicht durchaus mit den abziehbaren Kosten der Fahrt zwischen Wohn- und Arbeitsstätte sowie den Kosten der auswärtigen Verpflegung vergleichbar sind.[29]

---

[25] Vgl. VGer ZH 24.3.2003, RB 2004 Nr. 92.
[26] FUNK, Gewinnungskosten, 95 ff.
[27] BGer 5.12.1997, BGE 124 II 29, E. 3d = StE 1998 B 22.3 Nr. 63; BGer 26.9.1974, BGE 100 Ib 480 E. 3a.
[28] FUNK, Gewinnungskosten, 120 ff.
[29] Ausführlich vorne § 12 N 43 f. und hinten N 268.

3. Arten der Berufskosten

a) Fahrtkosten und Mehrkosten für auswärtige Verpflegung

Nach DBG 26 I a und b bilden die Kosten für Fahrten zwischen Wohn- und Arbeitsstätte sowie die Mehrkosten für auswärtige Verpflegung aufgrund ausdrücklicher Regelungen abziehbare Berufsauslagen.[30] Als notwendige Fahrtkosten sind grundsätzlich die Kosten der öffentlichen Verkehrsmittel abziehbar. Steht kein öffentliches Verkehrsmittel zur Verfügung oder ist dessen Benützung objektiv nicht zumutbar, so können die Kosten des privaten Fahrzeugs gemäss den vom EFD festgesetzten Pauschalen abgezogen werden.[31] Vorbehalten bleibt selbstverständlich der Nachweis höherer berufsnotwendiger Kosten.[32]

23

b) Weiterbildungskosten

Auch die mit dem Beruf zusammenhängenden Weiterbildungskosten sind in DBG 26 I d ausdrücklich als abziehbare Aufwendungen aufgeführt. Die Erwähnung der *Weiterbildungskosten* ist an sich überflüssig, weil sie ohnehin zu den zur Erzielung des Erwerbseinkommens notwendigen Ausgaben zu zählen sind. Gewinnungskostencharakter haben alle Kosten, die objektiv mit dem *gegenwärtigen Beruf* des Steuerpflichtigen im *Zusammenhang* stehen und auf die zu verzichten dem Steuerpflichtigen nicht zugemutet werden kann.[33] Auslagen für die Weiterbildung sind demnach auch dann abziehbar, wenn nicht feststeht, dass die Weiterbildung unerlässlich war, um die Erhaltung der Einkommensquelle zu gewährleisten.

24

Auch die *Berufsaufstiegskosten* sind abziehbare Weiterbildungsaufwendungen, sofern sie im Hinblick auf den Aufstieg im angestammten Beruf erfolgen.[34] Werden sie jedoch im Hinblick auf den Aufstieg in eine eindeutig vom bisherigen Beruf zu unterscheidende höhere Berufsstellung oder gar in einen anderen Beruf aufgewendet, so handelt es sich nicht um Weiterbildungskosten, sondern um den Lebenshaltungskosten zuzuordnende *Ausbildungskosten*.[35] Nicht abziehbare Berufsaufstiegskosten sind nach Ansicht des Bundesgerichts etwa die Kosten für

25

---

[30] Bei einem engen Gewinnungskostenbegriff, wie ihn die Praxis bei den Kinderbetreuungskosten verwendet, fallen diese Kosten nicht darunter, vgl. RICHNER/FREI/KAUFMANN/MEUTER, N 14 zu ZH StG 26; REICH, in: ZWEIFEL/ATHANAS, N 17 zu StHG 9. Sie sind jedoch qua expliziter gesetzlicher Erwähnung abziehbar.

[31] Art. 5 III i.V.m. Art. 3 der Verordnung des EFD über den Abzug von Berufskosten der unselbständigen Erwerbstätigkeit bei der direkten Bundessteuer (Berufskostenverordnung) vom 10.2.1993 (SR 642.118.1); dazu BGer 12.5.2003, StE 2003 B 22.3 Nr. 76 E. 3.3.

[32] Art. 4 der Berufskostenverordnung (Fn. 31).

[33] Vgl. BGer 20.2.1987, BGE 113 Ib 114 E. 2 und 3 auch zum Folgenden.

[34] BGer 20.2.1987, BGE 113 Ib 114 E. 3a; VGer ZH 3.7.1996, StE 1997 B 27.6 Nr. 12 E. 1b m.w.Hw.; KGer BL 23.5.2007, StE 2008 B 22.3 Nr. 95 E. 3.1; Kreisschreiben Nr. 26 der EStV vom 22.9.1995 betreffend Abzug von Berufskosten der unselbständigen Erwerbstätigkeit; a.M. KÄNZIG, N 18 zu WStB 22bis.

[35] Vgl. BGer 18.12.2003, StE 2004 B 22.3 Nr. 77 E. 2.2; die Fortbildung muss der Sicherung der bisherigen Berufsstellung dienen und darf nach Auffassung des Bundesgerichts nicht «im We-

den Besuch eines Nachdiplomstudiums in Unternehmensführung durch einen ausgebildeten Juristen, Mathematiker oder Computerfachmann.[36] Ebenfalls nicht abziehbar waren die Wahlkampfkosten für das Amt einer ordentlichen Bezirksrichterin, die bereits dreieinhalb Jahre als vollamtliche ausserordentliche Ersatzrichterin tätig war.[37] Aus diesen Entscheiden dürfen jedoch nicht leichthin generelle Folgerungen abgeleitet werden, denn die Beurteilung ist stets im Einzelfall nach *Würdigung aller Umstände* des konkreten Falls vorzunehmen.[38]

26 Keine Voraussetzung für die Abziehbarkeit von Weiterbildungskosten bildet eine *abgeschlossene Grundausbildung* im entsprechenden Beruf.[39] Weiterbildungskosten liegen immer dann vor, wenn das Lernen darauf ausgerichtet ist, das zur Ausübung der betreffenden beruflichen Tätigkeit erforderliche Fachwissen zu aktualisieren, zu vertiefen und zu erweitern.[40]

> So bilden die Kosten des *MBA-Studiums*, welches der Chefarzt einer grösseren Klinik absolviert, gemeinhin Weiterbildungs- und nicht Ausbildungskosten, obwohl sich der Arzt das Basiswissen für die hier erworbenen Erkenntnisse in der Praxis und nicht während seines Medizinstudiums angeeignet hat.[41] Allerdings steht bei MBA-Nachdiplomstudiengängen nach höchstrichterlicher Auffassung häufig die Vergrösserung der Berufsaufstiegschancen im Vordergrund, weshalb die entsprechenden Kosten oftmals nicht zum Abzug zugelassen werden.[42] Wenn *LL.M.-Studiengänge* eine Fortsetzung der beruflichen Grundausbildung darstellen und mehr oder weniger unmittelbar im Anschluss an das Studium absolviert werden, handelt es sich nach Meinung des Bundesgerichts um Aus- und nicht um Weiterbildung.[43] Wird das LL.M.-Studium jedoch erst nach einer gewissen Berufstätigkeit absolviert, gilt es anhand der tatsächlichen Umstände der Berufsausübung und der Lehrinhalte zu differenzieren. Besteht fachliche Kongruenz zwischen der bisherigen Berufstätigkeit und den neu erworbenen Kenntnissen, dient das Nachdiplomstudium der Weiterbildung. Gene-

---

sentlichen zusätzliche Berufschancen» erschliessen (BGer 9.4.2008, StE 2008 B 22.3 Nr. 96 E. 3.2).

[36] BGer 18.12.2003, StE 2004 B 22.3 Nr. 77 E. 2.2; dazu auch KGer BL 26.11.2003, BStPra 2004, 110 ff.; VGer BS 10.3.1998, StE 1999 B 22.3 Nr. 66 E. 2.

[37] BGer 23.2.2000, StE 2000 B 22.3 Nr. 71. Begründet wurde dieses fragwürdige Urteil im Wesentlichen damit, dass der angestammte Beruf der Pflichtigen formell juristische Sekretärin gewesen sei, weil sie für die Tätigkeit als vollamtliche Ersatzrichterin lediglich beurlaubt worden sei (E. 5).

[38] Vgl. BGer 23.6.2010, StE 2010 B 27.6 Nr. 16.

[39] Vgl. VGer ZH 24.3.2004, ZStP 2004, 116 ff. E.1.1; VGer ZH 17.6.2004, StE 2005 B 22.3 Nr. 79 E. 2.1; MICHAEL BEUSCH, Bildungskosten. Eine Analyse der Abgrenzung von Aus- und Weiterbildung anhand neuerer Entwicklungen in der Rechtsprechung, zsis Aufsätze 2004 Nr. 6, N 18; auch veröffentlicht in MICHAEL BEUSCH/ISIS (Hrsg.), Steuerrecht 2006, Best of zsis, Zürich et al. 2006, 49 ff.

[40] VGer ZH 17.6.2004, StE 2005 B 22.3 Nr. 79 E. 2.1, das Verwaltungsgericht beruft sich dabei auf Art. 30 lit. a des Bundesgesetzes über die Berufsbildung (Berufsbildungsgesetz, BBG) vom 13.12.2002 (SR 412.10).

[41] Ausführlich MARKUS REICH/ROBERT WALDBURGER, Rechtsprechung im Jahr 2003 (1. Teil), FStR 2004, 214 ff., 227.

[42] BGer 15.11.2011, StE 2012 B 27.6 Nr. 17 E. 4.2.

[43] Auch zum Folgenden ebenda E. 4.3.

rell ablehnend scheint das Bundesgericht der Abziehbarkeit der Kosten für ein berufsbegleitendes *Fachhochschulstudium*[44] gegenüberzustehen. So hat es den Abzug der Kosten eines zu 80% erwerbstätigen Steuerrevisors für ein Betriebsökonomiestudium verweigert.[45] Obwohl die erworbenen Erkenntnisse bereits bei der Ausübung der derzeitigen Stellung von Nutzen seien, würde die Fortbildung dem Steuerpflichtigen ein Wirkungsfeld eröffnen, das weit über dasjenige seiner Tätigkeit als Steuerrevisor hinausgehe.[46] Anders beurteilte das Verwaltungsgericht des Kantons Zürich die *Anwaltsprüfung* und anerkannte die Kosten für den Erwerb des Rechtsanwaltspatents als abziehbare Weiterbildungskosten.[47] Dabei differenzierte es aber und setzte einen angestammten Beruf voraus, der bei Personen, welche direkt nach Abschluss des Studiums und des Praktikums die Prüfung ablegen, noch nicht gegeben sei. Das kantonale Steueramt Zürich hat in der Folge ein Merkblatt über die Abzugsfähigkeit von Aufwendungen für Bildungsmassnahmen erlassen.[48] Danach gelten Anwaltsprüfung und *Dissertation* als Weiterbildung und zwar unabhängig davon, ob sie direkt nach Abschluss der Erstausbildung oder zu einem späteren Zeitpunkt erfolgen.

Wegen der grossen Schwierigkeiten, welche die Differenzierung zwischen nicht abziehbaren Ausbildungskosten und abziehbaren Weiterbildungskosten in der Steuerpraxis seit Längerem verursacht, war dieser Problemkreis in den letzten Jahren Gegenstand zahlreicher parlamentarischer Vorstösse. Schliesslich beauftragte das Parlament den Bundesrat im September 2009 mit einer Motion, eine Gesetzesvorlage zur korrekten steuerlichen Behandlung der beruflichen Aus- und Weiterbildungskosten auszuarbeiten. Zur Umsetzung dieser Motion verabschiedete der Bundesrat am 4.3.2011 die Botschaft zu einem Bundesgesetz über die steuerliche Behandlung der berufsorientierten Aus- und Weiterbildungskosten.[49] Nach diesem Konzept soll neu ein bei der direkten Bundessteuer auf CHF 6 000 begrenzter *allgemeiner Abzug* der Kosten für berufsorientierte Aus- und Weiterbildung vorgesehen werden. Die Bestimmung der Obergrenze für die Kantonssteuern wäre Sache der Kantone. Abziehbar wären auch die Kosten für eine freiwillige berufliche Umschulung und für einen Berufsaufstieg, unabhängig vom gegenwärtigen Beruf. Nicht abziehbar blieben weiterhin die Kosten der Erstausbildung bis zum ersten Abschluss auf der Sekundarstufe II. Nach Vollendung des 20. Altersjahres wären auch Kosten ausserhalb des formalen Bildungssystems abziehbar, wenn es sich nicht um Ausbildungskosten bis zum ersten Ab-

27

---

[44] Das gilt wohl a fortiori auch für ein berufsbegleitendes *Universitätsstudium*.
[45] BGer 9.4.2008, StE 2008 B 22.3 Nr. 96 E. 4.1 und 4.2.
[46] Zu Recht kritisch ROLF BENZ, Wie viel betriebswirtschaftliche Kenntnisse benötigt ein Steuerrevisor? Urteil des Bundesgerichts vom 9.4.2008 zur steuerlichen Abziehbarkeit von Kosten eines berufsbegleitenden Betriebsökonomiestudiums an einer Fachhochschule, zsis 2008, BestCase Nr. 5.
[47] VGer ZH 20.5.2009, StE 2010 B 27.6 Nr. 15 (vgl. hierzu ROLF BENZ, Bezug zur beruflichen Tätigkeit als Kriterium für eine steuerlich anerkannte Weiterbildung – Zürcher Verwaltungsgericht regt Steueramt zu einer grosszügigen Praxisfestlegung bei der steuerlichen Abziehbarkeit von Weiterbildungskosten an, zsis 2010. BestCase Nr. 3).
[48] Merkblatt des KStA ZH über die Abzugsfähigkeit von Aufwendungen für Bildungsmassnahmen vom 11.11.2009, ZStB 17/400.
[49] BBl 2011, 2607–2638.

schluss auf der Sekundarstufe II handelt. Der Ständerat hat das Konzept als Erstrat grundsätzlich gutgeheissen, die Obergrenze des Abzugs indes auf CHF 12 000 verdoppelt.

c) *Umschulungskosten*

28 Als klare Ausbildungskosten erscheinen die Umschulungskosten, sie sind indes kraft der ausdrücklichen Regelung von DBG 26 I d abziehbar. Die Umschulung ist auf das Erlangen der für die Ausübung eines *anderen* als des angestammten *Berufs* erforderlichen Kenntnisse gerichtet. Insofern handelt es sich um eine Ausbildung besonderer Art, ausgehend von einer abgeschlossenen Erstausbildung in einem öffentlich anerkannten Beruf. Aber nicht jede *Zweitausbildung* kann als Umschulung im gesetzlichen Sinn verstanden werden, es muss sich nach dem Wortlaut der Bestimmung um eine mit dem bisherigen Beruf zusammenhängende Umschulung handeln. Damit kann kein inhaltlicher oder fachlicher Zusammenhang gemeint sein. Vielmehr müssen die *Beweggründe* für die Umschulung in der Ausübung des bisherigen Berufs liegen. Diese Beweggründe für den Berufswechsel müssen *objektiv gewichtig* sein. Zwar muss nicht unbedingt eine eigentliche, im bisherigen Beruf auftretende *Zwangslage* die Umschulung indizieren, auch muss die Umschulung nicht notwendigerweise durch *äussere Umstände* (z.B. Betriebsschliessungen) veranlasst sein.[50] Materielle Interessen oder persönliche Neigungen lassen indes für sich allein eine Zweit- oder Drittausbildung nicht als Umschulung i.S.v. StHG 9 I erscheinen.[51]

d) *Arbeitszimmer*

29 Die Kosten für ein Arbeitszimmer sind nach der Praxis von Bund und Kantonen dann abziehbar, wenn (1) regelmässig ein wesentlicher Teil der beruflichen Arbeit zu Hause erledigt werden muss, weil (2) der Arbeitgeber keinen geeigneten Arbeitsplatz zu Verfügung stellt und (3) der Steuerpflichtige in seiner Privatwohnung über einen besonderen Raum verfügt, der (4) zur Hauptsache beruflichen und nicht privaten Zwecken dient.[52] Die private Benutzung des Arbeitszimmers muss somit erheblich eingeschränkt sein.

e) *Übrige Berufskosten*

30 Abziehbar sind auch weitere Berufsauslagen wie Ausgaben für Berufskleider, Berufswerkzeuge (inkl. EDV-Hardware und -Software), Fachliteratur, Beiträge an Berufsverbände etc.

---

[50] So allerdings noch die Botschaft Steuerharmonisierung, 166 f.
[51] VGer ZH 3.7.1996, StE 1997 B 27.6 Nr. 12 E. 3.
[52] BGer 18.12.2003, StE 2004 B 22.3 Nr. 77 E. 3.2; BGer 23.8.1990, StE 1991 B 22.3 Nr. 41 E. 2d.

4. Pauschalierung der Berufsauslagen

In Bund und Kantonen werden die Berufsauslagen pauschaliert.[53] Solche Pauschalen vereinfachen die Veranlagungstätigkeit und entlasten auch die Steuerpflichtigen von der lästigen Sammlung und Aufbewahrung der Belege. Hinsichtlich der Höhe sind die Pauschalen *realitätsbezogen* festzulegen, wobei Pauschalen generell recht grosszügig zu bemessen sind, weil sie andernfalls ihren veranlagungsökonomischen Zweck verfehlen.

B. Einkommen aus selbständiger Erwerbstätigkeit

Das Einkommen aus selbständiger Erwerbstätigkeit ist an dieser Stelle nur wegen der Systematik pro memoria aufgeführt. Seine grundlegende Andersartigkeit ruft nach einer separaten Darstellung.[54]

C. Vermögensertrag im Privatvermögensbereich

I. Vermögensertragsbegriff

1. Gesetzliche Grundlagen

Ertrag und Aufwand des *unbeweglichen Privatvermögens* sind in DBG 21 und 32 II–IV geregelt. DBG 20, 20a und 32 I betreffen den Ertrag und Aufwand des *beweglichen Privatvermögens*. Die kantonalen Steuergesetze sind weitgehend analog ausformuliert.[55] Die kantonalen Freiräume halten sich in engen Grenzen und sind im Wesentlichen nur noch bei der Definition des Vermögensertrags aus Beteiligungsrechten auszumachen.[56]

Die gesetzlichen Vermögensertragsbestimmungen in Bund und Kantonen sind als *Generalklauseln* (vgl. DBG 20 I Ingress und DBG 21 I Ingress) konzipiert.[57] Die nachfolgende Aufzählung und Erläuterung der verschiedenen Vermögenserträgnisse hat demnach keinen abschliessenden Charakter. Die gesetzlichen Grundlagen enthalten keine Legaldefinition des Begriffs des steuerbaren Vermögensertrags. Die Festlegung des Begriffsinhalts ist somit in Auslegung der zum Teil recht rudimentären gesetzlichen Grundlagen Doktrin und Praxis überlassen.

---

[53] Vgl. DBG 26 II oder ZH StG 26 II; vgl. dazu die Berufskostenverordnung (Fn. 31; die jeweils der Teuerung angeglichenen Pauschalansätze werden im Anhang publiziert) sowie für den Kanton Zürich die Verfügung der Finanzdirektion über die Pauschalierung von Berufsauslagen Unselbständigerwerbender bei der Steuereinschätzung vom 27.10.2008 (LS 631.33).
[54] Hinten § 15.
[55] Vgl. StHG 7, 7a und 9 sowie z.B. ZH StG 20, 20a, 21 und 30.
[56] Dazu hinten N 113 ff.
[57] Vgl. BGer 16.2.2009, StE 2009 26.44 Nr. 9 E. 4.5.

2. Definition des Vermögensertrags

34 Nach weit verbreiteter Auffassung gilt jeder geldwerte Vorteil als Vermögensertrag, den ein Vermögensobjekt als Quelle des Ertrags abwirft, ohne dass seine Substanz ganz oder teilweise verzehrt wird. Diese Definition stellt auf das Kriterium des *Substanzverzehrs* ab. Vermögensertrag wird danach als ein der Frucht vergleichbares Produkt der Substanz verstanden. Der steuerrechtliche Vermögensertragsbegriff ist demgegenüber sowohl im Bereich des beweglichen als auch des unbeweglichen Vermögens in verschiedener Hinsicht enger. Steuerrechtlicher Vermögensertrag ist das Resultat der Nutzungsüberlassung von Vermögensrechten jeglicher Art. Als steuerbarer Vermögensertrag erfasst werden – dem allgemeinen steuerrechtlichen Einkommensbegriff entsprechend[58] – prinzipiell nur Wertzuflüsse, die dem Steuerpflichtigen von dritter Seite (bzw. von aussen) als *Entgelt für die Nutzungsüberlassung* von Vermögenswerten zukommen.

35 Der *Fruchtgenuss* im eigentlichen Sinn bleibt somit unbesteuert, dies nicht bloss deshalb, weil die Erhebung im Bereich der Selbstversorgung Schwierigkeiten bereiten würde, sondern auch aus einkommenstheoretischen Gründen. Ebenfalls keinen steuerrechtlichen Vermögensertrag bildet – vorbehältlich ausdrücklicher gesetzlicher Ausnahmeregelungen wie insbesondere der Eigenmietwertbesteuerung – der *Nutzungswert von Vermögenswerten*.

36 Liegt ein Entgelt für die Nutzungsüberlassung von Vermögen vor, so spielt die Art und Weise des Zuflusses keine Rolle. Steuerbaren Vermögensertrag bilden sowohl die *periodisch* zufliessenden Nutzungsentgelte als auch die in der Form von *Einmalleistungen* erbrachten Abgeltungen. Unerheblich ist auch die Form, in welcher die Einkünfte zufliessen. Besteuert werden nicht nur Geldeinkünfte, sondern auch die *Naturaleinkünfte*. Das sind Einkünfte, die dem Steuerpflichtigen in der Form von Sachen, Rechten oder Dienstleistungen zufliessen.[59] Sie sind zum Marktwert zu versteuern.

3. Abgrenzung zum Kapitalgewinn

37 Der Vermögensertrag muss klar von den Gewinnen aus der *Veräusserung* von Vermögenswerten abgegrenzt werden. Dies drängt sich auf, weil zum einen die Gewinne auf dem beweglichen Privatvermögen weder im Bund noch in den Kantonen der Besteuerung unterworfen werden (DBG 16 III sowie StHG 7 IV b) und zum andern die Veräusserungsgewinne auf Liegenschaften des Privatvermögens im Bund nicht besteuert werden (DBG 16 III), während sie in den Kantonen der separaten Grundstückgewinnsteuer unterliegen (StHG 12 I und z.B. für den Kanton Zürich ZH StG 216 ff.).

---

[58] Dazu vorne § 10 N 14, 21 ff.
[59] So können beispielsweise *Aktien* als Dividende ausgeschüttet oder *Optionsrechte* als Zinsleistung zugeteilt werden.

Zur Abgrenzung des Vermögensertrags vom Kapitalgewinn bzw. -verlust ist auf die *wirtschaftliche Verursachung* eines Wertzuflusses abzustellen. Ein Wertzufluss, der nicht auf die *Nutzungsüberlassung* von Vermögenswerten, sondern auf deren *Veräusserung* zurückzuführen ist, bildet keinen Vermögensertrag, sondern liegt im Bereich des Kapitalgewinns oder -verlustes. Bei einer Veräusserung wird der Vermögenswert nicht bloss «ausgeliehen», sondern *eingetauscht* in einen anderen Vermögensgegenstand bzw. in Geld.

38

> Kein taugliches Kriterium zur Abgrenzung des Vermögensertrags vom Kapitalgewinn bildet das *subjektive Herkunftsprinzip,* das in Anlehnung an das alte Bundessteuerrecht (vgl. BdBSt 21 I c) entwickelt wurde und alle Leistungen, die der Schuldner an den Gläubiger bzw. die Gesellschaft an die Gesellschafter erbringt, ungeachtet ihrer wirtschaftlichen Verursachung als Vermögensertrag versteht. Mit der Neukonzeption von DBG 20 I c ist diese fragwürdige formale Differenzierung nach der personellen Herkunft der Mittel hinfällig geworden. Damit hat das subjektive Herkunftsprinzip seine Abgrenzungsfunktion eingebüsst und dient lediglich noch der historischen Reminiszenz.[60]

Mit der *Veräusserung* wird der einkommenssteuerrechtlich bis anhin unbeachtliche Mehrwert eines Vermögenswertes durch dessen *Umsetzung in ein anderes Vermögensrecht* realisiert. Das Vermögensrecht wird ganz oder teilweise weggegeben, und als Gegenleistung fliesst das Entgelt zu, das seiner Form und seinem wirtschaftlichen Gehalt nach ein anderes Vermögensrecht darstellt. Nicht jedes Entgelt, das bei einer Veräusserung anfällt, führt notwendigerweise zu einem Kapitalgewinn (bzw. Kapitalverlust). Massgebend ist nicht, ob der Zufluss eines Vermögenswerts *anlässlich* einer Veräusserung anfällt, sondern einzig, ob er wirtschaftlich betrachtet Entgelt für die Veräusserung darstellt oder ob es sich um Entgelt für die Nutzungsüberlassung handelt. So ist beispielsweise der *Marchzins* klarerweise Vermögensertrag, nicht Kapitalgewinn.

39

Sofern auf dem veräusserten Vermögensrecht ein Mehrwert vorhanden ist, entsteht ein Kapitalgewinn; wenn ein Minderwert vorliegt, ein Kapitalverlust. Kapitalgewinne sind somit *Wertzuwachsgewinne,* die der Differenz zwischen dem Veräusserungserlös und den tieferen Anlagekosten entsprechen. Unter *Veräusserungserlös* ist das für das umgesetzte Vermögensrecht erhaltene Entgelt zu verstehen.[61] Die *Anlagekosten* (auch Gestehungskosten) setzen sich aus dem Erwerbspreis und den wertvermehrenden Aufwendungen zusammen.

40

Der Veräusserungsbegriff ist sehr weit gefasst und in wirtschaftlicher Betrachtungsweise zu verstehen. Unter «Veräusserung» ist nicht nur die rechtsgeschäftliche Übereignung von Vermögenswerten wie etwa der Verkauf oder der Tausch zu verstehen, sondern jeder irgendwie geartete *Ausscheidungsvorgang,* bei welchem die Substanz *ganz* oder *teilweise* aus der Vermögenssphäre eines Steuerpflichtigen ausscheidet. So bildet auch die *Enteignungsentschädigung* oder das

41

---

[60] A.M. Locher, N 6 ff. zu DBG 20; Toni Amonn, Repetitorium zum Steuerrecht, 3. A. Bern et al. 2008, 41 f.
[61] Zum Veräusserungserlös (bzw. zum Entgelt) gehören alle Wertzuflüsse, die kausal auf die Veräusserung zurückzuführen sind (vgl. VGer ZH 27.10.1987, StE 1988 B 24.4 Nr. 11 E. 1c).

Entgelt für die *Minderung* bzw. den *Verschleiss* der Substanz Veräusserungserlös und nicht Vermögensertrag.[62]

> Bei den *Einkünften aus derivativen Produkten*[63] kann vielfach nicht schlüssig beurteilt werden, ob eine Veräusserung von Vermögenswerten oder eine Kapitalüberlassung stattfindet. MENGIARDI entwickelt mit Blick auf diese komplexen Vorgänge eine vom Veräusserungskriterium losgelöste «Definition des Kapitalgewinns».[64] Dabei handelt es sich indes nicht um eine eigentliche begriffliche Neufassung des Kapitalgewinns, sondern um die Entwicklung von Kriterien, die es bei diesen Produkten erlauben, die Ertrags- von der Gewinnkomponente zu trennen. Damit wird die grundsätzliche Grenzlinie zwischen Vermögensertrag und Kapitalgewinn nicht verschoben.

42 Auch wenn die *Differenzierung* von Vermögensertrag und Kapitalgewinn nach dem Kriterium der wirtschaftlichen Verursachung der Wertzuflüsse zu sachgerechten und – wenigstens aus theoretischer Sicht – zu überzeugenden Lösungen führt, bleibt es dem Steuergesetzgeber unbenommen, die Trennlinie zur Gewährleistung einer politisch konsensfähigen oder praktikablen Lösung punktuell anders zu ziehen, wie dies z.B. bei der Eigenmietwertbesteuerung (DBG 21 I b) oder bei der indirekten Teilliquidation (DBG 20a I a) gemacht wurde.[65]

II. Zurechnung des Vermögensertrags

43 Der Vermögensertrag ist gewöhnlich vom *Eigentümer* der Vermögensobjekte zu versteuern. Wenn das Vermögen, das den Ertrag abwirft, allerdings einer nutzungsberechtigten Person zusteht, welcher *wirtschaftlich* eine dem Eigentümer

---

[62] Derjenige Teil des Entgelts, der wirtschaftlich der Minderung oder dem Verschleiss der Substanz des zur Nutzung überlassenen Vermögenswertes zuzurechnen ist, bildet *Veräusserungserlös* und ist dem Bereich des steuerfreien Kapitalgewinnes zuzuordnen (vgl. KÄNZIG, N 99 zu WStB 21; LOCHER, recht 1990, 109 ff. sowie 115; vgl. auch RK SO 28.11.1983, StE 1984 B 25.2 Nr. 1 E. 2). Insoweit der Mietzins bei möblierter Vermietung Entgelt für die Abnützung der Möbel darstellt, ist er nicht Vermögensertrag. In der Praxis wird deshalb ein Teil des erzielten Mietzinses als nicht steuerbarer Kapitalgewinn (in der Regel 20%) freigestellt (vgl. hierzu REICH, in: ZWEIFEL/ATHANAS, N 111 zu DBG 20 und WEIDMANN/GROSSMANN/ZIGERLIG, Wegweiser st. gallisches Steuerrecht, 120).
[63] Hinten N 181 ff.
[64] MENGIARDI, derivative Anlageprodukte, 63 ff.
[65] Nach LOCHER (N 76 zu DBG 16) ist die Grenzziehung zwischen Kapitalgewinn und Vermögensertrag nach dem Veräusserungskriterium «allzu schematisch und daher wenig überzeugend». Diese Ablehnung des Veräusserungskriteriums als klares Differenzierungsargument hat seinerzeit den Weg bereitet für den verhängnisvollen Versuch, die *indirekte Teilliquidation* auf dem Weg der Auslegung zu bewältigen (dazu hinten N 138 f., 147 ff.). Auch kann der gesetzliche Begriff des Kapitalgewinns (DBG 16 III) bei Ablehnung des Veräusserungsarguments lediglich negativ definiert werden, indem Kapitalgewinn nur vorliegt, wenn kein Vermögensertrag gegeben ist. Dies vermag nicht zu befriedigen.

vergleichbare Stellung zukommt, sind Einkommen und Vermögen von der nutzungsberechtigten Person zu versteuern.[66]

Der Ertrag des Treugutes bildet deshalb steuerbaren Vermögensertrag des Treugebers. Der Ertrag des mit einer *Nutzniessung* belasteten Vermögens ist in der Regel vom Nutzniesser zu versteuern.[67]

III. Ertrag des unbeweglichen Privatvermögens

1. Begriff und Arten des Ertrags aus unbeweglichem Vermögen

Unbewegliches Vermögen bilden vorab die *Grundstücke* im Sinn von ZGB 655 II, d.h. die Liegenschaften, die in das Grundbuch aufgenommenen selbständigen und dauernden Rechte (Bau- und Quellenrechte), die Bergwerke sowie die Miteigentumsanteile an Grundstücken. Auch verschiedene beschränkte dingliche Rechte an Grundstücken werden als unbewegliches Vermögen betrachtet.

Ertrag aus unbeweglichem Vermögen bilden somit die Einkünfte aus *unbeweglichen Sachen* einerseits und aus *Rechten an unbeweglichen Sachen* andererseits. Zur ersten Gruppe gehören die Grundstücke im Sinn von ZGB 655 II. Die zweite Gruppe wird durch die Einkünfte aus Dienstbarkeiten und Grundlasten gebildet.

DBG 21 I erklärt zunächst in Übereinstimmung mit der allgemeinen Einkommensgeneralklausel von DBG 16 I sämtliche Erträge aus unbeweglichem Vermögen für steuerbar. Hernach werden die wichtigsten Arten der Erträgnisse des unbeweglichen Vermögens aufgezählt, nämlich

– die Einkünfte aus Vermietung, Verpachtung, Nutzniessung oder sonstiger Nutzung;
– der Mietwert von Liegenschaften oder Liegenschaftsteilen, die dem Steuerpflichtigen aufgrund von Eigentum oder eines unentgeltlichen Nutzungsrechts für den Eigengebrauch zur Verfügung stehen;
– die Einkünfte aus Baurechtsverträgen;
– die Einkünfte aus der Ausbeutung von Kies, Sand und anderen Bestandteilen des Bodens.

Diese Aufzählung der verschiedenen Einkunftsarten ist hinsichtlich der Eigenmietwertbesteuerung von selbstgenutzten Liegenschaften sowie hinsichtlich der

---

[66] Zu den Schwierigkeiten der Zurechnung des Vermögensertrags bei unbeweglichem Privatvermögen ausführlich ADRIAN MUSTER/KEVIN GÖTZ, Nutzungsrechte an Grundstücken: Besteuerung als privates Ertragseinkommen, StR 2011, 806 ff.
[67] Dies ergibt sich aus dem allgemeinen Einkommensbegriff und nicht etwa aus DBG 20 I d oder DBG 21 I a, welche sich lediglich auf die Einkünfte für die *Einräumung* einer Nutzniessung oder eines sonstigen Nutzungsrechts beziehen, ausführlich REICH, in: ZWEIFEL/ATHANAS, N 10 f. und 112 ff. zu DBG 20.

Bau- und Ausbeutungsrechte nicht bloss von exemplifikatorischer Bedeutung, sondern wirkt *konstitutiv*.

2. Ertrag aus Vermietung und Verpachtung

49 Zu den Einkünften aus Liegenschaften gehört vorab das Einkommen aus der Vermietung und Verpachtung überbauter und unüberbauter Grundstücke. Diese Einkünfte bilden in der Regel Nutzungsentgelt[68] und somit steuerbaren Vermögensertrag. Ob die Miete oder Pacht im Grundbuch vorgemerkt ist oder nicht, spielt keine Rolle. Irrelevant ist auch die Bezeichnung, unter welcher der Mieter oder Pächter die Leistung erbringt. Auch irgendwelche *Sonderentschädigungen* oder -leistungen der Mieter oder Pächter bilden Einkommen aus unbeweglichem Vermögen, sofern der Vermieter oder Verpächter hierfür keine andere Leistung als die miet- oder pachtweise Überlassung des Grundstücks erbringt. Ebenso sind gewisse *zusätzliche Leistungen* des Mieters oder Pächters (für Gartenbesorgung, Hauswartdienste etc.) grundsätzlich steuerbar, jedoch steht dem Vermieter oder Verpächter in gleicher Höhe ein Abzug nach DBG 32 II zu.

50 Steuerbar ist gemäss dem aus dem Grundsatz der Gesamtreineinkommensbesteuerung abgeleiteten Realitätsprinzip lediglich der *tatsächlich erzielte,* nicht der erzielbare Liegenschaftsertrag. Davon darf nur abgewichen werden, wenn eine Steuerumgehung vorliegt oder der Mietzins mit Blick auf andere Leistungspflichten des Vermieters besonders tief angesetzt wurde. Schwierigkeiten entstehen in diesem Zusammenhang bei der Vermietung an verwandte oder befreundete Personen zu einem *Vorzugspreis*.[69]

3. Ertrag aus Eigennutzung

a) Eigennutzung als steuerbares Einkommen

51 Wie gesehen bildet der Nutzungswert von Vermögenswerten als endogener Reinvermögenszugang – vorbehältlich ausdrücklicher gesetzlicher Ausnahmeregelungen – nach dem allgemeinen gesetzlichen Einkommensbegriff kein Einkommen.[70] Als einzige *Ausnahme* hat der Harmonisierungsgesetzgeber den Nutzungswert von Liegenschaften, die dem Steuerpflichtigen aufgrund von Ei-

---

[68] Enthalten die Einkünfte allenfalls auch ein Entgelt für die Minderung oder den Verschleiss des Miet- oder Pachtobjekts, ist dieser Teil nicht steuerbar (vgl. vorne Fn. 62).

[69] Grundsätzlich ist nur der tatsächlich entrichtete Mietzins steuerbar. Wenn hingegen wegen der mehrheitlich unentgeltlichen Überlassung eine dem *Eigengebrauch* nahe kommende Situation vorliegt und der Mietvertrag missbräuchlich lediglich deshalb abgeschlossen wurde, um Steuern einzusparen, ist die Differenz zwischen dem Eigenmietwert und dem tatsächlich entrichteten Mietzins vom Vermieter als Eigenmiete zu versteuern (vgl. BGer 26.6.2008, StE 2008 B 25.2 Nr. 10 E. 2.2; BGer 22.2.2007, StE 2007 B 25.2 Nr. 9 E. 3.2; BGer 28.1.2005, StE 2005 B 25.2 Nr. 7 E. 4, dazu kritisch MARKUS REICH/ROBERT WALDBURGER, Rechtsprechung im Jahr 2005 [2. Teil], FStR 2006 304 ff., 307 ff.).

[70] Vorne § 10 N 14, 21 ff.

gentum oder eines unentgeltlichen Nutzungsrechts für den Eigengebrauch zur Verfügung stehen, in StHG 7 I (vgl. DBG 21 I b) für steuerbar erklärt.

Der Begriff «Nutzungsrecht» wird in der Steuerpraxis nicht streng zivilrechtlich, sondern wirtschaftlich interpretiert. Er umfasst nicht nur dingliche, sondern auch vergleichbare obligatorische Nutzungsrechte.[71] Als «unentgeltlich» gelten auch Nutzungsrechte, die wirtschaftlich betrachtet entgeltlich erworben worden sind. Es wird bei der Beurteilung der Entgeltlichkeit nach dem *Praktikabilitätskonzept* strikte auf den Zeitpunkt der Nutzung abgestellt. Deshalb ist der Eigenmietwert, wenn kein periodisches Entgelt geleistet werden muss, vom Nutzungsberechtigten zu versteuern.[72] Das gilt namentlich auch bei der sog. *Vorbehaltsnutzung*, bei welcher dem Veräusserer bei der Übertragung einer Liegenschaft ein Nutzungsrecht an der übertragenen Liegenschaft eingeräumt wird.[73]

b) *Rechtfertigung der Eigenmietwertbesteuerung*

Gerechtfertigt wird die Eigenmietwertbesteuerung insbesondere mit *Rechtsgleichheitsüberlegungen*. Es wird geltend gemacht, alle Steuerpflichtigen müssten wohnen, jeder benötige ein «Dach über dem Kopf», weshalb Eigenheimbesitzer und Mieter steuerrechtlich gleich zu behandeln seien.[74] Auch wenn die Wohnkosten Lebenshaltungskosten darstellten, müsse dem Fehlen solcher Kosten beim Eigenheimbesitzer aus Gründen der Besteuerung nach der wirtschaftlichen Leistungsfähigkeit Rechnung getragen werden. Die auf das Eigenheim entfallenden abziehbaren Kosten in der Form der Unterhaltsaufwendungen und der Schuldzinsen sind Wohnkosten, die mit den Mietzinsaufwendungen der Mieter vergleichbar sind. Deshalb wird «der Nutzungswert [...] als effektives Naturaleinkommen angerechnet, weil der Steuerpflichtige dadurch, dass er die in seinem Eigentum stehende Liegenschaft zu Wohnzwecken benützt, in den Genuss einer geldwerten wirtschaftlichen Leistung (Wohnraum) gelangt, welche er als unerlässliche Notwendigkeit (Lebensunterhalt) anderweitig als Mieter zu Marktbedingungen (Mietzins) erwerben müsste».[75]

52

c) *Ausgestaltung der Eigenmietwertbesteuerung*

Diese zur Rechtfertigung der Eigenmietwertbesteuerung vorgebrachten Gründe erfordern an sich eine Festlegung der Eigenmieten nach dem *Marktwertprinzip*. Immerhin gilt es indes zu berücksichtigen, dass bei der Bemessung der Eigen-

53

---

71 Vgl. ZWAHLEN, in: ZWEIFEL/ATHANAS, N 22 zu DBG 21. Kritisch LOCHER, N 8, 25 zu DBG 21; RICHNER/FREI/KAUFMANN/MEUTER, N 66 zu ZH StG 21.
72 VGer ZH 27.10.2010, StE 2011 B 25.3 Nr. 39; LOCHER, N 25 ff. zu DBG 21; dazu auch hinten N 66.
73 Dazu BGer 6.9.2010, StE 2011 B 25.3 Nr. 37 E. 2.2.2 und BGer 24.11.2010, StE 2011 B 27.2 Nr. 34 E. 2.1; RICHNER/FREI/KAUFMANN/MEUTER, N 69 zu ZH StG 21; RICHNER/FREI/KAUFMANN/MEUTER, N 82 ff. zu DBG 21.
74 Vgl. PETER BÖCKLI, Die Besteuerung der Eigenmiete im Lichte von Steuer- und Verfassungsrecht, recht 1988, 14 ff., 18; HÖHN/WALDBURGER, Bd. II, § 41 N 30.
75 BGer 13.2.1998, StE 1998 B 25.3 Nr. 18 E. 2b.

mieten den *örtlichen Verschiedenheiten* und den *Schätzungsungenauigkeiten* Rechnung getragen werden muss, was einen recht grossen Beurteilungsspielraum eröffnet. Auch der *Intensität* der tatsächlichen Nutzung darf Rechnung getragen werden, was in DBG 21 II ausdrücklich vorgeschrieben wird.

54 Das Bundesgericht verweist zur Rechtfertigung einer Abweichung vom Marktwertprinzip auch auf die geringere *Disponibilität* in der Nutzung des Eigentums[76] sowie auf den Umstand, dass die Selbstnutzung anderer Vermögenswerte auch nicht besteuert wird[77]. Überdies ist es zulässig, die Selbstvorsorge durch Eigentumsbildung fiskalisch zu fördern.[78]

55 Aus all diesen Gründen räumt das Bundesgericht den Kantonen bei der Festlegung der kantonalen Eigenmietwerte einen recht grossen Spielraum ein. Es lässt es genügen, wenn der kantonale Gesetzgeber klar zum Ausdruck bringt, dass der Eigenmietwert nicht weniger als 60% der Marktmiete betragen darf.[79] Auch eine Differenzierung des Eigenmietwertes zwischen Erst- und Zweitwohnungen wurde vom Bundesgericht geschützt.[80]

56 Nach der Praxis zur direkten Bundessteuer bildet hingegen allein der nach objektiven Kriterien festgelegte Marktmietwert die Bemessungsgrundlage des Eigenmietwerts.[81] Es gibt hier keine sog. massvolle Eigenmietwertbesteuerung wie im kantonalen Recht. Die EStV anerkennt indessen die für die kantonalen Steuern massgebenden Nutzungswerte aufsichtsrechtlich auch für die direkte Bundessteuer, wenn diese im Durchschnitt nicht unter 70% des Marktmietwertes liegen. Andernfalls werden die kantonalen Werte für die direkte Bundessteuer mit einem Aufschlag versehen.[82]

d) Ermittlung der Eigenmietwerte

57 Der Eigenmietwert wird gewöhnlich nach der Bruttomethode ermittelt. Der Bruttomietwert wird entweder aufgrund *individueller Schätzungen* bestimmt, die durch kantonale Liegenschaftenschätzer für einen gewissen Zeitraum festgelegt werden. Oder es erfolgt eine Typisierung der Verhältnisse durch *formelmässige Ermittlung* der Eigenmieten. Bei beiden Verfahren sind die ortsüblichen Verhältnisse und die tatsächliche Nutzung angemessen und auf geeignete Art und Weise

---

[76] BGer 9.11.1990, BGE 116 Ia 321 E. 3g = StE 1991 A 21.11 Nr. 30; dazu auch VGer ZH 31.10.1995, StE 1996 A 21.11 Nr. 39.
[77] BGer 11.12.1998, BGE 125 I 65 E. 3c = StR 1999, 337 ff.; BGer 29.5.1998, BGE 124 I 193 E. 3a.
[78] Ebenda und BGer 20.3.1998, BGE 124 I 145 E. 4a = StE 1998 A 23.1 Nr. 1, unter Hinweis auf BGer 9.12.1986, BGE 112 Ia 240 E. 6 und aBV 34quater VI sowie 34sexies, welche heute BV 108 und 111 IV entsprechen.
[79] Vgl. BGer 20.3.1998, BGE 124 I 145 E. 4d = StE 1998 A 23.1 Nr. 1; BGer 11.12.1998, BGE 125 I 65 E. 3d = StR 1999, 337 ff.
[80] BGer 12.4.2006, BGE 132 I 157 E. 3.3.
[81] BGer 11.12.1996, BGE 123 II 9 E. 4b = StE 1997 A 21.11 Nr. 41.
[82] Aus der Interventionslimite von 70% kann der einzelne Steuerpflichtige keine Rechte ableiten (BGer 13.2.1998, StE 1998 B 25.3 Nr. 18 E. 3a = ASA 67, 709 ff.).

zu berücksichtigen.[83] Vom gesamten Bruttoertrag können die Schuldzinsen und die Liegenschaftskosten abgezogen werden.

e) Kritik

Die Kritik an der geltenden Ordnung der Eigenmietwertbesteuerung setzt bei der *konkreten Umsetzung* der Eigenmietwertbesteuerung ein. Der theoretisch bestehenden unteren Limite von 60% des Marktwertes wird in der Praxis oftmals nicht hinreichend nachgelebt. Tatsächlich machen die Eigenmietwerte im konkreten Fall vielfach sogar weniger als die Hälfte der erzielbaren Mieten aus, während anderswo 90% oder mehr in Rechnung gestellt werden. Das bewirkt zum einen *stossende Ungleichheiten* in der Behandlung der Eigenheimbesitzer untereinander. Zum andern werden die Eigentümer den Mietern gegenüber durch die grossen Abweichungen vom Marktwertprinzip und die Abziehbarkeit der Schuldzinsen sowie der Unterhaltskosten massiv begünstigt.[84]

58

Gegen die Eigenmietwertbesteuerung wird sodann eingewendet, dass die *Selbstnutzung anderer Vermögenswerte* auch nicht besteuert würde. Es sei ungerecht, lediglich die Nutzung des Eigenheims, nicht aber diejenige des Mobiliarvermögens in die Besteuerung einzubeziehen. Mit dem wachsenden Wohlstand stösst die ausschliesslich auf das Wohneigentum fixierte Nutzungswertbesteuerung von Vermögenswerten auf immer weniger Akzeptanz. Der Nutzen des Eigenheims wird denn auch reihum als fiktives Einkommen empfunden.

59

Selbst wenn man einem umfassenden Einkommensbegriff im Sinne von SCHANZ[85] folgen wollte, ist zu vermerken, dass die Grundgedanken eines solchen, auch die endogenen Reinvermögenszugänge enthaltenden Einkommensbegriffs in der geltenden Eigenmietwertbesteuerung nur unvollkommen und partiell stark zulasten der Wohneigentümer umgesetzt sind. So können *Liegenschaftsverluste* und unter Umständen auch *Abschreibungen* von wertvermehrenden Investitionen weder vom steuerbaren Einkommen noch vom Grundstückgewinn abgezogen werden.

60

Was nun das «Jeder-braucht-ein-Dach-über-dem-Kopf-Argument» betrifft, das zur Rechtfertigung der Eigenmietwertbesteuerung angeführt wird, so vermag dieses bloss im Bereich eines einigermassen *üblichen Wohnbedarfs* zu überzeugen.[86] Was die allgemein üblichen Wohnbedürfnisse übersteigt, entzieht sich diesen Gleichbehandlungsüberlegungen. Auch bei den *Zweitwohnungen* bzw. bei den *Ferienhäusern* und *-wohnungen* versagt die «Dach-über-dem-Kopf-Begründung». Die Zweitwohnungs- oder -hauseigentümer sind hinsichtlich ihrer wirtschaftlichen Leistungsfähigkeit nicht mit den Mietern von Zweitwohnungen zu vergleichen, sondern mit andern Steuerpflichtigen, welche ertragslose Investi-

61

---

[83] Eine instruktive Zusammenstellung der Eigenmietwertbesteuerung in den Kantonen findet sich in SSK, Steuerinformationen. F. Steuerprobleme. Die Besteuerung der Eigenmietwerte, 18 ff.
[84] Vgl. Botschaft zum Steuerpaket 2001, 3028 f.
[85] Dazu vorne § 10 N 11 ff.
[86] Gl.M. HÖHN/WALDBURGER, Bd. II, § 41 N 30 ff. auch zum Folgenden.

tionen zu Lebenshaltungszwecken tätigen wie beispielsweise teure Autos, Flugzeuge, Yachten, Wohnmobile oder Kunstgegenstände.

62 Zweifelhaft ist schliesslich das Argument der *Förderung der Selbstvorsorge* durch Eigentumsbildung. Mit der derzeitigen Eigenmietwertbesteuerung in ihrer konkreten Ausgestaltung wird in verfassungsmässig höchst fragwürdiger Art das Giesskannenprinzip zur Anwendung gebracht. Gefördert wird nach dem geltenden Konzept vor allem auch die Verschuldung der privaten Haushaltungen. Überdies trägt die massive Begünstigung der Eigenheimbesitzer massgeblich zur Verteuerung der Eigenheime bei.

63 Die geltende Ordnung ist aus diesen Gründen zunehmend brüchiger geworden. Sie ist deshalb international im Schwinden begriffen[87] und entspricht nicht zeitgemässen Vorstellungen vom steuerbaren Einkommen, sondern klammert sich an überkommene Ideen aus dem vorletzten Jahrhundert. In verschiedenen Punkten ist sie sogar klar verfassungswidrig. Zwar ist zuzugestehen, dass sich die Eigenmietwertbesteuerung durchaus verfassungskonform ausgestalten liesse, die zu ergreifenden Massnahmen wären jedoch politisch alles andere als konsensfähig. Mit Slogans wie «vermehrte Beachtung des Marktwertprinzips», «Nichtbesteuerung der Zweitwohnungen» oder «Abschaffung der Eigenmietwertbesteuerung, soweit der übliche Wohnbedarf überschritten wird» wären kaum Stimmen zu gewinnen. Auch für die Verlustverrechnung und die Amortisationsproblematik dürften sich wenige erwärmen. Eine Bereinigung der rechtlichen Unebenheiten des jetzigen Zustandes ist damit nur sehr beschränkt möglich, das geltende System ist «politisch abgenutzt»[88]. So bleibt nur noch ein gangbarer Weg – der Systemwechsel.[89]

f) *Systemwechsel*

64 Die Verfassungskonformität eines Systemwechsels wird heute kaum mehr angezweifelt. Das Bundesgericht hält einen Systemwechsel für zulässig, wenn keine undifferenzierte Abschaffung der Eigenmietwertbesteuerung – ohne gleichzeitige ausgleichende Massnahmen – erfolgt.[90] Ein erster Anlauf zur Abschaffung der Eigenmietwertbesteuerung, den der Harmonisierungsgesetzgeber 2003 unternommen hatte,[91] ist in der Volksabstimmung vom 16.5.2004 gescheitert. Dennoch bleibt die Eigenmietwertbesteuerung ein erstrangiges politisches Problem des schweizerischen Einkommenssteuerrechts. Bald wird das Volk wieder-

---

[87] Botschaft zum Steuerpaket 2001, 3046 ff.
[88] Botschaft zum Steuerpaket 2001, 3057.
[89] A.M. PETER LOCHER, Eigenmietwertbesteuerung in der Schweiz, in: JOACHIM LANG (Hrsg.), Die Steuerrechtsordnung in der Diskussion. Festschrift für Klaus Tipke, Köln 1995, 617 ff., 632 ff.
[90] BGer 11.12.1996, BGE 123 II 9 E. 3b = StE 1997 A 21.11 Nr. 41; BGer 9.12.1986, BGE 112 Ia 240 E. 3 ff. = StE 1987 A 21.11 Nr. 16. Auch der Bundesrat befürwortete einen Systemwechsel in der Botschaft zum Steuerpaket 2001, 3057 f. und in der Botschaft Wohnen im Alter, 5333 ff.
[91] Gegen die Revisionsvorlage vom 20.6.2003 (BBl 2003, 4498 ff.), die zugunsten der Wohneigentümer umfangreiche und verfassungsrechtlich fragwürdige Förderungsmassnahmen vorsah, war das Referendum ergriffen worden.

um dazu Stellung nehmen müssen. Eine im Sommer 2009 eigereichte Volksinitiative «Sicheres Wohnen im Alter» verlangt eine *optionale Befreiung* von der Eigenmietwertbesteuerung, allerdings beschränkt auf Rentnerinnen und Rentner. Der Bundesrat hat dazu einen indirekten Gegenvorschlag unterbreitet, der einen generellen Systemwechsel vorschlug.[92] Auch die eidg. Räte sprachen sich für einen generellen Systemwechsel aus, konnten sich aber nicht auf den Vorschlag des Bundesrates einigen.

4. Ertrag aus Nutzniessung und sonstiger Nutzung

DBG 21 I a bezieht sich auf die Einkünfte des Nutzungsbelasteten, die dieser als Entgelt für die Nutzungsüberlassung von unbeweglichen Vermögenswerten erhält.[93] Dieses Entgelt bildet grundsätzlich steuerbaren Vermögensertrag, soweit ihm nicht der Verschleiss bzw. die Minderung der zur Nutzung überlassenen Substanz entgegensteht.[94]

65

Auch der Ertrag des zur Nutzung überlassenen Vermögens bildet steuerbaren Vermögensertrag. Dieser ist – wie gesehen[95] – in der Regel vom Nutzungsberechtigten zu versteuern. Im Zug des Stabilisierungsprogramms 1998 wurde die frühere privilegierte Besteuerung der Einkünfte aus *Wohnrecht* und *Nutzniessung* eliminiert. Erträge aus Wohnrecht und Nutzniessung sind seither nach dem Praktikabilitätskonzept voll steuerbar, ohne dass der Nutzungsberechtigte seine Einmalleistung bei der Begründung des Nutzungsrechts als Gewinnungskosten geltend machen könnte.[96] Die für die *entgeltliche Begründung* von Wohnrechten und Nutzniessungen geleistete Einmalzahlung wird dafür beim Nutzungsbelasteten nicht besteuert.[97]

66

---

[92] Botschaft Wohnen im Alter, 5303 ff.
[93] Dazu vorne N 43 f.
[94] Vorne N 41. Nach Peter Agner/Angelo Digeronimo/Hans-Jürg Neuhaus/Gotthard Steinmann, Kommentar zum Gesetz über die direkte Bundessteuer. Ergänzungsband des Kommentars von Peter Agner, Beat Jung und Gotthard Steinmann, Zürich 2000, N 2b zu DBG 21 I a, und Locher, N 28 f. zu DBG 21, stellt eine marktkonforme Einmalleistung bei Begründung des Nutzungsverhältnisses indes nie steuerbares Einkommen beim Eigentümer dar, sondern bildet die Abgeltung für einen Nutzungsverzicht und damit eine steuerneutrale Vermögensumschichtung (vgl. dazu auch Höhn/Waldburger, Bd. II, § 41 N 46 f.).
[95] Vorne N 43 f.
[96] Der Nutzungsberechtigte hat den Eigenmietwert nach DBG 21 I b zu versteuern, wenn ihm die Liegenschaft aufgrund eines *unentgeltlichen Nutzungsrechts* zur Verfügung steht, dazu vorne N 51; kritisch Zwahlen, in: Zweifel/Athanas, N 21 zu DBG 21. Zur Problematik des *Vorzugsmietzinses* vgl. vorne N 50.
[97] Vgl. Locher, N 28 zu DBG 21; die Parteien müssen dieser Steuerlastverschiebung bei der Festsetzung des Entgelts Rechnung tragen (Botschaft Stabilisierungsprogramm, 97). Bei der *Grundstückgewinnbesteuerung* wird die Einräumung eines Nutzungsrechts als weitere Kaufpreisleistung betrachtet (Richner/Frei/Kaufmann/Meuter, N 40 ff. zu ZH StG 220).

a) Abgrenzung von Vermögensertrag und Grundstückgewinn

67 Bei der entgeltlichen Belastung von Grundstücken mit Dienstbarkeiten, anderen Nutzungsrechten oder Grundlasten stellt sich die Frage, ob der Erlös steuerbaren Vermögensertrag darstellt oder ob er dem Bereich des Kapitalgewinns/-verlustes zugehört. Nach der allgemeinen Vermögensertragsdefinition[98] bildet der Erlös Vermögensertrag, wenn die Nutzungsüberlassung die *Substanz* des Grundstücks nicht beeinträchtigt und mithin keine Veräusserung bzw. Teilveräusserung im wirtschaftlichen Sinn gegeben ist. Wird demgegenüber die unbeschränkte Bewirtschaftung oder der Veräusserungswert des Grundstücks *dauernd* und *wesentlich* beeinträchtigt, ist der Erlös im kantonalen Recht der Grundstückgewinnsteuer zuzuordnen (StHG 12 II c und ZH StG 216 II b), wogegen im Bund grundsätzlich ein steuerfreier Kapitalgewinn gemäss DBG 16 III oder ein nicht abziehbarer Kapitalverlust gegeben ist.

b) Ertrag aus Baurechtsverträgen

68 Belastungen von Grundstücken mit Baurechten sind zwar oftmals wesentliche, aber niemals *dauernde* Beeinträchtigungen der Bewirtschaftung oder des Veräusserungswerts von Grundstücken, weil das Baurecht nur für eine zum Voraus bestimmte Zeitdauer begründet werden kann (ZGB 779l). Deshalb unterliegen sowohl die Einmalentschädigungen als auch die periodischen Leistungen aus Baurechtsverträgen der Einkommenssteuer und gehören nicht in den Bereich Kapitalgewinn/-verlust. Die Steuerbarkeit von Einkünften aus Baurechtsverträgen ist denn auch in DBG 21 I c ausdrücklich festgehalten. Obwohl die Übertragung der Baute wirtschaftlich als Veräusserungstatbestand und die Einmalentschädigung als Entgelt für die Übertragung der Baute betrachtet werden können, liegt aufgrund der klaren steuergesetzlichen Konzeption Vermögensertrag und nicht Kapitalgewinn vor.[99]

69 Grundsätzlich unerheblich ist, ob es sich um die Einräumung eines Baurechts an einer bebauten oder einer unbebauten Liegenschaft handelt. Bei der Begründung eines Baurechts an einer überbauten Liegenschaft muss jedoch dem Umstand Rechnung getragen werden, dass der Baurechtsbelastete Aufwendungen in der Form der Anlagekosten der auf dem Grundstück erstellten Bauten getätigt hat. Diese Anlagekosten bilden bei ihm *Gewinnungskosten* zur Erzielung des steuerbaren Vermögensertrags und sind deshalb abziehbar.[100]

---

[98] Vorne N 34 ff.
[99] A.M. Richner/Frei/Kaufmann/Meuter, N 109 zu DBG 21.
[100] VGer ZH 16.12.2009, StE 2010 B 23.46.1 Nr. 2 E. 2.3. In VGer ZH 19.12.1995, StE 1996 B 25.4 Nr. 2, wurde die Frage, ob der Verkehrswert oder nur die Anlagekosten der Baute abziehbar seien, wegen des Verbots der reformatio in peius offengelassen.

c)   *Ertrag aus Ausbeutungsrechten*

Nach der grundsätzlichen Abgrenzung des Vermögensertrags vom Grundstückgewinn bildet das Entgelt für die Einräumung von Ausbeutungsrechten unabhängig von der zivilrechtlichen Ausgestaltung des Nutzungsrechts Vermögensertrag, soweit es wirtschaftlich nicht auf einen Substanzverzehr zurückzuführen und deshalb als Veräusserungserlös zu betrachten ist. Die Abgrenzung zwischen *Substanzverzehr* und *Ertrag* bereitet bei den Ausbeutungsrechten grosse Schwierigkeiten.[101]

DBG 21 I d und zahlreiche kantonale Steuergesetze (z.B. ZH StG 21 I d) unterwerfen sämtliche Einkünfte aus der Ausbeutung von Kies, Sand und anderen Bestandteilen des Bodens undifferenziert der Einkommenssteuer. Diese Regelung ist zwar praktikabel, sie führt aber jedenfalls dort zu unhaltbaren Steuerfolgen, wo die Ausbeutung zu einem unter den Gestehungskosten liegenden Wert des Grundstücks führt. Diesfalls muss entweder dem offensichtlichen Substanzverzehr durch partielle Steuerfreiheit des Ausbeutungsentgelts Rechnung getragen werden oder es müssen die Gestehungskosten in diesem Umfang als Gewinnungskosten zum Abzug zugelassen werden. Letzteres entspricht dem gesetzlichen Vermögensertragskonzept wohl besser.

5.   Aufwendungen

a)   *Arten der abziehbaren Aufwendungen*

Nach DBG 32 II sind bei Liegenschaften im Privatvermögen die *Unterhaltskosten*, die *Versicherungsprämien* und die Kosten der *Verwaltung durch Dritte* abziehbar. Sodann bestimmt das Eidg. Finanzdepartement, inwieweit Investitionen, die dem *Energiesparen* und dem *Umweltschutz* dienen, den Unterhaltskosten gleichgestellt werden können. Überdies sind nach DBG 32 III auch die Kosten für *denkmalpflegerische Arbeiten* unter gewissen Voraussetzungen abziehbar. Die kantonalen Steuergesetze enthalten zumeist analoge Regelungen (z.B. ZH StG 30 II und IV), die sich an die Ausführungsvorschriften zur direkten Bundessteuer anlehnen.

Während es sich bei den Unterhaltskosten, den Versicherungsprämien und den Verwaltungskosten um typische *Gewinnungskosten* handelt, sind Ausgaben für Energiespar- und Umweltschutzmassnahmen sowie Kosten der Denkmalpflege an sich Aufwendungen, die ohne besondere gesetzliche Regelung vielfach ganz oder zumindest teilweise den *nicht abziehbaren* wertvermehrenden *Aufwendungen* zuzurechnen wären.

Als Liegenschaftsaufwendungen erscheinen schliesslich auch die zur Finanzierung von Liegenschaften entrichteten *Schuldzinsen*, die allerdings nicht nach

---

[101]   Dazu BStRK ZH 28.10.1997, StE 1998 B 25.1 Nr. 1 E. 4; vgl. auch Höhn/Waldburger, Bd. II, § 41 N 50.

DGB 32 II, sondern nach dem allgemeinen Schuldzinsenabzug von DBG 33 I a abziehbar sind.

b) Abgrenzungsproblematik

75 Im Gesetz aufgeführt sind die *typischen Gewinnungskosten*, die zur Erzielung des Ertrags aus unbeweglichem Vermögen verausgabt werden. Es handelt sich indes nicht um eine abschliessende, sondern lediglich um eine exemplarische Aufzählung der abziehbaren Kosten. Als Gewinnungskosten abziehbar sind die zur Erzielung des Liegenschaftsertrags *notwendigen Aufwendungen*. Da grundsätzlich für alle Einkunftsarten ein einheitlicher Gewinnungskostenbegriff existiert, kann auf die entsprechenden Erörterungen verwiesen werden.[102]

76 Im Bereich der Liegenschaftsaufwendungen sind folgende *Verordnungen* und *Weisungen* betreffend die direkte Bundessteuer erlassen worden, die im Wesentlichen auch der in den Kantonen geübten Praxis entsprechen:

- Verordnung über den Abzug der Kosten von Liegenschaften des Privatvermögens bei der direkten Bundessteuer vom 24.8.1992 (SR 642.116; zit. Liegenschaftskosten-VO)
- Verordnung über die Massnahmen zur rationellen Energieverwendung und zur Nutzung erneuerbarer Energien vom 24.8.1992 (SR 642.116.1)
- Verordnung der EStV über die abziehbaren Kosten von Liegenschaften des Privatvermögens bei der direkten Bundessteuer vom 24.8.1992 (SR 642.116.2; zit. EStV-Liegenschaftskosten-VO)
- Weisung der EStV vom 7.7.1994 (W-617.1) an die kantonalen Verwaltungen für die direkte Bundessteuer: «Festsetzung des Eigenmietwertes bei Unternutzung von Liegenschaften des Privatvermögens (Art. 21 Abs. 2 DBG)» (zit. Weisung EStV Unternutzung).

- Lebenshaltungskosten

77 Aufwendungen zur Deckung von privaten Vergnügungen bilden Lebenshaltungskosten und keine Gewinnungskosten. Auslagen im Bereich der Liebhaberei sind deshalb nicht abziehbar. Solche Liebhabereien stellen Farbtonänderungen, Ersatz von Installationen kurz nach deren Investition, ungewöhnlich luxuriöse Anlagen etc. dar. Zu den Lebenshaltungskosten werden zuweilen auch die Unterhaltskosten für Herrschaftshäuser, luxuriöse Villen oder Schlösser gezählt. Hier ist allerdings Sorge zu tragen, dass im Abzugsbereich nicht anders argumentiert wird als im Bereich der Eigenmietwertbesteuerung, die ja – wie gesehen[103] – auch den die allgemein üblichen Wohnbedürfnisse übersteigenden Bereich umfasst.

---

[102] Vorne § 10 N 40 ff.
[103] Vorne N 61.

– Anschaffungs- und Herstellungskosten

Statt von «Anschaffungskosten» und «Herstellungskosten» wird auch von «Anlagekosten» oder «Gestehungskosten» gesprochen. Es handelt sich dabei um Ausgaben, die der Schaffung, Erweiterung oder Verbesserung einer Einkommensquelle dienen.[104] Anschaffungs- und Herstellungskosten führen nicht zu Reinvermögensabgängen. Der Gegenwert der Anschaffungs- und Herstellungskosten ist am Ende der Bemessungsperiode immer noch vorhanden. Mit dem Vermögensabfluss verbunden ist somit ein korrelierender Vermögenszufluss. Es findet bloss ein Aktiventausch statt.

78

Als Anschaffungskosten gelten nicht nur Aufwendungen für Land und Bauten, sondern auch die einmaligen *Beiträge* des Grundeigentümers, wie Strassen-, Trottoir-, Schwellen- und Werkleitungsbeiträge, Anschlussgebühren für Kanalisation, Abwasserreinigung, Wasser, Gas, Strom, Fernseh- und Gemeinschaftsantennen etc. (vgl. EStV-Liegenschaftskosten-VO 1 II b).

79

– Wertvermehrende Aufwendungen

Auch wertvermehrende Aufwendungen sind *Anlagekosten* und können deshalb nicht einkommensschmälernd geltend gemacht werden. Anders als die Anschaffungs- oder Herstellungskosten, die beim Erwerb oder bei der Herstellung eines Vermögenswerts anfallen, handelt es sich bei den wertvermehrenden Aufwendungen um Investitionen, die während der Besitzdauer getätigt werden. Sie dienen der *Erweiterung* und *Verbesserung* des Erworbenen. Wie mit den Anschaffungs- und Herstellungskosten wird mit den wertvermehrenden Aufwendungen ein neuer, beständiger Wert geschaffen – ein *aliud* hinzugefügt. Wertvermehrende Aufwendungen bewirken eine *Zunahme der Substanz* des betreffenden Vermögenswerts, ohne jedoch zu einer Erhöhung des Reinvermögens zu führen, denn dem hinzugefügten Mehrwert steht in der Regel eine entsprechende Ausgabe gegenüber.[105]

80

Wertvermehrend sind somit alle Aufwendungen, welche eine nachhaltige Verbesserung des Vermögenswerts bewirken, d.h. zu einer dauerhaften Qualitätssteigerung und damit zu einem bleibenden Mehrwert führen. Ob das der Fall ist, muss aus einer *langfristigen Perspektive* beurteilt werden.[106]

81

– Liegenschaftsverluste

Verluste bei der Veräusserung von Liegenschaften des Privatvermögens bilden keine Gewinnungskosten zur Erzielung des Liegenschaftsertrags. Obwohl die Gewinne mit der Grundstückgewinnsteuer erfasst werden, fehlt eine Abzugsmöglichkeit für Grundstücksverluste. Diese Imparität kann mit dem Objektsteu-

82

---

[104] Vgl. BGer 5.12.1997, BGE 124 II 29 E. 3d = StE 1998 B 22.3 Nr. 63.
[105] Es sei denn, ein Dritter tätige den wertvermehrenden Aufwand.
[106] Ca. 20–25 Jahre.

ercharakter der Grundstückgewinnsteuer nicht hinreichend gerechtfertigt werden und ist verfassungswidrig.[107]

c) *Gewinnungskosten*

– Unterhaltskosten (Reparatur- und Renovationskosten)

83 Aufwendungen für Reparaturen und Renovationen sind typische Gewinnungskosten. Sie dienen dazu, den Nutzungswert einer Liegenschaft zu erhalten oder wieder instand zu stellen. Unterhaltskosten bezwecken demnach die *Werterhaltung* und führen aus der gebotenen langfristigen Perspektive nicht zu einer Wertvermehrung.

> Werden bei einem Mehrfamilienhaus im Rahmen einer *Grossrenovation* die Fassade und das Treppenhaus neu gestrichen, das Dach neu gedeckt, neue Fenster eingesetzt und sämtliche Küchen und Bäder ersetzt, so werden sich die dafür eingesetzten CHF 1,5 Mio. unmittelbar im Verkehrswert der Liegenschaft niederschlagen. Ein potenzieller Käufer würde nach der Renovation bereit sein, in etwa CHF 1,5 Mio. mehr Kaufpreis zu entrichten als vor der Renovation. Dennoch handelt es sich vollumfänglich um Unterhaltskosten, da die bewirkte Wertvermehrung langfristig betrachtet nicht von Dauer ist.

84 Auch die *Modernisierung* einer Liegenschaft gilt als Unterhalt, denn ohne periodische Modernisierung verliert eine Liegenschaft an Wert. Allerdings ist stets jede Aufwendung gesondert zu beurteilen. Häufig werden gerade im Zug von Modernisierungen sowohl werterhaltende als auch wertvermehrende Massnahmen getroffen, die dann steuerlich entsprechend zu differieren sind.[108] Ebenfalls werterhaltenden Charakter haben die sog. *anschaffungsnahen Aufwendungen*.

> In Bund und in zahlreichen Kantonen bestand während Jahrzehnten die sog. *Dumont-Praxis*, nach welcher Kosten, die ein Steuerpflichtiger zur Instandstellung einer neu erworbenen, vom bisherigen Eigentümer vernachlässigten Liegenschaft kurz nach Anschaffung – in der Regel während den ersten *fünf Jahren* - aufgewendet hat, nicht abziehbar waren. Nur der normale, periodisch anfallende Unterhalt durfte auch von Neuerwerbern abgezogen werden.[109] Diese Praxis schuf indessen grosse Schwierigkeiten und wurde deshalb abgeschafft.[110]

– Einlagen in den Reparatur- oder Erneuerungsfonds

---

[107] Vgl. dazu hinten N 221.
[108] Wenn z.B. eine neue Waschmaschine mit einem Tumbler angeschafft wird, so ist ein Teil der Anschaffung wertvermehrend, wenn bisher kein Tumbler vorhanden war.
[109] BGer 24.4.1997, BGE 123 II 218 E. 1c = StE 1997 B 25.6 Nr. 30. Mit Entscheid vom 2.2.2005 (StE 2005 A 23.1 Nr. 10) hatte das Bundesgericht diese Praxis für alle Kantone als verbindlich erklärt.
[110] Vgl. Bundesgesetz über die steuerliche Behandlung von Instandstellungskosten bei Liegenschaften vom 3.10.2008 (AS 2009, 1515 ff.). Das Inkrafttreten für die direkte Bundessteuer wurde auf den 1.1.2010 festgelegt. Den Kantonen wurde eine zweijährige Übergangsfrist bis 1.1.2012 eingeräumt.

Als abziehbare Unterhaltskosten gelten auch die Einlagen in den Reparatur- oder 85
Erneuerungsfonds (ZGB 712l) von Stockwerkeigentumsgemeinschaften, sofern
diese Mittel nur zur Bestreitung von Unterhaltskosten für die Gemeinschaftsanlagen verwendet werden (vgl. EStV-Liegenschaftskosten-VO 1 I a Ziff. 2).

– Betriebskosten

Betriebskosten sind weitere Aufwendungen, die mit dem Halten von Liegenschaf- 86
ten üblicherweise verbunden sind und vielfach vom Eigentümer und nicht vom
Mieter getragen werden. Darunter fallen die Grundgebühren für Kehrichtentsorgung, Abwasserentsorgung, Strassenbeleuchtung und -reinigung; Strassenunterhaltskosten; Liegenschaftssteuern; Entschädigungen an den Hauswart; Kosten
der gemeinschaftlich genutzten Räume, des Lifts usw. (EStV-Liegenschaftskosten-VO 1 I a Ziff. 3).

Keine abziehbaren Betriebskosten sind indes Versorgungs- und Entsorgungsge- 87
bühren, die nach dem Verursacherprinzip als *Mengengebühren* erhoben werden
(EStV-Liegenschaftskosten-VO 1 I a Ziff. 3)[111] sowie Heizungs- und Warmwasseraufbereitungskosten, die mit dem Betrieb der Heizanlage oder der zentralen
Warmwasseraufbereitungsanlage direkt zusammenhängen, insbesondere Energiekosten (EStV-Liegenschaftskosten-VO 1 II c). Auch Wasserzinsen sind grundsätzlich nicht abziehbar, es sei denn, der Grundeigentümer trage diese bei vermieteten Liegenschaften selber und überwälze sie nicht auf die Mieter.

– Versicherungsprämien

Auch Sachversicherungsprämien sind Aufwendungen, die notwendigerweise 88
mit dem Halten von Liegenschaften verbunden sind. Abziehbar sind die Prämien
für Brand-, Wasserschaden-, Glas- und Haftpflichtversicherungen.

– Verwaltungskosten

Abziehbar sind auch die Kosten der Liegenschaftsverwaltung. Unerheblich ist 89
dabei, ob der Pflichtige die Verwaltung selber vornehmen könnte. Für die eigene
Verwaltungstätigkeit steht dem Eigentümer indes kein Abzug zu; nur die tatsächlich angefallenen Kosten sind abziehbar. Als Kosten der Verwaltung erscheinen z.B. Auslagen für Porto, Telefon, Inserate, Formulare, Betreibungen und Entschädigungen an Liegenschaftsverwalter (EStV-Liegenschaftskosten-VO 1 I c).
Prozess- und *Anwaltskosten* sind abziehbar, wenn sie in unmittelbarem Zusammenhang mit dem Liegenschaftsertrag stehen (z.B. Streitigkeiten um die Miete)
oder wenn sie der Erhaltung des bisherigen Rechtszustands und damit des Werts
einer Liegenschaft dienen (z.B. Verhinderung einer Baute auf dem Nachbar-

---

[111] Vgl. BGer 15.7.2005, StE 2006 B 25.6 Nr. 53. Das Bundesgericht will auch die *Grundgebühren* für Wasserversorgung und -entsorgung sowie für Kaminfeger und Kehricht, die separat neben allfälligen Mengengebühren in Rechnung gestellt werden, aus *Praktikabilitätsgründen* nicht mehr zum Abzug zulassen. Zu Recht kritisch MADELEINE SIMONEK, Die steuerrechtliche Rechtsprechung des Bundesgerichts im Jahre 2005, ASA 76 (2007/2008), 1 ff., 10 f.

grundstück, Abwehr der Umzonung eines Grundstücks).[112] Bei der Beurteilung, ob der Wert einer Liegenschaft tangiert ist, ist eine *objektiv-technische Betrachtungsweise* massgebend.[113]

90 Keine Verwaltungskosten bilden Aufwendungen, die mit dem *Erwerb* oder der *Veräusserung* eines Grundstücks in Zusammenhang stehen.[114] Dabei handelt es sich um Anlagekosten (z.B. Kosten für Bauprojekte, Errichtung von Hypotheken, Prozesskosten hinsichtlich des Erwerbs oder der Überbauung). Anlagekosten sind im Bereich des grundstückgewinnsteuerrechtlichen Kapitalgewinns oder -verlustes anrechenbar.

– Pauschalabzug

91 Anstelle der tatsächlichen Kosten kann für Liegenschaften des Privatvermögens[115] nach DBG 32 IV ein Pauschalabzug geltend gemacht werden. In der Pauschale eingeschlossen sind die Unterhaltskosten und die Versicherungsprämien sowie die den Unterhaltskosten gleichgestellten energiesparenden Investitionen (Liegenschaftskosten-VO 2 I). Der Pauschalabzug beträgt für Gebäude, die bis zu 10 Jahre alt sind, 10% vom Brutto-Mietertrag bzw. -Eigenmietwert. Bei älteren Liegenschaften beträgt der Abzug 20% (Liegenschaftskosten-VO 2 II).

92 Es handelt sich um eine sog. *Wechselpauschale*, bei welcher die Steuerpflichtigen für jede Steuerperiode und für jede Liegenschaft zwischen dem Abzug der tatsächlichen Kosten und dem Pauschalabzug wählen können (Liegenschaftskosten-VO 3).

d) *Kosten für Energiespar- und Umweltschutzmassnahmen sowie für Denkmalpflege*

93 Als Investitionen, die dem Energiesparen und dem Umweltschutz dienen, gelten Aufwendungen für Massnahmen, welche zur rationellen Energieverwendung oder zur Nutzung erneuerbarer Energien beitragen. Diese Massnahmen beziehen sich auf den Ersatz von veralteten und die erstmalige Anbringung von neuen Bauteilen oder Installationen in bestehenden Gebäuden (Liegenschaftskosten-VO 5). Die Höhe des Abzugs für solche Massnahmen beträgt in den ersten fünf Jahren nach Anschaffung der Liegenschaft 50%, nachher 100% (Liegenschaftskosten-VO 8). Was unter Massnahmen zur rationellen Energieverwendung und zur Nutzung erneuerbarer Energien zu verstehen ist, wird in Art. 1 der Verord-

---

[112] Vgl. VGer ZH 22.9.2010, SB 2010.00085 mit Hinweisen.
[113] Dazu ausführlich VGer ZH 3.3.1988, RB 1988 Nr. 31.
[114] Hier geht es um die vermögensrechtliche Stellung des Eigentümers (subjektive Betrachtungsweise).
[115] Mit der Beschränkung des Pauschalabzugs auf das Privatvermögen wird dem Umstand Rechnung getragen, dass die Unterhaltskosten bei *geschäftlicher Nutzung* vielfach vom Mieter getragen werden, oder je nach Nutzungsart nicht in gleicher Höhe anfallen wie bei sonstiger Nutzung.

nung über die Massnahmen zur rationellen Energieverwendung und zur Nutzung erneuerbarer Energien[116] näher präzisiert.

Die Kosten der Denkmalpflege sind unter der Voraussetzung abziehbarer Aufwand, dass diese Arbeiten aufgrund gesetzlicher Vorschriften und im Einvernehmen mit den Behörden oder auf deren Anordnung hin vorgenommen werden.[117]

94

e) Schuldzinsen

Die Abziehbarkeit der Schuldzinsen ist in den Steuergesetzen unter den Gewinnungskosten des Ertrags unbeweglichen Vermögens nicht besonders erwähnt, weil die Schuldzinsen ungeachtet ihrer Funktion als Gewinnungs- oder Lebenshaltungskosten grundsätzlich ohnehin abziehbar sind.[118]

95

Kontrovers in Bund und Kantonen ist die Frage der Abziehbarkeit von *Baukreditzinsen*. Baukredite sind in der Regel grundpfändlich gesicherte Kontokorrentkredite, die zur Finanzierung eines Neubaus oder eines Umbaus aufgenommen werden. Nach dem Recht verschiedener Kantone sind Baukreditzinsen in der Privatvermögenssphäre als gewöhnliche Schuldzinsen abziehbar. Dies wird damit begründet, dass der Schuldzinsenabzug gemäss Gesetz für sämtliche Arten von Kapitalschulden und unabhängig vom Gewinnungskostencharakter der Schuldzinsen gewährt wird.[119] Harmonisierungsrechtlich besteht in diesem Bereich ein Gestaltungsspielraum der Kantone.

96

Nach konstanter Bundesgerichtspraxis stellen Baukreditzinsen gemäss DBG jedoch aufgrund ihres technischen, wirtschaftlichen und zeitlichen Bezugs zum Bauprojekt mit dem Erwerb des Gebäudes zusammenhängende Finanzierungskosten und damit nicht abziehbare *Anlagekosten* dar.[120] Als Anlagekosten sind jene Schuldzinsen zu betrachten, die während der Erstellungsdauer der Baute, d.h. zwischen Baubeginn und Bauvollendung, anfallen.[121]

97

f) Baurechtszinsen

Ebenfalls uneinheitlich in der Praxis des Bundes und der Kantone werden die Baurechtszinsen behandelt. Baurechtszinsen bilden die Gegenleistung des Baurechtsberechtigten an den Grundeigentümer, welche für die vorübergehende Benutzung des Grundstücks entrichtet wird. Baurechtszinsen sind weder Schuldzinsen noch bilden sie dauernde Lasten im Sinn von DBG 33 I b[122]. Daraus leitet

98

---

[116] Vgl. vorne N 76.
[117] Dazu VGer SZ 21.12.1998, StE 1999 B 25.6 Nr. 35 E. 1.
[118] Hinten N 251 ff.
[119] Vgl. VGer ZH 30.9.1992, StR 1993, 531 ff., 531 f.
[120] Zuletzt BGer 24.4.1997, BGE 123 II 218 E. 2 = ASA 66, 306 ff.; auch ZIGERLIG/JUD, in: ZWEIFEL/ATHANAS, N 10 zu DBG 33.
[121] Vgl. BGer 20.11.1995, StE 1996 B 27.2 Nr. 18 E. 2b f.
[122] Hinten N 254.

das Bundesgericht ab, dass Baurechtszinsen im Privatvermögensbereich *nicht abziehbar* sind. Es lässt nur geschäftliche Baurechtszinsen zum Abzug zu.[123]

99 Da das Bundesgericht den Umstand des fehlenden Eigentums am Boden bei der Ermittlung des *Eigenmietwerts* von selbstgenutztem Wohneigentum mittels eines Einschlags auf dem laut den kantonalen Vorschriften formelmässig ermittelten ungeschmälerten Wert der Eigennutzung berücksichtigt,[124] führt diese Praxis in diesem Bereich zu einer leistungsfähigkeitskonformen Besteuerung. Hinsichtlich des Bodens wird der Baurechtsberechtigte den *Mietern* gleichgestellt.

100 Indessen verweigert das Bundesgericht den Abzug der Baurechtszinsen auch dann, wenn eine im Baurecht erstellte private Liegenschaft vermietet wird. Obwohl es sich in solchen Fällen ohne Zweifel um *Gewinnungskosten* zur Erzielung der steuerbaren Mieterträgnisse handelt, sind die Baurechtszinsen nicht abziehbar. Das kann im Licht des objektiven Nettoprinzips nicht richtig sein; nach dem Grundsatz der Gesamtreineinkommensbesteuerung sind sämtliche Gewinnungskosten abziehbar.

101 Nach der Praxis zahlreicher Kantone werden die Baurechtszinsen auch im Privatvermögensbereich generell zum Abzug zugelassen.[125] Das hat allerdings zur Folge, dass das fehlende Eigentum am Boden bei der Ermittlung des Eigenmietwerts einer selbstbewohnten Liegenschaft nicht berücksichtigt wird.

IV. Ertrag des beweglichen Privatvermögens

1. Begriff und Arten des Ertrags aus beweglichem Vermögen

102 Ertrag des beweglichen Privatvermögens ist Entgelt aus der Nutzungsüberlassung von beweglichen Vermögenswerten des Privatvermögens. Das bewegliche Privatvermögen zerfällt in bewegliches Kapitalvermögen, bewegliche Sachen und Rechte an beweglichen Sachen. Der Ertrag des beweglichen Privatvermögens lässt sich im Überblick wie folgt darstellen:

---

[123] Vgl. BGer 29.3.1999, StE 1999 B 25.6 Nr. 34 E. 2b; ebenso KÄNZIG, N 88 zu WStB 21 sowie N 76 zu WStB 22.
[124] Vgl. BGer 29.3.1999, StE 1999 B 25.3 Nr. 20 E. 3a f.
[125] Vgl. VGer ZH 19.5.1999, StE 2000 B 25.6 Nr. 37 E. 2.

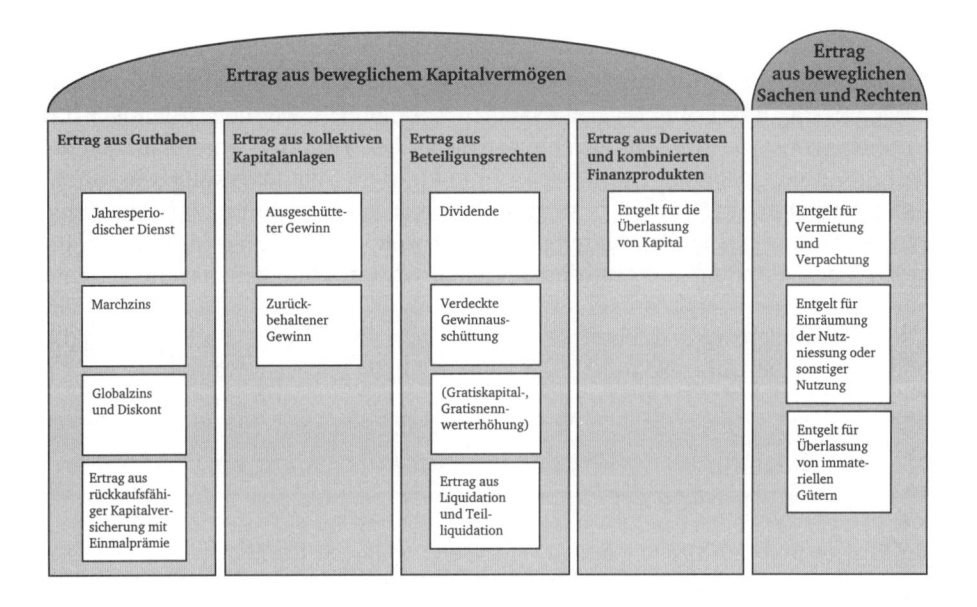

Ertrag aus beweglichem Kapitalvermögen / Ertrag aus beweglichen Sachen und Rechten

Ertrag aus Guthaben:
- Jahresperiodischer Dienst
- Marchzins
- Globalzins und Diskont
- Ertrag aus rückkaufsfähiger Kapitalversicherung mit Einmalprämie

Ertrag aus kollektiven Kapitalanlagen:
- Ausgeschütteter Gewinn
- Zurückbehaltener Gewinn

Ertrag aus Beteiligungsrechten:
- Dividende
- Verdeckte Gewinnausschüttung
- (Gratiskapital-, Gratisnennwerterhöhung)
- Ertrag aus Liquidation und Teilliquidation

Ertrag aus Derivaten und kombinierten Finanzprodukten:
- Entgelt für die Überlassung von Kapital

Ertrag aus beweglichen Sachen und Rechten:
- Entgelt für Vermietung und Verpachtung
- Entgelt für Einräumung der Nutzniessung oder sonstiger Nutzung
- Entgelt für Überlassung von immateriellen Gütern

2. Ertrag aus Guthaben

Als Vermögensertrag besteuert wird der Ertrag aus Guthaben aller Art. *Guthaben* sind Darlehen mit und ohne Sicherheiten, Anleihensobligationen, Forderungen aus Bank- und Spareinlagen, Geldmarktpapiere, Buchforderungen usw.

103

a) Zinsen

Als Zins erscheint das Entgelt für die Überlassung einer Geldsumme, das nach der Zeit und als Quote der Geldsumme in Prozenten berechnet wird. Die Verzinsung kann fest sein oder variabel, indem sie von der Höhe des Gewinnes (partiarisches Darlehen) oder vom Stand eines Indexes abhängig gemacht wird. Zinsen bilden nur diejenigen Leistungen, die rechtlich nicht zur Tilgung einer Schuldverpflichtung führen. Im Gegensatz zur Rückzahlung des Guthabens vermindern die Zinsen die Höhe der Kapitalforderung nicht. Der Zinsertrag in fremder Währung ist zum Wechselkurs im Zeitpunkt der Fälligkeit in Schweizer Franken umzurechnen.

104

– Jahresperiodischer Zins

Keine Schwierigkeiten bei der Besteuerung bietet der jahresperiodische Zins, der bei Vorliegen eines festen durchsetzbaren Rechtsanspruchs (in der Regel im Zeitpunkt der Fälligkeit) als Vermögensertrag besteuert wird. Unter einer jahresperiodischen Verzinsung sind die Entschädigungen für die Kapitalhingabe zu verstehen, die ununterbrochen von der Emission bis zur Fälligkeit in gleich bleibenden Zeitabständen von *maximal einem Jahr* zu gleich bleibenden Bedingungen den Investoren vergütet werden.

105

– Marchzins

106 An sich stellt jedes Entgelt für die Überlassung eines Guthabens steuerbaren Vermögensertrag dar. Dabei ist grundsätzlich unerheblich, *wer* dem Gläubiger das Nutzungsentgelt leistet. Aus erhebungstechnischen Gründen werden jedoch bei periodisch verzinslichen Guthaben nur die auf dem Schuldverhältnis beruhenden Leistungen des *Schuldners* an den Gläubiger des Guthabens als Vermögensertrag betrachtet. Die sog. Marchzinsen, mit welchen der *Erwerber* dem Veräusserer einer Kapitalforderung den seit dem letzten Fälligkeitstermin bis zum Veräusserungszeitpunkt aufgelaufenen Zins abgilt, werden demgegenüber nicht als Vermögensertrag betrachtet, sondern bleiben steuerfrei.[126] Dafür können die beim Erwerb bezahlten Marchzinsen nicht in Abzug gebracht werden.[127]

b) *Einkünfte aus der Veräusserung oder Rückzahlung von Obligationen mit überwiegender Einmalverzinsung*

107 Bei Obligationen mit *reiner Einmalverzinsung* wird das Entgelt für die Überlassung des Kapitals nicht periodisch während der Laufzeit, sondern bei der *Rückzahlung der Kapitalschuld* geleistet.[128] Eine solche Einmalverzinsung kann in der Form eines Globalzinses, der am Schluss der Laufzeit ausgerichtet wird, gewährt werden, oder es wird bei der Ausgabe ein Diskont zugestanden.

108 Bei *gemischten Obligationen* besteht das Entgelt sowohl aus periodischen Zinsen als auch aus einer Einmalentschädigung. Übersteigt der einmalig geleistete Ertrag den periodischen Zinsertrag, handelt es sich um eine Obligation mit *überwiegender Einmalverzinsung* im Sinne von DBG 20 I b. Die bei einer gemischten Obligation jahresperiodisch anfallenden Zinsen fliessen dem jeweiligen Halter im Zeitpunkt der Fälligkeit zu und bilden in diesem Zeitpunkt steuerbaren Ertrag. Erfolgt während der Laufzeit einer *überwiegend einmalverzinslichen Obligation* keine Handänderung, bildet die Differenz zwischen dem Rückzahlungswert und dem Emissionspreis im Zeitpunkt der Rückerstattung Vermögensertrag.

109 Bei Handänderungen während der Laufzeit stellt sich die Frage nach der Abgrenzung des dem jeweiligen Halter für seine Haltedauer zuzurechnenden Ertragsanteils. Die Steuergesetze erfassen bei den Obligationen mit überwiegender Einmalverzinsung aus Praktikabilitätsgründen auch sämtliche «Einkünfte aus der Veräusserung oder Rückzahlung» als steuerbares Einkommen. Nach dieser Lösung hat jeder Halter einer solchen Obligation die Differenz zwischen dem Verkaufspreis bzw. Rückzahlungswert und dem Emissions- bzw. Erwerbspreis als Einkommen zu versteuern. Anstatt die bei der Emission vereinbarte Einmalver-

---

[126] Vgl. Kreisschreiben Nr. 15 der EStV vom 7.2.2007 betreffend Obligationen und derivative Finanzinstrumente als Gegenstand der direkten Bundessteuer, der Verrechnungssteuer sowie der Stempelabgaben, 3.1. Diese Regelung kann einzig mit *Praktikabilitätsüberlegungen* gerechtfertigt werden, dazu REICH, in: ZWEIFEL/ATHANAS, N 15 zu DBG 20; RICHNER/FREI/KAUFMANN/MEUTER, N 27 zu DBG 20.

[127] Gl.M. BGer 17.12.1992, StE 1993 B 24.3 Nr. 4 E. 3b, allerdings mit anderer Begründung.

[128] Dazu EStV KS Nr. 15 vom 7.2.2007 (Fn. 126), 2.1.4. sowie 3.2. auch zum Folgenden.

zinsung theoretisch exakt nach Massgabe der Haltedauer dem jeweiligen Inhaber zuzurechnen (sog. analytische Methode), wird aus erhebungstechnischen Gründen auf die effektiv bezahlten Preise (Kurse) bei der Handänderung abgestellt (sog. Differenzmethode[129]). Das so erfasste steuerbare Einkommen enthält somit auch Kapitalgewinne oder -verluste aus Kursschwankungen.

Im Zeitpunkt der Handänderung und der Rückzahlung wirkt sich der gesamte, während der entsprechenden Haltedauer aufgelaufene Ertrag auf die *Progression* aus. Dennoch findet der privilegierte Steuersatz gemäss DBG 37 und analogen kantonalen Regelungen nach Auffassung des Bundesgerichts keine Anwendung.[130]

110

c) *Ertrag aus rückkaufsfähiger Kapitalversicherung mit Einmalprämie*

Kapitalversicherungen sind Lebensversicherungen mit *einmaliger Leistung* im Versicherungsfall, wobei es sich um eine Erlebensfall-, Todesfall- oder auch um eine gemischte Lebensversicherung handeln kann.[131] *Rückkaufsfähig* sind Versicherungen, bei denen der Eintritt des versicherten Ereignisses und damit die Auszahlung der Versicherungssumme an den Berechtigten gewiss ist. Bei *Einmalprämienversicherungen* wird die Prämie nicht periodisch, sondern in der Regel einmalig zu Beginn der Versicherungsdauer geleistet.[132]

111

Vermögensanfälle aus Kapitalversicherungen sind zum einen Teil einkommensunwirksame *Kapitalrückzahlung* und zum anderen Teil *Vermögensertrag*. Die Ertragskomponente bildet zweifelsohne Einkommen im Sinn der Vermögensertragsklauseln, dennoch sind Auszahlungen aus rückkaufsfähiger Kapitalversicherung unter den steuerfreien Einkünften aufgeführt, allerdings mit dem Vorbehalt, dass Erträge aus rückkaufsfähiger Kapitalversicherung mit Einmalprämie steuerbar sind, wenn sie nicht der *Vorsorge* dienen.[133] Kapitalversicherungen dienen der Vorsorge, wenn kumulativ (1) der Versicherte bei Auszahlung das 60. Altersjahr vollendet und (2) das Vertragsverhältnis mindestens fünf Jahre gedauert hat und (3) das Versicherungsverhältnis vor Vollendung des 66. Altersjahres begründet worden ist. Mit dieser Regelung wird ausdrücklich eine Einschränkung der Steuerfreiheit von Kapitalversicherungen statuiert. Auszahlungen aus Einmalprämienversicherungen, welche die Voraussetzungen von DBG 20 I a nicht erfüllen, unterliegen nach Abzug der geleisteten Prämie der Vermögensertragsbesteuerung.

112

---

[129] EStV KS Nr. 15 vom 7.2.2007 (Fn. 126), 3.2.
[130] Vgl. BGer 20.9.2005, StE 2006 A 23.1 Nr.13 E. 3.1 f. = StR 2006, 53 ff.; kritisch dazu MARKUS REICH/ROBERT WALDBURGER, Rechtsprechung im Jahre 2005 (1. Teil), FStR 2006, 222 ff., 225 ff.
[131] Vgl. Kreisschreiben Nr. 24 der EStV vom 30.6.1995 betreffend Kapitalversicherungen mit Einmalprämie, II.1 auch zum Folgenden.
[132] Der Abschluss von Einmalprämienversicherungen verbunden mit einer Fremdfinanzierung wird unter Umständen als *Steuerumgehung* gewürdigt, hierzu BGer 22.10.2003, StE 2004 A 12 Nr. 12 mit weiteren Hinweisen.
[133] Vgl. DBG 24 b i.V.m. DBG 20 I a.

3. Geldwerte Vorteile aus Beteiligungen

113 Unter dem Begriff der Beteiligung sind sämtliche Beteiligungsrechte, sowohl Kapitalanteilsrechte als auch Gewinnanteilsrechte, zu verstehen. Beteiligungsrechte sind Aktien, Stammanteile der GmbH und Genossenschaftsanteilscheine, Partizipationsscheine sowie Genussscheine. Gleiches gilt für Anteilsrechte an öffentlich-rechtlichen Unternehmen und an juristischen Personen des ausländischen Rechts. Keine Beteiligungen im Sinn der gesetzlichen Vermögensertragsklauseln sind Beteiligungen an Personengesellschaften oder Anteile an kollektiven Kapitalanlagen.

a) Besonderheiten des Vermögensertrags aus Beteiligungen

114 Der Vermögensertrag aus Beteiligungsrechten unterscheidet sich in verschiedener Hinsicht vom Ertrag des übrigen Vermögens. Grund hierfür ist in erster Linie, dass der Ertrag aus Beteiligungsrechten aus dem Eigenkapital der Gesellschaften entrichtet wird, deren Beteiligungsrechte sich im Vermögen des Ertragsempfängers befinden. Die Gesellschaft wird um die Gewinnausschüttung entreichert. Der Vermögensertrag bewirkt somit eine *Werteinbusse der Beteiligungsrechte* im Umfang des Vermögensertrags. Der Empfänger des Beteiligungsertrags wird im Moment des Ertragszuflusses nicht reicher. Er erhält lediglich einen Teil dessen, was ihm schon vorher wirtschaftlich zustand, allerdings in einer andern Wertform. Es stellt sich deshalb die Frage, ob dieser Zufluss Entgelt für die Veräusserung bzw. die Substanzverminderung der Beteiligungsrechte oder steuerbarer Vermögensertrag ist. Die Antwort auf diese Frage hängt davon ab, ob man die Beurteilung aus der subjektiven Sicht des Aktionärs oder aus der objektiven Sicht der Gesellschaft vornimmt.

b) Subjektbezogene vs. objektbezogene Betrachtungsweise

115 Definiert man den geldwerten Vorteil aus Beteiligungen aus der subjektiven Sicht der Inhaber der Beteiligungsrechte, bildet nur derjenige Zufluss aus der Beteiligung Vermögensertrag, der sich gewissermassen als «Rendite» seiner für die Beteiligungsrechte aufgebrachten Anschaffungskosten präsentiert. Liquidations- und Teilliquidationserlöse erscheinen somit nach der subjektbezogenen Betrachtungsweise nur insofern als Vermögensertrag, als der Erlös die Anschaffungskosten (bzw. die anteiligen Anschaffungskosten) übersteigt.[134] Nach diesem sog. *Gestehungskosten-* oder *Anschaffungskostenprinzip* gilt als steuerbarer Liquidations- oder Teilliquidationsüberschuss nur die Differenz zwischen dem Liquidationserlös und den Anschaffungskosten der Beteiligungsrechte.

> Hat ein Steuerpflichtiger im Jahre 1988 sämtliche Aktien der A AG für CHF 800 000 gekauft und empfängt er bei der Liquidation der A AG im Jahre 2011 einen Liquidationserlös von CHF 1,3 Mio., so hat seine Investi-

---

[134] Danon, FStR 2011, 8 mit weiteren Hinweisen.

tion CHF 500 000 abgeworfen. Nach der subjektbezogenen Betrachtungsweise ist dies der steuerbare Vermögensertrag.

Sowohl das DBG als auch die meisten Steuerordnungen der Kantone sind demgegenüber der objektbezogenen Betrachtungsweise des Ertrags aus Beteiligungsrechten verpflichtet. Danach ist *jeder geldwerte Vorteil* aus Beteiligungen, der keine *Rückzahlung von Kapitalanteilen* darstellt, steuerbarer Vermögensertrag. Dieser objektbezogene Ansatz formalisiert den Vermögensertragsbegriff, indem er streng aus der Sicht der Gesellschaft operiert und nicht darauf abstellt, ob die Leistungen der Gesellschaft beim empfangenden Anteilseigner Einkommen im wirtschaftlichen Sinn bilden.[135] Im Fokus der objektbezogenen Betrachtungsweise steht stets die *Entreicherung* auf Gesellschaftsebene, nicht die Bereicherung bei den Beteiligten. Sämtliche von der Gesellschaft erwirtschafteten Mittel bilden im Zeitpunkt ihrer Ausschüttung Entgelt für die Nutzungsüberlassung des von den Aktionären zur Verfügung gestellten Kapitals. Als steuerbarer Liquidationsüberschuss erscheint demnach die Differenz zwischen dem Liquidationserlös und dem von der Gesellschaft zurückbezahlten Kapital.

116

> Wenn die A AG im soeben erwähnten Beispiel im Jahre 1965 mit einem Nominalkapital von CHF 100 000 gegründet wurde und seither keine weiteren Kapitaleinlagen von Aktionärsseite mehr erfolgt sind, beläuft sich der steuerbare Vermögensertrag im Jahre 2011 somit auf CHF 1,2 Mio. Dieser Betrag entspricht den Mitteln, welche die AG mit dem ihr zur Verfügung gestellten Kapitaleinsatz von CHF 100 000 erwirtschaftet hat. Diese Mittel müssen nach dem Konzept der steuerlichen Doppelbelastung der von Gesellschaften erarbeiteten Mittel nicht nur auf Gesellschaftsebene als Gewinn, sondern auch auf Aktionärsebene als Vermögensertrag versteuert werden.

Seiner *rigorosen Auswirkungen* wegen wird die objektbezogene Betrachtungsweise sarkastisch mit den Etiketten «Schwarzer-Peter-Prinzip» und «Den-Letzten-beissen-die-Hunde-Prinzip» versehen. Gerechtfertigt wird die objektbezogene Betrachtungsweise mit der *Steuerfreiheit* der Gewinne auf dem beweglichen Privatvermögen. Auch wird geltend gemacht, dass die latente Steuerlast, die der Aktienkäufer übernimmt, bei der Kaufpreisfestsetzung gewöhnlich berücksichtigt werde.[136]

117

c) *Steuerfrei rückzahlbares Kapital*

– Nennwertprinzip

Die Problematik der objekt- bzw. subjektbezogenen Betrachtungsweise ist streng zu trennen von der Problematik des Nennwertprinzips bzw. von der Frage, was bei objektbezogener Betrachtungsweise des Vermögensertrags unter steuerfrei-

118

---

[135] Vgl. VGer ZH 2.12.1986, StE 1987 B 24.4 Nr. 8 E. 1b; vgl. zur objektbezogenen Betrachtungsweise Danon, FStR 2011, 7 f.; Reich, Vermögensertragsbegriff, 270 ff.
[136] Zur Frage der *Verfassungskonformität* der objektbezogenen Betrachtungsweise Danon, FStR 2011, 7 f. mit weiteren Hinweisen; Reich, Vermögensertragsbegriff, 272 f., 286.

er *Rückzahlung von Kapitalanteilen* zu verstehen ist. Die objektbezogene Betrachtungsweise und das Nennwertprinzip verfolgen *unterschiedliche Ziele* und sind keineswegs untrennbar miteinander verknüpft[137].

119 Im Nennwertprinzip wird die Frage, was bei objektiver Betrachtungsweise als steuerfrei rückzahlbares Kapital zu betrachten ist, nach *formalen Kriterien* beurteilt. Jede Rückzahlung von *nominellen Kapitalanteilen* im Zug von Kapitalherabsetzungen, Liquidationen oder Teilliquidationen kann danach steuerfrei erfolgen. Massgebend ist das nominelle Aktien- oder Stammkapital unabhängig davon, ob dieses vonseiten der Aktionäre einbezahlt oder aus Gesellschaftsmitteln liberiert worden ist. Dafür wird dann aber die «Gratiszuteilung» von Nennwert anlässlich von Gratisaktienausgaben und Gratisnennwerterhöhungen als steuerbarer Vermögensertrag bei den Inhabern der Beteiligungsrechte betrachtet. Das Nennwertprinzip ist hinsichtlich der Gratisaktienbesteuerung in DBG 20 I c ausdrücklich verankert. Gleiches gilt auch im VStG und in zahlreichen kantonalen Steuerordnungen[138].

> Der Aktionär ist zwar bei *Gratisaktienausschüttungen* oder *Gratisnennwerterhöhungen* wirtschaftlich nicht bereichert, weil sein bisheriger Aktienbesitz um den Wert der zugeteilten Gratisaktien an Wert abnimmt. Auch erfährt die Gesellschaft keine Entreicherung, da sie keine Mittel ausschüttet, sondern lediglich eine Neuverbriefung ihres Eigenkapitals vornimmt, indem offene Reserven auf das Nominalkapital übertragen werden. Dennoch wird die Gratiszuteilung von Nominalkapital im Nennwertprinzip aus steuersystematischen Gründen besteuert, da der Nennwert später im Zug von Kapitalherabsetzungen bzw. Liquidationen oder Teilliquidationen steuerfrei zurückbezahlt werden kann. Ohne Besteuerung der Gratisaktien würden im Nennwertprinzip die entsprechenden von der Gesellschaft erarbeiteten Mittel der steuerlichen Doppelbelastung entzogen.

– Kapitaleinlageprinzip

120 Verschiedene Kantone folgen seit geraumer Zeit nicht dem Nennwertprinzip, sondern mehr oder weniger dem Kapitaleinlageprinzip.[139] Nach dem Kapitaleinlageprinzip wird für die Bestimmung der steuerfreien Ausschüttungen von Kapitalgesellschaften und Genossenschaften nicht einfach auf den Nennwert abgestellt, sondern auf das effektiv einbezahlte Kapital. Steuerbarer Vermögensertrag ist nur das, was in der Gesellschaft über die von Aktionärsseite zur Verfügung gestellte Substanz hinaus erwirtschaftet und den Aktionären ausgeschüttet wird. Jede nachweisbar von den Aktionären zu irgendeinem Zeitpunkt getätigte Kapitaleinlage ist deshalb steuerfrei rückzahlbar.[140] Keinen Vermögensertrag stellt in

---

[137] A.M. BLUMENSTEIN/LOCHER, System, 181 f.
[138] Vgl. SSK, Steuerinformationen, D. Einzelne Steuern. Die Einkommenssteuer natürlicher Personen, 28.
[139] Näheres zur Begründung und Entwicklung des Kapitaleinlageprinzips, das vor der Unternehmenssteuerreform II überwiegend «*Kapitalrückzahlungsprinzip*» genannt wurde, REICH, Vermögensertragsbegriff, 278 ff.; ders., in: ZWEIFEL/ATHANAS, N 32 und 36 ff. zu DBG 20.
[140] Unerheblich ist, welcher Aktionär die Kapitaleinlage getätigt hat; steuerfrei rückzahlbar sind auch Kapitaleinlagen, die von den vormaligen Aktionären einbezahlt wurden.

einem solchen System auch die Emission von *Gratisaktien* und *Gratisnennwerterhöhungen* dar. Von einer steuersystematisch motivierten Erfassung dieses fiktiven Einkommens kann abgesehen werden, weil das aus Gesellschaftsmitteln liberierte Kapital im Fall der Auszahlung anlässlich einer Liquidation steuerbaren Vermögensertrag bildet.[141] Steuerfrei auszahlbar ist nur der von den Aktionären einbezahlte Nennwert.

– Modifiziertes Nennwertprinzip

Stossend wirkt sich das Nennwertprinzip vor allem bei den Rückzahlungen von durch die Gesellschafter getätigten *Kapitaleinlagen* (Agio, Einzahlungen à fonds perdu u.dgl.) aus. Es lassen sich keine sachlichen Gründe dafür finden, dass die Rückzahlung von Einlagen der Anteilsinhaber in die Reserven als Vermögensertrag besteuert wird.[142]   121

Diese Ungereimtheit bei der Besteuerung des Vermögensertrags aus privaten Beteiligungsrechten wurde im Rahmen der Unternehmenssteuerreform II durch eine auf den 1.1.2011 in Kraft getretene Regelung wenigstens teilweise behoben. Gemäss dem neuen DBG 20 III[143] wird die Rückzahlung von Einlagen, Aufgeldern und Zuschüssen, die von den Inhabern der Beteiligungsrechte nach dem 31.12.1996 geleistet worden sind und auf einem besonderen Konto ausgewiesen werden, gleich behandelt wie die Rückzahlung von Grund- oder Stammkapital.[144] Verschiedentlich wird davon gesprochen, es gelte nunmehr nicht mehr das Nennwertprinzip, sondern das Kapitaleinlageprinzip.[145] Dem ist indes nicht so,   122

---

[141] Unpräzis und missverständlich ist die häufig verwendete Behauptung, im Geltungsbereich des Kapitaleinlageprinzips würden die Gratisaktien erst bei der Liquidation besteuert. Anlässlich der Liquidation wird nicht etwa die Besteuerung der Gratisaktien nachgeholt, sondern es wird jeder geldwerte Vorteil, der nicht Kapitalrückzahlung darstellt, in die Bemessungsgrundlage einbezogen. Es werden mit anderen Worten sämtliche von der Gesellschaft erarbeiteten Mittel der Vermögensertragsbesteuerung unterworfen.

[142] Vgl. Höhn/Waldburger, Bd. II, § 39 N 99; Untersander, Kapitalrückzahlungsprinzip, 79 f.; Locher, N 13 zu DBG 20; Reich, Vermögensertrag, 281 ff.; ders., in: Zweifel/Athanas, N 36 ff. zu DBG 20. Auch das Bundesgericht hat in einem die Verrechnungssteuer betreffenden Entscheid vom 31.5.1968 (BGE 94 I 151, E. II.1) prägnant festgehalten, dass es ausgeschlossen sei, auch die Rückerstattung von Vermögenssubstanz in die Besteuerung einzubeziehen, wenn das Gesetz den Ertrag besteuern würde. Nach der Urteilsschelte durch Walter Robert Pfund (ASA 37 [1968/69], 162 ff., 176 ff.) ermattete allerdings die 68er-Aufbruchsstimmung und das Bundesgericht kehrte zu seiner früheren zivilrechtlichen Betrachtungsweise zurück, nach welcher der Gesellschafter, der ein Agio oder eine sonstige Geldleistung à fonds perdu erbringe, keine Forderung gegenüber der Gesellschaft begründe, sondern zur Reservenbildung beitrage, deren Ausschüttung steuerbar sei (BGer 11.6.1971, BGE 97 I 438 E. 3; BGer 25.2.1972, BGE 98 Ib 140, E. 4).

[143] Vgl. auch VStG 5 I[bis], dazu hinten § 29 N 23.

[144] Vgl. dazu Botschaft UstR II, 4800 ff. Diese an sich einfache und klare neue Regelung führt in der Praxis zu vielfältigen und komplexen Fragen. Ausführlich dazu Kreisschreiben Nr. 29 der EStV vom 9.12.2010 betreffend das Kapitaleinlageprinzip; Altorfer/Altorfer, ST 2009, 270 ff. und 309 ff.; Brülisauer/Suter, FStR 2011, 110 ff. und 182 ff.; Danon, FStR 2011, 5 ff. und 87 ff.; Duss, ST 2011, 71 ff.; Simonek/von Ah, Unternehmenssteuerrecht 2010, 8 ff.; Untersander, Kapitaleinlageprinzip, passim.

[145] Z.B. Brülisauer/Suter, FStR 2011, 111 f.; Matteotti/Riedweg, ST 2011, 777; Simonek/von Ah, Unternehmenssteuerrecht 2010, 8 f.

denn als *Grundprinzip* liegt dem DBG weiterhin das Nennwertprinzip zugrunde, das Kapitaleinlageprinzip kommt lediglich bei den gesetzlich näher umschriebenen Kapitaleinlagen zum Tragen. Sind diese Voraussetzungen nicht erfüllt[146], so kann weiterhin nur der Nennwert steuerfrei ausbezahlt werden, auch wenn es sich bei den Auszahlungen nachweislich um die Auszahlung früherer Kapitaleinlagen handelt. Ebenso werden die Gratisaktien und die Gratisnennwerterhöhungen weiterhin der Besteuerung unterworfen, was bei Geltung des Kapitaleinlageprinzips nicht der Fall wäre. So ist der Gesetzgeber also nicht zum Kapitaleinlageprinzip übergegangen, sondern er hat lediglich das Nennwertprinzip durch eine partielle Verwirklichung des Kapitaleinlageprinzips modifiziert.[147]

> Diese Gesetzesänderung bei der Agiobesteuerung wird politisch im Nachhinein von breiten Kreisen scharf kritisiert, weil sie zu sehr hohen, im Vorfeld der Gesetzesrevision nicht offengelegten Steuerertragseinbussen führt.[148] Viele Gesellschaften werden neu statt steuerbare Dividenden steuerfreie Kapitaleinlagen «ausschütten». Es sind Bestrebungen im Gang, die steuerfreien Rückzahlungen wiederum stark einzudämmen, indem zum einen die Rückleistung von Kapitaleinlagen aktienrechtlich dem Kapitalherabsetzungsverfahren unterstellt wird und zum andern Kapitaleinlagen erst dann steuerfrei rückzahlbar sind, wenn keine erarbeiteten Gewinne zur Ausschüttung mehr zur Verfügung stehen.[149]

– Übersicht

123 Schematisch lassen sich die verschiedenen Prinzipien, welche der Besteuerung des Ertrags aus Beteiligungsrechten zugrunde liegen, wie folgt darstellen:

---

[146] Weil sie z.B. vor dem 31.12.1996 geleistet wurden oder weil sie nicht auf einem gesonderten Konto ausgewiesen sind.

[147] Gl.M. ALTORFER/ALTORFER, ST 2009, 271; DANON, FStR 2011, 12; DUSS, ST 2011, 71; PIERRE-MARIE GLAUSER, L'imposition des actionnaires en cas de «Mergers & Acquisitions», ST 2009, 346.

[148] SAMUEL TANNER, Bericht aus Bundesbern: Frühjahrssession 2011 der eidgenössischen Räte und ausserordentliche Session April 2011 des Nationalrates, StR 2011, 542 ff.

[149] Dazu BÖCKLI, ST 2011, 546 ff.; MAX BOEMLE/RONNY MEYER, Das Kapitaleinlageprinzip im Licht der Rechnungslegung. Abbau von Gewinnreserve und Bilanzgewinn vor Ausschüttung aus Kapitaleinlagereserve? ST 2011, 1018 ff.; MATTEOTTI/RIEDWEG, ST 2011, 776 ff. und ROBERT WALDBURGER/ RAOUL STOCKER, Für Beschränkung der Steuerfreiheit: Kapitalrückzahlungen sollen steuerfrei nur bei Fehlen von ausschüttbaren Gewinnreserven möglich sein, NZZ, 12.4.2011, 31.

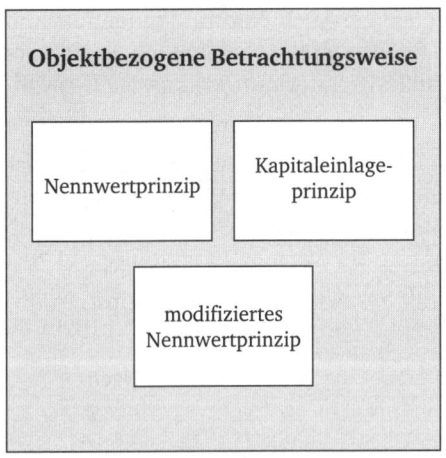

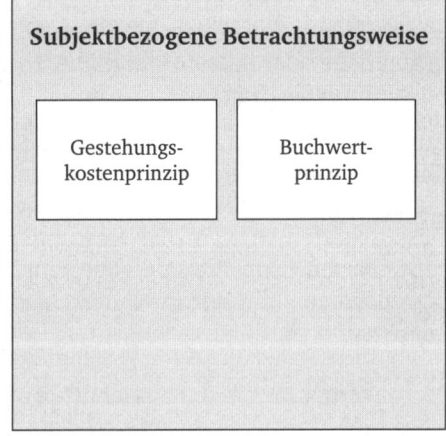

Objektbezogene Betrachtungsweise	Subjektbezogene Betrachtungsweise
Nennwertprinzip · Kapitaleinlageprinzip · modifiziertes Nennwertprinzip	Gestehungskostenprinzip · Buchwertprinzip

d) Dividenden und Gewinnanteile

– Begriff und Wesen

Dividende ist der engere[150], Gewinnanteil der weitere[151] Begriff. Als Gewinnanteile gelten alle *geldwerten Leistungen*[152] der Kapitalgesellschaften und Genossenschaften an die Beteiligten oder diesen nahestehende Personen, welche ihren Grund im Beteiligungsverhältnis haben und keine Kapitalrückzahlung bilden. Die Ausrichtung von Gewinnanteilen der Gesellschaft bewirkt einen geldwerten Vorteil beim Beteiligten in der Form eines Zuflusses, der diesem zwar wegen der entsprechenden Wertabnahme der Beteiligung keine Bereicherung verschafft, aber dennoch besteuert wird, weil die bereits früher eingetretene Wertzunahme durch den zufliessenden Gewinnanteil in frei verfügbare Mittel umgesetzt wird.

124

Das *Motiv* für die Gewährung geldwerter Vorteile liegt nicht in geschäftlichen Faktoren, sondern im Beteiligungsverhältnis. Die handelnden Organe kommen mit der Leistung nicht einer geschäftlichen Verpflichtung nach, die auch unabhängigen Dritten erbracht würde, sondern verwenden den Gewinn oder die Reserven der Gesellschaft im Interesse der Beteiligten.

125

– Offene Gewinnausschüttungen

Offene Gewinnausschüttungen sind Leistungen der Kapitalgesellschaften oder Genossenschaften, die auf dem privatrechtlich hierfür vorgezeichneten Weg durch die Generalversammlung beschlossen werden.[153] Sie werden zulasten der Reserven der Gesellschaft verbucht. Ob die Leistung in Form von Geld, Sachwer-

126

---

[150] Z.B. OR 674 I und 675 II.
[151] Z.B. OR 678 I sowie Marginalie zu OR 674.
[152] Der Begriff der *geldwerten Leistung* stammt aus dem Verrechnungssteuerrecht und ist weiter gefasst als der Begriff des Gewinnanteils, da er auch Leistungen infolge Kapitalrückzahlung einschliesst (vgl. UNTERSANDER, Kapitalrückzahlungsprinzip, 9 ff.).
[153] Für die AG: OR 698 II Ziff. 4.

ten oder Dienstleistungen erfolgt, ist irrelevant. Auch Naturaldividenden und andere Naturalleistungen sind steuerbar. Ebenso ist unerheblich, ob es sich um ordentliche oder ausserordentliche, regelmässige oder unregelmässige Gewinnausschüttungen handelt.

127 Auf ordentliche und ausserordentliche Dividenden besteht mit dem *Beschluss der Generalversammlung* ein fester Rechtsanspruch, weshalb sie gewöhnlich im Zeitpunkt des Generalversammlungsbeschlusses zufliessen. Bei börsenkotierten Gesellschaften wird in Übereinstimmung mit der Verrechnungssteuer auf den vereinbarten *Coupontermin* abgestellt.[154] Im Übrigen ist jedoch eine erst später beschlossene Fälligkeit im Unterschied zum Verrechnungssteuerrecht nicht zu beachten.[155]

– Verdeckte Gewinnausschüttungen

128 Geldwerte Vorteile aus Beteiligungen bilden nicht nur die offenen, sondern auch die verdeckten Gewinnausschüttungen. Verdeckte Gewinnausschüttungen sind Leistungen der Gesellschaft an die Inhaber von Beteiligungsrechten, denen keine oder keine genügenden Leistungen gegenüberstehen und die einem an der Gesellschaft nicht beteiligten Dritten nicht oder in wesentlich geringerem Umfang erbracht worden wären.[156] Diese oft verwendete Umschreibung der verdeckten Gewinnausschüttungen trifft auch für die offenen Gewinnausschüttungen zu und ist deshalb dahingehend zu ergänzen, dass die verdeckten Gewinnausschüttungen nicht ordnungsgemäss als *Gewinnverwendung* verbucht werden. Der Gesellschaft werden *verdeckt* Mittel entnommen, um sie den Interessen der Aktionäre zuzuführen.[157]

129 Der *Zeitpunkt des Zufliessens* richtet sich bei verdeckten Gewinnausschüttungen gewöhnlich nach dem Zeitpunkt, zu dem der Beteiligte den klaren *Willen äussert*, die Mittel der Gesellschaft zu entziehen, bzw. in dem diese Absicht für die Behörden eindeutig erkennbar wird.[158] Verdeckte Gewinnausschüttungen gelten trotz des Rückerstattungsanspruchs gemäss OR 678 II als zugeflossen, weil mangels Durchsetzungswillen der Gesellschaft mit der Rückforderung nicht ernstlich zu rechnen ist und die Gesellschaft den Rückforderungsanspruch deshalb auch nicht bilanziert.[159]

---

[154] Hinten § 29 N 48.
[155] Massbebend ist der Zeitpunkt des *Zuflusses des festen Rechtsanspruchs* auf die Dividende (vgl. WEIDMANN, Einkommensbegriff und Realisation, 196 f., 211). Zu diesem Zeitpunkt hat die Gesellschaft die Dividende zu passivieren und der Dividendenempfänger die Dividende zu aktivieren. Dieser Unterschied zum Verrechnungssteuerrecht, das auf den Zeitpunkt der Fälligkeit abgestellt ist, ist konzeptionell bedingt (dazu hinten § 29 N 48).
[156] Z.B. BGer 13.8.2004, StE 2004 B 24.4 Nr. 71 E. 3.2 f.; BGer 3.2.1995, StE 1996 B 24.4 Nr. 39 E. 3.
[157] *Motive* und *Arten* der verdeckten Gewinnausschüttungen werden bei der Darstellung des steuerbaren Gewinns juristischer Personen erläutert (§ 20 N 19 ff.).
[158] Vgl. BGer 10.11.2000, StE 2001 B 24.4 Nr. 58 E. 3f; BGer 13.12.1996, StE 1997 B 24.4 Nr. 43 E. 5d.
[159] Ausführlich MARKUS REICH, Die ungerechtfertigte Bereicherung und andere rechtsgrundlose Vermögensübergänge im Einkommensteuerrecht, FStR 2004, 3 ff., 16 f.; WEIDMANN, Einkommens-

Die Frage des Vorliegens eines geldwerten Vorteils ist nach der *objektbezogenen* 130
Betrachtungsweise streng aus der Gesellschaftsperspektive und nicht aus dem
Blickwinkel der subjektiven wirtschaftlichen Leistungsfähigkeit der Anteilsinhaber zu beurteilen. So ist insbesondere auch beim Problem der *Steuerbarkeit von Vergünstigungen*, die den Aktionären in Form von Freikarten, Warengutscheinen u.dgl. gewährt werden, nicht primär darauf abzustellen, ob und inwiefern dem Aktionär ein in Geld umsetzbarer wirtschaftlicher Vorteil zukommt, sondern ob dem Unternehmen durch die Einräumung solcher Vergünstigungen ein *Einnahmeausfall* oder ein *Mehraufwand* entsteht.[160] Solange sich solche Leistungen aus der Optik der Gesellschaft als Massnahmen im Bereich der Öffentlichkeitsarbeit oder als Werbeaufwendungen präsentieren, liegt keine verdeckte Gewinnausschüttung vor, auch wenn die Leistungen ausschliesslich an Anteilsinhaber erbracht werden. Voraussetzung des Vorliegens einer geldwerten Leistung ist nach der objektbezogenen Betrachtungsweise stets die tatsächliche *Entreicherung* der Gesellschaft.[161]

Geldwerte Vorteile beim Anteilsinhaber werden auch durch verdeckte *Vorteilszu-* 131
wendungen zwischen Schwestergesellschaften erzielt. Im Privatvermögensbereich findet die *Dreieckstheorie* uneingeschränkt Anwendung.[162] Erfolgt die verdeckte Vorteilszuwendung nicht an eine Schwestergesellschaft, sondern an eine *nahestehende natürliche Person*, so unterliegt die Leistung zunächst der Besteuerung als Vermögensertrag beim Aktionär und hernach bildet sie als unentgeltliche Zuwendung des Aktionärs an die nahestehende Person eine Schenkung, die gegebenenfalls mit der Schenkungssteuer erfasst wird.[163]

Die Steuerfolgen von verdeckten Gewinnausschüttungen werden grundsätzlich 132
nicht aufgehoben, wenn im gleichen Ausmass verdeckte Kapitaleinlagen getätigt worden sind. Eine sog. *Gesamtbetrachtung* (auch «Vorteilsausgleichung» genannt), nach welcher sich die Vorteilszuwendungen steuerlich kompensieren, kommt nur dann zur Anwendung, wenn ein direkter Zusammenhang zwischen der verdeckten Gewinnausschüttung und der verdeckten Kapitaleinlage in der Weise vorliegt, dass die eine ohne die andere nicht erfolgt wäre.[164] Die Einlage muss sich aus kaufmännischer Sicht als Gegenleistung zur verdeckten Zuwen-

---

   begriff und Realisation, 178 f.; vgl. auch BGer 22.11.2000, StE 2001 B 24.4 Nr. 60 E. 1b; BGer 6.2.1987, BGE 113 Ib 23 E. 4a = StR 1988, 410 ff.
[160] Vgl. REICH, in: ZWEIFEL/ATHANAS, N 50 zu DBG 20.
[161] Es geht nicht an, den Vermögensertrag je nach der fiskalischen Interessenlage *methodendualistisch* teils objektbezogen und teils subjektbezogen zu definieren.
[162] Ausführlich GLAUSER, Apports, 311 ff.; MARKUS REICH, Verdeckte Vorteilszuwendungen zwischen verbundenen Unternehmen, ASA 54 (1985/86), 609 ff., 639; vgl. auch BGer 30.4.2002, StE 2002 B 24.4 Nr. 67 E. 2.2 f.; BGer 22.10.1992, StE 1993 B 24.4 Nr. 33 E. 4a; BGer 6.2.1987, BGE 113 Ib 23 E. 3a = StR 1988, 410 ff.; MARKUS REICH/ROBERT WALDBURGER, Rechtsprechung im Jahr 2002 (2.Teil), FStR 2003, 298 ff., 302 ff.; RICHNER/FREI/KAUFMANN/MEUTER, N 148 zu DBG 20; MADELEINE SIMONEK, Die steuerrechtliche Rechtsprechung des Bundesgerichts im Jahre 2004, ASA 75 (2006/2007), 3 ff., 17 ff.
[163] Vgl. BGer 22.10.1992, StE 1993 B 24.4 Nr. 33 E. 4a; BGer 13.8.2004, StE 2004 B 24.4 Nr. 71 E. 5; vgl. Bemerkungen zu letzterem Entscheid bei MARKUS REICH/ROBERT WALDBURGER, Rechtsprechung im Jahre 2004 (2.Teil), FStR 2005, 290 ff., 294 ff.
[164] BGer 6.2.1987, BGE 113 Ib 23 E. 4c; GLAUSER, Apports, 306 ff.

dung an den Aktionär präsentieren, sodass angenommen werden kann, auch unter Dritten hätte ein derartiger Ausgleich stattfinden können.

133 Als Vermögensertrag steuerbar sind allenfalls auch geldwerte Vorteile, die aus *Unternehmensumstrukturierungen* resultieren. Bei Fusionen, Spaltungen oder Umwandlungen sowie bei fusionsähnlichen Zusammenschlüssen erfolgen regelmässig *Ausgleichsleistungen*, soweit die Inhaber der Beteiligungsrechte nicht gleichwertige Anteilsrechte der übernehmenden Gesellschaft erhalten. Vielfach kommt es auch zu *Nennwertdifferenzen*, indem die Anteilsrechte der übernehmenden Gesellschaft nicht den gleichen Nennwert aufweisen wie die Anteilsrechte der übertragenden Gesellschaft.[165] Seit der partiellen Einführung des *Kapitaleinlageprinzips* ist neben der Nennwertproblematik immer auch das Schicksal der Kapitaleinlagereserven zu klären. Die Differenzen in den Kapitaleinlagereserven führen bei den Beteiligten zu den gleichen Steuerfolgen wie die Nennwertdifferenzen.[166]

e) Liquidationsüberschüsse

– Begriff der Liquidation

134 Im *allgemeinen Sprachgebrauch* hat der Begriff der Liquidation überwiegend die Bedeutung der Auflösung eines Unternehmens und der Abwicklung der damit verbundenen Rechtsgeschäfte. Meistens wird mit dem Terminus «Liquidation» die Vorstellung von «flüssig machen» bzw. «in Geld umwandeln» verbunden. Auch im *Privatrecht* wird unter «Liquidation» die Auflösung eines Unternehmens unter Versilberung der Aktiven und Tilgung der Verbindlichkeiten verstanden. Das Liquidationsverfahren ist i.d.R. ausführlich geregelt.[167] Wesentliche Elemente der Liquidation sind bei Kapitalgesellschaften und Genossenschaften die Verwertung des Vermögens und dessen Verteilung an die Inhaber der Beteiligungsrechte.

135 Im *Steuerrecht* ist der Begriff der Liquidation nicht im privatrechtlichen, sondern im *wirtschaftlichen Sinn* zu verstehen. Der gesetzliche Vermögensertrag ist eine Norm mit wirtschaftlichen Anknüpfungspunkten, weshalb der Sachverhalt nach seinem wirtschaftlichen Gehalt zu würdigen ist.[168] Als Vermögensertrag besteuert werden alle Vorgänge, die *wirtschaftlich* oder *faktisch* eine Liquidation oder Teilliquidation bewirken, durch welche die Gesellschaft im Ergebnis den Betei-

---

[165] Zu den Steuerfolgen dieser Ausgleichsleistungen und Nennwertdifferenzen, REICH, in: ZWEIFEL/ATHANAS, N 56 ff. zu DBG 20; ders., Steuerrechtliche Aspekte der Ausgleichsleistungen und Abfindungen gemäss FusG, in: ERNST A. KRAMER/PETER NOBEL/ROBERT WALDBURGER (Hrsg.), Festschrift für Peter Böckli, Zürich et al. 2006, 261 ff.

[166] EStV KS Nr. 29 vom 9.12.2010 (Fn. 144) Ziff. 4 und 5; vgl. auch ALTORFER/ALTORFER, ST 2009, 270 ff. und 309 ff.; BRÜHLISAUER/SUTER, FStR 2011, 110 ff. und 182 ff.; DANON, FStR 2011, 5 ff. und 87 ff.

[167] Für die AG: OR 739 ff.

[168] Vgl. BGer 12.7.1989, BGE 115 Ib 238 E. 3b = StE 1990 B 24.4 Nr. 22; BGer 12.7.1989, BGE 115 Ib 249 E. 2b.

ligten Vermögen preisgibt, soweit diese Vorgänge keine Rückzahlung der bestehenden Kapitalanteile darstellen.[169]

Eine Gesellschaft gilt aus steuerrechtlicher Sicht dann als *wirtschaftlich* oder *faktisch liquidiert*, wenn sie den Geschäftsbetrieb einstellt, ihre Aktiven veräussert oder verwertet und den Erlös nicht wieder investiert, sondern unter den Beteiligten verteilt. Faktisch liquidiert ist sie nicht nur, wenn ihr sämtliche Aktiven entzogen werden, sondern auch dann, wenn ihr zwar einige Aktiven (wie z.B. Bankguthaben, flüssige Mittel oder Guthaben gegenüber Aktionären) verbleiben, im Übrigen aber die wirtschaftliche Substanz entzogen wird.[170] 136

Steuerrechtlich ebenfalls als Liquidation behandelt wird der sog. *Mantelhandel*, bei dem die Mehrheit der Beteiligungsrechte einer wirtschaftlich liquidierten Gesellschaft veräussert wird und anschliessend vielfach Zweck und Firma der Gesellschaft geändert und die Organe neu bestellt werden.[171] Beim Mantelhandel zahlt zwar die Gesellschaft den Liquidationsüberschuss nicht aus, er wird aber durch den übernehmenden dem veräussernden Aktionär in der Form des *Kaufpreises* für die erworbenen Aktien ausbezahlt. Der Kaufpreis bildet wirtschaftlich und damit auch steuerrechtlich *Liquidationserlös*, was nicht nur für die Verrechnungssteuer und die Emissionsabgabe gilt[172], sondern auch für die Einkommenssteuer von Bund und Kantonen.[173] 137

– Begriff der Teilliquidation

Wird nicht vollständig liquidiert, sondern nur ein Teil des Vermögens der Gesellschaft an die Beteiligten verteilt, liegt eine Teilliquidation vor. Eine Teilliquidation ist nicht nur gegeben, wenn die Gesellschaft dem Gesellschafter Teile ihres Vermögens aufgrund eines Kapitalherabsetzungsbeschlusses gegen Rückgabe eigener Aktien aushändigt; eine Teilliquidation liegt vielmehr auch dann vor, wenn Teile des Gesellschaftsvermögens faktisch an die Gesellschafter verteilt werden. Als Teilliquidationstatbestände erscheinen deshalb auch die *simulierte Darlehensgewährung* an Beteiligte[174] sowie der zum Zweck einer späteren Kapitalherabsetzung vorgenommene *Rückkauf eigener Aktien*.[175] 138

Eine Teilliquidation kann nach einem Teil der Lehre aber auch *indirekt* erfolgen, indem die Entreicherung der Gesellschaft nicht wie bei der direkten Teilliquidation durch unmittelbare Entnahme von Gesellschaftsmitteln durch die Beteiligten erfolgt, sondern indem die Beteiligten den Teilliquidationserlös vom Käufer der Beteiligungsrechte erhalten, welcher die Mittel dafür der gekauften Gesellschaft entnimmt.[176] Der Vermögensertrag fliesst hier indirekt, d.h. über den Käu- 139

---

[169] Vgl. BGer 16.11.1990, StE 1991 B 24.4 Nr. 28 E. 4b m.w.Hw.
[170] Für die Verrechnungssteuer: BGer 20.10.1989, BGE 115 Ib 274 E. 10a m.w.Hw.
[171] Für die Emissionsabgabe: BGer 5.5.1993, ASA 62, 628 ff. E. 2b m.w.Hw.
[172] Vgl. BGer 24.2.1984, ASA 52, 649 ff. E. 1; BGer 5.5.1993, ASA 62, 628 ff. E. 2b; Duss/von Ah, in: Zweifel/Athanas/Bauer-Balmelli, N 153 zu VStG 4 m.w.Hw.
[173] Höhn/Waldburger, Bd. II, § 39 N 119 sowie § 40 N 45 f.; Locher, N 89 zu DBG 20.
[174] Hinten N 141.
[175] Hinten N 142 ff.
[176] Dazu insb. Locher, Indirekte Teilliquidation, 223 ff. auch zum Folgenden.

fer bzw. die Käufergesellschaft zu. Das ist nach dieser Auffassung der Fall bei der Einbringung von Beteiligungsrechten in eine selbstbeherrschte Gesellschaft (sog. «Transponierung») sowie unter gewissen Voraussetzungen auch bei der Veräusserung von Beteiligungsrechten an Dritte. Weil das Bundesgericht die Steuerfolgen der *Transponierung* vom Gedankengut der indirekten Teilliquidation losgelöst und mit dem Veräusserungsargument gerechtfertigt hat,[177] wird diese nicht als indirekte Teilliquidation, sondern als eigenständiger Vermögensertragstatbestand begriffen.

– Bemessung des Liquidations- bzw. Teilliquidationsüberschusses

140 Steuerbarer Vermögensertrag aus einer Liquidation oder einer Teilliquidation ist die Differenz zwischen dem zugeflossenen *Liquidationserlös* und dem *nominellen Kapital* (Nennwertprinzip) oder dem einbezahlten Kapital (Kapitaleinlageprinzip). Mit der Besteuerung dieser «letzten Dividende» als Vermögensertrag erfolgt eine systemkonforme Gleichbehandlung der thesaurierten Gewinne mit den laufend ausgeschütteten Gewinnen.[178]

f) *Darlehen an Beteiligte*

141 Eine Teilliquidation kann beispielsweise erfolgen in der Form von Darlehen an die Aktionäre einer personenbezogenen Gesellschaft. Solche Darlehen von Kapitalgesellschaften an ihre Beteiligten stellen verdeckte geldwerte Leistungen dar, wenn die Gesellschaft das Darlehen nur deshalb in einer bestimmten Höhe gewährt, weil der Darlehensnehmer Anteilsinhaber ist.[179] Voraussetzung für die Annahme einer verdeckten Gewinnausschüttung ist mithin, dass das Darlehen einem aussenstehenden Dritten nicht oder nicht in gleicher Höhe gewährt worden wäre. Es muss sich um ein *simuliertes Darlehen* handeln. Ob und in welchem Umfang ein Darlehen an einen Beteiligten als geldwerte Leistung betrachtet werden muss, beurteilt sich sowohl nach den Verhältnissen beim Beteiligten (Bonität, fehlender Rückzahlungswille oder objektive Unmöglichkeit der Rückzahlung etc.) als auch nach den Gegebenheiten bei der Gesellschaft (Kreditgewährung ist nicht statutarischer Zweck, Klumpenrisiko etc.).[180]

g) *Erwerb eigener Beteiligungsrechte*

142 Teilliquidationen können auch beim Erwerb eigener Beteiligungsrechte auftreten. Kauft eine Kapitalgesellschaft oder Genossenschaft eigene Beteiligungsrechte zurück, tritt steuerrechtlich eine Teilliquidation ein, wenn die Gesellschaft

---

[177] Vgl. BGer 17.1.2005, StE 2005 B 24.4 Nr. 72 E. 3a; BGer 6.7.1998, StE 1999 B 24.4 Nr. 48 E. 2a je m.w.Hw.; vgl. dazu auch REICH, in: ZWEIFEL/ATHANAS, N 96 zu DBG 20.
[178] BGer 24.2.1984, ASA 55, 291 ff. E. 2, vgl. auch BGer 13.3.2002, NStP 2002, 36 ff.
[179] Vgl. BGer 23.11.1983, StE 1984 B 24.4 Nr. 3 E. 3.
[180] Dazu BGer 10.11.2000, StE 2001 B 24.4 Nr. 58 E. 2; BGer 13.12.1996, StE 1997 B 24.4 Nr. 43 E. 3c; BGer 3.2.1995, StE 1996 B 24.4 Nr. 39 E. 3.

dadurch *entreichert* wird und deren Substanz abnimmt.[181] Werden die zurückgekauften Beteiligungsrechte im Zug eines Kapitalherabsetzungsverfahrens vernichtet oder findet eine faktische Teilliquidation statt, weil die Beteiligungsrechte stillgelegt werden, steht der Kaufpreisleistung der Gesellschaft *keine gleichwertige Gegenleistung* des Aktionärs gegenüber, da die Gesellschaft keine neuen Rechte erwirbt, welche den durch die Kaufpreisleistung bewirkten Mittelabfluss ausgleichen. Eine Entnahme von Gesellschaftsmitteln bzw. eine Entreicherung der Gesellschaft liegt demgegenüber dann nicht vor, wenn die Aktien wiederum in Umlauf gesetzt werden. Werden die zurückgekauften Aktien wieder veräussert, so erhält die Gesellschaft anlässlich des Rückkaufs vom Aktionär einen negotiablen Gegenwert, so dass von einer geldwerten Leistung nicht gesprochen werden kann.

Die Frage des Vorliegens einer Teilliquidation ist somit beim Rückkauf eigener Beteiligungsrechte an sich aufgrund der *Zweckbestimmung* der erworbenen Rechte zu entscheiden. Dies hat in der Veranlagungspraxis allerdings immer wieder zu Schwierigkeiten Anlass gegeben, weshalb sich der Gesetzgeber dieser Sache im Zug der Unternehmenssteuerreform 1997 ausdrücklich angenommen hat. VStG 4a umschreibt ausführlich, unter welchen Voraussetzungen der Erwerb eigener Beteiligungsrechte die Verrechnungssteuer auslöst. Auf diese Regelung wird in DBG 20 I c Bezug genommen.[182] Der entsprechende Liquidationsüberschuss ist im Zeitpunkt des Entstehens der Verrechnungssteuerforderung steuerbar.[183] 143

Nach der gesetzlichen Regelung liegt ein steuerbarer Liquidationsüberschuss vor, wenn eine Kapitalgesellschaft oder Genossenschaft eigene Beteiligungsrechte gestützt auf einen Beschluss über die Herabsetzung ihres Kapitals oder im Hinblick auf eine Herabsetzung ihres Kapitals erwirbt. Das Gleiche gilt, wenn und soweit eine Gesellschaft oder Genossenschaft die Prozentlimiten von OR 659 überschreitet. 144

Erwirbt die Gesellschaft oder Genossenschaft eigene Beteiligungsrechte, ohne anschliessend ihr Kapital herabzusetzen, so liegt steuerrechtlich eine Teilliquidation vor, wenn die Beteiligungsrechte nicht innerhalb von *sechs Jahren* wieder veräussert werden. Eine Sonderregelung gilt für Beteiligungsrechte, die aus Anlass von Verpflichtungen erworben werden, die auf einer Wandelanleihe, einer Optionsanleihe oder einem Mitarbeiterbeteiligungsplan beruhen. 145

Steuerrechtlich gleich behandelt wie der direkte Erwerb wird der Erwerb von Beteiligungsrechten der Muttergesellschaft durch die Tochtergesellschaft (indirekter Erwerb gemäss OR 659b). 146

---

[181] BGer 13.2.1995, StE 1995 B 24.4 Nr. 38 E. 4b; Giger, Erwerb eigener Aktien, 176 ff.
[182] Die kantonalen Steuergesetze sind gleich konzipiert, vgl. StHG 7 I^{bis} und ZH StG 20 I c.
[183] Vgl. dazu und zum Folgenden § 29 N 31 ff. sowie Kreisschreiben Nr. 5 der EStV vom 19.8.1999 betreffend Unternehmenssteuerreform 1997 – Neuregelung des Erwerbs eigener Beteiligungsrechte.

h) *Transponierung und indirekte Teilliquidation*

147 Die Transponierung und die indirekte Teilliquidation sind per 1.1.2007 nach jahrzehntelang andauernder Verunsicherung in diesem Bereich endlich einer recht klaren *gesetzlichen Regelung* zugeführt worden.[184] Damit wurde die entgleiste Praxis des Bundesgerichts und der EStV in *rechtssichere Schranken* zurückgeführt.[185]

148 DBG 20a[186] *erläutert* und *ergänzt* DBG 20 I c. Aufgrund des Detaillierungsgrads dieser Sonderregelung hat sich gesetzestechnisch eine Ausgliederung der neuen Bestimmungen aus dem bereits reich befrachteten DBG 20 aufgedrängt. Diese Aussonderung ist allerdings auch deshalb gerechtfertigt, weil es sich bei den in DBG 20a geregelten Tatbeständen dogmatisch nur zum Teil um Vermögensertrag im eigentlichen Sinn handelt. Obwohl die Beteiligungsrechte bei der indirekten Teilliquidation veräussert werden – die Transaktion also grundsätzlich dem Bereich des steuerfreien Kapitalgewinns bzw. nicht abziehbaren Kapitalverlusts zuzuordnen ist – erfasst DBG 20a das Entgelt unter gewissen Voraussetzungen als Vermögensertrag.

– Transponierung

149 Nach DBG 20a I b entsteht Vermögensertrag, wenn ein Steuerpflichtiger eine zum Privatvermögen gehörende Beteiligung von mindestens 5% am Grund- oder Stammkapital einer Kapitalgesellschaft oder Genossenschaft zu einem über dem Nennwert liegenden Preis in das Vermögen eines von ihm beherrschten Unternehmens einbringt.

150 Dass der Einbringer das aufnehmende Unternehmen grundsätzlich *beherrschen* muss, wurde schon vor der ausdrücklichen gesetzlichen Regelung der Transponierung vorausgesetzt. DBG 20a I b verlangt, dass der Einbringer nach der Übertragung zu mindestens 50% am Kapital des aufnehmenden Personenunternehmens oder der aufnehmenden juristischen Person beteiligt ist. Wenn mehrere Minderheitsbeteiligte die Übertragung *gemeinsam* vornehmen, gilt die Regelung sinngemäss.

151 In welcher *Form* der Veräusserungserlös dem Einbringer entrichtet wird, ist unerheblich. Er kann *bar* oder durch *Tilgung* einer entsprechenden *Darlehensschuld* des Einbringers entrichtet werden. Der Erlös kann aber auch aus einer *Gutschrift* auf einem Aktionärskreditorenkonto bestehen und/oder aus einer *Nennwertliberierung* im Zuge der Sacheinlage in die aufnehmende Gesellschaft. Wird der Verkehrswert der eingebrachten Beteiligung dem Einbringer allerdings nicht vergütet, sondern einem Reservekonto[187] der aufnehmenden Gesellschaft gutge-

---

[184] Ausführlich dazu REICH, in: ZWEIFEL/ATHANAS, N 1 ff. zu DBG 20a; MADELEINE SIMONEK/HANSURS FELDMANN, Die indirekte Teilliquidation im gesetzlichen Kleid. Erste Analyse des neuen Art. 20a DBG, Jusletter 10.7.2006. Der Rechtssicherheit zuträglich ist auch das Kreisschreiben Nr. 14 der EStV vom 6.11.2007 betreffend Verkauf von Beteiligungsrechten aus dem Privat- in das Geschäftsvermögen eines Dritten («indirekte Teilliquidation»).
[185] Vgl. dazu BGer 5.12.2008, StE 2009 B 24.4 Nr. 77 E. 5.5.
[186] Die kantonalen Regelungen sind analog ausgestaltet, vgl. StHG 7a und ZH StG 20a.
[187] Allerdings nicht dem Konto der steuerfrei rückzahlbaren Kapitaleinlagereserven.

schrieben (sog. *Agio-Lösung*), so dass die latente Steuerverhaftung bestehen bleibt, liegt kein steuerbarer Vermögensertrag vor.

Die Begründung für die Annahme von Vermögensertrag bei Einbringung von Beteiligungsrechten in eine selbstbeherrschte Gesellschaft liegt darin, dass der Aktionär mit der Einbringung der Aktien in das von ihm beherrschte Unternehmen anstelle seines in den bisherigen Beteiligungsrechten verkörperten latenten Anspruchs auf Ausschüttung der Gesellschaftsmittel (Reserven, thesaurierte Gewinne) entweder liquide Mittel oder andere Beteiligungsrechte mit einem höheren Nennwert und/oder eine Darlehensforderung erwirbt. Die Auszahlung des nominellen Kapitals der aufnehmenden Gesellschaft sowie die Rückzahlung des Darlehens werden in der Folge beim Aktionär keine Einkommenssteuerpflicht mehr auslösen. Durch diese Umgestaltung der Rechtsbeziehungen zwischen dem Aktionär und seinen Gesellschaften wird die *latente Ausschüttungssteuerlast*, die auf den Reserven der eingebrachten Gesellschaft ruht, aufgehoben. An sich der Besteuerung verhaftete Mittel der übertragenen Gesellschaft werden steuerfrei in den Bereich des ohne Steuerfolgen rückzahlbaren Grundkapitals oder der steuerfrei rückzahlbaren Darlehensschuld übertragen. Diese Begründungsstrategie wird deshalb als *Transponierungstheorie* bezeichnet.[188]

152

Besteuert wird somit der *Liquidationsüberschuss* der eingebrachten Gesellschaft, obwohl diese bei dem Vorgang gar keine Ausschüttung vornimmt und schon gar nicht liquidiert wird. Die Besteuerung wird damit gerechtfertigt, dass die spätere Herausnahme dieser Mittel nicht mehr zur Vermögensertragsbesteuerung führt, weshalb sie jetzt der Besteuerung zugeführt werden müssen. Die spätere Entleerung der eingebrachten Gesellschaft wird unwiderlegbar vermutet.[189]

153

Eine weitere Begründung für die Besteuerung des Transponierungsertrags liegt in der Überlegung, dass die Einbringung einer Beteiligung in eine selbstbeherrschte Gesellschaft wirtschaftlich gar keine Veräusserung darstellt, weshalb kein *privater Kapitalgewinn* vorliegt.[190] Auch das Bundesgericht hat diese Erklärung mehr und mehr als Hauptargument betrachtet, indem es jeweils ausführt, es handle sich beim Transponierungstatbestand lediglich um eine Vermögensumschichtung, bei welcher dem Aktionär die wirtschaftliche Verfügungsmacht in Form der Beteiligung an der von ihm beherrschten Gesellschaft erhalten bleibe. Der Vermögenszufluss sei auf das Halten und nicht auf die Veräusserung der Beteiligungsrechte zurückzuführen.[191]

154

– Indirekte Teilliquidation

Der Erlös aus dem Verkauf einer privaten Beteiligung ist unter Umständen auch dann nicht dem Bereich des steuerfreien privaten Kapitalgewinns zuzuordnen,

155

---

[188] Dazu Böckli, ASA 57, 241 ff.; vgl. auch Altorfer/Altorfer, ST 2009, 320 f. und Brühlisauer/Suter, FStR 2011, 196 f.
[189] Vgl. Böckli, ASA 57, 247 ff.
[190] Vgl. VGer ZH 27.10.1987, StE 1988 B 24.4 Nr. 11 E. 1b; VGer ZH 27.10.1982, RB 1982 Nr. 59.
[191] Vgl. BGer 10.11.1998, StE 1999 B 24.4 Nr. 52 E. 3b.

wenn die Beteiligung an echte Dritte veräussert wird. Gemäss DBG 20a I a und II entsteht *Vermögensertrag*, wenn

- eine Beteiligung des Privatvermögens ins Geschäftsvermögen natürlicher Personen oder ins Vermögen einer juristischen Person verkauft wird *(Systemwechsel)* und
- es sich um eine *qualifizierte Beteiligung* von mindestens 20% Kapitalanteil handelt und
- eine *Entnahme* innerhalb von *fünf Jahren* erfolgt
- von im Zeitpunkt des Verkaufs bereits vorhandenen, handelsrechtlich ausschüttbaren, nicht betriebsnotwendigen Mitteln
- unter *Mitwirkung* des Verkäufers.

156 Der Vermögensertrag entsteht im *Umfang der Substanzentnahme* in der *Steuerperiode des Verkaufs*. Der Vermögensertrag wird somit nicht erst im Zeitpunkt der Substanzentnahmen erzielt, auch wenn sich die Bemessung des Vermögensertrags nach den späteren Substanzausschüttungen richtet. Falls der Verkäufer im Zeitpunkt der Entnahmen bereits rechtskräftig veranlagt ist, sieht DBG 20a I a die Durchführung eines *Nachsteuerverfahrens* vor.

157 Der *Systemwechsel* bzw. der Verkauf der Beteiligung vom Privat- ins Geschäftsvermögen oder ins Vermögen einer juristischen Person ist Grundvoraussetzung der Besteuerung. Veräussert ein Steuerpflichtiger seine Beteiligungsrechte an eine natürliche Person in deren Privatvermögen, so erzielt er einen steuerfreien Kapitalgewinn, auch wenn sich der Käufer die Mittel für die Kaufpreisfinanzierung von der Gesellschaft ausschütten lässt.[192] Nur beim Wechsel zum Buchwertprinzip kann die latente Ausschüttungssteuerlast zufolge Abschreibungsmöglichkeit der Anschaffungskosten eliminiert werden.

158 Im Unterschied zur früheren Praxis kennt die neue Regelung eine *Quotenvoraussetzung*. Vorausgesetzt wird der Verkauf einer Beteiligung von *mindestens 20%* am Kapital der veräusserten Gesellschaft. Für den Fall, dass verschiedene Minderheitsaktionäre ihre Beteiligungen innert fünf Jahren gemeinsam, d.h. nach einem einheitlichen Gesamtplan, verkaufen, ist eine sinngemässe Anwendung von DBG 20a I a vorgesehen. Gleiches gilt, wenn ein Steuerpflichtiger innert fünf Jahren verschiedene Minderheitsbeteiligungen veräussert, die insgesamt mindestens 20% Kapitalanteil an der verkauften Gesellschaft ausmachen. Das Quotenerfordernis soll zum einen gewährleisten, dass der Verkäufer einen gewissen Einfluss auf die Ausschüttungspolitik der verkauften Gesellschaft gehabt hat, was bei einer Kapitalquote von mindestens 20% vermutet werden kann. Zum anderen ist die Quotenvoraussetzung aber auch dadurch motiviert, dass die Regelung nur jene treffen soll, welche bei der Auswahl des Käufers und der Festlegung der Verkaufsmodalitäten zumindest mitbestimmen konnten.

159 Kernpunkt von DBG 20a I a ist das Erfordernis einer *tatsächlichen Substanzentnahme*. Und zwar muss es sich um eine Entnahme von *nicht betriebsnotwendiger*

---

[192] Vgl. BGer 12.7.1989, BGE 115 Ib 249 E. 2f = StE 1990 B 24.4 Nr. 20.

Substanz handeln, die im Zeitpunkt des Verkaufs *bereits vorhanden* und *handelsrechtlich ausschüttbar* war.[193] Diese Voraussetzungen müssen kumulativ gegeben sein. Im Interesse der Rechtssicherheit wird die Steuerbarkeit sodann auf Substanzentnahmen beschränkt, die *innert fünf Jahren* nach dem Verkauf vorgenommen werden.

Sind im Zeitpunkt des Verkaufs *keine* handelsrechtlich ausschüttbaren Reserven in der Form von nicht betriebsnotwendigen Mitteln vorhanden, so kann die verkaufte Gesellschaft ohne Steuerfolgen für die Verkäufer nach dem Kauf eine Substanzdividende vornehmen oder sie kann durch die Käufergesellschaft absorbiert werden. Ohne Weiteres ausschüttbar ist auch der nach dem Verkauf erwirtschaftete *ordentliche Gewinn* der verkauften Gesellschaft.[194] 160

Schliesslich wird verlangt, dass der Verkäufer bei der Substanzentnahme mitwirkt. Dieses *Mitwirkungserfordernis* ist nach DBG 20a II gegeben, «wenn der Verkäufer weiss oder wissen muss, dass der Gesellschaft zwecks Finanzierung des Kaufpreises Mittel entnommen und nicht wieder zugeführt werden». Dieser Wortlaut entspricht der bisherigen bundesgerichtlichen Praxis,[195] weshalb zu fürchten ist, dass es weiterhin kaum Fälle geben wird, von deren Besteuerung wegen mangelnder Mitwirkung abgesehen wird. Das Mitwirkungserfordernis darf jedoch nicht gänzlich seines Sinns beraubt werden, indem es generell als erfüllt betrachtet wird, wenn im Verkaufszeitpunkt nicht betriebsnotwendige, ausschüttbare Mittel vorhanden sind.[196] 161

i) Teilbesteuerung der Einkünfte aus Beteiligungen

Zur Milderung der *wirtschaftlichen Doppelbelastung* der in Kapitalgesellschaften und Genossenschaften erwirtschafteten Gewinne wurde im Zug der Unternehmenssteuerreform II ein Teilbesteuerungsverfahren eingeführt.[197] Dieses sieht vor, dass sämtliche geldwerten Vorteile aus den dem Privatvermögen zugehörigen Beteiligungen an Kapitalgesellschaften und Genossenschaften von mindestens 10% nur im Umfang von 60% steuerbar sind (vgl. DBG 20 I[bis]).[198] Erfasst durch diese Entlastung der Ausschüttungen aus qualifizierten Beteiligungen werden nicht nur die offenen, sondern auch die verdeckten Gewinnausschüttungen. Die Kantone sind gemäss StHG 7 I (Satz 2) im Ausmass der Entlastung har- 162

---

[193] Näheres dazu BARBARA BRAUCHLI ROHRER/SAMUEL BUSSMANN, Indirekte Teilliquidation – Kehrt nun Ruhe ein? Ausgewählte Fragestellungen zum Kreisschreiben Nr. 14 (2. Teil), ST 2007, 993 ff., 995 ff.; REICH, in: ZWEIFEL/ATHANAS, N 19 ff. zu DBG 20a.
[194] Damit wird den Grundgedanken der indirekten Teilliquidation entsprochen und die durch den höchstrichterlichen Entscheid vom 11.6.2004 (StE 2004 B 24.4 Nr. 70) fehlgeleitete Praxis korrigiert.
[195] Vgl. BGer 11.6.2004, StE 2004 B 24.4 Nr. 70 E. 4.3; BGer 16.11.1990, StE 1991 B 24.4 Nr. 28 E. 5b.
[196] Vgl. REICH, in: ZWEIFEL/ATHANAS, N 28 ff. zu DBG 20a.
[197] Dazu Botschaft UstR II, 4791 ff.
[198] Vgl. dazu das Kreisschreiben Nr. 22 der EStV vom 16.12.2008 betreffend Teilbesteuerung der Einkünfte aus Beteiligungen im Privatvermögen und Beschränkung des Schuldzinsenabzugs.

monisierungsrechtlich nicht gebunden,[199] dürfen indes die Besteuerung lediglich für Beteiligungen von mindestens 10% mildern. Die Entlastung in den Kantonen erfolgt entweder wie bei der direkten Bundessteuer auf der Ebene der Bemessungsgrundlage durch eine blosse Teilbesteuerung der Beteiligungserträge oder auf der Steuersatzebene durch eine Reduktion des Steuersatzes auf den Beteiligungserträgen (vgl. z.B. ZH StG 35 IV).

Gegen diese Neuerung wurden in verschiedenen Kantonen *Beschwerden in öffentlich-rechtlichen Angelegenheiten* erhoben.[200] Das Bundesgericht hat die Beschwerden mit Blick auf BV 190 abgewiesen, soweit die entsprechenden kantonalen Regelungen durch StHG 7 I (Satz 2) gedeckt sind, und unterliess in dieser Hinsicht eine formelle Prüfung der Neuordnung auf Verfassungsmässigkeit.[201] Soweit die kantonalen Steuergesetze über die bundesrechtlichen Vorgaben hinausgingen, wurden sie hingegen als verfassungswidrig gebrandmarkt.[202] Als unzulässig erachtet das Bundesgericht die Beschränkung auf Gesellschaften mit Sitz in der Schweiz sowie eine Ausdehnung der Entlastung auf Beteiligungen, welche weniger als 10% des Kapitals ausmachen, aber mindestens CHF 2 Mio. betragen.[203] Auch analoge Entlastungen bei der Vermögenssteuer gelten als verfassungswidrig.[204]

j) Erlös aus Bezugsrechten

163 Entgegen dem äusseren Anschein liegt in der Zuteilung und in der Ausübung von Bezugsrechten selbst dann keine geldwerte Leistung, wenn die Bezugsrechte zum Erwerb von Aktien weit unter dem Verkehrswert berechtigen. Zwar kommt den Bezugsrechten durchaus *Geldwert* zu; es fliesst den Beteiligten indessen nichts von aussen zu. Der Geldwert hat seinen Grund nicht in einer geldwerten Leistung der Gesellschaft, welche auf einen Vermögensabgang oder einen Verzicht der Gesellschaft zugunsten des Aktionärs zurückzuführen ist, sondern in der *Neuverbriefung der bisherigen Aktionärsrechte*. Der Aktionär bekommt nichts, was er nicht schon vorher gehabt hätte. Zuteilung und Ausübung von Bezugsrechten sind deshalb sowohl nach dem theoretischen Einkommensverständnis

---

[199] Verschiedene Kantone kennen Entlastungen, die – verfassungsrechtlich fragwürdig (dazu hinten § 18 N 33 ff.) – bedeutend weitergehen, so kennt der Kanton Glarus beispielsweise eine Entlastung von 80% (GL StG 34 III) und der Kanton Schwyz eine solche von 75% (SZ StG 36 III). Vgl. hierzu ROLF BENZ, Milderung der wirtschaftlichen Doppelbelastung – Aktueller Stand der Gesetzgebung und deren Gültigkeit im Lichte der vier Urteile des Bundesgerichts vom 25.9.2009, zsis 2009, Monatsflash Nr. 11.

[200] BGer 25.9.2009, ASA 79, 737 ff.; BGer 25.9.2009, StE 2010 A 21.16 Nr. 12; BGer 25.9.2009, BGE 136 I 49 = StE 2010 A 21.16 Nr. 13; BGer 25.9.2009, BGE 136 I 65 = StE 2010 A 21.16 Nr. 14.

[201] Für den Zeitraum vor dem Inkrafttreten der neuen Bestimmungen hält das Bundesgericht die entsprechenden kantonalen Regelungen zwar für verfassungswidrig, es hob sie indes nicht auf, weil es unverhältnismässig wäre, die Kantone nochmals in ein Gesetzgebungsverfahren zu zwingen, um eine gleichlautende Bestimmung zu erlassen, die nunmehr vom neuen Bundesgesetz gedeckt wäre (vgl. BGer 25.9.2009, StE 2010 A 21.16 Nr. 12 E. 3.5).

[202] BGer 25.9.2009, BGE 136 I 49 = StE 2010 A 21.16 Nr. 13 E. 6.2 und 6.3.

[203] Ebenda E. 5.7.

[204] Ebenda E. 6.2.

als auch nach dem steuerrechtlichen Einkommensbegriff keine einkommenswirksamen Vorgänge.

Anders verhält es sich hinsichtlich des Erlöses aus der *Veräusserung* von Bezugsrechten. Hier liegt durchaus ein einkommensrelevanter Akt vor, indem ein Teil der bisherigen Beteiligungsrechte aus dem Vermögen der Aktionäre gegen Vereinnahmung eines Entgelts ausscheidet. Die auf diese Quote entfallenden Mehr- bzw. Minderwerte werden anlässlich der Veräusserung realisiert. Als Erlös aus der Veräusserung eines Teilrechts des bisherigen gesamten Vermögensrechts bildet der Erlös aus Bezugsrechten deshalb *Element der Kapitalgewinn- bzw. Kapitalverlustberechnung* und nicht etwa Vermögensertrag.[205]

164

4. Ertrag aus beweglichen Sachen und nutzbaren Rechten

a) Einkünfte aus Vermietung oder Verpachtung

Einkünfte aus Vermietung oder Verpachtung beweglicher Sachen oder nutzbarer Rechte bilden in der Regel Nutzungsentgelt[206] und somit steuerbaren Vermögensertrag. Sie sind im Privatvermögensbereich eher selten anzutreffen. Neben *beweglichen Sachen*, wie Mobiliar einer Wohnung, einem ins Privatvermögen überführten Betriebsvermögen, Fahrzeugen etc., können auch *Wertschriften* im Rahmen des sog. «*Securities Lending*» gegen Entgelt geliehen werden[207]. In den Steuergesetzen nicht ausdrücklich erwähnt werden die Einkünfte aus *Leasing*, da Privatpersonen äusserst selten als Leasinggeber auftreten.

165

b) Einkünfte aus Nutzniessung oder sonstiger Nutzung

DBG 20 I d bezieht sich auf die Einkünfte des *Nutzungsbelasteten*, die diesem für die entgeltliche Einräumung einer Nutzniessung oder eines ähnlichen Nutzungsrechts zufliessen. Es handelt sich um Entgelt für die Nutzungsüberlassung von beweglichen Vermögenswerten.[208] Dieses Entgelt bildet steuerbaren Vermögensertrag.

166

Auch der Ertrag des zur Nutzung überlassenen beweglichen Vermögens bildet steuerbaren Vermögensertrag. Dieser ist – wie gesehen[209] – in der Regel vom Nutzungsberechtigten zu versteuern.

167

---

[205] Bezugsrechtserlöse könnten im Privatvermögensbereich somit auch ohne die ausdrückliche Erwähnung in StHG 7 IV a und DBG 20 II nicht besteuert werden (dazu Reich, in: Zweifel/Athanas, N 81 zu StHG 7).
[206] Enthalten die Einkünfte allenfalls auch ein Entgelt für die Minderung oder den Verschleiss des Miet- oder Pachtobjekts (z.B. möblierte Vermietung), ist dieser Teil nicht steuerbar (vgl. vorne N 41).
[207] Dazu Kreisschreiben Nr. 13 der EStV vom 1.9.2006 betreffend Securities Lending- und Repo-Geschäft als Gegenstand der Verrechnungssteuer, ausländischer Quellensteuern, der Stempelabgaben und der direkten Bundessteuer.
[208] Dazu vorne N 34 ff.
[209] Vorne N 44.

5. Ertrag aus kollektiven Kapitalanlagen

168 Steuerbarer Vermögensertrag resultiert auch aus kollektiven Kapitalanlagen. Das KAG unterscheidet zwischen *offenen kollektiven Kapitalanlagen*, worunter gemäss KAG 8 der vertragliche Anlagefonds und die Investmentgesellschaft mit variablem Kapital (Société d'investissement à capital variable, SICAV) fallen, sowie *geschlossenen kollektiven Kapitalanlagen*, wozu gemäss KAG 9 die Kommanditgesellschaft für kollektive Kapitalanlagen (KGK) und die Investmentgesellschaft mit festem Kapital (Société d'investissement à capital fixe, SICAF) gezählt werden.[210]

a) Transparenzprinzip

169 Das Einkommen von kollektiven Kapitalanlagen wird gemäss StHG 7 III und DBG 10 II in Bund und Kantonen grundsätzlich den *Anlegern anteilsmässig zugerechnet*. Kollektive Kapitalanlagen unterliegen somit ähnlich wie die Personengesellschaften dem sog. Transparenzprinzip. Ausgenommen hievon sind zum einen die kollektiven Kapitalanlagen mit direktem Grundbesitz und zum andern die SICAF. Die Steuerfolgen von kollektiven Kapitalanlagen sind in zwei Kreisschreiben der EStV[211] ausführlich erläutert.

b) Kollektive Kapitalanlagen mit direktem Grundbesitz

170 Kollektive Kapitalanlagen mit direktem Grundbesitz werden gemäss DBG 49 II den übrigen juristischen Personen gleichgestellt. Das bedeutet, dass kollektive Kapitalanlagen mit direktem Grundbesitz als *eigenständige Steuersubjekte* besteuert werden. Diese Regelung gilt allerdings nur für den *Ertrag aus direktem Grundbesitz* (DBG 66 III).

171 Zur Vermeidung der *Doppelbelastung* dieser Immobilienerträgnisse sieht DBG 20 I e vor, dass die Ausschüttungen aus kollektiven Kapitalanlagen mit direktem Grundbesitz nur so weit der Einkommenssteuer unterliegen, als die Gesamterträge die Erträge aus direktem Grundbesitz übersteigen.[212] Für die *übrigen Erträgnisse* von

---

[210] Zum Ganzen Hess, FStR 2005, 270 ff.
[211] Kreisschreiben Nr. 24 der EStV vom 1.1.2009 betreffend kollektive Kapitalanlagen als Gegenstand der Verrechnungssteuer und der Stempelabgaben sowie Kreisschreiben Nr. 25 der EStV vom 5.3.2009 betreffend die Besteuerung kollektiver Kapitalanlagen und ihrer Anleger. Vgl. dazu Simonek, Unternehmenssteuerrecht 2009, 60 ff.; ausführlich zur Besteuerung transparenter kollektiver Kapitalanlagen Stefan Oesterhelt, Vorbemerkungen vor KAG 1, in: Rolf Watter/Nedim Peter Vogt/René Bösch/François Rayroux/Christoph Winzeler (Hrsg.), Kommentar zum Kollektivanlagengesetz, Basel, N 1 ff.
[212] Vgl. Hess, FStR 2005, 287. Ausführlich zur Besteuerung von kollektiven Kapitalanlagen mit direktem Grundbesitz Reto Heuberger, Vorbemerkungen vor KAG 1, in: Watter et al. (Fn. 211), N 354 ff.

kollektiven Kapitalanlagen mit direktem Grundbesitz gilt somit das *Transparenzprinzip*.[213]

c)   *Investmentgesellschaft mit festem Kapital (SICAF)*

Die SICAF ist eine Aktiengesellschaft i.S. des OR, deren ausschliesslicher Zweck die kollektive Kapitalanlage ist (KAG 110). Sie wird gemäss DBG 49 II nicht transparent, sondern wie eine Kapitalgesellschaft besteuert.[214] Das bedeutet konsequenterweise, dass auch auf Anlegerseite keine transparente Besteuerung Platz greift.[215]

172

d)   *Andere kollektive Kapitalanlagen gemäss KAG*

– Vertragliche Ausschüttungsfonds

Erträge aus vertraglichen Anlagefonds mit periodischen Ausschüttungen (Ausschüttungsfonds) gelten grundsätzlich im *Zeitpunkt ihrer Ausschüttung* als *Vermögensertrag* (DBG 20 I e). Ausschüttungen, die aus von den vertraglichen Anlagefonds erzielten *Kapitalgewinnen* stammen, bleiben bei den privaten Anlegern jedoch steuerfrei.[216] Auf diese Weise wird der Anleger von kollektiven Kapitalanlagen steuerrechtlich grundsätzlich gleich behandelt wie die Anleger, die andere Vermögensanlagen tätigen.[217] Bei Veräusserung von Anteilen im Verlauf des Jahres werden allerdings die Erträge des gesamten Jahres demjenigen zugerechnet, der die Anteile im Zeitpunkt der Ausschüttung resp. Verbuchung in Händen hält.[218]

173

Der Erlös aus der *Veräusserung* von Anteilen an vertraglichen Anlagefonds an Dritte sowie aus der *Rückgabe* an die Fondsleitung bzw. Depotbank stellt beim privaten Anleger *Kapitalgewinn* dar;[219] bei der Liquidation des Ausschüttungsfonds ist der Liquidationserlös – vermindert um die Quote des Anlegers am

174

---

[213] Grund dieser Sonderregelung von kollektiven Kapitalanlagen mit direktem Grundbesitz bildeten Schwierigkeiten im *interkantonalen Verhältnis*. Früher war unklar, in welchen Kantonen Ertrag und Vermögen aus dem direkten Grundbesitz zu besteuern waren (vgl. Botschaft Steuerharmonisierung, 64 f.).
[214] Dazu Hess, FStR 2005, 286. Ausführlich zur Besteuerung der intransparenten Kapitalanlagen Markus Weidmann, Vorbemerkungen vor KAG 1, in: Watter et al. (Fn. 211), N 398 ff. Da es bereits vor Inkrafttreten des KAG verschiedene Kapitalgesellschaften gab, die sich der kollektiven Kapitalanlage widmeten, hätte es einer konsensfähigen *Übergangsregelung* vom System der Doppelbelastung ins Regime der einfachen Belastung im Transparenzprinzip bedurft. Eine solche konnte nicht gefunden werden.
[215] Obwohl dies weder in DBG 10 II noch in DBG 20 I e so vorgesehen ist.
[216] EStV KS Nr. 25 vom 5.3.2009 (Fn. 211), 3.3.2; Hess, FStR 2005, 280; ders., Anlagefonds, 299 ff. m.w.Hw.
[217] Vgl. Hess, FStR 2005, 280.
[218] Hess, Anlagefonds, 299 f.
[219] Hess, FStR 2005, 280.

Fondskapital und nach Ausscheidung der Kapitalgewinnkomponente – als Vermögensertrag zu besteuern.[220]

– Vertragliche Thesaurierungsfonds

175 Die Erträge von vertraglichen Anlagefonds, die ihren Reingewinn zur Hauptsache einbehalten (Wertzuwachs- oder Thesaurierungsfonds), sind nicht erst bei ihrer Ausschüttung an den Anleger, sondern im *Zeitpunkt der Gutschrift* auf dem Konto der zurückbehaltenen Erträge zu besteuern. Der Anleger erwirbt in diesem Zeitpunkt einen festen Rechtsanspruch, über den er tatsächlich verfügen kann. Der Erlös aus dem Verkauf von Anteilen sowie die Auszahlung bei Kündigung des Kollektivanlagevertrages unterliegen nicht der Einkommenssteuer. Im Falle einer Liquidation eines Thesaurierungsfonds ist der Liquidationserlös nicht nur um den Anteil am Kollektivvermögen und um die Kapitalgewinnkomponente, sondern zusätzlich noch um die thesaurierten Erträge zu vermindern.[221]

– Investmentgesellschaft mit variablem Kapital (SICAV)

176 Die Gesellschaftsform der SICAV wurde mit dem KAG neu im schweizerischen Recht etabliert (KAG 36 ff.). Obwohl der SICAV privatrechtlich *Rechtspersönlichkeit* zukommt, wird sie steuerrechtlich nicht als eigenständiges Steuersubjekt, sondern wie die vertraglichen Anlagefonds *transparent* besteuert.

– Kommanditgesellschaften für kollektive Kapitalanlagen (KGK)

177 Bei den KGK handelt es sich gemäss KAG 98 um Gesellschaften, deren ausschliesslicher Zweck die kollektive Kapitalanlage ist. Der oder die Komplementäre müssen Aktiengesellschaften mit Sitz in der Schweiz sein; diese unterliegen der ordentlichen Gewinnsteuer. Bei den Kommanditären muss es sich um qualifizierte Anleger i.S.v. KAG 10 III handeln (z.B. beaufsichtigte Finanzintermediäre, beaufsichtigte Versicherungseinrichtungen oder vermögende Privatpersonen). Letztere werden steuerrechtlich wie Anleger der offenen Kapitalanlagen (vertragliche Anlagefonds und SICAV) transparent behandelt, weshalb nur die ausgeschütteten und thesaurierten Vermögenserträge, nicht hingegen die Kapitalgewinne steuerbar sind.[222]

6. Ertrag aus immateriellen Gütern

178 Immaterielle Güter sind nicht nur die rechtlich geschützten Vermögenswerte wie die Rechte an Werken der Literatur, Musik und Kunst, an Patenten, Designs sowie an Marken, sondern auch an rechtlich nicht geschützten Werten wie nicht patentierten Erfindungen, Verfahren und Rezepten.[223] Als Ertrag aus immateriel-

---

[220] Hess, FStR 2005, 281; ders., Anlagefonds, 201 ff.
[221] Vgl. Hess, FStR 2005, 282.
[222] Vgl. Hess, FStR 2005, 285; zur Problematik dieser Anlageform Marco Duss/Julia von Ah, Zur Kommanditgesellschaft für kollektive Kapitalanlagen. Von der Bauchlage «ad acta»? ST 2008, 88 ff.
[223] Vgl. Känzig, N 126 zu WStB 21 I c.

len Gütern erscheint das Entgelt für die Gebrauchs- oder Nutzungsüberlassung unkörperlicher Sachen an Dritte.

Vom Steuerpflichtigen selber geschaffene immaterielle Güter stellen meistens *Geschäftsvermögen* dar, weshalb DBG 20 und ZH StG 20 in diesem Bereich selten zur Anwendung kommen. Fliessen dem Schöpfer von Immaterialgütern Einkünfte aus deren Nutzungsüberlassung zu, erfolgt dies im Rahmen einer *selbständigen Erwerbstätigkeit;* dies selbst dann, wenn die Verwertung der immateriellen Güter erst lange Zeit nach Beendigung der schöpferischen Tätigkeit erfolgt. Gleiches gilt für den Erben oder Beschenkten von immateriellen Gütern, sofern dieser nicht eindeutig den Willen geäussert hat, dass künftig die Nutzung nur noch im Rahmen privater Vermögensverwaltung erfolgen soll.[224]

179

Bilden die immateriellen Güter ausnahmsweise dennoch Privatvermögen, besteht die Gefahr einer *Überbesteuerung,* weil dem steuerbaren Vermögensertrag im Bereich des Privatvermögens keine einkommensmindernden Abschreibungen gegenübergestellt werden können. Dennoch kann eine sachgerechte Lösung erreicht werden, indem das Entgelt für die Nutzungsüberlassung von immateriellen Gütern zu Besteuerungszwecken zerlegt wird. Soweit das Entgelt nämlich eine Entschädigung für deren *Entwertung* durch Zeitablauf darstellt, liegt eine Vermögensumschichtung bzw. ein steuerfreier Veräusserungserlös vor.[225]

180

7. Ertrag aus Derivaten und kombinierten Finanzprodukten

Schon seit Jahren werden Anlageinstrumente entwickelt, die zwar im Wortlaut der Steuergesetze nicht zuletzt wegen ihrer Vielfalt keine Erwähnung finden, deren Steuerfolgen sich aber aus dem gesetzlichen Vermögensertragsbegriff und der in DBG 16 III statuierten Steuerfreiheit privater Kapitalgewinne ableiten lassen.[226] Für die steuerrechtliche Qualifikation des aus Derivaten erzielten Erlöses als steuerbarer Vermögensertrag oder steuerfreier Kapitalgewinn bieten indes die Kriterien Veräusserung/Zur-Verfügung-Stellen von Kapital für sich allein oftmals keine schlüssige Lösung.[227] In die Beurteilung einzubeziehen sind insbesondere die *Gewinnchancen* und die *Verlustrisiken,* die mit den Vermögensanlagen eingegangen werden.[228]

181

Kennzeichnend für *derivative Instrumente* ist, dass sich deren Wert vom Wert eines bestimmten *Basisproduktes* ableitet.[229] Basisprodukte können nicht nur reale Güter (z.B. Devisen, Zinssätze, Wertpapiere, Waren), sondern auch abstrakte

182

---

[224] Vgl. VGer ZH 5.7.1988, StE 1989 B 23.6 Nr. 2 E. 4b/cc; StRK I ZH 8.10.1993, StE 1995 B 23.2 Nr. 14 E. 2c/cc.
[225] Dazu vorne N 41.
[226] Die EStV hat hierzu das KS Nr. 15 vom 7.2.2007 (Fn. 126) erlassen.
[227] Vgl. vorne N 38 ff.
[228] Ausführlich MENGIARDI, derivative Anlageprodukte, 63 ff.
[229] Dazu und zum Folgenden EStV KS Nr. 15 vom 7.2.2007 (Fn. 126), 2.2; VICTOR FÜGLISTER, Die Besteuerung des privaten Einkommens aus herkömmlichen und modernen Anlageinstrumenten, ASA 62 (1993/94), 149 ff., 169 ff.

Werte (Indices) sein. Die *klassischen* derivativen Finanzinstrumente umfassen sowohl Termingeschäfte (inkl. Financial Futures) und Swaps als auch Optionen. Es handelt sich nicht um eigentliche Vermögensanlagen; es besteht keine Kapitalgarantie. Bei all diesen Geschäften können für die Vertragspartner Gewinne bzw. Verluste entstehen, welche bei natürlichen Personen – sofern keine selbständige Erwerbstätigkeit vorliegt – als steuerfreie Kapitalgewinne bzw. -verluste behandelt werden. Dies gilt grundsätzlich auch für die verschiedenen *modernen* Derivate, wenigstens so lange, als die Anlagekomponente (Kapitalgarantie) fehlt.

183 *Kombinierte Finanzprodukte* sind aus Derivaten und Obligationen zusammengesetzt. Sie werden auch «strukturierte» oder «synthetische» Produkte genannt.[230]

8. Aufwendungen

184 Nach DBG 32 I sind die Kosten der *Verwaltung* des beweglichen Privatvermögens durch Dritte sowie die weder rückforderbaren noch anrechenbaren ausländischen *Quellensteuern* abziehbar. Während die Aufwendungen der Vermögensverwaltung durch Dritte ohnehin unter den allgemeinen Gewinnungskostenbegriff[231] fallen und deshalb auch ohne spezielle Erwähnung abziehbar wären, hat die Quellensteuerabzugsmöglichkeit konstitutiven Charakter, weil Einkommenssteuern bei der Besteuerung der natürlichen Personen gewöhnlich als Lebenshaltungskosten nicht abziehbar sind (DBG 34 e).

185 In Anlehnung an den allgemeinen Gewinnungskostenbegriff kann wie im Bereich des unbeweglichen Vermögens festgehalten werden, dass alle Aufwendungen abziehbar sind, die mit der Erzielung des Vermögensertrags in *unmittelbarem Zusammenhang* stehen, indem sie durch diesen verursacht oder in Hinblick auf diesen ausgegeben worden sind. Vermögensverwaltungskosten dienen der *Erhaltung* und *Sicherung* der Einkommensquelle. Abziehbar sind deshalb grundsätzlich die Kosten der *Verwaltung* und *Verwahrung* von Vermögenswerten durch Banken oder andere Vermögensverwalter, durch Willensvollstrecker, Rechtsanwälte oder Behörden.[232] Ebenfalls Vermögensverwaltungskosten stellen die Aufwendungen für die der Steuerbehörden einzureichenden Wertschriftenverzeichnisse sowie für die Rückforderungs- und Anrechnungsanträge für ausländische Quellensteuern dar.[233]

---

[230] Die kombinierten Finanzprodukte und deren Besteuerung sind ausführlich erläutert im EStV KS Nr. 15 vom 7.2.2007 (Fn. 126), 2.3 sowie Anhang I.

[231] Vorne § 10 N 40 ff.

[232] Für den Kanton Zürich dazu und zum Folgenden: Weisung des kantonalen Steueramtes über die Abzugsfähigkeit der Kosten für die Verwaltung von Wertschriften des Privatvermögens vom 8.8.2002 (ZStB 18/701).

[233] Als Aufwendungen im Bereich des Ertrags des beweglichen Privatvermögens erscheinen auch die zur Finanzierung von Wertschriften entrichteten *Schuldzinsen*, die allerdings nicht nach DBG 32 I, sondern nach dem allgemeinen Schuldzinsenabzug von DBG 33 I a abziehbar sind.

Nicht abziehbar sind demgegenüber Aufwendungen für die *Wertverbesserung* von Vermögenswerten (z.B. Sanierungsbeiträge oder andere Kapitalzuschüsse an Kapitalgesellschaften). Auch Ausgaben für die *Anschaffung* und *Herstellung* von Vermögensobjekten können nicht abgezogen werden (ausdrücklich DBG 34 d). So bilden insbesondere Kosten der Umlagerung (Kauf und Verkauf) von Wertschriften Anlagekosten und sind dem Bereich des steuerneutralen Kapitalgewinnes/-verlustes zuzuordnen. Das gilt auch für *Prozesskosten*, die im Zusammenhang mit der Vermögensumlagerung stehen. Aufwendungen für die *Werteinbussen* kann im Privatvermögen nicht durch Abschreibung oder Wertberichtigung Rechnung getragen werden. Ein teilweiser Ersatz für die fehlende Abschreibungsmöglichkeit bildet allerdings die Aussonderung jenes Teils des Vermögensertrags, der wirtschaftlich der *Minderung* oder dem *Verschleiss der Substanz* des zur Nutzung überlassenen Vermögenswertes zuzurechnen ist[234].

186

Abgrenzungsschwierigkeiten ergeben sich vor allem bei den Aufwendungen für die Wertschriftenverwaltung, weil die «Vermögensverwaltungskosten» von Banken und anderen Vermögensverwaltern häufig auch eine Quote enthalten, die dem Kauf und Verkauf der Wertschriften zuzuordnen ist.[235] Um eine aufwendige Zerlegung der in Rechnung gestellten Kosten zu vermeiden, werden die abziehbaren Vermögensverwaltungskosten in der Verwaltungspraxis *pauschaliert* zum Abzug zugelassen.[236]

187

D. Einkünfte aus Vorsorge

I. Grundsatz der vollen Steuerbarkeit

Einkünfte aus Vorsorge sind Leistungen, die auf dem in BV 111 I niedergelegten *Dreisäulenkonzept* beruhen.[237] Die *erste Säule* umfasst die Alters-, Hinterlassenen- und Invalidenvorsorge zur Deckung des Existenzbedarfs. Die *zweite Säule*, welche die angemessene Fortsetzung der gewohnten Lebenshaltung ermöglichen soll, wird durch die berufliche Vorsorge gebildet. Als *dritte Säule* erscheint schliesslich die Selbstvorsorge, mit welcher die kollektiven Massnahmen der ersten und zweiten Säule entsprechend den persönlichen Bedürfnissen ergänzt werden.

188

Die Besteuerung der Vorsorgeeinkünfte erfolgt nach dem System der sog. *nachgelagerten Besteuerung*. Dabei werden die an die erste und zweite Säule sowie die

189

---

[234] Vorne N 41.
[235] Vgl. VGer BS 26.3.2001, StE 2002 B 24.7 Nr. 4 E. 4; VGer ZH 26.10.2005, StE 2006 B 24.7 Nr. 5 E. 2.3.
[236] Im Kanton Zürich 3 ‰ des Steuerwerts der durch Dritte verwalteten Wertschriften, maximal aber CHF 6000 (Weisung des kantonalen Steueramtes ZH über die Abzugsfähigkeit der Kosten für die Verwaltung von Wertschriften des Privatvermögens vom 8.8.2002, D. II.).
[237] Dazu und zum Folgenden ZUPPINGER/BÖCKLI/LOCHER/REICH, Steuerharmonisierung, 80 ff., 89; STEINER, in: ZWEIFEL/ATHANAS, N 1 ff. zu DBG 22.

Säule 3a geleisteten Beiträge zum Abzug zugelassen (StHG 9 II d und e; DBG 33 I d und e). Die damit finanzierten Leistungen werden im Zeitpunkt des Zuflusses besteuert. DBG 22 I weist deshalb alle Einkünfte aus der ersten und zweiten Säule sowie der Säule 3a der Besteuerung zu. Dieses Konzept war im Rahmen der beruflichen Vorsorge bereits vor Einführung des BVG im Kanton Waadt etabliert, weshalb es auch als «Waadtländer Modell» bezeichnet wird.[238] Es entspricht der *Konsumorientierung* der Einkommensbesteuerung, indem das angesparte Einkommen möglichst erst im Zeitpunkt des Konsums steuerwirksam wird.[239] Die freie Selbstvorsorge (Säule 3b) wird aus versteuertem Einkommen geäufnet und unterliegt deshalb nicht den speziellen Vorschriften für Vorsorgebeiträge und -leistungen.[240]

190 *Ausnahmen* vom Grundsatz der vollen Steuerbarkeit der Einkünfte aus Vorsorge sind vorgesehen für

- gewisse Vermögensanfälle aus *rückkaufsfähiger* privater *Kapitalversicherung,* ausgenommen aus Freizügigkeitspolicen,[241]
- *Kapitalzahlungen,* die bei *Stellenwechsel* vom Arbeitgeber oder von Einrichtungen der beruflichen Vorsorge ausgerichtet werden, wenn sie der Empfänger innert Jahresfrist zum Einkauf in eine Einrichtung der beruflichen Vorsorge oder zum Erwerb einer Freizügigkeitspolice[242] verwendet,[243]
- Einkünfte aufgrund der Bundesgesetzgebung über *Ergänzungsleistungen* zur Alters-, Hinterlassenen- und Invalidenversicherung,[244]
- Renten und Kapitalleistungen aus beruflicher Vorsorge, die vor dem 1.1.2002 zu laufen begannen oder fällig wurden und auf einem Vorsorgeverhältnis beruhen, das am 31.12.1986 bereits bestanden hat; diese unterliegen einer *Übergangsregelung* (vgl. DBG 204).[245]

---

[238] Vgl. dazu ZUPPINGER/BÖCKLI/LOCHER/REICH, Steuerharmonisierung, 82; Botschaft Steuerharmonisierung, 90.
[239] Vgl. § 4 N 159 ff.
[240] Aber auch diese Art der freien Selbstvorsorge fördert der Gesetzgeber partiell mit steuerlichen Bestimmungen. Dazu hinten N 199 ff.
[241] Hinten N 231 f.
[242] Nach Ansicht der EStV sind die entsprechenden Regelungen von DBG 24 c sowie StHG 7 IV e unter der Geltung des FZG überholt, weil ein Einkauf in eine Freizügigkeitspolice bzw. die Einzahlung auf ein Freizügigkeitskonto zwingend von einer Vorsorge- oder Freizügigkeitseinrichtung vorzunehmen ist (Kreisschreiben Nr. 1 der EStV vom 3.10.2002 betreffend die Abgangsentschädigung resp. Kapitalabfindung des Arbeitgebers, 3; a.M. ETIENNE VON STRENG/FRÉDÉRIC VUILLEUMIER, Steuerrechtliche Behandlung von Abgangsentschädigungen und anderen Kapitalabfindungen des Arbeitgebers, FStR 2003, 30 ff., 42 ff.).
[243] Hinten N 233.
[244] Hinten N 242 f.
[245] Diese Übergangsregelung trägt dem Umstand Rechnung, dass die vor Inkrafttreten der steuerrechtlichen Bestimmungen des BVG am 1.1.1987 geleisteten Beiträge der beruflichen Vorsorge nicht oder nur zu einem geringfügigen Teil vom steuerbaren Einkommen haben abgezogen werden können.

II. Alters-, Hinterlassenen- und Invalidenvorsorge (1. Säule)

Steuerbar sind alle Einkünfte aus der Alters-, Hinterlassenen- und Invalidenversicherung (vgl. DBG 22 I).[246] Als Einkünfte i.S.v. DBG 22 I gelten alle Geldleistungen[247] mit Ausnahme der Hilflosenentschädigung[248] und der Leistungen im Zusammenhang mit der Eingliederung, die ausschliesslich durch die Eingliederungsmassnahmen entstandene Spesen abgelten[249].

191

Die frühere Teilbesteuerung von Rentenleistungen wurde aufgehoben; sie ist unter dem System der nachgelagerten Besteuerung nicht mehr gerechtfertigt.

192

III. Berufliche Vorsorge (2. Säule)

Alle *Einkünfte,* d.h. Renten- wie auch Kapitalleistungen, *aus der beruflichen Vorsorge* sind steuerbar (vgl. StHG 7 I und DBG 22 I), wenn die Gelder den *Vorsorgekreislauf verlassen*. Dies ist beispielsweise der Fall, wenn Alters- oder Invalidenleistungen ausgerichtet werden oder ein Vorbezug für Wohneigentum getätigt wird, nicht hingegen, wenn das bestehende Vorsorgekapital bei einem Stellenwechsel auf die Vorsorgeeinrichtung des neuen Arbeitgebers übertragen wird.

193

Einkünfte aus *Freizügigkeitspolicen* fallen trotz der Ausgestaltung als rückkaufsfähige Kapitalversicherungen mit oder ohne Einmalprämie weder unter DBG 20 I a noch unter DBG 24 b.[250] Sie werden aus Mitteln finanziert, die sich bereits in der zweiten Säule befinden und dienen dazu, das sich im Vorsorgekreislauf be-

194

---

[246] StHG 7 I erwähnt zwar nur die Einkünfte aus Vorsorgeeinrichtungen. Damit sind jedoch alle Einkünfte aus Vorsorge gemeint.

[247] Die in Form von Kostenbeteiligungen ausgerichteten Leistungen für Hilfsmittel stellen Sachleistungen dar. Sie werden steuerrechtlich als *Schadenersatz* betrachtet und unterliegen keiner Besteuerung (vgl. MAUTE/STEINER/RUFENER/LANG, Steuern und Versicherungen, 83).

[248] Anspruch auf *Hilflosenentschädigung* haben Bezüger von AHV- oder IV-Renten, die in schwerem oder mittlerem Grad hilflos sind, d.h. für alltägliche Verrichtungen dauernd der Hilfe Dritter oder der persönlichen Überwachung bedürfen (vgl. für die AHV AHVG 43bis I i.V.m. ATSG 9). Die Steuerfreiheit dieser Leistungen ist nicht umstritten. Uneinig ist sich die Lehre jedoch hinsichtlich der steuerrechtlichen Qualifikation derselben: Einige Autoren sehen darin eine *Unterstützung aus öffentlichen Mitteln* i.S.v. DBG 24 d (STEINER, in: ZWEIFEL/ATHANAS, N 5 zu DBG 22; PETER AGNER/BEAT JUNG/GOTTHARD STEINMANN, Kommentar zum Gesetz über die direkte Bundessteuer, Zürich 1995, N 5 zu DBG 24) andere eine *Schadenersatzleistung* für anfallende Heil- und Pflegekosten (RICHNER/FREI/KAUFMANN/MEUTER, N 23 zu ZH StG 22; MAUTE/STEINER/RUFENER/LANG, Steuern und Versicherungen, 84; LOCHER, N 7 zu DBG 22). Dabei ist der zweiten Meinung der Vorzug zu geben, da die Hilflosenentschädigung unabhängig von der finanziellen Situation des Empfängers ausgerichtet wird und die Höhe der Leistung allein nach dem Grad der Hilflosigkeit abgestuft ist.

[249] LOCHER, N 12 zu DBG 22.

[250] Bei *Freizügigkeitskonten* stellt sich diese Frage nicht, da es sich nicht um Versicherungen handelt.

findliche Vermögen zu erhalten. Wie alle Einkünfte aus der beruflichen Vorsorge werden sie im Zeitpunkt der Auszahlung besteuert (vgl. DBG 22 II).

195 *Rentenleistungen* unterliegen zusammen mit den anderen Einkünften der Einkommensbesteuerung.

196 *Kapitalleistungen* aus Vorsorge werden aus Progressionsgründen separat und mit einem Sondertarif besteuert (vgl. StHG 11 III und DBG 38 I).[251] Das gilt gemäss DBG 17 II auch für gleichartige Kapitalabfindungen des Arbeitgebers.

IV. Selbstvorsorge

1. Gebundene Selbstvorsorge (Säule 3a)

197 Unter der Säule 3a versteht man gebundene Vorsorgeversicherungen bei Versicherungseinrichtungen sowie gebundene Vorsorgevereinbarungen bei Bankstiftungen. Die Beiträge an solche Einrichtungen folgen ebenfalls dem Grundsatz der nachgelagerten Besteuerung und sind zum Abzug zugelassen, jedoch in der Höhe beschränkt.[252]

198 Der Abziehbarkeit der Beiträge entspricht auch hier die volle Steuerbarkeit der Leistungen. Es muss analog zur zweiten Säule ebenfalls zwischen Renten- und Kapitalleistungen unterschieden werden. Während Rentenleistungen der Einkommenssteuer unterliegen, unterliegen Kapitalleistungen der Besteuerung nach DBG 38.

2. Freie Selbstvorsorge (Säule 3b)

199 Im Bereich der freien Vorsorge gilt der Grundsatz der nachgelagerten Besteuerung nicht. Die Formen der freien Selbstvorsorge werden je nach der Art der *vielfältigen Sparmöglichkeiten* besteuert, meistens wird es sich bei den Leistungen aus Säule 3b um Vermögensertrag (Bankzinsen, Wertschriftenertrag u.dgl.) oder um Einkommen aus Versicherungen handeln. Der Gesetzgeber fördert jedoch auch in diesem Bereich die Vorsorge, indem er, wie im Folgenden dargestellt, gewisse Einkünfte aus Kapitalversicherungen unbesteuert lässt.

a) Lebensversicherungen

200 Leistungen von *nicht rückkaufsfähigen Lebensversicherungen* sind steuerbar gemäss DBG 23 b.[253] Auszahlungen aus *rückkaufsfähiger Lebensversicherung* sind hingegen privilegiert. Handelt es sich um eine rückkaufsfähige Kapitalversiche-

---

[251] Dazu § 17 N 18 f.
[252] Hinten N 258.
[253] Hinten 207.

rung, ist der Vermögensertrag daraus grundsätzlich steuerfrei.²⁵⁴ Erträge aus *rückkaufsfähiger Kapitalversicherung mit Einmalprämie* sind jedoch nur dann steuerbefreit, wenn sie der *Vorsorge* dienen (vgl. DBG 24 b i.V.m. 20 I a).²⁵⁵

b)   *Einkünfte aus Leibrenten und Verpfründung*

Einer Sonderbesteuerung unterworfen sind gemäss DBG 22 III die Einkünfte aus Leibrenten und Verpfründung. Diese Regelung gilt allerdings nur für Leibrenten, die nicht aus Vorsorgeeinrichtungen fliessen. Leibrenten aus Vorsorgeeinrichtungen gelten als *Einkünfte aus Vorsorge* und unterliegen deshalb der vollen Besteuerung gemäss DBG 22 I.

201

Leibrenten sind periodische, gleich bleibende und auf das Leben einer natürlichen Person gestellte Leistungen.²⁵⁶ Periodische Leistungen, die auf eine Kapitalforderung angerechnet werden, sind demnach keine Renten, obwohl sie vielfach als *Zeitrenten* bezeichnet werden.²⁵⁷ Zeitrenten sind nur mit ihrem Ertragsanteil steuerbar. Eine *Verpfründung* liegt vor, wenn sich der Pfründer dem Pfrundgeber gegenüber verpflichtet, Vermögenswerte zu übertragen, um als Gegenleistung Unterhalt und Pflege auf Lebzeit zu erhalten.²⁵⁸

202

Die Renten- und Verpfründungsleistungen setzen sich aus einer Kapitalrückzahlungs- und einer Zinsquote zusammen. Sachgemäss darf lediglich die *Zinskomponente* der Einkommenssteuer unterworfen werden. Diese variiert je nach der Lebenserwartung der Person, auf welche die Leibrente oder die Verpfründung gestellt ist. Die gesetzliche Regelung geht typisiert von einem Zinsanteil von 40% aus.²⁵⁹ Die reduzierte Besteuerung ist nicht davon abhängig, ob der Rentenempfänger die Rente aus eigenen Mitteln erworben hat oder ob ihm diese von Drittseite zugewendet worden ist.²⁶⁰ Ist die Rente nicht selber finanziert, so ergeben sich allerdings unter Umständen weitere Steuerfolgen aus der Zuwendung des Rentenstammrechts.²⁶¹

203

---

²⁵⁴   DBG 24 b dazu hinten N 231 f.
²⁵⁵   Dazu vorne N 111 f.
²⁵⁶   Ausführlich zum *Rentenbegriff* BGer 24.6.2008, StE 2009 B 26.21 Nr. 5 E. 3 und BGer 15.11.2001, StE 2002 B 26.12. Nr. 6; vgl. auch THOMAS BAUER, in: HEINRICH HONSELL/NEDIM PETER VOGT/WOLFGANG WIEGAND (Hrsg.), Basler Kommentar. Obligationenrecht I. Art. 1–529 OR, 5. A. Basel 2011, N 1 zu OR 516.
²⁵⁷   Vgl. auch zum Folgenden BGer 16.2.2009, StE B 26.13 Nr. 25 E. 7.1.2 f.: Leibrenten, bei denen vorgesehen ist, dass die Rentenverpflichtung mit dem Verbrauch des Kapitals erlischt, sind faktisch Zeitrenten, wenn das aleatorische Element der Lebenszeit gegenüber der anderen resolutiven Bedingung deutlich in den Hintergrund tritt.
²⁵⁸   OR 521 I.
²⁵⁹   Vgl. Botschaft Stabilisierungsprogramm, 97. Die Besteuerung zu 40% gilt grundsätzlich nicht nur für die Auszahlungen in Rentenform, sondern auch für *Kapitalzahlungen* aus Leibrentenverträgen bei Rückkauf oder Rückgewähr (hierzu Näheres in BGer 16.2.2009, StE B 26.44 Nr. 9 E. 3 f.). Diese sind dann aber gemäss DBG 38 I zum *privilegierten Satz* als Vorsorgeleistungen zu besteuern (vgl. dazu § 17 N 18 f.).
²⁶⁰   Vgl. HANS-JÜRG NEUHAUS, Die steuerlichen Massnahmen im Bundesgesetz vom 19.3.1999 über das Stabilisierungsprogramm 1998, ASA 68 (1999/2000), 273 ff., 294.
²⁶¹   Z.B. Erbschafts- und Schenkungssteuer oder Einkommen aus unselbständiger Erwerbstätigkeit.

E. Übrige Einkünfte

204 Neben den bisher behandelten Einkünften aus Erwerbstätigkeit, Vermögen und Vorsorge gibt es noch eine vierte Kategorie von Einkünften, die wegen ihrer Verschiedenartigkeit als «übrige Einkünfte» bezeichnet werden.[262] Diese Einkünfte wären auch ohne ausdrückliche Erwähnung in DBG 23 nach dem allgemeinen gesetzlichen Einkommensbegriff steuerbar. Es handelt sich hier nicht etwa um eine abschliessende Aufzählung dieser übrigen Einkünfte,[263] vielmehr stellen beispielsweise auch Einkünfte aus gelegentlicher Beschäftigung (Liebhaberei), Finderlohn, Fund u.dgl. steuerbares Einkommen nach der Generalklausel dar.[264]

205 Die Abgrenzung zwischen gewissen Arten der übrigen Einkünfte von den Erwerbs- und Vorsorgeeinkünften ist oftmals nicht einfach vorzunehmen. Gewöhnlich ist die Zuordnung jedoch lediglich von theoretischem Interesse, weil diese Einkünfte unabhängig von ihrer Kategorisierung ohnehin vollumfänglich der Besteuerung unterliegen.

I. Erwerbsersatzeinkünfte

206 Erwerbsersatzeinkommen gemäss DBG 23 a bilden die Einkünfte, die an die Stelle von Arbeitseinkommen treten, indem sie diese Einkommensquelle ganz oder teilweise ersetzen.[265] Die wichtigsten Ersatzeinkünfte bilden die *Einkünfte aus Vorsorgeeinrichtungen* und gleichartige Kapitalabfindungen der Arbeitgeber, die der umschriebenen Sonderbesteuerung unterliegen. Erwerbsersatzeinkünfte können aber auch von Kranken-, Unfall- oder Militärversicherungen meist in Form von Taggeldzahlungen ausgerichtet werden.[266]

II. Versicherungsleistungen

207 Versicherungsleistungen können mannigfaltige Ursachen haben, entsprechend variieren auch die Steuerfolgen. Sie führen oftmals gar nicht zu Einkommen im Sinne des gesetzlichen Einkommensbegriffs[267] oder sind ausdrücklich von der

---

[262] Vgl. Überschrift des 7. Abschnittes der steuerbaren Einkünfte und zugleich Überschrift von DBG 23.
[263] Vgl. ZIGERLIG/JUD, in: ZWEIFEL/ATHANAS, N 2 zu DBG 23.
[264] Vorne § 10 N 18.
[265] Vgl. BGer 27.10.1989, StE 1991 B 26.44 Nr. 3 E. 2a.
[266] Dazu LOCHER, N 7 ff. zu DBG 23; RICHNER/FREI/KAUFMANN/MEUTER, N 16 ff. zu DBG 23; ZIGERLIG/JUD, in: ZWEIFEL/ATHANAS, N 9 zu DBG 23.
[267] So bei Zahlungen von *Schadenersatzleistungen* und Vergütungen für Krankheits-, Medikamenten-, Arzt-, Spitalkosten u.dgl. Nicht steuerbar ist auch die Versicherungsentschädigung für den Ausfall der den Haushalt führenden Person oder einer Haushalthilfe (sog. *Haushaltschaden*).

Steuer befreit[268]. Verschiedentlich handelt es sich dabei auch um *Vermögenserträgnisse*[269] oder um *Vorsorgeeinkünfte*[270], so dass nur ein kleiner Teil der Versicherungsleistungen unter die Kategorie der übrigen Einkünfte fällt.

Ausdrücklich aufgeführt unter den übrigen Einkünften sind die einmaligen oder wiederkehrenden Zahlungen bei Tod sowie für bleibende körperliche oder gesundheitliche Nachteile (DBG 23 b). Dabei handelt es sich aber ebenfalls meistens um Versicherungsleistungen, die entweder als Schadenersatzleistungen und Entschädigungen für Haushaltsschaden nicht steuerbar sind oder die unter andere Einkommenskategorien fallen.

208

III. Entschädigungen für die Aufgabe oder Nichtausübung einer Tätigkeit oder eines Rechts

Gestützt auf DBG 23 c und d sind auch Entschädigungen für die Aufgabe oder Nichtausübung einer Tätigkeit bzw. für die Nichtausübung eines Rechts steuerbar. Diese Einkünfte sind häufig als Erwerbseinkünfte oder als Vermögenserträgnisse steuerbar.[271]

209

IV. Unterhalts- und Unterstützungsleistungen

1. Alimente

Unterhaltsbeiträge, die der geschiedene oder getrennt lebende *Ehegatte* für sich sowie für die Kinder, die unter seiner elterlichen Sorge stehen,[272] erhält, sind voll *steuerbar*.[273] Pendant der Steuerbarkeit beim Empfänger ist die vollumfängliche Abziehbarkeit der Unterhaltsbeiträge bei der leistenden Person (vgl. DBG 33 I c). Es gilt das *Kongruenz-* oder *Korrespondenzprinzip*: Was auf der Seite des Leistenden abgezogen werden kann, ist auf der Empfängerseite steuerbar.[274]

210

Weil der Wert der Haushaltarbeit auf nicht steuerbare Eigenleistungen zurückzuführen ist, ist auch die an deren Stelle tretende Entschädigung kein Einkommen, vorne § 10 N 28d.

[268] *Genugtuungsleistungen* und *Ergänzungsleistungen* zur AHV und IV, hinten N 240 f. und 242 f. Versicherungszahlungen, die auf einem Sparvorgang beruhen und deshalb eine Rückzahlungskomponente enthalten, unterliegen regelmässig der *Erbschafts-* und nicht der Einkommenssteuer (dazu BGer 1.7.2011, StE 2012 B 26.44 Nr. 10 E. 5).

[269] Beispielsweise *Lebensversicherungen mit Einmalprämien,* wenn sie nicht der Vorsorge im Sinne von DBG 20 I a dienen, vorne N 112.

[270] Vgl. dazu vorne N 200.

[271] Näheres dazu bei Locher, N 34 ff. zu DBG 23; Richner/Frei/Kaufmann/Meuter, N 43 ff. zu DBG 23; Zigerlig/Jud, in: Zweifel/Athanas, N 15 ff. zu DBG 23.

[272] Zu den Unterhaltsbeiträgen an mündige Kinder, hinten N 237.

[273] Unerheblich ist, ob die Eltern getrennt wohnen oder nicht, das Gesetz stellt nur darauf ab, dass die Eltern nicht gemeinschaftlich besteuert werden (BGer 30.6.2010, ASA 80, 54 ff. E. 2.1).

[274] BGer 30.6.2010, ASA 80, 54 ff. E. 2.1 m.w.Hw.

211 Diese Regelung war ein zentrales Anliegen der Steuerharmonisierung.[275] Die heutige Lösung wurde vom Bundesrat vorgeschlagen und war arg umstritten. Der Ständerat empfahl, nur die Unterhaltsbeiträge an die geschiedenen oder getrennt lebenden Ehegatten, nicht aber die Kinderalimente beim Leistenden abzuziehen und beim Empfänger zu besteuern.[276] Dieses System war ebenfalls in zahlreichen Kantonen verankert und wurde in Anbetracht der vielfach wirtschaftlich weniger leistungsfähigen alleinerziehenden Mutter als *sozialverträglicher* betrachtet. Schliesslich obsiegte aber doch das klare und transparente bundesrätliche Modell.[277]

212 Unklar ist die *Definition der Unterhaltsbeiträge*. Darunter werden zum Teil lediglich Leistungen subsumiert, die in Form von *Renten,* d.h. periodisch wiederkehrenden, auf das Leben einer Person gestellten Zahlungen, ausgerichtet werden.[278] Zum Teil werden aber auch *Kapitalzahlungen,* die einmalig oder in Raten ausbezahlt werden, als Unterhaltsleistungen betrachtet.[279] Beide Lösungen können mit guten Argumenten gerechtfertigt werden. Das Bundesgericht hat sich in dieser Angelegenheit noch nicht endgültig festgelegt, wird aber vermutlich Kapitalleistungen nicht als Unterhaltsbeiträge zulassen.[280]

2. Stipendien und andere Unterstützungsleistungen

213 Die steuerliche Behandlung von Stipendien ist in den Steuergesetzen gewöhnlich nicht ausdrücklich geregelt. Sie bilden im Grundsatz zunächst steuerbare Einkünfte nach der Einkommensgeneralklausel (DBG 16 I). Allerdings bleiben Stipendien steuerfrei, soweit sie Unterstützungscharakter haben. Gemäss DBG 24 d sind «Unterstützungen aus öffentlichen oder privaten Mitteln» steuerfrei.[281] Darunter fallen nicht nur die Stipendien, sondern auch andere Unterstützungsleistungen, soweit das Kriterium der Bedürftigkeit erfüllt ist.[282]

214 Unterstützungsleistungen in der Form von eigentlichen *Subventionen* sind im Privatvermögensbereich kaum anzutreffen; sie bilden Einkünfte aus selbständiger Erwerbstätigkeit.

---

[275] Botschaft Steuerharmonisierung, 91; vgl. auch BGer 4.12.1992, BGE 118 Ia 277 E. 3a.
[276] Amtl.Bull. StR 1986, 134, so auch Zuppinger/Böckli/Locher/Reich, Steuerharmonisierung, 50 f.
[277] Amtl.Bull. NR 1989, 32; StR 1989, 572.
[278] So z.B. VGer ZH 30.6.1987, StE 1988 B 27.2 Nr. 7.
[279] So z.B. VGer LU 17.7.1996, StE 1996 B 27.2 Nr. 17 E. 2b und d.
[280] Dazu BGer 29.1.1999, StE 1999 B 27.2 Nr. 22 E. 5 und Zigerlig/Jud, in: Zweifel/Athanas, N 25 zu DBG 23.
[281] Hinten N 234 ff.
[282] Ebenda.

V. Lotteriegewinne

Die Besteuerung von Einkünften aus Lotterien und lotterieähnlichen Veranstaltungen ist in Bund und Kantonen unterschiedlich geregelt.[283] Der Bund und verschiedene Kantone erfassen Lotteriegewinne als ordentliches Einkommen ohne Satzermässigung (vgl. DBG 23 e).[284] Die anderen Kantone kennen eine Satzermässigung, eine Sondersteuer oder gar eine Steuerbefreiung.

215

Kantonale Steuerordnungen mit einer Sondersteuer oder einer Steuerbefreiung von Lotteriegewinnen sind harmonisierungswidrig, denn StHG 7 I verlangt die Erhebung einer allgemeinen Einkommenssteuer, die alle Einkünfte umfasst (Grundsatz der Gesamtreineinkommenssteuer), mithin auch die unter die Generalklausel fallenden Lotteriegewinne. Demgegenüber ist gegen eine *Satzermässigung* nichts einzuwenden. Eine solche ist durchaus sachgerecht, weil der ordentliche Tarif auf jahresperiodisch fliessende Einkünfte zugeschnitten ist. Überdies wird mit einer Steuersatzermässigung versucht, der notorisch schlechten Steuermoral hinsichtlich der Deklaration von Lotteriegewinnen entgegenzuwirken. In Anbetracht der kantonalen Tarifautonomie wäre ein bundesrechtlicher Zwang in dieser Frage nicht angebracht.[285]

216

F. Nicht der Einkommenssteuer unterliegende Einkünfte

StHG 7 IV enthält einen Katalog von steuerfreien Einkünften. Dabei handelt es sich um eine für die Kantone verbindliche *abschliessende Aufzählung* der nicht der Einkommenssteuer unterliegenden Einkünfte.[286] Dies ergibt sich schon aus dem Wortlaut, nach welchem «nur» die aufgezählten Einkünfte steuerfrei sind. Zu berücksichtigen ist aber auch, dass der gesetzliche Einkommensbegriff trotz

217

---

[283] Übersicht in SSK, Steuerinformationen, D. Einzelne Steuern. Die Einkommenssteuer natürlicher Personen, 54.
[284] Als Folge der Parlamentarischen Initiative *Vereinfachungen bei der Besteuerung von Lotteriegewinnen* soll eine Freigrenze statuiert werden. Nach DBG sollen Lotteriegewinne bis zu CHF 1 000 steuerfrei bleiben; die Kantone können die Freigrenze selber festlegen. Überdies ist ein pauschaler Einsatzkostenabzug mit einer Höchstgrenze vorgesehen (vgl. Stellungnahme des Bundesrates vom 17.8.2011 zum Bericht vom 24.6.2011 der Kommission für Wirtschaft und Abgaben des Ständerates, BBl 2011, 6543–6550).
[285] Die Frage ist allerdings *umstritten*, vgl. Bericht Kommission Cagianut, 21 f.; Reich, in: Zweifel/Athanas, N 30 zu StHG 2; Bernhard Zwahlen, Privatvermögen, Vermögensertrag, Vermögensgewinn, in: Ernst Höhn/Peter Athanas (Hrsg.), Das neue Bundesrecht über die direkten Steuern. Direkte Bundessteuer und Steuerharmonisierung, Bern et al. 1993, 55 ff., 97 und ders., Das neue Recht der direkten Bundessteuern aus der Sicht der Kantone. Ungelöste Fragen – grosser Handlungsbedarf, ST 1993, 281 ff., 286.
[286] Blumenstein/Locher, System, 173 f.; Bericht Kommission Cagianut, 24; Höhn/Waldburger, Bd. I, § 14 N 19; Reich, in: Zweifel/Athanas, N 76 zu StHG 7; Klaus A. Vallender, Mittelbare Rechtsetzung im Bereich der Steuerharmonisierung. Das Steuerharmonisierungsgesetz als Grundsatzgesetz, in: Cagianut/Vallender, FS Höhn, 421 ff., 444.

seines sehr weit gespannten Charakters die *endogenen Reinvermögenszugänge* nicht einbezieht. Obwohl diese im Katalog der steuerfreien Einkünfte nicht aufgeführt sind, unterliegen sie nicht der Einkommenssteuer.[287] Deshalb findet man unter den steuerfreien Einkünften folgerichtig weder den *Vermögenszuwachs* noch die *zugerechneten Einkünfte* in der Form von Eigenleistungen verschiedenster Art oder in der Form der Eigennutzungen von beweglichen Vermögenswerten.

218 Die *Gründe* der Steuerfreiheit der im Katalog von StHG 7 IV enthaltenen Einkünfte sind vielfältig. Zum einen sind es steuer- oder gesellschaftspolitische Überlegungen und zum anderen steuertechnische Motive.

I. Kapitalgewinne

219 Nicht der Einkommenssteuer unterworfen sind vorab die Kapitalgewinne im Privatvermögensbereich. Kapitalgewinne sind *Wertzuwachsgewinne,* die bei der Veräusserung von Vermögensrechten erzielt werden.[288] Ist die Differenz zwischen dem Veräusserungserlös und den Anlagekosten negativ, entsteht ein *Kapitalverlust*. Bei der Kapitalgewinnbesteuerung im Privatvermögen ist zu unterscheiden zwischen den Gewinnen auf dem unbeweglichen und den Gewinnen auf dem beweglichen Privatvermögen.

1. Gewinn und Verlust aus der Veräusserung von unbeweglichem Privatvermögen

220 *Gewinne* aus der Veräusserung von Liegenschaften des Privatvermögens werden im Bund überhaupt nicht besteuert.[289] In sämtlichen *Kantonen* unterliegen sie zwar nicht der allgemeinen Einkommenssteuer; sie werden jedoch mit einer separaten *Grundstückgewinnsteuer* erfasst (StHG 12).[290]

221 *Verluste* bei der Veräusserung von Liegenschaften des Privatvermögens sind im Bund nicht abziehbar. Dies ergibt sich als selbstverständliche Folge der Steuerfreiheit der Gewinne. Indes können die Verluste in zahlreichen Kantonen eben-

---

[287] Vorne § 10 N 14, 21.
[288] Der *Begriff des Kapitalgewinns* wurde bereits in Zusammenhang mit der Abgrenzung zum steuerbaren Vermögensertrag erläutert, vorne N 37 ff.
[289] Die Steuerfreiheit der Kapitalgewinne aus der Veräusserung von Privatvermögen ist nicht in DBG 24, sondern – systematisch verfehlt – in DBG 16 III aufgeführt. Der Grund für diese Fehlplatzierung liegt in der *Entstehungsgeschichte* von DBG 16, der in der bundesrätlichen Fassung noch den Hinweis auf eine gesonderte Besteuerung der Beteiligungsgewinne enthielt (ausführlich REICH, in: ZWEIFEL/ATHANAS, N 43 ff. zu DBG 16).
[290] Übersicht über die Steuerhoheiten in SSK, Steuerinformationen, D. Einzelne Steuern. Die Besteuerung der Grundstückgewinne, 11. Ausführlich dazu §§ 24 und 25.

falls nicht oder nur in sehr eingeschränktem Umfang geltend gemacht werden, obwohl die Gewinne der Grundstückgewinnbesteuerung unterliegen.[291]

2. Gewinn und Verlust aus der Veräusserung von beweglichem Privatvermögen

Gewinne auf beweglichem Privatvermögen werden weder im Bund (DBG 16 III) noch in den Kantonen (StHG 7 IV b)[292] der Besteuerung unterworfen. Im Gegenzug sind *Verluste* auf beweglichem Privatvermögen nicht abziehbar. 222

3. Kapitalgewinne und -verluste im Licht des Leistungsfähigkeitsprinzips

Die Steuerfreiheit der privaten Kapitalgewinne ist die wichtigste und zugleich umstrittenste Ausnahme im Einkommenssteuerrecht. Der bei der Veräusserung von Vermögenswerten erzielte Erlös bildet unbestreitbar einen *Zufluss von aussen;* ist also von der gesetzlichen Einkommensgeneralklausel umfasst. In diesem Licht erscheint die Steuerfreiheit der privaten Kapitalgewinne als *systemwidrige Ausnahme* vom Grundsatz der Gesamtreineinkommensbesteuerung und der Besteuerung nach der wirtschaftlichen Leistungsfähigkeit.[293] Sie wird deshalb politisch[294] und auch steuerrechtlich[295] immer wieder infrage gestellt. 223

Dennoch kommt das Bundesgericht nach eingehender und überzeugender Abwägung der Argumente pro und contra zum Schluss, dass die Nichtbesteuerung der Gewinne auf dem beweglichen Privatvermögen nicht gegen das allgemeine Rechtsempfinden verstösst und sich auch im Licht des Gleichbehandlungsgebots rechtfertigen lässt.[296] Die wichtigsten Gründe für die Steuerfreiheit der Gewinne auf dem beweglichen Privatvermögen sind die Folgenden:[297] 224

Eine Besteuerung der Gewinne auf dem beweglichen Privatvermögen mit der allgemeinen Einkommenssteuer würde selbstredend auch ein *allgemeines Verlustabzugsrecht* bedingen. Das würde bedeuten, dass die Kapitalverluste nicht nur von den Kapitalgewinnen, sondern auch von den übrigen Einkünften abge- 225

---

[291] Vorne N 82. Die fehlende Abzugsmöglichkeit für Grundstücksverluste ist im kantonalen Steuerrecht mit Blick auf die Steuerbarkeit der Gewinne aus verfassungsrechtlicher Sicht unhaltbar.
[292] Vorbehalten bleiben lediglich Gewinne aus Rechtsgeschäften, die in Bezug auf die Verfügungsgewalt über ein Grundstück wirtschaftlich wie eine Veräusserung wirken (StHG 12 II a), insbesondere die Gewinne aus der Übertragung von Beteiligungsrechten an Immobiliengesellschaften (StHG 12 II d), ausführlich dazu hinten § 25 N 26 ff.
[293] Vgl. BGer 12.7.1989, BGE 115 Ib 238 = StE 1990 B 24.4 Nr. 22.
[294] Mit Volksabstimmung vom 2.12.2001 wurde die Volksinitiative «für eine Kapitalgewinnsteuer» (dazu BBl 1999, 9791 ff.), die für Kapitalgewinne auf beweglichem Vermögen eine einheitliche, proportionale Steuer von mindestens 20% vorgesehen hätte, mit 66% der Stimmen abgelehnt.
[295] Vgl. Bericht Steuerlücken, 71 ff.
[296] BGer 8.12.1988, BGE 114 Ia 221 E. 2 ff.
[297] Zur Rechtfertigung der Steuerfreiheit ausführlich auch ALEXANDER FILLI, Die Besteuerung der Kapitalgewinne im Spannungsfeld der realfiskalischen Gegebenheiten, ASA 66 (1997/98), 433 ff.

zogen werden könnten.²⁹⁸ Eine solche Konzeption der Kapitalgewinnbesteuerung schränkt jedoch zum einen deren *Ergiebigkeit* ganz erheblich ein und zum anderen bewirkt sie, dass die Einkommensbesteuerung stark *prozyklisch* wirkt. In Zeiten des wirtschaftlichen Aufschwungs würden die Steuererträge kräftig sprudeln, während das Steuersubstrat in rezessiven Phasen nicht nur wegen des durch die rückläufige Wirtschaftslage bedingten allgemeinen Einkommensrückgangs, sondern auch vor allem wegen der Verrechnung der Kapitalverluste der Steuerpflichtigen erheblich beeinträchtigt würde. Weiter wird gegen eine Kapitalgewinnbesteuerung eingewendet, dass sie *erhebungstechnisch sehr aufwendig* wäre und nicht zuletzt auch die *Standortattraktivität* der Schweiz im internationalen Verhältnis empfindlich schwächen würde. Schliesslich kann auch angemerkt werden, dass die am *herkömmlichen Leistungsfähigkeitsdenken* orientierte Gesamtreineinkommensbesteuerung in den letzten Jahren brüchig geworden ist.²⁹⁹ Es gibt nach neuerer Auffassung verschiedene Gründe, die gegen eine generelle Gleichbehandlung der Vermögenserträgnisse und Kapitalgewinne einerseits und der Erwerbseinkünfte andrerseits sprechen.

226 Weil die Steuerfreiheit privater Kapitalgewinne in steuersystematischer Hinsicht nach weit verbreiteter Auffassung eine Lücke darstellt, wird der Bereich der Steuerfreiheit durch extensive Auslegung der Begriffe des *Vermögensertrags* und der *selbständigen Erwerbstätigkeit* möglichst klein gehalten.³⁰⁰ Dies darf jedoch nicht dazu führen, dass private Kapitalgewinne aufgrund freischwebender Gerechtigkeitsüberlegungen in steuerbaren Vermögensertrag umqualifiziert werden.

II. Vermögensanfall infolge Erbschaft, Vermächtnis, Schenkung oder güterrechtlicher Auseinandersetzung

1. Erbschaft, Vermächtnis und Schenkung

227 Nach der Reinvermögenszugangstheorie ist der Vermögensanfall aus Erbschaft, Vermächtnis oder Schenkung Bestandteil des Einkommens.³⁰¹ Auch nach dem steuerrechtlichen Einkommensbegriff handelt es sich um einen *Reinvermögenszufluss,* mithin um Einkünfte im Sinn der Generalklausel.

---

[298] Eine nach heutiger Auffassung wohl klar verfassungswidrige Einschränkung der Verlustverrechnungsmöglichkeit in dem Sinn, dass Verluste nur mit erzielten Kapitalgewinnen und nicht auch mit den übrigen Einkünften verrechenbar sind, war früher in den kantonalen Kapitalgewinnsteuern weit verbreitet.

[299] Dazu Markus Reich, Verfassungsrechtliche Beurteilung der partiellen Steuerdegression am Beispiel des Einkommens- und Vermögenssteuertarifs des Kantons Obwalden, ASA 74 (2005/2006), 689 ff., 707 f. und 714 sowie vorne § 4 N 159 ff. auch zum Folgenden.

[300] Vgl. BGer 12.7.1989, BGE 115 Ib 238 = StE 1990 B 24.4 Nr. 22; BGer 19.4.1985, StE 1986 B 24.4 Nr. 6.

[301] Vorne § 10 N 11 ff., 18.

Die Zuflüsse aus Erbschaft und Schenkung werden allerdings nach den Steuerordnungen von Bund und Kantonen entweder steuerfrei gelassen oder einer *Sondersteuer* unterworfen. Es drängt sich deshalb bei der allgemeinen Einkommenssteuer eine entsprechende Ausnahmevorschrift auf.

228

Die Abgrenzung von Zuwendungen, die *unentgeltlichen Charakter* haben und deshalb der Erbschafts- und Schenkungssteuer unterliegen, von den der Einkommensteuer unterworfenen Leistungen bereitet insbesondere Schwierigkeiten, wenn die Zuwendungen vom *Arbeitgeber* oder diesem nahestehenden Personen stammen oder wenn es sich um *Preise* und *Ehrengaben* an Künstler oder Wissenschaftler handelt. Vielfach sind solche Leistungen als Erwerbseinkünfte zu qualifizieren.[302]

229

2. Güterrechtliche Auseinandersetzung

Infolge der gemeinsamen Veranlagung der Ehegatten nach dem Prinzip der *Faktorenaddition* sind sämtliche Vermögensanfälle im Zuge der güterrechtlichen Auseinandersetzung nicht der Besteuerung unterworfen. Unabhängig von der zivilrechtlichen Natur der Ansprüche führen solche Vermögensumlagerungen im Bereich der bisher gemeinsam versteuerten Mittel nicht zu Zuflüssen von aussen und sind deshalb schon vom gesetzlichen Einkommensbegriff nicht erfasst.

230

III. Vermögensanfall aus rückkaufsfähiger privater Kapitalversicherung

Wie gesehen,[303] bilden Vermögensanfälle aus rückkaufsfähigen Kapitalversicherungen zum einen Teil einkommensunwirksame Kapitalrückzahlung und zum anderen Teil grundsätzlich steuerbaren Vermögensertrag. DBG 24 b (StHG 7 IV d) nimmt indes die *gesamten Auszahlungen* aus rückkaufsfähigen Lebensversicherungen von der Besteuerung aus. Vorbehalten bleiben jedoch zum einen die Auszahlungen aus *Freizügigkeitspolicen*, die als Vorsorgeeinkünfte der vollen Besteuerung unterliegen, und zum anderen Leistungen aus *Einmalprämienversicherungen,* welche die Voraussetzungen von DBG 20 I a (StHG 7 I[ter]) nicht erfüllen.

231

Die an sich systemwidrige grundsätzliche Steuerfreiheit von Lebensversicherungen soll die *Selbstvorsorge* durch Versicherungssparen fördern.[304]

232

---

[302] Für die Abgrenzung zu Lohnzahlungen, vorne N 8; zu den Preisen und Ehrengaben an selbständig Erwerbstätige, hinten § 15 N 44 f.
[303] Vorne N 112.
[304] Vgl. ZIGERLIG/JUD, in: ZWEIFEL/ATHANAS, N 11 zu DBG 24 mit Hinweisen.

IV. Vorsorgeleistungen bei Stellenwechsel

233 Nicht besteuert werden sodann Kapitalzahlungen, die beim Stellenwechsel vom Arbeitgeber oder von Einrichtungen der beruflichen Vorsorge ausgerichtet werden, sofern sie innert Jahresfrist zum *Einkauf* in eine Einrichtung der beruflichen Vorsorge im Sinn des BVG oder zum Erwerb einer *Freizügigkeitspolice* gemäss FZV 10 II verwendet werden.[305]

V. Unterstützungen aus öffentlichen oder privaten Mitteln

234 Die Steuerbefreiung von Unterstützungsleistungen ist *sozialpolitischer Natur*. Die an unterstützungsbedürftige Personen ausgerichteten Leistungen sollen dem Bedürftigen *ungeschmälert* zukommen.[306] Als *steuerfreie Unterstützung* gelten lediglich Leistungen, die einer bedürftigen Person unentgeltlich zur Bestreitung des notwendigen Lebensunterhalts gewährt werden. Keine Unterstützungsleistungen sind deshalb Hilflosenentschädigungen[307] und in der Regel auch Zahlungen von Vorsorgeeinrichtungen[308]. Den Massstab zur Festlegung des notwendigen Lebensunterhalts entnimmt das Bundesgericht dem ELG[309].[310] Übersteigen Unterstützungsleistungen – allenfalls zusammen mit anderen Einkünften – den notwendigen Lebensunterhalt des Steuerpflichtigen, ist nur der lebensnotwendige Bedarf freizustellen.[311]

235 Als steuerfreie Unterstützungsleistungen gelten oftmals auch die *Stipendien*, dies allerdings nur, wenn sie ohne eine bestimmte *Gegenleistung* und an *bedürftige Empfänger* vergeben werden. Stipendien sind demnach von Preisen und Leistungen abzugrenzen, die im Rahmen einer Ausschreibung, eines Auftrages oder eines Wettbewerbes vergeben werden und deshalb als *Erwerbseinkommen* zu besteuern sind.[312] Das Kriterium der Bedürftigkeit ist erfüllt, wenn das Stipendium

---

[305] Nach – umstrittener – Ansicht der EStV ist der Erwerb von Freizügigkeitspolicen durch Arbeitgeber und Arbeitnehmer nicht mehr möglich, vgl. dazu Fn. 242.

[306] Dazu und zum Folgenden BGer 9.3.2011, BGE 137 II 328 = StE 2011 B 28 Nr. 9 E. 4; REIMANN/ZUPPINGER/SCHÄRRER, § 24 N 47 ff.; REICH, in: ZWEIFEL/ATHANAS, N 93 ff. zu StHG 7; ZIGERLIG/JUD, in: ZWEIFEL/ATHANAS, N 15 ff. zu DBG 24.

[307] Vorne Fn. 248.

[308] Leistungen von *patronalen Einrichtungen* können allerdings *unentgeltlichen Charakter* aufweisen und deshalb steuerfreie Unterstützungsleistungen bilden (vgl. BGer 9.3.2011, BGE 137 II 328 = StE 2011 B 28 Nr. 9 E. 4.5.1).

[309] BG über Ergänzungsleistungen zur Alters-, Hinterlassenen- und Invalidenversicherung (ELG) vom 6.10.2006 (SR 831.30).

[310] BGer 9.3.2011, BGE 137 II 328 = StE 2011 B 28 Nr. 9 E. 5.2.

[311] BGer 9.3.2011, BGE 137 II 328 = StE 2011 B 28 Nr. 9 E. 5.

[312] Vgl. hinten § 15 N 44 f.

zusammen mit den übrigen Einkünften den notwendigen Lebensbedarf des Empfängers nicht übersteigt.[313]

Die Steuerbefreiung von Unterstützungsleistungen kann heute mit Blick auf das *Gleichbehandlungsgebot* und auch in Anbetracht des gesetzlichen *Einkommenskonzepts* kaum mehr gerechtfertigt werden.[314] Je mehr der Steuergesetzgeber der berechtigten Forderung nach Steuerfreiheit des Existenzminimums[315] nachkommt, desto ungerechter wird die Steuerbefreiung der Unterstützungsleistungen. Unterstützungsleistungen sollten vollumfänglich in die Bemessungsgrundlage einbezogen werden, wobei dann der Bedürftigkeit des Einkommensempfängers aber auf der tariflichen Ebene durch eine angemessene *Freistellung des Existenzminimums* Rechnung zu tragen wäre.

236

VI. Leistungen in Erfüllung familienrechtlicher Verpflichtungen

Leistungen in Erfüllung der gesetzlichen Verwandtenunterstützungspflicht (ZGB 328) sind ebenfalls steuerfrei. Bedürftigkeit des Empfängers bildet hier nicht Voraussetzung für die Steuerfreiheit; auch Unterhaltsbeiträge, die der Deckung eines *angemessenen Lebensunterhalts* dienen, sind von der Besteuerung ausgenommen.[316] Unterhaltsbeiträge an mündige Kinder unterliegen somit nicht der Besteuerung, können aber vom Leistenden auch nicht abgezogen werden (vgl. DBG 33 I c).

237

Demgegenüber sind Unterhaltsbeiträge, die der *geschiedene* oder *getrennt lebende Ehegatte* für sich sowie für *Kinder*, die unter seiner elterlichen Sorge stehen, erhält, von der Steuerfreiheit ausgenommen (vgl. DBG 23 f).

238

---

[313] Vgl. zum Ganzen Merkblatt des KStA ZH über die Besteuerung von Auszeichnungen für künstlerische, wissenschaftliche oder kulturelle Tätigkeiten vom 27.9.2004, ZStB 16/700, sowie die Kreisschreiben der EStV Nr. 15 vom 8.4.1953 betreffend die steuerliche Behandlung von Preisen, Ehrengaben und Stipendien an Schriftsteller, Musiker, Maler, Bildhauer, Wissenschaftler usw. sowie Kreisschreiben der EStV Nr. 8 vom 25.2.1971 betreffend Zuwendungen des Schweizerischen Nationalfonds zur Förderung der wissenschaftlichen Forschung.
[314] Dazu die wenig überzeugenden Erwägungen in VGer ZH 2.2.1994, StE 1994 B 28 Nr. 3; VGer AG 6.3.1995, Aargauer Steuerjustizentscheide 1995 Nr. 3.
[315] Vgl. vorne § 10 N 46 ff.
[316] REIMANN/ZUPPINGER/SCHÄRRER, § 24 N 65; ZIGERLIG/JUD, in: ZWEIFEL/ATHANAS, N 21a zu DBG 24.

VII. Sold für Militär- und Schutzdienst sowie das Taschengeld für Zivildienst und Sold der Milizfeuerwehrleute

239 Die Steuerfreiheit des Soldes für Militär- und Schutzdienst sowie des Taschengelds für Zivildienst ist in der Überlegung begründet, dass der mit der Dienstpflicht verbundene Mehraufwand durch den Sold nicht gedeckt ist und deshalb im Resultat kein steuerbares Einkommen entsteht.[317] Neu wurde auch der Sold der Milizfeuerwehrleute – allerdings limitiert[318] – steuerbefreit.[319]

VIII. Zahlungen von Genugtuungssummen

240 Der Zufluss einer Genugtuungssumme stellt nach dem steuerrechtlichen Einkommensbegriff zweifellos *Einkommen* dar, weil dem Zufluss kein unmittelbar korrelierter Vermögensabgang gegenübersteht. Die Genugtuung bildet Ausgleich eines *ideellen Schadens,* wogegen der Schadenersatz den *materiellen Schaden* ausgleicht.[320] Trotz des einkommensbildenden Charakters der Genugtuungsleistungen erscheint deren Besteuerung als unbillig. Der Staat soll sich nicht am Leid der Steuerpflichtigen bereichern. Auch ist die Nähe zu den Schadenersatzleistungen nicht in Abrede zu stellen.[321]

241 Von der Steuerbefreiung erfasst werden auch *Integritätsentschädigungen,* welche gestützt auf UVG[322] 24 I oder MVG[323] 48 I ausgerichtet werden.[324]

IX. Ergänzungsleistungen zur AHV und IV

242 Die Steuerfreiheit der Ergänzungsleistungen zur AHV und IV ist wie die Steuerfreiheit der Unterstützungsleistungen sozialpolitisch begründet. Überdies haben die Empfänger von Ergänzungsleistungen in aller Regel ohnehin keine Einkommenssteuern zu entrichten.[325] Die Steuerfreiheit bezieht sich auf alle Leistungen,

---

[317] ZIGERLIG/JUD, in: ZWEIFEL/ATHANAS, N 23 zu DBG 24.
[318] Bei der direkten Bundessteuer sind jährlich CHF 5 000 freigestellt (DBG 24 f^{bis}), die Kantone können den Betrag selber bestimmen (StHG 7 IV h^{bis}).
[319] Bundesgesetz über die Steuerbefreiung des Feuerwehrsoldes vom 17.6.2011 (BBl 2011, 4921). Das Inkrafttreten ist auf den 1.1.2013 festgesetzt worden; die Kantone haben eine Anpassungsfrist von zwei Jahren.
[320] Zur Steuerfreiheit von Schadenersatzleistungen vorne § 10 N 28c und 28d.
[321] Vgl. BGer 20.6.1986, ASA 56, 61 ff.
[322] Bundesgesetz vom 20.3.1981 über die Unfallversicherung (SR 832.20).
[323] Bundesgesetz vom 19.6.1992 über die Militärversicherung (SR 833.1).
[324] Vgl. REICH, in: ZWEIFEL/ATHANAS, N 105 zu StHG 7.
[325] Amtl.Bull. NR 1987, 1771. *Hilflosenentschädigungen* (dazu vorne Fn. 248) sind keine Ergänzungsleistungen.

die gestützt auf das ELG[326] sowie auf die dazugehörige *Verordnung*[327] entrichtet werden. Dabei handelt es sich nicht durchwegs um Unterstützungsleistungen im Sinn von DBG 24 d und ZH StG 24 d.

Die Steuerfreiheit der Ergänzungsleistungen ist wie die Steuerbefreiung der Unterstützungsleistungen *unsachgemäss*. Sie kann zur Folge haben, dass die Steuerbelastung trotz gleicher wirtschaftlicher Leistungsfähigkeit unterschiedlich ist, je nachdem, ein wie grosser Anteil des Einkommens aus steuerfreien Ergänzungsleistungen besteht. Dennoch darf daraus nicht gefolgert werden, dass alle andern Einkünfte bis zur Höhe des Ergänzungsleistungsanspruchs auch steuerfrei sein müssten.[328]

243

X. Spielbankengewinne

Steuerfrei sind schliesslich nach DBG 24 i (StHG 7 IV l) die bei Glücksspielen in Spielbanken im Sinne des Spielbankengesetzes[329] erzielten Gewinne. Über das *Motiv* dieser im Hinblick auf den Gleichbehandlungsgrundsatz stark kritisierten Bestimmung[330] geben die Materialien keine schlüssige Auskunft. Zur Begründung der Verrechnungssteuerfreiheit wird auf beträchtliche Erhebungsschwierigkeiten und auf die Benachteiligung der Schweizer Spielbanken im Wettbewerb mit den ausländischen Konkurrenten, die keiner Quellenbesteuerung unterliegen, hingewiesen.[331] Die Steuerbefreiung bei der Einkommenssteuer dürfte vermutlich u.a. auf die Überlegung zurückzuführen sein, dass es auf längere Sicht nur sehr wenigen Spielern gelingt, einen *Überschuss* aus den Spielaktivitäten zu erwirtschaften. Am besten liesse sich die Steuerbefreiung der Spielbankengewinne mit dem Argument der *Gleichbehandlung* der Spieleinsätze und -gewinne rechtfertigen. Nach dem Leistungsfähigkeitsprinzip sind die Spieleinsätze an sich integral vom steuerbaren Einkommen abziehbar, wenn die Gewinne der Besteuerung unterliegen. Allerdings müsste diese Begründung zur generellen Steuerbefreiung der *Gewinne aus Lotterien, Spielen und Wetten* aus in- und ausländischen Veranstaltungen führen.

244

---

[326] Vgl. Fn. 309.
[327] Verordnung vom 15.1.1971 über die Ergänzungsleistungen zur Alters-, Hinterlassenen- und Invalidenversicherung (ELV) (SR 831.301).
[328] BGer 24.5.1996, BGE 122 I 101 E. 5 = StE 1997 A 21.16 Nr. 6.
[329] Bundesgesetz vom 18.12.1998 über Glücksspiele und Spielbanken (Spielbankengesetz, SBG) (SR 935.52).
[330] ZIGERLIG/JUD, in: ZWEIFEL/ATHANAS, N 33 f. zu DBG 24.
[331] Botschaft zum Bundesgesetz über das Glücksspiel und über die Spielbanken (Spielbankengesetz, SBG) vom 26.2.1997, BBl 1997 III 145–212, 185.

G. Abzüge für besondere Aufwendungen und Sozialabzüge

I. Terminologisches

245 Das steuerbare Einkommen ist eine Nettogrösse. Von den gesamten steuerbaren Einkünften sind deshalb verschiedene *Abzüge* vorzunehmen. Die Steuergesetze unterscheiden zwischen den zur Erzielung der Einkünfte *notwendigen Aufwendungen* und den *allgemeinen Abzügen* sowie den *Sozialabzügen*. Die zur Erzielung der Einkünfte notwendigen Aufwendungen werden vielfach auch als «*Gewinnungskosten*» oder zum Teil auch als «*organische Abzüge*»[332] bezeichnet. Die Gewinnungskosten sind jeweils im Anschluss an die Darlegung der einzelnen Einkünfte bereits erörtert worden.[333] Zu behandeln sind noch die allgemeinen Abzüge und die Sozialabzüge.

246 Für die *allgemeinen Abzüge* findet sich auch die Bezeichnung «*sozialpolitische Abzüge*».[334] Die Sozialabzüge werden auch als «*Freibeträge*» bezeichnet.

247 Wenn die gesamten Einkünfte um die Gewinnungskosten und die allgemeinen Abzüge gekürzt werden, resultiert daraus das *Reineinkommen*. Bis zur Grösse des Reineinkommens sind die Ermittlungsregeln weitgehend bundesrechtlich harmonisiert. Frei sind die Kantone hingegen von Verfassungs wegen in der Normierung der Sozialabzüge. Wenn vom Reineinkommen die Sozialabzüge abgezogen werden, gelangt man schliesslich zum *steuerbaren Einkommen*, von welchem ein durch den Steuertarif bestimmter Teil als Steuer abzuliefern ist.

II. Abzüge für besondere Aufwendungen

248 Neben den Gewinnungskosten lassen die Steuergesetzgeber in Bund und Kantonen aus sozialpolitischen Überlegungen und Billigkeitserwägungen weitere Abzüge von der Steuerbemessungsgrundlage zu. Gewisse Lebenshaltungskosten dürfen, weil sie nach Auffassung des Gesetzgebers die *wirtschaftliche Leistungsfähigkeit* mindern oder weil ein *bestimmtes Verhalten* gefördert werden soll, von der Bemessungsgrundlage abgezogen werden. Soweit der Gesetzgeber mit den allgemeinen Abzügen die Kosten des notwendigsten Existenzbedarfs aus der Steuerbemessungsgrundlage ausscheidet, verwirklicht er das *subjektive Nettoprinzip*. Zum Teil sollen mit sozialpolitisch motivierten Abzügen aber auch *Anreize* zu einem gesellschaftspolitisch erwünschten Verhalten gegeben werden (z.B. Abzug von Beiträgen an Institutionen mit öffentlicher oder gemeinnütziger Zwecksetzung).

---

[332] Diese Anlehnung an die naturwissenschaftliche Terminologie ist allerdings wenig hilfreich.
[333] Vorne N 15 ff., 72 ff. und 184 ff. Dazu auch § 10 N 40 ff.
[334] Der ebenfalls verwendete Ausdruck «*anorganische Abzüge*» sollte vermieden werden, da auch die Sozialabzüge *nicht organische Abzüge* darstellen.

Als allgemeine Abzüge sind in den entsprechenden gesetzlichen Bestimmungen (z.B. DBG 33, 33a und 212 sowie ZH StG 31 f.) zum Teil auch Aufwendungen aufgeführt, die je nach konkreter Situation *Gewinnungskostencharakter* haben. Das gilt namentlich für die Schuldzinsen und die Abzüge im Bereich der Vorsorge.

249

1. Abschliessende Aufzählung

Die allgemeinen Abzüge sind in den Steuergesetzen im Unterschied zu den Gewinnungskosten[335] *abschliessend* geregelt. Das ergibt sich nicht nur aus dem *Wortlaut* von StHG 9 II und IV und dem *Detaillierungsgrad* von StHG 9 II, sondern entspricht auch einem *zentralen Anliegen* der Steuerharmonisierung.[336] Die abschliessende bundesrechtliche Regelung der Abzüge ist sogar als «Eckpfeiler der ganzen Harmonisierung» bezeichnet worden.[337] Auf diesem beliebten Tummelplatz der Politiker hat sich in den kantonalen Steuerordnungen ein eigentliches *Abzugsunwesen* entwickelt, das mit den Grundsätzen der Allgemeinheit und der Besteuerung nach der wirtschaftlichen Leistungsfähigkeit zum Teil nur mehr schwer zu vereinbaren war und die Übersichtlichkeit und Vergleichbarkeit der Steuerordnungen stark beeinträchtigt hatte.

250

2. Schuldzinsen

Es ist seit jeher eine Eigenart des schweizerischen Steuerrechts, dass Schuldzinsen vom steuerbaren Einkommen abziehbar sind, unabhängig davon, ob sie Gewinnungskostencharakter haben oder nicht.[338] Die generelle Abziehbarkeit der Schuldzinsen führt dazu, dass in sachlich nicht begründbarer Weise *Lebenshaltungskosten* aus der Steuerbemessungsgrundlage ausgeklammert werden, weil auch Zinsen für Kredite abgezogen werden können, die z.B. zur Anschaffung von Luxusgütern oder zur Bezahlung von Ferien u.dgl. aufgenommen werden. Der Schuldzinsenabzug im Privatvermögensbereich trägt einiges zur Verschärfung der Problematik der *Steuerfreiheit der Gewinne* auf dem beweglichen Privatvermögen sowie der Auszahlungen aus *Lebensversicherungen* bei. Auch bildet er einen gewichtigen Grund für die Besteuerung der *Eigenmieten*.

251

Mit Blick auf verschiedene im grossen Stil operierende Spekulanten, die mit sehr umfangreichen Fremdgeldern grosse private Kapitalgewinne erwirtschaftet haben und wegen des Schuldzinsenabzugs keine oder nur wenig Einkommenssteuern entrichten mussten (sog. «Nullmillionäre»),[339] wurde der Abzug privater

252

---

[335] Vorne § 10 N 40 ff.
[336] Vgl. MARKUS REICH, Gedanken zur Umsetzung des Steuerharmonisierungsgesetzes, ASA 62 (1993/94), 577 ff., 614.
[337] Amtl.Bull. SR 1986, 139.
[338] Dies ist ein Relikt aus der *Reinvermögenszugangstheorie* (vgl. dazu § 10 N 11 ff.).
[339] Vgl. dazu Botschaft Stabilisierungsprogramm, 84 f.

Schuldzinsen im Jahre 1999 beschränkt auf die um CHF 50 000 erweiterten Bruttovermögenserträge.[340]

253 Als abziehbare Schuldzinsen gelten Leistungen, die als Nutzungsentgelt für eine bestehende Kapitalschuld entrichtet werden und rechtlich nicht zu deren Tilgung führen.[341] Der Begriff der Schuldzinsen ist *wirtschaftlich* zu verstehen. Unerheblich sind die Form, die Bezeichnung und der Zeitpunkt der Erbringung der Schuldzinsen.[342] In Anbetracht der Ungereimtheiten des Schuldzinsenabzugs im Privatvermögensbereich ist es angezeigt, den *Begriff* der abziehbaren Schuldzinsen eher eng zu fassen. Kein Schuldzins im steuerrechtlichen Sinn liegt vor, wenn im gewöhnlichen Sprachgebrauch zwar von «Zins» die Rede ist (z.B. «Mietzins»), jedoch eine Abhängigkeit zwischen Kapitalschuld und Zins fehlt. Nicht abziehbar sind Lizenzgebühren, Miet- und Pachtgelder oder Leasinggebühren.[343] Als Schuldzinsen präsentieren sich hingegen Vorfälligkeitsentschädigungen bei Auflösung von Darlehensverträgen mit fester Laufzeit (z.B. Festhypotheken).[344] Es ist anzunehmen, dass die Schuldzinsen bei entsprechend kürzerer Laufzeit höher ausgefallen wären.

3. Renten und dauernde Lasten

254 Nach DBG 33 I b abziehbar sind die dauernden Lasten und 40% der bezahlten Leibrenten. *Dauernde Lasten* sind periodisch wiederkehrende Verpflichtungen im privaten Vermögensbereich einer Person, die aus besonderen gesetzlichen, vertraglichen oder durch letztwillige Verfügungen begründete Pflichten resultieren, aus einem Vermögensgegenstand selber zu erbringen sind und dessen Nutzungswert vermindern.[345] Dabei kann es sich um Dienstbarkeiten sowie um Grundlasten handeln.

255 Die *beschränkte Abziehbarkeit der Rentenzahlungen* ist wie bei deren Besteuerung beim Rentenempfänger im Zusammenhang mit der Aufteilung der Leistung in eine *Kapitalquote* und eine *Zinsquote* zu sehen.[346] Spiegelbildlich zur Besteuerung der Zinsquote von 40% darf der private Rentenschuldner nur 40% der geschuldeten Rentenleistung zum Abzug bringen.

---

[340] Zur Berechnung des maximal zulässigen Schuldzinsenabzugs Kreisschreiben Nr. 22 der EStV vom 16.12.2008 betreffend Teilbesteuerung der Einkünfte aus Beteiligungen im Privatvermögen und Beschränkung des Schuldzinsenabzugs, 3.

[341] Vgl. BGer 29.3.1999, StE 1999 B 25.6 Nr. 34 E. 2b; REICH, in: ZWEIFEL/ATHANAS, N 33 zu StHG 9.

[342] Vgl. BGer 19.11.2008, StE 2009 A 11 Nr. 5 E. 2.3.

[343] Zur Abziehbarkeit der *Baukreditzinsen* vorne N 96 f.

[344] Vgl. VGer BS 16.6.2008, StE 2010 B 44.13.5 Nr. 10 E. 4.2.

[345] RICHNER/FREI/KAUFMANN/MEUTER, N 29 f. zu DBG 33. Solche «dauernden Lasten» sind nur abziehbar, wenn hierfür effektiv Aufwendungen anfallen (vgl. BGer 24.11.2010, StE B 27.2 Nr. 34 E. 2.1).

[346] Vorne N 202 f.

4. Alimente

Unterhaltsbeiträge an den geschiedenen oder getrennt lebenden Ehegatten für sich sowie für die Kinder, die unter dessen elterlichen Sorge stehen, sind voll abziehbar (vgl. DBG 33 I c). Unterhaltsbeiträge an mündige Kinder können demgegenüber nach DBG 33 I c DBG nicht abgezogen werden.[347]

256

5. Beiträge an AHV, IV und an Einrichtungen der beruflichen Vorsorge

Die Abzugsfähigkeit der Beiträge an Einrichtungen der ersten und zweiten Säule (DBG 33 I d, StHG 9 II d) bildet das Pendant zur vollen Steuerbarkeit sämtlicher Einkünfte aus diesen Einrichtungen, wie sie nach dem *Waadtländer System* in den schweizerischen Steuergesetzen statuiert ist.[348] Die Voraussetzungen der Abziehbarkeit dieser Beiträge – insbesondere auch der Einkaufsbeträge (BVG 79b f.) – ergeben sich aus den Grundsätzen der beruflichen Vorsorge. Diese sind im Gesetz (BVG) verankert und werden durch die dazugehörige Verordnung[349] sowie die Reglemente der Vorsorgeeinrichtungen weiter konkretisiert. Eine besondere Bedeutung hat die sog. *Kapitalrückzugssperre* gemäss BVG 79b III. Wenn innert 3 Jahren nach einer Einkaufszahlung Vorsorgemittel in Kapitalform ausbezahlt werden, sind die Einkaufsbeträge nicht abziehbar.[350]

257

6. Beiträge zum Erwerb von Ansprüchen aus anerkannten Formen der gebundenen Selbstvorsorge

Einlagen, Prämien und Beiträge zum Erwerb von vertraglichen Ansprüchen aus anerkannten, der gebundenen Vorsorge dienenden Versicherungsverträgen oder Spareinrichtungen sind bis zu einem bestimmten Betrag abziehbar. Der Bundesrat hat dazu die Verordnung über die steuerliche Abzugsberechtigung für Beiträge an anerkannte Vorsorgeformen vom 13.11.1985[351] erlassen. Nach Art. 7 BVV 3 ist die Höhe der zulässigen Abzüge unterschiedlich geregelt, je nachdem, ob der Beiträge leistende Steuerpflichtige der zweiten Säule angehört oder nicht. Die betragsmässige Festlegung des Abzugs liegt in der Kompetenz des Bundesrates.[352]

258

---

[347] Vorne N 237.
[348] Vorne N 188 ff.
[349] Verordnung vom 18.4.1984 über die berufliche Alters-, Hinterlassenen- und Invalidenvorsorge (BVV 2) (SR 831.441.1).
[350] Dazu BGer 12.3.2010, StE 2010, B 27.1 Nr. 43.
[351] BVV 3 (SR 831.461.3).
[352] BVG 82 II.

7. Beiträge an EO, ALV und obligatorische UV

259 Neben den abziehbaren Prämien und Beiträgen an die AHV und IV sind auch die Beiträge an die übrigen Sozialversicherungen des Bundes, nämlich die EO, ALV und die obligatorische UV, abziehbar.

8. Versicherungsprämien und Zinsen von Sparkapitalien

260 Der Versicherungsprämienabzug ist kombiniert mit dem Sparzinsenabzug. Abgezogen werden können Einlagen, Prämien und Beiträge für die Lebens-, Kranken- und Unfallversicherungen sowie Zinsen von Sparkapitalien bis zu einem bestimmten Pauschalbetrag. Mit diesem Abzug soll die *Selbstvorsorge* gefördert werden, wie dies in BV 111 IV verfassungsrechtlich aufgetragen wird.[353]

261 Die abziehbaren Pauschalbeträge sind unterschiedlich hoch angesetzt, je nachdem, ob die Steuerpflichtigen Beiträge an die AHV und IV, an Einrichtungen der beruflichen Vorsorge oder an anerkannte Vorsorgeformen entrichten oder nicht. Derart gelangen insbesondere *AHV-Rentner* in den Genuss eines höheren Abzugs, der ihren generell höheren Versicherungskosten Rechnung trägt. Berücksichtigt wird damit aber auch der Vorsorgebedarf von *Nichterwerbstätigen*.

9. Krankheits-, Unfall- und Invaliditätskosten

262 Der Abzug der Krankheits-, Unfall- und Invaliditätskosten, die Lebenshaltungskosten bilden, entspricht einem sozialpolitischen Anliegen. Abziehbar sind selbstredend nur die nicht durch Versicherungen gedeckten Kosten. Die Kantone sind gehalten, einen *Selbstbehalt,* den die Steuerpflichtigen selber tragen müssen, zu fixieren.

263 DBG 33 I h setzt diesen Selbstbehalt auf 5% der um die abziehbaren Aufwendungen verminderten steuerbaren Einkünfte fest. Die Steuerpflichtigen können daher die selbst getragenen Krankheits- und Unfallkosten abziehen, soweit diese den erwähnten Selbstbehalt übersteigen. Sodann sind gewisse behinderungsbedingte Kosten abziehbar (DBG 33 I h^{bis}).[354] Nicht abziehbar sind Aufwendungen, die das *ärztlich Gebotene* überschreiten, sowie die durch Krankheit oder Invalidität verursachten *Aufwendungen an Arbeit;* es muss sich um tatsächlich verausgabte Kosten handeln.

---

[353] Botschaft Steuerharmonisierung, 95.
[354] Ausführlich zum Abzug von Krankheits- und Unfallkosten sowie von behinderungsbedingten Kosten: Kreisschreiben Nr. 11 der EStV vom 31.8.2005 betreffend Abzug von Krankheits- und Unfallkosten sowie von behinderungsbedingten Kosten.

10. Abzug bei Erwerbstätigkeit beider Ehegatten

Der Abzug bei Erwerbstätigkeit beider Ehegatten berücksichtigt die *Haushaltmehrkosten*, die bei Erwerbstätigkeit beider Ehegatten normalerweise anfallen.[355] Es wird der unterschiedlichen wirtschaftlichen Leistungsfähigkeit von Zweiverdienerehen und Ehen, in welchen mindestens ein Ehegatte die Haushaltarbeiten besorgt, Rechnung getragen. Dieser Ausgleich für das fehlende *Schatteneinkommen* der Zweiverdienerehe erfüllt keine Differenzierungsfunktion im Vergleich der Ehepaare mit den Alleinstehenden oder mit den Konkubinatspaaren, wo je nach den konkreten Verhältnissen ebenfalls durch die Erwerbstätigkeit verursachte höhere Lebenshaltungskosten zu verzeichnen sind.

Der Zweiverdienerabzug ist variabel konzipiert.[356] Vom niedrigeren Erwerbseinkommen der beiden Ehegatten können gemäss DBG 212 II 50%, jedoch mindestens CHF 8100 und höchstens CHF 13 400 abgezogen werden.[357]

11. Zuwendungen an Institutionen mit öffentlicher oder gemeinnütziger Zwecksetzung

Zuwendungen an juristische Personen mit Sitz in der Schweiz, die im Hinblick auf ihre öffentlichen oder gemeinnützigen Zwecke von der Steuerpflicht befreit sind (vgl. DBG 56 g), können gemäss DBG 33a von den Einkünften abgezogen werden, wenn diese Leistungen im Steuerjahr CHF 100 erreichen und gesamthaft 20% der um die abziehbaren Aufwendungen verminderten Einkünfte nicht übersteigen. Im gleichen Umfang abziehbar sind freiwillige Leistungen an Bund, Kantone, Gemeinden und deren Anstalten. Entsprechend konzipiert ist StHG 9 II i, der allerdings die Festlegung der Höhe des Abzugs wegen der Tarifhoheit der Kantone dem kantonalen Recht überlässt.[358]

Abziehbar sind nicht nur Zuwendungen in Geldform, sondern auch in Form von Naturalleistungen (Bilder, Wertschriften, Immobilien, Immaterialgüter usw.) oder in der Form des Verzichts auf Spesenersatz. Die Beschränkung der Zuwendungen auf Institutionen mit *Sitz in der Schweiz* schliesst die Abziehbarkeit von Leistungen an schweizerische Betriebsstätten ausländischer juristischer Personen nicht aus.[359]

---

[355] Botschaft Steuerharmonisierung, 95 f.; Höhn/Waldburger, Bd. I, § 14 N 137; vorne § 12 N 25, 28.

[356] Vgl. Botschaft zu den Sofortmassnahmen im Bereich der Ehepaarbesteuerung vom 17.5.2006, BBl 2006, 4471–4514, 4472 f.; Zigerlig/Jud, in: Zweifel/Athanas, N 38 sowie 38c zu DBG 33.

[357] Die Kantone sind frei in der Konzeption des Abzugs; sie sind nach StHG 9 II k lediglich gehalten, auf dem Zweiteinkommen einen Abzug bis zu einem nach kantonalem Recht festgelegten Betrag zu gewähren.

[358] Ausführlich dazu das Rundschreiben der EStV vom 16.12.2004 betreffend Revision des Stiftungsrechts.

[359] Ebenso Zigerlig/Jud, in: Zweifel/Athanas, N 5 zu DBG 33a.

12. Zuwendungen an politische Parteien

268 Limitiert abziehbar sind neuerdings nach StHG 9 II l und DBG 33 I i die Mitgliederbeiträge und Zuwendungen an gesetzlich näher umschriebene politische Parteien. Verschiedene Kantone kannten schon vor der Statuierung dieses Abzugs im StHG entsprechende Abzüge, weil sie der Auffassung waren, politische Parteien könnten als gemeinnützige Institutionen oder als Institutionen mit öffentlicher Zweckverfolgung betrachtet werden. Zu Recht hat das Bundesgericht solche Abzüge jedoch als harmonisierungswidrig bezeichnet.[360] Politische Parteien werden in der Lehre seit jeher nicht als gemeinnützig anerkannt.[361] Und verfolgen nach überwiegender Auffassung auch keine öffentlichen Zwecke.[362]

13. Abzug für die Drittbetreuung von Kindern

Neu abziehbar sind nach StHG 9 II m und DBG 212 IIbis in beschränktem Umfang auch die nachgewiesenen Kosten für die Drittbetreuung von Kindern, wenn

– diese das 14. Altersjahr noch nicht vollendet haben,
– der Steuerpflichtige für den Unterhalt der Kinder sorgt und mit ihnen im gleichen Haushalt lebt und
– die Kosten in direktem kausalem Zusammenhang mit der Erwerbstätigkeit, Ausbildung oder Erwerbsunfähigkeit des Steuerpflichtigen stehen.[363]

An sich sind Drittbetreuungskosten, die durch die Berufstätigkeit des Steuerpflichtigen, der für die Kinder zu sorgen hat, *Gewinnungskosten,* die nach dem objektiven Nettoprinzip unlimitiert abziehbar sein müssten.[364] Aus sozialpolitischen Motiven und mit Blick auf die Steuerausfälle beschränkt der Gesetzgeber jedoch die Abziehbarkeit der Drittbetreuungskosten durch die Statuierung eines allgemeinen Abzugs, der im Unterschied zum Gewinnungskostenabzug beschränkt werden kann.

---

[360] BGer 7.6.2007, StE 2007 A 23.1 Nr. 14 E. 3.3; a.M. VGer AG, 7.2.2007, StE 2007 B 27.4 Nr. 18 E. 2 ff.; vgl. dazu MARKUS REICH/ROBERT WALDBURGER, Rechtsprechung im Jahr 2007 (1. Teil), FStR 2008, 224 ff., 230 ff.

[361] Bericht der Staatspolitischen Kommission des Ständerates vom 17.6.2008 zur parlamentarischen Initiative betreffend steuerliche Abzugsfähigkeit von Zuwendungen an politische Parteien (BBl 2008, 7463 ff.); REIMANN/ZUPPINGER/SCHÄRRER, § 16 N 50; MARKUS REICH, Gemeinnützigkeit als Steuerbefreiungsgrund, ASA 58 (1989/90), 465 ff., 471; DANIELLE YERSIN, Le statut fiscal des partis politiques, de leurs membres et sympathisants, ASA 58 (1989/90) 97 ff., 106 f.

[362] RETO KUSTER, Steuerbefreiung von Institutionen mit öffentlichen Zwecken, Zürich 1998, 243; YERSIN (Fn. 361), 106 f.; Kreisschreiben der ESTV Nr. 12 vom 8.7.1994 betreffend Steuerbefreiung juristischer Personen, die öffentliche oder gemeinnützige Zwecke (DBG 56 g) oder Kultuszwecke (DBG 56 h) verfolgen; Abzugsfähigkeit von Zuwendungen (DBG 33 I und 59 c), 5; a.M. VGer BL 10.9.1980, ZBl 1981, 377 ff.

[363] Botschaft Entlastung von Familien mit Kindern, 4765 f.

[364] Dazu vorne N 22 und § 10 N 39 ff. sowie § 12 N 43 f.

III. Freibeträge (Sozialabzüge)

1. Begriff und Wesen

In Anbetracht der Zielsetzung der *allgemeinen Abzüge*[365] kann das Wesen der Sozialabzüge nicht bloss darin liegen, bei der individuellen Steuerbemessung sozialpolitischen Überlegungen Rechnung zu tragen. Ansonsten würden sich die Sozialabzüge gar nicht von den allgemeinen Abzügen unterscheiden. Schon bei der Festlegung des *Reineinkommens* eines Steuerpflichtigen werden mit den allgemeinen Abzügen in erheblichem Umfang Faktoren der *individuellen wirtschaftlichen Leistungsfähigkeit* berücksichtigt. Insofern dienen sowohl die allgemeinen Abzüge als auch die Sozialabzüge der Verwirklichung des *subjektiven Nettoprinzips*.

269

Die Sozialabzüge unterscheiden sich jedoch insofern von den allgemeinen Abzügen, als sie nicht *effektive Aufwendungen* der Steuerpflichtigen aus der Bemessungsgrundlage ausscheiden, vielmehr berücksichtigen sie den *sozialen Status* des Steuerpflichtigen, um vom Reineinkommen dieses Steuerpflichtigen nur so viel als Steuer abzuführen, als dies vor dem Hintergrund der Leistungsfähigkeit anderer Gruppen von Steuerpflichtigen seiner individuellen Leistungsfähigkeit entspricht. Sozialabzüge dienen somit der gerechten *Ausbalancierung* der Steuerlasten von *verschiedenen Gruppen* von Steuerpflichtigen, welche sich in unterschiedlichen ökonomischen Verhältnissen befinden. Dem Mehrbedarf an existenznotwendigen Mitteln einer bestimmten Gruppe von Steuerpflichtigen wird durch das Steuermassregulativ des Sozialabzugs pauschal Rechnung getragen. Die gleiche Zielsetzung könnte auch im Rahmen des *Steuertarifs* verwirklicht werden. Da es jedoch administrativ kaum zu bewältigen wäre, allen *Gruppendifferenzen* durch Sondertarife Rechnung zu tragen, wird der Tarif eben durch die steuerfreien Sozialabzüge verfeinert.[366]

270

2. Abgrenzungsproblematik

In Anbetracht der soeben dargestellten Zweckvermengung vermag es nicht zu erstaunen, dass die Abgrenzung der Sozialabzüge von den allgemeinen Abzügen unter Umständen recht schwierig sein kann. Die Abgrenzung der im bundesrechtlichen Harmonisierungsbereich liegenden allgemeinen Abzüge von den sich im originären Zuständigkeitsbereich der Kantone befindlichen Sozialabzügen ist jedoch wegen der unterschiedlichen Zuständigkeiten von *zentraler Bedeutung*.

271

Die besten Abgrenzungsargumente lassen sich aus der *Tarifnähe* der Sozialabzüge gewinnen.[367] Sozialabzüge sind nicht unmittelbar auf die Berücksichtigung von *effektiven Aufwendungen* der Steuerpflichtigen, sondern auf *Gruppendiffe-*

272

---

[365] Vorne N 248.
[366] ZUPPINGER/BÖCKLI/LOCHER/REICH, Steuerharmonisierung, 77.
[367] Ausführlich dazu und zum Folgenden REICH, in: ZWEIFEL/ATHANAS, N 65 ff. zu StHG 9.

renzierung ausgerichtet. Sozialabzüge sind deshalb ein *Element der Tarifgestaltung*[368] bzw. *Tarifvariationen*[369] oder *Tarifverfeinerungen*[370]. Als solche wirken Sozialabzüge *grobschlächtig*, sie tragen den konkret verausgabten Mitteln bloss *typisiert* Rechnung. Der Nachweis der entsprechenden Aufwendungen ist nicht erforderlich, es genügt, wenn die *Gruppenzugehörigkeit* nachgewiesen wird. Als klassische Sozialabzüge gelten somit die persönlichen Abzüge, Kinderabzüge, Unterstützungs- sowie Altersabzüge[371].

273 Gewisse Abzüge lassen sich durchaus auch entweder als Sozialabzüge oder als allgemeine Abzüge konzipieren. Werden beispielsweise mit einem Ausbildungsabzug die zusätzlichen, durch die Ausbildung bedingten Kosten berücksichtigt, handelt es sich um einen allgemeinen Abzug. Ein solchermassen kostenbezogener Abzug ist harmonisierungsrechtlich nicht möglich. Indes dürfen die Kantone dem *Ausbildungsstatus* des Steuerpflichtigen durch einen entsprechenden Sozialabzug *pauschal* Rechnung tragen.[372] Nicht als Sozialabzüge lassen sich jedoch Abzüge für Zuwendungen an *politische Parteien* oder für *Stipendien* sowie *Bausparabzüge*[373] ausgestalten.

3. Persönlicher Abzug

274 Mit persönlichen Abzügen soll dem *notwendigen Lebensbedarf* der Steuerpflichtigen Rechnung getragen werden. Was der Steuerpflichtige notwendigerweise an Mitteln braucht, um seine Existenz fristen zu können, beinhaltet keine wirtschaftliche Leistungsfähigkeit und steht für die Steuerzahlung nicht zur Verfügung.[374]

275 Persönliche Abzüge können, weil sie allen Steuerpflichtigen zustehen, bei der Tarifgestaltung «eingebaut» werden, indem das steuerbare Einkommen bis zu dem entsprechenden Betrag nicht erfasst wird. So kennen DBG und auch verschiedene kantonale Steuergesetze keine persönlichen Abzüge, weisen indes in der ersten Tarifstufe einen Nullsatz auf.[375]

---

[368] Bericht Kommission Cagianut, 11.
[369] ZUPPINGER/BÖCKLI/LOCHER/REICH, Steuerharmonisierung, 75 f.
[370] BLUMENSTEIN/LOCHER, System, 264; DANIELLE YERSIN, Steuerharmonisierung und kantonales Recht, ASA 64 (1995/96), 97 ff., 114.
[371] Altersabzüge erscheinen heute im Lichte von BV 8 I als problematisch. Wegen der im Vergleich zu früher weit verbesserten wirtschaftlichen Verhältnisse der älteren Steuerpflichtigen lässt sich ein Altersabzug heute kaum mehr rechtfertigen. Bund und Kanton Zürich gewähren deshalb keinen Altersabzug.
[372] REICH, in: ZWEIFEL/ATHANAS, N 70 zu StHG 9.
[373] Zurzeit sind zwei Volksinitiativen zum *Bausparen* pendent, über die demnächst abzustimmen sein wird.
[374] Vorne § 4 N 77; § 10 N 47 f.
[375] Hinten § 17 N 3, 6.

4. Kinderabzug

Die bei den persönlichen Abzügen angestellten Leistungsfähigkeitsüberlegungen gelten auch hinsichtlich der Mittel, welche der Steuerpflichtige notwendigerweise nicht für sich selbst, sondern für Personen aufwenden muss, für die er gesetzlich zum Unterhalt verpflichtet ist.[376]

276

Gemäss DBG 213 I a sind zurzeit CHF 6500 für jedes minderjährige oder in der beruflichen Ausbildung stehende Kind abziehbar, für dessen Unterhalt der Steuerpflichtige sorgt.[377] Zusätzlich zu diesem Abzug von der Bemessungsgrundlage wurde auf den 1.1.2011 auch ein *Abzug vom Steuerbetrag* von CHF 251 pro Kind eingeführt (DBG 214 IIbis). In der Botschaft Entlastung von Familien mit Kindern wird missverständlich von der Einführung eines dritten Tarifs bzw. eines Elterntarifs gesprochen.[378]

277

5. Unterstützungsabzug

Auch wenn unterstützungsbedürftige Personen vom Steuerpflichtigen freiwillig unterstützt werden, gewähren Bund und Kantone aus sozialpolitischen Gründen einen betragsmässig beschränkten Abzug.[379] Gemäss DBG 213 I b sind CHF 6500 für jede erwerbsunfähige oder beschränkt erwerbsfähige Person abziehbar, an deren Unterhalt der Steuerpflichtige mindestens in der Höhe des Abzuges beiträgt. Kein Abzug wird gewährt für den Ehegatten und für Kinder, für die der Kinderabzug geltend gemacht werden kann.

278

6. Verheiratetenabzug

Zur Entlastung der Ehegatten und der eingetragenen Partnerschaften im Verhältnis zu den Konkubinatspaaren wird gemäss DBG 213 I c ein fester Abzug von gegenwärtig CHF 2600 zugestanden.

279

---

[376] Zu den Kinderabzügen vgl. § 12 N 40 ff.
[377] Zur Regelung im Einzelnen § 12 N 41.
[378] BBl 2009, 4730, 4747 und 4766. Zur systematischen Beurteilung dieser Neuerung vorne § 12 N 42.
[379] Vgl. die Übersicht der Abzüge in SSK, Steuerinformationen, D. Einzelne Steuern. Die Einkommenssteuer natürlicher Personen, 97.

§ 14 Vermögen natürlicher Personen

Literatur

BLUMENSTEIN/LOCHER, System, 166 ff. und 232 ff.; HÖHN/WALDBURGER, Bd. I, § 15 N 1 ff.; MÄUSLI-ALLENSPACH/OERTLI, Steuerrecht, 176 ff.; OBERSON, Droit fiscal, § 8 N 1 ff.

BIRK DIETER, Rechtfertigung der Besteuerung des Vermögens aus verfassungsrechtlicher Sicht, in: BIRK DIETER (Hrsg.), Steuern auf Erbschaft und Vermögen, Deutsche Steuerjuristische Gesellschaft (DStJG) 1999, 7 ff. (zit. BIRK, Rechtfertigung); HERZOG THOMAS, Funktion und Verfassungsmässigkeit der Vermögenssteuer, Basel 1985 (zit. HERZOG, Vermögenssteuer); RATHS ERNST, Bedeutung und Rechtfertigung der Vermögenssteuer in historischer und heutiger Sicht, Zürich 1977 (zit. RATHS, Vermögenssteuer); RICHNER FELIX, Ist die Vermögenssteuer gerechtfertigt? ZStP 1999, 181 ff.

A. Grundlagen

I. Gesetzliche Regelung

Die Vermögenssteuer natürlicher Personen ist harmonisierungsrechtlich in StHG 13 f. geregelt.[1] Für die Kantone besteht nach StHG 2 I a ein *harmonisierungsrechtlicher Zwang* zur Vermögensbesteuerung. Der Bund hingegen hat keine Kompetenz zur Erhebung einer Vermögenssteuer.

1

II. Begriff und Wesen der Vermögenssteuer

Die Vermögenssteuer ist eine *direkte Steuer*. Steuerobjekt und Steuergut stimmen überein. Der Vermögenssteuer liegt ein *Nettovermögensbegriff* zugrunde. Gegenstand der Besteuerung bildet das gesamte Reinvermögen (StHG 13 I), d.h. der Überschuss aller Aktiven über die Verbindlichkeiten einer natürlichen Person. Nach dem Nettoprinzip können von sämtlichen aktiven Vermögenswerten alle Schulden abgezogen werden. Der individuellen wirtschaftlichen Leistungsfähigkeit der Steuerpflichtigen wird sodann durch Steuerfreibeträge und Tarifabstufungen Rechnung getragen. Es handelt sich demnach um eine *Subjektsteuer*.

2

---

[1] Im Kanton Zürich finden sich die entsprechenden Bestimmungen in ZH StG 38–47.

III. Rechtfertigung der Vermögenssteuer

3 Früher war die Vermögenssteuer vielfach die Hauptsteuer und erschien durch den Schutz, den der Staat dem Vermögen zukommen liess, gerechtfertigt. Sie war somit primär *äquivalenztheoretisch* motiviert.[2] Mehr und mehr trat sie indes hinter die Einkommenssteuer zurück. Es wurde ihr bloss noch *ergänzende Funktion* zugedacht, indem sie nach der sog. *Fundustheorie*[3] den Vermögensertrag neben der Einkommenssteuer zusätzlich belasten soll, weil dieser eine höhere wirtschaftliche Leistungsfähigkeit indiziere als insbesondere das Arbeitseinkommen. Es wurde geltend gemacht, Vermögenserträgnisse seien gesicherter als andere – «unfundierte» – Einkünfte und liessen sich mühelos erzielen. Diese Rechtfertigung der Vermögensbesteuerung wird jedoch im Zeitalter der sozialen Sicherheit zu Recht verworfen und bildet ohnehin keine plausible Begründung für die ergänzende Besteuerung von ertragslosem Vermögen.[4]

4 Nicht hinreichend rechtfertigen lässt sich die Vermögenssteuer überdies mit dem Argument der *Kontrollfunktion*.[5] Auch wenn ohne eine Vermögensbesteuerung die Vermögenszu- und -abnahme nicht mehr aktenkundig ist und die Steuerbehörde zur Prüfung, ob das Einkommen vollständig deklariert wurde, keinen Vergleich des Vermögensstands am Anfang und am Ende der Bemessungsperiode mehr vornehmen kann, würde die Steuerhinterziehung mit Abschaffung der Vermögenssteuer wohl kaum signifikant zunehmen. Wenige Defraudanten dürften so unüberlegt handeln, dass sie zwar in erheblichem Ausmass Einkünfte nicht deklarieren, wohl aber das aus den hinterzogenen Einkünften gebildete Vermögen.

5 Heute findet die Vermögenssteuer ihre Rechtfertigung in der *Vermögensbesitztheorie*.[6] Danach vermittelt das Vermögen eine besondere, nicht mit der Einkommenssteuer erfasste wirtschaftliche Leistungsfähigkeit, weil es unabhängig vom daraus fliessenden Ertrag eine eigene wirtschaftliche Leistungsfähigkeit verkörpert. Es verhilft insbesondere zu wirtschaftlicher Unabhängigkeit, Sicherheit, Kreditwürdigkeit und Genuss von Macht und Ansehen. Ein Steuerpflichtiger, der zwar über ein gleich hohes Einkommen verfügt wie ein anderer Steuerpflichtiger, aber zusätzlich noch erhebliche Vermögenswerte sein eigen nennt, ist nach allgemeiner Auffassung wirtschaftlich leistungsfähiger als der andere.[7] Dies lässt sich im Ansatz schwerlich in Abrede stellen, auch wenn man berücksichtigt, dass

---

[2] Vgl. RICHNER, ZStP 1999, 186.
[3] Dazu HERZOG, Vermögenssteuer, 33 f.; RICHNER, ZStP 1999, 188 f.; TIPKE, Steuerrechtsordnung, Bd. II, 922 ff. m.w.Hw.
[4] Vgl. URS R. BEHNISCH/ANDREA OPEL, Bemerkungen zu degressiven Steuertarifen. Besprechung von BGE 2P.43/2006 vom 1. Juni 2007 in Sachen Kanton Obwalden, ASA 76 (2007/2008), 363 ff., 377; BIRK, Rechtfertigung, 11 f.; LANG, in: TIPKE/LANG, § 4 N 100 ff.; RICHNER, ZStP 1999, 189 f.; TIPKE, Steuerrechtsordnung, Bd. II, 923 f.
[5] Dazu HÖHN/WALDBURGER, Bd. I, § 15 N 4; ZIGERLIG/JUD, in: ZWEIFEL/ATHANAS, N 4 zu StHG 13.
[6] Dazu BIRK, Rechtfertigung, 12; RICHNER, ZStP 1999, 190 f.; TIPKE, Steuerrechtsordnung, Bd. II, 924 ff.; FERDINAND ZUPPINGER, Grundstückgewinn- und Vermögenssteuer, ASA 61 (1992/93), 309 ff., 324.
[7] Vgl. BIRK, Rechtfertigung, 16.

das Vermögen auf Konsumverzicht zurückzuführen ist und sich die Vermögenssteuer unbestreitbar investitionshemmend auswirkt.[8] Zudem besteht das Vermögen vielfach aus bereits als Einkommen versteuerten Mitteln; der Vermögenssteuerpflichtige fühlt sich deshalb doppelt belastet. Gegen die Vermögensbesitztheorie wird überdies eingewendet, auf psychisch-mentale Potenziale, welche das Vermögen vermittle, dürfe ohnehin nicht abgestellt werden, da andere, vergleichbare Potenziale steuerrechtlich auch keine Berücksichtigung fänden und überdies der Bewertung nur sehr schwer zugänglich seien.

In der Schweiz wird die Vermögenssteuer vor allem auf politischer Ebene auch mit der *fehlenden Kapitalgewinnbesteuerung* gerechtfertigt.[9] Es wird argumentiert, besteuert würde gewissermassen ein Sollertrag des Vermögens, der die Nichtbesteuerung der Vermögensgewinne zumindest teilweise kompensiere. In rechtlicher Hinsicht taugt diese Begründung allerdings wenig. Zwar erscheinen Sollkapitalertragssteuern nicht von vorneherein als verfassungswidrig, deren Bemessungsgrundlage muss indes in einer klaren Relation zum substituierten Einkommen stehen. Das ist bei der Vermögenssteuer nur unzureichend der Fall, weil zum einen in weitem Umfang auch Vermögenswerte in die Bemessungsgrundlage einbezogen werden, die der Gewinnbesteuerung unterliegen (so insbesondere alle Grundstücke sowie das gesamte Geschäftsvermögen), und zum andern verschiedene Vermögenswerte in die Bemessung einbezogen werden, auf welchen sich gewöhnlich gar keine Kapitalgewinne erzielen lassen (Autos, Bankguthaben etc.).

6

Gegen die Vermögensbesteuerung lässt sich schliesslich auch vorbringen, sie führe, vor allem wenn die Inflation in die Berechnung einbezogen werde, zu einem Eingriff in die *Vermögenssubstanz*. Das gilt nicht nur für das ertragslos angelegte Vermögen, auch wer sein Vermögen z.B. in Obligationen anlegt, wird unter Berücksichtigung der Progression Jahr für Jahr nicht etwa reicher, sondern im Gegenteil ärmer.[10] Die Geldentwertung wird zwar auf der Ebene der Steuerbemessung in der Regel nicht berücksichtigt, im Rahmen der Beurteilung der leistungsfähigkeitskonformen Besteuerung ist jedoch stets mit realen Werten zu argumentieren. Der durch die Vermögenssteuer verursachte Substanzeingriff weckt namentlich auch Bedenken im Licht der *Eigentumsgarantie,* die es dem Gemeinwesen verwehrt, durch übermässige Besteuerung die Vermögenssubstanz auszuhöhlen oder die Neubildung von Vermögen zu verhindern.[11] Allerdings übt die Rechtsprechung bei der Beurteilung, ob die Vermögenssteuer konfiskatorisch wirke, grosse Zurückhaltung.[12]

7

---

[8] Dazu und zum Folgenden Tipke, Steuerrechtsordnung, Bd. II, 926 ff.
[9] Vgl. Behnisch/Opel (Fn. 4), ASA 76, 378 auch zum Folgenden.
[10] Die Steuern von Bund, Kanton und Gemeinden auf den Zinseinnahmen betragen vielerorts, wenn hohe Steuersätze zur Anwendung gelangen, 40% und mehr; als Vermögenssteuer kommen je nach Kanton und Gemeinde bis zu 0,9% des Vermögens dazu. Zudem frisst gewöhnlich auch die Inflation einen Teil des Vermögens weg, sodass das Vermögen trotz der Obligationenzinsen nicht zu-, sondern abnimmt.
[11] BGer 29.2.1980, BGE 106 Ia 342 E. 6a; dazu auch vorne § 4 N 69 f.
[12] Vgl. VGer ZH 2.2.2011, StE 2011 A 22 Nr. 3 mit weiteren Hinweisen; Behnisch/Opel (Fn. 4), ASA 76, 379.

8 Aus diesen Gründen steht die Vermögenssteuer verfassungsrechtlich auf tönernen Füssen. Sie ist deshalb generell sehr *tief anzusetzen* und sollte vermehrt *Substanzerhaltungsüberlegungen* berücksichtigen.

IV. Zurechnung des Vermögens

9 Zur Frage der Zurechnung des Vermögens äussern sich die Steuergesetze zum einen bei Nutzniessungsverhältnissen und zum andern bei Personengemeinschaften. *Nutzniessungsvermögen* ist nicht dem Eigentümer, sondern dem Nutzniesser zur Besteuerung zugeordnet (StHG 13 II). Die gesetzliche Ausnahme bei der Nutzniessung erstreckt sich auch auf nutzniessungsähnliche Verhältnisse. Der Begriff der Nutzniessung ist wirtschaftlich auszulegen, ein nutzniessungsähnliches Verhältnis darf jedoch nicht vorschnell angenommen werden.[13] Das Vermögen von *Personengemeinschaften* wird wie das Einkommen bei der Einkommenssteuer[14] anteilsmässig den Teilhabern bzw. den Erben oder Vermächtnisnehmern zugerechnet (vgl. ZH StG 8 f.).

10 Generell gilt, dass das Vermögen dem *Eigentümer* zuzurechnen ist. Denn dieser hat normalerweise die tatsächliche Sachherrschaft über den betreffenden Vermögensgegenstand und zieht den Nutzen daraus. Ausnahmen vom Grundsatz der Zurechnung beim Eigentümer sind angebracht, wenn ein anderer als der Eigentümer die tatsächliche Sachherrschaft über den Vermögenswert ausübt, mithin eine eigentümerähnliche Stellung innehat und deshalb als *wirtschaftlicher Eigentümer* erscheint.[15] Vermögenssteuerpflichtig ist somit bei *Treuhandverhältnissen* der Treugeber, nicht der Treuhänder.[16]

V. Geschäftsvermögen

11 Die vermögenssteuerrechtlichen Belange des Geschäftsvermögens werden im Zusammenhang mit der Einkommensbesteuerung der *selbständig Erwerbstätigen* abgehandelt.[17]

---

[13] Näheres dazu MARKUS REICH/MADELEINE SIMONEK, Die Begünstigung an einer Familienunterhaltsstiftung im Vermögenssteuerrecht, AJP 2004, 995 ff., 999 f.
[14] Vorne § 11 N 12 ff.
[15] So beispielsweise der Grundstückkäufer, der zwar noch nicht im Grundbuch eingetragen ist, aber auf den Nutzen und Gefahr bereits übergegangen sind. Zum Begriff des *wirtschaftlichen Eigentums* vgl. MADELEINE SIMONEK, Die Abgrenzung des Geschäfts- vom Privatvermögen zwischen Ehegatten, ASA 65 (1996/97), 513 ff., 519 f.; vgl. dazu auch § 15 N 33.
[16] ZIGERLIG/JUD, in: ZWEIFEL/ATHANAS, N 6 zu StHG 13.
[17] Hinten § 15 N 161.

B. Steuerbare Aktiven

I. Prinzip der Totalität

Gegenstand der Vermögenssteuer bildet das *gesamte Reinvermögen* (StHG 13 I). Aus dieser Vorschrift ergibt sich nicht nur das Nettoprinzip[18], sondern auch das Prinzip der Totalität. Nach dieser Generalklausel sind *sämtliche Vermögenswerte* in die Bemessungsgrundlage einzubeziehen.

Als steuerbare Aktiven gelten alle einer Person zustehenden geldwerten Rechte des Privat- und Geschäftsvermögens.[19] Einen Geldwert haben Rechte, wenn sie entweder auf dem Markt *realisierbar* sind oder einen *Gebrauchs-* bzw. *Nutzungswert* haben. Die aktuelle Veräusserbarkeit ist somit kein unverzichtbares Merkmal der steuerbaren Aktiven; auch gesperrte Mitarbeiteraktien bilden beispielsweise steuerbare Vermögenswerte. Blosse Anwartschaften sind hingegen nicht steuerbar.[20]

II. Steuerfreiheit des Hausrates und der persönlichen Gebrauchsgegenstände

Ausdrücklich als steuerfrei aufgeführt sind lediglich der Hausrat und die Gegenstände des persönlichen Gebrauchs (StHG 13 IV). Diese Aufzählung ist *abschliessend*. Weder lassen sich durch Auslegung weitere steuerfreie Aktiven begründen noch sind die Kantone frei, darüber hinaus noch andere Aktiven als steuerfrei zu erklären. Die Steuerfreiheit des Hausrats und der persönlichen Gebrauchsgegenstände ist zum einen erhebungstechnisch motiviert, indem das bescheidene Steueraufkommen den beträchtlichen Veranlagungsaufwand in diesem Bereich nicht zu rechtfertigen vermöchte. Zum andern bildet die Vermögenssteuer ohnehin einen empfindlichen Eingriff in die Privatsphäre der Steuerpflichtigen, der ohne diese Steuerausnahme noch erheblich verstärkt würde.[21]

Hausrat bildet, was Wohnzwecken dient und zur üblichen Einrichtung einer Wohnstätte gehört.[22] Darunter fallen Möbel, Teppiche, Bilder, Radio und TV, Haushaltsgeräte, Kücheneinrichtungen etc. *Persönliche Gebrauchsgegenstände* sind die persönlichen Effekten des Steuerpflichtigen und seiner Familie, wie

---

[18] Vgl. vorne § 10 N 38 ff.
[19] BLUMENSTEIN/LOCHER, System, 167 f.
[20] Beispielsweise *Erbanwartschaften* oder *Rechte aus Vorsorgeeinrichtungen* bei künftigem Eintritt des Versicherungsfalls. Auch *gesperrte Optionen* sind nicht steuerbar, da einem blossen Gestaltungsrecht, von dem nicht Gebrauch gemacht werden kann, noch kein hinreichend bestimmbarer Vermögenswert zukommt.
[21] Vgl. StRK I ZH 30.1.1996, StE 1997 B 52.1 Nr. 3 E. 3b.aa.
[22] VGer ZH 26.10.1979, RB 1979 Nr. 39.

Kleider, Uhren, Schmuck, Sportgeräte u.a.[23] Die Grenzen zwischen Hausrat und persönlichen Gebrauchsgegenständen sind fliessend, eine nähere Abgrenzung erübrigt sich indes mit Blick auf die beidseitige Steuerfreiheit.

16 Schwierigkeiten kann demgegenüber die Abgrenzung des steuerfreien Hausrats und der persönlichen Gebrauchsgegenstände zu den *steuerbaren Kapitalanlagen* bereiten. Aktiven, die zwar Wohnzwecken oder dem persönlichen Gebrauch dienen, wie Bilder, Schmuckstücke, Teppiche u.dgl., bei denen aber der Kapitalanlagecharakter eindeutig im Vordergrund steht, sind nicht steuerbefreit. Bei der Abgrenzung darf jedoch nicht einfach darauf abgestellt werden, ob der Wert der zu beurteilenden Vermögensobjekte das übliche Mass übersteigt; massgebend sind vielmehr neben der *Eignung* der Gegenstände, überhaupt Objekte der Kapitalanlage zu bilden,[24] die *Umstände des Einzelfalles*, wie insbesondere die konkrete Zweckbestimmung und Verwendungsart, die finanziellen Verhältnisse sowie die übrige Ausstattung der Wohnung.

III. Bewertung der Aktiven

1. Grundsatz der Verkehrswertbewertung

17 Nach StHG 14 I wird das Vermögen zum Verkehrswert bewertet. Dabei kann der Ertragswert angemessen berücksichtigt werden.

18 Der *Verkehrswert* ist der Preis, der bei einer Veräusserung des Vermögensobjekts am Bewertungsstichtag im gewöhnlichen Geschäftsverkehr vermutlich zu erzielen wäre. Beurteilungsgrundlage bilden somit *objektive Umstände* – der Markt, weshalb der Verkehrswert auch *Marktwert* genannt wird. Subjektive Aspekte sowie Liebhaber- und Freundschaftspreise sind nicht zu berücksichtigen.[25]

19 Der *Ertragswert* eines Vermögensobjekts ergibt sich durch die Kapitalisierung der Mietwerte oder der sonstigen daraus zu erwirtschaftenden Vermögenserträgnisse. Dabei ist auf den für die entsprechenden Vermögenswerte marktüblichen Kapitalisierungszinssatz abzustellen.

20 Wenn sich der Marktwert nicht durch zuverlässige *Vergleichspreise* (insbesondere Börsenkurse) ermitteln lässt, ist zur *Schätzung* Zuflucht zu nehmen. Dabei ist auf allgemein anerkannte Schätzungsgrundsätze abzustellen. Der Ertragswert wird bei *lege artis* vorgenommenen Verkehrswertschätzungen angemessen berücksichtigt. Eine vom Verkehrswert abweichende Festsetzung des Vermögenssteuer-

---

[23] An sich gehören nach heutigem Verständnis auch die vom Steuerpflichtigen und seiner Familie gewöhnlich benutzten Motorfahrzeuge zu den *persönlichen Gebrauchsgegenständen*. Diese werden jedoch nach weit verbreiteter Praxis zu den steuerbaren Aktiven gerechnet (vgl. ZIGERLIG/JUD, in: ZWEIFEL/ATHANAS, N 20 zu StHG 13 und StRK I ZH 30.1.1996, StE 1997 B 52.1 Nr. 3 E. 3b. bb).
[24] So sind Pelzmäntel erfahrungsgemäss nicht als Anlageobjekte geeignet, vgl. VGer ZH 26.10.1979, RB 1979 Nr. 39.
[25] Vgl. RICHNER/FREI/KAUFMANN/MEUTER, N 4 zu ZH StG 39.

werts von beweglichem und unbeweglichem Vermögen nach dem tiefer liegenden Ertragswert ist indes nur bei der Bewertung von land- und forstwirtschaftlich genutzten Grundstücken zulässig.[26]

2. Unbewegliches Vermögen

a) Nicht land- und forstwirtschaftlich genutzte Grundstücke

Bei der Verkehrswertschätzung von nicht land- oder forstwirtschaftlich genutzten Grundstücken ist es den Kantonen zwar erlaubt, die Bewertungsmethode so zu wählen, dass insgesamt *moderate Steuerwerte* daraus resultieren, denn jeder Marktwertschätzung wohnt eine erhebliche Ungenauigkeit inne; der Ermessensspielraum ist so zu handhaben, dass Überbewertungen tunlichst vermieden werden. Indessen ist es harmonisierungswidrig, bei der Ermittlung des Verkehrswertes von vornherein eine generelle Reduktion der Steuerwerte zu normieren.[27] Insbesondere sind eigentumspolitisch motivierte Abschläge vom Verkehrswert unzulässig.[28]

21

Im Unterschied zu anderen Kantonen, welche die Vermögenssteuerwerte aufgrund *individueller Schätzungen* ermitteln,[29] ergeben sich die Verkehrswerte im Kanton Zürich in der Regel aus einer schematischen, *formelmässigen Ermittlung* aufgrund einer vom Regierungsrat erlassenen Weisung (vgl. ZH StG 39 III).[30] Führt die formelmässige Ermittlung zu einem über dem Marktwert liegenden Wert, ist eine individuelle Schätzung vorzunehmen und dabei ein Wert von 90% des tatsächlichen Verkehrswerts anzustreben (vgl. ZH StG 39 IV).

22

b) Land- und forstwirtschaftlich genutzte Grundstücke

Als einzige Ausnahme vom Grundsatz der Verkehrswertbewertung von unbeweglichem Vermögen sieht StHG 14 II die Bemessung des Steuerwerts von land- oder forstwirtschaftlich genutzten Grundstücken zum *Ertragswert* vor. Die Kantone sind jedoch frei, bei der Bewertung auch den Verkehrswert zu berücksichtigen und eine Vermögensnachbesteuerung bei Veräusserung oder Zweckentfremdung für höchstens 20 Jahre vorzusehen (*ergänzende Vermögenssteuer*).

23

---

[26] Vgl. ZIGERLIG/JUD, in: ZWEIFEL/ATHANAS, N 1 und 4 zu StHG 14.
[27] So hat das Bundesgericht gesetzliche Regelungen, die eine generelle Reduktion der Steuerwerte auf 60% der Verkehrswerte im Kanton Zürich (BGer 20.3.1998, BGE 124 I 145 = StE 1998 A 23.1 Nr. 1) und auf 70% im Kanton Tessin (BGer 20.3.1998, BGE 124 I 159) vorsahen, für verfassungswidrig erklärt. Vgl. dazu auch BGer 15.5.2008, BGE 134 II 207 E. 3.4 f. = StE 2009 B 52.21 Nr. 12.
[28] BLUMENSTEIN/LOCHER, System, 234. Dies im Unterschied zur Ermittlung der Eigenmietwerte, dazu § 13 N 53 ff.
[29] Bei welchen allerdings auch generelle Berechnungsrichtlinien und -formeln zur Anwendung gebracht werden.
[30] Weisung des Regierungsrats an die Steuerbehörden über die Bewertung von Liegenschaften und die Festsetzung der Eigenmietwerte ab Steuerperiode 2009 (Weisung 2009) vom 12.8.2009 (LS 631.32).

24 Im Kanton Zürich ist die *reine Ertragswertbewertung* von land- und forstwirtschaftlich beworbenen Grundstücken mit Einschluss der erforderlichen Gebäude vorgesehen (vgl. ZH StG 40). Bei ganz oder teilweiser Veräusserung oder Zweckentfremdung wird entsprechend der Besitzesdauer, höchstens aber für 20 Jahre, eine *ergänzende Vermögenssteuer* nach Massgabe der Bestimmungen von ZH StG 41 ff. erhoben.[31]

3. Bewegliches Vermögen

a)   *Bargeld, bewegliche Sachen und Guthaben*

25 Der Verkehrswert von beweglichen Sachen wie Fahrzeugen, Mobiliar, Viehhabe, Sammlungen von Schmuckstücken, Bildern, Briefmarken oder Münzen ist – sofern es sich nicht um Hausrat oder persönliche Gebrauchsgegenstände oder um Geschäftsvermögen[32] handelt – zu schätzen.

26 Bei der Wertermittlung von Bargeld und Guthaben aller Art (Darlehen, Forderungen, Bankkonti u.dgl.) gilt gewöhnlich der *Nominalwert* als Vermögenssteuerwert. Weicht dieser indes vom Verkehrswert ab, weil die Einbringlichkeit der Guthaben gefährdet erscheint, ist ein angemessener Einschlag vorzunehmen. Guthaben in ausländischer Währung sind zum entsprechenden Devisenkurs am Bewertungsstichtag in CHF umzurechnen.

b)   *Wertpapiere*

27 An einer Börse *kotierte Wertpapiere* wie Aktien, Obligationen und Beteiligungen an kollektiven Kapitalanlagen sind zum Schlusskurs des letzten Börsentages vor dem massgebenden Stichtag zu bewerten. Die Kurse per 31.12. von den in der Schweiz kotierten Wertpapieren werden jeweils in der Kursliste der EStV publiziert.

28 Der Verkehrswert *nicht kotierter Wertpapiere,* die regelmässig *ausserbörslich* gehandelt werden,[33] entspricht dem letzten verfügbaren Kurs vor dem entsprechenden Stichtag. Die Kurse sind in der Regel ebenfalls in der Kursliste der EStV enthalten.

29 Bei *nicht kotierten Wertpapieren,* die nicht regelmässig *ausserbörslich* gehandelt werden, ist – solange sich die wirtschaftliche Lage der Gesellschaft nicht wesentlich verändert hat – primär auf *Vergleichspreise* abzustellen, die anlässlich von Verkäufen unter unabhängigen Dritten oder von Investoren anlässlich von Finanzierungen oder Kapitalerhöhungen bezahlt worden sind. Sind keine solche Prei-

---

[31] Näheres dazu RICHNER/FREI/KAUFMANN/MEUTER, N 2 zu ZH StG 41; MARTIN BAUMGARTNER, Vermögensbesteuerung land- und forstwirtschaftlicher Grundstücke im Kanton Zürich, Zürich 2002, 79 ff.
[32] Dazu § 15 N 161.
[33] Vorausgesetzt wird, dass aussagekräftige Kurse herangezogen werden können (vgl. VGer ZH 17.6.1998, StE 1999 B 52.41 Nr. 2).

se vorhanden, ist der Verkehrswert nach der Wegleitung 2008[34] der SSK zu ermitteln. Die Wegleitung stellt grundsätzlich auf eine Kombination von Ertrags- und Substanzwert ab, wobei der Ertragswert, der aufgrund der beiden Vorjahresgewinne ermittelt wird, doppelt gewichtet wird. Beim Substanzwert werden u.a. auch die latenten Steuern durch einen Abzug von in der Regel 15% der angerechneten unversteuerten stillen Reserven berücksichtigt. Von den in der Wegleitung vorgesehenen Bewertungsvorschriften ist nur abzuweichen, wenn eine bessere Erkenntnis des Verkehrswerts dies gebietet.[35]

c) *Lebens- und Rentenversicherungen*

Lebensversicherungen unterliegen der Vermögenssteuer mit ihrem *Rückkaufswert* (vgl. ZH StG 45). Als Rückkaufswert ist der gesamte Betrag zu verstehen, der vom Versicherer bei der Auflösung des Versicherungsvertrags geschuldet ist, eingeschlossen ist demnach auch die Gewinnbeteiligung. Einen Rückkaufswert haben jene Lebensversicherungen, bei denen der Eintritt des versicherten Ereignisses und damit die Auszahlung der Versicherungssumme an den Berechtigten gewiss sind. Reine Erlebens- oder Todesfallversicherungen haben keinen Rückkaufswert;[36] sie sind als blosse Anwartschaften vermögenssteuerfrei.

30

Den Lebensversicherungen gleichgestellt sind auch die *rückkaufsfähigen Rentenversicherungen*, solange der Bezug der Rente aufgeschoben ist (vgl. ZH StG 45). Nach dem Beginn des Rentenlaufs wird nur noch die Einkommenssteuer auf den Rentenleistungen, aber keine Vermögenssteuer mehr erhoben, obwohl das Rentenstammrecht immer noch einen bewertbaren Vermögenswert darstellt.

31

C. Schulden

Schulden sind nach dem *Nettoprinzip* voll abziehbar (vgl. ZH StG 46). Als Schulden gelten alle geldwerten Verpflichtungen bzw. Verbindlichkeiten. Vorausgesetzt ist, dass am massgebenden Stichtag eine feste, durchsetzbare Schuld besteht, mit deren Erfüllung ernstlich zu rechnen ist.[37] Fälligkeit ist nicht erforderlich. Solidarschulden können in der Regel wegen der Regressmöglichkeit nur in der Höhe des Anteils abgezogen werden, den der Steuerpflichtige zu tragen hat (vgl. ZH StG 46).

32

---

[34] Kreisschreiben Nr. 28 der SSK vom 28.8.2008, Wegleitung zur Bewertung von Wertpapieren ohne Kurswert für die Vermögenssteuer. Die SSK hat zu diesem Kreisschreiben auch einen Kommentar publiziert (<http://www.steuerkonferenz.ch/d/kreisschreiben.htm>, besucht am 18.11.2011).
[35] VGer ZH 17.6.1998, StE 1999 B 52.41 Nr. 2 E. 2a.aa.
[36] Vorne § 13 N 111.
[37] Vgl. HÖHN/WALDBURGER, Bd. I, § 15 N 22.

33 Schulden sind grundsätzlich zum *Nominalwert* abziehbar. Sie sind indes wie die Guthaben[38] der Bewertung zugänglich. Bei Bürgschaftsschulden ist auf die Wahrscheinlichkeit der Inanspruchnahme abzustellen.

D. Freibeträge (Sozialabzüge)

34 Persönliche Freibeträge bzw. Sozialabzüge sind bei der Vermögenssteuer aus verfassungsrechtlicher Sicht nicht in gleicher Weise unerlässlich wie bei der Einkommenssteuer, wo die Freibeträge zur Verwirklichung des subjektiven Nettoprinzips und zur Gewährleistung des Existenzminimums unverzichtbar sind.[39] Das Leistungsfähigkeitsprinzip gebietet nicht, dass kleine Vermögen unbesteuert bleiben. Wer Vermögen bilden kann, ist leistungsfähig und braucht das Vermögen dank der ersten Säule der staatlichen Vorsorge auch nicht zur Existenzsicherung im Alters- oder Invaliditätsfall. Die bei der Vermögenssteuer statuierten Freibeträge oder Sozialabzüge wollen deshalb nicht einen minimalen, zur Existenzfristung notwendigen Betrag von der Bemessungsgrundlage ausnehmen, sondern tragen lediglich dem Gedanken der Schonung kleiner Vermögen vor staatlichen Substanzeingriffen Rechnung; sie haben reine *Tariffunktion*.

35 Der Kanton Zürich hat die früher vorgesehenen Freibeträge wie bei der Einkommenssteuer fallen gelassen und im Doppeltarif je eine steuerfreie erste Tarifstufe vorgesehen (vgl. ZH StG 47 I und II).

---

[38] Vorne N 26.
[39] Vorne § 13 N 269 ff.; vgl. auch § 4 N 77, § 10 N 47 f.

§ 15 Einkommen und Vermögen aus selbständiger Erwerbstätigkeit

Literatur

BLUMENSTEIN/LOCHER, System, 166 ff.; HÖHN/WALDBURGER, Bd. I, § 14 N 36 ff., § 15 N 1 ff.; MÄUSLI-ALLENSPACH/OERTLI, Steuerrecht, 91 ff., 163 ff.; OBERSON, Droit fiscal, § 7 N 21 ff., § 8 N 1 ff.

ALTORFER JÜRG B., Abschreibungen auf Aktiven des Anlagevermögens aus steuerlicher Sicht, Zürich 1992 (zit. ALTORFER, Abschreibungen); BENZ ROLF, Handelsrechtliche und steuerrechtliche Grundsätze ordnungsmässiger Bilanzierung, Zürich 2000 (zit. BENZ, Grundsätze ordnungsmässiger Bilanzierung); BÖCKLI PETER, Auswirkungen der neuen Rechnungslegung auf die Gewinnsteuer. Ungereimtheiten, Widersprüche und ungelöste Fragen, ST 2011, 234 ff.; ders., Das neue OR-Rechnungslegungsrecht. Die Fassung des Ständerats unter der kritischen Lupe, ST 2010, 160 ff.; ders., Betriebsvermögen/Privatvermögen, Der einkommenssteuerliche Dualismus im Rechtsvergleich mit der Rechtslage in den USA, Frankreich und der Schweiz, in: SÖHN HARTMUT (Hrsg.), Die Abgrenzung der Betriebs- oder Berufssphäre von der Privatsphäre im Einkommensteuerrecht, Köln 1980, 339 ff. (zit. BÖCKLI, Betriebsvermögen/Privatvermögen); GLAUSER PIERRE-MARIE, Steuerrechtliche Aspekte der Revision des Aktien- und Rechnungslegungsrechts. Insbesondere in Bezug auf die Revision des Rechnungslegungsrechts, GesKR 2008, 168 ff.; GURTNER PETER, Neue Rechnungslegung – Prinzipielle Massgeblichkeit oder eigenständige Steuerbilanz?, ASA 69 (2000/2001), 63 ff.; Konferenz Staatlicher Steuerbeamter, Kommission Steuerharmonisierung, Harmonisierung des Unternehmenssteuerrechts, Muri/Bern 1995; LEFFSON ULRICH, Die Grundsätze ordnungsmässiger Buchführung, 7. A. Düsseldorf 1987 (zit. LEFFSON, Grundsätze); MEISTER THOMAS, Gewerbsmässiger Wertschriftenhandel – wie weiter?, FStR 2001, 91 ff.; MEUTER HANS ULRICH, Die Besteuerung von Selbständigerwerbenden nach dem Bundesgesetz über die direkte Bundessteuer (DBG) unter besonderer Berücksichtigung der Land- und Forstwirtschaft, ZStP 1993, 73 ff.; MÜLLER FRITZ, Der Quasi-Wertschriftenhandel, ST 2007, 404 ff.; OERTLI MATHIAS, Angefangene Arbeiten beim Jahresabschluss, Zürich 1988 (zit. OERTLI, Angefangene Arbeiten); REICH MARKUS, Das Einkommen aus selbständiger Erwerbstätigkeit unter besonderer Berücksichtigung des gewerbsmässigen Liegenschaften- und Wertschriftenhandels, Jusletter 14.1.2002; ders., Der Begriff der selbständigen Erwerbstätigkeit im Bundesgesetz über die direkte Bundessteuer, in: KNAPP et al., Mélanges Raoul Oberson, Bâle et Francfort-sur-le-Main 1995, 115 ff. (zit. REICH, Begriff); ders., Die Abgrenzung von Geschäfts- und Privatvermögen im Einkommenssteuerrecht, SJZ 1984, 221 ff.; SIMONEK MADELEINE, Unternehmenssteuerrecht. Entwicklungen 2009, Bern 2010 (zit. SIMONEK, Entwicklungen 2009); dies., Die Abgrenzung des Geschäfts- vom Privatvermögen zwischen Ehegatten, ASA 65 (1996/97), 513 ff.; SIMONEK MADELEINE/HONGLER PETER, Massgeblichkeitsprinzip und neue Rechnungsreglung, FStR 2010, 262 ff.; SIMONEK MADELEINE/VON AH JULIA, Unternehmenssteuerrecht. Entwicklungen 2010, Bern 2011 (zit. SIMONEK/VON AH, Entwicklungen 2010); SPORI PETER, Differenzierte Massgeblichkeit bei «getreuer Darstellung», ASA 69 (2000/2001), 105 ff.; STOLL JÜRG, Die Rückstellung im Handels- und Steuerrecht, Zürich 1992 (zit. STOLL, Rückstellung); *Treuhand-Kammer* (Hrsg.), Schweizer Handbuch der Wirtschaftsprüfung, Bd. 1, 2. A. Zürich 2009 (zit. Handbuch der Wirtschaftsprüfung); WEBER ARNOLD, Das Verhältnis von Handelsbilanz und Steuerbilanz, Bern 1978 (zit. WEBER, Verhältnis); WEIDMANN MARKUS, Einkommensbegriff und Realisation. Zum Zeitpunkt der Realisation von Ertrag und Einkommen im Handels- und Steuerrecht, Zürich 1996 (zit. WEIDMANN, Einkommensbegriff und Realisation).

Materialien

Botschaft zur Änderung des Obligationenrechts vom 21.12.2007, BBl 2008, 1589–1818 (zit. Botschaft Änderung des Obligationenrechts); Botschaft zum Bundesgesetz über die Verbesserung der steuerlichen Rahmenbedingungen für unternehmerische Tätigkeiten und Investitionen (Unternehmenssteuerreformgesetz II) vom 22.6.2005, BBl 2005, 4733–4884 (zit. Botschaft UStR II); Botschaft zu Bundesgesetzen über die Harmonisierung der direkten Steuern der Kantone und Gemeinden sowie über die direkte Bundessteuer (Botschaft über die Steuerharmonisierung) vom 25.5.1983, BBl 1983 III, 1–381 (zit. Botschaft Steuerharmonisierung).

A. Begriff und Wesen der selbständigen Erwerbstätigkeit

I. Gesetzliche Grundlagen

1   Die Einkünfte aus selbständiger Erwerbstätigkeit sind in DBG 18 näher umschrieben. Vorab werden in Absatz 1 für steuerbar erklärt: «... alle Einkünfte aus einem Handels-, Industrie-, Gewerbe-, Land- und Forstwirtschaftsbetrieb, aus einem freien Beruf sowie aus jeder anderen selbständigen Erwerbstätigkeit.» In Absatz 2 werden auch alle Kapital- oder Aufwertungsgewinne auf Geschäftsvermögen zu den Einkünften aus selbständiger Erwerbstätigkeit gezählt. «Als Geschäftsvermögen gelten alle Vermögenswerte, die ganz oder vorwiegend der selbständigen Erwerbstätigkeit dienen.» DBG 19 erläutert das Umstrukturierungssteuerrecht. DBG 27–31 enthalten Bestimmungen zur Ermittlung des Reineinkommens aus selbständiger Erwerbstätigkeit. Geregelt werden die geschäfts- oder berufsmässig begründeten Kosten, die Abschreibungen und Rückstellungen, die Ersatzbeschaffungen sowie die Verlustverrechnung. Als Verfahrenspflicht obliegt den Selbständigerwerbenden gemäss DBG 125 II, ihrer Steuererklärung die unterzeichnete Jahresrechnung (Bilanz, Erfolgsrechnung) oder, wenn eine kaufmännische Buchhaltung fehlt, näher spezifizierte Aufstellungen beizulegen.

2   Im *kantonalen Steuerrecht* sind die Steuergesetze weitgehend analog ausformuliert (vgl. z.B. ZH StG 18, 19, 27–29, 134 II). Der harmonisierungsrechtliche Spielraum ist in Anbetracht der gesetzlichen Vorgaben (vgl. insb. StHG 8 und 10) sowie der Harmonisierungsreife des Sachbereichs stark eingeschränkt.[1]

3   Der Blick auf die gesetzlichen Grundlagen zeigt, dass sie *keine Legaldefinition* des Begriffs der selbständigen Erwerbstätigkeit enthalten. Der Gesetzgeber überlässt die Festlegung des Begriffsinhalts somit Doktrin und Praxis.

II. Begriff und Abgrenzungen

1. Funktion des Begriffs der selbständigen Erwerbstätigkeit

4   Für die Auslegung des Begriffs der selbständigen Erwerbstätigkeit ist es zuträglich, sich vorab dessen Funktion und Bedeutung vor Augen zu halten. Diesem Begriff kommt im Einkommenssteuerrecht eine zentrale *Abgrenzungsfunktion* zu. Das Einkommen der natürlichen Personen im Bereich der selbständigen Erwerbstätigkeit wird nach einer völlig anderen Methode ermittelt als das übrige Einkommen, sodass der Entscheid darüber, ob eine selbständige Erwerbstätigkeit vorliegt oder nicht, vielfach von grosser fiskalischer Tragweite ist.

---

[1]   Vgl. REICH, in: ZWEIFEL/ATHANAS, N 6 zu StHG 8.

Liegt eine selbständige Erwerbstätigkeit vor, bilden die seiner Erzielung gewidmeten Vermögenswerte Geschäftsvermögen, mit der Folge, dass *Gewinne* aus der Veräusserung von Geschäftsvermögen im Unterschied zur privaten Vermögenssphäre generell der Besteuerung unterworfen werden. Umgekehrt besteht aber auch die Möglichkeit, Wertverminderungen von Vermögenswerten, die der selbständigen Erwerbstätigkeit dienen, durch *Abschreibungen* und *Wertberichtigungen* Rechnung zu tragen. Sodann können für in der Höhe noch unbestimmte Verpflichtungen und für unmittelbar drohende Verlustrisiken zulasten der Erfolgsrechnung *Rückstellungen* gebildet werden. Als weiterer Unterschied ist die nur im Bereich der selbständigen Erwerbstätigkeit zulässige Verrechnung von Einkünften mit *Verlusten* aus früheren Jahren zu nennen.

Von grosser Tragweite ist der Begriff der selbständigen Erwerbstätigkeit auch im *interkantonalen* und im *internationalen Steuerrecht*. Die Einkünfte aus selbständiger Erwerbstätigkeit werden nach anderen Regeln zugeteilt als die übrigen Einkünfte. Einkommen aus selbständiger Erwerbstätigkeit können am Geschäftsort bzw. am Ort der Betriebsstätte besteuert werden. Überdies spielt der Begriff der selbständigen Erwerbstätigkeit auch bei der Frage der Abziehbarkeit von *Vorsorgeaufwendungen* und im *Verfahrensrecht* eine Rolle.

2. Umschreibung und Arten der selbständigen Erwerbstätigkeit

Als selbständig erwerbend gelten jene natürlichen Personen, die durch Einsatz von Arbeitsleistung und Kapital in frei gewählter Organisation, auf eigenes Risiko, anhaltend, planmässig und nach aussen sichtbar zum Zweck der Gewinnerzielung am wirtschaftlichen Verkehr teilnehmen.[2]

Der Begriff der selbständigen Erwerbstätigkeit ist somit weit *umfassender* als jener des Unternehmens, Geschäfts, Betriebs oder Gewerbes. Das zeigt sich darin, dass DBG 18 I nebst den Einkünften aus einem Betrieb (Handel, Industrie, Gewerbe, Land- oder Forstwirtschaft) und freien Berufen auch alle Einkünfte «aus jeder anderen selbständigen Erwerbstätigkeit» für steuerbar erklärt. Zur steuerrechtlichen Qualifikation als selbständig Erwerbender bedarf es darum weder der Eintragung im Handelsregister noch der Führung einer Buchhaltung. Eine selbständige Erwerbstätigkeit kann zudem haupt- oder nebenberuflich, dauernd oder temporär ausgeübt werden. Als selbständig Erwerbende gelten nach der gesetzlichen Umschreibung neben den Einzelfirmainhabern auch die Gesellschafter von Kollektiv- und Kommanditgesellschaften, die Teilhaber einfacher Gesellschaften mit gewerblichen oder geschäftlichen Betrieben und sogar die stillen Teilhaber an solchen Betrieben.

---

[2] Vgl. Höhn/Waldburger, Bd. I, § 14 N 36 ff.; Locher, N 7 ff. zu DBG 18; Reich, Begriff, 123 ff.; vgl. auch Oberson, Droit fiscal, § 7 N 21 ff.; Martin Arnold, Geschäfts- und Privatvermögen im schweizerischen Einkommenssteuerrecht, ASA 75 (2006/2007), 265 ff., 272; BGer 31.8.2005, StE 2006 B 23.1 Nr. 59 E. 2.2.1; BGer 8.1.1999, BGE 125 II 113 = StE 1999 B 23.1 Nr. 41; VGer ZH 4.5.1976, RB 1976 Nr. 39; VGer TG 16.1.1991, StE 1991 B 26.3 Nr. 3.

3. Der Begriff der selbständigen Erwerbstätigkeit als Typusbegriff

9 Damit liegt allerdings noch keine griffige Definition des Lebenssachverhalts vor, der als selbständige Erwerbstätigkeit zu bezeichnen ist. Der Begriff der selbständigen Erwerbstätigkeit zeichnet sich in hohem Mass durch *Offenheit* und *Unschärfe* aus. Wegen der Vielfalt der zu regelnden Sachverhalte ist es auch nicht möglich, die selbständige Erwerbstätigkeit generell und präzis zu definieren. Die selbständige Erwerbstätigkeit ist kein abstrakter Begriff, dessen Inhalt durch unverzichtbare Merkmale abschliessend und klar umrissen ist, sondern es handelt sich um einen so genannten Typus, der sich einer *exakten Definition entzieht* und nur durch Exemplifizierung des für ihn «Typischen» erklärt werden kann.[3] «Dass einzelne typische Elemente einer selbständigen Erwerbstätigkeit im Einzelfall nicht erfüllt sind, kann durch andere Elemente kompensiert werden, die besonders ausgeprägt vorliegen.»[4]

10 Ausschlaggebend bei der Frage, ob im Einzelfall eine selbständige Erwerbstätigkeit vorliegt, ist somit stets das *Gesamtbild* der vollzogenen Tätigkeiten. Es sind alle Umstände des Einzelfalls in die Beurteilung einzubeziehen.[5] Diese Erkenntnis macht die Sache nicht einfacher, vielmehr verlangt sie nach sorgfältiger und vor allem unvoreingenommener Abwägung sämtlicher Aspekte. Es ist umfassend abzuklären, ob die Merkmale der selbständigen Erwerbstätigkeit insgesamt in solcher Zahl und Stärke vorhanden sind, dass der Sachverhalt dem Erscheinungsbild der selbständigen Erwerbstätigkeit zugeordnet werden kann.

4. Abgrenzungsfragen

a) Abgrenzung zur unselbständigen Erwerbstätigkeit

11 Der selbständig Erwerbende handelt auf *eigene Rechnung und Gefahr*, wogegen der unselbständig Erwerbende nicht sich selbst, sondern seinen Arbeitgeber verpflichtet. Die Tragung des *Verlustrisikos* ist ein zentrales Abgrenzungskriterium der selbständigen Erwerbstätigkeit. Die Entlöhnung von unselbständig Erwerbenden ist zwar zuweilen auch erfolgsabhängig ausgestaltet, Arbeitnehmer partizipieren jedoch nicht am Verlust des Arbeitgebers.

12 Sodann organisiert und gestaltet der selbständig Erwerbende seine Aktivitäten weitgehend selber. Er zeichnet sich dadurch aus, dass er in der Gestaltung der

---

[3] Ausführlich REICH, Begriff, 122 f. auch zum Folgenden.
[4] BGer 29.7.2011, StE 2011 B 23.1 Nr. 71 E. 2.3. Demgegenüber vertritt das VGer ZH (20.1.2010, StE 2010 B 23.1 Nr. 67 E. 2 und 3.11.2010, StE 2010 B 23.1 Nr. 70 E. 2.2.3) die Auffassung, dass im Licht der Rechtsgleichheit und der Rechtssicherheit auf den herkömmlichen *Rechtsbegriff* der selbständigen Erwerbstätigkeit abzustellen sei mit der Folge, dass beim Fehlen auch nur eines der Merkmale keine selbständige Erwerbstätigkeit vorliege.
[5] Vgl. BGer 13.12.2003, StE 2004 B 23.9 Nr. 7; BGer 2.12.1999, StE 2000 B 23.1 Nr. 45 E. 2a; DANIELLE YERSIN, Les gains en capital considérés comme le revenu d'une activité lucrative, ASA 59 (1990/91), 137 ff.

innerbetrieblichen Abläufe, der Auswahl seiner Mitarbeiter sowie in der Pflege der Geschäftsbeziehungen mit Dritten grundsätzlich unabhängig ist und über seine Zeit beliebig verfügen kann. Die Bindung an Weisungen Dritter ist nur in beschränktem Umfang mit einer selbständigen Erwerbstätigkeit vereinbar.

> Nicht als selbständige Erwerbstätigkeit wird aus diesen Gründen die *privatärztliche Tätigkeit von Chefärzten* an öffentlichen Spitälern betrachtet.[6] Als selbständig erwerbend werden hingegen die von einer Erdölgesellschaft belieferten *Tankstellenbetreiber* erachtet, weil sie in eigenem Namen und auf eigene Gefahr hin handeln – dies, obwohl sie in einem sog. Subordinationsfranchising umfassenden Richtlinien namentlich für das Erscheinungsbild der Tankstellen und hinsichtlich des Warensortiments in den Shops unterliegen.[7] Auch als selbständig Erwerbstätige wurden *Agenten eines Versicherungsunternehmens* bezeichnet, obwohl das zu beurteilende Geschäftsmodell nicht dem üblichen Muster einer selbständigen Erwerbstätigkeit entsprach.[8]

b) *Abgrenzung zur gelegentlichen Beschäftigung*

Als gelegentliche Beschäftigung erscheint die sporadische, meist aufgrund eines Auftragsverhältnisses ausgeübte Tätigkeit. Sie wird vielfach nebenberuflich oder von Steuerpflichtigen im Ruhestand verrichtet. Eine solche gelegentliche Beschäftigung auf nicht arbeitsvertraglicher Grundlage ist auch dann keine selbständige Erwerbstätigkeit, wenn sie mit Gewinnerzielungsabsicht ausgeübt wird. Es fehlen insbesondere die Merkmale der *Dauer* und der *Planmässigkeit*.[9]

13

Auch wenn das Vorliegen einer selbständigen Erwerbstätigkeit verneint werden muss, sind die Einkünfte aus gelegentlicher Beschäftigung gleichwohl steuerbar. Sie fallen unter die Einkommensgeneralklausel von DBG 16 I.

14

c) *Abgrenzung zur Liebhaberei (Hobby)*

Gegenüber der Liebhaberei oder der Hobbytätigkeit ist die selbständige Erwerbstätigkeit dadurch geprägt, dass ihr wirtschaftliches Ziel auf Überschuss ausgerichtet ist. Ist die *Gewinnerzielungsabsicht* im Einzelfall nachgewiesen, kann es sich auch dann um eine selbständige Erwerbstätigkeit handeln, wenn das Vorgehen des Pflichtigen, nach betriebswirtschaftlichen Kriterien beurteilt, objektiv nicht geeignet war, zu einem Überschuss zu führen. Wenn jedoch nach allgemeiner Auffassung von vornherein klar ist, dass die zu beurteilenden Aktivitäten auch längerfristig betrachtet nicht zu einem Gewinn führen können, dürfte es

15

---

[6] BGer 5.4.2004, StE 2004 A 24.31 Nr. 1 E. 3.3 f.
[7] BGer 17.6.2008, BGE 134 I 303 = StE 2009 A 24.24.41 Nr. 2 E. 3.1, 3.3, 4.3.
[8] BGer 1.7.2011, StE 2011 A 24.24.45 Nr. 1 E. 4.4 ff.
[9] So hat es das Zürcher Verwaltungsgericht abgelehnt, einen Architekten als selbständig Erwerbenden zu betrachten, welcher im massgebenden Bemessungszeitraum ausserhalb seines hauptberuflichen Anstellungsverhältnisses lediglich zwei kleine Aufträge ausgeführt und hierfür Einkünfte von wenigen hundert Franken erzielt hatte (VGer ZH 26.11.1981, RB 1981 Nr. 46).

am Erfordernis der *Planmässigkeit* fehlen; von einer selbständigen Erwerbstätigkeit kann diesfalls trotz Vorliegen der Gewinnstrebigkeit nicht mehr gesprochen werden.

16 Aufschluss gibt vielfach auch, wie der Steuerpflichtige auf das *Ausbleiben eines Gewinnes* reagiert. Wer eine Tätigkeit vorwiegend mit Gewinnerzielungsabsicht ausübt, wird sich durch das andauernde Fehlen eines finanziellen Erfolgs von der Unergiebigkeit seines Unterfangens überzeugen und von der Weiterführung der betreffenden Tätigkeit absehen.[10] Tut er dies nicht, so ist anzunehmen, dass nicht der wirtschaftliche Erfolg, sondern die Befriedigung seiner persönlichen Bedürfnisse und Neigungen Triebfeder der zu beurteilenden Aktivitäten bildet. Das Vorliegen einer längeren Verlustphase für sich allein führt allerdings noch nicht zur Verneinung einer selbständigen Erwerbstätigkeit. Es gibt keine feste Frist, innert welcher zwingend Gewinne erwirtschaftet werden müssen, damit noch von einer Gewinnerzielungsabsicht ausgegangen werden kann.

17 Wichtige Hinweise zur Abgrenzung der Hobbytätigkeit von der selbständigen Erwerbstätigkeit liefert zuweilen bereits die *Art der Tätigkeit,* mit welcher sich der Steuerpflichtige befasst. Ein Antiquitätenhandel spricht nach der allgemeinen Lebenserfahrung weniger für das Vorliegen einer Hobbytätigkeit als eine durch Steuerpflichtige mit hohen Einkünften betriebene Pferde- oder Schafzucht oder der nebenberufliche Handel mit Oldtimern.

d) Abgrenzung zur privaten Vermögensverwaltung

– Die bundesgerichtlichen Abgrenzungskriterien

18 Am meisten Schwierigkeiten bereitet die Abgrenzung der selbständigen Erwerbstätigkeit von der privaten Vermögensverwaltung.[11] Das Bundesgericht hatte dazu schon unter dem alten Bundessteuerrecht eine recht umstrittene Praxis entwickelt, die es trotz anderslautender gesetzlicher Grundlage auch unter dem DBG mehrere Jahre nahezu unverändert weiterführte.[12] Nach dieser Praxis erzielte eine steuerpflichtige Person immer dann steuerbares Einkommen aus selbständiger Erwerbstätigkeit, «wenn sie An- und Verkäufe von Vermögensgegenständen in einer Art tätigt, die über die schlichte Verwaltung von Privatvermögen (Art. 16 Abs. 3 DBG) hinausgeht».[13]

19 Für die Beantwortung der Frage, ob private Vermögensverwaltung oder selbständige Erwerbstätigkeit vorliegt, wird auf die folgenden Kritierien abgestellt:

---

[10] BGer 31.8.2005, StE 2006 B 23.1 Nr. 59; REICH, Begriff, 129 f.; RICHNER/FREI/KAUFMANN/MEUTER, N 48 ff. zu DBG 18.
[11] Zur Problematik im Allgemeinen REICH, Jusletter 14.1.2002, N 23 ff., insb. N 34.
[12] Vgl. BGer 8.1.1999, BGE 125 II 113 E. 5e und 6a = StE 1999 B 23.1 Nr. 41; kritisch dazu REICH, in: ZWEIFEL/ATHANAS, N 7 ff. zu DBG 18.
[13] BGer 2.12.1999, StE 2000 B 23.1 Nr. 45 E. 2a. An dieser Sprachregelung hält das Bundesgericht auch heute noch fest (vgl. z.B. BGer 29.7.2011, StE 2011 B 23.1 Nr. 71 E. 2.2 und 2.3), obwohl es seine Praxis zwischenzeitlich modifiziert hat.

1. «Die (systematische oder planmässige) Art und Weise des Vorgehens, namentlich dass die steuerpflichtige Person aktiv wertvermehrend tätig wird oder sich systematisch bemüht, die Entwicklung eines Marktes zur Gewinnerzielung auszunützen.[14]
2. Die Häufigkeit der fraglichen Geschäfte und eine kurze Besitzesdauer.
3. Der enge Zusammenhang der Geschäfte mit der beruflichen Tätigkeit der steuerpflichtigen Person, der Einsatz spezieller Fachkenntnisse, das Zusammenwirken mit anderen im fraglichen Bereich tätigen Personen bzw. die Realisierung im Rahmen einer Personengesellschaft und der Beizug von Fachleuten. Ob die steuerpflichtige Person Wertschriftengeschäfte selber oder über einen bevollmächtigten Dritten abwickelt, ist nicht von entscheidender Bedeutung, da das Wertschriftengeschäft in der Regel ohnehin den Beizug fachkundiger Personen (Bankfachleute, Treuhänder usw.) erfordert, deren Verhalten – als Hilfspersonen – der pflichtigen Person zugerechnet wird.[15]
4. Der Einsatz erheblicher fremder Mittel zur Finanzierung der Geschäfte.
5. Die Verwendung der erzielten Gewinne bzw. deren Wiederanlage in gleichartige Vermögensgegenstände.»[16]

Jedes dieser Indizien kann nach Meinung des Bundesgerichts zusammen mit anderen, im Einzelfall jedoch unter Umständen auch bereits allein zur Annahme einer selbständigen Erwerbstätigkeit im Sinn von DBG 18 ausreichen.[17]

– Würdigung

Mithilfe dieser Abgrenzungskriterien kann durchaus plausibel dargelegt werden, dass ein Steuerpflichtiger mit seinen Tätigkeiten den Rahmen privater Vermögensverwaltung sprengt und als selbständig Erwerbender zu betrachten ist. Entgegenzutreten ist aber der Ansicht des Bundesgerichts, dass jedes der angeführten Indizien im Einzelfall unter Umständen auch bereits allein zur Annahme einer selbständigen Erwerbstätigkeit im Sinn von DBG 18 ausreiche. Das Gewicht der einzelnen Indizien darf nicht überschätzt werden, es ist stets auf das *Gesamtbild* der zu beurteilenden Aktivitäten abzustellen. Die selbständige Erwerbstätigkeit manifestiert sich nie bloss anhand eines einzigen Kriteriums.

Dieser Erkenntnis folgt nun de facto auch das Bundesgericht in seiner neueren Praxis konsequent,[18] indem es nicht nur einzelne Aspekte des zu beurteilenden Falls, die für das Vorliegen einer selbständigen Erwerbstätigkeit sprechen, herausgreift, sondern eine *umfassende Würdigung* unter sorgfältiger Abwägung al-

---

[14] Vgl. BGer 27.10.1978, BGE 104 Ib 164 E. Ib, S. 167.
[15] BGer 2.10.1992, ASA 63, 43 ff. E. 3c.
[16] BGer 2.12.1999, StE 2000 B 23.1 Nr. 45 E. 2a; vgl. auch BGer 12.11.2002, StE 2003 B 23.1 Nr. 53.
[17] Vgl. z.B. BGer 29.7.2011, StE 2011 B 23.1 Nr. 71 E. 2.3; BGer 2.12.1999, StE 2000 B 23.1 Nr. 45 E. 2a unter Hinweis auf BGer 8.1.1999, BGE 125 II 113 E. 3c = StE 1999 B 23.1 Nr. 41.
[18] Auch wenn es immer wieder betont, an seiner bisherigen Praxis grundsätzlich festhalten zu wollen.

ler Argumente pro und contra vornimmt.[19] Es hat auch anerkannt, dass sich die Gegebenheiten gerade im *Wertschriftenhandel* in den letzten Jahren stark verändert haben und deshalb den Kriterien der systematischen und planmässigen Vorgehensweise sowie des Einsatzes spezieller Fachkenntnisse nur noch eine untergeordnete Bedeutung beizumessen ist. Hingegen hebt es die Kritierien der Höhe des Transaktionsvolumens und des Einsatzes erheblicher fremder Mittel besonders hervor.[20] Die letzten beiden Kriterien führten das Bundesgericht dann auch dazu, im zu beurteilenden Fall – durchaus plausibel – gewerbsmässigen Wertschriftenhandel anzunehmen.

> Diese Präzisierung seiner bisherigen Praxis hat es auch in einem den *Liegenschaftenhandel* betreffenden Entscheid bekräftigt.[21] Für eine selbständige Erwerbstätigkeit sprach in casu insbesondere die Art und Weise des Vorgehens. So parzellierte die Steuerpflichtige ein Grundstück als Miteigentümerin unter Einräumung von gegenseitigen Grenzbaurechten und einem Durchgangsrecht für Werkleitungen in Hinblick auf eine geplante Überbauung. Gleichzeitig verkaufte die Steuerpflichtige ihre Miteigentumsanteile an vier Parzellen und verpflichtete sich durch einen Kaufrechtsvertrag zur Veräusserung der restlichen Miteigentumsanteile. Dennoch sah das höchste Gericht von der Annahme einer selbständigen Erwerbstätigkeit ab, weil die Pflichtige ihren Miteigentumsanteil vom Vater geschenkt erhalten hatte, kein Fremdkapital eingesetzt wurde und sie in keiner Weise an der Überbauung und am Verkauf der Parzellen mitgewirkt hatte. Auch die durch die Ausübung des Kaufrechts ausgelösten Grundstückanteilsverkäufe erschienen lediglich als etappenweiser Vollzug des ihnen zugrunde liegenden Rechtsgeschäfts, die ohne ein eigentliches Tätigwerden der Pflichtigen zustande kamen. – Sodann nahm das Bundesgericht auch in einem den *Kunsthandel* betreffenden Entscheid Bezug auf seine Praxispräzisierung, wies allerdings zu Recht auf die dem Kunsthandel immanenten Eigenheiten hin.[22] Zur Beurteilung stand der teilweise Verkauf einer Giacometti-Skulptur. Obwohl der enge Zusammenhang mit der beruflichen Tätigkeit des Steuerpflichtigen klar auf der Hand lag, nahm das Bundesgericht keine Erwerbstätigkeit an, weil andere Umstände wie die lange Haltedauer, die geringe Anzahl von Transaktionen, die fehlende Reinvestition und das Fehlen eines Fremdmitteleinsatzes deutlich machten, dass keine auf Erwerb gerichtete Tätigkeit vorlag. – Schliesslich brachte das Bundesgericht die modifizierte Praxis jüngst auch in Zusammenhang mit der Beurteilung eines *Beteiligungsverkaufs* zur Anwendung.[23] Wobei es zunächst klarlegte, dass die hinsichtlich des Wertschriftenhandels angestellten Überlegungen nicht unverändert auf den nebenberuflichen Beteiligungshandel übertragen werden dürften. In casu gab es wohl einzelne Indizien, die – für sich allein betrachtet – durchaus für eine selbständige Nebenerwerbstätigkeit sprachen; die ausschlaggebenden Kriterien führten das Gericht jedoch zu einem anderen Resultat. So diente die komplizierte

---

[19] Vgl. dazu die nachfolgend zitierten Entscheide.
[20] BGer 23.10.2009, StE 2010 B. 23.1 Nr. 68 E. 2.7.
[21] BGer 1.3.2010, StE 2011 B 23.1 Nr. 69 E. 2.4, 3.
[22] BGer 29.7.2011, StE 2011 B. 23.1 Nr. 71 E. 2.3, 2.5.
[23] BGer 12.9.2011, StE 2011 B. 23.1 Nr. 72.

Abwicklung der Transaktion, die sich über vier Jahre hinstreckte, lediglich der Sicherung des langfristigen Überlebens des selbst aufgebauten Unternehmens. Zudem musste sich der Pflichtige weder verschulden noch war das Geschäft mit besonderen Risiken behaftet.

Ein sehr wichtiger Gesichtspunkt ist gewiss die *Anzahl* der getätigten *Transaktionen*. Wer häufig kauft und verkauft, verwaltet nicht, sondern will sein Vermögen gewinnbringend vermehren. Allerdings muss dieser quantitative Aspekt immer in *Relation* zur Höhe des verwalteten Vermögens betrachtet werden. 22

Bei einem Wertschriftenvermögen von rund CHF 16 Mio. lassen 165 Transaktionen in einem Jahr für sich allein noch nicht auf Gewerbsmässigkeit schliessen. Wird das Vermögen dabei jedoch fast dreieinhalb Mal umgeschichtet, so geht das wohl über das hinaus, was man noch als übliche Vermögensverwaltung bezeichnen kann.[24] Hingegen ist nicht einzusehen, weshalb eine Pianistin mit einem Gesamtvermögen von rund CHF 18 Mio., deren Vermögensverwalter in zwei Jahren 343 Optionsgeschäfte abgewickelt haben,[25] die aber keine Fremdmittel eingesetzt hatte und selber keinerlei Kenntnisse im Bereich der Vermögensverwaltung besass, selbständig erwerbstätig sein soll.[26]

Zuzustimmen ist dem Bundesgericht auch darin, dass der *Ausnützung beruflicher Kenntnisse* keine allzu grosse Bedeutung beigemessen werden darf. Auch Kunstsachverständigen und Bankangestellten ist es unbenommen, mit Kauf und Verkauf von Kunstgegenständen oder kotierten Wertschriften Gewinne im einkommenssteuerfreien Bereich zu erzielen. Ein sehr hoher Stellenwert wird hingegen zu Recht dem Indiz der *Fremdfinanzierung* eingeräumt. Wer mit vorwiegend fremden Mitteln spekuliert, verwaltet nicht sein Privatvermögen, sondern strebt danach, Vermögen zu erwerben. 23

– Bestrebungen zu einer gesetzlichen Regelung

Um ein höheres Mass an Rechtssicherheit zu gewährleisten, hat die EStV in Zusammenarbeit mit der Schweizerischen Steuerkonferenz ein Kreisschreiben betreffend den gewerbsmässigen Wertschriftenhandel erlassen.[27] Dieses Kreisschreiben vermochte indes schon von Anbeginn nicht zu befriedigen.[28] So bestehen seit Längerem politische Bestrebungen, zumindest den gewerbsmässigen Wertschriftenhandel einer gesetzlichen Regelung zuzuführen.[29] Im Rahmen der Unternehmenssteuerreform II wurde das Problem aufgegriffen, die Räte haben sich indes nicht auf eine Lösung einigen können.[30] Schliesslich wurde auf 24

---

[24] BGer 12.11.2002, StE 2003 B 23.1 Nr. 53.
[25] Es handelte sich um unspekulative EUREX- bzw. SOFFEX-Transaktionen, deren Einsatz bei der Verwaltung grosser Vermögen üblich ist.
[26] Anders aber BGer 13.11.2002, StE 2003 B 23.1 Nr. 54.
[27] Kreisschreiben Nr. 8 der EStV vom 21.6.2005 betreffend den gewerbsmässigen Wertschriftenhandel, Ziff. 2.
[28] Dazu Jürg Altorfer/Julia von Ah, Gewerbsmässige Wertschriftenhändlertätigkeit, ST 2005, 1047 ff., 1050 f.; Urs Kapalle/Alexandra Salib, Der Quasi-Wertpapierhändler in der Unternehmenssteuerreform II, StR 2005, 730 ff., 750 ff.
[29] Reich, Jusletter 14.1.2002, N 46 ff.
[30] Dazu Amtl.Bull. StR 2006, 441; Müller, ST 2007, 406 ff.

eine Normierung im Rahmen der Unternehmenssteuerreform II verzichtet, um die Frage später in einer separaten Vorlage anzugehen.[31] In Hinblick auf den deutlichen Wandel in der neueren Bundesgerichtspraxis scheint ein solches Gesetzgebungsprojekt zurzeit allerdings nicht mehr vordringlich zu sein.

III. Beginn und Ende der selbständigen Erwerbstätigkeit

25 Die selbständige Erwerbstätigkeit beginnt mit den ersten *Vorbereitungshandlungen*, die im Wirtschaftsverkehr wahrnehmbar werden. Massgebend ist somit nicht erst die eigentliche Geschäftseröffnung, auch die vorgelagerten, auf die Eröffnung gerichteten Aktivitäten gehören zur selbständigen Erwerbstätigkeit.

26 Die selbständige Erwerbstätigkeit endigt mit der letzten *Liquidationshandlung*. Demnach spielt steuerrechtlich der Liquidationsbeschluss keine Rolle, erheblich ist vielmehr, in welchem Zeitpunkt die Geschäftstätigkeit faktisch eingestellt wird. Auch die Liquidation der geschäftlichen Vermögenswerte ist eine selbständige Erwerbstätigkeit, die sich unter Umständen über eine lange Zeitdauer erstrecken kann.[32]

27 Der *Tod* eines selbständig Erwerbenden führt steuerrechtlich nicht zu einer steuerrechtlichen Liquidation des Geschäfts. Das gilt auch dort, wo die Geschäftstätigkeit in besonders hohem Mass von der Person des Erblassers abhängt. Die Erben treten steuerrechtlich an die Stelle des Verstorbenen und werden zu selbständig Erwerbenden, auch wenn sie das Geschäft selber nicht weiterführen, sondern verpachten, verkaufen oder liquidieren. Auch Erben, die an der Geschäftsführung nicht beteiligt sind, bleiben bis zur *Erbteilung* selbständig erwerbstätig.[33]

B. Geschäftsvermögen und Privatvermögen

I. Abgrenzung des Geschäfts- vom Privatvermögen

1. Notwendigkeit und Tragweite der Abgrenzung

28 Jeder selbständig Erwerbende besitzt neben den Vermögenswerten seines Geschäfts auch private Vermögensgegenstände. Die Aufgliederung des Gesamtvermögens eines selbständig Erwerbenden ist erforderlich, weil das der selbständigen Erwerbstätigkeit gewidmete Vermögen, das Geschäftsvermögen (auch

---

[31] Amtl.Bull. StR 2007, 13.
[32] Vgl. BGer 28.4.1972, ASA 41, 450 ff. E. 3 mit Hinweisen; zur verzögerten Liquidation sowie zur Verpachtung hinten N 52 f. und 141.
[33] Zur Geschäftsaufgabe anlässlich der Erbteilung hinten N 131 f.

«Betriebs-» oder «Unternehmensvermögen» genannt), die Grundlage der steuerrechtlichen Gewinnermittlung bildet.[34] Das Einkommen aus selbständiger Erwerbstätigkeit ergibt sich aus dem *Vermögensstandsgewinn*.[35] Bestandes- und Wertänderungen des Vermögens, das der selbständigen Erwerbstätigkeit dient, wirken sich somit unmittelbar einkommensvermehrend oder -mindernd auf das steuerbare Einkommen aus. Demgegenüber ist die Zunahme oder Abnahme des nicht der selbständigen Erwerbstätigkeit dienenden Vermögens, des sog. Privatvermögens, ohne Einfluss auf die Ermittlung des steuerbaren Einkommens. Dieser tiefgreifende *Dualismus* in der Einkommensermittlung lässt erkennen, welch fundamentale Bedeutung nicht nur der Frage, ob eine selbständige Erwerbstätigkeit vorliegt oder nicht,[36] sondern auch der Abgrenzung von Geschäfts- und Privatvermögen im schweizerischen Einkommenssteuerrecht zukommt.[37]

2. Begriff und Wesen des Geschäfts- bzw. Privatvermögens

Geschäftsvermögen bilden alle Vermögenswerte, die ganz oder vorwiegend der selbständigen Erwerbstätigkeit dienen (DBG 18 II). Das Geschäftsvermögen erscheint als eine dem Unternehmenszweck gewidmete sachliche Einheit samt den mit dem Geschäft verbundenen Chancen, Rechten und Verbindlichkeiten. Zum Geschäftsvermögen gehören somit nicht nur die aktiven Vermögenswerte, sondern auch die durch die selbständige Erwerbstätigkeit veranlassten Schulden. 29

Umgekehrt bilden sämtliche Vermögenswerte *Privatvermögen*, die ganz oder vorwiegend privaten Zwecken dienen. 30

Geschäftsvermögen setzt eine *selbständige Erwerbstätigkeit* voraus, welcher es zugeordnet werden kann.[38] Vor der Zuordnungsfrage ist deshalb zu prüfen, ob überhaupt eine selbständige Erwerbstätigkeit vorliegt. Damit erübrigt sich die Klärung der Zuordnungsfrage vielfach, weil dann offenkundig ist, welchem Vermögensbereich die fraglichen Vermögensobjekte zuzuordnen sind. 31

Der Begriff des Geschäftsvermögens enthält ein subjektives und ein objektives Element. Zum einen bestimmt der Steuerpflichtige den Unternehmensplan sowie den Umfang der geschäftlichen Aktivitäten. Der selbständig Erwerbende weist seinem Unternehmen Arbeitskräfte und Sachobjekte zu und fasst sie zu einer Wirtschaftseinheit zusammen. Durch entsprechende Gestaltung der wirtschaftlichen Verhältnisse hat er es in der Hand, Wirtschaftsgüter Geschäftszwecken zuzuführen oder zu entfremden. Die *Widmung* von Vermögenswerten zu geschäftlichen Zwecken ist ein subjektiver Vorgang. Zum andern hängt die Qualifikation von Wirtschaftsgütern als Geschäftsvermögen indes nicht allein 32

---

[34] Reich, in: Zweifel/Athanas, N 43 zu DBG 18.
[35] Hinten N 55.
[36] Vorne N 4 ff.
[37] Hierzu Böckli, Betriebsvermögen/Privatvermögen, 351 ff.
[38] Allerdings können Vermögenswerte auch nach der Aufgabe der aktiven Erwerbstätigkeit unter Umständen ihre Geschäftsvermögensqualität beibehalten, solange noch keine endgültige Klarheit über ihre weitere Zweckbestimmung besteht (vgl. hinten N 53).

vom Willen des Geschäftsinhabers ab, sondern wird auch wesentlich bestimmt durch die *objektive Eignung* der Vermögenswerte, im konkreten Fall tatsächlich Grundlage der geschäftlichen Gewinnerzielung zu bilden. Die dem Geschäft zugeführten Wirtschaftsgüter müssen potenziell in der Lage sein, einen Beitrag zur Gewinnerzielung zu leisten.

33 Grundsätzlich kann Geschäftsvermögen nur sein, was sich zivilrechtlich im *Eigentum* des Geschäftsinhabers befindet. Ausnahmen von dieser Regel sind dann angebracht, wenn der oder die Geschäftsinhaber wie Eigentümer über den entsprechenden Vermögensgegenstand verfügen können und dieser deshalb buchführungsrechtlich auch bilanziert werden darf.[39] Vermögenswerte, die im Eigentum des Ehepartners stehen, bilden Geschäftsvermögen, wenn dem Ehepartner faktisch eine Mitunternehmerstellung zukommt.[40]

34 Doktrin und Praxis unterscheiden zwischen notwendigem Geschäftsvermögen, notwendigem Privatvermögen und den Alternativgütern bzw. dem *gewillkürten* Geschäfts- und Privatvermögen.[41] Diese Gliederung des Gesamtvermögens beruht auf der Erkenntnis, dass die Beziehungen der Wirtschaftsgüter zum Geschäfts- bzw. Privatvermögen je nach ihrer konkreten Zweckbestimmung von unterschiedlicher Intensität sind. Es wird unterschieden zwischen Wirtschaftsgütern, die unmittelbar in den betrieblichen Leistungserstellungsprozess integriert, mithin betriebsnotwendig sind, und solchen, die nur mittelbar zur unternehmerischen Leistungserstellung beitragen, indem sie lediglich die finanzielle Situation des Geschäfts verbessern und starken. Letztere können dem Unternehmen entzogen werden, ohne den betrieblichen Leistungserstellungsprozess direkt zu beeinträchtigen.

3. Abgrenzungskriterien

35 Für die Zuteilung eines Vermögenswertes zum Geschäftsvermögen oder zum Privatvermögen ist auf die *aktuelle technisch-wirtschaftliche Funktion* eines Wirtschaftsgutes abzustellen.[42] Wenn ein Vermögenswert im Beurteilungszeitpunkt objektiv erkennbar für Geschäftszwecke verwendet wird bzw. der selbständigen Erwerbstätigkeit tatsächlich dient, so bildet er – unabhängig von der Herkunft der Mittel oder vom Erwerbsmotiv – Geschäftsvermögen. Der Entscheid darüber, ob ein Vermögensobjekt der selbständigen Erwerbstätigkeit dient, ist von Fall zu Fall unter Würdigung der Gesamtheit der tatsächlichen Verhältnisse zu fällen.[43]

---

[39] Vgl. BGer 24.10.1986, StE 1987 B 23.47.2 Nr. 3; BGer 18.5.1984, BGE 110 Ib 121 = StE 1985 B 23.2 Nr. 1; SIMONEK, ASA 65, 515 ff.; vgl. auch vorne § 14 N 10.
[40] SIMONEK, Geschäftsnachfolge, 23 ff.
[41] BGer 10.7.1992, StE 1993 B 23.2 Nr. 13; LOCHER, N 123 zu DBG 18; REICH, in: ZWEIFEL/ATHANAS, N 47 zu DBG 18; HANS-JÜRG NEUHAUS, Die steuerlichen Massnahmen im Bundesgesetz vom 19. März 1999 über das Stabilisierungsprogramm 1998, ASA 68 (1999/2000), 273 ff., 281 ff.
[42] Statt vieler BGer 15.3.2000, StE 2001 B 23.2 Nr. 22.
[43] Vgl. BGer 23.5.1986, BGE 112 Ib 79 E. 3a; BGer 7.11.1986, StE 1988 B 23.2 Nr. 5.

Ist die technisch-wirtschaftliche Funktion eines Vermögenswertes nicht klar erkennbar, kommt dem *Willen* und der *Sachdarstellung* des Pflichtigen u.U. grosse Bedeutung zu. Freilich kann nicht auf einzelne beliebige Willensäusserungen des Steuerpflichtigen abgestellt werden. Für die Abgrenzungsfrage relevant ist einzig der Wille, ein Wirtschaftsgut dem Geschäft zu widmen und nicht der Wille, ein Wirtschaftsgut für die Zwecke der Besteuerung als Geschäftsvermögen zu behandeln. Der Wille, so wie er den Steuerbehörden gegenüber erklärt wird, muss auch in den tatsächlichen Verhältnissen zum Ausdruck gebracht und verwirklicht worden sein; «entscheidend ist insofern eine objektivierte Willenskundgebung».[44]

36

Der Wille des Steuerpflichtigen äussert sich vor allem in der *buchmässigen Behandlung* der Vermögenswerte. Die Aufnahme eines Vermögenswertes in die Bilanz stellt nach der bundesgerichtlichen Praxis ein gewichtiges Indiz dafür dar, dass dieser zum Geschäftsvermögen gehört, sofern er nicht ausdrücklich als Privatvermögen gekennzeichnet und der damit zusammenhängende Aufwand und Ertrag nicht konsequent über das Privatkonto gebucht wird.[45] Das Bundesgericht hat jedoch auch darauf hingewiesen, dass die Aufnahme in die Buchhaltung allein nicht die Zuteilung eines Vermögenswerts zum Geschäftsvermögen zu bewirken vermag.[46] Besonderes Gewicht kann auch der Weglassung bestimmter Vermögenswerte in der Geschäftsbuchhaltung beigemessen werden. Die buchhalterische Darstellung verliert ihre Kraft als Indiz, wenn sie nicht mit den tatsächlichen Vorkommnissen in Einklang steht.[47]

37

Das Vermögen von Kollektiv- und Kommanditgesellschaften geniesst privatrechtlich im Aussenverhältnis eine gewisse Verselbständigung.[48] Daraus ergeben sich einige Besonderheiten bei der Zuteilung der Vermögenswerte von Personengesellschaften.[49]

38

4. Gemischt genutzte Wirtschaftsgüter

Gemischt genutzte Vermögenswerte dienen gleichzeitig sowohl geschäftlichen als auch privaten Bedürfnissen. Das Bundesgericht hat für die direkte Bundessteuer während längerer Zeit alle Vermögenswerte, die zugleich geschäftlichen und privaten Zwecken dienten, nach der sog. *Präponderanzmethode* immer gänzlich demjenigen Vermögen zugewiesen, dem sie überwiegend dienten.[50] Später änderte es jedoch seine Rechtsprechung hinsichtlich gemischt genutzter Liegenschaften.[51] Nach Auffassung des Bundesgerichts ist eine sachgemässe, der dama-

39

---

[44] VGer ZH 23.11.1982, RB 1982 Nr. 61.
[45] BGer 10.1.1992, StE 1993 B 23.2 Nr. 11 E. 3c.
[46] BGer 2.10.1992, StE 1993 B 23.9 Nr. 5 E. 5a.
[47] VGer ZH 23.11.1982, RB 1982 Nr. 61.
[48] ARTHUR MEIER-HAYOZ/PETER FORSTMOSER, Schweizerisches Gesellschaftsrecht, 10. A. Bern 2007, § 13 N 16 ff.
[49] Ausführlich SIMONEK, Geschäftsnachfolge, 38 ff.; REICH, SJZ 1984, 228 ff.
[50] BGer 23.10.1959, BGE 85 I 243.
[51] BGer 18.2.1966, BGE 92 I 49 ff.

ligen gesetzlichen Ordnung entsprechende Besteuerung in der Regel nur dann gewährleistet, wenn bei gemischt genutzten Liegenschaften eine *Wertzerlegung* erfolgt, und zwar nach dem Verhältnis, in dem die private und die geschäftliche Zweckbestimmung zueinander stehen. Zahlreiche Kantone haben sich dieser Betrachtungsweise angeschlossen.

40 Im dualistischen System der Besteuerung der Grundstückgewinne bereitet die Anwendung der Wertzerlegungsmethode einige Schwierigkeiten.[52] Wohl aus diesem Grund entschied sich der Steuerharmonisierungsgesetzgeber gegen die Wertzerlegung und statuiert in StHG 8 II generell die *Präponderanzmethode* für bewegliche und unbewegliche Güter (vgl. DBG 18 II). Danach sind dem Geschäftsvermögen alle Vermögenswerte zuzuordnen, die «ganz oder vorwiegend der selbständigen Erwerbstätigkeit dienen». Ein Vermögenswert dient dann vorwiegend der selbständigen Erwerbstätigkeit, wenn er zu mehr als 50% geschäftlich genutzt wird.

41 Die Präponderanzmethode wirft zahlreiche Probleme auf, über welche sich der Steuerharmonisierungsgesetzgeber wohl kaum im Klaren war.[53]

5. Optiertes Geschäftsvermögen

42 Nach DBG 18 II kann der Steuerpflichtige *Beteiligungen von mindestens 20%* am Grund- oder Stammkapital einer Kapitalgesellschaft oder Genossenschaft im Zeitpunkt des Erwerbs zum Geschäftsvermögen erklären. Solche Beteiligungen werden als «optiertes» oder «gewillkürtes» Geschäftsvermögen bezeichnet.[54] Diese Regelung steht in engem Zusammenhang mit DBG 27 II d und 33 I a, wonach nur noch die geschäftlichen Schuldzinsen unlimitiert abziehbar sind, wogegen die Abziehbarkeit der privaten Schuldzinsen auf die Höhe der Vermögenserträgnisse und weiterer CHF 50 000 beschränkt ist.[55]

43 Mit der Bestimmung des DBG 18 II wurde Befürchtungen Rechnung getragen, die Limitierung des Schuldzinsenabzugs verunmögliche es *privaten Investoren,* mit Fremdkapital Beteiligungen zu erwerben. Davon wird allerdings in Anbetracht der mit der Zuweisung der Beteiligung zum Geschäftsvermögen verbun-

---

[52] Zuppinger/Böckli/Locher/Reich, Steuerharmonisierung, 138 f.
[53] Dazu Peter Gurtner, Änderungen bei der Kapitalgewinnbesteuerung Selbständigerwerbender, in: Blaise Knapp et al., Mélanges Raoul Oberson, 56 ff.; Kreisschreiben Nr. 2 der EStV vom 12.11.1992 betreffend das Einkommen aus selbständiger Erwerbstätigkeit nach Artikel 18 DBG (Ausdehnung der Kapitalgewinnsteuerpflicht, Übergang zur Präponderanzmethode und deren Anwendung); Bernhard Zwahlen, Das neue Recht der direkten Bundessteuern aus der Sicht der Kantone, ST 1993, 282 f.
[54] Dem Begriff des gewillkürten Geschäftsvermögens wird allerdings auch eine andere Bedeutung zugemessen (vgl. vorne N 34) und sollte deshalb vermieden werden.
[55] Vgl. hierzu auch Kreisschreiben Nr. 22 der EStV vom 16.12.2008 betreffend die Teilbesteuerung der Einkünfte aus Beteiligungen im Privatvermögen und die Beschränkung des Schuldzinsenabzugs und Kreisschreiben Nr. 23 der EStV vom 17.12.2008 betreffend die Teilbesteuerung der Einkünfte aus Beteiligungen im Geschäftsvermögen und zum Geschäftsvermögen erklärte Beteiligungen; Neuhaus (Fn. 41), ASA 68, 280.

denen Kapitalgewinnbesteuerung in der Praxis kaum Gebrauch gemacht. Für Beteiligungen, welche mit hohem Fremdkapitalanteil finanziert werden, empfiehlt sich ohnehin der Erwerb über eine *Akquisitionsholding,* damit die Schuldentilgung nicht aus einkommensversteuerten Dividenden erfolgen muss.

6. Zuordnung von Preisen und Ehrengaben

Ein Abgrenzungsproblem besonderer Art stellt die Qualifikation von Preisen und Ehrengaben dar, die an selbständig Erwerbstätige vergeben werden. Fraglich ist, ob solche Zuwendungen an Musiker, Schriftsteller, Kunstmaler oder Sportler als Einkommen aus dieser Tätigkeit erscheinen und somit der *geschäftlichen Sphäre* zuzuordnen sind, oder ob es sich um eine unentgeltliche Zuwendung handelt, die nicht der Einkommenssteuer, sondern grundsätzlich der *Erbschafts- und Schenkungssteuer* unterliegt. 44

Zu entscheiden ist diese Frage aufgrund des *Entgeltcharakters* der Leistung. Wenn der fragliche Preis als Entschädigung für geleistete Arbeit oder im Hinblick auf künftig zu leistende Arbeit ausgerichtet wird, handelt es sich um Einkommen aus Erwerbstätigkeit.[56] Ehrengaben, die vorwiegend in allgemeiner Anerkennung der künstlerischen oder wissenschaftlichen Tätigkeit des Empfängers ausgerichtet werden wie beispielsweise der Nobelpreis, werden hingegen als unentgeltliche Zuwendungen betrachtet und der Schenkungssteuer zugeordnet.[57] Gleiches gilt vielfach für Stipendien an Künstler oder Wissenschaftler, wenn sie nicht von einer Gegenleistung des Empfängers abhängig sind.[58] Stipendien und Forschungsbeiträge dürften indes vielfach Entgeltcharakter haben und bilden deshalb wohl eher Einkommen aus selbständiger Erwerbstätigkeit. Für die Zuordnung der Leistungen des Schweizerischen Nationalfonds hat die EStV ein Kreisschreiben erlassen.[59] Zuwendungen an Profisportler unterliegen vielfach der Einkommenssteuer und nicht der Schenkungssteuer, weil sie eng mit den erbrachten oder den zu erbringenden Leistungen verknüpft sind.[60] 45

---

[56] Vgl. StRK BS 29.8.2002, StE 2004 B 28 Nr. 7; Kreisschreiben Nr. 15 der EStV vom 8.4.1953 betreffend die steuerliche Behandlung von Preisen, Ehrengaben und Stipendien; Merkblatt des KStA ZH über die Besteuerung von Auszeichnungen für künstlerische, wissenschaftliche oder kulturelle Tätigkeiten vom 27.9.2004, ZStB 16/700.
[57] Das bedeutet, dass z.B. der Nobelpreis in der Schweiz nicht besteuert werden kann, da der Sitz der schenkenden Institution sich nicht in der Schweiz befindet, vgl. Art. 2 I b des Zürcher Erbschafts- und Schenkungssteuergesetzes (ESchG) vom 28.9.1986 (LS 632.1).
[58] Vgl. ZIGERLIG/JUD, in: ZWEIFEL/ATHANAS, N 7a zu DBG 24 mit Hinweis auf StRK BS 29.8.2002, StE 2004 B 28 Nr. 7, der die Einkommenssteuerpflicht eines anlässlich der Teilnahme eines Künstlers am eidg. Wettbewerb für freie Kunst verneint, sowie StRK IV ZH 21.2.1990, StE 1990 B 28 Nr. 2, der Zuwendungen an Künstler zur Förderung des künstlerischen Schaffens ebenfalls von der Einkommenssteuerpflicht befreit.
[59] Kreisschreiben Nr. 8 der EStV vom 25.2.1971 betreffend die Zuwendungen des Schweizerischen Nationalfonds zur Förderung der wissenschaftlichen Forschung.
[60] Vgl. ZIGERLIG/JUD, in: ZWEIFEL/ATHANAS, N 7b zu DBG 24.

II. Änderung der Zweckbestimmung

46 Weil sowohl der Unternehmensplan als auch der Zweck, dem ein Vermögenswert dient, im Lauf der Zeit ändern können, steht dessen Zugehörigkeit zum geschäftlichen oder zum privaten Bereich nicht ein für allemal fest. Eine bloss *kurzfristige Widmungsänderung* führt zu keinem Wechsel in der steuerrechtlichen Zuteilung der Vermögenswerte. Auch eine *dauerhafte Nutzungsänderung* bewirkt für sich allein keine Änderung in der steuerrechtlichen Zuteilung des Vermögensgegenstandes, sie muss zudem für Aussenstehende klar erkennbar sein.

1. Privateinlagen und Privatentnahmen

a) Privateinlagen

47 Wenn feststeht, dass ein Vermögenswert tatsächlich nicht mehr wie bis anhin privaten, sondern künftig geschäftlichen Zwecken gewidmet wird, liegt eine Privateinlage vor. Durch Privateinlagen wird das *Eigenkapital* des Personenunternehmens aus privaten Mitteln des Unternehmensträgers vermehrt. Eine solche Zunahme des Eigenkapitals kann sowohl durch die Zuführung von Aktiven oder durch die private Übernahme oder Tilgung von geschäftlichen Verbindlichkeiten erfolgen.

48 Eine Privateinlage darf höchstens zum *Verkehrswert* der eingelegten Vermögenswerte («Geschäftswert» gemäss OR 960 II) erfolgen. Die Privateinlage führt meistens nicht zu unmittelbaren Steuerfolgen.[61] Wird das eingelegte Vermögensobjekt zu einem tieferen Wert eingebucht, so liegt eine *verdeckte Privateinlage* vor, die zu einer entsprechenden Bildung von stillen Reserven führt. Steuerrechtlich ist dies allerdings in der Regel nicht sinnvoll, da damit das Abschreibungspotenzial nicht ausgenutzt wird und die Realisation dieser stillen Reserven künftig versteuert werden muss.[62]

b) Privatentnahmen

49 Mit der Privatentnahme wird das Eigenkapital des Personenunternehmens geschmälert, indem die Geschäftsinhaber dem Unternehmen Mittel zu privater Verwendung entnehmen. Privatentnahmen können erfolgen durch Entnahme von Geld oder von anderen Geschäftsaktiven, oder es werden private Verbindlichkeiten durch Geschäftsmittel getilgt.

50 Die Privatentnahme ist der häufigste *steuersystematische Gewinnausweistatbestand*.[63] Obwohl keine Veräusserung der entnommenen Vermögensobjekte stattfindet – diese bleiben ja im Eigentum des Personenunternehmers – muss im Zuge

---

[61] Ausnahme: Privateinlage von Grundstücken im dualistischen System.
[62] Hinten N 67.
[63] Hinten N 138 ff.

von Privatentnahmen über die stillen Reserven steuerlich abgerechnet werden, da die Kapitalgewinne im Privatvermögen nicht besteuert werden.

Die Privatentnahme setzt einen *Willensakt* des Betriebsinhabers voraus, der von den Steuerbehörden solange nicht erzwungen werden kann, als der Unternehmer glaubhaft darzutun vermag, dass über die Verwendung des Geschäftsvermögens noch keine endgültige Klarheit besteht. Eine Überführung von Geschäftsvermögen in das Privatvermögen ist nur hinsichtlich jener Vermögenswerte anzunehmen, die für die Steuerbehörden *deutlich erkennbar* privaten Zwecken dienstbar gemacht werden.[64] Die Geschäftsvermögensqualität kann nicht gewissermassen im Verborgenen verloren gehen. Wenn die Privatentnahme den Steuerbehörden jedoch in unmissverständlicher Weise mitgeteilt wird, bilden die Vermögenswerte fortan Privatvermögen, selbst wenn es die Steuerbehörden versäumen, die richtigen Steuerfolgen an die klar erkennbare Privatentnahme zu knüpfen.[65]

51

Auch mit der *Verpachtung* eines Geschäfts kann eine Privatentnahme einhergehen.[66] Wenn der Geschäftsbetrieb vom Betriebsinhaber definitiv aufgegeben wird und dieser nicht mehr zur Selbstbewirtschaftung zurückkehrt, sind die betrieblichen Aktiven und Verbindlichkeiten nicht mehr geschäftlichen Zwecken des Verpächters gewidmet.[67] Die Pachtzinseinnahmen bilden Ertrag des Privatvermögens. Das setzt allerdings voraus, dass steuerrechtlich über die stillen Reserven des verpachteten Betriebs abgerechnet wird. Eine solche steuersystematische Liquidation des Geschäfts wird allerdings nur vorgenommen, wenn die Verpachtung aller Voraussicht nach als unwiderruflich und die Wiederaufnahme des Geschäftsbetriebs durch den Eigentümer als ausgeschlossen erscheint.[68] Diese Auslegung des Gesetzes beruht auf der Überlegung, dass die Besteuerung eines Liquidationsgewinnes bei einer Privatentnahme, die zu einer schweren wirtschaftlichen Belastung für den Eigentümer werden kann, erst dann Platz greifen soll, wenn unumstösslich feststeht, dass der Liquidationsfall tatsächlich eingetreten ist.[69] Ob und in welchem Zeitpunkt dies der Fall ist, ist oftmals nur schwer feststellbar. Auf den 1.1.2011 wurde deshalb im Zuge der Unternehmenssteuerreform II eine gesetzliche Vermutung statuiert (DBG 18a II; StHG 8 II[ter]), nach welcher bei einer Verpachtung nur dann von einer Privatentnahme auszugehen ist, wenn der Steuerpflichtige einen entsprechenden Antrag stellt.[70]

52

---

[64] BGer 8.1.1999, BGE 125 II 113 E. 6c = StE 1999 B 23.1 Nr. 41.
[65] Vgl. VGer AG 7.12.2007, StE 2008 B 23.2 Nr. 38; BGer 23.5.1986, BGE 112 Ib 79.
[66] Verpachtungen sind nicht nur in der Landwirtschaft häufig anzutreffen, sondern erfolgen auch in anderen Bereichen, so werden z.B. Restaurationsbetriebe, Apotheken und Drogerien recht oft verpachtet.
[67] *Selbständig erwerbstätig* ist der Pächter, der das Geschäft auf eigene Rechnung führt.
[68] Vgl. BGer 19.1.1996, StE 1996 B 23.2 Nr. 16 E. 3.
[69] BGer 28.4.1972, ASA 41, 450 ff. E. 3.
[70] Botschaft UStR II, 4825 f.; Kreisschreiben Nr. 26 der EStV vom 16.12.2009 betreffend Neuerungen bei der selbständigen Erwerbstätigkeit aufgrund der Unternehmenssteuerreform II, Ziff. 2.2.; Kreisschreiben Nr. 31 der EStV vom 22.12.2010 betreffend Landwirtschaftliche Betriebe – Aufschubstatbestand bei Verpachtung; SIMONEK/VON AH, Entwicklungen 2010, 22 f.; vgl. hinten N 141.

2. Verzögerte Liquidation

53 Schwierigkeiten bereitet oftmals die Frage, zu welchem *Zeitpunkt* die Vermögensgegenstände im Zuge der Liquidation eines Personenunternehmens die Geschäftsvermögensqualität verlieren und in das Privatvermögen überführt werden. Während der Dauer der Liquidation behalten die Vermögenswerte gewöhnlich die Eigenschaft als Geschäftsvermögen, bis sie entweder veräussert werden oder durch eine klar erkennbare Privatentnahme aus dem Geschäftskomplex ausscheiden. Mit dem Liquidationsbeschluss wird ein *Schwebezustand* geschaffen. Die Geschäftätigkeit ist zwar fortan nur noch auf die Verwertung des Geschäftsvermögens gerichtet, deshalb verlieren indes die Vermögenswerte ihre Geschäftsvermögensqualität noch nicht. Solange keine endgültige Klarheit über die weitere Zweckbestimmung der geschäftlichen Vermögenswerte besteht, bleiben sie Geschäftsvermögen auch nach der Aufgabe der aktiven Erwerbstätigkeit. Auch ein *einzelnes Vermögensobjekt* kann bis zu seiner Veräusserung oder Verwertung Geschäftsvermögen bleiben, selbst wenn der übrige Geschäftsbetrieb bereits liquidiert worden ist. Das Vorliegen einer Privatentnahme muss insbesondere dann verneint werden, wenn die Veräusserung in naher Aussicht steht. Eine Überführung ins Privatvermögen kann diesfalls gar nicht stattgefunden haben, da eine Privatentnahme bedingt, dass ein Vermögensgegenstand auf die Dauer privaten Zwecken dienstbar gemacht wird.

C. Grundzüge der Gewinnermittlung

I. Wesen der Einkünfte aus selbständiger Erwerbstätigkeit

1. Der Unternehmensgewinn als Vermögensstandsgewinn

54 Die Einkünfte aus selbständiger Erwerbstätigkeit sind das Ergebnis aus dem kombinierten *Einsatz von Arbeit und Kapital*. Sie bilden somit zum einen Entgelt für die geleistete Arbeit und zum andern Entgelt für die Überlassung des Kapitals. Eine Aussonderung von Kapitalgewinnen und -verlusten wie im Bereich der übrigen Einkünfte ist beim Einkommen aus selbständiger Erwerbstätigkeit typischerweise ausgeschlossen. Dieses lässt sich gewöhnlich nicht in seine Einzelteile aufgliedern, sondern stellt ein heterogenes Konglomerat dar, das seine Ursachen in zahllosen Einzelprozessen hat, welche das Jahresergebnis positiv oder negativ beeinflussen.

55 Dementsprechend werden neben den Zu- und Abflüssen von geschäftlichen Vermögenswerten auch deren Wertänderungen bei der Einkommensermittlung berücksichtigt. *Kapitalgewinne und -verluste* sind wesentliche Bestandteile des Einkommens aus selbständiger Erwerbstätigkeit. Das Einkommen aus selbständiger Erwerbstätigkeit entspricht also seinem Wesen nach dem *Vermögensstandsge-*

winn.[71] Der Vermögensstandsgewinn ist der Unterschiedsbetrag zwischen dem Eigenkapital am Schluss des laufenden und dem Eigenkapital am Schluss des vorangegangenen Geschäftsjahres, zum einen vermehrt um den Wert der im laufenden Geschäftsjahr erfolgten Privatentnahmen, zum andern vermindert um den Wert der im Laufe des Geschäftsjahres vorgenommenen Privateinlagen.[72]

2. Das Einkommen aus selbständiger Erwerbstätigkeit als Buchgewinn

Ein Gewinn, der durch Vermögensvergleich ermittelt wird, ist in Bestand und Umfang abhängig von den Fragen, welche Vermögenswerte zu welchem Wert in diese Rechnung einzustellen sind. Diese Fragen bilden Gegenstand des kaufmännischen Buchführungsrechts, das im Wesentlichen in OR 957–963 (mit Sonderbestimmungen für Aktiengesellschaften: OR 662–670) geregelt ist. Die einkommenssteuerrechtliche Gewinnermittlung lehnt sich – wie nachfolgend gezeigt wird – stark an das kaufmännische Buchführungsrecht an. Das Einkommen aus selbständiger Erwerbstätigkeit wird mithin buchmässig ermittelt; es gilt das *Buchwertprinzip*.

56

3. Die Einheitlichkeit des Gewinnbegriffs im Unternehmenssteuerrecht

Der Wortlaut der gesetzlichen Bestimmungen geht bei den *natürlichen Personen* von einem Bruttoeinkommen aus (DBG 18 und 19), von welchem die Aufwendungen gemäss DBG 27–31 abgezogen werden können. Demgegenüber geht der Gesetzgeber bei der Gewinnermittlung *juristischer Personen* grundsätzlich von einer Nettogrösse, dem Saldo der Erfolgsrechnung, aus (vgl. DBG 58). Trotz dieses tiefgreifenden Unterschieds in der Umschreibung des steuerbaren Substrats kann indes wesensmässig kein Unterschied zwischen dem in Personenunternehmen und dem in Kapitalgesellschaften oder Genossenschaften erarbeiteten Gewinn festgestellt werden. An die Stelle der Privatentnahmen und der Privateinlagen bei natürlichen Personen treten bei den juristischen Personen die Eigenkapitalentnahmen und die Eigenkapitaleinlagen.

57

Das Unternehmenssteuerrecht kennt deshalb einen einheitlichen Gewinnbegriff, der gleichermassen auf natürliche und juristische Personen Anwendung findet. Die Ausführungen zur Gewinnermittlung betreffen somit sowohl die selbständig erwerbstätigen natürlichen Personen als auch die Kapitalgesellschaften und Genossenschaften.

58

Dass die Gewinnermittlungsmethode im Bereich der selbständigen Erwerbstätigkeit im Wesentlichen derjenigen bei den juristischen Personen entspricht, wird durch den ausdrücklichen Hinweis in DBG 18 III bestätigt. Allerdings

59

---

[71] Vgl. VGer ZH 25.3.1987, StE 1988 B 23.1 Nr. 14.
[72] Vgl. VON AH, Besteuerung Selbständigerwerbender, 2.

schränkt der Wortlaut dieses Artikels die sinngemässe Geltung der Gewinnermittlungsvorschriften für die juristischen Personen auf Steuerpflichtige ein, die «eine ordnungsgemässe Buchhaltung führen». Dies bedeutet jedoch nicht, dass für selbständig Erwerbende, die nicht ordnungsmässige Bücher führen, grundsätzlich andere Gewinnermittlungsregeln Anwendung finden würden.[73]

60 Auch der Umstand, dass StHG 24 IV im Zuge der Regelung des Steuerobjekts juristischer Personen für wichtigste Probleme der Gewinnermittlung hinsichtlich Ersatzbeschaffungen, Abschreibungen und Rückstellungen sowie der Verlustverrechnung lapidar auf die für selbständig Erwerbende geltenden Bestimmungen verweist, bekräftigt den Grundsatz des einheitlichen Gewinnbegriffs für natürliche und juristische Personen.

II. Die Handelsbilanz als Grundlage der Gewinnermittlung

1. Grundsatz der Massgeblichkeit der Handelsbilanz

a) Ableitung

61 Die Steuergesetze enthalten keine ausführlichen Vorschriften darüber, wie die Einkünfte aus selbständiger Erwerbstätigkeit zu ermitteln sind. Es wird jedoch auf die Gewinnermittlungsbestimmungen der juristischen Personen verwiesen.[74] Nach DBG 58 I setzt sich der steuerbare Reingewinn zusammen aus dem Saldo der Erfolgsrechnung und dem dieser belasteten, geschäftsmässig nicht begründeten Aufwand sowie den der Erfolgsrechnung nicht gutgeschriebenen Erträgen, Kapital-, Liquidations- und Aufwertungsgewinnen. Daraus ist indirekt auf die Massgeblichkeit der kaufmännischen Bilanz und Erfolgsrechnung bzw. auf den Grundsatz der Massgeblichkeit der Handelsbilanz zu schliessen. Zufolge Fehlens eigener steuerrechtlicher Rechnungslegungsvorschriften ist klar, dass der Gesetzgeber sich an die kaufmännische Gewinnermittlungsmethode anlehnen will.

b) Notwendigkeit der Anknüpfung an die Handelsbilanz

62 Ohne umfangreiche Aufzeichnungen liesse sich der Erfolg oder Misserfolg eines Unternehmens nicht zuverlässig feststellen. Das Unternehmenseinkommen hat seine Ursache in zahllosen Einzelprozessen, über die schriftlich Rechenschaft abgelegt werden muss, wenn man den Gewinn eines bestimmten Zeitabschnitts ermitteln will. Soll diesen Aufzeichnungen ein objektiver Aussagewert zukommen, müssen sie nach bestimmten vorgegebenen Regeln erfolgen. Die in OR

---

[73] Hinten N 153 f.
[74] Vorne N 59.

957–963 (mit Sonderbestimmungen für Aktiengesellschaften: OR 662–670) niedergelegten Bestimmungen der kaufmännischen Rechnungslegung bilden ein solches Regelsystem, das eine relativ zuverlässige Aussage über den Unternehmenserfolg und die Vermögensbewegungen vermittelt. Diese Regeln sind allgemein anerkannt und werden zumeist auch befolgt.

Obwohl das Steuerrecht als selbständiger Rechtsbereich mit eigener Zielsetzung durchaus vom Handelsrecht völlig losgelöste Gewinnermittlungsvorschriften aufstellen dürfte, empfiehlt es sich aus verschiedenen Gründen, sich an die anerkannten und praktizierten Regeln des kaufmännischen Buchführungsrechts anzulehnen und nur dort punktuell davon abzuweichen, wo sich dies von der spezifischen Zwecksetzung des Steuerrechts her gesehen aufdrängt. Damit baut das Steuerrecht seine Gewinnermittlung auf einem gesicherten, allgemein anerkannten Fundament auf und braucht nicht ein eigenes, äusserst komplexes Normengebäude aufzustellen und zu unterhalten. Zudem wird der Unternehmer nicht gezwungen, den Gewinn nach zwei verschiedenen Regelwerken zu ermitteln. Schliesslich führt die Anknüpfung der steuerrechtlichen an die handelsrechtliche Gewinnermittlung auch zu einer wechselseitigen Befruchtung der beiden Fachgebiete.

63

Das Massgeblichkeitsprinzip hat aber auch seine *Kehrseiten*. Es hat im Laufe der Jahre zu einer recht starken Einwirkung des steuerrechtlichen Gedankenguts auf die kaufmännische Rechnungslegung geführt. In der Handelsbilanz zahlreicher Unternehmen wird weit mehr nach steuerrechtlichen als nach handelsrechtlichen Gesichtspunkten bilanziert und bewertet. Die Anlehnung des Steuerrechts an das kaufmännische Buchführungsrecht ist denn auch im Zuge der Statuierung *neuer Rechnungslegungsvorschriften* unter Beschuss geraten; mit der baldigen Abschaffung des Massgeblichkeitsprinzips ist indes nicht zu rechnen.[75] Der Vorentwurf RRG – 1998 erstmals in die Vernehmlassung geschickt – wurde 2003 in zwei Teilprojekte aufgeteilt, nämlich in eine Vorlage zu formellen Fragen wie der Revisionspflicht und Regelungen über die Revisoren sowie eine Vorlage zu materiellen Buchführungs- und Rechnungslegungsvorschriften. Während die Neuregelungen zum erstgenannten Themenkomplex bereits am 1.1.2008 in Kraft getreten sind, hat sich die umfassende Revision des Aktien- und Rechnungslegungsrechts, nachdem der Bundesrat Ende 2007 eine entsprechende Botschaft verabschiedet hatte,[76] durch die Volksinitiative «gegen die Abzockerei» stark verzögert.

64

c) Inhalt und Tragweite

Die «Handelsbilanz» (als pars pro toto für Bilanz und Erfolgsrechnung) bildet also Ausgangspunkt und Grundlage der steuerrechtlichen Gewinnermittlung.

65

---

[75] Ausführlich hierzu die Beiträge von GIORGIO BEHR, MARKUS R. NEUHAUS, ANGELO DIGERONIMO, PETER GURTNER und PETER SPORI, ASA 69 (2000/2001), 1 ff. (Revision des Rechnungslegungsrechts und steuerliche Massgeblichkeit); vgl. dazu auch BÖCKLI, ST 2011, 234 ff.

[76] Botschaft Änderung des Obligationenrechts, 1589 ff. Ausführlich hierzu BÖCKLI, ST 2010, 160 ff.; GLAUSER, GesKR 2008, 168 ff.; SIMONEK/HONGLER, FStR 2010, 264 ff., 276 f.

Das bedeutet vorab, dass die *handelsrechtlichen Gewinnermittlungsvorschriften und -grundsätze,* insbesondere das Realisations- und das Imparitätsprinzip[77], auch im Steuerrecht Geltung beanspruchen.[78] Die Anknüpfung an die kaufmännische Erfolgsermittlung muss als gewollte Bindung der steuerrechtlichen Gewinnermittlung an die handelsrechtlichen Bilanzierungs- und Bewertungsbestimmungen verstanden werden. Gewinnermittlungsgrundsätze, die im Handelsrecht nicht vorgesehen sind, können auch im Steuerrecht prinzipiell keine Anwendung finden.[79] Massgeblich sind lediglich die nach den zwingenden Vorschriften des Handelsrechts *ordnungsmässig geführten Bücher*. Steuerrechtlich wird der wirtschaftliche Sachverhalt mithin so beurteilt, wie er nach den Vorschriften des Handelsrechts in den Geschäftsbüchern dargestellt werden muss, und nicht so, wie er in einer konkreten Bilanz pflichtwidrig dargestellt worden ist. Grundlage der steuerrechtlichen Gewinnermittlung bildet nur die ordnungsmässig erstellte Handelsbilanz.

66 Die Handelsbilanz bindet sowohl die Steuerbehörden als auch die Steuerpflichtigen. Die Steuerbehörden dürfen – steuerrechtliche Korrekturvorschriften vorbehalten – Buchungen, die das OR vorschreibt, nicht missachten sowie Buchungen, die das Buchführungsrecht untersagt, nicht verlangen. Nach dem Massgeblichkeitsprinzip ist niemand gehalten, einen höheren Gewinn auszuweisen und zu versteuern, als in der Handelsbilanz ausgewiesen ist. Insofern entfaltet das Massgeblichkeitsprinzip eine *Schutzfunktion*.[80] Die Steuerbehörde darf z.B. keine Aufwertung eines Vermögensobjekts verlangen, wenn der Steuerpflichtige diese Aufwertung nicht selber verbucht hat (gesetzlich vorgesehene Ausnahme: DBG 62 IV). Auch auf von der Veranlagungsbehörde anerkannte Abschreibungen darf in einer späteren Periode wegen des definitiven Charakters von Abschreibungen nicht zurückgekommen werden, selbst wenn sich zeigt, dass diese nicht geschäftsmässig begründet waren. Schliesslich darf die Veranlagungsbehörde auch so lange nicht vom Ergebnis der Handelsbilanz abweichen und den Steuerpflichtigen nach Erfahrungszahlen oder geschätztem Lebensaufwand einschätzen, als dass sie nicht schwerwiegende formelle oder materielle Mängel in der Buchführung aufgezeigt hat, welche die *Beweiskraft* der eingereichten Handelsbilanz zerstören. Die formell ordnungsgemässe Buchhaltung wird als materiell richtig vermutet und ist ein Beweismittel mit hoher Beweiskraft.

67 Umgekehrt muss der Steuerpflichtige den in der Handelsbilanz ausgewiesenen Gewinn auch gegen sich gelten lassen; er wird bei dem von ihm in der konkreten Bilanz ausgeübten Ermessen behaftet. Die eingereichte Bilanz dient hier der Steuerbehörde als Beweismittel.

> Ein Steuerpflichtiger, der eine *verdeckte Kapitaleinlage* tätigt, indem er ein Grundstück zu einem unter dem Verkehrswert liegenden Wert in die Ge-

---

[77] Hinten N 77 ff.
[78] Zu Inhalt und Tragweite des Massgeblichkeitsprinzips GLAUSER, Apports et impôt sur le bénéfice, 69 ff.; REICH, Realisation stiller Reserven, 41 ff.
[79] So bedürfte beispielsweise eine Abschreibungsregelung nach *Wiederbeschaffungswerten* einer ausdrücklichen steuergesetzlichen Grundlage, da im OR das Nominalwertprinzip gilt.
[80] WEBER, Verhältnis, 91 f.

schäftsbücher aufnimmt, muss sich bei der Gewinnermittlung anlässlich der späteren Veräusserung bei diesem Buchwert behaften lassen. Weder das Leistungsfähigkeitsprinzip noch eine analoge Anwendung von DBG 60a vermögen eine Abweichung vom Massgeblichkeitsprinzip zu rechtfertigen. Verdeckte Kapitalzuschüsse können nur im Einbringungsjahr steuerfrei offengelegt werden.[81]

Nach dem *Erfordernis der Buchmässigkeit* von Abschreibungen und Rückstellungen sind nur jene Abschreibungen und Rückstellungen steuerwirksam, die in der Handelsbilanz oder, wenn keine solche geführt wird, in besonderen Abschreibungstabellen verbucht worden sind.[82]

d) Bilanzberichtigungen und Bilanzänderungen

Bilanzberichtigungen sind Korrekturen der Handelsbilanz, die Verstösse gegen zwingende handelsrechtliche Bilanzierungs- und Bewertungsvorschriften ausräumen. Solche Bilanzberichtigungen sind jederzeit bis zum *Eintritt der Rechtskraft* der Veranlagung zulässig.[83] Ob Bilanzberichtigungen auch nach Eintritt der Rechtskraft Auswirkungen zu zeitigen vermögen, beurteilt sich nach den Bestimmungen über die Revision bzw. die Nachsteuererhebung.

67a

Demgegenüber sind Bilanzänderungen Korrekturen der Handelsbilanz, bei welchen handelsrechtskonforme Bilanzansätze durch andere handelsrechtlich ebenfalls vertretbare Bilanzansätze ersetzt werden. Durch Bilanzänderungen werden beispielsweise bisher nicht aktivierte Gründungskosten in die Bilanz aufgenommen oder verdeckte Kapitaleinlagen offengelegt. Solche Bilanzänderungen sind nach Auffassung des Bundesgerichts nur bis zur *Einreichung der Steuererklärung* zulässig; hernach besteht für den Steuerpflichtigen ein Änderungsverbot.[84] Ein derart rigoroses Änderungsverbot lässt sich indes weder aus ausdrücklichen gesetzlichen Bestimmungen noch aus verfahrensrechtlichen Grundsätzen ableiten. Die Steuerdeklaration hat keine konstitutive Wirkung. Die mit der Steuererklärung vorgebrachten Behauptungen sind der Änderung grundsätzlich bis zum Eintritt der Rechtskraft zugänglich. Eine Schranke bildet einzig der Grundsatz von *Treu und Glauben*. So darf der Steuerpflichtige das Veranlagungsverfahren mit nachträglichen Bilanzänderungen nicht ungebührlich verzögern oder erschweren oder damit unliebsame Aufrechnungen der Steuerbehörde zu kompensieren versuchen.

67b

---

[81] BGer 13.9.2011, StE 2011 B 23.41 Nr. 5 E. 3. Vgl. dazu hinten § 20 N 12.
[82] Hinten N 115.
[83] BGer 13.9.2011, StE 2011 B 23.41 Nr. 5 E. 2.2.
[84] Ebenda.

2. Steuerrechtliche Korrekturen der Handelsbilanz

a)   Ziel der steuerrechtlichen Korrekturen

68   Der Grundsatz der Massgeblichkeit der Handelsbilanz bedarf in Hinblick auf die unterschiedliche Zielsetzungen von Handels- und Steuerrecht gewisser Schranken. Zur Durchsetzung der steuergesetzlichen Ziele muss der nach den obligationenrechtlichen Bestimmungen korrekt ausgewiesene Saldo der Erfolgsrechnung durch steuergesetzliche Korrekturvorschriften punktuell modifiziert werden.[85] Diese Korrekturvorschriften unterstreichen zum einen die kaufmännischen Bilanzierungs- und Bewertungsregeln, die in der kaufmännischen Buchführungspraxis nicht selten nur unzureichend befolgt werden. So wird beispielsweise übermässiger Abschreibungs- oder Rückstellungsaufwand zum ausgewiesenen Saldo der Erfolgsrechnung hinzugerechnet. Zum andern schliessen sie Besteuerungslücken, die sich beim konsequenten Abstellen auf die Handelsbilanz, beispielsweise bei Privatentnahmen[86] oder bei der Überführung von Vermögenswerten in eine andere Steuerhoheit,[87] ergeben würden. Schliesslich können indes mit den Korrekturvorschriften auch sozial- und wirtschaftspolitische Ziele angestrebt werden. So werden beispielsweise Zahlungen von Bestechungsgeldern an Amtsträger nicht zum Abzug zugelassen (vgl. DBG 59 II).

b)   Abziehbarkeit der geschäftsmässig begründeten Kosten

69   Hinsichtlich der Abziehbarkeit von Ausgaben sehen die Steuergesetze ausdrücklich vor, dass nur die *geschäftsmässig oder berufsmässig begründeten Kosten* abgezogen werden können (vgl. DBG 27 I). Hierbei handelt es sich nicht um eine eigentliche Korrekturvorschrift, denn steuerrechtlich bildet ohnehin nur die korrekte, nach den Vorschriften ordnungsmässiger Buchführung erstellte Handelsbilanz Grundlage der Gewinnermittlung. Auch nach den handelsrechtlichen Buchführungsregeln dürfen nur jene Ausgaben als Aufwand belastet werden, die im Interesse des Unternehmensziels getätigt werden. Dies ist der Fall, wenn sie unmittelbar zur Gewinnerzielung verausgabt werden und in einem direkten ursächlichen Zusammenhang zu dieser stehen. Schon nach dem Massgeblichkeitsprinzip sind deshalb lediglich die geschäftsmässig begründeten Aufwendungen steuerlich abziehbar.

70   Wie dem Gewinnungskostenbegriff[88] sind auch dem Begriff der geschäftsmässig begründeten Ausgabe eine *finale* und eine *kausale Komponente* eigen. Auch Ausgaben, die nicht zum Zweck der Gewinnerzielung getätigt wurden, sondern bloss Folge der gewinnstrebigen Tätigkeit des Unternehmens bilden, fallen darunter. Grundsätzlich besteht kein Unterschied zwischen den von selbständig und den von unselbständig Erwerbenden abziehbaren Aufwendungen. Bei den unselb-

---

[85] VGer ZH 17.12.1997, StE 1998 B 72.11 Nr. 7.
[86] Vorne N 49 ff. und hinten N 138 ff.
[87] Hinten N 142.
[88] Dazu vorne § 10 N 40 ff., § 13 N 15 ff.

ständig Erwerbenden wird allerdings davon ausgegangen, dass sie im Wesentlichen selber gar keine Berufsauslagen zu tragen haben, da der Arbeitgeber nach OR 327 ff. verpflichtet ist, dem Arbeitnehmer alle durch die Ausführung der Arbeit notwendigerweise verursachten Auslagen zu ersetzen. Die selbständig Erwerbenden organisieren sich indes selber. Es gilt der Grundsatz der *Organisationsfreiheit des Unternehmers*. Als geschäftsmässig begründete Kosten sind alle Vermögensabgänge zu würdigen, die im Interesse des Unternehmenszieles getätigt worden sind. Ob im Sinn einer rationellen und gewinnorientierten Betriebsführung zweckmässiger oder sparsamer hätte vorgegangen werden können, ist irrelevant. Es ist nicht Sache der Steuerbehörden, über den optimalen Einsatz der geschäftlichen Mittel zu urteilen.[89] Für die Abziehbarkeit von Aufwendungen wird deshalb lediglich ein hinreichend enger sachlicher Konnex zwischen Aufwendung und Geschäftsbetrieb vorausgesetzt. «Der Zweck des Unternehmens bestimmt dabei im Wesentlichen die Unternehmenstätigkeit, mit welcher die Aufwendung im Zusammenhang stehen muss; nicht erforderlich ist, dass die im Interesse des Unternehmens vorgenommene Aufwendung tatsächlich notwendig war».[90]

Zu falschen Schlüssen verleitet in diesem Zusammenhang die Denkfigur des *ordentlichen und korrekten Kaufmanns*, wonach nicht als geschäftsmässig begründet betrachtet werden kann, was einem sachgemässen Geschäftsgebaren widerspricht und nach allgemeiner kaufmännischer Auffassung in guten Treuen nicht im Interesse des Unternehmensziels verausgabt wird.[91] Der Korrekturmassstab des ordentlichen und gewissenhaften Geschäftsführers birgt die Gefahr in sich, dass die Steuerbehörden anstelle der Geschäftsleitung über Zweck und Ordnungsmässigkeit von Transaktionen befinden.[92] Alles, was im konkreten Fall in guten Treuen mit Blick auf die Gewinnerzielung verausgabt wird, ist steuerrechtlich abziehbar, auch wenn der ordentliche und korrekte Kaufmann möglicherweise anders gehandelt hätte.[93]

71

3. Soll- und Ist-Methode

Im Buchführungsrecht ist hinsichtlich der Frage, in welchem Zeitpunkt Aufwand oder Ertrag entstanden ist, grundsätzlich auf den *Forderungserwerb* abzustellen.[94] Das bedeutet, dass Aufwand und Ertrag nicht erst entstehen, wenn das Entgelt für die vom Unternehmen erbrachte Leistung bar erbracht oder auf einem Postscheck- oder Bankkonto vereinnahmt wird, sondern bereits dann, wenn ein *fester Rechtsanspruch* auf die Gegenleistung entstanden ist. Für buchführungspflichtige Personen gilt somit nach dem Massgeblichkeitsprinzip die sog. Soll-Methode. Das Steuerrecht folgt hier der allgemeinen Verkehrsauffassung, nach

72

---

[89] Vgl. BGer 20.2.1987, BGE 113 Ib 114 E. 2c = StE 1988 B 27.6 Nr. 5.
[90] BGer 4.3.2002, StE 2002 B 72.14.1 Nr. 19.
[91] So BRÜLISAUER/POLTERA, in: ZWEIFEL/ATHANAS, N 52 f. zu DBG 58.
[92] Vgl. BGer 26.11.1981, ASA 51, 545.
[93] Vgl. REICH/ZÜGER, in: ZWEIFEL/ATHANAS, N 8a zu DBG 27.
[94] Vorne § 10 N 51 ff.

welcher die Bereicherung bei einem Vermögenszugang in der Regel nicht erst mit dessen Gutschrift auf einem Postscheck- oder Bankkonto, sondern bereits mit dem Zufluss einer festen Forderung perfekt ist.

73 Im Bereich der freiberuflich Erwerbstätigen wird indes bei einfachen, übersehbaren Verhältnissen auch die Ist-Methode zugelassen, nach welcher nach Massgabe der *tatsächlichen Erfüllung* abgerechnet wird. Das Abstellen auf die Kassen-, Postscheck- und Bankeingänge ist allerdings nur zulässig bei nicht buchführungspflichtigen Steuerpflichtigen, die auch nicht freiwillig nach kaufmännischer Art Buch führen.[95]

III. Bilanzierung und Bewertung

74 Als Vermögensstandsgewinn sind der handelsrechtliche und somit auch der steuerrechtliche Gewinn in Bestand und Umfang abhängig von den Fragen der Bilanzierung und der Bewertung. Zum einen ist zu entscheiden, welche Vermögenswerte in der Vermögensstandsgewinnrechnung aufzuführen sind. Diese Fragen der Bilanzierung beschlagen die *Aktivierung* und die *Passivierung;* dabei geht es also darum, was unter die Aktiven und was unter die Passiven der Bilanz eingestellt werden muss. Zum andern ist die Frage zu beantworten, zu welchem *Wert* die Vermögenswerte in die Aktiven oder Passiven aufzunehmen sind. Schliesslich sind die Vermögenszu- und -abgänge zu *periodisieren*, d.h. in zeitlicher Hinsicht bestimmten Geschäftsjahren zuzuweisen. Die handelsrechtlichen Regeln ordnungsmässiger Buchführung haben nicht den Totalgewinn[96], den das Unternehmen während seiner ganzen Lebensdauer erzielt, sondern den jeweils im Geschäftsjahr erzielten Gewinn zu ermitteln.

75 Die wichtigsten Periodisierungsprinzipien stellen das *Realisationsprinzip* und das *Imparitätsprinzip* dar. Sie sind Folgeprinzipien des die kaufmännische Buchführung beherrschenden Vorsichtsprinzips (OR 662a II Ziff. 3) und bilden die zentralen handelsrechtlichen Prinzipien ordnungsmässiger Bilanzierung, weshalb sie gemäss dem Massgeblichkeitsprinzip auch für die steuerrechtliche Gewinnermittlung wegleitend sind. In diesem Zusammenhang wird oftmals auch das Periodizitätsprinzip erwähnt,[97] weshalb dessen Bedeutung im Rahmen der handels- und steuerrechtlichen Gewinnermittlung ebenfalls zu erläutern ist.

76 In den Fragen der *Bilanzierung* besteht weitgehender Gleichschritt von Handels- und Steuerrecht. Einzig bei den Bilanzierungswahlrechten schränkt das Steuerrecht den Spielraum, der den Bilanzierenden im Handelsrecht offen steht, partiell ein, indem steuerrechtlich von einer Aktivierungspflicht bzw. von einem Passivierungsverbot ausgegangen wird. Bei der *Bewertung* sind allerdings spezifisch steuerrechtliche Regeln entwickelt worden, welche den handelsrechtlichen

---

[95] BGer 11.2.2000, StE 2000 B 23.41 Nr. 3.
[96] Dazu vorne § 10 N 59.
[97] Vgl. BGer 31.3.2003, StE 2003 B 21.2 Nr. 17 E. 3.1.

Bewertungsgrundsätzen nur bedingt entsprechen und teilweise zu einer Bildung von stillen Reserven führen, die handelsrechtlich nicht zwingend vorgesehen sind.

1. Periodisierung von Aufwand und Ertrag

a) Realisationsprinzip

Das Realisationsprinzip ist im OR nicht ausdrücklich *verankert,* es ergibt sich aber unter anderem aus dem gesetzlich verankerten Gebot der Vorsicht. Es bestimmt den *Zeitpunkt,* zu dem die einzelnen Erträge in der laufenden Buchhaltung und beim Jahresabschluss als eingetreten zu betrachten und zu verbuchen sind.[98] Das Realisationsprinzip beschlägt sowohl die Aktivierung und die Passivierung als auch die Bewertung.

Ertrag ist nach dem Realisationsprinzip verwirklicht und auszuweisen, wenn die eigene Leistung erbracht ist und die Gegenleistung entweder bereits vereinnahmt oder ein fester durchsetzbarer Rechtsanspruch darauf entstanden ist. Im Unternehmen entstandene Werte und erstellte Leistungen sind somit realisiert, wenn diese in eine *andere Wertform* umgewandelt worden sind. Erwartete, aber noch nicht zugeflossene Erträge dürfen sich nicht in den Büchern niederschlagen. Der Mehrwert muss sich am Markt, in den Augen aussenstehender Dritter, als gesichert erweisen. Das Realisationsprinzip bindet den Gewinn an den Umsatz und entzieht die Ertragsverbuchung somit dem Ermessen des Buchführenden.

Im Realisationszeitpunkt ist der Unternehmer nicht nur berechtigt, sondern auch *verpflichtet,* den erzielten Ertrag auszuweisen. Eine Buchführung, die das Realisationsprinzip missachtet, vermag keinen «möglichst sicheren Einblick in die wirtschaftliche Lage des Geschäfts» im Sinne von OR 959 zu vermitteln.

Als hinreichend gesichert und deshalb als realisiert erachtet die kaufmännische Praxis den Ertrag grundsätzlich im Zeitpunkt, in welchem das Unternehmen eine rechtlich und tatsächlich durchsetzbare Forderung auf die Gegenleistung erworben hat. Fälligkeit der Gegenleistung ist nicht erforderlich. Rechtlich und tatsächlich durchsetzbar ist die Forderung gewöhnlich, wenn der Kaufmann seine eigene Sach- oder Dienstleistungsverpflichtung erfüllt hat. In diesem Zeitpunkt ist die unternehmerische Leistung abrechnungsfähig. Aus Praktikabilitätsüberlegungen wird jedoch in der Regel erst das *Ausstellen der Fakturen* als einkommensbildend betrachtet.

Gesetzliche Ausnahmen vom Realisationsprinzip sind vorgesehen für Wertschriften mit Kurswert (OR 667 I) und für Grundstücke und Beteiligungen zur Beseitigung einer Unterbilanz (OR 670 I). Erlaubt ist zudem die Aufwertung von übersetzt abgeschriebenen Werten auf den ursprünglichen Anschaffungswert zur

---

[98] Auch zum Folgenden LEFFSON, Grundsätze, 247 ff.; REICH, Umstrukturierungen, 1. Teil, 25 ff.; SIMONEK/HONGLER, FStR 2010, 271 ff.

Auflösung von stillen Reserven, sofern dadurch der Markt- bzw. der Geschäftswert nicht überschritten wird.[99]

b) Imparitätsprinzip

82 Nach dem Imparitätsprinzip sind demgegenüber erkennbare, aber noch nicht eingetretene Verluste und Risiken, soweit deren Ursache auf das Geschäftsjahr oder frühere Jahre zurückgeht, aufwandwirksam zu verbuchen. Das Imparitätsprinzip durchbricht somit die umsatzbezogene Gewinnermittlung nach dem Realisationsprinzip und nimmt spätere gegenleistungslose Vermögensabgänge, die in der Rechnungsperiode verursacht wurden, vorweg. Während Wertvermehrungen vor ihrer umsatzmässigen Verwirklichung nach dem Realisationsprinzip nicht Rechnung getragen werden darf, müssen Wertverminderungen nach dem Imparitätsprinzip sofort berücksichtigt werden.[100]

83 Diese Ungleichbehandlung von Wertsteigerungen und Wertverminderungen hat dazu geführt, dass das Imparitätsprinzip teilweise als *Oberprinzip* der Gewinn- und Verlustzuordnung verstanden wird. Das Realisationsprinzip bildet dann so betrachtet ein Unterprinzip des Imparitätsprinzips.[101] Dieser Terminologie wird indes heute nur noch vereinzelt in der Schweiz gefolgt; sie ist abzulehnen, da es wenig sinnvoll ist, ein Prinzip zu konzipieren, das gleichzeitig zwei inkompatiblen Zwecken dienen soll.[102]

c) Periodizitätsprinzip

84 Im Zusammenhang mit der zeitlichen Zuordnung von Aufwand und Ertrag stützt sich das Bundesgericht jeweils auf das Periodizitätsprinzip im Sinne einer steuerrechtlichen Korrekturvorschrift.[103] Nach dem Periodizitätsprinzip sind Aufwand und Ertrag «periodengerecht» zuzuweisen, insbesondere sind *Aufwendungen* in zeitlicher Hinsicht den entsprechenden Erträgen zuzuordnen. Ausgaben, die Erträge späterer Perioden generieren, müssen aktiviert und Ausgaben späterer Perioden, die Erträgen der Berichtsperiode zuzurechnen sind, passiviert werden.[104]

85 Um diesen Forderungen Nachachtung zu verschaffen, bedarf es allerdings keiner Korrekturvorschrift, denn sie ergeben sich bereits aus den Grundsätzen ord-

---

[99] Vgl. PETER BÖCKLI, Schweizer Aktienrecht, 4. A. Zürich 2009, § 8 N 386 f.
[100] Vgl. BGer 5.10.2004, StE 2005 B 23.43.2 Nr. 11 E. 2.2.1.
[101] So noch BGer 11.3.2002, StE 2002 B 72.13.1 Nr. 3 E. 2c; BÖCKLI (Fn. 99), § 8 N 121 ff.; KARL KÄFER, Kommentar zu OR 960, in: ARTHUR MEIER-HAYOZ (Hrsg.), Kommentar zum schweizerischen Privatrecht. Schweizerisches Zivilgesetzbuch. Das Obligationenrecht, Bd. VIII, 2. Abteilung, Bern 1981, N 128 ff. zu OR 960.
[102] LEFFSON, Grundsätze, 355; BENZ, Grundsätze ordnungsmässiger Bilanzierung, 99; REICH, Umstrukturierungen, 1. Teil, 24 f.
[103] Z.B. BGer 9.8.2011, StE 2011 B 72.11 Nr. 21 E. 2.1; BGer 31.3.2003, StE 2003 B 21.2 Nr. 17 E. 3.1.
[104] Auch zum Folgenden STOLL, Rückstellung, 143 ff.

nungsmässiger Buchführung. Das *Realisationsprinzip* wird schon seit Langem als umfassender Periodisierungsgrundsatz verstanden, welcher die zeitliche Zuordnung nicht nur des Ertrags, sondern auch des Aufwands regelt. Der Grundsatz, dass Aufwand, der mit der Ertragserzielung funktional zusammenhängt, dem entsprechenden Ertrag zuzuordnen ist, ist im Realisationsprinzip enthalten.[105] In diesem Licht kommt dem Periodizitätsprinzip im Buchführungsrecht *keine eigenständige Funktion* zu. Es betont lediglich, dass Aufwand und Ertrag streng periodenbezogen zu verbuchen sind. In welchem Geschäftsjahr dies zu geschehen hat, ist indes dem Realisations- und dem Imparitätsprinzip zu entnehmen. Nach dem Massgeblichkeitsprinzip ist auch steuerrechtlich darauf und nicht auf freischwebende fiskalische Prinzipien, die im Gesetz keine Grundlage haben, abzustellen.[106]

Obwohl nun auch das Bundesgericht in seiner neuesten Rechtsprechung davon ausgeht, dass sich die Grundsätze der zeitlichen Zuordnung bereits aus dem Buchführungsrecht ergeben,[107] stützt es seine Urteile im kaufmännischen Steuerrecht auf ein eigenständiges – methodisch fragwürdig[108] aus DBG 79 I und II i.V.m. DBG 58 I a abgeleitetes – *steuerrechtliches Periodizitätsprinzip* als Korrekturvorschrift und verweist auf seine dazu entwickelte differenzierte Praxis.[109]

86

> Auf das steuerrechtliche Periodizitätsprinzip gestützt hat das Bundesgericht hinsichtlich der *Nachholung unterlassener Abschreibungen* von wertlos gewordenen Forderungen entschieden, dass Abschreibungen und Wertberichtigungen wegen der besonderen Schwierigkeiten bei der Bestimmung des genauen Zeitpunkts des Wertzerfalls bis spätestens noch in jener Periode vorgenommen werden dürften, in welcher nach Treu und Glauben von einem unwiederbringlichen Wertverlust auszugehen sei.[110] Diese plausible zeitliche Zuordnung entspricht durchaus auch den handelsrechtlichen Periodisierungsgrundsätzen. Demgegenüber ist buchführungsrechtlich nicht einsehbar, weshalb *unterlassene Aufwandbuchungen* in der Form von irrtümlich nicht abgerechneten und nicht ordnungsgemäss verbuchten AHV- und BVG-Beiträgen, die erst nach einer Kontrolle durch die Ausgleichskasse nacherhoben wurden, nicht dannzumal im Zeitpunkt ihrer Fakturierung als Aufwand belastet werden dürfen.[111] Das kommt einer Bestrafung der Unsorgfalt der Steuerpflichtigen gleich und führt – zu Ende gedacht – vielfach auch zur Nichtabziehbarkeit von Nachsteuern juristischer Personen.

---

[105] Vgl. BStRK ZH 27.2.1991, StE 1991 B 72.12 Nr. 5 E. 4a; Oertli, Angefangene Arbeiten, 47 f.; Weidmann, Einkommensbegriff und Realisation, 50 f.
[106] Vgl. Markus Reich/Robert Waldburger, Rechtsprechung im Jahr 2003 (1.Teil), FStR 2004, 214 ff., 219 f.; Reich, in: Zweifel/Athanas, N 23a zu DBG 18.
[107] BGer 28.6.2011, StE 2011 B 72.11 Nr. 20 E. 6.4.4; BGer 9.8.2011, StE 2011 B 72.11 Nr. 21 E. 2.1.
[108] Dazu vorne § 10 N 59 ff.
[109] BGer 9.8.2011, StE 2011 B 72.11 Nr. 21 E. 2.1, in fine mit zahlreichen Hinweisen.
[110] BGer 28.6.2011, StE 2011 B 72.11 Nr. 20.
[111] BGer 9.8.2011, StE 2011 B 72.11 Nr. 21.

2. Aktivierung und Passivierung

a)   Aktivierung

87 Vermögenswerte, die dem Unternehmen über den Bilanzstichtag hinaus zur Verfügung stehen und einen künftigen Nutzen aufweisen, müssen in die Bilanz aufgenommen, d.h. aktiviert werden. «Aktivieren» bedeutet somit Einsetzen eines Vermögenswerts auf die Aktivseite der Bilanz. Aktiviert wird der Gegenwert von Ausgaben. Ausgaben, die ein Unternehmen aufwendet, um einen Vermögenswert anzuschaffen, herzustellen, in seinem Bestand zu vermehren oder in seinem Zustand für dauernd wesentlich zu verbessern, dürfen nicht dem Aufwand der laufenden Geschäftsperiode belastet werden.[112] Vorbehalten bleiben wertmässig *geringfügige Vermögenswerte,* die nicht aktiviert werden müssen, sondern sofort dem Aufwand belastet werden dürfen.

88 *Buchtechnisch* erfolgt die Aktivierung durch Belastung der entsprechenden aktiven Bestandeskonten. Wird der Gegenwert von Ausgaben – obwohl am Bilanzstichtag noch vorhanden – fälschlicherweise der Erfolgsrechnung belastet, entsteht Aufwand. Durch die Aktivierung wird somit verhindert, dass Anschaffungs- oder Herstellungskosten den Gewinn der laufenden Periode schmälern.

b)   Passivierung

89 Auf den passiven Bestandeskonten werden die einzelnen Elemente des *Fremdkapitals* und das *Eigenkapital* aufgeführt. Die Passivseite der Bilanz gibt Aufschluss darüber, woher die Mittel zur Finanzierung der auf der Aktivseite aufgeführten Vermögenswerte stammen. Entweder handelt es sich um von Dritten zur Verfügung gestelltes Kapital (Fremdkapital) oder um eigene Mittel (Eigenkapital).

90 Ins Fremdkapital einzustellen sind die *Schulden* und die *Rückstellungen,* auch «Verbindlichkeiten» genannt. Fremdkapital bilden alle künftigen Geld-, Güter- oder Leistungsabgänge, denen keine Gegenleistung gegenüberstehen wird. Sämtliche am Bilanzstichtag absehbaren Verbindlichkeiten sind zu passivieren, sonst werden Eigenkapital und Gewinn zu hoch ausgewiesen.

91 *Rückstellungen* sind Fremdkapitalposten, die der Deckung von künftigen, gegenleistungslosen Geld-, Güter- oder Leistungsabgängen dienen, die zwar bereits verursacht, aber betragsmässig noch nicht genau bekannt sind. Mit einer Rückstellung wird der laufenden Geschäftsperiode also ein tatsächlich oder zumindest wahrscheinlich verursachter, in seiner Höhe aber noch nicht genau bekannter Aufwand oder Verlust, der erst in einer späteren Periode geldmässig verwirklicht wird, gewinnmindernd angerechnet.[113] Rückstellungen sind beispielsweise zu tätigen für Garantieleistungen, Bürgschaftsverpflichtungen oder Prozessrisiken. Rückstellungen sind jährlich den erwarteten Risiken anzupassen; soweit sie nicht mehr geschäftsmässig begründet sind, müssen sie erfolgswirksam aufgelöst wer-

---

[112] Vgl. BGer 28.10.1988, ASA 57, 654 ff. E. 2a.
[113] Vgl. STOLL, Rückstellung, 58 ff. und 169 ff.

den. Andernfalls entstehen stille Reserven; Rückstellungen, mit deren Beanspruchung nicht ernstlich zu rechnen ist, kommt materiell Reservencharakter zu.

Nicht zu den Rückstellungen gehören die *Wertberichtigungen,* mit denen nicht künftige Mittel- oder Leistungsabflüsse, sondern drohende oder bereits eingetretene Verluste auf Aktiven berücksichtigt werden.[114] Wertberichtigungen sind wie die Abschreibungen Bewertungs-, keine Bilanzierungshandlungen. Begrifflich abzugrenzen sind die Rückstellungen auch von den *Rücklagen,* die Eigenkapital darstellen. Rücklagen sind wie die Reserven Teile des Eigenkapitals, die künftig für besondere Zwecke verwendet werden sollen.[115] 92

Das *Eigenkapital* besteht in der Höhe der Differenz zwischen Aktiven und Fremdkapital. Es bildet buchmässig gewöhnlich zwar ein echtes Passivum, aber keine Verpflichtung. Die verbreitete Ausdrucksweise, das Eigenkapital sei die Differenz zwischen Aktiven und Passiven, ist deshalb unkorrekt. Wenn das Eigenkapital negativ ist, tritt es auf der Aktivseite der Bilanz in Erscheinung. Das bedeutet, dass das Unternehmen überschuldet ist, weil das Fremdkapital höher ist als die Aktiven.[116] 93

3. Bewertung

Steht fest, welche Vermögenswerte in die Aktiven und Passiven der Bilanz einzustellen sind, ist abzuklären, zu welchem Wert diese bilanziert werden müssen. Die Bewertungsfragen stellen sich nicht nur im Zeitpunkt der Aufnahme in die Bilanz, sondern auch im Verlauf der Nutzungsdauer, während welcher die Vermögenswerte an Wert zu- und abnehmen. Aktiven und Verbindlichkeiten sind auf *jeden Bilanzstichtag* hin zu bewerten. 94

a)   Bewertungsgrundsätze und -vorschriften

Nach OR 960 II sind «alle Aktiven höchstens nach dem Werte anzusetzen, der ihnen im Zeitpunkt, auf welchen die Bilanz errichtet wird, für das Geschäft zukommt». Dieser Geschäftswert hat den vorsichtig eingeschätzten Möglichkeiten der zu bewertenden Vermögenswerte zu entsprechen, zur künftigen unternehmerischen Leistungserstellung beizutragen. Nach dem in OR 662a II Ziff. 4 festgehaltenen Grundsatz der Unternehmensfortführung *(Prinzip des Going Concern)* sind die Vermögenswerte nicht zu ihrem Liquidationswert zu bewerten, sondern sie sind je nach ihrer *Funktion* in dem auf unbestimmte Zeit fortgeführ- 95

---

[114] Vgl. BGer 2.10.1990, BGE 116 II 533 E. 2a/bb.
[115] Beispielsweise. die Rücklage für ein geplantes Forschungsvorhaben oder für ein in zwei Jahren vorgesehenes Jubiläumsfest.
[116] Sofern das Unternehmen allerdings über stille Reserven und Goodwill verfügt, die höher sind als der Saldo zwischen den verbuchten Aktiven und dem Fremdkapital, liegt keine *echte,* sondern lediglich eine *buchmässige Überschuldung* vor.

ten Geschäft bald zum Ertragswert, bald zum Gebrauchs- oder Verbrauchswert oder zum Liquidationswert einzusetzen.

96 Für *Kapitalgesellschaften* und *Genossenschaften* gelten zudem noch verschärfte Bewertungsvorschriften. Als Bewertungsobergrenze werden in OR 665 ff. die Anschaffungs- oder Herstellungskosten bestimmt. Waren und Vorräte sowie Wertschriften dürfen aber höchstens zum Markt- bzw. Kurswert bilanziert werden. Dieses sog. *Niederstwertprinzip* entspricht dem Imparitätsprinzip und wird vielfach auch von Personenunternehmen befolgt.

97 *Entgeltlich erworbene Vermögenswerte* sind grundsätzlich zum Anschaffungswert, *selbst hergestellte Vermögenswerte* zu den Herstellungskosten zu aktivieren. Die Herstellungskosten entsprechen den Materialkosten, den produktiven Löhnen (inkl. Eigenlohn) sowie den anteiligen Fabrikationskosten unter Ausschluss der Verwaltungs- und Vertriebsgemeinkosten. *Privateinlagen* können zum Verkehrswert in die Bilanz aufgenommen werden. *Schulden* sind zum Nennwert zu bilanzieren; handelt es sich um Verpflichtungen zu Naturalleistungen, sind diese zu bewerten.

b) *Abschreibungen*

– Begriffliches

98 Bilanzierte Vermögenswerte sind im Lauf der Zeit Wertänderungen ausgesetzt. Verlieren sie an Wert, so gebietet das *Imparitätsprinzip,* dass ihr Buchwert entsprechend herabgesetzt wird. Diese Herabsetzung des Buchwerts aktiver Vermögenswerte wird «Abschreibung» genannt. Abschreibungen sind in der Regel *erfolgswirksam;* sie führen, wenn sie geschäftsmässig begründet sind, zu steuerlich abziehbarem Aufwand des Unternehmens.

99 Abschreibungen stellen steuerrechtlich *definitive Bewertungshandlungen* dar. Die Steuerbehörden dürfen auf Abschreibungen, die sie für geschäftsmässig begründet erachtet haben, in späteren Veranlagungen nicht mehr zurückkommen. Eine «Wiedereinbringung» der Abschreibung vor dem Ausscheiden des betreffenden Aktivums aus dem Unternehmen ist daher nur möglich, wenn der Steuerpflichtige selbst eine Aufwertung vornimmt.[117] Bei selbständig Erwerbenden sieht das Gesetz im Unterschied zu den juristischen Personen (vgl. DBG 62 IV) keine Ausnahme von diesem Grundsatz vor.

100 Liegt keine dauernde Wertverminderung vor, sondern bloss eine aktuelle Unsicherheit über die bisherigen Bilanzansätze oder eine Verlustgefahr, wird steuerrechtlich gemeinhin eine *Wertberichtigung* zugelassen, die lediglich provisorischen Charakter aufweist.[118] Als Wertberichtigungen bezeichnet das Handelsrecht Korrekturposten zu Aktiven (insbesondere des Umlaufvermögens) für bereits

---

[117] Vgl. BStRK ZH 16.9.1987, StE 1989 B 72.14.1 Nr. 6; VGer ZH 15.1.1986, StE 1987 B 23.43.2 Nr. 4.
[118] Vgl. Altorfer, Abschreibungen, 17; Reich/Züger, in: Zweifel/Athanas, N 3 zu DBG 28.

eingetretene Entwertungen oder zu erwartende Vermögenseinbussen.[119] Obwohl Wertberichtigungen materiell Abschreibungen darstellen und nichts mit einer Verbindlichkeit zu tun haben, werden sie in DBG 29 I b unzutreffend unter den Oberbegriff der Rückstellungen subsumiert.

– Abschreibungsmethoden

DBG 28 II bestimmt, dass die Abschreibungen nach dem tatsächlichen Wert der einzelnen Vermögensteile berechnet oder nach ihrer voraussichtlichen Gebrauchsdauer angemessen zu verteilen sind. Ersteres gilt für *nicht abnutzbare Vermögenswerte* wie Land, Forderungen oder Beteiligungen. Sie sind grundsätzlich nur soweit abzuschreiben, als sie tatsächlich an Wert verloren haben. Der Wertzerfall ist von den Steuerpflichtigen nachzuweisen. 101

Der Werteinbusse von *abnutzbaren Vermögenswerten* wird demgegenüber nicht durch alljährliche Bewertung Rechnung getragen, vielmehr wird der Abschreibungsaufwand planmässig auf den Zeitraum verteilt, in welchem die Vermögenswerte genutzt werden. Hierfür wurden im Steuerrecht verschiedene Methoden entwickelt,[120] die auch die kaufmännische Buchführungspraxis massgeblich geprägt haben. 102

Am häufigsten ist die *Methode der Normalsätze* anzutreffen. Danach werden jährlich fixe Abschreibungsquoten für die einzelnen Kategorien von bilanzierten Vermögenswerten festgelegt, die dann jedes Jahr in Anspruch genommen werden können, bis der Vermögenswert auf den Pro-memoria-Franken abgeschrieben oder aus dem Unternehmen ausgeschieden ist. Die Normalsätze sind in Merkblättern der EStV festgehalten. Nachfolgend wird das Merkblatt für geschäftliche Betriebe wiedergegeben, es gibt aber auch spezielle Richtlinien für Land- und Forstwirtschaftsbetriebe, Elektrizitätswerke, Luftseilbahnen sowie Schiffe und Schifffahrtsanlagen. 103

---

[119] Z.B. Wertberichtigungen auf Warenlager und Debitorenbeständen; vgl. Handbuch der Wirtschaftsprüfung, 6.19; Käfer (Fn. 101), N 532 ff. zu Art. 958 OR.
[120] Dazu Reich/Züger, in: Zweifel/Athanas, N 32 ff. zu DBG 28.

Teil II   Einkommens- und Vermögenssteuerrecht

Eidgenössische Steuerverwaltung	Direkte Bundessteuer	Merkblatt A 1995 – Geschäftliche Betriebe
Administration fédérale des contributions	Impôt fédéral direct	Notice A 1995 – Entreprises commerciales
Amministrazione federale delle contribuzioni	Imposta federale diretta	Promemoria A 1995 – Aziende commerciali

104 Abschreibungen auf dem Anlagevermögen geschäftlicher Betriebe[1]

Rechtsgrundlagen: Art. 27 Abs. 2 Bst. a, 28 und 62 des Bundesgesetzes über die direkte Bundessteuer (DBG)

1. Normalsätze in Prozenten des Buchwertes[2]

Wohnhäuser von Immobiliengesellschaften und Personalwohnhäuser
- auf Gebäuden allein[3] .... 2 %
- auf Gebäude und Land zusammen[4] .... 1,5 %

Geschäftshäuser, Büro- und Bankgebäude, Warenhäuser, Kinogebäude
- auf Gebäuden allein[3] .... 4 %
- auf Gebäude und Land zusammen[4] .... 3 %

Gebäude des Gastwirtschaftsgewerbes und der Hotellerie
- auf Gebäuden allein[3] .... 6 %
- auf Gebäude und Land zusammen[4] .... 4 %

Fabrikgebäude, Lagergebäude und gewerbliche Bauten (speziell Werkstatt- und Silogebäude)
- auf Gebäuden allein[3] .... 8 %
- auf Gebäude und Land zusammen[4] .... 7 %

Wird ein Gebäude für verschiedene geschäftliche Zwecke benötigt (z.B. Werkstatt und Büro), so sind die einzelnen Sätze angemessen zu berücksichtigen.

Hochregallager und ähnliche Einrichtungen .... 15 %
Fahrnisbauten auf fremdem Grund und Boden .... 20 %
Geleiseanschlüsse .... 20 %
Wasserleitungen zu industriellen Zwecken .... 20 %
Tanks (inkl. Zisternenwaggons), Container .... 20 %
Geschäftsmobiliar, Werkstatt- und Lagereinrichtungen mit Mobiliarcharakter .... 25 %
Transportmittel aller Art ohne Motorfahrzeuge, insbesondere Anhänger .... 30 %
Apparate und Maschinen zu Produktionszwecken .... 30 %
Motorfahrzeuge aller Art .... 40 %
Maschinen, die vorwiegend im Schichtbetrieb eingesetzt sind, oder die unter besonderen Bedingungen arbeiten, wie z.B. schwere Steinbearbeitungsmaschinen, Strassenbaumaschinen .... 40 %
Maschinen, die in erhöhtem Masse schädigenden chemischen Einflüssen ausgesetzt sind .... 40 %
Büromaschinen .... 40 %
Datenverarbeitungsanlagen (Hardware und Software) .... 40 %
Immaterielle Werte, die der Erwerbstätigkeit dienen, wie Patent-, Firmen-, Verlags-, Konzessions-, Lizenz- und andere Nutzungsrechte; Goodwill .... 40 %
Automatische Steuerungssysteme .... 40 %
Sicherheitseinrichtungen, elektronische Mess- und Prüfgeräte .... 40 %
Werkzeuge, Werkgeschirr, Maschinenwerkzeuge, Geräte, Gebinde, Gerüstmaterial, Paletten usw. .... 45 %
Hotel- und Gastwirtschaftsgeschirr sowie Hotel- und Gastwirtschaftswäsche .... 45 %

2. Sonderfälle

Investitionen für energiesparende Einrichtungen
Wärmeisolierungen, Anlagen zur Umstellung des Heizungssystems, zur Nutzbarmachung der Sonnenenergie und dgl. können im ersten und im zweiten Jahr bis zu 50 % vom Buchwert und in den darauffolgenden Jahren zu den für die betreffenden Anlagen üblichen Sätzen (Ziffer 1) abgeschrieben werden.

Umweltschutzanlagen
Gewässer- und Lärmschutzanlagen sowie Abluftreinigungsanlagen können im ersten und im zweiten Jahr bis zu 50 % vom Buchwert und in den darauffolgenden Jahren zu den für die betreffenden Anlagen üblichen Sätzen (Ziffer 1) abgeschrieben werden.

3. Nachholung unterlassener Abschreibungen

Die Nachholung unterlassener Abschreibungen ist nur in Fällen zulässig, in denen das steuerpflichtige Unternehmen in früheren Jahren wegen schlechten Geschäftsganges keine genügenden Abschreibungen vornehmen konnte. Wer Abschreibungen nachzuholen begehrt, ist verpflichtet, deren Begründetheit nachzuweisen.

4. Besondere kantonale Abschreibungsverfahren

Unter besonderen kantonalen Abschreibungsverfahren sind vom ordentlichen Abschreibungsverfahren abweichende Abschreibungsmethoden zu verstehen, die nach dem kantonalen Steuerrecht oder nach der kantonalen Steuerpraxis unter bestimmten Voraussetzungen regelmässig und planmässig zur Anwendung gelangen, wobei es sich um wiederholte oder einmalige Abschreibungen auf dem gleichen Objekt handeln kann (z.B. Sofortabschreibung, Einmalerledigungsverfahren). Besondere Abschreibungsverfahren dieser Art können auch für die direkte Bundessteuer angewendet werden, sofern sie über längere Zeit zum gleichen Ergebnis führen.

5. Abschreibungen auf aufgewerteten Aktiven

Abschreibungen auf Aktiven, die zum Ausgleich von Verlusten höher bewertet wurden, können nur vorgenommen werden, wenn die Aufwertungen handelsrechtlich zulässig waren und die Verluste im Zeitpunkt der Abschreibung verrechenbar gewesen wären.

---

[1] Für Land- und Forstwirtschaftsbetriebe, Elektrizitätswerke, Luftseilbahnen und Schiffahrtsunternehmungen bestehen besondere Merkblätter, erhältlich bei der Eidg. Steuerverwaltung, Allgemeine Dienste DVS, 3003 Bern
Telefon 031-322 74 11 / Fax 031-324 05 96 / E-mail dvs@estv.admin.ch
Internet www.estv.admin.ch

[2] Für Abschreibungen auf dem **Anschaffungswert** sind die genannten Sätze um die Hälfte zu reduzieren.

[3] Der höhere Abschreibungssatz für Gebäude allein kann nur angewendet werden, wenn der restliche Buchwert bzw. die Gestehungskosten der Gebäude separat aktiviert sind. Auf dem Wert des Landes werden grundsätzlich keine Abschreibungen gewährt.

[4] Dieser Satz ist anzuwenden, wenn Gebäude und Land zusammen in einer einzigen Bilanzposition erscheinen. **In diesem Fall ist die Abschreibung nur bis auf den Wert des Landes zulässig.**

105   Die Normalsätze sind im Allgemeinen recht grosszügig bemessen und vielfach höher als die effektive in der Periode eingetretene Entwertung. Die Steuerpflichtigen dürfen die angeführten Sätze unabhängig von der tatsächlichen Wertentwicklung der abnutzbaren Vermögenswerte beanspruchen. Selbst wenn ein Aktivum in einem Geschäftsjahr nachgewiesenermassen eine Wertsteigerung erfährt, ist die Abschreibung in der Höhe des Normsatzes geschäftsmässig begründet. Weist der Steuerpflichtige im konkreten Fall nach, dass der entsprechende Normsatz im konkreten Fall zu tief ist, stehen ihm höhere Abschreibungsquoten zu.

106   Die Normsätze variieren je nach Anwendung der *degressiven* oder der *linearen Abschreibung*. In der Praxis herrscht die degressive Abschreibungsmethode bzw. die Abschreibungsmethode vom Buchwert vor. Sie führt zu Beginn der Nutzungsdauer zu höheren Abschreibungsquoten als die lineare Abschreibungsmethode, bei welcher die Quoten vom Anschaffungswert berechnet werden und über die

gesamte Nutzungsdauer konstant bleiben. Bei Anwendung der linearen Abschreibungsmethode sind die im Merkblatt aufgeführten Sätze zu halbieren.[121]

Abschreibung vom Buchwert – Degressive Abschreibung (z.B. 20%) 107

Anschaffungswert		100 000
Abschreibung 1. Jahr	20 000	
Buchwert		80 000
Abschreibung 2. Jahr	16 000	
Buchwert		64 000
Abschreibung 3. Jahr	12 800	
Buchwert		51 200
Abschreibung 4. Jahr	10 240	
Buchwert		40 960
usw.		

Abschreibung vom Anschaffungswert – Lineare Abschreibung (z.B. 10%) 108

Anschaffungswert		100 000
Abschreibung 1. Jahr	10 000	
Buchwert		90 000
Abschreibung 2. Jahr	10 000	
Buchwert		80 000
Abschreibung 3. Jahr	10 000	
Buchwert		70 000
Abschreibung 4. Jahr	10 000	
Buchwert		60 000
usw.		

Es steht den Steuerpflichtigen frei, für verschiedene Anlagegüter unterschiedliche Abschreibungsmethoden zu wählen. So kann z.B. das Anlagevermögen im Allgemeinen degressiv abgeschrieben werden, während auf bestimmten Anlagegütern wie dem derivativ erworbenen Goodwill oder andern Anfangsinvestitionen eine lineare Abschreibung erfolgt. 109

Der Grundsatz der *Planmässigkeit der Abschreibungen* verlangt, dass die einmal gewählte Methode grundsätzlich für die ganze Nutzungsdauer beibehalten wird. Abschreibungen sind allerdings steuerrechtlich *nicht erzwingbar,* solange der Buchwert unter dem handelsrechtlichen Höchstwert liegt. Die Unterlassung von planmässigen Abschreibungen stellt aber im Umfang der im entsprechenden Zeitraum tatsächlich eingetretenen Wertverminderung eine Auflösung stiller Re- 110

---

[121] Vgl. Merkblatt A/1995 der EStV vom Oktober 1994 (vorne N 104), Fn. 2.

serven dar und führt deshalb unter Umständen zu einem steuerbaren Liquidationsgewinn.

– Wertberichtigungen auf Warenlager und Debitorenbeständen

111 Für die buchmässige Berücksichtigung der Wertverminderungen auf Warenlager und Debitorenbeständen wurden besondere Bewertungsregeln entwickelt. Für Verlustrisiken, die mit Aktiven des Umlaufvermögens, insbesondere mit Waren und Debitoren, verbunden sind, können «*Rückstellungen*» gebildet werden (vgl. DBG 29 I b). Das DBG hat hier eine im schweizerischen Steuerrecht teilweise verwendete *unzutreffende Terminologie* übernommen. Wie dargelegt, handelt es sich nicht um Rückstellungen, sondern um Wertberichtigungen.

112 Mit den Wertberichtigungen auf Warenlager und Debitorenbeständen will der Steuergesetzgeber den *allgemeinen Verlustrisiken,* die gemeinhin mit der Lagerhaltung und dem Debitorenbestand verbunden sind, pauschal Rechnung tragen, um Schwierigkeiten bei der Bewertung dieser Risiken zu vermeiden. Diese Wertberichtigungen berücksichtigen mit andern Worten nicht die tatsächlich eingetretene Entwertung des Warenlagers oder des Debitorenbestands. Weisen Vorräte oder die Debitoren einen tatsächlichen Wert auf, der unter dem Buchwert liegt, ist deshalb vor der Berechnung der steuerlich zugestanden Wertberichtigung im entsprechenden Umfang die handelsrechtlich gebotene Abschreibung vorzunehmen.

113 Auf dem *Warenlager* darf die in der Steuerpraxis ohne besonderen Nachweis zugestandene generelle Unterbewertung bis zu einem Drittel der Anschaffungs- oder Herstellungskosten oder des niedrigeren Marktwertes der Vorräte betragen.[122] Beim Debitorenbestand gestattet die Praxis eine pauschale Unterbewertung in Form einer sog. Delkredere-«Rückstellung» ohne besonderen Nachweis der geschäftsmässigen Begründetheit in der Höhe von gewöhnlich 5% auf inländischen und 10% auf ausländischen Guthaben. Vereinzelt sind in den Kantonen auch höhere Ansätze gebräuchlich.

114 Die Wertberichtigungen auf Warenlager und Debitorenbeständen sind *provisorischer Natur;* sie sind jährlich dem aktuellen Bestand des Warenlagers oder der Debitoren anzupassen. Verringert sich der Bestand, ist die Wertberichtigung im entsprechenden Umfang aufzulösen, andernfalls ist die Anpassung von Amtes wegen vorzunehmen. Im erwähnten Umfang wird indes die geschäftsmässige Begründetheit der pauschalen Wertberichtigungen auch dann nicht infrage gestellt, wenn der «*Warendrittel*» oder das «*Delkredere*» offensichtlich stille Reserven beinhalten und daher handelsrechtlich gar keine Passivierungspflicht gegeben ist. So führt der Warendrittel bei Produktions- und Handelsbetrieben zu einer massiven, steuerlich sanktionierten Bildung von stillen Reserven, die sich heute gegenüber dem Dienstleistungssektor kaum mehr rechtfertigen lässt.

---

[122] Vgl. LOCHER, N 39 zu DBG 29; REICH/ZÜGER, in: ZWEIFEL/ATHANAS, N 27 zu DBG 29.

– Grundsatz der Buchmässigkeit der Abschreibung

Nach DBG 28 I sind Abschreibungen nur zulässig, soweit sie buchmässig oder, wenn eine kaufmännische Buchhaltung fehlt, in besonderen Abschreibungstabellen ausgewiesen sind. Dieser Grundsatz der Buchmässigkeit der Abschreibungen folgt aus dem Massgeblichkeitsprinzip. Wertverminderungen, denen in der Handelsbilanz nicht Rechnung getragen wurde, können in der Regel auch steuerrechtlich nicht berücksichtigt werden, auch wenn nach den steuerrechtlichen Abschreibungsrichtlinien höhere Abschreibungssätze zulässig wären. Der Unternehmer wird bei den verbuchten Abschreibungen auch steuerrechtlich behaftet. Einzig wenn Aktiven zu einem offensichtlich übersetzten Wert bilanziert werden, ist ohne Rücksicht auf die Verbuchung von Amtes wegen eine Bilanzberichtigung vorzunehmen.[123] Da indes grundsätzlich von der Ordnungsmässigkeit einer Buchhaltung auszugehen ist, erfolgen solche Korrekturen in der Praxis nur mit Zurückhaltung.[124]

115

– Grundsatz der Einzelbewertung

Wertverminderungen sind grundsätzlich für jedes einzelne Wirtschaftsgut auszuweisen, es gilt das Prinzip der Einzelbewertung.[125] Die Wertabnahme eines Vermögenswertes darf nicht mit der Wertsteigerung eines andern kompensiert werden. Auch dürfen steuerlich nicht anerkannte Abschreibungen nicht auf andere Vermögenswerte übertragen werden.

116

In der Veranlagungspraxis wird es indes als zulässig erachtet, vor allem *Güter von geringem Wert* aus Praktikabilitätsgründen in Gruppen mit gleicher Nutzungsdauer zusammenzufassen, solange die Nachprüfbarkeit durch die Steuerbehörden gewährleistet bleibt. Eine Gruppenbewertung erfolgt insbesondere bei *Vorratsvermögen,* sie ist jedoch bei hochwertigen Wirtschaftsgütern wie *Liegenschaften* grundsätzlich nicht zulässig.[126] Im Entscheid vom 22.8.2007[127] lässt das Bundesgericht allerdings sogar das Nebeneinander von Einzel- und Gruppenbewertung von Liegenschaften zu, wenn die Trennung konsequent vorgenommen wird.

117

c) *Aufwertung*

Aufwertungen bilden das Gegenstück zu den Abschreibungen. Durch sie wird der Buchwert von Aktiven erfolgswirksam heraufgesetzt. Bei Personenunternehmen stehen die Buchführungsvorschriften einer Aufwertung an sich nicht ent-

118

---

[123] Vgl. BGer 21.3.1969, ASA 38, 393 ff.; BGer 16.6.2006, StE 2007 B 72.11 Nr. 14; MARKUS BERGER, Probleme der Bilanzberichtigung, ASA 70 (2001/2002), 539 ff., 548 ff.
[124] Vgl. VGer GR 9.7.1996, StR 1997, 368 ff.
[125] Auch zum Folgenden BGer 5.10.2004, StE 2005 B 23.43.2 Nr. 11; ALTORFER, Abschreibungen, 81 f.
[126] BGer 5.10.2004, StE 2005 B 23.43.2 Nr. 11; BGer 25.1.2000, StE 2000 B 23.43.2 Nr. 8; MADELEINE SIMONEK, Die steuerrechtliche Rechtsprechung des Bundesgerichts im Jahre 2004. Direkte Bundessteuer, ASA 75 (2006/2007), 3 ff., 12 f.
[127] BGer 22.8.2007, StE 2007 B 23.43.2 Nr. 14.

gegen, wenn der gesetzliche Höchstwert von OR 960 II beachtet wird.[128] Immerhin verstossen Aufwertungen nicht nur gegen das *Realisationsprinzip*, sondern auch gegen verschiedene andere Buchführungsgrundsätze, weshalb Zurückhaltung geboten ist.[129]

119 Die *Steuerbarkeit* von Aufwertungen ergibt sich bereits aus dem Massgeblichkeitsprinzip, sie ist zudem in DBG 18 II ausdrücklich festgehalten. Aufwertungen können indes unter Vorbehalt von DBG 62 IV, der ein Wertaufholungsgebot bei qualifizierten Beteiligungen vorsieht, steuerrechtlich nicht erzwungen werden.

IV. Steuerbilanz

120 Weicht die Veranlagungsbehörde im konkreten Fall aufgrund von steuerrechtlichen Korrekturvorschriften von der Handelsbilanz ab, so sind diese Differenzen in der handels- und steuerrechtlichen Gewinnermittlung, soweit sie bilanzielle Fragen betreffen, konsequent nachzuvollziehen. Wenn sich im Steuerverfahren vorgenommene Gewinnaufrechnungen nur auf die Erfolgsrechnung auswirken und keine Änderung der Buchwerte in der Bilanz zur Folge haben,[130] erübrigt sich eine Nachführung der Aufrechnungen für die Folgeperioden. Anders jedoch bei der Korrektur übermässiger Abschreibungen oder Rückstellungen, die nicht nur zu einer Gewinnerhöhung führen, sondern auch zu einem Auseinanderklaffen der künftig für die handelsrechtliche und steuerrechtliche Gewinnermittlung massgebenden Buchwerte.

121 Wenn in der Handelsbilanz vollzogene Abschreibungen oder Rückstellungen steuerrechtlich nicht anerkannt werden, darf für die Ermittlung des steuerbaren Gewinns in den Folgeperioden nicht mehr auf die Buchwerte in der Handelsbilanz abgestellt werden. Für die steuerrechtliche Gewinnermittlung sind künftig die steuerlich korrigierten handelsrechtlichen Buchwerte massgebend. Diese werden bei den Personenunternehmen *Einkommenssteuerwerte* und bei den juristischen Personen *Gewinnsteuerwerte* genannt. Sie werden in einer «Steuerbilanz» als punktuelle Korrekturen der handelsrechtlichen Buchwerte festgehalten.

122 Die Steuerbilanz bildet deshalb nicht eine neben der Handelsbilanz geführte vollständige Bilanz mit Aktiven und Passiven, sondern lediglich eine die Handelsbilanz *ergänzende Liste* der steuerrechtlichen Abweichungen.

---

[128] Vgl. REICH/ZÜGER, in: ZWEIFEL/ATHANAS, N 63 zu DBG 28.
[129] Zur Zulässigkeit der *Wiederaufwertung* von abgeschriebenen Anschaffungs- oder Herstellungskosten bei Kapitalgesellschaften und Genossenschaften vgl. Handbuch der Wirtschaftsprüfung, 5.
[130] Wie z.B. die Aufrechnung von geschäftsmässig nicht begründeten Spesen.

V. Besteuerung der stillen Reserven

1. Ausgangslage

Stille Reserven sind *Mehrwerte,* die sich in den Aktiven der Bilanz noch nicht niedergeschlagen haben, oder *Minderwerte,* die im Umfang der Differenz des tatsächlichen Werts der Verbindlichkeiten zu deren Buchwert bestehen. Stille Reserven entstehen aufgrund des Realisationsprinzips, indem Wertsteigerungen von Vermögenswerten buchmässig nicht berücksichtigt werden. Sie sind aber auch auf Abschreibungen, welche die tatsächliche Entwertung übersteigen, oder auf die Überbewertung von Verbindlichkeiten zurückzuführen.

123

Stille Mehrwerte besonderer Art stellen auch die Gewinnchancen bzw. der *Goodwill* dar, welcher im Geschäft als Ganzem oder in Teilen davon steckt. Diese Gewinnerwartungen, die bei einer Veräusserung an Dritte zu einem Kaufpreis führen würden, der über dem Substanzwert der einzelnen Vermögensobjekte liegt, dürfen nur aktiviert werden, wenn sie entgeltlich erworben wurden.[131]

124

Ausgehend vom Grundsatz der Besteuerung nach der wirtschaftlichen Leistungsfähigkeit versteht es sich, dass die stillen Reserven, die steuerrechtlich aufgrund des Massgeblichkeitsprinzips gebildet werden, der Besteuerung nicht endgültig verloren gehen dürfen. Die in den stillen Reserven ruhende *wirtschaftliche Potenz* muss – sofern sie sich nicht wieder verflüchtigt – zu irgendeinem Zeitpunkt als Einkommen erfasst werden.[132]

125

Der Zeitpunkt der Besteuerung der stillen Reserven ist in der *steuergesetzlichen Gewinnermittlungsmethode* angelegt. Nach dem Massgeblichkeitsprinzip ist zunächst abzuklären, ob die stillen Reserven beim fraglichen Geschäftsvorfall nach handelsrechtlichen Gesichtspunkten aufzudecken sind, wobei insbesondere das Realisationsprinzip zu beachten ist. In einem zweiten Schritt ist dann zu prüfen, ob allenfalls aufgrund der steuergesetzlichen Korrekturvorschriften eine abweichende Betrachtungsweise geboten ist.

126

2. Gewinnausweistatbestände

In den Steuergesetzen werden verschiedene Vorgänge umschrieben, welche gemeinhin zur steuerrechtlichen Gewinnverwirklichung bzw. zur Offenlegung der stillen Reserven führen (vgl. DBG 18 II). Diese Vorgänge werden von der schweizerischen Doktrin und Praxis vielfach als *Realisationstatbestände* bezeichnet. Es werden drei Arten von Realisationstatbeständen unterschieden: Stille Reserven werden aufgedeckt bei der echten, bei der buchmässigen und bei der steuersystematischen Realisation.

127

---

[131] Es handelt sich um sog. *derivativen Goodwill,* der – im Unterschied zum *originären Goodwill* – durch die erfolgreiche Geschäftstätigkeit selber geschaffen wurde.
[132] Ausführlich REICH, Realisation stiller Reserven, 49 ff., 74 f.

128 Diese Terminologie ist jedoch irreführend und erschwert den Zugang zu den steuerrechtlichen Grundüberlegungen. Von «Realisation» darf nur bei der *echten Realisation* gesprochen werden, weil sich bei den als buchmässige oder als steuersystematische Realisation bezeichneten Vorgängen gar nichts ereignet, was als Realisation betrachtet werden könnte. Realisation bedeutet von alters her *Umsetzen* in eine andere Wertform bzw. marktmässiges *Absetzen* der unternehmerischen Leistung.

a) *(Echte) Realisation*

– Entgeltliche Veräusserung

129 Die gesetzlichen Gewinnermittlungsbestimmungen rechnen vorab die «Kapitalgewinne aus Veräusserung» zu den Einkünften aus selbständiger Erwerbstätigkeit (vgl. DBG 18 II). Der Begriff der *Veräusserung* umschreibt die Geschäftsvorfälle, die gemeinhin zur Aufdeckung der stillen Reserven durch deren Realisation führen. Güter oder Dienstleistungen des Unternehmens werden veräussert und in Geld oder Forderungen umgewandelt. Realisation bedeutet somit Erlöszufluss als Folge des Ausscheidens von Vermögenswerten. Es gehört zum Wesen der handelsrechtlichen Gewinnermittlung, die stillen Reserven bzw. die noch nicht als Gewinn ausgewiesenen Mehrwerte im Zeitpunkt des Güteraustausches offenzulegen. Realisationen finden insbesondere statt beim Verkauf von Wirtschaftsgütern, beim Tausch, bei der entgeltlichen Änderung im Bestand von Personengesellschaften oder bei der Enteignung und der Erbteilung.

130 Die Realisation knüpft somit unmittelbar an die Verwirklichung eines *Leistungsaustausches* an. Wesentlich ist zum einen der Güterabgang (Veräusserung) und zum andern der Güterzufluss (Vereinnahmung eines Entgelts). Das entschädigungslose Ausscheiden von Vermögenswerten kann aus kaufmännischer Optik niemals zu Ertrag und somit auch nicht zu Gewinn führen. Die wertmässige Verkörperung der unternehmerischen Leistung in einem anderen Wirtschaftsgut ist Voraussetzung jeder Realisation. Keine (echten) Realisationstatbestände sind demzufolge die Schenkung oder der Erbgang, obwohl es sich hierbei durchaus um Veräusserungen handelt.

– Erbteilung

131 Bei der Erbteilung kommt es häufig zum Ausscheiden derjenigen Erben, die nicht am Geschäft interessiert sind. Diese werden für ihren Anteil am Geschäft durch andere Vermögenswerte der Erbmasse oder durch Zahlungen der das Geschäft übernehmenden Erben abgefunden. Dabei werden die stillen Reserven grundsätzlich anteilig realisiert, da die ausscheidenden Erben ihre selbständige Erwerbstätigkeit aufgeben bzw. ihren Geschäftsanteil entgeltlich veräussern.[133]

132 Diese Steuerfolgen der Erbteilung verhindern oftmals sinnvolle Nachfolgeregelungen, vor allem dann, wenn der Nachlass vorwiegend aus dem Geschäft be-

---

[133] Botschaft UStR II, 4822 ff.; ausführlich Reich, Realisation stiller Reserven, 291 ff.

steht. Mit der Unternehmenssteuerreform II wurde deshalb auf den 1.1.2011 ein Steueraufschubstatbestand statuiert. Nach DBG 18a III (StHG 8 II^quater) wird die Besteuerung der stillen Reserven auf Gesuch der den Betrieb übernehmenden Erben *aufgeschoben*, soweit diese die bisherigen Einkommenssteuerwerte übernehmen. Das hat zur Folge, dass die stillen Reserven erst zur Besteuerung gelangen, wenn sie von den das Geschäft übernehmenden Erben realisiert werden.[134]

– Ersatzbeschaffung und Umstrukturierung

Es gibt auch besonders gelagerte Geschäftsvorfälle, bei welchen zwar formal betrachtet ein *entgeltlicher Umsatzakt* vorliegt, aber sich dennoch wenig oder gar nichts ereignet, was die Aufdeckung der stillen Reserven im Licht des Realisationsprinzips rechtfertigen würde. Dies ist der Fall bei der *Ersatzbeschaffung*, beim *Austausch wirtschaftlich identischer Güter* sowie bei *Unternehmensumstrukturierungen* (z.B. Fusion, Spaltung oder Umwandlung). Diese Tatbestände sind in den letzten Jahrzehnten zunehmend ausdrücklichen gesetzlichen Regelungen zugeführt worden (vgl. DBG 19, 30). 133

b) *Buchmässiger Gewinnausweis*

Die Steuergesetze erfassen ausdrücklich auch die Gewinne aus buchmässiger *Aufwertung* (vgl. DBG 18 II). Anlässlich von Aufwertungen werden stille Reserven aufgedeckt, obwohl sie nicht realisiert, d.h. in eine andere Wertform umgesetzt worden sind. Es handelt sich bei der Aufwertung ebenso wie bei der Auflösung eines unechten Fremdkapitalpostens durch Herabsetzung des übersetzten Buchwerts einer Verbindlichkeit um eine *buchtechnische Rechenoperation*, die in der Regel erfolgswirksam ist und wegen des Massgeblichkeitsprinzips auch ohne ausdrückliche Regelung zur Besteuerung der stillen Reserven führen würde. 134

c) *Steuersystematischer Gewinnausweis*

Schliesslich unterliegen die stillen Reserven auch der Besteuerung, wenn ein im Steuergesetz erwähnter steuersystematischer Gewinnausweistatbestand verwirklicht wird. Es handelt sich hierbei um gesetzliche Korrekturvorschriften, die vor allem verhindern wollen, dass die in den stillen Reserven enthaltene Leistungsfähigkeit unbesteuert bleibt, weil die stillen Reserven später aus irgendwelchen Gründen nicht mehr besteuert werden können. Das Gesetz führt die folgenden steuersystematischen Gewinnausweistatbestände auf: 135

– Verwertung

Dem Begriff der Verwertung kommt im Steuerharmonisierungsrecht die Funktion einer *allgemeinen Entstrickungsklausel* zu, nach welcher stille Reserven immer dann der Besteuerung unterliegen, wenn sie andernfalls der Besteuerung 136

---

[134] Dazu ausführlich EStV KS Nr. 26 vom 16.12.2009, Ziff. 2.3. (Fn. 70); SIMONEK/VON AH, Entwicklungen 2010, 23 f.

entgehen würden. Er schliesst somit alle *steuersystematischen Gewinnausweistatbestände* ein.

137 Als Verwertung erscheint neben den ausdrücklich erwähnten weiteren steuersystematischen Gewinnausweistatbeständen insbesondere die *Übertragung* von Geschäftsvermögen auf eine *steuerbefreite Person* im Zug einer Erbschaft oder Schenkung.[135] Keine Verwertung kann jedoch angenommen werden, wenn die stillen Reserven zufolge einer *Gesetzes-* oder *Praxisänderung* aus der Steuerverhaftung ausscheiden. Der Steuerpflichtige muss dem Grundsatz nach auf den Verwertungsakt einwirken können. Der Begriff der Verwertung ist *verhaltensbezogen*.[136]

– Überführung von Geschäftsvermögen in das Privatvermögen (Privatentnahme)

138 Die Überführung von Geschäftsvermögen in das Privatvermögen – auch *Privatentnahme* genannt – ist der häufigste steuersystematische Gewinnausweistatbestand. Wer ein Geschäftsaktivum in sein Privatvermögen überführt, muss die dem Geschäft entnommenen stillen Reserven versteuern, weil sie später wegen der Einkommenssteuerfreiheit der Gewinne auf dem Privatvermögen an sich nicht mehr besteuert werden können.[137] Es gilt der Grundsatz der veräusserungsgleichen Behandlung.[138]

139 Keine eigentliche Privatentnahme bilden die *Naturalbezüge,* denn das, was der Geschäftsinhaber und seine Angehörigen an Waren und Erzeugnissen zum Zweck des Eigenverbrauchs entnehmen, wird gar nicht ins Privatvermögen überführt, sondern konsumiert.[139] Naturalbezüge sind deshalb steuerrechtlich nur insofern relevant, als deren Selbstkosten *keine Gewinnungskosten* darstellen und sie das Einkommen aus selbständiger Erwerbstätigkeit nicht schmälern dürfen. Der Geschäftsinhaber kann nach der Reinvermögenszuflusstheorie im *Umsatz mit sich selber* gar kein steuerbares Einkommen erzielen. Es handelt sich bei den Naturalbezügen wie bei den übrigen *Eigenleistungen* um einen steuerrechtlich nicht einkommenswirksamen Vorgang.[140] Nach anderer Auffassung führen die Naturalbezüge bzw. der Eigenverbrauch, der im Zusammenhang mit der selbständigen Erwerbstätigkeit steht, zu steuerbarem Einkommen.[141] Auf dieser dogmatischen Grundlage steht auch DBG 16 II, der unter anderem vorschreibt, dass der Wert selbstverbrauchter Waren und Erzeugnisse des eigenen Betriebes zum Marktwert zu bemessen ist.[142]

---

[135] Vgl. BGer 29.8.1995, StE 1996 B 23.6 Nr. 4; VGer ZH 17.12.1997, StE 1998 B 23.6 Nr. 5.
[136] Dazu BGer 28.4.2005, StE 2005 B 72.11 Nr. 12.
[137] Zur Privatentnahme von Liegenschaften allerdings hinten N 150, 152.
[138] Vgl. BGer 19.3.1981, ASA 50, 300 ff.
[139] Die Privatentnahme setzt eine dauerhafte Widmung der Vermögenswerte zu privaten Zwecken voraus (vgl. vorne N 46).
[140] Dazu vorne § 10 N 14 und 24.
[141] Vgl. LOCHER, N 48 ff. zu DBG 16.
[142] In der Veranlagungspraxis wird das gesetzlich an sich vorgeschriebene Marktwertprinzip nur unzulänglich umgesetzt, was zum richtigen Ergebnis führt. Die in den Verwaltungsverordnun-

Wie die Naturalbezüge selbstverbrauchter Erzeugnisse und Waren des eigenen 140
Betriebs führen auch die Arbeiten, die freiberuflich tätige Ärzte, Rechtsanwälte,
Architekten u. dgl. in privaten Angelegenheiten durchführen, nicht zu steuerbarem
Einkommen aus selbständiger Erwerbstätigkeit. Diese bilden steuerrechtlich
unbeachtliche *Eigenleistungen,* die nicht zu einem Zufluss von aussen führen
und auch keine Überführung von Geschäftsvermögen in das Privatvermögen
darstellen.[143] Es stellt sich lediglich die Frage der Aufrechnung von der Erfolgsrechnung
belasteten, aber nicht geschäftlich begründeten Aufwendungen.

– Verpachtung

Bei der Verpachtung eines Geschäftsbetriebs ist nur dann von der Beendigung 141
der selbständigen Erwerbstätigkeit des bisherigen Betriebsinhabers auszugehen,
wenn sie aller Voraussicht nach als *unwiderruflich* und die Wiederaufnahme des
Geschäftsbetriebs durch den Eigentümer als ausgeschlossen erscheint.[144] In der
Praxis führte die Beurteilung der Frage, ob eine definitive Geschäftsaufgabe
stattgefunden hat, vielfach zu Schwierigkeiten. Im Zuge der Unternehmenssteuerreform
II wurde deshalb die Regelung von DBG 18a II (vgl. StHG 8 II[ter])
eingeführt, wonach eine Verpachtung nur dann als Überführung ins Privatvermögen
gilt, wenn der Steuerpflichtige einen entsprechenden Antrag stellt.

– Verlegung in ausländische Betriebe oder Betriebsstätten

Der steuersystematische Gewinnausweistatbestand der Überführung von Geschäftsvermögen 142
in ausländische Betriebe oder Betriebsstätten (DBG 18 II) bezieht
sich nicht nur auf die Überführung einzelner Vermögenswerte ins Ausland,
sondern auch auf die Verlegung ganzer Betriebe sowie auf den Wegzug von selbständig
Erwerbenden aus der Schweiz[145]. Zu besteuern sind allerdings nicht einfach
sämtliche stille Reserven, die auf den ins Ausland überführten Vermögenswerten
ruhen, sondern nur jene, die nach dem Überführungsvorgang fiskalisch
in der Schweiz nicht mehr verknüpft sind. Soweit sie aufgrund einer allfällig weiter
bestehenden beschränkten Steuerpflicht des Geschäftsinhabers in der
Schweiz bei ihrer späteren Realisation noch besteuert werden können, liegt keine
Verwertung vor.

---

gen vorgesehenen Entnahmewerte liegen in aller Regel weit unter den tatsächlichen Marktwerten
(vgl. Merkblatt N 1/2001 der EStV über die Bewertung der Naturalbezüge und der privaten
Unkostenanteile von Geschäftsinhaberinnen und Geschäftsinhabern zum Kreisschreiben Nr. 2
der EStV vom 15.12.2000 betreffend die direkte Bundessteuer der natürlichen Personen in den
Steuerperioden 2001 [Post] und 2001/02 [Prae] und Merkblatt N 1/2007 der EStV über die Bewertung
von Verpflegung und Unterkunft von Unselbständigerwerbenden zum Rundschreiben
der EStV vom 5.10.2006 betreffend den Ausgleich der Folgen der kalten Progression im Praenumerando-System
resp. die Anpassung der Berufskostenpauschalen und Naturalbezüge ab
1.1.2007).
[143] Offenbar a.M. VGer SZ 25.2.1994, StE 1995 B 23.46.2 Nr. 2.
[144] Vorne N 52 auch zum Folgenden.
[145] Steuerharmonisierungsrechtlich nicht mehr zulässig sind Wegzugsbesteuerungsklauseln im interkantonalen
Verhältnis (vgl. VON AH, Besteuerung Selbständigerwerbender, 88).

3. Besteuerung der Grundstückgewinne

143 Obwohl die Gewinne auf Grundstücken des Geschäftsvermögens *Unternehmensgewinne* verkörpern, die als Reinvermögenszugänge im Saldo der Erfolgsrechnung enthalten sind, werden sie in Bund und Kantonen nicht einheitlich mit der allgemeinen Einkommens- und Gewinnsteuer erfasst.[146] Die Kantone kennen vielmehr *zwei Systeme,* das monistische und das dualistische System, die auch im Rahmen der Steuerharmonisierung nicht vereinheitlicht werden konnten (vgl. StHG 12 IV).[147]

a) Dualistisches System

144 Der Bund und mehr als die Hälfte der Kantone integrieren die Gewinne auf Geschäftsgrundstücken nach dem dualistischen System («St. Galler System») in die ordentliche Gewinnermittlung und erfassen diese mit der allgemeinen Einkommens- und Gewinnsteuer. Die Grundstückgewinne werden m.a.W. nach zwei verschiedenen Steuerordnungen («dualistisch») besteuert. Allerdings bestehen verschiedentlich Sonderregelungen, insbesondere für gewerbsmässig erzielte Grundstückgewinne (z.B. SG StG 130 II b) und für Gewinne auf land- und forstwirtschaftlich genutzten Liegenschaften (z.B. DBG 18 IV).

b) Monistisches System

145 Die übrigen Kantone nehmen die Grundstückgewinne aus dem Geschäftseinkommen heraus und unterwerfen diese – ebenso wie die Gewinne auf Grundstücken des Privatvermögens – einer separaten Objektsteuer, der *Grundstückgewinnsteuer.*

146 In diesem monistischen System («Zürcher System») werden jedoch nur die *Wertzuwachsgewinne* mit der separaten Grundstückgewinnsteuer erfasst (vgl. ZH StG 216 ff.). Soweit der buchmässig ausgewiesene Grundstückgewinn auf *Abschreibungen* zurückzuführen ist, unterliegt er systemkonform als *Buchgewinn* der allgemeinen Einkommens- und Gewinnsteuer. Diese erfasst die Grundstückgewinne in dem Umfang, in dem die Anlagekosten (Erwerbspreis und wertvermehrende Aufwendungen) den Einkommensteuerwert übersteigen (z.B. ZH StG 18 V und 64 III). Die Differenz zwischen dem Erlös und den Anlagekosten unterliegt der separaten – im Kanton Zürich kommunalen – Grundstückgewinnbesteuerung. Die Besteuerung der Grundstückgewinne erfolgt grundsätzlich völlig unabhängig von der allgemeinen Einkommens- und Gewinnbesteuerung.

---

[146] Dazu § 7 N 74 und § 20 N 30.
[147] Vgl. Botschaft Steuerharmonisierung, 36 f.; ZUPPINGER/BÖCKLI/LOCHER/REICH, Steuerharmonisierung, 123 ff. auch zum Folgenden.

Schematische Darstellung des monistischen Systems 147

1 Veräusserungserlös
2 tatsächliche Anlagekosten
(Erwerbspreis + wertvermehrende Aufwendungen)
3 Buch- bzw. Einkommenssteuerwert

a Buchgewinn
(steuerbarer Gewinn nach DBG)
b steuerbarer Grundstückgewinn
c steuerbarer Gewinn
(nach ZH StG 18 IV)

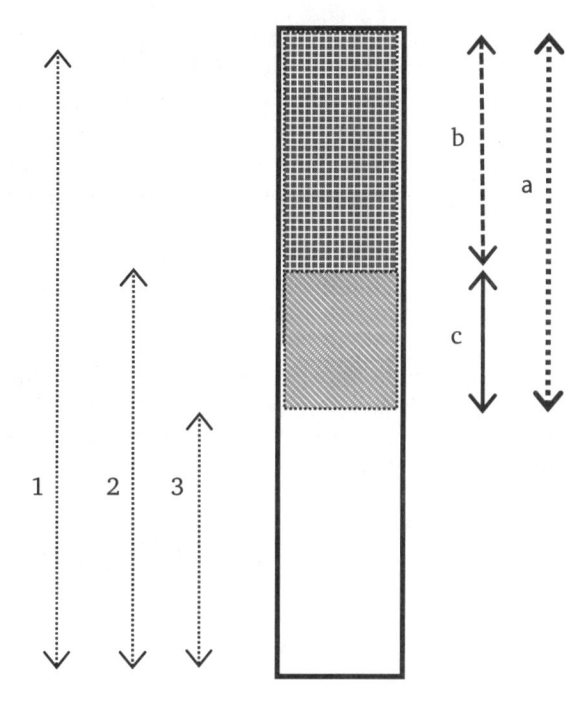

▦ Wertzuwachsquote

▨ Abschreibungsquote

4. Besteuerung der Kapital- und Liquidationsgewinne

a) Problematik

Gewinne, die aus der Auflösung stiller Reserven resultieren, werden «Kapital-» oder «Liquidationsgewinne» genannt. Solche Gewinne sind *aperiodischer Natur* und werden vielfach ausserhalb der ordentlichen geschäftsplanmässigen Erwerbstätigkeit erzielt. Nach dem Massgeblichkeitsprinzip wird grundsätzlich nicht unterschieden zwischen der Besteuerung der laufenden Gewinne auf dem Umlaufvermögen und der Gewinne auf dem Anlagevermögen. Beide führen zum 148

Saldo der Erfolgsrechnung, welcher ohne Zerlegung der einzelnen Erfolgsbeiträge in die Bemessungsgrundlage einbezogen wird.

149 Die einheitliche Besteuerung der Unternehmensgewinne ohne Berücksichtigung ihrer Quellen und Entstehungsgründe führt bei einem progressiven Steuertarif zu einer verschärften Belastung von aperiodischen Gewinnen mit einem Steuersatz, der auf *regelmässig zufliessende Jahreseinkünfte* zugeschnitten ist. Diese erhöhte Belastung der aperiodischen Gewinne kann nur zum Teil damit gerechtfertigt werden, dass eine Gewinnermittlung, die auf dem Vorsichtsprinzip beruht, an sich zu einem verspätet ausgewiesenen Gewinn führe, was steuerlich mit einer progressiven Steuerbelastung im Zeitpunkt der Realisation zu kompensieren sei.

150 Im Zusammenhang mit der Besteuerung der Liquidationsgewinne auf *Geschäftsgrundstücken,* die oftmals erhebliche stille Reserven aufweisen, gilt es auch zu beachten, dass in dieser Hinsicht Ungleichheiten im monistischen und dualistischen System bestehen. Während die Mehrwerte auf Grundstücken im monistischen System separat der Grundstückgewinnsteuer unterworfen sind, werden sie im dualistischen System zusammen mit dem übrigen Liquidationsgewinn erfasst, was zu einer zusätzlichen Verschärfung der progressiven Besteuerung der Liquidationsgewinne führt. Zudem werden die Mehrwerte auf Grundstücken bei Privatentnahmen nur im dualistischen System der Liquidationsbesteuerung unterworfen, nicht aber im monistischen System, weil bei der Überführung ins Privatvermögen gar keine Handänderung stattfindet.

b) *Liquidationsgewinne bei definitiver Geschäftsaufgabe*

151 Den Problemen der übermässigen Belastung der Liquidationsgewinne wurde im Rahmen der Unternehmenssteuerreform II durch die Regelung von DBG 37b (vgl. StHG 11 V) Rechnung getragen, die gleichzeitig auch den besonderen Vorsorgebedarf der Selbständigerwerbenden berücksichtigen soll.[148] Nach der auf den 1.1.2011 in Kraft getretenen Regelung wird die Summe der in den letzten zwei Geschäftsjahren realisierten stillen Reserven bei endgültiger Aufgabe der selbständigen Erwerbstätigkeit nach vollendetem 55. Altersjahr oder wegen Invalidität getrennt vom übrigen Einkommen – mit Steuersatzmilderung und Sonderbestimmungen im Hinblick auf die Alterssicherung des Unternehmers – besteuert (DBG 37b, StHG 11 V). Sinngemässes gilt auch für den Ehegatten, die anderen Erben und für Vermächtnisnehmer, die das übernommene Unternehmen nicht fortführen. Diese Regelung führt in der Umsetzung zu etwelchen Schwierigkeiten.[149] Sie wurde in der Verordnung über die Besteuerung der Liquidationsgewinne bei definitiver Aufgabe der selbständigen Erwerbstätigkeit vom

---

[148] Vgl. Botschaft UStR II, 4823 f.
[149] Vgl. PETER LANG, Aufschubtatbestände und Liquidationsgewinne gemäss Unternehmenssteuerreformgesetz II, FStR 2008, 110 ff., 117 ff.; SIMONEK/VON AH, Entwicklungen 2010, 25 ff.

17. 2.2010 (LGBV)[150] und im Kreisschreiben Nr. 28 vom 3.11.2010[151] näher konkretisiert.

c) *Privatentnahme von Geschäftsgrundstücken im dualistischen System*

Auch das Problem der steuersystematischen Erfassung der stillen Reserven von Geschäftsgrundstücken bei ihrer Überführung ins Privatvermögen wurde mit der Unternehmenssteuerreform II behoben. Gemäss DBG 18a I (vgl. StHG 8 IIbis) kann der Steuerpflichtige verlangen, dass bei der Privatentnahme von Grundstücken des Anlagevermögens nur die *wiedereingebrachten Abschreibungen* der Liquidationsbesteuerung unterworfen werden. Die übrigen stillen Reserven, die im Zeitpunkt der Privatentnahme vorhanden sind, werden erst anlässlich der tatsächlichen Veräusserung erfasst.[152]

152

VI. Gewinnermittlung ohne kaufmännische Buchhaltung

1. Aufzeichnungspflicht für Nichtbuchführungspflichtige

Auch das Einkommen von nicht buchführungspflichtigen Selbständigerwerbenden ist Vermögensstandsgewinn. Es gelten deshalb sinngemäss die *gleichen Gewinnermittlungsregeln* auch für die Einkommensermittlung von Selbständigerwerbenden, die nicht ordnungsmässige Bücher führen. Dabei ist unerheblich, ob handelsrechtlich im konkreten Fall eine Buchführungspflicht gegeben ist oder nicht.

153

Nicht buchführende Steuerpflichtige sind gehalten, den Steuerbehörden die zur Ermittlung des Vermögensstandsgewinns notwendigen Vermögensaufstellungen und Aufzeichnungen über die Einnahmen und Ausgaben einzureichen. Sie müssen ihrer Steuererklärung «Aufstellungen über Aktiven und Passiven, Einnahmen und Ausgaben sowie Privatentnahmen und Privateinlagen beilegen» (DBG 125 II). Die Abschreibungen sind in Abschreibungstabellen mit den Ausgangs- und Endwerten für jede Geschäftsperiode nachzuführen.[153]

154

---

[150] SR 642.114.
[151] Kreisschreiben Nr. 28 der EStV vom 3.11.2010 betreffend Besteuerung der Liquidationsgewinne bei definitiver Aufgabe der selbständigen Erwerbstätigkeit.
[152] Dazu ausführlich EStV KS Nr. 26 vom 16.12.2009, Ziff. 2.1. (Fn. 70). Kritisch dazu Simonek, Entwicklungen 2009, 77 f.; Simonek/von Ah, Entwicklungen 2010, 21 f.
[153] Vgl. VGer ZH 17.2.1982, RB 1982 Nr. 67.

2. Folgen der Verletzung der Aufzeichnungs- und Buchführungspflichten

155 Steuerpflichtige, die diese Aufstellungen trotz Mahnung nicht beibringen, werden nach pflichtgemässem Ermessen veranlagt (vgl. DBG 130 II). Gleiches geschieht bei Selbständigerwerbenden, die ihre Bücher nicht oder nicht ordnungsgemäss führen und deshalb ihre steuerrechtlichen Verfahrenspflichten nicht ordnungsgemäss erfüllen können.

VII. Verlustverrechnung

1. Verluste in der Bemessungsperiode

156 Das *objektive Nettoprinzip* gebietet, dass in der Bemessungsperiode erzielte Geschäftsverluste vom übrigen Einkommen der entsprechenden Bemessungsperiode abgezogen werden können. Die Steuergesetze zählen deshalb «die eingetretenen und verbuchten Verluste auf Geschäftsvermögen» zu den abziehbaren geschäftsmässig begründeten Kosten (vgl. DBG 27 II b).

2. Verlustvortrag

157 Soweit Geschäftsverluste bei der Berechnung des steuerbaren Einkommens der Vorjahre noch nicht berücksichtigt werden konnten, weil die übrigen Einkünfte kleiner waren als die erzielten Verluste, sind sie auch noch in den folgenden *sieben Bemessungsperioden* abziehbar (vgl. DBG 211). Unter Einbezug der Bemessungsperiode ergibt sich damit eine Verlustverrechnungsperiode von insgesamt acht Jahren.

158 Dabei steht dem selbständig Erwerbenden *kein Wahlrecht* zu, die Geschäftsverluste entweder mit dem steuerbaren Einkommen der Bemessungsperiode zu verrechnen oder auf die nächste Bemessungsperiode vorzutragen. Wenn steuerbares Einkommen vorhanden ist, müssen die Geschäftsverluste unverzüglich damit verrechnet werden.[154] Nach Auffassung des Bundesgerichts setzt der Verlustvortrag auch das Vorliegen einer *selbständigen Erwerbstätigkeit* voraus, was bedeutet, dass Verluste nach Aufgabe der selbständigen Erwerbstätigkeit nicht mehr verrechnet werden können.[155]

---

[154] Vgl. VGer ZH 28.6.2006, StE 2006 B 23.9 Nr. 8 und Besprechung dieses Entscheids in MARKUS REICH/ROBERT WALDBURGER, Rechtsprechung im Jahr 2006 (1. Teil), FStR 2007, 228 ff., 235 ff. Zur *Technik der Verlustverrechnung* vgl. BRÜLISAUER/HELBING, in: ZWEIFEL/ATHANAS, N 8 f zu DBG 67; REICH/ZÜGER, in: ZWEIFEL/ATHANAS, N 12 zu DBG 31 und N 6 f. zu DBG 211; MADELEINE SIMONEK, Ausgewählte Probleme der steuerlichen Behandlung von Verlusten bei Kapitalgesellschaften, ASA 67 (1998/99), 513 ff., 518 ff.

[155] BGer 27.11.2009, StE 2010 B 23.9 Nr. 13 – ein fragwürdiger Entscheid, wenn man bedenkt, dass der Worlaut von DBG 211 einer Verlustverrechnung auch nach Aufgabe der Erwerbstätigkeit in keiner Weise entgegensteht und die Einschränkungen des Leistungsfähigkeitsprinzips durch das

VIII. Teilbesteuerung der Einkünfte aus Beteiligungen

Auch im Geschäftsvermögensbereich wurde im Zug der Unternehmenssteuerreform II ein Teilbesteuerungsverfahren zur Milderung der *wirtschaftlichen Doppelbelastung* eingeführt.[156] Gemäss DBG 18b sind sämtliche geldwerten Vorteile aus Beteiligungen an Kapitalgesellschaften und Genossenschaften von mindestens 10% im Geschäftsvermögensbereich nach Abzug des zurechenbaren Aufwands nur im Umfang von 50% steuerbar.[157] Zu den privilegierten Einkünften gehören auch die Veräusserungsgewinne auf solchermassen qualifizierenden Beteiligungen, wenn diese mindestens ein Jahr im Eigentum der steuerpflichtigen Person oder des Personenunternehmens waren (vgl. DBG 18b II). Die Entlastung im Geschäftsvermögen erfolgt im Unterschied zur Entlastung im Privatvermögen (DBG 20 I[bis]) nur auf dem Nettoergebnis aus Beteiligungen. Zur Ermittlung dieses Nettoergebnisses ist eine Spartenrechnung zu führen, in welcher alle qualifizierten Beteiligungen zu berücksichtigen sind.

159

Die Kantone sind gemäss StHG 7 I (2. Satz) im Ausmass der Entlastung harmonisierungsrechtlich nicht gebunden, dürfen indes die Besteuerung lediglich für Beteiligungen von mindestens 10% mildern. Die Entlastung in den Kantonen erfolgt entweder wie bei der direkten Bundessteuer auf der Ebene der Bemessungsgrundlage durch eine blosse *Teilbesteuerung* der Beteiligungserträge oder auf der Steuersatzebene durch eine Reduktion des Steuersatzes auf den Beteiligungserträgen (sog. «*Teilsatzbesteuerung*»; vgl. z.B. ZH StG 35 IV).

160

D. Ermittlung des steuerbaren Geschäftsvermögens

Das Geschäftsvermögen unterliegt der kantonalen Vermögensbesteuerung. Auch für die geschäftlichen Vermögenswerte gilt die Regel, dass das Vermögen zum *Verkehrswert* zu bewerten ist (vgl. z.B. ZH StG 39 I).[158] Aus Praktikabilitätsgründen werden jedoch immaterielle Güter und bewegliches Geschäftsvermögen zum Einkommenssteuerwert bewertet (vgl. StHG 14 III). Die Feststellung und Bewertung des Geschäftswerts (Goodwill) kann somit unterbleiben; für die Ermittlung des Vermögenswerts des Geschäfts sind lediglich die stillen Reserven auf den *Liegenschaften* zum buchmässig ausgewiesenen Eigenkapital hinzuzuzählen.

161

Periodizitätsprinzip auf das durch dessen Abgrenzungsfunktion Erforderliche zu beschränken sind (dazu vorne § 10 N 60 ff).
[156] Vgl. vorne § 13 N 162.
[157] Dazu und zum Folgenden ausführlich EStV KS Nr. 23 vom 17.12.2008 (Fn. 55).
[158] Dazu und zum Folgenden BGer 15.5.2008, BGE 134 II 207 E. 3.4 f. = StE 2009 B 52.21 Nr. 12.

§ 16 Zeitliche Bemessung (natürliche Personen)

Literatur

BLUMENSTEIN/LOCHER, System, 264 ff.; HÖHN/WALDBURGER, Bd. I, § 11 N 11 ff., § 14 N 150 ff. und § 15 N 24; MÄUSLI-ALLENSPACH/OERTLI, Steuerrecht, 165 ff.; OBERSON, Droit fiscal, § 7 N 287 ff.

DUSS MARCO, Die zeitliche Bemessung nach dem neuen Bundessteuerrecht, StR 1993, 241 ff., 307 ff.; NOLD HANS JAKOB, Die zeitliche Bemessung des Gewinns im Unternehmungssteuerrecht, Bern/Stuttgart 1984 (zit. NOLD, Zeitliche Bemessung); PASCHOUD JEAN-BLAISE, Passage du système d'imposition d'après le revenu présumé (praenumerando) au système d'imposition d'après le revenu acquis (postnumerando) sous l'angle des relations intercantonales, ASA 60 (1991/92), 97 ff.; REICH MARKUS, Zeitliche Bemessung (natürliche und juristische Personen, inkl. Übergangsregelung), in: HÖHN ERNST/ATHANAS PETER (Hrsg.), Das neue Bundesrecht über die direkten Steuern, Bern et al. 1993, 317 ff. (zit. REICH, Zeitliche Bemessung); ders., Die zeitliche Bemessung bei den natürlichen Personen, ASA 61 (1992/93), 327 ff.; ders. (Hrsg.), Postnumerandobesteuerung natürlicher Personen, Bern et al. 1993 (zit. REICH, Postnumerandobesteuerung); RICHLI PAUL, Gegenwarts- und Vergangenheitsbesteuerung aus verfassungsrechtlicher Sicht, ASA 57 (1988/89), 113 ff.; YERSIN DANIELLE, Les systèmes d'imposition prae- et postnumerando et la perception de l'impôt, in: REICH/ZWEIFEL, FS Zuppinger, 89 ff. (zit. YERSIN, Les systèmes d'imposition); ZUPPINGER FERDINAND, Steuerharmonisierung und zeitliche Bemessung, ASA 53 (1984/85), 97 ff.

Materialien

Botschaft zum Bundesgesetz über die formelle Bereinigung der zeitlichen Bemessung der direkten Steuern bei den natürlichen Personen vom 6.4.2011, BBl 2011, 3593–3604 (zit. Botschaft zur formellen Bereinigung); Botschaft zur Koordination und Vereinfachung der Veranlagungsverfahren für die direkten Steuern im interkantonalen Verhältnis vom 24.5.2000, BBl 2000, 3898–3918 (zit. Botschaft Veranlagungsverfahren); Botschaft zu Bundesgesetzen über die Harmonisierung der direkten Steuern der Kantone und Gemeinden sowie über die direkte Bundessteuer (Botschaft über die Steuerharmonisierung) vom 25.5.1983, BBl 1983 III, 1–381 (zit. Botschaft Steuerharmonisierung).

Einkünfte und Vermögenswerte der Steuerpflichtigen sind zeitbezogen. Sie variieren je nach Zeitraum bzw. Zeitpunkt der Betrachtung. Eine Einkommens- und Vermögenssteuerordnung muss deshalb festlegen, *für welchen Zeitraum* und aufgrund der *Einkünfte welchen Zeitraums* die Einkommenssteuer geschuldet ist. Die Vermögenssteuer ist stichtagsbezogen; es ist deshalb der *Zeitpunkt* zu bestimmen, auf welchen das Vermögen zur Ermittlung der für einen bestimmten Zeitraum geschuldeten Vermögenssteuer zu bemessen ist. Dies ist Aufgabe der Bestimmungen über die zeitliche Bemessung, welche die für die Besteuerung massgebenden Zeiträume bzw. Stichtage definieren, oder mit anderen Worten die Steuerperiode und die Bemessungsperiode in zeitlicher Hinsicht fixieren. Eng verknüpft mit der zeitlichen Bemessung sind die verfahrensrechtlichen Fragen des *Veranlagungsturnus,* weshalb diese nach der Klärung der verschiedenen im Zusammenhang mit der zeitlichen Bemessung verwendeten Begriffe ebenfalls hier dargestellt werden.

1

2   Von den Fragen der zeitlichen Bemessung grundlegend zu unterscheiden sind die Probleme der *zeitlichen Zuordnung* der Einkünfte und Aufwendungen.[1] Diese Fragen der *Periodisierung* des Einkommens und Vermögens gehören zur *sachlichen Festlegung* der Steuerbemessungsgrundlage und haben nichts gemein mit der zeitlichen Bemessung.

A. Begriffliches[2]

I. Steuerperiode

3   Die Steuerperiode entspricht dem Zeitraum, für den die Steuer geschuldet wird. Bei den natürlichen Personen entspricht die Steuerperiode in der Regel dem Kalenderjahr. Ist die Steuerperiode einjährig, wird sie auch Steuerjahr genannt.

II. Bemessungsperiode

4   Die Bemessungsperiode entspricht dem Zeitraum, während welchem das der Steuerbemessung dienende Einkommen erzielt wird. Die Bemessungsperiode bildet die Bemessungsgrundlage in zeitlicher Hinsicht.

III. Veranlagungsperiode

5   Die Veranlagungsperiode entspricht dem Zeitraum vom Beginn der Veranlagung für eine Steuerperiode bis zum Beginn der Veranlagung für die nächste Steuerperiode. Sie umfasst in der Regel ein Jahr. Unter Veranlagung wird hier das Verfahren der Festsetzung des steuerbaren Einkommens und Vermögens verstanden, das mit der Aufforderung zur Einreichung der Steuererklärung für eine bestimmte Steuerperiode beginnt und mit der formellen Rechtskraft der Verfügung der Steuerbehörden über die geschuldete Steuer endet.

IV. Postnumerando- und Pränumerandobesteuerung

6   Zur Kennzeichnung der verschiedenen Bemessungsordnungen werden zum einen die Begriffe *Gegenwartsbemessung* und *Vergangenheitsbemessung* verwen-

---

[1] Dazu vorne § 10 N 50 ff.
[2] Zum Ganzen ZUPPINGER/BÖCKLI/LOCHER/REICH, Steuerharmonisierung, 186 ff.; REICH, Postnumerandobesteuerung, 18 ff.

det. Diese Begriffe beziehen sich auf das Verhältnis der Bemessungsperiode zur Steuerperiode. Zum andern finden die Begriffe *Postnumerando-* und *Pränumerandobesteuerung* Verwendung, mit welchen das Verhältnis des Beginns der Veranlagung zur Steuerperiode bezeichnet wird. Gegen diese Terminologie lassen sich zwar gewisse Vorbehalte anbringen, weil die Begriffe *pränumerando* und *postnumerando* sowohl auf der Bemessungs- als auch auf der Bezugsebene herangezogen werden,[3] dennoch ist sie in der schweizerischen Doktrin und Praxis vorherrschend.

Je nachdem, in welchem Verhältnis die Steuer-, Veranlagungs- und Bemessungsperioden zueinander stehen, ob sie einander zeitlich folgen oder zusammenfallen, ergeben sich die nachfolgend aufgeführten Besteuerungsordnungen:

1. Postnumerandobesteuerung mit Gegenwartsbemessung

Bei der Postnumerandobesteuerung mit Gegenwartsbemessung (kurz: «Postnumerandobesteuerung») fallen die Steuer- und die Bemessungsperiode zusammen; die Veranlagung (das «numerare»[4]) kann selbstredend erst nach Ablauf der Steuerperiode beginnen.

In dieser Ordnung wird der Steuerpflichtige demnach aufgrund des in der Steuerperiode erzielten Einkommens besteuert; die Veranlagung findet im folgenden Jahr statt.

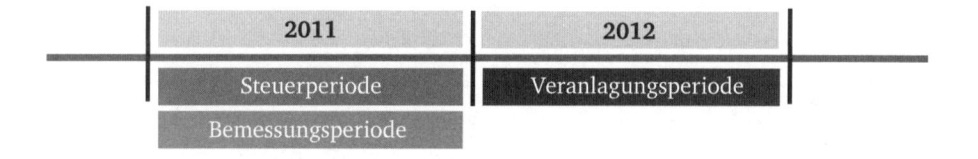

Die Veranlagung für das Steuerjahr 2011 wird nach Ablauf des Steuerjahres 2011 in der Veranlagungsperiode 2012 vorgenommen auf der Grundlage der Steuerfaktoren 2011 (Bemessungsperiode).

2. Pränumerandobesteuerung mit Vergangenheitsbemessung

Bei der Pränumerandobesteuerung mit Vergangenheitsbemessung (kurz: «Pränumerandobesteuerung») fallen die Steuer- und die Veranlagungsperiode zusammen; die Bemessungsperiode geht diesen beiden Perioden voran. Der Steuerpflichtige entrichtet die Steuer auf dem Einkommen, das er in jener Periode erzielt hat, welche der Steuer- und Veranlagungsperiode vorangegangen ist. Es wird dabei von der Fiktion ausgegangen, dass dieses Einkommen demjenigen der Steuer- und Ver-

---

[3] Vgl. ZUPPINGER/BÖCKLI/LOCHER/REICH, Steuerharmonisierung, 187.
[4] Bzw. das «Zählen».

anlagungsperiode entspricht. Die Pränumerandobesteuerung kann ein- oder zweijährig sein.[5]

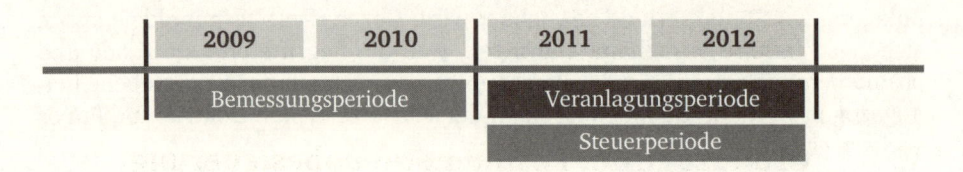

2009	2010	2011	2012
Bemessungsperiode		Veranlagungsperiode	
		Steuerperiode	

V. Postnumerando- und Pränumerandobezug

12 Die Begriffe *postnumerando* und *pränumerando* werden häufig auch auf der Bezugsebene verwendet. Betrachtet man das Verhältnis des Fälligkeitstermins der Steuer für eine Steuerperiode zur entsprechenden Steuerperiode, so ergeben sich die folgenden zwei Bezugssysteme:

1. Postnumerandobezug

13 Beim Postnumerandobezug wird die Steuer erst nach Ablauf der Steuerperiode fällig. Der Steuerbezug beginnt nicht bereits in dem Jahr, für welches die Steuer geschuldet ist, sondern erst im folgenden Jahr.

2011	2012
Steuerperiode	Bezugsperiode

2. Pränumerandobezug

14 Beim Pränumerandobezug wird die Steuer vor Ablauf der Steuerperiode fällig. Der Steuerbezug beginnt somit bereits im Steuerjahr.

15 Der Pränumerandobezug ist in den Kantonen unterschiedlich ausgestaltet. Für die Kennzeichnung eines Bezugsystems als Pränumerandobezug ist unerheblich, ob es sich bei den im Steuerjahr eingeforderten Betreffnissen um einen provisorischen Bezug oder um Akonto- oder Abschlagszahlungen handelt, entscheidend ist, dass bei Nichtbezahlung der eingeforderten Beträge Verzugs- bzw. Ausgleichszinsen geschuldet werden.

---

[5] Es gibt auch eine *Pränumerandobesteuerung mit Gegenwartsbemessung*. Dieses System wird indes nicht selbständig angewandt. Es dient lediglich als Korrektursystem in der Pränumerandobesteuerung bei Beginn der Steuerpflicht oder bei Vorliegen von Zwischenveranlagungsgründen, dazu REICH, Postnumerandobesteuerung, 21 f.

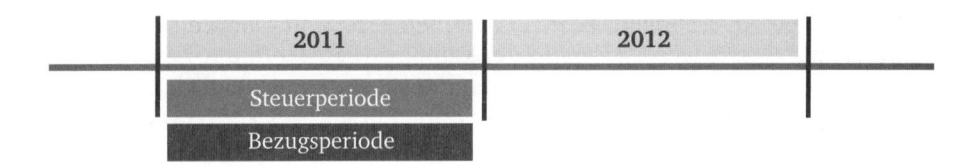

B. Grundzüge der Postnumerandobesteuerung

I. Blick zurück

Die Vereinheitlichung der zeitlichen Bemessung war ein *Kernpunkt* der Steuerharmonisierungsbestrebungen. Im Grundsätzlichen bestand seit Langem Einigkeit darüber, dass die Postnumerando- der Pränumerandobesteuerung klar überlegen ist.[6] Das System der Postnumerandobesteuerung erfasst das Steuerobjekt *zeitnaher*, als dies bei der Pränumerandobesteuerung der Fall ist. Die Zeitspanne zwischen Einkommenserzielung und Steuerentrichtung wird wesentlich verkürzt. Zudem wird die Steuer immer auf der Basis des tatsächlich *erzielten Einkommens* erhoben, wogegen bei der Pränumerandobesteuerung im Regelfall ein vom Steuerobjekt verschiedenes Einkommen als Bemessungsgrundlage herangezogen wird.

Dass es schliesslich in StHG und DBG dennoch nicht zu einer einheitlichen Bemessungsordnung kam, war vor allem auf die Befürchtungen verschiedener Kantone zurückzuführen, der einjährige Veranlagungsturnus sowie die Umstellungsschwierigkeiten würden die Steuerverwaltungen in personeller und organisatorischer Hinsicht überfordern. Ausserdem wurde die alljährliche Deklarationspflicht der natürlichen Personen als allzu grosse politische Belastung der Harmonisierungsvorlagen erachtet. Aus diesen Gründen war die Steuerharmonisierung bei der zeitlichen Bemessung vorerst auf halbem Weg stecken geblieben, indem der Gesetzgeber lediglich bei den *juristischen Personen* eine einheitliche Bemessungsregelung auf der Grundlage der Postnumerandobesteuerung in StHG und DBG verankert hat. Für die *natürlichen Personen* wurde eine zweijährige Steuerperiode mit zweijähriger Pränumerandobesteuerung (StHG 15, 17–19; DBG 40, 42–48) oder wahlweise eine einjährige Steuerperiode mit einjähriger Postnumerandobesteuerung (StHG 16, 62–70; DBG 41, 208–220) vorgesehen. Die Kantone konnten sowohl für die kantonale Einkommens- und Vermögenssteuer als auch für die direkte Bundessteuer zwischen diesen beiden Bemessungsordnungen frei wählen.

---

[6] Ausführlich Botschaft Steuerharmonisierung, 14 ff.; ZUPPINGER/BÖCKLI/LOCHER/REICH, Steuerharmonisierung, 201 ff.; REICH, ASA 61, 327 ff.

18 Mit dieser doch recht ungewöhnlichen Lösung[7] setzte der Harmonisierungsgesetzgeber auf den *freiwilligen Wechsel* der Kantone. Diese Hoffnung hat sich dann auch erfüllt. Zunächst war die Postnumerandobesteuerung lediglich im Kanton Basel-Stadt etabliert. Nachdem aber der Kanton Zürich 1999 zur Postnumerandobesteuerung übergegangen ist, haben sukzessive sämtliche anderen Kantone ebenfalls auf das einjährige Postnumerandosystem mit Gegenwartsbemessung umgestellt. Somit erscheint die harmonisierungsrechtliche Wahlmöglichkeit bei den Bemessungssystemen heute als überholt. Im StHG und im DBG sollen die Bestimmungen über die zeitliche Bemessung demnächst geändert und ein einheitliches auf der einjährigen Postnumerandobesteuerung beruhendes Bemessungssystem statuiert werden.[8]

II. Allgemeine Bemessungsregeln für das Einkommen

1. Einjährige Steuerperiode mit Gegenwartsbemessung

19 Nach DBG 209 I und II[9] werden die Steuern vom Einkommen für jede Steuerperiode festgesetzt und erhoben.[10] Als *Steuerperiode* gilt bei den natürlichen Personen regelmässig das Kalenderjahr. *Steuerbemessungsgrundlage* bilden die in der Steuerperiode erzielten Einkünfte. Steuerjahr und Bemessungsjahr fallen demnach zusammen, besteuert wird auf diese Weise das während der Dauer der Steuerpflicht *tatsächlich erzielte Einkommen*. Auch wenn im Verlaufe eines Steuerjahres erhebliche Veränderungen in den Einkommensverhältnissen eintreten, erübrigen sich *Zwischenveranlagungen*, die lediglich im System der Pränumerandobesteuerung erforderlich sind. Bei der Gegenwartsbemessung schlagen sich auch tiefgreifende Veränderungen sofort in der für das steuerbare Einkommen des entsprechenden Jahres massgebenden Bemessungsgrundlage nieder.

20 Für die Festlegung von *Sozialabzügen*, *Steuertarifen* und *Steuerfüssen* wird auf die Verhältnisse am *Ende der Steuerperiode* oder der *Steuerpflicht* abgestellt (vgl. DBG 213 II).

2. Steuerpflichtige mit kaufmännischer Buchführung

21 Bei Steuerpflichtigen mit kaufmännischer Buchführung bilden die Ergebnisse der in die Steuerperiode fallenden Geschäftsabschlüsse die Bemessungsgrundla-

---

[7] Wurde doch damit ein je nach kantonaler Bemessungsordnung unterschiedliches Bundessteuerrecht statuiert.
[8] Dazu Botschaft zur formellen Bereinigung, 3594 ff.
[9] In StHG 62–70 ist die Postnumerandobesteuerung recht engmaschig geregelt, sodass die Kantone wenige Möglichkeiten besitzen, ihr Bemessungssystem in Abweichung zu den harmonisierungskonformen Bestimmungen des DBG festzulegen (vgl. z.B. ZH StG 49–53).
[10] Dazu auch Jakob, in: Zweifel/Athanas, N 1 f. zu DBG 209.

ge (dazu und zum Folgenden: DBG 210 II und III).[11] Es ist in jedem Kalenderjahr und am Ende der Steuerpflicht ein Geschäftsabschluss zu erstellen. Nur wenn die Erwerbstätigkeit erst im letzten Quartal eines Kalenderjahres aufgenommen wird, kann auf einen Geschäftsabschluss verzichtet werden.

Die Geschäftsergebnisse sind immer in ihrem *tatsächlichen Umfang* – ohne Umrechnung von *unter- oder überjährigen Abschlüssen* und ohne Berücksichtigung des ordentlichen und ausserordentlichen Charakters der Einkünfte – in die Bemessung des steuerbaren Einkommens einzubeziehen. Fallen zufolge Verlegung des Bilanzstichtags zwei Geschäftsabschlüsse in die gleiche Steuerperiode, werden die Ergebnisse beider Abschlüsse ohne Umrechnung in die Veranlagung einbezogen und in der betreffenden Steuerperiode besteuert. Es findet auch keine Umrechnung auf ein Jahreseinkommen auf der Steuersatzebene statt.

III. Besonderheiten

1. Unterjährige Steuerpflicht

Wenn die Steuerpflicht infolge Zu- oder Wegzugs oder zufolge Todes nur während eines Teils der Steuerperiode besteht, wird die Steuer auf den in diesem Zeitraum erzielten Einkünften erhoben (vgl. DBG 209 III).[12] Der *Steuersatz* bestimmt sich für regelmässig fliessende Einkünfte nach dem auf zwölf Monate berechneten Einkommen, nicht regelmässig fliessende Einkünfte werden für die Satzbestimmung nicht umgerechnet.

Dementsprechend sind die *Gewinnungskosten* und die *allgemeinen Abzüge* grundsätzlich nach Massgabe der in der unterjährigen Steuerperiode angefallenen Kosten zu berücksichtigen (vgl. z.B. ZH StG 49 IV i.V.m. III). Die auf einer Jahresbasis fixierten bzw. pauschalierten allgemeinen Abzüge sowie die Sozialabzüge sind *anteilig* zu gewähren; für die Steuersatzbestimmung werden sie dagegen voll angerechnet.

Das Einkommen wird mithin auch bei unterjähriger Steuerpflicht stets *voll*, d.h. im tatsächlich erzielten Umfang, besteuert. Der unterjährigen Steuerpflicht wird lediglich auf der *Steuersatzebene* Rechnung getragen.[13]

Ausserordentliche Einkommenselemente sind im Postnumerandosystem grundsätzlich nicht auszusondern. Damit bei einer unterjährigen Steuerperiode ein

---

[11] Vgl. zum Ganzen JAKOB, in: ZWEIFEL/ATHANAS, N 1 ff. zu DBG 210.
[12] Dazu und zum Folgenden JAKOB, in: ZWEIFEL/ATHANAS, N 3 ff. zu DBG 209; REICH, Zeitliche Bemessung, 331 ff.
[13] Diese Methode unterscheidet sich grundlegend von der Bemessung bei unterjähriger Steuerpflicht im früheren Pränumerandosystem, wo das auf ein Jahr *umgerechnete Einkommen*, welches auch den Steuersatz bestimmte, *pro rata temporis* besteuert wurde. Beide Methoden führen jedoch zum gleichen Ziel.

der wirtschaftlichen Leistungsfähigkeit entsprechender Steuersatz resultiert, müssen indes die regelmässig fliessenden Einkünfte und die entsprechenden Abzüge zur Satzbestimmung auf zwölf Monate umgerechnet werden.

27 Die Differenzierung zwischen *regelmässig fliessenden* und *nicht regelmässig fliessenden Einkünften* darf nicht vor dem Hintergrund der früher im Pränumerandosystem gängigen Abgrenzung zwischen ordentlichen und ausserordentlichen Einkünften vorgenommen werden. Einkommen fliesst regelmässig, wenn es während eines ganzen Jahres mehr oder weniger *kontinuierlich* anfällt. Regelmässig zufliessendes Einkommen entspringt somit einer anhaltenden Einkommensquelle und verändert sich je nach Dauer der Steuerpflicht, während das nicht regelmässig zufliessende Einkommen typischerweise nicht von der Dauer der Steuerpflicht abhängt. Für die Beurteilung, ob regelmässig fliessendes oder nicht regelmässig fliessendes Einkommen vorliegt, ist auf die wirtschaftliche Leistungsfähigkeit während der Dauer der Steuerpflicht abzustellen. Massgebend sind Ist- und nicht Sollüberlegungen.

28 *Regelmässig fliessend* sind namentlich laufende Einkünfte aus selbständiger und unselbständiger Erwerbstätigkeit, Liegenschaftserträgnisse sowie Rentenzahlungen, sofern sie nicht bloss einmal jährlich ausgerichtet werden. *Nicht regelmässig* fliessen demgegenüber nicht nur Jahresgratifikationen, Liquidationsgewinne, Lotterietreffer u.dgl., sondern beispielsweise auch Dividenden, Jahrescoupons von Obligationen und Darlehenszinsen. Bei Einkünften aus *Nebenerwerbstätigkeit* ist zu prüfen, ob der entsprechende Einkommensbestandteil bei ganzjähriger Steuerpflicht weiter zugenommen hätte, oder ob er trotz ganzjähriger Steuerpflicht nicht mehr wesentlich gewachsen wäre.

29 Die Umrechnung der regelmässig fliessenden Einkünfte ist grundsätzlich nach Massgabe der *Dauer der Steuerpflicht* und nicht nach der Dauer der Einkommenserzielung vorzunehmen. Es wird m.a.W. zunächst nicht darauf abgestellt, in welchem Zeitraum das regelmässig fliessende Einkommen erwirtschaftet worden oder der regelmässig verursachte Aufwand entstanden ist. Ziel der Umrechnung ist es jedoch, ein der wirtschaftlichen Leistungsfähigkeit entsprechendes, *repräsentatives Jahresergebnis* zu ermitteln, das den anwendbaren Steuersatz bestimmt. Es dürfen deshalb höchstens die während zwölf Monaten tatsächlich oder vermutungsweise erzielten bzw. erzielbaren Einkünfte berücksichtigt werden. Dasselbe gilt auf der Abzugsseite für die Aufwendungen. Das derart ermittelte Jahreseinkommen bildet somit die Obergrenze der Satzbestimmung.[14]

---

[14] Vgl. BStRK ZH 29.11.2001, StE 2002 B 65.12 Nr. 1.

Beispiel:

Zuzug aus dem Ausland in den Kanton X per 1.7.
Lohn 1.7.–31.12.	80 000
Lotteriegewinn 5.7.	5 000
Lotteriegewinn 10.6.	45 000
Fahrtkosten 1.7.–31.12.	2 000
Jahrespauschale für allgemeine Berufsauslagen	3 600
Jahrespauschale für Versicherungsprämien und Sparzinsen	3 000
Unterstützungsabzug	2 400

Lösung:

	Steuerbar	Satzbestimmend
Lohn 1.7.–31.12.	80 000	160 000
Lotteriegewinn 5.7.	5 000	5 000
Lotteriegewinn 10.6.	–	–
Fahrtkosten 1.7.–31.12.	–2 000	–4 000
Jahrespauschale für allgemeine Berufsauslagen	–1 800	–3 600
Jahrespauschale für Versicherungsprämien	–1 500	–3 000
Reineinkommen	79 700	154 400
Unterstützungsabzug	–1 200	–2 400
steuerbares/satzbestimmendes Einkommen	78 500	152 000

2. Wohnsitzwechsel

Ein Wegzug ins *Ausland* im Laufe der Steuerperiode führt im Postnumerandosystem gewöhnlich zur Anwendung der Regeln über die zeitliche Bemessung bei *unterjähriger Steuerpflicht*. Wird der Wohnsitz lediglich in einen *anderen Kanton* verlegt, führt dies bei der *direkten Bundessteuer* an sich nicht zu Fragen der zeitlichen Bemessung, sondern zu *Zuständigkeitsproblemen*.[15] Es fragt sich, bis zu welchem Zeitpunkt dem Wegzugskanton und ab welchem Zeitpunkt dem Zuzugskanton die Veranlagung der direkten Bundessteuer obliegt.

Im *kantonalen Recht* führt ein Wegzug ins Ausland im Laufe der Steuerperiode ebenfalls zur Anwendung der Regeln über die zeitliche Bemessung bei *unterjähriger Steuerpflicht*. Bei einem Wohnsitzwechsel *innerhalb der Schweiz* erteilt StHG 68 I dem Wohnsitzkanton am Ende der Steuerperiode das Recht, den Steuerpflichtigen für die Dauer der ganzen Periode zu besteuern.[16] Der Wegzugskanton

---

[15] Vgl. REICH, Zeitliche Bemessung, 335 ff.
[16] Vgl. WEBER, in: ZWEIFEL/ATHANAS, N 3 ff. zu StHG 68.

kann demnach den Steuerpflichtigen nicht mehr gestützt auf die persönliche Zugehörigkeit besteuern.[17] Bei den natürlichen Personen erfolgt somit im Gegensatz zu den juristischen Personen keine auf die beteiligten Kantone aufgeteilte Besteuerung entsprechend der Dauer der Zugehörigkeit. Von dieser Regelung ausgenommen sind jedoch Kapitalleistungen gemäss StHG 11 III.[18]

33 Hinsichtlich der *wirtschaftlichen Zugehörigkeit* statuiert StHG 68 II, dass die Steuerpflicht in einem andern Kanton als dem Wohnsitzkanton für die *gesamte Steuerperiode* besteht, auch wenn sie im Lauf des Jahres begründet, verändert oder aufgehoben wird.[19] Der unterjährigen Zugehörigkeit wird nicht mit einer Reduktion des Steuerbetrags, sondern mit der Herabsetzung derjenigen Vermögenswerte Rechnung getragen, welche dem Steuerdomizil der wirtschaftlichen Anknüpfung zugerechnet werden.[20] Einkommen und Vermögen werden zwischen den beteiligten Kantonen in sinngemässer Anwendung der *bundesgerichtlichen Ausscheidungsregeln* zum Verbot der interkantonalen Doppelbesteuerung ausgeschieden.

3. Heirat, Scheidung oder Trennung sowie Tod eines Ehegatten

34 Das StHG schweigt sich zu den Bemessungsfragen bei Heirat, Scheidung oder Trennung sowie bei Tod eines Ehegatten aus. Auch im Recht der direkten Bundessteuer finden sich dazu lediglich Bestimmungen in der VO über die zeitliche Bemessung der direkten Bundessteuer bei natürlichen Personen.[21]

35 Entsprechend dem Grundsatz, dass im System der Postnumerandobesteuerung für die Bestimmung des Zivilstandes auf die Verhältnisse am Ende der Steuerperiode abzustellen ist, sind die Ehegatten bei *Heirat* für die ganze Steuerperiode gemeinsam und bei *Scheidung* oder *Trennung* für die ganze Steuerperiode getrennt zu besteuern (Art. 5 I und II VO zeitliche Bemessung[22]).[23]

36 Bei *Tod eines Ehegatten* wird vom Grundsatz, dass für eine Steuerperiode nur eine Veranlagung stattfindet, abgewichen, indem die Ehegatten bis zum Todestag gemeinsam veranlagt werden. Der Tod des einen Ehegatten gilt sodann als Beendigung der Steuerpflicht beider Ehegatten und als Beginn der Steuerpflicht des

---

[17] Zieht ein Steuerpflichtiger beispielsweise am 1.12.2011 vom Kanton Aargau in den Kanton Zürich, wird der Steuerpflichtige für das ganze Steuerjahr 2011 im Kanton Zürich besteuert.
[18] Vgl. REICH, in: ZWEIFEL/ATHANAS, N 37 ff. zu StHG 11.
[19] Dazu WEBER, in: ZWEIFEL/ATHANAS, N 15 ff. zu StHG 68.
[20] Ausführlich Botschaft Veranlagungsverfahren, 3910 f.
[21] VO über die zeitliche Bemessung der direkten Bundessteuer bei natürlichen Personen vom 16.9.1992 (SR 642.117.1).
[22] Zit. Fn. 21; vgl. z.B. Art. 58 Abs. 1 und 2 des Thurgauer Gesetzes über die Staats- und Gemeindesteuern (Steuergesetz) vom 14.9.1992 (Rechtsbuch-Nr. 640.1).
[23] Im Kanton Zürich werden die Ehegatten hingegen nicht nur bei Scheidung und Trennung, sondern auch im Heiratsjahr für die ganze Steuerperiode getrennt verlangt (ZH StG 52 II und III). Diese nur noch im Kanton Zürich statuierte Regelung ist mit Blick auf das im StHG konsequente Abstellen der Besteuerung auf die persönlichen Verhältnisse am Ende der Steuerperiode harmonisierungsrechtlich äusserst fragwürdig.

überlebenden Ehegatten (Art. 5 III VO zeitliche Bemessung[24]). Es stellen sich somit sowohl bei der letzten Veranlagung beider Ehegatten als auch bei der ersten Veranlagung des überlebenden Ehegatten die Probleme der unterjährigen Steuerpflicht.[25]

4. Mündigkeit

Ebenfalls keine ausdrückliche Regelung findet sich im StHG und DBG zu den Bemessungsfragen bei Mündigkeit. Die Steuerpflichtigen, die mündig werden, werden für die ganze Steuerperiode, in welcher sie die Mündigkeit erlangt haben, separat veranlagt (vgl. z.B. ZH StG 52 I). Das Einkommen (exkl. Erwerbseinkommen) und Vermögen von Kindern wird bis zum Ende des dem Eintritt der Mündigkeit vorangehenden Jahres den Inhabern der elterlichen Sorge zugerechnet. 37

5. Sonderveranlagungen

Sonderveranlagungen sind vorgesehen für 38

– Kapitalleistungen aus Vorsorgeeinrichtungen (DBG 38),[26]
– Zahlungen bei Tod und für bleibende körperliche oder gesundheitliche Nachteile (DBG 38),
– Besteuerung der stillen Reserven bei definitiver Geschäftsaufgabe nach vollendetem 55. Altersjahr oder bei Invalidität (DBG 37b)[27].

Diese Einkünfte werden *getrennt* vom übrigen Einkommen zu *Sondersätzen* besteuert.[28] 39

IV. Vermögensbesteuerung

1. Stichtagsprinzip

Die Vermögenssteuer folgt im Allgemeinen dem Stichtagsprinzip.[29] Das Vermögen bemisst sich nach dem Stand am *Ende* der Steuerperiode oder der Steuerpflicht (vgl. z.B. ZH StG 51 I). *Bestandesänderungen* und *Wertschwankungen* während der Steuerperiode sind demnach grundsätzlich irrelevant. Dieses in Einzelfällen zugunsten und zulasten des Steuerpflichtigen etwas undifferenziert wirkende Konzept darf von den Kantonen nicht aufgeweicht werden. Es sind nur 40

---

[24] Zit. Fn. 21; z.B. ZH StG 52 IV.
[25] Vgl. hierzu BStRK ZH 11.7.2002, StE 2003 B 65.21 Nr. 1.
[26] Dazu und zum Folgenden BAUMGARTNER, in: ZWEIFEL/ATHANAS, N 1 ff. zu DBG 38.
[27] Dazu BAUMGARTNER, in: ZWEIFEL/ATHANAS, N 1 ff. zu DBG 37b und vorne § 15 N 151.
[28] Hinten § 17 N 14 ff.
[29] Vgl. auch zum Folgenden JAKOB, in: ZWEIFEL/ATHANAS, N 1 ff. zu StHG 66.

die folgenden, in StHG 66 vorgezeichneten Ausnahmen vom Stichtagsprinzip zulässig.

2. Ausnahmen

41 Vorab ist die Vermögenssteuer bei *unterjähriger Steuerpflicht* bloss anteilig zu erheben (vgl. z.B. ZH StG 51 III). Hier muss das Stichtagsprinzip notwendigerweise durchbrochen werden, da die Steuersätze der Vermögenssteuer auf eine ganzjährige Steuerpflicht ausgerichtet sind. Die Vermögenssteuer ist deshalb nur *pro rata temporis* zu erheben.[30]

42 Stossend kann sich das Stichtagsprinzip auch beim *Erbanfall* auswirken, bei welchem am Stichtag Vermögenswerte vorhanden sind, welche dem Steuerpflichtigen unter Umständen erst vor wenigen Tagen zuflossen. Deshalb wird das geerbte Vermögen erst vom Zeitpunkt des Erbanfalls an dem übrigen Vermögen zugerechnet (vgl. z.B. ZH StG 51 IV i.V.m. III). Die Vermögenssteuer wird diesfalls in *zwei Etappen* ermittelt. Zunächst ist sie auf dem Vermögen ohne Erbanfall für den Zeitraum bis zur Erbschaft anteilig zu berechnen. Hinzuzuzählen ist dann die Pro-rata-Vermögenssteuer auf dem Vermögen am Ende der Steuerperiode für die restliche Zeit.

43 Eine weitere Ausnahme vom Stichtagsprinzip ergibt sich aus dem verfassungsrechtlichen Doppelbesteuerungsverbot (BV 127 III). Bei *Aufgabe der wirtschaftlichen Zugehörigkeit* zu einem anderen Kanton darf das entsprechende Vermögen nicht sowohl am Ende der Steuerpflicht vom Wegzugskanton pro rata als auch am Ende der Steuerperiode im Wohnsitzkanton für die ganze Steuerperiode besteuert werden (vgl. dazu StHG 68 II).

---

[30] Eine Pro-rata-Besteuerung ist auch vorzunehmen, wenn die unbeschränkte Steuerpflicht im Laufe des Steuerjahres endet und weiterhin eine beschränkte Steuerpflicht verbleibt, vgl. VGer ZH 20.10.2004, StE 2005 B 65.3 Nr. 1.

§ 17 Steuermass (natürliche Personen)

Literatur

BLUMENSTEIN/LOCHER, System, 289 ff. und 294 ff.; HÖHN/WALDBURGER, Bd. I, § 14 N 154 ff. und § 15 N 25 ff.; MÄUSLI-ALLENSPACH/OERTLI, Steuerrecht, 167 ff.; OBERSON, Droit fiscal, § 7 N 310 ff.

Das Steuermass gibt an, ein wie grosser Teil der Steuerbemessungsgrundlage als Steuer geschuldet ist.[1] Das Steuermass der direkten Bundessteuer ergibt sich unmittelbar aus dem gesetzlichen Tarif. Auf kantonaler Ebene ergibt sich das Steuermass sowohl für die Einkommens- als auch für die Vermögenssteuer meistens aus der Multiplikation des gesetzlichen Tarifs mit den kantonalen und kommunalen Steuerfüssen.[2] Für die Ermittlung der auf kantonaler und kommunaler Ebene effektiv geschuldeten Steuern muss die sich aus dem Steuergesetz ergebende sog. einfache Steuer mit den von den kantonalen und kommunalen Legislativen festgelegten Steuerfüssen multipliziert werden.

A. Steuersatz

I. Regelfall

1. Einkommenssteuersatz

a) Ordentlich veranlagte Steuern

– Bund

Für die direkte Bundessteuer kommen wegen der durchgehenden Postnumerandobesteuerung in allen Kantonen nicht die ordentliche Tarifbestimmung (DBG 36), sondern jene der Übergangsbestimmung (DBG 214) zur Anwendung. Die direkte Bundessteuer kennt einen *Doppeltarif*. Der Tarif für Alleinstehende (DBG 214 I) führt durchwegs zu einer höheren Steuerbelastung als der Tarif für gemeinsam besteuerte Ehegatten und Steuerpflichtige, die mit Kindern oder unterstützungsbedürftigen Personen zusammenleben und für diese sorgen (DBG 214 II).

Auf der *ersten Tarifstufe* wird keine Steuer erhoben. Diese Nullstufe führt zum gleichen Ergebnis wie ein auf der Ebene der Bemessungsgrundlage gewährter persönlicher Abzug (Sozialabzug) in gleicher Höhe. Nach dieser Nullstufe verläuft das Steuermass *progressiv*, indem der geschuldete Betrag in den weiteren Tarifstufen mit zunehmender Höhe der Bemessungsgrundlage anwächst. Der je-

---

[1] Vorne § 5 N 57 ff.
[2] Vgl. SSK, Steuerinformationen, D. Einzelne Steuern. Die Einkommenssteuer natürlicher Personen, 112 sowie SSK, Steuerinformationen, E. Steuerbegriffe, Steuersatz und Steuerfuss, 1 ff.

weils höhere Satz gilt nur für die entsprechende Tarifstufe, nicht für das gesamte steuerbare Einkommen. Die Tarifkurve verläuft im Bereich der mittleren bis höheren Einkünfte sehr steil.[3] Ab Einkünften von CHF 755 200 bei Alleinstehenden und ab CHF 895 900[4] bei den zusammen veranlagten Steuerpflichtigen bleibt der Steuersatz gleich (11,5%), d.h. der Steuersatz ist *proportional*.

4   Der Einkommenssteuertarif der direkten Bundessteuer ist ein sog. *Teilmengentarif*.[5] Die Bemessungsgrundlage wird unterteilt in verschiedene Einkommensstufen, welchen ein bestimmter Steuersatz zugeordnet wird. Dieser Steuersatz ist nur auf jenen Teil des Einkommens anzuwenden, welcher in die entsprechende Stufe fällt, während bei einem *Gesamtmengentarif* ein bestimmter Steuersatz stets auf alle Einkommensteile angewendet wird. Beim Teilmengentarif ergeben sich nur die jeweiligen *Grenzsteuersätze*[6] unmittelbar aus dem Gesetz, wogegen der auf das gesamte Einkommen zur Anwendung gelangende *Durchschnittssteuersatz* aus der unterschiedlichen Belastung in den verschiedenen Stufen errechnet werden muss.

5   Der Tarif der direkten Bundessteuer ist partiell *degressiv* ausgestaltet.[7] Diese degressive Ausgestaltung des Tarifs ist auf die in BV 128 I a verankerte Höchstbelastung von 11,5% ausgerichtet.[8] Mit einem bis zum Höchstsatz von 11,5% konsequent progressiv konzipierten Tarifverlauf würde die verfassungsrechtlich zulässige Höchstbelastung nur für die Marginaleinkünfte erreicht, der Durchschnittssteuersatz würde jedoch de facto immer darunter liegen. Da die verfassungsrechtliche Begrenzung des Steuersatzes als Begrenzung des Durchschnittssteuersatzes verstanden wird,[9] ist die partielle Degression erforderlich, um für Steuerpflichtige, deren steuerbare Einkünfte die letzte Tarifstufe übersteigen, effektiv einen Durchschnittssteuersatz von 11,5% zu erreichen.

---

[3]   Vgl. BAUMGARTNER, in: ZWEIFEL/ATHANAS, N 23 zu DBG 36.
[4]   Gemäss dem für das Steuerjahr 2012 geltenden Steuertarif.
[5]   Auch «*Tarif mit überschiessender Progression*» oder «*Staffeltarif*» genannt, BAUMGARTNER, in: ZWEIFEL/ATHANAS, N 12 f. zu DBG 36; BLUMENSTEIN/LOCHER, 300.
[6]   Auch «Marginalsätze» genannt.
[7]   Nach dem Steuertarif von DBG 214 I beträgt der Steuersatz im Steuerjahr 2012 bei den Alleinstehenden 13,2% für Einkommensteile über CHF 176 000; Einkommensteile über CHF 755 200 werden proportional mit dem Satz von 11,5% belastet. Eine ähnliche Degression ist auch beim günstigeren Tarif gemäss DBG 214 II vorgesehen.
[8]   Obwohl der Steuertarif auf diese Weise partiell degressiv ausgestaltet ist, steigt der Durchschnittssteuersatz an, bis er die verfassungsrechtlich zulässige Höchstbelastung von 11,5% erreicht hat.
[9]   LOCHER, N 2 zu DBG 36 und N 18 der Vorbemerkungen; KLAUS A. VALLENDER, Kommentar zu BV 128, in: BERNHARD EHRENZELLER/PHILIPPE MASTRONARDI/RAINER J. SCHWEIZER/KLAUS A. VALLENDER (Hrsg.), Die Schweizerische Bundesverfassung. Kommentar, 2.A. Zürich et al. 2008, N 11 zu BV 128; a.M. ERNST HÖHN/KLAUS A. VALLENDER, Kommentar zu aBV 41ter, in: JEAN-FRANÇOIS AUBERT/KURT EICHENBERGER/JÖRG PAUL MÜLLER/RENÉ A. RHINOW/DIETRICH SCHINDLER (Hrsg.), Kommentar zur Bundesverfassung der Schweizerischen Eidgenossenschaft vom 29. Mai 1874, Loseblattwerk, Basel et al. 1987–1996, N 106 zu aBV 41ter.

– Kanton Zürich

Aus dem Steuertarif gemäss ZH StG 35 I und II resultiert die sog. *einfache Staatssteuer*, die mit dem Steuerfuss des Kantons und demjenigen der entsprechenden Gemeinde multipliziert werden muss, um die geschuldete Steuer zu erhalten. Auch im Kanton Zürich findet ein als Teilmengentarif konzipierter *Doppeltarif* mit Nullstufen Anwendung. Im Steuerjahr 2012 ist der Steuersatz ab steuerbaren Einkünften von CHF 254 900 bei Alleinstehenden und von CHF 354 100 bei gemeinsam besteuerten Steuerpflichtigen proportional (13%).

b)   Quellensteuern

Die Quellensteuern müssen aus Gründen der Rechtsgleichheit und auch zufolge staatsvertraglicher Verpflichtungen[10] betragsmässig den ordentlich veranlagten Steuern entsprechen. Auch der Quellensteuertarif hat das *Leistungsfähigkeitsprinzip* zu beachten.

Für die Quellensteuern der *unselbständig erwerbstätigen natürlichen Personen* schreibt StHG 33 I vor, dass die Quellensteuer von Bund, Kanton und Gemeinde in einem *einzigen Steuerbetrag* zu beziehen ist.[11] Diese Vereinfachung ist insbesondere mit Blick auf die Arbeitgeber als Schuldner der steuerbaren Leistung zwingend geboten und bedingt eine gegenseitige Abstimmung der Quellensteuerordnungen von Bund und Kantonen.

Zwar unterliegen gemäss StHG 32 III die *Bruttoeinkünfte* der Quellensteuer, den Gewinnungskosten und sozialen Verpflichtungen der Steuerpflichtigen wird indes auf tariflicher Ebene Rechnung getragen, indem die entsprechenden Abzüge in die Quellensteuertarife einberechnet werden (StHG 33 II und III).[12] Um der wirtschaftlichen Leistungsfähigkeit und den unterschiedlichen familiären Verhältnissen Rechnung zu tragen, werden vier Tarifarten vorgesehen.[13]

Für die *übrigen* der Quellensteuer unterworfenen *Steuerpflichtigen* sind die Quellensteuersätze jeweils gesondert im DBG und im kantonalen StG aufgeführt (vgl. DBG 92 ff. und ZH StG 95 ff.).

---

[10] Hinten § 26 N 107 ff.
[11] StHG 33 gilt nicht nur für die gemäss StHG 32 der Quellensteuer unterworfenen, unbeschränkt steuerpflichtigen Unselbständigerwerbenden, sondern auch für die gemäss StHG 35 I a und h quellensteuerpflichtigen Unselbständigerwerbenden (StHG 36 I).
[12] Näheres dazu ZIGERLIG/JUD, in: ZWEIFEL/ATHANAS, N 1 ff. zu DBG 86. Zu den staatsvertraglichen Ungereimtheiten der Quellensteuern vgl. § 26 N 107 ff.
[13] Vgl. für die direkte Bundessteuer QStV 1 I ; dazu ZIGERLIG/JUD, in: ZWEIFEL/ATHANAS, N 4 ff. zu DBG 85. Für die Quellensteuer im Kanton Zürich vgl. N 15 ff. der Weisung der Finanzdirektion zur Durchführung der Quellensteuer für ausländische Arbeitnehmer vom 30.9.2005 (LS 631.422), welche zusätzlich zu den besagten vier Tarifarten noch einen fünften Tarif für Grenzgänger vorsieht, dazu RICHNER/FREI/KAUFMANN/MEUTER, N 1 ff. zu ZH StG 90.

2. Vermögenssteuersatz

11   Auch für die Vermögenssteuer findet im Kanton Zürich ein als Teilmengentarif konzipierter *Doppeltarif* mit Nullstufen Anwendung (ZH StG 47). Ab einem steuerbaren Vermögen von CHF 3 158 000 bei Alleinstehenden und CHF 3 235 000 bei gemeinsam besteuerten Steuerpflichtigen ist der Steuersatz proportional (3‰).[14] Auch aus dem Vermögenssteuertarif resultiert lediglich die einfache Staatssteuer.

II. Ausnahmen

1. Rechtfertigung von Ausnahmen

12   Nach weit verbreiteter Auffassung entspricht es den Grundsätzen der Besteuerung nach der wirtschaftlichen Leistungsfähigkeit und der Gesamtreineinkommensbesteuerung, dass das Steuermass für alle Einkünfte, gleich welcher Art, einheitlich festzulegen ist. Dabei gilt es allerdings zu berücksichtigen, dass ein progressiver Einkommenssteuertarif konzeptionell auf *alljährlich zufliessende Einkünfte* zugeschnitten ist. Bei der Festlegung der verschiedenen Tarifstufen geht der Gesetzgeber von der Vorstellung aus, dass die entsprechenden Steuerpflichtigen regelmässig ein Einkommen in etwa dieser Höhe erzielen und deshalb wirtschaftlich leistungsfähiger sind als die Vergleichsgruppen, welche diese Einkommensstufe nicht erreichen. Schnellt das Einkommen bei Steuerpflichtigen, die gewöhnlich tiefere Einkommen aufweisen, in einer Bemessungsperiode aufgrund des Zuflusses von *einmaligen Einkünften* atypischer Weise erheblich in die Höhe, so verlangt das Leistungsfähigkeitsprinzip, dass diesem Umstand angemessen Rechnung getragen wird.[15]

13   StHG 11 II, III und V nehmen sich dieser Problematik an, obwohl es sich bei diesen Fragen des Steuermasses um Angelegenheiten handelt, welche die *Tarifautonomie der Kantone* tangieren. Trotz ihrer Verfassungswidrigkeit sind diese Vorschriften wegen des Anwendungsgebots gemäss BV 190 zu beachten. In verfassungskonformer Auslegung sollte indes darnach gestrebt werden, die Verfassungsverletzung möglichst klein zu halten.[16]

2. Kapitalabfindungen für wiederkehrende Leistungen

14   In StHG 11 II ist eine im Recht des Bundes (DBG 37) und der Kantone (z.B. ZH StG 36) generell verbreitete Steuerberechnungsvorschrift statuiert: Kapitalab-

---

[14]   Steuersatzreduktionen bei der Vermögenssteuer wurden im Kanton Zürich in den Volksabstimmungen vom 15.5.2011 und vom 4.9.2011 verworfen.
[15]   REICH, in: ZWEIFEL/ATHANAS, N 34 zu StHG 11; RICHNER/FREI/KAUFMANN/MEUTER, N 4 f. zu ZH StG 36.
[16]   Vgl. REICH, in: ZWEIFEL/ATHANAS, N 34 zu StHG 11.

findungen, welche Leistungen abgelten, die gewöhnlich in mehreren Jahren zufliessen, sind bei der Steuersatzermittlung nur in der Höhe einer entsprechenden Jahresleistung zu berücksichtigen. Damit wird erreicht, dass solche Kapitalabfindungen zwar vollumfänglich besteuert werden, jedoch sachgerecht nicht zum Steuersatz, der dem gesamten in der betreffenden Periode zugeflossenen Einkommen entsprechen würde, sondern zu demjenigen Steuersatz, der Anwendung fände, wenn anstelle der Kapitalabfindung einzelne Jahresbetreffnisse ausbezahlt würden.[17] Da der Steuersatz gemäss StHG 11 II typischerweise beim Auskauf von auf das Leben einer Person gestellten jährlichen Leistungen zur Anwendung kommt, spricht man bei diesem herabgesetzten Steuersatz auch von «Rentensatz».[18]

Aus der Perspektive des Leistungsfähigkeitsprinzips kann es sich bei solchen Kapitalabfindungen um Vermögenszugänge handeln, die entweder in der Vergangenheit liegende Leistungen abgelten (z.B. Lohnnachzahlung, Lidlohnansprüche für geleistete Arbeit usw.) oder künftig zu erbringende Leistungen vorwegnehmen (Rentenauskauf, Vorauszahlungen von Mehrjahresmieten, usw.).[19] Dennoch verwehrte das Bundesgericht indes die Satzreduktion beim Verkauf von Zerobonds und erwog, die Ermässigung könne nur gewährt werden, wenn die Ausrichtung einer Kapitalabfindung *anstelle periodischer Teilleistungen* erfolge und der Zeitpunkt der Auszahlung *nicht* von der *Wahl des Steuerpflichtigen* abhänge.[20]

15

3. Liquidationsgewinne bei Geschäftsaufgabe

Mit der Unternehmenssteuerreform II wurde für die Besteuerung der Liquidationsgewinne bei Geschäftsaufgabe eine weitere Ausnahme vom Grundsatz der Gesamtprogression statuiert. Gewinne, die auf die Realisierung stiller Reserven oder auf die Privatentnahme zurückzuführen sind, sind *aperiodischer Natur,* da sie in der Regel während mehrerer Jahre angewachsen sind.[21] Besonders stos-

16

---

[17] Bekommt ein Steuerpflichtiger z.B. von seinem Arbeitgeber aufgrund einer vergleichsweise erzielten Vereinbarung eine einmalige Leistung von CHF 36 000, weil der Lohn während der letzten neun Jahre zu tief angesetzt war, so ist diese Leistung gemeinsam mit dem übrigen Einkommen der Bemessungsperiode zu versteuern, bei der Steuersatzbestimmung sind zum übrigen Einkommen jedoch nicht CHF 36 000, sondern nur CHF 4000 hinzuzurechnen.

[18] Die Steuersatzbestimmung erfolgt aufgrund von nach der Lebenserwartung erstellten Tabellen der EStV (vgl. BAUMGARTNER, in: ZWEIFEL/ATHANAS, N 14a zu DBG 37).

[19] Vgl. BGer 6.3.2001, StE 2001 B 26.13 Nr. 15 E. 4b mit Hinweis auf BGer 5.10.2000, StE 2001 B 29.2 Nr. 7; vgl. auch VGer ZH 22.12.1999, StE 2000 B 29.2 Nr. 6.

[20] BGer 20.9.2005, StE 2006 A 23.1 Nr.13. Verschiedene Kantone, welche den Begriff der Kapitalabfindungen für wiederkehrende Leistungen seiner Regelungsfunktion entsprechend weit ausgelegt hatten (vgl. z.B. VGer ZH 15.12.2004, RB 2004 Nr. 91 = ZStP 2005, 148 ff.), mussten aufgrund dieses höchstrichterlichen Präjudizes ihre Praxis ändern, weil das Bundesgericht das Vorliegen eines kantonalen Gestaltungsspielraums trotz des Gebots der verfassungskonformen Auslegung von StHG 11 II (vgl. dazu vorne N 13) verneinte. Zur Kritik an diesem Bundesgerichtsentscheid MARKUS REICH/ROBERT WALDBURGER, Rechtsprechung im Jahr 2005 (1. Teil), FStR 2006, 222 ff., 225 ff.

[21] Ausführlich dazu REICH, Realisation stiller Reserven, 59 ff., 65 ff.

send erscheint eine undifferenzierte Besteuerung von Liquidationsgewinnen bei der Geschäftsaufgabe, nicht nur wegen deren ausserordentlicher Höhe – hier werden sämtliche stillen, noch nicht der Gewinnverwirklichung zugeführten Werte, einschliesslich des Goodwills, der Besteuerung unterworfen – sondern auch, weil die Besteuerung nach den ordentlichen Tarifvorschriften einen erheblichen Teil dieser Mittel wegbesteuert, sodass sie den Steuerpflichtigen nicht mehr zur Bestreitung ihrer Vorsorgebedürfnisse zur Verfügung stehen.

17 Die gesonderte Besteuerung der Liquidationsgewinne bei Geschäftsaufgabe mit Tarifermässigung gemäss StHG 11 V und DBG 37b setzt voraus, dass es sich um eine *definitive* Geschäftsaufgabe handelt. Der Geschäftsinhaber muss das *55. Altersjahr* vollendet haben oder wegen *Invalidität* nicht mehr in der Lage sein, das Geschäft weiterzuführen. In diesem Fall unterliegt die Summe der in den letzten zwei Geschäftsjahren realisierten stillen Reserven einer vom übrigen Einkommen *getrennten Besteuerung*. Überdies wird dem Vorsorgegedanken Rechnung getragen. Die neue Regelung ist in mancher Hinsicht konkretisierungsbedürftig und führt zu verschiedenen Anwendungsschwierigkeiten.[22]

4. Kapitalleistung aus Vorsorge

18 Schliesslich ist nach StHG 11 III und DBG 38 I für Kapitalleistungen aus Vorsorgeeinrichtungen[23] sowie für Zahlungen bei Tod und für bleibende körperliche oder gesundheitliche Nachteile eine vom übrigen Einkommen *getrennte Besteuerung* vorgesehen. Auf diesen Einkünften ist, auch wenn die Steuerpflicht nicht während der ganzen Steuerperiode besteht, stets eine *volle Jahressteuer* geschuldet.

19 Der *Steuersatz* ist sehr moderat ausgestaltet; bei der direkten Bundessteuer wird die Steuer zu einem Fünftel der ordentlichen Tarife berechnet (DBG 38 II). Zu welchem Steuersatz die separat zu besteuernden Leistungen auf Kantonsebene zu erfassen sind, bestimmen die Kantone im Rahmen ihrer Tarifautonomie. Im Kanton Zürich werden diese Kapitalleistungen zum Steuersatz besteuert, der sich ergäbe, wenn anstelle der einmaligen eine jährliche Leistung von einem Zehntel der Kapitalleistung ausgerichtet würde; die einfache Staatssteuer hat jedoch mindestens 2% zu betragen (ZH StG 37). Dies führt vielfach zu einer privilegierten Besteuerung, da die Lebenserwartung der solche Leistungen empfangenden Steuerpflichtigen meistens noch mehr als zehn Jahre beträgt.

Wird die Vorsorgeleistung vorzeitig *ohne Barauszahlungsgrund* ausgerichtet, ist sie zusammen mit dem übrigen Einkommen zum ordentlichen Tarif zu besteuern.[24]

---

[22] Vgl. vorne § 15 N 151.
[23] Das gilt gemäss DBG 17 II (so auch ZH StG 17 II) ebenfalls für gleichartige Kapitalabfindungen des Arbeitgebers.
[24] BGer 7.6.2011, StE 2011 B 26.13 Nr. 27 E. 4.

B. Steuerfuss

I. Kanton Zürich

Der Steuerfuss, mit dem die einfache Staatssteuer zu multiplizieren ist, ist gemäss ZH StG 2 II durch den Kantonsrat für je zwei Kalenderjahre in Prozenten der einfachen Staatssteuer festzulegen. Der Staatssteuerfuss beträgt zurzeit 100%.[25]

Das Instrument des Steuerfusses erlaubt es, das Steueraufkommen den *Finanzbedürfnissen* des Gemeinwesens anzupassen, ohne dass jedes Mal der Gesetzgeber bemüht werden muss. Die periodische Festlegung des Steuerfusses durch Parlamentsverordnung ist in Hinblick auf das *Legalitätsprinzip* nicht nur unbedenklich, weil damit lediglich das Referendum ausgeschlossen wird und die Bestimmung des Steuermasses in den Händen der Legislative verbleibt, sondern auch, weil die durch den ordentlichen Gesetzgeber getroffenen Grundentscheide hinsichtlich der Steuerlastverteilung in vertikaler Richtung durch die blosse Änderung des Multiplikators nicht verschoben werden.

II. Gemeinden

In den zürcherischen Gemeinden wird der Steuerfuss nach ZH StG 188 jedes Kalenderjahr in Prozenten der einfachen Staatssteuer festgelegt.

Die Gemeindesteuerfüsse bewegen sich für das Steuerjahr 2011 in einer Bandbreite zwischen 73 und 122%, dazu kommen die Steuerfüsse der Kirchgemeinden der kantonalen kirchlichen Körperschaften, welche zusätzlich zwischen 6 und 16% betragen.[26] Die Differenzen zwischen den Gemeindesteuerfüssen werden durch den *kantonalen Finanzausgleich* in Schranken gehalten.[27] Der Finanzausgleich gewährleistet, dass alle Gemeinden über genügend Mittel verfügen, um ihre Grundaufgaben mit einem vertretbaren Steuerfuss erfüllen zu können. Es erfolgt eine Umverteilung zwischen finanzstarken und -schwachen Gemeinden.

---

[25] Beschluss des Kantonsrates über die Festsetzung des Steuerfusses für die Jahre 2010 und 2011 vom 15.12.2009 (LS 631.21).
[26] Vgl. <http://www.steueramt.zh.ch/internet/finanzdirektion/ksta/de/steuerberechnung/steuerfuesse.html> (besucht am 8.12.2011).
[27] Finanzausgleichsgesetz (FAG) vom 12.7.2010, Inkrafttreten auf 1.1.2012; vgl. <http://www.gaz.zh.ch/internet/justiz_inneres/gaz/de/reformen/refa.html> (besucht am 5.11.2011).

C. Ausgleich der kalten Progression

24 Das Phänomen der sog. kalten Progression ist eine Folge der *Teuerung*. Aufgrund der Geldentwertung steigen die Einkünfte nominell, ohne dass sie real zunehmen. In einem progressiven Tarifsystem führt das zu höheren Steuersätzen bei real gleich bleibenden Einkünften. Diesem teuerungsbedingten Anwachsen der Steuersätze wurde früher jeweils anlässlich der Gesetzesrevisionen Rechnung getragen. Das Legalitätsprinzip und der Grundsatz der Besteuerung nach der wirtschaftlicher Leistungsfähigkeit gebieten jedoch, dass die kalte Progression gewissermassen automatisch ausgeglichen wird, da andernfalls der gesetzgeberische Entscheid über die gerechte Lastenverteilung missachtet wird. So verlangt denn auch BV 128 III einen periodischen Ausgleich der Folgen der kalten Progression bei der direkten Bundessteuer.

25 Aus diesen Gründen wird die Inflationsbereinigung der Steuertarife in neuerer Zeit aufgrund einer entsprechenden Gesetzesdelegation vorgenommen. Nach DBG 215 II hat das Eidgenössische Finanzdepartement die Wirkungen der Inflation durch jährliche Anpassung der Tarifstufen und der Abzüge an den Landesindex der Konsumentenpreise auszugleichen.[28] Anpassungen an die Teuerung sind auch in den kantonalen Steuergesetzen vorgesehen (z.B. ZH StG 48).

---

[28] Vgl. Botschaft zur Änderung des Bundesgesetzes über die direkte Bundessteuer (Rascherer Ausgleich der Folgen der kalten Progression bei der direkten Bundessteuer) vom 6.3.2009, BBl 2009, 1657–1668.

Dritter Abschnitt:

Gewinn- und Kapitalsteuer juristischer Personen

§ 18 Grundlagen der Besteuerung juristischer Personen

Literatur

BLUMENSTEIN/LOCHER, System, 191 ff.; HÖHN/WALDBURGER, Bd. I, § 16 N 1 ff.; MÄUSLI-ALLENSPACH/OERTLI, Steuerrecht, 183 ff.; OBERSON, Droit fiscal, § 9 N 1 ff.

DAHINDEN SARAH, Die Abschirmwirkung ausländischer Gesellschaften im schweizerischen Gewinnsteuerrecht, Zürich 2003 (zit. DAHINDEN, Abschirmwirkung); MATTEOTTI RENÉ, Der Durchgriff bei von Inländern beherrschten Auslandsgesellschaften im Gewinnsteuerrecht, Bern 2003 (zit. MATTEOTTI, Durchgriff).

Materialien

Bericht der Expertenkommission rechtsformneutrale Unternehmensbesteuerung (ERU), erstattet dem Eidgenössischen Finanzdepartement, Bern 2001 (zit. Bericht ERU).

A. Selbständige Besteuerung juristischer Personen

I. Juristische Personen als Steuersubjekte

Juristische Personen sind gemäss StHG 20 und DBG 49 in Bund und Kantonen *steuerrechtsfähig* und werden als selbständige Steuersubjekte besteuert. 1

Dieses Konzept der selbständigen Gewinnbesteuerung der juristischen Personen entspricht der weit verbreiteten Auffassung von der *wirtschaftlichen Leistungsfähigkeit* juristischer Personen. Auf Anhieb ist man geneigt, die Grundsätze der Allgemeinheit der Besteuerung und der Besteuerung nach der wirtschaftlichen Leistungsfähigkeit auch auf die juristischen Personen zur Anwendung zu bringen, welche als Privatrechtssubjekte eigenes Einkommen und Vermögen haben können und auf dem Markt als selbständige Wirtschaftseinheiten in Erscheinung treten. Die grösseren Kapitalgesellschaften und die Grossgenossenschaften haben häufig eine von ihren Mitgliedern fast gänzlich losgelöste Existenz. Sie verkörpern unabhängige *Marktmacht* und sind in diesem Sinn durchaus wirtschaftlich leistungsfähig. Daraus leitet die *Separationstheorie* ab, die selbständige Besteuerung juristischer Personen basiere auf dem Grundsatz der Besteuerung nach der wirtschaftlichen Leistungsfähigkeit.[1] Juristische Personen seien Subjekte mit eigener von den Inhabern der Beteiligungsrechte unabhängiger wirtschaftlicher Leistungsfähigkeit. 2

Die selbständige Besteuerung juristischer Personen kann indes bei vertiefter Betrachtung weder mit dem Leistungsfähigkeitsprinzip noch mit dem Grundsatz der Allgemeinheit der Besteuerung begründet werden. Denn juristische Perso- 3

---

[1] Vgl. LOCHER, N 16 ff. der Einführung zu DBG 49 ff.

nen sind zwar durchaus leistungsfähig im Sinn der Fähigkeit, Gewinn zu erwirtschaften und hieraus Steuern zu bezahlen. Dieses *Zahlungsfähigkeitskonzept* bezieht sich indes auf die ökonomischen Wirkungen der Besteuerung und beruht nicht auf dem verfassungsrechtlichen Gedankengut der Steuererhebungsprinzipien. Ein Gewinn manifestiert immer nur die wirtschaftliche Leistungsfähigkeit der beteiligten *natürlichen Personen* und wird nicht höher belastbar als andere Einkünfte, nur weil er von einem körperschaftlich organisierten Unternehmen erwirtschaftet wurde. Die Rechtsform der juristischen Person bringt *keine zusätzliche, eigenständig abschöpfbare wirtschaftliche Leistungsfähigkeit* mit sich. So sieht die *Integrationstheorie* die Besteuerung der juristischen Personen richtigerweise generell als Problem der gerechten Lastenverteilung unter den natürlichen Personen.[2] Das verfassungsrechtliche Konzept der allgemeinen und leistungsfähigkeitskonformen Besteuerung lässt sich nur auf die natürlichen Personen anwenden.

4   Eine konsequente Zuordnung der von den juristischen Personen erarbeiteten Gewinne an die beteiligten natürlichen Personen wäre jedoch insbesondere bei mittleren und grösseren juristischen Personen technisch mit sehr grossen Schwierigkeiten verbunden. Daher wird die Integrationstheorie in vielen Steuerordnungen dadurch verwirklicht, dass die Gewinne juristischer Personen zwar selbständig besteuert werden, die darauf anfallende Gewinnsteuer jedoch auf der Ebene der beteiligten natürlichen Personen als *Vorbelastung* der Ausschüttungen angemessen berücksichtigt wird. Die Steuerbelastung der juristischen Personen einerseits und der ausgeschütteten Gewinne andererseits ist nach der Integrationstheorie gesamthaft so auszugestalten, dass die natürlichen Personen unter sich rechtsgleich und leistungsfähigkeitskonform belastet werden, weil mit der Steuerbelastung der juristischen Personen an sich mittelbar bereits eine Belastung der beteiligten natürlichen Personen erfolgt ist.

II. Subjektive Zuordnung von Gewinn und Kapital

5   Die Problematik der leistungsfähigkeitskonformen Besteuerung der juristischen Personen darf nicht verwechselt werden mit den Fragen der Zuordnung des von juristischen Personen erwirtschafteten Gewinns. Mit der gesetzlichen Verankerung der Steuerrechtssubjektivität bzw. der Eigenschaft der juristischen Personen, den Steuertatbestand selbst verwirklichen und selbst Schuldner der daraus resultierenden Steuerlast sein zu können, wird zugleich ein Entscheid über die Zuordnung des Gewinns getroffen. Es wäre widersinnig, juristische Personen für die Gewinnbesteuerung zwar mit Steuersubjektqualität auszustatten, ihnen dann aber den von ihnen erwirtschafteten Gewinn nicht zuzurechnen.

6   Wenn sich also Bund und Kantone für die selbständige Besteuerung – die Steuersubjektqualität – der juristischen Personen entschieden haben, steht ihnen der

---

[2] Ausführlich REICH, Doppelbelastung, 33 ff. mit weiteren Hinweisen.

von diesen erwirtschaftete Gewinn, unabhängig davon, wie die eigenständige Besteuerung dogmatisch erklärt wird, zur selbständigen Besteuerung zu.

III. Tragweite der selbständigen Besteuerung juristischer Personen

Die Steuersubjektsqualität der juristischen Personen bedingt somit eine klare *Sphärentrennung*. Die Gewinnzuordnung würde zur Farce, wenn bei der Gewinnermittlung nicht streng differenziert wird zwischen der Sphäre der juristischen Person und der Sphäre der beteiligten natürlichen oder juristischen Personen. Es gilt hier das sog. *Trennungsprinzip*. Jede juristische Person wird grundsätzlich so besteuert, wie wenn sie ihren Gewinn völlig unabhängig von der Interessenlage ihrer Beteiligten auf dem freien Markt erzielt hätte. Rechtsgeschäfte zwischen beteiligungsrechtlich verbundenen Steuersubjekten werden dem sog. *Drittvergleich* unterzogen. Falls die Konditionen solcher Rechtsgeschäfte von denjenigen abweichen, die gewöhnlich unter unabhängigen Drittpersonen vereinbart werden, erfolgen aufgrund des *Dealing at arm's length-Prinzips* (auch «Grundsatz des Fremdverhaltens» genannt) steuerrechtliche Gewinnkorrekturen.

Der gesetzgeberische Entscheid der selbständigen Besteuerung juristischer Personen erzeugt aber auch eine klare *Abschirmwirkung* insofern, als der von juristischen Personen erwirtschaftete Gewinn diesen zur Besteuerung zusteht und nicht als Gewinn oder Einkommen der Beteiligten besteuert werden darf.

Trennungsprinzip und Abschirmwirkung bedeuten freilich nicht, dass bei der Gewinnermittlung juristischer Personen nicht auch Überlegungen Platz greifen, die über die Grenzen des Steuersubjekts hinaus greifen. Der Gewinnbegriff ist ein *wirtschaftlicher Begriff*, weshalb bei seiner Ermittlung die Beteiligungsverhältnisse nicht einfach ausgeblendet werden können. So ist beispielsweise die Realisationsfrage bei *verdeckten Kapitaleinlagen* anders zu entscheiden als bei der Veräusserung von Vermögensobjekten an unabhängige Dritte, weil es sich wirtschaftlich betrachtet um grundverschiedene Sachverhalte handelt.[3] Mit einer *konzernrechtlichen Betrachtungsweise* oder mit *ausufernden Durchgriffsüberlegungen* haben diese Fragen der nach wirtschaftlichen und nicht nach formalen Gesichtspunkten vorgenommenen Gewinnermittlung ebenso wenig zu tun wie z.B. die Gewinnaufrechnung zufolge verdeckter Gewinnausschüttung oder zufolge Unterkapitalisierung.[4] Vielmehr geht es hier um die normativ-wertende Festlegung dessen, was von beteiligungsrechtlich verbundenen juristischen Personen als handels- und steuerrechtlich erzielter Gewinn anzusehen ist. Dabei darf das gesetzgeberische Konzept der selbständigen Besteuerung der juristischen Personen in keiner Weise missachtet werden.

---

[3] Ausführlich dazu MARKUS REICH, Grundriss der Steuerfolgen von Unternehmensumstrukturierungen, Basel et al. 2000, 45 ff., 67 f.
[4] A.M. offenbar LOCHER, N 19 der Einführung zu DBG 49 ff. und N 162 ff. zu DBG 58.

IV. Der steuerrechtliche Durchgriff

1. Begriff des steuerrechtlichen Durchgriffs

10 Von der nach der allgemeinen handels- und steuerrechtlichen Ordnung korrekten Gewinnzuteilung wird nun allenfalls bei Vorliegen besonderer Verhältnisse abgewichen, indem der Gewinn nicht demjenigen Rechtsträger, welcher ihn erwirtschaftet hat, sondern einem anderen (an diesem beteiligten) Rechtsträger zur Besteuerung zugewiesen wird. In diesen Fällen wird die Eigenständigkeit der juristischen Person beiseitegeschoben und ein sog. Durchgriff vorgenommen. Wie im Privatrecht[5] bedeutet der Begriff des Durchgriffs somit auch im Steuerrecht *Durchbrechung der Abschirmwirkung* der juristischen Person.[6] Es wird durch den Schleier der juristischen Person hindurch gegriffen, indem von den ordentlichen Gewinnermittlungs- und Gewinnzuteilungsregeln abgewichen wird.

11 Ein solches Knacken der an sich harten Schale der Steuerrechtspersönlichkeit von juristischen Personen kann entweder aufgrund ausdrücklicher gesetzlicher Vorschriften oder aufgrund des Steuerumgehungsvorbehalts erfolgen.

2. Durchgriff aufgrund besonderer gesetzlicher Vorschriften

12 Ausdrückliche gesetzliche Vorschriften zur Durchbrechung der Abschirmwirkung juristischer Personen sind unterschiedlich motiviert. Zum einen verwirklichen sie *Konzernbesteuerungsüberlegungen* und zum andern dienen sie der *Abwehr missbräuchlicher Gestaltungen* und der *Bekämpfung der Steuerflucht*.

13 Das schweizerische Gewinnsteuerrecht kennt kein *Konzernsteuerrecht*.[7] Konzernbesteuerungsüberlegungen liegen lediglich vereinzelten Sonderregelungen wie beispielsweise der im Zug der Fusionsgesetzgebung neu eingeführten Steuerneutralität bei Konzernübertragungen (vgl. DBG 61 III) zugrunde.

14 Ebenfalls nicht bekannt im schweizerischen Steuerrecht sind *Missbrauchs-* bzw. *Steuerfluchtvorschriften,* welche es erlauben, die Gewinne von in Niedrigsteuerländern («Steueroasen») domizilierten Tochtergesellschaften der inländischen Muttergesellschaft hinzuzurechnen. Solche Sondervorschriften für die Hinzurechnungsbesteuerung bei sog. *Controlled Foreign Corporations* (CFC) sind im Aussensteuerrecht zahlreicher ausländischer Staaten verbreitet.[8]

---

[5] Vgl. ARTHUR MEIER-HAYOZ/PETER FORSTMOSER, Schweizerisches Gesellschaftsrecht, 10. A. Bern 2007, § 1 N 11, § 2 N 43 ff., § 16 N 39 und 75, § 24 N 61.
[6] Vgl. DAHINDEN, Abschirmwirkung, 97 f.; MATTEOTTI, Durchgriff, 151 ff.
[7] Anders partiell das Mehrwertsteuerrecht mit der *Gruppenbesteuerung* gemäss MWSTG 13, dazu hinten § 34 N 14 ff.
[8] Ausführlich DAHINDEN, Abschirmwirkung, 245 ff.

3. Durchgriff aufgrund des Steuerumgehungsvorbehalts

Das Fehlen ausdrücklicher gesetzlicher Durchgriffsvorschriften im schweizerischen Gewinnsteuerrecht führt nun allerdings nicht dazu, dass Gewinne beliebig in Steueroasengesellschaften verschoben werden können, um sie der Besteuerung in der Schweiz zu entziehen. Die Abschirmwirkung einer juristischen Person kann ganz oder teilweise beseitigt werden, wenn eine Steuerumgehung[9] vorliegt, denn der Steuerumgehungsvorbehalt bedarf keiner ausdrücklichen gesetzlichen Grundlage. Die Abschirmwirkung juristischer Personen darf indes nicht leichthin unter Bezugnahme auf fragwürdige Gerechtigkeitsüberlegungen beeinträchtigt oder gänzlich beseitigt werden. Vielmehr kann ein Durchgriff ohne ausdrückliche gesetzliche Grundlage nur gerechtfertigt werden, wenn ein *krass ungerechtes, völlig hastloses Auslegungsresultat* vorliegt, welches von den Intentionen des Gesetzgebers in keiner Weise abgedeckt ist.

15

4. Aberkennung der Steuerrechtsfähigkeit juristischer Personen

Die schärfste Form des Durchgriffs bildet die Missachtung der Steuerrechtsfähigkeit einer privatrechtlich gültig errichteten juristischen Person. Hier wird deren Abschirmwirkung *vollumfänglich beseitigt,* indem ihr Gewinn und Kapital gänzlich den an ihr beteiligten natürlichen oder juristischen Personen zugerechnet wird.

16

An sich ist das Steuerrecht nicht den Wertungen des Privatrechts verpflichtet, so dass juristischen Personen die Rechtspersönlichkeit steuerrechtlich auch dann abgesprochen werden kann, wenn ihr Bestand privatrechtlich nicht infrage steht. Die Annahme einer Steuerumgehung setzt nicht zwingend voraus, dass die Sachverhaltsgestaltung als rechtsmissbräuchlich im privatrechtlichen Sinn erscheint. Massgeblich sind die *steuerrechtlichen Wertungen*.

17

Erscheint die Errichtung einer juristischen Person zur Abwicklung gewisser Geschäfte indessen aus privatrechtlicher Optik als sinnvoll, sprechen äusserst selten hinreichende Gründe für eine steuerrechtliche Missachtung der gewählten Gestaltung. Das objektive Erfordernis der Steuerumgehung, die Absonderlichkeit der Sachverhaltsgestaltung, darf nämlich noch keinesfalls als erfüllt betrachtet werden, wenn sich die Steuerpflichtigen etwas ungewöhnlicher und neuartiger Mittel bedienen. Es braucht vielmehr ein Vorgehen, das – wenn man von den steuerrechtlichen Auswirkungen absieht – jenseits aller wirtschaftlicher Vernunft liegt.

18

Aus diesen Gründen sind denn in der neueren Rechtsprechung auch kaum Entscheide auffindbar, welche die Steuerrechtspersönlichkeit von rechtsgültig errichteten *inländischen* juristischen Personen verneinen.[10] Grosse Zurückhaltung übt die Praxis zu Recht auch bei der Aberkennung der Steuerrechtspersönlich-

19

---

[9] Dazu vorne § 6 N 17 ff.
[10] Vgl. hierzu Locher, N 26 der Einführung zu DBG 49 ff., und Matteotti, Durchgriff, 170 ff.

keit von *ausländischen* juristischen Personen.[11] Meistens kann das Ziel eines solchen steuerrechtlichen Durchgriffs auf andere – der Rechtssicherheit zuträglichere – Art und Weise erreicht werden, indem entweder die tatsächliche Geschäftsleitung oder eine Betriebsstätte der ausländischen Gesellschaft in der Schweiz angenommen wird oder die Verrechnungspreise einer Prüfung unterzogen werden.[12]

B. Bedeutung der Rechtsform

I. Begriff der juristischen Person

20 Als juristische Personen werden zum einen die Kapitalgesellschaften (AG, Kommandit-AG und GmbH) und Genossenschaften und zum andern die Vereine, Stiftungen und die übrigen juristischen Personen besteuert (vgl. StHG 20 I; DBG 49 I). Das Steuerrecht knüpft hier die Steuerrechtsfähigkeit uneingeschränkt an die *privatrechtliche Rechtsfähigkeit* der juristischen Personen an. Wenn eine juristische Person privatrechtlich Bestand hat, wird sie auch steuerrechtlich als solche anerkannt.

21 Das gilt auch für die *ausländischen juristischen Personen*. Diese werden nach der sog. *Inkorporationstheorie* als juristische Personen anerkannt, wenn sie nach dem Recht des Gründungsstaats gültig errichtet worden sind und als solche Bestand haben.[13] Sie werden steuerrechtlich jenen inländischen juristischen Personen gleichgestellt, denen sie rechtlich und tatsächlich am ähnlichsten sind (vgl. StHG 20 II; DBG 49 III).

22 Obwohl es sich privatrechtlich nicht um juristische Personen handelt, werden *ausländische Handelsgesellschaften* und andere *ausländische Personengesamtheiten* ohne juristische Persönlichkeit, die in der Schweiz beschränkt steuerpflichtig sind, wie juristische Personen besteuert.[14] Sie werden steuerrechtlich ebenfalls jenen inländischen juristischen Personen gleichgestellt, denen sie am ähnlichsten sind (vgl. StHG 20 II; DBG 49 III i.V.m. DBG 11).

---

[11] Vgl. StRK I ZH 4.6.1987, StE 1988 B 71.2 Nr. 1; DAHINDEN, Abschirmwirkung, 101 ff. Im Entscheid vom 30.1.2006 (StR 2006, 523) hat sich das Bundesgericht allerdings wenig Zurückhaltung auferlegt (zur Kritik an diesem Entscheid vgl. PIERRE-MARIE GLAUSER, Transparence fiscal: Vers un nouveau mode d'allocation internationale du profit dans les groupes des sociétés?, StR 2006, 486 ff., 502 f.; PETER LOCHER, Rechtsmissbrauchsüberlegungen im Recht der direkten Steuer der Schweiz, ASA 75 [2006/2007], 675 ff., 696; MADELEINE SIMONEK, Die steuerliche Rechtsprechung des Bundesgerichts im Jahre 2006, Direkte Bundessteuer, ASA 77 [2008/2009], 1 ff., 18 f.).

[12] Abzulehnen ist jedoch der Versuch des Bundesgerichts im sog. «Panama-Entscheid» vom 9.5.1995 (StE 1995 B 72.11 Nr. 3), die Besteuerung des in einer Steueroasentochter erzielten Gewinns bei der schweizerischen Muttergesellschaft durch die Konstruktion eines Auftragsverhältnisses zu rechtfertigen (ausführlich hierzu DAHINDEN, Abschirmwirkung, 138 ff., und MATTEOTTI, Durchgriff, 139 ff.).

[13] Dazu DAHINDEN, Abschirmwirkung, 31 ff.

[14] Vgl. vorne § 11 N 14 ff.

Kollektive Kapitalanlagen werden grundsätzlich nicht selbständig besteuert. Ihre 23
Einkünfte und Vermögenswerte werden wie bei den Personengesellschaften den
Teilhabern bzw. Anlegern anteilsmässig zugerechnet (vgl. DBG 10 II). Ausgenommen von diesem *Transparenzprinzip* sind jedoch Einkommen und Vermögen
von kollektiven Kapitalanlagen mit direktem Grundbesitz sowie von Investmentgesellschaften mit festem Kapital (SICAF) im Sinne von KAG 110 (vgl. StHG 20 I;
DBG 49 II).

II. Grundsatz der Rechtsformneutralität der Besteuerung

Nach dem aus der Wirtschaftsfreiheit abgeleiteten Grundsatz der Rechtsformneutralität der Besteuerung[15] dürfen Unternehmen nicht allein ihrer Rechtsform 24
wegen völlig unterschiedlich belastet werden. Das Steuerrecht soll sich den
Rechtsformen des Privatrechts gegenüber möglichst indifferent verhalten, so
dass sich die Unternehmen bei der Auswahl der für sie am besten geeigneten
Rechtsform von wirtschaftlichen und nicht von steuerlichen Überlegungen leiten lassen.

Demzufolge dürfen zum einen die *juristischen Personen unter sich* nicht einzig 25
wegen ihrer verschiedenartigen Rechtsformen unterschiedlich besteuert werden. Zum andern sind *Personenunternehmen* und Unternehmen, die von *juristischen Personen* geführt werden, einer in etwa vergleichbaren Steuerbelastung zu
unterwerfen.

Der Grundsatz der Rechtsformneutralität der Besteuerung ist im geltenden Recht 26
nur unvollständig verwirklicht. Zum einen bestehen namhafte Unterschiede in
der Besteuerung der Kapitalgesellschaften und Genossenschaften einerseits und
den übrigen juristischen Personen andererseits. Diese Unterschiede sind zwar
vielfach, jedoch nicht immer, in der *andersartigen Zwecksetzung* der unterschiedlichen Rechtsformen begründet. Zum andern sind tief greifende Differenzen
zwischen der Besteuerung von Personenunternehmen und juristischen Personen
auszumachen, die sich mit Blick auf die Rechtsformneutralität der Besteuerung
nicht hinreichend erklären lassen.

---

[15] Vorne § 4 N 76.

III. Unterschiede in der Besteuerung der verschiedenen Arten von juristischen Personen

1. Besteuerung der Kapitalgesellschaften und Genossenschaften

27 Kapitalgesellschaften und Genossenschaften unterliegen der *Gewinnsteuer* (vgl. StHG 24 f.; DBG 57 ff.). Der proportionale Steuersatz der Gewinnsteuer beträgt für die direkte Bundessteuer 8,5% des Reingewinns (vgl. DBG 68). Für Gesellschaften mit Beteiligungen an anderen Gesellschaften bestehen *Steuerermässigungen* zur Verhinderung der Drei- und Mehrfachbesteuerung der erzielten Gewinne (vgl. StHG 28 I ff.; DBG 69 f.).

28 Auf kantonaler Ebene ist der Steuersatz der Gewinnsteuer zum Teil noch *progressiv* ausgestaltet.[16] Zudem haben Kapitalgesellschaften und Genossenschaften neben der Gewinnsteuer auch eine *proportionale Kapitalsteuer* zu entrichten.

2. Besteuerung der Vereine, Stiftungen und übrigen juristischen Personen

29 Auch die *Bemessungsgrundlage* für Vereine, Stiftungen und die übrigen juristischen Personen richtet sich grundsätzlich nach denselben Vorschriften, wie sie auch für Kapitalgesellschaften und Genossenschaften gelten. Es bestehen indes einige *Sondervorschriften*, die sich allerdings zum Teil bereits aus den allgemeinen gesetzlichen Gewinnermittlungsbestimmungen ableiten lassen (vgl. DBG 66):

– *Mitgliederbeiträge* an Vereine und Einlagen in das Vermögen von Stiftungen werden nicht zum steuerbaren Gewinn gerechnet;
– Gewinnungskosten von Vereinen sind vollumfänglich abziehbar, *andere Aufwendungen* nur insoweit, als sie die Mitgliederbeiträge übersteigen;[17]
– Kollektive Kapitalanlagen mit direktem Grundbesitz unterliegen der Gewinnsteuer nur für den *Ertrag aus direktem Grundbesitz*.

30 Keine Anwendung finden bei den übrigen juristischen Personen die Bestimmungen über die *Steuerermässigung* der Beteiligungserträge und -gewinne, da sich das Problem der Drei- und Mehrfachbelastung typischerweise nur bei den Kapitalgesellschaften und Genossenschaften stellt.

31 Die grösste Differenz zur Besteuerung der Kapitalgesellschaften und Genossenschaften liegt jedoch auf der *Steuersatzebene*. Vereine, Stiftungen und die übrigen juristischen Personen entrichten gemäss DBG 71 I lediglich eine proportionale Gewinnsteuer von 4,25%. Liegt der steuerbare Reingewinn unter CHF 5000,

---

[16] Vgl. SSK, Steuerinformationen, D. Einzelne Steuern. Die Besteuerung der juristischen Personen, 22.
[17] Dazu Urs Duttweiler, Die Besteuerung von Vereinen, StR 2002, 702 ff., 704 und 718 f.

wird keine Steuer erhoben (vgl. DBG 71 II). Der herabgesetzte Steuersatz gilt nach DBG 72 auch für kollektive Kapitalanlagen mit direktem Grundbesitz.

Auch auf *kantonaler Ebene* unterliegen die übrigen juristischen Personen meistens einer tieferen Gewinnsteuerbelastung als die Kapitalgesellschaften und Genossenschaften. Zum Teil wird keine Kapitalsteuer erhoben, sondern eine Vermögenssteuer wie bei den natürlichen Personen (vgl. StG ZH 81 I b). 32

IV. Unterschiede in der Besteuerung von Personenunternehmen und juristischen Personen

Bei der Frage der rechtsformneutralen Besteuerung von Personenunternehmen und juristischen Personen ist von der *Gesamtbelastung* des von natürlichen oder von juristischen Personen erwirtschafteten Gewinns aus unternehmerischen Aktivitäten auszugehen. Wenn der Gewinn und das in juristische Personen investierte Kapital insgesamt wesentlich höher oder tiefer belastet werden als der Gewinn und die Vermögenswerte von Personenunternehmen, führt dies zwangsläufig zu Wettbewerbsverzerrungen und deshalb zur Verletzung der Grundsätze der Wettbewerbs- und Rechtsformneutralität der Besteuerung. 33

Der von einem *Personenunternehmen erwirtschaftete Gewinn* wird nach dem Transparenzprinzip dem Inhaber direkt zugerechnet, der diesen im Jahr der Gewinnerzielung zusammen mit seinem übrigen Einkommen zu versteuern hat.[18] Bei hohen Gewinnen betragen die Grenzsteuersätze vielerorts über 40%. Überdies werden auf Gewinnen von Personenunternehmen Sozialversicherungsbeiträge von ca. 10% erhoben. 34

Der von den *juristischen Personen erwirtschaftete Gewinn* wurde hingegen in Bund und Kantonen während Jahrzehnten dem sog. *klassischen System* der wirtschaftlichen Doppelbelastung unterworfen, indem die juristischen Personen vorab selbständig für den erzielten Gewinn besteuert werden und hernach der ausgeschüttete Gewinn ein zweites Mal bei den natürlichen Personen vollumfänglich als Vermögensertrag erfasst wird. Insgesamt wirkte sich diese Doppelbelastung bei unvoreingenommener Berücksichtigung aller Belastungsfaktoren häufig nicht als Mehrbelastung der von juristischen Personen erwirtschafteten Gewinne aus.[19] 35

Dies ist insbesondere darauf zurückzuführen, dass die Steuersätze (trotz Abziehbarkeit der bezahlten Steuern) bei den juristischen Personen weit tiefer angesetzt sind als bei den natürlichen Personen.[20] Weil die erzielten Gewinne gewöhnlich nur zu einem kleinen Teil sofort ausgeschüttet werden, entsteht somit ein erheblicher *Steueraufschubeffekt*. Weiter fallen beim Steuervergleich die *Steuerfreiheit* 36

---

[18] Vorne § 11 N 12.
[19] Vgl. Bericht ERU, 21.
[20] Vgl. dazu und zum Folgenden Reich, Doppelbelastung, 44 ff.

der privaten Kapitalgewinne ins Gewicht sowie der Umstand, dass der Gewinn von Personenunternehmen im Unterschied zum Gewinn juristischer Personen der *Beitragspflicht* der Sozialversicherungswerke des Bundes unterliegt. Das führt dazu, dass der Gewinn von Personenunternehmen an Steuerorten mit hohen Steuersätzen in der Grenzsteuerbelastung mit über 50% besteuert wird, während die Gewinnsteuer juristischer Personen vielfach deutlich unter 25% liegt.

37 Dennoch wurde auf politischer Ebene landauf, landab während Jahrzehnten vehement eine Milderung der wirtschaftlichen Doppelbelastung gefordert. Dieses (vermeintliche) Problem war denn auch Hauptgegenstand der Unternehmenssteuerreform II, die nicht den Empfehlungen der Expertenkommission rechtsformneutrale Unternehmensbesteuerung (ERU) folgte[21], sondern das *Teilbesteuerungsverfahren* einführte. Damit wurde die ungleiche Belastung der im Bereich der juristischen Personen erarbeiteten Gewinne gegenüber den von Personenunternehmen erwirtschafteten Gewinnen noch erheblich verschärft.[22]

---

[21] Die ERU hat zur Behebung der mit Blick auf die Rechtsformneutralität unzulänglichen Besteuerung der von natürlichen und juristischen Personen betriebenen Unternehmen eine *tief greifende Umgestaltung* der geltenden Ordnung durch die Einführung einer Unternehmenssteuer empfohlen (vgl. Bericht ERU, 60).

[22] Dazu vorne § 13 N 162 und § 15 N 159 f.

§ 19 Subjektive Steuerpflicht juristischer Personen

Literatur

BLUMENSTEIN/LOCHER, System, 56 ff.; HÖHN/WALDBURGER, Bd. I, § 9 N 7 ff., § 17 N 10 ff.; MÄUSLI-ALLENSPACH/OERTLI, Steuerrecht, 187 ff.; OBERSON, Droit fiscal, § 9 N 1 ff.

GRAF THOMAS, Steuerbefreiung von Sportvereinigungen, Zürich 1992 (zit. GRAF, Steuerbefreiung); KUSTER RETO, Steuerbefreiung von Institutionen mit öffentlichen Zwecken, Zürich 1998 (zit. KUSTER, Institutionen mit öffentlichen Zwecken); MÄUSLI PETER, Die Ansässigkeit von Gesellschaften im internationalen Steuerrecht, Bern 1993 (zit. MÄUSLI, Ansässigkeit); REICH MARKUS, Gemeinnützigkeit als Steuerbefreiungsgrund, ASA 58 (1989/90), 465 ff.

Wie bei den natürlichen Personen[1] ist die subjektive Steuerpflicht auch bei den juristischen Personen von *drei Voraussetzungen* abhängig. Vorab bedarf es der *Steuerrechtsfähigkeit* des Gebildes, das besteuert werden soll. Dann muss dieses Gebilde dem besteuernden Gemeinwesen entweder persönlich oder wirtschaftlich *zugehören*. Und schliesslich bedingt die subjektive Steuerpflicht juristischer Personen, dass keine *Steuerbefreiung* aufgrund persönlicher Merkmale vorliegt.

1

A. Persönliche Voraussetzungen

Die Steuerrechtsfähigkeit der juristischen Personen basiert grundsätzlich auf der *Rechtsfähigkeit des Privatrechts*.[2] Gemäss StHG 20 I und DBG 49 I sind alle nach den Vorschriften von ZGB und IPRG privatrechtlich gültig errichteten juristischen Personen steuerrechtsfähig. Darunter fallen nicht nur die in- und ausländischen juristischen Personen des privaten Rechts, sondern auch die juristischen Personen des öffentlichen Rechts.

2

In Abweichung von der Rechtsfähigkeit des Privatrechts sind nach DBG 11 (vgl. StHG 20 II) aber auch *ausländische Handelsgesellschaften* und andere *ausländische Personengesamtheiten* ohne juristische Persönlichkeit steuerrechtsfähig, wenn sie der Schweiz wirtschaftlich zugehören.

3

Von der privatrechtlichen Rechtsfähigkeit abweichende Besonderheiten sind zudem bei den *kollektiven Kapitalanlagen* zu verzeichnen. Kollektive Kapitalanlagen werden gemäss StHG 7 III und DBG 10 II grundsätzlich nicht selbständig besteuert, sondern ihre Einkünfte und Vermögenswerte werden wie bei den Personengesellschaften den Teilhabern bzw. Anlegern anteilsmässig zugerechnet.[3] Das bedeutet, dass auch die durch KAG 36 I neu als rechtsfähige Körperschaft

4

---

[1] Dazu vorne § 11 N 3.
[2] Vorne § 18 N 20 ff.
[3] Dazu TONI HESS, Das neue Kollektivanlagengesetz aus steuerrechtlicher Sicht, FStR 2005, 270 ff., 280.

447

konzipierte SICAV transparent besteuert wird. Als Ausnahmen von dem für kollektive Kapitalanlagen geltenden Transparenzprinzip sehen jedoch StHG 20 I und DBG 49 II die selbständige Besteuerung der Investmentgesellschaften mit festem Kapital (SICAF, KAG 110) einerseits und der kollektiven Kapitalanlagen mit direktem Grundbesitz andererseits vor.

B. Begründung und Umfang der subjektiven Steuerpflicht

I. Steuerpflicht aufgrund persönlicher Zugehörigkeit

1. Anknüpfungstatbestände

5 Die persönliche Zugehörigkeit juristischer Personen wird gemäss StHG 20 I und DBG 50 am Sitz oder am Ort der tatsächlichen Verwaltung begründet. Mit «Sitz» ist der *statutarische Sitz* gemeint.[4] Die formelle Registrierung juristischer Personen führt somit zur unbeschränkten Steuerpflicht am Ort des handelsrechtlichen Registereintrags.

5a Alternativ knüpft die persönliche Zugehörigkeit und damit die unbeschränkte Steuerpflicht juristischer Personen an den Ort der *tatsächlichen Verwaltung* an. Dieser altertümliche Ausdruck gibt nach dem heutigen Sprachgebrach nicht das wider, was das Gesetz aussagen will. Nach moderner Sprachregelung entspricht der Ort der tatsächlichen Verwaltung dem *Ort der Geschäftsleitung*. Der im internationalen Steuerrecht häufig verwendete Begriff des Ortes der Geschäftsleitung hat im Doppelbesteuerungsrecht dieselbe Regelungsfunktion wie im internen schweizerischen Recht; es kommt ihm deshalb hier wie dort die gleiche Bedeutung zu. Am Ort der Geschäftsleitung unterhalten die juristischen Personen die – in qualitativer Hinsicht – *engsten wirtschaftlichen Beziehungen*. Es ist der Ort, an dem «die Fäden der Geschäftsführung zusammenlaufen, die wesentlichen Unternehmensentscheide fallen»[5]; dort werden die Dispositionen zur Erfüllung des vom Unternehmen verfolgten Zwecks zur Hauptsache getroffen.[6] Es handelt sich mit anderen Worten um das wirtschaftliche Gravitätszentrum des Managements einer Gesellschaft.

6 Die *alternative Anküpfung* an den *statutarischen Sitz* und an die *tatsächliche Verwaltung* – eines dieser beiden Merkmale genügt für die Inanspruchnahme der subjektiven Steuerpflicht – führt selbstredend immer dann zur Gefahr der Doppelbesteuerung, wenn der Ort der tatsächlichen Verwaltung bzw. Geschäftslei-

---

[4] ATHANAS/GIGLIO, in: ZWEIFEL/ATHANAS, N 2 zu DBG 50.
[5] Botschaft zu Bundesgesetzen über die Harmonisierung der direkten Steuern der Kantone und Gemeinden sowie über die direkte Bundessteuer vom 25.5.1983, BBl 1983 III, 108.
[6] Vgl. BGer 4.12.2003, StE 2005 B 71.31 Nr. 1; ATHANAS/GIGLIO, in: ZWEIFEL/ATHANAS, N 6 ff. zu DBG 50.

tung und der Ort des statutarischen Sitzes nicht identisch sind. Diese Anknüpfungstechnik in den innerstaatlichen Steuergesetzen ist auch im Ausland weit verbreitet und dient der Vermeidung von Steuerlücken. Der Ausschluss der Doppelbesteuerung ist dann Aufgabe des interkantonalen und des internationalen Doppelbesteuerungsrechts, das zu bestimmen hat, welchem Kanton oder Staat zuteilungsrechtlich der Vorrang gebührt.[7]

2. Unbeschränkte Steuerpflicht

Der Umfang der Steuerpflicht juristischer Personen gemäss DBG 52 I entspricht der für die natürlichen Personen in DBG 6 I verankerten Regelung. Die unbeschränkte Steuerpflicht umfasst auch bei den juristischen Personen grundsätzlich den weltweit erzielten Gewinn und im kantonalen Recht auch das gesamte Kapital. Sie wird jedoch wesentlich eingeschränkt, indem sich die unbeschränkte Steuerpflicht nicht auf *Geschäftsbetriebe*, *Betriebsstätten* und *Grundstücke* ausserhalb des Hoheitsgebiets erstreckt.

Auch hinsichtlich der Fragen der *internationalen Steuerausscheidung* sowie der Verrechnung *ausländischer Verluste* entspricht DBG 52 III im Wesentlichen DBG 6 III, weshalb auf die dortigen Ausführungen verwiesen werden kann.[8] Bei den juristischen Personen, deren in früheren Jahren von der Schweiz steuerlich übernommenen Verluste im Betriebsstättestaat zur Verrechnung gebracht werden können, findet allerdings keine Revision der ursprünglichen Veranlagung, sondern eine *Nachbesteuerung* im Jahr der im Ausland vorgenommenen Verrechnung statt.

II. Steuerpflicht aufgrund wirtschaftlicher Zugehörigkeit

1. Generelle Anknüpfungstatbestände

Die generellen Anknüpfungstatbestände, welche sowohl im interkantonalen als auch im internationalen Verhältnis die subjektive Steuerpflicht begründen, sind bei den juristischen Personen gleich konzipiert wie bei den natürlichen Personen. Erfasst werden *Geschäftsbetriebe*, *Betriebsstätten*, *Grundstücke* sowie die *Vermittlung* von Grundstücken.[9]

---

[7] Zum *internationalen Steuerrecht:* MÄUSLI, Ansässigkeit, 60; SILVIA ZIMMERMANN, Die steuerliche Ansässigkeit von Kapitalgesellschaften, ASA 56 (1987/88), 161 ff.; zum *interkantonalen Steuerrecht:* LOCHER, Interkantonales Steuerrecht, 47 ff.
[8] Vorne § 11 N 25 ff.
[9] Ausführlich dazu vorne § 11 N 35 ff.

2. Anknüpfungstatbestände im internationalen Verhältnis

10 Nur im internationalen, nicht im interkantonalen Verhältnis unterliegen die im Ausland unbeschränkt steuerpflichtigen juristischen Personen der subjektiven Steuerpflicht in der Schweiz, wenn sie Gläubiger oder Nutzniesser von *Forderungen* sind, die durch Grund- oder Faustpfand auf *Grundstücken* in der Schweiz gesichert sind (vgl. DBG 51 I d; ZH StG 56 II a).

3. Beschränkte Steuerpflicht

11 Bei wirtschaftlicher Zugehörigkeit ist die Steuerpflicht der juristischen Personen wie bei den natürlichen Personen auf diejenigen Teile des weltweiten Gewinns (bzw. Kapitals) beschränkt, für die nach den dargestellten Anknüpfungsregeln eine subjektive Steuerpflicht besteht (vgl. DBG 52 II; ZH StG 57 II). Der in der Schweiz erzielte Gewinn (bzw. das in der Schweiz belegene Kapital) wird unabhängig von der übrigen wirtschaftlichen Leistungsfähigkeit besteuert (vgl. DBG 52 IV; ZH StG 57 IV). Das bedeutet zum einen, dass *ausländische Verluste* nicht abziehbar sind, und zum andern, dass der Betriebsstättengewinn nach dem Grundsatz des Fremdverhaltens so zu ermitteln ist, wie wenn die Betriebsstätte ein *selbständiges Unternehmen* wäre.

4. Voraussetzungen der Quellensteuerpflicht

12 Auch juristische Personen unterliegen allenfalls der Quellensteuerpflicht, wie das bereits aus der entsprechenden Überschrift des DBG[10] und einer ausdrücklichen begrifflichen Präzisierung (vgl. DBG 98) hervorgeht. Die Anknüpfungstatbestände der Quellensteuer für Personen ohne steuerrechtlichen Wohnsitz oder Aufenthalt in der Schweiz betreffen auch die juristischen Personen. Aufgrund der erfassten Einkommensarten und der in DBG 51 vorgesehenen Anknüpfungspunkte der beschränkten Steuerpflicht kommt bei den juristischen Personen jedoch gewöhnlich nur eine Quellenbesteuerung gemäss DBG 94 (i.V.m. DBG 51 I d) für im Ausland unbeschränkt steuerpflichtige Gläubigerinnen von durch schweizerische Grundstücke gesicherte Forderungen infrage.

III. Steuerberechnung bei teilweiser Steuerpflicht

13 Die Steuerberechnung bei bloss teilweiser Steuerpflicht schafft keine Probleme bei einem proportionalen Steuersatz.[11] Der in der Schweiz erzielte Gewinn (bzw. das in der Schweiz belegene Kapital) wird mit dem Einheitssteuersatz erfasst.

---

[10] Der *Zweite Titel* (DBG 91 ff.) lautet «Natürliche und juristische Personen ohne steuerrechtlichen Wohnsitz oder Aufenthalt in der Schweiz».

[11] Zur Problematik bei *progressivem Steuersatz* vgl. vorne § 11 N 53 ff.

C. Ausnahmen von der subjektiven Steuerpflicht

I. Überblick

Im Unterschied zu den natürlichen Personen, bei denen wegen des Grundsatzes der Allgemeinheit der Besteuerung nur vereinzelt Ausnahmen von der subjektiven Steuerpflicht vorgesehen sind, besteht bei den juristischen Personen ein recht *umfangreicher Katalog* von Ausnahmen. Die Ausnahmen von der subjektiven Steuerpflicht juristischer Personen sind in StHG 23 (vgl. DBG 56) abschliessend aufgezählt. Steuerbefreit sind im Wesentlichen:

- Gemeinwesen und deren Institutionen,
- Konzessionierte Verkehrsunternehmen,
- Vorsorgeeinrichtungen sowie Sozialversicherungs- und Ausgleichskassen,
- Institutionen mit öffentlichen[12] oder gemeinnützigen[13] Zwecken,
- Institutionen mit Kultuszwecken,[14]
- Ausländische Staaten.

Die *Motive* der subjektiv konzipierten Steuerbefreiungen juristischer Personen sind äusserst vielfältig. Sie reichen von völkerrechtlichen, finanzwissenschaftlichen und sozialpolitischen bis zu kulturellen oder religiösen Überlegungen.[15]

Neben diesen subjektiven Steuerbefreiungen besteht auch die Möglichkeit der Gewährung von *Steuererleichterungen* an neu zuziehende Unternehmen.

II. Rechtfertigung der Steuerbefreiung

Die Steuerbefreiungen von juristischen Personen bedürfen der hinreichenden Rechtfertigung, um vor dem Gleichheitssatz und den verfassungsrechtlichen Steuererhebungsprinzipien bestehen zu können. Dabei darf nicht vordergründig zum *Allgemeinheitsgrundsatz* gegriffen werden, denn die Besteuerung der juristischen Personen ist verfassungsrechtlich – wie dargelegt[16] – keineswegs geboten. Entscheidet sich der Gesetzgeber jedoch für das System der selbständigen Besteuerung juristischer Personen, so hat er dies konsequent zu tun. Für die sub-

---

[12] Dazu BGer 28.12.2010, StE 2011 B 71.63 Nr. 26.
[13] Dazu VGer FR 16.5.2003, StE 2004 B 71.63 Nr. 21.
[14] Dazu BGer 24.11.2010, StE 2011 B 71.64 Nr. 6.
[15] Ausführlich Höhn/Waldburger, Bd. I, § 17 N 25 ff.; Graf, Steuerbefreiung, 43 f. Die leitenden Gedanken zur Steuerbefreiung juristischer Personen sind im Kreisschreiben Nr. 12 der EStV vom 8.7.1994 betreffend Steuerbefreiung juristischer Personen aufgeführt. Die SSK hat am 18.1.2008 Praxishinweise zuhanden der kantonalen Steuerverwaltungen betreffend die Steuerbefreiung juristischer Personen publiziert; vgl. dazu auch Walo Stählin/Natalie Nyffenegger, Steuerbefreiung juristischer Personen mit öffentlichen oder gemeinnützigen Zwecken. Schweizerische Steuerkonferenz publiziert Praxishinweise, ST 2008, 235 ff.
[16] Vorne § 18 N 2 ff.

jektive Steuerbefreiung ist mithin entscheidend, wie sie sich für die an den betreffenden juristischen Personen *wirtschaftlich interessierten natürlichen Personen* auswirkt.[17]

18   Wo von vornherein gar kein näher bestimmbarer Personenkreis interessiert ist, weil es sich um das *Gemeinwesen* selbst oder um dessen im Dienste der *Allgemeinheit* stehende Institutionen handelt, bietet die Steuerbefreiung – vom nachfolgend dargestellten Aspekt der Wettbewerbsneutralität der Besteuerung abgesehen – keine Probleme. In der Begünstigung der Allgemeinheit liegt keine Verfassungsverletzung. Befreit ein Gemeinwesen ein *anderes Gemeinwesen,* ist allerdings Gegenrecht vorzubehalten. Es entspricht einer althergebrachten finanzwissenschaftlichen Erkenntnis, dass die gegenseitige Besteuerung von Gemeinwesen wenig Sinn ergibt; sie bildet «kein taugliches Mittel zur Deckung des öffentlichen Finanzbedarfs»[18].

19   Ähnliche Überlegungen drängen sich bei privaten Institutionen auf, die insofern im Dienste der Allgemeinheit stehen, als sie ihre Leistungen einem grundsätzlich *offenen Destinatärkreis* erbringen, ohne dass die Beteiligten oder die wirtschaftlich an ihnen interessierten Personen *eigennützige Zwecke* verfolgen.[19] Der eigentliche Grund der Steuerbefreiung von gemeinnützigen Organisationen liegt somit nicht etwa darin, dass der Staat diese fördern will, sondern in der mangelnden wirtschaftlichen Leistungsfähigkeit, die mit einer Besteuerung abgeschöpft werden könnte. Ist an einer juristischen Person in keiner Weise ein näher abgrenzbarer Kreis von wirtschaftlich leistungsfähigen natürlichen Personen interessiert, so kann diese aus der Optik des Gleichheitssatzes ohne Weiteres steuerbefreit werden.

20   Sind an einer juristischen Person – entweder als Beteiligte oder Destinatäre – näher bestimmbare wirtschaftlich leistungsfähige natürliche Personen interessiert, so ist eine Steuerbefreiung mit Blick auf die Verfolgung *ausserfiskalischer Ziele*[20] unter Umständen dennoch zulässig, wie das beispielsweise bei den Vorsorgeeinrichtungen oder bei den Institutionen mit Kultuszwecken der Fall ist.

21   Bei alledem ist jedoch als zentraler Aspekt der Steuerbefreiung juristischer Personen immer auch der *Grundsatz der Wettbewerbsneutralität* der Besteuerung zu beachten.[21] Eine juristische Person, die auf dem Markt als Wettbewerber auftritt, ist steuerrechtlich auf die *gleiche Konkurrenzbasis* zu stellen wie die Mitkonkurrenten. So dürfen Unternehmen nicht bloss deshalb steuerbefreit werden, weil sie den erzielten Gewinn vollumfänglich im Dienste der Allgemeinheit verwenden. Hingegen vermögen Ungleichheiten auf der *Leistungserstellungsseite* (z.B. bei einer Behindertenwerkstatt) eine Steuerbefreiung durchaus zu rechtfertigen,

---

[17] Ausführlich Reich, ASA 58, 482 ff. auch zum Folgenden.
[18] BGer 31.3.1995, BGE 121 II 138 E. 2b mit weiteren Hinweisen.
[19] Vgl. statt vieler BGer 10.4.1987, StE 1988 B 71.63 Nr. 7.
[20] Dazu vorne § 4 N 156 ff.
[21] Kuster, Institutionen mit öffentlichen Zwecken, 105 ff.; Locher, N 3 zu DBG 56; Reich, ASA 58, 488 ff.

weil ein solches Unternehmen von vornherein nicht gleich lange Spiesse aufweist wie seine Konkurrenten.

III. Steuererleichterungen für neu zuziehende Unternehmen

Wie bei den natürlichen Personen (vgl. StHG 5) erlaubt es StHG 23 III den *Kantonen* auch bei den juristischen Personen, für neu zuziehende Unternehmen, die dem wirtschaftlichen Interesse des Kantons dienen, für das Gründungsjahr und die neun folgenden Jahre Steuererleichterungen zuzugestehen. Die Kantone dürfen vollumfängliche oder partielle Ausnahmen von der *subjektiven Steuerpflicht* vorsehen. Zulässig sind auch *objektive Steuerbefreiungen*.[22] 22

Auch der *Bund* gewährt unter Umständen solche Steuererleichterungen. Er beschränkt diese jedoch auf bestimmte Gebiete und macht die Steuererleichterungen u.a. davon abhängig, dass auch der jeweilige Kanton solche vorsieht (Art. 12 des Bundesgesetzes vom 6.10.2006 über Regionalpolitik[23]). 23

D. Dauer der subjektiven Steuerpflicht

I. Beginn

Die subjektive Steuerpflicht beginnt gemäss DBG 54 I (vgl. ZH StG 59 I) 24
- bei in der Schweiz (bzw. im Kanton) *gegründeten* juristischen Personen mit dem Tag, an dem sie die Rechtspersönlichkeit erlangen; massgebend ist der Tag des Eintrags in das Handelsregister oder, wenn ein solcher nicht erforderlich ist (z.B. bei Vereinen), das Datum der Gründung;
- bei *Übersiedlung* (Verlegung des Sitzes oder des Orts der Geschäftsleitung) juristischer Personen in die Schweiz (bzw. in den Kanton) mit dem Tag der Übersiedlung, es sei denn, diese hätten schon vorher steuerbare Werte in der Schweiz (bzw. im Kanton) erworben;
- bei im *Ausland* (bzw. in einem anderen Kanton) *unbeschränkt steuerpflichtigen juristischen Personen* mit dem Tag des Erwerbs von steuerbaren Werten in der Schweiz (bzw. im Kanton).

---

[22] Vorne § 11 N 57.
[23] SR 901.0; vgl. auch die zugehörigen Verordnungen vom 28.11.2007 über die Gewährung von Steuererleichterungen im Rahmen der Regionalpolitik (SR 901.022) und über die Festlegung der Anwendungsgebiete für Steuererleichterungen (SR 901.022.1).

II. Ende

25 Die subjektive Steuerpflicht endet gemäss DBG 54 II (vgl. ZH StG 59 II)

- bei *privatrechtlicher Liquidation* einer juristischen Person am Tag der Beendigung der Liquidation, wobei nicht die Löschung im Handelsregister massgebend ist, sondern der materielle Abschluss der Liquidationshandlungen;[24] das ist der Fall, wenn alle wesentlichen Liquidationshandlungen durchgeführt, die Aktiven verwertet und die Verbindlichkeiten erfüllt sowie allfällige Liquidationsüberschüsse verteilt sind;
- bei *Auflösung juristischer Personen ohne privatrechtliche Liquidation* (anlässlich von Fusionen, Spaltungen oder Umwandlungen) am Stichtag, per welchem ihre Aktiven und Verbindlichkeiten auf die übernehmende juristische Person übertragen werden; massgebend ist somit nicht der Löschungseintrag im Handelsregister;[25]
- bei *Übersiedlung* juristischer Personen ins Ausland (bzw. in einen anderen Kanton) mit dem Tag der Übersiedlung, es sei denn, diese wären weiterhin aufgrund steuerbarer Werte in der Schweiz (bzw. im Kanton) noch beschränkt steuerpflichtig;
- bei im *Ausland* (bzw. in einem anderen Kanton) *unbeschränkt steuerpflichtigen juristischen Personen* mit dem Tag der Aufgabe von steuerbaren Werten in der Schweiz (bzw. im Kanton).

E. Beteiligung von Dritten

I. Steuersukzession

26 Bei der Beendigung der Steuerpflicht zufolge Übertragung der Aktiven und Verbindlichkeiten einer juristischen Person auf eine andere juristische Person sind im Zeitpunkt der Auflösung der übertragenden juristischen Person gewöhnlich noch nicht alle auf ihrem Steuerrechtsverhältnis beruhenden Verpflichtungen erfüllt. DBG 54 III sieht deshalb vor, dass die von der aufgelösten juristischen Person geschuldeten Steuern von der übernehmenden juristischen Person zu entrichten sind (vgl. ZH StG 59 III). Letztere übernimmt demnach sowohl die Steuerschulden der aufgelösten juristischen Person (Zahlungssukzession) als auch deren verfahrensrechtlichen Rechte und Pflichten (Verfahrenssukzession).

---

[24] BAUER-BALMELLI/OMLIN (in: ZWEIFEL/ATHANAS, N 21 zu DBG 54) weisen jedoch darauf hin, dass nach der Praxis der EStV das Datum der Anmeldung zur Löschung im Handelsregister massgebend ist.

[25] BAUER-BALMELLI/OMLIN, in: ZWEIFEL/ATHANAS, N 22 zu DBG 54.

II. Mithaftung

DBG 55 enthält verschiedene Haftungstatbestände (vgl. ZH StG 60). Solidarisch mit der steuerpflichtigen juristischen Person haften 27
- die mit ihrer *Verwaltung* und *Liquidation betrauten Personen* bei der Beendigung der Steuerpflicht in der Schweiz,[26]
- Personen, die *Betriebsstätten* in der Schweiz *auflösen,* schweizerische *Grundstücke veräussern* oder durch solche gesicherte *Forderungen* verwerten, wenn damit die beschränkte Steuerpflicht in der Schweiz endigt,
- *Käufer* und *Verkäufer* einer Liegenschaft, wenn die vermittelnde juristische Person in der Schweiz nicht unbeschränkt steuerpflichtig ist,
- *Teilhaber ausländischer Personenvereinigungen,* die wie juristische Personen behandelt werden.

Überdies haften die *Konzerngesellschaften* nach DBG 61 IV solidarisch mit der begünstigten Gesellschaft bei Verletzung der Sperrfrist nach steuerneutraler Konzernübertragung (vgl. ZH StG 67 IV). 28

Die Mithaftung ist in einer separaten *Haftungsverfügung* geltend zu machen, die mit den gleichen Rechtsmitteln, die auch im Veranlagungsverfahren zur Verfügung stehen, angefochten werden kann. 29

---

[26] Zur verrechnungssteuerrechtlichen Liquidatorenhaftung vgl. hinten § 29 N 10 ff.

§ 20 Gewinn und Kapital der Kapitalgesellschaften und Genossenschaften

Literatur

BLUMENSTEIN/LOCHER, System, 269 ff.; HÖHN/WALDBURGER, Bd. I, § 18 N 9 ff. und § 19 N 3 ff.; MÄUSLI-ALLENSPACH/OERTLI, Steuerrecht, 183 ff.; OBERSON, Droit fiscal, § 10 N 1 ff. und § 11 N 3 ff.

Vgl. die zu § 15 aufgeführte Literatur. HEUBERGER RETO, Die verdeckte Gewinnausschüttung aus Sicht des Aktienrechts und des Gewinnsteuerrechts, Bern 2001 (zit. HEUBERGER, Verdeckte Gewinnausschüttung); NEUHAUS MARKUS R., Verdeckte Gewinnausschüttungen aus steuerlicher Sicht, in: MARKUS R. NEUHAUS ET AL. (HRSG.), Verdeckte Gewinnausschüttungen, Zürich 1997, 13 ff. (zit. NEUHAUS, Verdeckte Gewinnausschüttungen); REICH MARKUS, Der Betriebsbegriff im Umstrukturierungsrecht, ST 2004, 949 ff.; ders., Grundriss der Steuerfolgen von Unternehmensumstrukturierungen, Basel et al. 2000 (zit. REICH, Grundriss); ders., Verdeckte Vorteilszuwendungen zwischen verbundenen Unternehmen, ASA 54 (1985/86), 609 ff.; SIMONEK MADELEINE, Massgeblichkeitsgrundsatz und Privatisierung, FStR 2002, 3 ff.; dies., Ausgewählte Probleme der steuerlichen Behandlung von Verlusten bei Kapitalgesellschaften, ASA 67 (1998/99), 513 ff.; SIMONEK MADELEINE/VON AH JULIA, Unternehmenssteuerrecht. Entwicklungen 2010, Bern 2011 (zit. SIMONEK/VON AH, Entwicklungen 2010).

Materialien

Botschaft zum Bundesgesetz über die Verbesserung der steuerlichen Rahmenbedingungen für unternehmerische Tätigkeiten und Investitionen (Unternehmenssteuerreformgesetz II) vom 22.6.2005, BBl 2005, 4733–4884 (zit. Botschaft UStR II); Botschaft zum Bundesgesetz über Fusion, Spaltung, Umwandlung und Vermögensübertragung (Fusionsgesetz; FusG) vom 13.6.2000, BBl 2000, 4337–4578 (zit. Botschaft FusG).

A. Grundlagen der Gewinnermittlung

I. Massgeblichkeitsprinzip und Korrekturvorschriften

Der Begriff des steuerbaren Gewinns von Kapitalgesellschaften und Genossenschaften ist in den Steuergesetzen nicht in einer eigentlichen Legaldefinition festgeschrieben, sondern ergibt sich aus der Art und Weise seiner Ermittlung. Ausgangspunkt der steuerrechtlichen Gewinnermittlung bildet der Saldo der Erfolgsrechnung (vgl. DBG 58 I a; ZH StG 64 I Ziff. 1).

Diese Anknüpfung an die kaufmännische Erfolgsermittlung ist harmonisierungsrechtlich vorgegeben (vgl. StHG 24 I). Sie ist nicht nur von veranlagungstechnischer Bedeutung, sondern muss wie bei der Ermittlung des Einkommens aus selbständiger Erwerbstätigkeit als gewollte Bindung der steuerlichen Gewinnberechnung an die *handelsrechtlichen Bilanzierungs- und Bewertungsbestimmungen* interpretiert werden; es gilt der *Grundsatz der Massgeblichkeit der Handelsbilanz*.[1] Ihrer *unterschiedlichen Zwecksetzung* wegen dürfen sich die steuergesetzlichen Gewinnermittlungsbestimmungen indes nicht vollumfänglich an den handels-

---

[1] Ausführlich dazu und zum Folgenden § 15 N 61 ff.

rechtlichen Vorschriften orientieren. Zur Durchsetzung der steuergesetzlichen Ziele wird der nach den obligationenrechtlichen Bestimmungen korrekt ausgewiesene Saldo der Erfolgsrechnung durch steuergesetzliche Korrekturvorschriften punktuell modifiziert.

3 Da sowohl bei der Ermittlung des Gewinns juristischer Personen als auch bei der Ermittlung des Einkommens aus selbständiger Erwerbstätigkeit natürlicher Personen grundsätzlich ein *einheitlicher,* auf der kaufmännischen Gewinnermittlung basierender *Gewinnbegriff* Anwendung findet[2], sind im Folgenden lediglich noch die Besonderheiten der Gewinnermittlung bei den juristischen Personen darzulegen.

II. Abzug der Steuern

4 Im Unterschied zum Grundsatz der Nichtabziehbarkeit der Steuern bei den natürlichen Personen (vgl. DBG 34 e) dürfen bei den juristischen Personen die eidgenössischen, kantonalen und kommunalen Steuern vom Reingewinn abgezogen werden (vgl. StHG 25 I a; DBG 59 I a). Die gesetzliche Aufzählung ist nicht abschliessend; so können insbesondere auch die ausländischen Steuern abgezogen werden.[3] Es gilt somit auch hier das Massgeblichkeitsprinzip. Nicht abziehbar sind hingegen Steuerbussen. Steuerbussen sind Strafen und als solche höchstpersönlicher Natur. Sie bilden deshalb in der Regel keinen Geschäftsaufwand.[4]

III. Aufwertungszwang

5 In Abweichung zum Massgeblichkeitsprinzip wurde im Zug der Unternehmenssteuerreform 1997 der sog. Aufwertungszwang eingeführt. Nach DBG 62 IV sind *Wertberichtigungen* sowie *Abschreibungen* auf den Gestehungskosten von Beteiligungen, die zum Beteiligungsabzug berechtigen (vgl. DBG 70 IV b),[5] dem steuerbaren Gewinn zuzurechnen, soweit sich der Wert der Beteiligung wieder erholt. Diese Bestimmung steht in Zusammenhang mit der Einführung des Beteiligungsabzugs auf Beteiligungsgewinnen gemäss DBG 70. Zwar sind trotz des Einbezugs der Beteiligungsgewinne in den Beteiligungsabzug weiterhin Wertberichtigungen und Abschreibungen auf Beteiligungen zulässig; es wird jedoch mit der Besteuerung der Werterholung nicht bis zur Veräusserung zugewartet, sondern eine sofortige Aufrechnung angeordnet.[6]

---

[2] Vorne § 15 N 57 ff.
[3] BRÜLISAUER/HELBING, in: ZWEIFEL/ATHANAS, N 4 f. zu DBG 59; a.M. BGer 26.10.2004, StE 2005 B 71.33 Nr. 1 E. 5.2.
[4] Vgl. HÖHN/WALDBURGER, Bd. I, § 18 N 96.
[5] Dazu hinten § 23 N 8 f.
[6] KUHN/KLINGLER, in: ZWEIFEL/ATHANAS, N 24 ff. zu DBG 62.

B. Kapitaleinlagen und -entnahmen

Die durch die Kapitaleinlagen und -entnahmen aufgeworfenen Steuerfragen bilden die *Kernprobleme* der Besteuerung juristischer Personen. Sehr viele komplexe Fragestellungen im Unternehmenssteuerrecht kreisen um diese Grundproblematik.

6

Wie bei den selbständig erwerbenden natürlichen Personen, die Privateinlagen oder Privatentnahmen tätigen[7], wird den Kapitalgesellschaften und Genossenschaften vonseiten der Beteiligten Kapital zugeführt oder entnommen. In *wirtschaftlicher Hinsicht* weisen die Vorgänge verschiedene Ähnlichkeiten auf, rechtlich sind sie jedoch grundverschieden. Während bei den Privateinlagen und Privatentnahmen lediglich eine Umlagerung der Mittel gewissermassen von der einen Tasche in die andere stattfindet, greift bei den Kapitaleinlagen und -entnahmen ein *Eigentumswechsel* Platz. Die Mittel werden auf ein *anderes Steuersubjekt* übertragen.

7

Das Vermögen der Kapitalgesellschaften und Genossenschaften ist nicht vergleichbar mit dem *Geschäftsvermögen* einer natürlichen Person. Der tiefgreifende Dualismus in der Einkommensermittlung im Privat- bzw. im Geschäftsvermögensbereich natürlicher Personen findet kein Pendant bei den juristischen Personen, weil juristische Personen keine Privatsphäre haben wie die natürlichen Personen. Juristische Personen haben weder Geschäfts- noch Privatvermögen, sondern in dieser Beziehung lediglich eine Vermögensart, die steuersystematisch völlig losgelöst ist von der Differenzierung Privat- und Geschäftsvermögen bei den beteiligten natürlichen Personen. Wie bei den Personenunternehmen unterscheidet man hingegen auch bei den juristischen Personen *Anlage-* und *Umlaufvermögen* oder *Betriebs-* und *Kapitalanlagevermögen*.

8

I. Kapitaleinlagen

1. Begriff und Arten

Kapitaleinlagen sind geldwerte Leistungen der beteiligten natürlichen oder juristischen Personen an die von ihnen gehaltenen Kapitalgesellschaften oder Genossenschaften. Privatrechtlich findet ein Eigentumswechsel an den eingelegten Mitteln statt. Das Vermögen der juristischen Personen wird durch die Kapitaleinlagen *vermehrt*. Dennoch findet auf der Ebene der Einleger *keine Entreicherung* statt, weil der Wertabgang in der Form der eingelegten Mittel durch die entsprechende Wertvermehrung der Beteiligungsrechte kompensiert wird.

9

---

[7] Vorne § 15 N 47 ff.

10 Kapitaleinlagen erfolgen

– entweder auf das *Aktien-* oder *Stammkapital*, indem das nominelle Kapital bei der Gründung oder einer Kapitalerhöhung liberiert wird,

– in die *offenen Reserven* durch Leistung von Aufgeldern *(Agio)* bei Kapitalerhöhungen oder andern Kapitalzuschüssen (Sanierungsleistungen, A-fonds-perdu-Beiträge u.dgl.),[8] oder

– in die *stillen Reserven,* indem der Gesellschaft Mittel von den Beteiligten zugeführt werden, ohne dass dies in einem buchmässigen Kapitalkonto in Erscheinung tritt *(verdeckte Kapitaleinlagen).*[9]

2. Gewinnsteuerrechtliche Würdigung

11 Kapitaleinlagen bilden zwar Vermögenszugänge, aber keinen Ertrag. Sie sind nicht Unternehmenserfolg, sondern Kapitalzuführung vonseiten der Beteiligten.[10] Die Verbreiterung der Kapitalbasis ist nicht durch die Gesellschaft, sondern durch die Beteiligten bewerkstelligt worden.

12 *Offene* und *verdeckte Kapitaleinlagen* führen nicht zu steuerbarem Gewinn.[11] Der Einsatz von Kapital bildet – neben der geleisteten Arbeit – lediglich die Voraussetzung der Gewinnerzielung und kann deshalb nicht selbst als Ertrag betrachtet werden. Der Ertrag ist erst die *Folge* des Kapitaleinsatzes. Die Steuerneutralität der Kapitaleinlagen ergibt sich mithin bereits aus dem Massgeblichkeitsprinzip, sie ist indes in DBG 60 a (vgl. StHG 24 II a) auch ausdrücklich verankert.[12] Verdeckte Kapitaleinlagen müssen allerdings nach Auffassung des Bundesgerichts im Zeitpunkt der Einlage oder spätestens im Einbringungsjahr offengelegt werden; andernfalls wird bei der Gewinnermittlung auf die in der Handelsbilanz gewählten Buchwerte abgestellt.[13]

13 Es kann angemerkt werden, dass sowohl die offenen als auch die verdeckten Kapitaleinlagen grundsätzlich der *Emissionsabgabe* unterliegen, aber nur die offe-

---

[8] Kapitaleinlagen, Aufgelder und Zuschüsse, die von den Inhabern der Beteiligungsrechte nach dem 31.12.1996 geleistet worden sind, können auf einem *besonderen Reservekonto* verbucht werden mit der Folge, dass sie bei ihrer Rückzahlung gemäss DBG 20 III gleich behandelt werden wie die Rückzahlung von Grund- oder Stammkapital (ausführlich dazu § 13 N 122).

[9] Eine *verdeckte Kapitaleinlage* erfolgt beispielsweise beim Verkauf einer Liegenschaft zu einem unter dem Verkehrswert liegenden Preis, wenn die Kapitalgesellschaft die erworbene Liegenschaft zu den tatsächlichen Anschaffungskosten in die Bilanz aufnimmt (vgl. z.B. BGer 13.9.2011, StE 2011 B 23.41 Nr. 5).

[10] Höhn/Waldburger, Bd. I, § 18 N 66 ff.

[11] Zum Problem des *Forderungsverzichts* durch Gesellschafter Mäusli-Allenspach/Oertli, Steuerrecht, 205 f.; Oberson, Droit fiscal, § 10 N 9.

[12] Vgl. Brülisauer/Helbing, in: Zweifel/Athanas, N 4 zu DBG 60.

[13] BGer 13.9.2011, StE 2011 B 23.41 Nr. 5 E. 2.2 und 3.4. Zumindest dort, wo eine Offenlegung aus handelsrechtlichen Gründen nicht möglich ist, sollte eine Offenlegung im Zeitpunkt der Einlage oder spätestens bis Ende des Einbringungsjahres auch in der *Steuerbilanz* zugelassen werden (ausführlich zu Doktrin und Praxis Glauser, Apports, 274 ff.; Simonek, FStR 2002, 8 ff.).

nen und die offengelegten verdeckten Kapitaleinlagen zur Erhöhung der *Kapitalsteuer* führen.

II. Kapitalentnahmen

1. Begriff und Arten

Der umgekehrte Vorgang, die Kapitalentnahmen, bilden geldwerte Leistungen der Kapitalgesellschaften und Genossenschaften an die beteiligten natürlichen oder juristischen Personen. Auch wenn die geldwerten Leistungen prima facie an sich *gegenleistungslos* erfolgen, sind Kapitalentnahmen immer entgeltlicher Natur, da damit die *Auseinandersetzungsansprüche* der Beteiligten getilgt werden.[14] Auf der Ebene der juristischen Person findet ein *Vermögensabgang* statt; die leistende Gesellschaft wird im Umfang der Kapitalentnahme definitiv entreichert. Dennoch erfahren die Beteiligten bei Kapitalentnahmen keinen Nettovermögenszugang, da der Zufluss der Leistung durch die Wertabnahme der Beteiligungsrechte kompensiert wird.[15]

14

Die Kapitalentnahmen führen zwar zu einem *Mittelabgang,* aber – korrekt verbucht – nicht zu *Aufwand* der Gesellschaft. Handelsrechtlich tangieren Kapitalentnahmen den Erfolg des Unternehmens nicht. Andernfalls handelt es sich um sog. verdeckte Gewinnausschüttungen.

15

Kapitalentnahmen erfolgen somit

16

– entweder als *offene* – als Gewinnverwendung zulasten des Gewinnvortrags oder eines Reservenkontos verbuchte – *Gewinnausschüttungen,*
– als *verdeckte Gewinnausschüttungen,* die handelsrechtswidrig den Erfolg der Gesellschaft schmälern, oder
– als zulasten des Aktien- oder Stammkapitals verbuchte *Kapitalherabsetzung.*

Hinsichtlich der *Steuerfolgen* von Kapitalentnahmen ist zu differenzieren zwischen den Steuerfolgen auf der Ebene der Beteiligten und den Gewinn- und Kapitalsteuerfolgen auf Gesellschaftsebene. In vorliegendem Zusammenhang geht es nur um die Steuerfolgen auf Gesellschaftsebene.[16]

---

[14] Vgl. REICH, Umstrukturierungen, 1. Teil, 74 ff.
[15] Vgl. vorne § 13 N 114.
[16] Die Steuerfolgen auf der Ebene der Beteiligten richten sich, je nachdem ob es sich um Privat- oder Geschäftsvermögen handelt, nach DBG 18 und 18b, DBG 20 oder – wenn juristische Personen beteiligt sind – nach DBG 58 und 69 f.

2. Gewinnausschüttungen

a) Offene Gewinnausschüttungen

17 Offene Gewinnausschüttungen bewirken auf Gesellschaftsebene *keine Gewinnsteuerfolgen*.[17] Weil sie nicht gewinnmindernd verbucht werden, muss der ausgewiesene Erfolg nicht korrigiert werden.[18]

18 Es kann angemerkt werden, dass die offenen – ebenso wie die verdeckten – Gewinnausschüttungen *Verrechnungssteuerfolgen* auslösen.[19]

b) Verdeckte Gewinnausschüttungen

19 Wie gesehen, werden verdeckte Gewinnausschüttungen handelsrechtswidrig der Erfolgsrechnung belastet. Sie sind deshalb bereits aufgrund des *Massgeblichkeitsprinzips* dem steuerbaren Gewinn zuzurechnen. DBG 58 I b hält die Steuerbarkeit der verdeckten Gewinnausschüttungen zudem ausdrücklich fest.

20 Gemäss den Formulierungen des Bundesgerichts sind verdeckte Gewinnausschüttungen «Leistungen der Gesellschaft an die Inhaber von Beteiligungsrechten, denen keine oder keine genügenden Leistungen gegenüberstehen und die einem an der Gesellschaft nicht beteiligten Dritten nicht oder in wesentlich geringerem Umfang erbracht worden wären».[20] Diese Umschreibung trifft auch auf die offenen Gewinnausschüttungen zu und ist deshalb dahingehend zu ergänzen, dass die verdeckten Gewinnausschüttungen *nicht ordnungsgemäss* als Gewinnverwendung *verbucht* werden. Der Gesellschaft werden *verdeckt* Mittel entnommen, um sie im Interesse der Aktionäre zu verwenden. Das der verdeckten Leistung zugrunde liegende Rechtsgeschäft wird zu Konditionen abgeschlossen, wie sie unter Dritten nicht vereinbart würden.

21 *Typische Beispiele* verdeckter Gewinnausschüttungen sind
- übersetzte Gehaltszahlungen an mitarbeitende Aktionäre,
- übersetzte Zinsleistungen für Darlehen von Beteiligten,
- untersetzte Zinsleistungen für Darlehen an Beteiligte,
- Deckung privater Aufwendungen der Beteiligten,
- Erwerb von Vermögensgegenständen von den Beteiligten zu übersetzten Preisen (z.B. Kauf eines *Nonvaleurs*),
- Veräusserung von Vermögensgegenständen an die Beteiligten zu untersetzten Preisen,

---

[17] Vgl. HÖHN/WALDBURGER, Bd. I, § 18 N 103.
[18] Bei den in DBG 58 I b aufgeführten *offenen Gewinnausschüttungen*, die zum ausgewiesenen Saldo der Erfolgsrechnung hinzuzuzählen sind, handelt es sich steuerrechtlich um verdeckte Gewinnausschüttungen, weil sie handelsrechtswidrig als Aufwand verbucht wurden.
[19] Dazu hinten § 29 N 24 ff. Keine Verrechnungssteuerfolgen werden ausgelöst, wenn die Gewinnausschüttung zulasten der Reserven aus Kapitaleinlagen erfolgt (§ 29 N 23).
[20] BGer 3.2.1995, StE 1996 B 24.4 Nr. 39; vgl. auch BGer 10.11.2000, StE 2001 B 24.4 Nr. 58.

- Verzicht auf Leistungen, welche die Beteiligten der Gesellschaft schulden (z.B. Verzicht auf Rückzahlung von Darlehen),
- Vereinnahmung von Leistungen durch die Beteiligten, welche der Gesellschaft zustehen.

Verdeckte Gewinnausschüttungen präsentieren sich buchhalterisch entweder als *überhöhte Kosten* oder in der Form eines *Gewinnverzichts* durch Ausweis eines zu tiefen Ertrags.[21] Dementsprechend wird zwischen *verdeckter Gewinnausschüttung i.e.S.* und *Gewinnvorwegnahme* unterschieden. Die verdeckte Gewinnausschüttung i.e.S. ist eine besondere Form der geschäftsmässig nicht begründeten Aufwendung. Es werden Ausgaben als Aufwand verbucht, die nicht im Hinblick auf das Unternehmensziel, sondern einzig zur Begünstigung der Inhaber der Beteiligungsrechte oder diesen nahestehenden Personen getätigt werden. Bei der Gewinnvorwegnahme wird Ertrag, der an sich der Gesellschaft zukommen und den Gewinn vermehren sollte, von den Beteiligten oder von diesen nahestehenden Personen vereinnahmt.

Verdeckte Gewinnausschüttungen erfolgen *causa societatis*. Das der Vorteilszuwendung zugrunde liegende Rechtsgeschäft ist nicht *dealing at arm's length* abgeschlossen worden.[22] Eine verdeckte Gewinnausschüttung liegt vor, wenn aufgrund aller Umstände des konkreten Falles anzunehmen ist, die handelnden Organe seien mit der Vorteilszuwendung nicht einer geschäftlichen Verpflichtung nachgekommen, sondern hätten Gewinn im Interesse der Aktionäre verwenden wollen.[23]

Verdeckte Gewinnausschüttungen sind abzugrenzen von den *geschäftsmässig begründeten Ausgaben* der Gesellschaft. Geschäftsmässig begründet ist jede Ausgabe, die im Interesse des Unternehmensziels getätigt wird.[24] Wie dem Gewinnungskostenbegriff ist somit auch dem Begriff der geschäftsmässig begründeten Ausgabe eine finale und eine kausale Komponente eigen.[25]

Grundsätzlich kann davon ausgegangen werden, dass sich jedes Unternehmen gewinnstrebig verhält. Bei mit *unabhängigen Dritten* getätigten Geschäften erübrigt sich somit die Überprüfung der vereinbarten Konditionen auf ihre Marktkonformität. Anders verhält es sich hingegen bei Rechtsgeschäften, die mit Beteiligten oder diesen nahestehenden Personen abgeschlossen werden. Hier stellt sich die sog. *Verrechnungspreisproblematik*. Es ist eine At-arm's-length-Situation zu fingieren, indem der sog. *Dritt- oder Fremdvergleich* angestellt wird. Weichen die tatsächlich vereinbarten Bedingungen von denen ab, die das Unternehmen mit unabhängigen Dritten unter gleichen oder ähnlichen Verhältnissen vereinbart hätte, so ist das zu beurteilende Verhalten nicht geschäftsmässig begründet. Als Erstes ist abzuklären, ob vergleichbare Geschäfte mit Dritten abgeschlossen

---

[21] Dazu REICH, ASA 54, 612 ff., auch zum Folgenden.
[22] Vgl. HEUBERGER, Verdeckte Gewinnausschüttung, 183 ff.
[23] Der *Gewinnverwendungswille* der handelnden Organe bildet subjektives Tatbestandsmerkmal der verdeckten Gewinnausschüttung (ausführlich REICH, ASA 54, 621 f.).
[24] VGer ZH 14.7.1999, StE 1999 B 72.14.2 Nr. 23.
[25] Vgl. vorne § 10 N 40 ff.

worden sind. Sind keine vergleichbaren Geschäfte auffindbar, kommen Standardmethoden zur Anwendung.[26] Im Wesentlichen werden die *Preisvergleichs-*, die *Wiederverkaufspreis-* oder die *Kostenaufschlagsmethode* verwendet, welche auch international Verbreitung gefunden haben.[27]

26 Unzulässig ist es, statt einen objektiven Drittvergleich anzustellen, zu einer *subjektiven Soll-Besteuerung* Zuflucht zu nehmen.[28] Es darf demnach nicht verlangt werden, dass der Gesellschaft im Verkehr mit den Inhabern der Beteiligungsrechte immer sämtliche Kosten sowie ein angemessener Gewinnzuschlag zu vergüten sind. Eine solche Sollrechnung kann zwar durchaus zunächst einmal zur *Vermutung* führen, dass die vereinbarten Konditionen nicht einem sachgemässen Geschäftsgebaren entsprechen, ausschlaggebend ist jedoch stets die *Marktsituation*. Steuerbar ist nur der am Markt tatsächlich erzielte, nicht der erzielbare Gewinn.[29]

27 Massgebend bei der Beurteilung der geschäftsmässigen Begründetheit sind die Verhältnisse im *Zeitpunkt der Tatbestandsverwirklichung*. Auch wenn sich Ausgaben nachträglich als Fehldispositionen erweisen, darf ihnen der geschäftliche Charakter nicht in einer Ex-post-Beurteilung abgesprochen werden, wenn sich die Unternehmensleitung von ihnen in guten Treuen einen Gewinn versprechen durfte.[30] Verdeckte Gewinnausschüttungen sind von kaufmännisch ungeschickten Transaktionen zu unterscheiden.[31] Zu besteuern ist, was das Unternehmen tatsächlich an Gewinn erzielt hat, und nicht, was es bei einem betriebswirtschaftlich richtigen Einsatz der ihm zur Verfügung stehenden Mittel hätte erzielen können.[32]

3. Kapitalherabsetzung

28 Kapitalherabsetzungen bieten wie die offenen Gewinnausschüttungen keine Gewinnsteuerprobleme. Der Gesellschaftsgewinn wird durch die Kapitalrückzahlung nicht tangiert.

---

[26] Ausführlich dazu BRÜLISAUER/POLTERA, in: ZWEIFEL/ATHANAS, N 103 ff. und N 301 ff. zu DBG 58.
[27] Dazu PETER LOCHER, Einführung in das internationale Steuerrecht der Schweiz, 3. A. Bern 2005, 360 ff.
[28] Vgl. MARKUS REICH/ROBERT WALDBURGER, Rechtsprechung im Jahr 2002 (1. Teil), FStR 2003, 221 ff., 227 ff.; MARKUS R. NEUHAUS, Die Besteuerung des Aktienertrages, Zürich 1988, 125 ff.
[29] Dazu BGer 11.12.1981, BGE 107 Ib 325.
[30] VGer ZH 14.7.1999, StE 1999 B 72.14.2 Nr. 23.
[31] NEUHAUS, Verdeckte Gewinnausschüttungen, 25; dazu auch BRÜLISAUER/POLTERA, in: ZWEIFEL/ ATHANAS, N 51 und N 102 zu DBG 58 und HEUBERGER, Verdeckte Gewinnausschüttung, 193.
[32] Vgl. BGer 20.2.1987, BGE 113 Ib 114 E. 2c = StE 1988 B 27.6 Nr. 5.

C. Gesonderte Besteuerung der Gewinne auf Liegenschaften

Wie im Geschäftsvermögensbereich natürlicher Personen werden die Gewinne auf Liegenschaften von juristischen Personen in Bund und Kantonen, obwohl es sich um *Unternehmensgewinne* handelt, die als Reinvermögenszugänge im Saldo der Erfolgsrechnung enthalten sind, nicht einheitlich besteuert. Die Kantone kennen vielmehr *zwei Systeme,* das *monistische* und das *dualistische* System, die auch im Rahmen der Steuerharmonisierung nicht vereinheitlicht wurden (StHG 12 IV).[33]

29

Im *dualistischen System* («St. Galler System»)[34] werden die Gewinne auf Liegenschaften juristischer Personen in die ordentliche Gewinnermittlung einbezogen. Das *monistische System* («Zürcher System») nimmt dagegen die Liegenschaftengewinne im Rahmen der Gewinnermittlung aus dem steuerbaren Reingewinn heraus und unterwirft sie der Grundstückgewinnsteuer. Soweit der buchmässig ausgewiesene Liegenschaftengewinn auf Abschreibungen zurückzuführen ist, unterliegt er allerdings als *Buchgewinn* der Gewinnsteuer.[35]

30

D. Verlustverrechnung

Soweit Geschäftsverluste bei der Berechnung des steuerbaren Reingewinns noch nicht berücksichtigt werden konnten, weil die Erträge der Vorjahre kleiner waren als die Aufwendungen, sind sie wie bei den selbständig erwerbenden natürlichen Personen in den folgenden *sieben Bemessungsperioden* abziehbar (vgl. StHG 25 Abs. 2; DBG 67 I). Unter Einbezug des Jahres, in welchem der Verlust erlitten wurde, ergibt sich damit ein Verlustverrechnungszeitraum von insgesamt acht Jahren. Es besteht allerdings keine Wahlmöglichkeit, welcher Bemessungsperiode innerhalb der Verlustverrechnungsperiode die Verluste anzulasten sind. Die Verluste sind vielmehr – sobald in der entsprechenden Bemessungsperiode ein Reingewinn resultiert – zur Verrechnung zu bringen.[36]

31

---

[33] Dazu § 24 N 1 ff.
[34] Das auch der Bund anwendet.
[35] Ausführlich vorne § 15 N 146 f.
[36] Zur Technik der Verlustverrechnung vgl. Brülisauer/Helbing, in: Zweifel/Athanas, N 8 f zu DBG 67; Reich/Züger, in: Zweifel/Athanas, N 12 zu DBG 31 und N 6 f. zu DBG 211; Simonek, ASA 67, 515 ff., 519. Zur Verlustverrechnung im Zusammenhang mit dem Kapitaleinlageprinzip Simonek/von Ah, Entwicklungen 2010, 16 f.

E. Unternehmensumstrukturierungen

I. Begriff der Umstrukturierung

32 Der Begriff der Umstrukturierung dient Doktrin und Praxis bereits seit Jahren als *Oberbegriff* für Umwandlungen, Zusammenschlüsse und Spaltungen von Unternehmen. Auch gewisse Beteiligungstransaktionen und Übertragungen von betrieblichen Einheiten wurden unter den Begriff der Umstrukturierung subsumiert. In den Steuergesetzen wurde der Ausdruck «Umstrukturierung» jedoch bis zur Neuregelung im Zug der Fusionsgesetzgebung nur im Mehrwertsteuerrecht (vgl. MWSTG 22 IV und 47 III) verwendet. Er findet sich jetzt aber auch im Einkommens- und Gewinnsteuerrecht (vgl. DBG 19 und 61).

33 *Umstrukturierungen* sind vorab alle Umgestaltungen der rechtlichen Struktur von Unternehmen. Die Umgestaltung kann sich auf die blosse Änderung der Rechtsform beschränken («Umwandlung»). Es können aber auch neue Vermögenswerte hinzukommen («Fusion») oder betriebliche Einheiten abgetrennt werden («Spaltung»). Als Umstrukturierung präsentiert sich auch die Neugestaltung der Über- oder Unterordnungsverhältnisse in einem Unternehmen (beispielsweise Fusionen und Spaltungen im Mutter-Tochter-Verhältnis). Die steuergesetzlichen Umstrukturierungsklauseln erweitern den Umstrukturierungsbegriff indes noch erheblich. Darnach fallen darunter auch die Tatbestände der Übertragung einzelner Vermögenswerte des Geschäftsvermögens von Personenunternehmen (DBG 19 I a), des Austauschs von Beteiligungs- und Mitgliedschaftsrechten (DBG 19 I c und 61 I c) sowie der Übertragung betrieblichen Anlagevermögens innerhalb eines Konzerns (DBG 61 III) oder auf eine Tochtergesellschaft (DBG 61 I d).[37]

II. Steuerprobleme bei Umstrukturierungen im Überblick

34 Die Steuerprobleme bei Umstrukturierungen werden offenkundig, wenn man sich die *wirtschaftlichen Vorgänge,* die bei Reorganisationen von Unternehmen ablaufen, vergegenwärtigt. Bei fast allen Formen der Umstrukturierungen erfolgen Übertragungen von Vermögenswerten von einem auf einen andern Rechtsträger. Es werden einzelne Vermögenswerte, betriebliche Einheiten oder Beteiligungsrechte an Unternehmen auf ein anderes Rechtssubjekt übertragen. Dabei handelt es sich regelmässig um *entgeltliche Vorgänge.*[38]

35 Entgeltliche Übertragungen von Vermögenswerten lösen mannigfaltige Steuerprobleme aus. Im Zentrum steht die durch die entgeltliche Übertragung von Ver-

---

[37] Ausführlich REICH, in: ZWEIFEL/ATHANAS, N 5 ff. zu DBG 19 und N 10 ff. zu DBG 61.
[38] Vgl. REICH, Grundriss, 27 f., auch zum Folgenden.

mögenswerten ausgelöste *Realisationsfrage*. Es ist zu prüfen, ob stille Reserven realisiert werden und deshalb Einkommens- oder Gewinnsteuerfolgen zu verzeichnen sind.[39] Wenn es sich bei den ausgeschiedenen Gütern um Liegenschaften handelt, stellt sich das Realisationsproblem je nach anwendbarer Steuerordnung auch bei der Grundstückgewinnsteuer. Sodann sind auch Steuerfragen auf der *Ebene der Beteiligten* zu lösen. Es erfolgen im Zug von Umstrukturierungen häufig geldwerte Leistungen an die Beteiligten in der Form von Ausschüttungen, Ausgleichsleistungen, Abfindungen oder Nennwertdifferenzen.[40] Wenn die Beteiligungsrechte an den umstrukturierten Unternehmen Privatvermögen bilden, handelt es sich um Fragen der Vermögensertragsbesteuerung; bei den selbständig Erwerbstätigen und den juristischen Personen als Inhaber von Beteiligungsrechten geht es um Gewinnsteuerprobleme und um die Beteiligungsabzugsproblematik. Seit der partiellen Einführung des Kapitaleinlageprinzips gilt es zudem, das Schicksal allfälliger Kapitaleinlagereserven zu klären.[41]

Weitere Problemkreise ergeben sich daraus, dass im Zuge von Umstrukturierungen neue Unternehmen *gegründet* und bisherige Unternehmen *aufgelöst* werden. Es sind deshalb die Fragen des Beginns und der Beendigung der Steuerpflicht der in die Umstrukturierung einbezogenen Steuersubjekte zu klären, und schliesslich stellt sich das Problem der *Verrechnung* von noch nicht verrechneten Vorjahresverlusten der übernommenen betrieblichen Einheiten. 36

Es kann angemerkt werden, dass Umstrukturierungen auch heikle Fragen bei verschiedenen *anderen Steuerarten* (Verrechnungssteuer, Stempelabgaben, Handänderungssteuer, Mehrwertsteuer) aufwerfen. 37

III. Tragweite der gesetzlichen Umstrukturierungsklauseln

Die Voraussetzungen der gewinnsteuerneutralen *Reservenübertragung* bei Unternehmensumstrukturierungen sind für den Bereich der juristischen Personen in StHG 24 III–III^{quinquies} sowie in DBG 61[42] umschrieben. Diese Bestimmungen sind durch das *FusG* neu konzipiert worden. Die Kantone haben den Wortlaut der harmonisierungsrechtlichen Vorgaben weitgehend übernommen. Die ESTV hat die Voraussetzungen der steuerneutralen Unternehmensumstrukturierungen ausführlich und anschaulich im *EStV KS Nr. 5 vom 1.6.2004*[43] dargestellt. 38

---

[39] Diese Fragen werden in den folgenden Abschnitten näher ausgeführt (N 38 ff.).
[40] Ausführlich Markus Reich, Steuerrechtliche Aspekte der Ausgleichsleistungen und Abfindungen gemäss FusG, in: Ernst A. Kramer/Peter Nobel/Robert Waldburger (Hrsg.), Festschrift für Peter Böckli zum 70. Geburtstag, Zürich et al. 2006, 261 ff.; vgl. auch vorne § 13 N 133.
[41] Differenzen in den Kapitaleinlagereserven werden in den Händen der Beteiligten gleich behandelt wie die Nennwertdifferenzen (vgl. § 13 N 133).
[42] Für den Bereich der selbständig erwerbenden natürlichen Personen finden sich Bestimmungen mit *demselben Grundgehalt* (StHG 8 III und IIIbis sowie DBG 19).
[43] Kreisschreiben Nr. 5 der EStV vom 1.6.2004 betreffend Umstrukturierungen.

39 Die gesetzlichen Umstrukturierungsklauseln sind *offen formuliert;* die Reservenübertragung wird unter noch näher zu erläuternden Voraussetzungen steuerneutral «bei Umstrukturierungen, insbesondere im Fall der Fusion, Spaltung oder Umwandlung» zugelassen (vgl. DBG 61 I Ingress). Damit wird signalisiert, dass es auch steuerneutrale Umgestaltungen gibt, die nicht ausdrücklich erwähnt sind.

1. Konkretisierung der allgemeinen Gewinnermittlungsbestimmungen

40 Da es sich bei entgeltlichen Übertragungen von Vermögenswerten im Zuge von Umstrukturierungen um Grundfragen der Gewinnverwirklichung handelt und die Grundlagen der steuerrechtlichen Gewinnermittlung in DBG 58 ff. geregelt sind, ist abzuklären, in welchem Verhältnis die Umstrukturierungsklauseln zu diesen allgemeinen Gewinnermittlungsbestimmungen stehen. Dabei ist auch nach der Neuordnung im Zug der Fusionsgesetzgebung davon auszugehen, dass die *Kerngedanken* der Gewinnverwirklichung in den allgemeinen gesetzlichen Gewinnermittlungsbestimmungen enthalten sind. Es gilt auch hier das *Massgeblichkeitsprinzip* unter Vorbehalt besonderer gesetzlicher Korrekturvorschriften. Auch ohne DBG 61 würden die im Zug von Umstrukturierungen übertragenen stillen Reserven in den meisten Fällen nicht besteuert, da diese weder realisiert werden noch eine steuerrechtliche Korrekturvorschrift zur Anwendung kommt.[44]

41 DBG 61 gibt somit auf weiten Strecken nur das wieder, was sich bereits aus den allgemeinen steuerrechtlichen Gewinnermittlungsvorschriften mehr oder weniger klar ergibt. In diesem Bereich *konkretisiert* und *präzisiert* DBG 61 die allgemeinen Bestimmungen von DBG 58–60 und das gesetzliche Gewinnausweiskonzept.[45]

2. Partiell konstitutive Funktion von DBG 61

42 Neben ihrer konkretisierenden und präzisierenden Funktion weisen die Umstrukturierungsklauseln indes im Gegensatz zum früheren Recht einen partiell konstitutiven Charakter auf.

43 So stellt insbesondere der Umstrukturierungstatbestand der *Konzernübertragung* gemäss DBG 61 III, bei der dem übertragenden Rechtsträger Vermögenswerte entnommen und konzernintern auf einen anderen Rechtsträger transferiert werden, zwar eine Gewinnvorwegnahme im Sinne von DBG 58 I c und somit einen Realisationstatbestand dar, er kann aber aufgrund der neuen Regelung

---

[44] Deshalb konnten die meisten Umstrukturierungsformen schon vor der Steuerharmonisierung, als die meisten Steuergesetze noch keine ausdrücklichen Umstrukturierungsklauseln enthielten, steuerneutral abgewickelt werden.

[45] REICH, in: ZWEIFEL/ATHANAS, N 3 zu DBG 61.

von DBG 61 III und IV steuerneutral vollzogen werden. Konstitutiv wirken die Umstrukturierungsklauseln sodann bei gewissen *Spaltungen* mit nachfolgender Veräusserung der Beteiligungsrechte. Ebenfalls konstitutive Wirkung hat DBG 61 I d bei Kapitalgesellschaften und Genossenschaften hinsichtlich der *Ausgliederung* von betrieblichen Einheiten und von betrieblichem Anlagevermögen auf Tochtergesellschaften. Die Steuerneutralität führt hier nicht wie bei der Übertragung von anderen Vermögenswerten zur latenten Verdoppelung der übertragenen stillen Reserven.[46]

Die partiell konstitutive Funktion von DBG 61 wirkt sich jedoch stets nur in eine Richtung aus. Regelungsziel der Umstrukturierungsbestimmung von DBG 61 ist lediglich die *Nichtbesteuerung* von stillen Reserven bei Umstrukturierungen und die Festlegung der Besteuerungsmodalitäten bei Missachtung der Voraussetzungen der Steuerneutralität. Eine steuerbegründende Funktion kommt ihnen nicht zu.[47]

44

IV. Voraussetzungen der steuerneutralen Reservenübertragung

1. Generelle Voraussetzungen der steuerneutralen Reservenübertragung

Die generellen Voraussetzungen der steuerneutralen Reservenübertragung auf der Ebene der juristischen Personen sind in DBG 61 I Ingress statuiert. Es muss sich (1) um eine Umstrukturierung handeln und es müssen (2) der *Fortbestand der Steuerpflicht* und (3) die *Übernahme der Gewinnsteuerwerte* gewährleistet sein.

45

Als Umstrukturierungen im steuerrechtlichen Sinn gelten zum einen alle in den Umstrukturierungsklauseln als steuerneutrale Vorgänge erwähnten Tatbestände. Dann gibt es aber zum anderen – wie bereits aus dem Wortlaut ersichtlich – noch weitere, nicht ausdrücklich geregelte Umstrukturierungtatbestände, die steuerneutral abgewickelt werden können. Abgrenzungsprobleme ergeben sich insbesondere im Bereich der *Vermögensübertragungen gemäss FusG 69*. Soweit auf diese nicht die transaktionsspezifischen Voraussetzungen von DBG 61 I und III anzuwenden sind, bilden sie nur dann Umstrukturierungen im Sinne von DBG 61 I Ingress, wenn sie der Fusion, Spaltung oder Umwandlung wirtschaftlich gleichkommen.[48]

46

---

[46] Ausführlich REICH, in: ZWEIFEL/ATHANAS, N 154 f., 159 zu DBG 61.
[47] Gl.M. GLAUSER, Apports, 139 f.; PETER RIEDWEG/DIETER GRÜNBLATT, Kommentar vor FusG 29 und im Teil 1 vor FusG 69, in: ROLF WATTER/NEDIM PETER VOGT/RUDOLF TSCHÄNI/DANIEL DAENIKER (Hrsg.), Basler Kommentar. Fusionsgesetz, Basel et al. 2005, N 33 zu vor FusG 29 und N 12 zu Teil 1 vor FusG 69.
[48] Botschaft FusG, 4371.

Dies ist dann der Fall, wenn sich der zu beurteilende Vorgang nicht als Veräusserungstatbestand – als Versilberung der hingegebenen Vermögensobjekte – präsentiert, sondern als *Reorganisation – als Weiterführung des Unternehmens in veränderter Form* – erscheint. Die objektive und subjektive Verknüpfung der stillen Reserven[49] muss mit anderen Worten gewährleistet sein. Auch darf es sich nicht um die Übertragung einzelner Vermögensobjekte handeln, da solche Transaktionen zwar nicht zwangsläufig Veräusserungstatbestände darstellen (wie namentlich die Kapitaleinlagen), aber keine den Fusionen, Spaltungen oder Umwandlungen wirtschaftlich gleichkommende Vorgänge bilden.

47 Die Voraussetzungen des *Fortbestands der Steuerpflicht* und der *Übernahme der Gewinnsteuerwerte* stellen die *fiskalische Verknüpfung* der stillen Reserven sicher. Die Steuerpflicht besteht fort, wenn die übertragenen stillen Reserven auch nach erfolgter Umstrukturierung mit der gleichen oder mit einer gleichartigen schweizerischen Steuer erfasst werden können. Die Voraussetzung der Übernahme der Gewinnsteuerwerte entspricht dem Prinzip der Buchwertverknüpfung. Der die stillen Reserven übernehmende Rechtsträger hat die für die Einkommenssteuer massgeblichen Werte grundsätzlich fortzuführen. Übernahme der Gewinnsteuerwerte bedeutet nicht nur Fortführung der stillen Reserven in der Steuerbilanz, sondern aufgrund des Massgeblichkeitsprinzips auch Fortführung der stillen Reserven in der Handelsbilanz. Eine Heraufsetzung der Gewinnsteuerwerte im Zug der Umstrukturierung führt nicht etwa zur Aberkennung der Steuerneutralität, sondern lediglich zur Besteuerung der vorgenommenen Aufwertung.[50]

2. Transaktionsspezifische Voraussetzungen der steuerneutralen Reservenübertragung

48 Neben diesen generellen Voraussetzungen der Steuerneutralität haben Doktrin und Praxis für bestimmte Umstrukturierungsformen weitere Voraussetzungen der steuerneutralen Reservenübertragung entwickelt. Diese unter dem alten Recht zum Teil umstrittenen transaktionsspezifischen Voraussetzungen wurden zumindest teilweise ins neue Recht überführt. Zudem wurde der Umstrukturierungsbegriff erweitert durch die Aufnahme neuer, bisher nicht als Umstrukturierung im steuerrechtlichen Sinn betrachteter Transaktionen.

a) Sperrfristen

49 Nach dem Sperrfristerfordernis werden die übertragenen stillen Reserven nachträglich besteuert, soweit während den der Umstrukturierung nachfolgenden fünf Jahren Beteiligungsrechte zu einem über dem Übertragungswert liegenden Preis veräussert werden. Die Sperrfristenregelung beschlägt die Frage des zeitlichen Beurteilungshorizonts der Umstrukturierungen und bestimmt so-

---

[49] Ausführlich dazu REICH, Realisation stiller Reserven, 188 ff.
[50] Vgl. Botschaft FusG, 4371.

mit, in welchen Fällen die übertragenen stillen Reserven nachbesteuert werden. Im Bereich der Umstrukturierung von juristischen Personen sind nach der neuen Regelung Sperrfristen bei der *Ausgliederung* von Betrieben und betrieblichem Anlagevermögen (DBG 61 II) und den *konzerninternen Vermögensübertragungen* (DBG 61 IV) statuiert.[51]

b)   Betriebserfordernis

Eine weitere transaktionsspezifische Voraussetzung der steuerneutralen Reservenübertragung ist das Betriebserfordernis. Ein *Betrieb* oder *Teilbetrieb* im steuerrechtlichen Sinn ist ein organisatorisch-technischer Komplex von Vermögenswerten, welcher im Hinblick auf die unternehmerische Leistungserstellung eine relativ unabhängige, organische Einheit bildet.[52]   50

Das Betriebserfordernis gewährleistet die objektive Verknüpfung der stillen Reserven im bisherigen betrieblichen Umfeld und ist auf den Gedanken zurückzuführen, dass bei blosser Änderung der Rechtsform eines Unternehmens wirtschaftlich kein Gewinn realisiert wird, da die stillen Reserven ihre bisherige Funktion unverändert beibehalten und dem gleichen Zweck dienen.[53] Soll die Umstrukturierung lediglich eine Reorganisation eines Unternehmens darstellen, so impliziert dies an sich, dass die verschiedenen betrieblichen Einheiten des Unternehmens im Wesentlichen unverändert bestehen bleiben.   51

Gegenstand der steuerneutralen Übertragung konnten deshalb ursprünglich bei zahlreichen Umstrukturierungsformen nur in sich geschlossene betriebliche Einheiten bilden. Das Betriebserfordernis wurde indes zunehmend gelockert und ist im Bereich der ausdrücklich geregelten Umstrukturierung von juristischen Personen lediglich noch relevant bei den *Spaltungen* (DBG 61 I b) sowie bei den *Ausgliederungen* (DBG 61 I d und II) und den *konzerninternen Vermögensübertragungen* (DBG 61 III und IV).   52

c)   Doppeltes Betriebserfordernis

Zusätzlich zum Betriebserfordernis wird für die steuerneutralen *Auf- und Abspaltungen* von juristischen Personen verlangt, dass nicht nur die übertragenen, sondern auch die in der bisherigen Gesellschaft verbleibenden Vermögensgegenstände einen Betrieb im steuerrechtlichen Sinn darstellen (DBG 61 I b).   53

---

[51]   REICH, in: ZWEIFEL/ATHANAS, N 14 f. zu DBG 61.
[52]   Näheres zur *Betriebsdefinition* EStV KS Nr. 5 vom 1.6.2004 (Fn. 43), 3.2.2.3; REICH, ST 2004, 949 ff.
[53]   REICH, Umstrukturierungen, 1. Teil, 42 ff.

d)   Weitere transaktionsspezifische Voraussetzungen

54   Bei den *Ausgliederungen* dürfen unter den Voraussetzungen von DBG 61 I d nicht nur Betriebe und Teilbetriebe, sondern auch Gegenstände des betrieblichen Anlagevermögens steuerneutral übertragen werden.

55   Das ist auch bei den *konzerninternen Vermögensübertragungen* der Fall, wo zusätzlich direkt oder indirekt gehaltene Beteiligungen von mindestens 20% Objekte der steuerneutralen Übertragung bilden können (DBG 61 III).

F.   Das Kapital der Kapitalgesellschaften und Genossenschaften

56   Die Kapitalsteuer ist das *Pendant* zur Vermögenssteuer der natürlichen Personen. Das Eigenkapital als Objekt der Kapitalsteuer unterscheidet sich aber wesentlich vom steuerbaren Reinvermögen. Als Eigenkapital besteuert wird nicht der Verkehrswert aller Aktiven, vermindert um den Verkehrswert der Verbindlichkeiten, sondern die *steuerbilanzmässige Differenz* der Aktiven abzüglich der Verbindlichkeiten. Die Bemessungsgrundlage der Kapitalsteuer bilden somit zum einen das *eingelegte Kapital* und zum andern die aus *versteuerten Gewinnen* gebildeten *Reserven* (einschliesslich Gewinnvortrag). Gewinn und Kapital sind aufeinander abgestimmt, indem das Eigenkapital ausser durch Kapitaleinlagen nur durch Mittel geäufnet werden kann, welche die Schleuse des steuerbaren Gewinns passiert haben.

57   Die direkte Bundessteuer kennt keine Kapitalsteuer mehr. Auf Bundesebene wurde im Zuge der Unternehmenssteuerreform 1997 der Wechsel zur *proportionalen Besteuerung* der juristischen Personen unter gleichzeitiger Abschaffung der Kapitalsteuer vollzogen. Den Kantonen ist die Erhebung einer Kapitalsteuer jedoch in StHG 2 I b vorgeschrieben. Alle Kantone erheben deshalb eine Kapitalsteuer, obwohl bereits viele Kantone zum proportionalen Gewinnsteuertarif gewechselt haben und die Kapitalbesteuerung in einem proportionalen Gewinnsteuersystem ökonomisch eher fragwürdig ist.[54]

58   Dieser Entwicklung wurde im Rahmen der Unternehmenssteuerreform II Rechnung getragen, indem es nun den Kantonen möglich ist, die Gewinnsteuer an die Kapitalsteuer anzurechnen.[55] Die Kapitalsteuer mutiert auf diese Weise dogmatisch gewissermassen zu einer gewinnsteuerrechtlichen *Minimalsteuer*. Mit einer entsprechenden gesetzestechnischen Ausgestaltung können die Kantone erreichen, dass eine solche auf der Grundlage des Eigenkapitals bemessene minimale Gewinnsteuer von ausländischen Steuerordnungen als anrechenbare Einkommenssteuer anerkannt wird.[56]

---

[54]   Vgl. ZUPPINGER/BÖCKLI/LOCHER/REICH, Steuerharmonisierung, 233.
[55]   Dazu Botschaft UStR II, 4811 ff., 4853.
[56]   Vgl. z.B. SZ StG 78 (SRSZ 172.200).

I. Einbezahltes Aktien- oder Stammkapital

Zum steuerbaren Eigenkapital zählen vorab das einbezahlte Aktien- oder Stammkapital sowie das Partizipationsscheinkapital. Das einbezahlte nominelle Kapital bildet nach den Steuerordnungen zahlreicher Kantone zugleich auch das steuerbare *Mindestkapital* (vgl. z.B. ZH StG 79 II). Das bedeutet, dass das einbezahlte Grundkapital auch von Gesellschaften, deren Grundkapital zufolge von *Verlustvorträgen* nicht mehr vollumfänglich gedeckt ist, sowie gar von überschuldeten Gesellschaften zu versteuern ist.[57]

59

II. Offene Reserven (inkl. Gewinnvortrag)

Als steuerbares Eigenkapital gelten sodann alle offenen Reserven einschliesslich des Gewinnvortrags. Darunter fallen sowohl die aus Kapitaleinlagen als auch die aus versteuertem Gewinn gebildeten Reserven, unbesehen ihrer Bezeichnung in der Bilanz.

60

III. Steuerrechtlich offengelegte stille Reserven

Ebenfalls als Eigenkapital erfasst werden die stillen Reserven der Handelsbilanz, welche der Gewinnbesteuerung unterworfen wurden und somit steuerbilanzmässig offene Reserven darstellen. Es handelt sich hierbei meistens um steuerrechtlich nicht anerkannte Abschreibungen und Rückstellungen.[58]

61

IV. Verdecktes Eigenkapital

Schliesslich unterliegt auch das sog. «verdeckte Eigenkapital» der Kapitalsteuer. Dabei handelt es sich um jenen Teil des Fremdkapitals, dem wirtschaftlich die *Funktion* von Eigenkapital zukommt.

62

Wegen der *wirtschaftlichen Doppelbelastung* der von juristischen Personen erarbeiteten Gewinne besteht die Tendenz, dass die Beteiligten das von der Gesellschaft benötigte Kapital nicht als Eigenkapital, sondern als Fremdkapital (Darlehen) zu Verfügung stellen. Im Unterschied zum Eigenkapital, für das den Beteiligten keine aufwandwirksame Vergütung geleistet werden darf, kann das der Gesellschaft zur Verfügung gestellte Fremdkapital gewinnmindernd verzinst werden. Dagegen ist an sich nichts einzuwenden, solange die Finanzierung von-

63

---

[57] Vgl. dazu BGer 6.11.2008, StE 2009 B 73.12 Nr. 9 E. 2.3.
[58] Dazu vorne § 15 N 98 ff.

seiten der Beteiligten dem *Drittvergleich* standhält. Sobald jedoch das Fremdkapital von Dritten nicht erhältlich wäre, haben diese Mittel die Bedeutung von (verdecktem) Eigenkapital.

64 Früher wurde das Vorliegen von verdecktem Eigenkapital unter *Steuerumgehungsaspekten* geprüft; nach geltendem Recht bestehen indes *ausdrückliche Vorschriften,* welche das verdeckte Eigenkapital zum einen der Kapitalsteuer unterwerfen und zum andern die Zinsen, die darauf geleistet werden, dem steuerbaren Reingewinn zurechnen (vgl. ZH StG 64 I Ziff. 4 und 80 sowie DBG 65). Unter welchen Voraussetzungen von verdecktem Eigenkapital auszugehen ist, wird im *EStV KS Nr. 6 vom* 6.6.1997 näher erläutert.[59] Es enthält typisierte Eigenmittelquoten für die verschiedenen Arten von Aktiven.[60]

---

[59] Kreisschreiben Nr. 6 der EStV vom 6.6.1997 betreffend verdecktes Eigenkapital (Art. 65 und 75 DBG) bei Kapitalgesellschaften und Genossenschaften.

[60] Dazu MÄUSLI-ALLENSPACH/OERTLI, Steuerrecht, 242 ff. mit Beispielen.

§ 21 Zeitliche Bemessung (juristische Personen)

Literatur

BLUMENSTEIN/LOCHER, System, 279 f.; HÖHN/WALDBURGER, Bd. I, § 11 N 11 ff., § 18 N 111 und § 19 N 15; MÄUSLI-ALLENSPACH/OERTLI, Steuerrecht, 240 ff.; OBERSON, Droit fiscal, § 10 N 130 ff. und § 11 N 13.

DUSS MARCO, Die zeitliche Bemessung nach dem neuen Bundessteuerrecht, StR 1993, 241 ff., 307 ff.; NOLD HANS JAKOB, Die zeitliche Bemessung des Gewinns im Unternehmungssteuerrecht, St. Gallen 1984 (zit. NOLD, Zeitliche Bemessung); REICH MARKUS, Zeitliche Bemessung (natürliche und juristische Personen, inkl. Übergangsregelung), in: HÖHN ERNST/ATHANAS PETER (Hrsg.), Das neue Bundesrecht über die direkten Steuern, Bern et al. 1993, 317 ff. (zit. REICH, Zeitliche Bemessung); RICHLI PAUL, Gegenwarts- und Vergangenheitsbesteuerung aus verfassungsrechtlicher Sicht, ASA 57 (1988/89), 133 ff.; YERSIN DANIELLE, Les systèmes d'imposition prae- et postnumerando et la perception de l'impôt, in: REICH/ZWEIFEL, FS Zuppinger, 89 ff. (zit. YERSIN, Les systèmes d'imposition); ZUPPINGER FERDINAND, Steuerharmonisierung und zeitliche Bemessung, ASA 53 (1984/85), 97 ff.

Materialien

Botschaft zur Koordination und Vereinfachung der Veranlagungsverfahren für die direkten Steuern im interkantonalen Verhältnis vom 24.5.2000, BBl 2000, 3898–3918 (zit. Botschaft Veranlagungsverfahren); Botschaft zu Bundesgesetzen über die Harmonisierung der direkten Steuern der Kantone und Gemeinden sowie über die direkte Bundessteuer (Botschaft über die Steuerharmonisierung) vom 25.5.1983, BBl 1983 III, 1–381 (zit. Botschaft Steuerharmonisierung).

Bei den juristischen Personen wurde der Schritt zur Postnumerandobesteuerung im Rahmen der Steuerharmonisierung sowohl für das Bundessteuerrecht als auch für das kantonale Steuerrecht vollzogen. Die Kantone haben bei den juristischen Personen harmonisierungsrechtlich *keine Wahlmöglichkeit;* sie waren gehalten, die Postnumerandobesteuerung bis zum Ablauf der allgemeinen Übergangsfrist Ende des Jahres 2000 zu übernehmen. Es gilt demnach in Bund und Kantonen einheitlich die Postnumerandobesteuerung mit Gegenwartsbemessung. StHG 31 umschreibt die Ausgestaltung der zeitlichen Bemessung juristischer Personen recht detailliert, sodass die kantonalen Steuergesetze im Wesentlichen die gleiche Regelung enthalten wie das DBG. 1

A. Allgemeine Bemessungsregeln

I. Steuerperiode

Als Steuerperiode gilt bei den juristischen Personen das *Geschäftsjahr* (vgl. DBG 79 II).[1] Der Zeitraum, für welchen Gewinn- und Kapitalsteuern erhoben 2

---

[1] Dazu und zum Folgenden REICH, Zeitliche Bemessung, 338 ff.; SCHÄR, in: ZWEIFEL/ATHANAS, N 1 ff. zu DBG 79.

werden, stimmt somit bei den juristischen Personen im Unterschied zu den natürlichen Personen nicht notwendigerweise mit dem Kalenderjahr überein.

3   Durch Verlegung des Abschlussstichtags kann die Steuerperiode entweder verkürzt oder verlängert werden. Immerhin muss in jedem Kalenderjahr ausser im Gründungsjahr ein Geschäftsabschluss mit Bilanz und Erfolgsrechnung erstellt werden (vgl. DBG 79 III). Dadurch wird die Steuerperiode in zeitlicher Hinsicht limitiert; sie dauert jedenfalls weniger als 24 Monate. Ein Geschäftsabschluss ist ausserdem erforderlich bei Verlegung des Sitzes, der Verwaltung, eines Geschäftsbetriebes oder einer Betriebsstätte ins Ausland sowie bei Abschluss der Liquidation.

4   Trotz dieser individuellen Steuerperiode für juristische Personen wird an dem auf das Kalenderjahr abstellenden einjährigen Rhythmus des Steuererklärungsverfahrens festgehalten, sodass die juristischen Personen in einem generellen einjährigen Turnus veranlagt werden.

II. Bemessungsperiode

5   Im System der Postnumerandobesteuerung bemisst sich die Gewinnsteuer nach dem Ergebnis der Steuerperiode (vgl. DBG 80 I);[2] es gilt permanente Gegenwartsbemessung. Steuer- und Bemessungsperiode stimmen überein.

6   Das steuerbare Eigenkapital bemisst sich nach dem Stand am *Ende der Steuerperiode* (vgl. ZH StG 85 I).

B. Besonderheiten

I. Unter- und überjährige Geschäftsabschlüsse

1. Gewinnsteuer

7   Dient ein unter- oder ein überjähriger Geschäftsabschluss als Bemessungsgrundlage, so ist dieser in seinem *tatsächlichen Umfang* – also ohne Umrechnung auf zwölf Monate und ohne Aussonderung der ausserordentlichen Gewinnelemente – der Veranlagung zugrunde zu legen. Dabei ist unerheblich, ob der unter- oder überjährige Geschäftsabschluss auf die Gründung oder den Zuzug oder aber auf die Liquidation bzw. den Wegzug im Verlaufe der Steuerperiode oder bloss auf den Wechsel des Abschlussstichtags zurückzuführen ist. Auch Liquidationsgewinne bei Beendigung der Steuerpflicht werden nicht separat besteuert, sondern

---

[2] Vgl. Schär, in: Zweifel/Athanas, N 1 ff. zu DBG 80.

im vollen Umfang dem übrigen Gewinn der Steuerperiode zugerechnet (vgl. DBG 80 II).

Probleme ergeben sich bei unter- oder überjährigen Geschäftsabschlüssen erst auf der Steuersatzebene, wenn der Steuertarif *progressiv* ausgestaltet ist. Da der Bund und bereits die Mehrzahl der Kantone den Wechsel zur proportionalen Besteuerung vollzogen haben, wird auf weitere Ausführungen hierzu verzichtet. 8

2. Kapitalsteuer

Die Kapitalsteuer wird zwar auf einen bestimmten Stichtag hin bemessen, dennoch hängt sie von der Dauer der Steuerpflicht ab. Der ordentliche Tarif ist auf eine zwölfmonatige Steuerperiode abgestimmt. Die Kapitalsteuer muss deshalb pro rata temporis erhöht oder herabgesetzt werden, wenn die Steuerperiode länger oder kürzer als zwölf Monate dauert (vgl. ZH StG 85 II). 9

II. Wechsel des Sitzes oder der tatsächlichen Geschäftsleitung

1. Direkte Bundessteuer

Ein Wegzug ins *Ausland* führt allenfalls zu unter- oder überjährigen Geschäftsabschlüssen. Hierfür gelten die dargestellten Regeln. Liquidationsgewinne aller Art werden nicht separat erfasst, sondern zusammen mit dem übrigen Gewinn besteuert.[3] 10

Ein Sitz- oder Geschäftsleitungswechsel in einen *anderen Kanton* führt bei der direkten Bundessteuer nicht zu Fragen der zeitlichen Bemessung, sondern zu Zuständigkeitsfragen. Zuständig für die Veranlagung ist jener Kanton, in welchem die juristische Person am Ende der Steuerperiode oder am Ende der Steuerpflicht ihren Sitz oder den Ort ihrer Geschäftsleitung hat (vgl. DBG 216 III).[4] 11

2. Kantonssteuer

Eine Verlegung des Sitzes oder der Verwaltung ins *Ausland* führt im kantonalen Recht wie bei der direkten Bundessteuer vielfach zur Anwendung der Regeln über die zeitliche Bemessung bei unter- oder überjährigen Geschäftsabschlüssen. 12

Bei einem Wechsel des Sitzes oder der tatsächlichen Verwaltung *innerhalb der Schweiz* ist derjenige Kanton für die Veranlagung zuständig, in welchem das Un- 13

---

[3] Vorne N 7.
[4] Vgl. Jakob, in: Zweifel/Athanas, N 1 zu DBG 216.

ternehmen am Ende der Steuerperiode seinen Sitz hat (vgl. StHG 22 I)[5]. Die Steuerpflicht besteht jedoch in beiden Kantonen für die gesamte Steuerperiode. Der Gewinn und das Kapital werden zwischen den beteiligten Kantonen in sinngemässer Anwendung der bundesgerichtlichen Ausscheidungsregeln zum Verbot der interkantonalen Doppelbesteuerung aufgeteilt (vgl. StHG 22 III).[6] In der Regel sollen die Steuerfaktoren pro rata temporis ausgeschieden werden; besonderen Umständen ist jedoch angemessen Rechnung zu tragen.

---

[5] Vgl. ATHANAS/WIDMER, in: ZWEIFEL/ATHANAS, N 2 und 12 ff. zu StHG 22.
[6] Ausführlich Botschaft Veranlagungsverfahren, 3908 f.; ATHANAS/WIDMER, in: ZWEIFEL/ATHANAS, N 28 ff. zu StHG 22.

§ 22 Steuermass (juristische Personen)

Literatur

BLUMENSTEIN/LOCHER, System, 289 ff. und 294 ff.; HÖHN/WALDBURGER, Bd. I, § 18 N 114 ff. und § 19 N 16; MÄUSLI-ALLENSPACH/OERTLI, Steuerrecht, 241 f., 246 und 261 f.; OBERSON, Droit fiscal, § 10 N 133 ff. und § 11 N 14 f.

A. Einführung

I. Blick zurück

Bis vor wenigen Jahren wurde in Bund und Kantonen noch die *progressive Belastung* der juristischen Personen nach der sog. *Ertragsintensität* favorisiert. Der Steuersatz bestimmte sich im Verhältnis des von der Gesellschaft erzielten Gewinns zur Höhe des Eigenkapitals. Damit wurde dem Gedanken Rechnung getragen, dass der Gewinn Ertrag des Kapitals darstellt, das von den Gesellschaftern in die Gesellschaft investiert wird. Die Ertragsintensitätsbesteuerung ist indes ökonomisch fragwürdig und deshalb im In- und Ausland im Aussterben begriffen.[1] Sie trägt dem Umstand keine Rechnung, dass der Gewinn nicht nur Resultat des eingesetzten Kapitals ist, sondern wesentlich auch auf den Faktor Arbeit zurückzuführen ist. Die Besteuerung nach der Ertragsintensität bevorzugt alteingesessene gegenüber neueren Unternehmen. Kapitalintensiven Branchen zugehörige Unternehmen werden weit tiefer belastet als Unternehmen in personalintensiven Branchen.

1

Bei der direkten Bundessteuer wurde deshalb im Zug der Unternehmenssteuerreform 1997 der Wechsel zur *proportionalen Besteuerung* unter gleichzeitiger Abschaffung der Kapitalsteuer vollzogen. Seither haben auch zahlreiche Kantone auf einen proportionalen Steuersatz gewechselt.[2] Da den Kantonen die Erhebung einer Kapitalsteuer in StHG 2 I b vorgeschrieben wird, müssen sie jedoch trotz der Umstellung auf einen proportionalen Tarif eine minimale Kapitalsteuer beibehalten,[3] obwohl die Kapitalbesteuerung in einem proportionalen Gewinnsteuersystem ökonomisch eher fragwürdig ist.[4]

2

---

[1] Dazu und zum Folgenden Botschaft zur Reform der Unternehmensbesteuerung 1997 vom 26.3.1997, BBl 1997 II, 1164–1220, 1177 f. und 1187 ff.; ZUPPINGER/BÖCKLI/LOCHER/REICH, Steuerharmonisierung, 231 ff.
[2] SSK, Steuerinformationen, C. Steuersystem. Die geltenden Steuern von Bund, Kantonen und Gemeinden, 33.
[3] Vgl. REICH, in: ZWEIFEL/ATHANAS, N 12 f., N 15 zu StHG 2.
[4] Vgl. ZUPPINGER/BÖCKLI/LOCHER/REICH, Steuerharmonisierung, 233.

II. Steuermass und Steuerbelastung

3 Wenn die Steuerbelastung verschiedener Steuerhoheiten miteinander verglichen wird, darf nicht nur der absoluten Höhe der *Steuersätze* Beachtung geschenkt werden. In den Vergleich müssen stets auch erhebliche Differenzen in den *Gewinnermittlungsbestimmungen* einbezogen werden, wie z.B. Abweichungen in den Abschreibungs- und Rückstellungsregelungen. Von zentraler Bedeutung ist insbesondere auch die Frage der *Steuerabzugsmöglichkeit*. Weil die geschuldete Steuer gewöhnlich einen wesentlichen Teil des am Markt erwirtschafteten Gewinns ausmacht, spielt der Umstand, ob die Steuer bei der Ermittlung des steuerbaren Reingewinns abgezogen werden kann oder nicht, eine entsprechend grosse Rolle.

4 Es ist deshalb immer abzuklären, ob sich die in den Vergleich einbezogenen Steuersätze auf den Gewinn *nach Abzug* der Steuern («Gewinn nach Steuern») oder auf den Gewinn *vor Abzug* der Steuern («Gewinn vor Steuern») beziehen. In vielen *ausländischen Staaten* können die Steuern nicht vom Reingewinn abgezogen werden. Um die Steuersätze von Bund und Kantonen mit den Steuersätzen, die für Reingewinne vor Abzug der Steuern gelten, vergleichen zu können, müssen sie als «Nachsteuersätze» zunächst *umgerechnet* werden. Beträgt beispielsweise der Steuersatz nach Steuern 20%, so ist der Steuersatz vor Steuern wie folgt zu ermitteln:

$$\frac{20 \times 100}{100 + 20} = \underline{16{,}66}$$

Wenn sich also aufgrund der gesetzlichen Tarife in Bund und Kanton eine Steuerbelastung von 20% ergibt, entspricht dies im Vergleich zur Steuerbelastung in Staaten ohne Steuerabzugsmöglichkeit lediglich einer Belastung von 16,66%.

B. Gewinn- und Kapitalsteuersätze

I. Bund

5 Der Bund erhebt von den *Kapitalgesellschaften und Genossenschaften* gemäss DBG 68 eine proportionale Gewinnsteuer von *8,5%* des Reingewinns und kennt *keine Kapitalbesteuerung*.

6 Der Gewinnsteuersatz der *Vereine, Stiftungen und übrigen juristischen Personen* beträgt nach DBG 71 *4,25%* des Reingewinns. Ein Reingewinn unter CHF 5000 wird nicht besteuert (DBG 71 II). Ebenfalls mit *4,25%* wird nach DBG 72 der Reingewinn *kollektiver Kapitalanlagen mit direktem Grundbesitz* besteuert.

II. Kanton Zürich

Auch im Kanton Zürich wird eine proportionale Gewinnsteuer erhoben. Die Gewinnsteuer für *Kapitalgesellschaften und Genossenschaften* beträgt *8% des Reingewinns* (ZH StG 71).

Bei den *Vereinen, Stiftungen und den übrigen juristischen Personen* sowie bei den *kollektiven Kapitalanlagen mit direktem Grundbesitz* ist der Steuersatz wie bei der direkten Bundessteuer auf die Hälfte reduziert (ZH StG 76 und 77). Reingewinne von Vereinen, Stiftungen und den übrigen juristischen Personen unter CHF 10 000 sind steuerfrei (ZH StG 76 II).

Die Kapitalsteuer für *Korporationen mit Teilrechten* sowie für *Holding-, Domizil- und gemischte Gesellschaften* beträgt *0,15‰*, für *alle anderen juristischen Personen 0,75‰* des steuerbaren Eigenkapitals (ZH StG 82 I). Das Eigenkapital unter CHF 100 000 von Vereinen, Stiftungen und den übrigen juristischen Personen, einschliesslich der kollektiven Kapitalanlagen mit direktem Grundbesitz, wird nicht besteuert (ZH StG 82 II).

Dabei handelt es sich jeweils um die einfache Staatssteuer (vgl. ZH StG 2 I), die mit dem Staats- und Gemeindesteuerfuss multipliziert werden muss.

III. Berechnungsbeispiel für Kapitalgesellschaften und Genossenschaften[5]

Reingewinn 2011 (nach Steuern)	130 000			
Kapital per 31.12.2011	950 000			

1. Direkte Bundessteuer 2011

Reingewinn 2011				
Direkte Bundessteuer	130 000	8,5%		11 050

2. Staats- und Gemeindesteuern 2011

Einfache Staatssteuer auf Reingewinn 2011	130 000	8%	10 400	
Einfache Staatssteuer auf Kapital per 31.12.2011	950 000	0,75‰	712	
Total einfache Staatssteuer			11 112	
Steuer für Kanton	11 112	100%		11 112
Steuer für Stadt Zürich	11 112	129,54%		14 394
Total Direkte Bundessteuer und Staats- und Gemeindesteuern				36 556

---

[5] Weiterführend zur Steuerberechnung RICHNER/FREI/KAUFMANN/MEUTER, N 32 zu ZH StG 173.

§ 23 Besonderheiten bei Holding- und Verwaltungsgesellschaften

Literatur
BLUMENSTEIN/LOCHER, System, 277 ff.; HÖHN/WALDBURGER, Bd. I, § 20 N 10 ff. und N 24 ff.; MÄUSLI-ALLENSPACH/OERTLI, Steuerrecht, 246 ff.; OBERSON, Droit fiscal, § 12 N 1 ff.

ALTDORFER JÜRG, Die Ausdehnung des Beteiligungsabzuges auf Kapitalgewinne aus wesentlichen Beteiligungen, ST 1998, 165 ff.; Duss Marco, Der Beteiligungsabzug bei den Gewinnsteuern von Bund und Kantonen (DBG und StHG), StR 1995, 457 ff.; DENNER REINER/WYSS MARKUS, Holdingstandort Schweiz im internationalen Vergleich. Starke Konkurrenz für die Schweiz, ST 2006, 450 ff.; Gehriger Pierre-Olivier, Holding- und Finanzgesellschaften als Instrumente der internationalen Steuerplanung, ASA 71 (2002/2003), 433 ff.; GRETER MARCO, Der Beteiligungsabzug im harmonisierten Gewinnsteuerrecht, Zürich 2000; Oesch Richard, Die Holdingbesteuerung in der Schweiz: Eine Studie über ihre Grundlage und Ausformung, Zürich 1976; Regli Florian, Verlegung des Finanzierungsaufwands bei der Berechnung des Beteiligungsabzugs, FStR 2008, 125 ff. (1. Teil) und 182 ff. (2. Teil); REICH MARKUS, Die Besteuerung der Holding-, Beteiligungs- und Verwaltungs-Gesellschaften im Kanton Zürich, StR 1982, 541 ff.; ders., Ein Besteuerungskonzept für Holding- und Domizilgesellschaften, ASA 48 (1979/80), 289 ff.; WALDBURGER ROBERT, Holding- und Domizilprivileg im Steuerharmonisierungsgesetz, Zürich 1996 (zit. WALDBURGER, Holding- und Domizilprivileg).

Materialien
Botschaft zum Bundesgesetz über die Verbesserung der steuerlichen Rahmenbedingungen für unternehmerische Tätigkeiten und Investitionen (Unternehmenssteuerreformgesetz II) vom 22.6.2005, BBl 2005, 4733–4874 (zit. Botschaft UStR II); Botschaft zur Reform der Unternehmensbesteuerung 1997 vom 26.3.1997, BBl 1997 II, 1164–1220 (zit. Botschaft UStR I).

Bei Holding- und Verwaltungsgesellschaften ergeben sich besondere Steuerfragen, die zum Teil auf die *Mehrfachbelastung der Gewinne* bei mehrstöckigen Beteiligungsverhältnissen zurückzuführen sind; zum Teil sind sie indes auch im Bestreben begründet, international tätigen Finanz- und Dienstleistungsunternehmen, die ihren Standort häufig nicht zuletzt aus steuerlichen Überlegungen wählen, *attraktive Bedingungen* einzuräumen.[1]

A. Holding- und Beteiligungsgesellschaften

I. Begriffe

Inhaber von Beteiligungsrechten an Kapitalgesellschaften und Genossenschaften können nicht nur natürliche, sondern auch juristische Personen sein. Kapitalgesellschaften und Genossenschaften sind häufig an andern Gesellschaften be-

---

[1] Vgl. Botschaft UStR I, 1175 ff.

teiligt. Wenn ein Beherrschungsverhältnis gegeben ist, spricht man von «*Mutter-*» und «*Tochtergesellschaften*» oder von «*Ober-*» und «*Untergesellschaften*».[2]

3   Als *Holdinggesellschaft* wird eine Gesellschaft bezeichnet, die an andern Gesellschaften beteiligt ist.[3] Die Terminologie ist uneinheitlich. Zum einen wird darunter in Abgrenzung zum Begriff «*Beteiligungsgesellschaft*» eine Gesellschaft verstanden, die sich fast ausschliesslich mit der Verwaltung von Beteiligungen befasst. In diesem Sinn spricht man auch von «*reiner Holdinggesellschaft*». Zum andern bildet der Begriff der Holdinggesellschaft aber auch den Oberbegriff für alle Gesellschaften, die an andern Gesellschaften beteiligt sind.

4   *Beteiligungsgesellschaften* oder *gemischte Beteiligungsgesellschaften* sind nicht nur an andern Gesellschaften beteiligt, sondern üben als Haupt- oder Nebentätigkeit auch eine eigentliche Geschäftstätigkeit (Handel, Fabrikation etc.) aus.

II.   Problematik der Mehrfachbelastung

5   Ohne besondere steuergesetzliche Regulative würde das System der selbständigen Besteuerung der juristischen Personen bei mehrstöckigen Beteiligungsverhältnissen zu einer *steuerlichen Mehrfachbelastung des wirtschaftlich gleichen Gewinns* führen. Der am Markt von der Tochtergesellschaft erarbeitete Gewinn unterliegt bei dieser zunächst der Gewinnsteuer. Bei Ausschüttung dieses Gewinns hätte ihn die Muttergesellschaft als Beteiligungsertrag nochmals zu versteuern. Wenn dieser in der Folge an die natürlichen Personen, die an der Muttergesellschaft beteiligt sind, ausgeschüttet wird, würde überdies die Vermögensertragsbesteuerung bei den Inhabern der Beteiligungsrechte greifen. Je nach Zwischenschaltung weiterer intermediärer Gesellschaften würden dieser dreifachen Besteuerung weitere Belastungsstufen hinzugefügt. Eine solche Steuerordnung wäre haltlos und würde nicht nur das *Leistungsfähigkeitsprinzip*, sondern auch den Grundsatz der *Entscheidungsneutralität* der Besteuerung in krasser Weise verletzen.

6   Die Steuergesetze sehen deshalb auf Ebene der intermediären Gesellschaften Entlastungsregulative vor, welche diese Mehrfachbelastung auf die gesetzlich an sich gewollte *Doppelbelastung* des von juristischen Personen erarbeiteten Gewinns reduzieren.[4]

---

[2]   Dazu und zum Folgenden REICH, StR 1982, 542.
[3]   Ein *Beherrschungsverhältnis* wird nicht vorausgesetzt.
[4]   Diese Doppelbelastung wird durch das im Zuge der Unternehmenssteuerreform II eingeführte *Teilbesteuerungsverfahren* bei der Einkommenssteuer gemildert (vgl. § 13 N 162 und § 15 N 159).

III. Gesetzliche Regelung

1. Bund

Die direkte Bundessteuer kennt zur Vermeidung der Drei- und Mehrfachbelastung den sog. *Beteiligungsabzug* (DBG 69 ff.).[5] Kapitalgesellschaften und Genossenschaften wird die Gewinnsteuer ermässigt, wenn sie Erträge aus qualifizierten Beteiligungen an andern Gesellschaften vereinnahmen. Seit 1.1.2011 betragen die Schwellenwerte, die für die Inanspruchnahme des Beteiligungsabzugs (alternativ) erfüllt sein müssen:

– 10% Anteil am Grund- oder Stammkapital einer andern Gesellschaft oder
– 10% Anteil am Gewinn und an den Reserven einer andern Gesellschaft oder
– Beteiligungsrechte an einer andern Gesellschaft im Verkehrswert von mindestens CHF 1 Mio.

Die Gewinnsteuer wird im Verhältnis des *Nettoertrags* aus Beteiligungsrechten zum gesamten Reingewinn des Unternehmens ermässigt. Der Nettobeteiligungsertrag entspricht dem Bruttoertrag aus den Beteiligungen abzüglich des darauf entfallenden Finanzierungsaufwands und eines Verwaltungskostenanteils von 5%; wobei der Nachweis des effektiv mit der Erzielung des Beteiligungsertrags verbundenen Aufwands vorbehalten bleibt (DBG 70 I).

Zum Nettoertrag aus Beteiligungen gehören nicht nur Gewinnausschüttungen aller Art, sondern auch *Kapitalgewinne* auf Beteiligungen (DBG 70 I). Die Voraussetzungen für den Beteiligungsabzug bei Kapitalgewinnen sind allerdings anders konzipiert als beim Beteiligungsabzug für Kapitalerträge. Nach DBG 70 IV b wird ein *Mindestanteil* von 10% am Kapital oder am Gewinn und den Reserven einer andern Gesellschaft verlangt. Zusätzlich zur quotenmässigen Voraussetzung wird für den Einbezug der Kapitalgewinne in den Beteiligungsabzug eine *Besitzesdauer von mindestens einem Jahr* verlangt. Der betragsmässige Schwellenwert von CHF 1 Mio. ist beim Beteiligungsabzug auf Kapitalgewinnen nicht vorgesehen. Fällt die Beteiligungsquote infolge einer Teilveräusserung unter 10%, so kann die Ermässigung für jeden folgenden Veräusserungsgewinn immer noch beansprucht werden, wenn die Beteiligungsrechte am Ende des Steuerjahres vor dem Verkauf einen Verkehrswert von mindestens CHF 1 Mio. hatten.[6]

Obwohl durch den Beteiligungsabzug die Kapitalgewinne entlastet werden, dürfen bei Werteinbussen auf Beteiligungen steuerwirksam *Abschreibungen* oder *Wertberichtigungen* vorgenommen werden; diese sind allerdings zwingend wieder einzubringen, sobald sich der Wert der Beteiligung erholt hat.[7]

---

[5] Ausführlich dazu Kreisschreiben Nr. 27 der EStV vom 17.12.2009 betreffend Steuerermässigung auf Beteiligungserträgen von Kapitalgesellschaften und Genossenschaften.
[6] Vgl. Botschaft UStR II, 4812 f.
[7] DBG 62 IV; vorne § 20 N 5.

10 Das Beteiligungsabzugssystem ist grundsätzlich anders ausgestaltet als die *Freistellungsmethode,* die im Ausland weit verbreitet ist.[8] Im Unterschied zur Freistellungsmethode, bei welcher die Gewinnausschüttungen von Tochtergesellschaften und allenfalls auch die Kapitalgewinne aus deren Veräusserung bei der Ermittlung der Bemessungsgrundlage vom steuerbaren Reingewinn abgezogen werden, bilden die Ausschüttungen und Kapitalgewinne im Beteiligungsabzugssystem zwar *steuerbaren Gewinn,* werden also in die Bemessungsgrundlage einbezogen, bei der Steuerberechnung wird dann aber eine *Steuerermässigung* gewährt[9].

11 Die Steuerermässigung errechnet sich wie folgt:

$$\frac{100 \times \text{Nettobeteiligungsertrag}}{\text{Gesamter Reingewinn}} = \text{Steuerreduktion in \%}$$

12 Im Ergebnis führt die Steuerabzugsmethode im Normalfall wie die Freistellungsmethode zu einer Nichtbesteuerung der entsprechenden Beteiligungserträgnisse. Aufgrund der technischen Ausgestaltung können sich indes bei beiden Methoden zum Teil recht erhebliche *Reststeuerbelastungen* ergeben. Unzulänglich funktioniert das Beteiligungsabzugssystem insbesondere bei Vorliegen von *Verlusten* oder von *Gewinnen aus Auslandbetriebsstätten* sowie bei *Tochterabsorptionen*. Aus diesen Gründen ist im Zuge der geplanten Unternehmenssteuerreform III der Wechsel von der Steuerabzugsmethode zur Freistellungsmethode vorgesehen.[10]

2. Kantone

a) Beteiligungsabzug

13 Das Beteiligungsabzugssystem ist harmonisiert. Die Kantone müssen den Beteiligungsgesellschaften einen Beteiligungsabzug einräumen, der technisch gleich ausgestaltet ist wie der Beteiligungsabzug bei der direkten Bundessteuer (StHG 28 I). Der Einbezug der *Beteiligungsgewinne* ist den Kantonen allerdings freigestellt (StHG I[bis]). Sämtliche Kantone haben aus Gründen der Standortattraktivität von dieser Möglichkeit Gebrauch gemacht.[11]

---

[8] Oberson, Droit fiscal, § 12 N 1.
[9] Dazu ausführlich, auch mit einem Berechnungsbeispiel, Richner/Frei/Kaufmann/Meuter, N 29 ff. zu ZH StG 72.
[10] Vgl. Faktenblatt der EStV betreffend die Stärkung des Standortes Schweiz (Unternehmenssteuerreform III), <http://www.efd.admin.ch/dokumentation/zahlen/00579/00608/01329/index.html?lang=de> (besucht am 15.12.2011).
[11] SSK, Steuerinformationen. D. Die Besteuerung der juristischen Personen, 27.

b) Holdingprivileg

Neben dem Beteiligungsabzug ist den *Kantonen* harmonisierungsrechtlich die Statuierung des sog. *Holdingprivilegs* vorgeschrieben. Nach StHG 28 II haben Kapitalgesellschaften und Genossenschaften keine Gewinnsteuer zu entrichten, wenn

- ihr statutarischer Zweck zur Hauptsache in der dauernden Verwaltung von Beteiligungen besteht,
- in der Schweiz keine Geschäftätigkeit ausgeübt wird und
- die Beteiligungen oder die Erträge aus Beteiligungen längerfristig mindestens zwei Drittel der gesamten Aktiven oder Erträge ausmachen.

14

Ausgenommen von dieser Gewinnsteuerbefreiung sind lediglich die Erträge aus *schweizerischem Grundeigentum*, die zum ordentlichen Tarif besteuert werden.

15

Zum einen wird die *statutarische Absicherung* des Holdingzwecks – eine Voraussetzung, die steuerrechtlich an sich wenig Sinn ergibt – verlangt, zum andern wird zusätzlich auch die Ausübung einer *Geschäftätigkeit* in der Schweiz untersagt. Darunter ist jede nachhaltige und nach aussen sichtbare Teilnahme am schweizerischen Markt, die nicht unmittelbar mit der Beteiligungsverwaltung verknüpft ist, zu verstehen.[12] Konzernintern dürfen Holdinggesellschaften dagegen umfangreiche Hilfstätigkeiten ausüben. Im Ausland ist Holdinggesellschaften jede Art von Geschäftätigkeit erlaubt.

16

Bei der Auslegung der Begriffe der *Beteiligungen* und der *Erträge aus Beteiligungen* haben die Kantone einen gewissen Auslegungsspielraum.[13] StHG 28 II verweist diesbezüglich nicht auf die in StHG 28 I näher konkretisierten Begriffe.

17

Die Quotenvoraussetzungen von zwei Dritteln sind *alternativ* bezogen auf die *Aktivseite* der Bilanz einerseits, indem von den Gesamtaktiven mindestens zwei Drittel aus Beteiligungen bestehen müssen[14] oder auf die *Ertragsseite* andererseits, wo zwei Drittel der verbuchten Erträge aus Beteiligungserträgnissen stammen müssen. Ob eine dieser Voraussetzungen erfüllt ist, muss aufgrund eines Zeitraums von mehreren Jahren beurteilt werden. Sind die Voraussetzungen nicht mehr gegeben, wird den Gesellschaften gewöhnlich eine Frist angesetzt, während der die Holdingbedingungen wieder herzustellen sind. Eine kurzfristige, vorübergehende Störung des Holdingcharakters führt nicht zum Verlust des Privilegs. Das «Hin- und Herpendeln» zwischen der privilegierten und der ordentlichen Besteuerung muss aus Gründen der Rechtssicherheit und aus Praktikabilitätsüberlegungen verhindert werden.[15]

18

---

[12] Weiterführend HÖHN/WALDBURGER, Bd. I, § 20 N 13 ff.; RICHNER/FREI/KAUFMANN/MEUTER, N 6 ff. zu ZH StG 73.
[13] Dazu DUSS/VON AH/RUTISHAUSER, in: ZWEIFEL/ATHANAS, N 108 ff. zu StHG 28.
[14] Beurteilungsgrundlage bildet der *Verkehrswert* der Aktiven.
[15] Vgl. WALDBURGER, Holding- und Domizilprivileg, 62 ff.; REICH, ASA 48, 307.

3. Beurteilung

19 Soweit die dargestellten Regelungen der Vermeidung der Drei- und Mehrfachbelastung der von juristischen Personen erarbeiteten Gewinne dienen, kann gegen die vorgesehenen Entlastungen der Ausschüttungen und der Beteiligungsgewinne nichts eingewendet werden. Insbesondere der Beteiligungsabzug drängt sich aus Gründen der rechtsgleichen und leistungsfähigkeitskonformen Besteuerung auf.[16] Fälschlicherweise wird der Beteiligungsabzug gelegentlich als «*Beteiligungsprivileg*» bezeichnet. Der Beteiligungsabzug hat jedoch mit einer Vergünstigung nichts gemein. Gleiches gilt auch für das Holdingprivileg, allerdings nur insoweit, als es auf die Entlastung der auf Ebene der Tochtergesellschaften bereits gewinnbesteuerten Erträgnisse zielt. Hinsichtlich der andern Erträge ist die Gewinnsteuerbefreiung der reinen Holdinggesellschaften verfassungsrechtlich nicht unproblematisch. Die Freistellung der Nichtbeteiligungserträge führt dazu, dass Gewinne, die von juristischen Personen erwirtschaftet worden sind, auf Gesellschaftsebene im Kanton überhaupt keiner Steuerbelastung unterliegen. Kritik erwächst dem Holdingprivileg auch vonseiten der EU, die geltend macht, dass derartige Steuervergünstigungen gegen das *Freihandelsabkommen* aus dem Jahre 1972[17] verstiessen.[18]

20 Die durch das Holdingprivileg bewirkte partielle Abkehr von der Doppelbelastung der in juristischen Personen erzielten Gewinne lässt sich nur *standortpolitisch* rechtfertigen. Die Schweiz verschafft sich durch die kantonalen Holdingprivilegien eine vorteilhaftere Stellung im internationalen Standortwettbewerb.[19] Holdinggesellschaften sind heute international sehr mobil und richten ihre Sitznahme zunehmend auch nach steuerlichen Gesichtspunkten aus.[20] Dank dem Holdingprivileg vermag die Schweiz mit andern renommierten Holdingstandorten wie Irland oder den Niederlanden im Standortwettbewerb mitzuhalten. Die zahlreichen international bedeutsamen Holdinggesellschaften, die ihren Sitz in der Schweiz haben, sind volkswirtschaftlich von nicht zu unterschätzender Bedeutung.[21]

---

[16] Vgl. REICH, StR 1982, 542.
[17] Abkommen vom 22.7.1972 zwischen der Schweizerischen Eidgenossenschaft und der Europäischen Wirtschaftsgemeinschaft (SR 0.632.401).
[18] Dazu hinten N 32.
[19] Vgl. GEHRIGER, ASA 71, 436.
[20] Auch zum Folgenden SwissHoldings (Hrsg.), Headquarter-Standort Schweiz im globalen Wettbewerb, Bern 2009, 11 und 58 ff.; DENNER/WYSS, ST 2006, 455.
[21] Dazu SwissHoldings (Hrsg.), Konzernstandort Schweiz im globalen Wettbewerb. Steuerliche Herausforderungen für unser Land, Bern 2008, 17 ff.

B. Verwaltungsgesellschaften und gemischte Gesellschaften

I. Begriff und Wesen

Verwaltungsgesellschaften und gemischte Gesellschaften entfalten in der Schweiz keine oder nur eine untergeordnete Geschäftstätigkeit. Sie werden gewöhnlich zwischen wirtschaftlich verbundene juristische oder natürliche Personen geschaltet und dienen als Drehscheibe der Wirtschaftsbeziehungen zum Ausland.[22] Die Erträge von Verwaltungsgesellschaften und gemischten Gesellschaften stammen demnach überwiegend oder vollumfänglich aus ausländischer Quelle. Man spricht auch von «*Basis-*» oder «*Hilfsgesellschaften*». 21

Als *Verwaltungsgesellschaften* werden gewöhnlich juristische Personen bezeichnet, welche in der Schweiz keine Geschäftstätigkeit, sondern nur eine relativ unbedeutende Verwaltungstätigkeit ausüben. Beschränkt sich die Verwaltungstätigkeit auf einige wenige administrative Hilfstätigkeiten, spricht man auch von «*Domizilgesellschaften*». *Gemischte Gesellschaften* dagegen sind juristische Personen, die in der Schweiz zwar durchaus eine Geschäftstätigkeit entfalten, deren schweizerische Geschäftstätigkeit und Ertragsstruktur jedoch überwiegend auslandsbezogen ist. Die auf die Schweiz bezogene Geschäftstätigkeit hat sich in einem untergeordneten Rahmen zu bewegen.[23] 22

II. Gesetzliche Regelung

1. Verwaltungsgesellschaften

Nach StHG 28 III haben Kapitalgesellschaften, Genossenschaften und Stiftungen, die in der Schweiz eine Verwaltungstätigkeit, aber keine Geschäftstätigkeit ausüben, 23
- keine kantonale Gewinnsteuer auf *Beteiligungserträgen* und *Beteiligungsgewinnen* und
- nur eine stark reduzierte kantonale Gewinnsteuer auf ihrem *Auslandertrag* zu entrichten.
- Ihre *Inlanderträge* unterliegen hingegen auch nach kantonalem Recht der ordentlichen Besteuerung.

Als *Auslanderträge* gelten Einkünfte aus ausländischer Quelle, also Einkünfte, die im Wesentlichen im Ausland erwirtschaftet werden. Verlangt wird m.a.W. 24

---

[22] ZUPPINGER/BÖCKLI/LOCHER/REICH, Steuerharmonisierung, 266 mit weiteren Hinweisen.
[23] Zur Terminologie und zum Ganzen HÖHN/WALDBURGER, Bd. I, § 20 N 27 ff.; MÄUSLI-ALLENSPACH/OERTLI, Steuerrecht, 256 ff.; RICHNER/FREI/KAUFMANN/MEUTER, N 1 ff. zu ZH StG 74.

eine hinreichende wirtschaftliche Affinität der Einkünfte zum Ausland.[24] Die Leistung, die vergütet wird, oder der Vermögenswert, welcher Ertrag abwirft, müssen auslandbezogen sein. Gewöhnlich handelt es sich um Zahlungen von ausländischen Schuldnern.

25 Die *Reduktion* auf den Auslanderträgen bemisst sich je nach der Bedeutung und Intensität der schweizerischen Verwaltungstätigkeit. Ist diese völlig untergeordnet, werden die Auslandeinkünfte in einigen Kantonen überhaupt nicht oder nur mit einer geringfügigen Quote erfasst. Damit unterliegen die Auslanderträge bei Verwaltungsgesellschaften einer Gesamtbelastung (inkl. direkter Bundessteuer) von in etwa 8,5–11%. In den meisten Kantonen ist bei Verwaltungsgesellschaften auch die Kapitalsteuer reduziert.

26 Als *Verwaltungstätigkeit* gelten neben den rein administrativen Hilfstätigkeiten (wie Inkasso, Telefondienst, Fakturierung, Buchführung) auch die Immaterialgüterverwaltung oder gewisse Konzerndienstleistungen in der Form der Überwachung von Vertragsabwicklungen oder der ausländischen Geschäftstätigkeit sowie die Konzernfinanzierung, sofern diese Aktivitäten keinen grösseren Bürobetrieb und keinen umfangreichen Personaleinsatz erfordern.[25]

2. Gemischte Gesellschaften

27 Kapitalgesellschaften und Genossenschaften, deren Geschäftstätigkeit *überwiegend auslandsbezogen* ist und die in der Schweiz nur eine *untergeordnete Geschäftstätigkeit* ausüben, unterstehen nach StHG 28 IV grundsätzlich dem gleichen kantonalen Steuerregime wie die Verwaltungsgesellschaften gemäss StHG 28 III. Ihr Auslandertrag wird indes nach der Bedeutung der in der Schweiz ausgeübten Geschäftstätigkeit festgelegt. Die Auslanderträgnisse werden somit in der Regel mit einer höheren Quote als bei den Verwaltungsgesellschaften in die ordentliche Besteuerung einbezogen. Die Quoten variieren in der Praxis der Kantone recht stark und liegen gewöhnlich zwischen 15 und 40%. Damit ergibt sich eine Gesamtsteuerbelastung auf dem Auslandertrag von in etwa 9–13%.

28 Eine Geschäftstätigkeit ist *untergeordnet,* wenn sie sich auf die Ausübung von *Hilfsfunktionen* für die im Wesentlichen im Ausland vollzogene Geschäftstätigkeit beschränkt. Die Unterordnung kann aber auch darin bestehen, dass die schweizerische Geschäftstätigkeit in wesentlichem Ausmass vom *Ausland dirigiert* wird. Darüber hinaus lässt es die Praxis zahlreicher Kantone aber auch genügen, wenn lediglich das Kriterium des *überwiegenden Auslandsbezugs* erfüllt ist. Keine schädliche Geschäftstätigkeit liegt demnach vor, wenn der Handel zwischen Drittstaaten von der Schweiz aus organisiert und durchgeführt wird (sog. *Ausland-Ausland-Geschäfte*). Eine schweizerische Geschäftstätigkeit, die der ordentlichen Besteuerung unterliegt, bildet demgegenüber die Ein- und Ausfuhr von Waren.

---

[24] WALDBURGER, Holding- und Domizilprivileg, 37 ff.; REICH, StR 1982, 557 ff.
[25] Ausführlich REICH, StR 1982, 555 f.; ZUPPINGER/BÖCKLI/LOCHER/REICH, Steuerharmonisierung, 275.

Die *wirtschaftliche Affinität* zum Ausland wird vielfach rein *quantitativ* aufgrund der Ertragsquellen und je nach Kanton auch aufgrund der Lokalisierung des Aufwands beurteilt. So bestimmt z.B. die Weisung der Finanzdirektion des Kantons Zürich über die Besteuerung der Beteiligungs-, Holding-, Domizil- und gemischten Gesellschaften,[26] dass ein hinreichender Auslandsbezug grundsätzlich dann bestehe, wenn mindestens 80% des Bruttoertrages aus ausländischer Quelle stammen und 80% der Aufwendungen für die eigene oder durch Dritte erfolgte Leistungserstellung im Ausland anfallen. Dabei wird auf den Sitz oder Wohnsitz des Rechnungsstellers abgestellt. Die ertrags- und aufwandseitigen Voraussetzungen müssen folglich im Kanton Zürich kumulativ erfüllt sein.[27]

29

III. Beurteilung

Auch bei der Beurteilung der Steuerprivilegien für Verwaltungsgesellschaften und gemischte Gesellschaften ist vorab festzuhalten, dass die dargestellten Regelungen insoweit nicht zu beanstanden sind, als sie *Ausschüttungen* aus Tochtergesellschaften und *Beteiligungsgewinne* entlasten. Kein überzeugender Grund zur Rechtfertigung der Vergünstigungen ergibt sich jedoch aus der Überlegung, diese Gesellschaften würden aufgrund ihrer Auslandtätigkeit oftmals auch im Ausland der Besteuerung unterliegen, weshalb sich die unilaterale Bereinigung der *Doppelbesteuerung* aufdränge. Die privilegierten Erträge werden im Ausland meistens nicht besteuert, sodass sich mit diesem Argument eine generelle Vergünstigung nicht begründen lässt. Gleiches gilt für den Rechtfertigungsversuch, Verwaltungsgesellschaften und gemischte Gesellschaften würden die schweizerische Infrastruktur wegen ihrer auf das Ausland konzentrierten Geschäftstätigkeit nur in untergeordnetem Mass in Anspruch nehmen. Solche *Äquivalenzgedanken* sind unserem Gewinnsteuersystem fremd und können nicht bloss partiell bei starkem Auslandsbezug der Aktivitäten gegen den Grundsatz der Besteuerung nach der wirtschaftlichen Leistungsfähigkeit angeführt werden.

30

Wie beim Holdingprivileg muss auch bei den kantonalen Steuerprivilegien für Verwaltungsgesellschaften und gemischte Gesellschaften vermerkt werden, dass sie sich – abgesehen von der Entlastung der Beteiligungserträge und -gewinne – einzig *standortpolitisch* rechtfertigen lassen. Die Privilegien bilden ein sehr wirksames Argument bei der Sitzwahl volkswirtschaftlich und steuerlich bedeutsamer Unternehmen. Verschiedene Kantone, die aufgrund ihrer Lage wenig Standortvorteile wie gute Verkehrsverbindungen, Flughafennähe, breite Auswahl von kulturellen Angeboten und Schulen zu bieten haben, profitieren stark

31

---

[26] Weisung der Finanzdirektion des Kantons Zürich vom 12.11.2010 über die Besteuerung der Beteiligungs-, Holding-, Domizil- und gemischten Gesellschaften, ZStB 26/052, Ziff. 64.
[27] Weiterführend mit Berechnungsbeispielen Richner/Frei/Kaufmann/Meuter, N 31 zu ZH StG 74; vgl. auch Zuger Steuerbuch, Erläuterungen zu § 69. Verwaltungsgesellschaften (Domizil- und gemischte Gesellschaften), <http://www.zug.ch/behoerden/finanzdirektion/steuerverwaltung/steuerbuch> (besucht am 15.12.2011), insb. Ziff. 9.

von solchen Unternehmen. Obwohl die Kantonssteuereinnahmen durch die Vergünstigungen stark reduziert werden, sind die Steuereinnahmen wegen des *Kantonsanteils an der direkten Bundessteuer* zum Teil beträchtlich. Überdies tragen diese Unternehmen auch zur allgemeinen wirtschaftlichen Belebung von eher abgelegenen Regionen bei, indem Arbeitsplätze geschaffen werden und der Dienstleistungssektor belebt wird.[28]

32 Dass die EU sich im sog. *Steuerstreit* entschieden gegen die kantonalen Holding- und Domizilprivilegien wendet und von der Schweiz dezidiert deren Abschaffung fordert, obwohl sie für dieses Ansinnen keine überzeugende Rechtsgrundlage vorzuweisen vermag,[29] zeigt deutlich, dass die volkswirtschaftliche Bedeutung dieser international äusserst mobilen Gesellschaften auch von der EU sehr hoch eingestuft wird. Die EU sieht in der Gewährung solcher Steuerprivilegien einen Verstoss gegen das im Freihandelsabkommen[30] statuierte Beihilfenverbot. Es wird geltend gemacht, dass die kantonalen Privilegien den internationalen Wettbewerb ähnlich wie staatliche Subventionen verfälschen würden. Mit Blick auf die enorme Bedeutung der EU als wichtigster Handelspartner wird die Schweiz wohl nicht darum herumkommen, gewisse Modifikationen bei der Besteuerung von Holding- und Verwaltungsgesellschaften vorzunehmen.[31] Dabei gilt es allerdings, alles daran zu setzen, den Wegzug der betroffenen Unternehmen ins Ausland zu verhindern.[32]

---

[28] Ausführlich dazu Bericht der EStV vom 15.9.2006 zuhanden der Kommission für Wirtschaft und Abgaben des Nationalrats (WAK-N), Volkswirtschaftliche und finanzielle Auswirkungen der Unternehmenssteuerreform 1997.

[29] Vgl. Informationsblatt der ESTV und des Integrationsbüros EDA/EVD betreffend die kantonale Unternehmensbesteuerung und das Freihandelsabkommen Schweiz–EG 1972 vom März 2006; Entscheidung der Kommission vom 13.2.2007 über die Unvereinbarkeit bestimmter schweizerischer Körperschaftsteuerregelungen mit dem Abkommen zwischen der Europäischen Wirtschaftsgemeinschaft und der Schweizerischen Eidgenossenschaft vom 22.7.1972, <http://eeas.europa.eu/delegations/switzerland/documents/eu_switzerland/20070213_kommission_steuern.pdf> (besucht am 15.12.2011); dazu auch THOMAS COTTIER/RENÉ MATTEOTTI, Der Steuerstreit Schweiz–EG: Rechtslage und Perspektiven, SJER 06/07, 211 ff.; PHILIPP ROTH, Der Steuerstreit zwischen der Schweiz und der Europäischen Union. Die Vereinbarkeit der kantonalen Steuerprivilegien mit dem FHA im Licht des Rechts der EU und WTO, ST 2010, 721 ff.

[30] Vorne Fn. 17.

[31] Dazu RAINER HAUSMANN/PHILIPP ROTH/OLIVER KRUMMENACHER, Die Lizenzbox als alternatives Steuermodell zur Gemischten Gesellschaft. Die Besteuerung von Lizenzerträgen unter Berücksichtigung internationaler und europarechtlicher Bestimmungen, ST 2012, 87 ff.

[32] Vgl. SWISSHOLDINGS (Hrsg.), EU-Steuerstreit und Unternehmenssteuerreform III: Schweiz braucht eine nachhaltige Strategie, Bern 2011.

Vierter Abschnitt:

Grundstückgewinnsteuer

§ 24 Grundlagen der Grundstückgewinnsteuer

Literatur
BLUMENSTEIN/LOCHER, System 184 ff. und 188 ff.; HÖHN/WALDBURGER, Bd. I, § 22 N 4 ff.; MÄUSLI-ALLENSPACH/OERTLI, Steuerrecht, 265 ff.; OBERSON, Droit fiscal, § 13 N 17 ff.

GUHL HEINRICH, Die Spezialbesteuerung der Grundstückgewinne in der Schweiz. Vergleichender Überblick über das materielle Recht, Zürich 1952 (zit. GUHL, Spezialbesteuerung); HÖHN ERNST, Die Besteuerung der privaten Kapitalgewinne (Kapitalgewinnbesteuerung), Winterthur 1955 (zit. HÖHN, Kapitalgewinnbesteuerung); LOCHER PETER, Das Objekt der bernischen Grundstückgewinnsteuer, Bern 1976 (zit. LOCHER, Bernische Grundstückgewinnsteuer); STEIGER JACOB, Die Wertzuwachssteuer (Besteuerung der Liegenschaftsgewinne) in Deutschland und in der Schweiz, Zürich 1910 (zit. STEIGER, Wertzuwachssteuer); ZUPPINGER FERDINAND, Die fiskalische Belastung planerischer Mehrwerte, ZBl 1979, 434 ff.; ders., Die fiskalische Belastung von Grund und Boden nach geltendem Recht und mit Blick auf die Zukunft, ZBl 1978, 97 ff.; ders., Bodenmehrwerte und Steuerrecht, ASA 47 (1978/79), 135 ff.

Materialien
Botschaft zu Bundesgesetzen über die Harmonisierung der direkten Steuern der Kantone und Gemeinden sowie über die direkte Bundessteuer (Botschaft über die Steuerharmonisierung) vom 25.5.1983, BBl 1983 III, 1–381 (zit. Botschaft Steuerharmonisierung).

A. Einführung

I. Überblick über die Grundstückgewinnbesteuerung in Bund und Kantonen

Gewinne aus der Veräusserung von *Grundstücken des Privatvermögens* werden nicht mit der allgemeinen Einkommenssteuer besteuert. Sowohl das DBG als auch die kantonalen StG enthalten entsprechende objektive Steuerbefreiungstatbestände (vgl. DBG 16 III, ZH StG 16 III). Sie unterliegen jedoch in allen Kantonen einer separaten kantonalen Grundstückgewinnsteuer (StHG 12 I). Im Bund werden die privaten Grundstückgewinne nicht besteuert.

Gewinne aus der Veräusserung von *Grundstücken des Geschäftsvermögens* und *des Vermögens juristischer Personen* werden nach zwei verschiedenen Systemen erfasst:
– Im *monistischen System* unterliegen die Grundstückgewinne von natürlichen und von juristischen Personen einheitlich einer separaten Grundstückgewinnsteuer, die gleichermassen im Privat- und Geschäftsbereich Anwendung findet. Die Grundstückgewinnsteuer erfasst jedoch nur den *Wertzuwachs*, d.h. die Differenz zwischen Erlös und Anlagekosten.[1] Der sich aus wie-

---

[1] Hinten § 25 N 12 ff.

dereingebrachten Abschreibungen[2] und nicht aktivierten wertvermehrenden Aufwendungen ergebende *Buchgewinn* auf Grundstücken im Geschäftsbereich wird deshalb mit der allgemeinen Einkommens- und Gewinnsteuer erfasst.[3] Im Übrigen werden die Grundstückgewinne auf Liegenschaften des Geschäftsbereichs auf kantonaler Ebene von der Einkommens- und Gewinnsteuer ausgenommen.[4]

– Im *dualistischen System* werden die Gewinne auf Liegenschaften im Geschäftsvermögen von natürlichen Personen oder im Vermögen von juristischen Personen grundsätzlich mit der allgemeinen Einkommens- und Gewinnsteuer erfasst.[5] Ausnahmsweise werden jedoch geschäftliche Grundstückgewinne auch im dualistischen System nicht mit der Einkommens- und Gewinnsteuer, sondern wie die privaten Grundstückgewinne mit einer separaten Grundstückgewinnsteuer belegt.[6]

II. Entwicklung und Rechtfertigung der Grundstückgewinnbesteuerung

3   Grundsteuern werden von alters her erhoben.[7] Anfänglich waren es zur Hauptsache Steuern auf dem Grundvermögen, dann folgten Steuern auf dem Grundstücksverkehr und schliesslich die als *Einkommenssteuern* konzipierten Grundstückgewinnsteuern. Die Grundstückgewinnsteuern sind ursprünglich aus den Verkehrssteuern hervorgegangen, indem neben der auf der Grundlage des Veräusserungserlöses bemessenen Handänderungsabgabe noch zusätzlich eine Steuer auf dem Gewinn eingeführt wurde.[8] Obwohl mit diesem Wechsel des Steuerobjekts eine völlig andersgeartete (Einkommens-)Steuer geschaffen wurde, trägt die Grundstückgewinnsteuer noch heute gewisse Züge einer Verkehrssteuer und ist recht *formal* konzipiert.[9]

---

[2]   Das sind frühere Abschreibungen auf den Anschaffungskosten (vgl. Höhn/Waldburger, Bd. I, § 22 N 42).

[3]   Vorne § 15 N 146 f. und § 20 N 30.

[4]   Harmonisierungsrechtlich erlaubt ist neben der Freistellung der Grundstückgewinne von der Einkommens- und Gewinnsteuer auch die Anrechnung der Grundstückgewinnsteuer an die Einkommens- und Gewinnsteuer (StHG 12 IV). Einzig der Kanton GE kennt ein Anrechnungssystem; die Kantone BE, BL, BS, JU, NW, SZ, TI, TG, UR und ZH wenden das *monistische System* an (vgl. SSK, Steuerinformationen, D. Einzelne Steuern. Die Besteuerung der Grundstückgewinne, 3 ff.).

[5]   Die übrigen Kantone wenden das *dualistische System* an (vgl. SSK, Steuerinformationen, D. Einzelne Steuern. Die Besteuerung der Grundstückgewinne, 5). Dem Kanton GE kommt eine Sonderstellung zu, im Resultat folgt er dem dualistischen System (vgl. René Schreiber/Hannes Teuscher, Steuerfolgen bei Liegenschaftsverwertungen, Insolvenz- und Wirtschaftsrecht 1999, 116 ff., 117).

[6]   Hinten § 25 N 7.

[7]   Vorne § 7 N 69.

[8]   Guhl, Spezialbesteuerung, 21; Höhn, Kapitalgewinnbesteuerung, 51; Steiger, Wertzuwachssteuer, 2.

[9]   Vgl. Reimann/Zuppinger/Schärrer, N 16 zu ZH aStG 154.

Dass Grundstückgewinne *Einkünfte* im Sinn des steuerrechtlichen Einkommensbegriffs darstellen, bedarf keiner näheren Erörterung. Grundstückgewinne verkörpern *wirtschaftliche Leistungsfähigkeit* und erlauben, private Bedürfnisse zu befriedigen. Schon mit dem Grundstückbesitz als solchem wird weiterum eine wirtschaftliche Leistungsfähigkeit der Eigentümer assoziiert; diese kommt mit der Erzielung von Gewinnen aus der Veräusserung von Grundstücken erst recht zum Ausdruck. Der Boden ist ein unvermehrbares und zudem knappes Gut. Einer steigenden Nachfrage nach verwertbarem Boden steht grosso modo ein gleich bleibendes Angebot gegenüber. Die Wertsteigerungen sind also gewissermassen «vorprogrammiert»; Grundstückgewinne werden denn auch aus diesem Grund als «unverdiente» Wertzuwachsgewinne bezeichnet.[10] Auch wenn grosse Teile der längerfristig erzielten Grundstückgewinne auf die Inflation zurückzuführen sind, resultiert aus dem Grundstückbesitz wegen der allgemeinen Bodenverknappung zumeist eine *reale Vermögensvermehrung*. So steht die Steuereignung der Grundstückgewinne ausser Zweifel.[11] Eine generelle Befreiung der Grundstückgewinne wurde denn auch im Unterschied zur Steuerbefreiung der Gewinne auf dem beweglichen Privatvermögen nie ernsthaft erwogen.[12]

4

Die fiskalische Rationalität der Besteuerung der Grundstückgewinne wird zudem mit weiteren für alle Grundsteuern gleichermassen geltenden Argumenten untermauert. Grundstücke sind *immobil* und die Besitzesverhältnisse in der Regel offenkundig und klar. Der Besteuerung kann deshalb nur schwer ausgewichen werden; Steuerflucht ist kaum ein Thema.[13] Auch braucht der Staat bei der Besteuerung des Grundeigentums wegen der territorialen Verknüpfung der Steuerobjekte weniger auf den Steuerwettbewerb zu achten.

5

Gerechtfertigt wird die Besteuerung der Grundstückgewinne schliesslich insbesondere auch mit ihrer *Ausgleichfunktion* für die *Aufwendungen der Gemeinwesen* in der Form von raumplanerischen Massnahmen, Erschliessungsarbeiten, Sicherstellung der Strom- und Wasserversorgung u.dgl.[14] Vielfach ist ein erheblicher Teil des Wertzuwachses von Grundstücken auf solche wertsteigernden Tätigkeiten des Gemeinwesens zurückzuführen.[15] Auch in diesem Zusammenhang wird von «unverdientem» Wertzuwachsgewinn gesprochen.[16] Durch die Besteuerung dieser Gewinne soll wenigstens ein Teil dieser Aufwendungen des Gemeinwesens gedeckt werden.

6

---

[10] GUHL, Spezialbesteuerung, 17; ZUPPINGER, ASA 47, 136 ff., vgl. dazu auch N 6.
[11] Vgl. GUHL, Spezialbesteuerung, 20.
[12] Mit der inflationären Entwicklung wird zum Teil die Steuerbefreiung von *langfristig erzielten Gewinnen* gerechtfertigt. Vielfach wird der Geldentwertung auch bei der Tarifierung Rechnung getragen (vgl. hinten § 25 N 72).
[13] GUHL, Spezialbesteuerung, 17.
[14] ZUPPINGER/BÖCKLI/LOCHER/REICH, Steuerharmonisierung, 133 ff.
[15] Auch wenn heute viele dieser wertsteigernden Leistungen der Gemeinwesen den Grundbesitzern ganz oder wenigstens teilweise in der Form von verschiedenartigen Kausalabgaben in Rechnung gestellt werden.
[16] GUHL, Spezialbesteuerung, 17; ZUPPINGER, ZBl 1979, 450.

7   Einen angemessenen Ausgleich visiert allerdings auch das *Raumplanungsrecht* an, indem die Vor- und Nachteile, die den Grundeigentümern durch raumplanerische Massnahmen erwachsen, abgeschöpft bzw. entschädigt werden sollen. Auf Mehrwerten, die durch die Planung (z.B. Umzonung) verursacht werden, soll eine Abgabe erhoben werden und Minderwerte, die durch solche Massnahmen entstehen, sollen den beeinträchtigten Grundeigentümern vergütet werden.[17] Die Grundstückgewinnsteuer könnte zwar durchaus zumindest teilweise in den Dienst dieser ausserfiskalischen Zwecksetzung gestellt werden,[18] sie ist aber nur unzureichend in der Lage, die raumplanerischen Ziele konsequent und konzeptionell befriedigend zu verwirklichen.[19] Von der Grundstückgewinnsteuer in ihrer heutigen Ausgestaltung gehen verschiedentlich raumplanerische Fehlanreize aus (z.B. Baulandhortung).

B. Steuerberechtigung

I. Steuererhebungskompetenz

8   Dem *Bund* fehlt die Kompetenz zur Erhebung einer separaten Steuer auf Gewinnen aus der Veräusserung von Grundstücken.[20] Die *Kantone* sind im Rahmen ihrer originären Zuständigkeit zum Erlass von Sondersteuern auf den Grundstückgewinnen befugt, sie haben dabei aber das übergeordnete Bundesrecht zu beachten.[21] Das Bundesrecht verpflichtet die Kantone zur Erhebung einer Grundstückgewinnsteuer (vgl. StHG 2 I d).

9   Die innerkantonale Verteilung der Erhebungskompetenz der Grundstückgewinnsteuer auf den Kanton und die *Gemeinden* ist Sache des kantonalen Rechts. Die Kantone dürfen die Erhebungskompetenz auch ausschliesslich den Gemeinden zuweisen (StHG 2 II).

---

[17] Die Kantone haben gemäss RPG 5 I schon seit mehr als 30 Jahren einen zwingenden Gesetzgebungsauftrag für einen solchen Ausgleich planerischer Mehr- und Minderwerte. Nur einige wenige Kantone sind bis anhin diesem Auftrag nachgekommen. Neuerdings sind wiederum Bestrebungen im Gang, die Mehrwertabschöpfung bundesrechtlich zu regeln (dazu Jurius, Zersiedelung: UREK-S will Mehrwert nach Umzonungen abschöpfen, Jusletter 28.11.2011).

[18] So sieht StHG 12 II e vor, dass die *Planungsmehrwerte* auch ohne Veräusserung der Grundstückgewinnbesteuerung unterstellt werden dürfen (dazu § 25 N 42).

[19] Dazu und zum Nachfolgenden Lukas Bühlmann, Der Ausgleich planungsbedingter Vermögensvorteile im schweizerischen Recht, Flächenmanagement und Bodenordnung (fub) 2009, 163 ff., 163 f. und 166; Dieter Egloff, Die Mehrwertabgabe nach Art. 5 RPG. Eine Darstellung unter Einbezug von steuerrechtlichen und anderen nicht raumplanungsrechtlichen Aspekten, Raum & Umwelt, Schweizerische Vereinigung für Landesplanung (VLP-ASPAN), 3/2008, 2 ff.

[20] Vgl. vorne § 7 N 71.

[21] Vgl. vorne § 4 N 175 ff.

Vielfach wird die Grundstückgewinnsteuer ausschliesslich durch den Kanton   10
erhoben, wobei zumeist eine anteilsmässige Beteiligung der Gemeinden an den
Steuereinnahmen vorgesehen ist. Andere Kantone räumen auch den Gemeinden
die Befugnis ein, eine Sondersteuer auf den Grundstückgewinnen zu erheben
(«abgeleitete Steuerhoheit»). In den Kantonen Zug und Zürich erheben ausschliesslich die Gemeinden eine Grundstückgewinnsteuer, die sich jedoch nach
den Bestimmungen der kantonalen Steuergesetze zu richten hat. Die *Steuergesetzgebungskompetenz* liegt somit generell bei den Kantonen, die Steuerverwaltungs- und die *Steuerertragskompetenz* ist unterschiedlich auf die Kantone
und Gemeinden aufgeteilt.[22]

II. Gesetzliche Grundlagen

1. Harmonisierungsrechtliche Vorgaben

Der Gewinn auf Grundstücken des Privat- und Geschäftsvermögens wurde   11
bereits vor der Steuerharmonisierung in allen Kantonen der Besteuerung unterworfen. Allerdings unterschieden sich die kantonalen Steuerordnungen
erheblich. Die Grundstückgewinnsteuer bildete ein *Kernproblem der Steuerharmonisierung*. Es galt, einen tragfähigen Konsens zwischen den bestehenden kantonalen Regelungen zu finden, ohne dabei allzu stark in diese eingreifen zu müssen.[23]

Bei der Grundstückgewinnsteuer zeigt sich der Charakter des StHG als *Rahmengesetz*[24] besonders deutlich. Im StHG ist lediglich die Grundstruktur der Besteuerung der Grundstückgewinne vorgezeichnet. Mehr oder weniger abschliessend   12
geregelt sind lediglich die steuerauslösenden und die steueraufschiebenden Tatbestände (vgl. StHG 12 I–III).[25] Weitergehende konzeptionelle oder inhaltliche
Vorgaben waren nicht konsensfähig.[26] Den kantonalen Steuergesetzgebern verbleibt somit ein recht grosser Spielraum bei der Ausgestaltung der Grundstückgewinnsteuer.[27]

Nicht einheitlich gelöst werden konnte insbesondere die Besteuerung der Gewinne auf Grundstücken des Geschäftsvermögens und des Vermögens juristischer Personen. Es ist den Kantonen freigestellt, ob sie die geschäftlichen Grundstückgewinne – *monistisch* – ebenfalls mit der Grundstückgewinnsteuer oder wie   13

---

[22] Vgl. die Übersicht über die von Kantonen und Gemeinden erhobenen Grundstückgewinnsteuern in SSK, Steuerinformationen, D. Einzelne Steuern. Die Besteuerung der Grundstückgewinne, 11.
[23] Vgl. Botschaft Steuerharmonisierung, 36 f.; ZUPPINGER/BÖCKLI/LOCHER/REICH, Steuerharmonisierung, 123 f.
[24] Vorne § 9 N 8 ff.
[25] Vgl. hinten § 25 N 13 ff. und 43 ff.
[26] Vgl. ZWAHLEN, in: ZWEIFEL/ATHANAS, N 2 und 7 ff. zu StHG 12.
[27] Vgl. BGer 29.5.2009, StE 2009 B 44.13.5 Nr. 9 E. 2.1 und 3.2.1.

der Bund – *dualistisch* – mit der allgemeinen Einkommens- und Gewinnsteuer erfassen (StHG 12 IV).[28]

2. Kantonale Steuergesetze

14 In vielen Kantonen sind die Bestimmungen über die Besteuerung von Grundstückgewinnen in das allgemeine kantonale Steuergesetz integriert.[29] Andere Kantone haben ein eigenes Grundstückgewinnsteuergesetz erlassen.[30] Da in einigen Kantonen die Kompetenz zur Erhebung der Grundstückgewinnsteuer ganz oder teilweise den Gemeinden zukommt, sind unter Umständen auch kommunale Erlasse zu beachten. In einem Teil der Kantone wird sowohl vom Kanton wie auch von den Gemeinden eine Sondersteuer auf den Grundstückgewinnen erhoben.[31] In den Kantonen Zürich und Zug wird die Grundstückgewinnsteuer hingegen ausschliesslich durch die Gemeinden, jedoch unter Massgabe der Bestimmungen der kantonalen Steuergesetze, erhoben.[32]

C. Rechtsnatur

I. Spezialeinkommenssteuer

15 Obwohl die Grundstückgewinnsteuer die Rechtsfolge der Besteuerung stark an den Akt der Handänderung bzw. die Veräusserung eines Grundstücks bindet, bildet der *Grundstückgewinn* den Gegenstand der Besteuerung. Grundstückgewinne sind Reinvermögenszuflüsse und somit Bestandteil des steuerbaren Einkommens.[33] Die Grundstückgewinnsteuer ist deshalb eine Einkommenssteuer; sie erfasst jedoch lediglich einen besonderen Teil des steuerbaren Einkommens und bildet demnach eine Spezialeinkommenssteuer.[34]

---

[28] Dazu vorne N 2.
[29] So z.B. ZH StG 216 ff. oder AG StG 95 ff.
[30] So z.B. das Gesetz über die Grundstückgewinnsteuer (GGStG) vom 31.10.1961 des Kantons Luzern (SRL 647).
[31] SSK, Steuerinformationen, D. Einzelne Steuern. Die Besteuerung der Grundstückgewinne, 10.
[32] Vgl. die Übersicht über die Steuerhoheiten bei der Grundstückgewinnsteuer in SSK, Steuerinformationen, D. Einzelne Steuern. Die Besteuerung der Grundstückgewinne, 11.
[33] Vgl. REIMANN/ZUPPINGER/SCHÄRRER, N 17 zu ZH aStG 154 auch zum Folgenden.
[34] BLUMENSTEIN/LOCHER, System, 190; HÖHN/WALDBURGER, Bd. I, § 22 N 7.

II. Objektsteuer

Die Grundstückgewinnsteuer ist eine Objektsteuer, bei der *grundsätzlich* nur auf den Veräusserungserlös und die Anlagekosten abgestellt wird, ohne den übrigen wirtschaftlichen Verhältnissen der Steuerpflichtigen Rechnung zu tragen.[35] Der Objektsteuercharakter ist in den Kantonen unterschiedlich stark ausgeprägt.[36] Zum Teil wird die Berücksichtigung der subjektiven wirtschaftlichen Leistungsfähigkeit indes bundesrechtlich vorgeschrieben. So gebietet das StHG beispielsweise, kurzfristig erzielte Grundstückgewinne stärker zu besteuern (StHG 12 V);[37] hinsichtlich der Verlustverrechnung sind sodann verschiedene Vorgaben der Praxis des Bundesgerichts zur interkantonalen Doppelbesteuerung zu entnehmen.[38]

16

III. Formale Konzeption

Die Grundstückgewinnsteuer ist in vielen kantonalen Steuerordnungen eine stark formalisierte Einkommenssteuer in dem Sinne, als sie die Rechtsfolge der Besteuerung eng an den *Akt der Handänderung* bindet. Der Gewinnbegriff ist von dieser formalen Anknüpfung wesentlich geprägt. Der Wertzuwachs einer Liegenschaft wird grundsätzlich bei jeder Handänderung als Gewinn besteuert, unabhängig davon, ob unter wirtschaftlichen Gesichtspunkten ein solcher tatsächlich erzielt worden ist. Das geht einerseits aus der gesetzlichen Konzeption der Grundstückgewinnsteuer, andererseits aus deren Entstehungsgeschichte hervor.[39]

17

Aus diesen Gründen lösen zum Teil auch Handänderungen, die unter wirtschaftlichen Gesichtspunkten keine Gewinnverwirklichungstatbestände darstellen, eine Grundstückgewinnsteuer aus; unabhängig davon, ob nach kaufmännischen Gesichtspunkten ein Gewinn entstanden ist.[40] Ausnahmen von der Rechtsfolge der Mehrwertrealisation bei Handänderungen müssen *ausdrücklich* im Gesetz erwähnt sein und können in der Regel nicht durch Auslegung gewonnen werden.[41]

18

---

[35] Höhn, Kapitalgewinnbesteuerung, 50 f.; Reimann/Zuppinger/Schärrer, N 20 zu ZH aStG 154 auch zum Folgenden; Sieber, in: Zweifel/Beusch/Mäusli-Allenspach, § 25 N 44.
[36] So lassen gewisse Kantone z.B. Mäklerprovisionen bloss *formalisiert* zum Abzug zu. Nach Auffassung des Bundesgerichts wäre es im Extremfall sogar zulässig, Mäklerprovisionen gänzlich vom Abzug auszuschliessen (vgl. BGer 29.5.2009, StE 2009 B 44.13.5 Nr. 9 E. 3.2.1).
[37] Dazu hinten § 25 N 73 f.
[38] Dazu hinten § 25 N 69.
[39] Ausführlich Reich, Realisation stiller Reserven, 80 f. auch zum Folgenden.
[40] Insbesondere bei Unternehmensumstrukturierungen (vgl. vorne § 20 N 34 ff.). StHG 12 IV a sieht jedoch bei Vorliegen einer steuerneutralen Umstrukturierung einen Steueraufschub vor.
[41] Vgl. BGer 24.3.1976, ASA 46, 404 ff. E. 2b; VGer ZH 26.3.1972, ZBl 74, 122 ff. E. 2; Zuppinger/Schärrer/Fessler/Reich, N 169 zu ZH aStG 161.

D. Verhältnis zur allgemeinen Einkommenssteuer

19 Die Ausgestaltung des Steuertatbestands der Grundstückgewinnsteuer ist, obwohl es sich um eine Einkommenssteuer handelt, weitgehend losgelöst von der allgemeinen Einkommenssteuer.[42] Die beiden Steuerarten sind nicht lückenlos aufeinander abgestimmt.[43]

20 Schwierige *Abgrenzungsfragen* ergeben sich vorab im Grenzbereich der Besteuerung von Kapitalgewinn und Vermögensertrag.[44] Mit der Grundstückgewinnsteuer erfasst werden systematisch konsequent auch Teilveräusserungen sowie die Belastung von Grundstücken mit privatrechtlichen Dienstbarkeiten oder öffentlich-rechtlichen Eigentumsbeschränkungen, wenn diese die Substanz des Grundstücks dauernd und wesentlich beeinträchtigen.[45] Einkünfte aus *Baurechtsverträgen* bilden deshalb, auch wenn es sich um Einmalentschädigungen für Bauten handelt, Vermögensertrag und werden nicht der Grundstückgewinnbesteuerung unterstellt.[46] Der Gesetzgeber hält sich indessen aus Praktikabilitätsgründen nicht überall an die dogmatisch richtige Grenzziehung. So werden die aus der *Kiesausbeutung* und ähnlichen Sachverhalten resultierenden Einkünfte beispielsweise als Vermögensertrag mit der allgemeinen Einkommenssteuer erfasst, obwohl diese Einkünfte an sich der Kapitalgewinnbesteuerung zuzuordnen sind.[47]

21 Zuordnungsfragen stellen sich aber auch im Bereich der *werterhaltenden* und *wertvermehrenden Aufwendungen*. Während die werterhaltenden Aufwendungen als Unterhaltskosten bei der allgemeinen Einkommenssteuer abziehbar sind, bilden die wertvermehrenden Aufwendungen Anlagekosten und mindern den steuerbaren Grundstückgewinn. Die Differenzierung der beiden Aufwandarten bildet vielfach Schwierigkeiten;[48] es gilt dafür Sorge zu tragen, dass sich solche Aufwendungen immer entweder bei der Einkommens- oder bei der Grundstückgewinnsteuer einkommensmindernd auswirken.

E. Rechtfertigung der separaten Besteuerung

22 Die Ausklammerung der Grundstückgewinnbesteuerung aus der allgemeinen Einkommenssteuer bringt verschiedene Probleme und vor allem auch Rechtsungleichheiten mit sich und bedarf deshalb einer hinreichenden Rechtfertigung.

---

[42] Zahlreiche Unterschiede sind auf die formale Konzeption des Gewinnbegriffs der Grundstückgewinnsteuer (dazu vorne N 3 und 17) zurückzuführen. Das *Steuerverfahrensrecht* der Grundstückgewinnsteuer lehnt sich dagegen in vielen Kantonen stark an die allgemeine Einkommens- und Vermögenssteuerordnung an (vgl. dazu hinten N 28).
[43] REIMANN/ZUPPINGER/SCHÄRRER, N 23 zu ZH aStG 154.
[44] Vgl. vorne § 13 N 37 und 67; BLUMENSTEIN/LOCHER, System, 184.
[45] Hinten § 25 N 37 ff.
[46] Vorne § 13 N 68 f. und hinten § 25 N 40.
[47] Ausführlich vorne § 13 N 70 f.
[48] Dazu vorne § 13 N 80 f. und hinten § 25 N 63.

Die verobjektivierte Spezialbesteuerung der Grundstückgewinne wird im Wesentlichen mit der bereits dargelegten *Ausgleichsfunktion*[49] der Grundstückgewinnsteuer begründet. Die Bodenmehrwerte, die zu einem erheblichen Teil auf Einrichtungen und Werke sowie auf planerische Massnahmen des Gemeinwesens zurückzuführen sind, sollen unabhängig von der übrigen wirtschaftlichen Leistungsfähigkeit der veräussernden Grundeigentümer angemessen abgeschöpft werden.[50] Dieser Ausgleich soll nicht durch Umstände beeinträchtigt werden, die nicht mit dem Grundbesitz als solchem, sondern mit der Person des Eigentümers zusammenhängen.[51] Die separate Besteuerung der Grundstückgewinne ermöglicht es, die Grundstückgewinnbesteuerung den Gemeinden zu überlassen, um dadurch den Gedanken der Ausgleichsfunktion sichtbar zu machen.[52]

23

Stark begünstigt wurde die separate Grundstückgewinnbesteuerung insbesondere durch die bundesgerichtliche Rechtsprechung zum *interkantonalen Doppelbesteuerungsverbot*. Nach dieser wurde der Grundstückgewinn während Jahrzehnten ausschliesslich dem Ort der belegenen Sache zugewiesen, dabei wurde der wirtschaftlichen Leistungsfähigkeit der Steuerpflichtigen kaum Rechnung getragen.[53]

24

Für die separate Objektbesteuerung der Grundstückgewinne kann weiter ins Feld geführt werden, dass die Loslösung der Grundstückgewinnsteuer von der allgemeinen Einkommenssteuer eine *gleichmässige und vollständige Erfassung* der erzielten Gewinne in einem spezialisierten Veranlagungsverfahren gewährleistet. Die Veranlagung der Grundstückgewinne wird damit nicht durch die Unzulänglichkeiten eines Massenverfahrens beeinträchtigt. Auch wirkt sich die getrennte Einkommensbesteuerung der Grundstückgewinne sachlich richtig *progressionsbrechend* aus. Grundstückgewinne sind typischerweise einmalige und langfristig entstandene Gewinne. Sie dürfen deshalb nicht mit dem auf jahresperiodische Einkünfte konzipierten Tarif der allgemeinen Einkommenssteuer erfasst werden.[54] Auch kann mit einer entsprechenden Tarifierung dem Umstand Rechnung getragen werden, dass es sich bei den Grundstückgewinnen oftmals in erheblichem Ausmass um auf die Inflation zurückzuführende *Scheingewinne* handelt. Auf der anderen Seite erlaubt die separate Besteuerung aber auch eine verschärfte Besteuerung der kurzfristig erzielten *Spekulationsgewinne,* wie es gemäss StHG 12 V bundesrechtlich vorgeschrieben ist.

25

---

[49] Vorne N 6 f.
[50] Vgl. GUHL, Spezialbesteuerung, 20 f.; REICH, Realisation stiller Reserven, 64 f.; ZUPPINGER/BÖCKLI/LOCHER/REICH, Steuerharmonisierung, 141.
[51] Insbesondere Geschäftsverluste oder Verluste auf beweglichem Vermögen.
[52] Vgl. REIMANN/ZUPPINGER/SCHÄRRER, N 20 zu ZH aStG 154.
[53] Vgl. LOCHER, Bernische Grundstückgewinnsteuer, 36 f.; SIEBER, in: Zweifel/Beusch/Mäusli-Allenspach, § 25 N 44. Das Bundesgericht hat diese Rechtsprechung jedoch in den letzten Jahren schrittweise gelockert (vgl. dazu statt vieler BGer 7.10.2011, StE 2011 B 44.13.7 Nr. 25 E. 5.4; vgl. auch MATTEOTTI, in: ZWEIFEL/BEUSCH/MÄUSLI-ALLENSPACH, § 34 N 25).
[54] REICH, Realisation stiller Reserven, 65 f. auch zum Folgenden.

26 Die separate Besteuerung der Grundstückgewinne wird schliesslich mit dem Argument gerechtfertigt, dass dadurch *raumplanerische Anliegen* verwirklicht werden können. Eine Planungsmehrwertabgabe liesse sich in die Grundstückgewinnbesteuerung integrieren, es müsste lediglich der grundstückgewinnsteuerrechtliche Realisationsbegriff entsprechend ausgeweitet werden.[55]

27 Bei Lichte betrachtet haben die Gründe, die für eine separate Objektsteuer vorgebracht werden, im Laufe der Zeit stark an *Überzeugungskraft eingebüsst*. Das Argument der Ausgleichsfunktion der Grundstückgewinnsteuer ist durch die immer konsequentere Überwälzung der Infrastrukturkosten auf die Grundeigentümer zusehends beeinträchtigt worden. Berechtigte Anliegen im Bereich der Tarifierung lassen sich auch im Schosse der allgemeinen Einkommenssteuer verwirklichen und die raumplanerischen Ziele würden wohl besser durch ein zweckentsprechendes, von der Einkommensbesteuerung losgelöstes Instrumentarium verwirklicht.[56]

F. Behörden und Verfahren

28 Die behördlichen Zuständigkeiten und die Verfahren zur Erhebung der Grundstückgewinnsteuer sind in den Kantonen recht unterschiedlich ausgestaltet und hängen weitgehend von der innerkantonalen Kompetenzverteilung hinsichtlich der Erhebung der Grundstückgewinnsteuer ab.[57] Den Kantonen steht es frei, separate Bestimmungen für das Veranlagungsverfahren der Grundstückgewinnsteuer aufzustellen oder hierfür auf die Bestimmungen zur Veranlagung der allgemeinen Einkommens- und Gewinnsteuer zu verweisen.[58] Wo die Grundstückgewinnsteuerordnungen in die kantonalen Einkommens- und Vermögenssteuergesetze integriert sind, richtet sich das Steuerverfahren im Wesentlichen nach den für die allgemeine Einkommenssteuer geltenden Grundsätzen und Bestimmungen.

29 Die in StHG 47 verbindlich festgelegten Fristen der *Veranlagungs- und Bezugsverjährung*[59] gelten auch für die Grundstückgewinnsteuer. Die Veranlagungsverjährung beginnt mit Ablauf des Jahres, in welchem die Grundstückveräusserung stattgefunden hat. Dies ergibt sich aus der harmonisierungsrechtlichen Vorgabe von StHG 65, nach welcher die Grundstückgewinnsteuer für diejenige Steuerperiode festzusetzen ist, in welcher der Grundstückgewinn erzielt wurde.[60]

30 Ein in den Kantonen weit verbreitetes Institut zur Sicherung des Steuerbezugs ist das *gesetzliche Grundpfandrecht*.[61] Das StHG sieht ein solches Steuerpfandrecht

---

[55] Vgl. dazu ZUPPINGER, ZBl 80, 446 f.; ders., ZBl 79, 106; ders., ASA 47, 151 f.
[56] Vorne N 7.
[57] Hierzu vorne N 8 ff.
[58] Vgl. RICHNER/FREI/KAUFMANN/MEUTER, N 1 zu ZH StG 206.
[59] Dazu allgemein vorne § 5 N 95 ff.
[60] RICHNER/FREI/KAUFMANN/MEUTER, N 2 zu ZH StG 215; JAKOB, in: ZWEIFEL/ATHANAS, N 3 zu StHG 65.
[61] Vgl. hinten § 26 N 76.

zwar nicht vor, die Kompetenz der Kantone zur Errichtung von Grundpfandrechten ergibt sich jedoch aus BV 3.[62] Die gesetzlichen Pfandrechte der Kantone aus öffentlich-rechtlichen Verhältnissen sind überdies durch ZGB 836 gewährleistet.[63] Bestimmungen über die Steuerpfandrechte sind teils in den Steuergesetzen, teils in den kantonalen Einführungsgesetzen zum Zivilgesetzbuch zu finden.[64] Das Grundpfandrecht geht als gesetzliches Pfandrecht den übrigen Pfandrechten vor. Es entsteht ohne Eintrag ins Grundbuch gleichzeitig mit der Entstehung der Steuerforderung, also im Zeitpunkt der steuerbaren Veräusserung.[65]

---

[62] Richner/Frei/Kaufmann/Meuter, N 1 f. zu ZH StG 208.
[63] BGer 7.4.2008, StE 2009 B 99.1 Nr. 13 E. 2.6.
[64] Z.B. ZH StG 208 sowie ZH Einführungsgesetz zum Schweizerischen Zivilgesetzbuch (EG zum ZGB) vom 2.4.1911 (LS 230), §§ 194 ff.
[65] VGer ZH 30.8.2000, StE 2001 B 99.2 Nr. 16 E. 2a.

§ 25 Steuertatbestand der Grundstückgewinnsteuer

Literatur
BLUMENSTEIN/LOCHER, System 184 ff. und 188 ff.; HÖHN/WALDBURGER, Bd. I, § 22 N 4 ff.; MÄUSLI-ALLENSPACH/OERTLI, Steuerrecht, 265 ff.; OBERSON, Droit fiscal, § 13 N 17 ff.

CHRISTEN PETER, Die Grundstückgewinnsteuer des Kantons Basel-Landschaft, Liestal 1998 (zit. CHRISTEN, Grundstückgewinnsteuer); GUHL HEINRICH, Die Spezialbesteuerung der Grundstückgewinne in der Schweiz. Vergleichender Überblick über das materielle Recht, Zürich 1952 (zit. GUHL, Spezialbesteuerung); ISELI RUDOLF, Die Übertragung einer Immobiliengesellschafts-Beteiligung im zürcherischen Grundsteuerrecht, ASA 51 (1982/83), 321 ff.; LOCHER PETER, Das Objekt der bernischen Grundstückgewinnsteuer, Bern 1976 (zit. LOCHER, Bernische Grundstückgewinnsteuer); MAUTE WOLFGANG/RÜTSCHE JAKOB, Die Übertragung von Beteiligungen an Immobiliengesellschaften, ST 1989, 264 ff.; NEKOLA ANNA, Besteuerung des Grundeigentums im Privatvermögen in der Schweiz. Die kantonalen Gesetzgebungen in rechtsvergleichender Darstellung betreffend Einkommens-, Vermögens-, Handänderungs- und Grundstückgewinnsteuer, Diessenhofen 1983 (zit. NEKOLA, Grundeigentum); NIEDERER CHRISTOPH/STUCKI ELISABETH, Verrechnung von Grundstückgewinnen mit Geschäftsverlusten – Auswirkungen der Rechtsprechung auf die interkantonale Verlustverrechnung, ST 2008, 480 ff.; PFENNINGER STEPHAN, Grundsteuerfolgen von Unternehmensumstrukturierungen, Zürich 1995 (zit. PFENNINGER, Unternehmensumstrukturierungen); RICHNER FELIX, Die Grundstückgewinnsteuer und die Handänderungssteuer im Kanton Zürich (Teil 4), ZStP 1992, 251 ff.; RUMO GABRIEL, Die Liegenschaftsgewinn- und die Mehrwertsteuer des Kantons Freiburg, Freiburg 1993 (zit. RUMO, Liegenschaftsgewinnsteuer); SENN ROBERT HANS, Die Liegenschaft des Privatvermögens im interkantonalen und internationalen Steuerrecht (aus schweizerischer Sicht), Zürich 1985 (zit. SENN, Liegenschaft des Privatvermögens); STEINER JÜRG, «Harmonisierte» Grundstückgewinnsteuer im Kanton Zürich?, ST 1994, 88 ff.; ZUPPINGER FERDINAND, Die wirtschaftliche Handänderung im Steuerrecht, StR 1969, 456 ff.

Materialien
Botschaft zu Bundesgesetzen über die Harmonisierung der direkten Steuern der Kantone und Gemeinden sowie über die direkte Bundessteuer (Botschaft über die Steuerharmonisierung) vom 25.5.1983, BBl 1983 III, 1–381 (zit. Botschaft Steuerharmonisierung).

A. Steuersubjekt

Steuersubjekt der Grundstückgewinnsteuer ist der *Veräusserer*, d.h. die natürliche oder juristische Person, welche das Eigentum oder die Verfügungsgewalt über ein Grundstück oder Teile davon auf einen anderen Rechtsträger überträgt.[1] Das Steuersubjekt der Grundstückgewinnsteuer ergibt sich somit aus dem *Steuerobjekt*. Die Steuergesetze umschreiben deshalb das Steuersubjekt nur in knapper Form;[2] das StHG äussert sich nicht dazu.

Keine Anwendung für die Belange der Grundstückgewinnsteuer findet der Grundsatz der *Partnerschafts- bzw. Familienbesteuerung*. Ehegatten, eingetrage-

---

[1] RICHNER/FREI/KAUFMANN/MEUTER, N 2 zu ZH StG 217; HÖHN/WALDBURGER, Bd. I, § 22 N 59.
[2] So beispielsweise ZH StG 217: «Steuerpflichtig ist der Veräusserer».

ne Partner und unmündige Kinder sind selbständig steuerpflichtig. Bei der Veräusserung eines Grundstücks im Miteigentum gelten alle Miteigentümer als Veräusserer.

3 Wem der Erlös letztlich zufliesst, ist für die Bestimmung der subjektiven Steuerpflicht nicht entscheidend.[3] Ebenfalls nicht massgebend ist der *Wohnsitz* bzw. Sitz des Veräusserers oder des Erwerbers; die Besteuerung greift am Ort der gelegenen Sache bzw. am Belegenheitsort.[4]

4 Von *Bundesrechts* wegen befreit von der Grundstückgewinnsteuer sind die Eidgenossenschaft sowie ihre Anstalten, Betriebe und unselbständigen Stiftungen, sofern die übertragenen Grundstücke unmittelbar öffentlichen Zwecken dienen.[5] Nach *kantonalem Steuerrecht* befreit sind zumeist die Kantone und Gemeinden sowie deren öffentlich-rechtliche Körperschaften und Anstalten, wenn die veräusserten Grundstücke unmittelbar öffentlichen oder gemeinnützigen Zwecken oder Kultuszwecken dienen. Ausländische Staaten sind grundsätzlich steuerbefreit, sofern das veräusserte Grundstück ausschliesslich und unmittelbar diplomatischen oder konsularischen Zwecken dient.[6] Hingegen sind der Grundstückgewinnbesteuerung gemäss StHG 23 IV (i.V.m. StHG 23 I d–g und i) *zwingend unterworfen:* Vorsorgeeinrichtungen, Sozialversicherungs- und Ausgleichskassen, juristische Personen, die öffentliche oder gemeinnützige Zwecke oder Kultuszwecke verfolgen sowie gewisse kollektive Kapitalanlagen.

B. Steuerobjekt und Bemessungsgrundlage

5 Steuerobjekt der Grundstückgewinnsteuer ist der bei der Veräusserung eines Grundstücks erzielte Gewinn (vgl. StHG 12 I). Der Grundstückgewinn ist zugleich Steuerobjekt und Bemessungsgrundlage der Grundstückgewinnsteuer. Steuerobjekt und Bemessungsgrundlage sind im monistischen und im dualistischen System unterschiedlich weit gefasst.

I. Einschränkung im dualistischen System

6 Im monistischen System werden alle von natürlichen und juristischen Personen erzielten Grundstückgewinne der Grundstückgewinnsteuer unterworfen, wogegen im dualistischen System im Wesentlichen nur die im *Privatvermögensbereich*

---

[3] Vgl. CHRISTEN, Grundstückgewinnsteuer, 75; GUHL, Spezialbesteuerung, 307; RICHNER/FREI/KAUFMANN/MEUTER, N 12 zu ZH StG 217.
[4] RICHNER/FREI/KAUFMANN/MEUTER, N 10 zu ZH StG 217.
[5] Vgl. Art. 62d des Regierungs- und Verwaltungsorganisationsgesetzes (RVOG) vom 21.3.1997 (SR 172.010).
[6] SSK, Steuerinformationen, D. Einzelne Steuern. Die Besteuerung der Grundstückgewinne, 14; vgl. auch ZH StG 218 b und c.

erzielten Grundstückgewinne mit der Grundstückgewinnsteuer erfasst werden.[7]

Ausnahmsweise werden jedoch Grundstückgewinne auf Grundstücken des Geschäftsvermögens von natürlichen Personen oder des Vermögens juristischer Personen auch im dualistischen System nicht mit der Einkommens- und Gewinnsteuer, sondern wie die privaten Grundstückgewinne mit einer separaten Grundstückgewinnsteuer erfasst. Das gilt insbesondere für Gewinne aus der Veräusserung von land- und forstwirtschaftlichen Grundstücken sowie für Grundstücke von juristischen Personen, die für Zwecke der Gewinn- und Kapitalsteuer steuerbefreit sind. Ebenfalls der Grundstückgewinnsteuer unterworfen werden die Gewinne, die von ausserkantonalen Liegenschaftshändlern erzielt werden.[8]

7

> Letztere Ausnahme ist verfassungsrechtlich unzulässig. Eine solche Regelung verstösst im Lichte der neueren Rechtsprechung – wie das Bundesgericht kürzlich zu Recht erwogen hat – gegen das aus BV 127 III abgeleitete *Schlechterstellungsverbot* und gegen das *Leistungsfähigkeitsprinzip*.[9] Die bisher zugunsten dieser Regelung vorgebrachte Begründung, der ausserkantonale Liegenschaftshändler werde zwar anders als ein Händler mit Sitz oder Betriebsstätte, aber gleich wie ein im Kanton wohnhafter Privater behandelt, vermag nicht zu überzeugen. Zur Beurteilung, ob eine Schlechterstellung vorliegt, sind die Liegenschaftshändler unter sich zu vergleichen.

8

II. Grundstückbegriff

Das StHG definiert den Begriff «Grundstück» nicht. Den Kantonen steht ein gewisser Freiraum in der Umschreibung des Grundstückbegriffs offen.[10] Allerdings steht fest, dass sich der steuerrechtliche Begriff des Grundstücks zumindest in den wesentlichen Zügen mit dem *privatrechtlichen Begriff* des Grundstücks deckt.[11] So lehnen sich die kantonalen Steuergesetze denn auch mehr oder weniger klar an den Grundstückbegriff des ZGB an.[12] Vom privatrechtlichen Begriff darf deshalb nur abgewichen werden, wenn sich dies mit dem Wortlaut der entsprechenden gesetzlichen Bestimmung vereinbaren lässt.[13]

9

In ZGB 655 wird der Begriff des Grundstücks als Oberbegriff für Liegenschaften, in das Grundbuch aufgenommene selbständige und dauernde Rechte, Bergwer-

10

---

[7] Vorne § 24 N 2.
[8] Vgl. z.B. SG StG 130 II b; die kantonalen Steuerordnungen sind hier recht unterschiedlich konzipiert (SSK, Steuerinformationen, D. Einzelne Steuern. Die Besteuerung der Grundstückgewinne, 7 f.; vgl. dazu auch ZUPPINGER/BÖCKLI/LOCHER/REICH, Steuerharmonisierung, 124 f.).
[9] BGer 21.12.2010, BGE 137 I 145 = StE 2011 A 24.43.1 Nr. 20; vgl. hierzu und zum Ganzen OERTLI/ZIGERLIG, in: ZWEIFEL/BEUSCH/MÄUSLI-ALLENSPACH, § 33 N 109.
[10] ZWAHLEN, in: ZWEIFEL/ATHANAS, N 26 zu StHG 12.
[11] HÖHN/WALDBURGER, § 22 N 15; NEKOLA, Grundeigentum, 9; SENN, Liegenschaft des Privatvermögens, 1.
[12] SSK, Steuerinformationen, D. Einzelne Steuern. Die Besteuerung der Grundstückgewinne, 16.
[13] BGer 20.11.1987, ASA 59, 432 ff. E. 2b.

ke sowie Miteigentumsanteile an Grundstücken verwendet.[14] StHG 12 I erwähnt ausdrücklich auch die «Anteile» an Grundstücken, weshalb die Kantone die Veräusserung von im Mit- oder Gesamteigentum stehenden Anteilen an Grundstücken der Grundstückgewinnsteuer zu unterwerfen haben.

11 *Bestandteile* im Sinne von ZGB 642 II teilen grundsätzlich das steuerrechtliche Schicksal der Hauptsache.[15] *Zugehör* (ZGB 644 II) hingegen gehören als grundsätzlich bewegliche Sachen nicht zum Grundstück. Der aus der Veräusserung von Zugehör resultierende Gewinn ist daher von der Bemessungsgrundlage der Grundstückgewinnsteuer auszunehmen. Die Abgrenzung von Zugehör und Bestandteilen wird aufgrund der *wirtschaftlichen Beziehung* zum Grundstück beurteilt. Dies führt teilweise zu vom Privatrecht abweichenden Ergebnissen.[16]

III. Definition des Grundstückgewinns

12 Das StHG umschreibt den Grundstückgewinn sinngemäss als Differenz zwischen Erlös und Anlagekosten. Die Anlagekosten entsprechen dem Erwerbspreis oder einem Ersatzwert zuzüglich der (wertvermehrenden) Aufwendungen (StHG 12 I). Diese Grössen werden im StHG nicht näher umschrieben; auch können dem StHG keine Angaben darüber entnommen werden, in welchem Zeitpunkt Grundstückgewinne verwirklicht werden und zu besteuern sind. Aus der Entstehungsgeschichte und der Konzeption der Grundstückgewinnsteuer in den kantonalen Steuergesetzen geht indessen hervor, dass der Gewinnbegriff im Grundstückgewinnsteuerrecht stark an die Veräusserung bzw. Handänderung gebunden ist.

IV. Steuerbegründende Tatbestände

1. Privatrechtliche Veräusserung

13 Nach dem Wortlaut des StHG knüpft die Steuerpflicht an die «Veräusserung» von Grundstücken an.[17] Viele kantonale Steuergesetze verwenden dagegen auch den Begriff der «Handänderung».[18] Den beiden Begriffen kommt der gleiche Sinngehalt zu.[19]

---

[14] Die Steuergesetze übernehmen zwar inhaltlich den privatrechtlichen Grundstückbegriff, terminologisch halten sie sich jedoch nicht immer an das Privatrecht (vgl. dazu GUHL, Spezialbesteuerung, 78).
[15] Ausführlich RUMO, Liegenschaftsgewinnsteuer, 72 ff. auch zum Folgenden; ZWAHLEN, in: ZWEIFEL/ATHANAS, N 28 zu StHG 12.
[16] Dazu NEKOLA, Grundeigentum, 17 f.
[17] StHG 12 I.
[18] Vgl. ZH StG 116 I; zum Begriff der Handänderung RICHNER/FREI/KAUFMANN/MEUTER, N 5 ff. zu ZH StG 216.
[19] Botschaft Steuerharmonisierung, 100; RICHNER/FREI/KAUFMANN/MEUTER, N 5 zu ZH StG 216; vgl. aber LOCHER, Bernische Grundstückgewinnsteuer, 130 ff. mit dem Hinweis, dass der Begriff der

Der Begriff der *Veräusserung* in StHG 12 I umfasst sämtliche Eigentumsübertragungen im Rahmen der privatrechtlich dafür vorgesehenen Formen sowie auch Eigentumsübertragungen, die ihren Rechtsgrund im öffentlichen Recht haben. Die Eigentumsübertragung an Grundstücken bedarf grundsätzlich eines gültigen Rechtsgrundes sowie der Grundbucheintragung. Die privatrechtliche Übertragung des Eigentums an einem Grundstück ist der häufigste Anwendungsfall von Grundstücksveräusserungen. In Frage kommen insbesondere der Kauf, der Tausch, die Realteilung, die Auflösung von Gesamthandschaften, die Sacheinlage in Kapitalgesellschaften sowie auch Erbgang oder Schenkung. Die Übertragung kann aber auch auf einer öffentlich-rechtlichen Bestimmung beruhen (z.B. Enteignung oder Zwangsvollstreckung).[20] Ob die Übertragung aus Sicht des Veräusserers freiwillig oder durch behördliche Anordnung erfolgt, ist unerheblich.[21] Keine Grundstückgewinnsteuer vermag die Veräusserung aufgrund eines ungültigen Kaufvertrags auszulösen, es sei denn, die Handänderung werde trotzdem vollzogen.[22]

14

Steuerpflichtig sind nur *entgeltliche Veräusserungen;* der Hingabe des Grundstücks muss eine Gegenleistung gegenüberstehen.[23] In welcher Form die Gegenleistung erfolgt und wer deren Empfänger ist (der Veräusserer selbst oder Drittpersonen), spielt für die Steuerbarkeit der Veräusserung keine Rolle. Nicht von der Grundstückgewinnsteuer erfasst werden demzufolge unentgeltliche Übertragungen.

15

Die Steuerforderung *entsteht* im Zeitpunkt der *steuerbaren Veräusserung.* Dies entspricht im Regelfall – wenn dem Grundbucheintrag konstitutive Wirkung zukommt (ZGB 656 I) – dem Zeitpunkt der Anmeldung der Eigentumsübertragung beim Grundbuchamt (Tagebucheintrag).[24] Bei gewissen Eigentumsübertragungen (z.B. Aneignung, Erbgang, Enteignung, Zwangsvollstreckung oder Übertragung aufgrund eines richterlichen Urteils) erlangt der Erwerber das Grundeigentum bereits vor der Grundbucheintragung, die Eintragung ist lediglich deklaratorisch (ZGB 656 II). Die steuerpflichtige Handänderung ist in diesen Fällen bereits mit der Verwirklichung des Rechtsgrundes gegeben.[25]

16

Veräusserung auch im Privatrecht verwendet wird und im Gegensatz zum Handänderungsbegriff einen wirtschaftlichen Kerngehalt hat.

[20] RICHNER/FREI/KAUFMANN/MEUTER, N 13 ff. zu ZH StG 216; verschiedene kantonale Steuergesetze enthalten einen *exemplifizierenden, nicht abschliessenden Katalog* von Eigentumsübertragungen (vgl. z.B. BE StG 130 I).
[21] LOCHER, Bernische Grundstückgewinnsteuer, 172; unterschiedlich ist jedoch der Zeitpunkt der Entstehung der Steuerforderung.
[22] Ausführlich dazu MARKUS REICH, Die ungerechtfertigte Bereicherung und andere rechtsgrundlose Vermögensübergänge im Einkommenssteuerrecht, FStR 2004, 3 ff., 10; VGer ZH 16.11.1993, StE 1994 B 42.1 Nr. 3; VGer ZH 18.6.1996, StR 1996, 548 ff., eine dagegen erhobene Verwaltungsgerichtsbeschwerde wurde abgewiesen (vgl. BGer 22.10.1997, BGE 123 II 588).
[23] HÖHN/WALDBURGER, § 22 N 28; RICHNER/FREI/KAUFMANN/MEUTER, N 9 zu ZH StG 216; SSK, Steuerinformationen, D. Einzelne Steuern. Die Besteuerung der Grundstückgewinne, 17; ZWAHLEN, in: ZWEIFEL/ATHANAS, N 32 zu StHG 12.
[24] REICH, Umstrukturierungen, 1. Teil, 26; RICHNER/FREI/KAUFMANN/MEUTER, N 22 zu ZH StG 216.
[25] RICHNER/FREI/KAUFMANN/MEUTER, N 23 ff. sowie im Einzelnen N 36, 40, 42, 58 zu ZH StG 216 auch zum Folgenden.

17 Dies ist beispielsweise bei der Zwangsvollstreckung der Zuschlag, bei einer Enteignung die Bezahlung der Entschädigung oder bei Übertragung durch ein richterliches Urteil dessen Rechtskraft. Bei einer Änderung der ideellen Anteile der Beteiligten an einem Grundstück zufolge Ein- oder Austritt von Personengesellschaftern ist auf die gültig abgeschlossene Vereinbarung zwischen den Gesellschaftern abzustellen.

2. Übertragung der wirtschaftlichen Verfügungsgewalt

18 In StHG 12 II sind verschiedene Vorgänge aufgeführt, die den privatrechtlichen Veräusserungen gleichgestellt werden. Den wichtigsten dieser Tatbestände bildet die Übertragung der wirtschaftlichen Verfügungsgewalt über Grundstücke (StHG 12 II a), die sog. *wirtschaftliche Handänderung oder Veräusserung*.

19 Der Steuertatbestand der wirtschaftlichen Veräusserung ist erfüllt, wenn sich eine Transaktion hinsichtlich der Verfügungsmöglichkeiten über ein Grundstück faktisch gleich auswirkt *wie eine Eigentumsübertragung*, ohne dass eine solche vorliegt. Die Transaktion muss dem Erwerber mit anderen Worten eine dem Eigentümer vergleichbare Verfügungsmacht über das Grundstück verschaffen. Nach ZGB 641 I kann der Eigentümer einer Sache über diese in den Schranken der Rechtsordnung nach seinem Belieben verfügen. Die aus dem Eigentum fliessende Verfügungsmacht erscheint in einer tatsächlichen (Befugnis auf Besitz, Gebrauch, Nutzung, Änderung, Trennung, Verschlechterung und Zerstörung) und in einer rechtlichen Ausprägung (Einräumung dinglicher Rechte oder Verkauf, Schenkung, Tausch usw.).[26] Wird eben diese Verfügungsmacht über ein Grundstück oder ein wesentlicher Teil davon auf eine andere Person übertragen, ohne dass es dabei zu einer grundbuchlichen Mutation kommt, entfaltet das Rechtsgeschäft wirtschaftlich betrachtet dieselbe Wirkung wie eine privatrechtliche Veräusserung, womit der Tatbestand der wirtschaftlichen Handänderung erfüllt ist.[27]

20 Die wirtschaftliche Handänderung ist grundsätzlich *subsidiär* zum Steuertatbestand der privatrechtlichen Veräusserung. Das Grundstückgewinnsteuerrecht stellt in der Regel vorab auf die formelle, privatrechtliche Übertragung des Grundeigentums ab. Liegt eine solche Veräusserung vor, so entsteht die Grundstückgewinnsteuerpflicht unabhängig davon, wie sich die Situation hinsichtlich der wirtschaftlichen Verfügungsmacht gestaltet.[28]

21 Auch wenn sich hinsichtlich der wirtschaftlichen Verfügungsmacht an einem Grundstück nichts ändert, wenn der Alleinaktionär ein Grundstück an seine Gesellschaft verkauft, liegt somit ein steuerbarer Tatbestand vor. Das Eigentum am Grundstück geht vom Alleinaktionär auf die Gesellschaft über.

---

[26] RICHNER/FREI/KAUFMANN/MEUTER, N 63 zu ZH StG 216.
[27] RICHNER/FREI/KAUFMANN/MEUTER, N 60 ff. zu ZH StG 216; VGer ZH 14.8.1974, ZBl 76, 217 ff.
[28] LOCHER, Bernische Grundstückgewinnsteuer, 132 f.; RICHNER/FREI/KAUFMANN/MEUTER, N 74 zu ZH StG 216.

Die Frage der Übertragung der wirtschaftlichen Verfügungsmacht über ein 22
Grundstück stellt sich demnach erst dann, wenn keine privatrechtliche Veräusserung des Grundstücks vorliegt, also bei fehlender Mutation im Grundbuch.[29]
Wenn eine Grundstückveräusserung allerdings – wie z.B. beim Kettenhandel[30] –
zunächst als wirtschaftliche Handänderung qualifiziert und besteuert wird, darf
die Eigentumsübertragung, die lediglich die rechtliche mit der steuerlich bereits
erfassten wirtschaftlichen Situation in Übereinstimmung bringt, nicht nochmals
Anlass einer Besteuerung bilden.[31]

Die in der Praxis relevantesten wirtschaftlichen Handänderungen sind der Kettenhandel sowie die Übertragung einer Mehrheitsbeteiligung an einer Immobiliengesellschaft.[32] 23

a) Kettenhandel

Beim Kettenhandel geht das Eigentum zwar im Endergebnis vom bisherigen 24
Eigentümer auf einen neuen Eigentümer über, als Zwischenschritt – und vor dem
grundbuchlich vollzogenen Eigentumswechsel – wird jedoch die wirtschaftliche
Verfügungsgewalt auf eine Drittperson, einen Zwischenerwerber, übertragen.[33]
Typisch für solche Kettengeschäfte ist zum einen das Vorliegen einer privatrechtlichen Veräusserung (vom bisherigen auf den neuen Eigentümer) und zum andern das Vorliegen von (mindestens) zwei wirtschaftlichen Handänderungen
(vom bisherigen Eigentümer auf den Zwischenerwerber sowie vom Zwischenerwerber auf den neuen Eigentümer). Die wirtschaftlichen Handänderungen
werden durch Übertragung von auf die Grundstückveräusserung gerichteten,
obligatorischen Berechtigungen (Kaufvertrag, Kaufrechtsvertrag, Vorkaufsrechtsvertrag mit Substitutionsklausel u.dgl.) vollzogen.[34] Der Grundstückgewinnsteuer unterliegen beim Kettenhandel alle wirtschaftlichen Handänderungen,
nicht aber die privatrechtliche Veräusserung.[35]

> Häufigster Anwendungsfall des Kettenhandels ist der *Kaufvertrag mit Substitutionsklausel*. Im Kaufvertrag wird zwischen dem Veräusserer und dem
> Zwischenerwerber ein Eintrittsrecht Dritter vereinbart. Der Zwischenerwerber erlangt damit die wirtschaftliche Verfügungsmacht über das
> Grundstück, wobei der bereits im Vertrag vereinbarte Eigentumsübergang
> auf einen Dritten im Grundbuch noch nicht nachvollzogen wird. Der Zwischenerwerber sucht sich nun den neuen Eigentümer und lässt diesen in
> den Kaufvertrag eintreten, worauf der Eigentumsübergang grundbuchlich 25

---

[29] Vgl. RICHNER/FREI/KAUFMANN/MEUTER, N 60 zu ZH StG 216.
[30] Dazu nachfolgend N 24 f.
[31] VGer OW 10.2.1988, StE 1990 B 42.22 Nr. 4 E. 3c; ZUPPINGER, StR 1969, 467 f.
[32] Zu weiteren eher seltenen Anwendungsfällen vgl. ISELI, ASA 51, 326; ZUPPINGER/SCHÄRRER/FESSLER/
REICH, N 46, 49a f. zu ZH aStG 161.
[33] Auch zum Folgenden VGer ZH 25.3.1998, SR 97.00066 E. 2a; RICHNER/FREI/KAUFMANN/MEUTER,
N 78 ff. zu ZH StG 216; vgl. auch LOCHER, Bernische Grundstückgewinnsteuer, 196 ff.
[34] Vgl. BGer 22.3.1985, StE 1985 B 42.22 Nr. 1 E. 3a.
[35] Dazu vorne N 22.

vollzogen wird. Allenfalls folgt auf den Zwischenerwerber ein weiterer Zwischenerwerber usw.

b) *Übertragung einer Mehrheitsbeteiligung an einer Immobiliengesellschaft*

26 Die *Umgehung* der Grundstückgewinnsteuer durch das Zwischenschalten einer Kapitalgesellschaft oder Genossenschaft (sog. Immobiliengesellschaft) war früher weit verbreitet. Werden Grundstücke nicht direkt, sondern durch Gesellschaften gehalten, lässt sich die wirtschaftliche Verfügungsmacht über die Grundstücke unter Beibehalten der bisherigen Eigentumsverhältnisse durch die Übertragung der Beteiligungsrechte bewerkstelligen. Die Kantone haben diese Möglichkeit der Umgehung der Grundstückgewinnsteuer jedoch schon lange vor der Steuerharmonisierung durch gesetzgeberische Massnahmen eingedämmt.[36]

27 Gemäss StHG 12 II a sind die Kantone harmonisierungsrechtlich verpflichtet, Rechtsgeschäfte der Grundstückgewinnsteuer zu unterstellen, die hinsichtlich der Verfügungsgewalt über ein Grundstück wirtschaftlich wie ein Veräusserung wirken. Die Übertragung von Beteiligungsrechten an einer Gesellschaft stellt dann eine solche *wirtschaftliche Veräusserung* dar, wenn die Verfügungsmacht über ein Gesellschaftsgrundstück vom Veräusserer der Beteiligungsrechte preisgegeben und auf den Erwerber übertragen wird. Dies wird von Lehre und Praxis als gegeben angesehen, wenn eine Mehrheitsbeteiligung an einer Immobiliengesellschaft veräussert wird.[37]

28 Erste Voraussetzung ist mithin die Übertragung einer *Mehrheit der Beteiligungsrechte*. Nur wenn sämtliche oder zumindest die Mehrheit der Beteiligungsrechte an einer Immobiliengesellschaft übertragen werden, kann dies als wirtschaftliche Veräusserung der von dieser gehaltenen Grundstücke betrachtet werden. Abzustellen ist auf das Stimmrechtsverhältnis; wer eine Stimme mehr als die Hälfte aller Stimmen auf sich vereinigt, verfügt über die Mehrheit der Beteiligungsrechte. Veräussert ein Mehrheitsbeteiligter seine Beteiligung zeitlich gestaffelt, so resultiert daraus eine wirtschaftliche Veräusserung, wenn der Vorgang als ein *einheitliches Rechtsgeschäft* angesehen werden muss.[38] Sodann löst die Veräusserung von Minderheitsbeteiligungen durch mehrere Beteiligte Grundstückgewinnsteuerfolgen aus, wenn die übertragenen Beteiligungen zusammen eine Mehrheitsbeteiligung darstellen und die Veräusserer *bewusst zusammenwirken*.[39] Schliesslich kann die Übertragung einer Minderheitsbeteiligung auch dann eine wirtschaftliche Handänderung darstellen, wenn mit den Beteiligungs-

---

[36] Im Kanton Zürich beispielsweise wurde 1928 eine entsprechende Bestimmung in das Steuergesetz aufgenommen (vgl. dazu Iseli, ASA 51, 324 f.; Guhl, Spezialbesteuerung, 97 f.).
[37] VGer ZH 14.3.1989, StE 1989 B 42.22 Nr. 3; Maute/Rütsche, ST 1989, 265 f.; Zuppinger, StR 1969, 472 ff.
[38] Pfenninger, Unternehmensumstrukturierungen, 75; Iseli, ASA 51, 330.
[39] BGer 23.3.1977, BGE 103 Ia 159 = ASA 47, 278 ff.; Mäusli-Allenspach, in: Zweifel/Beusch/Mäusli-Allenspach, § 16 N 17.

rechten ein *Sondernutzungsrecht* (z.B. Stockwerkeigentum nach ZGB 712 a ff.) verknüpft ist und besondere Umstände vorliegen.[40]

An sich könnte auch die Veräusserung einer Mehrheitsbeteiligung an *Betriebsgesellschaften* als wirtschaftliche Veräusserung der von dieser gehaltenen Grundstücke betrachtet werden. Hinsichtlich der wirtschaftlichen Verfügungsmacht über die Gesellschaftsgrundstücke ist nämlich keine Unterschied zwischen der Veräusserung der Beteiligung an einer Betriebsgesellschaft einerseits und an einer Immobiliengesellschaft andererseits auszumachen. Zu Recht beschränken indessen Doktrin und Praxis die steuerauslösende wirtschaftliche Veräusserung grundsätzlich auf die Handänderung von Mehrheitsbeteiligungen an *Immobiliengesellschaften*, denn mit der Übertragung von Beteiligungsrechten an Betriebsgesellschaften wird nicht bloss die Verfügungsgewalt über die Gesellschaftsgrundstücke übertragen; dies ist lediglich eine *Begleiterscheinung* eines auf die Handänderung des Unternehmens gerichteten Veräusserungsaktes. Nur wenn die Beteiligungsveräusserung wirtschaftlich einer Grundstückveräusserung gleichkommt und sich die Wirkung der Beteiligungsveräusserung in der Grundstückübertragung erschöpft, liegt eine steuerbegründende wirtschaftliche Veräusserung der Gesellschaftsgrundstücke vor.[41]

29

> In der Regel ist das nur bei der Veräusserung von beherrschenden Beteiligungen an Immobiliengesellschaften der Fall. Immerhin schliessen es diese Überlegungen nach Auffassung des Zürcher Verwaltungsgerichts nicht aus, dass es sich bei Vorliegen besonderer Umständen auch rechtfertigen lasse, die Übertragung einer beherrschenden Beteiligung an einer Betriebsgesellschaft als wirtschaftliche Handänderung zu qualifizieren.[42] Zu diesem Auslegungsergebnis führen nicht zuletzt auch Steuerumgehungsüberlegungen, welche in der Entstehungsgeschichte des Tatbestandes der wirtschaftlichen Veräusserung eine bedeutende Rolle spielten.[43]

30

Als *Immobiliengesellschaft* zu betrachten sind Kapitalgesellschaften oder Genossenschaften, deren Zweck ausschliesslich oder überwiegend in der Nutzbarmachung der Wertsteigerung ihres Grundbesitzes oder dessen Verwendung als sichere Kapitalanlage besteht, wobei dieser Zweck auch tatsächlich durch Erwerb, Veräusserung, Vermietung, Verpachtung oder Überbauung von Grundstücken verfolgt wird.[44]

31

> Ein Unternehmen verfolgt dann überwiegend die Nutzbarmachung der Wertsteigerung seiner Liegenschaften oder deren Verwendung als sichere

32

---

[40] BGer 9.7.1999, StE 1999 A 24.34 Nr. 3; Mäusli-Allenspach, in: Zweifel/Beusch/Mäusli-Allenspach, § 16 N 21.
[41] Vgl. Richner/Frei/Kaufmann/Meuter, N 94 zu ZH StG 216 mit weiteren Hinweisen. Das Bundesgericht hat die luzernische Praxis – auch die Übertragung von Beteiligungen an Betriebsgesellschaften als wirtschaftliche Handänderung der Grundstückgewinnsteuer zu unterwerfen – als grundsätzlich nicht mit aBV 4 vereinbar erklärt (BGer 17.10.1973, BGE 99 Ia 459 E. 3d und 4).
[42] VGer ZH 28.1.1998, RB 1998 Nr. 154; vgl. auch BGer 17.10.1973, BGE 99 Ia 459 E. 4.
[43] Vgl. Locher, Bernische Grundstückgewinnsteuer, 190 f.; Mäusli-Allenspach, in: Zweifel/Beusch/ Mäusli-Allenspach, § 16 N 19.
[44] Dazu und zum Folgenden Reich, Umstrukturierungen, 1. Teil, 114 f.; vgl. auch Christen, Grundstückgewinnsteuer, 110; Richner/Frei/Kaufmann/Meuter, N 95 zu ZH StG 216.

oder nutzbringende Kapitalanlage, wenn dessen anderes Tätigkeitsgebiet im Rahmen des gesamten unternehmerischen Handelns qualitativ und quantitativ eine untergeordnete Stellung einnimmt.[45] Ob dies der Fall ist, muss aufgrund aller konkreten Umstände des Einzelfalls geprüft werden, wobei insbesondere die Ertragslage, aber auch die Verteilung der eingesetzten finanziellen und personellen Mittel für die infrage stehenden Unternehmensbereiche als Beurteilungskriterien heranzuziehen sind. Wenig aussagekräftig ist dagegen in der Regel das Aktivenverhältnis. Massgebend für die Beurteilung, ob eine Gesellschaft als Immobilien- oder Betriebsgesellschaft zu würdigen ist, ist der Veräusserungszeitpunkt.

33 Immobiliengesellschaften halten die Liegenschaften somit entweder als *Handelsware* oder als *Kapitalanlage,* in deren Verwertung oder Nutzung sich die effektive Tätigkeit der Gesellschaft im Wesentlichen erschöpft.

34 Der Verkauf von Beteiligungsrechten an einer *Holdinggesellschaft* wird dem Verkauf der Anteile an einer Immobiliengesellschaft steuerlich gleichgestellt, sofern die Aktiven der Holdinggesellschaft im Wesentlichen aus Grundstücken und Beteiligungen an Immobiliengesellschaften bestehen.[46]

3. Weitere der Veräusserung gleichgestellte Tatbestände

a) Privateinlage

35 Wird ein Grundstück vom Privatvermögen in das Geschäftsvermögen überführt, so wird diese Überführung in Kantonen mit dem *dualistischen System* aus steuersystematischen Überlegungen[47] einer Veräusserung gleichgestellt. Diese steuersystematische Gewinnbesteuerung gründet auf dem Umstand, dass ein allfällig nach der Überführung des Grundstücks in das Geschäftsvermögen erzielter Grundstückgewinn im dualistischen System nicht mehr mit der Grundstückgewinnsteuer, sondern nach dem Buchwertprinzip mit der allgemeinen Einkommenssteuer erfasst wird. Wenn der Einbuchungswert in der Bilanz des Personenunternehmens höher liegt als die Anlagekosten der eingelegten Liegenschaft, muss die Differenz also der Grundstückgewinnsteuer unterworfen werden, weil dieser Wertzuwachs andernfalls nie besteuert würde.[48]

36 Kein Anlass zur Besteuerung einer Privateinlage besteht in Kantonen, die dem *monistischen System* folgen. Der Wertzuwachsgewinn unterliegt auch nach der Überführung des Grundstücks in das Geschäftsvermögen anlässlich der späteren

---

[45] VGer ZH 28.1.1998, RB 1998 Nr. 154; VGer ZH 9.5.1995, StE 1995 B 42.23 Nr. 6 auch zum Folgenden.
[46] BGer 23.3.1977, BGE 103 Ia 159 E. 4c (interkantonale Doppelbesteuerung); Mäusli-Allenspach, in: Zweifel/Beusch/Mäusli-Allenspach, § 16 N 20; Richner, ZStP 1992, 259 f.
[47] Vgl. die Ausführungen zum *steuersystematischen Gewinnausweis* im Einkommens- und Gewinnsteuerrecht vorne § 15 N 135 ff. und insb. N 152.
[48] SSK, Steuerinformationen, D. Einzelne Steuern. Die Besteuerung der Grundstückgewinne, 21; Zuppinger/Böckli/Locher/Reich, Steuerharmonisierung, 139.

Veräusserung der Grundstückgewinnsteuer. Eine Besteuerung der Privateinlage ist den Kantonen mit monistischem System daher untersagt (StHG 12 IV b).

b) Belastung mit privatrechtlichen Dienstbarkeiten oder öffentlich-rechtlichen Eigentumsbeschränkungen

Wird ein Grundstück mit privatrechtlichen Dienstbarkeiten oder öffentlich-rechtlichen Eigentumsbeschränkungen belastet, so wird die Nutzungsmöglichkeit des Eigentümers eingeschränkt und der Veräusserungswert gemindert. Die Belastung kann soweit führen, dass dem Eigentümer nur noch die *nuda proprietas* verbleibt.[49] Eine wesentliche Beeinträchtigung der Substanz eines Grundstücks kommt wirtschaftlich einer Teilveräusserung des Grundstücks gleich. Das Entgelt, das der Eigentümer für solche Belastungen oder Eigentumseinschränkungen erhält, muss deshalb konsequenterweise mit der Grundstückgewinnsteuer und nicht mit der allgemeinen Einkommenssteuer erfasst werden.

StHG 12 II c setzt diese Überlegungen um, indem die Belastung eines Grundstücks mit privatrechtlichen Dienstbarkeiten oder öffentlich-rechtlichen Eigentumsbeschränkungen den steuerbaren Veräusserungen gleichgestellt wird, «wenn diese die unbeschränkte Bewirtschaftung oder den Veräusserungswert des Grundstücks dauernd und wesentlich beeinträchtigen und dafür ein Entgelt entrichtet wird».

Als privatrechtliche Dienstbarkeiten gelten die Grunddienstbarkeiten (ZGB 730–744) und die Personaldienstbarkeiten (ZGB 745–781). Öffentlich-rechtliche Beschränkungen bilden insbesondere die enteignungsähnlichen Sachverhalte des öffentlichen Rechts von Bund, Kantonen und Gemeinden (vgl. ZGB 702).[50] In welchen Fällen eine Belastung *dauernd* und *wesentlich* ist, umschreibt das StHG nicht.[51]

> Kontrovers diskutierte Abgrenzungsprobleme ergeben sich in der Praxis insbesondere bei der *Einräumung eines Baurechts* an einem überbauten Grundstück.[52] Dass die Begründung eines Baurechts ein Grundstück *wesentlich* beeinträchtigt, steht ausser Zweifel. Ob eine solche Belastung jedoch als *dauernd* qualifiziert werden kann, ist umstritten. Nach der zürcherischen Praxis ist eine der Grundstückgewinnsteuer unterliegende Belastung nur dann gegeben, wenn eine Dienstbarkeit auf unbegrenzte Zeit errichtet wird. Da das Baurecht aufgrund der privatrechtlichen Vorschriften gerade nicht auf unbegrenzte Zeit eingeräumt werden kann (vgl. ZGB 779l I), wird durch dessen Einräumung keine Grundstückgewinnsteuer ausgelöst. Das bedeutet, dass sowohl die Einmalentschädigungen für den Übergang der Bauten als auch die periodischen Leistungen aus Baurechtsverträgen der allgemeinen Einkommenssteuer unterliegen.

---

[49] Vgl. Rumo, Liegenschaftsgewinnsteuer, 124 ff.; Zwahlen, in: Zweifel/Athanas, N 38 zu StHG 12.
[50] Zwahlen, in: Zweifel/Athanas, N 39 zu StHG 12.
[51] Ausführlich dazu Richner/Frei/Kaufmann/Meuter, N 120 ff. zu ZH StG 216.
[52] Dazu vorne § 13 N 68 f.

c) Übertragung von Minderheitsbeteiligungen an Immobiliengesellschaften

41 Die Übertragung einer Mehrheitsbeteiligung an einer Immobiliengesellschaft stellt – wie gesehen[53] – eine wirtschaftliche Veräusserung dar, die unter StHG 12 II a fällt. StHG 12 II d ermöglicht es allerdings den Kantonen, auch die Übertragung von Minderheitsbeteiligungen an Immobiliengesellschaften der Grundstückgewinnsteuer zu unterwerfen. Solche Regelungen finden sich insbesondere in den Steuergesetzen der westschweizerischen Kantone, aber auch deutschsprachige Kantone (z.B. Aargau und Luzern) kennen entsprechende Bestimmungen; allerdings mit der Einschränkung, dass die veräusserten Beteiligungsrechte ein Sondernutzungsrecht an einer Wohneinheit verkörpern müssen.[54]

d) Planungsmehrwerte

42 Im Dienste der *Raumplanung* steht StHG 12 II e. Diese Bestimmung erlaubt den Kantonen die Aufnahme eines Steuertatbestands, der die Abschöpfung von Planungsmehrwerten im Sinne des RPG vorsieht. Dadurch wird es ermöglicht, den durch gewisse raumplanerische Massnahmen verursachten Wertzuwachs zu besteuern, ohne dass eine Veräusserung des Grundstücks erfolgt. Nur wenige Kantone haben einen solchen raumplanerischen Gewinnausweistatbestand eingeführt.[55]

V. Steueraufschiebende Tatbestände

43 Die Steuergesetze enthalten verschiedene *Ausnahmetatbestände*, bei welchen trotz Veräusserung keine steuerlich relevante Realisierung eines Grundstückgewinns angenommen wird (vgl. StHG 12 III; ZH StG 216 III). Die Besteuerung des Wertzuwachses wird bis zur nächsten steuerbaren Veräusserung ausgesetzt. Die privilegierte Veräusserung fällt für die Erhebung der Grundstückgewinnsteuer ausser Betracht. Das bedeutet nicht nur, dass der Veräusserer keine Grundstückgewinnsteuer zu entrichten hat, sondern hat für den Erwerber auch zur Folge, dass bei der Gewinnberechnung anlässlich der nächsten Veräusserung nicht auf die Veräusserung abgestellt wird, bei welcher er das Grundstück erworben hat, sondern auf die vorhergehende Veräusserung (vgl. ZH StG 219 III und IV). Der Erwerber tritt somit grundstückgewinnsteuerrechtlich in die Fussstapfen seines Rechtsvorgängers und übernimmt die latente Steuerlast auf dem aufgelaufenen Wertzuwachs. Es handelt sich demnach bloss um einen *Steueraufschub*, nicht um eine Steuerbefreiung.

---

[53] Vorne N 26 ff.
[54] Vgl. AG StG 96 II d und LU GGStG 3 Ziff. 7; SSK, Steuerinformationen, D. Einzelne Steuern. Die Besteuerung der Grundstückgewinne, 20.
[55] Dazu vorne § 24 N 7 (insb. Fn. 17).

1. Eigentumswechsel durch Erbgang, Erbvorbezug oder Schenkung

Der Aufschubtatbestand des Eigentumswechsels durch Erbgang, Erbvorbezug oder Schenkung (StHG 12 III a) ist – soweit es sich dabei um unentgeltliche Vorgänge handelt – bloss deklaratorischer Natur, weil nur die entgeltlichen Eigentumsänderungen der Besteuerung unterliegen.[56] Der Begriff des Erbgangs umfasst die Erbfolge, die Erbteilung sowie das Vermächtnis.[57] Somit führen auch Erbteilungen, obwohl sie regelmässig entgeltlich erfolgen, zu einem Steueraufschub.

44

2. Eigentumswechsel unter Ehegatten

Gemäss StHG 12 III b wird die Grundstückgewinnsteuer unter der Voraussetzung, dass beide Ehegatten hierzu ihr Einverständnis geben, aufgeschoben, wenn der Eigentumswechsel unter Ehegatten bedingt ist (1) durch das *eheliche Güterrecht* oder (2) in der Abgeltung ausserordentlicher Beiträge eines Ehegatten an den *Unterhalt der Familie* (Art. 165 ZGB) oder (3) durch *scheidungsrechtliche Ansprüche*.[58] Dieser Aufschubtatbestand wird auch eingetragenen Partnern gewährt, da deren steuerrechtliche Stellung derjenigen von Ehegatten entspricht (StHG 3 IV).

45

3. Landumlegungen

StHG 12 III c sieht einen Steueraufschub vor bei Landumlegungen zwecks Güterzusammenlegung, Quartierplanung, Grenzbereinigung oder Abrundung landwirtschaftlicher Heimwesen sowie bei Landumlegungen anlässlich eines Enteignungsverfahrens oder einer drohenden Enteignung. Dieser Steueraufschub wird damit gerechtfertigt, dass eine Landumlegung im öffentlichen Interesse und meist nicht freiwillig erfolgt.[59]

46

4. Ersatzbeschaffungen

a) *Land- oder forstwirtschaftliche Grundstücke*

Gemäss StHG 12 III d wird die Grundstückgewinnsteuer aufgeschoben bei vollständiger oder teilweiser Veräusserung eines land- oder forstwirtschaftlichen Grundstückes, soweit der Veräusserungserlös innert angemessener Frist zum Erwerb eines selbstbewirtschafteten Ersatzgrundstückes oder zur Verbesserung

47

---

[56] Vorne N 15.
[57] Vgl. RICHNER/FREI/KAUFMANN/MEUTER, N 164 zu ZH StG 216.
[58] Ausführlich dazu RICHNER/FREI/KAUFMANN/MEUTER, N 197 ff. ZH StG 216; ZWAHLEN, in: ZWEIFEL/ ATHANAS, N 64 ff. zu StHG 12. Zu den durch das eheliche Güterrecht bedingten Eigentumswechsel vgl. insb. BGer 4.4.2011, StE 2011 B 42.33 Nr. 3 E. 2.
[59] Vgl. HÖHN/WALDBURGER, § 22 N 34; ZWAHLEN, in: ZWEIFEL/ATHANAS, N 69 zu StHG 12.

der eigenen, selbstbewirtschafteten land- oder forstwirtschaftlichen Grundstücke verwendet wird.

b) *Selbstgenutztes Wohneigentum*

48 Eine steueraufschiebende Ersatzbeschaffung ist gemäss StHG 12 III e auch vorgesehen bei selbstgenutztem Wohneigentum. Wird ein bis anhin dauernd und ausschliesslich selbstgenutztes Einfamilienhaus oder eine entsprechende Eigentumswohnung veräussert und der Erlös innert angemessener Frist für den Erwerb oder für den Bau einer gleichgenutzten, in der Schweiz gelegenen Ersatzliegenschaft investiert, ist die Grundstückgewinnsteuer aufzuschieben. Für die Bestimmung der Angemessenheit der Wiederbeschaffung steht den Kantonen ein gewisser Freiraum offen.[60] Die Frist gilt im Regelfall als eingehalten, wenn die Reinvestition innert zwei Jahren vollzogen wird.[61] Bei besonderer Begründung mag auch eine längere Frist noch als angemessen erscheinen. Auch eine Vorausbeschaffung des Ersatzobjekts wird zugelassen. Steueraufschub wird nur in dem Umfang gewährt, wie der Veräusserungserlös in eine Ersatzliegenschaft reinvestiert wird. Sind die Anlagekosten für das Ersatzobjekt tiefer als der Veräusserungserlös für die bisher selbst genutzte Liegenschaft, wird der Grundstückgewinn im Umfang des Differenzbetrags besteuert.[62] Ein Steueraufschub ist in dieser Beziehung nicht gerechtfertigt, da der Erlös in diesem Umfang nicht mehr gebunden ist und für andere Zwecke zur Verfügung steht.

c) *Grundstücke des Geschäftsvermögens*

49 Den Kantonen mit monistischem System schreibt StHG 12 IV a vor, die Ersatzbeschaffungstatbestände der Einkommens- und Gewinnsteuer für selbständigerwerbende natürliche und juristische Personen (StHG 8 IV i.V.m. 24 IV)[63] auch bei der Grundstückgewinnsteuer vorzusehen. Eine Ersatzbeschaffung im grundstückgewinnsteuerrechtlichen Sinn liegt vor, wenn ein betriebsnotwendiges Grundstück des Anlagevermögens gegen Vereinnahmung eines Entgelts aus dem Unternehmen ausscheidet und an dessen Stelle innert angemessener Frist ein Ersatzgrundstück angeschafft wird, das ebenfalls betriebsnotwendiges Anlagevermögen bildet und in der Schweiz liegt.

---

[60] Auch zum Folgenden BGer 7.6.2005, StE 2005 A 23.1 Nr. 11.
[61] Für den Kanton Zürich RICHNER/FREI/KAUFMANN/MEUTER, N 280 zu ZH StG 216.
[62] Nach der sog. *absoluten Methode* (vgl. BGer 21.5.2003, StE 2004 B 42.38 Nr. 23).
[63] Dass in StHG 12 IV a der Hinweis auf StHG 24 IV fehlt, ist ein gesetzgeberisches Versehen; der Steueraufschub bei Ersatzbeschaffung ist selbstredend nicht nur bei den selbständigerwerbenden natürlichen, sondern auch bei den juristischen Personen zu gewähren. Zu den Voraussetzungen der steuerneutralen Ersatzbeschaffung im Geschäftsvermögensbereich Botschaft Steuerharmonisierung, 169; BGer 16.9.2005, ZStP 2005, 378; REICH, Umstrukturierungen, 1. Teil, 37 f.

5. Umstrukturierungen

Auch hinsichtlich der Unternehmensumstrukturierungen verlangt StHG 12 IV a, dass die Kantone mit monistischem System die bei der Einkommens- und Gewinnsteuer statuierten steuerneutralen Tatbestände als Steueraufschubtatbestände ins Grundstückgewinnsteuerrecht aufnehmen. Fusionen, Spaltungen, Umwandlungen und andere Umstrukturierungen führen oft zu Grundstücksübertragungen. Von der Besteuerung der aufgelaufenen liegenschaftlichen Mehrwerte soll jedoch immer dann abgesehen werden, wenn die *wirtschaftliche Kontinuität* trotz Änderung der Rechtsform des Unternehmens gewahrt bleibt und das betriebliche Engagement der Unternehmensträger aufrechterhalten wird. Wenn die Mehrwerte weiterhin auf der betrieblichen Ebene objektiv gebunden bleiben und subjektiv keine Versilberung stattfindet, liegt trotz Eigentumswechsel an den Grundstücken kein besteuerungswürdiger Gewinn vor.[64]

50

VI. Ermittlung des Grundstückgewinns

1. Zentrale Gewinnermittlungsprinzipien

a)   Prinzip der gesonderten Gewinnermittlung

Grundsätzlich wird jede Veräusserung eines Grundstücks als eigenständiger Steuertatbestand betrachtet. Man spricht vom Prinzip der gesonderten Gewinnermittlung. Die gesonderte Gewinnermittlung ergibt sich aus der Ausgestaltung der Grundstückgewinnsteuer als *Objektsteuer*.[65] Verschiedene vom gleichen Steuersubjekt erzielte Grundstückgewinne werden nach dem Grundsatz der gesonderten Gewinnermittlung nicht zusammengerechnet. Ebenso können auch keine Verluste aus anderen Grundstückveräusserungen mit einem Grundstückgewinn verrechnet werden.

51

Die kantonalen Steuergesetze sehen meist Ausnahmen von der gesonderten Gewinnermittlung für *Teil- und Gesamtveräusserungen* vor.[66] Bei einer Teilveräusserung wird ein Grundstück schrittweise (z.B. parzellenweise) veräussert, wogegen bei der Gesamtveräusserung mehrere Grundstücke veräussert werden, die aus Sicht des Veräusserers als Einheit in den Handel gebracht werden.

52

---

[64] Ausführlich zu den Voraussetzungen des Steueraufschubs bei Umstrukturierungen MARKUS REICH, Grundriss der Steuerfolgen von Unternehmensumstrukturierungen, Basel et al. 2000, 125 ff.
[65] Vgl. RICHNER/FREI/KAUFMANN/MEUTER, N 6 f. zu ZH StG 219.
[66] Ausführlich dazu RICHNER/FREI/KAUFMANN/MEUTER, N 1 ff. zu ZH StG 224 (Teilveräusserung) und N 1 ff. zu ZH StG 223 (Gesamtveräusserung). Ausnahmen vom Grundsatz der gesonderten Gewinnermittlung ergeben sich auch aus der neueren Rechtsprechung des Bundesgerichts zur Vermeidung von *Ausscheidungsverlusten im interkantonalen Verhältnis* (vgl. dazu hinten N 69).

b)   Kongruenzprinzip

53 Bei der Gewinnberechnung müssen sich die Anlagekosten und der Veräusserungserlös auf dasselbe Grundstück bzw. auf dieselbe Grundstückfläche beziehen. Dieser *Grundsatz der vergleichbaren Verhältnisse* wird auch *Kongruenzprinzip* genannt. Diesem Prinzip folgend müssen die während der Eigentumsdauer (bzw. seit der vorangegangenen Handänderung) eingetretenen Substanzveränderungen bei der Gewinnermittlung berücksichtigt werden.[67] Die Wertsubstanz des massgebenden Grundstücks kann durch tatsächliche oder rechtliche Veränderungen vermehrt oder vermindert werden.[68] Wird beispielsweise ein Grundstück überbaut und anschliessend veräussert, so muss die tatsächliche Substanzvermehrung bei der Grundstückgewinnberechnung berücksichtigt werden.[69]

2.   Erlös

54 «Als Erlös gilt der Kaufpreis mit Einschluss aller weiteren Leistungen des Erwerbers» (ZH StG 222). Unter Erlös versteht man somit die Gesamtheit aller vermögenswerten Leistungen, welche dem Veräusserer für die Grundstückübereignung geleistet werden. Der Erlös entspricht betraglich dem Begriff des Erwerbspreises; der Erlös des Veräusserers bildet grundsätzlich den Erwerbspreis des Erwerbers.[70]

55 Bei *Kaufgeschäften* wird für die Ermittlung des erzielten Erlöses vom öffentlich beurkundeten *Kaufpreis* ausgegangen.[71] Der Erlös ist jedoch ein wirtschaftlicher Begriff, der nach wirtschaftlichen Gesichtspunkten auszulegen ist. Dem verurkundeten Kaufpreis hinzuzurechnen sind sämtliche weiteren Leistungen des Erwerbers an den Veräusserer, die in kausalem Zusammenhang mit dem Grundstückskauf stehen. Solche weitere Leistungen des Erwerbers können beispielsweise die Übernahme der Grundstückgewinnsteuer, die Einräumung eines Wohnrechtes, ein Mietvertrag mit untersetzter Miete oder die Übernahme von Räumungs- und Umzugskosten u.dgl. sein.[72] Auch Schwarzgeldzahlungen des Erwerbers an den Veräusserer gelten selbstredend als weitere Kaufpreiszahlungen. Ausgeschieden werden müssen dagegen Entgelte für nicht liegenschaftliche Werte, insbesondere für Fahrnisse wie Möbel und Bilder usw.[73]

---

[67] Richner/Frei/Kaufmann/Meuter, N 9 zu ZH StG 219; Zwahlen, in: Zweifel/Athanas, N 45 zu StHG 12.
[68] Richner/Frei/Kaufmann/Meuter, N 12 ff. zu ZH StG 219.
[69] Im Kanton ZH wird die Substanzvermehrung als wertvermehrende Aufwendungen nach ZH StG 221 I a berücksichtigt (Richner/Frei/Kaufmann/Meuter, N 12 zu ZH StG 219).
[70] Zwahlen, in: Zweifel/Athanas, N 57 zu StHG 12.
[71] Klöti-Weber/Baur, in: Klöti-Weber/Siegrist/Weber, N 13 zu AG StG 102; Richner/ Frei/Kaufmann/Meuter, N 16 zu ZH StG 220; Zwahlen, in: Zweifel/Athanas, N 54 zu StHG 12.
[72] SSK, Steuerinformationen, D. Einzelne Steuern. Die Besteuerung der Grundstückgewinne, 27 auch zum Folgenden. Zur Problematik der *Zusammenrechnung* von Landpreis und Werklohn vgl. BGer 17.10.2005, StE 2007 B 44.1 Nr. 11; VGer ZH 10.5.2006, StE 2007 B 44.1 Nr. 12.
[73] Klöti-Weber/Baur, in: Klöti-Weber/Siegrist/Weber, N 10 zu AG StG 102; Richner/Frei/Kaufmann/Meuter, N 73 ff. zu ZH StG 220; Zwahlen, in: Zweifel/Athanas, N 47 zu StHG 12.

Der vereinbarte (und geleistete) Kaufpreis ist auch dann massgebend, wenn er 56
unter dem Verkehrswert liegt. Grundsätzlich ist auf den vereinbarten, öffentlich
beurkundeten Kaufpreis abzustellen, der im Sinne einer in der Lebenserfahrung
gründenden Vermutung den Verkehrswert des veräusserten Grundstücks wiedergibt.[74] Den Kantonen ist es untersagt, einen *fiktiven Gewinn* in der Höhe des
erzielbaren Kaufpreises zu besteuern.[75] Nur unter besonderen Umständen darf
vom vereinbarten Kaufpreis abgewichen werden, so beispielsweise, wenn die
Steuerbehörden den Nachweis erbringen können, dass weitere Leistungen erfolgt sind, die zum verurkundeten Kaufpreis hinzuzurechnen sind. In der Praxis
wird verschiedentlich auf den Verkehrswert als *Ersatzwert,* statt auf den Kaufpreis des veräusserten Grundstücks abgestellt, wenn zwischen dem Kaufpreis
und dem geschätzten Verkehrswert ein offensichtliches Missverhältnis von mindestens 25% des Verkehrswertes vorliegt. Es wird vermutet, dass im Umfang des
Differenzbetrags weitere Leistungen für die Eigentumsverschaffung geflossen
sind[76] und dem Kaufpreis deshalb keine rechtsgeschäftliche Bedeutung zukommt. Es ist dann Sache des Veräusserers, hierfür den Unrichtigkeitsnachweis
anzutreten.[77]

Bei *Tauschgeschäften* gilt als Erlös der Verkehrswert des erworbenen Grundstücks 57
als Ersatzwert.[78]

3. Anlagekosten

a) *Erwerbspreis*

Zu den Anlagekosten zählt zunächst der Erwerbspreis, also der Preis, den der 58
Veräusserer im Zeitpunkt der Anschaffung für das Grundstück aufgebracht hat.
Wie dargelegt, deckt sich der Erwerbspreis grundsätzlich mit dem vom vorherigen Eigentümer erzielten Erlös.[79]

Für die Ermittlung des Erwerbspreises kann ebenso wie bei der Feststellung des 59
Erlöses in der Regel auf den im Grundbuch eingetragenen *Kaufpreis* abgestellt
werden. Auch hier sind jedoch sämtliche *weiteren Leistungen*, die beim Grundstückskauf erbracht wurden, mitzuberücksichtigen.[80]

---

[74] VGer ZH 1.4.1993, StE 1994 B 44.12.2 Nr. 2 E. 2a.
[75] Vgl. RICHNER/FREI/KAUFMANN/MEUTER, N 11 ff. zu ZH StG 220 und N 2 zu ZH StG 222; ZWAHLEN, in: ZWEIFEL/ATHANAS, N 54 zu StHG 12.
[76] Verkaufen beispielsweise Kapitalgesellschaften Grundstücke an nahestehende Personen, so werden mit solchen Transaktionen nicht selten auch *verdeckte Gewinnausschüttungen* verbunden.
[77] Vgl. dazu MARTIN ZWEIFEL/SILVIA HUNZIKER, Beweis und Beweislast im Steuerverfahren bei der Prüfung von Leistung und Gegenleistung unter dem Gesichtspunkt des Drittvergleichs («dealing at arm's length»), ASA 77 (2008/09), 657 ff.; VGer ZH 1.4.1993, StE 1994 B 44.12.2 Nr. 2 E. 2b und c; Steuergericht SO 3.12.2001, StE 2002 B 44.11 Nr. 12.
[78] KLÖTI-WEBER/BAUR, in: KLÖTI-WEBER/SIEGRIST/WEBER, N 19 f. zu AG StG 102; RICHNER/FREI/KAUFMANN/MEUTER, N 95 ff. zu ZH StG 220.
[79] Vorne N 54. Zu den Ausnahmefällen RICHNER/FREI/KAUFMANN/MEUTER, N 12 f. zu ZH StG 220; ZUPPINGER/SCHÄRRER/FESSLER/REICH, N 1 zu ZH aStG 167 ff.
[80] Dazu vorne N 55.

60 Wenn der Erwerb viele Jahre zurückliegt, bietet die Ermittlung des massgebenden Erwerbspreises und der weiteren Anlagekosten oftmals erhebliche Schwierigkeiten. StHG 12 I erlaubt es den Kantonen, statt auf den Erwerbspreis auf einen *Ersatzwert* abzustellen. Die entsprechenden Regelungen in den Kantonen sind unterschiedlich ausgestaltet.[81] ZH StG 220 II sieht beispielsweise vor, dass der Steuerpflichtige in Fällen, in denen die massgebende Handänderung mehr als zwanzig Jahre zurückliegt, den Verkehrswert des Grundstücks vor zwanzig Jahren als Anlagewert in Anrechnung bringen darf. Mit dem Beizug des Verkehrswerts als Ersatzwert bei Altbesitz sollen nicht nur die erhebungstechnischen Schwierigkeiten bei langer Besitzesdauer beseitigt werden, der Gesetzgeber will damit auch der teilweisen *inflationsbedingten Akkumulation* der Grundstückgewinne Rechnung tragen.[82]

61 Wenn der Pflichtige vom Recht, auf den Verkehrswert vor 20 Jahren abzustellen, Gebrauch macht, so sind in diesem Ersatzwert sämtliche Anlagekosten, die bis zu diesem Zeitpunkt aufgelaufen sind, enthalten. Dass bedeutet, dass nur die weiteren, ab diesem Zeitpunkt entstandenen Anlagekosten geltend gemacht werden können. Als *Verkehrswert* gilt der Preis, der am Bewertungsstichtag im gewöhnlichen Geschäftsverkehr mutmasslich zu erzielen gewesen wäre.[83] Der Verkehrswert entspricht mit andern Worten dem Preis, den ein Käufer am Stichtag normalerweise zu zahlen bereit wäre.

b) Wertvermehrende Aufwendungen

62 Wertvermehrende Aufwendungen sind Anlagekosten, die nicht im Zeitpunkt des Erwerbs, sondern während der Besitzesdauer getätigt werden. Sie führen zu einer grundsätzlich dauerhaften *substanziellen Verbesserung* des Grundstücks.[84] Typische wertvermehrende Aufwendungen sind Neubauten, Umbauten, Erschliessungskosten u.dgl.

63 Die wertvermehrenden Aufwendungen sind insbesondere von den *werterhaltenden Aufwendungen* abzugrenzen. Die werterhaltenden Kosten sind keine Anlagekosten, da sie das Grundstück längerfristig betrachtet bloss im bisherigen Zustand bewahren und nichts Neues hinzufügen. Sie mindern nicht den Grundstückgewinn, sondern den *Grundstücksertrag* und sind deshalb als Gewinnungskosten bei der Einkommenssteuer in Anrechnung zu bringen.[85] In den Kantonen werden zum Teil auch gewisse werterhaltende Aufwendungen bei der Grundstückgewinnsteuer zum Abzug zugelassen.[86]

---

[81] Vgl. die Übersicht über die kantonalen Regelungen in SSK, Steuerinformationen, D. Einzelne Steuern. Die Besteuerung der Grundstückgewinne, 28 f.
[82] Der Inflation wird überdies bei der *Tarifgestaltung* Rechnung getragen (vgl. hinten N 72).
[83] VGer ZH 21.4.1999, StE 2000 B 44.1 Nr. 7; REIMANN/ZUPPINGER/SCHÄRRER, N 66 zu ZH aStG 165.
[84] Näheres dazu vorne § 13 N 78 ff.
[85] Ausführlich vorne § 13 N 83 ff.
[86] Vgl. SSK, Steuerinformationen, D. Einzelne Steuern. Die Besteuerung von Grundstückgewinnen, 29. Dies steht insbesondere mit der inzwischen aufgehobenen *Dumontpraxis* (dazu vorne § 13 N 84) in Zusammenhang, nach welcher die anschaffungsnahen Unterhaltskosten bei der Ein-

4. Weitere abziehbare Kosten

Die Kantone sind harmonisierungsrechtlich weitgehend frei in der Festlegung von weiteren abziehbaren «Aufwendungen» im Sinne von StHG 12 I. Einzelne Kantone rechnen sämtliche mit dem Erwerb und der Veräusserung des Grundstücks untrennbar verbundenen Auslagen an. Andere Kantone lassen nur die in den Steuergesetzen exakt umschriebenen Kosten zum Abzug zu. Dies ist harmonisierungs- und verfassungsrechtlich zulässig; die Kantone dürfen die Grundstückgewinnsteuer mehr oder weniger verobjektivieren.[87]

64

Als mit der Veräusserung und dem Erwerb *unmittelbar zusammenhängende Kosten* erscheinen beispielsweise Grundbuchgebühren, Handänderungssteuern, Notariatskosten sowie Insertionskosten und Vermittlungsprovisionen.[88] Zum Teil sind noch weitere Abzüge ohne Gewinnungskostencharakter vorgesehen wie z.B. Grundeigentümerbeiträge an die Gemeinden. Nicht abziehbar sind Grundstückgewinn- und Mehrwertsteuern.[89]

65

> *Vermittlungs- oder Mäklerprovisionen* sind Leistungen des Veräusserers an einen Dritten für den Nachweis einer Gelegenheit zum Abschluss eines Vertrags oder die Vermittlung eines Vertrags im Sinne von OR 412 I. Die Anrechnung solcher Mäklerprovisionen ist an strenge Voraussetzungen geknüpft.[90] Im Kanton Zürich werden gemäss ZH StG 221 I c lediglich die «üblichen» Mäklerprovisionen zum Abzug zugelassen. Als üblich gelten im Normalfall Provisionen in der Höhe von 2% des Verkaufserlöses.[91]

66

5. Verlustverrechnung

Die Möglichkeit der Verrechnung von Grundstückgewinnen mit *Verlusten aus anderen Grundstückstransaktionen* ist – wie gesehen – grundsätzlich beschränkt auf die Gesamt- bzw. Teilveräusserungen.[92]

67

Auch die Verrechnung von *Geschäftsverlusten* mit dem Grundstückgewinn ist dem Wesen der Grundstückgewinnsteuer als Objektsteuer an sich fremd.[93] Die Kantone mit monistischem System sind harmonisierungsrechtlich frei, ob sie Geschäftsverluste zur Verrechnung zulassen wollen oder nicht.[94]

68

---

kommenssteuer nicht als Gewinnungskosten abgezogen werden konnten. Der Kanton ZH kennt überdies eine Sonderregelung für *Liegenschaftenhändler*. Liegenschaftenhändler können unter Umständen auch wertvermehrende Aufwendungen bei der Grundstückgewinnsteuer geltend machen, sofern diese nicht bereits bei der Einkommens- oder Gewinnsteuer berücksichtigt wurden (ZH StG 221 II; näheres dazu Richner/Frei/Kaufmann/Meuter, N 119 ff. zu ZH StG 221).

[87] BGer 29.5.2009, StE 2009 B 44.13.5 Nr. 9 E. 2.1.
[88] Vgl. SSK, Steuerinformationen, D. Einzelne Steuern. Die Besteuerung von Grundstückgewinnen, 31.
[89] Richner/Frei/Kaufmann/Meuter, N 106 f. zu ZH StG 221.
[90] Dazu BGer 29.5.2009, StE 2009 B 44.13.5 Nr. 9.
[91] Zu den Ausnahmen Richner/Frei/Kaufmann/Meuter, N 98 ff. zu ZH StG 221.
[92] Dazu vorne N 52.
[93] Vgl. BGer 9.4.2009, StE 2009 B 44.13.7 Nr. 24, E. 3.3 mit weiteren Hinweisen.
[94] BGer 7.10.2011, StE 2012 B 44.13.7 Nr. 25 E. 5.2 f.

69 In seiner neueren Rechtsprechung zum Doppelbesteuerungsverbot hat das Bundesgericht die frühere äusserst restriktive Praxis zur Anrechnung der sog. *Ausscheidungsverluste* schrittweise geändert und die Kantone verpflichtet, solche Verluste von ausserkantonalen Steuerpflichtigen zur Anrechnung zu bringen.[95] Dieser grundlegende Richtungswechsel des Bundesgerichts hat zahlreiche Kantone mit monistischem System in den letzten Jahren dazu veranlasst, die Verrechnung von Geschäftsverlusten mit Grundstückgewinnen gesetzlich vorzusehen.[96]

70 Der Kanton Zürich hat bislang von einer solchen Regelung abgesehen. Zu Recht hat das Zürcher Verwaltungsgericht erwogen, die im innerkantonalen Recht fehlende Möglichkeit, Geschäftsverluste mit den der Grundstückgewinnsteuer unterworfenen Gewinnen auf Geschäftsgrundstücken zu verrechnen, verletze im Lichte der neueren Rechtsprechung des Bundesgerichts den Grundsatz der *Rechtsgleichheit* und erweise sich als verfassungswidrig.[97] Dem entgegnete das Bundesgericht dann allerdings, die bundesgerichtliche Rechtsprechung würde sich nur auf die Besteuerung im interkantonalen Verhältnis beziehen, daraus könne nicht abgeleitet werden, dass die Verlustverrechnung im monistischen System von Bundesrechts wegen auch im innerkantonalen Verhältnis zugelassen werden müsse. Da es den Kantonen harmonisierungsrechtlich freigestellt sei, ob sie die Verlustverrechnung vorsehen wollen oder nicht, bestehe auch nach BV 190 kein Raum für eine verfassungsgestützte Auslegung des kantonalen Rechts im Sinne eines Zwangs zur Gewährung des Verlustabzugs.[98]

VII. Steuermass

1. Ausgestaltung der Steuertarife

71 Die meisten Kantone sehen in ihrer Steuerordnung einen nach der Höhe des Grundstückgewinns progressiv ausgestalteten Steuertarif vor. Wenige Kantone kennen einen proportionalen Tarif.[99] Zum Teil stellt der gesetzlich festgelegte Ta-

---

[95] BGer 3.11.2006, BGE 133 I 19 = StE 2007 A 24.43.1 Nr. 19; BGer 8.5.2006, BGE 132 I 220 = StE 2007 A 24.43.2 Nr. 2; BGer 19.11.2004, BGE 131 I 249 = StE 2005 24.43.2 Nr. 1; vgl. dazu auch Kreisschreiben Nr. 27 der SSK vom 15.3.2007 betreffend die Vermeidung von Ausscheidungsverlusten; MATTEOTTI, in: ZWEIFEL/BEUSCH/MÄUSLI-ALLENSPACH, § 34 N 25; SIEBER, in: ZWEIFEL/BEUSCH/MÄUSLI-ALLENSPACH, § 25 N 52.
[96] Vgl. die Übersicht in BGer 4.4.2011, StE 2011 A 24.43.1 Nr. 22 E. 4.5.
[97] VGer ZH 25.8.2010, SB.2009.00079, E. 3.2.
[98] BGer 7.10.2011, StE 2012 B 44.13.7 Nr. 25 E. 4 und 5.3. Nicht geprüft hat das Bundesgericht, ob die durch die neue Rechtsprechung im interkantonalen Verhältnis hervorgerufene und vom Verwaltungsgericht gerügte *Diskriminierung der innerkantonalen Steuerpflichtigen* verfassungsrechtlich haltbar ist (vgl. dazu NIEDERER/STUCKI, ST 2008, 484 f.). Das StHG unterliegt zwar dem Anwendungsgebot von BV 190; die Kantone müssen sich indes auch im Freiraumbereich an die Rechtsgleichheit halten.
[99] Vgl. SSK, Steuerinformationen, D. Einzelne Steuern. Die Besteuerung der Grundstückgewinne, 33 f. auch zum Folgenden.

rif nur die einfache Steuer dar und muss mit dem Steuerfuss der entsprechenden Gemeinde multipliziert werden.[100]

2. Ermässigung bei längerer Besitzesdauer

Fast alle Kantone sehen eine nach der Besitzesdauer abgestufte Ermässigung der Grundstückgewinnsteuer vor.[101] Damit wird dem Umstand Rechnung getragen, dass bei längerer Besitzesdauer zumindest ein Teil des Grundstückgewinns auf die *Geldentwertung* zurückzuführen ist. Kantone mit progressivem Steuertarif gewähren meist eine Ermässigung durch prozentuale Reduktion des ordentlichen Steuerbetrages.[102] Kantone mit einer proportionalen Grundstückgewinnsteuer bringen vielfach einen nach der Besitzesdauer degressiven Steuertarif zur Anwendung. 72

3. Erhöhte Belastung bei kurzer Besitzesdauer (Spekulationsgewinne)

Nach StHG 12 V haben die Kantone dafür zu sorgen, «dass kurzfristig realisierte Grundstückgewinne stärker besteuert werden». Die Festlegung des Steuertarifs ist Sache der Kantone und somit nicht Gegenstand der Steuerharmonisierung (BV 129 II). Der Bund stellt den Steuertarif der Grundstückgewinnsteuer durch diese Vorschrift jedoch in den Dienst der *Bekämpfung der Bodenspekulation;* eine solche ausserfiskalische Massnahme[103] kann deshalb nicht von vornherein als verfassungswidrig bezeichnet werden.[104] Eine hohe Steuerbelastung ist erfahrungsgemäss durchaus geeignet, das Verhalten der Grundeigentümer zu beeinflussen. 73

Bei progressiven Steuertarifen wird die stärkere Belastung durch prozentuale Zuschläge erreicht, die umso höher sind, je kürzer die Besitzesdauer ist.[105] Ist die Grundstückgewinnsteuer proportional ausgestaltet, wird die erhöhte Belastung durch einen nach Besitzesdauer abgestuften degressiven Steuertarif erreicht.[106] 74

---

[100] Dies ist im Kanton Zürich im Unterschied zur allgemeinen Einkommens- und Vermögenssteuer nicht der Fall, weil die *Ertragskompetenz* der Grundstückgewinnsteuer einzig den Gemeinden zusteht.

[101] Vgl. SSK, Steuerinformationen, D. Einzelne Steuern. Die Besteuerung der Grundstückgewinne, 37 ff. Der Kanton BL berücksichtigt die Besitzesdauer nur bei der Veräusserung von *selbstgenutztem Wohneigentum* (StG BL 78bis; vgl. Steuergerichts BL vom 14.1.2011, 510 10 59).

[102] So wird beispielsweise im Kanton ZH bei einer anrechenbaren Besitzesdauer von 5 Jahren die nach dem ordentlichen Tarif berechnete Grundstückgewinnsteuer um 5% ermässigt. Die Ermässigung steigt dann mit jedem Jahr an, bis die maximale Reduktion von 50% bei einer Besitzesdauer von 20 Jahren erreicht ist (ZH StG 225 III).

[103] Zur Zulässigkeit *ausserfiskalischer Massnahmen* vorne § 4 N 158 ff.

[104] A.M. ZWAHLEN, in: ZWEIFEL/ATHANAS, N 79 zu StHG 12.

[105] Beträgt die Besitzesdauer weniger als 1 Jahr, so erhöht sich im Kanton Zürich der nach den ordentlichen Tarifen berechnete Steuerbetrag um 50% und bei einer Besitzesdauer von weniger als 2 Jahren um 25% (ZH StG 225 II).

[106] Zur kantonalen Ausgestaltung der Besteuerung von *Spekulationsgewinnen* SSK, Steuerinformationen, D. Einzelne Steuern. Die Besteuerung der Grundstückgewinne, 35 f.

Fünfter Abschnitt:
Steuerverfahrensrecht

§ 26 Steuerveranlagung und Steuerbezug

Literatur

BLUMENSTEIN/LOCHER, System, 391 ff., 483 ff.; HÖHN/WALDBURGER, Bd. I, § 34 N 1 ff., § 36 N 1 ff.; MÄUSLI-ALLENSPACH/OERTLI, Steuerrecht, 283 ff.; OBERSON, Droit fiscal, § 22 N 1 ff., § 24 N 1 ff., § 25 N 1 ff.

AUER CHRISTOPH, Das Verhältnis zwischen Nachsteuerverfahren und Steuerstrafverfahren, insbesondere das Problem des Beweisverwertungsverbots, ASA 66 (1997/98), 1 ff.; BEHNISCH URS, Die Verfahrensmaximen und ihre Auswirkungen auf das Beweisrecht im Steuerrecht (dargestellt am Beispiel der direkten Bundessteuer), ASA 56 (1987/88), 577 ff.; BERGER MARKUS, Voraussetzungen und Anfechtung der Ermessensveranlagung, ASA 75 (2006/2007), 185 ff.; BEUSCH MICHAEL, Auswirkungen der Rechtsweggarantie von Art. 29a BV auf den Rechtsschutz im Steuerrecht, ASA 73 (2004/2005), 709 ff.; CASANOVA HUGO, Die Nachsteuer, ASA 68 (1999/2000), 1 ff.; DUSS MARCO, Verfahrensrecht in Steuersachen. Leitfaden zu Veranlagungs- und Rechtsmittelverfahren für Praxis und Ausbildung, Zürich 1987 (zit. DUSS, Verfahrensrecht); Konferenz staatlicher Steuerbeamter, Kommission Steuerharmonisierung, Harmonisierte kantonale Quellensteuerordnung, Muri/Bern 1994 (zit. SSK, Quellensteuerordnung); MEISTER THOMAS, Rechtsmittelsystem der Steuerharmonisierung. Der Rechtsschutz nach StHG und DBG, Bern et al. 1995 (zit. MEISTER, Rechtsmittelsystem); OBERSON RAOUL, Imposition à la source, ASA 61 (1992/93), 405 ff.; TAPPOLET KLAUS, Verstösst die Quellenbesteuerung ausländischer Arbeitnehmer gegen staatsvertragliche Gleichbehandlungsklauseln?, in: REICH/ZWEIFEL (Hrsg.), FS Zuppinger, 627 ff. (zit. TAPPOLET, Quellenbesteuerung); ZIGERLIG RAINER, Quellensteuern, in: ERNST HÖHN/PETER ATHANAS (Hrsg.), Das neue Bundesrecht über die direkten Steuern. Direkte Bundessteuer und Steuerharmonisierung, Bern et al. 1993, 375 ff.; ZWAHLEN BERNHARD, La procédure de taxation, in: Ordre romand des experts fiscaux diplômés (OREF) (Hrsg.), Les procédures en droit fiscal, Bern et al. 1997, 37 ff. (zit. ZWAHLEN, Procédure); ZWEIFEL MARTIN, Von der Wahrheitsermittlung zur Wahrscheinlichkeitsermittlung, in: PETER FORSTMOSER/WALTER R. SCHLUEP (Hrsg.), Freiheit und Verantwortung im Recht, FS Arthur Meier-Hayoz, Bern 1982, 527 ff. (zit. ZWEIFEL, Wahrheitsermittlung); ders., Die Verfahrenspflichten des Steuerpflichtigen im Steuereinschätzungsverfahren, unter besonderer Berücksichtigung des zürcherischen Rechts, ASA 49 (1980/81), 513 ff.

A. Rechtsgrundlagen des Steuerverfahrensrechts

Die Steuerharmonisierung umfasst gemäss BV 129 II auch das Steuerverfahrensrecht. Dieses ist in StHG 39 ff. recht engmaschig vorgezeichnet.

Für die *direkte Bundessteuer* ist die ausführliche Regelung des Verfahrensrechts in DBG 102 ff. zu finden. Fehlt eine einschlägige Regelung im DBG, gelten die kantonalen Verfahrensbestimmungen sinngemäss (vgl. beispielsweise Art. 4 der zürcherischen Durchführungsverordnung [ZH VO DBG 4][1]). Das *Bundesgesetz über das Verwaltungsverfahren* vom 20.12.1968 (VwVG; SR 172.021) findet hingegen grundsätzlich keine Anwendung, weil die Erhebung der direkten Bundessteuer auf dem Prinzip des Vollzugsföderalismus beruht (BV 128 IV Satz 1; DBG 2). Das VwVG gilt nur für Verwaltungsverfahren, die durch Verfügungen von Bundesverwaltungsbehörden in erster Instanz oder auf Beschwerde hin zu erle-

---

[1] Verordnung über die Durchführung des Bundesgesetzes über die direkte Bundessteuer vom 4.11.1998 (LS 634.1).

digen sind (VwVG 1 I). Nur wenn das kantonale Recht keine Regelung enthält, ist allenfalls das VwVG heranzuziehen.[2]

3   Im *Kanton Zürich* ist das Verfahrensrecht für die Erhebung der Staats- und Gemeindesteuern in ZH StG 106 ff. (i.V.m. ZH StG 189) geregelt. Von gewisser Bedeutung sind auch einzelne Bestimmungen der *auf den 1. Januar 2011 in Kraft getretenen schweizerischen Zivilprozessordnung*, deren sinngemässe Anwendung vor allem im Beweisrecht vorgesehen ist. So verweist beispielsweise die Verordnung zum Steuergesetz (ZH StV)[3] in § 6 Abs. 2 zur Einvernehmung von Zeugen ausdrücklich auf die Bestimmungen der ZPO. Auch beim Beizug von Sachverständigen findet sich in § 6 Abs. 3 ein expliziter Verweis auf ZPO 183–188.

4   Neben den erwähnten verfahrensrechtlichen Bestimmungen gelten sowohl im Bundessteuerrecht als auch im kantonalen Steuerrecht die Verfahrensgarantien gemäss *Verfassungs- und Völkerrecht*. Dazu gehören insbesondere die in BV 29 ff. vorgesehenen Garantien.[4] Die Rechtsschutzgarantien von EMRK 6 sind hingegen nicht auf das Steuerverfahren, sondern nur auf das Steuerstrafverfahren anwendbar.[5]

B. Übersicht über die Verfahrensstadien

I. Veranlagungsverfahren

5   Im Veranlagungsverfahren[6] wird der Betrag der Steuerschuld durch die Steuerveranlagungsorgane im Einzelfall festgesetzt. Dazu gehören die Feststellung der Bemessungsgrundlage[7] und des Steuertarifes sowie die Berechnung des Steuerbetrages. Die Einkommens- und Vermögenssteuern werden unter Vorbehalt des Quellensteuerverfahrens in einem *gemischten Veranlagungsverfahren* erhoben.[8]

---

[2] Vgl. ERNST KÄNZIG/URS R. BEHNISCH, Die Direkte Bundessteuer. III. Teil. Art. 65–158 BdBSt, 2. A. Basel 1992, N 1 zu BdBSt 66.
[3] Verordnung zum Steuergesetz vom 1.4.1998 (LS 631.11).
[4] Vorne § 4 N 78 ff.
[5] Vorne § 3 N 11 f.
[6] Im Kanton Zürich wird immer noch der veraltete Ausdruck «Einschätzung» verwendet (vgl. ZH StG 107 ff.), während im DBG und in den meisten anderen kantonalen Steuergesetzen der Begriff der *Veranlagung* (vgl. StHG 46) gebräuchlich ist.
[7] Auch «Steuerfaktoren» genannt. Als solche gelten gemäss ZH StG 139 I Satz 2 das steuerbare Einkommen und Vermögen, der steuerbare Reingewinn und das steuerbare Kapital (vgl. hierzu hinten N 12).
[8] Dazu vorne § 5 N 9.

II. Steuerbezug und Zwangsvollstreckung

Im Anschluss an die Veranlagung der Steuer durch die Steuerbehörde hat eine behördliche Aufforderung zur Entrichtung der Steuer zu erfolgen. Dies geschieht mit der Zustellung der *Steuerrechnung* an den Steuerpflichtigen. Wird die Steuer bezahlt, ist der Steuerbezug abgeschlossen. Entrichtet der Steuerpflichtige die Steuer trotz Zustellung der definitiven Steuerrechnung nicht freiwillig, muss die Steuerforderung zwangsweise durchgesetzt werden. Dies erfolgt im Zwangsvollstreckungsverfahren nach SchKG.[9]

6

C. Organisation und Zuständigkeit

I. Organisation der Steuerverwaltungen

1. Bund

Oberste leitende und vollziehende Behörde des Bundes ist auch für das Steuerwesen der *Bundesrat* (BV 174). Dem ihm unterstellten *eidgenössischen Finanzdepartement* beigegeben sind u.a. die Eidgenössische Steuerverwaltung (EStV), die Zollverwaltung und die Alkoholverwaltung. Die EStV wird von einem Direktor und seinen Stellvertretern geleitet und ist in Hauptabteilungen, Abteilungen und Sektionen gegliedert.[10]

7

2. Kantone

Harmonisierungsrechtlich sind die Kantone in Bezug auf die Organisation der Steuererhebung mit Ausnahme verschiedener Rechtsschutzvorgaben frei.[11] Im Kanton Zürich hat der Regierungsrat gestützt auf ZH StG 106 II eine *Verordnung über die Organisation des kantonalen Steueramtes* (ZH Organisations-VO)[12] erlassen. Danach ist das kantonale Steueramt unterteilt in Stäbe, Divisionen und Dienstabteilungen (ZH Organisations-VO 2).

8

Auch für die Organisation der kantonalen Steuerbehörden hinsichtlich der direkten Bundessteuer sind nur *wenige bundesrechtliche Vorgaben* zu beachten (vgl. DBG 104). Zuständig für die Erhebung der direkten Bundessteuer ist im Kanton Zürich die *Dienstabteilung Bundessteuer* (ZH Organisations-VO 7).

9

---

[9] Dazu hinten N 70 ff.
[10] Vgl. dazu das Organigramm der EStV, <http://www.estv.admin.ch/org/00046/index.html?lang=de> (besucht am 20.9.2011).
[11] Vgl. Richner/Frei/Kaufmann/Meuter, N 1 zu ZH StG 106.
[12] Verordnung über die Organisation des kantonalen Steueramtes vom 17.12.2008 (LS 631.51).

3. Kommunale Organe

10 Hinsichtlich des Einbezugs der Gemeinden in die Steuererhebung bestehen keine bundesrechtlichen Vorgaben. Im Kanton Zürich ist das jeweilige Gemeindesteueramt zuständig, wenn im ZH StG oder seinen Ausführungserlassen von «Gemeinde» die Rede ist.[13] Die Organisation der Gemeindesteuerämter wird durch die Gemeindeordnungen festgelegt. Auf kommunaler Ebene fungieren auch *weitere Organe:* Dazu gehört etwa die Erlassbehörde (ZH StG 184 II) oder die Grundsteuerbehörde (ZH StG 219 f. und 243 II).

II. Sachliche Zuständigkeit

1. Steuerveranlagungsorgane

a) Ordentliche Veranlagung der direkten Bundessteuer

11 Die Veranlagung (und der Bezug) der direkten Bundessteuer obliegt den Kantonen (BV 128 IV Satz 1; DBG 2).[14] Im Kanton Zürich wird die direkte Bundessteuer von der *Dienstabteilung Bundessteuer* veranlagt (vgl. § 6 der zürcherischen Durchführungsverordnung zum DBG [ZH VO DBG][15]). Vorbereitet wird die Veranlagung jedoch durch denjenigen Steuerkommissär, welcher für die Einschätzung der kantonalen und kommunalen Steuern zuständig ist.

b) Ordentliche Veranlagung der Staats- und Gemeindesteuern

12 Die Veranlagung der Staats- und Gemeindesteuern wird im Kanton Zürich *zweistufig* vorgenommen. Das Veranlagungsverfahren zerfällt in das *Einschätzungsverfahren* und das Verfahren der *Steuerberechnung*. Die Einschätzung erfolgt grundsätzlich durch das kantonale Steueramt unter Mitwirkung der Gemeinden (ZH StG 107 und 139 I). Die Einschätzung wird durch *Einzelbeamte* vorgenommen;[16] verantwortlich ist der zuständige Steuerkommissär. Im Einschätzungsverfahren werden die Steuerfaktoren (d.h. bei natürlichen Personen das steuerbare Einkommen und Vermögen mit Berücksichtigung der Sozialabzüge, bei juristischen Personen der steuerbare Reingewinn und das steuerbare Kapital, ZH StG 139 I) und der Steuertarif festgestellt.[17]

---

[13] Vgl. z.B. ZH StG 15, 62 und 144 I.
[14] Für die Veranlagung der *Verrechnungssteuer* und der *indirekten Steuern des Bundes* sind die Steuerbehörden des Bundes zuständig. Die Mehrwertsteuer, die Verrechnungssteuer und die Stempelabgaben werden von der EStV veranlagt. Die Veranlagung der übrigen Bundessteuern (z.B. Tabaksteuer, Biersteuer) fällt in die Zuständigkeit anderer Amtsstellen des Bundes.
[15] Verordnung über die Durchführung des Bundesgesetzes über die direkte Bundessteuer vom 4.11.1998 (LS 634.1).
[16] RICHNER/FREI/KAUFMANN/MEUTER, N 4 zu ZH StG 107.
[17] RICHNER/FREI/KAUFMANN/MEUTER, N 3 zu ZH StG 139.

Die *Steuerberechnung* der Staats- und Gemeindesteuern ist Aufgabe des zuständigen *Gemeindesteueramtes*. Im Verfahren der Steuerberechnung wird der Steuerbetrag aufgrund der Steuerfaktoren und des Steuertarifs festgelegt. Die für die Steuerberechnung zuständige Gemeinde wird Einschätzungsgemeinde genannt (z.B. ZH StG 108 f.). Die Gemeindesteuerämter sind auch für die Durchführung des Steuererklärungsverfahrens der in der Gemeinde wohnhaften natürlichen Personen zuständig (ZH VO DBG 12 a). Ausnahmsweise hat das Gemeindesteueramt auch die Kompetenz, selbst die Einschätzung vorzunehmen (ZH StG 107 II; ZH StV 42 IV i.V.m. 43 I).

13

c) Quellensteuerveranlagung

Die Quellenbesteuerung *ausländischer Arbeitnehmer* wird sowohl für die direkte Bundessteuer als auch für die Staats- und Gemeindesteuern durch das kantonale Steueramt unter Mitwirkung des Schuldners und des Gemeindesteueramtes durchgeführt. Für die Quellensteuer *anderer Steuerpflichtiger* ergeben sich unterschiedliche Zuständigkeiten.[18]

14

2. Steuerbezugsbehörden

Die Steuerbezugsbehörden übernehmen die *verwaltungsmässige Einkassierung* der Steuerforderung. Sie erstellen die Steuerrechnungen, stellen diese dem Steuerpflichtigen zu, überwachen den Eingang der Steuerzahlungen und leiten allenfalls Sicherungs- und Zwangsvollstreckungsmassnahmen ein.[19]

15

Der Bezug der *direkten Bundessteuer* ist im Kanton Zürich Aufgabe der Dienstabteilung Bundessteuer, wobei die Gemeindesteuerämter unter Umständen zur Mitwirkung verpflichtet sind (ZH VO DBG 6 e, 12 f und 26). Als Steuerbezugsbehörden für die *Staats- und Gemeindesteuern* amten im ordentlichen Verfahren grundsätzlich die Gemeinden.[20] Die *Quellensteuern* werden in der Regel vom kantonalen Steueramt bezogen.

16

3. Aufsichtsbehörden

Im Bereich der direkten Bundessteuer hat der Bund aufgrund des Prinzips des Vollzugsföderalismus grundsätzlich nur Kompetenzen zur Instruktion und zur Aufsicht.[21] Die Aufsicht beinhaltet primär die Kompetenz zur *Lenkung des Vollzuges ex ante*. Dem Bund steht keine eigentliche Einzelaktkontrolle in der Form einer nachträglichen Kontrolle und allfälligen Berichtigung individueller Veran-

17

---

[18] Ausführlich dazu für den Kanton Zürich Richner/Frei/Kaufmann/Meuter, N 1 ff. zu ZH StG 109.
[19] Vgl. Zweifel/Casanova, Steuerverfahrensrecht, § 29 N 5 f.
[20] Für den Steuerbezug von Nachsteuern ist das kantonale Steueramt zuständig (ZH StG 160 ff. und 172, ZH StV 46).
[21] Vgl. DBG 2, 102 I, 103 (ausführlich dazu Beusch, in: Zweifel/Athanas, N 5 ff. zu DBG 103).

lagungen zu. Er hat aber die Kompetenz zum Erlass von «exekutivisch-administrativem Ergänzungsrecht»[22] und hat die Tätigkeit der kantonalen Behörden im Sinn einer Qualitätskontrolle zu überwachen. Die *konkrete Aufsicht,* d.h. die Beobachtung und Korrektur der Vollzugshandlungen, steht nach DBG 103 I grundsätzlich der EStV zu. Das Eidgenössische Finanzdepartement übt lediglich in Ausnahmefällen auf Antrag der EStV Aufsichtsfunktionen aus (DBG 103 II).

18 Im Kanton Zürich unterstehen alle kantonalen und kommunalen Steuerveranlagungs- und Steuerbezugsbehörden der *Aufsicht der kantonalen Finanzdirektion* (ZH StG 110).

III. Örtliche Zuständigkeit

19 Die Bestimmungen über die örtliche Zuständigkeit regeln die Frage, wer im Verhältnis zu einem bestimmten Steuerpflichtigen die Veranlagung und den Steuerbezug vorzunehmen hat.

20 Für die Veranlagung der direkten Bundessteuer und für die Staats- und Gemeindesteuern ist bei *persönlicher Zugehörigkeit* grundsätzlich derjenige Kanton zuständig, an welchem der Steuerpflichtige am Ende der Steuerperiode seinen steuerrechtlichen Wohnsitz oder Sitz (bzw. seine tatsächliche Verwaltung) hat.[23] Die Besteuerungszuständigkeit für eine ganze Steuerperiode bestimmt sich demnach grundsätzlich nach dem *Wohnsitz oder Sitz* (bzw. nach dem Ort der tatsächlichen Verwaltung) an einem *Stichtag.* Ein interkantonaler Wechsel der persönlichen Zugehörigkeit hat somit keinen Einfluss auf die Zuständigkeit zur Veranlagung und zum Steuerbezug; massgebend ist die persönliche Zuständigkeit am *Ende der Steuerperiode.* Gegebenenfalls hat der Zuzugskanton Einkommensbestandteile in seine Berechnung aufzunehmen, welche noch im Kanton des früheren Wohnsitzes oder Sitzes erzielt worden sind.

21 Falls wegen *wirtschaftlicher Zugehörigkeit* in einem anderen Kanton als im Wohnsitz- oder Sitzkanton eine Steuerpflicht besteht, ist im Bereich der *direkten Bundessteuer* der *Wohnsitz- oder Sitzkanton allein* zuständig. Es wird also im Interesse des Steuerpflichtigen lediglich *ein* Veranlagungs- und Bezugsverfahren durchgeführt.[24] Die gleichen Regeln gelten auch, wenn der Steuerpflichtige in verschiedenen Kantonen beschränkt steuerpflichtig ist, aber keinen steuerrechtlichen Wohnsitz oder Sitz in der Schweiz hat. Veranlagungs- und Bezugskanton ist in solchen Fällen derjenige Kanton, in welchem sich der grösste Teil der steuerbaren Werte befindet.[25]

---

[22] Vgl. BEUSCH, in: ZWEIFEL/ATHANAS, N 23 zu DBG 102.
[23] Für natürliche Personen StHG 68 I, DBG 216 I i.V.m. DBG 41; für juristische Personen StHG 22 I, DBG 216 III.
[24] Die vereinnahmten kantonalen Anteile an der direkten Bundessteuer werden unter den beteiligten Kantonen aufgeteilt (DBG 197 I).
[25] Für natürliche Personen DBG 217 II, für juristische Personen DBG 106 II.

Massgebender Anknüpfungspunkt für die Bestimmung der Einschätzungsgemeinde ist im *Kanton Zürich* der Wohnsitz oder Aufenthalt bzw. der Sitz oder Ort der tatsächlichen Verwaltung der steuerpflichtigen Person zu *Beginn der Steuerperiode oder der Steuerpflicht* (ZH StG 108 I). Bei Fehlen eines solchen Anknüpfungspunktes ist die Gemeinde zuständig, in welcher sich die steuerbaren Werte befinden. Liegen die steuerbaren Werte in verschiedenen Gemeinden, richtet sich die Zuständigkeit nach dem Lageort des grössten Anteils (ZH StG 108 II). In Zweifelsfällen bezeichnet das kantonale Steueramt die Einschätzungsgemeinde (ZH StG 108 III).

D. Ordentliches Veranlagungsverfahren

Das ordentliche Veranlagungsverfahren ist durch die *Offizialmaxime* geprägt. Berechtigt und verpflichtet zur Durchführung des Steuerverfahrens ist einzig die Steuerbehörde. Die Steuerbehörde leitet das Verfahren ein, bestimmt den Verfahrensgegenstand und beendet das Verfahren durch die Steuerveranlagung.[26] Die Steuerbehörden sind gehalten, das *Recht von Amtes* wegen anzuwenden und die *Verfahrensgarantien,* insbesondere die Grundsätze des rechtlichen Gehörs und der Verhältnismässigkeit, das Gebot von Treu und Glauben sowie das Verbot der Rechtsverweigerung, der Rechtsverzögerung und des überspitzten Formalismus zu beachten. Wesentlich geleitet wird das ordentliche Veranlagungsverfahren als gemischtes Veranlagungsverfahren[27] durch die Untersuchungsmaxime einerseits und die Kooperationsmaxime andererseits.

I. Untersuchungsmaxime und Kooperationsmaxime

Die Veranlagungsbehörde hat im ordentlichen Veranlagungsverfahren die für die Existenz der Steuerforderung und deren Umfang massgebenden Tatsachen von Amtes wegen festzustellen (vgl. DBG 130 I; ZH StG 132 I). Einer Veranlagung dürfen nur Tatsachen zugrunde gelegt werden, von deren Vorhandensein sich die Behörde überzeugt hat.[28] Die Behörde hat demzufolge die *materielle Wahrheit* zu ermitteln; es trifft sie die Untersuchungspflicht.

Bei der Sachverhaltsermittlung ist die Steuerbehörde aber regelmässig mit einem *Informationsproblem* konfrontiert. Die Steuerbehörde kennt nämlich gewöhnlich die festzustellenden Tatsachen nicht aus eigener Wahrnehmung und ist deshalb darauf angewiesen, dass ihr diese durch den Steuerpflichtigen und durch Dritte zur Kenntnis gebracht werden.[29] Zwischen den Steuerbehörden und dem Steuer-

---

[26] Dazu und zum Folgenden ausführlich Zweifel/Casanova, Steuerverfahrensrecht, § 5 N 1 ff.
[27] Dazu vorne § 5 N 9.
[28] Vgl. Zweifel/Casanova, Steuerverfahrensrecht, § 5 N 7.
[29] Zweifel, Sachverhaltsermittlung, 6 f.

pflichtigen besteht ein erhebliches Informationsgefälle. Die Steuerbehörde ist damit weitgehend auf die *Mitwirkung* des Steuerpflichtigen *angewiesen*. Sie benötigt vom Steuerpflichtigen Sachdarstellungen und Beweismittel, die deren Richtigkeit belegen. Die Untersuchungsmaxime bedarf deshalb der Ergänzung durch die Kooperationsmaxime bzw. den Mitwirkungsgrundsatz.

26 Nach der Kooperationsmaxime hat sich der Steuerpflichtige an der behördlichen Abklärung des steuerlich erheblichen Sachverhaltes zu beteiligen.[30] Diese Maxime ist in DBG 123 I verankert, wonach die Steuerbehörde «zusammen mit dem Steuerpflichtigen», die für eine gesetzmässige Besteuerung massgebenden tatsächlichen und rechtlichen Verhältnisse feststellt. Die Kooperationsmaxime wird unter anderem durch die gesetzlich statuierten Mitwirkungspflichten und -rechte des Steuerpflichtigen konkretisiert.

II. Untersuchung durch die Steuerbehörden

27 Aus der Untersuchungsmaxime fliesst – wie gezeigt – in erster Linie die Pflicht der Steuerbehörde, den steuerlich erheblichen Sachverhalt zu untersuchen. Sie beinhaltet jedoch auch das Recht, die für Bestand und Umfang der Steuerpflicht massgebenden Tatsachen von Amtes wegen abzuklären.[31] Untersuchungsrecht und -pflicht greifen ineinander, indem die Untersuchungspflicht nur so weit reicht, als ein entsprechendes Untersuchungsrecht besteht. Ziel der behördlichen Untersuchung ist die gesetzmässige Veranlagung des Steuerpflichtigen.

1. Umfang und Schranken der behördlichen Untersuchung

28 Grundsätzlich gilt die Untersuchungspflicht unbeschränkt. Sie erlischt prinzipiell erst, wenn der Sachverhalt vollständig und richtig ermittelt ist.[32] Die behördliche Untersuchung wird allerdings in verschiedener Weise faktisch und rechtlich eingeschränkt.

29 Vorab ist es den Steuerbehörden aufgrund der *grossen Zahl* der vorzunehmenden Veranlagungen gar nicht möglich, den Sachverhalt bei jeder Veranlagung umfassend zu untersuchen. Die Veranlagungsbehörde muss grundsätzlich davon ausgehen, dass die Steuerpflichtigen ihre Mitwirkungspflicht korrekt wahrnehmen und den wahren Sachverhalt deklarieren,[33] sonst kann die Masse der vorzunehmenden Veranlagungen durch die mit der Veranlagung betrauten Beamten gar nicht bewältigt werden.

---

[30] Vgl. ZWEIFEL, ASA 49, 518.
[31] Vgl. ZWEIFEL, ASA 49, 517.
[32] Vgl. ZWEIFEL/CASANOVA, Steuerverfahrensrecht, § 14 N 5.
[33] Die Steuerpflichtigen geniessen im Veranlagungsverfahren mit anderen Worten einen Vertrauensvorschuss (vgl. hierzu BERGER, ASA 75, 190).

Die behördliche Untersuchung findet ihre Schranke aber auch im *numerus clausus* der gesetzlichen Untersuchungsmittel. Die Ermittlung der materiellen Wahrheit darf nur mit den der Behörde gesetzlich zustehenden Untersuchungsmitteln stattfinden. Die Untersuchungsmittel des Steuerrechts beruhen im Unterschied zu den polizeilichen Untersuchungsmitteln im Wesentlichen auf der Mitwirkung der Steuerpflichtigen. Steht kein geeignetes und gesetzlich zulässiges Untersuchungsmittel mehr zur Verfügung, so ist die Untersuchung nicht mehr möglich und die Untersuchungspflicht erlischt. In einem solchen Fall liegt ein sog. *Untersuchungsnotstand* vor.[34] Wenn der Steuerpflichtige seine Mitwirkung bei der Aufklärung des Sachverhaltes verweigert, kann gewöhnlich nicht mehr untersucht werden.[35]

30

Beschränkt wird die Untersuchungspflicht aber auch durch die *natürliche* oder *tatsächliche Vermutung*.[36] Die Steuerbehörden dürfen gewöhnlich annehmen, dass sich die Steuerpflichtigen korrekt verhalten und gesetzmässig deklarieren. Auch dürfen sie davon ausgehen, dass die Steuerpflichtigen alles, was zu ihren Gunsten spricht, von sich aus vorbringen. Zulässig ist auch eine *antizipierte Beweiswürdigung* aufgrund der Erkenntnisse der Lebenserfahrung. Die Behörde darf die Erhebung eines Beweises unterlassen, wenn die Beweiserhebung voraussichtlich nichts zur weiteren Klärung des Sachverhaltes beizutragen vermag.[37]

31

2. Untersuchungs- und Beweismittel

Die Steuerbehörde kann ihre Untersuchungspflicht nur erfüllen, wenn ihr geeignete Mittel zur Abklärung des wahren Sachverhaltes zustehen. Bei der Ermittlung der materiellen Wahrheit sind zwei Dinge auseinanderzuhalten, nämlich die *Feststellung des Wissens* des Steuerpflichtigen und die *Überprüfung der Tatsachenbehauptungen* des Steuerpflichtigen durch Beweisabnahme.[38] Entsprechend ermöglichen die Untersuchungsmittel die Feststellung des Wissens des Steuerpflichtigen um rechtserhebliche Tatsachen (Sachdarstellung) sowie die Überprüfung der Sachdarstellungen des Steuerpflichtigen (Beweisleistung).

32

Das bedeutendste Untersuchungsmittel für die Feststellung des Wissens des Steuerpflichtigen ist die mündliche und schriftliche *Befragung des Steuerpflichtigen*.[39] Eine schriftliche Befragung erfolgt vor allem in Form des Steuererklärungsformulars. Die vom Steuerpflichtigen gegebene Antwort bildet eine Sachdarstellung. Die Steuerbehörden können aber auch weitere mündliche oder schriftliche Sachdarstellungen vom Steuerpflichtigen verlangen, indem sie ihn telefonisch oder auf Vorladung hin um Auskunft ersuchen oder Unterlagen einfordern.

33

---

[34] ZWEIFEL, Wahrheitsermittlung, 531 (dazu auch hinten N 54).
[35] ZWEIFEL, ASA 49, 517.
[36] Vgl. ZWEIFEL/CASANOVA, Steuerverfahrensrecht, § 14 N 7 f.
[37] ZWEIFEL, Wahrheitsermittlung, 531.
[38] Dazu ZWEIFEL, ASA 49, 523.
[39] Auch zum Folgenden ZWEIFEL, Sachverhaltsermittlung, 29 ff.

34 Der Überprüfung von Tatsachenbehauptungen des Steuerpflichtigen auf ihren Wahrheitsgehalt dienen die *Beweismittel* (Urkunden, Zeugen, Augenschein, Gutachten usw.). Es handelt sich dabei um Objekte, Sachen und Personen, die in das Verfahren eingebracht werden, um die Steuerbehörde vom Vorliegen der rechtserheblichen Tatsachen zu überzeugen. Zu den Beweismitteln zählen schriftliche oder mündliche Wissenserklärungen von Behörden und Privaten. Auch eigene Wahrnehmungen der Veranlagungsbehörde (Augenschein) können als Beweismittel dienen (DBG 123 II). Die Veranlagungsbehörde hat ferner die Möglichkeit, Sachverständige beizuziehen oder sich auf Erfahrungssätze (Erfahrungszahlen) zu stützen (DBG 123 II und 130 II Satz 2).

35 Sowohl Sachdarstellungs- als auch Beweisleistungsfunktion hat etwa die Einreichung der Jahresrechnungen (DBG 125 II), des Lohnausweises (DBG 125 I a) und der Bescheinigungen der Verwaltung juristischer Personen über Leistungen an Mitglieder der Verwaltung oder eines anderen Organs (DBG 125 I b).[40]

3. Amtsgeheimnis

36 Das mit der Untersuchung verbundene Eindringen in die Privatsphäre der Steuerpflichtigen verlangt nach der Geheimhaltung der bei der Untersuchung zur Kenntnis gelangten Tatsachen. So besteht ein strenges Amtsgeheimnis (DBG 110), das von der Steuerbehörde stets zu beachten ist. Das Amtsgeheimnis wird im Bereich des Steuerrechts in der Regel als *Steuergeheimnis* bezeichnet.[41]

37 Das Steuergeheimnis auferlegt den mit dem Vollzug der Gesetze beauftragten Personen eine strenge Schweigepflicht über Tatsachen, die ihnen in Ausübung ihrer amtlichen Tätigkeit bekannt wurden. Auch Verhandlungen in den Behörden fallen unter die Schweigepflicht. Schliesslich besteht ein Verbot, Dritten Einsicht in die Steuerakten zu gewähren (DBG 110). An das Steuergeheimnis sind auch amtlich bestellte Sachverständige (DBG 123 II) gebunden. *Ausnahmsweise* kann das Steuergeheimnis durchbrochen werden (DBG 110 II).

III. Mitwirkung des Steuerpflichtigen und Dritter

1. Mitwirkung des Steuerpflichtigen

38 Ausdruck der Kooperationsmaxime ist die Mitwirkungs*pflicht* des Steuerpflichtigen. Dieser hat aber auch das *Recht* zur Mitwirkung am Veranlagungsverfahren, welches aus dem Anspruch auf rechtliches Gehör (BV 29 II) fliesst.[42]

---

[40] ZWEIFEL, Sachverhaltsermittlung, 94. Zum *Nachlassinventar* als Untersuchungsmittel hinten N 78 ff.
[41] RICHNER/FREI/KAUFMANN/MEUTER, N 2 zu ZH StG 120.
[42] Vgl. ZWAHLEN, Procédure, 42; RICHNER/FREI/KAUFMANN/MEUTER, N 4 zu DBG 124.

Der Steuerpflichtige hat nach den Steuergesetzen alles Notwendige vorzukehren, um eine gesetzmässige Veranlagung zu ermöglichen (DBG 126 I). Diese *allgemeine Mitwirkungspflicht* wird gesetzlich durch verschiedene weitere Bestimmungen konkretisiert.[43] Wichtigste gesetzliche *Konkretisierung* der allgemeinen Mitwirkungspflicht ist die Pflicht des Steuerpflichtigen zur Deklaration seiner Einkommens- und Vermögensverhältnisse mittels *Steuererklärung* (DBG 124). Die amtlichen Steuererklärungsformulare sind *standardisierte Fragenkataloge*. Sie sollen sicherstellen, dass der Steuerpflichtige weiss, was er den Behörden mitzuteilen hat. Allein aufgrund der Steuergesetze können dies die Steuerpflichtigen oftmals nicht hinreichend erkennen.

Der Ergänzung und Präzisierung der Angaben in der Steuererklärung dienen die *Hilfsblätter* und *Fragebogen,* welche unter Umständen mit dem amtlichen Steuererklärungsformular einzureichen sind. Sie bilden *Bestandteile* des amtlichen Steuererklärungsformulars[44] und sind von den Beilagen zu unterscheiden. *Beilagen* nach DBG 125 (z.B. Lohnausweise, Wertschriftenverzeichnisse, Bilanzen und Erfolgsrechnungen) haben die Funktion, näher über die in der Steuererklärung enthaltenen summarischen Angaben Aufschluss zu geben und/oder Beweis für deren Richtigkeit zu erbringen. Sie erlauben in zahlreichen Fällen eine Veranlagung ohne weitere Abklärung oder tragen zumindest dazu bei, dass weitere allenfalls notwendige Untersuchungen erleichtert werden.[45]

Selbständigerwerbende müssen ferner *Geschäftsbücher* und *Aufstellungen* führen, diese auf Verlangen der Veranlagungsbehörde vorlegen und während zehn Jahren aufbewahren (DBG 126 II und III).

Verletzt der Steuerpflichtige seine Mitwirkungspflichten, indem er sie trotz Mahnung nicht oder mangelhaft erfüllt, erfolgt eine *Veranlagung nach pflichtgemässem Ermessen* (DBG 130 II).[46] Eine schuldhafte Pflichtverletzung im Veranlagungsverfahren kann zudem zur Folge haben, dass dem Steuerpflichtigen die *Kosten* eines infolge des schuldhaften Verhaltens notwendig gewordenen Beweisverfahrens (DBG 123 II Satz 2) sowie die Verfahrenskosten im Einspracheverfahren auferlegt werden (DBG 135 III 3 Satz 2 i.V.m. 123 II Satz 2). In der trotz Mahnung erfolgten schuldhaften Verletzung von Mitwirkungspflichten durch den Steuerpflichtigen oder durch private Drittpersonen liegt eine *Steuerwiderhandlung,* die mit Busse bestraft werden kann (DBG 174).

2. Mitwirkung Dritter

Zur Mitwirkung verpflichtet werden aber auch Dritte, sowohl Private als auch Behörden. Selbstredend bedarf die Mitwirkungspflicht von Dritten einer ausdrücklichen gesetzlichen Grundlage. Mitwirkungspflichten Dritter bestehen in der Form von Auskunfts-, Melde- und Bescheinigungspflichten. Sind *Auskunfts-*

---

[43] Vgl. ZWEIFEL, ASA 49, 527.
[44] Vgl. VGer ZH 19.8.1992, ZStP 1993, 57 ff. E. 2.
[45] ZWEIFEL, Sachverhaltsermittlung, 76 ff., 94 ff.
[46] Dazu hinten N 54 ff.

pflichten statuiert, so sind die verlangten Informationen nur auf Verlangen der Steuerbehörde zu erteilen. Ist eine *Meldepflicht* statuiert, sind die verlangten Auskünfte unaufgefordert zu erstatten. Es ist zu unterscheiden zwischen der Mitwirkung Privater und der Mitwirkung von Behörden.

44 Für *private Drittpersonen* besteht *keine allgemeine Zeugnis- und Editionspflicht.* Die in DBG 128 ff. vorgesehenen Auskunfts- und Meldepflichten bestehen gegenüber der Steuerbehörde. Die Erfüllung von Bescheinigungspflichten (DBG 127) kann dagegen primär einzig der Steuerpflichtige selbst verlangen (sog. indirekte Bescheinigungspflichten). Nur wenn der Steuerpflichtige der Steuerbehörde die nötige Bescheinigung trotz Mahnung nicht übergibt, ist die Bescheinigungspflicht direkt gegenüber der Behörde zu erfüllen (DBG 127 II).

45 Eine *Auskunftspflicht* über ihr Rechtsverhältnis zum Steuerpflichtigen trifft Gesellschafter sowie Mit- und Gesamteigentümer (DBG 128). Nach DBG 129 sind ferner einfache Gesellschaften, Personengesellschaften, juristische Personen, Anlagefonds und Einrichtungen der beruflichen Vorsorge über bestimmte Umstände *meldepflichtig*. Eine *Bescheinigungspflicht* trifft zum Beispiel den Arbeitgeber über die von ihm an den Arbeitnehmer erbrachten Leistungen (DBG 127 I a). Diese Bescheinigung hat in Form des Lohnausweises, eines amtlichen Formulars, zu erfolgen. Eine andere Bescheinigungspflicht gilt für Gläubiger und Schuldner über Bestand, Umfang, Verzinsung und Sicherstellung von Forderungen.[47]

46 Das gesetzlich geschützte *Berufsgeheimnis* (StGB 321 f.) kann grundsätzlich nicht zur Rechtfertigung einer Auskunftsverweigerung angerufen werden.[48] Hingegen gilt das Berufsgeheimnis als Schranke der Bescheinigungspflicht, soweit die Pflicht gegenüber der Steuerbehörde besteht (DBG 127 II Satz 2).

47 Die Mitwirkungspflicht der *Behörden* reicht grundsätzlich recht weit. Alle Behörden sind verpflichtet, auf Verlangen der Steuerbehörden hin die erforderliche Auskunft zu erteilen (DBG 111 f.). Auch ohne entsprechendes Ersuchen sind beispielsweise nach dem zürcherischen Steuerrecht die Verwaltungsbehörden, Gerichte und Beamten verpflichtet, den Steuerbehörden Mitteilung zu erstatten, wenn sie in Ausübung ihrer amtlichen Tätigkeit eine mutmasslich unvollständige Versteuerung entdecken (ZH StG 121 I). Vorbehalten bleibt jeweils das *Post- und Bankgeheimnis* und das *Geheimnis der Notare* (DBG 112 III; ZH StG 121 II).

---

[47] Zu den weiteren Bescheinigungspflichtigen DBG 127 I.
[48] RICHNER/FREI/KAUFMANN/MEUTER, N 13 zu DBG 128.

IV. Ablauf des Veranlagungsverfahrens

1. Steuererklärungsverfahren

Eingeleitet wird das Steuererklärungsverfahren durch eine *öffentliche Aufforderung* der Steuerpflichtigen zur Abgabe der Steuererklärung.[49] Dies erfolgt vorab durch öffentliche Bekanntmachung.[50] Sodann gilt auch die Zustellung der amtlichen Steuererklärungsformulare durch die Gemeindesteuerämter oder durch die Dienstabteilung Bundessteuer als entsprechende Aufforderung. Zur Klärung der Frage, wem ein Steuererklärungsformular zuzustellen ist, führt jedes Gemeindesteueramt ein Staatssteuerregister, welches Aufschluss über alle in der jeweiligen Gemeinde zumindest mutmasslich steuerpflichtigen Personen gibt (vgl. ZH StV 29 I). Die Pflicht zur Einreichung einer Steuererklärung ist allerdings auch ohne persönliche Aufforderung zu erfüllen. Ein Steuerpflichtiger, welcher kein Steuererklärungsformular erhalten hat, muss deshalb von sich aus ein Formular verlangen und es ausgefüllt einreichen (vgl. DBG 124 I).

48

Um sicherzustellen, dass der Steuerpflichtige sich alle wesentlichen Fragen überlegt und diese beantwortet hat, ist grundsätzlich das amtliche Steuererklärungsformular zu verwenden.[51] Unter gewissen Voraussetzungen können allerdings auch mit Computer erstellte Steuererklärungen eingereicht werden.[52]

49

Das amtliche Steuererklärungsformular mit den Hilfsblättern und Fragebogen sowie die Beilagen sind *vollständig* und *wahrheitsgetreu* auszufüllen und persönlich zu *unterzeichnen*.[53] Die Steuererklärung ist innert der behördlich angesetzten *Frist* dem zuständigen Gemeindesteueramt einzureichen.

50

Die Steuererklärung wird im Kanton Zürich vom Gemeindesteueramt auf *Vollständigkeit* und formelle *Richtigkeit* überprüft (ZH StV 40) und dann dem kantonalen Steueramt zur Einschätzung weitergeleitet (ZH StV 42 I). Ausnahmsweise nimmt das Gemeindesteueramt selbst die Einschätzung vor (ZH StG 107 II Satz 2; ZH StV 42 IV i.V.m. 43 I).[54]

51

2. Veranlagungsverfahren i.e.S.

a) *Feststellung des rechtserheblichen Sachverhaltes*

Das kantonale Steueramt prüft die Steuererklärung unter Zuhilfenahme der ihm zur Verfügung stehenden Untersuchungsmittel. Es erfolgt dabei – im Rahmen

52

---

[49] Vgl. zum Beispiel ZH StG 133 I, ZH StV 32 I, ZH VO DBG 17.
[50] U.a. im kantonalen Amtsblatt (ZH StV 32 II).
[51] Vgl. BEUSCH, in: ZWEIFEL/ATHANAS, N 28 zu DBG 102; RICHNER/FREI/KAUFMANN/MEUTER, N 10 zu DBG 124.
[52] Dazu RICHNER/FREI/KAUFMANN/MEUTER, N 19 f. zu ZH StG 133; ROGER ROHNER, Rechtsprobleme der elektronischen Steuerveranlagung, Zürich et al. 2008, 15 ff.
[53] Vgl. VGer ZH 25.2.1986, StE 1987 B 93.5 Nr. 6 E. 4; ZWEIFEL, Sachverhaltsermittlung, 72.
[54] Vorne N 13.

der faktischen Möglichkeiten der Steuerbehörden[55] – eine *umfassende Abklärung des Sachverhaltes*. Sind die Angaben in der Steuererklärung unklar, kann das Steueramt vom Steuerpflichtigen mündliche oder schriftliche Auskünfte verlangen. Es kann nötigenfalls auch von Dritten Auskünfte verlangen.

53 Selbst wenn die Feststellung des rechtserheblichen Sachverhaltes unter Umständen aufwendig ist, trägt grundsätzlich der Staat die *Kosten* des Veranlagungsverfahrens. Muss aber – zum Beispiel unter Beizug von Sachverständigen – ein Beweisverfahren durchgeführt werden, weil ein Beteiligter *schuldhaft* eine Verfahrenspflicht verletzt hat, können diesem die dafür angefallenen Kosten auferlegt werden (DBG 123 II; ZH StG 132 II).

b) Veranlagung nach pflichtgemässem Ermessen

54 Ist die Feststellung der materiellen Wahrheit trotz Ausschöpfung aller den Steuerbehörden zustehenden Untersuchungsmittel nicht möglich, gerät die Steuerbehörde in einen *Untersuchungsnotstand*. Der Notstand besteht darin, dass die rechtserheblichen Tatsachen nicht durch Feststellung des «wahren» Sachverhaltes ermittelt werden können.[56] Der Untersuchungsnotstand bewirkt das Erlöschen der Untersuchungspflicht. Ungeachtet der bestehenden Ungewissheit über den wahren Sachverhalt muss das Verfahren jedoch zu Ende geführt werden. Dies geschieht dadurch, dass der Veranlagung nicht der wahre Sachverhalt, sondern der wahrscheinlichste Sachverhalt zugrunde gelegt wird. Der Sachverhalt wird aufgrund einer *ermessensweisen Schätzung* ermittelt und der Veranlagung zugrunde gelegt.[57]

55 Eine solche Veranlagung nach pflichtgemässem Ermessen greift somit stets, wenn die Steuerfaktoren unklar sind und eine weitere Abklärung des Sachverhalts nicht möglich ist. Liegt der Grund dafür in einer Verletzung der Mitwirkungspflicht – wie dies in aller Regel der Fall ist –, so ist dem säumigen Steuerpflichtigen vor der Veranlagung nach pflichtgemässem Ermessen in Form einer Mahnung nochmals Gelegenheit zu geben, seinen Mitwirkungspflichten korrekt nachzukommen. Voraussetzung der Veranlagung nach pflichtgemässem Ermessen bildet deshalb neben der Unklarheit des Sachverhalts auch die trotz *Mahnung* nicht gehörige Erfüllung der Mitwirkungspflichten. Ein Verschulden des Steuerpflichtigen ist nicht erforderlich, der Ermessensveranlagung kommt *keine pönale Funktion* zu.[58] Sie ist jedoch erschwert abänderbar und kann nur unter eingeschränkten Voraussetzungen angefochten werden.[59]

56 Damit die Ermessensveranlagung der materiellen Wahrheit möglichst entspricht, hat sie *pflichtgemäss* zu erfolgen. Das heisst zum einen, dass die Behörde alle

---

[55] Vorne N 29.
[56] Auch zum Folgenden ZWEIFEL, Sachverhaltsermittlung, 115 ff.
[57] ZWEIFEL, Wahrheitsermittlung, 539 f.
[58] Vgl. VGer ZH 22.11.1995, StE 1996 B 93.5 Nr. 17 E. 2b; RICHNER/FREI/KAUFMANN/MEUTER, N 66 zu DBG 130.
[59] Vgl. BERGER, ASA 75, 203 ff. und hinten § 27 N 23.

verfügbaren Anhaltspunkte zur Feststellung der Steuerfaktoren zu berücksichtigen hat.[60] Die Gesetze verlangen exemplarisch die Berücksichtigung von Erfahrungszahlen, Vermögensentwicklung und Lebensaufwand des Steuerpflichtigen (DBG 130 II; ZH StG 139 II). Zum anderen bedeutet pflichtgemässes Ermessen aber auch, dass ein Steuerpflichtiger, welcher seine Verfahrenspflichten verletzt hat, gegenüber dem sich korrekt verhaltenden Steuerpflichtigen nicht besser gestellt werden soll.[61] Obschon der Ermessenseinschätzung keine Straffunktion zukommt, kann und muss die Veranlagungsbehörde das Verhalten des Steuerpflichtigen bei der Ausübung des Ermessens unter Umständen zu seinen Ungunsten berücksichtigen.

c) *Veranlagungsentscheid*

Die Veranlagung wird bei der *direkten Bundessteuer* durch eine *Veranlagungsverfügung* abgeschlossen (DBG 131 I). Diese hat bei den natürlichen Personen die Steuerfaktoren, den Steuersatz und die Steuerbeträge festzulegen. Die Mitteilung der Veranlagungsverfügung für die *direkte Bundessteuer* erfolgt schriftlich und ist mit einer Rechtsmittelbelehrung zu versehen.[62] Allfällige Abweichungen von der Steuererklärung sind anzugeben (DBG 131 II). Aus dem Anspruch auf rechtliches Gehör (BV 29 II) folgt die grundsätzliche Pflicht der Steuerbehörden, ihre Entscheide zu begründen. Bei Entscheiden der erstinstanzlichen Veranlagungsbehörden wird indes davon ausgegangen, dass aus Gründen der Verwaltungsökonomie die Angabe der Abweichungen von der Steuererklärung vielfach bereits eine genügende *Begründung* darstellt.[63]

57

Weicht die Steuerbehörde im Kanton Zürich von der Steuererklärung ab, wird dem Steuerpflichtigen ein *Einschätzungsvorschlag* unterbreitet oder ein *Einschätzungsentscheid* eröffnet (ZH StV 44). Ein Einschätzungsentscheid für die Staats- und Gemeindesteuern muss schriftlich mitgeteilt werden und eine Rechtsmittelbelehrung enthalten (ZH StG 126 I und II). Entspricht die Einschätzung der Steuererklärung oder wurde sie im Laufe des Veranlagungs- oder Einspracheverfahrens unterschriftlich anerkannt, genügt die entsprechende Anzeige in der Schlussrechnung (ZH StG 126 IV). Mit Zustellung der *Schlussrechnung* endet das Veranlagungsverfahren bei den Staats- und Gemeindesteuern (ZH StG 173 III). Mit dem Einschätzungsentscheid oder, wenn kein solcher zugestellt wird, mit der Schlussrechnung wird auch der Entscheid über den Rückerstattungsanspruch bei der Verrechnungssteuer eröffnet.[64]

58

---

[60] Vgl. BGer 17.10.2011, StE 2012 B 93.5 Nr. 26; BGer 25.2.1949, ASA 18, 134 ff. E. 3.
[61] Vgl. BGer 30.10.1987, StE 1989 B 93.5 Nr. 13 E. 3b.
[62] Vgl. Peter Agner/Beat Jung/Gotthard Steinmann, Kommentar zum Gesetz über die direkte Bundessteuer, Zürich 1995, N 2 zu DBG 131.
[63] Vgl. BGer 9.8.2001, StE 2002 B 93.4 Nr. 5 E. 1b; VGer ZH 14.6.2000, StE 2001 B 44.1 Nr. 10 E. 2; Agner/Jung/Steinmann (Fn. 62), N 1 zu DBG 131; Zweifel, in: Zweifel/Athanas, N 7 zu DBG 131.
[64] § 12 Abs. 2 der Verordnung über die Rückerstattung der Verrechnungssteuer vom 17.12.1997 (LS 634.2).

Teil II   Einkommens- und Vermögenssteuerrecht

V. Feststellungsverfahren

59 Wegen der recht weit verbreiteten Rechtsunsicherheit und der grossen finanziellen Auswirkungen so mancher Sachverhaltsgestaltungen stellen die Steuerpflichtigen bei den Steuerbehörden häufig Anfragen bezüglich der Steuerfolgen von geplanten Handlungen oder Transaktionen. Bei den von den Steuerbehörden auf solche Ersuchen gegebenen vorgängigen Auskünften ist zwischen *Vorentscheiden* und *blossen Auskünften* zu unterscheiden.

60 Ein *Vorentscheid* bildet eine (in der Regel mit Rechtsmitteln anfechtbare) Feststellungsverfügung und ist auch für die erlassende Steuerbehörde verbindlich.[65] Eine Feststellungsverfügung ist im Bereich der *direkten Bundessteuer* grundsätzlich nicht vorgesehen.[66] Gemäss Bundesgericht ist es nicht Aufgabe der Steuerbehörden, dem Steuerpflichtigen eine steuerliche Beratung im Hinblick auf geplante Geschäfte zu gewähren.[67]

61 Eigentliche Feststellungsverfahren sind jedoch vorgesehen zur Abklärung der subjektiven Steuerpflicht im internationalen Verhältnis[68] und des Veranlagungsortes (vgl. DBG 108).[69] Auch im Bereich der gebundenen Selbstvorsorge (Säule 3a) besteht die Möglichkeit, einen Feststellungsentscheid zu verlangen.[70] Neuerdings gesteht das Bundesgericht den Steuerpflichtigen auch das Recht auf eine anfechtbare Feststellungsverfügung hinsichtlich der Höhe des aufgeschobenen Gewinns bei Ersatzbeschaffung von Wohneigentum zu.[71]

62 Unter Umständen ergibt sich aus dem kantonalen Verfahrensrecht ein allgemeiner Anspruch auf einen Feststellungsentscheid bei den *Staats- und Gemeindesteuern*.[72] Im Kanton Zürich besteht kein solcher genereller Anspruch.[73] Selbständig anfechtbare Feststellungsentscheide hinsichtlich der Steuerhoheit sind aber aufgrund der Rechtsprechung des Bundesgerichts zum *interkantonalen Doppelbesteuerungsverbot* zu erlassen.[74] Auch im *internationalen Verhältnis* besteht auf-

---

[65] Vgl. Francis Cagianut, Der Vorbescheid im Steuerrecht, in: Knapp et al. (Hrsg.), Mélanges Raoul Oberson, 21 ff., 22.
[66] VwVG 25 ist für die direkte Bundessteuer nicht anwendbar (vgl. vorne N 2) im Unterschied zum Recht der Verrechnungssteuer, Stempelabgaben und Mehrwertsteuer. Zum Feststellungsentscheid bei der Verrechnungssteuer vgl. hinten § 32 N 8.
[67] Vgl. BGer 31.10.2000, BGE 126 II 514 E. 3e = StE 2001 B 93.1 Nr. 6; einen weiter gehenden Anspruch sehen Känzig/Behnisch (Fn. 2), N 36 zu BdBSt 88.
[68] Ausführlich dazu Markus Reich/Robert Waldburger, Rechtsprechung im Jahr 2006 (2. Teil), FStR 2007, 299 ff., 303 ff.
[69] BGer 24.11.1995, BGE 121 II 473 E. 2d.
[70] BVG 82 i.V.m. Art. 1 Abs. 4 der Verordnung über die steuerliche Abzugsberechtigung für Beiträge an anerkannte Vorsorgeformen (BVV 3) vom 13.11.1985 (SR 831.461.3) sehen ein Verfahren zur Anerkennung von Vertragsmodellen vor (dazu BGer 24.4.1998, BGE 124 II 383 E. 2 f. = StE 1999 B 93.1 Nr. 5).
[71] BGer 20.9.2011, StE 2012 B 93.1 Nr. 9 E. 3 und 4.
[72] Martin Ziegler, Anmerkung zum Entscheid VGer SZ 23.10.1987, StR 1988, 39 ff., 44.
[73] Vgl. VGer ZH 18.12.2002, StE 2003 B 92.51 Nr. 9 E. 4a.
[74] Vgl. Michael Beusch/Nadine Mayhall, in: Zweifel/Beusch/Mäusli-Allenspach, § 40 N 3 und N 16 ff. unter Hinweis auf BGer 17.10.1997, BGE 123 I 325 E. 3b.

grund von BV 8 ein Anspruch auf einen Feststellungsentscheid bezüglich der Steuerhoheit.[75]

Generell gibt es Feststellungsverfahren zur Abklärung der *subjektiven Steuerbefreiung juristischer Personen*. Die von der subjektiven Steuerpflicht befreiten juristischen Personen haben zwar bereits ex lege keine Steuern zu entrichten. Ein Interesse an der amtlichen Feststellung der Steuerbefreiung besteht dennoch, weshalb ein besonderes Verfahren zur Feststellung der Steuerbefreiung vorgesehen ist.[76]

63

Wenn kein Anspruch auf einen Vorentscheid besteht, steht den Steuerpflichtigen die Möglichkeit offen, bei den Steuerbehörden *blosse Auskünfte* zu verlangen. Diese Rechtsauskünfte haben keinen Verfügungscharakter und sind daher nicht mit Rechtsmitteln anfechtbar. Allenfalls kommt ihnen aber aufgrund des Vertrauensschutzprinzips (BV 9) Bindungswirkung zu.[77]

64

> Mit Blick auf die Planungsunsicherheit in steuerlichen Belangen und das Rechtsschutzbedürfnis der Steuerpflichtigen mag man bedauern, dass kein allgemeiner Anspruch auf einen Feststellungsentscheid besteht. Dabei gilt es aber zu bedenken, dass die schweizerischen Steuerbehörden im Allgemeinen ohne Weiteres bereitwillig auf sorgfältige und klar formulierte Anfragen eingehen und ihr Einverständnis mit den Darlegungen bekunden. Diese informelle «Ruling»-Praxis – so wie sie heute funktioniert – vermag die Bedürfnisse der Steuerpflichtigen wohl besser abzudecken als ein ausdrücklich statuiertes (schwerfälliges) Feststellungsverfahren.

VI. Steuerbezug und Steuersicherung

1. Steuerbezug

a) Fälligkeit

Voraussetzung für den Bezug bzw. die Vollstreckung der Steuerforderung ist deren Fälligkeit. Bei den periodischen Steuern wird der Fälligkeitstermin im Interesse einer rationellen Steuereintreibung in der Regel ohne Rücksicht auf den Abschluss eines konkreten Veranlagungs- und Beschwerdeverfahrens generell festgelegt. So ist der Fälligkeitstermin bei der *direkten Bundessteuer* bei den natürlichen Personen grundsätzlich auf den 1.3. des der Steuerperiode folgenden Jahres festgesetzt.[78] Dabei handelt es sich um einen sog. Postnumerandobezug.[79] Im Kanton Zürich erfolgt demgegenüber ein Pränumerandobezug, indem der

65

---

[75] Vgl. Fn. 68.
[76] Zum Beispiel ZH StG 170 f. und ZH VO DBG 4.
[77] Vorne § 4 N 99 ff.
[78] DBG 161 I i.V.m. Art. 1 Abs. 1 der Verordnung des Eidgenössischen Finanzdepartements vom 10.12.1992 über Fälligkeit und Verzinsung der direkten Bundessteuer (SR 642.124).
[79] Vgl. vorne § 16 N 13.

Fälligkeitstermin gemäss ZH StV 49 für den Normalfall auf den 30.9. der Steuerperiode fällt.

b) Provisorischer und definitiver Bezug

66 Wenn die Steuer im Zeitpunkt der Fälligkeit schon veranlagt ist, wird der Steuerbezug grundsätzlich aufgrund der Veranlagung vorgenommen (*definitiver Bezug mit definitiver Rechnung*, DBG 162 I Satz 1). Meistens wird die Steuerforderung indes bereits vor der Veranlagung fällig. Dann wird die Steuer provisorisch bezogen (DBG 162 I Satz 2). Der *provisorische Bezug* der Steuer bildet bei der Postnumerandobesteuerung[80] den Regelfall, weil hier die Bemessungsgrundlage erst nach Ablauf der Steuerperiode exakt bestimmt werden kann und damit die Veranlagung nicht bis zum Fälligkeitstermin abgeschlossen ist.[81] Dabei wird jeweils eine provisorische Rechnung auf der Grundlage der letzten Steuererklärung, der letzten Einschätzung oder auf der Basis des mutmasslichen Steuerbetrages der laufenden Steuerperiode erstellt (DBG 162 I Satz 3).

67 Beim darauf folgenden *definitiven Bezug* werden die aufgrund einer provisorischen Rechnung entrichteten Steuern angerechnet. Soweit der bei der Veranlagung bestimmte Steuerbetrag höher ist als der beim provisorischen Bezug entrichtete Betrag, wird die Differenz *nachgefordert*. Wenn dagegen beim provisorischen Bezug mehr entrichtet als veranlagt wurde, erfolgt die *Rückerstattung* der Differenz.[82] Sowohl die Nachforderung als auch die Rückerstattung werden *verzinst* (DBG 162 III, 164 [für Nachforderungen], DBG 168 II [für Rückerstattungen]).

c) Stundung, Zahlungserleichterungen und Steuererlass

68 Wenn Umstände vorliegen, welche die rechtzeitige Entrichtung der Steuer verunmöglichen oder erschweren (etwa im Falle vorübergehender Illiquidität des Steuerpflichtigen), kann durch *Stundung* die Fälligkeit hinausgeschoben werden (DBG 166). Dabei hat der Steuerpflichtige die besonderen Umstände glaubhaft zu machen.[83] Unter den gleichen Voraussetzungen kann die Steuerbehörde dem Steuerpflichtigen auch anstelle einer Stundung eine *Zahlungserleichterung* in Form der Bewilligung zur Ratenzahlung gewähren (DBG 166).

69 Weiter geht der Steuererlass gemäss DBG 167. Ein Steuererlass ist ein *endgültiger Verzicht* des Gemeinwesens auf eine ihm zustehende Steuerforderung.[84] Das dafür vorgesehene Verfahren ist ein Institut des Steuerbezuges.[85] Die wichtigsten

---

[80] Dazu vorne § 16 N 8 ff.
[81] RICHNER/FREI/KAUFMANN/MEUTER, N 6 zu ZH StG 173. Das ist auch im System des Postnumerandobezugs der *direkten Bundessteuer* meistens der Fall.
[82] Vgl. DBG 162 III; RICHNER/FREI/KAUFMANN/MEUTER, N 13 zu ZH StG 173.
[83] Vgl. VGer ZH 30.5.1996, ZStP 1996, 307 ff. E. 1b.
[84] Zum Steuererlass und seinen materiellen Voraussetzungen vorne § 5 N 88 ff.
[85] BEUSCH, in: ZWEIFEL/ATHANAS, N 7 zu DBG 167.

Rechtsgrundlagen des Erlassverfahrens bei der direkten Bundessteuer finden sich in DBG 167.[86] Zuständig für die Beurteilung der Erlassgesuche ist, sofern der zu erlassende Betrag CHF 25 000 übersteigt, die Eidgenössische Erlasskommission.[87]

2. Zwangsvollstreckung

In der Schweiz gibt es keine besondere administrative Zwangsvollstreckung. Die Steuerbezugsbehörden haben die Zwangsvollstreckung von Steuerforderungen in gleicher Weise wie die Durchsetzung von privatrechtlichen Forderungen vorzunehmen (vgl. DBG 165 I). Anwendbar ist somit das SchKG.[88] 70

Provisorische Rechnungen und Anzahlungsverfügungen bilden keine definitiven Rechtsöffnungstitel und sind deshalb nicht vollstreckbar. Nur *rechtskräftige Veranlagungen und Entscheide* sind vollstreckbaren Urteilen im Sinne von SchKG 80 gleichgestellt (vgl. DBG 165 III). 71

Für Steuern gibt es keine Konkursbetreibung. Für Steuerforderungen ist *nur die Einleitung einer Betreibung auf Pfändung oder Pfandverwertung* möglich und zwar auch gegen einen der Konkursbetreibung unterliegenden Schuldner (vgl. SchKG 43 I Ziff. 1).[89] 72

3. Steuersicherung

a) Sicherstellungsverfügung

Mit einer Sicherstellungsverfügung kann die Steuerbehörde vom Steuerpflichtigen eine *Sicherheitsleistung* verlangen, wenn aus bestimmten, beim Steuerpflichtigen liegenden Gründen die Erfüllung des Steueranspruchs gefährdet ist. Die Sicherstellung kann jederzeit verlangt werden, auch vor Eintritt der Rechtskraft der Veranlagung und sogar vor Fälligkeit der Steuerforderung. Sicherstellungsverfügungen sind sofort vollstreckbar und sind im Betreibungsverfahren vollstreckbaren Urteilen gleichgestellt (vgl. DBG 169 I)[90]. Der Erlass einer Sicherstellungsverfügung ist ein sehr effizientes Mittel der Steuersicherung, von dem in der Praxis reger Gebrauch gemacht wird. 73

---

[86] Im Kanton Zürich in ZH StG 184 sowie in der Verordnung des EFD über die Behandlung von Erlassgesuchen für die direkte Bundessteuer (Steuererlassverordnung) vom 19.12.1994 (SR 642.121) und in der Weisung der Finanzdirektion über Erlass und Abschreibung von Staats- und Gemeindesteuern vom 2.7.2002 (ZStB 34/010) geregelt. Zur Regelung des *Rechtsschutzes* bei Erlassentscheiden hinten § 27 N 53, 80.

[87] Steuererlassverordnung (Fn. 86) 4 I.

[88] Ausführlich zur Zwangsvollstreckung Frey, in: Zweifel/Athanas, N 1 ff. zu DBG 165; Zweifel/Casanova, Steuerverfahrensrecht, § 29 N 33 ff. Vgl. auch Karl Spühler, Probleme bei der Schuldbetreibung für öffentlichrechtliche Geldforderungen, ZBl 1999, 254 ff.

[89] Dazu Frey, in: Zweifel/Athanas, N 2 f. zu DBG 165.

[90] Und analoge kantonale Bestimmungen wie z.B. ZH StG 181 I.

74 Voraussetzung für den Erlass von Sicherstellungsverfügungen bildet entweder der *fehlende Wohnsitz* bzw. *statutarische Sitz* in der Schweiz oder die *Gefährdung* der Bezahlung der Steuer. Als *Indizien* für die Zahlungsgefährdung gelten etwa Vorbereitungen zur Abreise, Fluchtgefahr, Beiseiteschaffen oder Veräusserung von Vermögenswerten, Ausweisungen durch die Fremdenpolizei bei Ausländern oder verschwenderische Lebensführung.[91] Nicht erforderlich ist ein konkret gefährdendes Verhalten des Steuerpflichtigen; es genügt, wenn die Bezahlung objektiv aufgrund der gesamten Umstände als gefährdet erscheint. Dabei ist die Gefährdung bloss glaubhaft zu machen.[92]

b) Arrest

75 Ein besonderes Sicherungsmittel ist der *Arrest* gemäss SchKG 271 ff., welcher in der *amtlichen Beschlagnahme* von bestimmten Vermögensgegenständen des Schuldners bei Vorliegen eines Arrestgrundes besteht. Da die Sicherstellungsverfügung als Arrestbefehl gilt (DBG 170 I),[93] sind die soeben erwähnten Sicherstellungsgründe auch Voraussetzung für den Steuerarrest.[94]

c) Steuerpfandrecht

76 Weder im DBG noch im übrigen Bundesrecht ist ein Pfandrecht für Steuerschulden vorgesehen. Verschiedene Kantone kennen indes ein *gesetzliches Grundpfandrecht* für Steuerforderungen. Auch im Kanton Zürich ist als Sicherungsmittel für *Grundsteuern* der Gemeinden ein gesetzliches Steuergrundpfandrecht vorgesehen (vgl. ZH StG 208).[95] Für die Sicherung der *direkten Bundessteuer* und der *allgemeinen Staats- und Gemeindesteuern* bestehen keine Steuerpfandrechte des kantonalen Rechts, da solche nur für Steuerforderungen zulässig sind, die eine besondere Beziehung der Steuer zum pfandverhafteten Grundstück aufweisen.[96]

d) Weitere Sicherungsinstrumente

77 DBG 171–173 stellen den Steuerbehörden die folgenden weiteren Steuersicherungsinstrumente zur Verfügung:

---

[91] Vgl. ZWEIFEL/CASANOVA, Steuerverfahrensrecht, § 30 N 13.
[92] BGer 27.10.1995, StE 1997 B 99.1 Nr. 8; VGer ZH 25.9.2002, StE 2003 B 99.1 Nr. 10.
[93] Die Einsprache gegen den Arrestbefehl nach SchKG 278 ist nicht zulässig. So ausdrücklich DBG 170 II.
[94] Ausführlich zum *Arrest* ZWEIFEL/CASANOVA, Steuerverfahrensrecht, § 30 N 29 ff.
[95] Es handelt sich dabei um ein sog. unmittelbares gesetzliches Grundpfandrecht nach ZGB 836, das unmittelbar kraft Gesetz entsteht und zu seiner Gültigkeit keiner Eintragung ins Grundbuch bedarf.
[96] So bereits BGer 16.5.1984, BGE 110 II 236 E. 1.

- Das Handelsregisteramt darf eine juristische Person gemäss DBG 171 erst löschen, wenn die kantonale Verwaltung für die direkte Bundessteuer mitteilt, dass sämtliche Steuerschulden bezahlt oder sichergestellt wurden.
- Wenn eine nur aufgrund von Grundbesitz in der Schweiz beschränkt steuerpflichtige natürliche oder juristische Person ein Grundstück verkauft, darf der Erwerber gemäss DBG 172 nur mit der Zustimmung der kantonalen Verwaltung für die direkte Bundessteuer als Eigentümer eingetragen werden. Damit soll verhindert werden, dass der ausländische Verkäufer die in der Schweiz geschuldeten Steuern nicht begleicht.
- Schliesslich wird auch die Bezahlung der aufgrund von DBG 4 I d und 51 I e sowie analogen kantonalen Bestimmungen geschuldeten Einkommenssteuer gesichert, indem die kantonale Verwaltung für die direkte Bundessteuer gemäss DBG 173 vom Käufer oder Verkäufer eines Grundstücks verlangen kann, dass 3% der Kaufsumme als Sicherheit des für die Vermittlungstätigkeit geschuldeten Steuerbetrags zu hinterlegen sind, wenn der Vermittler in der Schweiz nicht unbeschränkt steuerpflichtig ist.

VII. Inventar

Das Institut des Steuerinventars gemäss StHG 54 und DBG 154 ff. ist eine *Bestandsaufnahme* der Aktiven und Verbindlichkeiten der verstorbenen Steuerpflichtigen per Todestag. Zu inventarisieren sind auch die Vermögenswerte des in ungetrennter Ehe lebenden Ehegatten sowie der unter seiner elterlichen Sorge stehenden Kinder.

Zweck des Nachlassinventars ist es, zu untersuchen, ob der Erblasser und gegebenenfalls sein gemeinsam veranlagter Partner ihre Steuerpflichten erfüllt haben. Das Inventar hat damit die Funktion eines *Sicherungs- und Kontrollmittels*, indem es Grundlage für die Feststellung allfälliger Steuerhinterziehungen durch den Erblasser bildet.[97] Das Inventar dient aber auch als *Hilfsmittel* für noch offene Veranlagungen des Erblassers sowie als *Untersuchungsmittel* für die Erhebung der Erbschaftssteuer.

Ein Nachlassinventar müsste *bei allen Verstorbenen* aufgenommen werden, ausser wenn davon ausgegangen werden kann, dass der Verstorbene kein Vermögen hatte (vgl. StHG 54 I; DBG 154 II; ZH StG 163 II). In der Praxis wird den Vorschriften über die Inventarisierung vielfach nur unzureichend nachgelebt.[98]

---

[97] Vgl. RICHNER/FREI/KAUFMANN/MEUTER, N 4 zu ZH StG 163.
[98] Ausführlich zum *Inventarverfahren* ZWEIFEL/CASANOVA, Steuerverfahrensrecht, § 28 N 1 ff.

E. Quellensteuerverfahren

I. Einführung

81 Quellensteuern werden weltweit vor allem auf *Kapitalerträgnissen* (Zinsen, Dividenden und Lizenzen) und *Lohneinkünften* erhoben. Auch hierzulande unterliegen gewisse Zinseinkünfte und die Dividenden der Quellenbesteuerung durch die eidgenössische Verrechnungssteuer.[99] Im Unterschied zu zahlreichen ausländischen Steuerordnungen kennt die Schweiz indes keine allgemeine Lohnquellensteuer. Der Kreis der hinsichtlich ihres Lohnes quellensteuerpflichtigen Personen ist eng begrenzt auf

- Arbeitnehmer mit steuerrechtlichem Wohnsitz oder Aufenthalt in der Schweiz, die nicht im Besitz einer Niederlassungsbewilligung sind;
- natürliche und juristische Personen ohne Wohnsitz oder Aufenthalt in der Schweiz, die gewisse Einkünfte aus der Schweiz beziehen (beispielsweise Grenzgänger, Künstler und Sportler, Verwaltungsräte sowie Empfänger von Vorsorgeleistungen) und
- natürliche Personen, die Empfänger von Einkünften sind, die im vereinfachten Abrechnungsverfahren deklariert werden.

82 Die gesetzgeberischen – teils fragwürdigen – Motive, die der Quellenbesteuerung zugrunde liegen, sind zum einen in *Praktikabilitätsüberlegungen* zu suchen. Ausländer, die sich erst seit Kurzem in der Schweiz aufhalten, sind mit den hiesigen Gegebenheiten und Gepflogenheiten noch nicht vertraut und haben nicht zuletzt auch aus sprachlichen Gründen Mühe, den umfassenden Mitwirkungspflichten des ordentlichen Veranlagungsverfahrens korrekt nachzukommen. Viele Ausländer sind es zudem von zu Hause gewohnt, dass ihre Lohneinkünfte quellenbesteuert werden. Bei Kurzaufenthaltern (Künstler, Sportler, Referenten und dergleichen) wäre es erhebungstechnisch auch sehr aufwendig, diese in ein ordentliches Veranlagungsverfahren einzubeziehen. Zum andern verfolgt die Quellensteuer jedoch auch einen *Sicherungszweck*. Als öffentlich-rechtliche Forderungen können Steuerschulden im Ausland vielfach nur schwer vollstreckt werden. Da der anvisierte Personenkreis häufig nicht über ein genügendes Haftungssubstrat in der Schweiz verfügt, könnten sich die entsprechenden Steuerpflichtigen der Besteuerung leichter entziehen als andere Steuerpflichtige.

83 Die Quellensteuer ist nicht eine eigenständige Steuerart, sondern eine *Steuererhebungsart*. Es gelten deshalb für die subjektive Steuerpflicht des Empfängers der (quellen)steuerbaren Leistung dieselben Regeln wie für die nicht der Quellensteuer unterliegenden Personen (DBG 3 ff.).[100] Die besonderen Vorschriften hinsichtlich der Quellenbesteuerung umreissen somit nicht die subjektive Steuerpflicht des betreffenden Personenkreises, sondern die *persönlichen Voraussetzungen* der Quellensteuerpflicht.

---

[99] Vgl. dazu vorne § 7 N 37 und Teil III (§§ 28 ff.).
[100] Vgl. vorne § 11 N 6 ff.

Je nach Art der Quellensteuer ersetzt sie die ordentliche Veranlagung hinsichtlich der betroffenen Einkünfte vollumfänglich und hat *Abgeltungsfunktion*. Oder sie bildet als *Sicherungssteuer* lediglich eine Vorstufe zur ordentlichen Veranlagung und stellt dann eine unechte Quellensteuer dar.

84

Die Quellenbesteuerung unterscheidet sich erheblich vom *ordentlichen Veranlagungsverfahren*. Während die ordentliche Veranlagung streng dem Grundsatz der Gesamtreineinkommensbesteuerung und dem Prinzip der Besteuerung nach der wirtschaftlichen Leistungsfähigkeit verpflichtet ist, ist die Quellensteuer bedeutend objektbezogener und hat vielfach im Wesentlichen lediglich die einzelnen ins Recht gefassten Einkünfte im Visier. Die Quellensteuer ist auch auf vielfältige *Pauschalierungen* und *Vereinfachungen* angewiesen.

85

Die Quellenbesteuerung ist durch StHG 32–38 (sowie StHG 11 IV) *weitgehend harmonisiert*. Diese Vereinheitlichung der Quellensteuerordnung ergibt sich vorab aus Effizienzüberlegungen, denn es entspricht einer erhebungstechnischen Notwendigkeit, die Steuern des Bundes und der Kantone gemeinsam zu beziehen. Die Vereinheitlichung drängt sich aber auch aus Gründen der interkantonalen Verknüpfung zahlreicher Quellensteuerpflichtiger auf.[101]

86

II. Rechtsgrundlagen

Die *Quellensteuern des Bundes* sind zur Hauptsache im *vierten Teil des DBG* geregelt. Die Grundlage der Quellenbesteuerung im vereinfachten Abrechnungsverfahren befindet sich in DBG 37a. *Ausführungsvorschriften* sowie Erläuterungen sind in der QStV enthalten.

87

Im *Kanton Zürich* sind die gesetzlichen Grundlagen in ZH StG 87–105 statuiert. Die Rechtsgrundlage der Quellenbesteuerung im vereinfachten Abrechnungsverfahren befindet sich in ZH StG 37a. Zur Quellenbesteuerung wurden zwei *Verordnungen* erlassen.[102]

88

Für die Veranlagung der *bundesrechtlichen Quellensteuern* gelten unter Vorbehalt bundesrechtlicher Spezialregelungen die für die kantonalen Quellensteuern geltenden kantonalen Verfahrensbestimmungen (ZH VO DBG 25). Die *allgemeinen Verfahrensgrundsätze* gelten auch im Quellensteuerverfahren. Hingegen kommen die *Verfahrensbestimmungen des ordentlichen Veranlagungsverfahrens* grundsätzlich nicht zur Anwendung. Immerhin verweisen aber sowohl das DBG als auch das ZH StG hinsichtlich der Aufgaben der Steuerbehörden, der Verfahrenspflichten des Steuerpflichtigen und privater Dritter sinngemäss auf die entspre-

89

---

[101] ZIGERLIG/JUD, in: ZWEIFEL/ATHANAS, N 13 zu Vorbemerkungen zu DBG 83–101; zur Erhebung der Quellensteuer im interkantonalen Verhältnis vgl. auch SSK, Quellensteuerordnung, 70 ff.
[102] Verordnung über die Quellensteuer für ausländische Arbeitnehmer (Quellensteuerverordnung I) vom 2.2.1994 (LS 631.41); Verordnung über die Quellensteuer für natürliche und juristische Personen ohne steuerrechtlichen Wohnsitz oder Aufenthalt in der Schweiz (Quellensteuerverordnung II) vom 2.2.1994 (LS 631.42).

chenden Bestimmungen des ordentlichen Veranlagungsverfahrens (vgl. DBG 136, ZH StG 143).

III. Konzept

1. Quellensteuer von Arbeitnehmern ohne Niederlassungsbewilligung

90 DBG 83–90[103] regeln die Quellensteuer von Arbeitnehmern mit Wohnsitz oder Aufenthalt in der Schweiz, welche die fremdenpolizeiliche *Niederlassungsbewilligung* (Bewilligung C) nicht bzw. noch nicht besitzen. Von der Quellenbesteuerung ausgenommen sind jedoch ausländische Arbeitnehmer, die mit einem Ehegatten in rechtlich und tatsächlich ungetrennter *Ehe* leben, sofern der Ehegatte das Schweizer Bürgerrecht oder die Niederlassungsbewilligung besitzt, auch wenn die übrigen Voraussetzungen (steuerrechtlicher Wohnsitz oder Aufenthalt in der Schweiz und fehlende Niederlassungsbewilligung) erfüllt sind.

91 Die Quellensteuerpflicht erstreckt sich auf alle Einkünfte aus privatrechtlichem oder öffentlich-rechtlichem Arbeitsverhältnis, welche von *inländischen Schuldnern* ausgerichtet oder von einer *schweizerischen Betriebsstätte* getragen werden.[104] Wenn ein Arbeitnehmer sämtliche subjektiven Merkmale der Quellensteuer erfüllt, seine Erwerbseinkünfte aber aus ausländischer Quelle stammen, wird er im ordentlichen Verfahren besteuert (QStV 6).

92 Erfasst werden sämtliche *Einkünfte aus Arbeitsverhältnis*. Dazu zählen auch die Nebeneinkünfte, die Naturalleistungen sowie die Ersatzeinkünfte[105]; es handelt sich im Allgemeinen um Einkünfte aus unselbständiger Erwerbstätigkeit im Sinn von DBG 17 I. Die Quellensteuer wird von den *Bruttoeinkünften* berechnet. Den Gewinnungskosten und anderen Aufwendungen wird nur über *Tarifmodifikationen* Rechnung getragen.

93 Einkünfte, die nicht mit der Quellensteuer erfasst werden (z.B. Vermögenserträgnisse, selbständiger Nebenerwerb), sowie das Vermögen unterliegen dem *ordentlichen Verfahren*. Sind solche nicht quellensteuerpflichtigen Einkünfte oder Vermögenswerte vorhanden, findet eine sog. *ergänzende Veranlagung* im ordentlichen Verfahren statt. Die Mitwirkungspflichten im ordentlichen Steuerverfahren, insbesondere auch die Steuererklärungspflicht, treffen somit auch den Quellensteuerpflichtigen, sobald er andere Einkünfte und Vermögenswerte aufweist.

94 Die Quellensteuer von Arbeitnehmern ohne Niederlassungsbewilligung hat grundsätzlich *Abgeltungswirkung,* d.h., sie tritt an die Stelle der im ordentlichen Verfahren geschuldeten Steuer auf den Einkünften aus unselbständiger Erwerbs-

---

[103] Vgl. z.B. ZH StG 87–93.
[104] Dazu ZIGERLIG/JUD, in: ZWEIFEL/ATHANAS, N 3 zu DBG 88.
[105] So beispielsweise Taggelder der Sozialversicherungen sowie Invalidenrenten.

tätigkeit. Bei hohen Einkünften fallen jedoch die Vereinfachungen und Pauschalierungen, die dem Quellensteuerverfahren anhaften, gegenüber den ordentlich veranlagten Steuern mehr ins Gewicht als bei niedrigen und mittleren Einkommen. Aus Rechtsgleichheitsgründen werden deshalb in den meisten Kantonen Personen, die über ein Erwerbseinkommen verfügen, das CHF 120000 übersteigt,[106] *nachträglich im ordentlichen Verfahren veranlagt*.[107] Die abgezogenen Quellensteuern werden an die im ordentlichen Verfahren ermittelte Steuer angerechnet.[108] In den Fällen der nachträglichen Veranlagung wird die Quellensteuer somit zur *blossen Sicherungssteuer*.

2. Quellensteuer von beschränkt steuerpflichtigen Personen

DBG 91–101[109] regeln die Quellensteuer von natürlichen oder juristischen Personen, die in der Schweiz weder Wohnsitz noch Aufenthalt haben, aber Gläubiger von gewissen Einkünften sind, welche gemäss DBG 5 I eine beschränkte Steuerpflicht in der Schweiz auslösen. Es trifft dies gewisse ausländische Arbeitnehmer, Künstler, Sportler, Referenten, Verwaltungsräte, Hypothekargläubiger, Empfänger von Vorsorgeleistungen sowie Arbeitnehmer bei internationalen Transporten.[110]

95

Die Quellensteuer von beschränkt steuerpflichtigen Personen hat durchwegs *Abgeltungswirkung*. Es findet keine nachträgliche ordentliche Veranlagung statt. Hingegen kann ein nach DBG 5 I beschränkt Steuerpflichtiger hinsichtlich seiner Einkünfte aus schweizerischen Grundstücken oder Betriebsstätten dem *ordentlichen Verfahren* unterliegen.

96

3. Quellensteuer im vereinfachten Abrechnungsverfahren

Eine neue Art der Quellensteuer wurde auf 1.1.2008 zur Bekämpfung der *Schwarzarbeit* eingeführt. Gemäss DBG 37a können kleinere Arbeitsentgelte aus unselbständiger Erwerbstätigkeit im vereinfachten Abrechnungsverfahren versteuert werden, indem der Arbeitgeber die Steuer für den Arbeitnehmer entrichtet. Damit wird dem Arbeitgeber ermöglicht, sämtliche Sozialversicherungsbeiträge und Steuern mit einer einzigen Stelle, der *AHV-Ausgleichskasse*,

97

---

[106] Die *Bruttoerwerbseinkünfte von Ehegatten* werden für die Ermittlung des massgebenden Erwerbseinkommens nicht zusammengezählt. Eine nachträgliche ordentliche Veranlagung ist erst vorzunehmen, wenn ein Ehegatte für sich allein den Schwellenwert überschreitet. Alsdann wird aber auch das Einkommen des anderen Ehegatten in die nachträgliche ordentliche Veranlagung einbezogen (Richner/Frei/Kaufmann/Meuter, N 16 zu DBG 90).
[107] DBG 90 II i.V.m. QStV 4 I sowie Anhang QStV Ziff. 2; Weisung der Finanzdirektion zur Durchführung der Quellensteuer für ausländische Arbeitnehmer vom 30.9.2005 (LS 631.422), N 55.
[108] Die nachträgliche Veranlagung wird aus erhebungstechnischen Gründen beibehalten, auch wenn die Einkommenslimite später wieder unterschritten wird.
[109] Vgl. zum Beispiel ZH StG 94–103.
[110] Ausführlich vorne § 11 N 41 ff.

abzurechnen.¹¹¹ Voraussetzung ist, dass der Arbeitgeber die Löhne für sein gesamtes Personal im vereinfachten Abrechnungsverfahren abrechnet und der einzelne Lohn und die gesamte Lohnsumme gewisse Schwellenwerte nicht übersteigen.

98 Die Quellensteuer im vereinfachten Abrechnungsverfahren wird auf dem *Bruttoerwerbseinkommen* einschliesslich der Naturalleistungen ohne Berücksichtigung allfälliger Berufskosten und Sozialabzüge zu einem festen Steuersatz erhoben. Die Quellensteuer hat *Abgeltungswirkung,* ist also eine echte Quellensteuer. Die im vereinfachten Abrechnungsverfahren besteuerten Einkünfte werden im ordentlichen Verfahren auch nicht steuersatzbestimmend berücksichtigt.

IV. Besonderheiten der Quellenbesteuerung

99 Im Quellensteuerverfahren tritt der Leistungsschuldner an die Stelle des Steuerpflichtigen. Der Schuldner der steuerbaren Leistung entrichtet die Steuer als *Steuersubstitut* des Steuerpflichtigen.¹¹² Er *haftet* auch für die Entrichtung der Quellensteuer (DBG 88 III und 100 II). Die Quellensteuern der harmonisierten Einkommens- und Vermögenssteuern unterscheiden sich somit wesentlich von der Konzeption der *Verrechnungssteuer,* bei welcher der Schuldner der steuerbaren Leistung Steuersubjekt ist.

1. Rechte und Pflichten des Schuldners der steuerbaren Leistung

100 Das Quellensteuerverfahren ist ein *Selbstveranlagungsverfahren* in dem Sinn, dass zwar nicht der Steuerpflichtige selbst, jedoch der zum Quellensteuerabzug Verpflichtete von sich aus die Steuerschuld zu ermitteln und die Steuer unaufgefordert zu bezahlen hat. Der Schuldner der steuerbaren Leistung hat die Steuer abzuziehen und an die Steuerbehörden abzuliefern.¹¹³ Zudem ist er verpflichtet, dem Steuerpflichtigen eine Aufstellung oder Bestätigung über den Abzug auszustellen. Dem Quellensteuerschuldner obliegt ferner eine *allgemeine Auskunftspflicht,* die sich auf die Tatsachen erstreckt, welche zur ordnungsgemässen Abwicklung der Quellenbesteuerung notwendig sind.

101 Wenn der Quellensteuerschuldner mit dem Quellensteuerabzug nicht einverstanden ist, kann er von der Steuerbehörde den Erlass einer Verfügung verlangen (DBG 137 I).¹¹⁴ Hat der Leistungsschuldner keinen oder einen ungenügenden Steuerabzug vorgenommen, hat die Steuerbehörde ihn zur *Nachzahlung* zu ver-

---

[111] Ausführlich Bärtschi, in: Zweifel/Athanas, N 1 ff. zu DBG 37a.
[112] Blumenstein/Locher, System, 83.
[113] Dem Schuldner der steuerbaren Leistung wird seine Mitwirkung in Form einer *Bezugsprovision* vergütet. Sie beträgt jeweils zwischen 2–4% des abgezogenen Steuerbetrages.
[114] Vgl. hinten N 106. Gegen die Verfügung über die Quellensteuer können die Betroffenen Einsprache erheben (DBG 139 I).

pflichten (DBG 138 I).¹¹⁵ In diesem Fall steht dem Leistungsschuldner ein entsprechender *Regressanspruch* zu (DBG 138 I), der privatrechtlicher Natur ist.¹¹⁶ Ist der vom Schuldner der steuerbaren Leistung vorgenommene Steuerabzug zu hoch, hat er dem Quellensteuerpflichtigen den zu hohen Abzug *zurückzuerstatten* (DBG 138 II).

Der Schuldner der steuerbaren Leistung ist nicht Steuerträger. Die Quellensteuer soll vielmehr den Arbeitnehmer treffen. Den Leistungsschuldner trifft aber eine *gesetzliche Überwälzungspflicht* (DBG 37a II, 88 I a und 100 I a). Die Steuerlast ist durch Abzug von der geschuldeten Leistung oder durch Einforderung vom Steuerpflichtigen¹¹⁷ zu überwälzen. Verzichtet der Leistungsschuldner auf die Überwälzung, erhält der Steuerpflichtige eine zusätzliche Leistung. Die ausgerichtete Leistung ist deshalb auf das tatsächlich erhaltene Arbeitsentgelt (Auszahlung und Steuerleistung) hochzurechnen.

102

2. Rechte und Pflichten des Steuerpflichtigen

Für den Empfänger der steuerbaren Leistung gelten sinngemäss die *gleichen Mitwirkungspflichten* wie im ordentlichen Veranlagungsverfahren (vgl. DBG 136). Den Steuerpflichtigen trifft jedoch keine Pflicht zur Einreichung einer Steuererklärung, es sei denn, es kommt eine nachträgliche ergänzende oder ordentliche Veranlagung in Betracht.

103

Die dem Steuerpflichtigen obliegende *Auskunftspflicht* besteht aufgrund des Gesetzeswortlauts nur gegenüber den Steuerbehörden (vgl. DBG 136). Wenn indes der Quellensteuerpflichtige dem Schuldner der steuerbaren Leistung die erforderlichen Auskünfte nicht erteilt, wird die ordnungsgemässe Abwicklung des Quellensteuerverfahrens erheblich erschwert. Zu Recht ist in StHG 49 I denn auch nicht bestimmt, gegenüber wem die Auskünfte zu erteilen sind. So können DBG 136 und gleichlautende kantonale Bestimmungen harmonisierungskonform dahingehend ausgelegt werden, dass die Auskünfte auch gegenüber dem Leistungsschuldner zu erteilen sind.¹¹⁸

104

Im Falle des Nachforderungsverfahrens kann der Quellensteuerpflichtige anstelle des Schuldners der steuerbaren Leistung direkt zur Entrichtung der Quellensteuer verpflichtet werden (sog. *Direktbezug*).

105

Bestreitet der Quellensteuerpflichtige den Steuerabzug, kann er den *Erlass einer Verfügung* verlangen (DBG 137 I).

106

---

¹¹⁵ Nimmt die Steuerbehörde eine Berichtigung des Steuerabzuges vor und ist der Leistungsschuldner damit nicht einverstanden, kann er ebenfalls den *Erlass einer Verfügung* verlangen (DBG 137).
¹¹⁶ Was namentlich für die Durchsetzung im Ausland von Bedeutung ist. Zur Vollstreckung von öffentlich-rechtlichen Ansprüchen bestehen keine internationalen Rechtshilfeabkommen der Schweiz (vgl. ZIGERLIG/JUD, in: ZWEIFEL/ATHANAS, N 3 zu DBG 138).
¹¹⁷ So insbesondere bei Naturalleistungen und Trinkgeldern (DBG 88 I a und 100 I a).
¹¹⁸ Vgl. RICHNER/FREI/KAUFMANN/MEUTER, N 5 zu DBG 136; RICHNER/FREI/KAUFMANN/MEUTER, N 7 zu ZH StG 143. Die Auskunftspflicht ist selbstredend auch *arbeitsvertraglich* begründet.

V. Vereinbarkeit der Quellenbesteuerung mit höherrangigem Recht

107 Im Quellensteuerverfahren werden Personen mit *ausländischer Staatsangehörigkeit* und zum Teil auch *schweizerische Staatsangehörige mit Wohnsitz im Ausland* steuerrechtlich anders behandelt als in der Schweiz ansässige Personen mit einer Niederlassungsbewilligung und schweizerische Staatsangehörige. Damit wird das *Rechtsgleichheitsgebot* von BV 8 tangiert. Das *Bundesgericht* stellt sich auf den Standpunkt, dass die Quellenbesteuerung von Personen mit steuerrechtlichem Wohnsitz oder Aufenthalt in der Schweiz vor BV 8 standhalte.[119] Diese Rechtsprechung wird zu Recht seit Langem *kritisiert*.[120]

108 Die Quellenbesteuerung kann auch mit den von der Schweiz abgeschlossenen *Doppelbesteuerungsabkommen* (DBA) kollidieren, namentlich mit dem Diskriminierungsverbot. Die Diskriminierungsverbote der neueren schweizerischen Abkommen sind dem Art. 24 des OECD-Musterabkommens nachgebildet. Laut der in dieser Bestimmung enthaltenen Gleichbehandlungsklausel dürfen Staatsangehörige eines Vertragsstaates in einem anderen Vertragsstaat keiner Besteuerung oder damit zusammenhängenden Verpflichtung unterworfen werden, die anders oder belastender ist als diejenige, welcher Staatsangehörige des anderen Staates unter gleichen Verhältnissen unterworfen sind. Da die Unterstellung unter das Quellensteuerverfahren aufgrund des Kriteriums der *Niederlassungsbewilligung* faktisch nur Ausländer trifft, handelt es sich um eine abkommenswidrige Regelung.[121]

109 Neben den DBA enthält auch das *Freizügigkeitsabkommen* (FZA)[122] ein Diskriminierungsverbot bzw. ein Gleichbehandlungsgebot (FZA 2 und Anhang I FZA 9 Abs. 2).[123] Im Januar 2010 bejahte das Bundesgericht in einem Grundsatzentscheid, trotz der prinzipiellen Zulässigkeit der Ungleichbehandlung von ge-

---

[119] Vgl. BGer 12.5.1965, BGE 91 I 81 E. 3; a.M. noch BGer 21.3.1962, ASA 32, 199 ff. E. 6. Zur Quellenbesteuerung von *Personen ohne Wohnsitz oder Aufenthalt in der Schweiz* vgl. BGer 21.3.1962, ASA 32, 199 ff. E. 7.

[120] Marco Duss, Verfassungs- und DBA-widrige Quellen-Bundessteuer. Ein Entscheid der Bundessteuer-Rekurskommission des Kantons Zürich vom 21.12.1988, StR 1989, 305 ff., 310; Walter H. Boss, Branch Report Switzerland, in: International Fiscal Association IFA (Hrsg.), Non-discrimination rules in international taxation, Cahiers de droit fiscal international (CDFI), Volume LXXVIIIb, Deventer/Boston 1993, 665 ff., 674 f.; Tappolet, Quellenbesteuerung, 631 f.

[121] BStRK ZH 21.12.1988, StE 1989 B 81.4 Nr. 1 E. 6b; a.M VGer ZH 3.3.1992, ZStP 1992, 135 ff. und VGer TG 3.9.2008, StE 2008 A 32 Nr. 11; vgl. dazu Zigerlig/Jud, in: Zweifel/Athanas, N 8a zu Vorbemerkungen zu DBG 83–101 mit zahlreichen Hinweisen.

[122] Abkommen zwischen der Schweizerischen Eidgenossenschaft einerseits und der Europäischen Gemeinschaft und ihren Mitgliedstaaten andererseits über die Freizügigkeit vom 21.6.1999 (Freizügigkeitsabkommen, FZA; SR 0.142.112.681).

[123] Das im Freizügigkeitsabkommen verankerte Diskriminierungsverbot gilt nicht nur für direkte Diskriminierungen, sondern auch für *indirekte Diskriminierungen*. Direkt ist eine Diskriminierung, wenn sie explizit an die Staatsangehörigkeit anknüpft, indirekt dagegen, wenn das Differenzierungskriterium zwar nicht unmittelbar mit der Staatsangehörigkeit zusammenhängt, im Ergebnis aber trotzdem zu einer Ungleichbehandlung führt (vgl. hierzu Pascal Hinny, Das Diskriminierungsverbot des Personenverkehrsabkommens im Schweizer Steuerrecht, FStR 2004,

bietsansässigen und gebietsfremden Steuerpflichtigen, eine Verletzung des Diskriminierungsverbotes durch die schweizerische Quellensteuerordnung, wenn ungeachtet des ständigen Aufenthaltes in verschiedenen Mitgliedstaaten feststeht, dass sich die beiden Kategorien von Steuerpflichtigen hinsichtlich des Gegenstandes und des Inhalts der betreffenden innerstaatlichen Bestimmungen in einer vergleichbaren Situation befinden.[124]

> In dem vom Bundesgericht zu beurteilenden Fall erwirtschaftete ein in Frankreich wohnhafter Schweizer Staatsbürger rund 95% seines Einkommens aus unselbständiger Erwerbstätigkeit im Kanton Genf. In der Schweiz quellensteuerpflichtig beantragte der Grenzgänger verschiedene Abzüge, namentlich die Reisekosten zwischen dem Wohnort in Frankreich und seinem Arbeitsort in Genf, welche die Steuer- und Gerichtsbehörden des Kantons Genf aber unter Verweis auf den im Steuertarif der Quellensteuer enthaltenen Pauschalabzug nicht zuliessen. Das Bundesgericht befand, dass eine Verweigerung der beantragten Abzüge gestützt auf die Schweizer Quellensteuerordnung (DBG 91 ff.) das im Freizügigkeitsabkommen verankerte Diskriminierungsverbot verletze. Dabei lehnte es sich an die sog. Schumacker-Praxis des EuGH[125] an, wonach im Ausland wohnhafte Steuerpflichtige in Bezug auf ihre persönlichen und familiären Verhältnisse wie gebietsansässige Steuerpflichtige zu behandeln sind (d.h. als «Quasi-Ansässige»), wenn sie mehr als 90% ihrer Einkünfte am ausländischen Arbeitsort erwirtschaften und leitete daraus ab, dass der Beschwerdeführer gestützt auf das Freizügigkeitsabkommen die gleichen Abzüge geltend machen kann, wie wenn er seinen Wohnsitz in der Schweiz gehabt hätte.[126]

Noch im selben Jahr bestätigte das Bundesgericht seine Rechtsprechung.[127] Auch das Verwaltungsgericht des Kantons Neuenburg stellte im Juni 2010[128] fest, dass allenfalls auch die Quellenbesteuerung von in der Schweiz ansässigen Personen 109a

---

165 ff., 172; Marco Möhr, Die Bedeutung der Staatsangehörigkeit der natürlichen Personen im schweizerischen Steuerrecht, Chur 2002, 167).

[124] BGer 26.1.2010, BGE 136 II 241 E. 13.3 = Pra 99 Nr. 124. Hierzu Michael Beusch/Pierre-Marie Glauser, Entwicklungen im Steuerrecht, SJZ 2010, 266 ff.; Harold Grüninger/Stefan Oesterhelt, Steuerrechtliche Entwicklungen (insbesondere im Jahr 2010), SZW 2011, 85 ff.; Philipp Roth, Aktuelle Rechtsprechung zum internationalen Steuerrecht. Ausgewählte Entscheide des deutschen, österreichischen und schweizerischen internationalen Steuerrechts, ST 2011, 639 ff.; Erich Bosshard/Roland Raths, Bundesgericht verbessert Rechtsstellung von quellensteuerpflichtigen Arbeitnehmern – Betroffen sind hunderttausende Steuerpflichtige, StR 2010, 426 ff.; Reto Heuberger/Stefan Oesterhelt, Switzerland to Adopt OECD Standard on Exchange of Information, ET 2010, 55 ff.; Adriano Marantelli, Das Bundesgericht schlägt eine erste Bresche in die Quellenbesteuerung, Jusletter 12.4.2010; Stefan Oesterhelt, Quellensteuerordnung verstösst gegen die Bilateralen Abkommen, FStR 2010, 211 ff.; Valentina Moshek, L'impact de l'ALCP sur l'impôt à la source – Analyse à la lumière de l'arrêt du Tribunal fédéral du 26 janvier 2010, ASA 79 (2010/2011), 303 ff.

[125] EuGH 14.2.1995, C-279/93, «Schumacker» (vgl. hierzu Pascal Hinny, Personenverkehrsabkommen und Schweizer Quellensteuerordnung, FStR 2004, 251 ff., 252).

[126] Oesterhelt (Fn. 124), FStR 2010, 215.

[127] Vgl. BGer 4.10.2010, drei Entscheide 2C_33/2010, 2C_34/2010 und 2C_35/2010; BGer 23.11.2010, 2C_21/2010.

[128] StE 2011 A 32 Nr. 16.

ohne Niederlassungsbewilligung gegen das Diskriminierungsverbot verstosse.[129] In der Folge genehmigte der Vorstand der Schweizerischen Steuerkonferenz (SSK) eine in Auftrag gegebene Analyse der genannten Gerichtsentscheide zuhanden der kantonalen Steuerverwaltungen zwecks Vermeidung von Ungleichbehandlungen zwischen quellenbesteuerten und ordentlich besteuerten Personen in der Schweiz[130] und befand, dass Grenzgänger und internationale Wochenaufenthalter Anspruch auf eine Korrektur des Quellensteuerbezuges bzw. auf Rückerstattung von zu viel bezahlten Quellensteuern hätten.[131] Für quellensteuerpflichtige Personen mit Wohnsitz in der Schweiz bleibt eine nachträgliche ordentliche Veranlagung vorbehalten (DBG 90). Diese Korrekturen erfolgen im Sinn von Sofortmassnahmen. Die Quellenbesteuerung soll indes einer grundlegenden Neukonzeption unterworfen werden. In welche Richtung sich diese bewegen wird, ist zurzeit noch nicht absehbar.

F. Rechtskraft und Nichtigkeit von Veranlagungen und Entscheiden

I. Formelle und materielle Rechtskraft

110 Behördliche Verfügungen und Entscheide müssen – unabhängig von deren materiellrechtlicher Richtigkeit – in einem gewissen Mass *verbindlich* sein, um *Rechtssicherheit* und eine *funktionsfähige Verwaltung* zu gewährleisten.[132] Gerade in einem Massenfallrecht wie dem Steuerrecht kommt der Rechtsbeständigkeit der getroffenen Entscheidungen eine grosse Bedeutung zu. Die erschwerte Abänderbarkeit, welche ein Zurückkommen auf die vorgenommene Veranlagung grundsätzlich ausschliesst, wird nicht nur mit Rechtssicherheitsüberlegungen und mit Gründen der Veranlagungsökonomie gerechtfertigt, es wird auch geltend gemacht, dass für den Erlass von Steuerverfügungen ein Veranlagungs- und Ermittlungsverfahren und daran anschliessend auch ein gut ausgebautes Rechts-

---

[129] Ausländer ohne Niederlassungsbewilligung C werden in der Schweiz gemäss DBG 83 ff. an der Quelle besteuert. Der auf diese Personenkategorie anwendbare Quellensteuertarif unterscheidet sich beträchtlich vom Quellensteuertarif gemäss DBG 91 ff., sodass das Verwaltungsgericht Neuenburg die Erwägungen des Bundesgerichtsurteils vom 26.1.2010 bei der Quellenbesteuerung von in der Schweiz ansässigen Personen nur sinngemäss berücksichtigen konnte (vgl. hierzu OESTERHELT, [Fn. 124], FStR 2010, 227).

[130] Analyse zu den Bundesgerichtsentscheiden vom 26.1.2010 und 4.10.2010 und zum Verwaltungsgerichtsentscheid (NE) vom 2.6.2010 der Schweizerischen Steuerkonferenz vom 3.11.2010 (zit. Analyse SSK), <http://www.steuerkonferenz.ch/pdf/AG_BIQ_Analyse_20101103_1.pdf>, (besucht am 23.9.2011).

[131] Die Korrektur erfolgt in der Regel nur auf Gesuch, d.h. nicht von Amtes wegen (vgl. Analyse SSK, 16), und erfolgt nur, wenn der Quellensteuerpflichtige nachweist, dass in der Schweiz mindestens 90% des Gesamteinkommens erzielt werden und deshalb die abzugsfähigen Aufwendungen im ausländischen Wohnsitzstaat steuerlich nicht oder nur minimal abgesetzt werden können (vgl. BOSSHARD/RATHS, [Fn. 124], StR 2010, 427).

[132] Vgl. BGer 7.7.1995, BGE 121 II 273 E. 1a, bb = StE 1996 B 93.4 Nr. 3.

mittelverfahren zur Verfügung steht, in welchem der Sachverhalt und die betroffenen öffentlichen und privaten Interessen besonders eingehend untersucht und abgewogen werden können.[133] Zu erwägen ist aber auch, dass es im Steuerrecht – wie im privaten Schuldrecht – nur um *Geld* und damit nur um vermögensmässige Interessen des Individuums und des Staates, also nicht um höherwertige Interessen, geht. Zudem regeln Steuerverfügungen das Steuerrechtsverhältnis – vergleichbar einem Urteil – «für einen zeitlich abgeschlossenen und einmaligen Sachverhalt»[134].

Die Rechtskraft von Verfügungen und Entscheiden tritt grundsätzlich *unabhängig von allfälligen Mängeln* ein.[135] Man unterscheidet zwischen formeller und materieller Rechtskraft. 111

- *Formelle Rechtskraft* bedeutet, dass eine Verfügung oder ein Entscheid vom Betroffenen nicht mit ordentlichen Rechtsmitteln angefochten werden kann. Eine Verfügung bzw. eine Steuerveranlagung wird insbesondere dann rechtskräftig, wenn die Rechtsmittelfrist unbenutzt verstreicht oder der Betroffene ausdrücklich auf das Rechtsmittel verzichtet hat.
- *Materiell rechtskräftig* sind Verfügungen und Entscheide, wenn sie auch für die erlassende Behörde verbindlich, d.h. unabänderbar sind. Materielle Rechtskraft einer Veranlagungsverfügung bedeutet also, dass die Steuerfestsetzung sowohl für den Steuerpflichtigen als auch das Gemeinwesen endgültig ist. Formell rechtskräftige Steuerverfügungen erwachsen grundsätzlich auch in materielle Rechtskraft, sofern die Veranlagung formgerecht und im gesetzlichen Verfahren erfolgt ist.[136] Ein Steuerpflichtiger, welcher mit einer Veranlagung nicht einverstanden ist und einen Mangel geltend machen will, hat sich also grundsätzlich mit den ordentlichen Rechtsmitteln fristgerecht zur Wehr zu setzen.

II. Tragweite der Rechtskraft

Die Rechtskraft eines Steuerentscheides beschränkt sich auf das *Dispositiv* (die veranlagten Steuerfaktoren) und erfasst nicht auch die Begründung des Entscheids.[137] Sie erstreckt sich grundsätzlich nur auf die *Steuerperiode*, auf welche sich der Entscheid bezieht. Entscheide über spätere Steuerperioden betreffen andere Steuerschuldverhältnisse und haben andere Steuerforderungen zum Ge- 112

---

[133] Dieses Argument ist allerdings mit Blick auf die faktischen Verhältnisse bzw. auf die notorische Überbelastung des Vollzugsapparats zu relativieren (vgl. VALLENDER/LOOSER, in: ZWEIFEL/ATHANAS, N 1a zu Vorbemerkungen zu DBG 147–153); dennoch vermag es insbesondere die Rechtskraft zulasten der Steuerpflichtigen überzeugend zu rechtfertigen.
[134] BGer 7.7.1995, BGE 121 II 273 E. 1a, bb = StE 1996 B 93.4 Nr. 3.
[135] Zur *Nichtigkeit* von Verfügungen vgl. hinten N 135 ff.
[136] Vgl. BGer 7.7.1995, BGE 121 II 273 E. 1a = StE 1996 B 93.4 Nr. 3; nach anderer Auffassung tritt die materielle Rechtskraft bereits mit der Eröffnung der Steuerverfügung ein (vgl. VGer ZH 7.6.1979, RB 1979 Nr. 58; HÖHN/WALDBURGER, Bd. I, § 36 N 3 mit weiteren Hinweisen).
[137] Vgl. ZWEIFEL/CASANOVA, Steuerverfahrensrecht, § 26 N 3.

genstand. Steuerentscheide sind zeitlich begrenzte Verwaltungsakte, die Bindungswirkung nur für die betreffende Steuerperiode erzeugen; «die späteren Veranlagungen sind daher jederzeit einer erneuten, umfassenden Überprüfung zugänglich»[138]. Das bedeutet, dass sowohl die tatsächlichen als auch die rechtlichen Verhältnisse, die einer Steuerveranlagung zugrunde liegen, in einer späteren Periode anders gewürdigt werden können.

113 Wenn es in einem Steuerentscheid allerdings um die Feststellung einer dauernden, von den besonderen Verhältnissen der einzelnen Steuerperiode grundsätzlich unabhängigen Rechtslage geht, wirkt der Entscheid durchaus periodenübergreifend. Dies ist zum Beispiel der Fall bei *Vorentscheiden über die subjektive Steuerpflicht*.[139] Auf einen rechtskräftigen Vorentscheid über die Steuerhoheit können die Verfahrensbeteiligten in folgenden Veranlagungsverfahren nicht zurückkommen, wenn sich die tatsächlichen Verhältnisse nicht geändert haben. Daraus kann indes für die periodischen Steuerveranlagungen nichts abgeleitet werden. Denn solche Entscheide schliessen ein Verfahren ab, das eigens zum Zweck der Feststellung der steuerrechtlichen Zugehörigkeit durchgeführt wurde, und sprechen sich auch im Dispositiv klar darüber aus. Im Unterschied zu den periodischen Veranlagungen geht es somit auch in den folgenden Jahren – vorbehältlich der Änderung der tatsächlichen Verhältnisse – um einen identischen Streitgegenstand, der bereits verbindlich beurteilt wurde.

III. Änderung rechtskräftiger Veranlagungen und Entscheide

114 Wird von den ordentlichen Rechtsmitteln nicht oder verspätet Gebrauch gemacht oder liegt ein letztinstanzlicher Entscheid vor, so sind die Steuerveranlagungen grundsätzlich unabänderbar, sie sind formell und materiell rechtskräftig. Stimmt die rechtskräftige Veranlagung nicht mit den materiellrechtlichen Vorschriften überein, geraten das *Legalitätsprinzip* und das Prinzip der *Rechtssicherheit* in ein Spannungsverhältnis. Ist die Verletzung des materiellen Rechts besonders stossend, verhilft der Gesetzgeber dem Legalitätsprinzip zum Durchbruch, indem er es ermöglicht, unter bestimmten Voraussetzungen auf eine formell und materiell rechtskräftige Verfügung oder Entscheidung zurückzukommen.

115 Ein Bedürfnis nach Korrektur einer rechtskräftigen Veranlagung kann sowohl bei einer Über- als auch bei einer Unterbesteuerung bestehen. Zur Korrektur einer *Überbesteuerung* zugunsten des Steuerpflichtigen dient das Verfahren der Revision (DBG 147 ff.). Den Zweck, einen Steuerausfall zufolge *Unterbesteuerung*

---

[138] BGer 17.6.1996, StE 1997 B 93.4 Nr. 4 mit weiteren Hinweisen.; vgl. bereits BGer 4.10.1967, ASA 37, 67 ff. E. 2; BGer 2.2.1955, BGE 81 I 5.
[139] Dazu BGer 27.1.1989, BGE 115 Ia 73 E. 3. Vgl. auch MICHAEL BEUSCH/NADINE MAYHALL, in: ZWEIFEL/BEUSCH/MÄUSLI-ALLENSPACH, § 40 N 16 ff.

zu beheben, verfolgt die Nachsteuererhebung (DBG 151 ff.). Die Nachsteuererhebung bildet also das Gegenstück zur Revision. Sowohl zugunsten als auch zulasten des Steuerpflichtigen kann sich das Verfahren der Berichtigung (DBG 150) auswirken. Diese drei Korrekturmöglichkeiten rechtskräftiger Verfügungen und Entscheide sind weitgehend harmonisiert.[140]

Die Revision bildet in den Händen der Steuerpflichtigen ein *ausserordentliches Rechtsmittel*. Die Nachsteuererhebung als Pendant zur Revision ist gewissermassen ein «rechtsmittelähnliches Institut zugunsten des steuererhebenden Gemeinwesens»[141]. 116

1. Revision

Die Revision ist ein gesetzlich vorgesehenes Korrekturverfahren, in welchem die verfügende oder entscheidende Behörde bei Vorliegen bestimmter Gründe auf ihre rechtskräftige Entscheidung zurückkommt und sie zugunsten des Steuerpflichtigen abändert.[142] Die Revision bedarf somit vorab einer Überbesteuerung sowie der formellen Rechtskraft der Veranlagung. Die Revision wird auf Begehren des Steuerpflichtigen oder von Amtes wegen eingeleitet (DBG 147 I). Sie ist – sofern sie vom Steuerpflichtigen verlangt wird – ein *ausserordentliches, nicht devolutives Rechtsmittel (DBG 149 I)*. 117

a) Revisionsgründe

Wichtigster Revisionsgrund bildet die *Entdeckung erheblicher Tatsachen oder Beweismittel* (DBG 147 I a). Tatsachen sind Ereignisse, die den Steuertatbestand betreffen.[143] Eine Tatsache ist erheblich, wenn deren Vorhandensein oder Nichtvorhandensein zu unterschiedlichen Steuerfolgen führt. Nach Ablauf der Steuerperiode oder sogar nach Vornahme der Steuerveranlagung eingetretene Tatsachen stellen oftmals keine Revisionsgründe dar, weil sie nicht entscheidwesentlich sind. Ob dies der Fall ist oder nicht, hängt von der Konzeption des Steuertatbestands ab. Auch nachträglich eingetretene Tatsachen vermögen eine Revision durchaus zu rechtfertigen, wenn sie – wären sie bekannt gewesen – schon im ordentlichen Verfahren hätten berücksichtigt werden müssen.[144] Solche 118

---

[140] Vgl. für die Revision StHG 51, für die Nachsteuererhebung StHG 53 und für die Berichtigung StHG 52. Die kantonalen Steuerordnungen sind deshalb weitgehend gleich konzipiert wie die Bestimmungen des DBG.
[141] MEISTER, Rechtsmittelsystem, 234.
[142] Nach der Rechtsprechung des Bundesgerichts kann ausnahmsweise auch eine Revision *zuungunsten* des Steuerpflichtigen vorgenommen werden (BGer 4.4.2003, StR 2003, 513 ff.; BGer 14.10.1998, Pra 88 Nr. 70 E. 4b). Diese Rechtsprechung basiert jedoch auf dem im BdBSt vorgesehenen Korrekturverfahren und ist abzulehnen (ausführlich dazu RICHNER/FREI/KAUFMANN/MEUTER, N 2 zu DBG 147 und VALLENDER/LOOSER, in: ZWEIFEL/ATHANAS, N 28 zu DBG 147).
[143] Auch zum Folgenden VALLENDER, in: ZWEIFEL/ATHANAS, N 11 zu StHG 51; VALLENDER/LOOSER, in: ZWEIFEL/ATHANAS, N 9 f. zu DBG 147.
[144] Vgl. StRK FR 27.1.1989 = StE 1991 B 97.11 Nr. 10 E. 1.

Tatsachen wirken auf den Beurteilungszeitpunkt zurück und sind deshalb für die vorgenommene Veranlagung erheblich.[145]

119 Andere Revisionsgründe bilden die *Verletzung wesentlicher Verfahrensgrundsätze* (DBG 147 I b)[146] oder die Beeinflussung des Entscheids durch ein *Verbrechen oder Vergehen* wie beispielsweise durch eine falsche Zeugenaussage (DBG 147 I c). Im Weiteren ist die Revision auch zulässig aufgrund von nicht in den Steuergesetzen aufgeführten Revisionsgründen, die sich aus dem *Verfassungs-* oder *Staatsvertragsrecht* ergeben.[147]

120 Wenn es um die *Revision von Urteilen des Bundesgerichtes* geht, sind die Revisionsgründe von BGG 121 ff. massgebend (DBG 147 III). Diese Revisionsgründe stimmen weitgehend mit den in den Steuergesetzen vorgesehenen Revisionsgründen überein.

b) Ausschlussgrund

121 Ausgeschlossen ist die Revision, wenn der Steuerpflichtige bei Anwendung *zumutbarer Sorgfalt* den gerügten Mangel schon im Veranlagungs- bzw. Rechtsmittelverfahren hätte geltend machen können (DBG 147 II). Die Praxis stellt hohe Anforderungen an die erforderliche Sorgfalt. Rechtsunkenntnis bildet keinen hinreichenden Revisionsgrund.

c) Revisionsverfahren

122 Das Revisionsbegehren ist bei derjenigen Behörde einzureichen, welche den beanstandeten Entscheid getroffen hat (DBG 149 I). Das Revisionsbegehren ist *schriftlich* zu stellen.[148] Im Revisionsbegehren sind die Revisionsgründe substanziiert darzulegen[149] und allfällige Beweismittel beizufügen.

123 Als Rechtsmittel ist das Revisionsgesuch *fristgebunden*. Die Revision ist innert 90 Tagen nach Entdeckung des Revisionsgrundes einzuleiten *(relative Frist)*. Das Recht auf Revision verwirkt jedoch auf jeden Fall nach Ablauf von zehn Jahren seit Eröffnung des Entscheides *(absolute Frist)*.

124 Unter Vorbehalt der im DBG vorgesehenen Regelungen sind die Vorschriften des Verfahrens anwendbar, in welchem der zu revidierende Entscheid ergangen ist (DBG 149 IV). Wenn es um die *Revision von Urteilen des Bundesgerichtes* geht, findet das BGG Anwendung (DBG 147 III).

---

[145] Vgl. VGer ZH 7.5.1992 = StE 1993 B 42.38 Nr. 11 E 2b; MARKUS REICH, Die ungerechtfertigte Bereicherung und andere rechtsgrundlose Vermögensübergänge im Einkommenssteuerrecht, FStR 2004, 3 ff., 12.
[146] Ausführlich RICHNER/FREI/KAUFMANN/MEUTER, N 25 ff. zu DBG 147 sowie VALLENDER/LOOSER, in: ZWEIFEL/ATHANAS, N 12 ff. zu DBG 147.
[147] Dazu VALLENDER/LOOSER, in: ZWEIFEL/ATHANAS, N 21 ff. zu DBG 147.
[148] Vgl. RICHNER/FREI/KAUFMANN/MEUTER, N 1 zu DBG 149.
[149] Vgl. RICHNER/FREI/KAUFMANN/MEUTER, N 1 zu DBG 149.

Die Abweisung eines Revisionsbegehrens und der im Revisionsverfahren getroffene Sachentscheid unterliegen denselben Rechtsmitteln wie sie gegen den beanstandeten Entscheid gegeben waren (DBG 149 III).

2. Nachsteuererhebung

Die Nachsteuererhebung verfolgt den Zweck, einen Steuerausfall des Gemeinwesens infolge einer fehlerhaften Veranlagung zu korrigieren. Es handelt sich somit um ein Revisionsverfahren zugunsten des Gemeinwesens. In diesem Sinn wird auch von einem «rechtsmittelähnlichen Institut» gesprochen.[150] Voraussetzung für die Nachsteuererhebung ist jedenfalls eine Unterbesteuerung und der Eintritt der formellen Rechtskraft. Eine Unterbesteuerung (Steuerverkürzung) kann darauf zurückzuführen sein, dass eine rechtskräftige Veranlagung ungenügend ist oder dass eine Veranlagung zu Unrecht ganz unterblieben ist.

Ein *Verschulden* des Steuerpflichtigen bildet auf keinen Fall Voraussetzung für eine Nachsteuererhebung. Die Nachbesteuerung verfolgt keinen pönalen Zweck und ist vom Steuerstrafverfahren losgelöst. Die Nachsteuererhebung bildet deshalb auch keine strafrechtliche Anklage im Sinne von EMRK 6.[151] Wird jedoch wegen einer Steuerhinterziehung oder eines Steuervergehens eine Strafverfolgung eingeleitet, so gilt dies gleichzeitig als Einleitung des Nachsteuerverfahrens (DBG 152 II). Während im Strafverfahren über das Strafmass entschieden wird, wird im Nachsteuerverfahren die zu Unrecht nicht erhobene Steuer samt Verzugszins veranlagt.

a) Nachsteuergründe

Ein Nachsteuergrund liegt vor, wenn erhebliche Tatsachen oder Beweismittel entdeckt werden oder wenn die Veranlagung durch ein Verbrechen oder Vergehen beeinflusst wurde (DBG 151 I).[152]

b) Ausschlussgrund

Die Nachsteuererhebung wird – anders als die Revision – nicht dadurch ausgeschlossen, dass die Steuerbehörde bei *sorgfältiger Untersuchung* die Fehlerhaftigkeit der Steuererklärung hätte entdecken können. Der Steuerpflichtige ist gehalten, richtig und vollständig zu deklarieren; die Steuerbehörde darf davon ausgehen, dass die Steuererklärung wahrheitsgetreu ausgefüllt ist.[153]

---

[150] MEISTER, Rechtsmittelsystem, 234.
[151] BGer 7.7.1995, BGE 121 II 273 E. 3b.
[152] Vgl. dazu vorne N 118 f.
[153] Vgl. Steuerrekursgericht AG 26.2.1986, StE 1986 B 97.43 Nr. 3 E. 4. Die unzutreffende *rechtliche Würdigung* eines Sachverhaltes bildet jedoch keinen Grund für eine Nachsteuererhebung. Geht der rechtlich relevante Sachverhalt vollständig und klar aus den eingereichten Unterlagen hervor, hat der Steuerpflichtige seine Mitwirkungspflichten erfüllt, auch wenn er eine unzutreffende

130 Aufgrund ausdrücklicher gesetzlicher Anordnung darf eine von der Behörde vorgenommene *fehlerhafte Bewertung* von vollständigen und richtigen Angaben des Steuerpflichtigen über Einkommen, Vermögen, Reingewinn oder Eigenkapital nicht im Nachsteuerverfahren korrigiert werden (DBG 151 II).

c) *Nachsteuerverfahren*

131 Ein Nachsteuerverfahren kann nur innert zehn Jahren nach Ablauf der Steuerperiode, für welche zu Unrecht keine oder zu wenig Steuern veranlagt wurden, eingeleitet werden (*relative Verwirkungsfrist,* DBG 152 I). Die Nachsteuer muss zudem innert 15 Jahren nach Ablauf dieser Steuerperiode festgesetzt sein (*absolute Verwirkungsfrist,* DBG 152 III).

132 Unter Vorbehalt der Bestimmungen von DBG 151 ff. gelten für die Nachsteuererhebung die Verfahrensgrundsätze und -bestimmungen des ordentlichen Veranlagungs- und Beschwerdeverfahrens (DBG 153 III).

3. Berichtigung

133 Liegt ein *Rechnungsfehler* oder ein *Schreibversehen* seitens der Behörde, d.h. ein sog. Kanzleifehler, vor, kann eine rechtskräftige Verfügung oder Entscheidung innert fünf Jahren seit Mitteilung auf Antrag oder von Amtes wegen berichtigt werden (DBG 150). Die Berichtigung erfolgt durch diejenige Behörde, welcher der Fehler unterlaufen ist. Die Korrektur kann sowohl zugunsten als auch zulasten des Steuerpflichtigen erfolgen.

134 Der *Anwendungsbereich* der Berichtigung ist eng begrenzt, insbesondere können damit keine Fehler behoben werden, die auf dem Entscheidungsvorgang bzw. auf der *Willensbildung* der entscheidenden Behörden beruhen. Verfügungen oder Entscheide, die so abgefasst sind, wie sie der verfügende Beamte abfassen wollte, sind somit auch dann nicht der Berichtigung zugänglich, wenn sie auf offensichtlich irrtümlichen Sachverhaltsfeststellungen oder klar unrichtiger Auslegung beruhen. Ausschlaggebendes Kriterium ist die Fehlerquelle, nicht die Offensichtlichkeit des Versehens.[154] So liegt beispielsweise kein die Berichtigung erlaubender Rechnungsfehler vor, wenn die Steuerbehörde einen falschen Steuertarif wählt.[155]

---

rechtliche Würdigung vornimmt (zu weit gehend deshalb BGer 25.4.2003, StE 2003 B 97.41 Nr. 15, kritisch dazu MARKUS REICH/ROBERT WALDBURGER, Rechtsprechung im Jahr 2003 (1. Teil), FStR 2004, 214 ff., 228 f.).

[154] Vgl. VGer BE 15.8.2006, StE 2006 B 97.3 Nr. 8 E. 4.4.1; VALLENDER, in: ZWEIFEL/ATHANAS, N 6 zu DBG 150 mit weiteren Hinweisen.

[155] BGer 2.3.1956, BGE 82 I 18 E. 2.

IV. Nichtigkeit von Veranlagungsverfügungen und -entscheiden

Ist eine behördliche oder richterliche Entscheidung mit einem *tiefgreifenden* und *wesentlichen Mangel* behaftet, der *offensichtlich* oder zumindest *leicht erkennbar* ist, so ist sie absolut unwirksam bzw. nichtig, sofern die Nichtigkeit die Rechtssicherheit nicht ernsthaft gefährdet.[156] Voraussetzung der Nichtigkeit ist also eine unerträgliche Rechtsverletzung, deren Hinnahme eine klare Verletzung des Willkürverbots bedeuten würde.

135

Die Nichtigkeit ist *von Amtes wegen* zu beachten und kann *jederzeit von jedermann* geltend gemacht werden.[157]

136

Im Steuerrecht sind Fälle der Nichtigkeit selten. Im Unterschied zum allgemeinen Verwaltungsrecht hat die Verletzung der Regeln über die *örtliche Zuständigkeit* allerdings die Nichtigkeit der Veranlagung zur Folge.[158] Wegen eines *inhaltlichen Mangels* ist eine Veranlagungsverfügung oder ein Veranlagungsentscheid nur nichtig, wenn der Mangel krass ist und ausserordentlich schwer wiegt. Dies wäre etwa der Fall, wenn einer Erbengemeinschaft, die nach dem massgebenden Steuergesetz gar nicht Steuersubjekt bilden kann, eine Steuer auferlegt wird,[159] oder wenn eine Veranlagung eine Steuerperiode betrifft, welche bereits früher rechtskräftig veranlagt worden ist. Grundsätzlich ist jedoch bei inhaltlichen Mängeln von blosser Anfechtbarkeit auszugehen.[160] So auch bei der *Veranlagung einer verjährten Steuerforderung*, obwohl eine solche Veranlagung unbestreitbar an einem schweren Mangel leidet.[161] Selbst eine Häufung von inhaltlichen Veranlagungsfehlern führt nicht zur Nichtigkeit der Veranlagung.[162]

137

---

[156] BGer 1.7.2011, StE 2011 A 24.24.45 Nr. 1; BGer 29.5.1991, BGE 117 Ia 202 E. 8a.
[157] Häfelin/Müller/Uhlmann, Verwaltungsrecht, N 955.
[158] Vgl. BGer 17.4.1989, ASA 59, 636 ff. E. 2c.
[159] Häfelin/Müller/Uhlmann, Verwaltungsrecht, N 983.
[160] BGer 21.6.1978, BGE 104 Ia 172 E. 2c.
[161] Dazu vorne § 5 N 102.
[162] BGer 23.2.2010, StE 2010 B 92.8 Nr. 15. Wird eine Ermessensveranlagung allerdings wegen drohender Verjährung ohne jegliche vorgängigen Verfahrenshandlungen erlassen, liegt unter Umständen ein derart krasser Verfahrensfehler vor, dass Nichtigkeit angenommen werden muss (BGer 1.7.2011, StE 2011 A 24.24.45 Nr. 1).

§ 27 Rechtsschutz

Literatur

BLUMENSTEIN/LOCHER, System, 443 ff.; HÖHN/WALDBURGER, Bd. I, § 35 N 1 ff.; MÄUSLI-ALLENSPACH/OERTLI, Steuerrecht, 298 ff.; OBERSON, Droit fiscal, § 23 N 1 ff.

BEUSCH MICHAEL, Die Einheitsbeschwerde im Steuerrecht (1. Teil), FStR 2006, 249 ff.; ders., Die Einheitsbeschwerde im Steuerrecht (2. Teil), FStR 2007, 3 ff. ders., Auswirkungen der Rechtsweggarantie von Art. 29a BV auf den Rechtsschutz im Steuerrecht, ASA 73 (2004/2005), 709 ff.; BEUSCH MICHAEL/BÄRTSCHI BETTINA, Rechtsschutz bei den harmonisierten Staats- und Gemeindesteuern und der direkten Bundessteuer – dargestellt am Beispiel des Kantons Zürich, zsis 2006 Aufsatz Nr. 5, in: MICHAEL BEUSCH/ISIS (Hrsg.), Steuerrecht 2007, Best of zsis, Zürich et al. 2007, 27 ff.; CASANOVA HUGO, Parallele Ausgestaltung des kantonalen Instanzenzuges bezüglich der kantonalen direkten Steuern und der direkten Bundessteuer, Jusletter 19.4.2004; ders., Rekursverfahren, Sonderheft «Steuerharmonisierung», ASA 61 (1992/93), 441 ff.; CAVELTI ULRICH, Die Beschwerde wegen Verletzung des interkantonalen Doppelbesteuerungsverbots, FStR 2003, 253 ff.; KÖLZ ALFRED/HÄNER ISABELLE, Verwaltungsverfahren und Verwaltungsrechtspflege des Bundes, 2. A. Zürich 1998 (zit. KÖLZ/HÄNER, Verwaltungsverfahren); LOCHER PETER, Die Beschwerde in öffentlich-rechtlichen Angelegenheiten wegen Verletzung des Doppelbesteuerungsverbots von Art. 127 Abs. 3 BV, ASA 77 (2008/2009), 497 ff.; MEISTER THOMAS, Rechtsmittelsystem der Steuerharmonisierung. Der Rechtsschutz nach StHG und DBG, Bern et al. 1995 (zit. MEISTER, Rechtsmittelsystem); MÜLLER PATRICK M., Aspekte der Verwaltungsrechtspflege dargestellt am Beispiel von Staatssteuerrekurs und Bundessteuerbeschwerde nach Zürcher Recht, Bern 2006 (zit. MÜLLER, Verwaltungsrechtspflege).

Vgl. auch die Literaturhinweise zu § 26.

Materialien

Botschaft zur Totalrevision der Bundesrechtspflege vom 28.2.2001, BBl 2001, 4202–4479 (zit. Botschaft Totalrevision).

Das Steuerrecht zeichnet sich durch einen gut ausgebauten Rechtsschutz der Steuerpflichtigen aus. Das Legalitätsprinzip ist nur gewährleistet, wenn die Gesetzmässigkeit der Verwaltungstätigkeit im Einzelfall verwaltungsintern und verwaltungsextern überprüft werden kann.

Im Bereich des Rechtsschutzes kommen grundsätzlich dieselben Erlasse wie bei der Steuerveranlagung und beim Steuerbezug zur Anwendung (DBG und kantonale StG). Auch hier sind indes unter Umständen die *allgemeinen Verwaltungsverfahrensgesetze* des Bundes und der Kantone zu beachten. Für das Rechtsmittelverfahren vor Bundesgericht gilt das *BGG*.

Teil II   Einkommens- und Vermögenssteuerrecht

A. Überblick über die harmonisierte Rechtsmittelordnung in Bund und Kantonen

I. Vorgaben des StHG

3   Das StHG sieht für die Kantone folgenden Rechtsmittelweg vor:
– *Einsprache* bei der Veranlagungsbehörde (StHG 48);
– *Rekurs* bei einer von der Steuerbehörde unabhängigen Justizbehörde (StHG 50 I);
– Fakultative *Beschwerde* an eine weitere verwaltungsunabhängige kantonale Instanz (StHG 50 III).

4   Gemäss BGG 82 ff. und StHG 73 I unterliegen die Entscheide der letzten kantonalen Instanzen der *Beschwerde in öffentlich-rechtlichen Angelegenheiten* an das Bundesgericht. Ist diese ausgeschlossen, steht allenfalls die *subsidiäre Verfassungsbeschwerde* nach BGG 113 ff. zur Verfügung.

5   Ausführlich geregelt ist schliesslich das ausserordentliche Rechtsmittel der *Revision* in StHG 51. Die Revision von Entscheiden des Bundesgerichts bestimmt sich allerdings nach BGG 121 ff.

II. Rechtsmittelweg für die direkte Bundessteuer

6   Gleich wie der kantonale Instanzenzug ist auch der Rechtsmittelweg für die direkte Bundessteuer konzipiert:
– *Einsprache* bei der Veranlagungsbehörde (DBG 132);
– *Beschwerde* bei einer von der Steuerbehörde unabhängigen Rekurskommission (DBG 140);
– Fakultative *Beschwerde* an eine weitere verwaltungsunabhängige kantonale Instanz (DBG 145);
– Beschwerde in öffentlich-rechtlichen Angelegenheiten an das Bundesgericht gemäss BGG 82 ff. oder allenfalls die subsidiäre Verfassungsbeschwerde nach BGG 113 ff.

7   Schliesslich ist in DBG 147 auch das ausserordentliche Rechtsmittel der *Revision* vorgesehen, wobei in DBG 147 III darauf hingewiesen wird, dass für die Revision von Entscheiden des Bundesgerichts das BGG anwendbar ist.

III. Parallelität des Rechtsmittelwegs in Bund und Kantonen

StHG und DBG überlassen es somit dem kantonalen Recht, ob die Veranlagung der direkten Bundessteuer und die Veranlagung der Staats- und Gemeindesteuern im Kanton an zwei oder nur an eine verwaltungsunabhängige Instanz weitergezogen werden können. Zulässig erscheint nach den bundesrechtlichen Bestimmungen auch eine zweistufige Lösung für die Staats- und Gemeindesteuern und eine lediglich einstufige Beschwerdemöglichkeit für die direkte Bundessteuer.[1] Nach Auffassung des Bundesgerichts ist indes die in DBG 145 und StHG 50 eingeräumte Wahlmöglichkeit dahingehend eingeschränkt, dass ein Kanton, der einen zweistufigen Instanzenzug für die kantonalen Steuern eingeführt hat, dieses System auch für die direkte Bundessteuer vorsehen muss. Die Kantone haben *dieselben Instanzenzüge für die direkte Bundessteuer und die Staatssteuer* vorzusehen.[2] Die höchstrichterliche Begründung weckt zwar etwelche Zweifel,[3] im Resultat ist die durch Richterspruch verordnete Parallelität der Instanzenzüge jedoch zu begrüssen.

8

B. Rechtsmittel auf kantonaler Ebene

Für die direkte Bundessteuer und die Staats- und Gemeindesteuern ist somit zwar ein paralleler, aber doch *je ein eigener Instanzenzug* vorgesehen. Was gegen einen Entscheid hinsichtlich der direkten Bundessteuer vorgebracht wird, gilt grundsätzlich nicht auch für die Veranlagung der Staats- und Gemeindesteuern. Es handelt sich um zwei voneinander unabhängige Verfahren, welche allerdings, wenn sie gleichzeitig durchgeführt werden, wegen der Gleichartigkeit der zu entscheidenden Fragen prozessual vielfach vereinigt werden. Wenn die kantonalen Rechtsmittelbehörden eine Frage zu beurteilen haben, die sowohl das Gebiet der direkten Bundessteuer als auch der Staats- und Gemeindesteuern betrifft, sind an sich zwei Entscheide zu fällen. Diese können zwar im gleichen Schriftstück enthalten sein, es muss aber eine separate Begründung und entweder je ein Dispositiv oder nur ein Dispositiv, das die beiden Steuern auseinander hält, vorhanden sein.[4] Wenn die zu entscheidende Rechtsfrage allerdings im Bundesrecht und im kantonalen Recht harmonisierungsbedingt gleich geregelt ist, ist es zulässig, nur einen Entscheid zu fällen, ohne zwischen den beiden Steuern zu

9

---

[1] Wie dies verschiedene Kantone – u.a. auch der Kanton Zürich – bis vor wenigen Jahren vorgesehen hatten.
[2] Vgl. BGer 19.12.2003, BGE 130 II 65 E. 2.3 und 3 ff. = StE 2004 B 96.21 Nr. 11 = Pra 93 Nr. 37; BGer 15.3.2004, 2A.421/2003 E. 1.
[3] Dazu CAVELTI, in: ZWEIFEL/ATHANAS, N 1b zu DBG 145; MARKUS REICH/ROBERT WALDBURGER, Rechtsprechung im Jahr 2003 (1. Teil), FStR 2004, 214 ff., 223 f.
[4] Dazu und zum Folgenden BGer 5.3.2009, BGE 135 II 260 E. 1.3.1 = Pra 99 Nr. 37.

differenzieren. Immerhin muss dem Entscheid klar entnommen werden können, dass die Begründung für beide Steuern gilt.

10 Wegen der zahlreichen harmonisierungsbedingten Gemeinsamkeiten werden die jeweiligen Rechtsmittel im Folgenden gemeinsam dargestellt. Auf Besonderheiten des Rechtsmittelwegs in speziellen Verfahren (beispielsweise Erlass-, Nachsteuer-, Grundstückgewinnsteuerverfahren) wird nur vereinzelt hingewiesen.

I. Einsprache

11 Die Einsprache ist ein uraltes steuerrechtliches Institut. Sie hat ihren Ursprung im Steuerrecht.[5]

12 Die Einsprache ist Teil der *verwaltungsinternen Rechtspflege* und ermöglicht die Überprüfung der Veranlagung. Es handelt sich dabei um ein eigentliches Rechtsmittel, weil die Einsprache im Unterschied zur blossen Wiedererwägung frist- und formgebunden ist und dem Einsprecher einen Rechtsschutzanspruch gewährt.[6] Funktionell stellt die Einsprache eine Fortsetzung des Veranlagungsverfahrens dar.

13 Die weiteren Rechtsmittel setzen grundsätzlich einen Einspracheentscheid voraus. Der ordentliche Instanzenzug kann aber im Interesse der Verfahrensökonomie ausnahmsweise durchbrochen werden, indem die für die Einsprache zuständige Instanz übersprungen wird. Eine solche *Sprungbeschwerde* ist für die direkte Bundessteuer vorgesehen (DBG 132 II); im kantonalen Recht besteht nur zum Teil die Möglichkeit des Sprungrekurses.[7]

14 Die Einsprache ist als *nicht devolutives Rechtsmittel* bei derjenigen Verwaltungsbehörde zu erheben, welche den Entscheid erlassen hat, also bei der Veranlagungsbehörde (StHG 48 I und DBG 132 I).

1. Einspracheobjekt

15 Anfechtungsobjekte bilden zur Hauptsache die *Veranlagungsverfügungen*.[8] Mit der Einsprache sind aber zum Beispiel auch *Vorentscheide über die subjektive*

---

[5] Kölz/Häner, Verwaltungsverfahren, N 466.
[6] Vgl. BGer 29.3.2005 = StE 2005 B 95.1 Nr. 9 E. 5 und Meister, Rechtsmittelsystem, 92; Müller, Verwaltungsrechtspflege, 14; Zweifel/Casanova, Steuerverfahrensrecht, § 20 N 1 auch zum Folgenden.
[7] Der Kanton Zürich kennt dieses Institut nicht. Zum Sprungrechtsmittel allgemein vgl. Müller, Verwaltungsrechtspflege, 277 ff.
[8] Bei den Staats- und Gemeindesteuern des Kantons Zürich der Einschätzungsentscheid des kantonalen Steueramtes (ZH StG 140 I) oder die Schlussrechnung des Gemeindesteueramts (ZH StG 178).

Steuerpflicht anfechtbar, so die sog. Steuerdomizilentscheide[9] und die Entscheide über Steuerbefreiungen juristischer Personen.[10]

2. Einsprachegründe

Als verwaltungsinternes Rechtsmittel ermöglicht die Einsprache grundsätzlich eine *umfassende Rechts- und Ermessenskontrolle*. Die Einsprache ist ein vollkommenes Rechtsmittel; der Einsprecher kann prinzipiell alle Mängel des angefochtenen Entscheides rügen.[11]

16

3. Einsprachelegitimation

Primär ist der *Steuerpflichtige* zur Einsprache berechtigt. Bei den Staats- und Gemeindesteuern ist zudem vielfach auch die Legitimation der *Gemeinde* vorgesehen, weil die Gemeinde ansonsten keinen Einfluss auf die vom kantonalen Steueramt vorgenommene Einschätzung nehmen könnte.[12] Ehegatten, die in rechtlich und tatsächlich ungetrennter Ehe leben, sind befugt, je getrennt oder gemeinsam Einsprache zu erheben (vgl. DBG 113 III).[13] Erhebt jedoch nur ein Ehegatte Einsprache, so kann der andere Ehegatte diese nur mit dessen Einwilligung zurückziehen.

17

Über den Wortlaut der Gesetze hinaus ist grundsätzlich *jeder* zur Einspracheerhebung *legitimiert*, der eine *Verletzung in seinen schutzwürdigen Interessen* durch das Anfechtungsobjekt behauptet, also beschwert ist.[14] Das erforderliche Rechtsschutzinteresse kann sowohl rechtlicher als auch rein tatsächlicher Natur sein.

18

4. Einsprachefrist

Die Einsprache hat *innert 30 Tagen* seit Zustellung der angefochtenen Veranlagung zu erfolgen.[15] Für den *Beginn des Fristenlaufs* genügt jeweils die ordnungsgemässe Zustellung; entbehrlich ist die Kenntnisnahme des Entscheides.[16] Die Frist beginnt dabei mit dem der Zustellung folgenden Tag zu laufen. Der *Beweis*

19

---

[9] Hierzu BEUSCH/MAYHALL, in: ZWEIFEL/BEUSCH/MÄUSLI-ALLENSPACH, § 40 N 18. und vorne § 26 N 60 ff.
[10] Vgl. BGer 1.3.1985, ASA 55, 215; ZWEIFEL, in: ZWEIFEL/ATHANAS, N 15 f. zu DBG 132; RICHNER/FREI/KAUFMANN/MEUTER, N 3 zu ZH StG 171.
[11] Mit der Anfechtung einer *Schlussrechnung* kann die Einschätzung des Steueramtes nicht mehr überprüft werden. Es sind in diesem Fall nur Einsprachegründe zulässig, die sich gegen die Steuerberechnung richten (vgl. RICHNER/FREI/KAUFMANN/MEUTER, N 3 zu ZH StG 178).
[12] Vgl. ZWEIFEL, in: ZWEIFEL/ATHANAS, N 9 zu StHG 48. Im Kanton Zürich haben die Gemeinden ein Einspracherecht (ZH StG 140 I).
[13] Zur Einsprache von Ehegatten vorne § 12 N 12 f.
[14] Auch Steuersukzessoren, Willensvollstrecker usw.
[15] Wenn bei den Staats- und Gemeindesteuern des Kantons Zürich keine Zustellung des Einschätzungsentscheides erfolgt (ZH StG 126 IV), läuft die Frist von der Zustellung der Schlussrechnung an (vgl. RICHNER/FREI/KAUFMANN/MEUTER, N 47 zu ZH StG 140).
[16] Vgl. VGer ZH 24.9.1982, RB 1982 Nr. 88.

für den Zeitpunkt der Einreichung der Einsprache obliegt dem Einsprecher, demgegenüber hat die Steuerbehörde die Zustellung des angefochtenen Entscheides und deren Zeitpunkt zu beweisen.[17]

20 Behördliche Sendungen gelten als *zugestellt*, wenn die Sendung in den Machtbereich des Adressaten gelangt. Erhält der Steuerpflichtige bei einer eingeschriebenen Sendung eine *Abholungseinladung,* welcher er keine Folge leistet, so gilt die Sendung als am letzten Tag der siebentägigen Abholungsfrist zugestellt.[18] Diese Zustellfiktion setzt allerdings voraus, dass der Adressat mit einer gewissen Wahrscheinlichkeit damit rechnen musste, dass ihm ein behördlicher Akt zugestellt wird.

21 Die Einsprachefrist ist eine nicht erstreckbare Verwirkungsfrist.[19] Eine Fristwiederherstellung wird nur unter den in DBG 133 III genannten Gründen gewährt. Im Recht der direkten Bundessteuer ist kein Stillstand der Frist vorgesehen. Dies gilt auch, wenn das kantonale Recht für die Staats- und Gemeindesteuern einen Fristenstillstand kennt.[20]

5. Form und Inhalt der Einsprache

22 Die Einsprache hat *schriftlich* zu erfolgen, bedarf aber grundsätzlich weder eines Antrags noch einer Begründung. Jedoch muss aus der Eingabe ein klarer und unbedingter *Einsprachewille* hervorgehen. Mit anderen Worten muss der Eingabe entnommen werden können, dass der Steuerpflichtige mit der Veranlagung nicht einverstanden ist und sie deshalb anfechten will.[21]

6. Besonderheiten der Einsprache gegen eine Veranlagung nach pflichtgemässem Ermessen

23 Die Einsprache gegen eine Veranlagung nach pflichtgemässem Ermessen weist zwei Besonderheiten auf. Zum einen kann der Steuerpflichtige eine solche Veranlagung nur wegen *offensichtlicher Unrichtigkeit* anfechten, und zum anderen ist die Einsprache zu *begründen* und muss allfällige *Beweismittel* nennen (DBG 132 III und ZH StG 140 II).[22] Es obliegt somit dem Steuerpflichtigen, mit der Begründung der Einsprache und damit innert der Einsprachefrist den Nachweis zu erbringen, dass die Ermessensveranlagung offensichtlich unrichtig ist. Dabei ist der Unrichtigkeitsnachweis umfassend zu führen und darf nicht nur einzelne

---

[17] Vgl. BGer 2.11.1973, ASA 42, 607 ff. E. 2.
[18] Auch zum Folgenden BGer 23.3.2006, StE 2006 B 93.6 Nr. 27.
[19] Vgl. ZWEIFEL, in: ZWEIFEL/ATHANAS, N 23 zu StHG 48.
[20] Vgl. BGer 18.12.2003, StR 2004, 140; BGer 6.2.1987, StE 1988 B 95.1 Nr. 1 E. 5; kritisch dazu CASANOVA, Jusletter 19.4.2004, N 14; in einem obiter dictum nun auch das BGer 15.2.2006, 2A.70/2006 E. 3.
[21] Vgl. RICHNER/FREI/KAUFMANN/MEUTER, N 50 ff. zu ZH StG 140.
[22] Ausführlich hierzu BGer 2.7.2008, StE 2009 B 95.1 Nr. 13, ZWEIFEL/CASANOVA, Steuerverfahrensrecht, § 20 N 18 ff. und BERGER, ASA 75, 203 ff.

Positionen der Ermessensveranlagung betreffen. Der Steuerpflichtige hat die bisher versäumten Mitwirkungshandlungen in der Regel nachzuholen, da nur so der Nachweis der Unrichtigkeit der Veranlagung erbracht werden kann. Eine solchermassen hinreichende Begründung der Einsprache ist *Prozessvoraussetzung* mit der Konsequenz, dass bei deren Fehlen nicht auf die Einsprache eingetreten wird.[23] Prozessvoraussetzung stellt aber nur die Einsprachebegründung als solche dar und nicht etwa das Nachreichen bisher nicht eingereichter Unterlagen an und für sich.[24] Sind die nachgereichten Unterlagen mit Formmängeln behaftet, so kann dies deshalb nur dann zu einem Nichteintretensentscheid führen, wenn der betreffende Mangel derart gravierender Natur ist, dass es der Einsprache deswegen an einer hinreichenden Begründung fehlt.

7. Verfahren und Entscheidung

Die Einsprache hat grundsätzlich *aufschiebende Wirkung*. Die Fälligkeit der Steuerforderung wird aber dadurch nicht beeinflusst. Die aufschiebende Wirkung hat lediglich zur Folge, dass der angefochtene Entscheid nicht vollstreckt werden kann. Deshalb hat der Steuerpflichtige unter Umständen bei späterer Vollstreckung des Entscheides trotz Ergreifung des Rechtsmittels Verzugszinsen zu leisten.

24

Die Veranlagungsbehörde hat im Einspracheverfahren die *gleichen Rechte und Pflichten* wie im Veranlagungsverfahren (DBG 134 I DBG). Entsprechend gilt der Untersuchungsgrundsatz in gleicher Weise im Einspracheverfahren. Auch die Rechtsstellung des Steuerpflichtigen und sonstiger Beteiligter entsprechen grundsätzlich derjenigen im Veranlagungsverfahren.

25

Der Einspracheentscheid ist zu *begründen* und mit einer *Rechtsmittelbelehrung* zu versehen. Die Begründung muss kurz die wesentlichen Überlegungen nennen, auf die sich der Entscheid stützt. Nicht erforderlich ist aber, dass sich der Entscheid mit allen Vorbringen der Steuerpflichtigen auseinandersetzt und diese im Einzelnen widerlegt.[25] Zugestellt wird der Einspracheentscheid hinsichtlich der direkten Bundessteuer nicht nur dem Steuerpflichtigen, sondern auch der kantonalen Verwaltung für die direkte Bundessteuer, allenfalls zusätzlich der EStV (dazu DBG 135 II).

26

---

[23] Vgl. BGer 2.7.2008, StE 2009 B 95.1 Nr. 13 E. 2.1. Diese Rechtsfolge tritt allerdings nur ein, wenn in der Veranlagungsverfügung auf die Folgen einer ungenügenden Begründung hingewiesen worden ist (vgl. BGer 21.11.1997, BGE 123 II 552 E. 4c = Pra 87 Nr. 151).

[24] In Fällen, in welchen mangels Steuererklärung eine Ermessensveranlagung getroffen wurde, ist jedoch für gewöhnlich eine vollständig ausgefüllte Steuererklärung nachzureichen (vgl. BGer 23.4.2004, 2A.164/2004, E. 2; BGer 29.3.2005, 2A.39/2004). Auf das Nachreichen der Steuererklärung kann aber verzichtet werden, wenn eine Begründung vorliegt, die nicht von vornherein als ungeeignet erscheint, die Unrichtigkeit der angefochtenen Schätzung darzutun. So genügt es beispielsweise, wenn ein von der öffentlichen Sozialhilfe lebender Steuerpflichtiger in der Einsprache eine Verfügung seiner Fürsorgegemeinde einreicht, welcher sich die Einkommens- und Vermögensverhältnisse einwandfrei entnehmen lassen (vgl. StRK I ZH 3.8.2005, ZStP 2005, 256 ff.).

[25] BGer 4.6.2007, BGE 133 III 439 E. 3.3.

27 Tritt die Einsprachebehörde auf die Einsprache ein und erlässt einen Entscheid in der Sache selbst, so ersetzt der Einspracheentscheid den angefochtenen Entscheid in seiner Gesamtheit. Der Einspracheentscheid ist somit *reformatorisch*, falls es sich um ein Sachurteil handelt.[26] Es handelt sich daher seiner Rechtsnatur nach – soweit es um die Einsprache gegen eine Veranlagungsverfügung geht – um eine *neue Veranlagungsverfügung*.[27]

28 Für die Fällung des Entscheides gilt die *Offizialmaxime*. Die Einsprachebehörde hat folglich das Recht von Amtes wegen anzuwenden und gegebenenfalls den angefochtenen Entscheid zum Nachteil des Steuerpflichtigen zu ändern (reformatio in peius). Ist Letzteres der Fall, muss der Betroffene allerdings vorab *angehört* werden (DBG 135 I). Wegen der Rechtsnatur des Einspracheentscheids und der Offizialmaxime kann eine reformatio in peius nicht durch *Rückzug* der Einsprache abgewendet werden (DBG 134 II).

29 Das Einspracheverfahren ist grundsätzlich *kostenlos* (DBG 135 III und ZH StG 142 II). Jedoch können Kosten, welche infolge einer *schuldhaften Verletzung von Verfahrenspflichten* durch den Einsprecher oder durch mitwirkungspflichtige Drittpersonen entstanden sind, diesen Personen auferlegt werden.[28] Dies gilt insbesondere bei einer Einsprache gegen eine Veranlagung nach pflichtgemässem Ermessen, welcher eine schuldhafte Verfahrenspflichtverletzung zugrunde liegt. Ein Anspruch auf *Parteientschädigung* besteht nicht.[29]

II. Beschwerde an die kantonale Rekursinstanz

30 Gegen den Einspracheentscheid kann bei der kantonalen Rekursinstanz[30] Rekurs erhoben werden. Im DBG wird dieses Rechtsmittel «Beschwerde» genannt (DBG 140 I). Pendant für die Staats- und Gemeindesteuern ist der «Rekurs» gemäss ZH StG 147 I.

31 Der Rekurs kann nicht übersprungen werden. Die weiteren Rechtsmittel setzen einen Rekursentscheid voraus.

32 Der Rekurs ist ein *devolutives, verwaltungsexternes Rechtsmittel*;[31] es entscheidet eine verwaltungsunabhängige Gerichtsinstanz. Die Veranlagungsbehörde und der Steuerpflichtige stehen sich erstmals als gleichberechtigte Parteien vor einer unabhängigen Instanz gegenüber. Als Rekursinstanz kann – wenn im Kanton ein einstu-

---

[26] Vgl. RICHNER/FREI/KAUFMANN/MEUTER, N 3 zu ZH StG 140 und N 5 zu ZH StG 142.
[27] Vgl. BGer 17.2.1978, ASA 47, 541 ff. E. 7.
[28] Vgl. dazu ZWEIFEL, in: ZWEIFEL/ATHANAS, N 21 ff. zu DBG 135.
[29] Vgl. RICHNER/FREI/KAUFMANN/MEUTER, N 18 zu DBG 135; VGer ZH 18.2.1998, RB 1998 Nr. 7.
[30] Im Kanton Zürich ersetzt das «Steuerrekursgericht» seit Januar 2011 die bisherigen «Steuerrekurskommissionen». Das Steuerrekursgericht untersteht hinsichtlich seines Geschäftsgangs (Finanzen, Personelles usw.) dem Verwaltungsgericht des Kantons Zürich (vgl. <http://www.strgzh.ch/home.html> [besucht am 4.10.2011]).
[31] Zu den Eigenschaften von Rekurs und Beschwerde vgl. MÜLLER, Verwaltungsrechtspflege, 36 ff.

figer Beschwerdeweg vorgesehen ist – auch das kantonale Verwaltungsgericht amten.

1. Beschwerdeobjekt

Hauptsächliches Anfechtungsobjekt des Rekurses sind die *Einspracheentscheide*.[32]   33

Als Ausnahme ist aus prozessökonomischen Gründen bei der direkten Bundessteuer eine *Sprungbeschwerde*[33] vorgesehen. Gemäss DBG 132 II kann eine Einsprache gegen eine Veranlagungsverfügung als Beschwerde behandelt und an die kantonale Steuerrekurskommission überwiesen werden. Eine solche Sprungbeschwerde stellt eine *Verkürzung des Instanzenzugs* dar und ist deshalb nach dem Gesetz nur zulässig, wenn alle Beteiligten einverstanden sind und die angefochtene Veranlagungsverfügung einlässlich begründet worden ist. Eine weitere Voraussetzung ist, dass die Einspracheschrift den Anforderungen an die Beschwerdeschrift im Sinne von DBG 140 II Satz 1 genügt. Sie muss also Antrag und Begründung enthalten.[34]   34

2. Beschwerdegründe

Der Rekurs ist ein vollkommenes Rechtsmittel mit umfassender Kognition der entscheidenden Behörde. Im Rekursverfahren können *sämtliche Mängel* des angefochtenen Entscheides und des vorangegangenen Verfahrens gerügt werden (DBG 140 III). So ist auch die Rüge von einfachen Ermessensfehlern zulässig.   35

Bei der Anfechtung von Veranlagungen nach pflichtgemässem Ermessen sind die Beschwerdegründe und die Überprüfungsbefugnis allerdings insofern eingeschränkt, als die Überprüfung einer Ermessensveranlagung aufgrund der eingeschränkten Kognition der Einsprachebehörde nur auf offensichtliche Unrichtigkeit möglich ist.[35] Die Kognition einer oberen Instanz soll sinnvollerweise nicht weiter sein als diejenige der unteren Instanz.   36

---

[32] Zur Anfechtbarkeit von *Erlassentscheiden* und weiteren Verfügungen der Steuerbehörden vgl. BEUSCH, ASA 73, 741 ff. und ZWEIFEL/CASANOVA, Steuerverfahrensrecht, § 24 N 16 ff.
[33] Dazu vorne N 13.
[34] Die bundessteuerrechtlichen Aufsichtsbehörden (EStV und die jeweilige kantonale Verwaltung für die direkte Bundessteuer) können Veranlagungsverfügungen allerdings ohne diese Voraussetzungen direkt mit Beschwerde anfechten (DBG 141 I), vgl. ZWEIFEL, in: ZWEIFEL/ATHANAS, N 30 zu DBG 132.
[35] DBG 132 III und entsprechende kantonale Bestimmungen (zum Beispiel ZH StG 140 II) finden hier analoge Anwendung, vgl. CAVELTI, in: ZWEIFEL/ATHANAS, N 10 zu DBG 140; RICHNER/FREI/KAUFMANN/MEUTER, N 49 zu ZH StG 147.

3. Beschwerdelegitimation

37 Nach DBG 140 I ist der *Steuerpflichtige* und nach DBG 141 I sind die EStV und die kantonale Verwaltung für die direkte Bundessteuer zur Anfechtung legitimiert. Im kantonalen Recht ist gewöhnlich auch die Legitimation der *Gemeinde* vorgesehen (zum Beispiel ZH StG 147 I). Ehegatten, die in rechtlich und tatsächlich ungetrennter Ehe leben, sind befugt, je getrennt oder gemeinsam Rekurs zu erheben (vgl. DBG 113 III).[36]

38 Darüber hinaus können aber auch *andere Privatpersonen*[37] das Rechtsmittel ergreifen, wenn sie von der angefochtenen Verfügung besonders berührt sind und ein schutzwürdiges Interesse an deren Aufhebung haben.[38] Gemäss BGG 111 I muss, wer zur Beschwerde an das Bundesgericht berechtigt ist, sich auch am Verfahren vor allen kantonalen Vorinstanzen beteiligen können.

4. Beschwerdefrist

39 Der Rekurs ist *innert 30 Tagen* seit Zustellung des angefochtenen Entscheides zu erheben. Diese *nicht erstreckbare Verwirkungsfrist* ist auch einzuhalten, wenn eine Einspracheschrift als Sprungbeschwerde überwiesen wird.[39] Bei einer Beschwerde durch die Aufsichtsbehörden verdoppelt sich diese Frist, wenn ihnen der angefochtene Entscheid nicht zugestellt worden ist (vgl. DBG 141 II b). Im Übrigen gelten die zur Einsprachefrist gemachten Ausführungen[40] entsprechend.

5. Form und Inhalt der Beschwerde

40 Der Rekurs ist *schriftlich* einzureichen und zu *unterzeichnen*. Im Unterschied zur Einsprache hat die Rekursschrift stets einen *Antrag*, d.h. ein Rechtsbegehren, sowie eine *Begründung* zu enthalten. Das Rechtsbegehren muss ziffernmässig bestimmt oder bestimmbar sein.[41] Beizulegen oder zu bezeichnen sind auch die *Beweismittel* (DBG 140 II).

6. Verfahren und Entscheidung

41 Nach Eingang der Rekursschrift hat die Rekursinstanz die Veranlagungsbehörde bzw. die Rekursgegner zur *Stellungnahme* aufzufordern (dazu DBG 142 I–III), es

---

[36] Dazu vorne § 12 N 12 f.
[37] Beispielsweise der Leistungsschuldner bei der Quellensteuer oder der Willensvollstrecker.
[38] Vgl. CAVELTI, in: ZWEIFEL/ATHANAS, N 5 ff. zu DBG 140; ZWEIFEL/CASANOVA, Steuerverfahrensrecht, § 24 N 22 ff.
[39] Vgl. CAVELTI, in: ZWEIFEL/ATHANAS, N 7 zu DBG 140.
[40] Vorne N 19 ff.
[41] Vgl. VGer ZH 11.9.1986, RB 1986 Nr. 55; VGer ZH 8.3.1956, RB 1956 Nr. 69.

sei denn, der Rekurs erweise sich von vornherein als offensichtlich unzulässig[42]. Der Rekurs hat wie die Einsprache *aufschiebende Wirkung*.[43]

Die Rekursinstanz hat die *gleichen Befugnisse* wie die Veranlagungsbehörde (DBG 142 IV). Das Recht ist von Amtes wegen anzuwenden. Entsprechend gilt auch im Rekursverfahren die *Untersuchungsmaxime*. Soweit auf den Rekurs eingetreten wird, wirkt der Rekursentscheid grundsätzlich *reformatorisch*. Eine *Rückweisung* an die Veranlagungsbehörde erfolgt lediglich bei schweren Mängeln, die bei Nichtrückweisung zu einer nicht zu rechtfertigenden Verkürzung des Instanzenzuges führen würden.[44] Ein solcher Mangel kann etwa darin bestehen, dass eine Ermessensveranlagung durchgeführt wurde, ohne dass die dafür erforderlichen Voraussetzungen erfüllt waren.[45] Eine Rückweisung kann überdies dann erfolgen, wenn neue umfassende Beweisverfahren durchzuführen oder besondere örtliche Gegebenheiten ausschlaggebend sind.[46]

42

Auch im Rekursverfahren gilt die *Offizialmaxime*. Demzufolge ist grundsätzlich – nach Anhörung des Rekurrenten – eine Abänderung zu dessen Nachteil möglich (vgl. DBG 143 I). Trotz der grundsätzlichen Zulässigkeit der reformatio in peius ist auf deren Problematik in einem Justizverfahren hinzuweisen.[47] Es ist nicht Aufgabe einer unabhängigen Gerichtsinstanz, nach Fehlern der Verwaltungsbehörde zu suchen und diese zu korrigieren.[48] Der Steuerpflichtige kann sich einer drohenden Verböserung grundsätzlich nicht durch *Rückzug* des Rechtsmittels entziehen (vgl. ZH StG 149 II). Indessen ist einem Rückzug bei drohender reformatio in peius nur dann nicht stattzugeben, wenn der angefochtene Entscheid offensichtlich falsch ist, d.h., wenn er mit den anzuwendenden Rechtssätzen offensichtlich unvereinbar ist und sich eine Anpassung bei der Überprüfung der strittigen Frage geradezu aufdrängt.[49]

43

Anders als das Einspracheverfahren ist das Rekursverfahren grundsätzlich *kostenpflichtig* (DBG 144 I–IV). Die Verfahrenskosten trägt die unterliegende Partei. Bei nur teilweisem Obsiegen werden die Kosten nach Massgabe des Obsiegens und Unterliegens beiden Parteien auferlegt. Ausnahmsweise hat der obsiegende Rekurrent die Kosten zu übernehmen, insbesondere wenn er das Verfahren durch pflichtwidriges Verhalten verursacht hat. Für die *Parteientschädigung* gelten die Regeln der allgemeinen Verwaltungsverfahrensgesetze sinngemäss.[50]

44

---

[42] Zum Schriftenwechsel vgl. MÜLLER, Verwaltungsrechtspflege, 232 ff.
[43] Dazu vorne N 24.
[44] Vgl. RICHNER/FREI/KAUFMANN/MEUTER, N 30 f. zu ZH StG 149.
[45] Vgl. VGer ZH 22.11.2000, ZStP 2001, 39 ff. E. 4a; StRK IV ZH 29.10.1986, StE 1987 B 96.13 Nr. 1 E. 1b.
[46] Vgl. CAVELTI, in: ZWEIFEL/ATHANAS, N 9 zu DBG 143.
[47] Ausführlich PETER BÖCKLI, Reformatio in pejus – oder der Schlag auf die hilfesuchende Hand, ZBl 1980, 97 ff., 102 ff.; MADELEINE SIMONEK, Die steuerrechtliche Rechtsprechung des Bundesgerichts im Jahre 2003. Direkte Bundessteuer, ASA 74 (2005/2006), 1 ff., 13 ff.
[48] Vgl. BLUMENSTEIN/LOCHER, System, 452.
[49] Vgl. ZWEIFEL/CASANOVA, Steuerverfahrensrecht, § 24 N 41, mit Hinweis auf BGer 13.2.2004, StE 2004 B 96.12 Nr. 14 E. 1.4.
[50] Ausführlich ZWEIFEL/CASANOVA, Steuerverfahrensrecht, § 24 N 69 ff.

III. Kantonale Verwaltungsgerichtsbeschwerde

45 Wie gesehen,[51] überlassen es StHG 50 III und DBG 145 I den Kantonen, ob sie das Beschwerdeverfahren auf Kantonsebene *ein- oder zweistufig* ausgestalten wollen. Die Zweistufigkeit hat den Vorteil, dass die Vorbringen der Parteien umfassender und von verschiedenen unabhängigen Behörden gewürdigt werden. Nicht allzu stark ins Gewicht fallen dürfte indes das Argument der Entlastung des Bundesgerichts.[52] Insgesamt dürften die Nachteile der Zweistufigkeit überwiegen. Sie führt zu einer erheblichen Verlängerung und Verteuerung des Rechtsmittelverfahrens und erweist sich insbesondere in all jenen Fällen als hinderlich, in denen ohnehin ein höchstrichterlicher Entscheid angestrebt wird.

46 Für die Beschwerde vor einer zweiten unabhängigen kantonalen Instanz gelten weitgehend die gleichen Voraussetzungen und Verfahrensregeln, die bereits im erstinstanzlichen Rekurs- bzw. Beschwerdeverfahren Anwendung gefunden haben. Immerhin sind die folgenden Besonderheiten zu beachten:

47 Hinsichtlich der *Beschwerdegründe* und der *Prüfungszuständigkeit* der zweiten kantonalen Instanz ist davon auszugehen, dass es wenig Sinn ergibt, diese mit der gleichen umfassenden Kognition auszustatten, wie sie vor erster Beschwerdeinstanz besteht. Überprüft wird ja ein gerichtliches Urteil.[53] Zwar verweist DBG 145 II für den Weiterzug des Beschwerdeentscheides an eine weitere kantonale Instanz u.a. auf DBG 142 IV, wonach der Steuerrekurskommission im Beschwerdeverfahren die gleichen Befugnisse wie der Veranlagungsbehörde im Veranlagungsverfahren zustehen, die Vorschriften des erstinstanzlichen Beschwerdeverfahrens sollen indes nur *sinngemäss* zur Anwendung kommen. Eine Verengung der Kognition für die zweite Instanz liegt auch nach Auffassung des Bundesgerichts im Interesse der Verfahrensökonomie und ist überdies geeignet, einer missbräuchlichen Prozessführung entgegenzuwirken.[54] Allerdings darf die Prüfungsbefugnis nicht *enger* sein als diejenige des Bundesgerichts, das als nächste Beschwerdeinstanz die Entscheide der letzten kantonalen Instanz überprüft. Die zulässigen Beschwerdegründe müssen demnach mindestens den gleichen Umfang wie bei der Beschwerde in öffentlich-rechtlichen Angelegenheiten[55] aufweisen.

48 Das bedeutet, dass das zweitinstanzliche Beschwerdeverfahren auf eine *Rechtskontrolle* (einschliesslich Überschreitung oder Missbrauch des Ermessens sowie die offensichtlich unrichtige oder unvollständige Feststellung des rechtserheb-

---

[51] Vorne N 8.
[52] Vgl. Botschaft zu Bundesgesetzen über die Harmonisierung der direkten Steuern der Kantone und Gemeinden sowie über die direkte Bundessteuer vom 25.5.1983, BBl 1983 III, 1–381, 214; CAVELTI, in: ZWEIFEL/ATHANAS, N 22 zu StHG 50.
[53] Vgl. MICHAEL BEUSCH, Vereinbarkeit eines Novenverbots vor der zweiten kantonalen Instanz mit den Vorgaben des Bundesgesetzes über die direkte Bundessteuer sowie dem Steuerharmonisierungsgesetz, AJP 2005, 869 ff.
[54] BGer 16.9.2005, StE 2005 B 96.22 Nr. 3.
[55] Dazu BGG 95 ff. i.V.m. BGG 111 III (vgl. hinten N 61 ff.).

lichen Sachverhalts) beschränkt werden darf.[56] Diese Einschränkung der Prüfungszuständigkeit wirkt sich selbstredend auch auf die Zulässigkeit von *Noven* bzw. von neuen Rechtsbegehren, Tatsachen und Beweismitteln aus.[57]

C. Rechtsmittel auf Bundesebene

Mit der Totalrevision der Bundesrechtspflege wurde eine grundlegende Vereinfachung des komplizierten Rechtsmittelsystems auf Bundesebene angestrebt.[58] Die Neuordnung wurde durch drei Bundesgesetze umgesetzt, nämlich durch das bereits am 1.8.2003 in Kraft getretene Strafgerichtsgesetz (SGG) sowie durch das Bundesgerichtsgesetz (BGG) und das Verwaltungsgerichtsgesetz (VGG), welche auf den 1.1.2007 in Kraft getreten sind.

Im Bereich der direkten Bundessteuer und der Einkommens- und Vermögenssteuern der Kantone amtet auf Bundesebene in der Regel das *Bundesgericht* als Beschwerdeinstanz, das *Bundesverwaltungsgericht* ist – mit Ausnahme der Beurteilung der Entscheide der Eidgenössischen Erlasskommission – lediglich bei den vom Bund erhobenen Steuern (wie der Mehrwertsteuer, der Verrechnungssteuer oder den Stempelabgaben) Vorinstanz des Bundesgerichts.

Die im alten Recht verankerte Differenzierung zwischen der Verwaltungsgerichtsbeschwerde und der staatsrechtlichen Beschwerde[59] ist hinfällig. Neu steht in individuellen Steuerstreitigkeiten[60] im Bereich der direkten Bundessteuer und der Einkommens- und Vermögenssteuern der Kantone in der Regel die *Beschwerde in öffentlich-rechtlichen Angelegenheiten* oder die *subsidiäre Verfassungsbeschwerde* zur Verfügung. Die Beschwerdevoraussetzungen und das Beschwerdeverfahren sind im BGG geregelt. Intertemporal ist das BGG auf alle *Beschwerdeverfahren* anwendbar, deren angefochtener Entscheid nach dessen Inkrafttreten am 1.1.2007 ergangen ist (BGG 132 I).[61]

---

[56] Einer solchen Kognitionsbeschränkung unterliegt beispielsweise das Verwaltungsgericht des Kantons Zürich (vgl. ZH StG 153 III).
[57] ZWEIFEL/CASANOVA, Steuerverfahrensrecht, § 24 N 80.
[58] Dazu und zum Folgenden Botschaft Totalrevision, 4214 f., 4223 ff. sowie 4233 ff.; BEUSCH, FStR 2006, 250 ff.
[59] Zur altrechtlichen Regelung vgl. WALTER KÄLIN, Das Verfahren der staatsrechtlichen Beschwerde, 2. A. Bern 1994; KÖLZ/HÄNER, Verwaltungsverfahren, N 829 ff.
[60] *Erstinstanzlich* beurteilt das Bundesgericht nach BGG 120 auf dem Klageweg Kompetenzkonflikte zwischen Bundesbehörden und kantonalen Behörden sowie öffentlich-rechtliche Streitigkeiten zwischen Bund und Kantonen oder zwischen Kantonen. Im Steuerbereich könnte diese Klage ans Bundesgericht allenfalls eingesetzt werden, um der Aufsichtsfunktion des Bundes hinsichtlich der korrekten Umsetzung des StHG durch die Kantone gerecht zu werden; es wurde davon jedoch noch nie Gebrauch gemacht.
[61] Für *erstinstanzliche Verfahren* gilt das neue Recht für die nach seinem Inkrafttreten eingeleiteten Verfahren.

Teil II   Einkommens- und Vermögenssteuerrecht

I. Beschwerde in öffentlich-rechtlichen Angelegenheiten

1. Beschwerdeobjekt

52 Anfechtbar mit der Beschwerde in öffentlich-rechtlichen Angelegenheiten sind gemäss BGG 82 vorab *Entscheide* in Angelegenheiten des öffentlichen Rechts (lit. a) und kantonale *Erlasse* (lit. b).[62]

53 *Entscheide* sind individuell-konkrete Rechtsanwendungsakte, die sich auf Bundesrecht oder auf kantonales Recht stützen.[63] Entscheide hinsichtlich der direkten Bundessteuer sowie kantonaler Steuern sind somit zulässige Anfechtungsobjekte der Beschwerde in öffentlich-rechtlichen Angelegenheiten, soweit die Beschwerdeerhebung nicht aufgrund des *Ausnahmekatalogs* von BGG 83 ausgeschlossen ist. Bei den hier statuierten Ausnahmen ist im Bereich der direkten Bundessteuer und der Einkommens- und Vermögenssteuern der Kantone lediglich lit. m von Bedeutung, welche Entscheide über die Stundung oder den Erlass von Abgaben von der Beschwerde ausschliesst.[64]

54 Generell anfechtbar sind gemäss BGG 90 *Endentscheide,* die das Verfahren abschliessen. Die Voraussetzungen der Anfechtung von Teil-, Vor- und Zwischenentscheiden sind BGG 91 ff. zu entnehmen.[65]

55 Der abstrakten Normenkontrolle unterliegen nur *kantonale Erlasse*. Als Beschwerdeobjekt infrage kommen somit sowohl kantonale Steuergesetze als auch kantonale Verordnungen[66].

56 Die *Streitwertgrenzen* von BGG 85 I sind im Steuerrecht nicht von Bedeutung, so dass insofern keine Zugangsbeschränkung besteht.

2. Vorinstanzen

57 Die Beschwerde in öffentlich-rechtlichen Angelegenheiten kann sich ausschliesslich gegen Akte der in BGG 86 ff. aufgeführten Vorinstanzen richten.

58 Anfechtbar sind gemäss BGG 86 I d *Entscheide letzter kantonaler Instanzen,* wenn dagegen nicht die Beschwerde an das Bundesverwaltungsgericht zulässig ist.

---

[62] Ausführlich zur Stimmrechtsbeschwerde gemäss BGG 82 c HÄFELIN/HALLER/KELLER, Bundesstaatsrecht, N 1962 ff.
[63] Vgl. BEUSCH, FStR 2006, 255 mit weiteren Hinweisen.
[64] Erlassentscheide der Eidgenössischen Erlasskommission (dazu vorne § 26 N 69) sind gemäss VGG 31 ff. ans *Bundesverwaltungsgericht* weiterziehbar (vgl. BEUSCH, in: ZWEIFEL/ATHANAS, N 44 ff. zu DBG 167). Zum Rechtsmittelverfahren bei Erlassentscheiden hinsichtlich der kantonalen Steuern vgl. ZWEIFEL/CASANOVA, Steuerverfahrensrecht, § 31 N 30 ff.
[65] Dazu HÄFELIN/HALLER/KELLER, Bundesstaatsrecht, N 1948 f.; ZWEIFEL/CASANOVA, Steuerverfahrensrecht, § 25 N 14 ff.
[66] Zur Anfechtung von *Verwaltungsverordnungen* (Dienstanweisungen, Merkblätter, Rundschreiben usw.) vgl. vorne § 3 N 35 f.

Dies ist bei letztinstanzlichen kantonalen Entscheiden hinsichtlich der direkten Bundessteuer und der kantonalen Steuern nicht der Fall. Voraussetzung nach VGG 33 i wäre, dass das Bundesrecht die Beschwerde an das Bundesverwaltungsgericht vorsehen würde. Entscheide hinsichtlich der direkten Bundessteuer und der Staats- und Gemeindesteuern bilden deshalb zulässige Beschwerdeobjekte der Beschwerde in öffentlich-rechtlichen Angelegenheiten.

Die nach altem Recht bestehende Möglichkeit, bei *interkantonalen Doppelbesteuerungsstreitigkeiten* direkt Beschwerde beim Bundesgericht zu erheben, besteht nicht mehr. Für Doppelbesteuerungsbeschwerden gilt ebenfalls der allgemeine Instanzenzug. Das bedeutet, dass der betroffene Steuerpflichtige zumindest in einem der beteiligten Kantone einen letztinstanzlichen kantonalen Entscheid erwirken muss.[67]

59

Erlasse sind nach BGG 87 beim Bundesgericht erst anfechtbar, wenn der kantonale Rechtsmittelweg ausgeschöpft ist. Steht kein kantonales Rechtsmittel zur Verfügung, kann unmittelbar Beschwerde beim Bundesgericht erhoben werden.[68]

60

3. Beschwerdegründe

Mit der Beschwerde in öffentlich-rechtlichen Angelegenheiten kann gemäss BGG 95 a und b vorab die Verletzung von *Bundesrecht* und *Völkerrecht* gerügt werden. In den vorliegend relevanten Steuerstreitigkeiten geht es demnach im Wesentlichen um die Rüge der Verletzung von verfassungsmässigen Rechten der Steuerpflichtigen oder von Bestimmungen des DBG bzw. des StHG. In grenzüberschreitenden Verhältnissen fallen insbesondere Verletzungen von DBA und von anderen Staatsverträgen in Betracht.

61

Zulässig sind gemäss BGG 95 c sodann Rügen der Verletzung von *kantonalem Verfassungsrecht*.[69] Die Verletzung von anderem kantonalem (Steuer-)Recht bildet gemäss BGG 95 d nur in Stimmrechtssachen einen zulässigen Beschwerdegrund.[70] Möglich ist dagegen die Willkürrüge (BV 9), mit welcher geltend gemacht wird, kantonale Normen seien willkürlich oder seien willkürlich angewendet worden.

62

Hinsichtlich der Beanstandung von *Sachverhaltsfeststellungen* gilt gemäss BGG 97, dass nur Rügen zugelassen werden, welche die Sachverhaltsfeststellung als *offensichtlich unrichtig* oder als auf einer *Rechtsverletzung* im Sinn von BGG 95 beruhend erscheinen lassen. Zudem muss die Behebung des Mangels geeignet

63

---

[67] BGer 21.9.2007, BGE 133 I 300 E. 2.3 und 2.4 = StE 2008 A 24.5 Nr. 5. Zu den Ungereimtheiten dieser Lösung und zum gesetzgeberischen Handlungsbedarf ZWEIFEL/CASANOVA, Steuerverfahrensrecht, § 25 N 50 mit weiteren Hinweisen. Allgemein dazu LOCHER, ASA 77, 517.
[68] Vgl. BGer 11.9.2007, StE 2008 A 21.2 Nr. 4 E. 2.1.
[69] Dem allerdings im Steuerrecht eine untergeordnete Rolle zukommt (vgl. vorne § 4 N 121).
[70] Dazu HÄFELIN/HALLER/KELLER, Bundesstaatsrecht, N 1978 ff.

sein, den *Ausgang des Verfahrens* zu entscheiden.[71] Das Bundesgericht übt somit keine Ermessenskontrolle aus.[72]

64 Neue Begehren sind vor Bundesgericht unzulässig (BGG 99 II); Noven, d.h. *neue Tatsachen und Beweismittel,* dürfen vor Bundesgericht nur insoweit vorgebracht werden, als erst der Entscheid der Vorinstanz Anlass dazu gibt (BGG 99 I).

4. Beschwerdebefugnis

65 Zur Beschwerde in öffentlich-rechtlichen Angelegenheiten berechtigt ist gemäss BGG 89 I, wer

– vor der *Vorinstanz* am Verfahren *teilgenommen* hat oder keine Möglichkeit zur Teilnahme erhalten hat,

– durch den angefochtenen Entscheid oder Erlass *besonders berührt* ist und

– ein *schutzwürdiges Interesse* an dessen Aufhebung oder Änderung hat.[73]

66 In BGG 89 II werden weitere Beschwerdeberechtigte aufgezählt.[74]

67 Wie bei der früheren Verwaltungsgerichtsbeschwerde wird auch bei der Beschwerde in öffentlich-rechtlichen Angelegenheiten[75] *kein rechtlich geschütztes Interesse* verlangt.[76] Der Beschwerdeführer hat sich über eine *spezifische Nähe zur Streitsache* auszuweisen und muss einen *praktischen Nutzen* aus der Aufhebung oder Änderung des angefochtenen Entscheids ziehen.

68 Bei der direkten Bundessteuer sind neben den Steuerpflichtigen und anderen Privatpersonen[77] behördenseitig sowohl die *kantonale Verwaltung für die direkte Bundessteuer* (DBG 146) als auch die *EStV* zur Beschwerdeerhebung befugt.[78] Im Bereich der harmonisierten Einkommens- und Vermögenssteuer ist die EStV neben den zuständigen kantonalen Behörden ebenfalls beschwerdebefugt (StHG 37 II). Neu steht der EStV diese Befugnis auch gegen kantonale Erlasse im harmonisierten Bereich zu.[79] So kann die EStV bei Änderungen der kantonalen Ein-

---

[71] Wer Sachverhaltsfeststellungen der Vorinstanz anficht, hat aber *substanziiert darzulegen,* inwiefern diese offensichtlich unrichtig sind oder auf einer Rechtsverletzung beruhen (vgl. BGer 8.10.2007, StE 2008 A 21.2 Nr. 5).
[72] Vgl. HÄFELIN/HALLER/KELLLER, Bundesstaatsrecht, N 1986.
[73] Eine Zusammenfassung der bundesgerichtlichen Rechtsprechung zur Beschwerdebefugnis des Gemeinwesens im Rahmen der allgemeinen Beschwerdelegitimation nach BGG 89 I findet sich in BGer 5.5.2010, BGE 136 II 383 = ASA 79, 504 ff.
[74] Vgl. BGer 14.4.2010, BGE 136 II 274 = StE 2010 A 23.21 Nr. 3 zur Beschwerdebefugnis der Gemeinden betreffend Entscheide über das Hauptsteuerdomizil eines Steuerpflichtigen.
[75] Im Unterschied zur subsidiären Verfassungsbeschwerde (hinten N 79 ff.).
[76] Vgl. HÄFELIN/HALLER/KELLER, Bundesstaatsrecht, N 1999 auch zum Folgenden.
[77] Dazu vorne N 37 f.
[78] LOCHER, ASA 77, 504 ff.; RICHNER/FREI/KAUFMANN/MEUTER, N 12 zu DBG 146.
[79] Vgl. Botschaft Totalrevision, 4336.

kommens- und Vermögenssteuergesetze im abstrakten Normenkontrollverfahren eine Verletzung des StHG geltend machen.[80]

Es besteht im Verfahren der Beschwerde in öffentlich-rechtlichen Angelegenheiten im Unterschied zu den zivil- und strafrechtlichen Verfahren *kein Anwaltsmonopol*.[81] Die Parteivertretung in Steuerangelegenheiten – nicht aber in Steuerstraffällen – ist somit auch durch Steuerberater und -beraterinnen, die das Rechtsanwaltspatent nicht besitzen, möglich.

69

5. Beschwerdefrist

Gemäss BGG 100 I ist die Beschwerde in öffentlich-rechtlichen Angelegenheiten *30 Tage* nach Eröffnung der vollständigen Ausfertigung des vorinstanzlichen Entscheids beim Bundesgericht einzureichen.[82] Gegen das unrechtmässige Verweigern oder Verzögern eines Entscheids kann nach BGG 100 VII *jederzeit* Beschwerde erhoben werden. Die Beschwerde gegen einen kantonalen Erlass ist gemäss BGG 101 innert 30 Tagen nach der nach kantonalem Recht massgebenden Veröffentlichung des Erlasses beim Bundesgericht einzureichen.

70

Der Fristenlauf ist in BGG 44 ff. geregelt. Rechtsmittelfristen sind auch im Verfahren vor Bundesgericht *nicht erstreckbare Verwirkungsfristen* (BGG 47 I). Sie sind jedoch wiederherstellbar (BGG 50).

71

6. Form und Inhalt der Beschwerde

Die Beschwerde ist in einer Amtssprache abzufassen, zu unterzeichnen[83] und *schriftlich* einzureichen. Wird die Beschwerde auf *elektronischem Weg* erhoben, ist das Dokument, das die Rechtsschrift und die Beilagen enthält, nach BGG 42 IV mit einer anerkannten elektronischen Signatur zu versehen.

72

Die Beschwerdeschrift hat ein Rechtsbegehren, d.h. einen Antrag, zu enthalten. Das Rechtsbegehren ist zu begründen; es ist darzulegen, inwiefern der angefochtene Entscheid das Recht verletzt (BGG 42 I und II).[84] Beizulegen oder zu bezeichnen sind auch die *Beweismittel*. Weil die Kognition und die Kompetenzen des Bundesgerichts nun sowohl hinsichtlich der direkten Bundessteuer als auch hinsichtlich der Staats- und Gemeindesteuern im harmonisierten Bereich die gleichen sind,[85] besteht kein Grund mehr, für die beiden Steuern zwei getrennte

73

---

[80] Dazu Beusch, FStR 2006, 260. Zweifelhaft ist allerdings, ob dies im ganzen Harmonisierungsbereich möglich ist oder nur dort, wo vertikal harmonisiert wurde. Die EStV amtet hinsichtlich der harmonisierten kantonalen Steuern nicht als Aufsichtsbehörde.
[81] Ausführlich Beusch, FStR 2007, 4.
[82] Die in BGG 100 II–IV vorgesehenen Ausnahmen sind im Steuerrecht ohne Bedeutung.
[83] Fehlt die Unterschrift, wird gemäss BGG 42 V eine angemessene Frist zur Behebung des Mangels angesetzt.
[84] Dazu Häfelin/Haller/Keller, Bundesstaatsrecht, N 2021.
[85] Vgl. nachfolgend N 78.

Beschwerden zu verlangen, wenn die letztinstanzliche kantonale Behörde nur einen Entscheid getroffen hat.[86] Diesfalls muss der Beschwerdeführer den Entscheid in einer einzigen Beschwerde anfechten können. Allerdings muss aus der Begründung hervorgehen, dass sie sich auf beide Steuern bezieht.

7. Verfahren und Entscheidung

74 Die Beschwerde in öffentlich-rechtlichen Angelegenheiten hat grundsätzlich *keine aufschiebende Wirkung*, es sei denn, diese werde von Amtes wegen oder auf Antrag einer Partei angeordnet (BGG 103).

75 Auch im Verfahren vor Bundesgericht gilt der Grundsatz, dass das Recht *von Amtes wegen* anzuwenden ist (BGG 106). Es ist somit weder an die vorgebrachten Beschwerdegründe noch an die Erwägungen der Vorinstanz gebunden. Für Verletzungen von Grundrechten und von kantonalem und interkantonalem Recht gilt jedoch das *Rügeprinzip*. Das Bundesgericht prüft diese Rechtsverletzungen nur insofern, als eine solche Rüge in der Beschwerde vorgebracht und begründet worden ist.[87]

76 Die *Kognition* des Bundesgerichts ist den zulässigen Beschwerdegründen entsprechend[88] eingeschränkt.[89]

77 Eine bedeutsame Änderung gegenüber dem bisherigen Recht ist die Aufhebung der Möglichkeit einer *reformatio in peius*. Das Bundesgericht darf gemäss BGG 107 I nicht über die Begehren der Parteien hinausgehen.[90]

78 Bei Gutheissung der Beschwerde entscheidet das Bundesgericht in der Sache selbst oder weist diese zu neuer Beurteilung an die Vorinstanz zurück. Es kann die Sache auch an die Behörde zurückweisen, die als erste Instanz entschieden hat (BGG 107 II). Der Entscheid des Bundesgerichts ist demnach entweder *reformatorischer* oder *kassatorischer Natur*. Auch wenn für die Beschwerde im harmonisierten Bereich d.h. im Bereich der Staats- und Gemeindesteuern in StHG 73 III weiterhin vorgesehen ist, dass das Bundesgericht bei Begründetheit der Beschwerde den Entscheid nur aufheben kann und die Sache zur neuen Beurteilung an die Vorinstanz zurückzuweisen hat und deshalb alleine aufgrund des StHG ein Entscheid in der Sache selbst nicht vorgesehen ist, geht BGG 107 II nach Auffassung des Bundesgerichts als lex posterior der Bestimmung von StHG 73 III vor. Es dürfte sich lediglich um ein gesetzgeberisches Versehen handeln, dass das

---

[86] Hierzu und zum Folgenden BGer 5.3.2009, BGE 135 II 260 E. 1.3.2 = Pra 99 Nr. 37, vgl. Urs R. Behnisch/Andrea Opel, Die steuerrechtliche Rechtsprechung des Bundesgerichts 2009, ZBJV 146 (2010) 475 f. Zur Möglichkeit der Zusammenlegung der Entscheide hinsichtlich der direkten Bundessteuer und der Staats- und Gemeindesteuern auf kantonaler Ebene vgl. vorne N 9.
[87] Vgl. Häfelin/Haller/Keller, Bundesstaatsrecht, N 2039 mit Hinweis auf Botschaft Totalrevision, 4344.
[88] Vorne N 61 ff.
[89] Dazu Beusch, FStR 2007, 7; Zweifel/Casanova, Steuerverfahrensrecht, § 25 N 37.
[90] Vgl. Beusch, FStR 2007, 8.

StHG nicht entsprechend angepasst wurde.[91] Diese aus föderalistischer Rücksichtnahme statuierte Regelung des StHG[92] erweist sich im Licht der grundlegenden Neuordnung der Bundesrechtspflege als überholt. Trotz StHG 73 III darf das Bundesgericht also in der Sache selbst entscheiden.

II. Subsidiäre Verfassungsbeschwerde

Die subsidiäre Verfassungsbeschwerde wurde durch das Parlament als Auffangnetz eingefügt und kommt nur dann in Betracht, wenn gegen letztinstanzliche kantonale Entscheide die Beschwerde in öffentlich-rechtlichen Angelegenheiten aufgrund des *Sachgebietsausschlusses* oder bei Unterschreitung der *Streitwertgrenzen* nicht zulässig ist (BGG 113).[93] Es wurde befürchtet, dass wegen des weitreichenden Ausnahmekatalogs der Beschwerde in öffentlich-rechtlichen Angelegenheiten mit unterschiedlichen letztinstanzlichen kantonalen Entscheiden über die Anwendung des Bundesrechts zu rechnen gewesen wäre. Die subsidiäre Verfassungsbeschwerde soll die einheitliche Anwendung des Bundesrechts durch die Kantone gewährleisten.

79

Bei den von Bundesorganen erhobenen Steuern (beispielsweise der Mehrwertsteuer, der Verrechnungssteuer oder den Stempelabgaben) spielt die subsidiäre Verfassungsbeschwerde von vorneherein keine Rolle, weil hier nicht die Anfechtung letztinstanzlicher kantonaler Entscheide infrage steht. Im Bereich der *direkten Bundessteuer* und der *kantonalen Einkommens- und Vermögenssteuern* ist sie lediglich bei Entscheiden über Stundung und Erlass einschlägig, weil nur hier der Sachgebietsausschluss (BGG 83 m) Platz greift und im Steuerrecht keine Streitwertbegrenzung vorgesehen ist.

80

Mit der subsidiären Verfassungsbeschwerde kann ausschliesslich die Verletzung von *verfassungsmässigen Rechten* gerügt werden (BGG 116). Der Anwendungsbereich der subsidiären Verfassungsbeschwerde ist insgesamt bedeutend enger als jener der staatsrechtlichen Beschwerde.[94]

81

---

[91] So BGer 4.4.2008, BGE 134 II 186 E. 1.3, 1.5.2 ff. = Pra 98 Nr. 18; vgl. auch BGer 26.6.2008, StE 2008 B 25.2 Nr. 10.

[92] Vgl. Markus Reich, Gedanken zur Umsetzung des Steuerharmonisierungsgesetzes, ASA 62 (1993/94), 577 ff., 602 f.

[93] Vgl. dazu Beusch, FStR 2006, 252 und FStR 2007, 14; Heinrich Koller, Grundzüge der neuen Bundesrechtspflege und des vereinheitlichten Prozessrechts, ZBl 2006, 57 ff., 79 f.; Zweifel/Casanova, Steuerverfahrensrecht, § 25 N 53 ff.

[94] Ausführlich zu den Voraussetzungen der subsidiären Verfassungsbeschwerde Häfelin/Haller/Keller, Bundesstaatsrecht, N 2023 ff.

Teil III
Verrechnungssteuerrecht

§ 28 Grundlagen

Literatur

BLUMENSTEIN/LOCHER, System, 196 ff. und 335 ff.; HÖHN/WALDBURGER, Bd. I, § 21 N 1 ff.; MÄUSLI-ALLENSPACH/OERTLI, Steuerrecht, 323 ff.; OBERSON, Droit fiscal, § 14 N 1 ff.

BAUER-BALMELLI MAJA, Der Sicherungszweck der Verrechnungssteuer. Unter besonderer Berücksichtigung der Erträge aus Beteiligungsrechten, Zürich 2001 (zit. BAUER-BALMELLI, Sicherungszweck); JAUSSI THOMAS/GHIELMETTI COSTANTE, Die eidgenössische Verrechnungssteuer. Ein Praktiker-Lehrbuch, Bd. I, Muri/Bern 2007; REICH MARKUS, Vermögensertragsbegriff und Nennwertprinzip, in: CAGIANUT/VALLENDER, FS Höhn, 255 ff. (zit. REICH, Vermögensertrag).

Materialien

Botschaft zur Änderung des Bundesgesetzes über die Verrechnungssteuer (Belebung des schweizerischen Kapitalmarktes) vom 24.8.2011, BBl 2011, 6615–6658 (zit. Botschaft Belebung des Kapitalmarktes); Botschaft des Bundesrates an die Bundesversammlung betreffend den Entwurf zu einem Bundesgesetz über die Verrechnungssteuer vom 18.10.1963, BBl 1963 II, 953–1015 (zit. Botschaft VStG).

A. Steuerberechtigung

I. Steuererhebungskompetenz

BV 132 II erteilt dem Bund die Kompetenz zur Erhebung einer Verrechnungssteuer «auf dem Ertrag von beweglichem Kapitalvermögen, auf Lotteriegewinnen und auf Versicherungsleistungen». Diese *Steuererhebungskompetenz* des Bundes ist eine Bundeskompetenz mit nachträglich derogatorischer Kraft. Die Kantone und Gemeinden dürfen Sachverhalte, die vom Bundesgesetzgeber der Verrechnungssteuer unterworfen oder als steuerfrei erklärt werden, nicht mit gleichartigen Steuern belasten (BV 134). Gleichartig ist eine kantonale oder kommunale Steuer, wenn sie die wesentlichen Merkmale der Verrechnungssteuer hinsichtlich Steuergut, Steuerobjekt und Kreis der Steuerpflichtigen aufweist.[1]

Anders als bei der direkten Bundessteuer (vgl. BV 128 IV) liegt bei der Verrechnungssteuer nicht nur die *Gesetzgebungskompetenz,* sondern auch die *Steuerverwaltungskompetenz* zur Hauptsache beim Bund. Die Kantone sind nur im Bereich der Rückerstattung in den Vollzug der Verrechnungssteuer involviert.[2] Die *Steuerertragskompetenz* des Bundes wird jedoch begrenzt durch BV 132 II Satz 2 (vgl.

---

[1] Vgl. KLAUS A. VALLENDER, Kommentar zu BV 134, in: BERNHARD EHRENZELLER/PHILIPPE MASTRONARDI/RAINER J. SCHWEIZER/KLAUS A. VALLENDER (Hrsg.), Die schweizerische Bundesverfassung, Kommentar, 2. A. Zürich et al. 2008, N 4 und N 6 zu BV 134; für die analoge Fragestellung bei der Mehrwertsteuer vgl. BGE 125 I 449.

[2] Hinten § 32 N 13 ff.

auch VStG 2 I)³, der den Kantonen gesamthaft einen Anteil von 10% am Ertrag der Verrechnungssteuer zuweist. Für die Zuteilung des Ertrags unter den Kantonen dient die Wohnbevölkerung als Bemessungsgrundlage (VStG 2 II).

II. Gesetzliche Grundlagen

3   Gesetzliche Grundlage der Verrechnungssteuer bildet heute das Bundesgesetz über die Verrechnungssteuer (VStG), welches 1967 in Kraft getreten ist. Gleichzeitig mit dem VStG trat auch die dazugehörende Vollziehungsverordnung (VStV) in Kraft. Bezüglich des Rückerstattungsverfahrens bei natürlichen Personen sind zudem die gestützt auf VStG 35 erlassenen kantonalen Vollzugsvorschriften massgebend.⁴ Die EStV konkretisiert die Praxis zum VStG durch «Weisungen» (VStG 34 I), welche in Form von Kreisschreiben, Rundschreiben und Merkblättern publiziert werden.⁵

4   Vorläufer der heutigen Verrechnungssteuer waren die Couponabgabe von 1921 und die Quellenwehrsteuer von 1940.⁶ Die Verrechnungssteuer wird vom Bund seit 1944 erhoben, zunächst gestützt auf den Bundesratsbeschluss über die Verrechnungssteuer vom 1.9.1943⁷ und den Bundesratsbeschluss über die Sicherung der Steueransprüche bei Versicherungen vom 13.2.1945⁸. Mit der Inkraftsetzung des VStG wurden die beiden Bundesratsbeschlüsse von 1943 und 1945 abgelöst und gleichzeitig die Couponabgabe aufgehoben.⁹ Seither wurde das Gesetz mehrmals nachgeführt und angepasst, in seinen Grundzügen jedoch nicht weiter verändert.

B. Grundkonzept und Funktion

I. Steuererhebung und -rückerstattung

5   Das Grundkonzept der Verrechnungssteuer ist gekennzeichnet durch die *Steuererhebung* (VStG 4 ff.) einerseits und die *Steuerrückerstattung* (VStG 21 ff.) ande-

---

³   BV 132 II Satz 2 und VStG 2 wurden im Zusammenhang mit der Neugestaltung des Finanzausgleichs und der Aufgabenteilung zwischen Bund und Kantonen (NFA) per 1.1.2008 geändert. Bisher hatte UeB BV 196 Ziff. 16 den Kantonen einen Anteil am Ertrag der Verrechnungssteuer garantiert.

⁴   So beispielsweise im Kanton Zürich die VO über die Rückerstattung der Verrechnungssteuer vom 17.12.1997 (LS 634.2).

⁵   Einsehbar unter <http://www.estv.admin.ch>.

⁶   Ausführlich auch zum Folgenden BAUER-BALMELLI/REICH, in: ZWEIFEL/BEUSCH/BAUER-BALMELLI, N 1 ff. der Vorbemerkungen und BAUER-BALMELLI, Sicherungszweck, 21 ff.

⁷   BS 6, 326.

⁸   BS 6, 345.

⁹   BG betreffend die Stempelabgabe auf Coupons vom 25.6.1921 (BS 6, 127).

rerseits. Im Steuererhebungsverfahren hat der Schuldner der steuerbaren Leistung[10] als Steuersubjekt die geschuldete Steuer der EStV zu entrichten. Von Gesetzes wegen ist er dabei verpflichtet, die Verrechnungssteuer auf den Gläubiger zu überwälzen, indem er die steuerbare Leistung um den Steuerbetrag kürzt und nur diese Nettoleistung direkt an den Gläubiger ausrichtet. Steuerträger ist demnach der Empfänger der (gekürzten) steuerbaren Leistung.[11] Im Rückerstattungsverfahren kann der Empfänger die Verrechnungssteuer zurückfordern, sofern er im Inland ansässig ist, seinen Deklarations- bzw. Verbuchungspflichten nachgekommen ist und die weiteren Voraussetzungen der Rückerstattung erfüllt sind.

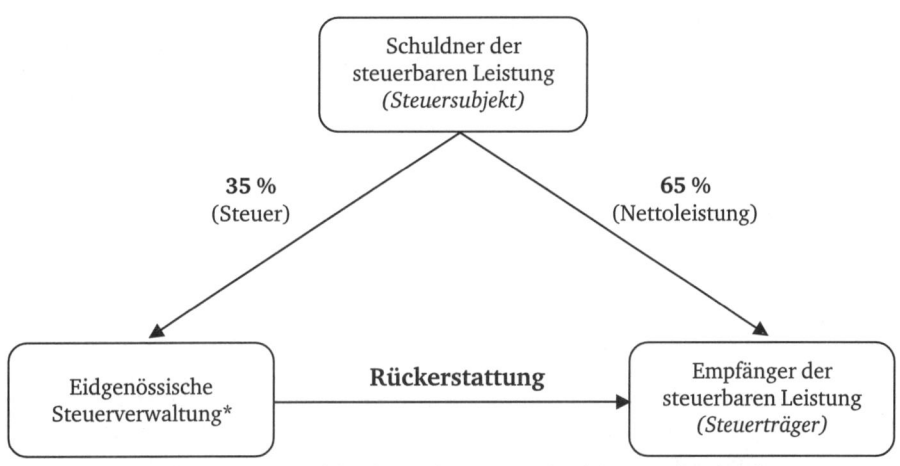

```
                    Schuldner der
                  steuerbaren Leistung
                    (Steuersubjekt)

          35 %                          65 %
         (Steuer)                   (Nettoleistung)


    Eidgenössische      Rückerstattung      Empfänger der
   Steuerverwaltung*   ─────────────▶    steuerbaren Leistung
                                            (Steuerträger)
```

* Bei den natürlichen Personen erfolgt die Rückerstattung durch kantonale Behörden

II. Sicherungs- und Belastungszweck

1. Sicherungszweck

Primärer Zweck der Verrechnungssteuer ist es, die Erhebung von in der Schweiz auf den verrechnungssteuerpflichtigen Leistungen geschuldeten Einkommens- und Vermögenssteuern (bzw. Gewinn- und Kapitalsteuern) zu sichern und damit die *Steuerhinterziehung* zu bekämpfen.[12] Die Verrechnungssteuer wird vorab als Quellensteuer erhoben und tritt neben die allgemeine Einkommenssteuer auf bestimmten Vermögenserträgnissen, Lotteriegewinnen und Versicherungsleis-

6

---

[10] Beispielsweise die Dividenden ausschüttende AG oder die Lotterieveranstalterin.
[11] Für gewisse Sachverhalte sieht das Gesetz anstelle der Entrichtung und Überwälzung der Steuer ein blosses *Meldeverfahren* zur Erfüllung der Steuerpflicht vor; dazu hinten § 29 N 53 ff. und § 32 N 4 ff.
[12] Ausführlich zum Sicherungsobjekt der Verrechnungssteuer BAUER-BALMELLI, Sicherungsweck, 213 ff. Zur Sicherungs- und Belastungsfunktion im Allgemeinen vgl. BAUER-BALMELLI/REICH, in: ZWEIFEL/BEUSCH/BAUER-BALMELLI, N 64 ff. der Vorbemerkungen.

tungen, um den Pflichtigen zur vollständigen und richtigen Deklaration dieser Einkünfte und Vermögenswerte bei der direkten Bundessteuer und bei der Einkommens- und Vermögenssteuer der Kantone zu veranlassen. Unterlässt der Steuerpflichtige die Deklaration, d.h., wird das primäre Ziel der Sicherungsfunktion der Verrechnungssteuer nicht erreicht, so wirkt der Sicherungszweck der Verrechnungssteuer subsidiär dahin gehend, dass die Steuer dem Staat verfällt und den Defraudanten definitiv belastet. Allerdings ist zu betonen, dass der Steuerpflichtige nicht zwischen der endgültigen Belastung mit der Verrechnungssteuer und der Versteuerung bei den Einkommens- und Vermögenssteuern wählen kann. Die Verrechnungssteuer ist keine Abgeltungssteuer und ersetzt nicht die Einkommens- und Vermögenssteuer, die bei korrekter Deklaration geschuldet wäre.[13]

7   In ihrer Sicherungsfunktion führt die Verrechnungssteuer somit unmittelbar zu keinen Fiskaleinnahmen des Bundes. Indirekt hat sie aber auch hier *Einnahmenbeschaffungsfunktion,* indem sie die Steuerhinterziehung in Bund und Kantonen bekämpfen soll. Sodann hat der Bund auch Jahr für Jahr beträchtliche Zinseinnahmen aus der Verrechnungssteuer, weil die dem Bund abgelieferten Verrechnungssteuerbetreffnisse bis zu ihrer Rückerstattung nicht verzinst werden müssen (vgl. VStG 31 IV).

2. Belastungszweck

8   Belastungszweck hat die Verrechnungssteuer zunächst dann, wenn der Empfänger der steuerbaren Leistung *Steuerausländer* ist. Ausländische Investoren sollen, obwohl sie der Schweiz nicht persönlich zugehören, wegen ihres wirtschaftlichen Engagements in der Schweiz mit der Verrechnungssteuer zur Steuerleistung herangezogen werden. Steuerausländer haben keinen Rückerstattungsanspruch gemäss VStG und sind somit definitiv belastet, wenn ihnen nicht gestützt auf eine andere Rechtsgrundlage ein Rückerstattungsanspruch zusteht.[14] Belastungsfunktion entfaltet die Verrechnungssteuer aber – wie gesehen – auch, wenn ein Inländer seinen Rückerstattungsanspruch verwirkt, weil er seinen Deklarations- bzw. Verbuchungspflichten nicht nachkommt.

III. Schuldnerprinzip vs. Zahlstellenprinzip

9   Quellensteuern, die eine Steuersicherungsfunktion haben, sind meistens entweder nach dem Schuldnerprinzip oder nach dem Zahlstellenprinzip konzipiert. Der schweizerischen Verrechnungssteuer liegt seit jeher das Schuldnerprinzip zugrunde, wonach der Schuldner der steuerbaren Leistung Steuersubjekt ist. Beim Zahlstellenkonzept dagegen werden alle Institutionen als steuerpflichtig

---

[13]   Vgl. Botschaft VStG, 969.
[14]   Dazu hinten § 29 N 68 f.

erklärt, welche steuerbare Auszahlungen tätigen. Steuerpflichtig ist dann nicht die Dividenden ausschüttende Gesellschaft oder der Obligationenschuldner, sondern die Bank, welche die *Auszahlung* der Dividende oder der Zinsen auf Anweisung der Schuldner vornimmt. Nach dem Zahlstellenprinzip ist beispielsweise die Zinsbesteuerung in der EU[15] und dementsprechend auch der Steuerrückbehalt aufgrund des Zinsbesteuerungsabkommens[16] zwischen der Schweiz und der EU konzipiert.

Das Schuldnerprinzip folgt der Überlegung, dass der Investor, welcher im Ausland ansässig ist und Dividenden und Zinsen von inländischen Unternehmen erhält, eine *wirtschaftliche Beziehung* zu diesem Staat unterhält, die es rechtfertigt, ihn der inländischen Besteuerung zu unterwerfen, obwohl er diesem Staat nicht persönlich zugehört. Quellensteuern, die nach dem Schuldnerprinzip ausgestaltet sind, haben demnach neben ihrem Sicherungszweck immer auch Belastungszweck. Das Zahlstellenprinzip knüpft dagegen die Steuerpflicht rein technisch an und findet seine Rechtfertigung einzig in der Defraudationsbekämpfung.

10

Beide Konzepte von Quellensteuern erfüllen ihre *Steuersicherungsfunktion* nur unzulänglich.[17] Die Sicherungsfunktion einer nach dem Schuldnerprinzip konzipierten Quellensteuer kann durch entsprechende Auswahl des Schuldners unterlaufen werden. Ein Investor, welcher Zinsen und Dividenden bei der Einkommenssteuer hinterziehen will, wird kaum Schuldner, deren Dividenden oder Zinszahlungen der Quellenbesteuerung unterliegen, auswählen. Demgegenüber kann das Zahlstellensystem durch die Verlegung der Zahlstelle in einen Staat, der nicht in dieses Steuersicherungskonzept eingebunden ist, umgangen werden. Der Gläubiger mit Hinterziehungsabsicht wird hier darauf achten, dass er sich die Dividenden und Zinsen nicht von Zahlstellen auszahlen lässt, welche einer Quellensteuer- oder einer Meldepflicht unterliegen. Allerdings dürfte eine solche Verlegung der Zahlstelle bei kleineren und mittleren Vermögen kaum in Betracht gezogen werden. Im grossen Stil operierenden Defraudanten kann jedoch auch mit dem Zahlstellenprinzip nicht wirksam entgegengetreten werden.

11

IV. Verhältnis zur allgemeinen Einkommenssteuer von Bund und Kantonen

Der Hauptzweck der Verrechnungssteuer, die Steuerhinterziehung von im Inland domizilierten Steuerpflichtigen einzudämmen, kann nur dann erfüllt werden, wenn die gesetzliche Umschreibung der Vermögenserträgnisse, deren Besteuerung gesichert werden soll, grundsätzlich mit jener bei der direkten Bun-

12

---

[15] Richtlinie 2003/48/EG des Rates vom 3.6.2003 im Bereich der Besteuerung von Zinserträgen.
[16] Vgl. ZBStA 1 I und ZBStG 3 f.
[17] Ausführlich Martin Daepp, Vereinfachung der Einkommensbesteuerung, Studie der EStV vom 28.10.2010, 113 ff. (<http://www.estv.admin.ch/dokumentation/00075/00803/index.html?lang>, besucht am 18.11.2011).

dessteuer übereinstimmt.[18] So sind z.B. VStG 4 I b und 4a (vgl. VStV 20 I) und DBG 20 I c nahezu deckungsgleich konzipiert. Das heisst aber nicht, dass umgekehrt die Verrechnungssteuer immer dann ausgeschlossen ist, wenn bei der direkten Bundessteuer kein steuerbarer Tatbestand vorliegt. Die Verrechnungssteuer dient auch der Sicherung der Steuern von Kantonen und Gemeinden, und überdies ist der Belastungsfunktion der Verrechnungssteuer bei den Steuerausländern Rechnung zu tragen, welche eine abweichende Qualifikation des Ertrages unter Umständen ebenfalls zu rechtfertigen vermag. Trotz der Belastungsfunktion der Verrechnungssteuer darf das Objekt der Verrechnungssteuer aber nicht durch extensive Auslegung auf Tatbestände ausgedehnt werden, die weder nach der kantonalen Gesetzgebung noch nach der direkten Bundessteuer steuerbar sind.[19]

13 Die Wertungen, die der Einkommenssteuergesetzgeber getroffen hat, haben aus diesen Gründen bei der Auslegung der verrechnungssteuerrechtlichen Normen eine hervorragende Bedeutung, und es darf von ihnen nur abgewichen werden, wenn sich dies mit Blick auf ihre Zielsetzung oder ihre Konzeption als Quellensteuer hinreichend rechtfertigen lässt.[20]

C. Rechtsnatur

14 Notwendiges Begriffselement einer echten Steuer ist die Einnahmenbeschaffung des Gemeinwesens.[21] Wird die Verrechnungssteuer zurückerstattet oder kann die Steuerpflicht durch blosse Meldung erfüllt werden, so ist dieses Kriterium nicht erfüllt. Da die Verrechnungssteuer indes – wie dargestellt – auch Belastungsfunktion hat und Sicherungs- und Belastungszweck konzeptionell sehr eng miteinander verbunden sind, handelt es sich klarerweise um eine *echte Steuer*. Die rechtsstaatlichen Grundsätze sind zu beachten und die Verrechnungssteuer ist in jedem Fall so zu erheben, als ob sie eine echte Steuer wäre und eine definitive Belastung darstellen würde.[22]

15 Die Verrechnungssteuer ist als *Quellensteuer mit Objektsteuercharakter* ausgestaltet. Sie wird beim Schuldner der steuerbaren Leistung an der Quelle erhoben, ohne Rücksicht auf die wirtschaftliche Leistungsfähigkeit des Schuldners und des Gläubigers der steuerbaren Leistung. Trotz ihres Objektsteuercharakters ist die Verrechnungssteuer eine Einkommenssteuer und als solche eine *Bereicherungssteuer*. Im Unterschied zur allgemeinen Einkommenssteuer handelt es sich um eine Sondereinkommenssteuer. Der von der Verrechnungssteuer erfasste

---

[18] Vgl. BGer 29.10.1992, BGE 118 Ib 317 E. 2 auch zum Folgenden.
[19] Vgl. BGer 11.12.1981, BGE 107 Ib 325 E. 3a. Diesen Überlegungen ist das BGer in seinem Entscheid vom 29.10.1992 (BGE 118 Ib 317 E. 2) allerdings nicht gefolgt, dazu REICH, Vermögensertrag, 269.
[20] Vgl. BAUER-BALMELLI/REICH, in: ZWEIFEL/BEUSCH/BAUER-BALMELLI, N 25 der Vorbemerkungen.
[21] Vorne § 2 N 1.
[22] PFUND, N 10 der Einleitung; zum Ganzen BAUER-BALMELLI, Sicherungszweck, 179 ff.

Ertrag stellt sowohl das Steuerobjekt als auch das Steuergut dar, weshalb die Verrechnungssteuer heute unbestritten zu den *direkten Steuern* gezählt wird.[23]

D. Revisionsbestrebungen

I. Zielsetzungen

Die vom Bundesrat bei der Verrechnungssteuer vorgesehenen Neuerungen stehen in engem Zusammenhang mit der «*Too Big to Fail*»-Vorlage[24]. Die dort zur Stärkung der Eigenkapitalbasis vorgesehenen bedingten Pflichtwandelanleihen (Contingent Convertible Bonds, «CoCos») würden unter den derzeitig wenig attraktiven steuerlichen Rahmenbedingungen[25] kaum aus der Schweiz heraus emittiert.[26] Um dies zu ermöglichen schlägt der Bundesrat in der «Too Big to Fail»-Vorlage flankierende Änderungen der Emissionsabgabe vor.[27] Die Revision der Verrechnungssteuer wurde dem Parlament – weil sie weit über die «Too Big to Fail»-Problematik hinausgeht – mit einer separaten Botschaft unterbreitet.[28]   16

Die mit dieser Botschaft vorgesehenen Änderungen haben nicht nur zum Ziel sicherzustellen, dass die *Emission von «CoCos»* zu konkurrenzfähigen steuerlichen Bedingungen in der Schweiz möglich sein wird, sondern sollen ganz allgemein zur *Belebung des schweizerischen Kapitalmarktes* beitragen. Überdies soll gewissermassen im Gegenzug die *Sicherungsfunktion* der Verrechnungssteuer verbessert werden.   17

Obwohl die Stossrichtung der Vorlage politisch auf Akzeptanz stossen dürfte, weisen die vorgesehenen Massnahmen in rechtlicher und technischer Hinsicht doch noch einige Mängel auf,[29] die in der parlamentarischen Beratung zu etwelchen *Änderungen* führen dürften. Die folgenden Ausführungen beschränken sich deshalb auf die Grundzüge der Neuregelung.   18

---

[23] BAUER-BALMELLI/REICH, in: ZWEIFEL/BEUSCH/BAUER-BALMELLI N 63 der Vorbemerkungen; BLUMENSTEIN/LOCHER, 155; zur Unterscheidung von direkten und indirekten Steuern vorne § 2 N 41 f.
[24] Hierzu Botschaft zur Änderung des Bankengesetzes (Stärkung der Stabilität im Finanzsektor; *too big to fail*) vom 20.4.2011 (BBl 2011, 4717–4806).
[25] Dazu § 29 N 16.
[26] Botschaft Belebung des Kapitalmarktes, BBl 2011, 6619, 6623 ff.
[27] Dazu § 7 N 45.
[28] Botschaft Belebung des Kapitalmarktes, BBl 2011, 6615 ff.
[29] Ausführlich hierzu DUSS/HELBING/DUSS, in: ZWEIFEL/BEUSCH/BAUER-BALMELLI, N 162i ff. zu VStG 4.

II. Vorgeschlagene Massnahmen

1. Teilweiser Wechsel zum Zahlstellenprinzip

19 Die einschneidenste Änderung die der Bundesrat vorschlägt, ist der Übergang vom Schuldner- zum Zahlstellenprinzip bei der Besteuerung von Zinsen von Obligationen und Geldmarktpapieren. Damit soll der Weg geebnet werden für eine Beschränkung der Erhebung der Verrechnungssteuer auf Zinsen an natürliche Personen mit Wohnsitz in der Schweiz.[30] Eine solche differenzierte Erhebung der Verrechnungssteuer ist nach dem Schuldnerprinzip nicht möglich, da der steuerabführende Schuldner den Gläubiger in der Regel nicht kennt. Anders ist dies im Zahlstellenkonzept, wo nicht der Obligationenschuldner, sondern die Zahlstelle, welche die Auszahlung der Zinsen auf Anweisung der Schuldner vornimmt, steuerpflichtig ist. Die Zahlstelle kennt die Identität des wirtschaftlich berechtigten Gläubigers insbesondere aufgrund der Geldwäschereigesetzgebung und kann demnach die Verrechnungssteuererhebung je nach Empfänger der Zinszahlungen differenziert vornehmen.[31]

2. Beschränkung auf im Inland ansässige natürliche Personen

20 Der Gegenstand der Verrechnungssteuer gemäss VStG 4 I a soll – wie erwähnt – dem Grundsatz nach beschränkt werden auf Zinsen, die an eine im Inland ansässige natürliche Person als wirtschaftlich Berechtigte entrichtet werden.[32] Diese Massnahme verbessert nicht nur die steuerlichen Rahmenbedingungen für die Emission von «CoCos», sondern dient auch der Belebung des gesamten inländischen Anleihensgeschäft.

21 Ausländische Investoren sowie die inländischen juristischen Personen und damit auch die institutionellen Anleger würden demnach hinsichtlich von Zinsen auf Obligationen und Geldmarktpapieren künftig nicht mehr der Verrechnungssteuer unterliegen. Diese Einschränkung der Verrechnungssteuererhebung ist mit dem *Sicherungszweck* vereinbar, denn bei juristischen Personen ist die Hinterziehungsgefahr wegen der Buchführungspflicht und der damit verbundenen massiven steuerstrafrechtlichen Konsequenzen herabgesetzt.[33] Bei von der Ge-

---

[30] Dazu nachfolgend N 20 f. Eine derart grundlegende konzeptionelle Neuausrichtung des Verrechnungssteuersystems bedürfte an sich einer *Verfassungsänderung* (gl.M. Duss/Helbing/Duss, in: Zweifel/Beusch/Bauer-Balmelli, N 162f und 162j f. zu VStG 4; a.M. Botschaft Belebung des Kapitalmarktes, BBl 2011, 6656 f.).

[31] Dazu Botschaft Belebung des Kapitalmarktes, BBl 2011, 6630.

[32] Zur *technischen Ausgestaltung* des neuen Konzeptes, welche Umgehungskonstruktionen, wie insbesondere die Einschaltung eines Offshore-Vehikels, verhindern soll, vgl. Botschaft Belebung des Kapitalmarktes, BBl 2011, 6631 f.

[33] Das gilt allerdings in gleicher Weise auch für Zinszahlungen an *Personengesellschaften* und an natürliche Personen, welche die Obligationen und Geldmarktpapiere im *Geschäftsvermögen* halten. Dennoch soll hier die Verrechnungssteuer erhoben werden, weil es für die Zahlstellen zu aufwendig wäre, bei Zinszahlungen an natürliche Personen abklären zu müssen, ob sie dem Geschäfts- oder Privatvermögen zuzuordnen seien. Es fragt sich, ob damit die Ungleichbehandlung

winnsteuer befreiten institutionellen Investoren besteht ohnehin kein Sicherungsbedarf. Was die *Belastungsfunktion* der Verrechnungssteuer betrifft, werden sich zwar durch den Ausschluss sämtlicher ausländischen Investoren durchaus Steuerausfälle ergeben, die sich aber wegen der schweizerischen Abkommenspolitik[34] in Grenzen halten werden und mit Blick auf die Mehreinnahmen, die aufgrund der Belebung des schweizerischen Kapitalmarkts zu erwarten sind, in Kauf genommen werden können.

3. Ausdehnung auf Erträge ausländischer Obligationen und Geldmarktpapiere

Mit der weiter vorgesehenen Ausdehnung des Steuerobjektes auf die Zinsen ausländischer Obligationen und Geldmarktpapiere, die von im Inland ansässigen natürlichen Personen vereinnahmt werden, soll die *Sicherungsfunktion* der Verrechnungssteuer gestärkt werden.[35] Auf diese Weise würde ein bedeutsames Schlupfloch der Verrechnungssteuer geschlossen. Nach heutigem Recht kann der Verrechnungssteuer leicht legal ausgewichen werden, indem die verzinslichen Vermögensanlagen in ausländischen Papieren getätigt werden.[36] Mit dieser Änderung würde eine weitgehende Deckungsgleichheit des Steuerobjekts nach DBG 20 I a und des Verrechnungssteuerobjekts hinsichtlich der Zinsen aus Obligationen und Geldmarktpapieren erreicht.

22

C. Neuregelung der Besteuerung bei überwiegend einmalverzinslichen Papieren

Der Angleichung der Verrechnungssteuer an den Vermögensertragsbegriff gemäss DBG und damit der Stärkung der Sicherungsfunktion dient auch die vorgeschlagene Neuregelung der Besteuerung von Einkünften aus Obligationen mit überwiegender Einmalverzinsung (globalverzinsliche Obligationen, Diskontbonds). Neu soll die Verrechnungssteuerforderung bei Einkünften aus der Veräusserung oder Rückzahlung von Obligationen mit überwiegender Einmalverzinsung im Zeitpunkt der Veräusserung oder Rückzahlung auf der *Differenz*

23

---

hinreichend gerechtfertigt werden kann (dazu Duss/Helbing/Duss, in: Zweifel/Beusch/Bauer-Balmelli, N 162q zu VStG 4).

[34] Nach dem OECD-Musterabkommen wird dem Quellenstaat zwar ein beschränktes Besteuerungsrecht zugestanden, das 10% der Zinszahlungen nicht übersteigen darf, die von der Schweiz abgeschlossenen Doppelbesteuerungsabkommen sehen jedoch gewöhnlich eine *ausschliessliche Besteuerung* im Wohnsitzstaat des Empfängers vor, sodass bei in DBA-Staaten ansässigen Anlegern im Resultat ohnehin vielfach keine Verrechnungssteuereinnahmen erzielt werden (vgl. Botschaft Belebung des Kapitalmarktes, BBl 2011, 6630 f.).

[35] Botschaft Belebung des Kapitalmarktes, BBl 2011, 6625 ff.

[36] Dazu vorne N 11.

zwischen dem Anschaffungsbetrag und dem Veräusserungs- oder Rückzahlungsbetrag entstehen.[37]

---

[37] Botschaft Belebung des Kapitalmarktes, BBl 2011, 6637.

§ 29 Verrechnungssteuer auf den Erträgen des beweglichen Kapitalvermögens

Literatur
BLUMENSTEIN/LOCHER, System 196 ff. und 335 ff.; HÖHN/WALDBURGER, Bd. I, § 21 N 5 ff.; MÄUSLI-ALLENSPACH/OERTLI, Steuerrecht, 326 ff.; OBERSON, Droit fiscal, § 14 N 9 ff. und 60 ff.

BAUER-BALMELLI MAJA, Altreservenpraxis – ein rechtliches Argumentarium. Am Beispiel des Doppelbesteuerungsabkommens mit Österreich, FStR 2004, 201 ff.; dies., Die Steuerumgehung im Verrechnungssteuerrecht, FStR 2002, 162 ff.; dies., Der Sicherungszweck der Verrechnungssteuer. Unter besonderer Berücksichtigung der Erträge aus Beteiligungsrechten, Zürich 2001 (zit. BAUER-BALMELLI, Sicherungszweck); BÖCKLI PETER, Haftung des Verwaltungsrates für Steuern, StR 1985, 519 ff.; GEHRIGER PIERRE-OLIVER, Holding- und Finanzgesellschaften als Instrumente der internationalen Steuerplanung, ASA 71 (2002/2003), 433 ff.; GRÜNINGER HAROLD/OESTERHELT STEFAN, Steuerrechtliche Entwicklungen (insbesondere im Jahr 2008), SZW 2009, 51 ff.; JAUSSI THOMAS/GHIELMETTI COSTANTE, Die eidgenössische Verrechnungssteuer. Ein Praktiker-Lehrbuch, Bd. I, Muri/Bern 2007; REICH MARKUS, Vermögensertragsbegriff und Nennwertprinzip, in: CAGIANUT/VALLENDER, FS Höhn, 255 ff. (zit. REICH, Vermögensertrag); SIMONEK MADELEINE/VON AH JULIA, Unternehmenssteuerrecht. Entwicklungen 2010, Bern 2011 (zit. SIMONEK/VON AH, Entwicklungen 2010); STOCKAR CONRAD, Übersicht und Fallbeispiele zu den Stempelabgaben und zur Verrechnungssteuer, 4. A. Therwil/Basel 2006 (zit. STOCKAR, Übersicht); STORCK ALFRED/SPORI PETER, Konzernfinanzierung in der Schweiz – Fakten und Steuern, FStR 2008, 249 ff.; UNTERSANDER OLIVER, Kapitaleinlageprinzip und Unternehmenssteuerreform II, Zürich et al. 2005 (zit. UNTERSANDER, Kapitaleinlageprinzip und UStR II); ders., Kapitalrückzahlungsprinzip im schweizerischen Steuerrecht, Zürich et al. 2003 (zit.UNTERSANDER, Kapitalrückzahlungsprinzip); VON AH JULIA, Die Kapitalherabsetzung bei Publikumsgesellschaften, Zürich 2001 (zit. VON AH, Kapitalherabsetzung); WALDBURGER ROBERT, Rückerstattung der Verrechnungssteuer bei Sitz im Ausland und tatsächlicher Verwaltung (Geschäftsleitung) in der Schweiz, FStR 2010, 184 ff.

Materialien
Botschaft zur Änderung des Bundesgesetzes über die Verrechnungssteuer (Belebung des schweizerischen Kapitalmarktes) vom 24.8.2011, BBl 2011, 6615–6658 (zit. Botschaft Belebung des Kapitalmarktes); Botschaft des Bundesrates an die Bundesversammlung betreffend den Entwurf zu einem Bundesgesetz über die Verrechnungssteuer vom 18.10.1963, BBl 1963 II, 953–1015 (zit. Botschaft VStG).

A. Steuererhebung

I. Steuersubjekt

1. Schuldner der steuerbaren Leistung

Steuerpflichtig ist gemäss VStG 10 I der Schuldner der steuerbaren Leistung. Das Steuersubjekt der Verrechnungssteuer wird somit vom *Steuerobjekt* her definiert; wer steuerbaren Ertrag ausrichtet, ist auch steuerpflichtig. Als Steuersubjekte der Verrechnungssteuer auf den Erträgen des beweglichen Kapitalvermögens gelten demnach die inländischen Obligationenschuldner, Kapitalgesellschaften, Genossenschaften usw. (vgl. VStG 4 I).

1

2 Eine Sonderregelung besteht nach VStG 10 II bei *kollektiven Kapitalanlagen,* wo je nach Art der kollektiven Kapitalanlage entweder die Fondsleitung oder die entsprechende Körperschaft selbst als Steuersubjekt bezeichnet wird.

2. Inländereigenschaft

a) Bedeutung des Inländerbegriffs

3 Den verschiedenen Steuerobjekten der Verrechnungssteuer ist gemeinsam, dass sie aus einer inländischen Quelle stammen (vgl. VStG 4, 6 und 7). Durch diese Beschränkung auf Steuerobjekte aus inländischer Quelle wird auch der *Kreis der möglichen Steuersubjekte* umschrieben: Schuldner einer der Verrechnungssteuer unterliegenden Leistung kann aufgrund der Umschreibung des Steuerobjektes nur sein, wer Inländer im Sinn von VStG 9 I ist. Der Inländerbegriff von VStG 9 I ist demnach nicht nur zentral für die Definition des Steuerobjekts, sondern umschreibt auch den Personenkreis, welcher der Steuerhoheit des Bundes im Bereich der Verrechnungssteuer unterworfen ist.

b) Natürliche Personen

4 Natürliche Personen sind Inländer im verrechnungssteuerrechtlichen Sinn und weisen die erforderliche Beziehung zur Schweiz zur Begründung der subjektiven Steuerpflicht auf, wenn sie – wie im harmonisierten Einkommenssteuerrecht (vgl. StHG 3 I) – *Wohnsitz* oder *dauernden Aufenthalt* in der Schweiz haben (VStG 9 I). Herkömmlicherweise wird im Verrechnungssteuerrecht – wie auch im Einkommenssteuerrecht[1] – stark auf den zivilrechtlichen Wohnsitzbegriff von ZGB 23–26 abgestellt.[2] Auch beim Begriff des dauernden Aufenthalts wird losgelöst vom Einkommenssteuerrecht argumentiert: Dauernder Aufenthalt gemäss VStG 9 I ist das Verweilen an einem Ort mit der Absicht des dauernden Verbleibens, ohne dass formell Wohnsitz begründet wird.[3] Diese unterschiedliche Auslegung des Wohnsitzes und des dauernden Aufenthalts im Einkommens- und Verrechnungssteuerrecht ist nicht gerechtfertigt und sollte aus Gründen der Transparenz und Praktikabilität aufgegeben werden.

c) Juristische Personen und Personengesellschaften ohne juristische Persönlichkeit

5 Eine juristische Person ist nach VStG 9 I Inländerin, wenn sie ihren *statutarischen Sitz* im Inland hat. Bezüglich der steuerbaren Kapitalerträge im Sinn von VStG 4 gelten als Inländer ferner auch juristische Personen oder Handelsgesellschaften

---

[1] Dazu vorne § 11 N 18 ff.
[2] JAUSSI/F.DUSS, in: ZWEIFEL/BEUSCH/BAUER-BALMELLI, N 17 zu VStG 9.
[3] PFUND, N 1.5 zu VStG 9; vgl. auch JAUSSI/F.DUSS, in: ZWEIFEL/BEUSCH/BAUER-BALMELLI, N 20 zu VStG 9.

ohne juristische Persönlichkeit, die ihren statutarischen Sitz zwar im Ausland haben, tatsächlich jedoch im Inland *geleitet* werden und hier eine *Geschäftstätigkeit* ausüben (VStG 9 I Halbsatz 2).[4]

Mit dieser Regelung wird zum einen verhindert, dass durch die formelle Wahl des statutarischen Sitzes im Ausland die Verrechnungssteuerpflicht umgangen werden kann.[5] Zum anderen wird aber auch ganz bewusst ein Unterschied zur subjektiven Anknüpfung der Steuerpflicht im harmonisierten Einkommenssteuerrecht geschaffen, indem der Ort der tatsächlichen Verwaltung (bzw. Geschäftsleitung) für sich allein die Inländereigenschaft noch nicht begründet, sondern darüber hinaus eine *eigentliche Geschäftstätigkeit* vorausgesetzt wird.[6] Eine panamesische Vermögensverwaltungsgesellschaft ohne Geschäftstätigkeit in der Schweiz begründet beispielsweise keine Verrechnungssteuerpflicht, auch wenn sich ihre tatsächliche Verwaltung in der Schweiz befindet und sie deshalb unbeschränkt steuerpflichtig ist.

6

d) Im inländischen Handelsregister eingetragene Unternehmen

Eine vom Einkommenssteuerrecht losgelöste Bedeutung hat die Anknüpfung am Eintrag im inländischen Handelsregister vor allem für die (gemäss OR 935 II im Handelsregister einzutragenden) schweizerischen *Zweigniederlassungen* von ausländischen Personenunternehmen und juristischen Personen. Zweigniederlassungen sind vielfach Betriebsstätten ausländischer Unternehmen, wobei das Verrechnungssteuerrecht nicht an den einkommenssteuerrechtlichen Betriebsstättebegriff, sondern eben an den zivil- und registerrechtlichen Begriff der Zweigniederlassung anknüpft. Die Zweigniederlassungen werden verrechnungssteuerlich als eigenständige Steuersubjekte angesehen und gelten für ihren inländischen Geschäftsbereich als Inländer.[7]

7

Die subjektive Verrechnungssteuerpflicht von *Zweigniederlassungen* ausländischer Unternehmen ist in der Praxis entgegen dem ersten Anschein meistens nur bei *Banken* und *Versicherungen* von Bedeutung. Das Steuerobjekt der geldwerten Leistung aus Beteiligungsrechten (VStG 4 I b u. II sowie 4a) entsteht nicht etwa bei der Zweigniederlassung, sondern bei der juristischen Person selbst, welche indes mangels Inländereigenschaft nicht verrechnungssteuerpflichtig ist.[8] Eine Verrechnungssteuerpflicht der Zweigniederlassung entsteht dagegen bei der Ausgabe von Obligationen, Geldmarktpapieren, Kundenguthaben oder Anteilen

8

---

[4] Hier wird von einem *wirtschaftlichen Inländerbegriff* gesprochen, in Abgrenzung zum *formellen Inländerbegriff* nach VStG 9 I Halbsatz 1 (Bauer-Balmelli, Sicherungszweck, 62 f.; vgl. zu VStG 9 I Halbsatz 2 auch Jaussi/F.Duss, in: Zweifel/Beusch/Bauer-Balmelli, N 30 ff. zu VStG 9).

[5] Botschaft VStG, 975 (die Ausführungen betreffen den damaligen Art. 8 Abs. 1, welcher dem heutigen VStG 9 I entspricht).

[6] Dazu Näheres Jaussi/F.Duss, in: Zweifel/Beusch/Bauer-Balmelli, N 35 f. zu VStG 9.

[7] Zum Ganzen Jaussi/F.Duss, in: Zweifel/Beusch/Bauer-Balmelli, N 26 ff. zu VStG 9.

[8] Duss, Umstrukturierungen, 2. Teil, 408 f.; ausführlich Jaussi/F.Duss, in: Zweifel/Beusch/Bauer-Balmelli, N 29 zu VStG 9.

an kollektiven Kapitalanlagen (VStG 4 I a, c, und d), was praktisch nur bei Zweigniederlassungen von Banken und Versicherungen vorkommt.[9]

3. Solidarische Mithaftung

9 Für die Verrechnungssteuer haftet grundsätzlich das Steuersubjekt. VStG 15 I statuiert jedoch für zwei Fälle eine solidarische Mithaftung: Die *Liquidatorenhaftung* und die Haftung bei einer *Sitzverlegung ins Ausland*. Damit sollen die Organe einer in Liquidation tretenden Gesellschaft oder einer Gesellschaft, bei der eine Sitzverlegung ins Ausland zur Beendigung der Steuerpflicht führt, zur rechtzeitigen Erfüllung der Steuerpflicht veranlasst werden.[10] Es handelt sich hierbei um eine Garantiehaftung sui generis.[11]

a) Liquidatorenhaftung

10 Die *Liquidatorenhaftung* gemäss VStG 15 I a sieht für die Steuer von aufgelösten juristischen Personen, Handelsgesellschaften ohne eigene Rechtspersönlichkeit oder kollektiven Kapitalanlagen eine solidarische Mithaftung der mit der Liquidation betrauten Personen bis zum Betrag des Liquidationsergebnisses vor. Diese Solidarhaftung besteht nicht nur bei einer formellen Auflösung, sondern auch, wenn eine Gesellschaft *faktisch liquidiert* wird, was nach der bundesgerichtlichen Rechtsprechung anzunehmen ist, «wenn eine Gesellschaft sich ihrer Aktiven begibt, wenn sie – mit anderen Worten – ausgehöhlt wird»[12]. Dabei müssen indes nicht sämtliche Aktiven veräussert oder verwertet werden, es genügt, wenn eine Vermögensdisposition nicht mehr als eine ordentliche geschäftliche Transaktion erscheint bzw. der Gesellschaft «die wirtschaftliche Substanz entzogen wird»[13]. Eine faktische Liquidation kann somit auch vorliegen, wenn zwar durchaus noch Aktiven in der Gesellschaft vorhanden sind, diese aber in liquide Form gebracht worden sind und nicht wieder investiert werden.

11 Zu den «mit der Liquidation betrauten Personen» gehören zunächst die *gesellschaftsrechtlich vorgesehenen* Liquidatoren (vgl. für die AG OR 740 I). Auch der «Strohmann», der lediglich formell ein Mandat als Verwaltungsrat oder Liquidator übernimmt, kann belangt werden.[14] Daneben umfasst der persönliche Geltungsbereich der Liquidatorenhaftung auch Personen, die bloss *faktisch* eine Organstellung einnehmen, indem sie tatsächlich und in entscheidender Weise an der Willensbildung der Gesellschaft teilhaben. Der Personenkreis der Mithaf-

---

[9] In diesen Fällen können die Probleme der Verrechnungssteuerpflicht im Konzept der *Finance Branch* (vgl. dazu GEHRIGER, ASA 71, 463 ff.) durch das Nichteintragen der schweizerischen Finanzbetriebsstätte als Zweigniederlassung vermieden werden.
[10] Vgl. Botschaft VStG, 976.
[11] BÖCKLI, StR 1985, 523; MEISTER, in: ZWEIFEL/BEUSCH/BAUER-BALMELLI, N 3 ff. zu VStG 15; PFUND, N 1 zu VStG 15; BGer 17.2.1978, ASA 47, 541 ff. E.10.
[12] BGer 17.2.1978, ASA 47, 541 ff. E. 8c auch zum Folgenden.
[13] BGer 20.10.1989, BGE 115 Ib 274 E. 10a auch zum Folgenden.
[14] Vgl. BGer 9.10.1989, BGE 115 Ib 393 E. 4b.

tenden ist somit sehr weit gefasst; auch Rechtsberatern kann unter Umständen Liquidatorenstellung zukommen.

Der sachliche Umfang der Liquidatorenhaftung ist zum einen begrenzt auf den Betrag des Liquidationsergebnisses. Die Mithaftung entfällt somit, wenn eine Gesellschaft schon vor der Liquidation überschuldet ist und kein positives Liquidationsergebnis anfällt.[15] Zum anderen haften die Liquidatoren nur für Forderungen, die während ihrer Geschäftsführung entstehen, geltend gemacht oder fällig werden. 12

Die Haftung entfällt, wenn der *Exkulpationsbeweis* gelingt, wenn mit anderen Worten nachgewiesen werden kann, dass alles Zumutbare zur Feststellung und Erfüllung der Steuerforderung getan worden ist (VStG 15 II). Diese Exkulpationsmöglichkeit ist enger gefasst als der im Privatrecht bekannte Sorgfaltsbeweis.[16] «Alles Zumutbare» reicht über das hinaus, was die «nach den Umständen gebotene Sorgfalt» (vgl. OR 55 I und DBG 13 IV) verlangt. Vorausgesetzt wird, dass der Liquidator seine Aufgabe nach bestem Wissen und Gewissen erfüllt hat und für die Sicherstellung und Bezahlung der Steuerschuld alles getan hat, was vernünftigerweise verlangt werden kann. 13

b) Haftung bei Sitzverlegung ins Ausland

Bei einer Sitzverlegung ins Ausland sind gemäss VStG 15 I b die Organe der juristischen Personen oder der kollektiven Kapitalanlagen solidarisch haftbar. Die Mithaftenden sind zunächst die Verwaltungsräte, Geschäftsführer, Mitglieder der Geschäftsleitung usw. Neben diesen statutarischen Organen sind jedoch auch hier die *faktischen Organe* miterfasst.[17] Die Haftung ist sachlich in zweifacher Hinsicht begrenzt: Das Reinvermögen der juristischen Person bildet die Haftungsobergrenze (VStG 15 I b), zudem haften die Organe für Steuer-, Zins- und Kostenforderungen, die während ihrer Geschäftsführung entstehen (VStG 15 II), geltend gemacht oder fällig werden. Zum Exkulpationsbeweis kann auf die Ausführungen zur Liquidatorenhaftung verwiesen werden. 14

II. Steuerobjekt

Die Verrechnungssteuer auf den Erträgen des beweglichen Kapitalvermögens erfasst gemäss VStG 4 I die «Zinsen, Renten, Gewinnanteile und sonstigen Erträge» aus Obligationen, Beteiligungsrechten, Anteilen an kollektiven Kapitalanlagen gemäss KAG und Kundenguthaben bei Banken und Sparkassen. Entsprechend 15

---

[15] MEISTER, in: ZWEIFEL/BEUSCH/BAUER-BALMELLI, N 20 zu VStG 15.
[16] BGer 20.10.1989, BGE 115 Ib 274 E. 14d auch zum Folgenden; BGer 9.5.2006, 2A.342/2005, E. 4.2.
[17] THOMAS A. MÜLLER, Die solidarische Mithaftung bei der Sitzverlegung ins Ausland, StR 2000, 78 ff., 82; PFUND, N 10 zu VStG 15.

dem Schuldnerprinzip unterliegen aber nur Vermögenserträge, die aus einer *inländischen Quelle* stammen bzw. von einem *Inländer* geschuldet sind, der Verrechnungssteuer.[18] Das VStG umschreibt die Kapitalerträgnisse nicht näher; diese werden in der VStV konkretisiert (vgl. VStV 14, 20 und 28). Die der Verrechnungssteuer unterliegenden Erträgnisse des beweglichen Kapitalvermögens werden häufig ganz allgemein als *geldwerte Leistungen* bezeichnet.[19]

1. Erträge aus inländischen Obligationen, Serienschuldbriefen, Seriengülten und Schuldbuchguthaben

16 VStG 4 I a erfasst zunächst die Erträge der von einem Inländer ausgegebenen Obligationen, Serienschuldbriefe, Seriengülten und Schuldbuchguthaben. Die Begriffe der Obligation, der Serienschuldbriefe und der Seriengülten werden in VStV 15 umschrieben.[20] Als Obligationen gelten alle auf feste Beträge lautenden schriftlichen Schuldanerkennungen, die zwecks kollektiver Kapitalbeschaffung in einer Mehrzahl von Exemplaren ausgegeben werden und dem Gläubiger zum Nachweis, zur Geltendmachung oder zur Übertragung der Forderung dienen[21], was insbesondere auf Anleihens- und Kassenobligationen zutrifft (VStV 15 I). Die Wertpapierqualität ist nicht erforderlich.

> Die *steuerlichen Rahmenbedingungen* für die Emission von Obligationen und Geldmarktpapieren sind in der Schweiz nicht nur wegen der Erhebung der Emissionsabgabe[22], sondern vor allem auch wegen der Verrechnungssteuer auf sämtlichen Zinszahlungen von in der Schweiz emittierten Obligationen und Geldmarktpapieren schweizerischer Schuldner nicht attraktiv.[23] Das bewirkt, dass die schweizerischen Unternehmen ihre Obligationen und Geldmarktpapiere zumeist über eine ausländische (Offshore-)Tochtergesellschaft mit einer Garantieerklärung der inländischen Konzernmutter begeben. Dadurch können die Emissionsabgabe und die Verrechnungssteuer vermieden werden, wenn die aufgenommenen Gelder nicht in der Schweiz verwendet werden.[24] Auf diese Weise verliert der schweizerische

---

[18] Zum Inländerbegriff von VStG 9 vorne N 3 ff.
[19] Damit wird dem Ausdruck *«geldwerte Leistung»* allerdings ein engerer Begriffsinhalt zugedacht, als ihm gemäss VStV zukommt. Gemäss VStV 14, 20 und 28 stellen nämlich auch die nicht der Verrechnungssteuer unterliegenden Kapitalrückzahlungen geldwerte Leistungen dar (ausführlich UNTERSANDER, Kapitalrückzahlungsprinzip, 9 ff.).
[20] In StG 4 III findet sich eine Legaldefinition des *Obligationenbegriffs,* an welchen sich die Praxis bei der Umschreibung des verrechnungssteuerrechtlichen Obligationenbegriffs anlehnt (kritisch dazu DUSS/HELBING/DUSS, in: ZWEIFEL/BEUSCH/BAUER-BALMELLI, N 24 zu VStG 4.
[21] Kreisschreiben Nr. 15 der EStV vom 7.2.2007 betreffend Obligationen und derivative Finanzinstrumente als Gegenstand der direkten Bundessteuer, der Verrechnungssteuer sowie der Stempelabgaben, 2.1.1; Merkblatt S-02.122.1 der EStV vom April 1999 betreffend Obligationen, 1, auch zum Folgenden.
[22] Dazu § 7 N 41 ff.
[23] Botschaft Belebung des Kapitalmarktes, BBl 2011, 6619, 6623 ff. auch zum Folgenden.
[24] Die von einer ausländischen Tochtergesellschaft durch Ausgabe von Obligationen aufgenommenen Mittel dürfen weder direkt noch indirekt in die Schweiz zurückfliessen, wenn eine Garantie der inländischen Muttergesellschaft vorliegt (vgl. BAUER-BALMELLI/KÜPFER, Praxis II/2, Nr. 21 zu VStG 4 I a).

Fiskus nicht nur Steuereinnahmen, weil das den Kapitalmarkt belebende Emissionsgeschäft im Ausland stattfindet, sondern es wird auch der Sicherungszweck der Verrechnungssteuer vereitelt, weil auf solchen im Ausland emittierten Anleihen keine Verrechnungssteuer abgezogen wird. Aus diesen Gründen soll die Verrechnungssteuer auf Obligationen und Geldmarktpapieren nach dem Vorschlag des Bundesrates auf natürliche Personen mit Wohnsitz in der Schweiz beschränkt werden,[25] allerdings unter gleichzeitiger Erweiterung des Steuerobjekts der Verrechnungssteuer auf Zinsen ausländischer Obligationen und Geldmarktpapiere, welche an inländische natürliche Personen entrichtet werden.[26]

Keine Obligationen sind *gewöhnliche Darlehen*. Zinsen auf gewöhnlichen Darlehen – auch Konzerndarlehen – unterliegen somit an sich nicht der Verrechnungssteuer. Hierbei ist jedoch zu beachten, dass die EStV den gesetzlichen Obligationenbegriff sehr extensiv interpretiert.[27] Nach dem Merkblatt vom April 1999[28] wird die Geldaufnahme von mehr als CHF 500 000 durch einen Inländer als Ausgabe von *Kassenobligationen* qualifiziert, wenn die Zahl der Gläubiger 20 übersteigt. Wenn die Geldaufnahme zu identischen Bedingungen erfolgt und die Zahl der Gläubiger zehn übersteigt, liegt eine *Anleihensobligation* vor. In- und ausländische Bankengläubiger werden bei dieser 10/20-Regel allerdings nicht mitgezählt.[29] Keine Lockerung hinsichtlich des Obligationenbegriffs hat die Neuregelung für *Konzernfinanzierungsgesellschaften*[30] gebracht. Soweit Konzernfinanzierungsgesellschaften die konzerninterne Finanzierung (Cash Management) betreiben, ist dies auch nicht nötig, denn die Ausleihungen beruhen hier gewöhnlich nicht auf schriftlichen, in festen Beträgen lautenden Schuldanerkennungen. Für die konzernexterne Finanzierung gilt jedoch die bisherige Praxis der EStV unverändert fort.[31].   17

Steuerbarer Ertrag aus inländischen Obligationen, Serienschuldbriefen, Seriengülten und Schuldbuchguthaben ist jede geldwerte Leistung an den Gläubiger, die auf dem Schuldverhältnis beruht und keine Rückzahlung der Kapitalschuld darstellt (VStV 14 I).[32] Neben dem Zins stellt daher auch ein Emissions-Disagio oder der bei der Ausgabe von sog. Zerobonds gewährte Diskont steuerbaren Ertrag dar, ebenso das bei vorzeitiger Rückzahlung einer Obligation vergütete Rückzahlungsagio.[33]   18

Marchzinsen lösen beim Verkauf einer Obligation dagegen keine Verrechnungssteuerfolgen aus. Sie beruhen nicht auf dem Schuldverhältnis, sondern folgen   19

---

[25] Zur Abschaffung der *Emissionsabgabe* auf der Fremdkapitalaufnahme vgl. vorne § 7 N 45.
[26] Dazu vorne § 28 N 16 ff.
[27] Zur berechtigten Kritik vgl. STORCK/SPORI, FStR 2008, 255 ff.
[28] EStV Merkblatt S-02.122.1 vom April 1999 (Fn. 21).
[29] EStV Merkblatt S-02.122.1 vom April 1999 (Fn. 21), 3.b; vgl. dazu DUSS/HELBING/DUSS, in: ZWEIFEL/BEUSCH/BAUER-BALMELLI, N 29 zu VStG 4.
[30] Dazu hinten N 43.
[31] Vgl. SIMONEK/VON AH, Entwicklungen 2010, 45 f.
[32] Eine prägnante Darstellung der Steuerfolgen von Obligationen u.dgl. ist enthalten in EStV KS Nr. 15 vom 7.2.2007 (Fn. 21).
[33] STOCKAR, Übersicht, 80 f.

aus dem Kaufgeschäft.[34] Der Vermögensertragsbegriff der Einkommenssteuer, wonach alles steuerbaren Ertrag darstellt, was aus der Sicht des Empfängers Entgelt für die Nutzungsüberlassung darstellt,[35] lässt sich wegen des Quellensteuercharakters und des Schuldnerprinzips der Verrechnungssteuer nicht unbesehen auf das Verrechnungssteuerrecht übertragen. Die beim Kauf der Papiere bezahlten Marchzinsen finden somit verrechnungssteuerrechtlich keine Berücksichtigung; die Zinsleistungen des Schuldners unterliegen jedoch im Zeitpunkt ihrer Fälligkeit vollumfänglich der Verrechnungssteuer. Das gilt nicht nur für jahresperiodisch verzinsliche Obligationen, sondern auch für überwiegend einmalverzinsliche Papiere mit einem Diskont zu Beginn der Laufzeit oder einem Globalzins am Ende der Laufzeit.[36]

> Hier wird allerdings mit dem vom Bundesrat geplanten partiellen Übergang zum *Zahlstellenprinzip* bei Obligationen und Geldmarktpapieren eine Angleichung an die Einkommenssteuer möglich, indem die Steuerforderung bei Einkünften aus der Veräusserung oder Rückzahlung von Obligationen mit überwiegender Einmalverzinsung (globalverzinsliche Obligationen, Diskontbonds) neu im Zeitpunkt der Veräusserung oder Rückzahlung auf der *Differenz* zwischen dem Anschaffungsbetrag und dem Veräusserungs- oder Rückzahlungsbetrag entstehen soll.[37]

2. Erträge aus Beteiligungsrechten

20 VStG 4 I b zählt abschliessend die *Beteiligungsrechte* auf, deren Ertrag der Verrechnungssteuer unterliegt, wenn es sich um inländische Beteiligungsrechte handelt:[38] Aktien, Stammanteile an Gesellschaften mit beschränkter Haftung, Genossenschaftsanteile, Partizipationsscheine und Genussscheine. Nicht von der Verrechnungssteuer erfasst sind demnach Erträge der Kapitalanteile an einfachen Gesellschaften, Kollektiv- und Kommanditgesellschaften.[39]

a) Definition des Beteiligungsertrags

21 Was als *Kapitalertrag* aus diesen Beteiligungsrechten zu verstehen ist, ergibt sich aus VStG 4a, welcher den Kapitalertrag beim Erwerb eigener Beteiligungsrechte umschreibt, sowie aus den in VStG 5 erläuterten Steuerausnahmen. Eine allgemeine Umschreibung des Begriffs des Kapitalertrags ist in VStV 20 I zu finden, der festhält, dass jede geldwerte Leistung der Gesellschaft oder Genossenschaft

---

[34] Duss/Helbing/Duss, in: Zweifel/Beusch/Bauer-Balmelli, N 99 f. zu VStG 4; zum Begriff der Marchzinsen vorne § 13 N 106.
[35] Vorne § 13 N 38.
[36] Zur Besteuerung von überwiegend einmalverzinslichen Obligationen vgl. EStV KS Nr. 15 vom 7.2.2007 (Fn. 21), 3.2.
[37] Botschaft Belebung des Kapitalmarktes, BBl 2011, 6637.
[38] Pfund, N 3.1 zu VStG 4.
[39] Dies entspricht der *transparenten Besteuerung* von Personengesellschaften im Einkommenssteuerrecht. Einkünfte aus Personengesellschaften bilden Einkommen aus selbständiger Erwerbstätigkeit, nicht aus Vermögensertrag (vorne § 15 N 8).

an die Inhaber der Beteiligungsrechte oder an diesen nahestehende Personen, die keine Rückzahlung der im Zeitpunkt der Leistung bestehenden Anteile am einbezahlten Grund- oder Stammkapital darstellt,[40] als steuerbarer Ertrag zu betrachten ist. Diese Umschreibung entspricht der gesetzlichen Konzeption des Vermögensertrags aus Beteiligungsrechten gemäss DBG 20 I c.[41] Es wird nicht nur klargestellt, dass eine objektbezogene Betrachtungsweise Anwendung findet, sondern auch, dass das Nennwertprinzip gilt.[42] Die weitgehende Übereinstimmung des verrechnungssteuerrechtlichen Begriffs des Kapitalertrags mit dem Begriff des Vermögensertrags im allgemeinen Einkommenssteuerrecht vermag mit Blick auf den Sicherungszweck der Verrechnungssteuer nicht zu erstaunen.

b) Modifiziertes Nennwertprinzip

Ob und inwieweit es sich bei geldwerten Leistungen um eine Rückzahlung bestehender Anteile handelt, wurde während Jahrzehnten streng anhand des *reinen Nennwertprinzips* beurteilt. Steuerfrei rückzahlbar war nur das nominelle Aktienkapital. Die Anwendung des reinen Nennwertprinzips, wonach nicht nur die Erhöhung des nominellen Kapitals aus eigenen Mitteln (Gratisaktien, OR 652d I), sondern auch die Rückzahlung von bei Kapitalerhöhung geleisteten Reserveeinlagen (Agioeinzahlungen) verrechnungssteuerpflichtig sind, stiess jedoch allseitig auf heftige Kritik.[43]

22

Deshalb wurde das Nennwertprinzip auf den 1.1.2011 auch im Verrechnungssteuerrecht im Gleichschritt mit der allgemeinen Einkommenssteuer durch den teilweisen Übergang zum *Kapitaleinlageprinzip* modifiziert.[44] Nach VStG 5 I[bis] werden Rückzahlungen von Einlagen, Aufgeldern und Zuschüssen unter gewissen Voraussetzungen gleich behandelt wie die Rückzahlung von Grund- oder Stammkapital. Verlangt wird, dass diese von den Beteiligten eingebrachten Mittel auf einem gesonderten Konto ausgewiesen und jede Veränderung auf diesem Konto der EStV gemeldet wird. Ferner sind nur Einlagen, Aufgelder und Zuschüsse erfasst, die nach dem 31.12.1996 von den Inhabern der Beteiligungsrechte geleistet wurden. Für die übrigen Kapitaleinlagen gilt weiterhin das Nennwertprinzip.

23

---

[40] Als Beispiele erwähnt werden «Dividenden, Boni, Gratisaktien, Gratis-Partizipationsscheine, Liquidationsüberschüsse und dergleichen».
[41] Vgl. BGer 29.1.1992, ASA 61, 74 ff. E. 2a; BGer 11.12.1981, BGE 107 Ib 325 E. 3a.
[42] Die Modifikation des Nennwertprinzips (dazu nachfolgend 2 b) hat sich im Wortlaut von VStV 20 noch nicht niedergeschlagen.
[43] Dazu § 13 N 121.
[44] Vgl. dazu mit Hinweisen auf Literatur und Praxis vorne § 13 N 121 ff.

c) *Dividenden und weitere geldwerte Leistungen an die Inhaber der Beteiligungsrechte oder an ihnen nahestehende Personen*

24 Dividenden sind Gewinn- oder Reserveausschüttungen an die Inhaber der Beteiligungsrechte zulasten des Gewinnvortrags oder der offenen Reserven. Steuerrechtlich unerheblich ist, ob im abgelaufenen Geschäftsjahr erwirtschafteter oder aus früheren Jahren thesaurierter Gewinn ausgeschüttet wird.[45] Ob die Ausschüttungen in Geldform oder in der Form von Naturalleistungen erfolgen, ist ebenfalls irrelevant. Auch die Einhaltung der privatrechtlichen Vorschriften ist nicht Voraussetzung für eine Dividende im verrechnungssteuerrechtlichen Sinn, weshalb beispielsweise auch Interimsdividenden oder OR 675 I zuwiderlaufende Eigenkapitalzinsen Verrechnungssteuerfolgen auslösen.[46] So unterliegen nicht nur die Dividenden als offene, handelsrechtskonform vorgenommene Gewinnausschüttungen, sondern auch die verdeckten Gewinnausschüttungen[47] der Verrechnungssteuer.

25 Geldwerte Leistungen führen – ausser in den Fällen der Liberierung von Grundkapital durch Reserven[48] – zu einer *Entreicherung* der leistenden Gesellschaft. Sie stellen entweder einen Vermögensabgang dar oder sind auf einen Verzicht der Gesellschaft auf einen Vermögenszugang zurückzuführen.[49] Eine geldwerte Leistung ist gemäss der Rechtsprechung anzunehmen, wenn die Gesellschaft keine oder keine genügende Gegenleistung erhält, der Inhaber der Beteiligungsrechte direkt oder über eine ihm nahestehende Person einen Vorteil erhält, der einem Dritten unter gleichen Bedingungen nicht zugebilligt worden wäre, und der Charakter dieser Leistung für die Gesellschaftsorgane erkennbar war.[50] Die Verrechnungssteuer folgt demnach wie die allgemeine Einkommenssteuer der *objektbezogenen Betrachtungsweise*[51], indem die Frage des Vorliegens eines geldwerten Vorteils streng aus der Gesellschaftsperspektive und nicht mit Blick auf die subjektive wirtschaftliche Leistungsfähigkeit der Inhaber der Beteiligungsrechte zu beurteilen ist.

26 Geldwerte Leistungen beruhen auf dem Beteiligungsrecht. Der *Grund der Leistung* muss im Beteiligungsverhältnis liegen, d.h., der Inhaber der Beteiligungsrechte erhält die Leistung aufgrund des Beteiligungsverhältnisses und nicht aus anderen Gründen.[52] Unerheblich ist indes, ob die geldwerte Leistung dem Inhaber der Beteiligungsrechte oder an ihm nahestehende Personen ausgerichtet wird. Als nahestehende Person gilt jede Person, welcher die Inhaber der Beteili-

---

[45] Zu den Ausschüttungen aus *Kapitaleinlagereserven* vorne N 23.
[46] Duss/Helbing/Duss, in: Zweifel/Beusch/Bauer-Balmelli, N 130 zu VStG 4.
[47] Zum Begriff der *verdeckten Gewinnausschüttung* kann auf die Ausführungen bei der allgemeinen Einkommenssteuer verwiesen werden (vorne § 13 N 128 ff.).
[48] Gratisaktienausgabe und Gratisnennwerterhöhungen, vgl. hinten N 35.
[49] Reich, Vermögensertrag, 273 f. m.w.Hw.
[50] BGer 7.6.1999, ASA 69, 202 ff. E. 2b; BGer 20.10.1989, BGE 115 Ib 274 E. 9b.
[51] Dazu vorne § 13 N 116 f.
[52] Vgl. BGer 30.4.2002, StE 2002 B 24.4 Nr. 67 E. 2.2.

gungsrechte einen nicht im Interesse der Gesellschaft liegenden Vorteil zukommen lassen wollen.[53]

Prüfungsmassstab für das Vorliegen geldwerter Leistungen bildet wie im Recht der allgemeinen Einkommenssteuer der *Drittvergleich*[54] bzw. das *Dealing-at-arm's-length-Prinzip*. Massgebend ist die Marktkonformität der Leistung[55]: In dem Ausmass, als die von der Gesellschaft erbrachten Leistungen einem unbeteiligten Dritten nicht gewährt worden wären, unterliegen sie – soweit sie keine steuerfreie Kapitalrückzahlungen bilden – der Verrechnungssteuer.[56] 27

d) Liquidationsüberschüsse

Bei der Auflösung einer Gesellschaft unterliegt der Liquidationüberschuss, d.h. die Differenz zwischen dem gesamten Liquidationserlös (sog. Schlussdividende) und dem steuerfrei rückzahlbaren Kapital, der Verrechnungssteuer. Der Begriff der Liquidation ist dabei wie im Recht der allgemeinen Einkommenssteuer[57] in einem wirtschaftlichen Sinn auszulegen, weshalb neben der formellen Liquidation auch die *faktische Liquidation* erfasst wird, bei der eine Gesellschaft ihre Aktiven veräussert oder verwertet und den Erlös verteilt, wobei weder ein Auflösungsbeschluss noch der Liquidationswille der Gesellschaftsorgane vorausgesetzt wird.[58] Es darf allerdings nicht einfach ex post aus betriebswirtschaftlich unzweckmässig erscheinenden Dispositionen auf eine faktische Liquidation geschlossen werden.[59] Alle diese Überlegungen gelten auch für Teilliquidationen. Auch eine *Teilliquidation* ist nicht nur dann steuerbar, wenn das für eine Kapitalherabsetzung vorgesehene Verfahren beachtet wird, sondern auch dann, wenn die Gesellschaft ein Rechtsgeschäft tätigt, das in seiner wirtschaftlichen Konsequenz der formellen Teilliquidation gleichkommt.[60] 28

Der Tatbestand des *Mantelhandels* wird steuerrechtlich in wirtschaftlicher Betrachtungsweise wie eine Liquidation mit anschliessender Neugründung behandelt, weshalb auch hier Verrechnungssteuerfolgen ausgelöst werden, und zwar unabhängig davon, ob eine Steuerumgehung beabsichtigt ist oder nicht.[61] 29

Ausdrücklich der Liquidation gleichgestellt ist die *Sitzverlegung* einer Aktiengesellschaft, GmbH oder Genossenschaft ins Ausland (VStG 4 II). Gleiches gilt, 30

---

[53] Die Verrechnungssteuer ist nach der *Direktbegünstigtentheorie* auf die nahestehende Person als Leistungsempfängerin zu überwälzen und die Voraussetzungen der Rückerstattung müssen bei dieser erfüllt sein, dazu hinten N 62 ff., 71.
[54] Dazu vorne § 13 N 131, § 18 N 7 und § 20 N 25 f.
[55] Höhn/Waldburger, Bd. II, § 48 N 53 ff.
[56] BGer 4.5.1999, ASA 68, 739 ff. E. 2a.
[57] Vorne § 13 N 134 ff.
[58] BGer 5.1.2011, StR 2011, 354 ff., E. 2.2.1; BGer 20.10.1989, BGE 115 Ib 274 E. 10c; Duss/Helbing/Duss, in: Zweifel/Beusch/Bauer-Balmelli, N 152 zu VStG 4; vgl. dazu auch vorne N 10.
[59] Dazu BGer 19.4.2011, 2C_868/2010, E. 4.5 und 4.6.
[60] BGer 4.5.1999, ASA 68, 739 ff. E. 4.
[61] Vgl. dazu BGer 5.1.2011, StR 2011, 354 ff., E. 2.2; SRK 10.2.2006, VPB 2006 Nr. 61, E. 2b.

wenn eine Gesellschaft mit statutarischem Sitz im Ausland den Ort ihrer tatsächlichen Leitung von der Schweiz ins Ausland verlegt (VStV 22 V), da sie fortan nicht mehr unter den Inländerbegriff von VStG 9 I fällt.[62] Nicht als Sitzverlegung im Sinne von VStG 4 II kann indes die Aufgabe der inländischen Geschäftstätigkeit durch eine ausländische Gesellschaft mit tatsächlicher Leitung in der Schweiz betrachtet werden, obwohl die Gesellschaft ihre Inländereigenschaft damit ebenfalls verliert (VStG 9 I).

e) *Erwerb eigener Beteiligungsrechte*

31 Geldwerte Leistungen können auch durch den Rückkauf eigener Beteiligungsrechte erzielt werden. Die Verrechnungssteuerfolgen eines Rückkaufs eigener Beteiligungsrechte durch eine Gesellschaft oder Genossenschaft sind in VStG 4a geregelt. Steuerfolgen werden immer dann ausgelöst, wenn der Rückkauf der eigenen Beteiligungsrechte eine (direkte) Teilliquidation darstellt, d.h., wenn den Beteiligten Gesellschaftsvermögen zufliesst und es dadurch zu einer Entreicherung der Gesellschaft kommt.[63] Dies ist zunächst immer dann gegeben, wenn der Rückkauf eigener Beteiligungsrechte im *Zusammenhang mit einer Kapitalherabsetzung*[64] geschieht. Die Differenz zwischen dem Rückkaufspreis und dem Nennwert der Beteiligungsrechte ist als (Teil-)Liquidationsüberschuss verrechnungssteuerpflichtig (VStG 4a I).

32 Unabhängig von einer allfälligen Kapitalherabsetzung wird eine Teilliquidation angenommen, wenn bei einem Rückkauf die *Höchstgrenzen von OR 659* überschritten werden (vgl. VStG 4a I letzter Satz). Kauft eine AG mehr als 10% ihrer Aktien (bzw. mehr als 20% bei vinkulierten Namenaktien) zurück, so unterliegt die Differenz zwischen dem Kaufpreis und dem einbezahlten Nennwert des überschiessenden Aktienanteils der Verrechnungssteuer.[65]

33 Erfolgt der Erwerb eigener Beteiligungsrechte ohne nachträgliche Kapitalherabsetzung und innerhalb des Rahmens von OR 659, so wird der Rückkauf als geldwerte Leistung qualifiziert, wenn die Beteiligungsrechte nicht innerhalb der *gesetzlichen Haltefristen* wieder veräussert werden.[66] Die maximale Haltedauer beträgt gemäss VStG 4a II grundsätzlich sechs Jahre.[67] Hat eine Gesellschaft oder Genossenschaft eigene Beteiligungsrechte aufgrund von Verpflichtungen im Zusammenhang mit Wandel- oder Optionsanleihen oder mit einem Mitarbeiterbeteiligungsplan erworben, so steht die sechsjährige Frist still bis zum Erlöschen der entsprechenden Verpflichtungen, im Falle der Mitarbeiterbeteiligung jedoch

---

[62] HÖHN/WALDBURGER, Bd. I, § 21 N 21.
[63] VON AH, in: ZWEIFEL/BEUSCH/BAUER-BALMELLI, N 28 zu VStG 4a; dazu auch vorne § 13 N 142 ff.
[64] «... gestützt auf einen Beschluss über die Herabsetzung des Kapitals oder im Hinblick auf eine Herabsetzung ihres Kapitals ...» (VStG 4a I).
[65] Vgl. BGer 27.10.2005, 2A.9/2005, E. 2.2.
[66] VON AH, in: ZWEIFEL/BEUSCH/BAUER-BALMELLI, N 51 ff. zu VStG 4a.
[67] Bei vinkulierten Namenaktien gilt im Bereich des Eigenbestands von 10–20% nicht die maximale Haltedauer von sechs Jahren, sondern die *zweijährige Frist* von OR 659 II (BGer 8.10.2009, BGE 136 II 33 ff. E. 3.2).

längstens sechs Jahre (VStG 4a III). Erfolgt während der Haltefrist keine Veräusserung der Anteile, so entsteht *mit Ablauf der Frist* die Verrechnungssteuerforderung (VStG 12 I^(bis)).

Wenn vor Ablauf der Haltefrist eine im Rückkaufszeitpunkt *nicht geplante Kapitalherabsetzung* erfolgt, liegt ebenfalls eine Teilliquidation vor, obwohl diesfalls der Rückkauf nicht im Zusammenhang mit einer Kapitalherabsetzung steht. Die Beteiligungsrechte werden nicht innerhalb der gesetzlich vorgesehenen Haltefrist wieder veräussert.[68]

34

f)   Gratisaktien, Gratispartizipationsscheine und Gratisnennwerterhöhungen

Bei der Ausgabe von Gratisaktien, Gratispartizipationsscheinen oder Gratisnennwerterhöhungen wird nominelles Grundkapital aus Mitteln der Gesellschaft gebildet. Das neu geschaffene Grundkapital wird zulasten der Reserven liberiert (OR 652d). Diese bilanzielle Verschiebung vom frei verwendbaren Eigenkapital ins Nominalkapital führt zwar zu keiner Entreicherung der Gesellschaft, aufgrund des Nennwertprinzips ist jedoch auf dem Nominalwert der neu geschaffenen Beteiligungsrechte bzw. auf dem erhöhten Nennwert die Verrechnungssteuer zu erheben, soweit der Verrechnungssteuer unterworfene Reserven in steuerfrei rückzahlbares Grundkapital umgewandelt werden.[69]

35

g)   Geldwerte Leistungen bei Unternehmensumstrukturierungen

Bei Unternehmensumstrukturierungen erfolgen regelmässig geldwerte Leistungen. Das Vermögen der übertragenden Gesellschaften geht vielfach auf die übernehmenden Gesellschaften über, ohne dass den übertragenden Gesellschaften hierfür eine aktivierbare Gegenleistung zufliesst. Dieser *verrechnungssteuerrechtliche «Liquidationserlös»* unterliegt nach VStG 4 I b grundsätzlich der Verrechnungssteuer.[70] Schon früh wurde indes erkannt, dass diese formale Betrachtungsweise den sich bei Umstrukturierungen abspielenden wirtschaftlichen Gegebenheiten nicht gerecht wird. Insoweit die Inhaber der Beteiligungsrechte bei Umstrukturierungen keine frei verfügbaren Vermögenswerte ausgeschüttet erhalten, sondern lediglich mit Beteiligungsrechten abgefunden werden, in welchen die übertragenen Vermögenswerte weiterhin gebunden und latent der Verrechnungssteuer verhaftet bleiben, erscheint die Erhebung der Verrechnungssteuer als nicht gerechtfertigt.

36

---

[68] Von Ah, Kapitalherabsetzung, 315 ff.
[69] Zur Überwälzung bei Gratisaktien- und Gratisnennwerterhöhungen hinten N 45 f.
[70] Vgl. Markus Reich, Grundriss der Steuerfolgen von Unternehmensumstrukturierungen, Basel et al. 2000, 137 f. auch zum Folgenden.

37 Aus diesem Grund hat der Gesetzgeber mit VStG 5 I a einen entsprechenden *Ausnahmetatbestand* statuiert. Danach sind die übertragenen Gewinne und Reserven von der Steuer ausgenommen, wenn:

- ein *Umstrukturierungstatbestand* im Sinn von DBG 61 vorliegt[71] und
- die *Erhaltung des Verrechnungssteuersubstrats* gewährleistet ist, indem (1) die Übertragung auf eine verrechnungssteuerpflichtige, inländische Kapitalgesellschaft oder Genossenschaft erfolgt und (2) die übertragenen Reserven und Gewinne[72] in die Reserven der übernehmenden Gesellschaft übergehen.

38 Kein Aufschub der Verrechnungssteuer wird demnach insbesondere auf *Ausgleichszahlungen* gewährt, die zur Herstellung des angestrebten Austauschverhältnisses den Inhabern der Beteiligungsrechte ausgerichtet werden. Ebenfalls kein Steueraufschub findet statt, wenn Reserven und Gewinne in das Grundkapital oder auf die Kapitaleinlagereserven der übernehmenden Gesellschaft überführt werden. Diese *Umwandlung von steuerverhafteten Reserven* in steuerfrei rückzahlbares Mittel kommt einer Gratisaktienausgabe bzw. einer Gratisnennwerterhöhung gleich.[73] Sodann wird die Verrechnungssteuer nicht aufgeschoben, wenn Reserven und Gewinne der übertragenden Gesellschaft dazu dienen, von der aufnehmenden Gesellschaft erlittene *Verluste* zu decken.[74] Schliesslich wird der Steueraufschub auch infrage gestellt, wenn bei einer Tochterabsorption Reserven der aufnehmenden Muttergesellschaft verschwinden, weil der Buchwert der Beteiligung an der Tochtergesellschaft deren nominelles Kapital übersteigt *(sog. verrechnungssteuerrechtlicher Fusionsverlust)*.[75]

3. Erträge aus Anteilen an einer kollektiven Kapitalanlage gemäss KAG

39 VStG 4 I c unterwirft der Verrechnungssteuer die Erträge der von einem Inländer oder von einem Ausländer in Verbindung mit einem Inländer ausgegebenen Anteile an einer kollektiven Kapitalanlage.[76] Anders als bei der Einkommensteuer (vgl. DBG 10 II) sind die kollektiven Kapitalanlagen bzw. die Fondsleitung bei

---

[71] Dabei ist nicht erforderlich, dass auch sämtliche einkommensteuerspezifischen Voraussetzungen der Steuerneutralität erfüllt sind; gl.M. ALTORFER/GRETER, in: ZWEIFEL/BEUSCH/BAUER-BALMELLI, N 9 zu VStG 5, a.M. Kreisschreiben Nr. 5 der EStV vom 1.6.2004 betreffend Umstrukturierungen, 4.5.3.4.

[72] Unter «Reserven und Gewinne» ist der gesamte, das Grund- oder Stammkapital übersteigende Teil des Gesellschaftsvermögens zu verstehen, also auch die stillen Reserven (PFUND, N 2.6 zu VStG 5).

[73] BAUER-BALMELLI/KÜPFER, Praxis II/2, Nr. 7 zu VStG 5 I a; REICH, Umstrukturierungen 1. Teil, 274 f.; a.M. HÖHN/WALDBURGER, Bd. II, § 48 N 230 ff.

[74] PFUND, N 2.9 zu VStG 5; BAUER-BALMELLI/KÜPFER, Praxis II/2, Nr. 6 zu VStG 5 I a.

[75] Vgl. ALTORFER/GRETER, in: ZWEIFEL/BEUSCH/BAUER-BALMELLI, N 11 zu VStG 5 und REICH, Umstrukturierungen 1. Teil, 284 f.

[76] Zum Begriff und den Ausgestaltungen einer kollektiven Kapitalanlage KAG 7 f.

der Verrechnungssteuer somit generell Steuersubjekte[77] und müssen von den Leistungen an die Anleger den geschuldeten Steuerbetrag in Abzug bringen.

Steuerbarer Ertrag aus Anteilen an kollektiven Kapitalanlagen ist jede auf dem Anteil beruhende geldwerte Leistung an einen Anleger, sofern die geldwerte Leistung nicht über einen ausschliesslich der Ausschüttung von Kapitalgewinnen oder der Rückzahlung der Kapitaleinzahlung dienenden Coupon ausgerichtet wird (VStV 28 I; VStG 5 I b). Ausgenommen sind ferner die in einer kollektiven Kapitalanlage erzielten Kapitalgewinne und Erträge aus direktem Grundbesitz, sofern sie gesondert ausgerichtet werden (VStG 5 I b). 40

Zu unterscheiden sind die *Ausschüttungs-* und die *Thesaurierungsfonds*. Bei den Ausschüttungsfonds werden die Erträge laufend an die Anleger ausgerichtet und sind in diesem Zeitpunkt verrechnungssteuerpflichtig. Demgegenüber werden bei den Thesaurierungsfonds die Erträge nicht ausgerichtet, sondern sogleich wieder angelegt. Gemäss VStG 12 I^{ter} ensteht die Steuerforderung bei Thesaurierungsfonds im Zeitpunkt der Gutschrift des steuerbaren Ertrags.[78] 41

4. Erträge aus Kundenguthaben bei Banken und Sparkassen

Nach VStG 4 I d sind Erträge aus Kundenguthaben bei inländischen Banken und Sparkassen steuerbar. Als *Bank* oder *Sparkasse* gilt im Sinne des VStG, wer sich öffentlich zur Annahme verzinslicher Gelder empfiehlt oder fortgesetzt Gelder gegen Zins entgegennimmt (VStG 9 II). *Kundenguthaben* sind die durch Einlagen bei einer (inländischen) Bank oder Sparkasse begründeten Forderungen, wie beispielsweise Spar- und Kontokorrentguthaben oder Lohnkonti.[79] Keine Kundenguthaben sind Ausleihungen zwischen verschiedenen Banken (sog. Interbankguthaben).[80] 42

Das Qualifikationsmerkmal der *fortgesetzten Entgegennahme von Geldern gegen Zins* führte bis vor Kurzem zu einer erheblichen Ausweitung des Bankenbegriffs. Mit EStV KS Nr. 34 vom 26.7.2011[81] wurden die Richtlinien im Bereich Kundenguthaben jedoch gelockert. Seither gelten als Banken bzw. Sparkassen im verrechnungssteuerrechtlichen Sinn neben den inländischen Instituten, die sich öffentlich zur Annahme verzinslicher Gelder empfehlen, auch alle inländischen Gesellschaften, die mehr als *100 Gläubiger* haben, wenn die gesamte *Schuldsumme CHF 5 Mio.* übersteigt.[82] Hinderlich war das extensive Verständnis des Ban- 43

---

[77] Vgl. Kreisschreiben Nr. 24 der EStV vom 1.1.2009 betreffend kollektive Kapitalanlagen als Gegenstand der Verrechnungssteuer und der Stempelabgaben, 2.1.1.2 und 2.2.3.
[78] Vgl. EStV KS Nr. 24 vom 1.1.2009 (Fn. 77), 2.1.5.4.
[79] Vgl. Kreisschreiben Nr. 34 der EStV vom 26.7.2011 betreffend Kundenguthaben, 1.
[80] Dazu ARNOLD, in: ZWEIFEL/BEUSCH/BAUER-BALMELLI, N 295 ff. zu VStG 4 mit Hinweis auf das Merkblatt S-02.123 der EStV vom 22.9.1986 betreffend Verrechnungssteuer auf Zinsen von Bankguthaben, deren Gläubiger Banken sind (Interbankguthaben).
[81] Fn. 79.
[82] Im mit dem EStV KS Nr. 34 vom 26.7.2011 aufgehobenen Merkblatt S-02.122.2 der EStV vom April 1999 betreffend Kundenguthaben waren die Schwellenwerte bis anhin bei 20 Gläubiger und bei CHF 500 000 angesetzt (3b).

kenbegriffs vor allem bei *Konzernfinanzierungsgesellschaften*. Konzerninterne Schuld-Forderungsverhältnisse, die insbesondere beim *Cash Pooling* auftreten, wurden allzu rasch mit der Verrechnungssteuer (und der Emissionsabgabe) belegt.[83] Das hat dazu geführt, dass die schweizerischen Konzerne ihre Finanzierungsgesellschaften nicht in der Schweiz angesiedelt haben. Diese ungünstigen Rahmenbedingungen für Konzernfinanzierungsgesellschaften wurden schon im August 2010 verbessert, indem ein neuer VStV 14a aufgenommen wurde, der vorsieht, dass zwischen Konzerngesellschaften bestehende Guthaben weder als Obligation gemäss VStG 4 I a noch als Kundenguthaben gemäss VStG 4 I d gelten. Weil aber diese Regelung laut VStV 14a III nicht Anwendung findet, wenn eine inländische Konzerngesellschaft eine Obligation einer zum Konzern gehörenden ausländischen Gesellschaft garantiert, werden die im Ausland angesiedelten Konzernfinanzierungsgesellschaften wohl weiterhin nicht in die Schweiz zurückkehren. Solche Garantieerklärungen erweisen sich als unerlässlich, da die Gelder andernfalls nur zu höheren Zinssätzen beschafft werden könnten. Immerhin verbessert die Neuerung doch die Rahmenbedingungen für die Finanzierungsgesellschaften kleinerer inländischer Konzerne, die keine Anleihen auflegen, sowie für ausländische Konzerne, welche ihre Konzernfinanzierungsaktivitäten nun in der Schweiz organisieren können.

44 Als *steuerbarer Ertrag* aus Kundenguthaben gilt jede auf dem Schuldverhältnis beruhende geldwerte Leistung an den Gläubiger, die nicht Rückzahlung der Kapitalschuld darstellt (VStV 14). Ausgenommen von der Steuerpflicht sind die Zinsen von Kundenguthaben, wenn der Zinsbetrag für ein Kalenderjahr CHF 200 nicht übersteigt.[84]

III. Bemessungsgrundlage

1. Bruttoprinzip

45 Die Bemessungsgrundlage der Verrechnungssteuer auf Kapitalerträgen bildet entsprechend dem Objektsteuercharakter der Verrechnungssteuer der Bruttoertrag. Es sind weder subjektive Ermässigungs- oder Befreiungsgründe noch objektive Abzüge zu berücksichtigen.[85] Die Bemessung des Kapitalertrags bietet im Allgemeinen keine Schwierigkeiten, wo dieser in Geldform ausgerichtet wird. Bei Naturalleistungen stellt sich das Bewertungsproblem. Selbstredend ist vom Verkehrswert der erbrachten Leistungen auszugehen.

---

[83] Vgl. SIMONEK/VON AH, Entwicklungen 2010, 44 f.
[84] Dieses sog. *Sparheftprivileg* ist im Rahmen der Unternehmenssteuerreform II ausgedehnt worden, vgl. Botschaft zum Bundesgesetz über die Verbesserung der steuerlichen Rahmenbedingungen für unternehmerische Tätigkeiten und Investitionen (Unternehmenssteuerreformgesetz II) vom 22.6.2005, BBl 2005 4733–4874, 4839.
[85] BEUSCH, in: ZWEIFEL/BEUSCH/BAUER-BALMELLI, N 6 f. zu VStG 13.

2. Aufrechnung «ins Hundert»

Wird die Verrechnungssteuer nicht überwälzt, so wird dadurch die Bemessungsgrundlage der Verrechnungssteuer erweitert, indem eine *zusätzliche geldwerte Leistung* erfolgt, die zum ausgerichteten Betrag hinzuzurechnen ist. Die ohne Überwälzung ausgerichtete Leistung stellt die um die Steuerbelastung von 35% gekürzte Nettoleistung dar, also nur 65% der steuerbaren Bruttoleistung. Bemessungsgrundlage bildet aber die *Bruttoleistung*, zu deren Ermittlung die ausgerichtete Leistung «ins Hundert» zu rechnen ist.[86]

46

> Beispiel: Die X AG beschliesst an der GV, eine Dividende von CHF 100 an ihre Aktionäre auszurichten. Nimmt sie die Überwälzung ordnungsgemäss vor, so liefert sie CHF 35 (35% von CHF 100) der Steuerbehörde ab und richtet den Aktionären CHF 65 aus. Unterlässt sie die Überwälzung, so werden die an die Aktionäre geleisteten CHF 100 als Nettoertrag betrachtet. Der Bruttoertrag beträgt dann CHF 153.85 (100/65 × 100), davon hat sie die Verrechnungssteuer von 35%, also CHF 53.85 zu entrichten.

IV. Steuersatz

Der Steuersatz der Verrechnungssteuer auf den Kapitalerträgen beträgt gemäss VStG 13 I a 35%.

47

V. Erfüllung der Steuerpflicht

1. Entstehung und Fälligkeit der Steuerforderung

a)   *Zeitpunkt der Entstehung der Steuerforderung*

Bei Kapitalerträgen entsteht die Steuerforderung gemäss VStG 12 I grundsätzlich im Zeitpunkt, in dem die steuerbare Leistung *fällig* wird.[87] Irrelevant ist deshalb, wann und ob die steuerbare Leistung tatsächlich an den Gläubiger erbracht wird.[88] Das Abstellen auf die Fälligkeit ist konzeptionell bedingt.[89] Eine als Objektsteuer ausgestaltete Quellensteuer knüpft mit Vorteil an klar fassbare Vorgänge an, wogegen die *allgemeine Einkommenssteuer leistungsfähigkeitsbezogen*

48

---

[86] Vgl. BGer 29.10.1992, ASA 62, 280 ff. E. 3e; ausführlich REICH/BAUER-BALMELLI, in: ZWEIFEL/BEUSCH/BAUER-BALMELLI, N 17 ff. zu VStG 14.
[87] VStG 12 enthält verschiedene *Ausnahmen* vom Grundsatz der Forderungsentstehung bei Fälligkeit.
[88] Vgl. BEUSCH, in: ZWEIFEL/BEUSCH/BAUER-BALMELLI, N 8, 20 zu VStG 12. Der *Widerruf* einer fällig gewordenen Dividende hebt die bereits beschlossene Dividende nicht auf. Im Verzicht auf Auszahlung der fällig gewordenen Dividende liegt ein der Emissionsabgabe unterliegender Zuschuss (BGer 11.2.2008, StR 2008, 369 ff.; kritisch dazu GRÜNINGER/OESTERHELT, SZW 2009, 55 ff.).
[89] Dazu BEUSCH, in: ZWEIFEL/BEUSCH/BAUER-BALMELLI, N 33 zu VStG 12.

auf den Zeitpunkt der tatsächlichen Bereicherung – also auf den Zeitpunkt der Entstehung eines festen, durchsetzbaren Anspruchs – abzustellen hat.[90]

> *Dividenden* werden – wenn nicht ein anderer Zeitpunkt bestimmt wird – mit dem Generalversammlungsbeschluss fällig. Wenn ein Coupontermin festgelegt oder ein späterer Fälligkeitstermin beschlossen wird, entsteht die Verrechnungssteuerforderung erst an diesem Termin.[91] Bei *verdeckten Gewinnausschüttungen* wird auf den Zeitpunkt der Ausrichtung der steuerbaren Leistung abgestellt.[92] Unter gewissen Voraussetzungen können solche geldwerte Leistungen indes rückgängig gemacht werden (sog. Stornopraxis).[93] Bei der *Liquidation* entsteht die Steuerforderung nicht bereits im Zeitpunkt, in welchem die Liquidation beschlossen wird, sondern erst mit dem Abschluss der effektiven Liquidation, d.h. frühestens nach Ablauf der Sperrfrist von OR 745 II bzw. III. Wenn allerdings das formelle Verfahren der Liquidation im Zuge einer faktischen Liquidation nicht eingehalten wird, sind wirtschaftliche Aspekte zur Bestimmung des Zuflusszeitpunkts heranzuziehen.[94]

b) *Fälligkeit der Steuerforderung und Verzugszins*

49 Die Steuer auf Kapitalerträgen wird gemäss VStG 16 I c grundsätzlich 30 Tage nach Entstehung der Steuerforderung fällig. Bei Zinsen auf Kassenobligationen und Kundenguthaben bei Banken oder Sparkassen wird die Steuer 30 Tage nach Ablauf jedes Geschäftsvierteljahres für die in diesem Zeitraum fällig gewordenen Zinsen fällig (VStG 16 I a).

50 Für Steuerforderungen, die nach dem Fälligkeitstermin noch ausstehen, wird ohne Mahnung ein Verzugszins geschuldet (VStG 16 II). Der Verzugszins beträgt 5% jährlich.[95]

2. Arten der Erfüllung der Steuerpflicht

51 Gemäss VStG 11 I kann die Steuerpflicht entweder durch *Entrichtung* (und Überwälzung) der Steuer oder unter bestimmten Voraussetzungen durch blosse *Meldung* der steuerbaren Leistung erfüllt werden. Bei den Erträgen aus Anteilen von kollektiven Kapitalanlagen ist zudem die Möglichkeit des *Affidavit-Verfahrens* zu beachten.

---

[90] Vgl. vorne § 13 N 127; § 10 N 51 ff.
[91] BEUSCH, in: ZWEIFEL/BEUSCH/BAUER-BALMELLI, N 33 zu VStG 12.
[92] BEUSCH, in: ZWEIFEL/BEUSCH/BAUER-BALMELLI, N 41 zu VStG 12.
[93] Vgl. dazu BGer 11.5.1983, ASA 52, 569 ff.; BGer 11.2.2008, StR 2008, 369 ff., E. 6; MARKUS REICH, Rückerstattung von übersetzten Boni und anderen Lohnzahlungen, ASA 80 (2011/2012), 124.
[94] BGer 13.4.2010, StR 2010, 876 ff.
[95] Gemäss Art. 1 Abs. 1 der VO über die Verzinsung ausstehender Verrechnungssteuern vom 29.11.1996 (SR 642.212).

a) Entrichtung und Überwälzung der Steuer

Bei Kapitalerträgen hat der Schuldner der steuerbaren Leistung die geschuldete Verrechnungssteuer, wo nicht das Meldeverfahren vorgesehen ist, zu entrichten. Mit der Verrechnungssteuer soll aber dem Regelungszweck der Steuer entsprechend nicht der Schuldner der steuerbaren Leistung, sondern der Gläubiger belastet werden. Dies wird erreicht durch die Überwälzung der Verrechnungssteuer, indem die steuerbare Leistung um den geschuldeten Steuerbetrag gekürzt wird. Die Überwälzung ist obligatorisch und Vereinbarungen, welche der Überwälzungspflicht widersprechen, sind gemäss VStG 14 I nichtig.[96] Diese gesetzlich angeordnete Nichtigkeit von Steuerübernahmeversprechen bedarf der Auslegung und ist in der Praxis von geringer Bedeutung.[97] Wenn die Verrechnungssteuer nicht überwälzt wird, erhält der Empfänger der steuerbaren Leistung eine zusätzliche geldwerte Leistung in der Form der Verrechnungssteuer, die er nicht zu tragen hat.[98]

52

b) Meldung der steuerbaren Leistung

Nach VStG 20 kann die Verrechnungssteuerpflicht bei Kapitalerträgen durch die blosse Meldung der steuerbaren Leistung erfüllt werden, wenn die Steuerentrichtung «zu unnötigen Umtrieben oder zu einer offenbaren Härte führen würde». VStV 24–26a umschreiben die zulässigen Fälle abschliessend.[99] Aus der gesetzessystematischen Stellung ergibt sich, dass sich die aufgeführten Anwendungsfälle nur auf Erträge aus Beteiligungsrechten im Sinne von VStG 4 I b, nicht aber auf Erträge aus Obligationen oder auf Kundenguthaben beziehen.[100]

53

Wenn feststeht, dass die Leistungsempfänger rückerstattungsberechtigt wären und ihre Zahl 20 nicht übersteigt, ist das Meldeverfahren nach VStV 24 zulässig,

54

– wenn die Steuer eine Leistung betrifft, die im *Vorjahr* fällig geworden ist und anlässlich einer amtlichen Kontrolle geltend gemacht wird;
– bei der Ausgabe von Gratisaktien oder bei Gratisnennwerterhöhungen;
– bei der Ausrichtung von *Naturaldividenden* oder des Liquidationsüberschusses durch *Abtretung von Aktiven;*
– bei der Verlegung des Sitzes ins *Ausland*.

Beim *Rückkauf eigener Beteiligungsrechte* ohne Kapitalherabsetzung ist das Meldeverfahren nach VStV 24a zulässig, wenn nachgewiesen wird, dass die Beteili-

55

---

[96] VStG 63 sieht sowohl für das pflichtwidrige Unterlassen der Überwälzung als auch für das Versprechen der Unterlassung Bussen als Sanktion vor. Diese Strafbestimmung ist allerdings *toter Buchstabe* geblieben, dazu Reich/Bauer-Balmelli, in: Zweifel/Beusch/Bauer-Balmelli, N 16 zu VStG 14.
[97] Ausführlich Reich/Bauer-Balmelli, in: Zweifel/Beusch/Bauer-Balmelli, N 13, 17 ff. zu VStG 14.
[98] Vgl. vorne N 46.
[99] BGer 20.10.1989, BGE 115 Ib 274 E. 20a; BGer 27.9.1968, BGE 94 I 472 E. 2.
[100] Baumgartner/Bossart Meier, in: Zweifel/Beusch/Bauer-Balmelli, N 21 zu VStG 20.

gungsrechte aus dem Geschäftsvermögen des Verkäufers stammen und dieser im Zeitpunkt des Verkaufs in der Schweiz unbeschränkt steuerpflichtig war.

56 Schliesslich kann das Meldeverfahren angewendet werden bei der Ausrichtung von *Bardividenden im innerschweizerischen Konzernverhältnis,* sofern die empfangende inländische Muttergesellschaft mindestens eine Beteiligung von 20% an der ausrichtenden Gesellschaft hält und im Falle einer Überwälzung rückerstattungsberechtigt wäre (VStV 26a).

> Auch bei geldwerten Leistungen an *ausländische Muttergesellschaften* besteht allenfalls die Möglichkeit des Meldeverfahrens. Rechtsgrundlage für jene Meldeverfahren bilden aber nicht das VStG und die VStV, sondern das Verordnungsrecht zur Durchführung der DBA[101] sowie das Zinsbesteuerungsabkommen.[102]

c) *Affidavit-Verfahren bei kollektiven Kapitalanlagen gemäss KAG*

57 Kann glaubhaft gemacht werden, dass der steuerbare Ertrag von Anteilen an einer kollektiven Kapitalanlage gemäss KAG dauernd zu mindestens 80% aus ausländischen Quellen stammen wird, so kann das sog. Affidavit-Verfahren zur Anwendung gelangen. Nach diesem Verfahren kann die EStV den Steuerpflichtigen gemäss VStG 11 II i.V.m. VStV 34 I auf Gesuch hin ermächtigen, die Verrechnungssteuer insoweit nicht zu entrichten, als der Ertrag gegen Domizilerklärung zugunsten eines Ausländers ausbezahlt, überwiesen oder gutgeschrieben wird. Gibt die EStV dem Gesuch statt, müssen die Erträge nicht um den Verrechnungssteuerbetrag gekürzt werden und die Rückerstattung an den – nach VStG 27 grundsätzlich rückerstattungsberechtigten[103] – ausländischen Anteilsinhaber erübrigt sich.[104]

3. Verjährung und Erlass

a) *Verjährung*

58 Die Steuerforderung verjährt fünf Jahre nach Ablauf des Kalenderjahres, in welchem sie entstanden ist (VStG 17 I). Die Absätze 2–4 von VStG 17 sehen Fälle vor,

---

[101] VO vom 22.12.2004 über die Steuerentlastung schweizerischer Dividenden aus wesentlichen Beteiligungen ausländischer Gesellschaften (SR 672.203); Kreisschreiben Nr. 6 der EStV vom 22.12.2004 betreffend das Meldeverfahren bei schweizerischen Dividenden aus wesentlichen Beteiligungen ausländischer Gesellschaften.

[102] Vgl. dazu Kreisschreiben Nr. 10 der EStV vom 15.7.2005 betreffend das Meldeverfahren bei schweizerischen Dividenden aus wesentlichen Beteiligungen ausländischer Gesellschaften basierend auf Artikel 15 Abs. 1 des Zinsbesteuerungsabkommens mit der EG (Ergänzung zu Kreisschreiben Nr. 6 vom 22.12.2004).

[103] Hinten N 68.

[104] HESS, in: ZWEIFEL/BEUSCH/BAUER-BALMELLI, N 2 f. zu VStG 11.

in denen die Verjährung nicht zu laufen beginnt, stillsteht oder unterbrochen wird.[105]

b) Erlass

Der Erlass der Verrechnungssteuer ist nur in den von VStG 18 genannten Fällen möglich, wenn der Steuerbezug für den Empfänger der steuerbaren Leistung eine «*offenbare Härte*» bedeuten würde.[106]

59

B. Steuerrückerstattung

Die Steuerrückerstattung ist die *zweite Phase* im Konzept der Verrechnungssteuer. Im inländischen Verhältnis entspricht sie der *Sicherungsfunktion* der Verrechnungssteuer.

60

I. Entstehung des Anspruchs auf Rückerstattung

Der Rückerstattungsanspruch entsteht zeitgleich mit der Verrechnungssteuerforderung, d.h. im Zeitpunkt der Fälligkeit der steuerbaren Leistung (VStG 12), sofern die Voraussetzungen des Rückerstattungsanspruchs (VStG 21 ff.)[107] erfüllt sind. Der Gläubiger hat somit gegenüber der EStV auch einen Rückerstattungsanspruch, wenn der Schuldner die Verrechnungssteuer nicht entrichtet.

61

II. Voraussetzungen des Anspruchs auf Rückerstattung

Gemäss VStG 21 ff. setzt der Anspruch auf Rückerstattung der Verrechnungssteuer in positiver Hinsicht die Berechtigung aufgrund *persönlicher Eigenschaften* und des *Rechts zur Nutzung* des den steuerbaren Ertrag abwerfenden Vermögenswertes voraus. Diese Voraussetzungen müssen grundsätzlich bereits im Zeitpunkt der Fälligkeit der Verrechnungssteuerforderung erfüllt sein.[108] In negativer Hinsicht darf die Rückerstattung nicht zu einer Steuerumgehung führen.

62

---

[105] Ausführlich Stefan Oesterhelt, Verjährung im Steuerrecht, ASA 79 (2010/2011), 817 ff.
[106] Dazu Beusch, in: Zweifel/Beusch/Bauer-Balmelli, N 9 f. zu VStG 18.
[107] Hinten N 62 ff.
[108] Keine Voraussetzung der *Entstehung des Rückerstattungsanspruchs* bildet die ordnungsgemässe Deklaration bzw. Verbuchung. Die Nichtdeklaration führt vielmehr zum *Untergang* des entstandenen Anspruchs (dazu N 74 ff.).

1. Rückerstattungsberechtigte Personen

a)   Natürliche Personen

63 Rückerstattungsberechtigt sind grundsätzlich die bei der allgemeinen Einkommenssteuer unbeschränkt steuerpflichtigen natürlichen Personen. VStG 22 I knüpft an den inländischen *Wohnsitz* zur Zeit der Fälligkeit der steuerbaren Leistung an. Der verrechnungssteuerrechtliche Wohnsitzbegriff deckt sich mit dem einkommenssteuerrechtlichen.[109] Natürliche Personen ohne Wohnsitz in der Schweiz, die aufgrund *qualifizierten Aufenthaltes* nach der kantonalen Steuergesetzgebung im Fälligkeitszeitpunkt unbeschränkt steuerpflichtig waren, sind ebenfalls rückerstattungsberechtigt (VStG 22 II i.V.m. VStV 51 I).[110]

64 Bei *Erbfällen* ist nach VStV 58 I und II der Fälligkeitszeitpunkt der verrechnungssteuerbelasteten Leistung an den Erblasser zu beachten. Bei Fälligkeit zu Lebzeiten des Erblassers geht der Rückerstattungsanspruch auf die Erben über, ohne Rücksicht auf ihren Wohnsitz oder Aufenthalt. Wurde die Leistung dagegen erst nach dem Tod des Erblassers, jedoch vor der Teilung der Erbschaft fällig, so sind die Erben anteilsmässig rückerstattungsberechtigt, sofern sie persönlich die Voraussetzungen erfüllen.

b)   Juristische Personen, Geschäftsbetriebe und dergleichen

65 Juristische Personen und Handelsgesellschaften ohne juristische Persönlichkeit sind rückerstattungsberechtigt, wenn sie bei Fälligkeit der steuerbaren Leistung ihren *Sitz* im Inland hatten (VStG 24 II) und damit *unbeschränkt steuerpflichtig* waren. Die unbeschränkte Steuerpflicht kann sich auch daraus ergeben, dass eine Gesellschaft mit statutarischem Sitz im Ausland ihre *tatsächliche Verwaltung* in der Schweiz, bzw. im Kanton, hat (vgl. StHG 20 I und DBG 50 i.V.m. 52 I). In diesen Fällen ist die Rückerstattungsberechtigung im VStG nicht klar geregelt und bedarf der Auslegung. Die entsprechende Praxis der EStV hierzu[111] wird zu Recht kritisiert.

> Für die Rückerstattungsberechtigung muss es genügen, wenn eine Gesellschaft der *unbeschränkten Steuerpflicht* in Bund und Kanton unterworfen ist. Weder aus der Sicherungsfunktion noch aus der Belastungsfunktion können Gründe abgeleitet werden, die einer Rückerstattung engegenstehen. Der Wortlaut von VStG 24 II muss deshalb teleologisch erweitert werden. Es geht nicht an, den verrechnungssteuerrechtlichen Rückerstat-

---

[109] Vgl. ZWAHLEN, in: ZWEIFEL/BEUSCH/BAUER-BALMELLI, N 7 zu VStG 22.
[110] Beschränkt steuerpflichtigen natürlichen Personen kommt nur in wenigen Ausnahmefällen ein Rückerstattungsanspruch zu (VStG 22 II i.V.m. VStV 51 II).
[111] Es wird verlangt, dass die Gesellschaft nicht nur (1) Inländerin im Sinne von VStG 9 I, sondern auch (2) unbeschränkt steuerpflichtig nach DBG 50 (i.V.m. 52 I) ist und sich (3) auch als Inländerin den Stempelabgaben unterwirft; überdies darf (4) der Sitzstaat keine Steuern von dieser Gesellschaft erheben und die Gesellschaft muss schliesslich (5) auch abkommensberechtigt sein (vgl. diverse Entscheide der EStV, in: BAUER-BALMELLI/KÜPFER, Praxis II/2, Nr. 4, 7 und 12 ff. zu VStG 24 II; dazu auch BAUER-BALMELLI, Sicherungszweck, 113 f.).

tungsanspruch von einer freiwilligen (gesetzlich nicht vorgesehenen) Unterwerfung unter die Stempelabgaben abhängig zu machen.[112] Noch fragwürdiger ist die Verweigerung der Rückerstattung, wenn die antragstellende ausländische Gesellschaft nicht nur ihre Geschäftsleitung in der Schweiz hat, sondern hier auch eine effektive Geschäftstätigkeit ausübt und somit Inländerin im Sinne von VStG 9 I ist. Ein Abstützen des Rückerstattungsanspruchs auf VStG 24 III kann zwar mit der Begründung, es handle sich nicht um ein ausländisches Unternehmen, in Abrede gestellt werden, umsomehr muss dann aber VStG 24 II einer solchen Inländerin offen stehen.

Probleme ergeben sich in der Praxis auch bei Gesellschaften, die ihren Sitz im Inland haben, aber ausländische Betriebsstätten unterhalten. Der inländische Sitz genügt nach dem klaren Wortlaut für die Rückforderungsberechtigung. Keine Voraussetzung der Rückerstattung bildet gemäss VStG 24 II, dass die verrechnungssteuerbelasteten Ertragnisse auf *inländischem Vermögen* erzielt werden und deshalb der Besteuerung durch die direkte Bundessteuer und die Einkommens- und Vermögenssteuer der Kantone unterliegen. Die Verrechnungssteuer kann auch zurückgefordert werden, wenn die verrechnungssteuerbelasteten Ertragnisse in ausländischen Betriebsstätten verbucht werden und tatsächlich diesen Betriebsstätten wirtschaftlich zugehören.[113] Weder aus dem Sicherungs- noch aus dem Belastungszweck[114] der Verrechnungssteuer lassen sich hinreichende Gründe für eine teleologische Reduktion von VStG 24 II finden. Ebenso unzulässig ist ein E-Contrario-Schluss aus VStG 24 III. Die Verweigerung der Rückerstattung aufgrund des VStG lässt sich schliesslich auch nicht mit einer allfälligen abkommensrechtlichen Rückforderungsmöglichkeit begründen.[115]

66

Gewisse Personenvereinigungen und *Vermögensmassen* ohne Rechtspersönlichkeit haben gleich wie die juristischen Personen Anspruch auf Rückerstattung (VStG 24 V i.V.m. VStV 55), insbesondere Stockwerkeigentümergemeinschaften und Gemeinschaftsunternehmen. Bei einfachen Gesellschaften, die nicht Gemeinschaftsunternehmen im Sinn von VStV 55 a darstellen, müssen die einzelnen Gesellschafter die Rückerstattung anteilsmässig beantragen.[116]

67

---

[112] WALDBURGER, FStR 2010, 187 ff.; JAUSSI/F.DUSS, in: ZWEIFEL/BEUSCH/BAUER-BALMELLI, N 11, 12a und 12b zu VStG 9.
[113] A.M. diverse Entscheide der EStV, in: BAUER-BALMELLI/KÜPFER, Praxis II/2, Nr. 5, 10 f. und 15 zu VStG 24 II.
[114] Die Belastungsfunktion der Verrechnungssteuer ist nicht auf die Besteuerung von *Inländern*, die in der Schweiz investieren, ausgerichtet.
[115] Die Schweiz als Ansässigkeitsstaat der Empfängerin darf diese Ertragnisse, die abkommensrechtlich keine Einkünfte im Sinn von OECD-MA 10 und 11 darstellen, als Unternehmensgewinne gemäss OECD-MA 7 I besteuern, muss sie indes als Betriebsstättegewinne des Vertragsstaates in Anwendung der schweizerischerseits üblicherweise statuierten Befreiungsmethode freistellen (offenbar a.M. Interne Gutachten der EStV vom 24.6.2002 und 15.3.2010, in: BAUER-BALMELLI/KÜPFER, Praxis II/2, Nr. 11 und 15 zu VStG 24 II).
[116] MÄUSLI-ALLENSPACH/OERTLI, Steuerrecht, 352 ff.

c) *Ausländische Rückerstattungsberechtigte (Rechtsgrundlage VStG)*

68 Hat eine natürliche oder juristische Person Wohnsitz bzw. Sitz im Ausland, so hat sie als Empfängerin der steuerbaren Leistung grundsätzlich keinen verrechnungssteuerrechtlichen Rückerstattungsanspruch, da die persönlichen Voraussetzungen für die Rückerstattungsberechtigung nicht erfüllt sind. Immerhin sind gewisse Ausnahmen auch für im Ausland ansässige Personen vorgesehen.

- Die wichtigste Ausnahme betrifft ausländische Unternehmen, die für Einkünfte einer schweizerischen *Betriebsstätte* beschränkt steuerpflichtig sind. Ausländische Investoren sollen zwar aufgrund ihres inländischen Engagements belastet, aber nicht doppelt besteuert werden. Sie haben deshalb gemäss VStG 24 III einen Anspruch auf Rückerstattung der von den Einkünften aus diesem Betriebsvermögen abgezogenen Verrechnungssteuer. Allerdings genügt es nicht, dass die Verrechnungssteuer auf den steuerbaren Erträgen lastet, sondern diese müssen aus dem Betriebsvermögen der Betriebsstätte stammen. Die Zugehörigkeit zum Betriebsvermögen beurteilt sich nach wirtschaftlichen Kriterien.[117]

- VStG 24 IV befasst sich mit der Rückforderungsberechtigung von ausländischen Institutionen ohne Erwerbszweck, die dem Auslandschweizertum dienen.

- VStG 27 gibt ausländischen Inhabern von Anteilen an *kollektiven Kapitalanlagen* gemäss KAG einen Anspruch auf Rückerstattung der von den Erträgen dieser Anteile abgezogenen Verrechnungssteuer, sofern diese Erträge zu mindestens 80% von ausländischen Quellen entstammen. Dieser Rückerstattungsanspruch ist nur dann von Bedeutung, wenn die Voraussetzungen des Affidavit-Verfahrens[118] nicht gegeben sind.

- Sodann sind *ausländische Staaten*, internationale Organisationen sowie Diplomaten und dergleichen unter den Voraussetzungen von VStG 28 I und II rückerstattungsberechtigt, allerdings unter dem Vorbehalt, dass der betroffene ausländische Staat Gegenrecht hält (VStG 28 III).

d) *Ausländische Rückerstattungsberechtigte (Rechtsgrundlagen DBA und ZBStA)*

69 Auch andere im Ausland ansässige Personen können allenfalls in den Genuss der vollumfänglichen oder teilweisen Rückerstattung der Verrechnungssteuer kommen oder es kann ihnen die steuerbare Leistung sogar ungekürzt ausgerichtet werden, weil das Meldeverfahren vorgesehen ist. Rechtsgrundlage hierfür bildet indes in diesen Fällen nicht das VStG, sondern zum einen die vom Bund abgeschlossenen *DBA* und zum anderen das *Zinsbesteuerungsabkommen* mit der EU. Die DBA sehen beispielsweise regelmässig vor, dass die Quellensteuern auf den

---

[117] Ausführlich BGer 22.2.2008, StR 2008, 475 ff., kritisch dazu GRÜNINGER/OESTERHELT, SZW 2009, 60 ff.
[118] Vorne N 57.

Dividenden gewisse Schwellenwerte nicht überschreiten[119] oder bei qualifizierten Beteiligungen sogar überhaupt nicht erhoben werden dürfen[120]. Die Durchführung dieser Quellensteuerbeschränkung geschieht, je nach anwendbarem DBA, entweder durch vollumfängliche oder teilweise Rückerstattung der Verrechnungssteuer oder durch das Meldeverfahren.[121] Auch das Zinsbesteuerungsabkommen ermöglicht unter gewissen Voraussetzungen Überweisungen von Dividenden und Zinsen an in der EU ansässige Konzerngesellschaften ohne Verrechnungssteuerbelastung.[122]

2. Recht zur Nutzung

VStG 21 I a verlangt, dass der Antragsteller bei Fälligkeit der steuerbaren Leistung das Recht zur Nutzung des den steuerbaren Ertrag abwerfenden Vermögenswertes besass. Das Recht zur Nutzung dient der Zuordnung des Vermögensertrags.[123] Es steht demjenigen zu, der an den betreffenden Vermögenswerten effektiv nutzungsberechtigt ist und folglich den Nettobetrag bezieht und behalten kann[124], wobei sein Anspruch dinglich oder obligatorisch sein kann. Dem Empfänger der steuerbaren Leistung ist das Recht zur Nutzung abzusprechen, wenn er vertraglich oder aus den Umständen klar erkennbar faktisch zur Weiterleitung des Nettoertrags an einen Dritten verpflichtet ist.[125] Nutzungsberechtigt kann somit durchaus auch ein anderer als der zivilrechtliche Eigentümer eines Vermögenswertes sein.[126] Bezüglich der Treuhandverhältnisse ist denn auch in VStV 61 ausdrücklich vorgesehen, dass die Rückerstattungsberechtigung beim Treugeber verbleibt und die Voraussetzungen bei ihm erfüllt sein müssen.

70

Wird eine geldwerte Leistung nicht einem an der Gesellschaft Beteiligten, sondern einem ihm nahestehenden Dritten ausgerichtet, so wird bei der Verrechnungssteuer grundsätzlich die *Direktbegünstigtentheorie* angewandt.[127] Das Erfordernis der Nutzungsberechtigung muss demnach bei der nahestehenden Person erfüllt sein.

71

---

[119] Vgl. OECD-MA 10 II.
[120] Vgl. z.B. DBA-CH-D 10 III; DBA-CH-F 11 II b.
[121] Vgl. Kreisschreiben Nr. 6 der EStV vom 22.12.2004 über das Meldeverfahren bei schweizerischen Dividenden aus wesentlichen Beteiligungen ausländischer Gesellschaften.
[122] Für Dividenden vgl. EStV KS Nr. 10 vom 15.7.2005 (Fn. 102).
[123] Dazu und zum Folgenden BAUER-BALMELLI, Der Begriff «Nutzungsberechtigter» im DBA Schweiz-Luxemburg, SWI 2002, 563 ff.; dies., FStR 2002, 162 ff.; dies., Sicherungsweck, 115 ff.; dies, in: ZWEIFEL/BEUSCH/BAUER-BALMELLI, N 7 ff. zu VStG 21; BEAT BAUMGARTNER, Das Konzept des beneficial owner im internationalen Steuerrecht der Schweiz, Zürich 2010, 41 ff.
[124] BGer 25.10.2004, 2A.572/2003, E. 3.5.2; vgl. auch BGer 23.2.1979, ASA 48, 267 ff. E. 2.
[125] BGer 18.5.1993, ASA 62, 705 ff. E. 4c.
[126] SRK 9.8.2005, VPB 2006 Nr. 11 E. 2b.bb; zur Entwicklung der bundesgerichtlichen Rechtsprechung anschaulich BGer 25.1.1985, ASA 54, 386 ff. E. 4b.
[127] Merkblatt S-02.141 der EStV zur Bestimmung des Leistungsempfängers bei der Verrechnungssteuer vom Februar 2001; dazu vorne N 26.

3. Nichtvorliegen einer Steuerumgehung

72 Die Rückerstattung der Verrechnungssteuer ist immer dann unzulässig, wenn sie zu einer Steuerumgehung führen würde (VStG 21 II). Für die Annahme einer Steuerumgehung müssen nach der bundesgerichtlichen Rechtsprechung[128] drei Voraussetzungen kumulativ erfüllt sein:

- Die gewählte Rechtsgestaltung erscheint als ungewöhnlich, sachwidrig oder absonderlich.
- Es ist anzunehmen, dass die Wahl missbräuchlich und nur deshalb getroffen wurde, um Steuern zu sparen, welche bei sachgemässer Ordnung geschuldet wären.
- Das gewählte Vorgehen würde tatsächlich zu einer erheblichen Steuerersparnis führen, falls es von der Steuerbehörde hingenommen würde.

73 Im Verrechnungssteuerrecht geht es bei Steuerumgehungsproblemen vielfach um Sachverhalte, bei welchen steuerbare Leistungen formell einem *vorgeschobenen* rückerstattungsberechtigten Empfänger zufliessen, wirtschaftlich jedoch für eine Person bestimmt sind, die keinen Anspruch auf Rückerstattung hat.[129] Dabei ist sehr wichtig, dass immer vorab geprüft wird, ob der vorgeschobenen Person überhaupt das *Nutzungsrecht* zukommt. Der Steuerumgehungs- bzw. Missbrauchsvorwurf ist subsidiärer Natur; es darf erst zu ihm Zuflucht genommen werden, wenn die Nutzungsberechtigung bejaht werden muss.

> Überträgt beispielsweise eine im Ausland wohnhafte Person die von ihr gehaltenen Beteiligungen an einer schweizerischen Gesellschaft auf eine inländische Vermögensverwaltungsgesellschaft, so ist diese an sich rückerstattungsberechtigt für die auf den ausgeschütteten Dividenden erhobene Verrechnungssteuer. Wenn diese Verwaltungsgesellschaft nun aber hoch fremdfinanziert ist, insbesondere durch Darlehen seitens der ausländischen Person, so könnten die eingenommenen Dividenden – wenn dieses Verhalten hingenommen würde – verrechnungssteuerfrei als Schuldzinsen von der Vermögensverwaltungsgesellschaft an die ausländische Person übertragen werden.[130]

In der Praxis vielfach ebenfalls zu Problemen führt die Veräusserung einer Beteiligung an einer schweizerischen Kapitalgesellschaft oder Genossenschaft durch einen Steuerausländer an eine im Inland ansässige Person.[131] Die Verrechnungssteuer auf den Reserven solcher Gesellschaften (sog. *Altreserven*) können vor

---

[128] Vgl. vorne § 6 N 18 ff.; zur Verweigerung der Rückerstattung der Verrechnungssteuer bei Vorliegen einer Steuerumgehung vgl. auch SRK 9.8.2005, VPB 2006 Nr. 11 E. 2b.cc.

[129] Vgl. BAUER-BALMELLI, in: ZWEIFEL/BEUSCH/BAUER-BALMELLI, N 39 zu VStG 21. Zur Steuerumgehung im Zusammenhang mit dem Rückkauf eigener Aktien zum Zweck der Kapitalherabsetzung vgl. BGer 8.6.2007, StR 2008, 643 ff. (Steuerumgehung bejaht), BGer 30.10.2009, StR 2010, 156 ff. (Steuerumgehung verneint).

[130] Im Rundschreiben Nr. 2215 der Schweizerischen Bankiervereinigung Basel an die Mitgliedbanken vom 13.7.1953 betreffend Rückerstattung der Verrechnungssteuer an inländische Finanzgesellschaften mit ausländischer Interessenbeteiligung sind Kriterien verankert worden, unter welchen Voraussetzungen die EStV in solchen Fällen von einer Steuerumgehung ausgeht.

[131] Ausführlich BAUER-BALMELLI, FStR 2004, 201 ff.

dem Verkauf im Fall ihrer Ausschüttung nicht oder nur eingeschränkt[132] zurückgefordert werden, während sie der Käufer bei Ausschüttungen nach dem Kauf zurückfordern kann. Unter Bezugnahme auf den Steuerumgehungsvorbehalt verweigert[133] hier die EStV dem die Beteiligung kaufenden Inländer je nach konkreten Umständen den Rückerstattungsanspruch auf den nach dem Kauf ausgeschütteten Altreserven, dies vor allem dann, wenn in der gekauften Gesellschaft umfangreiche liquide, nicht betriebsnotwendige Mittel vorhanden waren.

III. Verwirkung des Anspruchs auf Rückerstattung

1. Deklaration und Verbuchung

VStG 23 und 25 statuieren die für die Erreichung des Sicherungszwecks zentrale Deklaration- bzw. Verbuchungspflicht, deren Nichterfüllung zur Verwirkung[134] des Anspruchs auf Rückerstattung führt. Der Rückerstattungsanspruch steht somit unter der Resolutivbedingung der ordnungsgemässen Deklaration bzw. Verbuchung.[135]

74

Rückerstattungsberechtigte natürliche Personen müssen die steuerbaren Einkünfte und das Vermögen, aus dem verrechnungssteuerpflichtige Einkünfte fliessen, ordnungsgemäss deklarieren (VStG 23). Ordnungsgemässe Deklaration bedeutet die nach den Bestimmungen der allgemeinen Einkommens- und Vermögenssteuer korrekte Erfassung der verrechnungssteuerbelasteten Einkünfte anlässlich der ordentlichen Veranlagung der Einkommens- und Vermögenssteuer. Dabei kommt es nicht darauf an, ob die Steuerbehörde die Unvollständigkeit der Deklaration hätte erkennen und an die erforderlichen Informationen durch entsprechende Nachfrage oder Vergleich mit Steuerakten dritter Personen hätte gelangen können.[136] Ob ein Verschulden des Steuerpflichtigen Voraussetzung der Verwirkung des Rückerstattungsanspruchs bildet, hat das Bundesgericht offengelassen.[137]

75

Nach dem Wortlaut führt an sich bereits die Nichtdeklaration der verrechnungssteuerbelasteten Einkünfte in der Steuererklärung zur Verwirkung des Rückerstattungsanspruchs.[138] Bundesgericht und EStV haben indes hinsichtlich der

76

---

[132] Je nachdem, ob überhaupt ein DBA und welches DBA für die Rückforderung in Anspruch genommen werden kann (vorne N 69).
[133] Oder kürzt den Rückerstattungsanspruch entsprechend dem vor dem Kauf einschlägigen DBA.
[134] Der Ausdruck «Verwirkung» wird in diesem Zusammenhang nicht für den Untergang des Anspruchs zufolge Zeitablaufs verwendet (vgl. vorne § 5 N 93 f.), sondern für den *Untergang zufolge Nichterfüllung der gesetzlichen Offenbarungspflichten* bei der direkten Bundessteuer und bei der Einkommens- und Vermögenssteuer der Kantone.
[135] BAUER-BALMELLI, in: ZWEIFEL/BEUSCH/BAUER-BALMELLI, N 6 zu VStG 21.
[136] Vgl. BGer 13.12.2004, StR 2005, 509 ff. E. 3.4.
[137] Vgl. ebenda E. 4.2; schuldlos unterlassene Deklarationen sind ohnehin nicht sehr häufig, ist doch vielfach zumindest Fahrlässigkeit im Spiel (vgl. E. 4.1).
[138] PFUND/ZWAHLEN, N 3.2 und 3.3 zu VStG 23.

Frage, bis zu welchem Zeitpunkt eine ordnungsgemässe Deklaration noch möglich ist, eine differenzierte Praxis entwickelt. In Anbetracht der blossen Sicherungsfunktion der Verrechnungssteuer im Inlandverhältnis genügt es, dass die massgeblichen Vermögensbestandteile und die daraus fliessenden Erträge spätestens vor dem Rechtskräftigwerden der Veranlagung erfasst werden.[139] Eine *Nachdeklaration,* Ergänzung oder Korrektur ist danach auch noch im Einsprache- oder Steuerjustizverfahren möglich. Eingeschränkt wird diese Praxis jedoch dadurch, dass dem in *Hinterziehungs-* oder *Betrugsabsicht* handelnden Steuerpflichtigen die nachträgliche Deklaration verwehrt wird und sein Rückerstattungsanspruch verwirkt ist.[140]

77 Die juristischen Personen und die übrigen Antragsteller haben die mit der Verrechnungssteuer belasteten Einkünfte ordnungsgemäss zu verbuchen (VStG 25 I). Die EStV hat bezüglich der ordnungsgemässen Verbuchung der verrechnungssteuerbelasteten Einkünfte bei einfacher Buchhaltung bzw. doppelter Buchhaltung Merkblätter erlassen.[141]

78 Keine Voraussetzung der Rückerstattung ist, dass die deklarierten verrechnungssteuerbelasteten Erträgnisse der Besteuerung durch die direkte Bundessteuer und die Einkommens- und Vermögenssteuer der Kantone unterliegen.[142]

2. Untergang des Anspruchs infolge Zeitablaufs

79 Gemäss VStG 32 I erlischt der Rückerstattungsanspruch, wenn der Antrag nicht innert drei Jahren nach Ablauf des Kalenderjahres, in dem die steuerbare Leistung fällig geworden ist, gestellt wird.[143]

80 Wird die Verrechnungssteuer erst aufgrund einer Beanstandung der EStV entrichtet, so beginnt mit der Entrichtung der Steuer eine neue Frist von 60 Tagen zu laufen, falls die dreijährige Frist bereits verstrichen ist oder von der Entrichtung der Steuer bis zum Ablauf der Frist weniger als 60 Tage verbleiben (VStG 32 II).

---

[139] Anschaulich zur Entwicklung dieser Praxis StRK I ZH 10.9.2003, ASA 73, 157 ff. E. 1b und BAUER-BALMELLI, Sicherungszweck, 130 f.; kritisch ZWAHLEN, in: ZWEIFEL/BEUSCH/BAUER-BALMELLI, N 3 zu VStG 23.
[140] BGer 4.12.1996, ASA 66, 166 ff. E. 3.
[141] Merkblatt S-02.105 der EStV vom Oktober 2006 betreffend die Verbuchung der verrechnungssteuerbelasteten Einkünfte bei einfacher Buchhaltung und Merkblatt S-02.104 der EStV vom August 2006 betreffend die Verbuchung der verrechnungssteuerbelasteten Einkünfte als Ertrag bei doppelter Buchhaltung.
[142] Vgl. ZWAHLEN, in: ZWEIFEL/BEUSCH/BAUER-BALMELLI, N 3 zu VStG 25.
[143] Zur Nachfrist bei Aufrechnungen durch die EStV vgl. hinten § 32 N 17.

§ 30 Verrechnungssteuer auf den Lotteriegewinnen

Literatur

BLUMENSTEIN/LOCHER, System, 196 ff. und 335 ff.; HÖHN/WALDBURGER, Bd. I, § 21 N 66 ff.; MÄUSLI-ALLENSPACH/OERTLI, Steuerrecht, 360 f.; OBERSON, Droit fiscal, § 14 N 56 und 60 ff.

A. Steuererhebung

I. Steuersubjekt

Steuerpflichtig ist gemäss VStG 10 I der Schuldner der steuerbaren Leistung. Bei den Lotteriegewinnen ist dies der *Veranstalter* von im Inland durchgeführten Lotterien oder lotterieähnlichen Veranstaltungen.

1

II. Steuerobjekt und Bemessungsgrundlage

Gemäss VStG 6 I unterliegen der Verrechnungssteuer ausgerichtete *Geldtreffer* von über CHF 50 aus Lotterien, die im Inland durchgeführt werden.[1] Den Lotterien gleichgestellt sind gewerbsmässige Wetten und lotterieähnliche Veranstaltungen[2], wie Sport-Toto, Tombola usw. (VStG 6 II).

2

Steuerbar sind nur in *Geldform* ausgerichtete Gewinne, nicht jedoch Sachgewinne oder Naturaltreffer, es sei denn, es kann wahlweise auch Bargeld bezogen werden oder der Preis kann in Bargeld umgewandelt werden.[3] Nicht verrechnungssteuerpflichtig sind Gewinne in Spielcasinos aus Roulette, Black Jack usw.

3

---

[1] Als Folge der Parlamentarischen Initiative *Vereinfachungen bei der Besteuerung von Lotteriegewinnen* soll die Freigrenze auf CHF 1000 angehoben werden (dazu Stellungnahme des Bundesrates vom 17.8.2011 zum Bericht der Kommission für Wirtschaft und Abgaben des Ständerates vom 24.6.2011, BBl 2011, 6543 ff.).

[2] Für den Begriff der *lotterieähnlichen Veranstaltungen* verweist VStV 39 III auf Art. 43 der VO vom 27.5.1924 zum BG betreffend die Lotterien und die gewerbsmässigen Wetten vom 8.6.1923 (SR 935.511).

[3] BÜRGY/HELBING, in: ZWEIFEL/BEUSCH/BAUER-BALMELLI, N 25 zu VStG 6; MÄUSLI-ALLENSPACH/OERTLI, Steuerrecht, 341.

III. Steuersatz

4 Auf den ausgerichteten Lotteriegewinnen ist – wie bei den Kapitalerträgen – eine Steuer von 35% zu entrichten (VStG 13 I a).

IV. Erfüllung der Steuerpflicht

5 Die Steuerforderung entsteht bei Lotteriegewinnen gleich wie bei den Kapitalerträgen mit der Fälligkeit der steuerbaren Leistung (VStG 12 I) und wird 30 Tage nach dem Entstehungszeitpunkt fällig (VStG 16 I c).

6 Die Verrechnungssteuer auf Lotteriegewinnen muss *entrichtet* und *überwälzt* werden, es ist kein Meldeverfahren vorgesehen. Der Grund liegt darin, dass bei den Lotteriegewinnen nur Geldtreffer der Verrechnungssteuer unterliegen und die Überwälzung deshalb keine Schwierigkeiten verursacht.

B. Steuerrückerstattung

7 Für die Voraussetzungen des Rückerstattungsanspruchs und dessen Verwirkung kann grundsätzlich auf die Ausführungen zur Verrechnungssteuer auf den Kapitalerträgen verwiesen werden. Anstelle des Rechts zur Nutzung wird bei den Lotteriegewinnen als Zuordnungselement das Eigentum am Los im Zeitpunkt der Ziehung verlangt (VStG 21 I b).

§ 31 Verrechnungssteuer auf Versicherungsleistungen

Literatur

BLUMENSTEIN/LOCHER, System, 196 ff. und 335 ff.; HÖHN/WALDBURGER, Bd. I, § 21 N 73 ff.; MÄUSLI-ALLENSPACH/OERTLI, Steuerrecht, 362 f.; OBERSON, Droit fiscal, § 14 N 57 f. und 60 ff.

A. Steuererhebung

I. Steuersubjekt

Steuersubjekt ist der *Versicherer* als Schuldner der steuerbaren Leistung (VStG 10 I). Als Versicherer kommen nicht nur Versicherungsgesellschaften infrage, sondern grundsätzlich jede Person, die Kapitalleistungen aus Lebensversicherungen oder Leibrenten und Pensionen erbringt, d.h. auch die Schweizerische Unfallversicherungsanstalt SUVA oder Pensionskassen.[1]

1

II. Steuerobjekt und Bemessungsgrundlage

Der Verrechnungssteuer unterliegen Kapitalleistungen sowie Leibrenten und Pensionen, sofern die der Leistung zugrunde liegende Versicherung zum inländischen Bestand des Versicherers gehört und der Versicherungsnehmer oder ein Anspruchsberechtigter bei Eintritt des versicherten Ereignisses Inländer ist (VStG 7 I). Die Verrechnungssteuer auf Versicherungsleistungen ist demnach anders als die Verrechnungssteuer auf Kapitalerträgen und Lotteriegewinnen eine *reine Inländersteuer*[2]: Eine steuerbare Leistung liegt nur dann vor, wenn auch der Empfänger Inländer ist. Die Verrechnungssteuer auf Versicherungsleistungen hat demnach nur *Sicherungsfunktion*.

2

Von der Verrechnungssteuer ausgenommen sind Kapitalleistungen von maximal CHF 5000, Renten und Pensionen bis zu einem Betrag von CHF 500 sowie AHV- und IV-Renten (VStG 8 I). Bei der Militärversicherung sind gewisse Leistungen aufgrund von Art. 116 des Militärversicherungsgesetzes[3] nicht verrechnungssteuerpflichtig.

3

---

[1] PFUND, N 6.2 ff. zu VStG 7.
[2] MÄUSLI-ALLENSPACH/OERTLI, Steuerrecht, 343.
[3] BG vom 19.6.1992 über die Militärversicherung (MVG; SR 833.1).

III. Steuersatz

4 Der Steuersatz für Leibrenten und Pensionen liegt bei 15%, sonstige Versicherungsleistungen werden mit 8% besteuert (VStG 13 I b und c).

IV. Erfüllung der Steuerpflicht

5 Die Steuerforderung entsteht mit dem Erbringen der steuerbaren Leistung (VStG 12 II). Fällig wird die Steuer 30 Tage nach Ablauf des Monats für die in diesem Monat erbrachten Leistungen (VStG 16 I d).

6 Bei den Versicherungsleistungen ist die Meldung der steuerbaren Leistungen an die EStV der Regelfall. Der Versicherer hat die Steuer nur dann zu entrichten und von der steuerbaren Versicherungsleistung abzuziehen, wenn der Versicherungsnehmer oder ein Anspruchsberechtigter Einspruch gegen die Meldung erhoben hat (VStG 19 I).

B. Steuerrückerstattung

7 Da das Meldeverfahren bei steuerbaren Versicherungsleistungen der Regelfall ist, und die Begünstigten, welche dem Versicherer die Meldung untersagen, die Leistungen gewöhnlich nicht ordnungsgemäss deklarieren, kommt es in der Praxis kaum zu Rückerstattungen. Voraussetzung der Rückerstattung bildet die Beibringung der Abzugsbescheinigung des Versicherers sowie aller Angaben, die zur Geltendmachung der Steueransprüche des Bundes und der Kantone erforderlich sind (VStG 33 I).

§ 32 Behörden und Verfahren

Literatur
BLUMENSTEIN/LOCHER, System, 196 ff. und 335 ff.; HÖHN/WALDBURGER, Bd. I, § 21 N 60 ff., § 34 N 42 ff. und § 35; MÄUSLI-ALLENSPACH/OERTLI, Steuerrecht, 364; OBERSON, Droit fiscal, § 14 N 98 ff.

A. Erhebungsverfahren

Dem System der Verrechnungssteuer liegt das *Selbstveranlagungsprinzip* zugrunde. Geregelt ist das Verfahren der Steuererhebung in VStG 38 ff.; es wird in verschiedenen Bestimmungen der VStV näher ausgeführt. 1

I. Zuständige Behörde

Für den Erlass von den für die Steuererhebung notwendigen Verfügungen und Entscheiden sowie für die Bestimmung von Form und Inhalt der zu verwendenden Formulare ist die EStV zuständig (vgl. VStG 34 I und 41, VStV 1 I). Sie ist zudem die Kontrollinstanz für die Steuererhebung, indem sie die Einhaltung und Erfüllung der Verfahrenspflichten der Steuerpflichtigen überprüft (VStG 40 I). 2

II. Selbstveranlagung und Verfahrenspflichten des Steuerpflichtigen

1. Anmeldung als Steuerpflichtiger

Wer aufgrund des Gesetzes verrechnungssteuerpflichtig wird, hat sich nach VStG 38 I unaufgefordert bei der EStV anzumelden. Die Pflicht zur Anmeldung wird durch verschiedene Bestimmungen der VStV konkretisiert. Eine Anmeldepflicht kann schon gegeben sein, bevor ein konkreter Steuertatbestand erfüllt wird (vgl. VStV 17, 23, 31, 40 und 46). 3

2. Selbstveranlagung und Steuerentrichtung

Der Steuerpflichtige hat die vorgeschriebene Abrechnung mit den Belegen bei Fälligkeit der steuerbaren Leistung unaufgefordert einzureichen und gleichzeitig die Steuer zu entrichten oder die an ihre Stelle tretende Meldung zu erstatten (VStG 38 II). 4

5   Bei der Selbstveranlagung geht die Feststellung der Steuerforderung im Regelfall von der steuerpflichtigen Person aus, sie hat von sich aus zu bestimmen, ob und in welchem Mass sie eine Steuer schuldet.[1] Der durch Selbstveranlagung festgesetzte Betrag ist sodann fristgerecht einzubezahlen, und gleichzeitig ist eine Abrechnung mittels des Deklarationsformulars einzureichen. Die Verantwortung für die Abrechnung und die Ablieferung der Verrechnungssteuer ist also ausschliesslich dem Steuerpflichtigen auferlegt.[2]

6   Die Meldung der steuerbaren Leistung ersetzt die Deklaration und Entrichtung der Verrechnungssteuer. Bei Versicherungsleistungen bildet das Meldeverfahren die Regel.[3] Der Versicherer hat die Meldung unaufgefordert auf den vorgeschriebenen Formularen der EStV mitzuteilen (VStV 47 I). Bei den Anwendungsfällen des Meldeverfahrens im Zusammenhang mit Kapitalerträgen[4] hat der Steuerpflichtige ein schriftliches Gesuch an die EStV zu stellen, welche über die Genehmigung entscheidet (VStV 25).

3. Auskunftspflicht und weitere Mitwirkungspflichten

7   VStG 39 statuiert für die Steuererhebung eine Auskunftspflicht des Steuerpflichtigen gegenüber der EStV bezüglich aller Tatsachen, die für die Steuerpflicht oder für die Steuerbemessung von Bedeutung sein können. Insbesondere hat er Steuerabrechnungen, Steuererklärungen und Fragebogen vollständig und genau auszufüllen (VStG 39 I a). Die Bücher sind vom Steuerpflichtigen so zu führen, dass sich die für die Steuererhebung und -bemessung massgebenden Tatsachen ohne besonderen Aufwand ermitteln und nachweisen lassen (VStV 2 I).

III. Überprüfung und Entscheide der EStV

8   Der EStV obliegt es, die Erfüllung der Anmeldepflicht, die Steuerabrechnung und Steuerablieferung sowie die Erfüllung der Meldepflicht gemäss VStG 19 und 20 zu überprüfen, wozu sie die Geschäftsbücher, die Belege und andere Urkunden vom Steuerpflichtigen an Ort und Stelle einsehen kann (VStG 40 II; vgl. auch VStG 39 I b und VStV 6). Ergibt die Überprüfung, dass der Steuerpflichtige die steuerbaren Leistungen korrekt deklariert und die Steuerpflicht erfüllt hat, erübrigt sich der Erlass von Verfügungen und Entscheiden. Wird jedoch eine Pflichtverletzung festgestellt und kann die Auseinandersetzung mit dem Steuerpflichtigen nicht gütlich erledigt werden, fällt die EStV einen Entscheid (vgl. VStG 40 IV). Die Aufzählung von möglichen Entscheiden der EStV in VStG 41 ist nicht

---

[1]   BLUMENSTEIN/LOCHER, System, 392.
[2]   Vgl. SRK 3.2.2004, VPB 2004 Nr. 99 E. 4b.
[3]   Vorne § 31 N 6.
[4]   Vorne § 29 N 53 ff.

abschliessend.[5] Im Unterschied zur allgemeinen Einkommenssteuer[6] besteht im Verrechnungssteuerrecht die Möglichkeit, *vor* der Verwirklichung eines Sachverhalts einen *Feststellungsentscheid* über dessen Steuerfolgen zu erlangen.[7]

IV. Rechtsmittel

1. Einsprache

Gegen Verfügungen und Entscheide der EStV kann innert 30 Tagen nach Eröffnung Einsprache erhoben werden. Die Einsprache ist schriftlich bei der EStV einzureichen und muss eine Begründung enthalten (VStG 42 II). 9

2. Beschwerde ans Bundesverwaltungsgericht

Für Beschwerden gegen Entscheide der EStV ist das Bundesverwaltungsgericht zuständig (vgl. VGG 33 d). 10

3. Beschwerde in öffentlich-rechtlichen Angelegenheiten ans Bundesgericht

Der Entscheid des Bundesverwaltungsgerichts kann mit der Beschwerde in öffentlich-rechtlichen Angelegenheiten an das Bundesgericht weitergezogen werden (vgl. BGG 86 I a). Für die Beschwerde ans Bundesgericht ist auch die EStV beschwerdelegitimiert (VStV 1 II; BGG 89 II d). 11

Unzulässig ist die Beschwerde gegen Entscheide über den Erlass von Abgaben (BGG 83 m); das Bundesverwaltungsgericht entscheidet in diesen Bereichen endgültig. 12

B. Rückerstattungsverfahren

Bei der Rückerstattung der Verrechnungssteuer werden die Behörden nicht von sich aus tätig, sondern es obliegt dem Anspruchsberechtigten, einen entsprechenden Antrag zu stellen. Es besteht jedoch keine gesetzliche Pflicht, einen Rückerstattungsantrag einzureichen. 13

---

5   Auch zum Folgenden HOCHREUTENER, in: ZWEIFEL/BEUSCH/BAUER-BALMELLI, N 9 und 21 ff. zu VStG 41.
6   Dazu vorne § 26 N 60 ff.
7   Vgl. BGer 18.5.1993, ASA, 705 ff.

I. Zuständige Behörden

14 Beim Vollzug der Rückerstattung sind neben dem Bund auch die Kantone beteiligt (vgl. VStG 1 II). Den *kantonalen Behörden* ist der Vollzug der Rückerstattung von auf Kapitalerträgen und Lotteriegewinnen erhobenen Verrechnungssteuern bei *natürlichen Personen* übertragen (VStG 30 I). Das VStG regelt das Verfahren vor den kantonalen Behörden und deren Organisation nur in den Grundzügen, im Übrigen gelangt kantonales Recht zur Anwendung (VStG 35).[8]

15 Die *EStV* ist zuständig für die Rückerstattung der Verrechnungssteuer an die *juristischen Personen* und *alle übrigen Anspruchsberechtigten* (VStG 30 II). Aufgabe der EStV ist auch die Rückerstattung von auf Versicherungsleistungen erhobenen Verrechnungssteuern bei sämtlichen Anspruchsberechtigten, auch bei den natürlichen Personen (VStG 33 II).

II. Geltendmachung des Rückerstattungsanspruchs

1. Antrag

16 Die Rückerstattung ist schriftlich mit dem amtlichen Formular zu beantragen.[9] Der Antrag kann frühestens nach Ablauf des Kalenderjahres, in welchem die steuerbare Leistung fällig geworden ist, gestellt werden (VStG 29 II). Eine vorzeitige Antragstellung ist möglich, wenn wichtige Gründe vorliegen oder besondere Härten es rechtfertigen (VStG 29 III). Unter bestimmten Voraussetzungen können Abschlagsrückerstattungen verlangt werden (VStV 65 und 65a).

17 Der Rückerstattungsanspruch erlischt, wenn der Antrag nicht innert *drei Jahren* nach Ablauf des Kalenderjahres, in dem die steuerbare Leistung fällig oder die Versicherungsleistung erbracht worden ist, gestellt wird (VStG 32 I bzw. 33 II). Da es sich bei dieser gesetzlichen Frist um eine Verwirkungsfrist handelt, kann sie weder unterbrochen noch erstreckt werden. Wird die Verrechnungssteuer jedoch erst aufgrund einer Beanstandung der EStV entrichtet, so beginnt mit der Entrichtung der Steuer eine neue Frist von 60 Tagen zu laufen, falls die dreijährige Frist bereits verstrichen ist oder von der Entrichtung der Steuer bis zum Ablauf der Frist weniger als 60 Tage verbleiben (VStG 32 II).

---

[8] Im Kanton Zürich ist die VO über die Rückerstattung der Verrechnungssteuer vom 17.12.1997 (LS 634.2) zu beachten. Gemäss den §§ 1 f. dieser VO ist der Vollzug der Rückerstattung dem kantonalen Steueramt, den Gemeindesteuerämtern und den Rekurskommissionen übertragen.

[9] Vgl. VStG 29 I und 48 I, VStV 64 I bzw. 68 I; § 8 Abs. 1 der VO des Kantons Zürich über die Rückerstattung der Verrechnungssteuer (Fn. 8).

2. Auskunftspflichten

VStG 48 I statuiert eine Auskunftspflicht des Antragstellers gegenüber der EStV und den kantonalen Rückerstattungsbehörden bezüglich aller Tatsachen, die für den Rückerstattungsanspruch von Bedeutung sein können. Kommt er diesen Pflichten nicht nach und kann der Anspruch ohne die verlangten Auskünfte nicht vollständig abgeklärt werden, so weist die Behörde den Antrag ab (VStG 48 II). 18

Neben dem Antragsteller sind auch gewisse Drittpersonen auskunftspflichtig, insbesondere der Aussteller von Steuerabzugsbescheinigungen (gegenüber dem Rückerstattungsantragsteller) sowie Personen, die mit dem Antragsteller in einem gesellschafts- oder sachenrechtlichen Verhältnis stehen (VStG 49 I und II). 19

III. Durchführung der Rückerstattung

1. Überprüfung des Rückerstattungsanspruchs

Die zuständige Behörde überprüft die bei ihr eingegangenen Anträge (VStG 50 I und 52 I). Sie kann die vom Antragsteller oder von Dritten erteilten Auskünfte auch an Ort und Stelle nachprüfen. 20

2. Rückerstattung durch die EStV

Entspricht die EStV einem Antrag nicht oder nur teilweise und kann keine einvernehmliche Regelung mit dem Antragsteller gefunden werden, so erlässt die EStV einen förmlichen Entscheid (VStG 51 I), gegen welchen Einsprache erhoben werden kann. 21

Wird dem Antrag vollumfänglich stattgegeben oder kann man sich über eine allfällige Reduktion einvernehmlich einigen, so ergeht kein förmlicher Entscheid und die EStV befriedigt den Anspruch in der Regel durch Überweisung auf ein Bank- oder PostFinance-Konto. Bei allen Rückerstattungen, die nicht auf einem formellen Entscheid beruhen, hat die EStV während *drei Jahren* die Möglichkeit einer Nachprüfung (VStG 51 II).[10] 22

Ergibt die Nachprüfung, dass die *Rückerstattung zu Unrecht* gewährt worden ist und wird die Rückzahlung vom Antragsteller verweigert, so erlässt die EStV einen auf Wiedereinzahlung lautenden Entscheid (VStG 51 III), der auf dem ordentlichen Rechtsmittelweg anfechtbar ist (VStG 51 IV). 23

---

[10] Bei unrechtmässigem Erlangen einer Rückerstattung verjährt die Rückleistungspflicht allerdings erst, wenn die Strafverfolgung und Strafvollstreckung verjährt sind (VStrR 12 IV). Es kommen die *strafrechtlichen Verjährungsregeln* (vgl. VStrR 11 II, III i.V.m. StGB 333 VI b) zur Anwendung (dazu BGer 16.10.2008, BGE 134 IV 328 ff. E. 2; STEFAN OESTERHELT, Verjährung im Steuerrecht, ASA 79 [2010/2011], 819 ff., insb. 830 ff.).

3. Rückerstattung durch die kantonale Rückerstattungsbehörde

24 Auf kantonaler Ebene wird die Untersuchung durch einen Entscheid des kantonalen Verrechnungssteueramtes abgeschlossen (VStG 52 II). Vorbehalten bleibt im Falle der Bewilligung der Rückerstattung die Überprüfung des Anspruchs durch die EStV gemäss VStG 57.

25 Die Kantone befriedigen den Rückerstattungsanspruch entweder durch Verrechnung mit den vom Antragsteller zu entrichtenden Kantons- und Gemeindesteuern oder durch Rückerstattung in bar (VStG 31 I).[11]

IV. Rechtsmittel

1. Rechtsmittel gegen Entscheide der EStV

26 Entscheide der EStV können innert 30 Tagen mittels Einsprache angefochten werden (VStG 51 IV i.V.m. 42). Für das Einspracheverfahren und den weiteren Instanzenzug kann auf die Ausführungen über das Verfahren der Steuererhebung verwiesen werden.

2. Rechtsmittel gegen Entscheide der kantonalen Behörden

27 Über die eingereichten Anträge fällt das kantonale Verrechnungssteueramt einen Entscheid, gegen welchen innert 30 Tagen Einsprache erhoben werden kann (VStG 53). Der Einspracheentscheid des kantonalen Verrechnungssteueramtes kann gemäss VStG 54 I mit Beschwerde an die kantonale Rekurskommission weitergezogen werden. Letztinstanzlich kann mittels Beschwerde in öffentlich-rechtlichen Angelegenheiten das Bundesgericht angerufen werden (Art. 56 VStG).

---

[11] Vgl. §§ 5 ff. der VO des Kantons Zürich über die Rückerstattung der Verrechnungssteuer (Fn. 8).

Teil IV

Mehrwertsteuerrecht

Verfasst von Philip Robinson

§ 33 Grundlagen

Literatur

BLUMENSTEIN/LOCHER, System, 212 ff.; HÖHN/WALDBURGER, Bd. I, § 24 N 1 ff.; MÄUSLI-ALLENSPACH/OERTLI, Steuerrecht, 407 ff.; OBERSON, Droit fiscal, § 16 N 1 ff.

BISCHOF PIRMIN, Revision des MWST-Verfahrensrechts und des MWST-Strafrechts, ST 2009, 492; CAMENZIND ALOIS, Der Ort von Dienstleistungen im Mehrwertsteuergesetz 2010, ASA 78 (2009/2010), 713 ff.; FISCHER CLAUDIO, Die Neuerungen im revidierten Mehrwertsteuergesetz, ASA 78 (2009/2010), 185 ff.; FISCHER CLAUDIO/GROSJEAN CLAUDE, Der Leistungsbegriff, ASA 78 (2009/2010), 701 ff.; GROSS JUDITH, «Leistungsort» und «Leistungsbegriff» im Mehrwertsteuerrecht, ASA 74 (2005/2006), 348 ff.; MÜLLER PHILIPP, Behandlung der MWST-Reform im Nationalrat, ST 2009, 485; OBERSON XAVIER, Qualification et localisation des services internationaux en matière de TVA, ASA 69 (2000/2001), 403 ff.; REICH MARKUS, Grundzüge der Mehrwertsteuerordnung in der Schweiz und in der EU. Allgemeine Verbrauchssteuer nach europäischem Vorbild, ST 1995, 329 ff.; ROBINSON PHILIP, Die Schweizer Mehrwertsteuer im globalen Kontext, ST 2010, 234 ff.; ders., Drei Spezialfragen im Zusammenhang mit der mehrwertsteuerlichen Ortsbestimmung von Dienstleistungen, in: RES 2007, 83 ff.; SPORI PETER, Bericht des Beauftragten P. Spori in Sachen Mehrwertsteuerreform, Bern 2006; WEIDMANN MARKUS/BADER DANIEL, Die mehrwertsteuerliche Stellung der Betriebsstätten. Die Einheit des Unternehmens im nationalen und internationalen Verhältnis, ASA 78 (2009/2010), 801 ff.

Materialien

Botschaft zur Vereinfachung der Mehrwertsteuer vom 25.6.2008, BBl 2008, 6885–7132 (zit. Botschaft MWST-Reform); Zusatzbotschaft zur Botschaft zur Vereinfachung der Mehrwertsteuer (Förderung der Wirtschaft und des Wachstums) vom 23.6.2010, BBl 2010, 5397–5460 (zit. Zusatzbotschaft MWST-Reform).

A. Steuerberechtigung

I. Steuererhebungskompetenz

BV 130 I erteilt dem Bund die Kompetenz zur Erhebung einer Mehrwertsteuer.[1] Es handelt sich bei dieser *Steuererhebungskompetenz* des Bundes um eine Bundeskompetenz mit nachträglich derogatorischer Kraft. Die Kantone und Gemeinden dürfen Sachverhalte, die vom Bundesgesetzgeber der Mehrwertsteuer unterworfen oder als steuerfrei erklärt werden, nicht mit gleichartigen Steuern belasten (BV 134). Eine kantonale oder kommunale Steuer ist gleichartig, wenn sie die wesentlichen Merkmale der Mehrwertsteuer hinsichtlich Steuergut, Steuerobjekt und Kreis der Steuerpflichtigen aufweist.[2]

1

---

[1] Die Befugnis zur Erhebung der Mehrwertsteuer ist bis Ende 2020 befristet (BV 196 Ziff. 14).
[2] Vgl. KLAUS A. VALLENDER, in: BERNHARD EHRENZELLER/PHILIPPE MASTRONARDI/RAINER J. SCHWEIZER/KLAUS A. VALLENDER (Hrsg.), Die schweizerische Bundesverfassung, Kommentar, 2. A. Zürich et al. 2008, N 13 ff. zu BV 134. Nach dem ausdrücklichen Wortlaut von MWSTG 2 I gelten kantonale und kommunale Billettsteuern und Handänderungssteuern nicht als gleichartige Steuern im Sinne von BV 134. Beispiele aus der Rechtsprechung sind BGer 15.10.1999, BGE 125 I 449 über die

2   Bei der Mehrwertsteuer liegt sowohl die Gesetzgebungskompetenz als auch die Steuerverwaltungskompetenz beim Bund. Die Steuerertragskompetenz liegt ebenfalls vollumfänglich beim Bund, bestimmte Bestandteile des Ertrages aus der Mehrwertsteuer sind jedoch zweckgebunden.[3]

3   Vor Einführung der Mehrwertsteuer per 1.1.1995 erhob der Bund eine einphasige Warenumsatzsteuer (WUST), die am 31.7.1941 in Kraft gesetzt wurde.[4] Aufgrund ihrer breiten Steuerbasis hat sich die Mehrwertsteuer seit 1995 als *wichtigste Einnahmequelle* des Bundes etabliert.[5]

II. Gesetzliche Grundlagen

4   Das geltende Gesetzesrecht der Mehrwertsteuer beruht auf dem per 1.1.2010 in Kraft gesetzten Bundesgesetz über die Mehrwertsteuer (MWSTG). Gleichzeitig mit dem MWSTG trat auch die dazugehörende Vollziehungsverordnung (MWSTV) in Kraft. Einige weitere Verordnungen regeln Einzelfragen im Zusammenhang mit der Anwendung des MWSTG.[6] Die EStV publiziert zum MWSTG schriftliche Praxisfestlegungen, die in Form von sogenannten «MWST-Infos», «MWST-Praxis-Infos» und «MWST-Branchen-Infos» veröffentlicht werden.[7] Die EStV ist an die in diesen Publikationen dargestellte Verwaltungspraxis gebunden. Zu der Frage, ob die Publikationen aus Sicht der steuerpflichtigen Personen lediglich als Auslegungshilfen zu verstehen sind, oder aber eine weiter gehende Verbindlichkeit entfalten, bestehen unterschiedliche Auffassungen.[8]

Vereinbarkeit der bernischen Abfallabgabe mit der Mehrwertsteuer oder BGer 16.7.1996, BGE 122 I 213 über die Vereinbarkeit der Genfer Armensteuer mit der Mehrwertsteuer.

[3] Namentlich für die Finanzierung der Sozialversicherungswerke (BV 130 II und 196 Ziff. 14 II), von Eisenbahngrossprojekten (BV 196 Ziff. 3 I e) und für die Prämienverbilligung in der Krankenversicherung (BV 130 IV). 0,4 Prozentpunkte beim Normalsatz, 0,1 Prozentpunkte beim reduzierten Satz und 0,2 Prozentpunkte beim Sondersatz für Beherbergungsleistungen sind zudem befristet bis 31.12.2017 (BV 196 Ziff. 14 II).

[4] Bundesratsbeschlusses vom 29.7.1941 über die Warenumsatzsteuer (WUStB, BS 6 173), gestützt auf aBV 41ter.

[5] Für das Jahr 2011 betrugen die budgetierten Einnahmen aus der Mehrwertsteuer 21,52 Mrd. CHF. Dies entspricht 37,53% der budgetierten Gesamteinnahmen des Bundes (Fiskaleinnahmen des Bundes 2010).

[6] Verordnung des EFD über die steuerbefreite Einfuhr von Gegenständen in kleinen Mengen, von unbedeutendem Wert oder mit geringfügigem Steuerbetrag vom 11.12.2009 (SR 641.204); Verordnung des EFD über die Steuerbefreiung von Inlandlieferungen von Gegenständen zwecks Ausfuhr im Reiseverkehr vom 24.3.2011 (SR 641.202.2);Verordnung des EFD über die Verzugs- und die Vergütungszinssätze vom 11.12.2009 (SR 641.207.1); Verordnung des EFD über elektronische Daten und Informationen (EIDI-V) vom 11.12.2009 (SR 641.201.511); Verordnung der EStV über Zertifizierungsdienste im Bereich der EIDI-V vom 14.12.2009 (SR 641.201.511.1). Verordnung der EStV über die Höhe der Saldosteuersätze nach Branchen und Tätigkeiten vom 6.12.2010 (SR 641.202.62).

[7] Online veröffentlicht unter www.estv.admin.ch (besucht am 15.1.2012).

[8] Vgl. MARLISE RÜEGSEGGER, Ausgewählte Aspekte des neuen Verfahrensrechts, ASA 79 (2010/2011), 85 ff., 87.

Die Vorläufer des MWSTG waren zunächst die direkt von der Verfassung abgeleitete Mehrwertsteuerverordnung vom 22.6.1994 (aMWSTV; in Kraft 1.1.1995 bis 31.12.2000) und danach das erste Mehrwertsteuergesetz vom 22.9.1999 (aMWSTG; in Kraft 1.1.2001 bis 31.12.2009). Sowohl die aMWSTV als auch das aMWSTG entstanden unter besonderen Voraussetzungen[9] und wiesen systematische und inhaltliche Schwachstellen auf. Dies erklärt den Umstand, dass schon vergleichsweise kurze Zeit nach Inkrafttreten des aMWSTG ein erneuter Reformprozess eingeleitet wurde.

5

Nachdem seit Januar 2005 Bestrebungen zur Revision des Mehrwertsteuergesetzes eingeleitet und in der Folge mehrere Entwürfe ausgearbeitet worden waren, schickte das EFD am 27.2.2007 eine Gesetzesvorlage in die Vernehmlassung. Gestützt auf den Bericht über die Vernehmlassung unterbreitete der Bundesrat dem Parlament am 25.6.2008 eine Sammelbotschaft mit zwei Teilvorlagen[10]. Der erste Teil A umfasste die vollständige Überarbeitung des aMWSTG mit dem Ziel, die Unternehmen zu entlasten. Noch nicht Gegenstand dieses Teils der Reform waren die Bereiche der Steuerausnahmen und Steuersätze. Diese sollten in einem zweiten Teil B durch die Einführung eines Einheitssteuersatzes[11] auf allen Leistungen unter radikalem Abbau der zahlreichen bestehenden Ausnahmen, insbesondere auch im Gesundheitswesen, grundlegende Änderungen erfahren. Durch den Wegfall aufwendiger und komplexer Abgrenzungsprobleme sollte Teil B damit die eigentliche Vereinfachung des Mehrwertsteuergesetzes bringen. Die Vereinheitlichung des Steuersatzes war aber stark umstritten. In der parlamentarischen Beratung im Herbst 2008 wurde daher beschlossen, vorerst nur auf Teil A einzutreten und den politisch kontroversen Teil B zurückzustellen. Nach zahlreichen Änderungen und Anpassungen[12] an der Vorlage durch den National- und Ständerat stimmten am 13.6.2009 beide Räte der Gesetzesvorlage zu. Das MWSTG wurde schliesslich per 1.1.2010 in Kraft gesetzt.[13] Der Teil B der Mehrwertsteuerreform, mit seinen Vorschlägen zur Einführung eines Einheitssatzes und zur Reduktion der Steuerausnahmen, wurde dem Parlament im Juni 2010 nochmals vorgelegt,[14] und aufgrund des Beschlusses des Nationalrats im Dezember 2011 an den Bundesrat zurückgewiesen mit dem Auftrag, einen neuen Vorschlag auf der Basis eines Zweisatz-Modells auszuarbeiten.[15]

6

---

[9] Die aMWSTV entstand in einem abgekürzten Rechtsetzungsverfahren direkt auf der Grundlage der Verfassungskompetenz zur Erhebung einer Mehrwertsteuer, das aMWSTG war das Ergebnis einer parlamentarischen Initiative (Botschaft MWST-Reform, 6901).

[10] Botschaft MWST-Reform, 6885–7236.

[11] Im Sinne der Zielsetzung einer aufkommensneutralen Reform wurde von einem Einheitssatz von 6,1% ausgegangen.

[12] MÜLLER, ST 2009, 485; BISCHOF, ST 2009, 492.

[13] Für eine Zusammenstellung der Neuerungen im MWSTG gegenüber dem aMWSTG vgl. BAUMGARTNER/CLAVADETSCHER/KOCHER, Vom alten zum neuen Mehrwertsteuergesetz, § 1 N 30 ff.; FISCHER, ASA 78, 186.

[14] Zusatzbotschaft MWST-Reform.

[15] Vgl. Amtl.Bull NR 08.056, Nationalratssitzung vom 21.12.2011, damit dürfte die Verwirklichung einer grundsätzlichen Vereinfachung des MWSTG in absehbarer Zukunft nicht realistisch sein.

7   Gemäss den Übergangsbestimmungen (MWSTG 112 ff.) sind die Regelungen des MWSTG für sämtliche seit dem 1.1.2010 eingetretenen Sachverhalte anwendbar, während für Sachverhalte vor diesem Datum die materiell-rechtlichen Bestimmungen des aMWSTG (1.1.2001 bis 31.12.2009) bzw. der aMWSTV (1.1.1995 bis 31.12.2000)[16] einschlägig sind. Hingegen kommt das Verfahrensrecht des MWSTG auch für sämtliche am 1.1.2010 hängigen Verfahren zur Anwendung (MWSTG 113 III).[17]

B. Grundkonzept und Funktion

I. Besteuerungsziel und Anknüpfung

8   Mit der Mehrwertsteuer verfolgt der schweizerische Gesetzgeber das *Besteuerungsziel*, die «private Einkommens- und Vermögensverwendung für Konsumzwecke»[18] bzw. den «nicht unternehmerischen Endverbrauch im Inland» (MWSTG 1 I Satz 2) zu besteuern. Da die Einkommens- bzw. Vermögensverwendung von der Steuer erfasst werden soll, geht es dabei nur um den *entgeltlichen* Konsum.[19] Ausschlaggebend ist zudem allein die Vermögensverwendung (für Konsumzwecke), unabhängig davon, ob der Verbrauch tatsächlich eintritt.[20]

9   Da die direkte Besteuerung des entgeltlichen Konsums bei den einzelnen Konsumentinnen und Konsumenten aufgrund der hohen Anzahl dieser Subjekte praktisch kaum umsetzbar wäre, knüpft das Mehrwertsteuersystem nicht beim Endverbraucher bzw. der Endverbraucherin an, sondern bei den Trägern von Unternehmen, von denen Leistungen für Konsumzwecke bezogen werden (Steuersubjekt). Damit liegt die steuerliche Anknüpfung nicht mehr direkt beim Verbrauch, sondern beim Erwerb (aus Sicht des Konsumenten und der Konsumentin) bzw. dem Erbringen einer Leistung gegen Entgelt (Sicht des Unternehmensträgers). Letzteres bildet das Objekt der Mehrwertsteuer.[21] Sofern die in einem Mehrwertsteuersystem grundsätzlich vorgesehene Steuerüberwälzung

---

[16] Da MWSTG 91 mit seiner absoluten Verjährungsfrist von zehn Jahren für den Bezug der Steuer auf vor dem 1.1.2010 verwirklichte Sachverhalte noch keine Anwendung findet (MWSTG 113 III i.V.m. MWSTG 112 I), gilt für solche Sachverhalte noch die altrechtliche absolute Verjährungsfrist von fünfzehn Jahren. Damit ist denkbar, dass vereinzelte unter der aMWSTV verwirklichte Sachverhalte aus mehrwertsteuerlicher noch «offen» sind (Stand 1.1.2012).

[17] Vorbehalten bleiben die Bestimmungen zur Verjährung, die im Übrigen auch als materielles Recht verstanden werden können (vgl. BGer 21.5.2002, A.293/2001). Auch die Bestimmungen zum Steuererlass (MWSTG 92) entfalten gemäss Rechtsprechung keine Wirkung auf vor dem 1.1.2010 eingetretene Sachverhalte (vgl. BVGer 15.4.2011, A-3469/2010).

[18] Botschaft MWST-Reform, 6910.

[19] FISCHER/GROSJEAN, ASA 78, 702.

[20] BAUMGARTNER/CLAVADETSCHER/KOCHER, Vom alten zum neuen Mehrwertsteuergesetz, § 1 N 39.

[21] FISCHER/GROSJEAN, ASA 78, 703.

erfolgt, wird das Besteuerungsziel auf indirektem Weg damit auch tatsächlich erreicht.

II. Steuererhebung: System der Netto-Allphasensteuer

1. Konzepte für Verbrauchssteuern auf Lieferungen und Dienstleistungen

Verbrauchssteuern auf Waren und Dienstleistungen können verschiedenen Konzepten folgen. Mit Blick auf die einzelnen Stufen von der Herstellung bis zur Veräusserung von Waren und Dienstleistungen wird im Wesentlichen zwischen den Einphasensteuern und den Allphasensteuern unterschieden.[22] 10

Bei den *Einphasensteuern* erfolgt die Besteuerung nur auf einer Stufe der Wertschöpfungskette. Dabei kann die Besteuerung einerseits auf der Hersteller- oder der Grosshandelsstufe, andererseits auf der Detailhandelsstufe erfolgen. In der Regel werden von einer Einphasensteuer vorwiegend Verkäufe von physischen Waren erfasst; für die Besteuerung von Dienstleistungen werden solche Systeme nur selten verwendet.[23] Bis zum Inkrafttreten der schweizerischen aMWSTV am 1.1.1995 galt in der Schweiz mit der WUST eine Einphasensteuer mit Besteuerung auf der Hersteller- oder der Grosshandelsstufe.[24] Wird eine Einphasensteuer erst auf der Detailhandelsstufe erhoben, wird demgegenüber nur der Umsatz, der durch die Lieferung an den Konsumenten als Endverbraucher entsteht, besteuert. Lieferungen an steuerpflichtige Unternehmen unterliegen dagegen nicht der Steuer. Die Beurteilung, ob es sich bei einem Umsatz um eine steuerpflichtige Lieferung an einen Konsumenten handelt oder nicht, liegt jeweils bei der steuerpflichtigen Person.[25] 11

Im Unterschied zur Einphasensteuer werden die Allphasensteuern auf allen Stufen der Wertschöpfungskette erhoben. Die Allphasensteuer kann dabei entweder als Brutto- oder als Netto-Allphasensteuer ausgestaltet sein. 12

---

[22] BLUMENSTEIN/LOCHER, System, 212. Einige wenige Steuerhoheiten erheben eine Mehrwertsteuer nach dem System einer «subtraction method value-added tax» (z.B. Japan). Hier wird die zu besteuernde Wertschöpfung (Mehrwert) auf Ebene des Unternehmens gesamthaft ermittelt und besteuert, nicht die einzelne Transaktion (vgl. GILBERT E. MEATCALF, Value-Added Taxation: A Tax Whose Time Has Come?, JEP 9 [1995] Nr. 1, 121 ff., 128; MASAYUKI TAMAOKA, The Regressivity of a Value Added Tax: Tax Credit Method and Substraction Method – A Japanese Case, Fiscal Studies 15 [1994] Nr. 2, 57 ff.).

[23] Beispiele für Einphasensteuern auf Dienstleistungen sind die sog. «Business Tax» in China und die «Service Tax» in Indien.

[24] Vgl. vorne N 3.

[25] Die «sales tax» in einigen Gliedstaaten und Städten der Vereinigten Staaten von Amerika wie auch die «provincial sales tax» in den Provinzen Kanadas sind in dieser Form ausgestaltet. Allgemein zu den US-amerikanischen sales taxes vgl. MARC BAUEN, Das internationale Steuerrecht der USA, 2. A. Zürich et al. 2007, 5 mit Hinweisen auf weiterführende Literatur in Fn. 19.

13 Ist sie als *Brutto-Allphasensteuer* ausgestaltet, wird die Steuer auf allen Transaktionen in der Wertschöpfungskette, von der Herstellung bzw. Einfuhr eines Produktes bis zu dessen Veräusserung im Detailhandel, erhoben. Die Steuerlast wird dadurch kumuliert, da jedes Produkt einer mehrfachen Besteuerung unterliegt. Diese Ausgestaltung der Steuer zeichnet sich dadurch aus, dass sie erhebungstechnisch einfach und auch bei niedrigem Steuersatz fiskalisch sehr ergiebig ist. Da der Umfang der Steuerkumulation davon abhängt, wie viele Stufen in einem Wertschöpfungsprozess durchlaufen werden, wirkt ein solches System jedoch wettbewerbsverzerrend, was unternehmerische Gestaltungsfreiräume faktisch einschränkt. Mit Bezug auf das Besteuerungsziel einer Mehrwertsteuer ergibt sich zudem eine Überbesteuerung.

14 Auch bei der *Netto-Allphasensteuer* wird die Steuer auf jeder Absatzstufe, auf der Einfuhr von Waren und dem Bezug von Dienstleistungen aus dem Ausland erhoben. Die Kumulation der Steuerlast wird hier aber durch den sog. *Vorsteuerabzug* vermieden. Die Steuerpflichtigen können von den auf ihren Umsätzen geschuldeten Bruttosteuern sämtliche ihnen von ihren Zulieferern (von Waren und Dienstleistungen) in Rechnung gestellten Steuerbeträge sowie die auf ihren Importen entrichteten Steuern als Vorsteuer in Abzug bringen. Im Ergebnis wird damit auf jeder Stufe des Wertschöpfungsprozesses nur die mehrwertsteuerlich relevante Wertschöpfung (der Steuer unterliegende Ausgangsleistungen abzüglich der mit Vorsteuern belasteten Aufwendungen und Investitionen) steuerlich erfasst. Unter Annahme der vom System vorgesehenen Überwälzbarkeit der Steuer ergibt sich damit erst am Ende der Kette eine definitive Steuerbelastung, wenn eine Leistung an private Konsumentinnen bzw. Konsumenten gegen Entgelt erbracht wird. Das Besteuerungsziel wird mit diesem Mechanismus erreicht, bei konsequenter Umsetzung der Systematik ergibt sich auch keine Überbesteuerung.

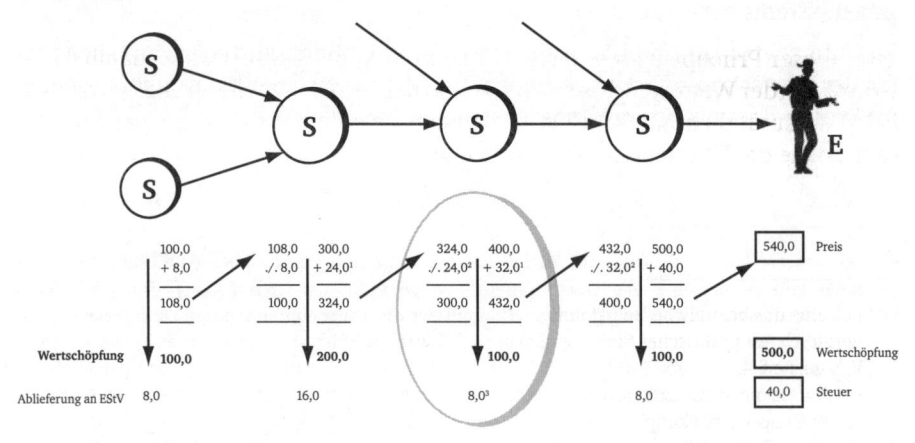

						Preis
100,0	108,0	300,0	324,0	400,0	432,0	500,0	540,0
+ 8,0	./. 8,0	+ 24,0¹	./. 24,0²	+ 32,0¹	./. 32,0²	+ 40,0	
108,0	100,0	324,0	300,0	432,0	400,0	540,0	
Wertschöpfung 100,0	200,0		100,0		100,0	500,0 Wertschöpfung
Ablieferung an EStV 8,0	16,0		8,0³		8,0	40,0 Steuer

S = Steuerpflichtige Person (mit vollem Recht auf Vorsteuerabzug)
E = Endkonsument/in

[1] Steuer auf dem Entgelt
[2] Vorsteuerabzug
[3] Nettozahllast

2. Konzept der Schweizer Mehrwertsteuer

Gemäss MWSTG 1 I ist die schweizerische Mehrwertsteuer ausdrücklich als eine *allgemeine Verbrauchssteuer* konzipiert, die als *Netto-Allphasensteuer mit Vorsteuerabzug* ausgestaltet ist. Die Charakterisierung als Verbrauchssteuer ergibt sich aus dem Besteuerungsziel, ebenso der allgemeine Anspruch, der eine möglichst breite Steuerbasis (Lieferungen und Dienstleistungen) sichern soll. Das ausdrücklich im MWSTG festgelegte System der Netto-Allphasensteuer mit Vorsteuerabzug ist jenes System, das sich international als effizientestes Erhebungsmodell für eine allgemeine Verbrauchssteuer durchgesetzt hat, indem es das Besteuerungsziel ohne Überbesteuerung verwirklicht und – unter der Voraussetzung einer konsequenten Umsetzung der tragenden Prinzipien – nur ausnahmsweise Wettbewerbsverzerrungen verursacht.[26]

15

III. Tragende Prinzipien

1. Überblick

Die allgemeinen verfassungsrechtlichen Grundlagen der Besteuerung gelten auch für die Mehrwertsteuer.[27] Zu nennen sind hier insbesondere das Rechtsgleichheitsgebot (BV 8), die allgemeinen Verfahrensgarantien (BV 29 ff.), die Allgemeinheit und Gleichmässigkeit der Besteuerung (BV 127 II) sowie die Wirtschaftsfreiheit (BV 27).[28] Darüber hinaus werden in der Lehre speziell mit Bezug auf die Mehrwertsteuer aufgrund der Auslegung von BV 130 die Wettbewerbsneutralität, das Bestimmungslandprinzip, die Erhebungswirtschaftlichkeit und die Europaverträglichkeit als weitere grundlegende Prinzipien des Mehrwertsteuersystems hervorgehoben.[29]

16

Zwei dieser Prinzipien sind ausdrücklich in MWSTG 1 III erwähnt, nämlich der Grundsatz der Wettbewerbsneutralität und das Prinzip der Erhebungswirtschaftlichkeit. Zusätzlich hält MWSTG 1 III noch die Wirtschaftlichkeit der Entrichtung sowie die Überwälzbarkeit der Steuer als Grundsätze fest. Aus den Bestim-

17

---

[26] Für eine diesbezügliche Beurteilung der Schweizer Mehrwertsteuerordnung im internationalen Vergleich aus praktischer Sicht vgl. ROBINSON, ST 2010, 234 ff.

[27] Vgl. vorne § 4.

[28] Vgl. BAUMGARTNER/CLAVADETSCHER/KOCHER, Vom alten zum neuen Mehrwertsteuergesetz, § 1 N 54; XAVIER OBERSON, in: Kompetenzzentrum MWST der Treuhand-Kammer, N 39 ff. zu aMWSTG 1.

[29] Vgl. zum Beispiel KLAUS A. VALLENDER, in: BERNHARD EHRENZELLER/PHILIPPE MASTRONARDI/RAINER J. SCHWEIZER/KLAUS A. VALLENDER (Hrsg.), Die schweizerische Bundesverfassung, Kommentar, 2. A. Zürich et al. 2008, N 7 ff. zu BV 130. Die Bedeutung des europäischen Mehrwertsteuerrechts für die Auslegung des schweizerischen Rechts hat sich allerdings mit dem MWSTG weiter relativiert, da dieses in verschiedenen wesentlichen Punkten bewusst eigenständige Ansätze enthält (vgl. dazu die schlüssige Argumentation bei BAUMGARTNER/CLAVADETSCHER/KOCHER, Vom alten zum neuen Mehrwertsteuergesetz, § 1 N 74).

mungen zum Verfahrensrecht geht schliesslich hervor, dass der Selbstveranlagung bei der Mehrwertsteuer eine hohe Bedeutung zukommt.[30]

2. Wettbewerbsneutralität und Bestimmungslandprinzip

18 Gemäss dem *Grundsatz der Wettbewerbsneutralität* (MWSTG 1 III a) muss der Verbrauch aller Waren und Dienstleistungen gleichmässig durch die Mehrwertsteuer erfasst werden, damit der Wettbewerb nicht durch die Steuerlast verzerrt wird.[31] Dies setzt voraus, dass möglichst alle Aktivitäten der Steuer unterworfen sind und der Verbrauch von Waren und Dienstleistungen im Inland gleichmässig belastet wird. Diesem Anspruch auf eine vollständige allgemeine Besteuerung des Verbrauchs stehen auch in der Schweiz sozial- und kulturpolitische oder generelle wirtschaftspolitische Rücksichten entgegen. Deshalb sind bestimmte Leistungen von der Besteuerung ausgenommen (MWSTG 18). Andere Leistungen werden zu einem reduzierten Satz besteuert (MWSTG 25 II und IV). Leistungen, die von der Steuer ausgenommen sind (ohne Recht auf Vorsteuerabzug) führen zu einer endgültigen Steuerbelastung («taxe occulte») auf der Stufe des Leistungserbringers. Dies kann insofern zu Wettbewerbsverzerrungen führen, als eine unterschiedliche Anzahl Stufen in der Wertschöpfungskette als Folge der Steuerkumulation mit unterschiedlichen Steuerkosten verbunden sein kann, mithin also die Gestaltungsfreiheit der Unternehmen aus steuerlichen Gründen beeinträchtigt wird.

19 Ein Ausfluss des Grundsatzes der Wettbewerbsneutralität ist das *Bestimmungslandprinzip*. Dieses auch international vorherrschende Prinzip[32] sieht vor, dass der Konsum im Ergebnis dort besteuert werden soll, wo er letztlich stattfindet. Damit soll verhindert werden, dass bei grenzüberschreitenden Transaktionen eine Steuerkumulation eintritt. Zudem stellt das Bestimmungslandprinzip innerhalb der jeweiligen Steuerhoheit sicher, dass sämtliche Anbieter gleichartiger Leistungen steuerlich gleich gestellt sind, unabhängig davon, wo sie ansässig sind bzw. von wo aus sie operieren.

20 Die Anwendung des Bestimmungslandprinzips für die Schweiz hat zur Folge, dass nur der *Verbrauch im Inland* belastet werden darf. Somit müssen die Bestimmungen des MWSTG sicherstellen, dass Exporte von Waren und Dienstleistungen nicht mit schweizerischer Mehrwertsteuer belastet werden. Im Gegenzug werden Importe von Waren und Dienstleistungen grundsätzlich der Mehrwertsteuer unterworfen. Damit soll die Voraussetzung dafür geschaffen werden, dass die Schweizer Leistungserbringer (aus Sicht der Schweizer Mehrwertsteuer) nicht schlechter gestellt sind als ihre ausländische Konkurrenz.[33]

---

[30] MWSTG 65 ff.; vgl. dazu hinten § 37 N 4.
[31] MOLLARD/OBERSON/TISSOT BENEDETTO, Traité TVA, Chap. 1 N 307.
[32] Das Bestimmungslandprinzip wird insbesondere auch von der OECD propagiert (OECD International VAT/GST Guidelines on Neutrality, approved by the Committee on Fiscal Affairs on 28 June 2011, I/2).
[33] Dies sowohl auf dem inländischen Markt als auch im Ausland.

3. Wirtschaftlichkeit der Entrichtung und der Erhebung

Der Grundsatz der *Wirtschaftlichkeit der Entrichtung und der Erhebung* der Mehrwertsteuer (MWSTG 1 III b) besagt, dass die Aufwendungen im Zusammenhang mit der Steuererhebung in einem vernünftigen Verhältnis zu den Einnahmen stehen müssen.[34] Die Mehrwertsteuererhebung hat nach möglichst einfachen Regeln und auf möglichst kostengünstige Weise zu erfolgen – und zwar sowohl aufseiten des Fiskus (Erhebungswirtschaftlichkeit) als auch ausdrücklich ebenso bei den steuerpflichtigen Personen (Entrichtungswirtschaftlichkeit). Die verschiedenen gesetzlichen Mindestumsatzgrenzen im Zusammenhang mit der subjektiven Steuerpflicht sind ein Ausdruck dieses Grundsatzes (MWSTG 10 II a und c, MWSTG 12 III, MWSTG 45 II b), ebenso die Möglichkeit der Abrechnung nach Saldosteuersätzen oder nach Pauschalsteuersätzen (MWSTG 37), oder die generelle Zulässigkeit von Erleichterungen für die steuerpflichtigen Personen im Sinne von MWSTG 80.[35]

21

Das Prinzip der Wirtschaftlichkeit befindet sich des Öfteren im Widerspruch mit anderen Prinzipen, insbesondere mit dem Grundsatz der Wettbewerbsneutralität. Solche *Konflikte* werden jeweils durch die Herstellung praktischer Konkordanz zwischen den gegenläufigen Interessen zu lösen sein.[36]

22

4. Überwälzbarkeit

Da die Mehrwertsteuer, wie bereits erwähnt, darauf abzielt, den Endverbraucher und nur diesen zu treffen, müssen die vorgelagerten Akteure der Wertschöpfungskette die Möglichkeit haben, sich von der Steuerlast zu befreien. Als Ergänzung zum Vorsteuerabzug auf der Eingangsseite (Aufwendungen und Investitionen) der steuerpflichtigen Person geht das Gesetz auf der Ausgangsseite (entgeltliche Leistungen) von der vollständigen *Überwälzbarkeit* der Mehrwertsteuer aus (MWSTG 1 III c).

23

Die wirtschaftliche Realität sieht allerdings nicht selten anders aus. In Zeiten ausgeprägter Käufermärkte (z.B. in rezessiven Phasen), aber ganz generell auch in Bereichen mit starker Preiskonkurrenz, ist es dem Anbieter nicht immer möglich, die Überwälzung voll durchzusetzen; er muss allenfalls ganz oder teilweise von der Überwälzung absehen und auf einen Teil seiner Marge verzichten. Dieses Phänomen kann insbesondere bei Erhöhungen der Steuersätze beobachtet werden.

24

Auch lässt sich aus MWSTG 1 III c kein rechtlich durchsetzbares Recht ableiten. Unterlässt es der Leistungserbringer, die Mehrwertsteuer auf den Verbraucher zu überwälzen, muss er dem Fiskus die Steuer trotzdem abliefern, er bleibt also

25

---

[34] CAMENZIND/HONAUER/VALLENDER, Mehrwertsteuergesetz, N 74; REICH, ST 1995, 330.
[35] Die ausdrückliche Nennung der Wirtschaftlichkeit der Entrichtung als Erhebungsgrundsatz ist eine Neuerung des MWSTG (vgl. auch BAUMGARTNER/CLAVADETSCHER/KOCHER, Vom alten zum neuen Mehrwertsteuergesetz, § 1 N 59).
[36] MOLLARD/OBERSON/TISSOT BENEDETTO, Traité TVA, Chap. 1 N 321.

weiterhin Schuldner der Steuer.[37] Denn obwohl die Überwälzung im MWSTG ausdrücklich erwähnt ist, richtet sie sich allein nach den Vorschriften des *Privatrechts* (MWSTG 6).[38]

5. Grundsatz der Selbstveranlagung

26 Das System der *Selbstveranlagung,* aufgrund dessen die Warenumsatzsteuer erhoben worden war, wurde unter dem per 1.1.1995 eingeführten Mehrwertsteuerrecht weitergeführt (aMWSTV 38; aMWSTG 46). Das Prinzip der Selbstveranlagung besagt, dass die steuerpflichtige Person die von ihr auf ihren Leistungen geschuldete Mehrwertsteuer von sich aus zu ermitteln und unter Abzug allenfalls vorhandener Vorsteuerguthaben ihre Steuerschuld bzw. ihr Steuerguthaben zu berechnen hat.[39] Auch das Verfahren im geltenden Recht (MWSTG 65 ff.) beruht grundsätzlich auf der Selbstveranlagung der steuerpflichtigen Person, doch das MWSTG enthält verschiedene Bestimmungen, mit denen die verfahrensrechtliche Asymmetrie zwischen den steuerpflichtigen Personen und der EStV etwas ausgeglichen und damit auch die Rechtssicherheit für die steuerpflichtigen Personen erhöht wurde. Die daraus hervorgehende Pflichtenverteilung zwischen EStV und steuerpflichtiger Person wurde deshalb auch schon als «modifizierte Selbstveranlagung» bezeichnet.[40]

IV. Schlüsselbegriffe des MWSTG

27 Als Bestandteil der allgemeinen Bestimmungen des Gesetzes werden in MWSTG 3 eine Reihe von Begriffen definiert, die für das Verständnis des grundlegenden Inhaltes des Gesetzes wesentlich sind. Da sie für verschiedene zentrale Elemente des gesamten Mehrwertsteuersystems konstitutiv ist, wird an dieser Stelle die Begrifflichkeit im Bereich von Leistung und Entgelt erläutert.[41]

---

[37] Vgl. BGer 15.10.2008, 2C_518/2008 E. 2.2; BGer 23.11.2007, 2C_382/2007 E. 4.2; BGer 2.6.2003 E. 5.2.1 ff., 2A.320/2002.

[38] Aus rein dogmatischer Sicht wird allerdings die Steuer immer überwälzt, schliesst doch der Mittelzufluss, den der Leistungserbringer im Zusammenhang mit seiner Leistung tatsächlich vereinnahmt, aus mehrwertsteuerrechtlicher Sicht immer den massgeblichen Steuerbetrag mit ein.

[39] CAMENZIND/HONAUER/VALLENDER, Mehrwertsteuergesetz, N 74 ff.; ISABELLE HOMBERGER GUT, in: Kompetenzzentrum MWST der Treuhand-Kammer, N 1 ff. zu aMWSTG 46.

[40] BAUMGARTNER/CLAVADETSCHER/KOCHER, Vom alten zum neuen Mehrwertsteuergesetz, § 10 N 8 ff.

[41] Die übrigen in MWSTG 3 umschriebenen Begriffe beziehen sich jeweils auf spezifische Themenbereiche – sie werden in Zusammenhang mit den Darlegungen zu den entsprechenden Themen erklärt.

1. Leistung

Nach dem Wortlaut von MWSTG 3 c definiert sich eine *Leistung* als «die Einräumung eines verbrauchsfähigen wirtschaftlichen Wertes an eine Drittperson in Erwartung eines Entgelts, auch wenn sie von Gesetzes wegen oder aufgrund behördlicher Anordnung erfolgt». Der Begriff setzt somit ein Verhältnis zwischen zwei Subjekten voraus, einem Leistungserbringer und einem Leistungsempfänger. Der dem Leistungsempfänger durch den Leistungserbringer eingeräumte Wert muss wirtschaftlich sein, d.h., er muss sich in irgendeiner Form in Geld ausdrücken lassen. Die geforderte Verbrauchsfähigkeit dieses Wertes ist in einem weiten Sinn zu verstehen – als nicht verbrauchsfähige Werte gelten letztlich nur Boden und Geld.[42] Schliesslich ist für das Vorliegen einer Leistung auch die Entgeltserwartung (des Leistungserbringers) konstitutiv. Demgegenüber spielt der Kontext, innerhalb dessen eine Leistung erbracht wird, keine Rolle.

28

2. Lieferung von Gegenständen

MWSTG 3 d führt abschliessend drei *Lieferungstatbestände* auf, die sich alle auf Gegenstände beziehen. Als *Gegenstände* gelten bewegliche und unbewegliche Sachen aber auch Elektrizität, Gas, Wärme, Kälte und Ähnliches (MWSTG 3 b).

29

Nach MWSTG 3 d Ziff. 1 liegt eine Lieferung im Sinne des MWSTG zunächst vor, *wenn die Verfügungsmacht über einen Gegenstand auf einen Dritten übertragen wird*. Hauptanwendungsfall ist die Lieferung aufgrund eines Kaufvertrages. Die Übertragung der Verfügungsmacht ist dabei nicht zwingend an einen Eigentumswechsel geknüpft. Vielmehr ist jedes Rechtsgeschäft umfasst, mit welchem dem Verbraucher das Recht übertragen wird, in *eigenem Namen* wirtschaftlich über den Gegenstand zu verfügen. Folglich kann auch die Übergabe von Gegenständen aufgrund eines Kommissionsgeschäfts (OR 425 ff.) eine Lieferung darstellen, bei welcher der Kommissionär in eigenem Namen, aber für fremde Rechnung handelt.[43]

30

Eine Lieferung liegt gemäss MWSTG 3 d Ziff. 2 auch bei *Arbeiten an Gegenständen* vor, wenn ein Gegenstand abgeliefert wird, an dem Arbeiten besorgt worden sind. Dies gilt auch dann, wenn der Gegenstand dadurch nicht verändert, sondern nur geprüft, geeicht, reguliert, in der Funktion kontrolliert oder in anderer Weise behandelt worden ist. Darunter fallen vor allem Arbeiten, die gestützt auf einen Werkvertrag (OR 363 ff.) oder einen Auftrag (OR 394 ff.) besorgt werden. Da die von dieser Komponente des Lieferungsbegriffs erfassten «Arbeiten» sehr weit zu verstehen sind, ist die Abgrenzung gegenüber den Dienstleistungen (MWSTG 3 e) von Bedeutung, insbesondere im Hinblick auf die Bestimmung des Ortes der Leistungserbringung. Wird beispielsweise ein Gegenstand im Hinblick auf die Erstellung eines Gutachtens lediglich bewertet oder analysiert, so han-

31

---

[42] Vgl. Botschaft MWST-Reform, 6940; BAUMGARTNER/CLAVADETSCHER/KOCHER, Vom alten zum neuen Mehrwertsteuergesetz, § 4 N 12 ff.
[43] CAMENZIND/HONAUER/VALLENDER, Mehrwertsteuergesetz, N 204 ff.

delt es sich um eine Dienstleistung. Wird hingegen zusätzlich die Funktionsfähigkeit des Gegenstandes geprüft oder werden technische Störungen behoben, so liegt eine Lieferung im Sinne von MWSTG 3 d Ziff. 2 vor.

32 Als dritte Form von Lieferungen nennt MWSTG 3 d Ziff. 3 das *Überlassen eines Gegenstandes zum Gebrauch oder zur Nutzung*. Hauptanwendungsfall ist die Überlassung eines Gegenstandes gestützt auf einen Mietvertrag (OR 253 ff.), einen Leasingvertrag oder einen Pachtvertrag (OR 275 ff.).

3. Dienstleistung

33 Gemäss MWSTG 3 e ist jede Leistung, die keine Lieferung ist, eine *Dienstleistung*. Mit dieser Negativumschreibung ist sichergestellt, dass alle Leistungen umfassend in den Geltungsbereich der Mehrwertsteuer fallen. Im Sinne von Präzisierungen halten MWSTG 3 e Ziff. 1 und 2 fest, dass es sich bei der *Überlassung immaterieller Werte und Rechte* und dem *Dulden* eines Zustandes oder dem *Unterlassen* einer Handlung ebenfalls um Dienstleistungen handelt.

4. Entgelt

34 Der Begriff des *Entgelts* ist in MWSTG 3 f definiert als «Vermögenswert, den der Empfänger oder die Empfängerin oder an seiner oder ihrer Stelle eine Drittperson für den Erhalt einer Leistung aufwendet». In dieser Begriffsumschreibung zeigt sich die enge und wechselseitige Verknüpfung zwischen der Leistung, für die aus Sicht des Leistungserbringers die Erwartung eines Entgelts konstitutiv ist, und dem Entgelt, also dem Vermögenswert, den der Leistungsempfänger für den Erhalt einer Leistung aufwendet.[44]

C. Rechtsnatur

35 Aus ihrer Ausgestaltung kann abgeleitet werden, dass es sich bei der Mehrwertsteuer um eine *allgemeine Verbrauchssteuer* handelt, die den Konsum aller Gegenstände und Dienstleistungen belasten soll. Dieser Aspekt ist unter Berücksichtigung der Ausprägung des geltenden MWSTG stärker zu gewichten als das rechtliche Einteilungskriterium des Steuerobjekts, gemäss welchem die Mehrwertsteuer auch den *Wirtschaftsverkehrssteuern* zugeordnet werden kann.[45]

36 Die Mehrwertsteuer bildet zudem eine *Objektsteuer*, da die Besteuerung ohne Berücksichtigung der persönlichen Leistungsfähigkeit des Steuersubjekts erfolgt.

---

[44] Vgl. dazu BAUMGARTNER/CLAVADETSCHER/KOCHER, Vom alten zum neuen Mehrwertsteuergesetz, § 4 N 20 ff.
[45] Vgl. dazu CAMENZIND/HONAUER/VALLENDER, Mehrwertsteuergesetz, N 55.

Schliesslich handelt es sich bei der Mehrwertsteuer um eine *indirekte Steuer*, weil das Steuergut, nämlich der nicht unternehmerische Endverbrauch im Inland (MWSTG 1 I), und das Steuerobjekt, also im Inland gegen Entgelt erbrachte Leistungen, der Bezug von Leistungen von Unternehmen mit Sitz im Ausland sowie die Einfuhr von Gegenständen (MWSTG 1 II), nicht identisch sind.[46]

37

D. Geltungsbereich

I. Sachlicher Geltungsbereich

Die *Inlandsteuer* (MWSTG 1II a) ist die Haupterhebungsform der Mehrwertsteuer. Zusätzlich erwähnt das Gesetz die *Bezugsteuer* (MWSTG 1 II b) und die *Einfuhrsteuer* (MWSTG 1 II c), die ergänzend zur Anwendung kommen, wenn Leistungen aus dem Ausland bezogen bzw. Gegenstände in das Inland eingeführt werden. Die *drei Erhebungsformen* bilden ein zusammenhängendes System und sind in Bezug auf den Anwendungsbereich, die Bemessungsgrundlage und den Steuersatz überwiegend gleich ausgestaltet.

38

In sachlicher Hinsicht setzen die *Inlandsteuer und die Bezugsteuer* grundsätzlich voraus, dass eine *Leistung* erbracht wird, wozu ein *Entgelt* sowie eine Beteiligung von mindestens *zwei mehrwertsteuerlichen Subjekten* erforderlich sind.[47] Vorgänge innerhalb des gleichen Unternehmens fallen daher nicht in den Anwendungsbereich der Inlandsteuer oder Bezugsteuer, soweit sie im Inland stattfinden. Dasselbe gilt für Vorgänge innerhalb einer schweizerischen Mehrwertsteuergruppe, da die Gruppe mehrwertsteuerlich als ein einziges Subjekt gilt (MWSTG 13 I). Demgegenüber gelten inländische und ausländische Niederlassungen (zivilrechtlicher Sitz, Betriebsstätten) derselben Person je als separate mehrwertsteuerliche Subjekte (MWSTG 10 III e contrario), wodurch sich zwischen dem inländischen und dem ausländischen Teil eines zivilrechtlichen Subjektes aus mehrwertsteuerlicher Sicht Leistungsverhältnisse ergeben können.[48]

39

Die Entgeltlichkeit einer Leistung ist in erster Linie gegeben, wenn Geld oder Geldsurrogate aufgewendet werden, aber auch wenn die Leistung durch eine andere Leistung abgegolten wird. Massgebend ist, dass sich das *Vermögen* der beteiligten Personen nach der Transaktion anders zusammensetzt (MWSTG 3 f). Ob eine Bereicherung bzw. Entreicherung stattgefunden hat, ist dagegen unerheblich.[49] Zwischen dem Entgelt und der Leistung muss immer ein *innerer Zusammenhang* bestehen. Mittelflüsse, die nicht der Abgeltung einer Leistung dienen,

40

---

[46] Dazu vorne § 2 N 41 ff.
[47] Bei der Bezugsteuer gibt es eine Ausnahme zu diesem Grundsatz: die Bezugsteuerpflicht bei der Einfuhr von Datenträgern ohne Marktwert (MWSTG 45 I b). Für diese Spezialbestimmung gelten analog die Überlegungen zum Geltungsbereich der Einfuhrsteuer.
[48] Ausführlich dazu WEIDMANN/BADER, ASA 78, 801 ff.
[49] BAUMGARTNER/CLAVADETSCHER/KOCHER, Vom alten zum neuen Mehrwertsteuergesetz, § 2 N 7 ff.

fallen nicht in den Anwendungsbereich der Inlandsteuer oder der Bezugsteuer (sog. Nicht-Entgelte im Sinne von MWSTG 18 II).

41 Bei der *Einfuhrsteuer* erstreckt sich der Geltungsbereich generell auf die «Einfuhr von Gegenständen, einschliesslich der darin enthaltenen Dienstleistungen und Rechte» (MWSTG 52 I). Das Vorliegen einer Leistung – und damit eines Entgelts – wird nicht vorausgesetzt; entscheidend ist die Überführung von Gegenständen vom Ausland in das zoll- und mehrwertsteuerrechtlich definierte Inland. Damit fallen auch Vorgänge, die nicht mit einer zivilrechtlichen Transaktion (z.B. Verkauf) verbunden sind, in den Geltungsbereich der Einfuhrsteuer.

II. Örtlicher Geltungsbereich

1. Bestimmungslandprinzip als Grundlage

42 Das international weit verbreitete Bestimmungslandprinzip bildet auch im Schweizer Mehrwertsteuerrecht die Grundlage für die Festlegung des örtlichen Geltungsbereichs der Steuer.[50] Im Sinne dieses Prinzips beschränkt sich der Anwendungsbereich der *Inlandsteuer und der Bezugsteuer* auf die im *Inland* erbrachten Leistungen (MWSTG 3 a).[51] Massgebend ist dabei allein der *Ort der Leistungserbringung*. Darunter ist jener Ort zu verstehen, an dem die Leistung auch tatsächlich konsumiert werden kann.[52] Weder der Ort, an dem der Leistungserbringer tätig wird, noch der Erfüllungsort des Entgeltes spielen eine Rolle. Ebenso wenig kommt es auf die Eigenschaften des Steuersubjekts an.[53]

43 Die *Einfuhrsteuer* erfasst die Überführung von Gegenständen vom Ausland ins Inland, womit im Sinne des Bestimmungslandprinzips sichergestellt ist, dass die importierten Gegenstände im Inland derselben mehrwertsteuerlichen Belastung unterliegen wie Gegenstände, die sich bereits im Inland befinden.

Die mehrwertsteuerrechtliche Definition des Inlandes und dessen Abgrenzung zum Ausland ist deshalb ein wesentliches Element für die Umschreibung des örtlichen Geltungsbereiches des MWSTG. Zusätzlich bedarf es eines genauen Verständnisses der mehrwertsteuerrechtlichen Bestimmungen zu den Leistungsorten verschiedener Arten von Leistungen.

---

[50] Vgl. vorne N 19.
[51] Bei der Bezugsteuer ist einschränkend der Spezialfall von MWSTG 45 I b zu beachten, für den aber die Überlegungen zur Einfuhrsteuer gelten.
[52] Vgl. dazu hinten N 48 ff.
[53] Allerdings kann der Ort der Tätigkeit des Leistungserbringers einer Dienstleistung in bestimmten Fällen den mehrwertsteuerlichen Ort der Leistungserbringung determinieren (MWSTG 8 II c und d); dasselbe gilt bei bestimmten Dienstleistungen auch mit Bezug auf den Ort des Sitzes oder einer Betriebsstätte des Leistungserbringers (MWSTG 8 II a).

2. Das Inland

Als Inland gilt zunächst das ganze schweizerische Staatsgebiet.[54] Hinsichtlich der bündnerischen Zollfreibezirke *Samnaun und Sampuoir* gilt aber die Besonderheit, dass nur dort erbrachte Dienstleistungen in den Anwendungsbereich des MWSTG fallen (MWSTG 4). Die Lieferung von Gegenständen in diesem Gebiet ist nicht Gegenstand der Mehrwertsteuer.[55]

44

Das *Inland* im Sinne des MWSTG erstreckt sich ferner über die Staatsgrenzen der Eidgenossenschaft hinaus. Gemäss MWSTG 3 a werden auch die Zollanschlussgebiete nach ZG 3 II[56] zum Inland gezählt. Hervorzuheben ist insbesondere das *Fürstentum Liechtenstein*, dessen Zugehörigkeit zum mehrwertsteuerlichen Inland auf der Grundlage des Staatsvertrages vom 28.10.1994[57] und der Vereinbarung vom 28.11.1994[58] beruht. Das Fürstentum erhebt die MWST zwar selbständig, da die Schweiz in Liechtenstein keinerlei hoheitliche Befugnisse hat, jedoch wurden die entsprechenden gesetzlichen Grundlagen in Anlehnung an die schweizerischen Vorschriften erlassen. Ähnliches gilt für die deutsche Enklave *Büsingen,* die hinsichtlich der Verbrauchssteuer wie eine Schweizer Gemeinde behandelt wird.[59] *Für die Anwendung der Mehrwertsteuer sind somit das «Inland» und die «Schweiz» stets auseinanderzuhalten.*[60]

45

---

[54] Vgl. auch MWSTV 1, wonach schweizerische Hochseeschiffe nicht als schweizerisches Staatsgebiet im Sinne von MWSTG 3 a gelten.

[55] Um die dadurch entstehenden Steuerausfälle zu kompensieren, haben die beiden Gemeinden Samnaun und Tschlin mit dem Bund die Ausrichtung jährlicher Kompensationszahlungen vereinbart (BAUMGARTNER/CLAVADETSCHER/KOCHER, Vom alten zum neuen Mehrwertsteuergesetz, § 2 N 20). Der Vertrag ist unter <http://www.news-service.admin.ch/NSBSubscriber/message/attachments/442.pdf> (besucht am 3.1.2012) zu finden. Bzgl. der in diesem Zusammenhang erhobenen Sondergewerbesteuer vgl. BGer 14.1.2002, BGE 128 I 155 E. 2.

[56] Zollgesetz vom 18.3.2005 (SR 631.0).

[57] Vertrag zwischen der Schweizerischen Eidgenossenschaft und dem Fürstentum Liechtenstein betreffend die Mehrwertsteuer im Fürstentum Liechtenstein vom 28.10.1994 (SR 0.641.295.142).

[58] Vereinbarung zwischen der Schweizerischen Eidgenossenschaft und dem Fürstentum Liechtenstein zum Vertrag betreffend die Mehrwertsteuer im Fürstentum Liechtenstein vom 28.11.1994 (SR 0.641.295.142.1).

[59] Abkommen zwischen dem Schweizerischen Bundesrat und der Regierung der Bundesrepublik Deutschland zum Vertrag vom 23.11.1964 über die Einbeziehung der Gemeinde Büsingen am Hochrhein in das schweizerische Zollgebiet betreffend die Ausrichtung eines Anteils der von der Schweiz in ihrem Staatsgebiet und im Gebiet der Gemeinde Büsingen am Hochrhein erhobenen Mehrwertsteuer vom 15.12.2000 (SR 0.631.112.136.1). Vgl. dazu BAUMGARTNER/CLAVADETSCHER/KOCHER, Vom alten zum neuen Mehrwertsteuergesetz, § 2 N 19; CAMENZIND/HONAUER/VALLENDER, Mehrwertsteuergesetz, N 472; Vertrag zwischen der Schweizerischen Eidgenossenschaft und der Bundesrepublik Deutschland über die Einbeziehung der Gemeinde Büsingen am Hochrhein in das schweizerische Zollgebiet vom 23.11.1964 (SR 0.631.112.136).

[60] So können sich beispielsweise nur Rechtsträger mit Sitz oder Betriebsstätte in der *Schweiz* zu einer Mehrwertsteuergruppe zusammenschliessen (vgl. hinten § 34 N 14).

3. Das Ausland

46 Der Begriff «*Ausland*» ist im geltenden MWSTG nicht ausdrücklich umschrieben, doch fallen im Sinne eines Umkehrschlusses alle Gebiete darunter, die nicht explizit in MWSTG 3 a als Inland aufgeführt sind.[61] Auch hier gibt es allerdings eine Sonderbestimmung: Die italienische Enklave *Campione d'Italia* gilt als Ausland, da kein entsprechender Staatsvertrag geschlossen wurde, es bestehen aber für diesen Spezialfall besondere Praxisregelungen der EStV mit Bezug auf den Ort von Lieferungen und Dienstleistungen[62].

47 Leistungen, die gemäss den zoll- und mehrwertsteuerrechtlichen Bestimmungen im Ausland erbracht werden, fallen nicht in den Geltungsbereich der Inlandsteuer und der Bezugsteuer, sie können hingegen Ausgangspunkt einer Einfuhr von Gegenständen in das Inland sein, die ihrerseits unter den Geltungsbereich der Einfuhrsteuer fällt. Obwohl Entgelte aus Leistungen im Ausland weder der Inlandsteuer noch der Bezugsteuer unterliegen, kann von steuerpflichtigen Personen der Vorsteuerabzug im Zusammenhang mit im Ausland erbrachten Leistungen im Grundsatz geltend gemacht werden (MWSTG 28 I i.V.m. MWSTV 60).

4. Ort der Leistungserbringung

a) Bedeutung

48 Für die Beurteilung, ob eine Leistung in den örtlichen Geltungsbereich der Mehrwertsteuer fällt und damit entweder von der Inlandsteuer oder von der Bezugsteuer erfasst wird, sind die gesetzlichen Definitionen mit Bezug auf den Ort der Leistungserbringung massgeblich. Diese Definitionen sind für Lieferungen (MWSTG 7) und Dienstleistungen (MWSTG 8) je unterschiedlich geregelt. Daraus folgt, dass die Unterscheidung zwischen Lieferungen und Dienstleistungen[63] bei der territorialen Zuordnung von Leistungen von grosser Bedeutung ist.

49 MWSTG 9 trägt diesem Umstand Rechnung. Mit dieser Bestimmung wird dem Bundesrat die Kompetenz erteilt, zur Vermeidung von «Wettbewerbsverzerrungen durch Doppelbesteuerungen oder Nichtbesteuerungen bei grenzüberschreitenden Leistungen» sowohl die Abgrenzung zwischen Lieferung und Dienstleistung, als auch den Ort der Leistungserbringung (für Lieferungen bzw. Dienstleistungen) in Abweichung von den massgeblichen Gesetzesartikeln (MWSTG 3 d und e bzw. MWSTG 7 und 8) zu regeln. Aus dieser Kompetenz kann eine steuerpflichtige Person jedoch im konkreten Einzelfall kein Anrecht auf Beseitigung einer Doppelbesteuerung ableiten.[64]

---

[61] BAUMGARTNER/CLAVADETSCHER/KOCHER, Vom alten zum neuen Mehrwertsteuergesetz, § 2 N 18.
[62] Vgl. MWST-Info 06 der EStV betreffend den Ort der Leistungserbringung (605.525.06), Teil I 2; CAMENZIND/HONAUER/VALLENDER, Mehrwertsteuergesetz, N 473 ff.
[63] Vgl. vorne N 29 ff.
[64] CAMENZIND, ASA 78, 713 ff., 717. Vgl. dazu auch BAUMGARTNER/CLAVADETSCHER/KOCHER, Vom alten zum neuen Mehrwertsteuergesetz, § 4 N 63; WEIDMANN/BADER, ASA 78, 801 ff., 831 ff.

b) Ort der Lieferung

Bei der Bestimmung des Ortes einer Lieferung wird zwischen einer Abhollieferung und einer Beförderungs- bzw. Versandlieferung unterschieden. Bei der Abhollieferung holt der Erwerber den Gegenstand beim Lieferanten ab, während der Gegenstand bei der Beförderungs- oder Versandlieferung entweder selber zum Empfänger transportiert oder ein Dritter damit beauftragt wird.

Bei der *Abhollieferung* gilt der Ort, wo sich der Gegenstand im Zeitpunkt der Verschaffung der Verfügungsmacht, der Ablieferung oder der Gebrauchs- oder Nutzungsüberlassung befindet, als Ort der Lieferung (MWSTG 7 I a). Bei *Beförderungs- und Versandlieferungen* wird dagegen auf den Ort abgestellt, wo die Beförderung oder Versendung zum Abnehmer oder in dessen Auftrag zu einer Drittperson beginnt (MWSTG 7 I b).[65] Damit soll sichergestellt werden, dass Leistungen auch bei Exporten der Mehrwertsteuer unterstehen. Eine Steuerbefreiung tritt erst ein, wenn der physische Export tatsächlich erfolgt ist (MWSTG 23). Andererseits kann der Unternehmer bei Transportlieferungen vom Ausland ins Inland mittels Unterstellungserklärung einen inländischen Lieferungsort schaffen (MWSTV 3).[66]

MWSTG 7 II umschreibt einen speziellen Leistungsort für *Elektrizität und Erdgas* in Leitungen. Massgebend als Ort dieser Lieferungen ist der Sitz des Empfängers (*Empfängerortprinzip*).

c) Ort der Dienstleistung

Auch bei der Bestimmung des Ortes der Dienstleistung gibt es verschiedene Anknüpfungspunkte.[67] Im Gegensatz zum Konzept des bis 31.12.2009 geltenden Rechts[68] gilt seit 1.1.2010 grundsätzlich das *Empfängerortprinzip*. Im Sinne eines Auffangtatbestandes gilt jener Ort als Ort der Leistung, an dem der Empfänger der Dienstleistung seinen Sitz oder eine Betriebsstätte hat (MWSTG 8 I). Gemeint ist dabei der Sitz der wirtschaftlichen Tätigkeit, der nicht zwingend mit dem zivilrechtlichen Sitz übereinstimmen muss.[69] Subsidiär wird bei natürlichen Personen an den Wohn- bzw. Aufenthaltsort des Empfängers oder der Empfängerin angeknüpft.

Von der Grundregel des Empfängerortprinzips (MWSTG 8 I) gibt es diverse Ausnahmen. Diese werden in MWSTG 8 II abschliessend aufgezählt.

---

[65] Gross, ASA 74, 349.
[66] Baumgartner/Clavadetscher/Kocher, Vom alten zum neuen Mehrwertsteuergesetz, § 4 N 67. Zweck einer solchen Erklärung ist es, den administrativen Aufwand zu senken, indem die Einfuhr nicht für jeden Abnehmer separat deklariert werden muss. Weitere Spezialregelungen finden sich in MWSTV 3 f.
[67] Ausführlich dazu Camenzind, ASA 78, 713 ff.
[68] Gemäss aMWSTG 14 galt das Erbringerortprinzip als allgemeine Auffangregel. Vgl. dazu Gross, ASA 74, 349 f.; Oberson, ASA 69, 409 ff.
[69] Baumgartner/Clavadetscher/Kocher, Vom alten zum neuen Mehrwertsteuergesetz, § 4 N 72.

55 Dienstleistungen, die typischerweise *unmittelbar gegenüber physisch anwesenden Personen* erbracht werden, gelten als am Sitz bzw. in der entsprechenden Betriebsstätte der dienstleistenden Person erbracht (MWSTG 8 II a und b). Das Gesetz zählt eine Reihe von Beispielen auf. Es handelt sich vor allem um Dienstleistungen aus dem Pflege- und Gesundheitsbereich.

56 Dienstleistungen in den Bereichen *Kunst, Kultur, Sport, Unterhaltung, Lehrveranstaltungen* und vergleichbaren Bereichen gelten demgegenüber immer an jenem Ort erbracht, an dem sie tatsächlich ausgeübt werden (MWSTG 8 II c). Analog gilt als Leistungsort für *gastgewerbliche* Dienstleistungen jener Ort, an dem die Leistung tatsächlich erbracht wird (MWSTG 8 II d).

57 *Personenbeförderungsleistungen* gelten, im Unterschied zu den übrigen Beförderungsleistungen (für die das Empfängerortprinzip gilt), als in jenem Hoheitsgebiet erbracht, in dem die zurückgelegte Strecke liegt (MWSTG 8 II e).[70]

58 Bei Dienstleistungen, die im Zusammenhang mit einem *Grundstück* erbracht werden, ist der Ort der gelegenen Sache massgebend (MWSTG 8 II f). Handelt es sich um Dienstleistungen im Bereich der *internationalen Entwicklungszusammenarbeit und der humanitären Hilfe,* gelten diese aufgrund des Bestimmungsortprinzips als an jenem Ort erbracht, für den die Dienstleistung bestimmt ist (MWSTG 8 II g).

---

[70] Für den internationalen Luft- und Eisenbahnverkehr sieht die MWSTV allerdings eine Steuerbefreiung vor, sofern nicht sowohl Abgangs- als auch Ankunftsort im Inland liegen (MWSTV 41 f.). Eine Steuerbefreiung ist in MWSTV 43 I auch für den internationalen Busverkehr vorgesehen, falls entweder weder Abgangs- noch Ankunftsort im Inland liegen oder die Reisestrecke überwiegend über ausländisches Gebiet führt. Die Personenbeförderung im Schiffsverkehr auf dem Bodensee, dem Untersee sowie auf dem Rhein zwischen dem Untersee und der Schweizer Grenze unterhalb von Basel gilt für Zwecke des MWSTG als im Ausland erbracht (MWSTV 5a).

§ 34 Inlandsteuer

Literatur
BLUMENSTEIN/LOCHER, System, 219 ff. und 282 ff.; HÖHN/WALDBURGER, Bd. I, § 24 N 15 ff.; MÄUSLI-ALLENSPACH/OERTLI, Steuerrecht, 410 ff.; OBERSON, Droit fiscal, § 16 N 30 ff.

BAUMGARTNER, IVO P., Der fiktive Vorsteuerabzug bei Gebrauchtgegenständen. Grundsätzliche Überlegungen zum neuen Entlastungsinstrument, ASA 79 (2010/2011), 55 ff.; BOPP MATHIAS/KÖNIG ALINE D., Ausgewählte Fragestellungen bezüglich Unternehmen und Gemeinwesen im neuen MWSTG, ASA 78 (2009/2010), 787 ff.; FISCHER CLAUDIO/GROSJEAN CLAUDE, Der Leistungsbegriff, ASA 78 (2009/2010), 701 ff.; GLAUSER PIERRE-MARIE, Auswirkungen des neuen Mehrwertsteuergesetzes auf die Rechtsprechung, ST 2010, 429 ff.; ders., Subventions, dons et sponsoring, ASA 79 (2010/2011), 1 ff.; ders., Subventions et TVA, in: RES 2007, 95 ff.; IMSTEPF RALF, Die Zuordnung von Leistungen gemäss Art. 20 des neuen MWSTG, ASA 78 (2009/2010), 757 ff.; RINNE CHRISTINA, Die neuen Haftungsbestimmungen im Mehrwertsteuerrecht, ST 2010, 298 ff.; ROBINSON PHILIP, Mehrwertsteuerliche Behandlung von Holdingaktivitäten, ST 2011, 91 ff.; ROBINSON PHILIP/GANTENBEIN SUSANNE/ELSENER NIKOLA, Die Gruppenbesteuerung im neuen Schweizer Mehrwertsteuergesetz, ASA 78 (2009/2010), 841 ff.; RÜEGSEGGER MARLISE, Ausgewählte Aspekte des neuen Verfahrensrechts, ASA 79 (2010/2011), 85 ff.

Materialien
Botschaft zur Vereinfachung der Mehrwertsteuer vom 25.6.2008, BBl 2008, 6885–7132 (zit. Botschaft MWST-Reform).

A. Steuersubjekt

I. Grundsatz

Gemäss MWSTG 10 I ist für die Mehrwertsteuer steuerpflichtig, «*wer unabhängig von Rechtsform, Zweck und Gewinnabsicht ein Unternehmen betreibt*». Damit wird der *Unternehmensträger* zum Steuersubjekt bzw. – in der Terminologie des MWSTG – zur *steuerpflichtigen Person*. Da die Steuerpflicht unabhängig ist von der Rechtsform, können auch einfache Gesellschaften, Arbeitsgemeinschaften, Konsortien oder andere Personengesamtheiten ohne Rechtspersönlichkeit Unternehmensträger sein und subjektiv steuerpflichtig werden. Der Gesetzeswortlaut bringt darüber hinaus zum Ausdruck, dass die Steuerpflicht nicht vom Zweck des vom Unternehmensträger betriebenen Unternehmens bestimmt wird und der Tätigkeit keine Gewinnabsicht zugrunde liegen muss. Die Grundvoraussetzung für die subjektive Steuerpflicht ist einzig das Betreiben eines Unternehmens.

Ein *Unternehmen* betreibt, wer eine auf die nachhaltige Erzielung von Einnahmen aus Leistungen ausgerichtete berufliche oder gewerbliche Tätigkeit selbständig ausübt (MWSTG 10 I a). Entscheidend ist die *Ausrichtung* auf die Erzielung von Einnahmen aus Leistungen, das tatsächliche Vorliegen solcher Einnahmen ist jedoch nicht zwingend. So liegt ein Unternehmen im Sinne dieser Umschreibung bereits in der Aufbauphase zu einer beruflichen oder gewerblichen Tätigkeit vor, ebenso in der Phase der Liquidation. Zudem hält MWSTV 9 ausdrücklich fest, dass auch das Halten, Verwalten und Veräussern von (qualifizierten) Beteiligungen – mithin die klassische Tätigkeit einer Holdinggesellschaft – eine unternehmerische Tätigkeit darstellt. Dies obwohl beim reinen Halten und Verwalten von Beteiligungen keine Einnahmen aus Leistungen erzielt werden.[1] Weitere Kriterien sind die Nachhaltigkeit, die zeitlich oder quantitativ zum Ausdruck kommen kann[2], und die Selbständigkeit. Letzteres Kriterium dient der Abgrenzung zu unselbständigen Tätigkeiten, insbesondere Tätigkeiten im Rahmen eines Arbeitsverhältnisses. Als weitere Voraussetzung bedarf es eines Auftrittes nach aussen im eigenen Namen (MWSTG 10 I b).

3   Die Anknüpfung der subjektiven Steuerpflicht beim Unternehmensträger und nicht direkt beim Unternehmen hat zur Folge, dass ein Unternehmensträger in sachlicher Hinsicht einerseits verschiedene Unternehmen betreiben kann, und andererseits unter Umständen auch in Bereichen tätig ist, die nicht unternehmerisch sind. Werden vom gleichen Unternehmensträger mehrere Unternehmen betrieben, bilden diese zusammen ein Steuersubjekt, soweit sie im Inland liegen (MWSTG 10 III). Das offensichtlichste Beispiel für eine Tätigkeit einer steuerpflichtigen Person in einem nicht unternehmerischen Bereich ist die Einzelunternehmerin, die als natürliche Person neben dem geschäftlichen (unternehmerischen) auch noch einen Privatbereich hat, in dem auch Leistungen erbracht werden.[3] Vergleichbare Konstellationen kann es aber auch bei anderen Steuersubjekten geben, insbesondere wenn sie in Bereichen tätig sind, die in starkem Masse mit Nicht-Entgelten finanziert werden.[4] Die Unterscheidung zwischen einem unternehmerischen und einem nicht unternehmerischen Bereich wirkt sich insbesondere beim Vorsteuerabzug aus.[5]

4   Obwohl dies nicht explizit aus dem Gesetzeswortlaut von MWSTG 10 I hervorgeht, ist für die subjektive Mehrwertsteuerpflicht zusätzlich ein qualifizierter *Bezug zum Inland* vorausgesetzt. Fehlt dieser Bezug, kann keine subjektive Steuerpflicht begründet werden. So muss der Unternehmensträger entweder seinen Sitz oder eine Betriebsstätte im Inland haben oder der (mehrwertsteuerliche) Ort der erbrachten Leistungen muss im Inland liegen.[6] Dies ergibt sich sowohl aus der teleologischen Auslegung von MWSTG 10 I als auch ausdrücklich aus MWSTV 8.[7]

---

[1]   Dividenden gelten nach MWSTG 18 II f ausdrücklich nicht als Entgelte für Leistungen.
[2]   Vgl. MWST-Info 02 der EStV betreffend die Steuerpflicht (605.525.02), Teil A 1.1.
[3]   Ein Beispiel für eine im privaten Bereich erbrachte Leistung ist der Verkauf des Eigenheims.
[4]   Vgl. dazu die differenzierten Ausführungen in BAUMGARTNER/CLAVADETSCHER/KOCHER, Vom alten zum neuen Mehrwertsteuergesetz, § 3 N 49 ff. und § 7 N 46 ff.; anderer Meinung: BOPP/KÖNIG, ASA 78, 791 f.
[5]   Vgl. hinten N 116 und 118.
[6]   Steuerpflichtige Personen ohne Wohn- oder Geschäftssitz im Inland haben für die Erfüllung ihrer Verfahrenspflichten eine Steuervertretung im Inland zu bestimmen (MWSTG 67 I).
[7]   BAUMGARTNER/CLAVADETSCHER/KOCHER, Vom alten zum neuen Mehrwertsteuergesetz, § 3 N 28 ff.

II. Befreiung von der subjektiven Steuerpflicht

1. Befreiungstatbestände

Aus dogmatischer Sicht verletzen Befreiungen von der subjektiven Steuerpflicht den Grundsatz der Wettbewerbsneutralität (MWSTG 1 III a). Im Interesse der Wirtschaftlichkeit der Steuererhebung (MWSTG 1 III b), zur Reduktion der Anzahl von steuerpflichtigen Personen, lässt das MWSTG bestimmte Befreiungen von der Steuerpflicht aber zu.

MWSTG 10 II a und c sehen vor, dass all jene Unternehmensträger von der subjektiven Steuerpflicht befreit sind, die im Inland einen *Jahresumsatz* von weniger als CHF 100 000 – bzw. CHF 150 000 bei ehrenamtlichen Sport- und Kulturvereinen oder gemeinnützigen Institutionen – erzielen. Es wird dabei nur auf den *Umsatz aus steuerbaren Leistungen* abgestellt. Darunter fallen sowohl besteuerte als auch von der Steuer befreite Leistungen (zum Beispiel Exporte), nicht aber solche, die nach MWSTG 21 von der Steuer ausgenommen oder nach MWSTG 7 oder 8 im Ausland erbracht worden sind.

Von der Steuerpflicht befreit sind daneben grundsätzlich auch Unternehmen mit *Sitz im Ausland*, die im Inland *ausschliesslich der Bezugsteuer unterliegende Leistungen* erbringen (MWSTG 10 II b i.V.m. MWSTG 45 I). Dieser Befreiungstatbestand greift jedoch nicht, wenn es sich bei den der Bezugsteuer unterliegenden Leistungen um Telekommunikationsdienstleistungen oder elektronische Dienstleistungen handelt, die direkt gegenüber nicht steuerpflichtigen Empfängern oder Empfängerinnen erbracht werden (MWSTG 10 II b Teilsatz 2). Diese Einschränkung der Steuerbefreiung gemäss MWSTG 10 II b soll verhindern, dass inländische Anbieter von Telekommunikationsdienstleistungen und elektronischen Dienstleistungen gegenüber ihren ausländischen Konkurrenten im «Business-to-Consumer»-Geschäft steuerlich schlechter gestellt sind.

Sofern die Voraussetzungen mit Bezug auf einen bestimmten Unternehmensträger erfüllt sind, entfaltet die Steuerbefreiung aufgrund von MWSTG 10 II ihre Wirkung ohne Weiteres; der Unternehmensträger muss weder einen Antrag (auf Befreiung) stellen noch sonst gegenüber der EStV aktiv werden.

2. Verzicht auf Befreiung

Aufgrund von MWSTG 11 hat der Unternehmensträger, der «nach Artikel 10 Absatz 2 [...] von der Steuerpflicht befreit ist», das Recht, auf die Steuerbefreiung zu verzichten. Der Unternehmensträger kann durch *einfache Willensäusserung* jederzeit, frühestens aber auf den Beginn der laufenden Steuerperiode, auf die Befreiung von der Steuerpflicht verzichten. Für den Verzicht ist keine besondere Form vorgesehen.

Der Verzicht auf die Befreiung von der subjektiven Steuerpflicht ist für den Unternehmensträger aus steuerlicher Sicht sinnvoll, wenn in der Gründungsphase oder in einer späteren Investitionsphase hohe vorsteuerbelastete Aufwendungen und Investitionen anfallen, desgleichen wenn die steuerbaren Leistungen entweder gegenüber zum Vorsteuerabzug berechtigten Empfängern erbracht werden oder als Exporte bzw. Auslandleistungen von der Steuer befreit sind.

III. Gemeinwesen

11 Neben den Unternehmensträgern der Privatwirtschaft erstreckt sich die subjektive Steuerpflicht auch auf die Gemeinwesen,[8] also Bund, Kantone und Gemeinden sowie die übrigen Einrichtungen des öffentlichen Rechts. Steuersubjekte sind nicht die Gemeinwesen als Ganzes, sondern die einzelnen «*autonomen Dienststellen*» (MWSTG 12 I)[9]. Für solche autonome Dienststellen innerhalb eines Gemeinwesens besteht aber die Möglichkeit, sich jeweils auf Beginn einer Steuerperiode als ein einziges Steuersubjekt zusammenzuschliessen (MWSTG 12 II).[10]

12 Auch für die Gemeinwesen sind Umsatzlimiten vorgesehen, unterhalb deren eine Befreiung von der Steuerpflicht besteht. Von der zwingenden subjektiven Steuerpflicht sind nur jene Dienststellen erfasst, die einerseits einen Jahresumsatz von über CHF 25 000 aus steuerbaren Leistungen an Nichtgemeinwesen erzielen, und andererseits ein Umsatztotal von über CHF 100 000 im Jahr aus steuerbaren Leistungen an Nichtgemeinwesen und an Dienststellen *anderer* Gemeinwesen generieren (MWSTG 12 III). Leistungen an die Dienststellen des eigenen Gemeinwesens sind in beiden Fällen nicht in die Berechnungen einzubeziehen. Auch mit Bezug auf diese spezifische Regelung für Gemeinwesen besteht das Recht, auf die Befreiung von der Steuerpflicht zu verzichten (MWSTG 11 I).

13 Gemeinwesen sind nur für Leistungen im Rahmen ihrer unternehmerischen Tätigkeit steuerpflichtig (MWSTG 12 IV). Es handelt sich dabei um Leistungen, die in *Konkurrenz zu Unternehmen der Privatwirtschaft* und nicht in Ausübung hoheitlicher Gewalt erbracht werden.[11]

---

[8] Für eine ausführliche Darstellung der komplexen Detailregelungen im Zusammenhang mit der Steuerpflicht von Gemeinwesen nach MWSTG 12 vgl. MWST-Branchen-Info 19 der EStV betreffend das Gemeinwesen (605.530.19).
[9] Für Erörterungen zur «autonomen Dienststelle» vgl. EStV MWST-Branchen-Info 19 (Fn. 8), 2.2.1.
[10] Vgl. dazu BAUMGARTNER/CLAVADETSCHER/KOCHER, Vom alten zum neuen Mehrwertsteuergesetz, § 3 N 72.
[11] Der vom Bundesrat im Sinne von MWSTG 12 IV erstellte Katalog von Leistungen der Gemeinwesen, die als unternehmerisch gelten, findet sich in MWSTV 14.

IV. Gruppenbesteuerung

1. Grundsatz und Voraussetzungen

Nach MWSTG 13 I können sämtliche *Rechtsträger*, die ihren *(Wohn-)Sitz oder eine Betriebsstätte in der Schweiz* haben und *unter einheitlicher Leitung* stehen, *auf Antrag* wie eine einzige steuerpflichtige Person behandelt werden. Wie dem Wortlaut zu entnehmen ist, umfasst der *geografische Geltungsbereich* einer Mehrwertsteuergruppe nicht das gesamte Inland, sondern nur das Schweizer Staatsgebiet.[12]

Als *Gruppenmitglieder* kommen alle «Personen» in Betracht, die auch unter MWSTG 10 I erfasst sind. MWSTG 13 I weist explizit darauf hin, dass auch Rechtsträger, die kein Unternehmen betreiben, sowie natürliche Personen einer Gruppe zugehören können. Auch nicht rechtsfähige Personengesellschaften kommen infrage (MWSTV 16).

Die Rechtsträger müssen nach dem Gesamtbild der tatsächlichen Verhältnisse durch Stimmenmehrheit (d.h. mehr als 50% der Stimmen) oder auf andere Weise (v.a. durch Kapitalbeteiligung, Ausgestaltung der Statuten usw.) *unter einheitlicher Leitung* (MWSTV 15) *zusammengefasst* sein, ohne dass alle Gruppenmitglieder die Voraussetzungen der subjektiven Steuerpflicht im Sinne von MWSTG 10 I selber zu erfüllen brauchen. Ob der leitende Rechtsträger (zum Beispiel bei Mutter-Tochter-Verhältnissen oder Holdingstrukturen) seinen Sitz in der Schweiz hat oder nicht spielt keine Rolle.[13] Mindestens ein Gruppenmitglied muss aber die Voraussetzungen bezüglich des Betriebs eines Unternehmens im Sinne von MWSTG 10 I erfüllen.[14]

Sofern die objektiven Bedingungen von MWSTG 13 I erfüllt sind, besteht für die betroffenen Rechtsträger ein *Wahlrecht*. Zur Bildung einer Mehrwertsteuergruppe muss aber ein *Antrag* gestellt werden, wobei ein *Rechtsanspruch* auf Bewilligung des Antrags durch die EStV besteht, falls alle Voraussetzungen erfüllt sind (MWSTV 18 I). Der Kreis der Gruppenmitglieder kann ebenfalls frei gewählt werden; ebenso sind mehrere Teilgruppen denkbar (MWSTV 17).

---

[12] «Rechtsträger» mit Sitz in Liechtenstein können somit nicht Mitglied einer Schweizer Mehrwertsteuergruppe sein. Aufgrund von MWSTG 10 III gilt jedoch die liechtensteinische Betriebsstätte eines Schweizer «Rechtsträgers» als Teil dieses Schweizer «Rechtsträgers» – dies ist auch der Fall, wenn der Schweizer Rechtsträger Mitglied einer Schweizer Mehrwertsteuergruppe ist. Damit bildet die liechtensteinische Betriebsstätte auch Teil der Schweizer Mehrwertsteuergruppe.

[13] Hat dieser leitende Rechtsträger seinen Sitz nicht in der Schweiz, kann er jedoch selbst nicht Mitglied der – unter seiner einheitlichen Leitung zusammengefassten – Schweizer MWST-Gruppe sein.

[14] Dies ist erforderlich, weil ohne Unternehmen keine subjektive Steuerpflicht im Sinne von MWSTG 10 I vorliegen würde.

2. Wirkungen der Gruppenbesteuerung

18 Mit der Gruppenbesteuerung schliessen sich verschiedene Subjekte («Rechtsträger») für Zwecke der Mehrwertsteuer zu einem Steuersubjekt, also zu einer steuerpflichtigen Person, zusammen. Folgerichtig werden aus mehrwertsteuerlicher Sicht nur Leistungsverhältnisse zwischen dieser steuerpflichtigen Person – bzw. den einzelnen Gruppenmitgliedern – und ausserhalb der Gruppe stehenden Leistungserbringern (bei Leistungsbezügen der Gruppenmitglieder) und Leistungsempfängern (wenn Gruppenmitglieder Leistungen erbringen) beachtet. Denn die Transaktionen zwischen den Gruppenmitgliedern erfüllen die Kriterien für das Vorliegen einer Leistung nicht, weil sie sich innerhalb des gleichen Steuersubjekts abspielen.[15]

19 Soweit lediglich das Verhältnis gegenüber Nicht-Mitgliedern der Mehrwertsteuergruppe betroffen ist, bewirkt die Gruppenbesteuerung keine Änderung in steuerlicher Hinsicht. Dagegen werden im Verhältnis zwischen den einzelnen Gruppenmitgliedern die sog. *Innenumsätze* nicht mehr durch die Mehrwertsteuer belastet.[16] Dies ist vor allem dann von Vorteil, wenn gruppeninterne Transaktionen, die ohne Gruppenbesteuerung der Mehrwertsteuer unterliegen würden, im Verhältnis mit Gruppenmitgliedern erfolgen, welche selbst gar nicht subjektiv steuerpflichtig sind, oder durch ihre Tätigkeit ein eingeschränktes Recht auf Vorsteuerabzug haben.[17] Des Weiteren ergeben sich Liquiditätsvorteile, weil die Mehrwertsteuer auf Transaktionen innerhalb der Mehrwertsteuergruppe nicht mehr finanziert werden muss.

20 Da die Mehrwertsteuergruppe kein zivilrechtliches Subjekt ist, muss sie für die Erfüllung ihrer Verfahrenspflichten eine Vertretung mit Wohn- oder Geschäftssitz in der Schweiz bestimmen (MWSTG 67 II). Diese vertritt die Gruppe gegenüber der EStV.

21 Obschon die Gruppenmitglieder nicht für sich allein steuerpflichtig sind, sind sie dennoch verpflichtet, eine den Anforderungen des MWSTG genügende Buchhaltung zu führen und eine interne *Mehrwertsteuerabrechnung* zu erstellen. Die einzelnen Abrechnungen sind sodann in der Gesamtabrechnung der Mehrwertsteuergruppe zu *konsolidieren* (MWSTV 21 II). Deshalb müssen grundsätzlich alle Gruppenmitglieder nach gleichen Regeln abrechnen[18]. Darüber hinaus haben Gruppenmitglieder weitere *selbständige Pflichten,* wie die Pflicht, auf An-

---

[15] Vgl. § 33 N 28.
[16] MWST-Info 03 der EStV betreffend die Gruppenbesteuerung (605.525.03), 8.8.2.
[17] In diesem Zusammenhang ist aber zu beachten, dass sich der Umfang des Vorsteuerabzugs (im Zusammenhang mit Leistungen, die ein Gruppenmitglied von Nicht-Gruppenmitgliedern bezogen hat) aus der Verwendung (der bezogenen Leistungen) durch die Gruppe ergibt. Somit haben gruppeninterne Transaktionen an Mitglieder mit keinem oder nur beschränktem Recht auf Vorsteuerabzug eine Rückwirkung auf das Vorsteuerabzugsrecht des gruppeninternen «Leistungserbringers». Vgl. dazu hinten N 120.
[18] Im Sinne einer Ausnahme von diesem Grundsatz lässt MWSTV 21 I zu, dass eine Holdinggesellschaft einen anderen Bilanzstichtag aufweist als die von ihr gehaltenen Mitglieder der Mehrwertsteuergruppe.

frage eine Rechnung nach MWSTG 26 I auszustellen oder gegenüber der EStV *Auskunft* zu erteilen (MWSTG 73 II b).[19]

3. Haftung

Da der Mehrwertsteuergruppe keine eigene Rechtsfähigkeit zukommt, kann sie auch fiskalisch nicht belangt werden. Deshalb sieht das Gesetz die *solidarische Haftung* jedes Gruppenmitgliedes für die Gesamtheit sämtlicher Steuer-, Zins- und Kostenforderungen vor, die während deren Zugehörigkeit zur Gruppe entstanden sind (MWSTG 15 I c). Von der Solidarhaftung ausgenommen sind Bussen (MWSTV 22 I).

22

Im Unterschied zum bis 31.12.2009 geltenden aMWSTG tritt mit dem Ausscheiden eines Unternehmens aus der Gruppe eine *Haftungsbeschränkung* ein (MWSTG 15 I c zweiter Teilsatz). Fortan hat das ehemalige Gruppenmitglied nur noch für Verpflichtungen aus eigener unternehmerischer Tätigkeit einzustehen. Vorbehalten sind aber jene Fälle, in denen das austretende Mitglied die Nachforderung im Zeitpunkt des Austritts hat vorhersehen können (MWSTV 22 II).

23

V. Beginn und Ende der Steuerpflicht

1. Beginn der Steuerpflicht

a) Grundsatz

Die Steuerpflicht beginnt mit der Aufnahme der unternehmerischen Tätigkeit (MWSTG 14 I). Massgebend ist der Zeitpunkt, in dem die erste Tätigkeit ausgeführt wird, die auf die nachhaltige Erzielung von Einnahmen aus Leistungen abzielt. Mit dieser Regelung hat der Gesetzgeber beabsichtigt, dass die subjektive Steuerpflicht gleich mit Aufnahme der geschäftlichen Aktivitäten ausgelöst wird.[20]

24

b) Wegfall der Befreiung

Die Steuerpflicht eines Unternehmensträgers tritt nur dann ohne dessen proaktives Handeln (Verzicht auf die Steuerbefreiung) ein, wenn kein Befreiungsgrund vorliegt (MWSTG 10 II). Bei den Befreiungsgründen handelt es sich hauptsächlich um Umsatzgrenzen, die nicht erreicht werden. Im Normalfall wird für die entsprechende Beurteilung auf die Verhältnisse im *vergangenen* Geschäftsjahr abgestellt (MWSTG 14 III). Der Unternehmensträger wird nach Ablauf des Kalenderjahres, in dem der massgebende Umsatz erzielt worden ist, der Mehrwert-

25

---

[19] BAUMGARTNER/CLAVADETSCHER/KOCHER, Vom alten zum neuen Mehrwertsteuergesetz, § 3 N 84 f.
[20] Botschaft MWST-Reform, 6955.

steuer unterstellt. Wurde die unternehmerische Tätigkeit nicht während des gesamten Kalenderjahres ausgeübt, ist der Umsatz auf ein volles Jahr umzurechnen (MWSTV 11 I).

26 Anders ist dagegen vorzugehen, wenn strukturelle Änderungen vorliegen. Wird ein Unternehmen neu gegründet, hat eine Übernahme stattgefunden oder wurde der Bereich der Geschäftstätigkeit erweitert, schreibt das Gesetz vor, dass auf die *zukünftigen* Verhältnisse abzustellen ist: es genügt schon die Annahme, dass während der folgenden zwölf Monate die Umsatzgrenze erreicht wird (MWSTV 11 II). Da man für eine solche Beurteilung auf Schätzwerte abstellen muss, sieht die MWSTV vor, dass die Beurteilung, ob die Umsatzgrenze im ersten Geschäftsjahr nach Aufnahme oder Erweiterung der unternehmerischen Tätigkeit erreicht wurde, zweimalig vorzunehmen ist: zunächst bei der Aufnahme der unternehmerischen Tätigkeit, danach nochmals drei Monate später. Stellt sich bei der zweiten Beurteilung heraus, dass die Befreiungsgründe weggefallen sind, endet die Befreiung von der Steuerpflicht wahlweise rückwirkend auf den Zeitpunkt der Aufnahme oder Ausdehnung der unternehmerischen Tätigkeit, auf den Stichtag der erneuten Prüfung oder spätestens mit Beginn des vierten Monats (MWSTV 11 III).

2. Ende der Steuerpflicht

27 Die Steuerpflicht endet grundsätzlich mit Beendigung der unternehmerischen Tätigkeit bzw. mit Abschluss des Liquidationsverfahrens, falls das Unternehmen aufgelöst wird (MWSTG 14 II). Eine Beendigung der Steuerpflicht ist aber auch möglich, wenn die Geschäftstätigkeit zwar fortgeführt wird, die Umsatzgrenze in der laufenden Steuerperiode jedoch unterschritten wurde, und ein erneutes Erreichen der Grenze auch für die folgende Steuerperiode nicht zu erwarten ist. In diesem Fall ist eine Abmeldung der steuerpflichtigen Person bei der EStV möglich (MWSTG 14 V). Wird im Fall des Unterschreitens der Umsatzgrenze eine Abmeldung unterlassen, gilt dies als Verzicht auf die Befreiung und die subjektive Steuerpflicht bleibt bestehen (MWSTG 14 V).[21]

VI. Mithaftung

28 Mit der steuerpflichtigen Person haften weitere Personen solidarisch für die Steuer-, Zins- und Kostenforderungen.[22] Die entsprechenden Personen sind in MWSTG 15 I a–f aufgezählt. Es sind dies namentlich die Teilhaber an einfachen Gesellschaften und Personengesellschaften, Personen, die eine freiwillige Versteigerung durchführen bzw. durchführen lassen, bisherige Steuerschuldner bei Unternehmensübertragung im Sinne von MWSTG 16 II, die Liquidatoren von ju-

---

[21] Dies gilt unter der Bedingung, dass weiterhin ein Unternehmen betrieben wird.
[22] Vgl. ausführlich Rinne, ST 2010, 298 ff.

ristischen Personen, von Handelsgesellschaften und von Personengesamtheiten ohne Rechtsfähigkeit, sowie die geschäftsführenden Organe einer juristischen Person bei deren Sitzverlegung ins Ausland. Geschäftsführer und Liquidatoren haben allerdings die Möglichkeit sich zu exkulpieren, wenn sie nachweisen können, dass sie alles Zumutbare getan haben, um die Steuerforderung festzustellen und die Pflichten zu erfüllen (MWSTG 15 II). Mit dem geltenden MWSTG wurde per 1.1.2010 zudem eine an bestimmte Bedingungen geknüpfte *subsidiäre Mithaftung des Zessionars* bei Forderungsabtretungen eingeführt (MWSTG 15 IV, MWSTV 23 ff.), die vor allem bei der Abtretung zukünftiger Darlehensforderungen von Bedeutung ist.

VII. Steuernachfolge und Steuersubstitution

1. Steuernachfolge

Für die Steuernachfolge, den vollständigen Übergang der vermögensrechtlichen Rechte und Pflichten und der verfahrensrechtlichen Stellung vom Steuersubjekt auf ein anderes Subjekt, sieht das MWSTG zwei Tatbestände vor. Zum einen ist dies der *Tod einer steuerpflichtigen natürlichen Person* (MWSTG 16 I), bei dem eine solidarische Haftung der Erben für die vom Erblasser oder von der Erblasserin geschuldeten Steuern zum Tragen kommt. Diese Haftung ist beschränkt auf die Höhe der jeweiligen Erbteile, einschliesslich der Vorempfänge. 29

Der zweite Tatbestand ist die Übernahme eines «Unternehmens», bei welcher der neue Unternehmensträger «in die steuerlichen Rechte und Pflichten des Rechtsvorgängers oder der Rechtsvorgängerin» eintritt (MWSTG 16 II). Bei der Beurteilung, ob eine Übernahme vorliegt, soll grundsätzlich auf das FusG abgestellt werden[23], das allerdings nicht das gesamte Spektrum der denkbaren Anwendungsfälle abdeckt – und zudem ebenso wenig wie das MWSTG den Begriff des «Unternehmens» eindeutig definiert. Der Anwendungsbereich von MWSTG 16 II sollte sich auf jene Fälle beschränken, in denen der übertragende Unternehmensträger zivilrechtlich untergeht (zum Beispiel echte Fusion), oder nach erfolgter Übertragung kein Unternehmen mehr betreibt, was zumindest das Ende seiner subjektiven Mehrwertsteuerpflicht bedeutet.[24] 30

2. Steuersubstitution

Bei der Steuersubstitution tritt im Unterschied zur Steuernachfolge ein anderes Subjekt zusätzlich zur steuerpflichtigen Person und im gleichen Umfang wie diese in das Steuerrechtsverhältnis ein, ohne dass Letztere aus dem Steuerrechtsver- 31

---

[23] Botschaft MWST-Reform, 6957.
[24] Vgl. im gleichen Sinne BAUMGARTNER/CLAVADETSCHER/KOCHER, Vom alten zum neuen Mehrwertsteuergesetz, § 3 N 107.

hältnis austritt. Nach MWSTG 17 ist die Steuersubstitution für Teilhaber von ausländischen Handelsgesellschaften und Personengesamtheiten ohne Rechtspersönlichkeit vorgesehen.

B. Steuerobjekt

I. Definition

1. Gegen Entgelt erbrachte Leistungen

32 Das Steuerobjekt der Inlandsteuer sind die im Inland von steuerpflichtigen Personen gegen Entgelt erbrachten Leistungen (MWSTG 18 I). Neben dem *Leistungsverhältnis*, also dem Austausch von Leistung gegen Entgelt,[25] bedingt das Steuerobjekt einen *inländischen Leistungsort*[26] sowie die *subjektive Steuerpflicht* der leistenden Person[27]. Wenn eine Leistung im Sinne dieser Definition Steuerobjekt ist, ist sie grundsätzlich steuerbar, sofern sie nicht unter einen der gesetzlichen Ausnahmetatbestände fällt (MWSTG 18 I i.V.m. MWSTG 21). Auf steuerbaren Leistungen – definitionsgemäss handelt es sich dabei immer um Inlandleistungen – wird die Inlandsteuer erhoben, ausser wenn sie unter einen der Steuerbefreiungstatbestände (MWSTG 23) fallen.

2. Mittelzuflüsse ohne Entgeltscharakter

33 Obwohl MWSTG 18 I das Steuerobjekt umfassend definiert, schliesst das Steuerobjekt nicht sämtliche Mittelzuflüsse ein, sondern nur die Entgelte[28]. Als Ergänzung zu der positiven Definition des Entgeltsbegriffs (MWSTG 3 f) enthält MWSTG 18 II zur Verdeutlichung eine nicht abschliessende Liste von Mittelflüssen, die ausdrücklich keine Entgelte darstellen (sog. *Nicht-Entgelte*). Es sind dies:

– Subventionen und weitere öffentlich-rechtliche Beiträge (MWSTG 18 II a–c, MWSTV 29),
– Spenden, verstanden als *freiwillige Zuwendungen,* mit der *Absicht* den Empfänger zu *bereichern, ohne* Erwartung einer *Gegenleistung* (MWSTG 18 II d i.V.m. MWSTG 3 i),
– Einlagen in Unternehmen, einschliesslich zinsloser Darlehen, Sanierungsleistungen und Forderungsverzichte (MWSTG 18 II e),
– Dividenden und andere Gewinnanteile (MWSTG 18 II f),

---

[25] Im Leistungsverhältnis wird also die für den Leistungsbegriff (vgl. § 33 N 28) massgebliche Entgelt*erwartung* tatsächlich verwirklicht.
[26] Zu den mehrwertsteuerlichen Leistungsorten vgl. § 33 N 42 ff.
[27] Zur subjektiven Steuerpflicht vgl. vorne N 1 ff.
[28] Vgl. § 33 N 34.

- Kostenausgleichszahlungen, die durch einen Fonds oder eine andere Organisationseinheit an Akteure innerhalb einer Branche geleistet werden (MWSTG 18 II g),
- Pfandgelder, zum Beispiel für Gebinde (MWSTG 18 II h),
- Zahlung von Schadenersatz und Genugtuung (MWSTG 18 II i),
- Entschädigungen für unselbständige Tätigkeiten, zum Beispiel Verwaltungsrats- und Stiftungsratshonorare, Behördenentschädigungen oder Sold (MWSTG 18 II j),
- Erstattungen, Beiträge und Beihilfen bei Lieferungen ins Ausland (MWSTG 18 II k),
- Gebühren, Beiträge und sonstige Zahlungen für hoheitliche Tätigkeiten (MWSTG 18 II l)[29].

Da diese Nicht-Entgelte nicht Bestandteil des Steuerobjektes sind, sind sie weder steuerbar noch von der Steuer ausgenommen. Sie unterliegen also auf keinen Fall der Steuer, und sie bewirken keinen Ausschluss des Anspruchs auf Vorsteuerabzug im Sinne von MWSTG 29 I.[30] Steuerfolgen ergeben sich im Zusammenhang mit den Nicht-Entgelten nur bei den Subventionen und weiteren öffentlich-rechtlichen Beiträgen (MWSTG 18 I a–c), für die MWSTG 33 eine Vorsteuerkürzung vorschreibt. Zudem kann die Finanzierung einer Tätigkeit durch Nicht-Entgelte den unternehmerischen Charakter dieser Tätigkeit unter Umständen infrage stellen.[31]

II. Qualifikation von Leistungen

Für die Bestimmung der Steuerfolgen, die sich aus einem Leistungsverhältnis ergeben, ist die Qualifikation der dem Leistungsverhältnis zugrunde liegenden Leistung massgeblich. Aus dieser Qualifikation ergibt sich, ob sich der Ort der Leistung im Inland oder im Ausland befindet, ob eine Inlandleistung steuerbar oder von der Steuer ausgenommen ist, ob bei einer steuerbaren Leistung ein Steuerbefreiungstatbestand vorliegt und, wenn dies nicht der Fall ist, welchem Steuersatz das Entgelt aus dieser Leistung unterliegt.

Für jene Fälle, in denen verschiedene Leistungen (oder Leistungselemente) zusammen erbracht werden, hält das Gesetz drei Grundsätze fest:

Voneinander unabhängige Leistungen werden, auch wenn sie in Verbindung mit anderen Leistungen erbracht werden, grundsätzlich selbständig behandelt, d.h.,

---

[29] In MWSTG 3 g wird die hoheitliche Tätigkeit wie folgt definiert: «Tätigkeit eines Gemeinwesens, die nicht unternehmerischer Natur ist, namentlich nicht marktfähig ist und nicht im Wettbewerb mit Tätigkeiten privater Anbieter steht, selbst wenn dafür Gebühren, Beiträge oder sonstige Abgaben erhoben werden.»
[30] Vgl. dazu hinten N 152.
[31] Vgl. dazu vorne N 3. Dies hat wiederum einen Einfluss auf den Umfang des Vorsteuerabzugs.

die mehrwertsteuerliche Qualifikation hat auf der Stufe der einzelnen Leistung zu erfolgen (MWSTG 19 I). Im Sinne einer Ausnahme von dieser Grundregel können *Leistungskombinationen* einheitlich nach der (wertmässig) überwiegenden Leistung behandelt werden, wenn dafür ein Gesamtentgelt entrichtet wird und die überwiegende Leistung wertmässig mindestens 70 Prozent des Gesamtentgelts ausmacht (MWSTG 19 II).[32]

38   Leistungen, die so miteinander verbunden sind, dass sie ein unteilbares Ganzes bilden, sind demgegenüber auf jeden Fall einheitlich zu behandeln, und zwar aufgrund der Qualifikation der *Gesamtleistung* (MWSTG 19 III).

39   Als letzten Grundsatz hält MWSTG 19 IV fest, dass Nebenleistungen, also Leistungen, die im Vergleich zu einer Hauptleistung nur ergänzender Natur sind und diese nur wirtschaftlich ergänzen, verbessern oder abrunden, steuerlich gleich zu qualifizieren sind wie die Hauptleistung. Obwohl es sich in solchen Fällen um zwei gesonderte Leistungen handelt, werden folglich *Haupt- und Nebenleistung* einheitlich behandelt.[33]

III.   Zuordnung von Leistungen

40   Die Frage, wer in einem bestimmten Leistungsverhältnis die Leistung erbringt, ist ein entscheidendes Element bei der korrekten mehrwertsteuerlichen Würdigung eines Sachverhaltes und bei der Ermittlung, welche Steuerfolgen bei welchen steuerpflichtigen Personen eintreten. Im Grundsatz gilt eine Leistung als von derjenigen Person erbracht, die *nach aussen* als Leistungserbringerin *auftritt* (MWSTG 20 I). In der Mehrzahl der Fallkonstellationen stimmt damit der mehrwertsteuerliche Leistungserbringer mit dem zivilrechtlichen und buchhalterischen Leistungserbringer (zum Beispiel Verkäufer eines Gegenstandes) überein. Sind jedoch, wie typischerweise bei Vertretungsgeschäften, verschiedene Personen in unterschiedlichen Funktionen an der Leistungserbringung beteiligt, ergeben sich aus der konsequenten Umsetzung des mehrwertsteuerlichen Grundsatzes Abweichungen zwischen der mehrwertsteuerlichen Zuordnung auf der einen und der zivilrechtlichen bzw. buchhalterischen Zuordnung auf der andern Seite.[34]

41   Bei der sog. *direkten Stellvertretung*, wenn die vertretende Person, unter Erfüllung bestimmter formeller Voraussetzungen, ausdrücklich im Namen und für Rechnung der vertretenen Person handelt, wird die von der vertretenden für die

---

[32] Obwohl sich dies aus dem Gesetzeswortlaut nicht entnehmen lässt, wird diese Möglichkeit in MWSTV 32 eingeschränkt: «Artikel 19 Absatz 2 MWSTG ist nicht anwendbar für die Bestimmung, ob der Ort der Leistung bei Leistungskombinationen im Inland oder im Ausland liegt.»

[33] Vgl. auch BAUMGARTNER/CLAVADETSCHER/KOCHER, Vom alten zum neuen Mehrwertsteuergesetz, § 4 N 53. Ein gutes – in MWSTG 19 IV ausdrücklich genanntes – Beispiel sind Verpackungen und Umschliessungen (Gebinde).

[34] Vgl. IMSTEPF, ASA 78, 757 ff.

vertretene Person erbrachte Leistung mehrwertsteuerlich der vertretenen Person zugeordnet (MWSTG 20 II).[35] Die vertretende Person erbringt nur gegenüber der vertretenen Person eine (Vermittlungs-)Leistung. In diesem Fall stimmen die mehrwertsteuerliche und die zivilrechtliche bzw. buchhalterische Sichtweise überein.

Handelt es sich hingegen um eine sog. *indirekte Stellvertretung,* bei der die vertretende Person die Leistung im eigenen Namen erbringt und aufgrund des Auftrittes nach aussen nicht ersichtlich ist, dass ein Stellvertretungsverhältnis vorliegt, ergibt sich aus MWSTG 20 III eine mehrwertsteuerliche Fiktion. In diesem Fall gilt die vertretende Person als Leistungserbringerin für die vermittelte Leistung, und es wird für die gleiche Leistung ein zweites Leistungsverhältnis angenommen zwischen der vertretenen Person und der vertretenden Person. Die zivilrechtliche Vermittlungsleistung wird aus Sicht der Mehrwertsteuer in dieser Konstellation ignoriert.[36] Die praktische Umsetzung der mehrwertsteuerrechtlichen Regeln bei Stellvertretung, insbesondere bei der indirekten Stellvertretung, stellt als Folge der Abweichungen von der zivilrechtlichen und buchhalterischen Betrachtungsweise hohe Ansprüche an die beteiligten steuerpflichtigen Personen.[37]

42

IV. Von der Steuer ausgenommene Leistungen

1. Grundsatz und Zielsetzung

In der Terminologie des MWSTG sind von der Steuer ausgenommene Leistungen jene Bestandteile des Steuerobjektes, die nicht steuerbar sind. Diese Leistungen – bzw. die Entgelte aus diesen Leistungen – unterliegen der Inlandsteuer nicht (MWSTG 21 I). Auf der anderen Seite sind die Vorsteuern, die im Zusammenhang mit der Erbringung dieser Leistungen stehen, vom Recht auf Vorsteuerabzug ausgeschlossen (MWSTG 29 I).[38] Als Ergebnis dieses Mechanismus der «unechten Befreiung» unterliegt zwar das Entgelt aus diesen Leistungen nicht der Steuer, doch entsteht durch den Ausschluss des Vorsteuerabzugs aufwands- und investitionsseitig eine tatsächliche (verdeckte) Steuerbelastung bei der steuerpflichtigen Person bzw. beim Unternehmen. Das Ziel, durch die Entlastung der

43

---

[35] Die vertretende Person muss nachweisen können, dass sie als Stellvertreterin handelt, und sie muss die vertretene Person identifizieren können; zudem muss für den Leistungsempfänger bzw. die Leistungsempfängerin der vermittelten Leistung ausdrücklich oder aus dem Kontext (zum Beispiel Auktion) erkennbar sein, dass ein Stellvertretungsverhältnis vorliegt.

[36] Das Entgelt für die Vermittlungsleistung wird mehrwertsteuerlich in eine Marge umgewandelt, indem das Entgelt für die fiktive Leistung zwischen der vertretenen Person und der vertretenden Person um das zivilrechtlich vereinbarte Vermittlungsentgelt (zum Beispiel Kommission) reduziert wird (MWST-Info 04 der EStV betreffend das Steuerobjekt [605.525.04], 5.3).

[37] Vgl. auch BAUMGARTNER/CLAVADETSCHER/KOCHER, Vom alten zum neuen Mehrwertsteuergesetz, § 4 N 43 ff.

[38] Auf die Besonderheiten des Vorsteuerabzugs im Zusammenhang mit dem Erwerben, Halten und Veräussern von qualifizierten Beteiligungen wird hinten, N 129, eingegangen.

Wertschöpfung auf der letzten Stufe die Steuerbelastung des Konsums zu reduzieren, wird in jenen Fällen erreicht, in denen die von der Steuer ausgenommene Leistung tatsächlich direkt gegenüber Konsumenten und Konsumentinnen erbracht wird. Wird hingegen eine von der Steuer ausgenommene Leistung gegenüber einer steuerpflichtigen Person erbracht, die ihrerseits steuerbare Leistungen erbringt, erhöht sich die Gesamtsteuerbelastung mindestens im Umfang der verdeckten Steuer («taxe occulte»).[39]

44 Aus dogmatischer Sicht sind die Steuerausnahmen als – vom Gesetzgeber ausdrücklich gewollte – Systemwidrigkeiten zu bewerten, da sie einerseits den Konsum für ausgewählte Leistungen steuerlich begünstigen (Unterbesteuerung), hingegen andererseits innerhalb der unternehmerischen Wertschöpfungskette Überbesteuerungen verursachen, was im konkreten Einzelfall faktisch eine Erhöhung der Steuerbelastung auf dem Konsum anderer Leistungen zur Folge haben kann.[40]

2. Von der Steuer ausgenommene Leistungen im Einzelnen

a) Allgemeines

45 Die *abschliessende Liste* der Leistungen, die von der Steuer ausgenommen sind (MWSTG 21 II) ist aus verschiedenen Beweggründen entstanden. Neben sozial-, gesundheits- und kulturpolitischen Überlegungen ergeben sich einige der Steuerausnahmen auch aus Praktikabilitätsüberlegungen, zum Beispiel mit Bezug auf die Bemessungsgrundlage bei bestimmten Leistungen im Finanz- und Versicherungsbereich oder im Interesse der Erhebungswirtschaftlichkeit bei Landwirten usw. Weitere Steuerausnahmen gründen in der Tatsache, dass eine Leistung bereits einer anderen Steuer unterliegt (Sachversicherungsleistungen, Glücksspiele), oder im starken politischen Engagement von Interessenvertretern (Leistungen im Bereich des Sports).[41] Nicht zuletzt diente auch das Mehrwertsteuersystem der Europäischen Union, in dem das Konzept der unecht befreiten Leistungen ebenfalls für sozialpolitische und andere Zwecke genutzt wird, bei

---

[39] Diese Überlegung gilt auch bei steuerbefreiten Leistungen (des Bezügers einer von der Steuer ausgenommenen Leistung), denn diese unterliegen in einem solchen Fall einer (verdeckten) Belastung mit inländischer Steuer, obwohl sie aufgrund des Neutralitäts- und des Bestimmungslandprinzips von jeglicher inländischen Steuer entlastet sein sollten. Unterliegt die Leistung der Inlandsteuer, und wurde die auf den Kosten lastende «taxe occulte» im Rahmen der Preiskalkulation überwälzt, erhöht dies zudem die Bemessungsgrundlage und damit auch die Steuer auf der steuerbaren Leistung (des Bezügers einer von der Steuer ausgenommenen Leistung).

[40] Für grundsätzliche Ausführungen zu dieser Problematik vgl. auch BAUMGARTNER/CLAVADETSCHER/KOCHER, Vom alten zum neuen Mehrwertsteuergesetz, § 4 N 80 ff.; PASCAL MOLLARD, in: Kompetenzzentrum MWST der Treuhand-Kammer, N 1 ff. zu aMWSTG 17; MOLLARD/OBERSON/TISSOT BENEDETTO, Traité TVA, Chap. 2 N 248 ff.

[41] PETER SPORI, Bericht des Beauftragten P. Spori in Sachen Mehrwertsteuerreform, Bern 2006, 17 ff.

der Einführung der Mehrwertsteuer in der Schweiz im Jahr 1995 als Orientierungshilfe.[42]

Manche der Steuerausnahmen sind objektiv begründet, d.h., sie beziehen sich auf die Art der Leistung und nehmen folglich bestimmte Arten von Leistungen von der Steuer aus. In diesen Fällen gilt die Ausnahme folgerichtig unabhängig davon, wer die Leistung erbringt oder empfängt (MWSTG 21 III). Ein beträchtlicher Teil der Steuerausnahmen beruht jedoch mindestens teilweise auf subjektiven Eigenschaften der Leistungserbringer und/oder Leistungsempfänger, die konsequenterweise für die Anwendbarkeit der Ausnahmebestimmung konstitutiv sind (MWSTG 21 IV).[43]

46

Der Wortlaut von MWSTG 21 II entspricht noch weitgehend jenem des bis 31.12.2009 geltenden aMWSTG 18.[44] Aus diesem Grund behält die reichhaltige Rechtsprechung zum aMWSTG mit Bezug auf die von der Steuer ausgenommenen Leistungen auch hinsichtlich des geltenden Gesetzes ihre Gültigkeit.[45]

47

b) *Reservierte Dienste der Post*

Gemäss MWSTG 21 II Ziff. 1 i.V.m. PG[46] III und VPG II[47] ist die Beförderung von adressierten Briefsendungen bis 50g, von Wertsendungen sowie von Gerichts- und Betreibungsurkunden von der Steuer ausgenommen. Nicht unter die Bestimmung fallen namentlich Schnellpostsendungen und abgehende Briefpost im internationalen Verkehr sowie Paketsendungen.[48]

48

c) *Leistungen im Gesundheitswesen*

Grundsätzlich von der Mehrwertsteuer ausgenommen sind Heil- und Pflegebehandlungen im Bereich der Humanmedizin sowie gewisse damit zusammenhängende Leistungen.

49

Dazu gehören zunächst *Spitalbehandlungen sowie ärztliche Heilbehandlungen* in Spitälern (MWSTG 21 II Ziff. 2); ferner Behandlungen durch *Angehörige von Heil- und Pflegeberufen* wie Ärzte, Zahnärzte, Psychotherapeuten, Chiropraktiker usw. (MWSTG 21 II Ziff. 3; vgl. auch MWSTV 34 ff.). Damit verbunden und des-

50

---

[42] Der Umfang der Ausnahmeliste im MWSTG ist jedoch grösser als jener in der EG MwStSystRL vom 28.11.2006 (vgl. Botschaft MWST-Reform, 6930 f.).
[43] Subjektive Kriterien enthalten die Ausnahmen in MWSTG 21 II Ziffern 2–6, 8–10, 12, 13, 16, 17, 25–28. Soweit die Gemeinnützigkeit als subjektives Kriterium vorausgesetzt wird, verweist das MWSTG für die Begriffsdefinition auf DBG 56 g (MWSTG 3 j).
[44] Zur Begründung vgl. Botschaft MWST-Reform, 6963.
[45] Vgl. GLAUSER, ST 2010; Als Auslegungshilfe von MWSTG 21 können deshalb auch die Kommentare und Handbücher zum aMWSTG herangezogen werden (Kompetenzzentrum MWST der Treuhand-Kammer; MOLLARD/OBERSON/TISSOT BENEDETTO, Traité TVA).
[46] Postgesetz vom 30.4.1997 (SR 783.0).
[47] Postverordnung vom 26.11.2003 (SR 783.01).
[48] EStV MWST-Info 04 (Fn. 36), 6.2.

halb ebenfalls ausgenommen sind auch die Verabreichung von Medikamenten im Rahmen der Behandlung vor Ort sowie operativ eingesetzte Prothesen. Von der Steuer ausgenommen sind ferner den Patienten und Patientinnen im Rahmen der Spitalbehandlung abgegebene Speisen und Getränke, nicht aber deren Verkauf in der Cafeteria, am Kiosk und dergleichen.[49]

51 Bei Privatkliniken ist zu beachten, dass nur Leistungen an vom Arzt eingewiesene Patienten von der Mehrwertsteuer entlastet sind. Dasselbe gilt für *Pflegeleistungen* durch Krankenschwestern und Krankenpfleger, die zu Hause (Spitex) oder in Heimen stattfinden (MWSTG 21 II Ziff. 4).[50]

52 MWSTG 21 II Ziff. 5 sieht eine Ausnahme von der Mehrwertsteuerpflicht für die Lieferung menschlichen Blutes sowie menschlicher Organe durch entsprechende Bewilligungsträger vor.

53 Auch die Dienstleistungen von *Gemeinschaften* an ihre Mitglieder, welche einer der in MWSTG 21 II Ziff. 3 genannten Berufsgruppen im *Gesundheitswesen* angehören, fallen unter die Steuerausnahme, sofern sie dem Betroffenen zur Ausübung seines Berufes erbracht und anteilsmässig zu Selbstkosten verrechnet werden (MWSTG 21 II Ziff. 6).

54 Von der Steuer ausgenommen ist schliesslich der *Transport kranker, verletzter oder behinderter Personen* (MWSTG 21 II Ziff. 7), wobei dieser in einem besonders dafür eingerichteten Transportmittel stattfinden muss, um die Voraussetzungen der Steuerausnahme zu erfüllen. Neben entsprechenden Spezialfahrzeugen kommen auch Helikopter und andere Luftfahrzeuge in Betracht.[51]

d) Leistungen im Sozial- und Pflegebereich

55 Unter die von der Steuer ausgenommenen Leistungen im Sozial- und Pflegebereich fallen einerseits die Sozialhilfe sowie Sozialleistungen anderer Einrichtungen einschliesslich von *gemeinnützigen* Organisationen, die Krankenpflege, Haushaltshilfe und ähnliche Leistungen für Bedürftige anbieten (zum Beispiel Spitex, Notschlafstellen Frauenhäuser usw.), andererseits die Leistungen von Alters-, Wohn- und Pflegeheimen (MWSTG 21 II Ziff. 8).

56 Im Bereich der Sozialversicherungen sind nach MWSTG 21 II Ziff. 25 Leistungen von *Ausgleichskassen* untereinander von der Steuer ausgenommen, sowie Leistungen aufgrund des AHVG und Leistungen von Familienausgleichskassen.

---

[49] EStV MWST-Info 04 (Fn. 36), 6.3.
[50] EStV MWST-Info 04 (Fn. 36), 6.5.
[51] MWST-Branchen-Info 21 der EStV betreffend das Gesundheitswesen (605.530.21), 12.1.

e) Bildung und Erziehung

Im Bereich der Kinder- und Jugendhilfe sind zunächst alle mit der *Kinder- und Jugendbetreuung* verbundenen Leistungen von der Mehrwertsteuer ausgenommen, wenn sie durch dafür eingerichtete Institutionen erbracht werden. Darunter fallen namentlich Institutionen wie Kinderhorte, Kinderkrippen, Waisenhäuser usw. (MWSTG 21 II 9). Die mit der *Förderung von Kultur und Bildung von Jugendlichen* zusammenhängenden Leistungen von gemeinnützigen Jugendaustauschorganisationen sind ebenfalls von der Steuer ausgenommen (MWSTG 21 II Ziff. 10). 57

Daneben sind Leistungen im Bereich von *Erziehung und Bildung* von der Steuer ausgenommen (MWSTG 21 II Ziff. 11 lit. a–e). Diese Steuerausnahme ist nicht auf Leistungen an Kinder und Jugendliche beschränkt, sondern sie gilt auch für Kurse, Vorträge und ähnliche Veranstaltungen, einschliesslich der damit zusammenhängenden Prüfungen und Dienstleistungen, an ein beliebiges Publikum. Steuerbar sind allerdings gastgewerbliche Leistungen aller Art in diesem Zusammenhang. 58

f) Nicht gewinnstrebige Einrichtungen

Gemäss MWSTG 21 II Ziff. 12 und 13 sind einerseits der *Personalverleih* und andererseits die *gegen Mitgliederbeiträge erbrachten Leistungen* durch nicht gewinnstrebige Einrichtungen von der Mehrwertsteuer ausgenommen. 59

g) Kunst, Kultur und Sport

Kulturelle Dienstleistungen sind von der Steuer ausgenommen, wenn sie unmittelbar an das Publikum gegen ein separates Entgelt erbracht werden (MWSTG 21 II Ziff. 14 a–d). Das Entgelt muss in Form von Eintrittskarten und dergleichen unmittelbar für die Dienstleistung erhoben werden. So sind beispielsweise Konsumationszuschläge in Gaststätten aufgrund eines Konzertes steuerbar. 60

In vergleichbarer Weise sind die *kulturellen Dienstleistungen* von Schriftstellern, Komponistinnen, Filmschaffenden, Kunstmalern, Bildhauerinnen sowie Verlegerinnen und Verwertungsgesellschaften von der Steuer ausgenommen, ebenso *die Lieferung von Werken durch deren Urheber* (MWSTG 21 II Ziff. 16). 61

Schliesslich fallen auch die Eintrittsgelder und Teilnahmegebühren für *sportliche Anlässe*, einschliesslich darin enthaltener kleiner Nebenleistungen, wie Verpflegung und Medaillen, in den Geltungsbereich der Steuerausnahmen (MWSTG 21 II Ziff. 15). Nicht von der Ausnahme umfasst sind dagegen Eintrittsgelder für die Benutzung öffentlicher Badeanstalten, Sportanlagen, Eisbahnen usw.[52] 62

---

[52] EStV MWST-Info 04 (Fn. 36), 6.16.

h) Leistungen für gemeinnützige Zwecke

63 Die von Einrichtungen, die von der Steuer ausgenommene Leistungen im sozialen und kulturellen Bereich erbringen, zum Zweck der Finanzierung der eigenen Tätigkeit organisierten *Flohmärkte, Basare, usw.* sind ebenfalls von der Steuer ausgenommen (MWSTG 21 II Ziff. 17).

64 *Bekanntmachungsleistungen* durch oder gegenüber gemeinnützigen Organisationen sind ebenfalls von der Steuer ausgenommen (MWSTG 21 II Ziff. 27). Bei Anwendung dieser Bestimmung bereitet die Abgrenzung zwischen blossen Bekanntmachungen und Werbeleistungen oft Schwierigkeiten. Das Problem stellt sich insbesondere beim sog. *Sponsoring*. In solchen Fällen ist im Einzelfall zu untersuchen, ob es sich um eine von der Mehrwertsteuer ausgenommene Bekanntmachungsleistung oder eine steuerbare Werbeleistung handelt, oder ob die Zahlung gar eine *Spende* und damit ein Nicht-Entgelt darstellt, und deshalb von der Steuer grundsätzlich nicht erfasst wird.[53]

i) Versicherungs- und Rückversicherungsleistungen

65 Nach MWSTG 21 II Ziff. 18 sind *Versicherungs- und Rückversicherungsleistungen* sowie die Umsätze selbständig erwerbender Versicherungsvertreter und Versicherungsmakler von der Mehrwertsteuer ausgenommen.[54] Dazu zählen auch die Leistungen von Einrichtungen der beruflichen Vorsorge (MWSTV 37).

j) Geld- und Kapitalverkehr

66 Im Bereich des *Geld- und Kapitalverkehrs* sind zahlreiche typische Finanzdienstleistungen von der Steuer ausgenommen (MWSTG 21 II Ziff. 19 a–f). Es handelt sich dabei namentlich um Leistungen im Zusammenhang mit Krediten, Sicherheiten, Devisengeschäften, Wertpapiergeschäften sowie die Verwaltung von Anlagefonds. Nicht in den Anwendungsbereich der Bestimmung fallen dagegen Inkassogeschäfte sowie die blosse Verwahrung und Verwaltung von Wertschriften und Derivaten.[55]

k) Leistungen im Zusammenhang mit Grundstücken

67 Von der Mehrwertsteuer ausgenommen sind sowohl die Übertragung und Bestellung von *dinglichen Rechten* an Grundstücken und *Leistungen der Stockwerkeigentümergemeinschaft* an die Stockwerkeigentümer (MWSTG 21 II Ziff. 20) als auch die Überlassung von Grundstücken und Grundstücksteilen zum *Gebrauch*

---

[53] GLAUSER, ASA 79, 1 ff.
[54] Vgl. PHILIP ROBINSON/CRISTINA OBERHEID, in: Kompetenzzentrum MWST der Treuhand-Kammer, N 1 ff. zu Art 18 Ziff. 18.
[55] Vgl. PHILIP ROBINSON/CRISTINA OBERHEID, in: Kompetenzzentrum MWST der Treuhand-Kammer, N 1 ff. zu Art. 18 Ziff. 19.

oder zur Nutzung (MWSTG 21 II Ziff. 21).[56] Die Zielsetzung dieser Bestimmung liegt insbesondere darin, die Wohnungsmiete steuerlich zu begünstigen.

l) *Lieferung von Postwertzeichen und sonstigen amtlichen Wertzeichen*

Gemäss MWSTG 21 II Ziff. 22 unterstehen *inländische Briefmarken* nicht der Mehrwertsteuer, sofern sie als Frankaturzeichen gültig sind. Von der Steuer ausgenommen ist allerdings maximal der aufgedruckte Wert, der das Entgelt für eine Beförderungsleistung durch die Post repräsentiert. Nicht erfasst ist somit der Handel mit Briefmarken als Sammelobjekten.[57]

68

m) *Wetten, Lotterien und sonstige Glücksspiele mit Geldeinsätzen*

Von der Mehrwertsteuer ausgenommen sind alle Arten von *Glücksspielen mit Geldeinsatz* wie Lotto, Gewinnspiele in Casinos usw. (MWSTG 21 II Ziff. 23), soweit diese von einer Sondersteuer oder sonstigen Abgaben erfasst werden. Die Ausnahme erstreckt sich nicht auf Spielautomaten und Geschicklichkeitsspiele.[58]

69

n) *Lieferung gebrauchter beweglicher Gegenstände*

Um zu verhindern, dass Betriebsmittel mehrfach durch die Mehrwertsteuer belastet werden, sind *bewegliche Occasiongegenstände* von der Mehrwertsteuer ausgenommen, sofern sie ausschliesslich für von der Mehrwertsteuer ausgenommene Leistungen verwendet worden sind, und der Verkäufer dieser gebrauchten Gegenstände deshalb beim seinerzeitigen Erwerb keinen Vorsteuerabzug geltend machen konnte (MWSTG 21 II Ziff. 24).

70

o) *Urproduktion*

Die Veräusserung der *im eigenen Betrieb gewonnenen Erzeugnisse der Land- und Forstwirtschaft, Gärtnerei, Viehzucht* sowie *Milchverkäufe* durch entsprechende Sammelstellen sind von der Mehrwertsteuer ausgenommen (MWSTG 21 II Ziff. 26).

71

In der Kategorie der Landwirtschaft, Forstwirtschaft und Gärtnerei fallen auch Baumschulen und Rebbauern, letztere aber nur, wenn ausschliesslich im Betrieb gewonnene Trauben oder daraus hergestellte unvergorene Fruchtsäfte veräussert werden. Im Gegensatz dazu gelten Weinbauern nicht als Landwirte, die Ver-

72

---

[56] Zu beachten sind aber die ausdrücklichen «Ausnahmen von der Ausnahme», die steuerbar sind (MWSTG 21 II Ziff. 21 a–f).
[57] EStV MWST-Info 04 (Fn. 36), 6.22.
[58] EStV MWST-Info 04 (Fn. 36), 6.23.

äusserung ihrer Produkte ist deshalb nicht von der Steuer ausgenommen. Im Übrigen gilt die Steuerausnahme bei allen Urproduzenten nur für den *Verkauf* der im *eigenen* Betrieb gewonnener Erzeugnisse. Die Entgelte aus allen übrigen unternehmerischen Tätigkeiten im Rahmen solcher Betriebe sind dagegen zu versteuern, sofern die Voraussetzungen für die subjektive Steuerpflicht erfüllt sind.[59]

p) *Leistungen innerhalb des gleichen Gemeinwesens*

73 MWSTG 21 II Ziff. 28 sieht eine Steuerausnahme für jene Fälle vor, in denen sowohl Leistungserbringer als auch Leistungsempfänger zum *gleichen Gemeinwesen* gehören. Diese Steuerausnahme beruht auf subjektiven Eigenschaften von Leistungserbringer und Leistungsempfänger und umfasst – bei Vorliegen dieser Eigenschaften – sämtliche Leistungen.

q) *Schiedsgerichtsbarkeit*

74 Schliesslich legt MWSTG 21 II Ziff. 29 fest, dass Leistungen im Bereich der *Schiedsgerichtsbarkeit* von der Mehrwertsteuer ausgenommen sind.

3. Option für die Versteuerung der ausgenommenen Leistungen

75 Um den steuerpflichtigen Personen die Möglichkeit zu geben, die bereits dargelegten verzerrenden Effekte der Steuerausnahmen zu vermeiden, besteht für einen Teil der von der Steuer ausgenommenen Leistungen ein gesetzliches Recht, diese Leistungen wahlweise zu versteuern. Das Wahlrecht ist als uneingeschränkter Rechtsanspruch formuliert (Option nach MWSTG 22 I), dessen Anwendung nur für ausdrücklich vorbehaltene Leistungen (MWSTG 22 II) ausgeschlossen ist.

76 Bei den Leistungen, die vom Geltungsbereich des Optionsrechts gänzlich ausgeschlossen sind, handelt es sich um die ausgenommenen Leistungen des Finanzbereiches (Banken usw.) und der Versicherungen und Rückversicherungen sowie um die durch andere Abgaben belasteten Leistungen im Zusammenhang mit Wetten, Lotterien und anderen Glücksspielen mit Geldeinsatz (MWSTG 22 II a). Für die Leistungen im Zusammenhang mit dem Verkauf und der Gebrauchsüberlassung von Immobilien ist die Option nur zulässig, wenn das betreffende Objekt vom Leistungsempfänger (Käufer, Mieter) nicht ausschliesslich für private Zwecke genutzt wird (MWSTG 22 II b).

77 Für die Ausübung der Option muss kein spezielles Gesuch gestellt werden. Es genügt, wenn die steuerpflichtige Person die Steuer offen in ihren Rechnungen

---

[59] MWST-Branchen-Info 01 der EStV betreffend die Urproduktion und nahestehende Bereiche (605.530.01), 2.1.2.

ausweist.⁶⁰ Aufgrund der Ausgestaltung der Option nach MWSTG 22 I besteht die Möglichkeit, das Wahlrecht auf Ebene der einzelnen Leistung geltend zu machen.⁶¹

V. Von der Steuer befreite Leistungen

1. Grundsatz und Zielsetzung

Für Leistungen, die nach MWSTG 18 I steuerbar sind, bedarf es zur Umsetzung des Bestimmungslandprinzips bei grenzüberschreitenden Sachverhalten eines Mechanismus, um Leistungen, die für den Verbrauch im Ausland bestimmt sind, vollständig von der inländischen Steuer zu entlasten. Dieser Mechanismus besteht in einer Befreiung der Entgelte aus diesen Leistungen von der Inlandsteuer (MWSTG 23 I), verbunden mit dem Recht, den Vorsteuerabzug im Zusammenhang mit dem Erbringen dieser Leistungen im Rahmen der unternehmerischen Tätigkeit geltend zu machen (MWSTG 28 I). Die Steuerbefreiung bezieht sich nur auf Leistungen, deren mehrwertsteuerlicher Erbringungsort⁶² im Inland liegt, denn Auslandleistungen sind bereits durch ihren Leistungsort vom Geltungsbereich der Inlandsteuer ausgeschlossen.

78

2. Von der Steuer befreite Leistungen im Einzelnen

a)   Direkte Ausfuhr von Gegenständen ins Ausland

In MWSTG 23 II Ziff. 1 ist der «klassische» Fall der Steuerbefreiung geregelt, nämlich die Befreiung für den Export von Gegenständen (direkte Ausfuhr). Die Befreiung gilt, wenn Gegenstände ohne Ingebrauchnahme im Inland direkt ins Ausland oder in ein offenes Zollager oder in ein Zollfreilager ausgeführt werden. Ob der Gegenstand vor der Ausfuhr durch Beauftragte des Abnehmers bearbeitet oder verarbeitet worden ist, ist unerheblich, sofern die Beauftragten im Inland nicht subjektiv steuerpflichtig sind. Im gleichen Sinne erstreckt sich das Konzept der direkten Ausfuhr, und damit die Steuerbefreiung, auf alle an einem Reihengeschäft beteiligten Parteien (MWSTG 23 III).

79

---

⁶⁰ Falls der offene Ausweis der Steuer nicht möglich ist, zum Beispiel während der Bauphase eines Gebäudes, in der noch keine Entgelte vereinnahmt werden, lässt MWSTV 39 noch weitere Vorgehensweisen zu, die allerdings eine Meldung an die ESt voraussetzen.
⁶¹ So hat etwa ein Schulungsunternehmen die Möglichkeit, seine Leistungen an Nicht-Steuerpflichtige (zum Beispiel Abendkurse für Privatpersonen) als ausgenommene Leistungen zu behandeln und gleichzeitig für die Leistungen an steuerpflichtige Personen (zum Beispiel vom Arbeitgeber bezahlte Kurse für das Personal von Beratungsunternehmen) die Option geltend zu machen.
⁶² Vgl. vorne § 33 N 48 ff.

b) Überlassung von Gegenständen zu Nutzung und Gebrauch im Ausland

80 Auch die Überlassung zum Gebrauch oder zur Nutzung von Gegenständen (Vermietung, Leasing) wird von der Steuer befreit, wenn die Nutzung überwiegend im Ausland stattfindet und zudem die Ausfuhr direkt, das heisst ohne weitere Lieferung im Inland, erfolgt (MWSTG 23 II Ziff. 2, MWSTV 40). Unter diese Bestimmung fällt insbesondere die Vermietung von Fahrzeugen, mit denen der Mieter überwiegend im Ausland unterwegs ist.

c) Lieferung von Gegenständen unter Zollüberwachung

81 Die Lieferung von Gegenständen, die im Rahmen eines Verfahrens nach ZG 49 ff. im Inland nachweislich unter Zollüberwachung standen, ist generell von der Inlandsteuer befreit (MWSTG 23 II Ziff. 3).

d) Verbringen von Gegenständen ins Ausland ausserhalb von Lieferungen

82 Die Befreiung nach MWSTG 23 II Ziff. 4 bezieht sich auf Fälle, in denen die Gegenstände nicht ins Ausland exportiert, sondern lediglich vorübergehend zu einem bestimmten Zweck (zum Beispiel für eine Ausstellung oder zur Durchführung von Montagearbeiten) ins Ausland überführt werden.

e) Einfuhr- und Ausfuhrtransportleistungen einschliesslich Logistikleistungen

83 Gemäss MWSTG 23 II Ziff. 5 und 6 sind alle *Beförderungsdienstleistungen und dazu gehörenden Nebenleistungen* im Zusammenhang mit Importen und Exporten von der Inlandsteuer befreit. Die Befreiung für solche Leistungen im Zusammenhang mit Exporten soll sicherstellen, dass auch im Zusammenhang mit der konkreten Durchführung der steuerbefreiten Exporte eine Entlastung von der inländischen Steuer erfolgt. Die Befreiung der mit Importen zusammenhängenden Leistungen dient der Vermeidung einer Doppelbelastung, da der Wert dieser Leistungen bereits Bestandteil der Bemessungsgrundlage für die Einfuhrsteuer bildet (MWSTG 54 III b).

84 Im Übrigen erstreckt sich die Steuerbefreiung auch auf alle Beförderungsleistungen und Nebentätigkeiten des Logistikgewerbes (Beladen, Entladen, Zwischenlagern usw.), die im Ausland erbracht werden oder im Zusammenhang mit Gegenständen erfolgen, die unter Zollüberwachung stehen (MWSTG 23 II Ziff. 7). Damit ist sichergestellt, dass diese Dienstleistungen, deren Ortsbestimmung üblicherweise nach dem Empfängerortsprinzip erfolgt (MWSTG 8 I), auch dann von der Inlandsteuer entlastet sind, wenn sie gegenüber inländischen Leistungsempfängern erbracht werden.

f) Leistungen im Luft-, Eisenbahn- und Busverkehr

Im Bereich des Luftverkehrs ist sowohl die *Lieferung von Luftfahrzeugen* inklusive aller damit zusammenhängender Leistungen (wie Umbau, Instandsetzung und Wartung von Flugzeugteilen usw.) an gewerbsmässige internationale Luftverkehrsunternehmen (MWSTG 23 II Ziff. 9) als auch die *Beförderung im internationalen Luftverkehr* (MWSTG 23 IV) von der Inlandsteuer befreit. Eine Beförderung im internationalen Luftverkehr liegt vor, wenn entweder nur der Abflugs- oder nur der Ankunftsort im Inland liegt, oder wenn bei sowohl ausländischem Ankunfts- als auch Abflugsort inländisches Gebiet überflogen wird (MWSTV 41 I a und b).

85

Unter denselben Voraussetzungen ist auch der *grenzüberschreitende Eisenbahnverkehr* grundsätzlich von der Steuer befreit (MWSTG 23 IV i.V.m. MWSTV 42).

86

Der *internationale Busverkehr* ist von der Inlandsteuer befreit, wenn die Beförderung überwiegend über ausländisches Gebiet führt oder bei Transit im Inland, wenn sowohl Ankunfts- als auch Abfahrtsort im Ausland liegen. Die Befreiung erfasst auch Zubringerfahrten auf inländischen Strecken, die eine Nebenleistung zu einer befreiten Hauptleistung im internationalen Busverkehr darstellen (MWSTG 23 IV i.V.m. MWSTV 43).

87

g) Vermittlungsleistungen

Vermittlungsleistungen im Sinne einer direkten Stellvertretung[63] sind dann von der Steuer befreit, wenn die vermittelte Leistung ihrerseits von der Steuer befreit ist, oder wenn der Leistungsort dieser Leistung im Ausland liegt (MWSTG 23 II Ziff. 9). Damit ist im Sinne des Bestimmungslandprinzips sichergestellt, dass die Vermittlungsleistungen, deren Ortsbestimmung üblicherweise nach dem Empfängerortprinzip erfolgt (MWSTG 8 I), bei Vermittlung von steuerbefreiten Leistungen oder Auslandleistungen auch dann von der Inlandsteuer entlastet bleiben, wenn sie gegenüber inländischen Leistungserbringern erbracht werden.

88

h) Leistungen von Reisebüros und Veranstaltungsorganisatoren

Reisebüros und Organisatoren von Veranstaltungen sind überdies für die in eigenem Namen erbrachten Dienstleistungen von der Inlandsteuer befreit, soweit sie dafür Lieferungen und Dienstleistungen Dritter in Anspruch nehmen, die im Ausland bewirkt werden, wie zum Beispiel Beförderungs-, Beherbergungs- und Verpflegungsleistungen am ausländischen Urlaubsort (MWSTG 23 II Ziff. 10). Da es sich bei den vom Reisebüro für seine Kunden und Kundinnen im Ausland eingekauften Leistungen in der Regel um Leistungen handelt, die vor Ort der Besteuerung unterliegen, dient diese Befreiungsnorm der Vermeidung einer

89

---

[63] Vgl. dazu auch die Ausführungen zu MWSTG 20, vorne N 40 ff.

doppelten Erfassung der betreffenden Leistungen mit ausländischer und inländischer Steuer.

i) «*Duty free»-Verkäufe*

90 In Ergänzung der erweiterten Bestimmungen des Zollrechts im Zusammenhang mit zollfreien Verkäufen («Duty free»-Verkäufen) an Flughäfen, ist «die Lieferung von Gegenständen nach Artikel 17 Absatz 1bis ZG[64] an ins Ausland abfliegende oder aus dem Ausland ankommende Reisende» ebenfalls von der Inlandsteuer befreit (MWSTG 23 II Ziff. 11).

j) *Ausfuhr von Privatgegenständen im Reiseverkehr*

91 Unter bestimmten Voraussetzungen ist die *Ausfuhr im Reise- und Grenzverkehr* von der Inlandsteuer befreit (MWSTG 23 V). Die Bedingungen für diese Steuerbefreiung wurden vom *Eidgenössischen Finanzdepartement* in der Verordnung über die Besteuerung von Inlandlieferungen von Gegenständen zwecks Ausfuhr im Reiseverkehr vom 24.3.2011[65] wie folgt festgelegt:
- Der Preis der gelieferten Gegenstände beträgt mindestens CHF 300.
- Der Abnehmer bzw. die Abnehmerin hat keinen Wohnsitz im Inland.
- Die Gegenstände dienen dem Privatgebrauch oder zu Geschenkzwecken.
- Die Gegenstände werden innert 30 Tagen nach ihrer Abgabe ausgeführt.
- Ein Nachweis im Sinne von Art. 2 der Verordnung[66] liegt vor.

k) *Steuerbefreiung für Begünstigte im Sinne des Gaststaatgesetzes*

92 Gemäss dem Bundesgesetz über die von der Schweiz als Gaststaat gewährten Vorrechte, Immunitäten und Erleichterungen sowie finanziellen Beiträge (Gaststaatgesetz, GSG) vom 22.6.2007[67], das auf völkerrechtlichen Regelungen beruht, sind diplomatische Vertretungen, internationale Organisationen und ähnliche Institutionen, sowie die damit verbundenen natürlichen Personen von der Mehrwertsteuer zu entlasten (GSG 3 I d i.V.m. GSG 2). Diese Entlastung erfolgt in der Regel in Gestalt einer Steuerbefreiung an der Quelle für Leistungen, die an diese begünstigten Institutionen und Personen erbracht werden (MWSTG 107 I a)[68]. Die Einzelheiten sind in MWSTV 143 ff. geregelt.

---

[64] Es handelt sich um die typischen Produkte der «Duty-free»-Verkaufsstellen in den Kategorien alkoholische Getränke, Tabakwaren und Kosmetika.
[65] SR 641.202.2.
[66] Der Nachweis wurde mit der Fassung der Verordnung vom 24.3.2011 im Vergleich zu früher erleichtert.
[67] SR 192.12.
[68] In bestimmten Fällen tritt anstelle der Befreiung an der Quelle ein Recht auf Rückerstattung (MWSTV 146).

l)   *Lieferung von Münz- und Feingold*

Unabhängig von der Frage, ob ein Export vorliegt oder nicht, sind Lieferungen von Münz- und Feingold von der Inlandsteuer befreit (MWSTG 107 II). Der genaue Geltungsbereich dieser Sonderbestimmung, insbesondere hinsichtlich der von der Befreiung erfassten Goldprodukte, ist in MWSTV 44 umschrieben.

C.   Bemessungsgrundlage und Steuersätze

Liegen – definitionsgemäss von einer steuerpflichtigen Person erbrachte – steuerbare Leistungen vor, die nicht von der Steuer befreit sind, unterliegen diese der Inlandsteuer. Die zu entrichtende Steuer ergibt sich aus der Bemessungsgrundlage (dem mehrwertsteuerlichen Entgelt), multipliziert mit dem anwendbaren Steuersatz. 93

I.   Bemessungsgrundlage

1.   Grundsatz

Gemäss MWSTG 24 I entspricht die Bemessungsgrundlage dem *tatsächlich empfangenen Entgelt* (im Sinne von MWSTG 3 f)[69]. In quantitativer Hinsicht zählen zum Entgelt im Grundsatz auch der Ersatz aller Kosten sowie von der steuerpflichtigen Person geschuldete öffentlich-rechtliche Abgaben, die der Empfängerin oder dem Empfänger der Leistung weiterbelastet werden. Da nur das tatsächlich empfangene Entgelt für die Bemessungsgrundlage massgebend ist, sind Preisnachlässe, Skonti, Debitorenverluste und andere – auch nachträglich erfolgte – Änderungen bei deren Ermittlung zu berücksichtigen. Als Währung ist die Landeswährung anzuwenden. In fremder Währung empfangene Entgelte sind unter Anwendung vorgeschriebener Regeln in Schweizer Franken umzurechnen (MWSTV 45). 94

Folgende Elemente bilden nicht Bestandteil des Entgelts und werden ausdrücklich nicht in die Bemessungsgrundlage einbezogen: 95
– Billettsteuern, Handänderungssteuern sowie die auf der Leistung geschuldete Mehrwertsteuer selbst (MWSTG 24 VI a).
– Gesondert als durchlaufende Posten ausgewiesene Erstattungen von Beträgen für Auslagen, welche die Leistungserbringerin im Namen und für Rechnung der Leistungsempfängerin getätigt hat (MWSTG 24 VI b).

---

[69]   Vgl. dazu vorne § 33 N 34.

- Der Anteil des Entgelts, der bei der Veräusserung von Immobilien auf den Wert des Bodens entfällt (MWSTG 24 VI c).[70]
- Unter bestimmten Voraussetzungen: die im Preis für Entsorgungs- und Versorgungsleistungen eingeschlossenen kantonalen Abgaben an Wasser-, Abwasser- oder Abfallfonds (MWSTG 24 VI d).

2. Leistungen an eng verbundene Personen

96 In MWSTG 24 II wird der Grundsatz des Drittvergleichs («dealing at arm's length») für Leistungen an eng verbundene Personen ausdrücklich festgehalten. Demnach gilt in diesen Fällen als Entgelt der Wert, der unter unabhängigen Dritten – d.h. nicht eng verbundenen Personen – vereinbart würde. Als eng verbundene Personen gelten die Inhaber und Inhaberinnen von massgebenden Beteiligungen an einem Unternehmen oder ihnen nahestehende Personen; für die Qualifizierung einer Beteiligung gelangen die Schwellenwerte von DBG 69 zur Anwendung (MWSTG 3 h).

97 In aller Regel beruft sich die EStV auf diese Bestimmung, wenn das tatsächlich empfangene Entgelt tiefer ist als der Drittvergleichswert, was eine Korrektur der Bemessungsgrundlage nach oben zur Folge hat. Es kann aber auch Konstellationen geben, in denen die EStV eine Korrektur des Entgeltes nach unten verlangt, namentlich wenn eine Vorsteuerkorrektur aufgrund eines Umsatzschlüssels vorgenommen wird und die ausgewiesenen Umsätze für steuerbare Leistungen über dem Drittvergleichswert liegen.[71]

98 Angehörige des Personals eines Unternehmens gelten nicht als eng verbundene Personen. Für Leistungen an das Personal gelangen deshalb die üblichen Grundsätze von MWSTG 24 zur Anwendung.[72]

3. Tauschverhältnisse und Leistungen an Zahlungs statt

99 Liegt ein Tauschverhältnis vor, bemisst sich das Entgelt nach dem Marktwert der ausgetauschten Gegenstände oder Dienstleistungen (MWSTG 24 III). Die Anwendung dieser Vorschrift kann in der Praxis zu Schwierigkeiten führen, wenn die je selbständige Bewertung der beiden getauschten Leistungen zu einem unterschiedlichen Ergebnis führt.[73]

---

[70] Mangels Verbrauchsfähigkeit kann der Boden nicht Bestandteil einer Leistung sein (vgl. § 33 N 28).

[71] Die überhöhten Werte erhöhen die Quote der Vorsteuern, die geltend gemacht werden können.

[72] Sofern die Voraussetzungen von MWSTG 24 II erfüllt sind, können selbstverständlich auch Angehörige des Personals gleichzeitig eng verbundene Personen sein – die Zugehörigkeit zum Personal hat für diese Qualifikation aber keine Bedeutung. MWSTG 47 enthält einige Präzisierungen im Zusammenhang mit Naturalleistungen und anderen mit dem Arbeitsverhältnis verbundenen Leistungen an das Personal.

[73] Bei dieser Bewertung handelt es sich um mehr als eine formelle Regelung, denn Tauschgeschäfte sind nur dann mehrwertsteuerlich neutral, wenn beide daran beteiligten Parteien subjektiv

In vergleichbarer Weise gilt bei Leistungen an Zahlungs statt der Betrag, der durch die Leistung ausgeglichen wird, als Entgelt und damit als Bemessungsgrundlage (MWSTG 24 V).[74]

4. Austauschreparaturen

Bei einer Austauschreparatur handelt es sich um die Lieferung eines Gegenstandes gegen die Hingabe eines gleichartigen aber defekten, veralteten oder abgenützten Gegenstandes. Anstelle einer Reparatur wird der defekte Gegenstand durch einen funktionierenden Gegenstand ersetzt, in der Regel unter Einforderung eines Aufpreises. Zu versteuern ist in solchen Fällen lediglich der vom Kunden bezahlte Aufpreis (MWSTG 24 IV).

II. Steuersätze

1. Allgemeines

Das Schweizer Mehrwertsteuerrecht kennt drei Steuersätze: einen *Normalsatz* (MWSTG 25 I), einen *reduzierten Satz* (MWSTG 25 II) sowie einen *Sondersatz für Beherbergungsleistungen* (MWSTG 25 IV).

Seit dem 1.1.2011 gelten die folgenden Sätze[75]:
- Normalsatz: 8%
- reduzierter Satz: 2,5%
- Sondersatz für Beherbergungsleistungen: 3,8%.

2. Normalsatz

Der Normalsatz von 8% ist als *Auffangtatbestand* auf alle steuerbaren und nicht befreiten Leistungen anwendbar, für die das Gesetz nicht ausdrücklich den reduzierten Satz oder den Sondersatz vorsieht (MWSTG 25 I).

---

mehrwertsteuerpflichtig sind und den Vorsteuerabzug vollumfänglich geltend machen können. In allen anderen Fällen beeinflusst die Bewertung der ausgetauschten Leistungen den Umfang der Belastung mit einer «taxe occulte».

[74] Zur Frage, unter welchen Voraussetzungen von einem Tausch, einer Leistung an Zahlungs statt oder einem blossen Rabatt auszugehen ist, vgl. BGer 28.6.2011, 2C 928/2010, kommentiert in CLAUDIO FISCHER/ROGER ROHNER, Tausch, Leistung an Zahlungs statt oder Rabatt bei Eintauschgeschäften, zsis 2011 BestCase Nr. 7, 5 ff.

[75] Die Steuersätze setzen sich aus verschiedenen Komponenten zusammen, die teilweise befristet sind. Vgl. dazu § 33 Fn. 3.

3. Reduzierter Satz

105 Mit der Anwendung des reduzierten Satzes von 2,5% auf eine abschliessende Liste von Leistungen soll insbesondere der Grundbedarf der Bevölkerung teilweise von der Steuer entlastet werden.

106 MWSTG 25 II a Ziff. 1 und 2 nennen zunächst *Leitungswasser und Nahrungsmittel*. Bei den Nahrungsmitteln wird auf die Definition des Bundesgesetzes über Lebensmittel und Gebrauchsgegenstände (Lebensmittelgesetz, LMG) vom 9.10.1992[76] (LMG 3) abgestellt, die zwischen *Nahrungs- und Genussmitteln* unterscheidet. Nahrungsmittel dienen dabei dem Aufbau und Unterhalt des menschlichen Körpers. Nur sie profitieren vom reduzierten Satz. Auf Genussmittel wie Rauchwaren und alkoholischen Getränken ist dagegen der Normalsatz anwendbar.[77]

107 Dasselbe gilt für Nahrungsmittel, die im Rahmen *gastgewerblicher Leistungen* abgegeben werden (MWSTG 25 III): Sofern die gastgewerbliche Dienstleistung im Vordergrund steht, kommt der Normalsatz zur Anwendung. Die Besteuerung erfolgt jeweils nach dem Charakter der *Gesamtleistung*. So handelt es sich bei der Abgabe von Take-Away-Gerichten und von Nahrungsmitteln aus Verpflegungsautomaten um zum reduzierten Satz besteuerte Lieferungen, bei einem Partyservice dagegen um eine gastgewerbliche Dienstleistung, die zum Normalsatz besteuert wird. Die Abgrenzung erfolgt nach Massgabe von MWSTV 54–56.

108 Zur Lieferung von *Vieh, Geflügel und Fisch* im Sinne von MWSTG 25 II a Ziff. 3 gehören auch tiermedizinische Leistungen, die für solche Tiere erbracht werden. Als Vieh gelten dabei Pferde, Esel, Maultiere, Rindvieh, Schafe, Ziegen und Schweine (OR 198).[78]

109 Im Zusammenhang mit Lebensmitteln ist der reduzierte Satz auch auf *Getreide und Pflanzen* einschliesslich von *Samen, Setzknollen und Ähnlichem* anwendbar (MWSTG 25 II a Ziff. 4 und 5), ebenso auf *Futter-, Düngemittel und dergleichen* (MWSTG 25 II a Ziff. 6 und 7) sowie auf alle Leistungen im Bereich der *Landwirtschaft*, die im Zusammenhang mit der Urproduktion stehen (MWSTG 25 II d).[79]

110 Neben Lebensmitteln unterliegen weitere Leistungen des täglichen Bedarfs dem reduzierten Satz. Es sind dies zunächst *Medikamente* aller Art (MWSTG 25 II a Ziff. 8 i.V.m. MWSTV 49), ferner die Lieferung von *Zeitungen, Zeitschriften, Büchern und weiteren Druckerzeugnissen*, sofern diese nicht zu Werbezwecken dienen (MWSTG 25 II a Ziff. 9 i.V.m. MWSTV 50 ff.) sowie die *Dienstleistungen von Fernseh- und Radiogesellschaften* ohne gewerblichen Charakter (MWSTG 25 II b)

---

[76] SR 817.0.
[77] Zu den Unterscheidungen vgl. Bundesgesetz vom 9. Oktober 1992 über Lebensmittel und Gebrauchsgegenstände (Lebensmittelgesetz, LMG) SR 817.0.
[78] EStV MWST-Branchen-Info 01 (Fn. 59), 2.1.
[79] Soweit es sich dabei um von der Steuer ausgenommene Leistungen nach MWSTG 21 II Ziff. 26 handelt, unterliegen sie nur dann der Steuer (zum reduzierten Satz), wenn für ihre Versteuerung optiert wurde.

und andere *kulturelle, künstlerische und sportliche Leistungen* im Sinne von MWSTG 21 II Ziff. 14–16 (MWSTG 25 II c).[80]

4. Sondersatz für Beherbergungsleistungen

Schliesslich gilt, im Sinne einer Massnahme zur Förderung der Hotellerie, für *Beherbergungsleistungen* ein Sondersatz von 3,8% (MWSTG 25 IV). Als Beherbergungsleistungen gelten die Gewährung von Unterkunft und alle damit zusammenhängenden Nebenleistungen wie Zimmerreinigung usw., auch wenn diese (teilweise) separat verrechnet werden. Analoges gilt für die Abgabe eines Frühstücks als Bestandteil der Beherbergungsleistung.

111

D. Rechnungsstellung und Steuerausweis

Da es sich bei der Mehrwertsteuer aus der Perspektive der Abwicklung um eine transaktionsbezogene Steuer handelt, kommt der *Rechnung*, verstanden als «jedes Dokument, mit dem gegenüber einer Drittperson über das Entgelt für eine Leistung abgerechnet wird, gleichgültig, wie dieses Dokument im Geschäftsverkehr bezeichnet wird» (MWSTG 3 k), eine hohe Relevanz zu. Die Rechnung ist das primäre Dokument, mit der eine steuerpflichtige Person – sei sie Erbringerin oder Empfängerin der Leistung – die mehrwertsteuerliche Qualifikation der zugrunde liegenden Leistung beurteilen und nachweisen kann.[81] Aus der Rechnung sollte aus Sicht der Leistungserbringerin hervorgehen, ob und zu welchem Satz die Steuer abgerechnet werden muss. Für die Leistungserbringerin zeigt die Rechnung an, welche Vorsteuer ihr im Zusammenhang mit dem Bezug der Leistung überwälzt wurde.

112

Nach MWSTG 26 ist deshalb die steuerpflichtige Person, die eine Leistung erbringt, verpflichtet, der Empfängerin oder dem Empfänger der Leistung eine Rechnung auszustellen, die eine Reihe von Anforderung hinsichtlich ihres Inhaltes erfüllen muss (MWSTG 26 II a–f). Der gutgläubige Leistungsempfänger darf sich auf die Angaben dieser Rechnung verlassen, insbesondere mit Bezug auf die überwälzte Steuer als quantitative Grundlage für seinen Vorsteuerabzug (MWSTV 59 II e contrario).

113

Der Leistungserbringer hat vor allem auf den korrekten Ausweis der Steuer zu achten, denn enthält die von ihm ausgestellte Rechnung einen *unrichtigen Steuerausweis* in Form einer zu hoch ausgewiesenen Steuer oder gar einen *unberechtigten Steuerausweis*, obwohl keine subjektive Steuerpflicht besteht, ist die

114

---

[80] Wie bei den von der Steuer ausgenommenen Leistungen der Urproduktion unterliegen die letztgenannten Leistungen nur dann der Steuer (zum reduzierten Satz), wenn für ihre Versteuerung optiert wurde.

[81] Dies gilt auch gemäss dem seit Inkrafttreten des MWSTG per 1.1.2010 geltenden Grundsatz der freien Beweiswürdigung (MWSTG 81 III, vgl. hinten N 122) weiterhin.

auf der Rechnung ausgewiesene Steuer ungeachtet des tatsächlichen Sachverhaltes geschuldet (MWSTG 27 II).[82] Der blosse Steuerausweis auf einer Rechnung kann mithin eine objektive oder sogar subjektive Steuerpflicht auslösen.[83]

E. Vorsteuerabzug

I. Grundkonzept und Voraussetzungen

1. Allgemeines

115 Im Rahmen einer allgemeinen Verbrauchssteuer, die als Netto-Allphasensteuer ausgestaltet ist, stellt der Vorsteuerabzug den zentralen Mechanismus dar, mit dem die Neutralität auf Stufe der Unternehmen bzw. der steuerpflichtigen Personen sichergestellt werden kann. Im Bereich des Unternehmens sollte der vollständige Vorsteuerabzug deshalb die Grundregel sein, von der nur aufgrund von ausdrücklichen gesetzlichen Bestimmungen abzuweichen ist. Dem seit 1.1.2010 geltenden Schweizer MWSTG liegt ein solches Konzept zugrunde.[84]

116 Der Vorsteuerabzug ist gemäss diesem Konzept grundsätzlich immer zulässig, wenn die folgenden *Voraussetzungen* kumulativ erfüllt sind (MWSTG 28 I):

– *Subjektive Steuerpflicht:* Der Vorsteuerabzug kann nur von steuerpflichtigen Personen im Sinne von MWSTG 10 I oder MWSTG 11 vorgenommen werden.[85]

– *Vorsteuerbelastung:* Bei der steuerpflichtigen Person liegt eine Vorsteuerbelastung mit Inlandsteuer, Bezugsteuer oder Einfuhrsteuer vor.

– *Zuordnung zur unternehmerischen Tätigkeit:* Die Vorsteuerbelastung steht im Zusammenhang mit der unternehmerischen Tätigkeit der steuerpflichtigen Person.

117 Sind diese Kriterien erfüllt, ist der Ort der Leistung nicht relevant. Das Recht zum Vorsteuerabzug ist auch dann gegeben, wenn die Vorsteuern im Zusammenhang mit im Ausland erbrachten Leistungen stehen.[86]

118 Für steuerpflichtige Personen, die mit Vorsteuern belastet sind, enthält das MWSTG nur drei *Rechtsgründe für eine Beschränkung des Vorsteuerabzugs*:

---

[82] Durch eine nachträgliche Anpassung der Rechnung kann dies unter bestimmten Voraussetzungen korrigiert werden (MWSTG 27 II a und b i.V.m. MWSTG 27 IV).
[83] Vgl. dazu die Ausführungen in BAUMGARTNER/CLAVADETSCHER/KOCHER, Vom alten zum neuen Mehrwertsteuergesetz, § 5.
[84] Botschaft MWST-Reform, 6974 f.
[85] Hingegen kann der Vorsteuerabzug nicht geltend gemacht werden, wenn die subjektive Steuerpflicht im Sinne von MWSTG 45 II b auf die Bezugsteuer beschränkt ist.
[86] Dies gilt sogar dann, wenn es sich bei den im Ausland erbrachten Leistungen um von der Steuer ausgenommene Leistungen handelt, für deren Versteuerung nach MWSTG 22 optiert werden könnte, wenn sie im Inland erbracht würden (MWSTV 60).

- Die mit Vorsteuern belasteten Leistungen (Aufwendungen und Investitionen) stehen nicht im Zusammenhang mit der unternehmerischen Tätigkeit der steuerpflichtigen Person (MWSTG 28 I e contrario).
- Die mit Vorsteuern belasteten Leistungen werden verwendet für die Erbringung von Leistungen, die gemäss MWSTG 21 II von der Steuer ausgenommen sind, und für deren Versteuerung nicht optiert wurde (MWSTG 29 I). In diesem Fall ist eine Vorsteuer*korrektur* erforderlich.
- Die steuerpflichtige Person finanziert sich ganz oder teilweise aus Subventionen und anderen öffentlich-rechtlich geprägten Beiträgen im Sinne von MWSTG 18 II a–c. In diesem Fall ist eine verhältnismässige Vorsteuer*kürzung* vorzunehmen (MWSTG 33 II).

Alle übrigen Vorsteuern können im Rahmen des Vorsteuerabzugs geltend gemacht werden. Dies gilt auch bei Erhalt von Nicht-Entgelten im Sinne von MWSTG 18 II d–l, die im Rahmen der unternehmerischen Tätigkeit das Recht auf Vorsteuerabzug nicht beeinträchtigen (MWSTG 33 I). 119

Bei der *Gruppenbesteuerung* ist zu beachten, dass die Zuordnung der Vorsteuern beim einzelnen Mitglied der Mehrwertsteuergruppe nach Massgabe der aus Sicht der ganzen Gruppe nach aussen gerichteten Tätigkeit vorzunehmen ist. Der Vorsteuerabzug wird also determiniert durch die Voraussetzungen bei jenem Mitglied der Mehrwertsteuergruppe, bei dem die vorsteuerbelasteten Aufwendungen oder Investitionen im Zusammenhang mit Tätigkeiten (in der Regel Leistungserbringung) gegenüber Nicht-Mitgliedern verwendet werden.[87] Dies ergibt sich folgerichtig aus der Behandlung der Mehrwertsteuergruppe als ein einziges Steuersubjekt (MWSTG 13 I). 120

2. Vorsteuerbelastung

a) *Effektiver Vorsteuerabzug*

Der effektive Vorsteuerabzug setzt voraus, dass die steuerpflichtige Person, die den Vorsteuerabzug geltend machen will, aufgrund der offenen Überwälzung einer Vorsteuer, der Bezahlung der Einfuhrsteuer oder der Abrechnung über die Bezugsteuer *wirtschaftlich belastet* ist, und sie nachweisen kann, dass sie diese Vorsteuer tatsächlich bezahlt hat (MWSTG 28 IV)[88]. 121

Aufgrund des Prinzips der freien Beweiswürdigung (MWSTG 81 III) bestehen keine zwingenden Formvorschriften hinsichtlich des Nachweises der Vorsteuerbelastung, aber in praktischer Hinsicht stellt eine aussagekräftige Rechnung (MWSTG 26) – in Verbindung mit der Finanzbuchhaltung und bei Bedarf mit Unterlagen zum Zahlungsverkehr – das zuverlässigste und sicherste Beweismit- 122

---

[87] EStV MWST-Info 03 (Fn. 16), 8.8.3.
[88] MWSTG 28 IV regelt allerdings den Zeitpunkt des Vorsteuerabzugs nicht, sondern die Bestimmung enthält lediglich eine qualitative Voraussetzung für den Vorsteuerabzug (vgl. auch BAUMGARTNER/CLAVADETSCHER/KOCHER, Vom alten zum neuen Mehrwertsteuergesetz, § 7 N 15).

tel dar.⁸⁹ Handelt es sich bei der Vorsteuer um die Einfuhrsteuer, ist ein Beleg über die Bezahlung dieser Steuer erforderlich, bei der Bezugsteuer ergibt sich der Nachweis des Vorsteuerabzugs aus der Deklaration der Bezugsteuer durch die steuerpflichtige Person selbst.

b) Fiktiver Vorsteuerabzug bei impliziter Überwälzung

123 In zwei Spezialfällen ist der Vorsteuerabzug auch dann vorgesehen, wenn keine offene Überwälzung der Steuer erfolgt, weil die bezogenen Leistungen entweder von der Steuer ausgenommen sind oder der Leistungserbringer nicht subjektiv steuerpflichtig ist. In beiden Fällen wird die im Entgelt für diese Leistungsbezüge enthaltene «taxe occulte» mittels eines fiktiven Vorsteuerabzugs gemildert.

124 Der erste Tatbestand des fiktiven Vorsteuerabzugs (MWSTG 28 II) bezieht sich auf den Bezug von Leistungen von Landwirten und anderen Urproduzenten, die gemäss MWSTG 21 II Ziff. 26 von der Steuer ausgenommen sind, und für deren Versteuerung nicht optiert wurde. In diesem Fall gelten 2,5% des Rechnungsbetrages als eine Vorsteuer, die vom Leistungsempfänger im Rahmen des Vorsteuerabzuges geltend gemacht werden kann, sofern die übrigen Voraussetzungen zum Abzug erfüllt sind.⁹⁰

125 Der zweite Fall des fiktiven Vorsteuerabzugs ist der in MWSTG 28 III vorgesehene Abzug bei der *Veräusserung gebrauchter individualisierbarer beweglicher Gegenstände* an einen Abnehmer *im Inland*. Sind die in MWSTV 62 ff. geregelten Bedingungen erfüllt, kann die steuerpflichtige Person, die einen solchen Gegenstand an einen Abnehmer im Inland veräussert, auf der Grundlage des Einkaufspreises beim Bezug des Gegenstandes einen fiktiven Vorsteuerabzug im Umfang der aus dem Einkaufspreis «herausgerechneten» Steuer⁹¹ geltend machen, sofern beim Bezug des Gegenstandes kein effektiver Vorsteuerabzug geltend gemacht wurde. Die beiden hauptsächlichen Anwendungsbereiche dieser Bestimmung sind der Handel mit Gebrauchtwagen und der Antiquitätenhandel. Bei beiden erwerben die Händler ihre Handelsgegenstände regelmässig von Privatpersonen.⁹²

---

⁸⁹ Vgl. vorne N 112.
⁹⁰ Gemäss dem Wortlaut von MWSTG 28 II bezieht sich diese Bestimmung nur auf Leistungen, die von nicht subjektiv steuerpflichtigen Landwirten usw. bezogen wurden. Aus der Systematik des MWSTG lässt sich jedoch ableiten, dass auch die objektive Steuerausnahme (für die bezogenen Leistungen) zum fiktiven Vorsteuerabzug berechtigt (vgl. die überzeugende Argumentation in BAUMGARTNER/CLAVADETSCHER/KOCHER, Vom alten zum neuen Mehrwertsteuergesetz, § 7 N 25 f.).
⁹¹ Dabei muss mit dem anwendbaren Steuersatz im Zeitpunkt des Bezuges des Gegenstandes gerechnet werden.
⁹² Vgl. BAUMGARTNER, ASA 79, 55 ff. Edelmetalle und Edelsteine gelten nicht als Gebrauchtgegenstände für Zwecke des fiktiven Vorsteuerabzugs (MWSTV 62 II).

3. Zuordnung zur unternehmerischen Tätigkeit

Die Zuordnung der Vorsteuern – bzw. der mit Vorsteuern belasteten Bezüge von Leistungen (Aufwendungen und Investitionen) – zur unternehmerischen Tätigkeit der steuerpflichtigen Person ist die wichtigste qualitative Voraussetzung für den Vorsteuerabzug.[93] Ist diese Zuordnung gegeben, können die Vorsteuern vollumfänglich geltend gemacht werden, sofern der Abzug nicht Kraft einer ausdrücklichen gesetzlichen Bestimmung verneint oder eingeschränkt wird. Wie bereits dargelegt wurde, enthält das MWSTG im Rahmen der unternehmerischen Tätigkeit nur zwei Tatbestände dieser Art, nämlich die Verknüpfung der mit den betreffenden Vorsteuern belasteten Leistungsbezüge mit einer von der Steuer ausgenommenen Leistungserbringung (MWSTG 29 I) und die Finanzierung durch Subventionen usw. (MWSTG 33 II).

Es ist denkbar, dass eine steuerpflichtige Person als Unternehmensträgerin auch ausserhalb des von ihr betriebenen Unternehmens tätig ist.[94] Liegt ein nicht unternehmerischer Bereich vor, findet für jene Vorsteuern, die diesem Bereich zuzuordnen sind, der Vorsteuerabzug à priori keine Anwendung.

II. Ausschluss des Vorsteuerabzugs bei ausgenommenen Leistungen

1. Grundregel

Eine der zwei Rechtsgrundlagen für Einschränkungen des Vorsteuerabzugs im Rahmen der unternehmerischen Tätigkeit findet sich in MWSTG 29 I. Diese Bestimmung hält fest, dass kein Anspruch auf Vorsteuerabzug besteht im Zusammenhang mit bezogenen Leistungen und Einfuhren von Gegenständen, die verwendet werden für die Erbringung von Leistungen, die von der Steuer ausgenommen sind und für deren Versteuerung nicht optiert wurde. Anders als der generelle Grundsatz von MWSTG 28 I, der für den Vorsteuerabzug keine Zuordnung zu einer steuerbaren Ausgangsleistung vorschreibt[95], bedingt der *Ausschluss des Vorsteuerabzugs* im Sinne von MWSTG 29 I eine direkte *Verknüpfung* der in diesem Fall nicht abzugsfähigen Vorsteuern mit bestimmten (von der Steuer ausgenommenen) Leistungen. Der Vorsteuerabzug ist nur dann ausgeschlossen, wenn die mit Vorsteuern belasteten Leistungen bzw. Einfuhren für die Erbringung solcher Leistungen tatsächlich verwendet werden – die blosse Zweckbestimmung eines vorsteuerbelasteten Leistungsbezuges für die Erbringung einer von der Steuer ausgenommenen Leistung begründet bei enger Auslegung des Gesetzeswortlautes noch keinen Ausschluss des Vorsteuerabzugs.[96]

---

[93] Für Ausführungen zum Unternehmen vgl. vorne N 2.
[94] Vgl. vorne N 3.
[95] BAUMGARTNER/CLAVADETSCHER/KOCHER, Vom alten zum neuen Mehrwertsteuergesetz, § 7 N 44.
[96] In diesem Sinne auch BAUMGARTNER/CLAVADETSCHER/KOCHER, Vom alten zum neuen Mehrwertsteuergesetz, § 7 N 58 f. In diesem Zusammenhang stellt sich zum Beispiel bei Leerständen im Immo-

2. Sonderbestimmungen für Holdingaktivitäten

129 Für Gesellschaften mit Holdingaktivitäten ist aufgrund von MWSTV 9 (für das Erwerben, Halten und Veräussern von Beteiligungen) sowie aufgrund der generellen Auslegung von MWSTG 10 I (bezüglich Konzernfinanzierung, Managementdienstleistungen oder konzerninterner Lizenzverwaltung) die unternehmerische Tätigkeit grundsätzlich gegeben. Da die Dividendenerträge ausdrücklich nicht zu einer Kürzung des Vorsteuerabzugs führen (MWSTG 18 II f i.V.m. MWSTG 33 I), kann eine reine oder gemischte Holdinggesellschaft folglich sämtliche Vorsteuern im Rahmen des Vorsteuerabzugs geltend machen, die nicht im Zusammenhang mit von der Mehrwertsteuer ausgenommenen Tätigkeiten stehen (MWSTG 29 I e contrario). Die Sonderbestimmungen in MWSTG 29 II und III halten zudem fest, dass – obwohl es sich mindestens bei der Veräusserung von Beteiligungen an sich um eine von der Steuer ausgenommene Leistung handelt – der Erwerb, das Halten und das Veräussern von qualifizierten Beteiligungen nicht in einer Einschränkung des Rechtes auf Vorsteuerabzug resultieren.[97]

130 Als weitere Sonderbestimmung umschreibt MWSTG 29 IV für Holdinggesellschaften mit kantonalem Privileg ein Wahlrecht (für die steuerpflichtige Person), sich für die Ermittlung des Vorsteuerabzugs auf die unternehmerische Tätigkeit des gesamten Konzerns abzustützen.

131 Diese Regelungen unterscheiden sich deutlich von denjenigen der EU, und sie bieten eine attraktive Ausgangslage für Gesellschaften, die Holdingaktivitäten ausüben.[98]

III. Gemischte Verwendung

132 Die generellen Zuordnungsregeln der Vorsteuern zu den für die Ermittlung des Vorsteuerabzugs massgeblichen Kategorien (unternehmerisch versus nicht unternehmerisch; steuerbar versus von der Steuer ausgenommen) beruhen auf der Vorstellung, dass die Vorsteuern, bzw. die mit diesen belasteten Leistungsbezüge und Einfuhren, eindeutig einer einzigen Kategorie zugeordnet werden können. In der Praxis der Unternehmen gibt es aber regelmässig Konstellationen, in de-

---

bilienbereich die Frage, ob sich aus einer vorangegangenen oder (möglicherweise) zukünftigen Vermietung eines unvermieteten Mietobjektes ohne Option (von der Steuer ausgenommene Leistung) auch während der Dauer des Leerstandes eine genügend starke Verknüpfung zu einer von der Steuer ausgenommenen Leistung ableiten lässt, oder ob der Vorsteuerabzug während dieser Zeit zulässig sein sollte.

[97] Beteiligungen im Sinne dieser Sonderregelung sind «Anteile am Kapital anderer Unternehmen, die mit der Absicht dauernder Anlage gehalten werden und einen massgeblichen Einfluss vermitteln. Anteile von mindestens 10 Prozent am Kapital gelten als Beteiligung.» (MWSTG 29 III). Die Frage, ob es sich bei der Mindestquote von 10% um eine zwingende Voraussetzung handelt, oder ob sie lediglich eine «Safe haven»-Regel darstellt, ist umstritten (vgl. ROBINSON, ST 2011, 91 ff.).

[98] ROBINSON, ST 2011, 91; zu den Regelungen in der EU vgl. JAN OLE LUUK, Vorsteuerabzug beim Erwerb, Halten und Veräussern von Beteiligungen, ASA 79 (2010/2011), 31 ff.

nen diese Leistungsbezüge und Einfuhren einer *gemischten Verwendung* unterliegen. Sei es, dass sie teilweise innerhalb und teilweise ausserhalb des unternehmerischen Rahmens stehen, sei es, dass sie innerhalb der unternehmerischen Tätigkeit teilweise für von der Steuer ausgenommene Leistungen verwendet werden.

Gemäss MWSTG 30 ist der Vorsteuerabzug auch bei einer gemischten Verwendung zulässig, er muss aber nach dem Verhältnis der Verwendung in nicht zum Vorsteuerabzug berechtigenden Bereichen (nicht unternehmerische Tätigkeiten) oder für von der Steuer ausgenommene Leistungen herabgesetzt werden. Eine bestimmte Korrekturmethode ist nicht vorgeschrieben, sofern die Aufteilung nach sachgerechten Kriterien erfolgt (MWSTV 68). 133

Eine nicht abschliessende Auswahl an pauschalen und individuellen Berechnungsmethoden ist in MWSTV 65 ff. vorgesehen. Gemäss Praxis der EStV sind verschiedene Methoden zur Berechnung der *Vorsteuerkorrektur* denkbar. Die steuerpflichtige Person hat das Recht, die für ihre Verhältnisse am besten geeignete Berechnungsmethode zu wählen. Sie kann auch verschiedene Methoden gleichzeitig anwenden, sofern dies zu einem *sachgerechten* Ergebnis führt. Die Berechnung gilt insbesondere dann als sachgerecht, wenn sie nach betriebswirtschaftlichen Gesichtspunkten erfolgt und eine gewisse Systematik und Konstanz aufweist (MWSTV 68). 134

Eine Erleichterung der Abrechnung ist schliesslich in MWSTG 31 II vorgesehen: Wird eine vorsteuerbelastete Vorleistung zu einem *überwiegenden Teil* im Rahmen des Unternehmens für Tätigkeiten verwendet, die zum Vorsteuerabzug berechtigen, dürfen die Vorsteuern zunächst vollumfänglich abgezogen werden. Die Vorsteuerkorrektur erfolgt unter diesen Voraussetzungen rückwirkend erst am Ende der Steuerperiode. 135

IV. Nachträgliche Korrektur des Vorsteuerabzugs

1. Änderung der mehrwertsteuerlich relevanten Nutzung

Die Zuordnung und Verwendung von Gegenständen und Dienstleistungen, die beim Bezug nicht sofort verbraucht werden, kann sich im Verlauf ihrer Lebensdauer verändern. Falls sich solche Veränderungen auf Faktoren beziehen, die bei der Ermittlung des Vorsteuerabzugs relevant sind, liegt im mehrwertsteuerlichen Sinne eine Nutzungsänderung vor. 136

Typische Konstellationen solcher Nutzungsänderungen bei steuerpflichtigen Personen sind: 137
– Die Entnahme von Gegenständen und Dienstleistungen aus dem Bereich der zum Vorsteuerabzug berechtigenden unternehmerischen Tätigkeit des Unternehmensträgers.

- Die Einbringung von Gegenständen und Dienstleistungen von einem nichtunternehmerischen Bereich in den Bereich der zum Vorsteuerabzug berechtigenden unternehmerischen Tätigkeit des Unternehmensträgers.

- Die Verwendung von bisher im Rahmen der zum Vorsteuerabzug berechtigenden unternehmerischen Tätigkeit genutzten Gegenständen und Dienstleistungen für die Erbringung von von der Steuer ausgenommenen Leistungen.

- Die Nutzung von bisher für die Erbringung von von der Steuer ausgenommenen Leistungen verwendeten Gegenständen und Dienstleistungen im Rahmen der zum Vorsteuerabzug berechtigenden unternehmerischen Tätigkeit.

138 In diesen Fällen entfällt oder entsteht das Recht auf Vorsteuerabzug nachträglich, im Zeitpunkt der Nutzungsänderung, was jeweils eine *Vorsteuerkorrektur* zur Folge hat. Entfällt das Recht auf Geltendmachung des Vorsteuerabzugs nachträglich, geschieht diese Korrektur nach den Regeln über den sog. *Eigenverbrauch* (MWSTG 31). Entsteht das Recht auf Vorsteuerabzug nachträglich, kann der Abzug gemäss den Bestimmungen über die *Einlageentsteuerung* (MWSTG 32) nachgeholt werden.

139 Die beiden Tatbestände des Eigenverbrauchs und der Einlageentsteuerung sind weitgehend symmetrisch ausgestaltet, wobei die Vorsteuerkorrektur ausgelöst wird, wenn ursprünglich eine *vorsteuerbelastete Vorleistung* in Anspruch genommen wurde, sich die *Voraussetzungen für die Vorsteuerabzugsberechtigung* zu einem späteren Zeitpunkt *ändern* und die in Anspruch genommene Vorleistung zum Zeitpunkt dieser Veränderung der Verhältnisse noch *nicht (vollständig) verbraucht* ist. Bei Dienstleistungen wird in der Regel vermutet, dass sie im Zeitpunkt des Bezuges sofort verbraucht werden (MWSTV 69 II Satz 2). Die Tatbestandsvoraussetzungen für eine Vorsteuerkorrektur sind bei Dienstleistungen deshalb nur dann erfüllt, wenn sie noch einen Zeitwert aufgrund mehrjähriger Nutzungsdauer aufweisen, wie dies beispielsweise bei Lizenz- oder Patentrechten und bei Goodwill der Fall ist.

2. Eigenverbrauch

a) Anwendungsfälle

140 Sog. «Eigenverbrauch»[99] liegt vor, wenn Gegenstände oder Dienstleistungen, für die ursprünglich ein Vorsteuerabzug vorgenommen wurde, die also entsteuert sind, in einem späteren Zeitpunkt einer Nutzungsänderung unterliegen, aufgrund welcher das Recht auf Vorsteuerabzug ganz oder teilweise entfällt (MWSTG 31 I).

---

[99] Der Begriff «Eigenverbrauch» wurde aus dem Recht der Warenumsatzsteuer in das Mehrwertsteuerrecht übernommen und kann zu Missverständnissen führen. Denn beim Tatbestand des «Eigenverbrauchs» ist nicht entscheidend, ob bezogene Gegenstände oder Dienstleistungen durch die steuerpflichtige Person selbst verbraucht werden, oder für den Verbrauch durch deren Abnehmer an Letztere veräussert werden.

Im Sinne dieser Bestimmung gelten Gegenstände und Dienstleistungen als ganz   141
oder teilweise *entsteuert,* wenn entweder beim Bezug oder bei deren Einlage in
das Unternehmen der Vorsteuerabzug geltend gemacht wurde, wenn sie im Rahmen des Meldeverfahrens (MWSTG 38)[100] bezogen wurden, oder wenn im Zusammenhang mit diesen Gegenständen bei einer früheren Nutzungsänderung
eine Einlageentsteuerung vorgenommen wurde.

Ein erster Anwendungsfall für den Eigenverbrauch ist die *Entnahme von Gegen-*   142
ständen und Dienstleistungen aus dem Bereich der zum Vorsteuerabzug berechtigenden unternehmerischen Tätigkeit, beispielsweise zur Verwendung für private Zwecke des Unternehmensträgers (MWSTG 31 II a). Eine vergleichbare
Konstellation entsteht auch dann, wenn kein Unternehmen mehr betrieben oder
nach Unterschreiten einer Umsatzgrenze (MWSTG 10 II a oder c, MWSTG 12 III)
eine Befreiung von der subjektiven Steuerpflicht beansprucht wird, denn dadurch entfällt mangels subjektiver Steuerpflicht die Berechtigung zum Vorsteuerabzug (MWSTG 31 II d).

Des Weiteren ist die Verwendung von bisher im Rahmen der zum Vorsteuerabzug berechtigenden unternehmerischen Tätigkeit genutzten Gegenständen und   143
Dienstleistungen für die Erbringung von von der Steuer ausgenommenen Leistungen (MWSTG 31 II b) ein Anwendungsfall des Eigenverbrauchs.

Schliesslich wird auch die unentgeltliche Abgabe von Leistungen an Dritte, «ohne   144
dass ein unternehmerischer Grund besteht», als Anwendungsfall für den Eigenverbrauch qualifiziert, sofern der Wert der Leistung CHF 500 übersteigt. Bei Warenmustern, Werbegeschenken und Ähnlichem wird gemäss Gesetzeswortlaut
eine unternehmerische Motivation in der Regel unterstellt, sodass kein Eigenverbrauch vorliegt (MWSTG 31 II c).

b) Berechnungsgrundlage

Liegt ein Anwendungsfall des Eigenverbrauchs vor, ist in dem Zeitpunkt, in dem   145
die Voraussetzungen für den Vorsteuerabzug entfallen, der bisher tatsächlich
vorgenommene Vorsteuerabzug – also die oben umschriebene Entsteuerung – zu
korrigieren. Ist die Nutzungsänderung nur partiell, gelten für die Berechnung
des Ausmasses der Vorsteuerkorrektur die gleichen Grundsätze wie bei der gemischten Verwendung. Hinsichtlich der Berechnungsgrundlage muss differenziert werden. Zunächst ist zu unterscheiden, ob es sich um eine dauerhafte oder
bloss um eine vorübergehende Nutzungsänderung von Gegenständen und
Dienstleistungen handelt. Handelt es sich um eine dauerhafte Nutzungsänderung ist ferner massgebend, ob die Gegenstände oder Dienstleistungen bereits in
Gebrauch genommen wurden oder nicht (MWSTG 31 III und IV i.V.m. MWSTV
69 ff.).

---

[100] Die Übernahme im Meldeverfahren entspricht im Ergebnis einem vorsteuerbelasteten Bezug mit anschliessendem vollständigem Vorsteuerabzug (vgl. hinten N 162).

146 Bei der *dauerhaften Nutzungsänderung* von noch nicht in Gebrauch genommenen Gegenständen oder Dienstleistungen dient der gesamte ursprünglich geltend gemachte Vorsteuerbetrag als Berechnungsgrundlage für die Vorsteuerkorrektur. Wurde der Gegenstand bzw. die Dienstleistung hingegen schon vor dem Zeitpunkt der Nutzungsänderung in Gebrauch genommen, ist der ursprünglich vorgenommene Vorsteuerabzug nur im Umfang des Zeitwertes zu korrigieren. Der Ermittlung des *Zeitwertes* werden standardisierte Abschreibungsdauern zugrunde gelegt. Für bewegliche Gegenstände und für Dienstleistungen beträgt die Abschreibungsdauer fünf Jahre, für unbewegliche Gegenstände 20 Jahre. Die Abschreibung des Vorsteuerbetrages erfolgt linear, massgebend sind die abgelaufenen Jahre (MWSTG 31 III).

147 Ist die *Nutzungsänderung* eines Gegenstandes oder einer Dienstleistung *nur vorübergehend*,[101] erfolgt die Vorsteuerkorrektur im Umfang der Steuer, die auf einer – zu Drittvergleichspreisen vereinbarten – Miete für die Dauer der vorübergehenden Nutzung anfallen würde (MWSTG 31 IV).

3. Einlageentsteuerung

148 Das Gegenstück zur Vorsteuerkorrektur beim Eigenverbrauch ist – mit umgekehrten Vorzeichen – die Vorsteuerkorrektur im Rahmen der Einlageentsteuerung: Diese kann dann vorgenommen werden, wenn Gegenstände oder Dienstleistungen, für die ursprünglich kein Vorsteuerabzug vorgenommen wurde oder für die im Rahmen des Eigenverbrauchs eine Vorsteuerkorrektur erfolgte, die also noch mit einer Steuer belastet sind, in einem späteren Zeitpunkt einer Nutzungsänderung unterliegen, aufgrund welcher das Recht auf Vorsteuerabzug ganz oder teilweise entsteht (MWSTG 32 I).

149 Ein erster Anwendungsfall für die Einlageentsteuerung ist die *Einbringung von Gegenständen und Dienstleistungen* von einem nicht unternehmerischen Bereich in den Bereich der zum Vorsteuerabzug berechtigenden unternehmerischen Tätigkeit des Unternehmensträgers. Eine vergleichbare Konstellation entsteht auch bei Aufnahme der unternehmerischen Tätigkeit oder wenn wegen Erreichens einer Umsatzgrenze die Befreiung von der subjektiven Steuerpflicht endet, denn mit Beginn der subjektiven Steuerpflicht setzt das Recht auf Vorsteuerabzug im Rahmen der unternehmerischen Tätigkeit ein.[102]

150 Der zweite Anwendungsfall ist die Nutzung von bisher für die Erbringung von von der Steuer ausgenommenen Leistungen verwendeten Gegenständen und Dienstleistungen im Rahmen der zum Vorsteuerabzug berechtigenden unternehmerischen Tätigkeit.

---

[101] Maximal sechs Monate für bewegliche Gegenstände und Dienstleistungen, zwölf Monate für unbewegliche Gegenstände (MWST-Info 10 der EStV betreffend die Nutzungsänderungen [605.525.10], 4.1).

[102] Vorbehalten bleiben jene Bereiche der unternehmerischen Tätigkeit, in denen von der Steuer ausgenommene Leistungen erbracht werden.

Bei der Einlageentsteuerung folgt die *Berechnung* der Vorsteuerkorrektur den 151
gleichen Regeln wie der Eigenverbrauch (MWSTG 32 II und III i.V.m. MWSTV
72 ff.).[103]

V. Kürzung des Vorsteuerabzugs

Sofern sie einer steuerpflichtigen Person im Rahmen ihrer unternehmerischen 152
Tätigkeit zufliessen, beeinflussen *Nicht-Entgelte* (MWSTG 18 II) den Umfang des
Vorsteuerabzugs grundsätzlich nicht (Auffangregel von MWSTG 33 I). Als einzige Ausnahme von diesem Grundsatz sieht MWSTG 33 II vor, dass die steuerpflichtige Person ihren zunächst nach den üblichen Kriterien ermittelten Vorsteuerabzug verhältnismässig kürzen muss, wenn ihr Nicht-Entgelte in Gestalt
von Subventionen und anderen öffentlich-rechtlich geprägten Beiträgen im
Sinne von MWSTG 18 II a–c zufliessen.[104] Eine solche Kürzung des Vorsteuerabzugs kann definitionsgemäss nur dann erfolgen, wenn sich aus der Anwendung
von MWSTG 28 und 29 ein Vorsteuerabzug ergibt – ansonsten gäbe es nichts zu
kürzen. Dies ist auf der Ebene jenes (unternehmerischen) Tätigkeitsbereiches
der steuerpflichtigen Person zu prüfen, die mit den Subventionen usw. finanziert
werden (MWSTV 75 I und II). Ist eine solche Zuordnung nicht möglich, wie insbesondere bei der Deckung von Betriebsverlusten durch diese Mittel, ist für die
Kürzung ein Umsatzschlüssel anzuwenden, d.h., die Vorsteuerabzugskürzung
erfolgt im Verhältnis des «schädlichen» Mittelzuflusses zum Gesamtumsatz der
entsprechenden Steuerperiode (MWSTV 75 III).

Bei der Berechnung der Kürzung des Vorsteuerabzugs ist also im Unterschied zur 153
Korrektur des Vorsteuerabzugs im Falle einer gemischten Verwendung nicht die
Verwendung, sondern die Finanzierung massgebend. Auch hier schweigt das Gesetz aber in Bezug auf die genaue Berechnungsmethode, weshalb mehrere Methoden zur Ermittlung der Kürzung denkbar sind, sofern das Ergebnis sachgerecht ist.[105]

F. Steuerforderung

I. Begriff

Im Rahmen des MWSTG ist die Steuerforderung, also der Betrag, der für eine 154
bestimmte Steuerperiode geschuldet ist, definiert als Differenz (Saldo) zwi-

---

[103] Vgl. vorne N 145 ff.
[104] GLAUSER, RES 2007, 95 ff.
[105] Eine bestimmte Berechnungsmethode ist im Einzelnen nicht vorgeschrieben; die angewendete Methode muss jedoch transparent und sachgerecht sein (BAUMGARTNER/CLAVADETSCHER/KOCHER, Vom alten zum neuen Mehrwertsteuergesetz, § 7 N 130).

schen dem Total aller zu entrichtenden Ausgangssteuern (Inlandsteuer auf der Erbringung steuerbarer Leistungen, Bezugsteuer beim Bezug von Leistungen, Einfuhrsteuer bei Anwendung des Verlagerungsverfahrens für Importe[106]) und der Summe sämtlicher Vorsteuerguthaben (Vorsteuerabzug auf laufenden Aufwendungen und Investitionen, zuzüglich oder abzüglich nachträglicher Korrekturen im Sinne von Einlageentsteuerung und Eigenverbrauch). Sind die Ausgangssteuern höher als die Vorsteuerguthaben, entsteht eine Steuerforderung zugunsten des Fiskus, die von der steuerpflichtigen Person zu begleichen ist. Übersteigt der Vorsteueranspruch die zu entrichtenden Steuern, entsteht ein Vorsteuerüberschuss. Dieser Überschuss stellt eine Forderung der steuerpflichtigen Person gegenüber dem Fiskus dar und wird von diesem grundsätzlich vergütet; er kann von der steuerpflichtigen Person auch zivilrechtlich abgetreten und verpfändet werden (MWSTG 44).

II. Ermittlung der Steuerforderung

1. Zeitliche Bemessung der Steuerforderung

155 Das MWSTG unterscheidet die Steuerperiode (MWSTG 34) von der Abrechnungsperiode (MWSTG 35). Die Steuer wird pro *Steuerperiode* erhoben, die dem Kalenderjahr entspricht.[107] Demgegenüber bestimmt die *Abrechnungsperiode* die Fälligkeit der Steuerforderung. Die Abrechnung der Mehrwertsteuer erfolgt grundsätzlich quartalsweise (MWSTG 35 I a), bei Abrechnung nach Saldosteuersätzen halbjährlich (MWSTG 35 I b) und – im Sinne eines Wahlrechtes für die steuerpflichtige Person – bei regelmässigen Vorsteuerüberschüssen monatlich (MWSTG 35 I c).

2. Umfang der Steuerforderung

a) *Effektive Abrechnungsmethode*

156 Als Grundsatz wird nach der effektiven Abrechnungsmethode über die Steuer abgerechnet (MWSTG 36 I). Bei dieser Methode wird die Steuerforderung *unter tatsächlicher und differenzierter Berücksichtigung aller massgebenden Grössen berechnet*. Die Steuerforderung ergibt sich somit aus der *effektiven Differenz* zwischen dem Total der geschuldeten Inlandsteuer, der Bezugsteuer und der im Verlagerungsverfahren deklarierten Einfuhrsteuer einerseits und dem Vorsteuerguthaben für die entsprechende Abrechnungsperiode andererseits (MWSTG 36 II).

---

[106] Vgl. § 37 N 58.
[107] MWSTG 34 III, welcher der steuerpflichtigen Person das Wahlrecht gewährt, das – vom Kalenderjahr abweichende – Geschäftsjahr als Steuerperiode heranzuziehen, ist vom Bundesrat im Sinne von MWSTG 116 II noch nicht in Kraft gesetzt worden (Stand 1.1.2012).

b) Pauschale Abrechnungsmethoden (Saldo- und Pauschalsteuersätze)

Steuerpflichtige Personen, die kleinere Unternehmen betreiben, können im Sinne eines Wahlrechtes nach der sog. *Saldosteuersatzmethode* abrechnen (MWSTG 37 I–IV). Bei dieser Methode wird die Steuerforderung nicht effektiv ermittelt, sondern der Vorsteuerabzug wird indirekt berücksichtigt, in Gestalt eines pauschalen Abzuges vom Steuersatz. Die Steuerforderung wird bei dieser Methode berechnet, indem das Total der Entgelte, die der Inlandsteuer unterliegen, mit dem massgeblichen Saldosteuersatz[108] multipliziert wird. Die Höhe dieser Steuersätze ist abhängig vom jeweiligen Tätigkeitsbereich der steuerpflichtigen Person und richtet sich nach der Verordnung der EStV über die Höhe der Saldosteuersätze nach Branchen und Tätigkeiten vom 6.12.2010[109]. 157

Das Recht, die Saldosteuersatzmethode anzuwenden, ergibt sich aus der am Umsatz gemessenen Grösse eines Unternehmens sowie einer Obergrenze für die geschätzte Steuerforderung. Jede steuerpflichtige Person, deren jährlicher Umsatz aus steuerbaren Leistungen maximal CHF 5,02 Mio. beträgt, und deren Steuerschuld CHF 109 000 pro Jahr[110] nicht übersteigt, kann auf Antrag nach der Saldosteuersatzmethode abrechnen (MWSTG 37 I). Die beiden Voraussetzungen verstehen sich kumulativ, was zur Folge hat, dass bei wertschöpfungsintensiven Tätigkeiten, für die höhere Saldosteuersätze gelten, die tatsächliche Umsatzgrenze wesentlich tiefer liegt als die CHF 5,02 Mio.[111] 158

Die Zielsetzung der Saldosteuersatzmethode liegt in der *Vereinfachung* der Steuerabrechnung, insbesondere weil die Vorsteueransprüche nicht effektiv, pro Geschäftsvorfall, erfasst und nachgewiesen werden müssen. Die Ausführungsbestimmungen zu dieser Methode (MWSTV 77–96, MWST-Info 12[112]) sind jedoch so kompliziert, dass die Vereinfachungswirkung etwas kompromittiert ist. 159

Für Gemeinwesen und verwandte Einrichtungen sowie für Vereine und Stiftungen sieht MWSTG 37 V eine ähnliche Abrechnungsmethode vor, die sog. *Pauschalsteuersatzmethode* (MWSTV 97 ff.). Bei dieser Methode, die zum Beispiel im Gesundheitswesen Anwendung findet, ist zunächst ebenfalls das Total aller Entgelte aus steuerbaren Leistungen zu ermitteln und anschliessend mit einem Pauschalsteuersatz zu multiplizieren. Im Unterschied zur Saldosteuersatzmethode, die sich auf die Ebene der gesamten steuerbaren unternehmerischen Tätigkeit der steuerpflichtigen Person bezieht, werden die Pauschalsteuersätze für bestimmte Kategorien von Leistungen festgelegt und angewendet. Dabei ist grundsätzlich für jede Kategorie ein gesonderter Pauschalsteuersatz vorgesehen 160

---

[108] Für die betreffenden Leistungen nach MWSTG 25 anwendbarer Steuersatz, pauschal reduziert zur Berücksichtigung eines tätigkeitsspezifisch als angemessen betrachteten Vorsteuerabzugs.

[109] SR 641.202.62.

[110] Berechnet nach dem für die betreffende Tätigkeit massgebenden Saldosteuersatz.

[111] So beträgt zum Beispiel der Saldosteuersatz für die Anwaltstätigkeit 6,1% (Verordnung der EStV vom über die Höhe der Saldosteuersätze nach Branchen und Tätigkeiten vom 6.12.2010 [SR 641.202.62], Stand 1.1.2011), was für eine Anwaltskanzlei eine effektive Umsatz-Obergrenze von nur CHF 1,79 Mio. ergibt.

[112] MWST-Info 12 der EStV betreffend die Saldosteuersätze (605.525.12).

(MWSTV 99 III), sodass die steuerpflichtige Person in der Regel mit mehreren unterschiedlichen Pauschalsteuersätzen abrechnet. Demgegenüber ist die Zahl der Saldosteuersätze, die von einer einzelnen steuerpflichtigen Person für je gesonderte Tätigkeitsbereiche gleichzeitig angewendet werden können, auf zwei beschränkt (MWSTV 87).

161 Bei der Saldosteuersatzmethode und bei der Anwendung von Pauschalsteuersätzen bleiben für die von der steuerpflichtigen Person erbrachten Leistungen die ordentlichen Steuersätze (MWSTG 25) anwendbar, d.h., diese Sätze sind gegenüber den Abnehmern auszuweisen und auf diese zu überwälzen. Die Saldo- und Pauschalsteuersätze gelten nur im *Innenverhältnis* zwischen der steuerpflichtigen Person und der EStV, als Faktor zur pauschalen Ermittlung der Steuerforderung.

3. Meldeverfahren

162 Für Fallkonstellationen, in denen der Inlandsteuer unterliegende Leistungsverhältnisse typischerweise mit hohen Entgelten – und damit hohen Steuerbeträgen – verbunden sind, schreibt MWSTG 38 die Anwendung des sog. *Meldeverfahrens* vor. Im Rahmen dieses Verfahrens wird die im Zusammenhang mit der Leistung stehende Abrechnungs- und Steuerentrichtungspflicht durch blosse Meldung erfüllt. Das Meldeverfahren dient aus Sicht des Fiskus einem *Sicherungszweck*, indem hohe Steuerforderungen, mit entsprechenden Bezugsrisiken, vermieden werden. Für die beteiligten steuerpflichtigen Personen ergibt sich daraus ein *Finanzierungs- bzw. Liquiditätsvorteil*. Darüber hinaus wird mit dem Meldeverfahren die *Kontinuität der* für den Vorsteuerabzug massgeblichen *Nutzungsverhältnisse* der übertragenen Gegenstände und Dienstleistungen gewahrt,[113] was besonders bei gemischter Verwendung einen erheblichen Vorteil darstellen kann.

163 Das Meldeverfahren findet grundsätzlich Anwendung bei Umstrukturierungen im Sinne der direktsteuerlichen Vorschriften (DBG 19 und 61) sowie bei Gründungen, Liquidationen, Reorganisationen oder weiteren im Fusionsgesetz vorgesehenen Rechtsgeschäften,[114] wenn im Rahmen solcher Vorgänge ein Gesamt- oder Teilvermögen[115] von einer steuerpflichtigen Person auf eine andere steuerpflichtige Person übertragen wird. In diesen Fällen ist das Meldeverfahren

---

[113] Nach MWSTG 38 IV «übernimmt der Erwerber oder die Erwerberin für die übertragenen Vermögenswerte die Bemessungsgrundlage und den zum Vorsteuerabzug berechtigenden Verwendungsgrad des Veräusserers oder der Veräusserin».

[114] Gemeint sind dabei nicht nur Umstrukturierungen im direktsteuerlichen Sinn, sondern namentlich Änderungen der Rechtsform sowie Änderungen in Art und Umfang der unternehmerischen Tätigkeit (BAUMGARTNER/CLAVADETSCHER/KOCHER, Vom alten zum neuen Mehrwertsteuergesetz, § 8 N 24; PHILIP ROBINSON/SUSANNE LEBER, Mehrwertsteuerliche Aspekte von Umstrukturierungen und Unternehmensverkäufen. Möglichkeiten und Grenzen des Meldeverfahrens gemäss Art. 47 Abs. 3 (a) MWSTG, FStR 2005, 29 ff.

[115] Nach MWSTV 101 ist «jede kleinste für sich lebensfähige Einheit eines Unternehmens» als Teilvermögen zu verstehen.

zwingend anzuwenden, wenn die übertragende und die übernehmende steuerpflichtige Person eng verbunden sind (MWSTG 3 h), oder wenn die auf der Übertragung anfallende Mehrwertsteuer zum anwendbaren gesetzlichen Steuersatz CHF 10 000 übersteigen würde (MWSTG 38 I).

Sofern beide an einer Übertragung beteiligten Parteien subjektiv steuerpflichtig sind – oder ihre subjektive Steuerpflicht durch den Vorgang ausgelöst wird – kann das Meldeverfahren auf freiwilliger Basis bei jeder Übertragung eines Grundstücks oder von Grundstücksteilen angewendet werden. Zudem kann die übertragende Person das Meldeverfahren beantragen, «sofern gewichtige Interessen vorliegen» (MWSTV 104). Letztere sind insbesondere dann anzunehmen, wenn Gegenstände oder Dienstleistungen von hohem Wert übertragen werden. 164

Sind die Tatbestandsvoraussetzungen für die zwingende oder freiwillige Anwendung des Meldeverfahrens erfüllt, muss die Meldung im Zuge der ordentlichen Abrechnung vorgenommen werden (MWSTG 38 III). Es handelt sich dabei um eine *Obliegenheit des Übertragenden*.[116] Wurde die Meldung unterlassen, ist die Steuerforderung aber gesichert, so kann das Meldeverfahren von der EStV nicht nachträglich angeordnet werden (MWSTG 38 V). Dies ist unter Berücksichtigung des Sicherungszwecks des Meldeverfahrens folgerichtig, denn der Sicherungsbedarf besteht in diesem Fall nicht mehr. 165

III. Entstehung und Änderung der Steuerforderung

Der Zeitpunkt der Entstehung der Steuerforderung hängt von der anwendbaren *Abrechnungsart* ab. Das Gesetz stellt zwei verschiedene Arten der Abrechnung zur Verfügung. Der Normalfall ist die *Abrechnung nach vereinbarten Entgelten* (sog. Soll-Methode, MWSTG 39 I). Auf Antrag kann die steuerpflichtige Person aber die *Abrechnung nach vereinnahmten Entgelten* verlangen (sog. Ist-Methode, MWSTG 39 II). Letztere kann unter bestimmten Voraussetzungen durch die EStV angeordnet werden (MWSTG 39 IV). 166

Bei *Abrechnung nach vereinbarten Entgelten* entstehen die verschiedenen Komponenten der Steuerforderung in zeitlicher Hinsicht wie folgt, wobei dem Zeitpunkt der Rechnungsstellung bzw. dem Empfang der Rechnung eine entscheidende Bedeutung zukommt: 167
- Steuer auf im Inland erbrachten Leistungen (Inlandsteuer): Zeitpunkt der Rechnungsstellung (inkl. Teilrechnungen) bzw. Vereinnahmung der Zahlung bei Vorauszahlungen und Leistungen ohne Rechnungsstellung (MWSTG 40 I).
- Bezugsteuerschuld: Zeitpunkt des Empfangs der Rechnung bzw. bei Leistungen ohne Rechnungsstellung Zeitpunkt der Zahlung des Entgelts (MWSTG 48 I b).

---

[116] BAUMGARTNER/CLAVADETSCHER/KOCHER, Vom alten zum neuen Mehrwertsteuergesetz, § 8 N 26.

- Einfuhrsteuerschuld bei Anwendung des Verlagerungsverfahrens: Zeitpunkt der Einfuhr.
- Vorsteuerabzug (Inlandsteuer): Zeitpunkt des Empfangs der Rechnung (MWSTG 40 I).
- Vorsteuerabzug (Bezugsteuer): Zeitpunkt der Abrechnung über die Bezugsteuer (MWSTG 40 III).
- Vorsteuerabzug (Einfuhrsteuer): Ende der Abrechnungsperiode, in der die Steuer festgesetzt wurde (MWSTG 40 IV).

168 Demgegenüber ergibt sich die Steuerforderung bei der *Abrechnung nach vereinnahmten Entgelten* überwiegend aus den Zahlungsflüssen, was für die verschiedenen Komponenten der Steuerforderung Folgendes ergibt:

- Steuer auf im Inland erbrachten Leistungen (Inlandsteuer): Zeitpunkt der Vereinnahmung des Entgelts (MWSTG 40 II).
- Bezugsteuerschuld: Zeitpunkt der Zahlung des Entgelts (MWSTG 48 I a).
- Einfuhrsteuerschuld bei Anwendung des Verlagerungsverfahrens: Zeitpunkt der Einfuhr.
- Vorsteuerabzug (Inlandsteuer, Bezugsteuer, Einfuhrsteuer): Zeitpunkt der Bezahlung (MWSTG 40 II).

169 Unterliegen die Entgelte einer nachträglichen Veränderung (durch Rabatte, Skonti, Rückabwicklung eines Geschäftes usw.), sind die Komponenten der Steuerforderung (Umsatzsteuerschuld bzw. Vorsteuerabzug) im Zeitpunkt der *Verbuchung* (Abrechnung nach vereinbarten Entgelten) bzw. des *Geldflusses* (Abrechnung nach vereinnahmten Entgelten) im Zusammenhang mit der Entgeltsänderung zu korrigieren (MWSTG 41).

IV. Festsetzungsverjährung und Rechtskraft

170 Das Recht, eine Steuerforderung festzusetzen, verjährt gemäss MWSTG 42 I fünf Jahre nach dem Ende der Steuerperiode, in der die Steuerforderung entstanden ist (Festsetzungsverjährung), wobei die Verjährung durch verschiedene Handlungen der EStV unterbrochen wird, namentlich durch eine empfangsbedürftige schriftliche Erklärung hinsichtlich der Festsetzung oder Korrektur der Steuerforderung, eine Verfügung (MWSTG 82) oder einen Einspracheentscheid. Urteile einer Rechtsmittelinstanz führen ebenfalls zu einer Unterbrechung der Verjährung (MWSTG 42 II). Schliesslich unterbrechen auch die Ankündigung oder der unangekündigte Beginn einer Kontrolle im Sinne von MWSTG 78 die Verjährung.

171 Als Massnahme zur Stärkung der Rechtssicherheit hält MWSTG 42 III fest, dass nach einer *von der EStV oder einer Rechtsmittelinstanz ausgelösten* Verjährungsunterbrechung die Verjährungsfrist zwar neu zu laufen beginnt, dass sie aber ab diesem Zeitpunkt nur noch zwei Jahre dauert. Aus dieser Regelung, in Verbin-

dung mit der per 1.1.2010 auf zehn Jahre verkürzten Dauer der absoluten Verjährungsfrist (MWSTG 42 VI), ergeben sich hohe Anforderungen an die Verfahrenseffizienz der EStV und der nachfolgenden Gerichtsinstanzen, was auch für die steuerpflichtigen Personen eine Herausforderung darstellt.[117]

Mit dem Eintritt der Festsetzungsverjährung erwächst die Steuerforderung in *Rechtskraft* (MWSTG 43 I c). Die Steuerforderung wird überdies rechtskräftig durch eine rechtskräftige Verfügung oder einen rechtskräftigen Einspracheentscheid der EStV sowie durch ein in Rechtskraft erwachsenes Urteil einer Rechtsmittelinstanz. Schliesslich kann gemäss Gesetzeswortlaut auch die steuerpflichtige Person die Rechtskraft der Steuerforderung durch deren schriftliche Anerkennung oder durch die vorbehaltlose Bezahlung einer Einschätzungsmitteilung (MWSTG 78 V) bewirken.[118]

172

---

[117] Vgl. RÜEGSEGGER, ASA 79, 92.
[118] Aufgrund der Verwaltungspraxis der EStV, welche die Einschätzungsmitteilungen als Verfügungen im Sinne von MWSTG 82 erlässt, wird die Wirkung dieser Gesetzesbestimmung allerdings abgeschwächt (vgl. § 37 N 29).

§ 35 Bezugsteuer

Literatur

BLUMENSTEIN/LOCHER, System, 219 ff.; HÖHN/WALDBURGER, Bd. I, § 24 N 88 f.; MÄUSLI-ALLENSPACH/OERTLI, Steuerrecht, 476 ff.; OBERSON, Droit fiscal, §16 N 82 ff.

CAMENZIND ALOIS, Ort und Zeitpunkt von Lieferungen, Dienstleistungen und Eigenverbrauch, ASA 69 (2000/2001), 389 ff.; ROBINSON PHILIP, Drei Spezialfragen im Zusammenhang mit der mehrwertsteuerlichen Ortsbestimmung von Dienstleistungen, in: RES 2007, 83 ff.

Materialien

Botschaft zur Vereinfachung der Mehrwertsteuer vom 25.6.2008, BBl 2008, 6885–7132 (zit. Botschaft MWST-Reform).

A. Anwendungsbereich und Konzept

Die Bezugsteuer dient der Verwirklichung des Bestimmungslandprinzips. Vom Ausland in die Schweiz erbrachte bzw. eingeführte Leistungen, die nicht beim ausländischen Leistungserbringer oder an den Zollschranken der Besteuerung unterworfen werden können, müssen dennoch von der schweizerischen Mehrwertsteuer erfasst werden. 1

In den Anwendungsbereich der Bezugsteuer fallen zunächst Bezüge von Dienstleistungen mit inländischem Leistungsempfänger und ausländischem Leistungserbringer, die umgangssprachlich gerne auch als «Bezüge von Dienstleistungen aus dem Ausland» oder «Dienstleistungsimporte» bezeichnet werden. Darüber hinaus umfasst das Steuerobjekt auch bestimmte Lieferungen sowie einen Spezialfall der Einfuhr von Gegenständen. 2

Liegt ein Steuerobjekt für die Bezugsteuer (MWSTG 45 I) vor, ist der ausländische Leistungserbringer («Unternehmen mit Sitz im Ausland») von der subjektiven Steuerpflicht befreit, wenn er ausschliesslich solche Leistungen erbringt (MWSTG 10 II b)[1]. Um die Besteuerung zu sichern, wird die Pflicht zur Versteuerung dieser Leistungen dem inländischen Leistungsempfänger überbunden, sofern dieser die Voraussetzungen für die subjektive Steuerpflicht für die Bezugsteuer (MWSTG 45 II) erfüllt, und sofern der ausländische Leistungserbringer tatsächlich nicht im Register der steuerpflichtigen Personen eingetragen ist. 3

Dieses Konzept der Bezugsteuer ergibt sich erstens im Interesse der *Wettbewerbsneutralität*, d.h. der (steuerlichen) Gleichbehandlung inländischer und ausländischer Leistungserbringer mit Bezug auf die Mehrwertsteuerbelastung im Inland. Die Befreiung der ausländischen Leistungserbringer von der subjektiven Steuer- 4

---

[1] Zur Ausnahme von dieser Regel im Zusammenhang mit an nicht steuerpflichtige Personen erbrachten Telekommunikationsdienstleistungen und elektronischen Dienstleistungen siehe vorne § 34 N 7.

pflicht dient sodann der *Wirtschaftlichkeit der Entrichtung und Erhebung* der Steuer, denn sie schränkt die Anzahl der steuerpflichtigen Personen mit Sitz im Ausland ein – und damit die Anzahl der steuerpflichtigen Personen überhaupt. Schliesslich erfüllt die Bezugsteuer aus Sicht des Fiskus einen *Sicherungszweck*, da es in der Regel einfacher ist, die Steuer bei den inländischen Leistungsempfängern zu beziehen als bei den ausländischen Leistungserbringern.

5   Hinsichtlich der mehrwertsteuerlichen Qualifikation der bezogenen Leistungen (steuerbar, von der Steuer ausgenommen), der Bemessungsgrundlage und der Steuersätze entsprechen die bezugsteuerlichen Regeln jenen der Inlandsteuer. Die Bezugsteuer stellt zudem für den Leistungsempfänger, der die Steuer deklariert hat, eine Vorsteuer dar (MWSTG 28 I b), für welche die üblichen Regeln zum Vorsteuerabzug anwendbar sind.

B. Steuersubjekt

6   Die subjektive Steuerpflicht bei der Bezugsteuer richtet sich nach MWSTG 45 II. Steuerpflichtig sind zunächst alle bereits für die Inlandsteuer subjektiv steuerpflichtigen Unternehmensträger (MWSTG 45 II a i.V.m. MWSTG 10 I), sofern sie Empfänger von der Bezugsteuer unterliegenden Leistungen sind. Dies gilt unabhängig vom Umfang des bezugsteuerpflichtigen Leistungsbezuges.

7   Bezugsteuerpflichtig sind daneben auch jene Empfänger von der Bezugsteuer unterliegenden Leistungen, die zwar nicht der Steuerpflicht für die Inlandsteuer unterliegen, aber *der Bezugsteuer unterliegende Leistungen im Wert von mehr als CHF 10 000 pro Kalenderjahr* beziehen (MWSTG 45 II b). Im Rahmen dieser *auf die Bezugsteuer beschränkten subjektiven Steuerpflicht* kommen auch Privatpersonen, gemeinnützige Organisationen, Gemeinwesen usw. als Steuersubjekte infrage, die kein Unternehmen im Sinne von MWSTG 10 I betreiben. Wird die Bezugslimite von CHF 10 000 überschritten, ist der EStV beim Bezug von Dienstleistungen (MWSTG 45 I a) und bei der Einfuhr von Datenträgern ohne Marktwert (MWSTG 45 I b) unaufgefordert und schriftlich Meldung zu erstatten und die Bezüge sind zu deklarieren (MWSTG 66 III).

8   Handelt es sich bei den bezogenen Leistungen um Lieferungen im Sinne von MWSTG 45 I c, entsteht die auf die Bezugsteuer beschränkte subjektive Steuerpflicht nur, wenn der betroffene Leistungsempfänger «vorgängig durch die zuständige Behörde schriftlich über die Bezugsteuerpflicht informiert wurde» (MWSTG 45 II b)[2].

---

[2] MWST-Info 14 der EStV betreffend die Bezugsteuer (605.525.14), 2.3.3. Zuständige Behörde ist die EStV.

Ist die subjektive Steuerpflicht auf die Bezugsteuer beschränkt, besteht keinerlei Anspruch auf Vorsteuerabzug (MWSTG 28 I e contrario)[3]. 9

C. Steuerobjekt

Hauptanwendungsfälle der Bezugsteuer sind *Dienstleistungen* von Unternehmen mit Sitz *im Ausland* (MWSTG 45 I a), deren Leistungsort gemäss MWSTG 8 I *im Inland* liegt, für die also kein besonderer Leistungsort im Sinne von MWSTG 8 II gegeben ist. Als Folge des Grundsatzes, wonach eine ausländische Betriebsstätte eines inländischen Unternehmens im Schweizer Mehrwertsteuerrecht als separates Subjekt behandelt wird, gilt bei der Anwendung von MWSTG 45 I auch eine solche ausländische Betriebsstätte als «Unternehmen mit Sitz im Ausland».[4] 10

Als zweiten Steuertatbestand sieht MWSTG 45 I b die *Einfuhr von Datenträgern ohne Marktwert* sowie von vergleichbaren Gegenständen ohne Marktwert vor, die in MWSTV 111 ausführlich definiert werden. Dieser Steuertatbestand ist im Zusammenhang mit MWSTG 52 II zu verstehen, der die entsprechenden Gegenstände von der Einfuhrsteuer befreit, sofern im Zeitpunkt der Einfuhr kein Marktwert festgestellt werden kann. Da die Bezugsteuerforderung erst im Zeitpunkt des Empfangs der Rechnung oder der Zahlung entsteht, lässt sich die Bemessungsgrundlage bei Anwendung der Bezugsteuer eindeutig bestimmen. 11

Seit dem Inkrafttreten des MWSTG am 1.1.2010 sind auch *Lieferungen im Inland durch Unternehmen mit Sitz im Ausland* der Bezugsteuer unterstellt, sofern diese Lieferungen nicht der Einfuhrsteuer unterliegen (MWSTG 45 c)[5]. Von dieser Bestimmung sind beispielsweise Werklieferungsverträge erfasst (Einbau von Baumaterial, Montage von Maschinen und Anlagen, usw.), ihr Anwendungsbereich erstreckt sich aber auch auf die Lieferung von Elektrizität und von Erdgas an steuerpflichtige Personen[6] oder Verkäufe von Gegenständen aller Art im Rahmen von Reihengeschäften, wenn eine ausländische Partei im Rahmen eines Reihengeschäftes an inländische Leistungsempfänger Gegenstände verkauft, die ab einem inländischen Lager im Inland ausgeliefert werden. 12

Da die Bezugsteuer als Ergänzung zur Inlandsteuer mit Bezug auf die Qualifikation der Leistungen mit dieser kongruent sein muss, unterliegen jene Leistungen, die von der Inlandsteuer ausgenommen oder befreit sind, auch nicht der Bezugsteuer (MWSTV 109 I). 13

---

[3] MWST-Info 03 der EStV betreffend den Vorsteuerabzug (605.525.03), 1.3. Steuerpflichtige Personen im Sinne von MWSTG 28 I sind nur Steuersubjekte für die Inlandsteuer nach MWSTG 10 I.
[4] BAUMGARTNER/CLAVADETSCHER/KOCHER, Vom alten zum neuen Mehrwertsteuergesetz, § 9 N 23.
[5] Dazu gehören auch Lieferungen im Rahmen von Einfuhren, wenn diese Einfuhren gemäss MWSTG 53 von der Einfuhrsteuer befreit sind. Praktische Anwendungsbeispiele für diesen Fall sind grenzüberschreitende Lieferungen von Elektrizität und von Erdgas in Leitungen.
[6] Lieferungen von Elektrizität und von Erdgas in Leitungen an Nicht-Steuerpflichtige unterliegen dagegen der Inlandsteuer (MWSTG 109 II).

D. Steuerbemessung

14 Hinsichtlich der Steuerbemessung wird auf die Steuersätze und die Bemessungsgrundlage der Inlandsteuer abgestellt (MWSTG 46 i.V.m. MWSTG 24 und 25).[7]

E. Steuerforderung sowie Steuer- und Abrechnungsperiode

15 Für steuerpflichtige Personen im Sinne von MWSTG 10 I bildet die Bezugsteuer einen Teil der Steuerforderung für die Inlandsteuer (MWSTG 36 II); sie ist somit auch im Rahmen der ordentlichen Abrechnung für die Inlandsteuer zu deklarieren. Diesbezüglich kann auf die Ausführungen zur Inlandsteuer verwiesen werden.[8]

16 Ist die subjektive Steuerpflicht auf die Bezugsteuer beschränkt, entspricht der Umfang der Steuerforderung mangels Vorsteuerabzugs der zu entrichtenden Bezugsteuer. In diesem Fall entsprechen Steuerperiode und Abrechnungsperiode dem Kalenderjahr (MWSTG 47 II).

---

[7] Vorne § 34 N 93 ff.
[8] Vorne § 34 N 154 ff.

§ 36 Einfuhrsteuer

BLUMENSTEIN/LOCHER, System, 221; HÖHN/WALDBURGER, Bd. I, § 24 N 217 ff.; MÄUSLI-ALLENSPACH/OERTLI, Steuerrecht, 491 ff.; OBERSON, Droit fiscal, § 16 N 349 ff.

SCHLUCKEBIER REGINE, Grenzüberschreitende Vorgänge – Inbound, ST 2010, 265 ff.

Materialien

Botschaft zur Vereinfachung der Mehrwertsteuer vom 25.6.2008, BBl 2008, 6885–7132 (zit. Botschaft MWST-Reform).

A. Anwendungsbereich und Konzept

Die Einfuhrsteuer dient der Verwirklichung des Bestimmungslandprinzips und bildet das Korrelat zur Steuerbefreiung der ins Ausland exportierten Gegenstände.[1] Wie die Bezugsteuer stellt somit auch die Einfuhrsteuer eine *Ergänzung der Inlandsteuer im grenzüberschreitenden Verkehr* dar. 1

Die Einfuhrsteuer erfasst aber nicht Leistungsverhältnisse, sondern die Einfuhr von Gegenständen in das mehrwertsteuerliche und zollrechtliche Inland im Sinne von MWSTG 3 a. Die Einfuhrsteuer knüpft somit im Gegensatz zu Inlandsteuer und Bezugsteuer nicht an ein bestimmtes Leistungsverhältnis an, und damit auch nicht an die Erbringung von Leistungen gegen Entgelt. Das Steuerobjekt der Einfuhrsteuer ergibt sich allein aus der Einfuhr von Gegenständen aus dem Ausland ins Inland und weist dadurch eine Ähnlichkeit mit Zollforderungen auf. Deshalb gilt für die Einfuhrsteuer grundsätzlich die Zollgesetzgebung, soweit die Bestimmungen des MWSTG zur Einfuhrsteuer keine besonderen Regelungen vorsehen (MWSTG 50). Im Bereich der Einfuhrsteuer ist ferner nicht die EStV, sondern die EZV zuständig (MWSTG 62 I).[2] 2

Hinsichtlich der mehrwertsteuerlichen Qualifikation der eingeführten Gegenstände (steuerbar, von der Steuer befreit, von der Steuer ausgenommen) und der Steuersätze ergänzen die Regelungen für die Einfuhrsteuer jene der Inlandsteuer und der Bezugsteuer. Bei der Bemessungsgrundlage können sich dagegen Unterschiede zur Inlandsteuer und zur Bezugsteuer ergeben, insbesondere wenn die Einfuhr nicht mit einer Leistung (Lieferung) verbunden ist und daher kein Entgelt vorliegt. Die Einfuhrsteuer stellt ebenfalls eine Vorsteuer dar (MWSTG 28 I c), für welche die üblichen Regeln zum Vorsteuerabzug anwendbar sind. 3

---

[1] MARKUS REICH, Grundzüge der Mehrwertsteuerordnung in der Schweiz und in der EU, ST 1995, 330.
[2] Zum Verfahren vgl. hinten § 37 N 51 ff.

B. Steuersubjekt

4 Die subjektive Steuerpflicht richtet sich gemäss MWSTG 51 I nach den Regeln über die Zollschuldnerschaft (ZG[3] 70 II).[4] Steuerpflichtig sind demnach:

- Personen, die Waren über die Zollgrenze bringen oder bringen lassen,
- Personen, die zur Zollanmeldung verpflichtet oder damit beauftragt sind,
- Personen, auf deren Rechnung die Waren ein- oder ausgeführt werden, sowie
- Empfänger(innen) im Postverkehr, sofern der Versender oder die Versenderin die Schuld nicht ausdrücklich übernommen hat.

5 Die Steuerpflicht erfasst sowohl natürliche als auch juristische Personen. Grundsätzlich haften diese für die Steuerschuld solidarisch (ZG 70 III). Vorbehalten ist MWSTG 51 II (i.V.m. ZG 70 IV), wonach Personen, die gewerbsmässig Zollanmeldungen ausstellen, unter gewissen Voraussetzungen von der Solidarhaftung ausgenommen sind.

C. Steuerobjekt

6 Besteuert wird grundsätzlich jede *Einfuhr* von beweglichen Gegenständen aus dem Ausland, einschliesslich der darin enthaltenen Dienstleistungen (MWSTG 52 I). Ob im Zusammenhang mit der Einfuhr ein Leistungsverhältnis vorliegt, also eine Leistung gegen Entgelt erbracht wird, ist dabei unerheblich.

7 Damit die Regelungen der Einfuhrsteuer einerseits mit jenen des ZG abgestimmt sind, und andererseits die Konsistenz mit den Bestimmungen zur Inlandsteuer sichergestellt ist, sind in MWSTG 53 und ergänzend in MWSTV 113 verschiedene *Tatbestände der steuerbefreiten Einfuhr* aufgeführt. Zunächst handelt es sich – im Interesse der Erhebungswirtschaftlichkeit – um Einfuhren von Gegenständen mit geringem Wert, für die verschiedene De-Minimis-Grenzen (Wert oder Steuerbetrag) anwendbar sind (MWSTG 53 I a)[5]. Ferner sind die Einfuhren jener Gegenstände befreit, deren Lieferung im Inland gemäss MWSTG 21 II von der Steuer ausgenommen ist (MWSTG 53 I b und c)[6]. In gleicher Weise werden die Einfuhren von Gegenständen befreit, deren Lieferung im Inland nach MWSTG 23 auch dann befreit ist, wenn die Gegenstände nicht exportiert werden

---

[3] Zollgesetz vom 18.3.2005 (SR 631.0).
[4] Zur Zollschuldnerschaft vgl. MICHAEL BEUSCH, in: Handkommentar Zollgesetz, N 1 ff. zu ZG 70.
[5] Die Detailregelungen dazu finden sich in der Verordnung des EFD über die steuerbefreite Einfuhr von Gegenständen in kleinen Mengen, von unbedeutendem Wert oder mit geringfügigem Steuerbetrag vom 11.12.2009 (SR 641.204).
[6] Namentlich menschliche Organe und die Einfuhr von Kunstwerken durch den Künstler oder die Künstlerin selbst.

(MWSTG 53 I e und h sowie MWSTV 113 a und g)[7]. Des Weiteren wird auf verschiedene Tatbestände der zollfreien Einfuhr verwiesen, für die auch eine Befreiung von der Einfuhrsteuer gewährt wird (MWSTG 53 I d sowie MWSTV 113 b–f). Ebenso sind als Bestandteil verschiedener zollrechtlicher Verfahren im Bereich der Lohnveredelung und vorübergehenden Verwendung steuerbefreite Einfuhren vorgesehen (MWSTG 53 I f sowie 53 I i–l). Schliesslich ist die Einfuhr von Elektrizität in Erdgas und Leitungen von der Einfuhrsteuer befreit; diese unterliegt entweder der Bezugsteuer oder der Inlandsteuer (MWSTG 53 g i.V.m. MWSTG 45 I c und MWSTV 109 II).

D. Steuerbemessung

Erfolgt eine der Steuer unterliegende Einfuhr im Zusammenhang mit einem Leistungsverhältnis, entspricht die Bemessungsgrundlage grundsätzlich dem im Rahmen dieses Leistungsverhältnisses entrichteten Entgelt (MWSTG 54 I a–f). Während dieses Entgelt bei einem Verkaufs- oder Kommissionsgeschäft in der Regel dem Verkaufspreis (einschliesslich Nebenkosten) für den veräusserten Gegenstand entspricht, kann das Entgelt in anderen Fällen höher sein (zum Beispiel bei werkvertraglichen Lieferungen im Inland im Sinne von MWSTG 54 I b) oder tiefer liegen (zum Beispiel bei Wiedereinfuhren nach Lohnveredelungen im Ausland im Sinne von MWSTG 54 I e und f) als die mit den eingeführten Gegenständen verbundenen Werte.

8

Liegt der Einfuhr von Gegenständen kein entgeltliches Leistungsverhältnis zugrunde, wie beispielsweise bei der blossen Verbringung von Waren in ein inländisches Auslieferungslager, dient im Sinne eines Auffangtatbestands der Marktwert als Bemessungsgrundlage (MWSTG 54 I g).[8]

9

Die Bemessungsgrundlage umfasst immer auch alle Zölle, Abgaben und Steuern – mit Ausnahme der zu erhebenden Einfuhrsteuer selbst – sowie die Transportkosten bis zum ersten Bestimmungsort im Inland (MWSTG 54 III)[9]. Bei einer nachträglichen Änderung des Entgelts gelten die Regeln der Inlandsteuer analog (MWSTG 54 II i.V.m. MWSTG 41 I).

10

---

[7] Einfuhren im Zusammenhang mit Lieferungen an internationale Luftverkehrsunternehmen, Einfuhren von Gegenständen durch oder für Begünstigte im Sinne des Bundesgesetzes über die von der Schweiz als Gaststaat gewährten Vorrechte, Immunitäten und Erleichterungen sowie finanziellen Beiträge (Gaststaatgesetz, GSG) vom 22.6.2007 (SR 192.12), Einfuhren von Münz- und Feingold.

[8] MWSTG 54 I g umschreibt den Marktwert im Sinne des Drittvergleichs als den Preis, den «der Importeur oder die Importeurin auf der Stufe, auf der die Einfuhr bewirkt wird, an einen selbständigen Lieferanten oder eine selbständige Lieferantin im Herkunftsland der Gegenstände zum Zeitpunkt der Entstehung der Einfuhrsteuerschuld [...] unter den Bedingungen des freien Wettbewerbs zahlen müsste, um die gleichen Gegenstände zu erhalten.»

[9] Letztere sind zur Vermeidung einer doppelten Steuerbelastung von der Inlandsteuer befreit (MWSTG 23 II Ziff. 5).

11 Die *Steuersätze* stimmen mit jenen der Inlandsteuer überein (MWSTG 55 i.V.m. MWSTG 25).

E. Einfuhrsteuerschuld

12 Die Forderung des Staates gegen den Steuerschuldner aufgrund einer Einfuhrsteuerveranlagung wird als *Einfuhrsteuerschuld* bezeichnet. Sie entsteht wie die Zollschuld grundsätzlich im Zeitpunkt der Zollanmeldung (MWSTG 56 I i.V.m. ZG 69) und wird in diesem Zeitpunkt auch fällig (ZG 72 I).

§ 37 Behörden und Verfahren

Literatur

BLUMENSTEIN/LOCHER, System, 421 ff. und 440 f.; HÖHN/WALDBURGER, Bd. I, § 34 N 1 ff.; MÄUSLI-ALLENSPACH/OERTLI, Steuerrecht, 484 ff.; OBERSON, Droit fiscal, §16 N 335 ff. und N 378 ff.

BERTSCHY ROLAND, Auswirkungen des neuen Verfahrens für die ESTV, ST 2010, 294 ff.; BISCHOF PIRMIN, Revision des MWST-Verfahrensrechts und des MWST-Strafrechts, ST 2009, 492 ff.; BLUM BÉATRICE, Auswirkungen des neuen Verfahrensrechts für die steuerpflichtigen Personen, ST 2010, 289 ff.; BLUM BÉATRICE/CLAVADETSCHER DIEGO, Neubeginn in der MWST, zsis 2009 Monatsflash Nr. 8; CLAVADETSCHER DIEGO, Selbstveranlagungsprinzip und seine Folgen, in: RES 2007, 67 ff.; ROCHAT PAUCHARD ANNIE, TVA et formalisme: vers un équilibre?, in: RES 2007, 53 ff.; RÜEGSEGGER MARLISE, Ausgewählte Aspekte des neuen Verfahrensrechts, ASA 79 (2010/2011), 85 ff.

Materialien

Botschaft zur Vereinfachung der Mehrwertsteuer vom 25.6.2008, BBl 2008, 6885–7132 (zit. Botschaft MWST-Reform).

A. Verfahren der Inland- und Bezugsteuer

I. Grundlagen

1. Zuständige Behörde

Zuständig für die Erhebung und den Einzug der Inland- und Bezugsteuer ist die EStV (MWSTG 65 I), die zu diesem Zweck eine eigene Hauptabteilung eingerichtet hat. Die EStV ist gleichzeitig Kontrollinstanz für die Steuererhebung, indem sie die Einhaltung und Erfüllung der Verfahrenspflichten aller Beteiligten überprüft. 1

2. Trennung von Festsetzungs- und Bezugsverfahren

Ein wesentliches Charakteristikum des in MWSTG 65 ff. geregelten Verfahrens der Inland- und Bezugsteuer ist die klare Trennung des Festsetzungsverfahrens, in dessen Rahmen die Steuerforderung ermittelt wird, vom Verfahren für den Bezug der Steuer (MWSTG 86 ff.). 2

In diesem Sinne ist auch die Verjährung unterschiedlich geregelt. Die bereits dargelegten Regelungen zur Festsetzungsverjährung finden sich in MWSTG 42[1]. Die Verjährungsfristen für den Bezug (MWSTG 91) laufen ab dem Zeitpunkt, in dem die entsprechende Forderung in Rechtskraft erwachsen ist, mit einer relativen Verjährungsfrist von fünf Jahren (MWSTG 91 I) und einer absoluten Verjäh- 3

---

[1] Vgl. § 34 N 170 ff.

rungsfrist von zehn Jahren (MWSTG 91 V). Die Tatbestände für Unterbrechung und Stillstand der Frist finden sich in MWSTG 91 II bis IV); bei Vorliegen eines Verlustscheins über die Steuerforderung wird auf das SchKG verwiesen (MWSTG 91 VI).

3. Selbstveranlagung im Sinne des MWSTG

4 Das Verfahren für die Mehrwertsteuer beruht grundsätzlich auf der Selbstveranlagung[2] durch die steuerpflichtige Person, doch das MWSTG enthält verschiedene Bestimmungen, die das Selbstveranlagungsprinzip einschränken und damit die Rechtssicherheit aus Sicht der steuerpflichtigen Personen erhöhen. Dazu gehören unter anderem der Rechtsanspruch auf Auskunft (MWSTG 69), die Möglichkeit der steuerpflichtigen Person, eine Kontrolle zu verlangen (MWSTG 78 IV)[3], die Pflicht der EStV, nach Kontrollen eine Einschätzungsmitteilung zu erlassen (MWSTG 78 V), klare Bestimmungen zur Rechtskraft der Steuerforderung (MWSTG 43) sowie verschiedene nachträgliche Korrekturmöglichkeiten für Deklarationen und Zahlungen (z.B. MWSTG 72, MWSTG 88 III, MWSTG 102). Daraus ergibt sich eine im Vergleich zu einem «reinen» Selbstveranlagungsprinzip ausgewogenere Pflichtenverteilung zwischen der steuerpflichtigen Person und der EStV.[4] Die allgemeinen Grundsätze des Verwaltungsrechts entfalten deshalb im Bereich der Mehrwertsteuer eine stärkere Wirkung als bei einer reinen Selbstveranlagungssteuer.[5]

II. Rechte und Pflichten der steuerpflichtigen Person

1. Meldepflicht

a) *Anmeldung*

5 Als Folge des Grundsatzes der Selbstveranlagung liegt es an jedem Unternehmensträger, der die Voraussetzungen für die *zwingende subjektive Steuerpflicht* im Sinne von MWSTG 10 erfüllt, sich unaufgefordert bei der EStV zu melden, damit seine Registrierung als steuerpflichtige Person erfolgen kann. Diese Mel-

---

[2] Vgl. § 33 N 26.
[3] MWSTG 78 IV wurde durch die Verordnung des Bundesrates über eine weitere Teilinkraftsetzung des Mehrwertsteuergesetzes vom 12.10.2011 (AS 2011 4737) per 1.1.2012 in Kraft gesetzt.
[4] Dazu ausführlich BAUMGARTNER/CLAVADETSCHER/KOCHER, Vom alten zum neuen Mehrwertsteuergesetz, § 10 N 8 ff., die in diesem Zusammenhang den Begriff der «modifizierten Selbstveranlagung» verwenden.
[5] Dies geht ausdrücklich aus MWSTG 81 I hervor. Nach BISCHOF (BISCHOF, ST 2009, 492) darf das «Gedankengut der ‹Selbstveranlagung› [...] nur dort eine Bedeutung haben, wo die steuerpflichtige Person alleine oder selbständig handelt. Sobald die EStV aktiv wird, gelten die allgemeinen Grundsätze des Verwaltungsrechts.»

dung – in schriftlicher Form[6] - hat innerhalb von 30 Tagen nach Beginn der Steuerpflicht (MWSTG 14 I) bzw. nach Ende der Befreiung von der Steuerpflicht (MWSTG 14 III) zu erfolgen. In der Folge wird eine nicht übertragbare Identifikationsnummer zugeteilt, unter der die steuerpflichtige Person registriert wird (MWSTG 66 I).

Ist die *subjektive Steuerpflicht auf die Bezugsteuer beschränkt* (MWSTG 45 II), muss die Anmeldung bei der EStV innerhalb von 60 Tagen nach Ablauf des Kalenderjahres erfolgen, in dem die Steuerpflicht entsteht; ebenfalls in schriftlicher Form und verbunden mit der Deklaration der im Kalenderjahr bezogenen Leistungen, die der Bezugsteuer unterliegen (MWSTG 66 III).

Für Unternehmensträger, die aufgrund von MWSTG 10 II oder MWSTG 12 III von der Steuerpflicht *befreit* sind, besteht keine Meldepflicht. Wollen sie jedoch von der Möglichkeit Gebrauch machen, im Sinne von MWSTG 11 auf die Befreiung von der Steuerpflicht zu verzichten, müssen sie die Registrierung von sich aus beantragen.[7]

b) Abmeldung

Der Anmeldepflicht steht die Pflicht zur Abmeldung als steuerpflichtige Person gegenüber. Sind die grundsätzlichen Voraussetzungen für die subjektive Mehrwertsteuerpflicht (MWSTG 14 II) nicht mehr erfüllt, hat die Person innerhalb von 30 Tagen die Löschung aus dem Register zu beantragen (MWSTG 66 II). Entfallen lediglich die Voraussetzungen für die zwingende subjektive Steuerpflicht, indem die massgebenden Umsatzgrenzen unterschritten werden, besteht keine Pflicht zur Abmeldung. Meldet sich in solchen Fällen die steuerpflichtige Person nicht ab, wird ein Verzicht auf die Befreiung von der subjektiven Steuerpflicht vermutet (MWSTG 14 V).[8]

2. Auskunftspflicht und Auskunftsrecht der steuerpflichtigen Person

Im Rahmen ihrer *Auskunftspflicht* hat jede steuerpflichtige Person der EStV, unter Androhung strafrechtlicher Sanktionen (MWSTG 96 IV b bzw. 98 f), über alle für die Steuerbemessung relevanten Tatsachen umfassend Auskunft zu erteilen (MWSTG 68 I). Damit ist auch die Pflicht verbunden, alle «erforderlichen Unter-

---

[6] Konkret erfolgt die Meldung mittels eines Formulars, das über die Website der EStV (www.estv.admin.ch [besucht am 16.1.2012]) abgerufen wird.
[7] Nach erfolgter Registrierung gelten für sie dieselben Rechte und Pflichten wie für alle übrigen steuerpflichtigen Personen.
[8] Für diese Fiktion bleibt selbstverständlich kein Raum, wenn der Unternehmensträger zivilrechtlich liquidiert wird (Botschaft MWST-Reform, 6994), oder wenn kein Unternehmen mehr betrieben wird und damit die subjektive Steuerpflicht nach MWSTG 14 II endet.

lagen» einzureichen.⁹ Stets vorbehalten bleiben allerdings gesetzlich geschützte Berufsgeheimnisse (MWSTG 68 II).

10 Als Gegenstück zur Auskunftspflicht hat jede steuerpflichtige Person auch einen *Anspruch auf rechtsverbindliche amtliche Auskunft*. Nach MWSTG 69 müssen die Steuerbehörden auf schriftlich eingereichte Anfragen zu konkreten Sachverhalten innert angemessener Frist eintreten und der steuerpflichtigen Person Auskunft erteilen, soweit ein hinreichendes Auskunftsinteresse daran besteht. Einer solchen Antwort kommt bindende Rechtswirkung zu, wobei sich diese Wirkung aufgrund des individuell-konkreten Charakters der Auskunft auf den konkreten Sachverhalt und die betroffene steuerpflichtige Person beschränkt.¹⁰

3. Auskunftspflicht Dritter

11 Sind die nötigen Informationen bei der steuerpflichtigen Person nicht erhältlich, hat die EStV das Recht, auskunftspflichtige Drittpersonen zur Offenlegung solcher Informationen anzuhalten (MWSTG 73 I), mit denselben strafrechtlichen Sanktionsmöglichkeiten wie bei der steuerpflichtigen Person selbst. Auskunftspflichtig ist eine Drittperson, wenn sie entweder selber als steuerpflichtige Person in Betracht kommt (MWSTG 73 II a) bzw. neben oder anstelle der steuerpflichtigen Person haftet (MWSTG 73 II b), wenn sie von der steuerpflichtigen Person Leistungen bezieht oder erhält (MWSTG 73 II c) oder wenn sie an einer Gesellschaft, die der Gruppenbesteuerung unterliegt, eine massgebende Beteiligung hält (MWSTG 73 II d).

12 Die Auskunftspflicht umfasst dabei nicht nur die mündliche Auskunftserteilung, sondern auch das Aushändigen von Dokumenten. Wie bei der Auskunftspflicht der steuerpflichtigen Person selbst ist auch bei der Offenlegungspflicht von Drittpersonen davon auszugehen, dass sie sich nur auf Unterlagen bezieht, die unter die handelsrechtliche Aufbewahrungspflicht im Sinne des Obligationenrechts fallen. Zudem kann diese Auskunftspflicht nicht umfassender sein als jene der steuerpflichtigen Person selbst.¹¹ Eine Grenze der Auskunftspflicht bildet im Übrigen immer das Berufsgeheimnis (MWSTG 73 III).

---

[9] Darunter fallen alle Unterlagen, die sich in irgendeiner Form bilanzmässig niederschlagen. Zu denken ist in erster Linie an Dokumente, die der zivilrechtlichen Aufbewahrungspflicht unterstellt sind, namentlich der Geschäftsabschluss im Sinne von OR 962 I (Bilanz, Erfolgsrechnung, Inventar), die Geschäftskorrespondenz und die Buchungsbelege (BAUMGARTNER/CLAVADETSCHER/KOCHER, Vom alten zum neuen Mehrwertsteuergesetz, § 10 N 30 f.).

[10] Hier gelangen die etablierten steuerrechtlichen Grundsätze zu den Steuerrulings zur Anwendung (vgl. dazu umfassend RENÉ SCHREIBER/ROGER JAUN/MARLENE KOBIERSKI, Steuerruling – eine systematische Auslegeordnung unter Berücksichtigung der Praxis, ASA 80 [2011/2012], 293 ff.). Vgl. dazu auch § 26 N 64. Für spezifische Ausführungen zu MWSTG 69 vgl. BLUM, ST 2010, 289 ff.

[11] Vgl. auch die ausdrückliche Einschränkung in MWSTV 130. Fundierte Ausführungen zur Auskunftspflicht von Drittpersonen und ihrer Problematik finden sich bei BAUMGARTNER/CLAVADETSCHER/KOCHER, Vom alten zum neuen Mehrwertsteuergesetz, § 10 N 61 ff.

4. Buchführung und Aufbewahrung

Die Festsetzung der Steuerforderung beruht in erster Linie auf einer ordnungsgemäss geführten Buchhaltung, in der die massgeblichen Geschäftsvorfälle vollständig und korrekt abgebildet sind. Deshalb ist jede steuerpflichtige Person verpflichtet, ihre Geschäftsbücher und Aufzeichnungen nach handelsrechtlichen Grundsätzen zu führen. Zudem ist die EStV ermächtigt, «ausnahmsweise» zusätzliche Aufzeichnungspflichten zu erlassen, wenn die nach handelsrechtlichen Grundsätzen geführten Geschäftsbücher und Aufzeichnungen nicht sämtliche Informationen enthalten, die für die Erhebung der Mehrwertsteuer notwendig sind (MWSTG 70 I). Konkretisiert und verallgemeinert wird diese Ermächtigung der EStV in MWSTV 128. Diese umfassende Liste von zusätzlich geforderten Unterlagen und Informationen stellt in der unternehmerischen Praxis hohe Anforderungen an die steuerpflichtigen Personen.

13

MWSTG 70 II schreibt eine generelle Aufbewahrungspflicht für eine Dauer von zehn Jahren vor (MWSTG 70 II), was der absoluten Festsetzungsverjährungsfrist entspricht. Da im Zusammenhang mit dem Eigenverbrauch und der Einlageentsteuerung von unbeweglichen Gegenständen Abschreibungsdauern von 20 Jahren zu beachten sind (MWSTG 31 III und MWSTG 32 II), erstreckt sich die Aufbewahrungspflicht für Unterlagen in diesem Zusammenhang sinngemäss ebenfalls auf 20 Jahre (MWSTG 70 III).[12]

14

5. Einreichung der Abrechnung und nachträgliche Korrektur von Mängeln

Nach MWSTG 71 I ist die *Abrechnung* über die Mehrwertsteuer der EStV jeweils innert 60 Tagen seit dem Ablauf der Abrechnungsperiode (MWSTG 35 I)[13] *unaufgefordert und formgerecht* mittels offiziellem Formular einzureichen. Ebenfalls innerhalb dieser Frist hat die steuerpflichtige Person die entstandene (provisorische) Steuerforderung zu begleichen (MWSTG 86 I). Unterbleibt die fristgerechte Abrechnung, kann dies nach erfolgter *schriftlicher Mahnung* durch die EStV strafrechtliche Sanktionen nach sich ziehen (MWSTG 98 b).

15

Da der handelsrechtliche Abschluss im Unterschied zur Mehrwertsteuerabrechnung lediglich einmal jährlich zu erfolgen hat, kommt es des Öfteren zu Unstimmigkeiten, die erst nach Vorliegen des handelsrechtlichen Abschlusses erkennbar sind. Aus diesem Grund sieht MWSTG 43 II ein Recht zur Korrektur vor, solange die Steuerforderung noch nicht in Rechtskraft erwachsen ist. Diese *sog. «Finalisierung»* hat innert 180 Tagen seit Abschluss des betreffenden Geschäfts-

16

---

[12] Zu den Voraussetzungen für die papierlose Übermittlung und Aufbewahrung von Belegen (MWSTG 70 IV) vgl. MWSTV 122 ff. sowie die Verordnung des EFD über elektronische Daten und Informationen (ElDI-V) vom 11.12.2009 (SR 641.201.511).
[13] Vgl. zur Abrechnungsperiode § 34 N 155.

jahres zu erfolgen (MWSTG 72 I).[14] Innerhalb dieser Frist korrigierte Fehler ziehen keine strafrechtlichen Konsequenzen nach sich (MWSTG 96 VI).

17 Die Pflicht der steuerpflichtigen Person, festgestellte Mängel in der Abrechnung zu korrigieren, bezieht sich stets auch auf frühere Steuerperioden (MWSTG 72 II), sofern die Steuerforderung noch nicht rechtkräftig geworden ist (MWSTG 43). Dabei darf die Korrektur nicht verdeckt im Rahmen der laufenden Abrechnungen erfolgen, sondern es sind sämtliche Mängel gegenüber der EStV ausdrücklich offenzulegen.[15] Die Meldung von Fehlern kann Verzugszinsen auslösen und unter Umständen zur Einleitung eines Strafverfahrens führen. Zur Förderung der Steuerehrlichkeit hält MWSTG 102 IV deshalb ausdrücklich fest, dass die Korrektur der Abrechnung aus Sicht des Steuerstrafrechts als Selbstanzeige gilt, was dazu führt, dass bei Vorliegen aller in MWSTG 102 I genannten Voraussetzungen immerhin von der Strafverfolgung abgesehen wird.

6. Steuervertretung in besonderen Fällen

18 Steuerpflichtige Personen, die im Inland weder einen Wohn- noch einen Geschäftssitz haben, müssen *zur Erfüllung ihrer Verfahrenspflichten* eine Steuervertretung mit Sitz im Inland bestimmen (MWSTG 67 I).

19 Diese Pflicht, eine im Inland ansässige Vertretung zu bestimmen, obliegt auch sämtlichen Mehrwertsteuergruppen im Sinne von MWSTG 13 (MWSTG 67 II).[16]

III. Rechte und Pflichten der Behörde (EStV)

1. Allgemeine Grundsätze

20 MWSTG 65 umschreibt einige grundsätzliche Pflichten der EStV als zuständige Behörde für die Festsetzung und den Bezug der Inland- und Bezugsteuer. Dazu gehört, im Sinne der Transparenz und der Rechtssicherheit, dass sie zeitgerecht alle Praxisfestlegungen veröffentlicht, die nicht ausschliesslich verwaltungsinternen Charakter haben (MWSTG 65 III), und dass sie ihre Verwaltungshandlungen beförderlich zu vollziehen hat (MWSTG 65 IV). Im Sinne des Grundsatzes der Entrichtungswirtschaftlichkeit[17] hält MWSTG 65 V zudem fest, dass die steuerpflichtige Person durch die Steuererhebung nur soweit belastet werden dürfe, als dies für die Durchsetzung des MWSTG «zwingend erforderlich» sei.

21 Als Instrument zur Umsetzung dieser Vorschrift besteht für die EStV die Möglichkeit, zur Ermittlung einzelner für die Mehrwertsteuer relevanter Sachverhaltselemente *Vereinfachungen* zu gewähren, wenn der steuerpflichtigen Person sonst

---

[14] Mittels einer sog. Berichtigungsabrechnung.
[15] Dies geschieht grundsätzlich in Form einer sog. Korrekturabrechnung.
[16] Vgl. dazu § 34 N 20.
[17] Vgl. § 33 N 21.

übermässige Umtriebe erwachsen würden (MWSTG 80). In solchen Fällen kann die EStV eine annäherungsweise Ermittlung der massgebenden Tatsachen zulassen, und zwar sowohl für einen konkreten Einzelfall als auch auf generell-abstrakte Weise in Form von Praxisfestlegungen.[18]

Schliesslich hat auch die EStV im Rahmen des Vollzuges des MWSTG grundsätzlich eine *Geheimhaltungspflicht* zu beachten (MWSTG 74 I), von der sie jedoch in einigen ausdrücklich genannten Fällen entbunden ist (MWSTG 74 II a–d). Keine Geheimhaltungspflicht besteht beispielsweise mit Bezug auf die grundlegenden Informationen, die im Register der steuerpflichtigen Personen aufgeführt sind, namentlich die MWST-Nummer, die Adresse und wirtschaftliche Tätigkeit sowie der Beginn und das Ende der Steuerpflicht einer steuerpflichtigen Person (MWSTG 74 II d). 22

2. Amtshilfe

Um ein reibungsloses Zusammenwirken zwischen den schweizerischen Steuerbehörden aller Verwaltungsebenen zu garantieren, schreibt MWSTG 75 I eine gegenseitige und kostenlose Unterstützungspflicht dieser Behörden vor. Insbesondere haben sie sich gegenseitig Auskunft zu erteilen und Akteneinsicht zu gewähren. Die Geheimhaltungspflicht ist im Rahmen der Amtshilfe ausdrücklich aufgehoben (MWSTG 74 II a). Die Erteilung solcher Auskünfte darf nur verweigert werden, wenn ihr gewichtige öffentliche Interessen entgegenstehen oder die angefragte Behörde andernfalls in der Durchführung ihrer Aufgaben wesentlich beeinträchtigt würde (MWSTG 75 III). 23

Da die EStV im Rahmen der Erhebung der Mehrwertsteuer, insbesondere bei Kontrollen, einen tiefen Einblick in die geschäftlichen Abläufe und Vorgänge des von der steuerpflichtigen Person betriebenen Unternehmens gewinnt, kann der Informationsaustausch zwischen der EStV, Hauptabteilung Mehrwertsteuer, und anderen Steuerbehörden von Letzteren als zusätzliche Grundlage für ihre eigene Steuererhebung herangezogen werden. 24

3. Automatisierte Verarbeitung und Aufbewahrung von Daten

Aus datenschutzrechtlicher Sicht ermächtigt MWSTG 76 die EStV zur Verarbeitung und Aufbewahrung aller Daten, die für die Steuererhebung und den Steuereinzug erforderlich sind. Gestützt auf MWSTG 76 II hat der Bundesrat in MWSTV 131 ff. die entsprechenden Ausführungsbestimmungen erlassen. 25

---

[18] BAUMGARTNER/CLAVADETSCHER/KOCHER, Vom alten zum neuen Mehrwertsteuergesetz, § 10 N 95 ff.

4. Überprüfung und Kontrolle

26 Auf der Grundlage von MWSTG 77 findet seitens der EStV eine laufende *Überprüfung* der Anmeldungen von Unternehmensträgern als steuerpflichtige Personen, der eingereichten Abrechnungen sowie der eingehenden Zahlungen («Steuerablieferungen») statt.

27 Darüber hinaus ist die EStV berechtigt, bei den steuerpflichtigen Personen *Kontrollen* durchzuführen, um den Sachverhalt genauer zu prüfen (MWSTG 78 I). Dazu hat die steuerpflichtige Person der EStV Zugang zu ihrer Buchhaltung und den übrigen Unterlagen zu gewähren, die sie im Rahmen ihrer Pflichten aufbewahren und zur Verfügung stellen muss (MWSTG 70 I i.V.m. MWSTV 128)[19]. Die Kontrolle wird von Amtes wegen angeordnet oder aufgrund eines Gesuches der steuerpflichtigen Person (MWSTG 78 IV) durchgeführt.[20]

28 Eine Kontrolle kann vor Ort, in den Räumlichkeiten der steuerpflichtigen Person stattfinden *(externe Kontrolle)*. Es besteht aber auch die Möglichkeit der *internen Kontrolle*, die auf der Grundlage von bei der steuerpflichtigen Person eingeforderten «umfassenden Unterlagen» bei der EStV durchgeführt wird (MWSTG 78 II).

29 Die Kontrolle ist grundsätzlich durch *schriftliche Ankündigung* einzuleiten (MWSTG 78 III) und sie muss im Interesse der Rechtssicherheit spätestens 360 Tage nach dieser Ankündigung abgeschlossen werden (MWSTG 78 V). Die Frist ist sowohl für durch die EStV veranlasste als auch für durch die steuerpflichtige Person beantragte Kontrollen zwingend zu beachten. Formell hat der Abschluss der Kontrolle mittels einer *Einschätzungsmitteilung* zu erfolgen. Mit der Einschätzungsmitteilung wird die steuerpflichtige Person über die für die kontrollierte(n) Steuerperiode(n) ermittelte Steuerforderung und daraus hervorgehende Korrekturen (Nachforderungen, Rückzahlungen) informiert. Nach dem Wortlaut von MWSTG 43 I b erwächst die Einschätzungsmitteilung in Rechtskraft, wenn sie von der steuerpflichtigen Person schriftlich anerkannt oder vorbehaltlos bezahlt wird. Da die EStV die Einschätzungsmitteilungen aber als *Verfügungen* im Sinne von MWSTG 82 erlässt, wird die Einschätzungsmitteilung als Folge dieser Praxis selbst ohne aktives Eingreifen der steuerpflichtigen Person rechtskräftig, wenn sie innerhalb der Frist von 30 Tagen nicht mittels einer Einsprache (MWSTG 83) angefochten wird.[21]

---

[19] Vgl. vorne N 14. Auch auskunftspflichtige Drittpersonen haben die massgeblichen Unterlagen zur Verfügung zu stellen (MWSTG 78 I letzter Satz).

[20] Nach MWSTG 78 IV ist das Gesuch zu begründen. Da letztlich ein Rechtsanspruch auf Durchführung einer Kontrolle innerhalb von zwei Jahren besteht, dürfen keine zu hohen Anforderungen an diese Begründung gestellt werden (BAUMGARTNER/CLAVADETSCHER/KOCHER, Vom alten zum neuen Mehrwertsteuergesetz, § 10 N 79).

[21] Zu dieser Praxis der EStV vgl. BERTSCHY, ST 2010, 296 f.; kritisch BLUM, ST 2010, 291 f. Noch vor Bekanntwerden der Praxis der EStV gingen BAUMGARTNER/CLAVADETSCHER/KOCHER, Vom alten zum neuen Mehrwertsteuergesetz, § 10 N 83 ff., selbstverständlich davon aus, dass es sich bei der Einschätzungsmitteilung gerade nicht um eine Verfügung im Sinne von MWSTG 82 handeln sollte.

5. Ermessenseinschätzung

Legt die steuerpflichtige Person der EStV keine oder nur unvollständige Aufzeichnungen vor, oder sind die in den Abrechnungen deklarierten Zahlen unter Berücksichtigung des tatsächlichen Sachverhaltes nicht plausibel, kann die EStV eine Ermessenseinschätzung vornehmen (MWSTG 79). Die Schätzung «nach pflichtgemässem Ermessen» bezieht sich gemäss Gesetzeswortlaut auf die Steuerforderung (MWSTG 36 II bzw. MWSTG 37 II) als Saldo.[22]

30

IV. Verfügungs- und Rechtsmittelverfahren

1. Grundsätze

Hinsichtlich des Verfügungs- und Rechtsmittelverfahrens verweist MWSTG 81 I auf das VwVG. Dieses ist – sogar ohne die Einschränkung von VwVG 2 I – vollumfänglich auf das Verfahren der Inland- und Bezugsteuer anwendbar.

31

Auch wenn der Selbstveranlagung bei der Mehrwertsteuer eine grosse Bedeutung zukommt, gilt die *Untersuchungsmaxime*, wonach die EStV den rechtserheblichen Sachverhalt von Amtes wegen feststellen muss (ausdrücklich in MWSTG 81 II).[23] Zudem gilt der *Grundsatz der freien Beweiswürdigung*, wonach es unzulässig ist, Nachweise vom Vorliegen bestimmter Beweismittel abhängig zu machen (MWSTG 81 III).[24]

32

2. Verfügungen der EStV

Die Verfügungen der EStV können sich auf alle für die Steuererhebung massgebenden Umstände beziehen, also auf Bestand und Umfang der subjektiven Steuerpflicht (MWSTG 82 I a), Eintragung oder Löschung im Register der steuerpflichtigen Personen (MWSTG 82 I b), Bestand und Umfang der Steuerforderung, der Mithaftung oder des Anspruchs auf Rückerstattung (MWSTG 82 I c), Steuerentrichtung (MWSTG 82 I d), Erfüllung von sonstigen Pflichten der steuerpflichtigen Person (MWSTG 82 I e) sowie auf vorsorgliche amtliche Feststellungen aller relevanten Tatsachen (MWSTG 82 I f).

33

Verfügungen werden von Amtes wegen oder auf Verlangen der steuerpflichtigen Person im Rahmen ihres Auskunftsrechts (MWSTG 69) erlassen. In formeller Hinsicht muss jede Verfügung schriftlich eröffnet werden, hinreichend begründet sein sowie eine Rechtsmittelbelehrung enthalten (MWSTG 82 II, VwVG 35 I).

34

---

[22] Vgl. zur Steuerforderung § 34 N 154 ff.
[23] Vgl. dazu RÜEGSEGGER, ASA 79, 89 f.
[24] Zur Problematik des Formalismus im bis 31.12.2009 geltenden Recht der MWST vgl. ROCHAT, RES 2007.

3. Einsprache

35 Gegen die Verfügung kann innert 30 Tagen nach ihrer Eröffnung Einsprache erhoben werden (MWSTG 83 I). Auch diese ist schriftlich sowie mit Antrag, Begründung und Unterschrift versehen einzureichen (MWSTG 83 II). Richtet sich die Einsprache gegen eine «einlässlich begründete» Verfügung der EStV, kann die steuerpflichtige Person eine Sprungbeschwerde durchsetzen. Dies bedeutet, dass die Einsprache als Beschwerde direkt an das Bundesverwaltungsgericht weitergeleitet wird (MWSTG 83 IV).

4. Beschwerde an das Bundesverwaltungsgericht

36 Der Einspracheentscheid der EStV kann mit Beschwerde an das Bundesverwaltungsgericht angefochten werden (VGG 33 d).

5. Beschwerde in öffentlich-rechtlichen Angelegenheiten an das Bundesgericht

37 Der Entscheid des Bundesverwaltungsgerichts kann mit Beschwerde in öffentlich-rechtlichen Angelegenheiten an das Bundesgericht weitergezogen werden (BGG 82 a i.V.m. BGG 86 I a). Für die Beschwerde an das Bundesgericht ist auch die EStV beschwerdelegitimiert (MWSTV 141 i.V.m. BGG 89 II a).[25]

38 Unzulässig ist die Beschwerde gegen Entscheide über die Stundung und den Erlass der Steuer (BGG 83 m); das Bundesverwaltungsgericht entscheidet in diesem Bereich endgültig.

V. Bezug und Sicherung

1. Entrichtung der Steuer

39 Die steuerpflichtige Person hat die Steuerforderung innert 60 Tagen nach Ablauf der Abrechnungsperiode zu begleichen (MWSTG 86 I). Dies hat im Sinne des Selbstveranlagungsprinzips grundsätzlich unaufgefordert zu geschehen. Unerheblich ist dabei, ob die definitiv geschuldete Steuer bereits feststeht. Die Frist ist auch dann zu beachten, wenn der Steuerbetrag erst provisorisch bestimmt wur-

---

[25] Das Bundesgericht ist auch die höchste Gerichtsinstanz für materielle Fragen des liechtensteinischen Mehrwertsteuerrechts (vgl. Art. 11 der Vereinbarung zwischen der Schweizerischen Eidgenossenschaft und dem Fürstentum Liechtenstein zum Vertrag betreffend die Mehrwertsteuer im Fürstentum Liechtenstein vom 28.11.1994 [SR 0.641.295.142.1]).

de (MWSTG 86 II). Wird die Zahlungsfrist nicht eingehalten, ist ein Verzugszins geschuldet.[26]

Erfolgt die Zahlung des (provisorischen) Steuerbetrages nicht rechtzeitig oder ist sie *offensichtlich* ungenügend, kann die EStV nach *vorgängiger Mahnung* ohne Weiteres eine *Betreibung* einleiten (MWSTG 86 II). 40

2. Vergütung der Steuer

Ergibt sich aus der Abrechnung ein Überschuss zugunsten der steuerpflichtigen Person, oder hat diese mehr einbezahlt, als sie der EStV gemäss definitiver Steuerabrechnung tatsächlich schuldet, hat sie gemäss MWSTG 88 I bzw. MWSTG 88 III einen Vergütungsanspruch. Auch hier besteht eine Zahlungsfrist von 60 Tagen, die jedoch nicht ab dem Ende der Abrechnungsperiode zu laufen beginnt, sondern erst bei Eintreffen der Abrechnung oder der schriftlichen Geltendmachung des Anspruchs. Die EStV schuldet der steuerpflichtigen Person bei Überschreiten dieser Frist einen Vergütungszins.[27] 41

3. Betreibung

Unterlässt es die steuerpflichtige Person, die Steuer-, Zinsen-, Kosten- und Bussenforderungen gegen sie zu begleichen, leitet die EStV gemäss MWSTG 89 I die Betreibung ein und trifft alle zivil- und vollstreckungsrechtlichen Vorkehrungen zur Eintreibung der Forderungen.[28] 42

Das mehrwertsteuerrechtliche Betreibungsverfahren weist im Vergleich zum ordentlichen Vollstreckungsverfahren verschiedene Besonderheiten auf. Ist im Zeitpunkt der Betreibung die Steuerforderung bzw. die Busse noch nicht rechtskräftig ergangen, wird die Kollokation ausgesetzt, bis die EStV eine rechtskräftige Verfügung erlässt (MWSTG 89 II). Ein allfälliger Rechtsvorschlag wird diesfalls durch die EStV selbst beseitigt (MWSTG 89 III). Der Rechtsöffnungsrichter entscheidet nur, falls bereits eine rechtskräftige Verfügung bzw. ein Einspracheentscheid vorliegt (MWSTG 89 IV). Wird über ein steuerpflichtiges Unternehmen der Konkurs eröffnet, werden Mehrwertsteuerforderungen, im Unterschied zu allen übrigen Steuerforderungen, im Kollokationsplan in die zweite Gläubigerklasse aufgenommen und sind damit privilegiert (SchKG 219 IV e). 43

Die Vollstreckung von Steuerforderungen gemäss MWSTG 89 ist nicht mit der Betreibung der provisorisch geschuldeten Steuer nach MWSTG 86 II zu verwech- 44

---

[26] Zu den Zinssätzen vgl. Art. 1 der Verordnung des EFD über die Verzugs- und Vergütungszinssätze vom 11.12.2009 (SR 641.207.1).
[27] Zu den Zinssätzen vgl. Art. 2 der Verordnung des EFD über die Verzugs- und Vergütungszinssätze vom 11.12.2009 (SR 641.207.1).
[28] RÜEGSEGGER, ASA 79, 93 f.

sln, wonach die EStV einen Steuerbetrag auch dann eintreiben kann, wenn noch keine Steuerforderung festgesetzt worden ist.[29]

4. Zahlungserleichterungen und Steuererlass

45 Ist die fristgerechte Zahlung von Steuern, Kosten und Zinsen mit einer erheblichen Härte verbunden, kann die EStV der steuerpflichtigen Person eine *Zahlungserleichterung* in Form einer Fristerstreckung oder Ratenzahlung gewähren (MWSTG 90 I). Ein solcher Härtefall liegt insbesondere dann vor, wenn sich die steuerpflichtige Person durch die Zahlung der Steuerforderung mit ernsthaften finanziellen Schwierigkeiten konfrontiert sähe, wodurch der Fortbestand des Unternehmens gefährdet scheint. Neben dem Vorliegen erheblicher Härte ist stets auch vorausgesetzt, dass die steuerpflichtige Person überhaupt gewillt ist, den geschuldeten Betrag zu bezahlen.[30] Darüber hinaus kann die EStV die Zahlungserleichterung von einer angemessenen Sicherheitsleistung abhängig machen (MWSTG 90 II).[31]

46 Eine einmal gewährte Zahlungserleichterung fällt dahin, wenn die Voraussetzungen nicht mehr erfüllt oder an sie geknüpfte Bedingungen nicht erfüllt worden sind (MWSTG 90 III). Zu beachten ist im Übrigen, dass das Begehren um Zahlungserleichterung keine aufschiebende Wirkung hinsichtlich der Forderung der EStV entfaltet und daher das Einleiten einer Betreibung nicht verhindern kann (MWSTG 90 IV).

47 Neben einer Zahlungserleichterung kann die EStV für die rechtskräftig festgesetzte Steuer auch ganz oder teilweise einen *Steuererlass* gewähren. Die zulässigen Erlassgründe sind in MWSTG 92 I a–c abschliessend wie folgt aufgelistet:[32]

– Die Gewährung eines Steuererlasses kommt zunächst infrage, wenn die steuerpflichtige Person gegenüber ihrem Abnehmer die Mehrwertsteuer aus entschuldbaren Gründen nicht in Rechnung gestellt und eingezogen hat, eine nachträgliche Überwälzung auf den Abnehmer nicht möglich oder nicht zumutbar ist und die Bezahlung der Steuer eine grosse Härte für sie bedeuten würde (MWSTG 92 I a). Ein entschuldbarer Grund ist namentlich dann gegeben, wenn sich die steuerpflichtige Person bzgl. ihrer objektiven Steuerpflicht in einem Grundlagenirrtum befindet und dieser Irrtum auch jedem anderen

---

[29] Vgl. ausführlicher BAUMGARTNER/CLAVADETSCHER/KOCHER, Vom alten zum neuen Mehrwertsteuergesetz, § 10 N 129.
[30] Botschaft MWST-Reform, 7011.
[31] Die Zahlungserleichterung und deren Modalitäten werden gemäss MWSTG 90 I mittels Vereinbarung zwischen der steuerpflichtigen Person und der EStV festgesetzt. Es handelt sich dabei also nicht um eine einseitige Verfügung der EStV (Botschaft MWST-Reform, 7011). Ob es sich bei der Vereinbarung um eine mitwirkungsbedürftige Verfügung oder einen verwaltungsrechtlichen Vertrag handelt ist nicht eindeutig (vgl. BAUMGARTNER/CLAVADETSCHER/KOCHER, Vom alten zum neuen Mehrwertsteuergesetz, § 10 N 146). Zur Abgrenzung zwischen verwaltungsrechtlichem Vertrag und mitwirkungsbedürftiger Verfügung vgl. HÄFELIN/MÜLLER/UHLMANN, Verwaltungsrecht, N 898 ff.
[32] Vgl. Botschaft MWST-Reform, 7013.

hätte unterlaufen können. Hier soll die Annahme eines Härtefalls die Ausnahme bleiben.

- Nach MWSTG 92 I b kann die EStV die Steuer ferner erlassen, wenn einerseits die Steuerschuld lediglich auf das Nichteinhalten von Formvorschriften oder auf Abwicklungsfehler zurückzuführen ist, und andererseits dem Bund keinerlei Steuerausfall entstanden ist.

- Als letzten Erlassgrund erwähnt MWSTG 92 I c den Fall, dass die steuerpflichtige Person ihren Verfahrenspflichten aus entschuldbaren Gründen nicht nachgekommen ist. Kann sie nachträglich glaubhaft machen, dass die Ermessenseinschätzung der EStV zu hoch ausgefallen ist, kann die geforderte Mehrwertsteuer in Höhe des zu viel verlangten Betrages erlassen werden.

Auch wenn die genannten Voraussetzungen erfüllt sind, besteht nach dem Wortlaut von MWSTG 92 I kein Rechtsanspruch auf Gewährung eines Steuererlasses. Die EStV entscheidet – innerhalb der verfassungsrechtlichen Schranken – nach freiem Ermessen. Gegen ihren Entscheid kann die steuerpflichtige Person allerdings beim Bundesverwaltungsgericht Beschwerde einlegen (MWSTG 92 III).[33]
 48

5.   Sicherung der Steuer

Erscheint die rechtzeitige Zahlung geschuldeter Steuern, Zinsen und Kosten als gefährdet, ist die steuerpflichtige Person mit deren Zahlung in Verzug oder liegt ein anderer in MWSTG 93 I a–e abschliessend aufgelisteter Sicherstellungsgrund vor, hat die EStV das Recht, eine Sicherstellung des geschuldeten Betrages anzuordnen. Dies geschieht mittels Sicherstellungsverfügung. Darin wird die steuerpflichtige Person aufgefordert, die entsprechenden Sicherheiten in Form von Barhinterlegung, Solidarbürgschaft, Bankgarantie usw. zu leisten (MWSTG 93 VII). Die Verfügung gilt gleichzeitig auch als Arrestbefehl (MWSTG 93 III i.V.m. SchKG 274). Wie bei der Betreibung wird auch für die Sicherstellung nicht vorausgesetzt, dass die sicherzustellenden Steuern, Zinsen oder Kosten bereits rechtskräftig festgesetzt oder gar fällig sind. So kann die EStV die Sicherstellung schon dann verlangen, wenn sie die eingereichte Abrechnung als offensichtlich zu tief einschätzt (MWSTG 93 I e).
 49

Anstelle der Sicherstellung sieht MWSTG 94 als *weitere Sicherungsmassnahme* die Möglichkeit vor, bereits bestehende oder zukünftige Steuerschulden sowie durch die EStV geforderte Sicherstellungsleistungen mit Überschüssen aus der Steuerabrechnung zugunsten der steuerpflichtigen Person zu verrechnen. Die EStV hat dabei jeweils jene Massnahme zu ergreifen, die für die steuerpflichtige Person die am wenigsten einschneidende ist (MWSTG 65 V).
 50

---

[33]   Dieses entscheidet abschliessend. Eine Beschwerde an das Bundesgericht ist gemäss BGG 83 m ausgeschlossen (vgl. vorne N 38).

B. Das Verfahren der Einfuhrsteuer

I. Ordentliches Verfahren

51 Das Verfahrensrecht der Einfuhrsteuer richtet sich nach den *Bestimmungen des Zollrechts* (ZG), soweit das MWSTG keine abweichenden oder ergänzenden Bestimmungen enthält (MWSTG 50 i.V.m MWSTG 62). Zuständige Behörde ist folglich die EZV.

52 Anders als die Inland- und Bezugsteuer wird die Einfuhrsteuer gleich wie die Zölle in einem *gemischten Veranlagungsverfahren* erhoben. Dieses besteht zum einen aus der Selbstdeklaration der einfuhrsteuerpflichtigen Person (also des Zollschuldners bzw. der Zollschuldnerin im Sinne von ZG 70 II), die in Form der sog. *Zollanmeldung* (ZG 25) erfolgt.[34] Zum andern erlässt die EZV im Anschluss an die Zollanmeldung eine *Veranlagungsverfügung* (ZG 38).[35]

53 In *Ergänzung zu den zollrechtlichen Bestimmungen* gelten die Bestimmungen des MWSTG zu den Auskunfts-, Buchführungs- und Aufbewahrungspflichten der steuerpflichtigen Person und von Dritten (MWSTG 68, 70 und 73) sinngemäss auch für die Einfuhrsteuer. Gleiches gilt für das Auskunftsrecht im Sinne von MWSTG 69. Behördlicherseits gelten sinngemäss auch bei der Einfuhrsteuer die Regelungen zu Geheimhaltung (MWSTG 74), Amtshilfe (MWSTG 75) und für die Ermessenseinschätzung (MWSTG 79).

54 Die *relative Verjährungsfrist* für die Einfuhrsteuerschuld beträgt fünf Jahre ab dem Ablauf des Kalenderjahres, in dem die Forderung fällig wird (MWSTG 56 IV i.V.m. ZG 75). Die Frist kann aufgrund von ZG 75 II still stehen oder unterbrochen werden, wobei die *absolute Verjährungsfrist* – anders als bei der Inland- und Bezugsteuer[36] – *fünfzehn Jahre* beträgt (ZG 75 IV).

55 Für zu viel erhobene oder nicht geschuldete Einfuhrsteuern (MWSTG 59 I) sowie in bestimmten Fällen der Wiederausfuhr (MWSTG 60) besteht grundsätzlich ein Anspruch auf *Rückerstattung*. Eine Rückerstattung darf jedoch nur dann beansprucht werden, wenn die im Zeitpunkt der Einfuhr entrichtete Einfuhrsteuer von der einfuhrsteuerpflichtigen Person nicht im Rahmen des Vorsteuerabzugs nach MWSTG 28 geltend gemacht werden kann.[37] In diesem Fall entsteht durch die zu viel entrichtete Einfuhrsteuer im Ergebnis kein Schaden, da sich die entrichtete Einfuhrsteuer und der Vorsteuerabzug gegenseitig ausgleichen. Würde in solchen Fällen eine Rückerstattung gewährt, müsste auch der Vorsteuerabzug

---

[34] Zur Zollanmeldung vgl. BARBARA HENZEN, in: Handkommentar Zollgesetz, N 1 ff. zu ZG 25.
[35] Dabei sind die «Veranlagungsverfügung Zoll (VVZ)» und die «Veranlagungsverfügung MWST (VVM)» je für sich zu betrachten (vgl. PATRICK RAEDERSDORF, in: Handkommentar Zollgesetz, N 3 zu ZG 38).
[36] Die absolute Verjährungsfrist für die Festsetzung der Steuerforderung beträgt zehn Jahre (MWSTG 41 VI); vgl. vorne § 34 N 171.
[37] Dies setzt unter anderem die subjektive Steuerpflicht für die Inlandsteuer im Sinne von MWSTG 10 voraus.

korrigiert werden, was eine unter Umständen komplizierte Rückabwicklung zur Folge hätte – ohne dass sich das steuerliche Ergebnis per Saldo ändern würde.

Ein vollständiger oder teilweiser *Erlass* der Einfuhrsteuer kann bei Vorliegen eines der in MWSTG 64 genannten Erlassgründe gewährt werden. Die Aufzählung in MWSTG 64 I ist abschliessend. 56

Die EZV hat unter gewissen Voraussetzungen die Möglichkeit, die Einfuhrsteuerschuld sicherzustellen. Die *Sicherstellung* richtet sich nach den Regeln über die Sicherstellung der Zollforderungen (ZG 76 ff.). Dies kann entweder durch Hinterlegung von Barmitteln bzw. marktgängiger Wertpapiere oder durch Solidarbürgschaft erfolgen (ZG 76 I). 57

II. Verlagerungsverfahren

Um Liquiditätsnachteile zu vermeiden und die Geltendmachung des Vorsteuerabzugs zu vereinfachen, haben einfuhrsteuerpflichtige Personen, die im ordentlichen Inlandsteuerverfahren veranlagt werden, unter bestimmten Voraussetzungen die Möglichkeit, bei der EStV das sog. *Verlagerungsverfahren* zu beantragen (MWSTG 63 i.V.m. MWSTV 117 ff.). Die Einfuhrsteuer wird bei der Anwendung des Verlagerungsverfahrens nicht mehr an der Grenze durch die EZV erhoben, sondern sie ist wie die Inland- und Bezugsteuer im Rahmen der ordentlichen Inlandsteuerabrechnung zu deklarieren (MWSTG 63 I). Dies ist vor allem dann sinnvoll, wenn eine steuerpflichtige Person überwiegend oder zu einem grossen Teil im Import und Export tätig ist. Vorausgesetzt ist – neben der Registrierung als steuerpflichtige Person für die Inlandsteuer (MWSTG 10) – dass die steuerpflichtige Person nach der effektiven Methode abrechnet, regelmässig Waren ein- und ausführt, und der mehrwertsteuerliche Saldo aus diesen Ein- und Ausfuhren regelmässig einen Überschuss von mehr als CHF 50 000 pro Jahr zu ihren Gunsten ergibt (MWSTG 63 I i.V.m. MWSTV 118 d). 58

Sachregister

Bearbeitet von RA Dipl.-Jur. Univ. Daniel Rentzsch und Philipp Roth, MLaw

A

Aberkennung der Steuerrechtsfähigkeit juristischer Personen **18** 16 ff.

Abfluss, Zeitpunkt **10** 57 f.

Abgabe auf Versicherungsprämien **7** 48

Abgaben
- feudale **1** 2
- Kausalabgaben **2** 13 ff.
- Lenkungsabgaben **2** 26 ff.
- öffentliche, Systematik **2** 8 ff.
- Sozialabgaben **2** 11, 12, 20 ff.

abgeleitete Steuererhebungskompetenz **4** 11

Abgeltungswirkung (Quellensteuer) **26** 84, 94, 96, 98

abgeschlossener Erwerb **10** 51 ff.

Abgrenzung
- Aufwendungen des unbeweglichen Privatvermögens **13** 75 ff.
- Einkommenssteuer und Grundstückgewinnsteuer **7** 69, **24** 15, 19
- Einkommenssteuer und Verrechnungssteuer **29** 48 ff.
- Geschäfts- vom Privatvermögen **15** 28 ff.
- Hausrat und persönliche Gebrauchsgegenstände zu vermögenssteuerbaren Kapitalanlagen **14** 14 ff.
- Inlandsteuer und Bezugsteuer **35** 13
- Obligationen zu Darlehen **29** 17
- selbständige Erwerbstätigkeit zur Liebhaberei **15** 15 ff.
- selbständige Erwerbstätigkeit zur privaten Vermögensverwaltung **15** 18 ff.
- Sozial- und allgemeine Abzüge **13** 271 ff.
- Steuern und andere Abgaben **2** 2 ff.
- Steuerumgehung **6** 25 ff.
- unselbständige Erwerbstätigkeit zur Schenkung **13** 8, 229
- unselbständige und selbständige Erwerbstätigkeit **13** 5 ff., **15** 11 f.
- Vermögensertrag und Grundstückgewinn **13** 67, **24** 20
- Vermögensertrag und Kapitalgewinn **13** 37 ff.

Abhängigkeit **13** 6

Abholungseinladung **27** 20

Abkommensberechtigung bei Aufwandbesteuerung **11** 74 f.

abnutzbare Vermögenswerte **15** 102

Abrechnungsmethode (Mehrwertsteuer)
- effektive **34** 156
- pauschale (Saldo- und Pauschalsteuersätze) **34** 157

Abrechnungsverfahren, vereinfachtes **26** 97 f.

Abschirmwirkung **18** 8, 10

Abschreibungen **15** 98 ff.
- Aufwertungszwang **20** 5, **23** 9
- Beteiligungen **23** 9
- Grundstückgewinn **15** 146 f., **24** 2
- Nachholung unterlassener **15** 86
- steuerrechtlich offengelegte stille Reserven **20** 61

Absicht der Steuerersparnis **6** 21

absolute Frist **26** 123

absolute Verwirkungsfrist **26** 131

absonderliche Sachverhaltsgestaltung **6** 20

Abspaltung **20** 53

abstrakte Normenkontrolle, s. Normenkontrolle

Abtretung von Aktiven **29** 54

Abwasserentsorgung **13** 86

Sachregister

Abzüge **10** 4
- besondere Aufwendungen und Sozialabzüge **13** 245 ff.
- Beteiligungsabzug **23** 7, 13
- Drittbetreuung von Kindern **13** 268 ff.
- Freibeträge / Sozialabzüge **13** 269 ff.
- geschäftsmässig begründete Kosten **15** 69 ff.
- Gewinnungskosten **10** 40 ff., **13** 245 ff.
- Katalog **13** 250
- Kinderabzug, s. dort
- organische **13** 245 ff.
- Schuldzinsen **13** 74, 95 ff., 251 ff.
- Steuern **20** 4, **22** 3 f.
- Unterstützungsleistungen **13** 278
- Verheiratete **13** 279
- Verluste **13** 225
- Weiterbildungskosten (allgemeiner Abzug) **13** 27
- Zweiverdiener **13** 264 f.

Affidavit-Verfahren **29** 57

Agio **13** 121 f., **20** 10

Agio-Lösung **13** 151

AHV **13** 191 f., 257
- Ausgleichskasse **26** 97
- Ergänzungsleistungen **13** 242 f.

Aide, s. Bede

Akquisitionsholding **15** 43

Aktien
- Erträge aus **29** 20 ff.
- Erwerb eigener **13** 142 ff.
- verbilligte Abgabe an Mitarbeiter **13** 14

Aktienkapital **20** 10, 16, 59

Aktiven (s. auch Aktivierung)
- Abschreibungen **15** 98 ff.
- Abtretung **29** 54
- Bewertung **14** 17 ff.
- vermögenssteuerbare **14** 12 ff.

Aktivierung **15** 37, 74, 87 f.

Akkumulation **25** 60

akzessorische Normenkontrolle **4** 182

Akzisen **1** 3

Alcopops **7** 53

Alimente **13** 210 ff., 256

Alkohol **7** 53 f.

Alleinerziehende **12** 2, 47 ff.

Alleinverdiener **12** 25

allgemeine Abzüge **10** 4, 48, **13** 245 ff.
- Abgrenzung zu Sozialabzügen **13** 271 ff.
- Kinderbetreuungskosten **12** 44

allgemeine Mitwirkungspflicht, s. auch Mitwirkung Steuerpflichtiger **26** 39

allgemeine Rechtsgrundsätze **3** 44 f., **4** 95

allgemeiner Gleichheitssatz **4** 40 ff.

Allgemeinheit der Besteuerung **2** 3, **4** 126 ff., **5** 51

Allphasensteuer **7** 28, **33** 10 ff.

Alters-, Hinterlassenen- und Invalidenvorsorge **13** 191 f., 257

Altreserven **29** 73

Amnestie **5** 92

amtliche Veranlagung **5** 9, 63

Amtsgeheimnis **26** 36 f.

Amtshilfe **37** 23 f.

Änderung der Steuerforderung **34** 169

Änderung der Zweckbestimmung **15** 46 ff.

Änderung rechtskräftiger Veranlagungen und Entscheide **26** 114 ff.

Anfechtbarkeit **10** 36 f.

Angelegenheiten, s. Beschwerde in öffentlich-rechtlichen

Anknüpfungstatbestände
- generelle **11** 35 ff., **19** 9
- im internationalen Verhältnis **11** 41 ff.
- persönliche Zugehörigkeit **11** 17 ff., **19** 5 ff.

Anlagebetrüger **10** 33

Anlagefonds **13** 173

Anlagekosten **13** 40, 78, 97, **25** 58

Anleihensobligation **29** 17

Anmeldung als Steuerpflichtiger **32** 3

anorganische Abzüge **13** 245 ff.

Anrechnungsverfahren **18** 4

Anschaffungskosten
- Aufwendungen des unbeweglichen Privatvermögens **7** 76, **13** 78 f., **25** 58 ff.
- Beteiligungen **13** 115

anschaffungsnahe Aufwendungen **13** 81, 83 f., **25** 62

Anspruch auf
- Gruppenbesteuerung (Mehrwertsteuer) **34** 17
- Verrechnungssteuerrückerstattung, Geltendmachung **32** 16 ff.

Anspruchsverjährung **5** 96

antizipierte Beweiswürdigung **26** 31

Antrag
- Rekurs **27** 40
- Verrechnungssteuerrückerstattung **32** 16 f.

Anwaltsmonopol **27** 69

Anwaltsprüfung (Weiterbildungskosten) **13** 26

Anwendungsgebot **4** 185 f., **9** 20 f., **12** 49

aperiodische Einkünfte **17** 12 ff.

aperiodische Steuern **2** 49

Äquivalenzprinzip **2** 18, **4** 139, **11** 68, **14** 3 ff., **23** 30

Arbeitnehmer
- Einkommen **13** 1 ff.
- ohne Niederlassungsbewilligung **26** 90 ff.
- wirtschaftliche Zugehörigkeit **11** 42

Arbeitslosenversicherung **13** 259

Arbeitsortsprinzip **11** 42

Arbeitsverhältnis **13** 7

Arbeitszimmer **13** 29

Arrest **26** 75

at arm's length, s. Dealing at

Aufbewahrungspflicht **37** 14

Aufenthalt **11** 21, **26** 19 ff., **29** 4

Aufgabe oder Nichtausübung einer Tätigkeit oder eines Rechts **13** 209

Aufgelder **13** 121 f.

Aufrechnung «ins Hundert» **7** 36, **29** 46

aufschiebende Wirkung **27** 24, 41

Aufschub der Besteuerung **15** 131 f.

Aufsicht **9** 33 ff., **26** 17 f., **27** 37

Aufsichtslücke **9** 34, **27** 68

Aufspaltung **20** 53

Aufwandbesteuerung **4** 36, **11** 67 ff.

Aufwandsteuern **2** 38 f.

Aufwendungen **10** 4, 40 ff.
- Abfluss **10** 57 f.
- anschaffungsnahe **13** 81, 83 f.
- besondere **13** 245 ff.
- bewegliches Privatvermögen **13** 184 ff.
- unbewegliches Privatvermögen **13** 72 ff.
- werterhaltende **13** 83, **25** 63
- wertvermehrende **13** 73, **25** 62 f.

Aufwertung **15** 118 f., 134
- Unternehmensumstrukturierungen **20** 47
- Zwang **20** 5, **23** 9

Aufzeichnungspflicht **15** 153 ff.

Ausbeutung von Bodenbestandteilen **13** 47, 70 f.

Ausbildungskosten **13** 20, 273
- Übernahme durch Arbeitgeber **13** 13
- Umschulungskosten **13** 28
- Weiterbildungskosten **13** 24 ff.

Auseinandersetzungsansprüche
- gesellschaftsrechtliche **20** 14
- güterrechtliche **13** 230

Ausführungsgesetzgebung **4** 32

Ausfuhr von Gegenständen ins Ausland **34** 79

Ausfuhr von Privatgegenständen im Reiseverkehr **34** 91

Ausgleich der kalten Progression **17** 24 f.

Ausgleichsleistungen **13** 133

Ausgleichzahlungen **29** 38

Ausgliederung **20** 43, 54
- Betriebserfordernis **20** 50 ff.
- Sperrfristen **20** 49

Auskünfte **3** 56 ff., **4** 99 ff., **26** 59 ff.

Auskunftpflicht **26** 43 ff., 100, 104, **32** 7, 18 f., **37** 9, 11 f.

Auskunftsrecht **37** 10

Ausland (Mehrwertsteuer) **33** 46 f.

Ausländer
- Aufwandbesteuerung **11** 71
- Doppelbesteuerungsabkommen, Vereinbarkeit mit **26** 108
- Ehegatte **12** 19
- Freizügigkeitsabkommen, Vereinbarkeit mit **26** 109

- Quellensteuerverfahren **26** 107, **26** 81 ff.
- Rechtsgleichheit **26** 107 ff.
- Rückerstattungsberechtigung **29** 68
- Zuzug **16** 31 ff.

Auslanderträge **23** 23 f.

ausländische juristische Personen **18** 21 f., **19** 2 ff.
- Aberkennung der Steuerrechtsfähigkeit **18** 19
- Rückerstattung der Verrechnungssteuer **29** 68, **32** 15

ausländische Personengesamtheiten **11** 13, 15 f., **18** 22, **19** 2 ff.

ausländische Verluste, Verrechenbarkeit **11** 27 ff., 52, **19** 7 f., 11

Auslegung
- Elemente **6** 6 ff.
- Kapitalgewinne, einschränkende **13** 226
- Rechtssicherheit **4** 105
- steuerrechtlicher Normen **6** 1 ff.
- Steuerumgehung **6** 37
- StHG **9** 22 ff.

Ausnahmen
- vom Steuerobjekt **34** 43 ff.
- von der Beschwerde in öffentlich-rechtlichen Angelegenheiten **27** 53
- von der subjektiven Steuerpflicht **11** 56 ff., **19** 14 ff.

Ausnützung beruflicher Kenntnisse **15** 23

Ausscheidungsverluste **25** 69

ausschliessliche Bundeskompetenz **4** 6

Ausschreibung **13** 235, **15** 44 f.

Ausschüttungsfonds **13** 173 f., **29** 39 ff.

Ausschüttungssteuerlast, latente **13** 152

Aussensteuerrecht **18** 14

Aussentheorie **6** 48

Aussenwirkung, Verwaltungsverordnung **3** 36

ausserbörslich gehandelte Wertpapiere **14** 28 f.

ausserfiskalische Zielsetzung **2** 4, **4** 156 ff., **12** 42, **19** 19

ausserordentliches Einkommen **16** 26

auswärtige Verpflegung, Mehrkosten **13** 23

Autobahnvignette **2** 15, 39, **7** 64

Automobile
- Automobilsteuer **7** 57
- Motorfahrzeugsteuern, s. auch dort **7** 83

autonomer Nachvollzug **3** 8

B

Banken **29** 8, 42 ff.

Bankgeheimnis **26** 47

Bankengesetz, Änderung **7** 45, **28** 16 ff., **29** 16

Bargeld **14** 25 f., **33** 40

Basisgesellschaften **23** 21

Baukreditzinsen **13** 96 f.

Baurechte **13** 45, 47, 68 f., 98 ff., **25** 40

Bausparabzüge **13** 273

Bede **1** 2

Beförderungsdienstleistungen (Ein- und Ausfuhrtransportleistungen, Logistikleistungen) **34** 83 f.

Befristung
- Steuererhebungskompetenz **7** 6, **8** 5
- Steuerforderung **5** 93

Beginn
- selbständige Erwerbstätigkeit **15** 25 ff.
- subjektive Steuerpflicht **11** 59 f., **19** 24, **34** 24 ff.

Begründung
- Einsprache **27** 22
- Rekurs **27** 40

Begründung der subjektiven Steuerpflicht **11** 17 ff., **19** 5 ff.

Begünstigte im Sinne des Gaststaatgesetztes **34** 92

Beherbergungsleistungen (Mehrwertsteuer) **7** 33

Beherbergungstaxen **7** 84

behinderungsbedingte Kosten **13** 262 f.

Behörde
- Aufsicht **26** 17 f., **27** 37
- Mehrwertsteuer **35** 1

- Mitwirkungspflicht **26** 43 ff.
- Rechte und Pflichten **37** 20 ff.
- Steuerbezug **26** 15 f.
- Steuerveranlagung **26** 11 ff.
- Untersuchung **26** 27 ff.
- Verrechnungssteuer **32** 1 ff.

Beilagen (zur Steuererklärung) **26** 40

Beitrag **2** 13
- AHV, IV, berufliche Vorsorge **13** 257
- an Berufsverbände **13** 30
- an politische Parteien **13** 268
- des Grundeigentümers an Erschliessung **13** 79
- EO, ALV und obligatorische UV **13** 259
- für hoheitliche Tätigkeiten **34** 33
- gebundene Selbstvorsorge **13** 258
- Mitgliederbeiträge **18** 29

Bekanntmachungsleistungen **34** 64

Belastungszweck **28** 8, 21, **29** 65

Belastungsgrenze **4** 151

Belegenheitsprinzip **11** 38, **25** 3

Bemessung, Gesetzmässigkeit **4** 88

Bemessungsgrundlage
- aggregierte **7** 14
- Aufwandbesteuerung **11** 69 ff.
- Flat Tax **4** 166
- Grundstückgewinnsteuer, s. dort
- Handänderungssteuer **7** 88
- Leistungsfähigkeitsprinzip **4** 144 f.
- Mehrwertsteuer (Bezugsteuer) **35** 14
- Mehrwertsteuer (Einfuhrsteuer) **36** 8 ff.
- Mehrwertsteuer (Inlandsteuer) **34** 94 ff.
- Steuertatbestandselement **5** 52 ff.
- Verbreiterung **4** 166 ff.
- Verrechnungssteuer auf Erträgen des beweglichen Kapitalvermögens **29** 45 f.
- Verrechnungssteuer auf Lotteriegewinne **30** 2 f.
- Verrechnungssteuer auf Versicherungsleistungen **31** 2 f.

Bemessungsperiode **16** 4, **21** 5 f.

Bemessungssysteme, Wahlmöglichkeit **16** 18

Benützungsgebühr **2** 13

Bereicherungsansprüche **10** 37

Bereicherungssteuer **28** 15

Bergwerke **13** 45

Berichtigung, Verfügung **26** 133 f.

Berücksichtigung der Kinderlasten **12** 2, **13** 276 f.

berufliche Vorsorge **13** 193 ff., 257
- Stellenwechsel **13** 233
- Vorteile der Partnerschaften **12** 26

Berufsaufstiegskosten **13** 25

Berufsauslagen **10** 40, **13** 1, **15** ff.
- Abgrenzung zu den Lebenshaltungskosten **13** 19 ff.
- Arbeitszimmer **13** 29
- Arten **13** 23 ff.
- Fahrtkosten und Mehrkosten für auswärtige Verpflegung **13** 23
- Kinderbetreuungskosten **12** 43 f.
- Pauschalierung **13** 1, 31
- Umschulungskosten **13** 28
- Weiterbildungskosten **13** 24 ff.

Berufsgeheimnis **26** 46

Berufskleider **13** 30

Berufskosten, s. Berufsauslagen

Berufsverbände, Beiträge **13** 30

Beschäftigung, gelegentliche **15** 13 f.

Bescheinigungspflicht **26** 45

Beschlagnahme **26** 75

beschränkte Steuerpflicht **11** 51 f., **19** 11, **26** 95 f.

Beschwerde in öffentlich-rechtlichen Angelegenheiten **9** 40, **27** 4, 52 ff.
- Beschwerdebefugnis **27** 65 ff.
- Beschwerdefrist **27** 70 f.
- Beschwerdegründe **27** 61 ff.
- Beschwerdeobjekt **27** 52 ff.
- Form und Inhalt **27** 72 f.
- Verfahren **27** 74 ff.
- Verrechnungssteuer **32** 11 f.
- Vorinstanzen **27** 57 ff.

Beschwerde, s. auch Rekurs **27** 3, 6 f., 30 ff., **32** 10

Besitzesdauer
- Ermässigung bei längerer **25** 72
- Erhöhte Belastung bei kurzer, (Spekulationsgewinne) **24** 25, **25** 73 f.

Besitzsteuern **2** 38 f.

besondere Verbrauchssteuern
- Steuererhebungskompetenz **7** 5
- Überblick **7** 49 ff.

Bestandesgarantie **4** 65 ff.

Bestandteile, s. Grundstücke

Besteuerung, nachgelagerte **13** 189, 257

Besteuerungsrecht **3** 15

Bestimmtheit des Steuerrechts **4** 104 ff.

Bestimmungslandprinzip **7** 30, **33** 16, 18 ff., 42 ff., **35** 1

Beteiligungen
- Abschreibungen **23** 9
- Abzug, s. Beteiligungsabzug
- Auseinandersetzungsansprüche **20** 14
- Bardividenden im innerschweizerischen Konzernverhältnis **29** 56
- Beteiligungsgesellschaft **23** 3
- Erträge aus **29** 20 ff.
- Erwerb eigener **13** 142 ff.
- geldwerte Vorteile **13** 113 ff., 124, **20** 19 ff.
- gemischte Gesellschaften **23** 27 ff.
- Gesellschafterdarlehen **20** 62 ff.
- Holdinggesellschaft **23** 3
- Holdingprivileg **23** 14 ff.
- Mehrfachbelastung **18** 27, **23** 1
- Muttergesellschaften **23** 2
- qualifizierte **13** 155, 158, **15** 42 f., **29** 56
- Teilbesteuerung **13** 162
- Tochtergesellschaften **23** 2
- verbilligte Abgabe an Mitarbeiter **13** 14
- Verwaltungsgesellschaften **23** 23 ff.
- Wertberichtigungen **23** 9

Beteiligungsabzug **23** 7, 13

Beteiligungsgesellschaften **23** 2 ff.

Beteiligungsgewinn **23** 13

Beteiligungsrechte **29** 20

Betrachtungsweise
- objektiv-technische **13** 89
- subjektbezogene vs. objektbezogene **13** 115 ff.
- wirtschaftliche **6** 13 ff.

Betreibung, s. Schuldbetreibung

Betriebserfordernis **20** 50 ff.

Betriebserfordernis, doppeltes **20** 53

Betriebsgesellschaften, Veräusserung von Mehrheitsbeteiligungen an **25** 29 f.

Betriebskosten **13** 86 f.

Betriebsstätte
- Steuerbefreiung auswärtige **11** 25 f., **19** 7 f.
- subjektive Steuerpflicht **5** 50
- wirtschaftliche Zugehörigkeit **11** 35 ff.

Betriebsstätteprinzip (wirtschaftliche Zugehörigkeit Arbeitnehmer) **11** 42

Betriebsverlegung ins Ausland **15** 142

Betriebsverpachtung **15** 52, 141

Betriebswirtschaftliche Steuerlehre **1** 22

Betriebswohnung **13** 12

Betrugsbekämpfungsabkommen **3** 19

bewegliche Sachen, Ertrag **13** 165 ff.

bewegliches Privatvermögen **13** 33

bewegliches Vermögen
- Beteiligungen **13** 113 ff.
- Bewertung **14** 25 ff.
- Ertrag im Privatvermögensbereich **13** 102 ff., **29** 1 ff.
- Gewinn und Verlust bei Veräusserung **13** 222
- Guthaben **13** 103 ff.
- Vermögenssteuer **14** 1 ff.

Beweiskraft der Bilanz **15** 66

Beweismittel **26** 32 ff., **27** 23, 40

Beweismittel oder Tatsachen, Entdeckung **26** 118, 128

Beweiswürdigung, freie **37** 32

Bewertung
- Abschreibungen **15** 98 ff.
- Aktive **14** 17 ff.
- bewegliches Vermögen **14** 25 ff.
- Bilanz **15** 74 ff., 94 ff.
- Geschäftsvermögen **15** 75 ff., 94 ff.
- Lohnnebenleistungen **13** 12, 14
- unbewegliches Vermögen **14** 21 ff.

Bewertungshandlung **15** 99

Bezahlungssurrogat **5** 79 ff., 84

Bezug (Steuerbezug) **16** 12 ff., **26** 1 ff., 6, 15 f., 65 ff.

Bezugsrechte **13** 163 f.

Bezugsteuer **7** 32, **33** 38 ff., 42, **35** 1 ff.

- Abgrenzung zur Inlandsteuer **35** 13
- Abrechnungsperiode **35** 16
- Anwendungsbereich und Konzept **35** 1 ff.
- Bestimmungslandprinzip, s. dort
- Bezug und Sicherung **37** 39 ff.
- Steuerforderung **35** 15 f.
- Steuerobjekt **35** 3, 10 ff.
- Steuersubjekt **35** 6 ff.
- Verfahren **37** 1 ff.
- Vorsteuerabzug **35** 5, 9

Bezugsverfahren **37** 2 f.

Bezugsverjährung **5** 95, **24** 29

Biersteuer **2** 46, **7** 52

Bilanz
- Änderungsverbot **15** 67b
- Berichtigung und Änderung **15** 67a f.
- Beweiskraft **15** 66
- Bewertung **15** 74 ff., 94 ff.
- Massgeblichkeit **15** 61 ff., **20** 1 ff.
- Steuererklärung **26** 40
- steuerrechtlich offengelegte stille Reserven **20** 61
- steuerrechtliche Korrekturen **15** 68 ff., 120 ff., **20** 1 ff.

Bildung und Erziehung, Leistungen im Bereich **34** 57 f.

Billetsteuer **2** 39

Billettsteuern **7** 84

Bindungswirkung, Verwaltungsverordnungen **3** 35

Bodenschätze **13** 45, 47, 70 f.

Bodenspekulation, Bekämpfung der **25** 73 f.

Boni, Rückzahlung übersetzter **10** 28a ff.

Börse, Mitglied einer schweizerischen **7** 47

Börsenkurse **14** 20, 27 ff.

Brutto-Allphasensteuer **33** 13

Bruttoeinkommen **10** 38, **15** 57 ff., **26** 92

Bruttoprinzip **10** 28b, **29** 45

Buchführung **37** 13 f.

Buchführungspflichtige **15** 61 ff., **16** 21 f.

Buchgewinn **15** 56, 134, 146, **20** 29 f.

buchmässige Behandlung **15** 37, 87 ff.

buchmässiger Gewinnausweis **15** 134

Buchmässigkeit
- Abschreibungen **15** 115
- Erfordernis **15** 67

Buchwert **15** 56

Bund
- Aufsicht **9** 33 ff., **26** 17 f., **27** 37
- Einkommensteuersatz **17** 2 ff.
- Rechtsmittel **27** 49 ff.
- Steuererhebungskompetenz **4** 4 ff., **7** 3 ff., **28** 1 f.

Bundesangestellte, persönliche Zugehörigkeit **11** 22 f., 31

Bundesgericht **26** 120, 124, **27** 2, 4 ff., 7, 49 ff., **37** 37 f.

Bundeskompetenz **4** 6, **7** 3 ff., **8** 2 ff., **9** 11 f., 17 f., **28** 1 f.

bundesrechtlicher Rechtsschutz **9** 40 ff., **27** 49 ff

Bundesverfassung
- als Rechtsquelle **3** 25
- Grundlagen der Besteuerung **4** 1 ff.
- Steuererhebungskompetenzen **7** 3 ff.
- Verfahrensgarantien **26** 4

Bundesverwaltungsgericht **27** 50, **32** 10, **37** 36

Bürgschaft **14** 33

Busse
- Nichtabziehbarkeit **20** 4
- staatliche Einnahmequelle **2** 1, 8
- Steuerwiderhandlung **26** 42
- Verrechnungssteuerwiderhandlung **29** 52

C

cash pooling **29** 17, 43

causa societatis **20** 23

CFC **18** 14

comparable uncontrolled price method **20** 25

Computer **13** 30

cost plus method **20** 25

Coupontermin **13** 127

D

Darlehen
- Abgrenzung zu Obligationen **29** 17
- an Beteiligte **13** 141
- mehrwertsteuerrechtliche Behandlung **34** 33
- partiarisches **13** 104
- simuliertes **13** 138, 141
- Zinsertrag **13** 104 ff.

Daten, Aufbewahrung und automatisierte Verarbeitung **37** 25

Datenträger, Einfuhr von **35** 11

dauerhafte Nutzungsänderung **15** 46

Dauerhaftigkeit **15** 13

dauernde Lasten **13** 254 f.

dauernder Aufenthalt, s. Aufenthalt

Dealing at arm's length **18** 7, **20** 23 ff., 63, **29** 27

Debitoren, Delkredere **15** 114

definitiver Bezug **26** 66 f.

Degression
- Abschreibung **15** 98 ff.
- Steuersätze **4** 155, **17** 5

Deklaration **29** 74 ff.

Delegation, Kompetenz **4** 89

Delikt, Einkommen aus **10** 12

Delkredere **15** 114

Demokratieprinzip **4** 85, 187 f.

Denkmalpflege **13** 72, 93 f.

Derivate **13** 41, 181 ff.

derogatorische Kraft des Bundesrechts **4** 10, 174 ff.

Devolutiveffekt **26** 117, **27** 14, 32

Diebstahl **10** 12

Dienstabteilung Bundessteuer **26** 9, 11, 16, **27** 68

Dienstanweisungen **3** 34

Dienstbarkeiten **13** 46, **25** 37 ff.

Dienstleistungen (Mehrwertsteuer) **33** 33, **35** 2, 10

Dienstleistungsimporte **35** 2

Diplomat
- Sonderanknüpfung persönliche Zugehörigkeit **11** 22 f., 31
- Steuerbefreiung **3** 20, **25** 4

Direktbezug **26** 105

direkte Bundessteuer
- Bezug **26** 16
- Fälligkeit **26** 65
- Feststellungsentscheide **26** 59 ff., **32** 8
- Rechtsmittel **27** 6 f.
- Steuererhebungskompetenz **7** 4 f., **8** 2 ff., 12 f.
- Steuerharmonisierung **4** 22
- Steuerverfahrensrecht **26** 2
- Überblick **7** 18 ff.
- Veranlagung **26** 11
- Veranlagungsverfügung **26** 57

direkte Steuern **2** 41 ff., **7** 16, 91, **8** 4, **28** 15

direkter Grundbesitz, kollektive Kapitalanlagen **13** 170 f., **18** 29, **19** 4, **22** 6, 8

Diskriminierungsverbot **4** 47 f., 132 ff., **26** 108 ff.

Disponibilität **10** 32, **13** 11, 54

Dispositionen, Vertrauensschutz **4** 100

Dispositiv **26** 112

Dividenden **13** 124 ff., **29** 24 ff., 48, **34** 33

Domizilgesellschaften **22** 9, **23** 22

Contingent Convertible Bonds (CoCos) **7** 45, **28** 16 ff.

Doppelbelastung, wirtschaftliche **13** 162, 171, **15** 159, **18** 35 ff., **20** 62 ff., 63, **23** 6, 20

Doppelbesteuerung, s. interkantonale oder internationale

Doppelbesteuerungsabkommen **4** 175
- als Rechtsquellen **3** 14 ff.
- Aufwandbesteuerung **11** 74 f.
- Diskriminierungsverbot **26** 108 ff.
- Rückerstattung der Verrechnungssteuer **29** 69

Doppeltarif **12** 29 f., 47, **17** 2, 6, 11

doppeltes Betriebserfordernis **20** 53

Dreieckstheorie **13** 131

Dreifachbelastung **18** 27, **23** 1

Dreisäulenkonzept **13** 188

Dritte
- Mitwirkung **26** 43 ff.
- subjektive Steuerpflicht **11** 63 ff., **19** 26 ff.

dritte Säule **13** 188, 197 ff., 258

Drittvergleich **18** 7, **20** 23 ff., 63, **29** 27

Dual Income Tax **4** 165 ff.

Dualismus der Einkommensermittlung **15** 4 ff., 28, **20** 8

dualistisches System, s. Grundstückgewinnsteuer

Dumont-Praxis **13** 84

Durchbrechung der Abschirmwirkung **18** 10

Durchgriff **18** 9 ff.

Durchschnittssteuersatz **17** 4

Durchsetzung
- Forderung **10** 52 f.
- Verfassungsrecht **4** 180 ff.
- «Duty free»-Verkäufe **34** 90

E

Editionspflicht **26** 44

Edukationseffekt **12** 33

EDV-Hard- und Software **13** 30

Effektenhändler **7** 47

Effizienzprinzip **2** 28

EFTA **7** 61

Ehe **4** 51
- Beendigung, zeitliche Bemessung **16** 34 ff.
- Grundrecht **4** 56 f.

Ehefreiheit (EMRK) **3** 13

Ehegatten **12** 1 ff.
- Alimente **13** 210 ff., 256
- Arbeitnehmer ohne Niederlassungsbewilligung **26** 90 ff.
- Erwerbstätigkeit beider **13** 264 f.
- Haftung **11** 64 f., **12** 16 f.
- Legitimation (Rechtsmittel) **27** 17, 37
- subjektive Steuerpflicht **11** 7
- Verheiratetenabzug **13** 279

Ehrengaben **13** 229, 235, **15** 44 f.

Eidgenössische Erlasskommission **26** 69, **27** 50

Eidgenössische Steuerverwaltung **26** 7, 17, **27** 37, 68, **32** 2

Eidgenössisches Finanzdepartement **26** 7, 17

eigene Aktien/Beteiligungsrechte **13** 138, 142 ff., **29** 31 ff., 55

eigene Rechnung **13** 6, **15** 11 f.

Eigenkapital **15** 47, 89 ff., **20** 56

Eigenkapitalaufnahme **7** 45

Eigenkapital, verdecktes **20** 62 ff.

Eigenleistung **10** 13 f., 14, 20 ff., **15** 140

Eigenmietwertbesteuerung **13** 42, 47 f., 51 ff.
- Ausgestaltung **13** 53 ff.
- Ermittlung **13** 57
- Kritik **13** 58 ff.
- Rechtfertigung **13** 52
- Rechtsquelle **13** 48
- Schuldzinsenabzug **13** 251

Eigennutzung
- Einkommen **10** 12 ff., **13** 51 ff.
- Liegenschaften **13** 47 f., 51 ff.
- Privatentnahme **15** 138 ff.

Eigentum
- Geschäftsvermögen **15** 29 ff.
- Zufluss **10** 35

Eigentümer
- Zurechnung des Vermögens **14** 9 f.
- Zurechnung des Vermögensertrags **13** 43 f.

Eigentumsbeschränkung, öffentlichrechtliche **25** 37 ff.

Eigentumsgarantie **4** 65 ff.
- EMRK **3** 13
- Vermögenssteuer **14** 7

Eigentumsübertragung, faktische, s. Handänderung, wirtschaftliche

Eigenverbrauch **34** 138, 140 ff.
- Anwendungsfälle **34** 140 ff.
- Berechnungsgrundlage **34** 145 ff.

einfache Gesellschaften **11** 12 ff.

einfache Staatssteuer **17** 6

Einfuhrsteuer **7** 32, **33** 38, 41, 43, **36** 1 ff.
- Anwendungsbereich und Konzept **36** 1 ff.
- Einfuhrsteuerschuld **36** 12
- Steuerbemessung **36** 8 ff.

Sachregister

- Steuerforderung **36** 12
- Steuerobjekt **36** 6 f.
- Steuersubjekt **36** 4 f.
- Verfahren **37** 51 ff.

Einfuhr von Gegenständen **36** 9

Einfuhrzölle **7** 58, **36** 10

eingetragene Partner **12** 1 ff.
- Beendigung, zeitliche Bemessung **16** 34 ff.
- Haftung **12** 16 f.
- subjektive Steuerpflicht **11** 7
- Verheiratetenabzug **13** 279

einheitlicher Gewinnbegriff im Unternehmenssteuerrecht **15** 57 ff., **20** 1 ff.

einheitlicher Gewinnungskostenbegriff **13** 18

Einigung **3** 55 f., 58, **4** 96, 102

Einkauf (Vorsorge) **13** 233, 257

Einkommen
- als Bereicherung **10** 28a ff.
- Begriff **10** 1 ff.
- Dualismus bei der Ermittlung **15** 4 ff., 28
- natürlicher Personen **13** 1 ff.

Einkommensbindungseffekt **12** 23, 48

Einkommensgeneralklausel **10** 7

Einkommenspool **10** 39

Einkommenssteuer **2** 33 f., 40
- Bund **8** 2, 12 f.
- kantonale **7** 65 ff., **8** 14 f.
- Steuersatz **17** 2 ff.
- subjektbezogene **1** 5
- Verrechnungssteuer **28** 14 f.
- zeitliche Bemessung **16** 19 ff.

Einkommenssteuerwert **15** 121

Einkommensverrechnung, innerfamiliäre **12** 10

Einkommensverwendung, Unmassgeblichkeit **10** 49, **13** 19

Einkünfte **10** 2 f.
- steuerfreie **13** 217 ff.
- Nichteinkünfte, s. dort
- übrige **13** 204 ff.

Einlageentsteuerung **34** 138, 148 ff.

Einlagen
- Kapitaleinlagen, s. dort
- Privateinlagen **15** 47 f., **25** 35 f.

Einlagen in Reparatur- oder Erneuerungsfonds **13** 85

Einleitungsverjährung **5** 95

einmalige Einkünfte **17** 12

Einmalleistungen **13** 36

Einmalprämie, rückkaufsfähige Kapitalversicherung **13** 111 f., 200, 231 f., 251

Einmalverzinsung, überwiegende **13** 107 ff.

Einnahmequelle des Bundes **33** 3

Einnahmenbeschaffungsfunktion **28** 7 f.

Einphasensteuer **33** 11

Einsatz von Arbeit und Kapital **15** 54

Einschätzung **3** 52, **26** 1 ff., 5, 12 f.
- Änderung **26** 114 ff.
- Entscheid **26** 58
- Nichtigkeit **26** 135 ff.
- Rechtskraft **26** 110 ff.
- Vorschlag **26** 58

Einschreiben **27** 20

Einsprache **27** 3, 11 ff., **37** 35
- Begründung **27** 22 f.
- direkte Bundessteuer **27** 6 f.
- Form und Inhalt **27** 22
- Frist **27** 19 ff.
- Gründe **27** 16
- Kosten **27** 29
- Legitimation **27** 17 f.
- Objekt **27** 15
- Rückzug **27** 28
- Verfahren und Entscheidung **27** 24 ff.
- Verrechnungssteuer **28** 9

einstufiges Beschwerdeverfahren **27** 8, 45

Einzelaktkontrolle **4** 182

Einzelbewertung **15** 116 f.

Einzelermächtigung **4** 4

elterliche Sorge **11** 8 ff., **12** 34 f.

Emissionsabgabe **7** 41 ff., **20** 13

Empfängerortprinzip **33** 52 ff.

Empfänger von Vorsorgeleistungen (wirtschaftliche Zugehörigkeit) **11** 49 f.

EMRK **3** 10 ff., **4** 2
- Ehefreiheit **3** 13, **4** 56

- Glaubens- und Gewissenfreiheit **4** 54 ff.
- Nachsteuererhebung **26** 126
- Rechtsschutzgarantie **26** 4, 126

Ende
- selbständige Erwerbstätigkeit **15** 25 ff.
- subjektive Steuerpflicht **11** 61 f., **19** 25, **34** 27

Endentscheide **27** 54

endogene Reinvermögenszugänge **10** 14, **13** 217

Energiekosten **13** 87

Energiesparmassnahmen **13** 72, 93 f.

Entdeckung erheblicher Tatsachen oder Beweismittel **26** 118, 128

Enteignungsentschädigung **13** 41

Entgelt für die Nutzungsüberlassung **13** 34

Entgeltlicher Konsum **33** 8

Entgelt (Mehrwertsteuer) **33** 34, 39

Entreicherung **13** 130, **20** 9

Entrichtung der Verrechnungssteuer **29** 52, **32** 4 ff.

Entrichtung, Wirtschaftlichkeit der **33** 17, 21 f., **35** 4

Entschädigungen für die Aufgabe oder Nichtausübung einer Tätigkeit oder eines Rechts **13** 209

Entscheidungsneutralität **4** 76, **23** 5

Entsorgungsgebühren **13** 87

Entstehung der Steuerforderung **5** 60 ff., **34** 166 ff.

Entstrickung **15** 136

Enumeration allgemeiner Abzüge **13** 250

Enumerationsprinzip **10** 7

Erbanfallsteuer **7** 76

Erben
- Mithaftung **11** 66
- Rückerstattungsberechtigung **29** 64
- selbständige Erwerbstätigkeit **15** 27
- zeitliche Bemessung bei der Vermögensbesteuerung **16** 42

Erbengemeinschaften
- selbständige Erwerbstätigkeit **15** 27
- subjektive Steuerpflicht **11** 13 f.

- Teilung **15** 131 f.
- Vermögen **14** 9 f.

Erbschaft
- Einkommen **10** 12, **13** 227 ff.
- s. auch Erbschafts- und Schenkungssteuern

Erbschafts- und Schenkungssteuern **7** 74 ff.
- Inventar **26** 78 ff.
- Steuerharmonisierung **4** 23
- Steuerreform (Volksinitiative) **4** 111, 133, **7** 92 f.
- Vorteile der Partnerschaften **12** 26

Erbschaftsverwalter, Haftung **11** 66

Erbteilung **15** 131 f.

Erforderlichkeit **4** 92

Erfüllung **5** 75 ff.

ergänzende ordentliche Veranlagung **26** 93

ergänzende Vermögenssteuer **14** 23 f.

Ergänzungsleistungen **13** 242 f.

erhebliche Tatsachen oder Beweismittel, Entdeckung **26** 118, 128

Erhebungskompetenz **2** 12, **8** 1 ff.

Erhebungsprinzipien **2** 12

Erhebungswirtschaftlichkeit **33** 16 f., 21 f., **35** 4

Erkenntnisse der Lebenserfahrung **26** 28 ff.

Erlass **5** 88 ff., **26** 69, **27** 33, 80, **29** 59, **37** 45 ff., 56

Erlös aus Grundstückveräusserungen **25** 54 ff., **25** 54 ff.

Ermessen
- Kontrolle **27** 16, 35 f.
- pflichtgemässes **26** 42, 54 ff., **27** 23, 36

Ermessenseinschätzung, s. Ermessensveranlagung

Ermessensveranlagung **26** 23, **37** 30

Erneuerungsfonds **13** 85

Ersatzbeschaffung **15** 133, 47 ff,
- Geschäftsvermögen, Grundstücke des **25** 49

Sachregister

- Land- und forstwirtschaftliche Grundstücke **25** 47
- selbstgenutztes Wohneigentum **25** 48, **26** 61
- Umstrukturierungen, s. dort

Ersatzwert **25** 56, 60

Erschliessungsbeiträge **13** 79

erste Säule **13** 188, 191 f., 257

Erstreckung von Rechtsmittelfristen **27** 21, 39, 71

Erstwohnung **13** 55

Ertrag, s. Vermögensertrag

Ertragsintensität **22** 1

Ertragswert **14** 19, 23 f.

Erwerb, abgeschlossener **10** 51 ff.

Erwerbsausfall **13** 259

Erwerbseinkünfte, wegfallende **10** 44

Erwerbsersatzeinkommen **10** 44 f., **13** 206

Erwerbsersatzordnung **13** 259

Erwerbstätigkeit
- beider Ehegatten **13** 264 f.
- selbständige, s. dort
- subjektive Steuerpflicht **5** 50, **11** 8 ff., 42
- unselbständige, s. dort

Erziehung, s. Bildung und Erziehung

Europäische Gemeinschaften / Union, s. Freihandelsabkommen, Staatsverträge, Steuerstreit, Zollabkommen

Europaverträglichkeit **33** 16

Existenzminimum **4** 77, **10** 46 ff., **13** 234 ff., 274 f.

Exkulpationsbeweis **29** 13

exogene Vermögenszugänge **10** 20 ff.

exzessive Besteuerung **4** 150 f.

F

Fachhochschulstudium (Weiterbildungskosten) **13** 26

Fachliteratur **13** 30

Fahrtkosten **13** 23

faktische Trennung **12** 6 ff.

faktischer Konnex **13** 4

Faktizität **6** 16, 30, **10** 34 ff.

Faktorenaddition **4** 51, **11** 7, **12** 6 ff., 36 ff.
- Beendigung, zeitliche Bemessung **16** 34 ff.
- güterrechtliche Auseinandersetzung **13** 230

fakultative Staatsvertragsreferendum **3** 17

Fälligkeit
- Entstehung der Verrechnungssteuerforderung **29** 48
- Forderung **10** 54, 58, **14** 32 f.
- Steuerforderung **5** 62, 78, **16** 12 ff., **26** 65, **27** 24, **29** 48 ff.

Familie, Grundrecht **4** 56 f.

Familienbesteuerung
- Reform **12** 50 f.
- Grundstückgewinnsteuer, keine Anwendung bei der **25** 2

Familieneinkommen **4** 51, **12** 1 ff.

familienrechtliche Verpflichtungen **13** 237 f.

Familiensplitting **12** 45 f.

Familienvermögen **4** 51, **12** 1 ff.

feste Geschäftseinrichtung **11** 37

fester Rechtsanspruch **10** 52, **15** 72

Festsetzungsverfahren **37** 2 f.

Festsetzungsverjährung **34** 170 ff.

Feststellungsverfahren **26** 59 ff., 64

Finalität (Gewinnungskostenbegriff) **10** 42, **13** 16, **15** 70

Finanzausgleich
- föderaler **4** 18, **7** 11 ff.
- kantonaler **17** 23

Finanzdienstleistungen **34** 66

Finanzierungsneutralität **4** 76

Finanzprodukte, kombinierte **13** 181 ff.

Finanzverfassung **4** 1 ff., **5** 23, **7** 3 ff.

finanzwissenschaftliche Steuerlehre **1** 21

Finanzzweck **2** 1, **4** 146

Finanzzwecksteuer **2** 3

fiskalische Interessen **4** 91, 101

fiskalische Verknüpfung **20** 47
Fiskalzölle **7** 58
Fiskalzweck **2** 1 ff., 24
Flat Tax **4** 165 ff.
Föderalismus
- Finanzverfassung **4** 1 ff.
- Rechtsgleichheit **4** 41
- Steuerharmonisierung **9** 19 ff.
- Verfassungsgerichtsbarkeit **4** 187 f.
- Vollzugsföderalismus **26** 2
Fonds
- Auskunfts- und Meldepflicht **26** 45
- Verrechnungssteuer **29** 39 ff.
- vertragliche Ausschüttungsfonds **13** 173 f.
- vertragliche Thesaurierungsfonds **13** 175
Forderungen
- Bestimmbarkeit **10** 53
- Delkredere **15** 114
- Erwerb **10** 52, **15** 72 f.
- Umfang **10** 53
- Verzicht **34** 33
- Zufluss **10** 35, 51 ff.
Forderungsverjährung **5** 96
Form
- Beschwerde in öffentlich-rechtlichen Angelegenheiten **27** 72 f.
- Einsprache **27** 22
- elektronisch; Signatur **27** 72
- Rekurs **27** 40
formelle Rechtskraft **26** 110 f.
formelle Steuerharmonisierung **4** 24
Fragebogen (zur Steuererklärung) **26** 40
Freibeträge **10** 48, **13** 245 ff., 269 ff.
- indirekte Progression **4** 166
- Vermögenssteuer **14** 34 f.
freie Selbstvorsorge (Säule 3b) **13** 199 ff., 231 f.
Freihandelsabkommen EU **3** 19, **23** 19, 32
Freiheitsrechte **4** 56 ff.
Freistellungsmethode (Beteiligungsabzug) **23** 10 ff.
Freizügigkeitsabkommen **3** 19, **26** 109 f.
Freizügigkeitspolicen **13** 194, 231 f., 233
Fremdbetreuungsabzug **12** 50

Fremdfinanzierung **15** 23
Fremdhaftung **5** 33
Fremdkapital **15** 89 ff., **20** 62 ff.
Fremdvergleich **18** 7, **20** 23 ff., 63
Frist
- Beschwerde in öffentlich-rechtlichen Angelegenheiten **27** 70 f.
- Einsprache **27** 19 ff.
- Erstreckung **27** 21, 39, 71
- Lauf **27** 19 ff., 71
- Rekurs **27** 39
- Revisionsverfahren **26** 122 ff.
- Steuererklärung **26** 50
- Wiederherstellung **27** 21, 71
Fristenhemmung **5** 97
Fruchtgenuss **13** 35
Fund, Einkommen **10** 12
Fundustheorie **14** 3
Fusion **20** 32 f.
Fusionsverlust, verrechnungssteuerrechtlicher **29** 38
Futures **13** 181 ff.

G

GATT **7** 60
gebrannte Wasser **7** 53 f.
Gebrauchsgegenstände **14** 15
Gebrauchswert **14** 13
Gebühren **2** 13 ff., **4** 176 ff., **34** 33
gebundene Selbstvorsorge (Säule 3a) **13** 197 f., 258, **26** 61
Geeignetheit **4** 92
Gefährdung der Steuerforderung **26** 74
Gegenleistungslosigkeit **2** 1
Gegenrechtsvereinbarungen **3** 43
Gegenseitigkeit **5** 87
Gegenstände, gebraucht, s. Occasionsgegenstände
Gegenwartsbemessung **16** 6
Geheimhaltungspflicht **37** 22
Gehör, rechtliches **27** 28, 43
Geldmarktpapiere **7** 45, **13** 103 ff., **28** 19 ff., **29** 16 ff.

Geldwert **10** 33

geldwerte Leistungen **29** 15, 24 ff., 36 ff., 46

geldwerte Vorteile aus Beteiligungen **13** 113 ff., 124

gelegentliche Beschäftigung **15** 13 f.

Geltendmachung des Rückerstattungsanspruchs **32** 16 ff.

Gemeindeerlasse **3** 30

Gemeinden
- Einsprachelegitimation **27** 17 f.
- Rekurslegitimation **27** 37 f.
- Steuerämter, s. Gemeindesteueramt
- Steuererhebungskompetenz **4** 11 ff., **24** 14
- Steuerfuss **17** 22 f.
- Steuern, Überblick **7** 65 ff.

Gemeindesteueramt **26** 10, 12 f., 16

Gemeiner Pfennig **1** 4

gemeinnützige Zwecke, Leistungen für **34** 63 f.

Gemeinnützigkeit
- Grundstückgewinnsteuer **25** 4
- Mehrwertsteuer **7** 26 ff.
- Zuwendungen **13** 266 f.

Gemeinsame Veranlagung **12** 11 ff.

Gemeinwesen
- Aufwendungen, Ausgleichsfunktion für **24** 6 f., 23
- Leistungen innerhalb des gleichen **34** 73
- Steuerbefreiung **19** 14, 18, **25** 4
- steuerberechtigte **5** 21 ff., **8** 1 ff.
- subjektive Steuerpflicht (Mehrwertsteuer) **34** 11 ff.

Gemengsteuern **2** 19, **4** 176 ff.

gemischt genutzte Wirtschaftsgüter **15** 39 ff.

gemischte Gesellschaften **22** 9, **23** 21 ff., 27 ff.

gemischte Obligationen **13** 108

gemischtes Veranlagungsverfahren **5** 9, **26** 5, **37** 52

Generalklausel
- einkommenssteuerrechtliche **10** 6 ff.
- Vermögensertrag **13** 33

Generalkompetenz, subsidiäre **4** 3

Generalversammlung, Beschluss der **29** 48

generell-abstrakte Rechtsnormen **3** 27

generelle Anknüpfungstatbestände **11** 35 ff., **19** 9

Genossenschaften **18** 27 f., **22** 5, 7
- Erträge aus Anteilen **29** 20
- Holdingprivileg **23** 14 ff.
- s. auch juristische Personen

Genugtuung **13** 240 f., **34** 33

Genussscheine **29** 20

Gesamtbetrachtung bei verdeckten Gewinnausschüttungen **13** 132

Gesamteinkommen **12** 7

Gesamtheit der Einkünfte **10** 8, **29** ff.

Gesamtleistung **34** 38

Gesamtmengentarif **17** 4

Gesamtreineinkommenssteuer **10** 29 ff., **11** 24, **13** 19, 245 ff.

Geschäftsabschlüsse, unter- und überjährige **21** 7 ff.

Geschäftsaufgabe **15** 151, **17** 16 f.

Geschäftsbetrieb
- Steuerbefreiung auswärtiger **11** 25 f., **19** 7 f.
- Steuerpflicht aufgrund wirtschaftlicher Zugehörigkeit **11** 35 ff.

Geschäftsbücher s. Bilanz, Buch-

Geschäftsgrundstücke, Liquidationsgewinn **15** 150, 152, **25** 35 f.

Geschäftsjahr **21** 2, 7 ff.

Geschäftsleitung, Ort **19** 5 f., **21** 10 ff., **29** 5 f.

geschäftsmässig begründete Kosten **15** 69 ff., **20** 24

Geschäftstätigkeit Holding-, Verwaltungs-, gemischte Gesellschaften **23** 16, 21 f., 26, 27 f.

Geschäftsverluste, ausländische **11** 29, 52, **19** 7 f., 11

Geschäftsvermögen **15** 28 ff., 161
- Abgrenzung zum Privatvermögen **15** 28 ff.
- Abschreibungen **15** 98 ff.

Sachregister

- Aktivierung **15** 87 f.
- Bewertung **15** 95 ff.
- Entstrickung **15** 135 ff.
- gewillkürtes / notwendiges **15** 34
- Grundstückgewinn **15** 143 ff., **24** 2, 11, 13, **25** 7, 49
- immaterielle Güter **13** 179
- juristische Personen **20** 8
- Passivierung **15** 89 ff.
- Privatentnahme **15** 49 ff., 138 ff.
- Verlegung ins Ausland **15** 142
- Verwertung **15** 136 f.

Geschichte der Steuererhebung **1** 1 ff., **7** 9 f., **8** 4

geschlossene kollektive Kapitalanlagen **13** 168

Gesellschafterdarlehen **20** 62 ff.

Gesetz
- formelles **3** 27
- Normenkontrolle, s. dort

Gesetzesänderungen
- Rechtssicherheit **4** 108 ff.
- Verwertung **15** 137

Gesetzeshierarchie **3** 4 f.

Gesetzesumgehung, Abgrenzung zur Steuerumgehung **6** 33 ff.

gesetzesvertretende Verordnung **3** 39 ff.

gesetzesvertretendes Richterrecht **3** 50

Gesetzesvorbehalt **4** 86

gesetzliche Überwälzungspflicht **26** 102, **29** 46, 52

Gesetzmässigkeit **4** 83 ff.

Gestaltungsspielräume, kantonale i.R.d. Steuerharmonisierung **9** 19 ff., **12** 49, **14** 1

Gestehungskosten **13** 115

getrennte Besteuerung **17** 18

Gesundheitswesen, Leistungen im **34** 49 ff.

Gewaltenteilungsprinzip **3** 48, **4** 187 f.

Gewerbesteuern **4** 74, **7** 84

gewillkürtes Geschäfts- / Privatvermögen **15** 34

Gewinn
- aus Beteiligungen, s. Beteiligungsgewinn
- aus der Veräusserung von beweglichem Privatvermögen **13** 222
- aus der Veräusserung von unbeweglichem Privatvermögen **13** 220 f.
- Ermittlung **15** 54 ff., **20** 1 ff.
- Kapitalgesellschaften und Genossenschaften **7** 23, **20** 1 ff.

Gewinnanteile **13** 124 ff., **34** 33

Gewinnausschüttung
- offene **13** 126 f., **20** 16, 17 f., **23** 30
- verdeckte s. verdeckte Gewinnausschüttung

Gewinnausweistatbestand
- Arten **15** 127 ff.

steuersystematischer **15** 50, 135 ff.

Gewinnermittlung **15** 54 ff.
- Grundstückgewinnsteuer **25** 51 ff.
- Kapitalgesellschaften und Genossenschaften **20** 1 ff.
- ohne kaufmännische Buchhaltung **15** 153 ff.

Gewinnerzielungsabsicht **13** 5, **15** 15 ff.

Gewinnsteuer **2** 33 f., **18** 27
- Holdingprivileg **23** 14 ff.
- Satz **22** 5 ff.
- Steuererhebungskompetenz **8** 2 ff.

Gewinnsteuerwert **15** 121, **20** 47

Gewinnungskosten **10** 40 ff., **13** 245 ff.
- Baurechtszinsen **13** 100 f.
- Berufskosten **13** 15 ff.
- bewegliches Privatvermögen **13** 184 ff.
- Drittbetreuungskosten **13** 268 ff.
- Kinderbetreuungskosten **12** 43 f.
- unbewegliches Privatvermögen **13** 73, 83 ff.

Gewinnverzicht **20** 22

Gewinnvortrag **20** 60

Gewinnvorwegnahme **20** 22

Gewohnheitsrecht **3** 46

Glaubens- und Gewissensfreiheit **4** 58 ff.

Gläubiger grundpfandgesicherter Forderungen (wirtschaftliche Zugehörigkeit) **11** 48

Gleichartigkeit **5** 86

Gleichbehandlung
- Gewerbetreibende **4** 75, **19** 21
- s. auch Rechtsgleichheit

Gleichbehandlung im Unrecht **4** 45 f.
Gleichberechtigung von Mann und Frau **4** 49 ff.
Gleichheitsgrundsatz (s. auch Rechtsgleichheit)
- Finanzzwecksteuern **2** 3
- Verwaltungspraxis **3** 53

Gleichmässigkeit der Besteuerung **4** 135 ff.
Glücksspiele, s. Lotterie, Spielbank
going concern **15** 95
Goodwill **15** 124, 161
grammatikalische Auslegung **6** 7 f.
Gratisaktien **13** 119 f., **29** 35, 54
Gratisnennwerterhöhungen **13** 119 f., **29** 35, 54
Gratis-Partizipationsscheine **29** 35
Grenzgänger **11** 4, 21, **26** 109a
Grenzsteuersatz **17** 4
Grundbesitz, direkter, kollektive Kapitalanlagen **13** 170 f., **18** 29, **19** 4, **22** 6, 8
Grundbuch, aufgenommene Rechte **13** 45 ff.
Gründer, Steuererleichterungen **11** 57 f., **19** 16, **22** f.
Grundkapital, s. Aktien-, Stammkapital
Grundlagenfach, Steuerrecht als **1** 27
Grundlasten **13** 46
Grundpfandrecht, gesetzliches **26** 76, **24** 30
Grundrechte **3** 24, **4** 37 ff.
Grundsatzgesetzgebung **4** 27, **9** 8
Grundstücke
- Begriff **25** 9 ff.
- Bestandteile **25** 11
- Besteuerung, s. Grundstückgewinnsteuer
- Bewertung **7** 79, **14** 21 ff., **24** 61
- Eignung als Anknüpfungspunkt der Besteuerung **7** 73
- Ertrag aus Eigennutzung **13** 51 ff.
- Gewinn und Verlust aus Veräusserung im Privatvermögen **13** 220 f., **24** 1 ff., 16, **25** 51 ff., 67 ff.
- Grundstückgewinn, s. dort

- Grundstückgewinnsteuer, s. dort
- Leistungen im Zusammenhang mit **34** 67
- Privatentnahme im dualistischen System **15** 152, **25** 35 f.
- Privatvermögensertrag **13** 45 ff.
- Steuerbefreiung auswärtige **11** 25 f., **19** 7 f.
- subjektive Steuerpflicht **5** 50
- wirtschaftliche Zugehörigkeit, s. Belegenheitsprinzip
- Zugehör **25** 11

Grundsteuern **7** 69 ff.
- Domäne der Kantone und Gemeinden **7** 71
- Grundstückgewinnsteuer, s. dort
- Handänderungssteuer **2** 45, **7** 83 ff
- Liegenschaftssteuer **2** 34, 45, **7** 78 ff., **13** 86
- Minimalsteuer auf Grundeigentum **7** 81 f., **20** 58

Grundstückgewinn
- Abgrenzung zum Vermögensertrag, s. Abgrenzung
- Begriff **25** 12
- Besteuerung, s. Grundstückgewinnsteuer

Grundstückgewinnsteuer **7** 74 ff., **24** 1 ff., **25** 1 ff.
- Abgrenzung zur Einkommenssteuer **7** 69, **24** 15, 19 ff.
- Bemessungsgrundlage **25** 5 ff.
- dualistisches System **7** 74, **15** 144, 152, **20** 29 f., **24** 2, **25** 6 ff
- formale Konzeption **24** 3, 17 f.
- Geschäftsvermögen, Grundstücke des **7** 74, **15** 143 ff., **24** 2, 13, **25** 7, 35 f., 49
- Grundlagen **24** 1 ff.,
- Grundpfandrecht, gesetzliches, s. dort
- Grundstücke, s. dort
- Grundstückgewinn, Begriff, s. dort
- Harmonisierung **4** 23, **24** 11
- juristischer Personen **20** 29 f., **24** 2, **25** 6 ff., 49
- monistisches System **7** 74, **15** 145 ff., **20** 29 f., **24** 2, 13, **25** 5 f., 36, 49 f., 68 ff.
- natürlicher Personen **13** 220 f., **15** 143 ff.,
- Objektsteuer, s. dort

- Privateinlage **25** 35 f.
- Privatvermögen, Grundstücke des **13** 220 f., **24** 1 ff., **25** 6, 51 ff.
- Rechtfertigung der separaten Besteuerung **24** 22 ff.
- Sondersteuer, s. dort
- Steueraufschubtatbestände **25** 43 ff.
- Steuererhebungskompetenz **24** 8 ff.
- Steuererhebung, Verfahren **24** 28 ff.
- Steuerobjekt **7** 75, **25** 5 ff.
- Steuersubjekt **25** 1 ff.
- Steuertarif **7** 77, **25** 71 ff.
- Steuertatbestand **25** 1 ff.
- Verjährung, Veranlagung, Bezug **24** 29
- Verlustverrechnung **25** 67 ff.
- Wertzuwachsgewinn **7** 76, **13** 40, 219 ff., **15** 146, **20** 29 f., **24** 2, 4 ff., 17
- Zwecksetzung, ausserfiskalisch **24** 7

Grundstückgewinnsteuergesetz **24** 14

Gruppenbesteuerung (Mehrwertsteuer)
- Abrechnung, interne **34** 21
- Abrechnung, konsolidierte **34** 21
- einheitliche Leitung **34** 16
- Grundsatz und Voraussetzungen **34** 14 ff.
- Gruppenmitglieder **34** 15
- Haftung **34** 22 f.
- Vorsteuerabzug **34** 120
- Wahlrecht **34** 17
- Wirkung **34** 18 ff.

güterrechtliche Auseinandersetzung **13** 230

Guthaben **13** 103 ff., **14** 25 f., **29** 42 ff.

H

Haftung **11** 64 ff., **12** 16 f., 38, **19** 27 ff., **26** 99, **34** 22 f.

Haftungsbeschränkung **34** 23

Haftungsverfügung **12** 16, **19** 29

Haltefristen **29** 33

Handänderung **25** 13 ff.

Handänderung, wirtschaftliche **25** 18 ff.
- Verhältnis zur privatrechtlichen Veräusserung **25** 20 ff.
- Kettenhandel **25** 24 ff.
- Übertragung von Mehrheitsbeteiligungen an Immobiliengesellschaften **25** 26 ff.

Handänderungssteuer s. Grundsteuern

Handelsbilanz, s. Bilanz

handelsrechtliche Gewinnermittlungsvorschriften **15** 65, **20** 1 ff.

Handelsregister **29** 7 f.

Hardware **13** 30

Harmonisierungsauftrag **4** 20 ff., 175

Harmonisierungsbedarf **9** 24

Harmonisierungsgegenstand **4** 21 ff., **9** 15 ff., **14** 1

Harmonisierungsmethode **4** 25 ff.

Harmonisierungsreife **9** 25 ff.

Harmonisierungsziel **4** 20

Hauptleistungen **34** 39

Haushaltarbeit **12** 25

Haushaltersparnis **12** 24

Haushaltmehrkosten **13** 264

Haushaltschaden **10** 28d, 44

Haushaltungssteuern **7** 84

Hausrat **14** 15

Hauswart **13** 86

Heirat, zeitliche Bemessung **16** 34 ff.

Heiratsstrafe **12** 20 ff., 51

Heizungskosten **13** 87, 93 f.

Hemmung **5** 97

Herabsetzung des Kapitals **20** 16, 28

Herkunftsprinzip, subjektives **13** 38

Herstellungskosten
- Aufwendungen des unbeweglichen Privatvermögens **13** 78 f.
- selbst hergestellte Vermögenswerte **15** 97

Hierarchie der Rechtssätze **3** 4 f.

Hilfe in Notlagen, Recht auf **4** 77

Hilfsblätter **26** 40

Hilfsgesellschaften **23** 21

Hinzurechnungsbesteuerung **18** 14

historische Auslegung **6** 9, **9** 28

Hobby **15** 15 ff.

Holdinggesellschaften **22** 9, **23** 1 ff., **25** 34, **34** 129 ff.
Holdingprivileg **7** 66, **23** 14 ff.
horizontale Harmonisierung **4** 22
Hundesteuern **7** 84
Hypothekargläubiger (wirtschaftliche Zugehörigkeit) **11** 48

I

ideeller Schaden **13** 240 f.
immaterielle Güter **13** 178 ff., **15** 161
Immobiliengesellschaften
– Begriff **25** 31 ff.
– Übertragung von Mehrheitsbeteiligungen an **25** 26 ff.
– Übertragung von Minderheitsbeteiligungen an **25** 28, 41
Immobilienmakler, s. Liegenschaftenhändler
Imparitätsprinzip **15** 65, 75, 82 f., 96
imputed income **10** 13 ff.
indirekte Besteuerung **2** 41 ff., **4** 161
indirekte Progression **4** 166
indirekte Teilliquidation **13** 42, 139, 147 ff., 155 ff.
Individualbesteuerung **12** 5, 50 f.
Inflation **17** 24 f., **24** 25
Inkorporationstheorie **18** 21
Inland (Mehrwertsteuer) **33** 44 f.
Inländereigenschaft i.S.d. Verrechnungssteuer **29** 3 ff., 15 ff.
Inlanderträge **23** 23
Inlandsteuer **7** 32, **33** 38 ff., 42, **34** 1 ff.
– Abgrenzung zur Bezugsteuer **35** 13
– Beginn der Steuerpflicht **34** 24 ff.
– Bemessungsgrundlage **34** 94 ff.
– Bezug und Sicherung **37** 39 ff.
– Ende der Steuerpflicht **34** 27
– Mithaftung **34** 28
– Option für die Versteuerung ausgenommener Leistungen **34** 75 ff.
– Rechnungsstellung und Steuerausweis **34** 112 ff.

– Steuerforderung, zeitliche Bemessung der **34** 155
– Steuerforderung, Umfang der **34** 156
– Steuernachfolge, s. dort
– Steuerobjekt **34** 32 ff.
– Steuersätze **34** 102 ff.
– Steuersubjekt **34** 1 ff.
– Steuersubstitution, s. dort
– Subjektive Steuerpflicht, Befreiung **34** 5 ff.
– Subjektive Steuerpflicht, Verzicht auf Befreiung **34** 9 f.
– Verfahren **37** 1 ff.
– Vorsteuerabzug **34** 115 ff.
Innentheorie **6** 43
Innenumsätze **34** 19
innerfamiliäre Einkommens- und Vermögensverrechnung **12** 10
Instanzenzug **27** 3 ff., 34, 45, 57 ff.
Institutsgarantie **4** 65 ff.
Integrationstheorie **18** 3
Integritätsentschädigungen **13** 241
Interdisziplinarität des Steuerrechts **1** 28
interkantonale Doppelbesteuerung, Verbot **2** 12, **4** 14 ff., 175, **16** 33
– Ausnahme vom Stichtagsprinzip **16** 41 ff.
– Ausscheidungsverluste **25** 69
– Feststellungsverfahren **26** 62
– Grundstückgewinnbesteuerung **24** 24
– Rechtsquellen **3** 50
– Rechtsschutz **27** 59
– Richterrecht **5** 50
– Steuerbefreiungen **5** 56
interkantonale Vereinbarungen **3** 42 f.
internationale Doppelbesteuerung
– Steuerbefreiungen **5** 56
– subjektive Steuerpflicht **11** 2
– unilaterale Milderung durch Abzichbarkeit von Quellensteuern **13** 184
– Verwaltungsgesellschaften und gemischte Gesellschaften **23** 30 ff.
internationale Organisationen **3** 20
internationale Transporte, wirtschaftliche Zugehörigkeit der Arbeitnehmer **11** 43 ff.
intertemporale Regeln **4** 117, **27** 51

intransparente Besteuerung **18** 7
Invalidität, Geschäftsaufgabe **17** 17
Invaliditätskosten **13** 262 f.
Inventar **26** 78 ff.
Investitionsneutralität **4** 76
Isteinkünfte **10** 33
Ist-Methode **15** 72 f.
iustitia distributiva **4** 149
IV **13** 191 f., 242 f., 257

J

Jahressteuerverfahren **16** 45, **20** 14
juristische Personen
– Aberkennung Steuerrechtsfähigkeit **18** 16 ff.
– Auskunfts- und Meldepflicht **26** 45
– Begriff **18** 20 ff.
– Beteiligungsgesellschaft **23** 3
– Durchgriff **18** 10 ff.
– Einkommen, gesetzliche Umschreibung **10** 5
– gemischte Gesellschaften **23** 21 ff., 27 ff.
– Gewinnermittlung **15** 57, **20** 1 ff., **25** 51 ff.
– Grundlagen der Besteuerung **18** 1 ff.
– Holdinggesellschaft **23** 3
– Holdingprivileg **23** 14 ff.
– Inländer i.S.d. Verrechnungssteuer **29** 5 f.
– Kapital **20** 56 ff.
– Mehrfachbelastung **18** 27, **23** 1
– Muttergesellschaften **23** 2
– Rückerstattung der Verrechnungssteuer **29** 65 ff., **32** 14 f.
– Steuerbelastung **22** 3 f.
– Steuermass **22** 1 ff., **25** 71 ff.
– Steuerperiode **21** 2 ff.
– subjektive Steuerpflicht **19** 1 ff.
– Tochtergesellschaften **23** 2
– Unterschiede in der Besteuerung von Personenunternehmen **18** 33 ff.
– Verwaltungsgesellschaften **23** 21 ff., 23 ff.
– zeitliche Bemessung **21** 1 ff.
– Zuordnung von Gewinn und Kapital **18** 5 f.

K

Kalenderjahr (s. auch Steuerperiode) **16** 19, **21** 2 ff.
kalte Progression **17** 24 f.
kantonale Spielbankenabgabe **7** 84
kantonale Verwaltungsgerichtsbeschwerde **27** 45 ff.
Kantone
– Gestaltungsspielräume i.R.d. Steuerharmonisierung **9** 19 ff.
– Mitwirkung bei Steuerharmonisierung **4** 28
– Rechtsmittel **27** 9 ff., 45 ff.
– Steuererhebungskompetenz **4** 8 ff., 175 ff., **7** 72, **8** 14 f., **24** 14
– Steuern, Überblick **7** 65 ff.
– Steuerverfahrensrecht **26** 1 ff.
– Veranlagung der direkten Bundessteuer **26** 11
– Verfassungsrecht **27** 62
– Vermögenssteuer **14** 1 ff.
– Verwaltungsgericht **27** 32, 45 ff.
Kantonsverfassungen
– als Rechtsquelle **3** 26, **4** 2
– Steuererhebungsprinzipien **4** 121
Kantonswechsel **16** 31 ff., **21** 10 ff.
Kapitalabfindungen für wiederkehrende Leistungen **17** 14 f.
Kapitalanlagen
– kollektive **13** 168 ff., **18** 23, **19** 4, **29** 2, 39 ff., 57, 68
– vermögenssteuerbare **14** 16
Kapitalanteile, Rückzahlung **13** 118 ff.
Kapitaleinlage
– Begriff **20** 9 ff.
– mehrwertsteuerrechtliche Behandlung **34** 33
– verdeckte **13** 132, **15** 47 f., **18** 9, **20** 10
Kapitaleinlageprinzip **7** 37 **13** 120, 133, **29** 22 f.
Kapitalentnahme **13** 155, **20** 14 ff.
Kapitalertrag aus Beteiligungsrechten **29** 21
Kapitalgesellschaften **18** 27 f., **22** 5, 7
– Holdingprivileg **23** 14 ff.
– s. auch juristische Personen

Kapitalgewinn **13** 219 ff.
- Abgrenzung zum Privatvermögensertrag **13** 37 ff.
- Auflösung stiller Reserven **15** 148 ff.
- Beteiligungsabzug **23** 7 f.
- Einkommen aus selbständiger Erwerbstätigkeit **15** 54 f.
- fehlende Besteuerung als Rechtfertigung der Vermögenssteuer **14** 6

Kapitalherabsetzung **20** 16, 28, **29** 31 ff.

Kapitalleistungen **13** 196, **17** 18 f.

Kapitalrückzugssperre **13** 257

Kapitalsteuer **2** 33 f., **18** 28, **20** 56 ff.
- Kapitaleinlagen **20** 13
- Steuersatz **22** 5 ff.

Kapitalverlust im Rahmen von Einkommen aus selbständiger Erwerbstätigkeit **15** 54 f.

Kapitalvermögen, s. bewegliches Vermögen

Kapitalversicherung, rückkaufsfähige **13** 111 f., 231 f.

kassatorischer Bundesgerichtsentscheid **27** 78

Kassenobligationen **29** 17

Katalog
- allgemeine Abzüge **13** 250
- nicht der Einkommenssteuer unterliegender Einkünfte **13** 217 ff.

Kaufmann, ordentlicher und korrekter **15** 71

Kaufvertrag mit Substitutionsklausel **25** 25

Kausalabgaben **2** 11 ff., 25

Kausalität (Gewinnungskostenbegriff) **10** 42, **13** 16, **15** 70

Kehrichtentsorgung **13** 86

Kerngehalt der Eigentumsgarantie **4** 68

Kettenhandel, s. Handänderung, wirtschaftliche

Kiesausbeutung **13** 47, 70 f.

Kinder **11** 8 ff.
- Haftung **11** 66
- Steuerbelastung **12** 34 ff.
- Unterhalt **13** 237 f., 256

Kinderabzug **12** 41 f., **13** 276 f.

Kinderbetreuungskosten **12** 43 f., **13** 22

Kinderlasten, Berücksichtigung **12** 2, 40 ff., **13** 276 f.

Kirchengemeinden, s. Kirchensteuern

Kirchensteuern **4** 58 ff., **7** 65, **8** 11, **17** 23

Kleidung **13** 30

Kognition **27** 76

kollektive Kapitalanlagen **13** 168 ff., **18** 23, **19** 4, **29** 2, 39 ff., 57, 68

kollektive Kapitalanlagen mit direktem Grundbesitz **13** 170 f., **18** 29, **19** 4, **22** 6, 8

Kollektivgesellschaften **11** 12 ff.

Kollision von Bundesrecht und kantonalem Recht **9** 38 f.

Kommanditgesellschaft für kollektive Kapitalanlagen **13** 173 ff.

Kommanditgesellschaften **11** 12 ff.

Kommissär s. Steuerkommissär

Kommission für die Harmonisierung (KHSt) **9** 32

Kompetenz, s. Steuererhebungskompetenz

konfiskatorische Besteuerung **4** 69, 150 f., **14** 7

Kongruenzprinzip **13** 210, **25** 53

Konkordanz, praktische **4** 116 ff., **6** 44

Konkordat
- über den Ausschluss von Steuerabkommen **3** 43
- über gegenseitige Rechtshilfe **3** 43

konkrete Normenkontrolle, s. Normenkontrolle

Konkretisierung (Rahmenordnung) **9** 12, 17 f.

Konkubinat **12** 22

konkurrierende Kompetenz **4** 6

konstitutive Wirkung, Veranlagung **5** 64

Konsum **2** 40, **14** 5, **33** 8 ff., 35, 42 ff.

Konsumbedarf **12** 25

Konsumorientierung der Einkommenssteuer **4** 159 ff., 170, **13** 189

Kontinuität des Steuerrechts **4** 104 ff.

Kontrollfunktion der Vermögenssteuer **14** 4

Kontrollrechnung **11** 73
Konzern
– Bardividenden **29** 56
– cash pooling, s. dort
– Finanzierungsgesellschaften, s. Konzernfinanzierungsgesellschaften
– Übertragung **20** 43, 55
– Übertragung, Betriebserfordernis **20** 50 ff.
– Übertragung, Sperrfristen **20** 49
– Umstrukturierungen **20** 32 f.
Konzernbesteuerung **18** 9, 12 f.
Konzernfinanzierungsgesellschaften **29** 17, 43
Konzessionsgebühr **2** 13
Kooperationsmaxime **26** 24 ff.
Kopfsteuern **1** 2, **2** 31 f.
Korporationen **22** 9
Korrekturen, steuerrechtliche, der Handelsbilanz **15** 68 ff., **20** 1 ff.
korrelierende Vermögensabgänge **10** 28a ff.
Korrespondenzprinzip **13** 210
Kost und Logis **13** 12
Kosten
– abziehbare **25** 64 ff.
– Einspracheverfahren **27** 29
– Rekursverfahren **27** 44
Kostenanlastungssteuern **2** 7, 16, 25
Kostenaufschlagsmethode **20** 25
Kostenausgleichszahlungen **34** 33
Kostendeckungsprinzip **2** 18
kotierte Wertpapiere **14** 27
Krankenversicherungsprämien **13** 13, 260 f.
Krankheitskosten **13** 262 f.
Kriegsgewinnsteuer **8** 4
Kriminalisierung der Steuerumgehung **6** 51
Krisenabgaben **8** 4
Kultur, Leitungen im Bereich **34** 60 f.
Kultussteuern **4** 58
Kundenguthaben bei Banken und Sparkassen **29** 42 ff.
Kunst, Leitungen im Bereich **34** 60 f.

Künstler (wirtschaftliche Zugehörigkeit) **11** 46
Kurtaxe **2** 15, 39, **7** 84

L

land- und forstwirtschaftliche Erzeugnisse **34** 71 f.
land- und forstwirtschaftlich genutzte Grundstücke **14** 23 f., **25** 7, 47
Lastenausgleich **7** 15
latente Ausschüttungssteuerlast **13** 152
Leasing **13** 165
Lebensaufwand als Steuerobjekt **2** 39, **11** 67 ff
Lebenseinkommen **10** 59
Lebenserfahrung **26** 28 ff.
Lebenshaltungskosten **10** 49
– Abgrenzung zu den Berufskosten **13** 19 ff.
– Aufwandbesteuerung **11** 72 f.
– Aufwendungen des unbeweglichen Privatvermögens **13** 77
– Kinderbetreuungskosten **12** 43 f.
– persönlicher Abzug **13** 274 f.
– Schuldzinsen **13** 251 ff.
– Wohnkosten **13** 52
Lebensinteressen, Mittelpunkt **11** 20
Lebensversicherungen **13** 200, 231 f., 251, 260 f., **14** 30 f.
Legalitätsprinzip **2** 19, **3** 28, **4** 84 ff., 114 ff., **5** 45
– Rechtskraftdurchbrechung **26** 114
– Rechtsschutz **27** 1
– Steuerfuss, Festsetzung **17** 21
Legitimation
– Beschwerde in öffentlich-rechtlichen Angelegenheiten **27** 65 ff.
– Einsprache **27** 17 f.
– Rekurs **27** 37 f.
Leibrenten **13** 201 ff.
Leistung (Mehrwertsteuer) **33** 28, 39
– Qualifikation **34** 35 ff.
– von der Steuer ausgenommene **34** 43 ff.
– von der Steuer befreite **34** 5 ff., 78 ff.
– Zuordnung **34** 40 ff.

Sachregister

Leistungskombinationen **34** 37 f.

Leistung, steuerbare
- Meldung **5** 82, **29** 53 ff.
- Schuldner **2** 50, **26** 100 ff., **28** 5, **29** 1 f.

Leistungsaustausch **15** 130

Leistungsbereitschaft **4** 148

Leistungserbringung, Ort der **33** 48 ff.
- Lieferung **33** 50 ff.
- Dienstleistung **33** 53 ff.

Leistungsfähigkeitsprinzip, s Leistungsfähigkeit, wirtschaftliche

Leistungsfähigkeit, wirtschaftliche **2** 3, 37, 44 f., **4** 70, 135 ff., 139 ff., **10** 12, 41, 46 ff.
- Abzüge für besondere Aufwendungen **13** 248 ff.
- Ausnahmen vom Steuertarif **17** 12 f.
- Ehepaare und Partnerschaften **12** 20 ff.
- Eigenmietwertbesteuerung **13** 52
- Freibeträge, Sozialabzüge **13** 269 f.
- Grundstückgewinnsteuer **21** 1, **25** 8
- juristische Personen **18** 1 ff., **23** 5
- Kapitalgewinne und -verluste **13** 223 ff.
- Periodizität **10** 60 ff.
- unterjährige Steuerpflicht **16** 23 ff.
- Vermögen **14** 5

Leistungsort, inländischer **34** 32

Lenkungsabgabe **2** 12

Lenkungsabgaben **2** 11 f., 24 ff., **4** 74

Lenkungswirkung **1** 15, **2** 4 f., **4** 156 ff.

letztinstanzlicher kantonaler Entscheid **27** 57 ff.

Lidlohn **10** 28e, 45

Liebhaberei **15** 15 ff.

Liegenschaft, s. Grundstücke

Liegenschaftenhändler **11** 39 f., **15** 21, **25** 7 f.

Liegenschaftssteuer, s. Grundsteuern

Liegenschaftsverluste
- ausländische **11** 29, 52, **19** 7 f.
- Ausscheidungsverluste **25** 69
- Geschäftsvermögen **25** 68
- Privatvermögen **13** 82

Lieferung im Inland **35** 12

Lieferung von Gegenständen (Mehrwertsteuer) **33** 29 ff., **34** 70, 81

Liftkosten **13** 86

Limitierung Schuldzinsenabzug **13** 252

lineare
- Abschreibung **15** 98 ff.
- Steuersätze **4** 153, **17** 2 ff.

Liquidation **15** 26, **19** 25
- faktische **13** 135 f., **29** 28
- verzögerte **15** 53

Liquidationsüberschüsse **13** 134 ff.
- Abtretung von Aktiven **29** 54
- Auflösung stiller Reserven **15** 148 ff.
- Definitive Geschäftsaufgabe **15** 151, **17** 16 f.
- Verrechnungssteuer **29** 28 ff., 36, 48

Liquidatorenhaftung **11** 66, **19** 27 ff., **29** 9 ff.

Logis **13** 12

Lohnzahlungen, Rückzahlung übersetzter **10** 28a ff

Lohnausweis **13** 1, 10, **26** 40, 45

Lohnnebenleistungen **13** 11 ff.

Lotteriegewinne **7** 84, **13** 215 f., 244, **30** 1 ff., **34** 69

LSVA **2** 15, **7** 63

Luft-, Eisenbahn- und Busverkehr, Leistungen im **34** 85 ff.

M

Mängel
- Beschwerdegründe **27** 35 f.
- Rechtskraft **26** 111, 135 ff.

Mantelhandel **13** 137, **29** 29

Marchzins **13** 39, 106, **29** 19

Markteinkommenstheorie **10** 16 ff.

Marktmacht **18** 2

Marktwert **14** 18

Marktwertprinzip **13** 53

Massenfallrecht und Leistungsfähigkeitsprinzip **4** 145

Massgeblichkeitsprinzip **15** 61 ff., **20** 1 ff.
- Abschreibungen **15** 115

- Aufwertungen **15** 119, 134
- Schranken **15** 69
- stille Reserven **15** 125 f.
- Zuflusszeitpunkt **10** 55, **15** 72 ff., 86

materielle Rechtskraft **26** 110 f.

materielle Steuerharmonisierung **4** 24, **12** 49, **14** 1

materielle Wahrheit **26** 24

materieller Schaden **10** 43 f., **13** 240 f.

Maximen, s. Verfahren

MBA-Studium (Weiterbildungskosten) **13** 26

Mehrfachbelastung **18** 27, **23** 1

Mehrkosten für auswärtige Verpflegung **13** 23

Mehrwerte **13** 39, **15** 123

Mehrwertsteuer
- Abrechnung **37** 15
- Abrechnung, interne, s. Gruppenbesteuerung
- Abrechnung, konsolidierte, s. Gruppenbesteuerung
- Beginn der Steuerpflicht **34** 24 ff.
- Besteuerungsziel **33** 8
- Bezugsteuer, s. dort
- Bundesverwaltungsgericht **27** 50
- Einfuhrsteuer, s. dort
- Einheitssteuersatz **33** 6
- Ende der Steuerpflicht **34** 27
- Geltungsbereich **33** 38, 42 ff.
- Inlandsteuer, s. dort
- Korrekturen, nachträgliche **37** 16
- Prinzipien **33** 16 ff.
- Rechtsnatur **33** 35 ff.
- Revision **33** 6
- Rückerstattungsvoraussetzungen **7** 36
- Steuererhebungskompetenz **7** 5, **33** 1
- Steuersubjekt, s. dort
- Totalrevision **7** 27 ff.
- Überblick **7** 26 ff.
- Übergangsbestimmungen **33** 7
- Überprüfung und Kontrolle **37** 26 ff.
- Überwälzung **33** 9
- Verfahren **37** 1 ff.
- Vorsteuerabzug **34** 115 ff.

Meldepflicht **26** 43, **37** 5 ff.

Meldeverfahren (Mehrwertsteuer) **34** 162 ff.

Meldeverfahren (Verrechnungssteuer), s. Meldung der steuerbaren Leistung

Meldung der steuerbaren Leistung **5** 81 f., **29** 53 ff., **32** 6

Mengengebühren **13** 87

Merger **20** 32 f.

Methode der Normalsätze **15** 103

Methodenlehre **6** 5 ff.

Miete
- bewegliche Sachen und nutzbare Rechte **13** 165
- unbewegliche Sachen **13** 47, 49 f.

Mietwert, s. Eigenmietwertbesteuerung

Militärdienst **13** 239

Militärpflichtersatz **7** 8

Militärversicherung **13** 241

Milizfeuerwehrleute **13** 239

Minderjährige **5** 30, **11** 8 ff., **12** 34 f.
- Haftung **11** 66
- zeitliche Bemessung bei Mündigkeit **16** 37

Minderung **13** 41

Minderwerte **15** 123

Mindestkapital **20** 59

Mineralölsteuer **7** 55 f.

Minimalsteuer, s. Grundsteuern

Missbrauch
- Gestaltungen **18** 12
- von Abkommensvorteilen und Steuerumgehung **6** 50

Mitarbeiteraktien **13** 14

Mitarbeiterbeteiligungen **13** 14

Mitarbeiteroptionen **13** 14

Mitarbeitervergünstigungen **13** 13

Miteigentumsanteile an Grundstücken **13** 45, **25** 2, 10

Mitgliederbeiträge **18** 29

Mithaftung (Mehrwertsteuer) **34** 28

Mittelbare Rechtssetzung **3** 29, **4** 26, **9** 2 ff.

Mittelpunkt der Lebensinteressen **11** 20

Mittelverwendung als Steuerobjekt **2** 40

Mittelzufluss als Steuerobjekt **2** 40

Mittelzufluss ohne Entgeltcharakter **34** 33

Mitwirkung
- Dritte **26** 43 ff.
- indirekte Teilliquidation **13** 155, 161
- Quellensteuerpflichtiger **26** 103 ff.
- Steuerpflichtiger **26** 25 f., **29** ff., 38 ff.
- Verrechnungssteuer **32** 7

modifizierte Aufwandbesteuerung **11** 75

modifiziertes Nennwertprinzip, s. Nennwertprinzip

monistisches System, s. Grundstückgewinnsteuer

Motorfahrzeugsteuern **7** 83

Mündigkeit **16** 37

Münz- und Feingold, Lieferung von **34** 92

Mustergesetz **4** 19

Muttergesellschaften **23** 2, **29** 56

N

Nachbesteuerung **11** 28, **19** 7 f.

Nachdeklaration **29** 76

Nachforderung (Steuern) **26** 67, 101, 105

nachgelagerte Besteuerung **13** 189, 257

nachhaltige Verbesserung **13** 81

Nachlassinventar **26** 78 ff.

Nachlasssteuer **4** 111, 133, **7** 92 f.

Nachsteuerverfahren **13** 156, **26** 126 ff.

nachträglich derogatorische Kraft **4** 6, **7** 7, **28** 1

nachträgliche ordentliche Veranlagung **26** 94

nahestehende Person **13** 131, **20** 22

Nationalstrassenabgabe **7** 5, 64

Naturaldividenden **29** 54

Naturaleinkünfte **10** 32, **13** 11 ff., 36, **15** 139 f.

Naturallasten **2** 8

Naturalobligation **5** 101

natürliche Personen
- Einkommen **10** 2 ff., **13** 1 ff.
- Inländer i.S.d. Verrechnungssteuer **29** 4

- Rückerstattung der Verrechnungssteuer **29** 63 f., **28** 14
- Steuermass **17** 1 ff.
- subjektive Steuerpflicht **11** 1 ff.
- Vermögen **14** 1 ff.
- Zeitliche Bemessung **16** 1 ff.

Nebenleistungen **2** 8, **34** 39

negative Wirkung der Doppelbesteuerungsabkommen **3** 15

Nennwertdifferenzen **13** 133

Nennwertliberierung **13** 151

Nennwertprinzip
- modifiziertes **13** 121 f., **29** 22 f.
- reines **13** 118 f., **29** 22

Netto-Allphasensteuer, s. Allphasensteuer

Nettoprinzip **10** 38 ff., **12** 40, **13** 248 ff., **14** 32 f.
- objektives, s. dort
- subjektives, s. dort

Nettowertzufluss **2** 37, **10** 22

neu zuziehende Unternehmen, Steuererleichterungen **11** 57 f., **19** 16, 22 f.

Neuverbriefung **13** 163

NFA **7** 11 ff.

nicht kotierte Wertpapiere **14** 27 ff.

Nichtausübung oder Aufgabe einer Tätigkeit oder eines Rechts **13** 209

Nichtbuchführungspflichtige **15** 153 ff.

Nichteinkünfte **10** 28b

Nichteintreten **27** 23

Nicht-Entgelte **33** 40, **34** 33 f., 152

nicht gewinnstrebige Einrichtungen, Leistungen von **34** 59

Nichtigkeit
- Verfügungen **26** 135 ff.
- zivilrechtliche **5** 71, **10** 36 f.

Nichtschuld **5** 72

Niederlassung **11** 36

Niederlassungsbewilligung **26** 90 ff., 108

Niederstwertprinzip **15** 96

Nominalwert **14** 26, 33

nominelle Kapitalanteile **13** 119

Nonaffektation von Steuern **2** 6

Nonvaleur **20** 21

normaler Steuersatz **34** 104

Normalsatzmethode **15** 103

Normenkollision **9** 6, 38 f.

Normenkontrolle
- abstrakte **3** 36, **4** 181, 191, **27** 55, 60
- konkrete **3** 36, **4** 182 ff., 192

Notargeheimnis **26** 47

Notlagen, Recht auf Hilfe in **4** 77

notwendige Aufwendungen **9** 13, **10** 42, **13** 15 ff.

notwendiges Geschäfts- / Privatvermögen **15** 34

Novenverbot **27** 48, 64

Nullstufe **17** 3

nutzbare Rechte, Ertrag **13** 165 ff.

Nutzniessung
- an beweglichen Sachen und nutzbaren Rechten **13** 166 f.
- an unbeweglichen Sachen **13** 47, 65 ff.
- Zurechnung des Vermögens **14** 9 f.
- Zurechnung des Vermögensertrags **13** 43 f.

Nutzungsänderung **15** 46 ff., **34** 140 ff.

Nutzungsrecht **13** 51, **29** 62, 70 ff.

Nutzungsüberlassung
- bewegliche Sachen und nutzbare Rechte **13** 166 f.
- Entgelt **13** 34, 38

Nutzungswert von Vermögenswerten **13** 35, **14** 12 f.

O

Obergesellschaften **23** 2

objektbezogene Betrachtungsweise **13** 115 ff., 130, **29** 25

objektives Nettoprinzip **10** 39 ff., **15** 156

objektmässige Steuerunterworfenheit **11** 51 f.

Objektsteuer **2** 44 f., **7** 70, 75, 81, 84, **24** 16, 27, **33** 36

Objektsteuercharakter **28** 15

obligatio ex lege **5** 10 f.

Obligationen
- Abgrenzung zu Darlehen **29** 17
- Anleihens- **29** 17
- Erträge aus inländischen **29** 16 ff.
- gemischte **13** 108
- Kassen- **29** 17
- mit überwiegender Einmalverzinsung **13** 107 ff., **28** 23
- «Too Big To Fail»-Vorlage, s. dort

Obligationenrecht **5** 14

offene Gewinnausschüttung **13** 126 f., **20** 16, 17 f., **23** 30

offene kollektive Kapitalanlagen **13** 168

offene Reserven **20** 10, 56, 60

offensichtliche Unrichtigkeit **27** 23

öffentliche Abgaben **2** 8 ff.

öffentliche Aufforderung zur Abgabe der Steuererklärung **26** 48

öffentliches Interesse **4** 83, 91, 100

Öffentliches Recht
- Steuerrecht als **1** 8
- Subordinationsverhältnis **5** 12

öffentlich-rechtliche Angelegenheiten, s. Beschwerde in

öffentlich-rechtliches Arbeitsverhältnis **13** 7

Offizialmaxime **26** 23, **27** 28, 43, 75

Offshore-Gesellschaft **29** 16

ökonomische Vorteile der Partnerschaften **12** 24 ff.

Option **13** 181 ff.
- Geschäftsvermögen, optiertes **15** 42 f.
- Mehrwertsteuer **7** 32, **34** 75 ff.
- verbilligte Abgabe an Mitarbeiter **13** 14

ordentliche Veranlagung **26** 11 ff., **23** ff., 93 f.

ordentlicher und korrekter Kaufmann **15** 71

Organisation
- Staat **3** 24 f., **5** 23
- Steuerverfahren **26** 7 ff.

Occasionsgegenständen, Lieferung von beweglichen **34** 70

Organisationsfreiheit **15** 70

organische Abzüge **13** 245 ff.

Sachregister

Ort der Geschäftsleitung **19** 5 f., **21** 10 ff., **29** 5 f.
örtliche Zuständigkeit
- Steuerverwaltung **26** 19 ff.
- Verletzung, Nichtigkeit **26** 137

P

Pacht **13** 47, 49 f.
- Betrieb **15** 52, 141
- bewegliche Sachen und nutzbare Rechte **13** 165

Parallelität des Rechtsmittelwegs **27** 8

Parteientschädigung **27** 29, 44

Parteifähigkeit **5** 40 ff.

Parteispenden **13** 268, 273

partiarisches Darlehen **13** 104

Partizipationsscheine **29** 20

Partner, eingetragene **12** 1 ff.
- Beendigung, zeitliche Bemessung **16** 34 ff.
- Besteuerung, s. Familienbesteuerung
- Haftung **12** 16 f.
- subjektive Steuerpflicht **11** 7
- Verheiratetenabzug **13** 279

Passive **14** 32 f., **15** 97

Passivierung **15** 37, 74, 89 ff.

Pauschalbesteuerung **11** 67 ff.

Pauschalierung
- Berufsauslagen **13** 1, 31
- Gewinnungskosten des unbeweglichen Privatvermögens **13** 91 f.
- Spesen **13** 9
- Vermögensverwaltungskosten **13** 187

Pauschalspesenvergütungen **13** 9

Pauschalsteuersatzmethode **34** 160

periodische Nutzungsentgelte **13** 36

periodische Steuern **2** 49

periodischer Zins **13** 105

Periodisierung **10** 50 ff.
- Bilanz **15** 74 ff.
- Leistungsfähigkeitsprinzip **10** 60 ff.
- Periodizitätsprinzip **15** 84 ff.
- steuerrechtliche vs. handelsrechtliche **15** 86
- zeitliche Bemessung **16** 2

Personalsteuern **2** 31 f., **7** 84

Personengesamtheiten
- Rückerstattungsberechtigung **29** 67
- subjektive Steuerpflicht **11** 12 ff.
- Vermögen **14** 9 f.

Personengesellschaften
- Auskunfts- und Meldepflicht **26** 45
- Erträge aus Beteiligungsrechten **29** 20
- Haftung **11** 66
- Inländer i.S.d. Verrechnungssteuer **29** 5 f.
- subjektive Steuerpflicht **11** 12 ff.
- Unterschiede in der Besteuerung von juristischen Personen **18** 33 ff.

persönliche Gebrauchsgegenstände **14** 15

persönliche Zugehörigkeit **5** 49, **11** 17 ff., **19** 5 ff., **26** 19 ff.

persönlicher Abzug **13** 274 f.

Pfandgelder **34** 33

Pfandrecht (Steuersicherung) **26** 76

Pfändung **26** 72

Pflegebereich, s. Sozial- und Pflegebereich

pflichtgemässes Ermessen **26** 42, 54 ff., **27** 23, 36

Pflichtwandelanleihen, bedingte **28** 16 ff.

physische Präsenz in der Schweiz **11** 42

Planmässigkeit **15** 13, 15 ff., 98 ff.

Planungsmehrwerte, Abschöpfung **25** 42

Planungsmehrwertabgabe **24** 26

Poll Taxes **2** 31

Postdienstleistungen **34** 48

Postgeheimnis **26** 47

Postnumerandobesteuerung **16** 6 ff., 8 ff., 16 ff., **21** 1 ff.

Postnumerandobezug **16** 13, **26** 65

Präjudiz **3** 49

Praktikabilität und Leistungsfähigkeitsprinzip **4** 145

praktische Konkordanz **4** 116, **6** 44

Prämienzahlungen, Abgabe **7** 48

Pränumerandobesteuerung **16** 6 ff., 11

Pränumerandobezug **16** 14 f., **26** 65

Präponderanzmethode **15** 39 ff.

Präventionsinteresse **4** 106

Praxis
- Änderung **4** 44, 112 ff., **15** 137
- gerichtliche **3** 47
- Vertrauensschutz **4** 103
- Verwaltung, s. Verwaltungspraxis

Preise **13** 229, 235, **15** 44 f.

Preisvergleichsmethode **20** 25

private Vermögensverwaltung, Abgrenzung zur selbständigen Erwerbstätigkeit **15** 18 ff.

Privateinlagen **15** 47 f., 97, **25** 34 f.

Privatentnahme **15** 49 ff., 138 ff., 152

Privatrecht
- Liquidationsbegriff **13** 134
- Rechtsfähigkeit **18** 20
- und Steuerrecht **1** 11, **5** 16 ff., **10** 34 ff.

privatrechtliches Arbeitsverhältnis **13** 7

privatrechtliche Veräusserung von Grundstücken, s. Handänderung

Privatrechtskompetenz des Bundes **4** 176 ff.

Privatvermögen
- Abgrenzung zum Geschäftsvermögen **15** 28 ff.
- Ertrag **13** 33
- gewillkürtes / notwendiges **15** 34
- Kapitalgewinne **13** 219 ff.
- Zurechnung **14** 9 f.

Privilegierungsverbot **4** 129 ff.

pro rata temporis **16** 41 f., **21** 9

Progression **2** 52, **4** 135 ff., 152 ff., 168 ff., **5** 57 ff., **17** 2 ff.
- Brechung **24** 25
- Gewinnsteuer **18** 287 ff., **22** 1 f., **25** 71
- indirekte **4** 166, **13** 274 f.
- kalte **17** 24 f.
- Obligationen mit überwiegender Einmalverzinsung **13** 110
- unter- und überjährige Geschäftsabschlüsse **21** 8

Progressionsvorbehalt **11** 53 ff.

prohibitive Steuern **4** 74

proportionale Steuern **2** 52, **4** 152 ff., **5** 57 ff., **17** 3, **18** 27 f., **22** 2, **25** 71

Protektionismus **4** 74

provisorischer Bezug **26** 66 f.

Prozessfähigkeit **5** 40 ff.

Prozesskosten bewegliches Privatvermögen **13** 186

Prozessvoraussetzung **27** 23

Publikation rechtsetzender Erlasse **3** 3

Q

qualifiziert enger Konnex **10** 42, **13** 15

qualifizierte Beteiligung **13** 155, 158, **15** 42 f., **29** 56

Quellenbezogenheit der beschränkten Steuerpflicht **11** 51

Quellenrechte **13** 45

Quellensteuer **2** 50 f., **5** 30
- Abziehbarkeit ausländischer **13** 184
- Arbeitnehmer ohne Niederlassungsbewilligung **26** 90 ff.
- beschränkt steuerpflichtige Personen **26** 95 f.
- Bezug **26** 16
- im vereinfachten Abrechnungsverfahren **26** 97 f.
- mit Objektsteuercharakter **28** 15
- Mitwirkungspflichten **26** 103 ff.
- Steuersatz **17** 7 ff.
- Sofortmassnahmen, Abkommenswidrigkeit **26** 109a
- Veranlagung **26** 14
- Verfahren **26** 81 ff.
- Verfassungs- und Abkommenswidrigkeit **26** 107 ff.
- Verfügung **26** 101, 106
- Verrechnungssteuer **28** 6, 9 ff., 14 f.

Quellensteuerpflicht **11** 4, 33, 41, **19** 12, **26** 83

Quellentheorie **10** 8

Quittung **5** 83

R

Rahmengesetzgebung **4** 27, **9** 8 ff., 39, **24** 12

Rangordnung der Rechtssätze **3** 4

Raumplanungsrecht, Verhältnis zur Grundstückgewinnsteuer **24** 6 f., **25** 42

Realisation 10 13 f., 23 ff., 55, 13 39, 15 78, 128 ff.
- Gewinnausweistatbestände 15 127 ff.
- Umstrukturierungen 20 34 ff.

Realisationsprinzip
- Definition 15 77 ff.
- Aufwertung 15 118 f., 134
- Periodisierung 15 65, 75, 77 ff., 85

Realisierbarkeit 14 13

Realität 10 33

Rechnungsfehler 26 133

Rechnungsstellung 34 112 ff.

Recht zur Nutzung 29 62, 70 f.

Rechte an unbeweglichen Sachen 13 46

Rechte, Nichtausübung 13 209

Rechte, nutzbare 13 165 ff., 14 13

Rechtfertigung
- Besteuerung der Grundstückgewinne 24 3 ff.
- Eigenmietwertbesteuerung 13 52
- Holding- und Domizilprivilegien 23 19 f., 30 ff.
- Reinvermögenszuflusstheorie 10 26 ff.
- separate Besteuerung der Grundstückgewinne 24 22 ff.
- Steuerbefreiung bestimmter juristischer Personen 19 17 ff.
- Steuerbefreiung privater Kapitalgewinne 13 223 ff.
- Vermögenssteuer 14 3 ff.

rechtlich durchsetzbare Forderung 10 52, 15 72 f.

rechtliche Trennung 12 6 ff.

rechtliches Gehör 27 28, 43

Rechtsangleichung 4 29, 9 39

Rechtsanspruch, fester 10 52, 15 72 f.

Rechtsanwendung, Gleichbehandlung 4 42 ff.

Rechtsanwendungsakt 5 66

Rechtsbegehren 27 40

Rechtsdurchsetzung, Verfassungsrecht 4 180 ff.

Rechtsfähigkeit 5 37 ff., 11 6, 18 1
- Aberkennung 18 16 ff.
- juristische Personen 19 2 ff.

Rechtsform 18 20 ff.

Rechtsformneutralität 4 76, 18 24 ff., 33 ff.

Rechtsfortbildung durch Auslegung 6 2

Rechtsgleichheit 3 34, 4 38 ff., 83
- Mehrwertsteuer 33 16
- Quellenbesteuerung 26 107 ff.
- Rechtfertigung der Eigenmietwertbesteuerung 13 52
- Steuerbefreiung von Unterstützungsleistungen 13 236

Rechtshilfe, interkantonale 3 43

Rechtskontrolle 27 48

Rechtskraft
- Durchbrechung 26 114 ff.
- formelle, s. dort
- materielle, s. dort
- Mehrwertsteuerforderung 34 172
- Verfügung 26 71, 110 ff.

Rechtsmissbrauchsverbot 3 44, 4 95, 98, 6 40

Rechtsmittel
- ausserordentliches 26 116 f.
- Beschwerde, s. Rekurs
- bundesrechtliche 9 38, 27 49 ff.
- direkte Bundessteuer 27 6 f.
- Ergreifung, Vertrauensschutz 4 102
- kantonale 27 9 ff.
- kantonale Verwaltungsgerichtsbeschwerde 27 45 ff.
- Mehrwertsteuer 37 31 ff.
- nicht devolutives 26 117, 27 14
- Parallelität 27 8
- Partnerschaften und Familien 12 13
- Rekurs 27 30 ff.
- Revision 26 117 ff.
- StHG 27 3 ff.
- Überblick 27 3 ff.
- Verrechnungssteuer 28 9 ff., 26 f.
- verwaltungsexternes 27 32
- verwaltungsinternes 27 12

Rechtsnatur
- des Steuerrechtsverhältnisses 5 10 ff.
- StHG 9 2 ff.

Rechtsöffnung 26 71

Rechtspflicht 10 42

Rechtsquellen
- Begriff 3 1 f.
- des Steuerrechts 3 1 ff.

- direkte Bundessteuer **8** 12 f.
- Eigenmietwertbesteuerung **13** 48
- kantonale und kommunale Einkommenssteuern **8** 14 f.

Rechtsschutz **27** 1 ff.

Rechtsschutzinteresse **27** 17 f., 37 f., 65 ff.

Rechtssicherheit **4** 83, 104 ff.
- Legalitätsprinzip, Verhältnis zum **26** 114
- Rechtskraft **26** 110 f.
- Verjährung und Verwirkung **5** 93
- Verwaltungspraxis **3** 53

Rechtsstaat **4** 78

Rechtsverhältnis **5** 10

Rechtsverkehrssteuern **2** 36, **7** 84

Rechtsverordnungen **3** 33

Rechtsweggarantie **4** 82, **26** 4

reduzierter Steuersatz **34** 105 ff.

Referenten (wirtschaftliche Zugehörigkeit) **11** 46

reformatio in peius **27** 28, 43, 77

reformatorische Qualität
- Bundesgerichtsentscheid **27** 78
- Einsprache-/Rekursentscheids **27** 27, 42

regelmässig fliessende Einkünfte **16** 27

Regelungsintensität **9** 13 f.

Regressanspruch **26** 101

Regression, s. Degression

regressive Wirkung der Verbrauchssteuern **4** 141, 161

Reichssteuer **1** 3

Reineinkommen, s. Gesamtreineinkommen

Reinvermögen **14** 12 f.

Reinvermögenssteuer **7** 67

Reinvermögenszuflusstheorie **10** 20 ff.

Reinvermögenszugang **4** 159, **10** 11 ff., 20 ff., 26 ff., 28b
- Erbschaft, Vermächtnis und Schenkung **13** 227 ff.
- Schadenersatzleistungen **10** 28c f., 43 f.

reinvestierte Gewinne **10** 49

Reisebüros und Veranstaltungsorganisation, Leistungen von **34** 89

Rekurs **27** 3, 30 ff.
- Beschwerdefrist **27** 39
- Beschwerdegründe **27** 35 f.
- Beschwerdelegitimation **27** 37 f.
- Beschwerdeobjekt **27** 33 f.
- Form und Inhalt **27** 40
- Instanz, s. Rekursinstanz, kantonale
- Kosten **27** 44
- Rückzug **27** 43
- Steuerrekursgericht, s. Rekursinstanz, kantonale
- Verfahren und Entscheidung **27** 41 ff.

Rekursinstanz, kantonale **27** 30 ff.

Rekurskommission, s. Rekursinstanz, kantonale

relative Frist **26** 123

relative Gleichbehandlung **4** 40

relative Verwirkungsfrist **26** 131

Religionsfreiheit **4** 63

Renten **13** 195, 254 f., **14** 30 f.

Reparaturfonds **13** 85

resale price method **20** 25

Reserven
- offene **20** 10, 56, 60
- stille s. stille Reserven
- Übertragung bei Umstrukturierungen **20** 38 ff., **29** 38

reservierte Dienste der Post, s. Postdienstleistungen

Ressourcenausgleich **7** 14, **17** 23

Revision **26** 117 ff.
- Ausschluss **26** 121
- Bankengesetz, Änderung, s. dort
- Bundesgerichtsentscheide **26** 120, 124
- Gründe **26** 118 ff.
- «Too Big To Fail»-Vorlage, s. dort
- Verfahren **26** 122 ff., **27** 5, 7

Revolution, französische **1** 4

Richterrecht **3** 47 ff.

Richtlinienrecht **9** 11 f.

Roheinkünfte **10** 38

Rückabwicklung **10** 37

Rückerstattung (Lohnzahlungen) **10** 28a ff.

Rückerstattung (Steuern) **26** 67, 101
- Abschlagsrückerstattung **32** 16
- Geltendmachung des Anspruchs **28** 16 ff.
- Mehrwertsteuer (Einfuhrsteuer) **37** 55
- Verfahren **30** 13 ff.
- Verrechnungssteuer **28** 5, **29** 60 ff., **30** 7, **31** 7

Rückforderungsanspruch, privatrechtlicher **10** 28h

Rückkauf eigener Aktien / Beteiligungsrechte **13** 138, 142 ff., **29** 31 ff., 55

rückkaufsfähige Kapitalversicherung **13** 200, 231 f.
- Bewertung **14** 30 f.
- mit Einmalprämie **13** 111 f., 200

Rückkaufswert **14** 30

Rücklagen **15** 92

Rückstellungen **15** 89 ff., 111, **20** 61

Rückversicherungsleistungen **34** 65

Rückwirkung **4** 90, 109 ff.

Rückzahlung
- von Kapitalanteilen **13** 116 ff.
- von Obligationen mit überwiegender Einmalverzinsung **13** 107 ff.

Rückzug
- Einsprache **27** 28
- Rekurs **27** 43

Rügeprinzip **27** 75

Ruling (Steuerruling), s. Vorbescheid

S

Sachen, bewegliche **13** 165 ff., 222, **14** 25 f.

Sachleistung **5** 82

sachliche Zuständigkeit
- Steuerverwaltung **26** 11 ff.
- Verrechnungssteuer **32** 2, 14 f.

Sachverhaltsfeststellungen, Überprüfung **27** 63

Sachverhaltsgestaltung, absonderliche **6** 20

Saldosteuersatzmethode **34** 157 ff.

Sandausbeutung **13** 47, 70 f.

Sanierungsleistungen **7** 42, **13** 186, **20** 10, **34** 33

Säule 3a **13** 197 f., **26** 61

Säule 3b **13** 199 ff., 258

Schadensersatzleistungen **10** 43 f., **34** 33
- Genugtuungssummen **13** 240 f., **34** 33
- Versicherungsleistungen **13** 207 f.

Schatteneinkommen **12** 25, **13** 264 f.

Schätzung
- Eigenmietwerte **13** 57
- Veranlagung nach pflichtgemässem Ermessen **26** 54 ff., **37** 30
- Verkehrswert **14** 20

Schedulensteuer **10** 8

Scheidung, zeitliche Bemessung **16** 34 ff.

Schengen-Assoziierung **3** 19

Schenkung
- Abgrenzung zu unselbständiger Erwerbstätigkeit **13** 8, 229
- Einkommen **10** 12, **13** 227 ff.

Schenkungssteuern, s. Erbschafts- und Schenkungssteuern

Schiedsgerichtsbarkeit, Leistungen im Bereich **34** 74

Schiffssteuern **7** 84

SchKG **26** 70 ff., 75

Schlechterstellungsverbot **25** 8

Schlussrechnung **26** 58, **27** 16

Schneeballsystem, Besteuerung **10** 33

Schreibversehen **26** 133

Schriftform, s. Form

Schubert-Praxis **3** 5

Schuldbetreibung **5** 38, **26** 6, 70 ff.

Schuldbuchguthaben **29** 16 ff.

Schulden
- Bewertung **14** 32 f., **15** 97
- Passivierung **15** 89 ff.

Schuldner der steuerbaren Leistung **2** 50, **26** 100 ff., **28** 5, **29** 1 f.

Schuldnerprinzip **28** 9 ff., 19

Schuldzinsen
- Abzug **13** 74, 95 ff., 251 ff.
- Einkommen **10** 12

Schumacker-Praxis, EuGH **26** 109 f.

Schutzdienst **13** 239

Schutzfunktion des Massgeblichkeitsprinzips **15** 66

schutzwürdige Interessen **27** 18, 38, 65 ff.

Schutzzölle **7** 58

Schwarzarbeit **26** 97

Schwarzgelder **25** 55

Schweizerische Börse, Mitglied einer **7** 47

Schweizerische Steuerkonferenz (SSK) **9** 32

Schwerverkehrsabgabe **2** 15, **7** 63

Schwestergesellschaften, Vorteilszuwendungen **13** 131

Securities Lending **13** 165

selbständige Besteuerung juristischer Personen **18** 1 ff.

selbständige Erwerbstätigkeit **15** 1 ff.
– Abgrenzung zur Liebhaberei **15** 15 ff.
– Abgrenzung zur privaten Vermögensverwaltung **15** 18 ff.
– Abgrenzung zur unselbständigen Erwerbstätigkeit **13** 5 ff., **15** 11 f.
– Beginn und Ende **15** 25 ff.
– Begriff **15** 4 ff.
– Geschäftsvermögen **15** 28 ff.
– immaterielle Güter **13** 179
– Unterschiede zur übrigen Besteuerung **15** 4 ff.
– Vermögen **15** 161

selbständige Verordnungen **3** 38

Selbstveranlagung **5** 9, 63
– Mehrwertsteuer **33** 26, **37** 4
– Quellensteuer **26** 100
– Verjährung **5** 96
– Verrechnungssteuer **32** 1, 4 ff.

Selbstverwaltungskörper, Steuererhebungskompetenz **4** 11 ff.

Selbstvorsorge **13** 197 ff., 258, 260 f.

self-executing, s. unmittelbare Anwendbarkeit

Separationstheorie **18** 2

Seriengülten **29** 16 ff.

Serienschuldbriefe **29** 16 ff.

SICAF **13** 168 ff., 172, **19** 4

SICAV **13** 168, 176, **19** 4

Sicherheitsleistung **26** 73

Sicherstellung der Mehrwertsteuer **37** 49 f., 57

Sicherstellungsverfügung **26** 73 f., **37** 49

Sicherungszweck **28** 6 f., 17 ff., **31** 2, **35** 4

Simulation, Abgrenzung zur Steuerumgehung **6** 29 ff.

simulierte Darlehensgewährung **13** 138, 141

Sitz **5** 49, **19** 5 f., **21** 10 ff., **26** 19 ff., **29** 5 f.

Sitzverlegung **29** 14, 30, 54

societatis causa **20** 23

Software **13** 30

Sold **13** 239

Solidarhaftung **5** 34, **11** 64 f., **12** 16 f., 38, **19** 27 ff., **29** 9 ff.

Soll-Besteuerung **20** 26

Solleinkünfte **10** 33

Soll-Methode **10** 54, **15** 72 f.

Sonderentschädigungen der Mieter oder Pächter **13** 49

Sondernutzungsrecht **25** 28

Sonderrechtsfähigkeit **5** 37

Sondersatz für Beherbergungsleistungen **34** 111

Sondersteuern **2** 34, 46, **7** 69 f., **24** 8 ff., 14, **28** 15, **32** 90 ff.

Sonderveranlagungen **16** 38 f.

Sorgfalt, zumutbare **26** 121

Sozialabgaben **2** 11, 12, 20 ff., **18** 33 ff.

Sozialabzüge **10** 4, 48, **13** 245 ff., 269 ff.
– Abgrenzung zu allgemeinen Abzügen **13** 271 ff.
– Kinderabzüge **12** 41 f.
– massgeblicher Zeitpunkt **16** 20
– Vermögenssteuer **14** 34 f.

sozialpolitische Abzüge **13** 245 ff.

Sozial- und Pflegebereich, Leistungen im **34** 55 f.

Sozialversicherung
– Beiträge **13** 257 ff.
– Vorteile der Partnerschaften **12** 26

Sozialversicherungsabgaben 2 20 ff.

Spaltung 20 32 f., 43
- Betriebserfordernis 20 50 ff.
- doppeltes Betriebserfordernis 20 53

Sparbereinigung 4 163

Sparzinsenabzug 12 41, 13 260 f.

Spekulationsgewinne 24 25, 25 73

Spenden 13 266 ff., 34 33

Sperrfristen (Unternehmensumstrukturierungen), s. auch Haltefristen 20 49

Spesenvergütungen 13 9 f.

Spezialsteuern 2 34, 7 74 ff., 24 15

Spezialeinkommenssteuer, s. Spezialsteuer

Sphärentrennung 18 7

Spielbankenabgabe
- eidgenössische 7 62
- kantonale 7 84

Spielbankengewinne 13 244, 34 69

Spirituosen 7 53

Splittingverfahren 12 29 ff., 45 f.

Sportanlässe, Leistungen im Zusammenhang mit 34 62

Sportler (wirtschaftliche Zugehörigkeit) 11 46

Sprungbeschwerde 27 13, 34

St. Galler System 7 69, 15 144, 20 29 f.

Staatsangehörigkeit 5 49

Staatsorganisation 3 24 f., 5 23

Staatssteuer 17 6, 20 f.
- Bezug 26 16
- Feststellungsverfahren 26 59 ff.
- Veranlagung 26 12 f.

Staatsverträge
- fakultatives Referendum 3 17
- kantonale 3 22
- mit der EU 3 19, 23 32, 26 109
- Revisionsgründe 26 118 ff.
- Steuerbefreiungen 3 20 ff., 11 56
- Zollwesen 3 21

Staatsvertragsrecht 3 9 ff.

Stabilität des Steuerrechts 4 104 ff.

Stammanteile 29 20

Stammkapital 20 10, 16, 59

Standeskosten 13 21

ständige Praxis, Gleichbehandlung im Unrecht 4 46

Standortpolitik 11 57 f., 67 ff., 13 225, 23 1, 20, 31

statutarischer Sitz 5 49, 19 5 f., 21 10 ff., 26 19 ff., 29 5 f.

Stellenwechsel, Vorsorgeleistungen 13 233

Stellvertretung,
- direkte 34 42
- indirekte 34 42

Stempelabgaben 7 40 ff.
- Bundesverwaltungsgericht 27 50
- Steuererhebungskompetenz 7 5

Stempelsteuern (kantonale) 7 84

Steuer
- Begriff 1 2, 2 1
- direkte 2 41 ff.
- indirekte 2 41 ff., 33 37

Steuerabkommen 3 43, 55, 4 33 ff.

Steuerabzug 12 50, 20 4, 22 3 f.

Steueramnestie, s. Amnestie

Steueramt 26 7 ff.

Steuerarten 2 29 ff.

Steueraufkommen 7 16 f.

Steueraufschiebende Tatbestände, s. Grundstückgewinnsteuer

Steueraufschub 15 132, 25 43 ff.
- Ehegatten, Eigentumswechsel unter 25 45
- Erbgang, Erbvorbezug, Schenkung 25 44
- Landumlegungen 25 46
- Ersatzbeschaffungen 15 133, 25 47 ff., 45

Steueraufschubeffekt 18 36

Steuerausweis 34 112

steuerbare Leistung
- Meldung 29 53 ff.
- Schuldner 2 50, 26 100 ff., 28 5, 29 1 f.

Steuerbefreiung
- auswärtiger Geschäftsbetriebe, Betriebsstätten und Liegenschaften 11 25 f., 19 7 f.

- des Bundes 4 179
- Diplomaten und internationale Organisationen 3 20, 11 56
- Existenzminimum 4 77, 166, 10 46 ff.
- Katalog 10 9
- objektive 5 56, 13 217 ff., 19 22 f.
- subjektive 5 50 f., 11 56 ff., 19 1, 22 f.
- subjektive, Feststellungsverfahren 26 63
- Vermögensgegenstände 14 14 ff.

Steuerbelastung
- Ehepaare und Partnerschaften 12 20 ff.
- juristische Personen 22 3 f.

Steuerbemessungsgrundlage, einheitliche 5 59

Steuerberechnung
- bei teilweiser Steuerpflicht (Progressionsvorbehalt) 11 53 ff., 19 13
- Gewinn- und Kapitalsteuer 22 11
- Verfahren 26 13

Steuerberechtigung 5 19 ff., 8 1 ff., 28 1 ff.

Steuerbezug 16 12 ff., 26 1 ff., 6, 15 f., 65 ff.

Steuerbilanz 15 68 ff., 120 ff., 20 1 ff., 61

Steuerdomizilentscheide 27 15

Steuereignung 5 55

Steuererhebung
- Geschichte 1 1 ff.
- Grundstückgewinnsteuer, s. dort
- Mehrwertsteuer 33 10 ff.
- Verrechnungssteuer 28 5, 32 1 ff.
- Verrechnungssteuer auf Erträgen des beweglichen Kapitalvermögens 29 1 ff.

Steuererhebungsart 11 4, 26 81 ff.

Steuererhebungskompetenz 4 3 ff., 5 22 ff., 7 1 f., 8 1 ff.
- abgeleitete 4 11, 5 25
- ausschliessliche 4 6, 7 7
- Bund 4 4 ff., 7 3 ff., 28 1 f.
- eigenständige 4 7
- Gemeinden 4 11 ff., 8 8 ff., 24 14
- Grundstückgewinnsteuer 24 8 ff.
- Kantone 4 8 ff., 8 7
- konkurrierende 4 6
- limitierte 8 3
- originäre 5 25

- parallele 4 6, 7 7
- Verrechnungssteuer 28 1 f.

Steuererhebungsprinzipien
- allgemeine 2 19, 4 1 ff., 119 ff.
- der Kantonsverfassungen 3 26

Steuererklärung
- Frist 26 50
- gemeinsame 12 12
- Pflicht 26 39
- Verfahren 26 48 ff.

Steuererlass 5 88 ff., 26 69, 27 33, 80, 29 59, 37 45 ff., 56

Steuererleichterungen, für neue oder zuziehende Unternehmen 4 36, 11 57 f., 19 16, 22 f.

Steuerermässigung (Beteiligungsabzug) 18 27, 30, 23 10 f., 13

Steuerersparnis im Rahmen der Steuerumgehung 6 21 f., 25 f.

Steuerertrag 7 9 ff.

Steuerertragskompetenz 5 26, 87, 28 1 f., 24 10

Steuerfaktoren 5 53

Steuerfindungsrecht 4 8

Steuerflucht 4 170, 18 12 ff.

Steuerforderung 5 60 ff., 16 12 ff., 26 65
- Arrest 26 75
- aufschiebende Wirkung 31 24
- Grundstückgewinnsteuer 25 16
- Mehrwertsteuer (Bezugsteuer) 35 15 f.
- Mehrwertsteuer (Einfuhrsteuer) 36 12
- Mehrwertsteuer (Inlandsteuer) 34 155 ff.
- Sicherstellung 26 73 f.
- Verjährung 26 137, 29 58
- Verrechnungssteuer 29 48 ff.

steuerfreie Einkünfte 10 3, 13 217 ff.

steuerfreie Vermögensgegenstände 14 14 ff.

Steuerfuss 7 68, 16 20, 17 6, 20 ff.

Steuergegenstand, Gesetzmässigkeit 4 88

Steuergeheimnis 26 36

Steuergesetzgebungskompetenz 5 26, 9 5, 28 1 f., 24 10, 33 2

Steuergläubiger 5 19 ff., 27

Steuergut 2 42

Steuerhaftung 5 33 f.

Steuerharmonisierung 4 18 ff., 9 1 ff.
- Abzüge 13 250
- Aufsicht des Bundes 9 33 ff., 26 17 f.
- bestehende Unterschiede 7 66
- direkte Bundessteuer 4 22
- Frist 9 36 f.
- Gegenstand 9 15 ff.
- Grundstückgewinnsteuer 4 23, 24 11 ff.
- Harmonisierung, s. dort
- Kernproblem der Steuerharmonisierung 24 11 ff.
- Quellensteuer 26 86
- Vermögensbesteuerung 14 1
- zeitliche Bemessung 16 16 ff.
- Zuwendungen an politische Parteien 13 268

Steuerhinterziehung 4 170, 6 27 f., 28 6 f.

Steuerhoheit, s. Steuererhebungskompetenz

Steuerinventar 26 78 ff.

Steuerkommissär 26 12 f.

Steuerlastverteilung, wirkungsorientierte 4 146 ff.

Steuerlehre
- betriebswirtschaftliche 1 22
- finanzwissenschaftliche 1 21

Steuermass 2 52, 5 57 ff.
- juristische Personen 22 1 ff.
- kantonale Einkommens- und Vermögenssteuern 7 68
- natürliche Person 17 1 ff.

Steuernachfolge 34 29 f.

steuerneutrale Reservenübertragung 20 45 ff.

Steuerobjekt 2 42, 5 52 ff.
- Bezugsteuer, s. dort
- Differenzierung Steuerarten nach 2 30 ff.
- Einfuhrsteuer, s. dort
- Grundstückgewinnsteuer, s. dort
- Inlandsteuer, s. dort
- Mehrwertsteuer, allgemein 33 9
- Nicht-Entgelte, s. dort
- Verrechnungssteuer auf Erträgen des beweglichen Kapitalvermögens 29 15 ff.
- Verrechnungssteuer auf Lotteriegewinne 30 2 f.
- Verrechnungssteuer auf Versicherungsleistungen 31 2 f.

Steuerperiode 5 61, 16 3
- einjährige 16 19 f.
- juristische Personen 21 2 ff.
- Rechtskraft 26 112 f.
- Verhältnisse am Ende 16 20, 32, 35 f., 40, 26 19 ff.

Steuerpfandrecht 26 76

Steuerpflicht
- aufgrund persönlicher Zugehörigkeit 11 17 ff., 19 5 ff.
- aufgrund wirtschaftlicher Zugehörigkeit 11 32 ff., 19 9 ff.
- beschränkte 11 51 f., 19 11
- Fortbestand 20 47
- Gesetzmässigkeit 4 88
- Mehrwertsteuer 7 26 ff.
- Partner und Familien 12 18 f.
- subjektive natürlicher Personen 11 1 ff.
- subjektive, s. subjektive Steuerpflicht
- unbeschränkte 11 24 ff., 19 7 f.
- Verrechnungssteuer, Erfüllung 29 48 ff.

Steuerpflichtiger 5 5, 19 ff.
- Anmeldung 32 3
- Einsprachelegitimation 27 17 f.
- Mitwirkung 26 25, 29 ff., 38 ff.
- Rekurslegitimation 27 37 f.

Steuerplanung 1 22

Steuerplanungssicherheit 4 108

Steuerpolitik 1 13

Steuerrechnung 26 6, 58

Steuerrecht
- Stellung in der Rechtsordnung 1 7 ff.
- Verhältnis zum Privatrecht 5 16 ff., 10 36

Steuerrechtsfähigkeit 5 37 ff., 18 1 ff.

Steuerrechtsverhältnis 5 1 ff.

Steuerrechtswissenschaft 1 20

Steuerreform 4 159 ff.
- Neuordnung der Partnerschafts- und Familienbesteuerung 12 50 f.
- s. auch Unternehmenssteuerreform II

Steuerrekursgericht, s. Rekursinstanz, kantonale

Steuerrückerstattung s. Rückerstattung

Steuerrückzahlung **5** 5

Steuerruling, s. Vorbescheid

Steuersatz **17** 2 ff.
- Ausnahmen **17** 12 ff.
- Ermässigung für Lotteriegewinne **13** 215 f.
- Gewinn- und Kapitalsteuer **22** 5 ff.
- Mehrwertsteuer **7** 33, **34** 102, **35** 5, **36** 11
- Quellensteuern **17** 7 ff.
- Steuerabzugsmöglichkeit **22** 3
- Vereine, Stiftungen etc. **18** 31 f.
- Vermögenssteuer **17** 11
- Verrechnungssteuer **29** 47
- Verrechnungssteuer auf Lotteriegewinne **30** 4
- Verrechnungssteuer auf Versicherungsleistungen **31** 4

Steuersatz, s. Steuertarif

Steuerschuldner **5** 27

Steuerschuldverhältnis **5** 1, 4 ff., 13 ff.

Steuersicherung **26** 73 ff., 82

Steuerstrafrecht **4** 24, **12** 15

Steuerstreit **23** 19, 32

Steuersubjekt **2** 41, **5** 3, 19 ff., 47 ff., **11** 1 ff.
- Bezugsteuer, s. dort
- Einfuhrsteuer, s. dort
- Gemeinwesen **34** 11 ff.
- Grundstückgewinnsteuer **25** 1 ff.
- Inlandsteuer, s. dort
- juristische Person **18** 1 ff.
- kollektive Kapitalanlagen **13** 169 ff., **19** 4
- Mehrwertsteuer, allgemein **33** 9, 39
- Untergang **5** 35, 69
- Verrechnungssteuer auf Erträgen des beweglichen Kapitalvermögens **29** 1 ff.
- Verrechnungssteuer auf Lotteriegewinne **30** 1
- Verrechnungssteuer auf Versicherungsleistungen **31** 1

Steuersubstitution **5** 29 ff., **11** 8 ff., **12** 37, **26** 99, **34** 31

Steuersukzession **5** 35 f., **11** 63, **19** 26

steuersystematischer Gewinnausweistatbestand **15** 50, **135** ff.

Steuertarif **5** 57
- Ausnahmen **17** 12 ff.
- Erbschafts- und Schenkungssteuern **7** 79
- Gestaltung durch Freibeträge / Sozialabzüge **13** 272 ff., **14** 34 f.
- Gewinn- und Kapitalsteuer **22** 5 ff.
- Grundstückgewinnsteuer **7** 77, **25** 71 ff.
- Handänderungssteuer **7** 89
- Liegenschaftssteuer **7** 79
- massgeblicher Zeitpunkt **16** 20
- Minimalsteuer auf Grundeigentum **7** 81
- Progressionsvorbehalt **11** 53 ff.
- Quellensteuern **17** 7 ff.
- Steuermass **17** 1 ff.
- Vereine, Stiftungen etc. **18** 31 f.
- Vermögenssteuer **17** 11
- Verrechnungssteuer **29** 47
- Verrechnungssteuer auf Lotteriegewinne **30** 4
- Verrechnungssteuer auf Versicherungsleistungen **31** 4

Steuertatbestand **5** 43 ff.

Steuertechnik **1** 21

Steuerträger **2** 41, **5** 32

Steuerumgehung **4** 98, **6** 17 ff.
- Dogmatik **6** 36 ff.
- Durchgriff **18** 15
- Grundstückgewinnsteuer **25** 26
- Nichtvorliegen als Rückerstattungsvoraussetzung **29** 72 f.
- verdecktes Eigenkapital **20** 62 ff.
- Wirkung **6** 23 f.

Steuerveranlagung **26** 1 ff.

Steuerverfahren
- Gleichberechtigung von Mann und Frau **4** 51
- Verfahrensrecht **26** 1 ff.

Steuerverfahren, s. Verfahren

Steuervertretung **37** 18 f.

Steuerverwaltung **26** 7 ff.
- Aufsicht **26** 17 f., **27** 37
- eidgenössische **26** 7, 17, **27** 37, 68, **32** 2

- kantonale **26** 8 f., 18, **27** 68
- Steuerveranlagung **26** 11 ff.

Steuerverwaltungskompetenz **5** 26, **28** 1 f., **33** 2

Steuerwert **14** 17 ff.

Steuerwettbewerb **4** 170

Steuerwiderhandlung **26** 42

StHG **4** 18 ff., **9** 1 ff.
- als mittelbar rechtssetzender Erlass **3** 29, **9** 2 ff.
- Rechtsmittel **27** 3 ff.
- Sachlicher Anwendungsbereich **9** 15 ff.

Stichtagsprinzip **16** 40, **21** 9

Stiftungen **18** 29 ff., **22** 6, 8

Stiftungen, s. auch juristische Personen

stille Reserven **15** 123 ff., **20** 10
- Geschäftsaufgabe, Steuermass **17** 16 f.
- offengelegte **20** 61
- Übertragung bei Umstrukturierungen **20** 38 ff.

Stipendien **13** 213 f., 229, 235, 273, **15** 44 f.

stiura **1** 2

Stockwerkeigentum, Einlagen in Reparatur- oder Erneuerungsfonds **13** 85

Strafrecht, s. Steuerstrafrecht **4** 24

Strafschätzung **26** 55

Strassenbeleuchtung, -reinigung, -unterhaltskosten **13** 86

Streitwertgrenzen **27** 56

strukturierte Produkte **13** 181 ff.

Stundung **5** 62, **26** 68 f., **27** 80

subjektbezogene Betrachtungsweise **13** 115 ff.

subjektive Steuerbefreiung **11** 56 ff., **19** 14 ff., **26** 63

subjektive Steuerpflicht
- Ausnahmen **11** 56 ff., **19** 14 ff., **22** f.
- Befreiung **34** 5 ff., 25
- Beginn **11** 59 f., **19** 24
- Begründung und Umfang **11** 17 ff., **19** 5 ff.
- Beteiligung von Dritten **11** 63 ff.
- Dauer **11** 59 ff., **19** 24 f.
- Ende **11** 61 f., **19** 25

- Feststellungsverfahren **26** 61, 113, **27** 15
- juristischer Personen **19** 1 ff.
- Mehrwertsteuer **37** 5 ff.
- natürlicher Personen **11** 1 ff.
- Partner und Familien **12** 18 f.
- Vorentscheid **26** 61, 113, **27** 15
- Vorsteuerabzug **34** 116

subjektives Herkunftsprinzip **13** 38

subjektives Nettoprinzip **10** 46 ff., **12** 40, **13** 248 ff., 269 f.

Subjektsteuern **2** 44 f., **14** 2

Subordinationsverhältnis **5** 12, **13** 6

subsidiäre Generalkompetenz **4** 3

subsidiäre Verfassungsbeschwerde **27** 4, 79 ff.

Subsidiaritätsprinzip **9** 24

Substanzbesteuerung **14** 7, 34

Substanzentnahme **13** 156, 159 f.

Substanzverzehr **13** 34, 67

Substanzzunahme **13** 80

Subventionen **13** 214, **34** 33

Sukzession **5** 35 f., **11** 63, **19** 26

supranationale Rechtsnormen **3** 7 f.

Surrogate, Bezahlungs- **5** 79 f., 84, **33** 40

Suspensiveffekt **27** 24, 41, 74

Swaps **13** 181 ff.

Synergieeffekt **12** 24

synthetische Produkte **13** 181 ff.

System der Einzelermächtigung **4** 4

systematische Auslegung **6** 10

Systemwechsel **13** 155, 157, **15** 135 ff.

T

Tabaksteuer **2** 46, **7** 50 f.

Taggelder **13** 206

Tarif
- Ausnahmen **17** 12 ff.
- Gestaltung durch Freibeträge / Sozialabzüge **13** 272 ff., **14** 34 f.
- Gewinn- und Kapitalsteuer **22** 5 ff.
- proportional, progressiv, degressiv, s. dort

– Quellensteuern **17** 7 ff.
– Steuermass **17** 1 ff.
– Vereine, Stiftungen etc. **18** 31 f.
– Verlauf **4** 152 ff., **17** 2 ff.
– Vermögenssteuer **17** 11
– Verrechnungssteuer **29** 47
– Verrechnungssteuer auf Lotteriegewinne **30** 4
– Verrechnungssteuer auf Versicherungsleistungen **31** 4

Taschengeld (Zivildienst) **13** 239

Tatbestandsbestimmtheit **4** 105

Tatsachen oder Beweismittel, Entdeckung **26** 118, 128

tatsächlich durchsetzbare Forderung **10** 52

tatsächliche Steuerersparnis **6** 22

tatsächliche Verwaltung oder Geschäftsleitung **19** 6, **21** 10 ff., **29** 5 f., 14

Tauschgeschäft **25** 78

taxe occulte **7** 32, **33** 18, **34** 43, 123

taxe professionelle **7** 84

technisch-wirtschaftliche Funktion **15** 35

Teilbesteuerung der Einkünfte aus Beteiligungen **13** 162, **15** 159 f.

Teilliquidation
– Begriff **13** 135, 138 ff.
– indirekte **13** 42, 139, 147 ff., 155 ff.

Teilmengentarif **17** 4

Teilsatzbesteuerung **15** 160

Teilsplitting **12** 31

teleologische Auslegung **6** 11 f., **11** 16

Termingeschäfte **13** 181 ff.

Territorium **5** 48

Teuerung **17** 24

Thesaurierung **18** 36

Thesaurierungsfonds **13** 175, **29** 41

Tochterabsorption **29** 38

Tochtergesellschaften **23** 2, **29** 56

Tod
– Besteuerung, s. Erbschafts- und Schenkungssteuern
– Ehegatte, zeitliche Bemessung **16** 36
– Ende selbständiger Erwerbstätigkeit **15** 27

– Inventar **26** 78 ff.
– unterjährige Steuerpflicht **16** 23 ff.

«Too Big To Fail»-Vorlage **7** 45, **28** 16 ff., **29** 16

Totalgewinn **10** 59

Totalität **10** 31 f., **14** 12 f.

Tourismusförderungsabgaben **7** 84

Transaktionen **15** 22, **20** 48 ff.

Transaktionssteuern **2** 37

Transformationsbedürftigkeit **9** 5 ff.

transparente Besteuerung **11** 12, **13** 169, **18** 23, **19** 4

Transponierung **13** 139, 147 ff., 149 ff.

Transporte, internationale (wirtschaftliche Zugehörigkeit der Arbeitnehmer) **11** 43 ff.

Trennsystem **5** 24

Trennung
– faktische oder rechtliche **12** 6, **13** 238
– zeitliche Bemessung **16** 34 ff.

Trennungsprinzip **18** 7

Treu und Glauben **3** 44, **4** 83, 95 ff., **6** 39, **15** 67b, **26** 59 ff.

Treugeber
– Zurechnung des Vermögens **14** 9 f.
– Zurechnung des Vermögensertrags **13** 43 f.

Treuhänder
– Zurechnung des Vermögens **14** 9 f.
– Zurechnung des Vermögensertrags **13** 43 f.

U

über- und unterjährige Geschäftsabschlüsse **21** 7 ff.

Überbesteuerung **26** 115

Übergangsordnung (zeitliche Bemessung) **20** 14

Überlassung von Gegenständen zu Nutzung und Gebrauch im Ausland **34** 80 ff.

Übernahme der Gewinnsteuerwerte **20** 47

übersetzte Leistungen an Beteiligte **20** 21

765

Übertragung der Verfügungsgewalt, wirtschaftliche, s. Handänderung, wirtschaftliche

Übertragung einer Mehrheitsbeteiligung an einer Immobiliengesellschaft **25** 26 ff.

Überwälzbarkeit der Mehrwertsteuer **33** 17, 23 ff.

Überwälzungspflicht **26** 102, **29** 46, 52

überwiegende Einmalverzinsung **13** 107 ff.

übrige Einkünfte **13** 204 ff.

Umfang der subjektiven Steuerpflicht **11** 17 ff., **19** 5 ff.

Umqualifizierung von Kapitalgewinnen **13** 226

Umsatzabgabe **7** 46 f.

Umsatzakt **15** 133

Umsatzsteuer **7** 26 ff.

Umschulungskosten **13** 28

Umsetzung in ein anderes Vermögensrecht **13** 39, **15** 128

Umstrukturierungen **20** 32 ff.
- geldwerte Vorteile **13** 133, **29** 36 ff.
- Grundstückgewinnsteuer **25** 50
- Handänderungssteuer **7** 87
- Realisation **15** 133
- Verrechnungssteuer **29** 36 ff.

Umwandlung (Unternehmen) **20** 32 f.

Umwandlung in andere Wertform **15** 78

Umweltschutzmassnahmen **13** 72, 93 f.

Unabänderlichkeit der Steuerforderung **5** 62

unbeschränkte Steuerpflicht
- natürliche und juristische Personen **11** 24 ff., **19** 7 f.
- zeitliche Bemessung **16** 23 ff., 31 ff., 41, **21** 10 ff.

unbewegliches Vermögen
- Aufwendungen **13** 72 ff.
- Begriff und Ertragsarten **13** 45 ff.
- Bewertung **14** 21 ff.
- Ertrag im Privatvermögensbereich **13** 45 ff.
- Gewinn und Verlust bei Veräusserung **13** 220 f.

- Grundstückgewinn, s. dort
- Handänderungssteuer, s. Grundsteuern
- Liegenschaftssteuer, s. Grundsteuern
- Minimalsteuer auf Grundeigentum, s. Grundsteuern
- Privatvermögen **13** 33
- Vermögenssteuer **14** 1 ff.

Unfallkosten **13** 262 f.

Unfallversicherung **13** 241, 259, 260 f.

ungeschriebenes Recht **3** 44

ungeschriebenes Verfassungsrecht **3** 24

Universalitätsprinzip **11** 24

Unmassgeblichkeit der Einkommensverwendung **10** 49, **13** 19

unmittelbare Anwendbarkeit **3** 9, 14

unmündige Kinder **11** 8 ff., **12** 34 f.
- Haftung **11** 66
- zeitliche Bemessung bei Mündigkeit **16** 37

Unrecht, Gleichbehandlung **4** 45 f.

Unrichtigkeit, offensichtliche **27** 23

unselbständige Erwerbstätigkeit
- Abgrenzung von der Schenkung **13** 8, 229
- Abgrenzung zur selbständigen Erwerbstätigkeit **13** 5 ff., **15** 11 f.
- Begriff **13** 3 f.
- Einkommen **13** 1 ff.
- Entschädigungen für **34** 33
- Quellensteuern **17** 7 ff., **26** 90 ff.
- wirtschaftliche Zugehörigkeit **11** 42

unselbständige Verordnungen **3** 38

Unsicherheit bei Forderungserwerb **10** 56, **15** 72 f.

unter- und überjährige Geschäftsabschlüsse **21** 7 ff.

Unterbesteuerung **26** 115, 126

Unterbrechung **5** 98

Untergang der Steuerforderung **5** 68 ff., **29** 58

Untergesellschaften **23** 2

Unterhaltskosten unbeweglichen Privatvermögens **13** 72

Unterhaltsleistungen **12** 41, **13** 210 ff., 237 f., 256

Unterhaltsverpflichtungen **10** 47, **13** 237 f., 256

Unterjährige Steuerpflicht **16** 23 ff., 32, 34 ff., 41 ff.

Unternehmen, Begriff (Mehrwertsteuer) **34** 2

Unternehmensgewinn **15** 54 f., **20** 1 ff.

Unternehmen, Steuererleichterungen für neue **11** 57 f., **19** 16, 22 f.

Unternehmenssteuerreform II **7** 42, **13** 122, 162, **15** 24, 52, 132, 141, 151, 159, **17** 16, **18** 37, **20** 58, **23** 7, **29** 23

Unternehmensumstrukturierung, s. Umstrukturierungen

Unterordnungsverhältnis **13** 6

Unterstützung
- Abzug **13** 278
- aus öffentlichen oder privaten Mitteln **13** 234 ff.
- Einkommen **10** 12, **13** 234 ff.

Unterstützungsabzug **13** 278

Unterstützungsleistungen **13** 210 ff., 234 ff.

Untersuchungsmaxime **26** 24 ff., **27** 25, 42, **37** 32

Untersuchungsmittel **26** 30, 32 ff., 78 ff.

Urkunden, steuerbare **7** 46 f.

Urproduktion, s. land- und forstwirtschaftliche Erzeugnisse

V

venire contra factum proprium **4** 96

Veranlagung **3** 52, **5** 9, **26** 1 ff.
- Änderung **26** 114 ff.
- direkte Bundessteuer **26** 11
- Einsprache **27** 11 ff.
- Einspracheentscheid **27** 27
- Entscheid **26** 57 f.
- ergänzend ordentliche **26** 93
- gemeinsame **12** 11 ff.
- nach pflichtgemässem Ermessen **26** 42, 54 ff., **27** 23, 36
- nachträglich ordentliche **26** 94
- Nichtigkeit **26** 135 ff.
- ordentliche **26** 11 ff., 23 ff., 93 f.
- Rechtskraft **26** 110 ff.
- Rekursentscheid **27** 42
- Sonderveranlagungen **16** 38 f.
- Staats- und Gemeindesteuern **26** 12 f.
- Untersuchung durch die Steuerbehörden **26** 27 ff.
- Verfahren **26** 5, 48 ff., 52 ff., **37** 58
- Verfügung **26** 57
- verjährte Steuerforderung **26** 137
- Wirkung **5** 63 ff.
- Zeitraum **16** 1 ff.

Veranlagungsperiode **16** 5

Veranlagungsverhältnis **5** 1, 8 f.

Veranlagungsverjährung **5** 95, **26** 137, **24** 29

Veräusserung
- Realisation **15** 129 f.
- Teil- und Gesamtveräusserung **25** 52
- von beweglichem Privatvermögen **13** 222
- von Obligationen mit überwiegender Einmalverzinsung **13** 107 ff.
- von unbeweglichem Geschäftsvermögen **15** 143 ff.
- von unbeweglichem Privatvermögen **13** 220 f., **24** 1 ff., **25** 6
- von Vermögenswerten **13** 37 ff.
- von Mehrheitsbeteiligungen an Betriebsgesellschaften **25** 29 f.
- von Minderheitsbeteiligungen an Immobiliengesellschaften **25** 28, 41
- wirtschaftliche, s. Handänderung, wirtschaftliche

Verbesserung des Vermögenswertes **13** 81

Verbot der interkantonalen Doppelbesteuerung, s. interkantonale Doppelbesteuerung, Verbot

Verbrauchergemeinschaft **12** 7

Verbrauch im Inland **33** 20

Verbrauchssteuern **2** 37, 40
- besondere **7** 49 ff.
- Mehrwertsteuer **7** 26 ff., **33** 15, 35
- objektbezogene **1** 6
- Steuererhebungskompetenz **7** 5

Verbrechen, Rechtskraftdurchbrechung **26** 119, 128

Verbringung von Gegenständen ins Ausland ausserhalb von Lieferungen **34** 83

Verbuchung **15** 37, 87 ff., **29** 74 ff.

Verbundsystem **5** 24

verdeckte Gewinnausschüttung **6** 32, **13** 128 ff., **20** 16, 19 ff.

verdeckte Kapitaleinlage **13** 132, **15** 47 f., **18** 9, **20** 10

verdecktes Eigenkapital **20** 62 ff.

Vereine (s. auch juristische Personen) **18** 29 ff., **22** 6, 8

vereinfachtes Abrechnungsverfahren **26** 97 f.

Verfahren
- Ablauf **26** 5 f., 48 ff.
- Beschwerde in öffentlich-rechtlichen Angelegenheiten **27** 74 ff.
- Bezug- und Inlandsteuer **37** 1 ff.
- Einfuhrsteuer **37** 51 ff.
- Einsprache **27** 24 ff.
- Maximen **26** 23 ff.
- Mehrwertsteuer **37** 1 ff.
- ordentliche Veranlagung **26** 23 ff., 52 ff.
- Organisation **26** 7 ff.
- Quellensteuern **26** 81 ff.
- Rechtsmittel **27** 1 ff.
- Rekurs **27** 41 ff.
- Revision **26** 118 ff., 122 ff., **27** 5, 7
- Rückerstattung **32** 13 ff.
- Steuerverfahrensrecht **5** 15, **26** 1 ff.
- Verletzung wesentlicher Grundsätze **26** 119
- Verrechnungssteuer **32** 1 ff.
- Zuständigkeit **26** 7 ff.

Verfahrensgarantien
- der EMRK **3** 10 ff., **26** 4
- im Veranlagungsverfahren **26** 23 ff.
- verfassungsrechtliche **4** 78 ff., **33** 16

Verfahrensrecht, s. Verfahren, Steuerverfahren

Verfahrenssukzession **5** 36, **11** 63, **19** 26

Verfassungsrecht, Durchsetzung **4** 180 ff.

Verfassungsbeschwerde, subsidiäre **27** 4, 79 ff.

Verfassungsgerichtsbarkeit **4** 187 f.

Verfassungsrecht **3** 23 ff.
- Grundlagen der Besteuerung **4** 1 ff.
- kantonales **27** 62
- Revisionsgründe **26** 118 ff.

- subsidiäre Verfassungsbeschwerde **27** 79 ff.
- verfassungsmässige Grundprinzipien des Verwaltungsrechts **4** 83 ff., **26** 4

Verfassungswidrigkeit **4** 185 f., **9** 20 f., **12** 49
- Behebung **5** 69
- Besteuerung ausserkantonaler Liegenschaftenhändler, s. Liegenschaftenhändler
- Eigenmietwertbesteuerung **13** 63
- Einzelakte **4** 181
- Erlasse **4** 181
- Nichtabziehbarkeit der Liegenschaftsverluste **13** 82, 221, **25** 69
- Quellensteuer **26** 107 ff.
- Schlechterstellungsverbot, s. dort
- Vermögenssteuer **14** 8

Verfügung
- allgemein **3** 1, 52, **37** 33 f.
- Änderung **26** 114 ff.
- Berichtigung **26** 133 f.
- Einsprache **27** 11 ff., **37** 35
- Einspracheentscheid **27** 27
- Mängel **26** 111, 135 ff., **27** 35
- Quellensteuer **26** 101, 106
- Rechtskraft **26** 110 ff.
- Rekursentscheid **27** 42
- Sicherstellungsverfügung **26** 73 f.
- Veranlagung **26** 57 f.

Vergangenheitsbemessung **16** 6

Vergehen
- Nachsteuer **26** 128
- Revision **26** 118 ff.

Vergleichspreise **14** 20, 29

Vergnügungssteuer **2** 39, **7** 84

Verhältnismässigkeit **4** 83, 92 ff., 156 ff.

Verhältnisse am Ende der Steuerperiode **16** 20, 32, 35 f., 40, **26** 19 ff.

Verheiratetenabzug **13** 279

Verjährung **3** 44, **5** 69, 93 ff., **26** 137, **29** 58, 79 f., **24** 29, **37** 3, 54

Verkehrsabgaben **7** 63 f.

Verkehrssteuern **2** 35 ff.

Verkehrswertbewertung **14** 17 ff., **15** 161

Verlegung Geschäftsvermögen ins Ausland **15** 142

Verletzung schutzwürdiger Interessen
27 18, 38, 65 ff.

Verletzung von Bundes- oder Völkerrecht
27 61

Verletzung wesentlicher Verfahrensgrundsätze 26 119

Verluste
- allgemeines Abzugsrecht 13 225
- aus der Veräusserung von beweglichem Privatvermögen 13 222
- aus der Veräusserung von unbeweglichem Privatvermögen 13 220 f., 25 67 ff.
- Ausscheidungsverluste 25 69
- Verrechenbarkeit ausländischer 11 27 ff., 52, 19 7 f., 11
- Verrechnung s. Verlustverrechnung

Verlustrisiken 15 112

Verlustverrechnung 11 27 ff., 52, 15 156 ff., 19 11, 20 31, 25 67 ff.

Verlustvortrag 15 157 f., 20 31, 59

Vermächtnis, Einkommen 13 227 ff.

Vermietung
- bewegliche Sachen und nutzbare Rechte 13 165
- unbewegliche Sachen 13 47, 49 f.

Vermittlungsleistungen 34 88

Vermittlung von Grundstücken, s. Liegenschaftenhändler

Vermögensanfall aus rückkaufsfähiger privater Kapitalversicherung 13 231 f.

Vermögensbesitztheorie 14 5

Vermögenseinbussen, s. Wertverminderungen

Vermögensertrag
- Abgrenzung zum Grundstückgewinn 13 67, 24 20
- Abgrenzung zum Kapitalgewinn 13 37 ff.
- aus Beteiligungsrechten 29 20 ff.
- aus inländischen Obligationen, Serienschuldbriefen, Seriengülten und Schuldbuchguthaben 29 16 ff.
- Beteiligungen 13 113 ff.
- bewegliches Privatvermögen 13 102 ff., 29 1 ff.
- Guthaben 13 103 ff.
- im Privatvermögensbereich 13 33 ff.
- immaterielle Güter 13 178 ff.
- unbewegliches Privatvermögen 13 45 ff.
- Zurechnung 13 43 f.

Vermögensmassen, Rückerstattungsberechtigung 29 67

Vermögensmehrung, reale 24 4

Vermögenssphäre 10 13, 24

Vermögensstandsgewinn 15 28, 54 f.

Vermögenssteuer 2 33 f., 14 1 ff.
- Bund 8 6
- ergänzende 14 23 f.
- kantonale 7 65 ff., 14 1 ff.
- Sonder-, 7 81
- Spezielle 7 78
- Steuersatz 17 11
- zeitliche Bemessung 16 40 ff.
- Zurechnung des Vermögens 14 9 f.

Vermögensverrechnung, innerfamiliäre 12 10

Vermögensverwaltung, Abgrenzung zur selbständigen Erwerbstätigkeit 15 18 ff.

Vermögensverwaltungskosten 13 184 ff.

Vermögenszugang, ungerechtfertigter 10 28f ff.

Vermögenszuwachs 13 217

Vermutung
- materielle Richtigkeit der Bilanz 15 66
- Veranlagungsverfahren 26 28 ff.

Verordnungsrecht 3 31 ff.

Verpachtung 13 47, 49 f.
- Betrieb 15 52, 141
- bewegliche Sachen und nutzbare Rechte 13 165

Verpflegung, Mehrkosten auswärtige 13 23

Verpfründung 13 201 ff.

Verrechenbarkeit von ausländischen Verlusten 11 27 ff., 52, 19 7 f., 11

Verrechnung, s. auch Verlustverrechnung 3 44, 5 84 ff.

Verrechnungspreise 20 25

Verrechnungssteuer 2 34, 45 f., 28 1 ff.
- Abgrenzung zur Einkommenssteuer 29 48 ff.

- Altreservenpraxis **29** 73
- auf Erträgen des beweglichen Kapitalvermögens **29** 1 ff.
- auf Lotteriegewinnen **30** 1 ff.
- auf Versicherungsleistungen **31** 1 ff.
- Ausdehnung des Steuerobjekts (Revisionsbestrebungen) **28** 22
- Belastungszweck **28** 8, 21, **29** 65
- Bemessungsgrundlage **29** 45 f., **30** 2 f., **31** 2 f.
- Beschränkung des Steuerobjekts (Revisionsbestrebungen) **28** 20 f.
- Bundesverwaltungsgericht **27** 50, **32** 10
- Entrichtung **29** 52, **32** 4 ff.
- Erfüllung der Steuerpflicht **29** 48 ff., **30** 5 f., **31** 5 f.
- Feststellungsentscheid **32** 8
- Fusionsverlust **29** 38
- Grundkonzept und Funktion **28** 5 ff.
- Haftung **29** 10 ff.
- Meldung **29** 53 ff.
- Rechtsmittel **32** 9 ff., 26 f.
- Rechtsnatur **28** 14 f.
- Revisionsbestrebungen **28** 16 ff., **29** 16
- Rückerstattung **29** 60 ff., **30** 7, **31** 7, **32** 13 ff.
- Sicherungszweck **7** 34, **28** 6 f., 17 ff., **29** 60 ff.
- Steuererhebungskompetenz **7** 5
- Steuersatz **29** 47, **30** 4, **31** 4
- Überblick **7** 34 ff.
- Überwälzung **29** 52
- Verjährung und Erlass **29** 58 f.

Verschleiss **13** 41, 49, 65, 165, 186

Verschulden, Nachsteuererhebung **26** 127

Versicherungen (Versicherungsunternehmen) **29** 8, **31** 1

Versicherungsabzug **12** 41

Versicherungsleistungen **13** 207 f., **31** 1 ff., **34** 65

Versicherungsprämien
- Abgabe auf **7** 48
- Abzug **13** 260 f.
- EO, ALV und obligatorische UV **13** 259
- Übernahme durch Arbeitgeber **13** 13
- unbewegliches Privatvermögen **13** 72, 88

Versorgungsgebühren **13** 87

Verständigung **3** 55 f., 58, **4** 96, 102

Verteilungsnormen, interkantonale **3** 50

vertikale Harmonisierung **4** 22, **9** 29 f.

vertragliche Ausschüttungsfonds **13** 173 f.

vertragliche Thesaurierungsfonds **13** 175

Vertrauensprinzip **3** 58

Vertrauensschutz **4** 95, 99 ff., 114 ff., **26** 64

Verursacherprinzip **2** 28

Verwahrung von Vermögenswerten **13** 185

Verwaltung
- Aufsicht **26** 17 f.
- des beweglichen Privatvermögens **13** 184
- Steuerverwaltung **26** 7 ff.
- tatsächliche **19** 6, **21** 10 ff., **29** 5 f.

verwaltungsexternes Rechtsmittel **27** 32

Verwaltungsgebühr **2** 13

Verwaltungsgericht, kantonales **27** 45 ff.

Verwaltungsgesellschaften **23** 21 ff., 23 ff.

Verwaltungshandeln **3** 51, 56 ff.

verwaltungsinterne Rechtspflege **27** 12

Verwaltungskosten, unbewegliches Privatvermögen **13** 72, 89 f., **24** 21

Verwaltungspraxis **3** 34, 53
- Gleichheitsprinzip **3** 53
- Rechtssicherheit **3** 53

Verwaltungsrat
- Einkommen **13** 7
- wirtschaftliche Zugehörigkeit **11** 47

Verwaltungsratshonorare **34** 33

Verwaltungsrecht
- Steuerrecht als **1** 8
- Verfassungsmässige Grundprinzipien **4** 83 ff., **26** 4

verwaltungsrechtliche Verträge **3** 54 f., **4** 33

Verwaltungsrechtspflege, s. auch Rechtsmittel und Verfahren **20** 3

Verwaltungsverfahren **26** 2, **27** 2

Verwaltungsverordnungen **3** 34 ff., **4** 118

Verwandtenunterstützung **13** 237 f.
Verwertung **15** 136 f.
Verwirkung **5** 93 ff., **26** 131 f.
- Rechtsmittelfristen **27** 21, 39, 71
- Rückerstattungsanspruch **29** 74 ff.

Verzicht auf Leistungen **20** 21
Verzinsung (Steuern) **26** 67, **28** 7, **29** 50
verzögerte Liquidation **15** 53
Verzugszins **29** 49 f.
Völkergewohnheitsrecht **3** 6
Völkerrecht
- Rechtsquelle **3** 5, 6 ff., **26** 4
- Steuerbefreiungen **11** 56, **19** 14 ff.

Volksinitiative, Erbschaftssteuerreform **4** 111, 133, **7** 92 f.
Vollregelung **9** 13, 24
Vollsplitting **12** 31, 33
Vollständigkeit (Steuererklärung) **26** 50 f.
Vollziehungsverordnung **3** 39 ff.
Vollzug **4** 168
Voraussehbarkeit des Steuerrechts **4** 104 ff.
Voraussetzungslosigkeit **2** 1
Vorbehalt des Gesetzes **4** 86
Vorbelastung **18** 4
Vorbereitungshandlungen **15** 25
Vorbescheid **3** 37, 56 f., **26** 64
Vorentscheid **3** 57, **26** 59 ff., 113, **27** 15
Vorinstanzen **27** 57 ff.
Vorsichtsprinzip **15** 82 f.
Vorsorge **13** 188 ff.
- Beiträge **13** 257 f.
- berufliche **13** 193 ff., 257
- Kapitalleistung **17** 18 f.
- Leistungen bei Stellenwechsel **13** 233
- rückkaufsfähige Kapitalversicherung **13** 112, 231 f.

Vorsorgeeinrichtungen, Einkünfte aus **13** 206
Vorsorgeleistungen, wirtschaftliche Zugehörigkeit der Empfänger **11** 49 f.
Vorsteuerabzug **7** 28, **34** 115 ff., **35** 5, 9
- allgemein **34** 115 ff.
- ausgenommene Leistungen (Ausschluss) **34** 128 ff.
- Berechtigung **34** 139
- Beschränkung des **34** 118
- Eigenverbrauch, s. dort
- Einlageentsteuerung, s. dort
- Gemischte Verwendung **34** 132 ff.
- Holdingaktivität **34** 129 ff.
- Kürzung des **34** 152 f.
- Vorsteuerbelastung, s. dort
- Zuordnung zur unternehmerischen Tätigkeit **34** 116, 126 f.

Vorsteuerbelastung **34** 116, 121 ff.
- effektiver Vorsteuerabzug **34** 121 f.
- fiktiver Vorsteuerabzug bei impliziter Überwälzung **34** 123 ff.

Vorsteuerkorrektur
- allgemein **34** 118, 134
- nachträglich **34** 136 ff.

Vorteilsausgleichung bei verdeckten Gewinnausschüttungen **13** 132
Vorteilszuwendungen zwischen Schwestergesellschaften **13** 131, **29** 26, 71
Vortrag von Verlusten **15** 157 f., **20** 31
Vorzugslast **2** 13
Vorzugspreis, Vermietung **13** 50

W

Waadtländer Modell **13** 189, 257
Wahrheit, materielle **26** 24
Warenautomaten, als Betriebsstätten **11** 37
Warendrittel **15** 114
Warenlager **15** 113
Warenumsatzsteuer **7** 4
Warmwasserkosten **13** 87
Wasserwerksteuern **7** 84
Wasserzinsen **13** 87
Wechselpauschale **13** 92
wegfallende Erwerbseinkünfte **10** 44
Wegzug **16** 23 ff., 31 ff., **19** 25, **21** 10 ff., **29** 14, 30
Wegzugsbesteuerung **15** 142

Sachregister

Wehrsteuer **8** 4
Weisungsgebundenheit **13** 6
Weiterbildungskosten **13** 24 ff.
Werkzeuge **13** 30
Wert, s. Bewertung
Wertaufholungsgebot **15** 119, **20** 5
Wertberichtigungen **15** 92, 100
– Aufwertungszwang **23** 5, 9
– Beteiligungen **23** 9
Wertgarantie **4** 65 ff.
Wertschriften
– Bewertung **14** 27 ff.
– Handel **14** 21
– Vermietung und Verpachtung **13** 165
– Verzeichnis **26** 40
Wertverbesserung von Vermögenswerten **13** 186
wertvermehrende Aufwendungen **13** 73, 80
Wertvermehrung, Einkommen **10** 12
Wertverminderungen **10** 12
Wertzeichen, Lieferung von Post- und sonstigen amtlichen **34** 68
Wertzerlegung **15** 39
Wertzufluss
– Netto, s. Nettowertzufluss
– wirtschaftliche Ursache **13** 38
Wertzuwachsfonds **13** 175
Wertzuwachsgewinn, s. Grundstückgewinnsteuer
wesentliche Verfahrensgrundsätze, Verletzung **26** 119
Wettbewerb (Preise) **13** 235, **15** 44 f.
Wettbewerbsneutralität **4** 75 f., 168, **19** 21, **33** 16 ff., **35** 4
Wetten, s. Lotterie, Spielbank
widersprüchliches Verhalten **4** 95 ff.
Widmung (Vermögen) **15** 32, 46 ff.
Wiederherstellung einer Frist **27** 21, 71
wiederkehrende Leistungen, Kapitalabfindungen **17** 14 f.
Wiederverkaufspreismethode **20** 25
Willensvollstrecker, Haftung **11** 66
Willkürverbot **4** 52 ff., **6** 44 ff.

Wirkung, aufschiebende **27** 24, 41
wirkungsorientierte Steuerlastverteilung **4** 146 ff.
wirtschaftliche Betrachtungsweise **6** 13 ff., **10** 34 ff., **13** 135
wirtschaftliche Doppelbelastung **13** 162, 171, **15** 159, **18** 35 ff., **20** 62 ff., 63, **23** 6, 20
wirtschaftliche Leistungsfähigkeit, s. Leistungsfähigkeit, wirtschaftliche
wirtschaftliche Vorteile der Partnerschaften **12** 24 ff.
wirtschaftliche Zugehörigkeit **5** 50, **11** 32 ff., **16** 33, 43, **19** 9 ff., **26** 21 f.
Wirtschaftsfreiheit **4** 71 ff., **33** 16
– EMRK **3** 13
– Rechtsformneutralität **18** 24 ff.
Wirtschaftsgüter, gemischt genutzte **15** 39 ff.
Wirtschaftsverkehrssteuern **2** 36, **33** 35
Wirtschaftszölle **7** 58
Wochenaufenthalter, internationale **26** 109a
Wohnkosten **13** 52
Wohnrecht **13** 66
Wohnsitz **11** 18 ff., **26** 19 ff., **29** 4
Wohnsitzwechsel **16** 31 ff.
WTO **7** 60

Z

Zahlstellenprinzip **28** 19, **29** 19, **32** 9 ff.
Zahlungserleichterungen **26** 68 f., **37** 45 ff.
Zahlungsfähigkeitskonzept **18** 3
Zahlungssukzession **5** 36, **11** 63, **19** 26
zeitliche Bemessung
– Buchführungspflichtige **16** 21 f.
– juristische Personen **21** 1 ff.
– Mehrwertsteuer **34** 155
– natürliche Personen **16** 1 ff.
– Steuerharmonisierung **16** 16 ff.
– Umstrukturierungen **20** 34
– Vermögensbesteuerung **16** 40 ff.
Zeitpunkt

772

- Änderung der Zweckbestimmung Geschäftsvermögen **15** 53
- Aufwendungsabfluss **10** 57 f.
- Einkommenszufluss **10** 50, **13** 4, 14
- Forderungserwerb **10** 52, **15** 72 f.
- massgeblicher für Sozialabzüge, Steuertarife, Steuerfüsse **16** 20
- Realisation **15** 77 ff.
- Unmassgeblichkeit im internationalen Verhältnis **11** 42
- verdeckte Gewinnausschüttung **13** 129, **20** 27
- Verhältnisse am Ende der Steuerperiode **16** 35 f., **26** 19 ff.

Zeugnispflicht **26** 44

Zielkonflikt **2** 5

Zinsbereinigung **4** 164, 170

Zinsbesteuerungsabkommen **3** 19, **26** 9, **29** 56, 69

Zinsertrag **13** 104 ff.

Zivildienst **13** 239

Zivilprozessordnung, schweizerische **26** 3

zivilrechtliche Rechtsfähigkeit **5** 38

Zivilschutz **13** 239

Zollabkommen **7** 61

Zölle **3** 21, **7** 4 f., 58 ff., **36** 10

Zollrecht **37** 51

Zufluss **10** 20 ff.
- eines Rechtsanspruchs **10** 51 ff., **15** 78
- von aussen **10** 20 ff.
- Zeitpunkt **10** 50, **13** 4, 14

Zugehör, s. Grundstücke

Zugehörigkeit, persönliche und wirtschaftliche, s. dort

zugerechnete Einkünfte **10** 13 f., **13** 217

zumutbare Sorgfalt **26** 121

Zumutbarkeit **4** 92

Zürcher System **7** 69, **15** 145 f., **20** 29 f.

Zurechnung

- Gewinn und Kapital juristischer Personen **18** 5 f.
- Vermögen **14** 9 f.
- Vermögensertrag **13** 43 f., 169

Zusagen **3** 56 ff., **4** 99 ff.

Zusammenarbeit von Bund und Kantonen **9** 31 f.

Zuschlagssystem **5** 24

Zuschüsse **13** 121 f.

Zuständigkeit
- örtliche **26** 19 ff.
- sachliche **26** 11 ff.

Zwang, faktischer, zur Rückleistung **10** 28h

Zwangsvollstreckung **26** 6
- Steuerverfahren **26** 7 ff.
- Verrechnungssteuer **26** 2, 14 f.

Zustellung **27** 20

Zuteilungsnormen, interkantonale **3** 50

Zuwendungen an Institutionen mit öffentlicher oder gemeinnütziger Zwecksetzung **13** 266 f.

zuziehende Unternehmen, Steuererleichterungen **11** 57 f., **19** 16, 22 f.

Zuzug **16** 23 ff., 31 ff., **19** 24

Zwangsvollstreckung **26** 6, 70 ff.

Zweckbestimmung, Änderung **15** 46 ff.

Zweckbindung, von Steuern **2** 6 f.

Zweigniederlassungen **29** 7

zweistufiges Beschwerdeverfahren **27** 8, 45

Zweitausbildung **13** 28

zweite Säule **13** 188, 193 ff., 257

Zweitwohnung **13** 55

Zweiverdienerpaare **12** 28, **13** 264 f.

Zwischenentscheide **27** 54

Zwischenveranlagung **16** 19

Zyklizität **13** 225

773